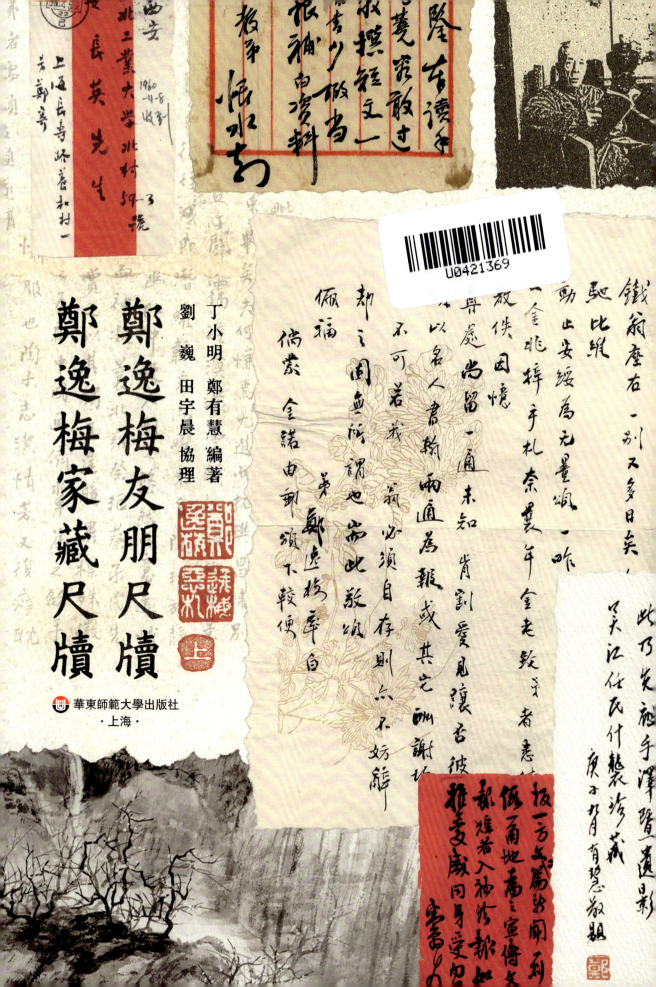

鄭逸梅友朋尺牘

鄭逸梅家藏尺牘

上

丁小明 鄭有慧 編著
劉巍 田宇晨 協理

華東師範大學出版社
·上海·

圖書在版編目（CIP）數據

鄭逸梅友朋尺牘　鄭逸梅家藏尺牘 / 丁小明，鄭有慧編著 . — 上海：華東師範大學出版社，2024.
ISBN 978-7-5760-5452-1
Ⅰ . K825.6

中國國家版本館 CIP 數據核字第 20242UR522 號

鄭逸梅友朋尺牘　鄭逸梅家藏尺牘

丁小明 鄭有慧 編著
劉　巍 田宇晨 協理

責任編輯 時潤民
責任校對 呂振宇
裝幀設計 郝　鈺

出版發行 華東師範大學出版社
社　　址 上海市中山北路 3663 號
郵　　編 200062
網　　址 www.ecnupress.com.cn
電　　話 021-60821666
行政傳真 021-62572105
客服電話 021-62865537
門　　市（郵購）電話 021-62869887
地　　址 上海市中山北路 3663 號華東師範大學校內先鋒路口
網　　店 http://hdsdcbs.tmall.com

印　　刷 上海長鷹印刷廠
開　　本 787 毫米 ×1092 毫米 16 開
印　　張 59.5
版　　次 2024 年 12 月第 1 版
印　　次 2024 年 12 月第 1 次
書　　號 ISBN 978-7-5760-5452-1
定　　價 660.00 元（上下冊）

出 版 人 王　焰

鄭公逸梅丙辰留影　　門生任家桂珍藏

目錄

前言

《鄭逸梅友朋尺牘》收有鄭逸梅友朋尺牘四九二通，其中上海圖書館藏鄭逸梅友朋尺牘一〇六通，鄭逸梅後人藏鄭逸梅友朋尺牘三七一通，網絡所見鄭逸梅友朋尺牘一五通。作為尺牘收藏大家，鄭逸梅先生一生收藏名人尺牘不下萬通，這些名人尺牘在他生前就有所散失，今天亦屢見於不少公私收藏機構，甚至現身於拍場之上。《鄭逸梅家藏尺牘》收有一三五通原藏鄭逸梅先生處，現收藏於上海圖書館的名賢尺牘。另外，鄭逸梅後人處亦有部分家藏名賢尺牘，如鄭孝檉尺牘五七通，本書將其一並編入《鄭逸梅家藏尺牘》。最後，經過編者的多方努力，本書還收錄見之於各種拍賣公司圖錄中的鄭逸梅先生尺牘，只是這部分數量目前比較有限，期待後續再作補充。

上海圖書館藏鄭逸梅友朋尺牘共收一〇六通，這批尺牘主人中，既有許指嚴、吳雙熱、周瘦鵑、徐枕亞、畢倚虹等舊派文學家，亦有商笙伯、丁悚、賀天健、朱其石等書畫家，還有姚光、朱大可、盧錫榮、陳子彝等文史學者。這些友朋多屬藝林或學林中人，與鄭逸梅彼來我往，同氣相求，尺牘所涉，自然也多為文藝之事，故其中之史料便蘊藏着近代文學史、藝術史、學術史，甚或社會史等多方面的研究價值，待有心人開掘。茲舉其中許嘯天致鄭逸梅的一通尺牘為例。根據此信所言，許嘯天應鄭逸梅之請，為鄭氏參與編輯的《永安月刊》提供了一篇文稿，題為《十萬青年》。另外他提及自己手頭還有《記少年服務團及難童學校》一文，並特言此文「追述流亡中訓練青年」，具有「研究青年問題及教育家之參考」的價值，詢問鄭逸梅是否合用於《永安月刊》。無獨有偶，鄭有慧編《鄭逸梅友朋書札手跡》中收有許嘯天致鄭逸梅的另一通信，其中所言，亦為許嘯天應鄭氏之約，寫就《人生何處不相逢》一文以答。今檢《永安月刊》，《十萬青年》和《人生何處不相逢》二文均見刊登，內容都是關於抗戰期間，輾轉各地的許嘯天對重要人事的回憶。鄭逸梅後來撰《死於飆輪下的許嘯天》，亦言及許氏曾供他這兩篇文稿。因而這兩通尺牘、《永安月刊》

上的兩篇文稿，以及鄭逸梅的回憶文章，三種材料間便得以相互印證。值得注意的是，這通尺牘中言及的《記少年服務團及難童學校》一文，《永安月刊》未載，各大資料庫中亦不見，也不見有言及此篇文章的材料，可知此文未能如願發表，其文稿今亦不知存世與否。問題在於，這樣一篇在許氏看來頗有史料價值的文獻，何故未能見收於《永安月刊》？難道是鄭逸梅或《永安月刊》的其他編輯認為此文不合刊登嗎？恐怕不是。結合鄭逸梅的回憶文章，可知許嘯天的兩篇文稿發表後不久，就遭車禍意外離世，而其所得稿費，竟「送到追悼會，作為例外的奠儀」了。由此推測，《記少年服務團及難童學校》一文的未能發表，大概不是《永安月刊》不願發表，實是鄭逸梅都沒有來得及答覆，便聞噩耗了。那通收在《鄭逸梅友朋書札手跡》中的許氏尺牘，稱其《人生何處不相逢》一文「已略至不能再略」，並預計着「他日有暇，擬將重要人物個別寫出」，又云「此外如黃旭初、夏威等人物尚不及寫入」，斯人忽歿，徒留遺憾。據《十萬青年》和《人生何處不相逢》原文，許嘯天在抗戰期間多方遊歷，見聞無數，並積極參與到抗戰鬥爭中，其人若不在勝利後意外去世，他的豐富閱歷，以其健筆，不知能化為多少有價值的史料與有溫度的記憶。綜合這些信札與文章，鉤沉出這樣一篇「未竟」的文章，提醒着我們文獻和記憶的脆弱。此通信札中提及的《永安月刊》，由上海永安公司發行，鄭逸梅曾任編委，主編其文藝副刊。上圖所藏這批尺牘中，總計有九通信涉及《永安月刊》的用稿。根據這些尺牘，可知除許嘯天外，尚有姚光、丁健行、俞建華、許士騏、胡亞光、施翀鵬、何嘉、陶冷月等人均曾與鄭逸梅言及《永安月刊》，他們或薦己稿，或介紹他人之稿，或應鄭氏之徵，或謝鄭氏之發表，於此可窺鄭氏為此刊之編輯，的確花費了不少心力。其中涉及一些稿件的細節，如姚光來信中提及文稿刊後發現了一些排版產生的訛誤，姚民哀言及他對稿酬發放速度的期盼，陶冷月主動詢問是否需要他畫影片等，這些隱身於尺牘中的細節，作為《永安月刊》編纂時的史料，對於民國時期報刊編纂史的研究，或亦有用來深入探討的價值。

這批尺牘中還有一通頗引人注意，寫信人是軍界人物丁錦，言及他撰寫《軍人讀訓疏證》的計畫。《軍人讀訓》全名《中華民國陸海空軍軍人讀訓》，由國民政府於一九三六年頒佈，共計十則訓條，意在約束軍隊紀律，提升軍隊思想道德素質。同年，蔣介石發表《國民精神建設之要旨》的講話，把這份《軍人讀訓》的應用推廣到「一切國民軍訓，童子軍訓練，以及壯丁訓練」，強調「無論何種軍訓，一定要講明」①。正是在這樣的政治背景下，有了丁錦致鄭逸梅的這通信。開頭一番寒暄後，丁氏自白云：「寫字讀書之餘，頗擬作一書，將《軍人讀訓》加以疏證，以中外名將實事為注，以道德、宗教、法律三家之嘉言為疏。宗教以佛、耶、回三氏為限。」他以自己精力、材料不足為由，向鄭逸梅請求：「佛教一門……論讀經之多、著作之富，無如我哥者，擬求助我成此。另紙抄錄《讀訓》，加〇墨圈處，即語氣着重處，以佛經原文其義與之相近、可以互相發明者，援引一則或數則分寫，每條之下不必再加己意。」總之，丁錦詳述了疏證《軍人讀訓》的構想，請求鄭逸梅藉其才學，幫助他提供佛教相關的材料，並提出具體的疏證格式要求。鄭逸梅是否接受了這番請求，暫無材料可以說明；《軍人讀訓疏證》是否成書，今也沒有發現相關材料的印證。但無論如何，這則材料至少在三個方面引發我們的思考：一，根據信中的寒暄和疏證的請求，丁錦與鄭逸梅可能有比較深厚的交情，惟因材料不足，我們還無法斷言，但鄭逸梅作為文人，卻能受軍政界人物的關注和請求，亦側面反映其個人才學之聲譽。二，信中言鄭逸梅在佛經方面閱讀豐富，頗有修養，鄭氏以擅寫「補白」體的歷史掌故著稱，他的這層面相卻是我們未曾注意的。三，《軍人讀訓》作為國家頒行的軍隊訓誡的綱領性文件，在當時有以疏證體為其作注解宣傳的設想，且疏證的內容，要求涵蓋道德、宗教和法律三方面，這種著述構想，一方面是對全面提升軍隊思想文化素質的政府意志的回應，一方面也是民國政府時期軍隊現代化的進程中，一個頗有趣味的時代切片。其作預想遵循古籍的注疏體，樹立歷代名將的榜樣，強調道德，利用佛教，在繼承了傳統文化資源的同時，又兼收外來的耶教（基督教）和回教（伊斯蘭教），引進現代法律的規戒，反映出特殊時代背景下中西思想文化資源相互雜糅，共同作用於當時的軍政建設。這則材料也提示我們，鄭逸梅雖始終以文人本位自持自守，但他也不可能隔絕於文藝以外的世界，故而鄭氏友朋的尺牘的價值，也未必限於單純的文化史或藝術史領域。

網絡所見鄭逸梅友朋尺牘其實乃散見於各種拍賣行的圖錄中，今將之彙集在此。這批尺牘共有王益知、包天笑、朱積誠、李芳遠、姚養怡、高向瀛、郭俊綸、袁惠常、陳蝶衣、陳巨來、葉聖陶、裘柱常、趙景深、瞿耀邦、邊成十五位友朋致鄭逸梅尺牘。另有林松峰、袁思古、陳文無、夏敬觀、楊無恙、劉放園致李佩秋及顧廷龍致李宣龔七通。

這批鄭逸梅友朋尺牘數量雖不多，仔細品讀一過後，還是能發現其中所蘊含的豐富信息。在此舉郭俊綸這通尺牘為例，郭俊綸為土木工程師，其畢生致力於中國古典園林修建與研究。此外，郭氏另有一特殊身份，即他是上海著名藏書樓「書隱樓」的後人。讀過郭俊綸這通尺牘可知，這是當年鄭逸梅探訪郭氏書隱樓之後，郭俊綸寫給鄭逸梅的一通尺牘。也正是因為這次探訪的機緣，鄭逸梅才得以寫出《書隱樓後人郭俊綸》一文。從郭俊綸這通尺牘中可知，鄭逸梅文中關於書隱樓古今變遷介紹的史料，是來源於郭俊綸的這通尺牘。更重要的是，我們從郭俊綸尺牘中發現，他對書隱樓歷史的介紹遠比鄭逸梅的文章中來得詳細，至於鄭逸梅為何在文章中沒有過多的徵引郭俊綸尺牘中的內容，我們推測，不外乎文章的體例所限與鄭逸梅不想過於掠人之美這兩方面原因。當然，這通尺牘還有頗多有價值的細節之處，比如依據尺牘最後「癸亥秋分」（一九八三年九月二十三日）的落款時間可知，鄭逸梅探訪書隱樓當在這一時間之前，而他撰寫《書隱樓後人郭俊綸》一文則應在此後不久。還有，郭俊綸尺牘中提及上海的清代私家刻石的流傳過程，則是上海文化史與金石史上的一份難得史料，值得我們重視。最後，這通尺牘中還有一處耐人尋味的材料，就是關於豫園修建工程之事，郭說：「自從參加豫園修建工程，倏過四分之一世紀，當年匠師大多已不在世，設計院參加設計者僅存晚一人而已。不料去年出版《豫園》小冊，由陳某寫一序言，謂豫園是二十多年前我們修建的，未知晚是否被列入『我們』之內，但晚從未與彼共事，亦未見此君劃一綫、製一圖，而當時除民用院二三人參加設計，區房地局偶亦派一二青年協助外，並無他人參加，更無一人出自同濟……」郭氏尺牘中所言及的陳某，當是指中國園林建造權威陳從周，郭俊綸作為豫園修建工程的親歷者，對陳從周是否參加過豫園修建工程提出了置疑，其言論是具有一定的可信性的。只是，當我們查閱陳從周百度百科時發現，其簡介中仍有「六〇年代初，參與指導上海豫園修復」的含糊文字。所以，陳從周是否參加過豫園修建工程這一公案，還需要學界在關注當事人郭俊綸這一尺牘的基礎上，對之進行具體澄清。在此，我們只是擇取網絡所見一通鄭逸梅友朋尺牘，從中不惟可見鄭逸梅文章撰寫的過程與史料來源，還可勾連起上海清代私家刻石的流傳過程以及陳從周是否參加過豫園修建工程這樣有趣的話題，故這些網絡所見鄭逸梅友朋尺牘，雖吉光片羽，亦足可珍之。

本書所收錄《鄭逸梅家藏尺牘》分為兩部分，一部分為原藏鄭逸梅先生處，現歸上海圖書館所收藏的名賢尺牘，這部分共有尺牘一三五通。另外，鄭逸梅後人處亦有部分名賢尺牘，如鄭孝檉致高向瀛的五七通，本書將其一並編入《鄭逸梅家藏尺牘》這部分中。

原藏鄭逸梅先生處，現歸上海圖書館所收藏的這批名賢尺牘的上款者則比較複雜，其中既有吳大澂、沈曾植、羅振玉、胡適這樣鼎鼎大名的學人，也有鄭逸梅友人同時也是金石書畫家的趙眠雲、陳巨來等人。筆者細檢這批名賢尺牘後發現，有上款分別為哈少甫與丁福保者，因數量較多及內容豐富而具有頗高的研究價值。在此，就以上款為哈少甫的這批尺牘為例，略作揭示。

這批上款為哈少甫的尺牘共有三十四通之多，其內容主要與書畫鑒賞、古玩交易及中日文化交流有關，因而這批尺牘可以說是我們研究近代上海藝術史、文化史的一份難得的素材。上款人哈少甫，原名哈麟，字少甫，號觀叟，晚號觀津老人，齋號寶鐵硯齋。哈氏是二十世紀初曾活躍於上海工商界與書畫界的聞人，曾參加過上海書畫研究會、海上題襟館書畫會、西泠印社等書畫團體並先後擔當過這些團體的主理人，有《寶鐵硯齋書畫》、《丙寅東山遊記錄》等行世。

這批尺牘中有一通楊葆光致哈少甫者，對我們瞭解哈少甫的齋號寶鐵硯齋的由來頗有幫助。楊葆光尺牘中說：「少前囑擬寶鐵硯齋聯，久而未成。竊謂此聯不能粘滯鐵硯，反失渾成，且致齋字落空，不知雅意以為如何？」按尺牘中所說，哈少甫請楊葆光為他的書齋「寶鐵硯齋」撰寫書房聯，楊葆光在信中與哈少甫討論書房聯的撰寫思路，他認為在聯中不能直接用到「鐵硯」兩字，那樣的話容易讓人誤解，而使這一為書齋所撰的聯文變成專為「鐵硯」所撰。同時，在這通尺牘之後，楊葆光還附紙別錄他所擬對聯一副：「金石之間成小築，鼎彝而外寄閒身。」顯然，這樣的聯文與尺牘中所言及的撰寫思路是一致的，聯中雖未提及哈少甫的這方鐵硯，卻將哈少甫寄情金石、摩挲鼎彝的閒適之情描摹得較為生動傳神。同時，這副對聯上還題有一段識語：「少夫先生得吳門韓封翁舊藏鐵硯，因以寶鐵硯名其齋，繪畫徵題，復屬予作偶語以張之。請正。辛亥夏，八十二叟楊葆光並識。」從這一識語中，我們還可以知道哈少甫這方鐵硯是得自「吳門韓封翁」，儘管楊葆光將收藏鐵硯的韓崇並有「鐵硯齋」之號混淆成了韓崇弟韓葑，不過這一稍有偏差的信息並不影響理解這方鐵硯的由來，那就是哈少甫的寶鐵硯齋中的那方鐵硯與清中晚期蘇州韓崇鐵硯齋的那方鐵硯為同一方硯臺。

與此同時，我們在這批哈少甫上款的尺牘中還看到不少近代中日文化交往的事蹟，其中以書畫鑒賞與創作為中心的活動尤為顯目。比如有一通廉泉寫給哈少甫尺牘，內容如下：

觀津先生閣下：曩承清讌，因觸暑小極，不克趨陪，至深歉悵。東京南畫家小室翠雲與書道、畫道（美術月刊）主任井土靈山將由京來滬（已到青島。早晚可到，預定住六三亭），屆時乞公要約鑒藏家招待一切，弟病榻纏綿（患腹疾月餘矣），不堪酬應，實為憾事。潘君曾蔭（愛多亞路廿五號中外股票交換所董事）及汪君亞塵（東京美校學生，寓西門外上海美術學校）、姚君爵五（寓法界白爾路明德里九號）東語極好，皆與靈山翁（東京名士也，著作等身）舊交，弟已各各通知，足任通譯，更得我公為介紹鑒藏諸公，圖一握手，不落寞矣。如有公宴，弟即不能到，亦願列名望與吳昌老、王一翁，提議如何，歡迎為幸。力疾率報，敬頌道綏。弟廉南湖再拜，八月十一日。

廉泉這通尺牘主要圍繞日本南畫家小室翠雲和日本《美術月刊》主任、學者井土靈山訪問上海一事而展開，廉泉因患腹疾，不便接待兩位日本友人，希望哈少甫代為招待並為之介紹當時上海的「鑒藏諸公」，在信中說他已為聚會安排潘曾蔭、汪亞塵、姚爵五等三位翻譯云云。這通尺牘的最後有寫信時間為八月十一日，雖然信上沒有具體年份的記載，我們通過查檢「全國報刊索引」發現，井土靈山在一九二一年八月二十二日的《新無錫報》上刊載詩一首，在這首詩序中提到了廉泉在小萬柳堂與中日文士宴集一事，其云：「八月十四日，偕翠雲畫伯同車訪廉南湖居士於上海曹家渡小萬柳堂，是日居士設文酒之會。老畫師吳君昌碩、王君一亭、鑒藏家李君平書、哈君少甫及吾友潘君曾蔭皆在焉。醉中漫賦一首代謝言。」從時間來看，這次宴集活動僅僅是在上通尺牘的三天之後，參加這次宴集的不僅有海上老畫師吳昌碩、王一亭，還有鑒藏家李平書、哈少甫，以及井土靈山的好友潘曾蔭等人。同時可知的是，在致哈少甫尺牘中說自己「病榻纏綿，不堪酬應」的廉泉最終還是主持了這次中日文化雅集。當然，通過井土靈山詩作的刊發時間二十二日，我們可推知，廉泉致哈少甫的這通尺牘的寫作時間應是一九二一年八月十一日。

如前所說，這批哈少甫上款的尺牘中既有着近代中日文化交往的生動案例，還有着書畫鑒賞、古玩交易等方面有價值的內容。此外，據筆者檢索中國藝搜網發現，哈少甫的友朋尺牘尚有遺珠在世，如朵雲軒拍賣有限公司曾拍賣過一冊哈少甫上款的尺牘，其中有王震、潘飛聲、朱家驊、裴景福、李瑞清、汪洵、宋漢章等名流致哈少甫尺牘三十二通，西泠印社拍賣有限公司也曾拍賣過八通李瑞清致哈少甫尺牘，這些尺牘所涉及的有古物鑒定、題跋、估值、質押、交易等，其中所言人事與現藏上圖這批哈少甫友朋尺牘往往有所關聯，所以，將之進行互證與對讀，或者能拼合與還原出更多隱藏在歷史深處的細節與事件。

本書所收錄《鄭逸梅家藏尺牘》中也有部分名賢尺牘現藏於鄭逸梅後人處，這其中以鄭孝檉致高向瀛的五七通為最大宗。鄭孝檉（一八六三—一九四六）是一位幾乎被近代歷史所遺忘的文人，在鄭孝檉去世後不久，鄭逸梅在一九四六年十二月七日發表短文《鄭稚辛遽歸道山》，據此我們才得以稍許瞭解其生平。這是鄭逸梅的集外佚文，也是目前為數不多的回憶鄭孝檉的文字，先節錄如下：「閩中多詩人，鄭稚辛其一也。稚辛諱孝檉，為夜起庵主人弟，庵主事溥儀為奸逆，稚辛卻不願參與其事，偽府一再徵之，不應，顏其齋曰『柳下居』，以吟詠□□為業，詩才不亞乃兄，……最近病逝北平，年八十有餘，稚辛與青山農甚友善，稚辛死，青山農詩以挽之，並為書墓碑，予曾於蔗香館見稚辛遺札，書法秀逸可喜，予蒐羅時彥尺牘，稚辛札卻未之獲也。」[2]鄭逸梅曾在黄葆戉家中看到鄭孝檉的遺札，贊其「書法秀逸可喜」。鄭逸梅當時已經熱衷於搜集時彥尺牘，但還未獲得鄭孝檉的尺牘，這批鄭孝檉致高向瀛的尺牘應當是他後來留意收羅的。儘管鄭孝檉的存世材料極少，我們在其兄《鄭孝胥日記》中還是能看到他的身影，特別是這些日記中的記載可以與這批鄭孝檉尺牘進行互證。如有一通落款「三月十九日」的鄭孝檉尺牘中說道：「夜起庵叟長春新宅顔為『柳下居』，以宅中多柳也。頃寄詩曰：『舉世紛紛盡笑余，嘉名攬揆似包胥。門前誰識心如水，抱膝初來柳下居。』近來之謗議者，遺老中尤不乏其人，此亦人情之常，不足詫異。」結合《鄭孝胥日記》中贈詩的記載，這通尺牘作於一九三二年四月二十四日，正是偽滿洲國成立後不久[3]。當時有許多遺老都對鄭孝胥避而遠之，甚至大張撻伐，鄭孝檉認為會有這些謗議也是「人情之常」。從鄭孝檉後來屢屢拒絕日偽政府的徵請來看，他確實有着可貴的民族氣節。鄭孝檉的齋號「柳下居」繼承自鄭孝胥，較之兄長，顯然更具亂世之中的逸民品格。

鄭逸梅評價鄭孝檉「詩才不亞乃兄」，但鄭孝檉的詩名始終被兄長所掩，陳衍在《石遺室詩話》中也不得不感歎：「稚辛、蘇勘同懷，真難為弟者。然蘇勘精悍而稚辛婉約。」[4]鄭孝檉尺牘的上款者高向瀛（一八六八—一九四六），字穎生、郁離，福建侯官人，民國後任福建商務印書館經理，與鄭孝檉同屬同光體閩派後期詩人，在舊體詩的空間被不斷壓縮時，他們仍與陳衍、何振岱、李宣龔等其他閩派詩人以詩文相砥礪。由於鄭孝檉並未見有詩文集存世，這批尺牘中蘊含的諸多交往細節以及鄭氏佚詩，有助於還原鄭孝檉這位幾乎被遺忘的閩派詩人。

如尺牘中有落款「四月廿三日」的一通尺牘云：「奉惠書，適有天目之遊，遂稽裁答。同行者為夷俶、拔可、夏劍丞，又濤園第三女名莫邪者，及夷俶女（沈崑山夫人）挈其十二歲之女公子，往還旬日，惜無文字足發山水之音。」據《鄭孝胥日記》一九二五年五月五日：「稚辛與貽書、劍丞、拔可等同遊天目。」[5]五月十三日：「稚辛自天目歸。」[6]可知這通尺牘應作於一九二五年五月十五日，鄭孝檉不久前與李宣龔、夏敬觀、沈瑜慶之女沈莫邪，以及林開謩攜其女兒及外孫，共七人一同往遊天目山。鄭孝檉雖說自己「惜無文字」，但一九二六年九月二十九日鄭孝檉發表過《乙丑四月遊天目山同移疏劍丞拔可沈莫邪（濤園女）及其弟娟林（移疏女）姪女燕時燕年十二》七古一首⑦，夏敬觀《忍古樓詩》卷十亦有《乙丑遊天目山雜詩》七絕十首⑧。高向瀛《還粹集》有《稚辛函示紀游天目諸作感賦寄和》，中云：「邇來更狀天目勝，逕山鸞鶴追坡仙。七人作者少長集，映庵拔可相後先。」⑨說明鄭孝檉在天目之遊後不久，還是與隨行諸人一同吟詠紀游，並寄贈詩稿，高向瀛才得以唱和。

又如，鄭孝檉曾在一九三二年初短暫旅居滬上。《鄭孝胥日記》一九三二年一月二十五日記載：「送稚辛、五丁登大連丸。」⑩鄭孝檉落款「二月廿三日」即一九三二年三月二十九日致高向瀛的信云：「留滯淞濱，忽已三月，今定二月廿七日附太古輪船赴津。……頃正議和中，結果若何未可知，而海上居人已無恐怖，後來即有事亦不在此間矣。」由此可勾勒出鄭孝檉滬上旅居的時間在一九三二年一月二十五日至四月二日。鄭孝檉旅滬不久，爆發了「一・二八事變」，尺牘中有一通鄭孝檉在是年「元月三日」即一九三二年二月八日致高向瀛的信，反映了他當時的心境：「十日來，炮火劇烈，全市震驚，而實受焚殺者，則在滬北萬家。我等所居，距戰地特數里耳。以此刻論，何止地獄仙山之別。是何天道，不知所云。至於戰鬥情形，閩中當悉大概，不能殫述，其實際亦難盡悉。意者旬日之內必有解決。閩中雖亦多故，歲除元旦尚有承平景象。此間則徹宵達曉，以槍炮之聲代爆竹而已。」事變後中日雙方在吳淞口交戰，鄭孝檉所居之處可聽到劇烈的炮火。鄭孝檉正是在這樣緊張的局勢下，在二月五日除夕當晚獨步靜安寺，並作《壬申元夜獨行靜安寺作》一詩。該詩稿也保留在《家藏尺牘》中，應是鄭孝檉不久後寄給高向瀛的，原文作：「失笑居然一禿翁，清宵踏月更無同。奪關漫道功能建，禁夜偏教興易窮。萬點寒光搖墓樹，幾家野哭入天風。憑君莫怒魚龍戲，畫閣飄鐙影自紅。」結合當時的情境，鄭詩中的「萬點寒光搖墓樹，幾家野哭入天風」，描繪的是滬北戰場的慘烈景象，鄭孝檉遙想高向瀛所在的閩中魚龍舞動、畫閣燈紅的喜慶氛圍，反觀自己的居處竟「以槍炮之聲代爆竹」，全無賀歲之興。高向瀛《還粹集》有《次稚丈元夜獨行韻》，是給鄭孝檉的和詩，則以「農書頒佈朝天日，草野歡酺酒面紅」這樣的壯語激勵老友⑪。

以上是對本書中的鄭逸梅友朋尺牘及其家藏名賢尺牘部分內容作一解題式的介紹，特別是鄭逸梅友朋尺牘這一部分，其中既可見鄭逸梅先生廣縱的交遊，也為我們提供一個進入鄭逸梅文化生活空間的有效入口。當然，本書所呈現的鄭逸梅友朋尺牘及鄭逸梅家藏尺牘還只是他閎大深遠的尺牘世界的一小部分而已。我們以為，學界如能將本書與之前已出版的《鄭逸梅友朋書札手跡》、《鄭逸梅收藏名人手札百通》、《著硯樓清人書札題記》、《尺牘叢話》等書中相應內容進行拼合、互證與對讀，並最終為世人重構出一座鄭逸梅與現代中國的文化大廈，這才是我們整理與流佈鄭逸梅友朋尺牘的目的之所在。

甲辰夏六月，東亭丁慕光謹撰於海上思奎堂⑫

① 蔣介石：《國民精神建設之要旨》，轉引自鍾離蒙等主編《中國現代哲學史資料彙編》第二集第七冊，瀋陽：遼寧大學哲學系，一九八二年，第一〇一－一〇二頁。

② 鄭逸梅：《鄭稚辛遽歸道山》，《立報》一九四六年十二月七日。

③ 勞祖德整理：《鄭孝胥日記》，北京：中華書局，一九九三年，第二三七八頁。

④ 陳衍：《石遺室詩話》，北京：朝華出版社，二〇一七年，第六九頁。

⑤ 勞祖德整理：《鄭孝胥日記》，第二〇五〇頁。

⑥ 勞祖德整理：《鄭孝胥日記》，第二〇五〇頁。

⑦ 鄭孝檉：《乙丑四月遊天目山同移疏劍丞拔可沈莫邪（濤園女）及其弟娟林（移疏女）姪女燕時燕年十二》，《先施樂園日報》一九二六年九月二十九日。

⑧ 虞思徵編：《夏敬觀著作集》，上海：復旦大學出版社，二〇一九年，第四〇二—四〇五頁。

⑨ 高向瀛：《還粹集》，卷三，民國二十六年（一九三七）刻本，第二〇頁。

⑩ 勞祖德整理：《鄭孝胥日記》，第二三六一頁。

⑪ 高向瀛：《還粹集》，卷四，第九頁。

⑫ 是文撰寫，門生尹偉傑、邊志府皆有貢獻，謹致謝忱。

一 鄭逸梅友朋尺牘

商笙伯致鄭逸梅

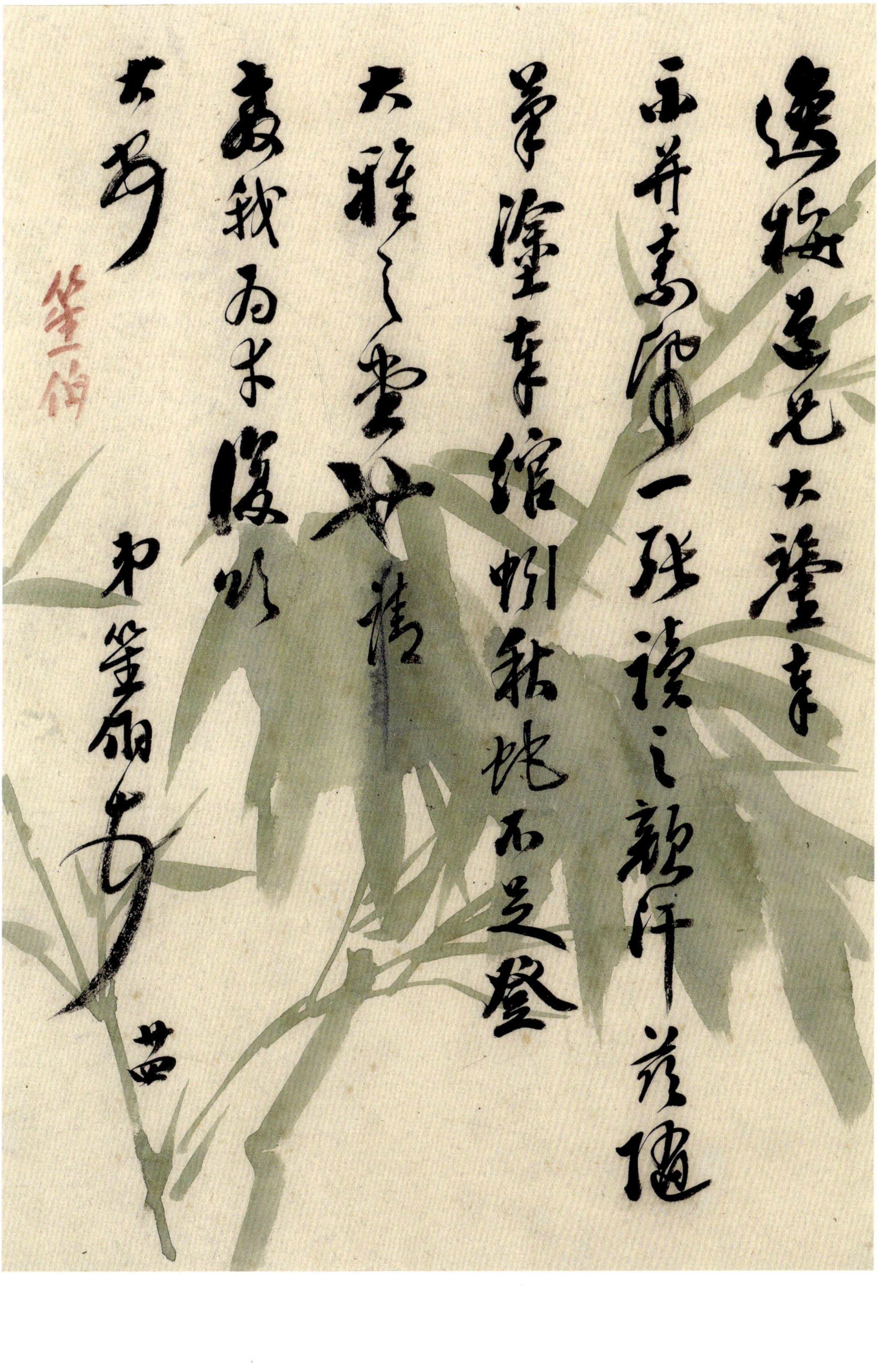

上海商業儲蓄銀行
上海總行

逸梅先生大鑒前奉
瑶章敬聆一切敝友之稿已
承完全刊出甚感甚感承
屬一節自當撰稿寄奉弟以前年報中屢承
閣下惠稿愧無以報今荷
徵稿每月當寄短篇一篇以襄務於貴藉答
雅誼惟何時需用或最需何項稿件請即
示知為荷此頌
台安
弟張春帆拜啓 六、五

中華民國 年 月 日第 號第 頁

20M-2-31-K.Z.D.

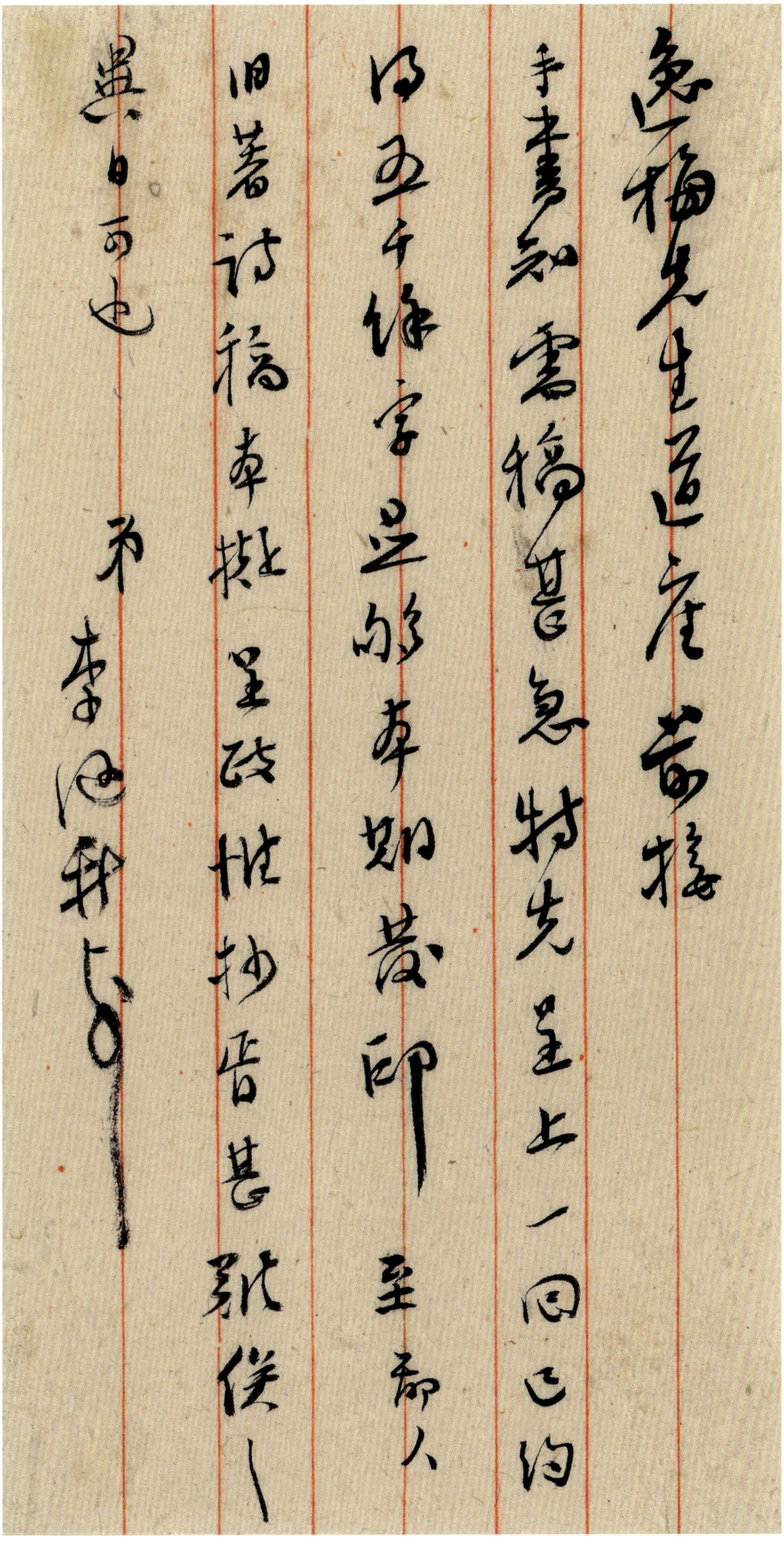

逸梅先生道席：昨接
手書，知雲稿甚急，特先呈上一回，已約
得五千餘字，足夠本期發印。至鄙人
舊著詩稿，本擬呈政，惟抄胥甚懶，俟
異日可也。
弟李涵秋上

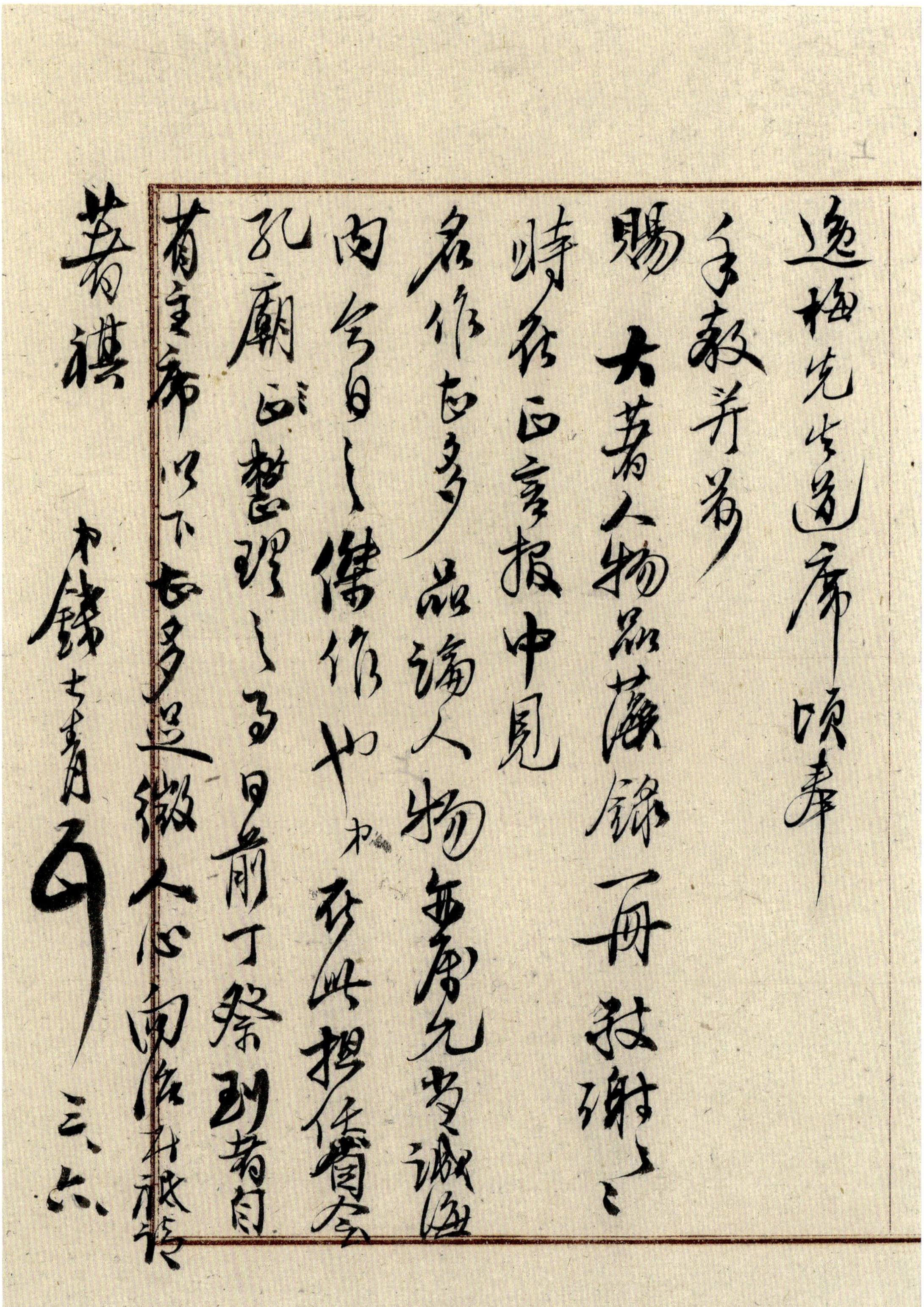

逸梅先生道席：頃奉
手教并荷
賜　大著人物品藻錄冊，敬謝〻。
時於正言報中見
名作甚多，品論人物無虞允當，識解
內容自〻傑作也。弟在此擔任會
孔廟正整理之事，日前丁祭到者有
省主席以下甚多，足徵人心向儒。耑此祗請
著祺
弟錢士青頓　三、六

許指嚴致鄭逸梅、趙眠雲

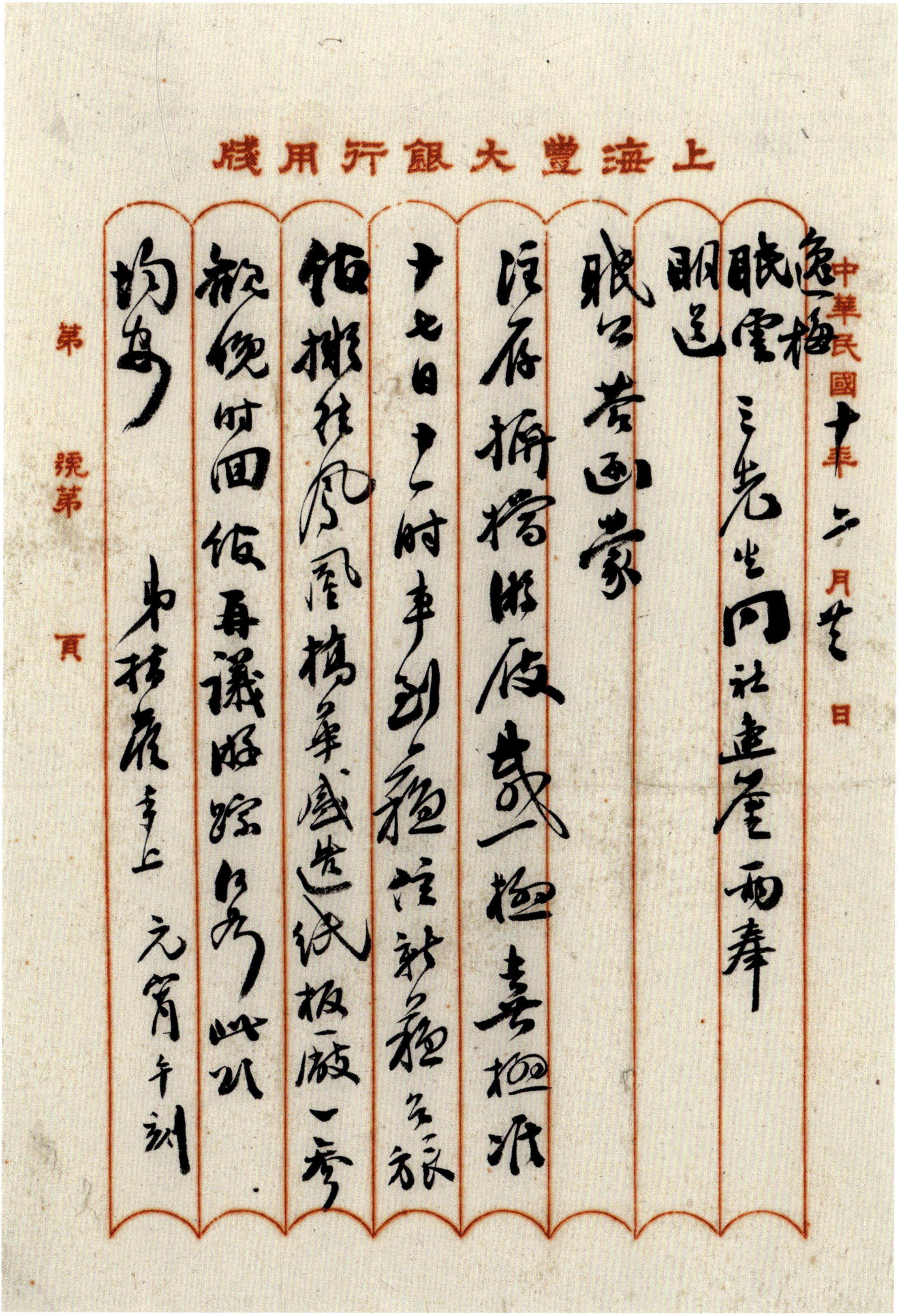

上海豐大銀行用牋

中華民國十年二月廿七日

逸梅
眠雲三先生同社建屋兩奉
明遠
眠公芸函蒙
須存攝檔聯歡歲一攝書極准
十七日十時車到舞台往新舞台合照
佰撤往風風攝華盛遷紙板一版一番
敝處時回後再議將蹤何處此訊
均安
中指嚴手上　元宵午刻

第　　號第　　頁

貢少芹致鄭逸梅

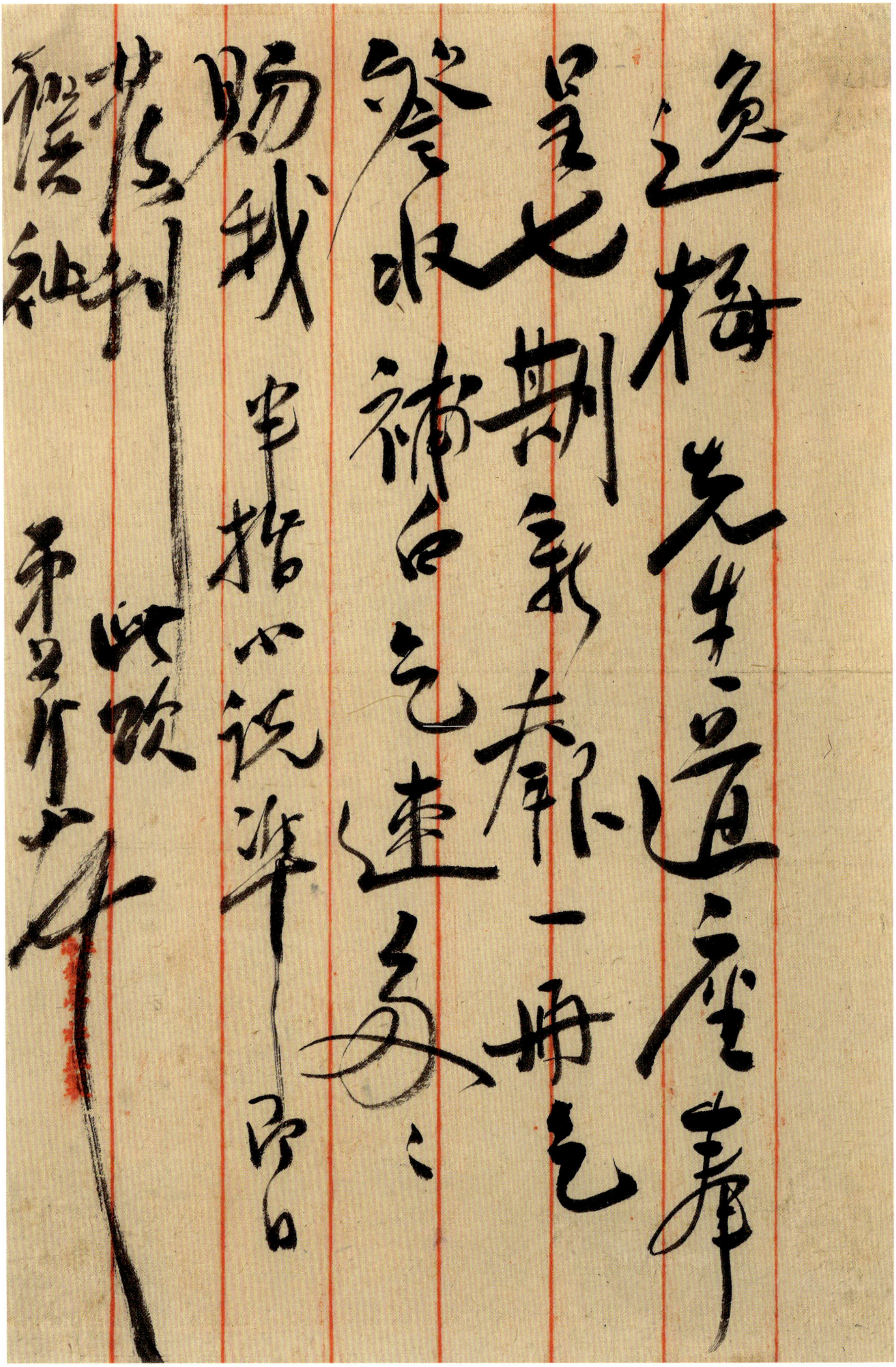
逸梅先生道席：奉
呈七期新春郵一冊，乞
察收。補白乞速寄之。
賜我半指心說，準即日
著作。此頌
撰祉
弟少芹頓首

程瞻廬致鄭逸梅

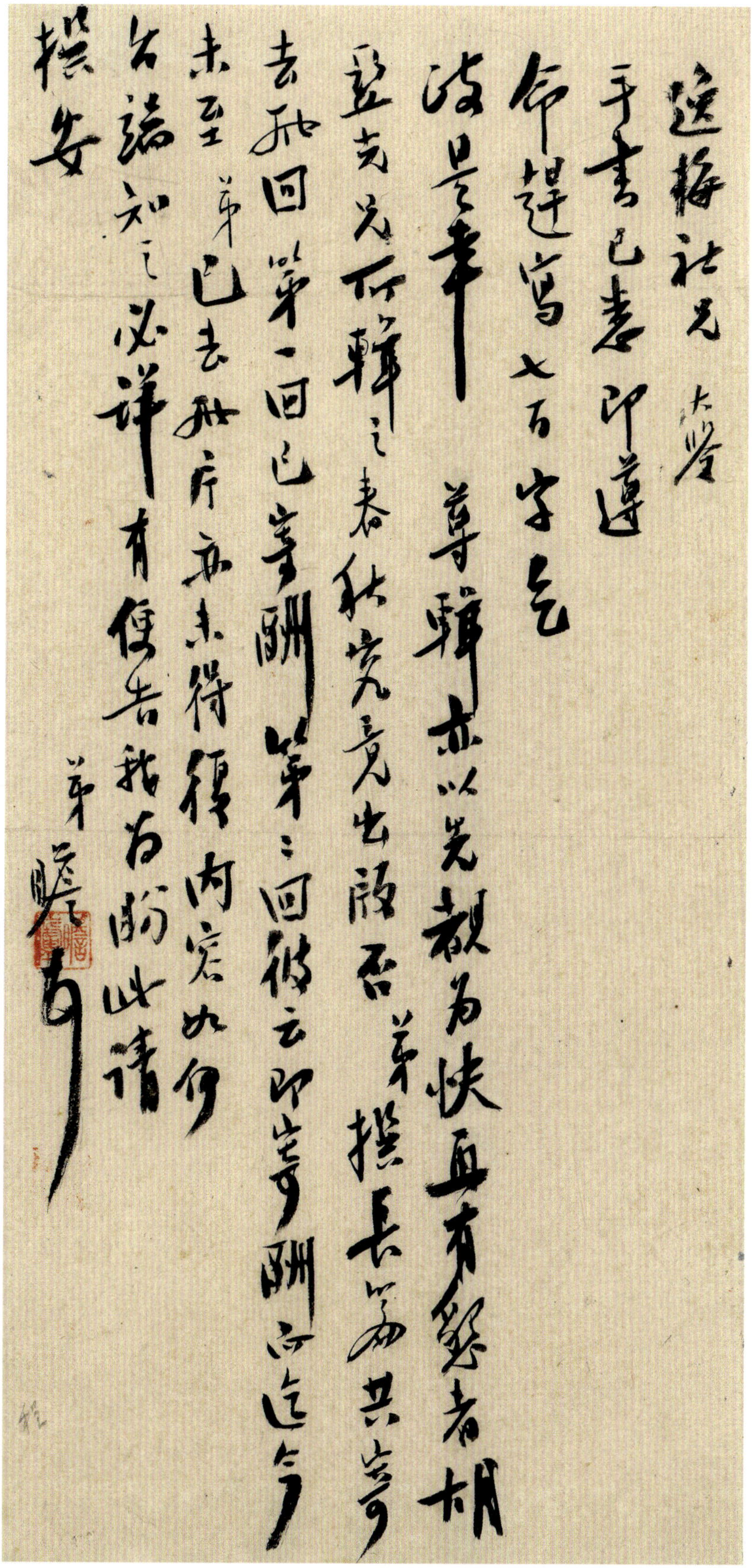

逸梅社兄大鑒：手書已悉。印尊命題寫七百字已竣，是幸。尊輯並以先睹爲快，真有懸者。胡寄塵先生所輯之春秋竟出版否？弟擬長篇共寫去秋回，第一回已寄酬，第二回猶云即寄酬，亦迄今未至。弟已去函詢，亦未得復，內容如何，台端知之必詳，有便告我爲盼。此請撰安

弟瞻廬

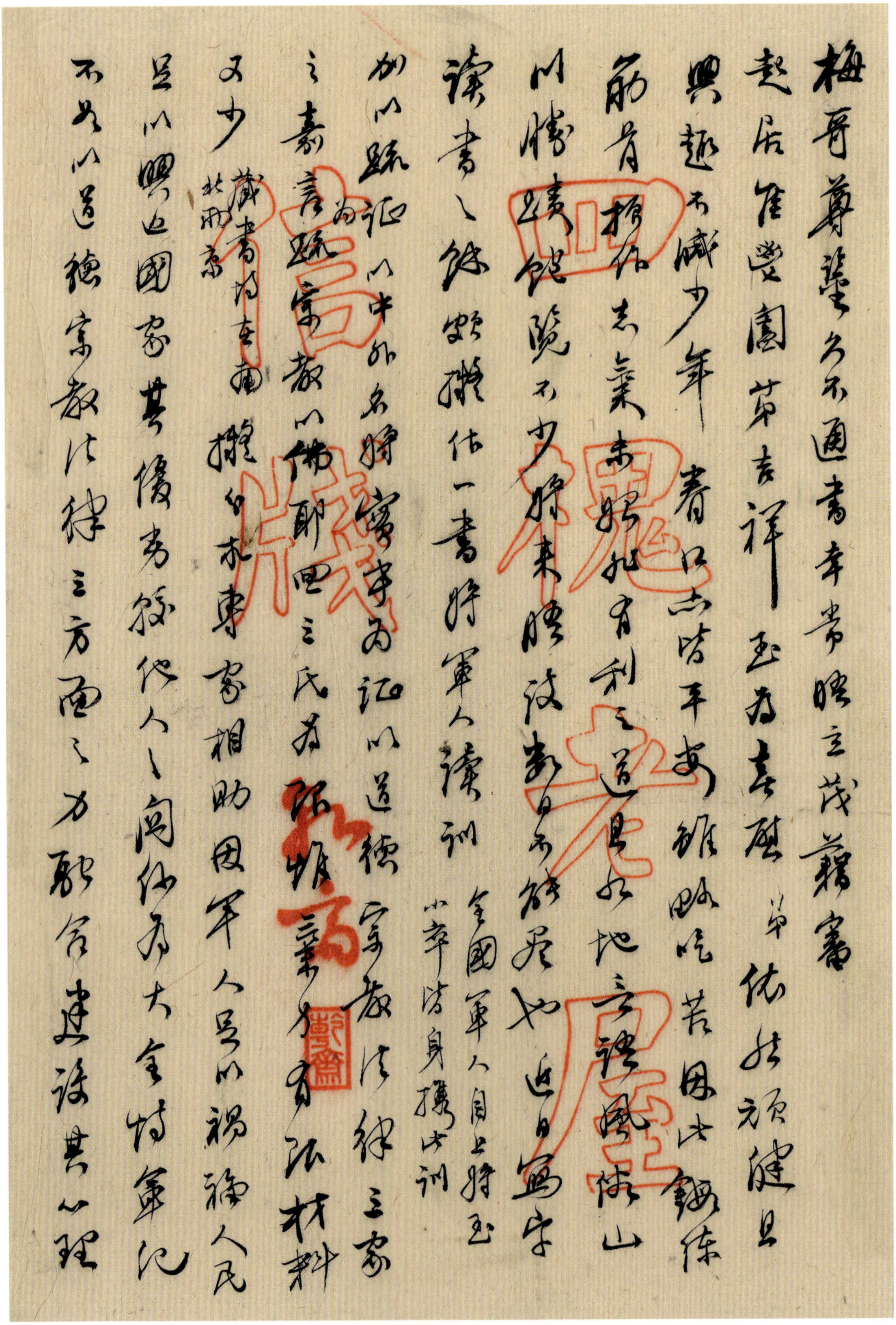

梅哥尊鑒：久不通書，幸常晤立茂，藉審
起居佳勝，園草吉祥，至為喜慰。弟依然頑健，且
興趣不減少年。青口亦皆平安，雖略呈苦困，比較從
前稍佳，志氣未餒，亦有利之道，是在地方之鎮撫山
以情續。繼覽不少將來勝波，故自不能盡也。近日寫字
讀書之餘，點撰估一書，將軍人讀訓（全國軍人自上將至小卒皆身攜此訓）
加以疏記，以中外名將實事為證，以道德家教法律之家
之嘉言疏實為證，教以佛耶回三氏為證，姓氏之學有證材料
又少（藏書均在南，北平京），撰述東家相助。因軍人足以禍福人民，
足以興亡國家，其價當敍，代人人同仰為大全。惜筆記
不若以道德家教法律三方面之力融合建設其心理

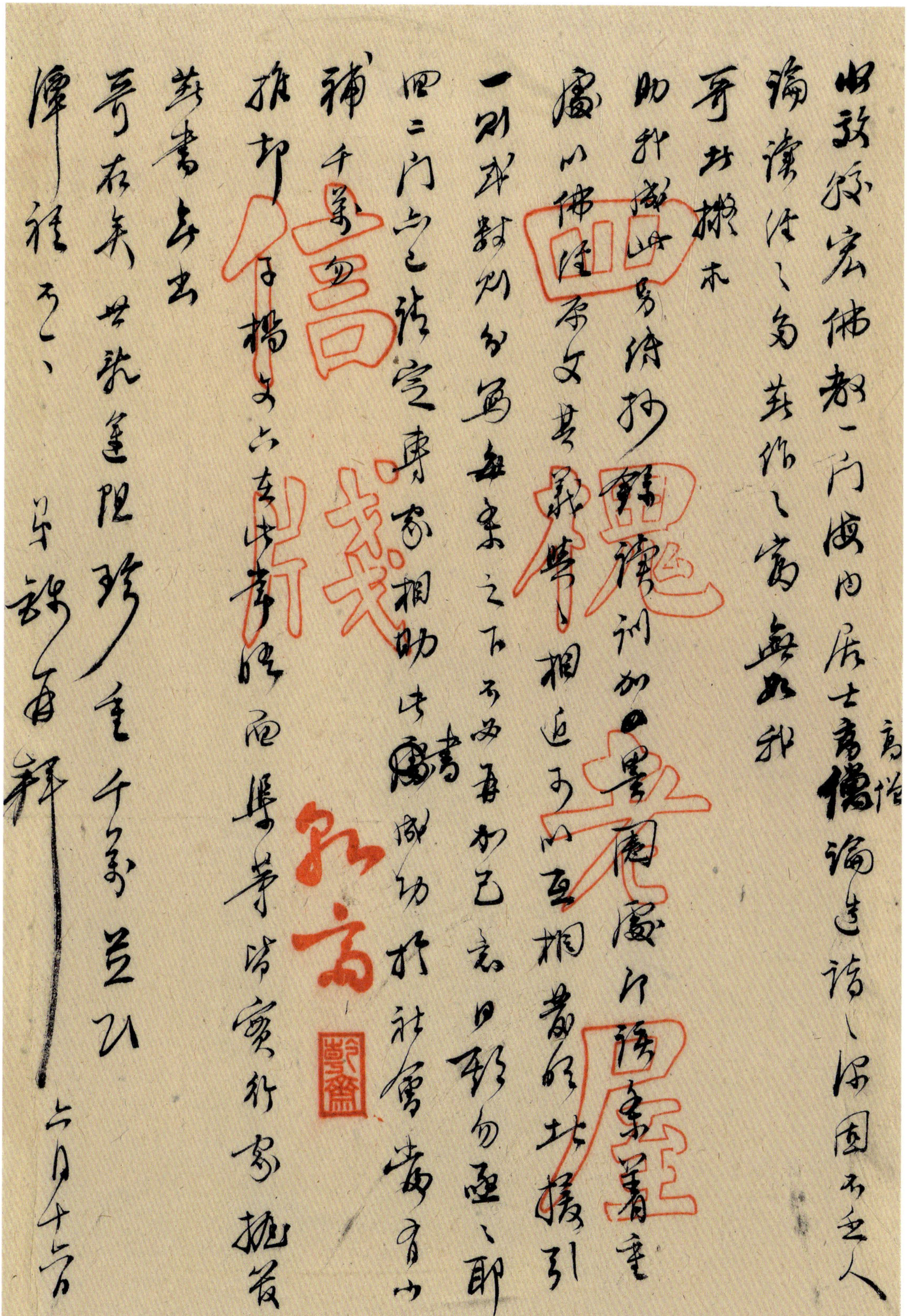

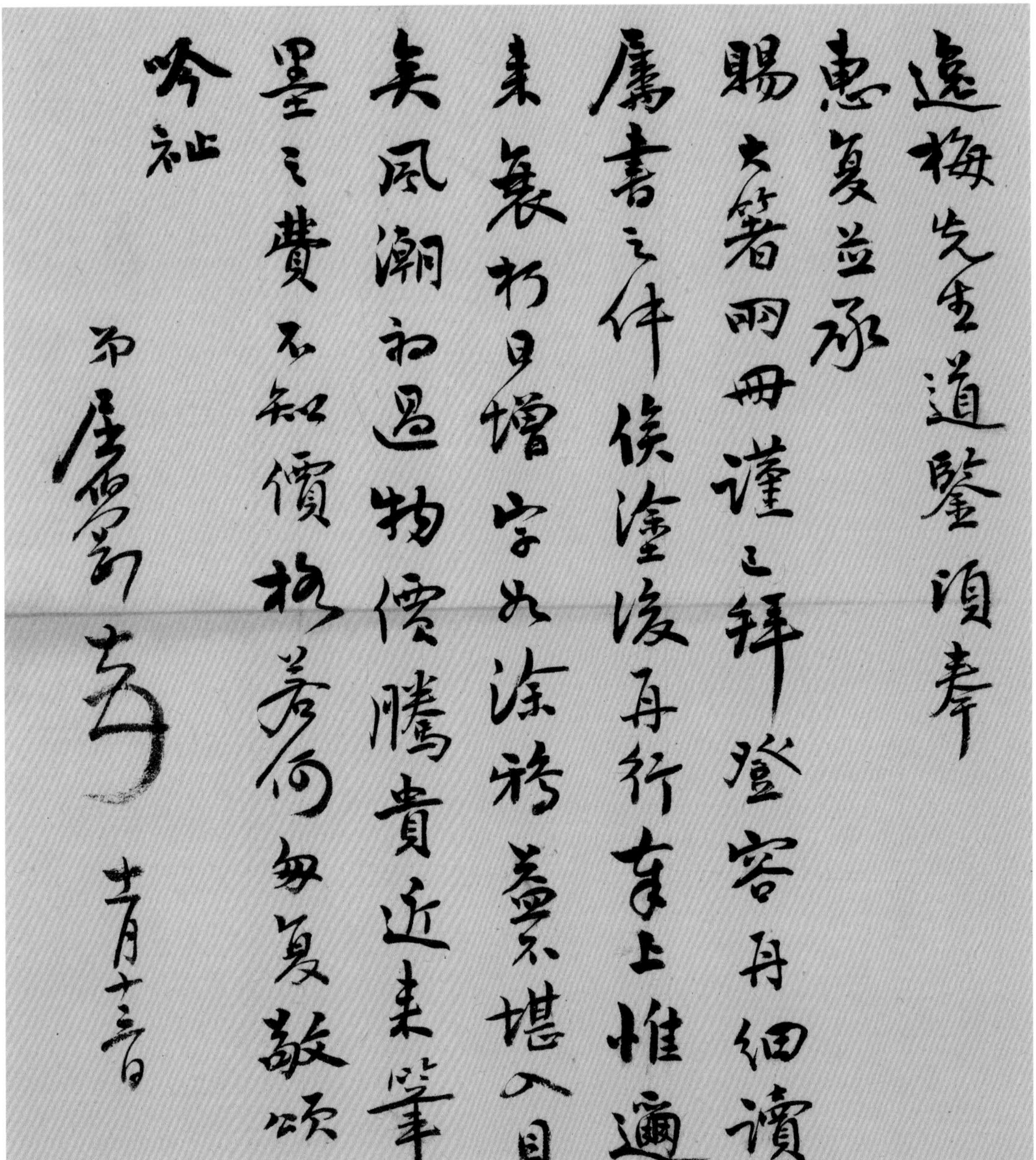
逸梅先生道鑒：頃奉
惠复並承
賜大箸兩冊，謹已拜登，容再細讀。
屬書之件，俟塗後再行奉上。惟適
來衰朽日增，字如涂鴉，蓋不堪入目
矣。風潮初過，物價騰貴，近來筆
墨之費不知價格若何，毋复。敬頌
吟祉
弟屈伯剛拜
十二月十三日

逸梅先生

惠書謹悉 瑣事乘便感謝無既

此種日曆如確定每個八分亦甚可取 惟不知貨色如何 底板能為彩爛之石印否 又須加印一方小銅板(此板亦須代製) 能不模糊最好 最好先寄一兩種式樣來 以便有了尺寸即可從事繪画

前途定數為陸百份 俟此信見覆後即可將定洋寄上 一個月期 未嘗不可 惟須在陽曆十二月内 祈不誤事 至囑至盼

來函謂近事多拂逆 此不足慮

僕自共和告成以來十四年中對社會無不拂逆 五六年來對家庭無不拂逆

然尚能謹守孟子之言"天之將降大任于斯人也 必先苦其心志 勞其筋骨 餓其體膚 行拂亂其所為 所以動心忍性 增益其所不能" 因是每遇拂逆 輒以此數語自勵 今歲以來自覺漸有展眉之勢 則拂逆轉所以造就我胸襟也

心有所得不敢自秘 特以奉告 并申慰前途無量幸福也 此頌 冬安

俞天憤 [signature]

十月初十晚

倩瞻小青告以紅梅画已妥

附鄭苑三分

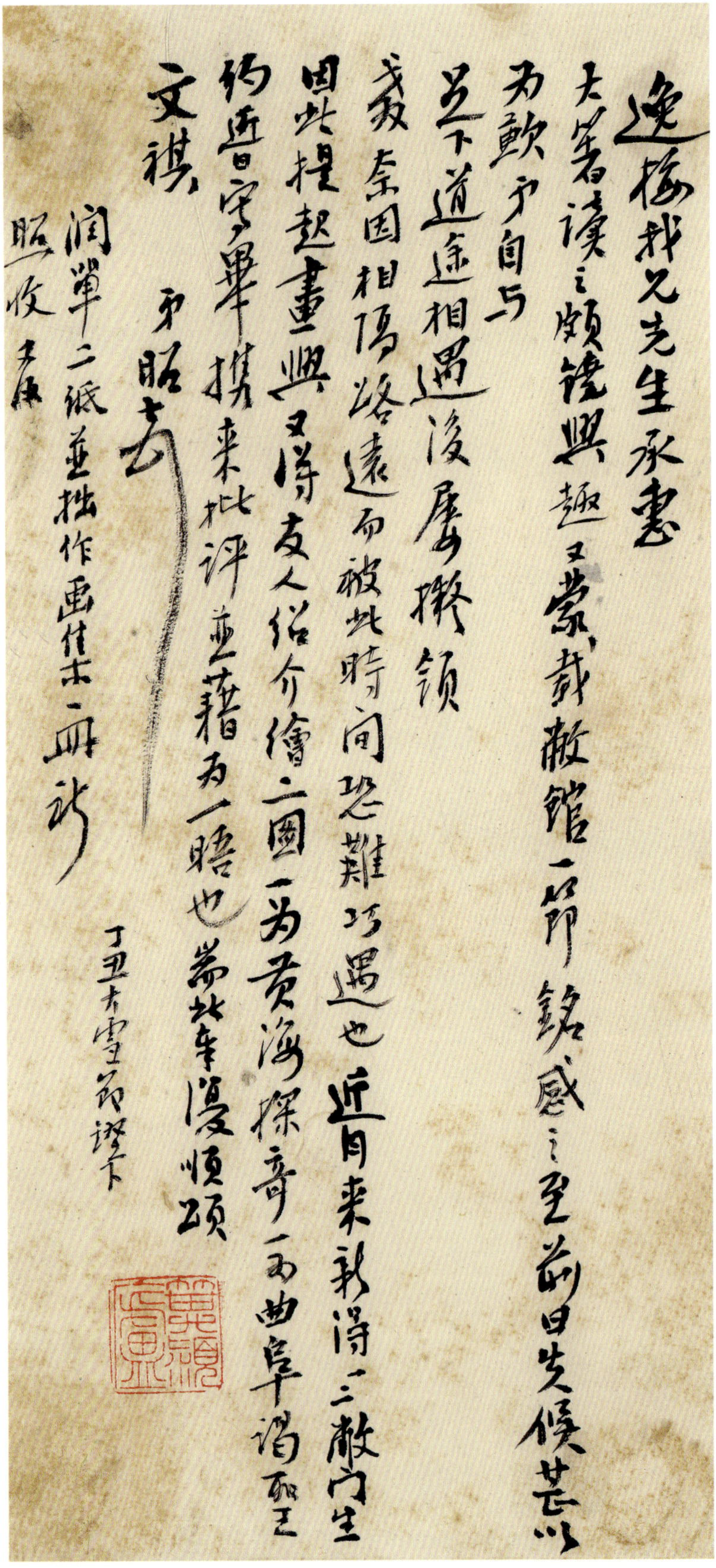
逸梅我兄先生：承惠
大箸，讀之頗饒興趣，又蒙載敝館一節，銘感之至。前日失候，甚以
爲歉。弟自與
足下道途相遇後，屢擬領
教，奈因相隔路遠，而彼此時間恐難巧遇也。近月來新得一二敝門生，
因此提起畫興，又得友人紹介繪二圖，一爲黃海探奇，一爲曲阜謁聖，
約略寫畢，攜來批評，並藉爲一晤也。草此奉復，順頌
文祺。
弟昭上
潤單二紙並拙作畫集一冊，祈
照收。又及。
丁丑大雪節燈下

劉鐵冷致鄭逸梅

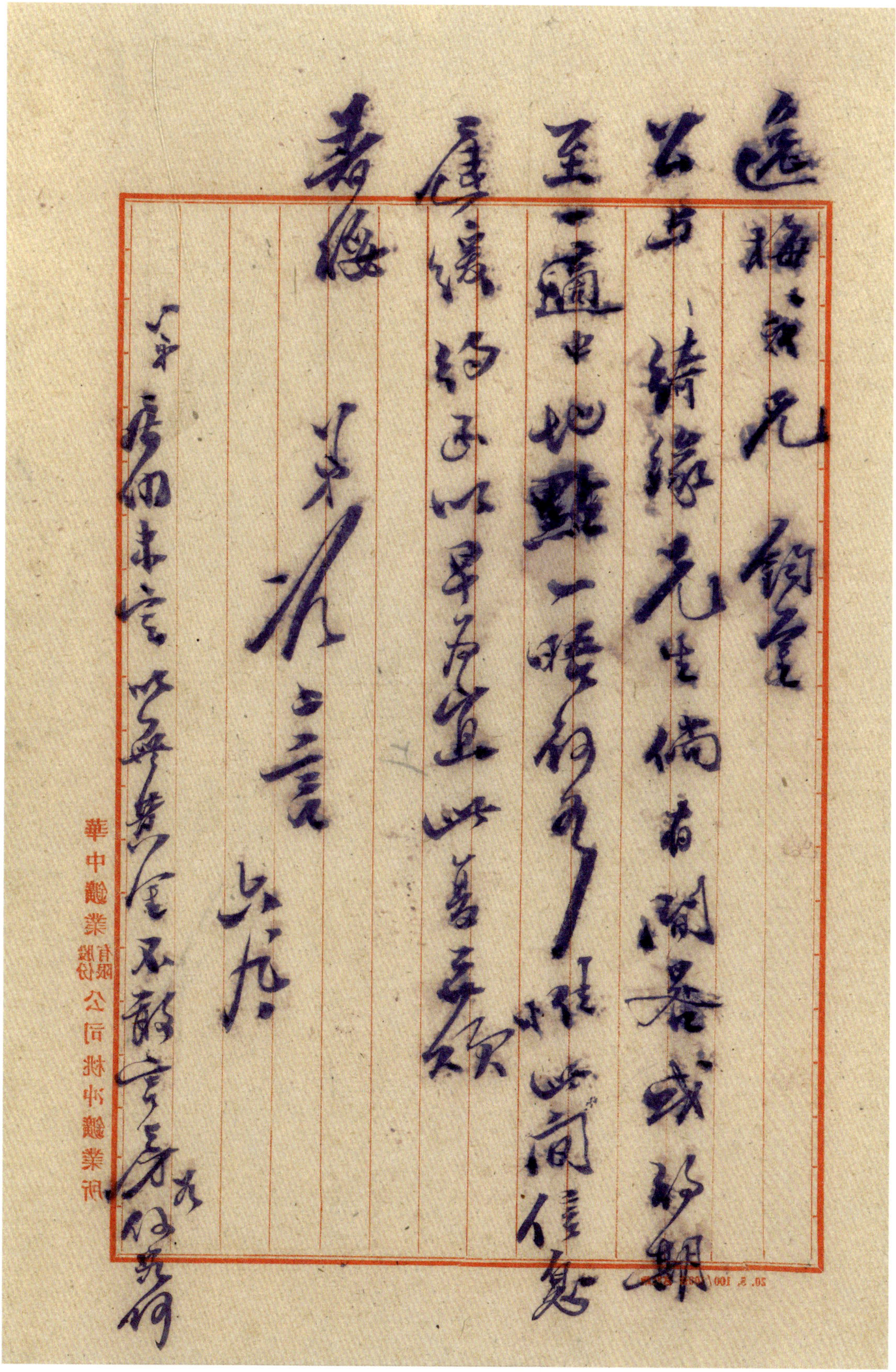
逸梅我兄鈞鑒：

公子續緣先生倘有閒暑，或移駕至一適中地點一晤何如？往北四川路人佳處

康緣約予以早為宜，此暮亦紉

著綏

弟 鐵冷 上言

六．九

又弟病未全愈，此無暇兼顧，不能一一奉答，何如

華中鑛業有限公司桃冲鑛業所

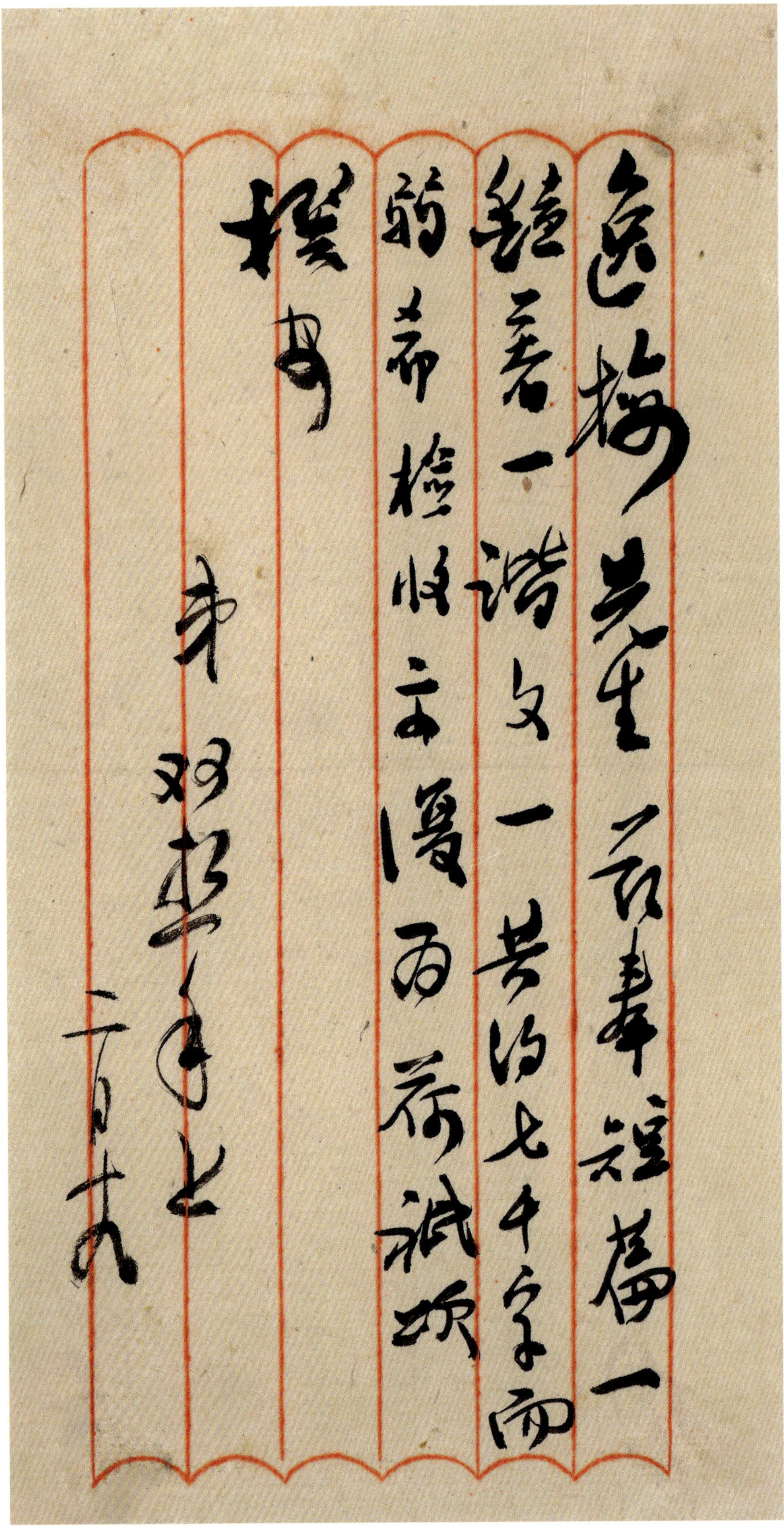

逸梅先生去秋奉讀梅一
鐙若一譜文一共約七千字而
翦荷檢收未復兩存祇頌
撰安
弟雙熱手上
二月十六

正風文學院

玉章、逸梅先生均鑒：逕啟者，茲有世講沈金武君向
在中國國光等中學讀書，茲擬至
貴校肄業，務請
推愛收錄。此君家道清寒，學費希能予輕減，
尤以感激。專此奉布，不盡欲言。敬頌
日安

弟王西神頓首　三月

地址　上海閘北交通路　　電話　四一六一七一

姜丹書致鄭逸梅

潘係現任國立藝專校長，他係一師畢業生，並未出外留學，亦算是傑出人才。丰氏班次，潘氏略早。

私立中國紡織染工程學院

第　號

逸梅先生：日前讀大作「經書題跋……」其中所有更正：即丰子愷係經氏學生，不是同學。又山左係山東，山西係山右，經氏那時不在太原。故應改為「一時名流如夏丏尊、李叔同等均往歸之，潘天壽、豐子愷等均出其門……」「……適因為赴山右（或簡直稱太原）」。吾兄今日之隨筆皆是他日的史料，故尤要所知無[illegible]也。順頌

著安

弟丹書

卅六、八、七

民國　年　月　日

上海西康路（小沙渡路）二九三號　電話三四〇六四

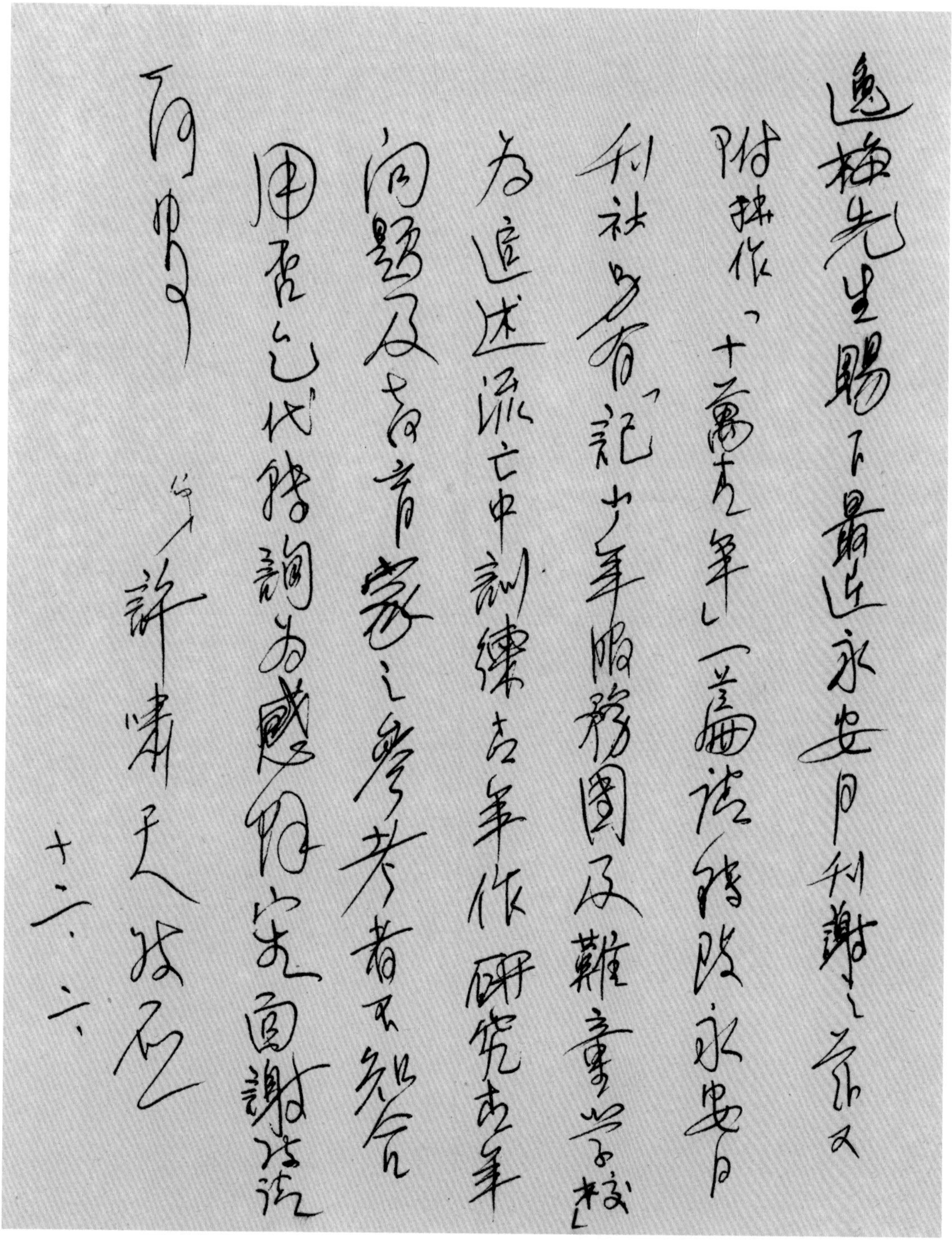

逸梅先生：賜下最近《永安月刊》，謝謝。茲又附拙作《十萬青年》一篇，請轉致《永安月刊》社。另有《記少年服務團及難童學校》，為追述流亡中訓練青年作，研究青年問題及青年教育家之參考者，不知合用否？乞代轉詢為感。如用完，面謝。此請時安。

弟 許嘯天頓首

十二、六

徐枕亞致鄭逸梅

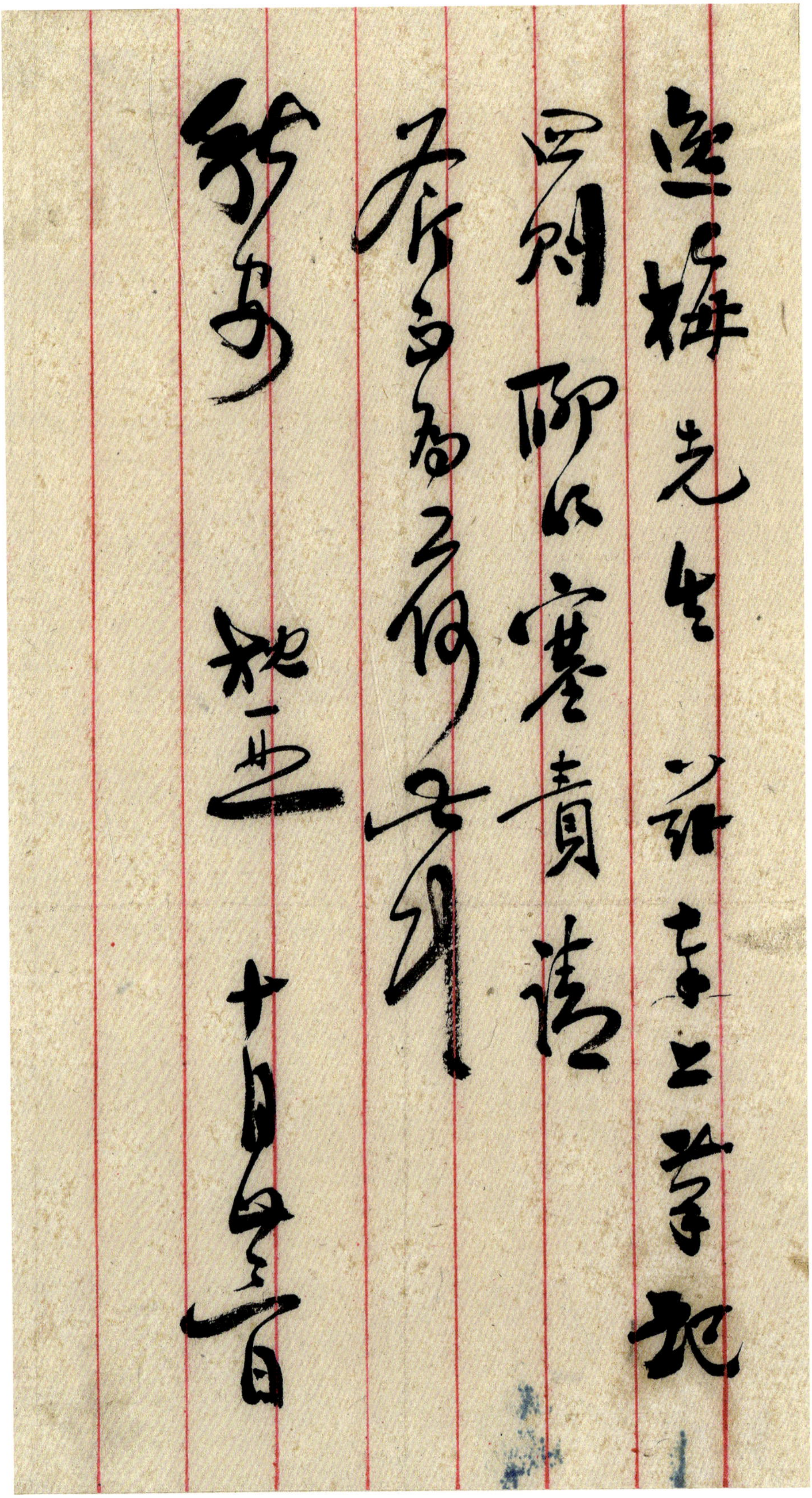

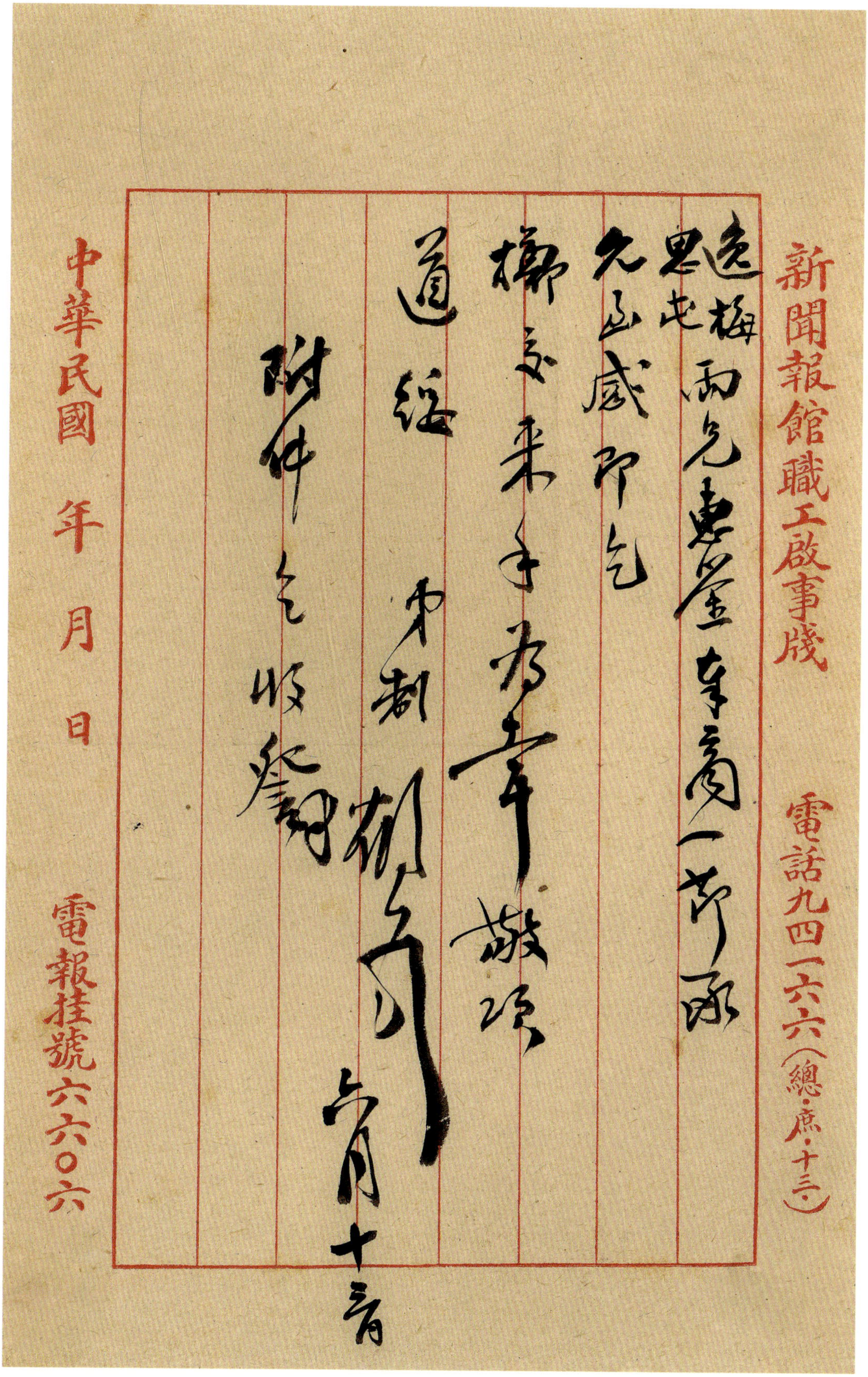

新聞報館職工啟事箋

逸梅
思屯兩兄惠鑒：奉商一節，
允為感。即乞
擲交來手為幸。敬頌
道綏。弟獨鶴頓首
附件乞收覽。六月十三日

電話九四一六六（總·處·十三）

中華民國　年　月　日

電報掛號六六〇六

嚴獨鶴致鄭逸梅、思屯

逸梅社兄大鑒：上月損書擲還拙作筆記原稿，旋又惠下永安月刊一冊，均經奉悉。筆記之登在永安者，於有子名寬字君陶下脫落爾有日記四字，依文理不當，然爾無事更正矣。前檢出三十一年、底來函，當日寄置未復，疏懶罪甚。其中有屬書冊葉一紙，若無新詩，今為錄舊稿四什，推敲既不佳，字更拙劣，聊以塞責而已。鑒正。設尚可佐承

安補白々需否撲安先生々南社詩話似為
象拆大眾中爾登過不知內容與永安所登
者同否弟手頭無此類雜誌偶一見耳撰南
社影事々勤章弟爾猜是朱鳳蔚也尊
著尺牘話已成々稿有彙訂本否頗思遍
讀俟乞惠假如何率此祇頌
著安 弟姚光 頓首
四月廿五日

逸梅社兄：大函拜悉，蝶老手札弟屬絕無存留，蓋歷來弟對於友好書札輒隨得隨遺，不大保留，惟亡友倚虹手札尚有數通存於此外，如膩友手澤或於人事有關之簡牘，則收藏甚夥。蝶老與我通訊於昔雖有其數甚微，比較弟蝶為多也。方命之罪，幸乞諒之。匆復，即頌

文祺

弟悚

六、九

逸梅吾兄左右頃讀
手札敬悉拙作已收到弟久不作文以兄之命謹
遵迺隨筆草就實不足以博大雅一粲也累兄多多潤色而來
書措辭未免感慨系之鋒從愧怨所云稿酬之
事千萬莫提兄為故人計識亦必為鬻字之執餬口
尚乞儉識舊曆六月初一日記又須加潤擬自一信至六信
佳而適應時代謀耳本思至新申兩報登廣告
先行通知所費太甚已作罷矣文人持三寸不律而

廢此千元一石米價之際　其情蓋可知　先家累門
甚重以先之高名大文懇示不致過受影響　弟
一樣　宋居久不出門（不出門不出一里之程）六年中獲有讀書之時甚
喜每月間可三時至五時　惟頑固成性　茅塞仍如
故也　一嘆　敬復　此請
撰安
弟 [illegible]

逸梅先生閣下：奉
書敬悉，辱
過愛，愧甚。「星光」前途必佳，至堪賀。
委撰說部，敢不應
命，俟撰寄一二千言，續續送、潤資可另計
也。拙作及近之歷史家併寄以一笑

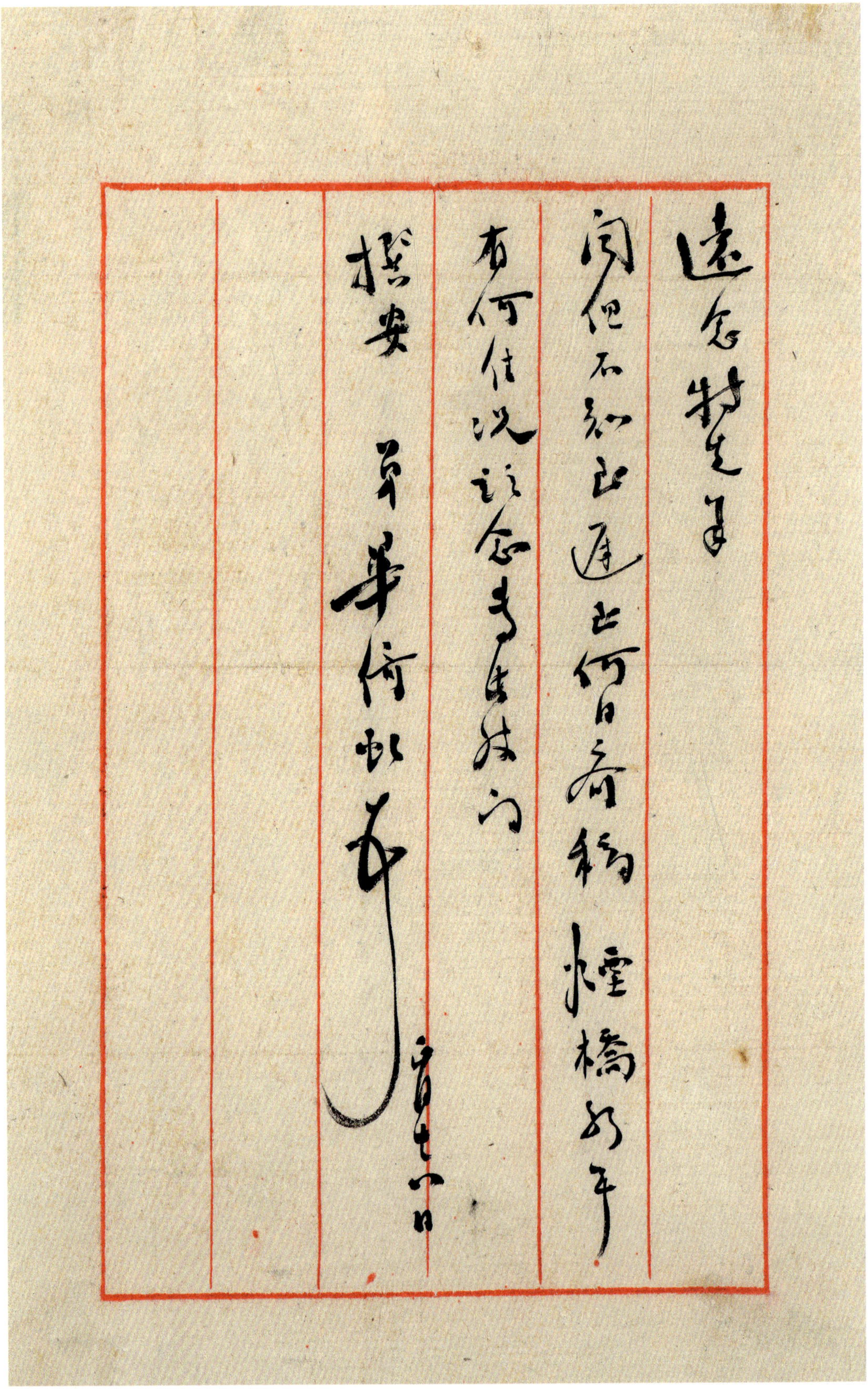

遠念[illegible]兄

閑但不知此屆過此何日有稿　煙橋如年

有何佳況請念[illegible]故問

撰安　弟畢倚虹[illegible]

[illegible]

趙苕狂致鄭逸梅

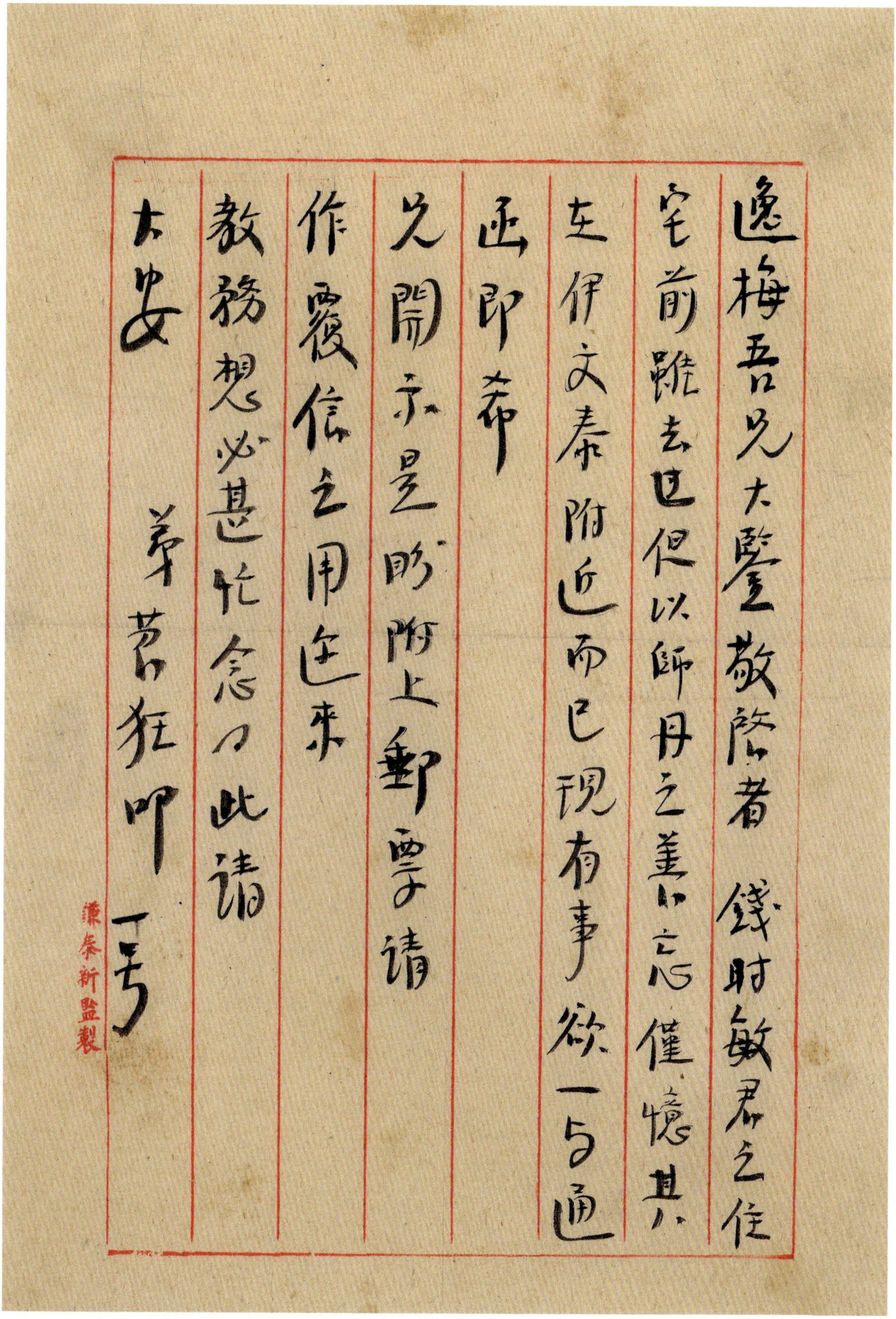

逸梅吾兄大鑒敬啓者 錢財敏君之住宅前號去函但以師丹之善忘僅憶其左伊文泰附近而已現有事欲一與通函即希
兄開示是盼附上郵票請
作覆信之用逕來
教務想必甚忙怱怱此請
大安
弟苕狂叩 十五

潔秦新監製

朱屺瞻致鄭逸梅

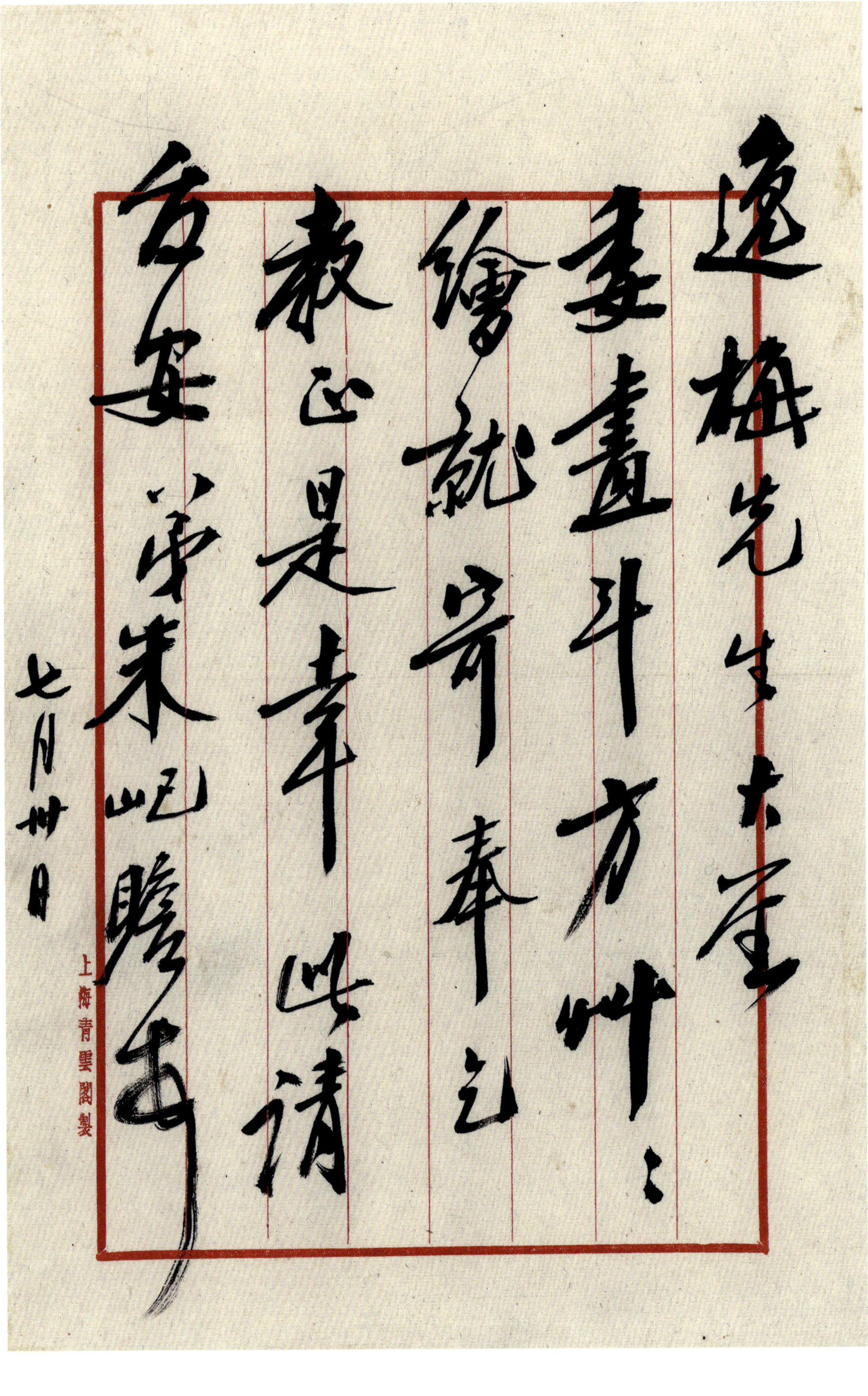

逸梅先生大鑒：委畫斗方，艸艸繪就，寄奉，乞教正是幸。此請大安。弟朱屺瞻　七月廿日

上海青雲閣製

與故人音問久闕矣正懸念間忽捧朵雲不勝歡躍承徵拙稿何敢辭命茲作双雄競智記一篇勉亦牽擬一氣呵成奈字數太多故剖分上下兩段俟於二期中續成之（如係單本刊物則可留俟君再編第二種時刊竟之亦可引閱者之一法也）不過出版之日千乞惠賜一冊藉留底稿也至於筆潤一事弟何不計較況係老友雖囑請隨便惠擲不過弟素抱魚不在大而在鮮主義能於收到拙稿後即行付郵以了此一重公案尤感成全一笑附陳拙詩上下平吟成卅首係奉贈老友補白選料自視尚有一看價值請並察收示覆俾免懸懸執事及吳友近狀如何鳳豔親王是否同事一處珥石殷仍在友聯否乎希順為教行以慰渴念弟自客秋因病返里滬寨至今無善可告所幸十年湖海子母畧權現賴以維持生活每日自定課程讀書作文三小時外餘則悉寄之於打小牌聊以消磨歲月中秋左右或當赴滬再當應故人之招也第此種世局唯恐投身此中反不若現在蕭閒所以遲遲我行淡於進取際安杜宇溢亭諸君諒近多益福便乞代為致候恕不順頌

逸梅老友儷福

民哀拜手　七月三日

赴魯諸君已歸來否念念

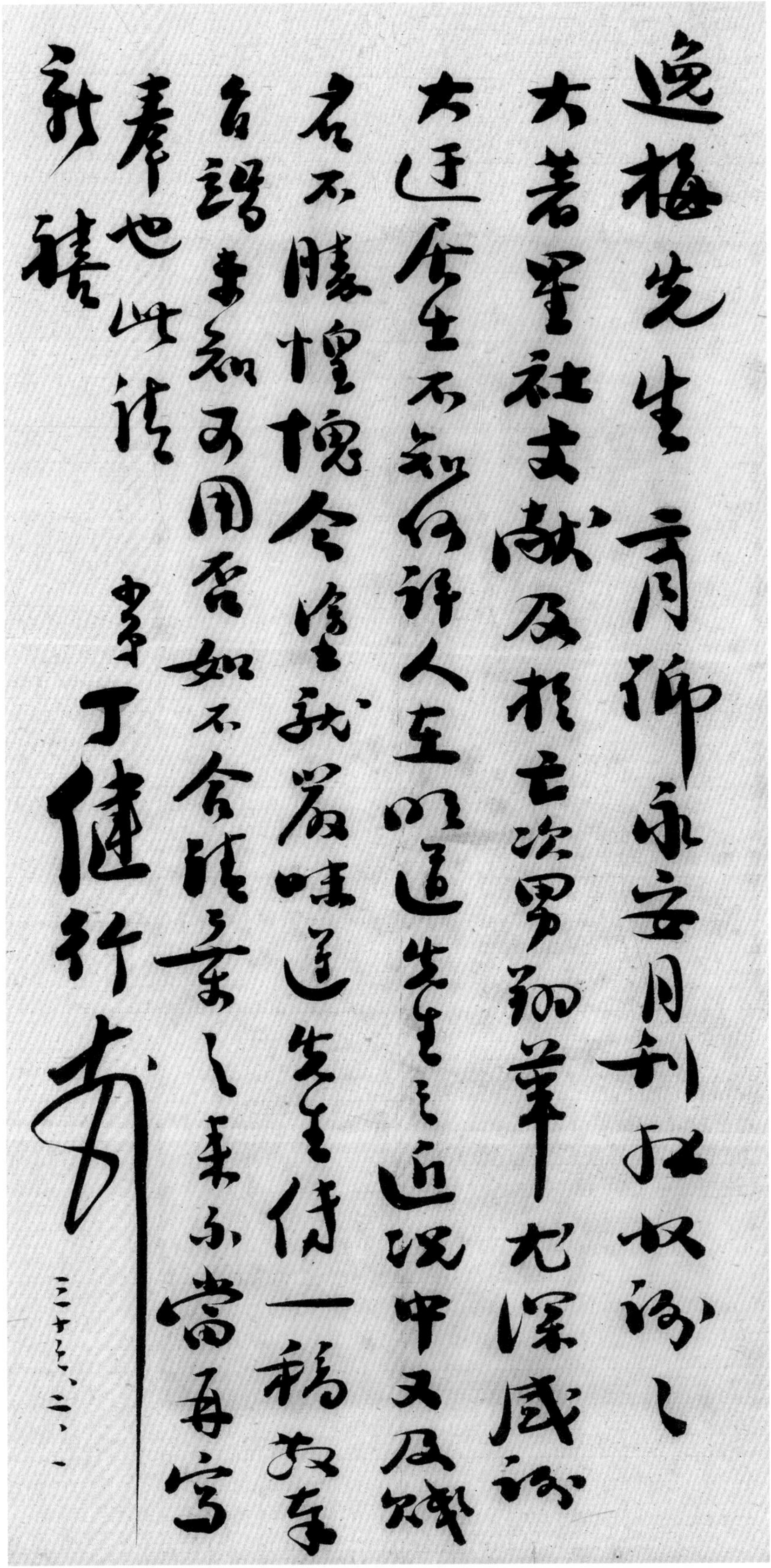
逸梅先生青卿：永安月刊拜收讀之，大著墨社史獻及拙七次男翔華，尤深感謝。大匠先生不知何許人，至以道先生之近況中又及賤名，不勝惶愧。今徐戲嚴味道先生傳一稿，敘事自謂未知可用否，如不合請棄之，來示當再寫奉也。此請新禧。

弟丁健行叩

三十七、二、一

程小青致鄭逸梅

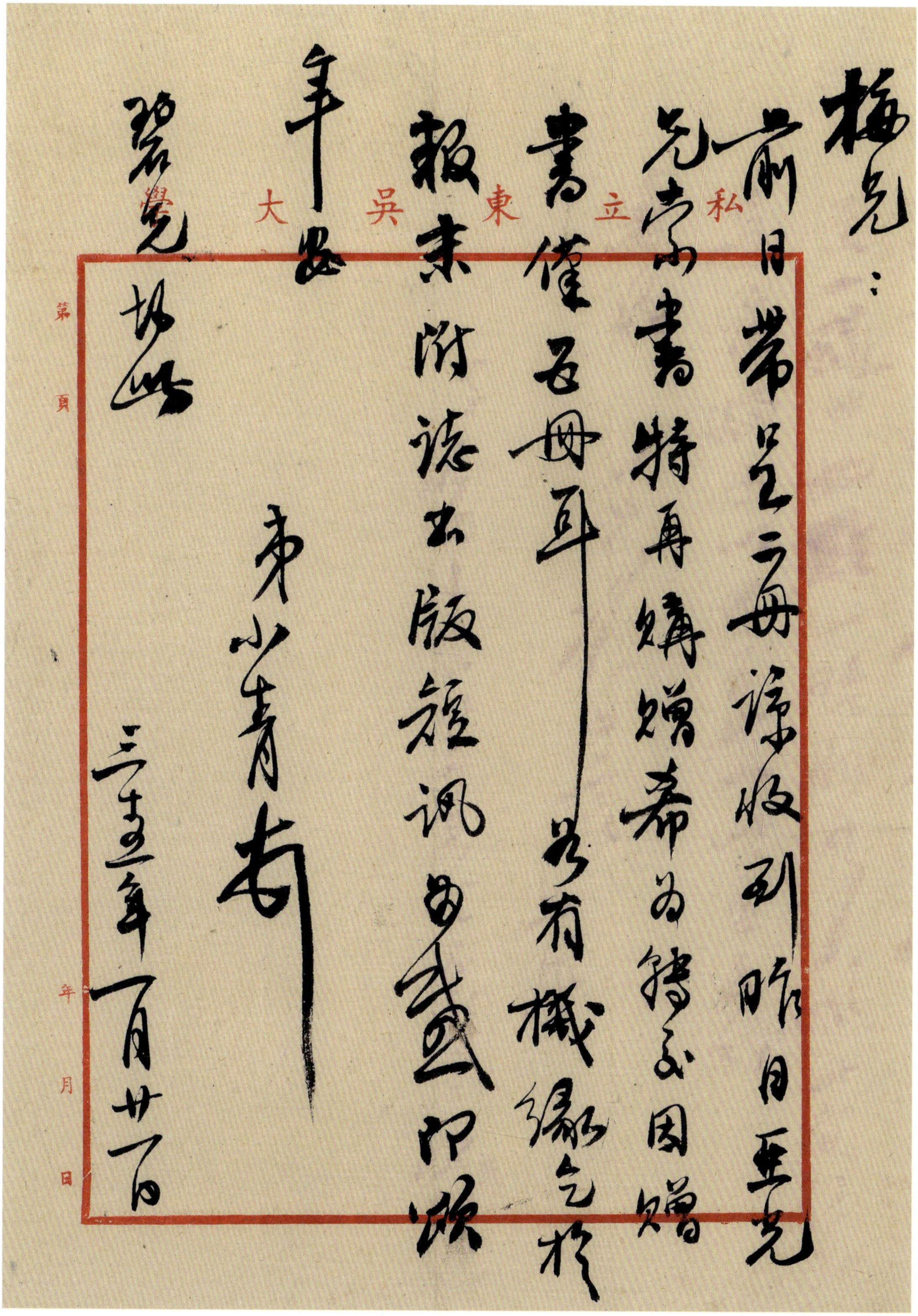

私立東吳大學

第　頁

梅兄：

前日曾呈一函，諒收到。昨日再呈星兄處書，特再續贈，希為轉致。因贈書僅五冊耳。另有機緣，乞於報末附誌出版消息為感。即頌

年安

碧兄均此

弟小青拜

三十五年一月廿日

年　月　日

昨奉
手教及永安老院慰且盛讚
大著承鼓吹愧不敢當中國女子
畫會明日起假大新開展覽
會之期約六七小女信有隸篆
屏聯廿十事陳列敬請
大駕前往一覽並惠賜以
教評對後進

田桓致鄭逸梅

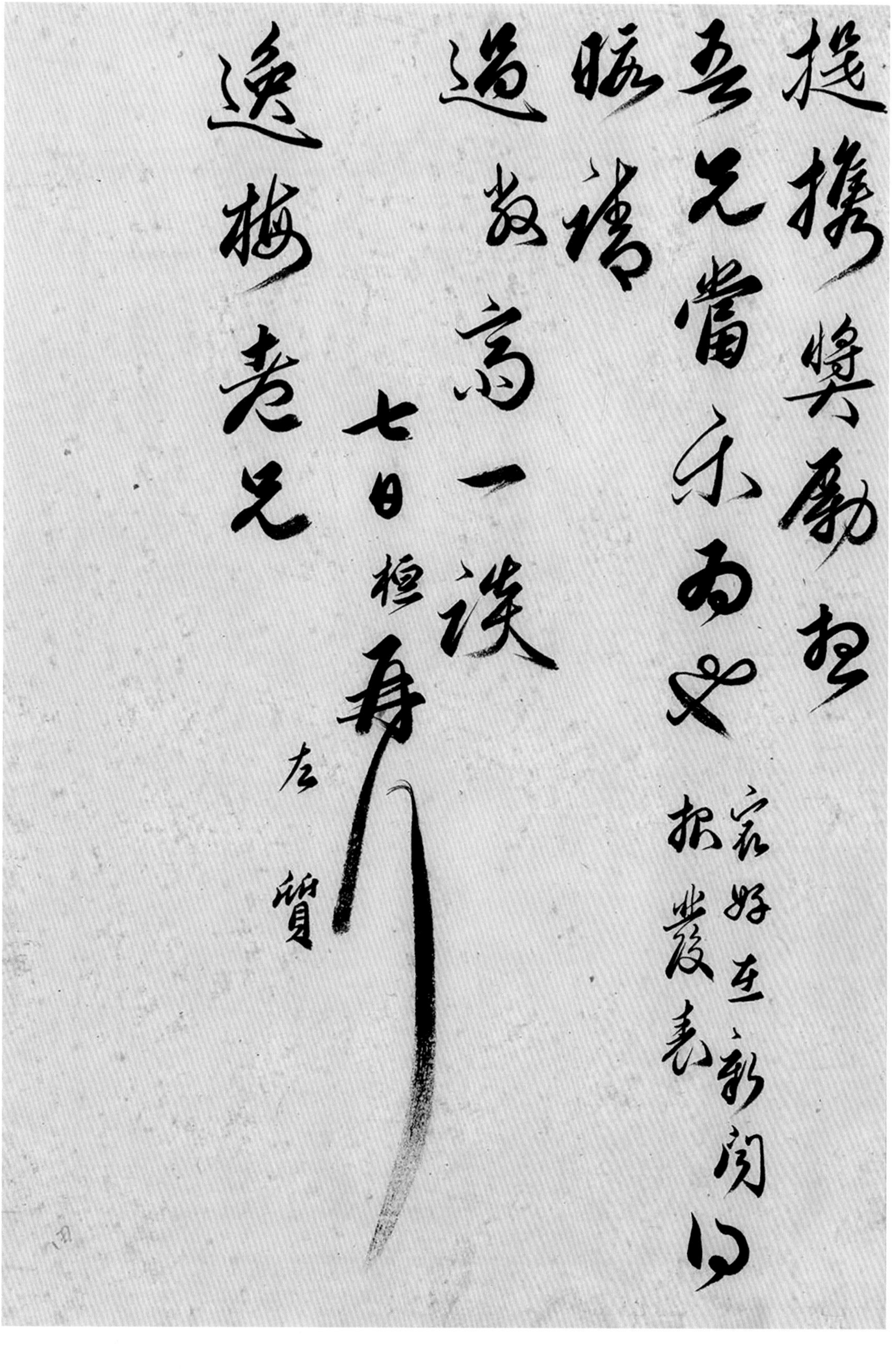

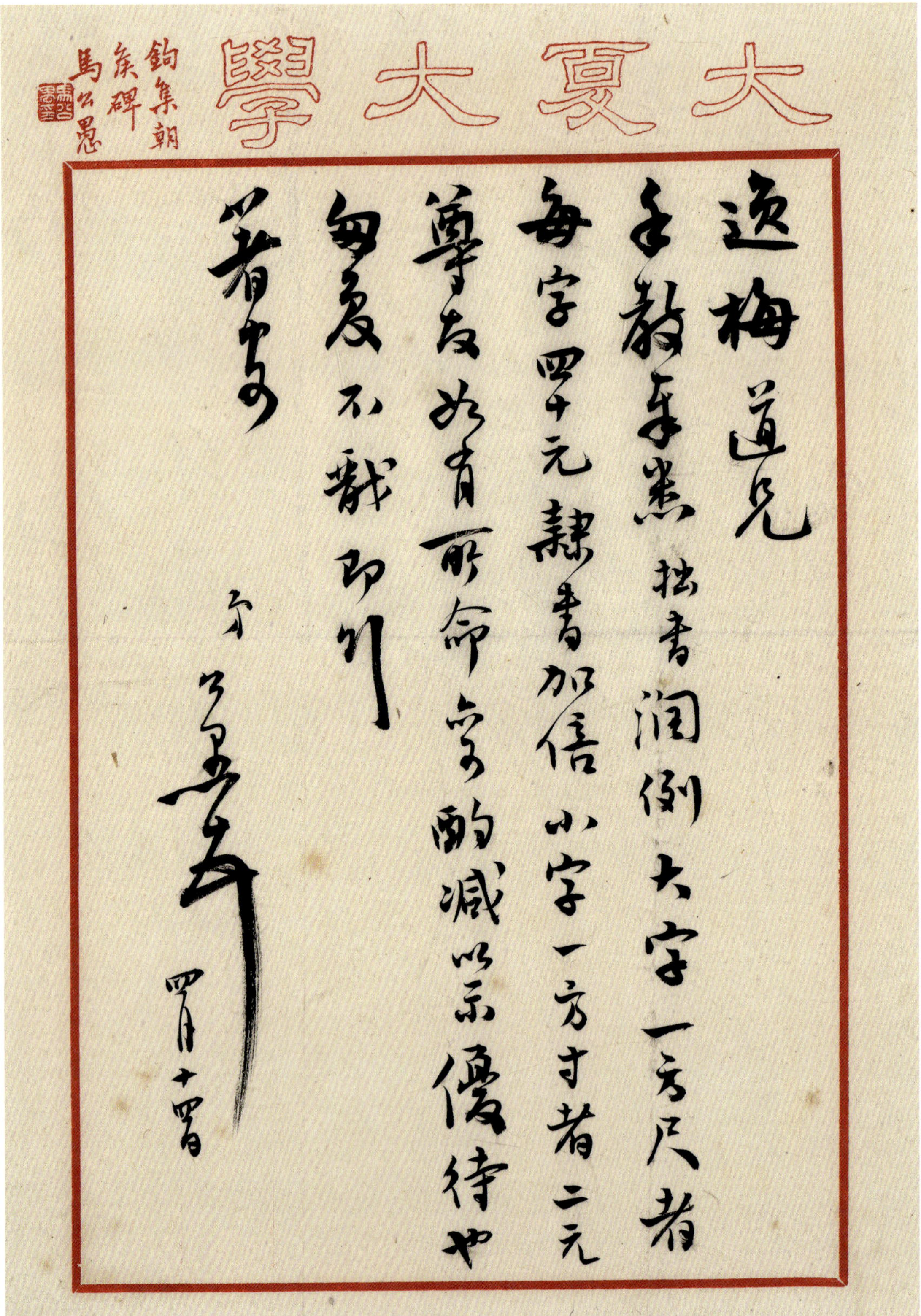

大夏大學

鈞集朝侯碑 馬公愚

逸梅道兄：

手教奉悉。拙書潤例大字一方尺者每字四千元，隸書加倍；小字一方寸者二元。尊友如有所命，當酌減以示優待也。匆復不戩，即叩

著安

弟 公愚

四月十四日

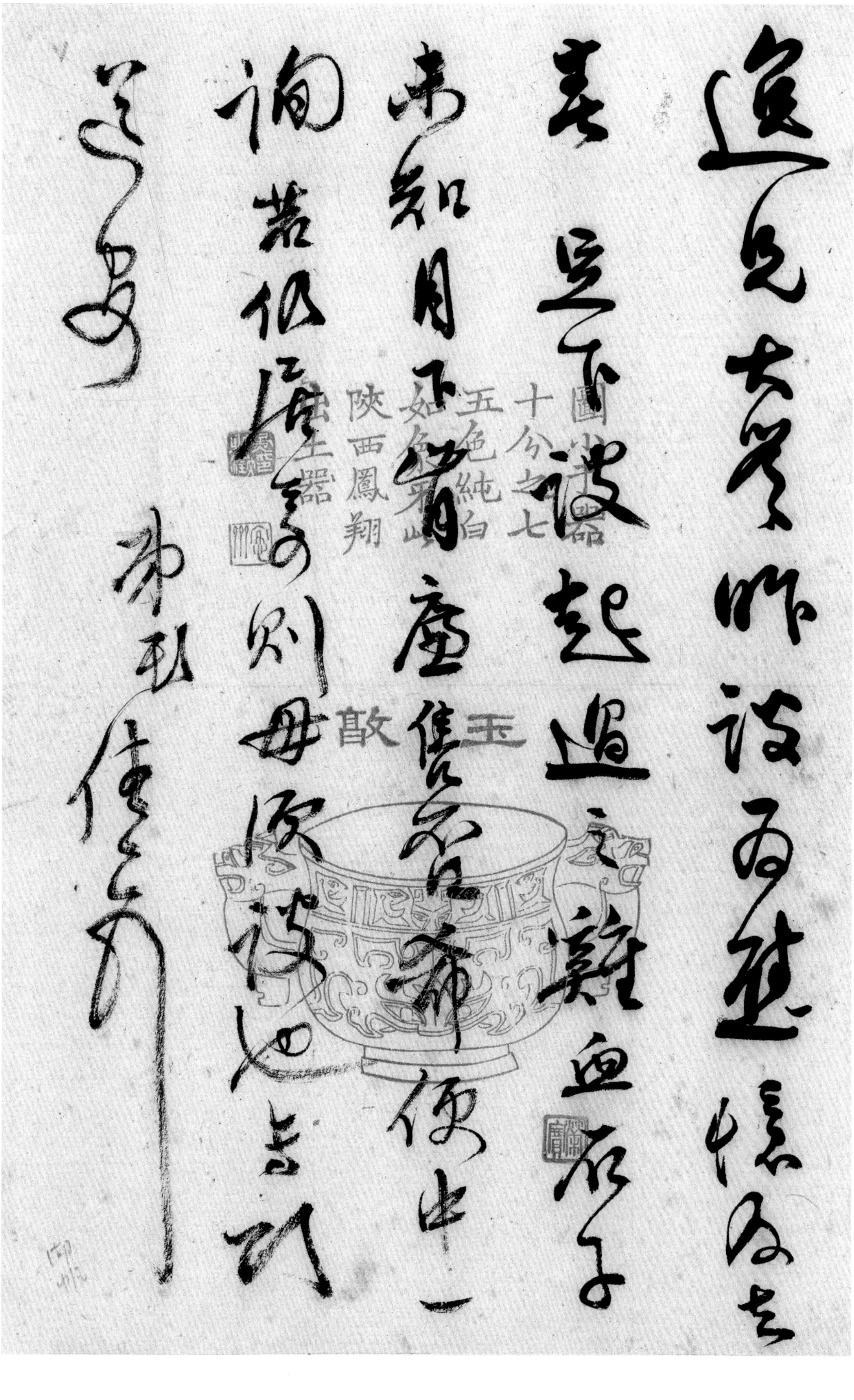

陸澹庵致鄭逸梅

逸梅社長兄鑒：久不晤，想

起居定佳勝也。

委書冊葉，蚤已涂就，因擬面交，致稽付郵。而俗務

叢脞，又无暇去訪，歉歉。茲仍由郵寄奉，即乞

正之。匆白，餘不一一及。順頌

撰祺

弟陸澹盦上 十二月二十四日

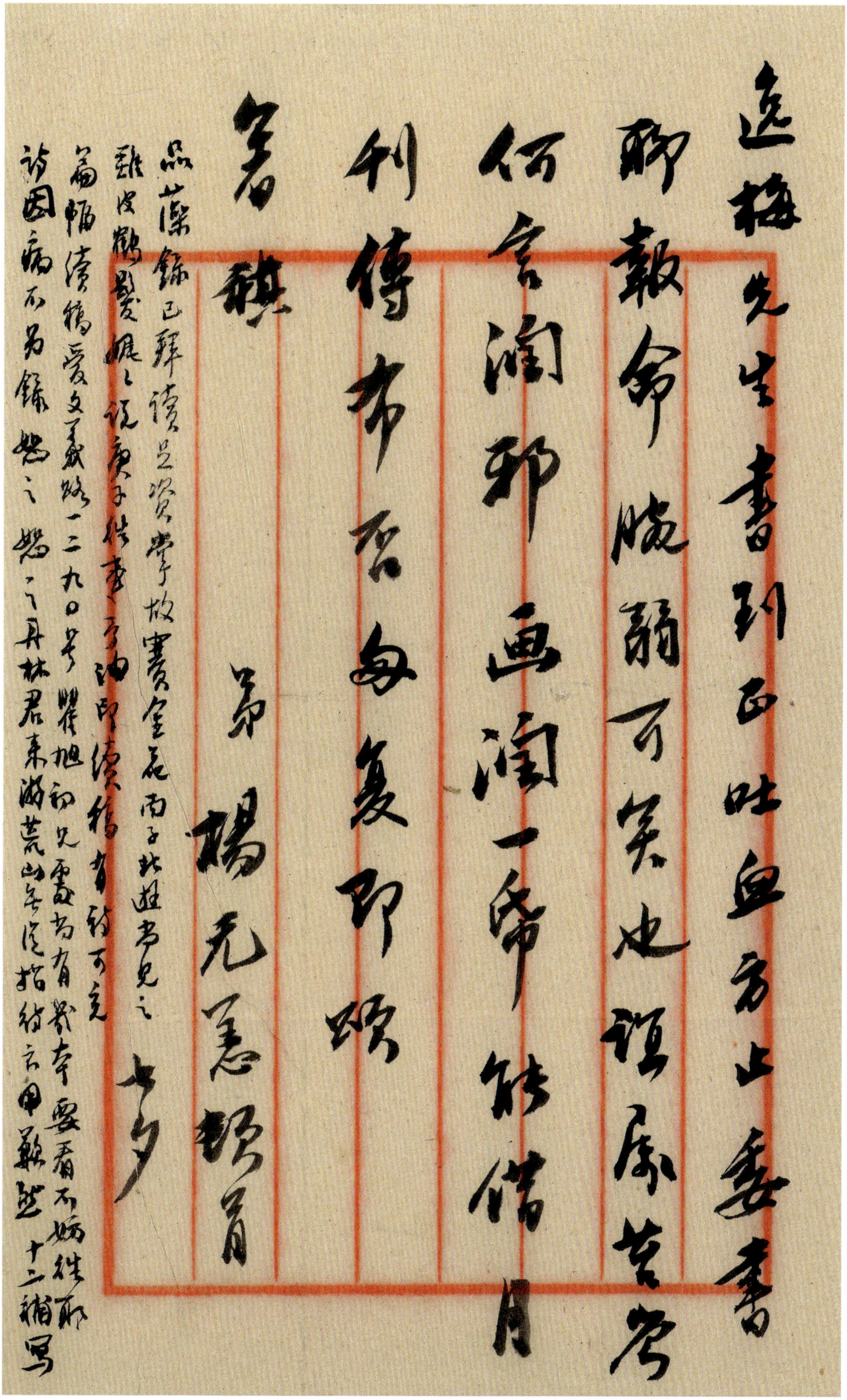

逸梅先生：書到，正吐血方止，要書聊報命，腕弱可笑也。頃康若寄何會澗耶？畫澗一幀，能借《月刊》傳布否？每復即頌著祺。

弟楊無恙頓首　七夕

品藻錄已拜讀，足資掌故。賽金花丙子北遊曾見之，雞皮鶴髮，娓娓談庚子往事，亦油印續稿，甚紛可笑。篇幅續稿，愛文義路一二九〇號瞿旭初兄處有數本，要看不妨往取。詩因病不另錄，恕之恕之。丹林君來游黃山，無從招待，亦甚歉然。十二補寫

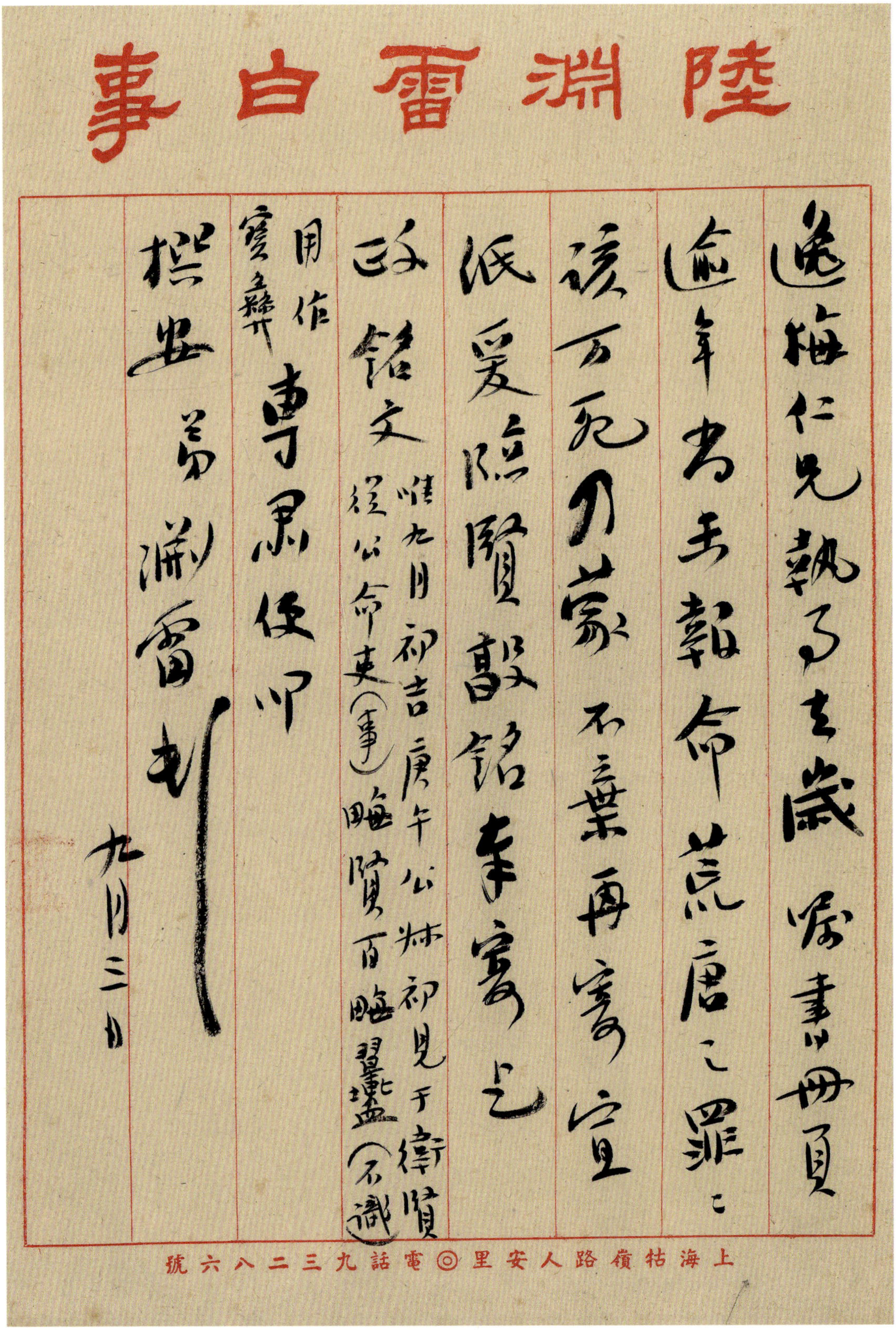

陸淵雷白事

逸梅仁兄執事：去歲蒙書册頁，逾年尚未報命，荒唐之罪，罪該万死。乃蒙不棄，再賓宣紙，爰臨賢𣪘銘奉賓，乞政。銘文惟九月初吉庚午公妹初見于衛賢從公命吏（事）畮賢百畮𩞁（不識）用作寶彝，專泐，便叩撰安。弟淵雷札　九月三日

上海牯嶺路人安里◎電話九三二八六號

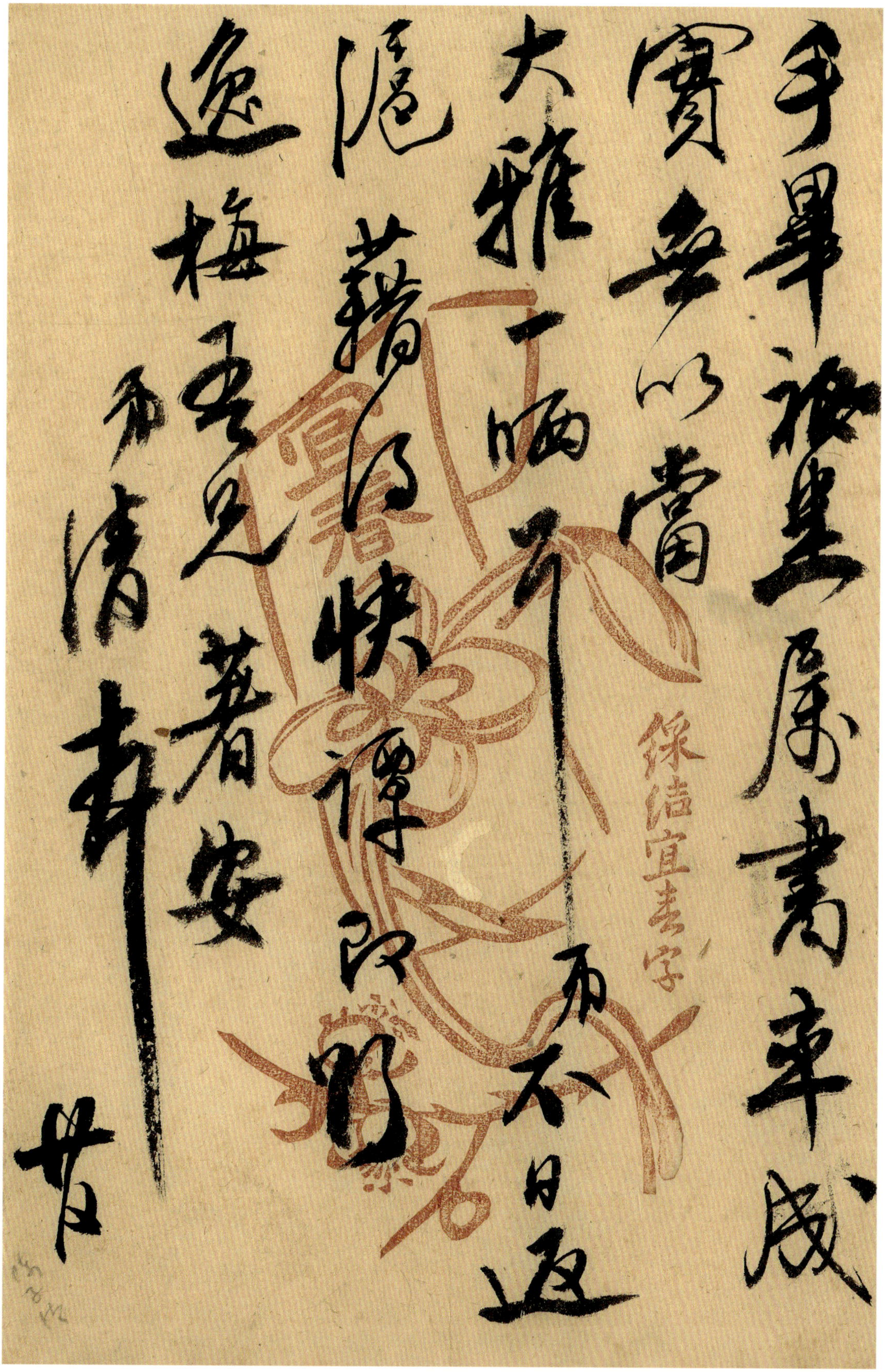

手畢祗悉，屢書率成，實無以當大雅一哂耳。而不日返滬，藉圖快譚改期。逸梅吾兄著安。弟清拜 廿日

凌莘子致鄭逸梅

集美廣告社用箋

昭道先生道鑒：頃展兩函，具感盛意
恩與積極奉拟，今日趨府快晤
逸梅先生，蒙承垂念，仍在廬懸念
來書自大雅，感不絕於心，而下筆期用
學將近，偶得來函，未見遣待諸次
之友將擬廣設再來函指點
努力已成，園英兩旦夕辦也專
請恕悚放
鐸安
弟昭懿頓首　廿三午後
莘子舊名已作廢，改用昭懿矣。又及

周瘦鵑致鄭逸梅

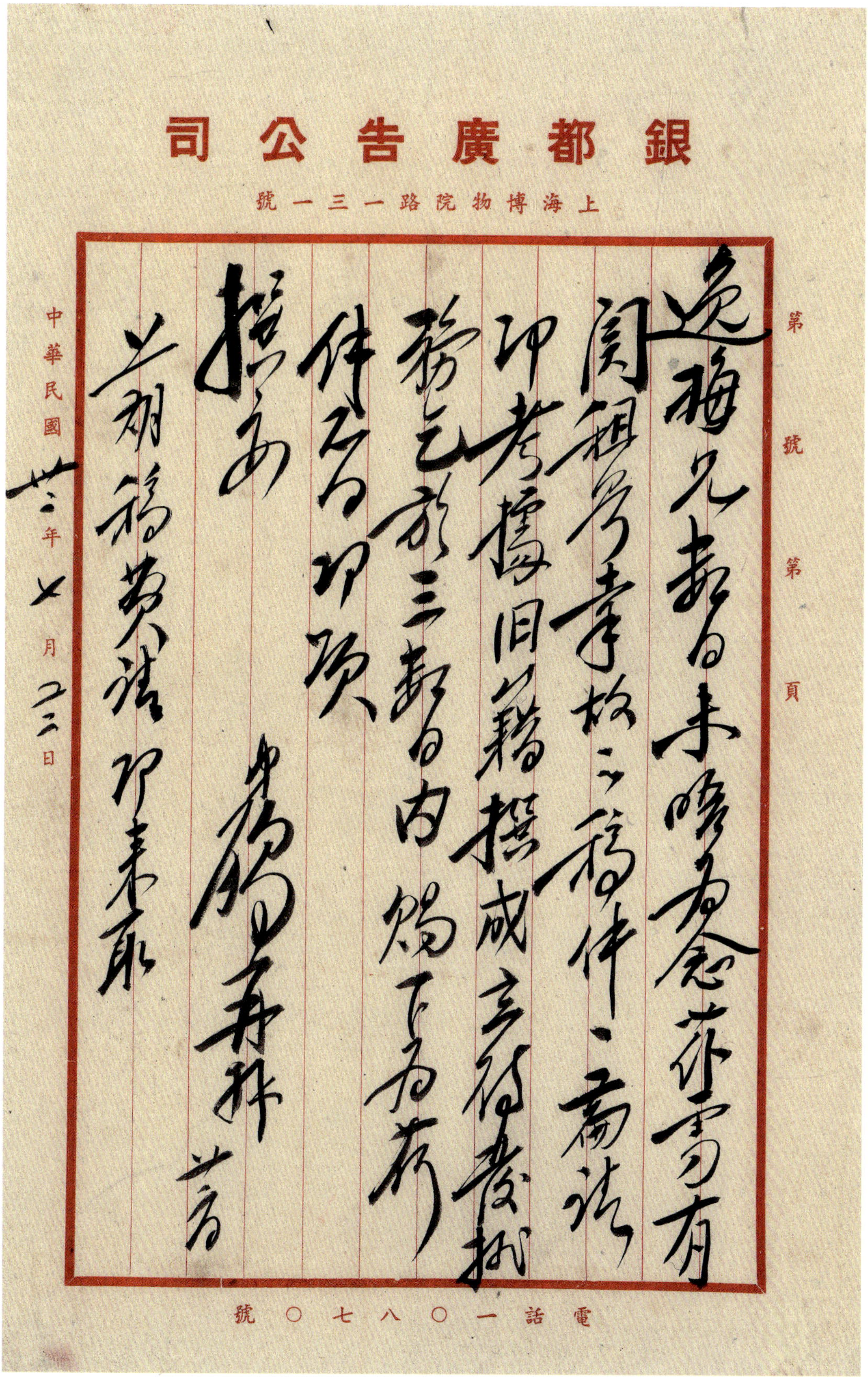

銀都廣告公司

上海博物院路一三一號

第　號　第　頁

逸梅兄:數日未晤,為念。茲需有
関粗寺校之稿件,兩請
印老擬舊籍攝成之符裝撥
務乞於三數日內賜下為荷
件否切須
撰安
弟瘦鵑再拜
廿三
又胡稿英譯印未取

中華民國廿三年七月二二日

電話一〇八七〇號

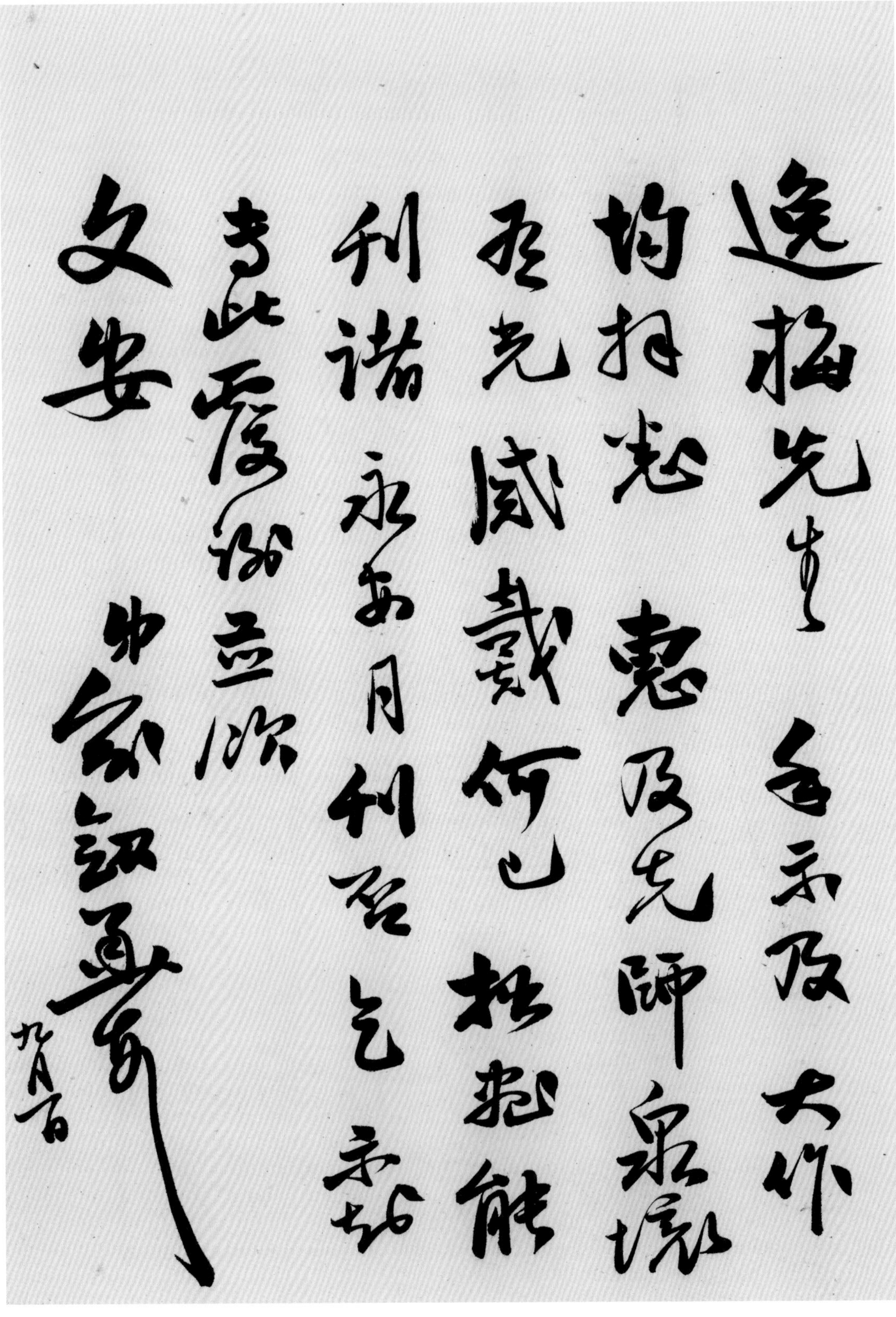

逸梅先生：每示及大作均拜悉。惠及先師泉壤，承先感戴何已。拜懇能刊諸永安月刊否？乞示知。專此覆謝，並頌
文安
弟劍華頓首
九月一日

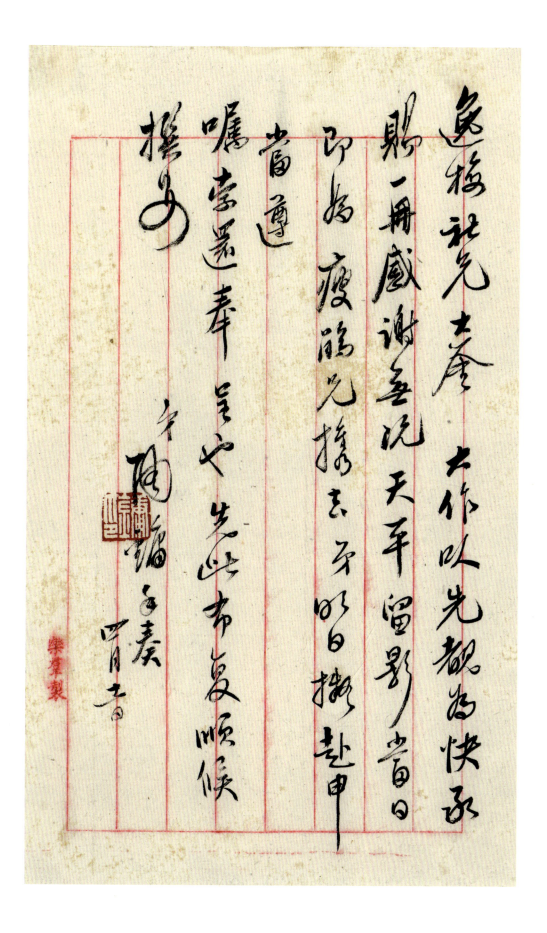

逸梅社兄大鑒：大作以先睹為快，承賜一冊，感謝無既。天笑留影當日即為瘦鵑兄攜去，容明日擕赴申，當遵囑寄還奉呈也。先此布復，順候撰安。

弟 陶鏞手奏

四月十二日

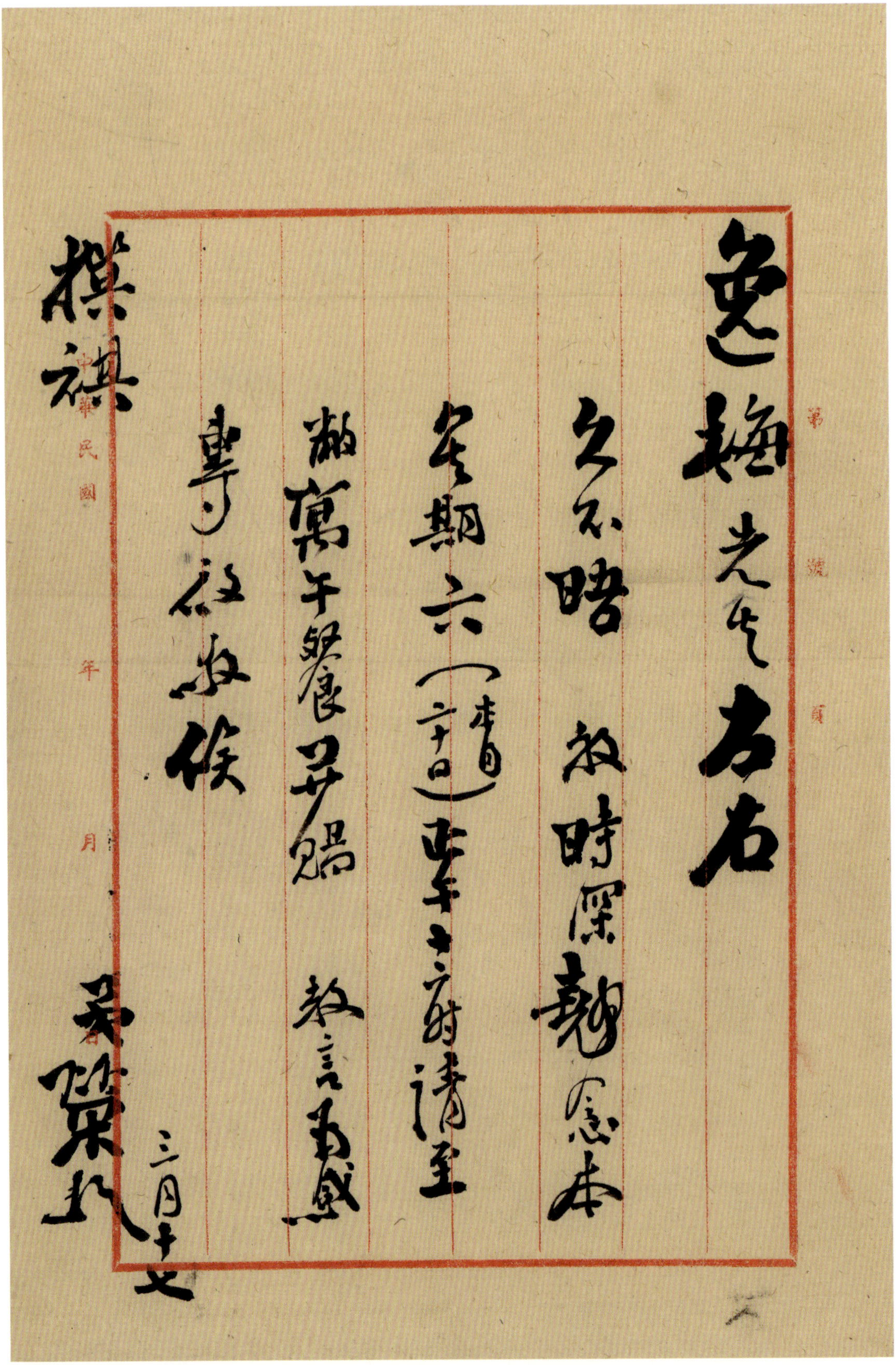

逸梅先生左右：久不晤教，時深馳念。本星期六（十二日）中午十二時請至湖萬年餐廳一聚，暢領教言，并祝壽，敬希
撰祺
弟榮扎
三月十日

張恨水致鄭逸梅

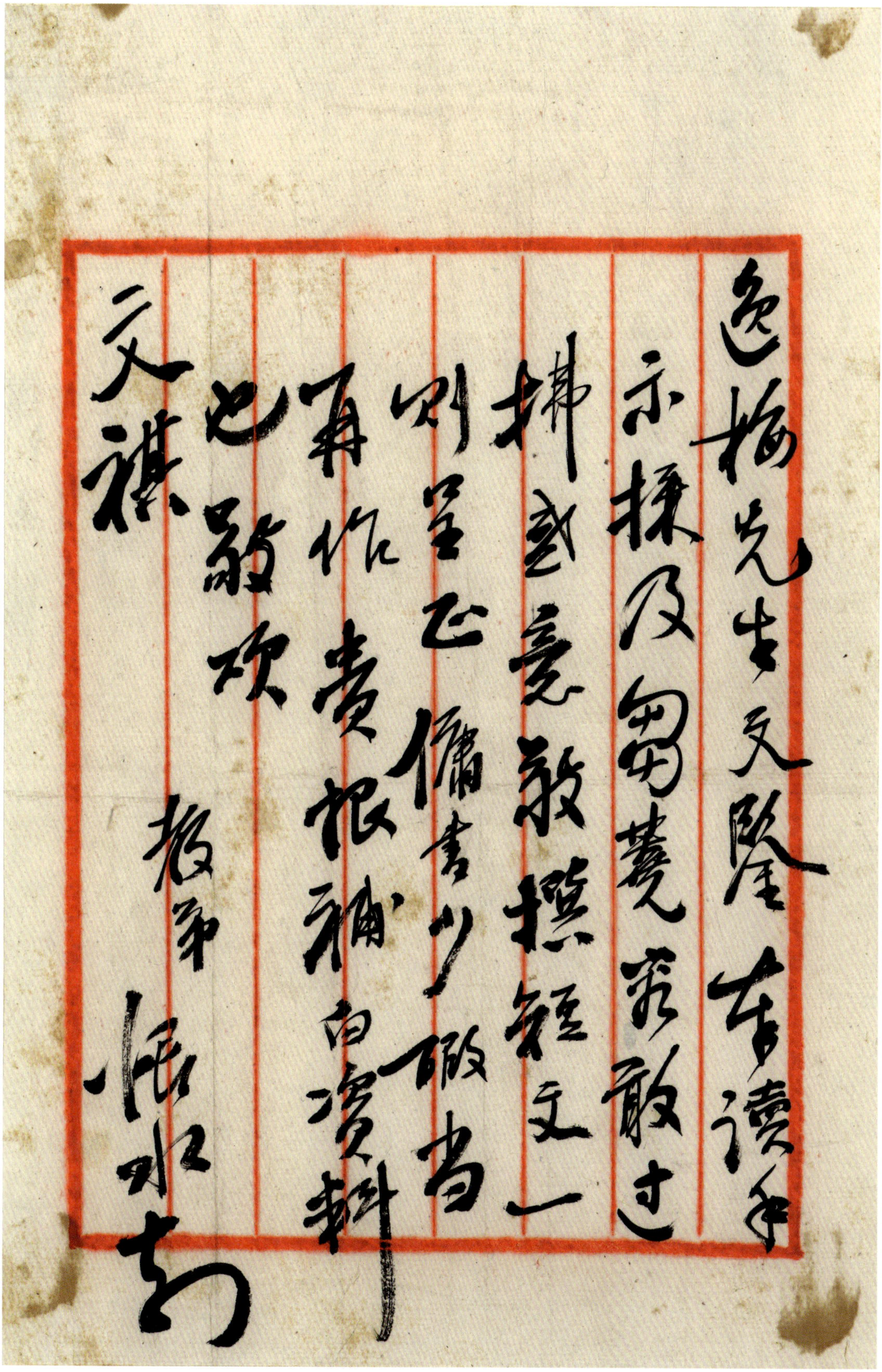
逸梅先生文陛：奉讀手
示，採及芻蕘，豈敢過
拂盛意，敢撰短文一
則呈正。僕書少暇，當
再作，貴報補白資料
也。敬頌
文祺
報弟
恨水啓

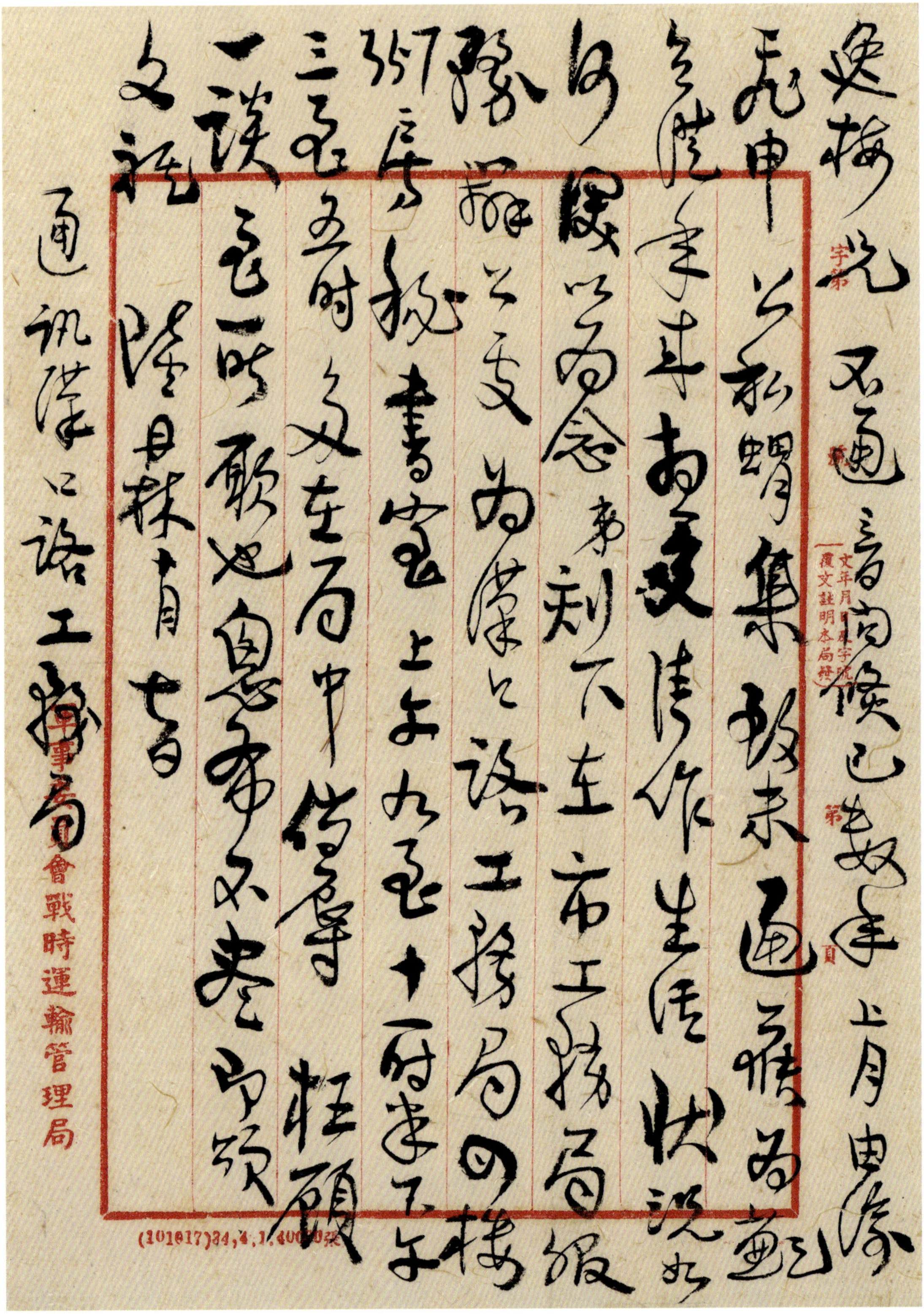

逸梅兄：久不通音問，候已數年。上月由滬寄申，公私蝟集，故未通訊，為歉。近況年來著作生活狀況如何，深以為念。弟刻下在市工務局服務，辦公處為漢口路工務局四樓357房秘書室，上午九時至十一時半，下午三時至五時均在局中。倘得枉顧一談，甚感歡也。匆匆不盡，即頌
文祺
陸丹林頓首 七日
通訊處漢口路工務局

陸丹林致鄭逸梅

陳子彝致鄭逸梅

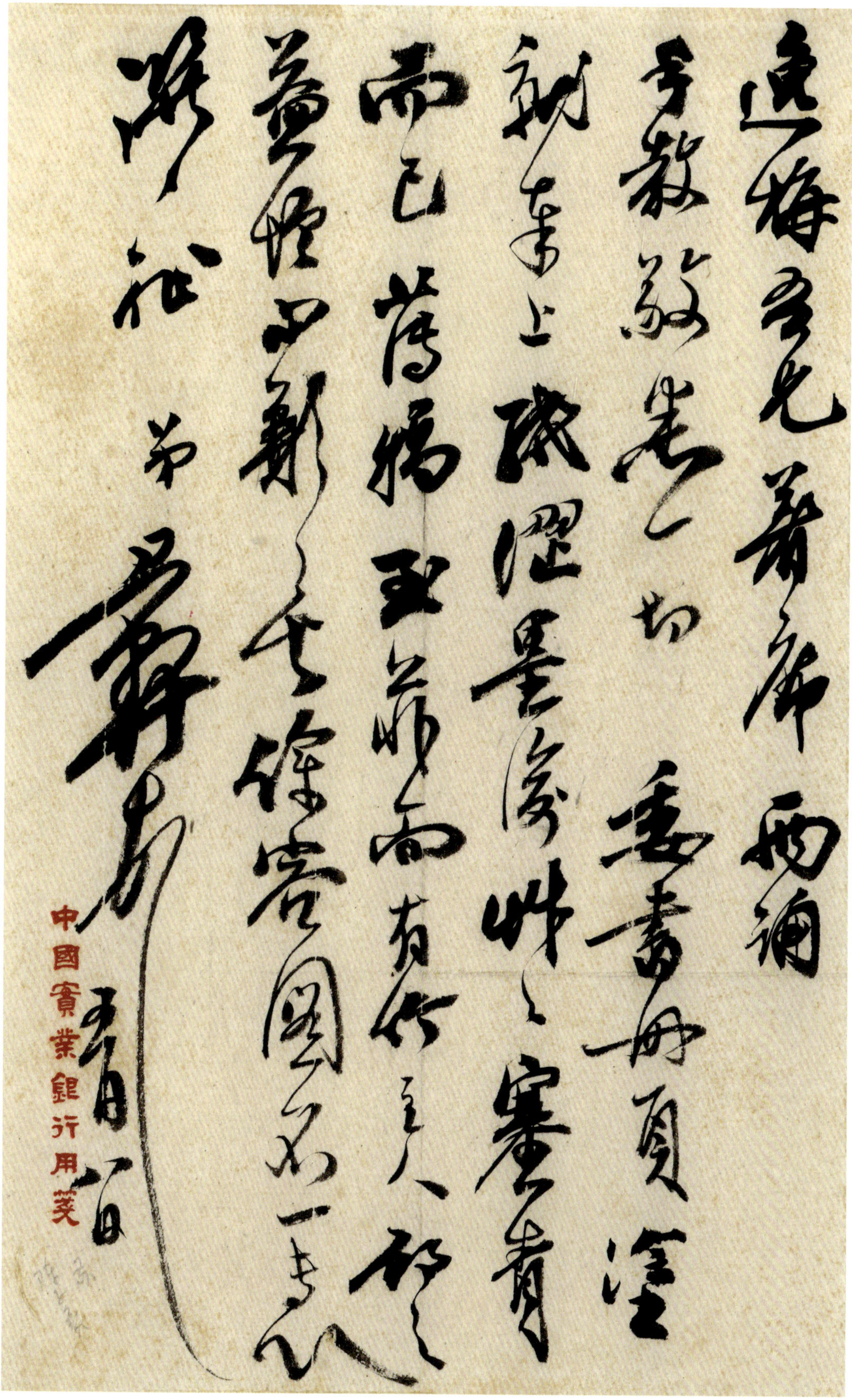

逸梅吾兄著席　兩通
手教敬悉

游祉　弟　彝頓首

中國實業銀行用箋

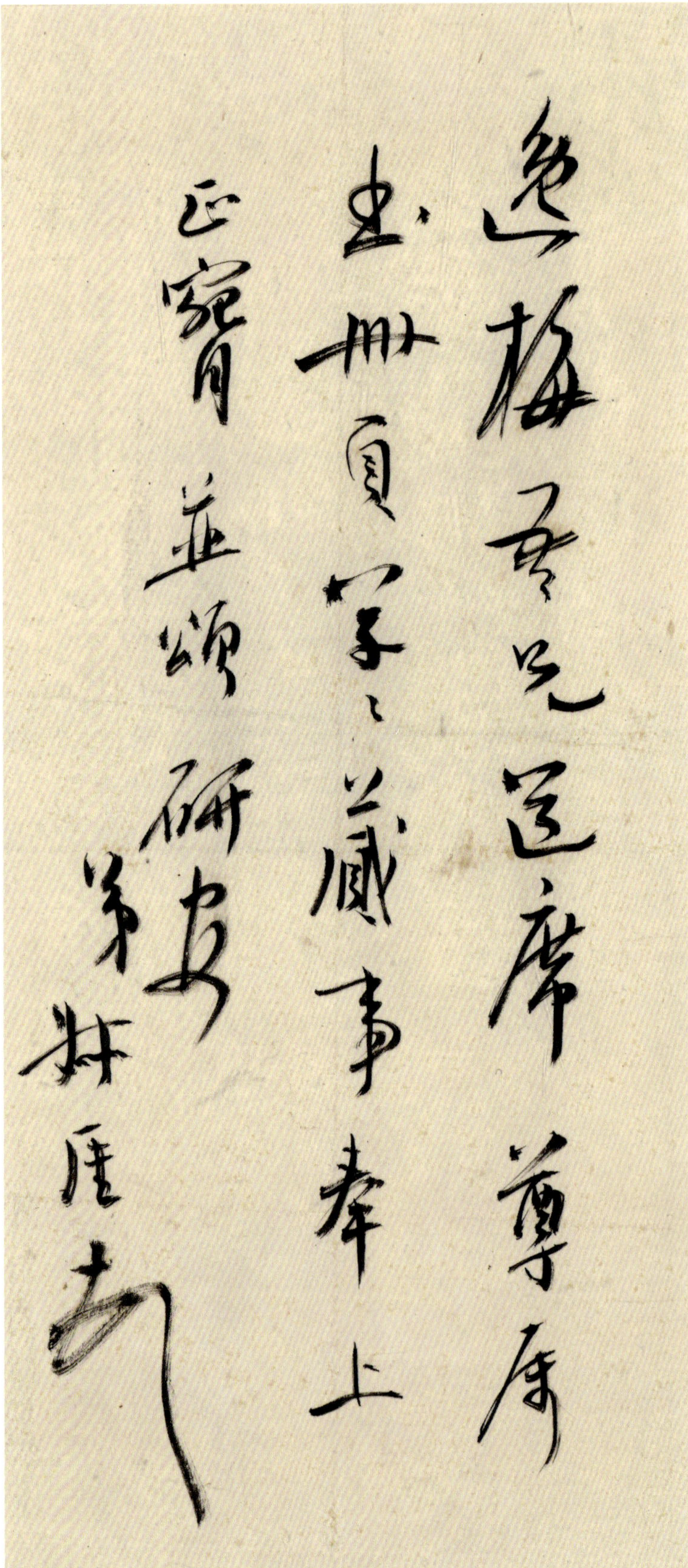

逸梅吾兄道席：尊屏書冊頁寫就，並蒇事奉上，正寶。並頌研安。弟瘦鐵頓首

逸梅吾兄文席接奉
手示敬悉種切聞
兄進入某紗廠掌理商務未知確否拙
稿承介某雜志發表感感 明道病情日
重弟忝屬鄉誼敢不勉力相助業与芳
已談及顧君善後問題彼已允設法幫
忙且有把握弟意 明道萬之不幸不妨
同人組織委員會并且擬芳塵獨鶴

范君博致鄭逸梅

夜鶴諸君一齋加入以協贊力
兄以爲如何 從之吾業文人責文爲
生殊可惜也 所謂幫人忙只幫自
己忙耳 何日有暇之先
示知以便拜訪也 餘不贅 此頌
春安
弟 [illegible] 四廿
以爲彼約

江紅蕉致鄭逸梅

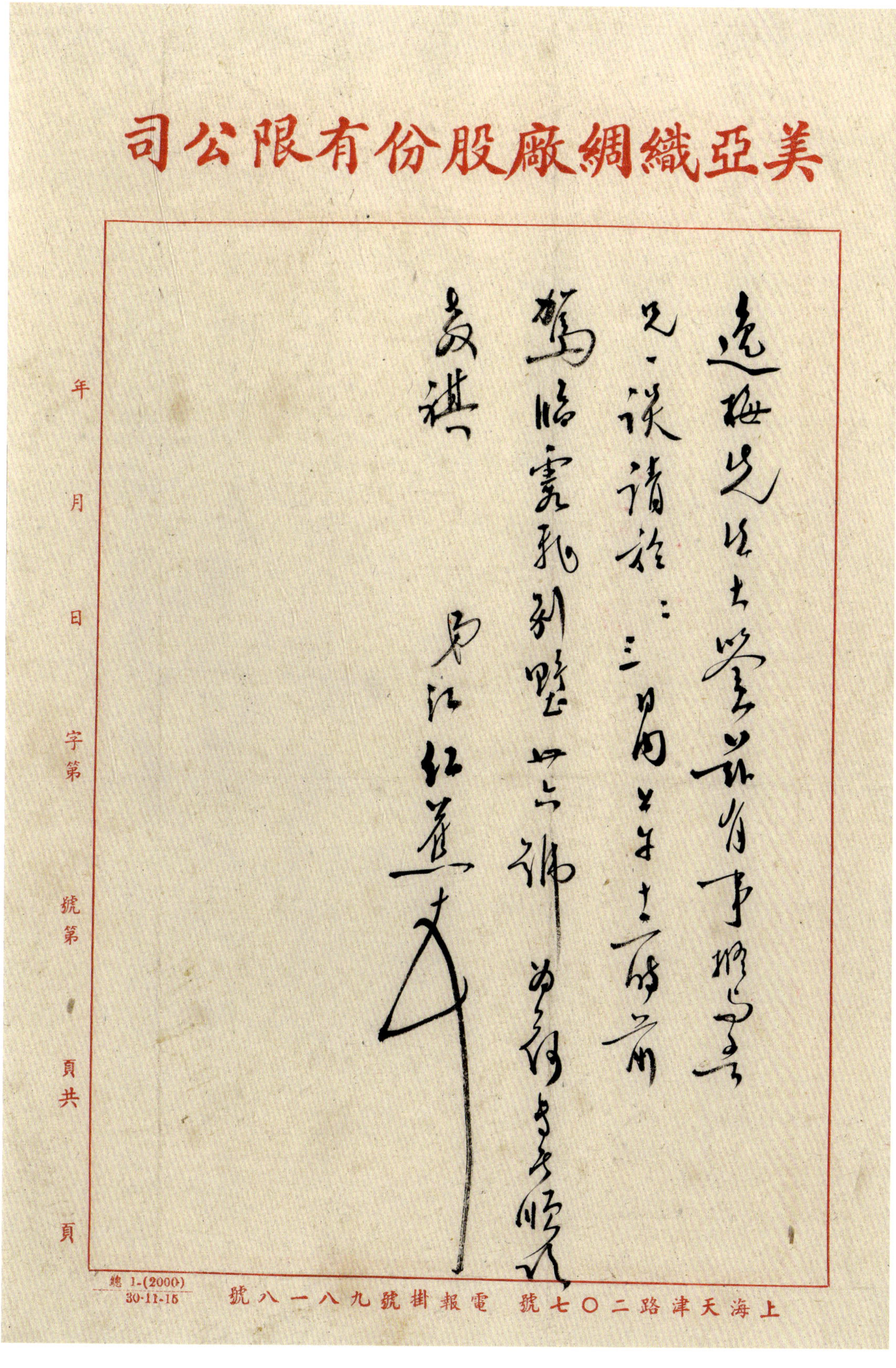

美亞織綢廠股份有限公司

逸梅先生大鑒：茲有事擬與兄一談，請於三月七日午十時前駕臨霞飛路別墅廿六號，弟將專候。

友祺

弟江紅蕉上

年　月　日　第　字　第　號　共　頁　頁

總 1-(2000) 30-11-15　上海天津路二〇七號　電報掛號九八一八號

朱大可致鄭逸梅

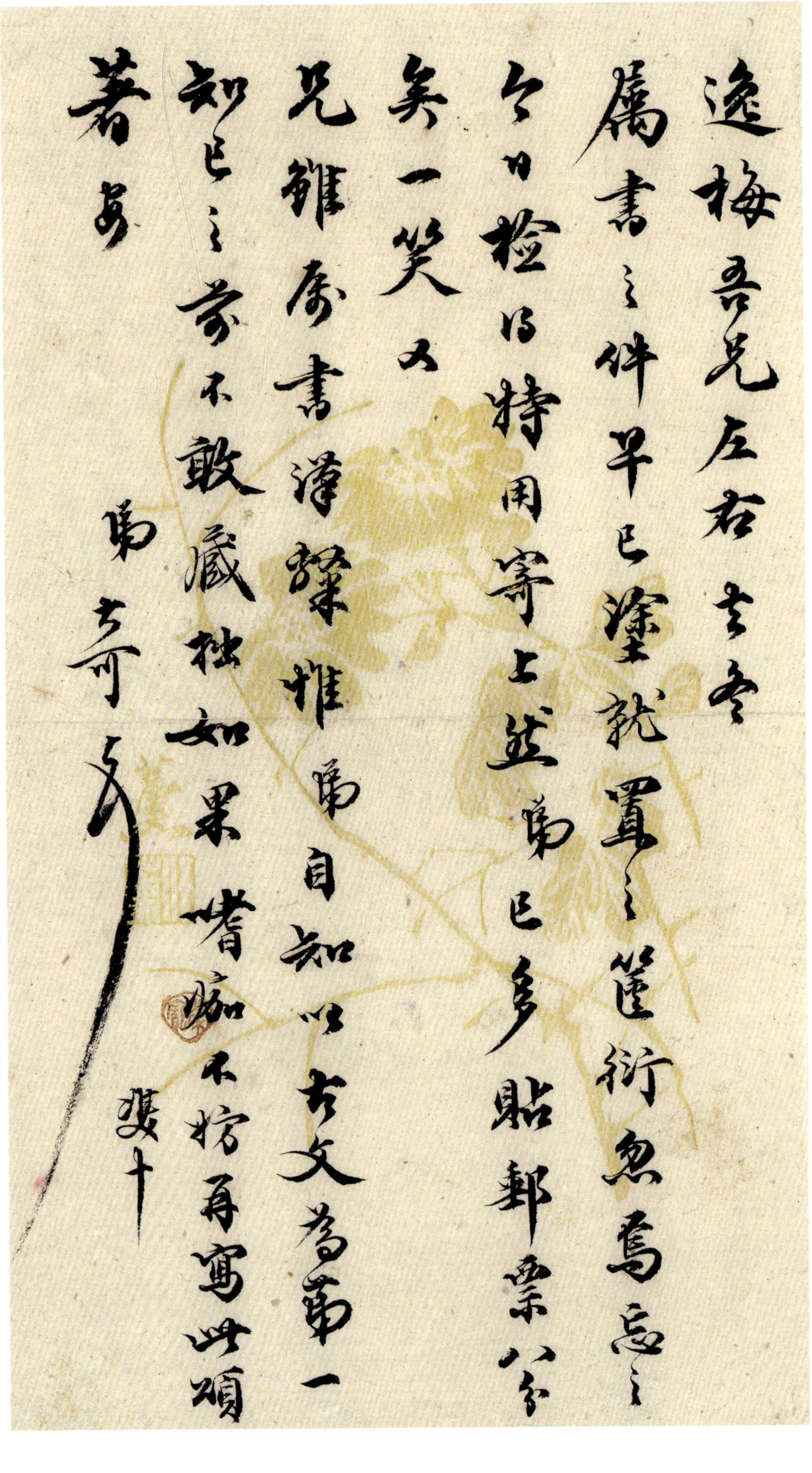
逸梅吾兄左右去冬
屬書之件早已塗就置之篋衍忽焉忘之
今日檢得特用寄上並弟已多貼郵票八分
矣一笑又
兄雖屬書譯謬推弟自知以古文為第一
知己之前不敢藏拙如果嗜痂不妨再寫此頌
著安
弟大可頓首
[illegible]十

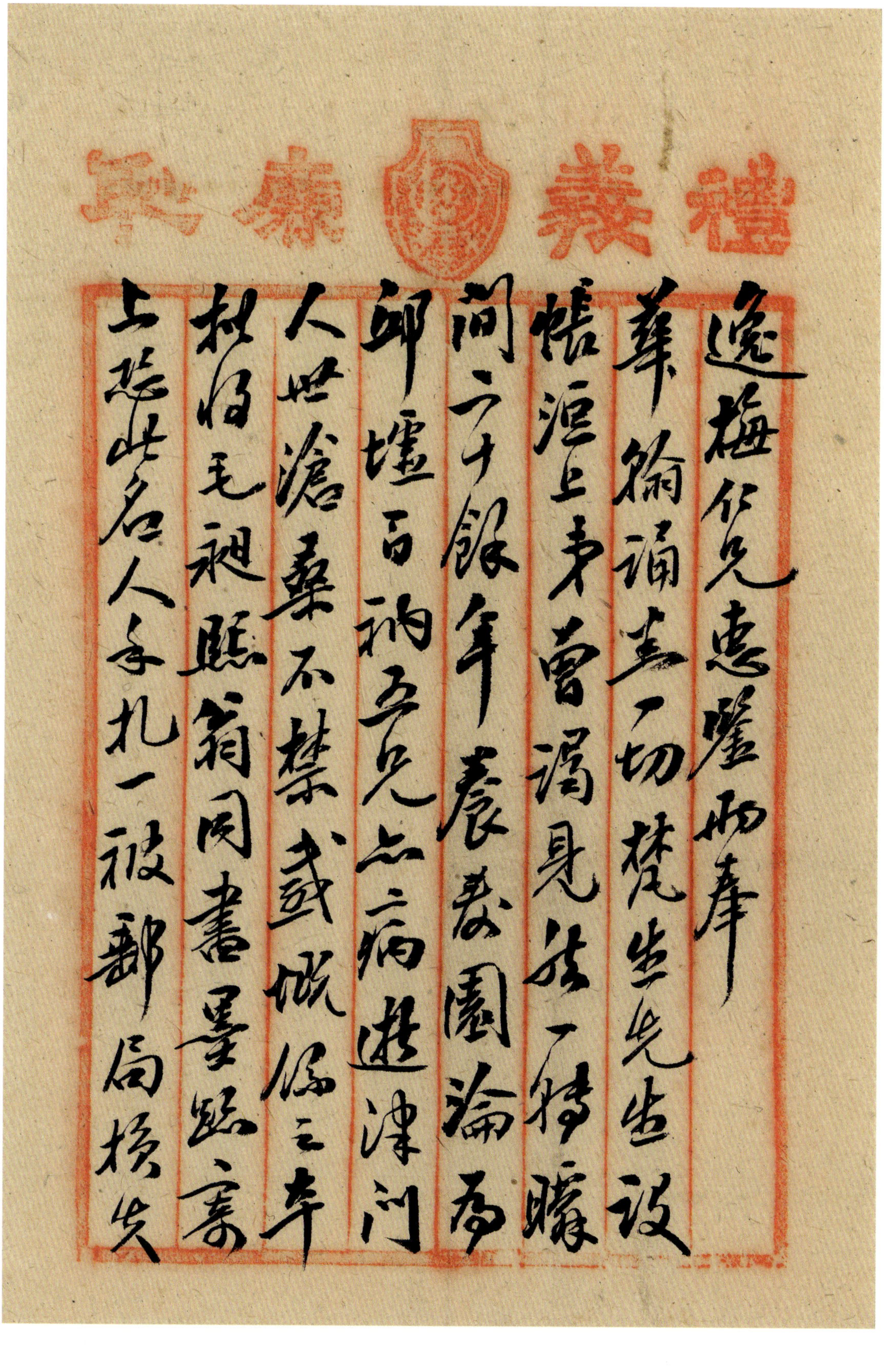

禮義廉恥

逸梅仁兄惠鑒：丙奉
華翰，誦悉一切。梵生先生設
帳滬上，未曾謁見，然久稔聲
聞。六十餘年，曩叢園論爲
卯壚百衲，吾兄亦二病逃津門。
人世滄桑，不禁感慨係之。本
擬將毛褪題箱同書墨題寄
上，然此名人手札一被鄭局損失

袁克艮致鄭逸梅

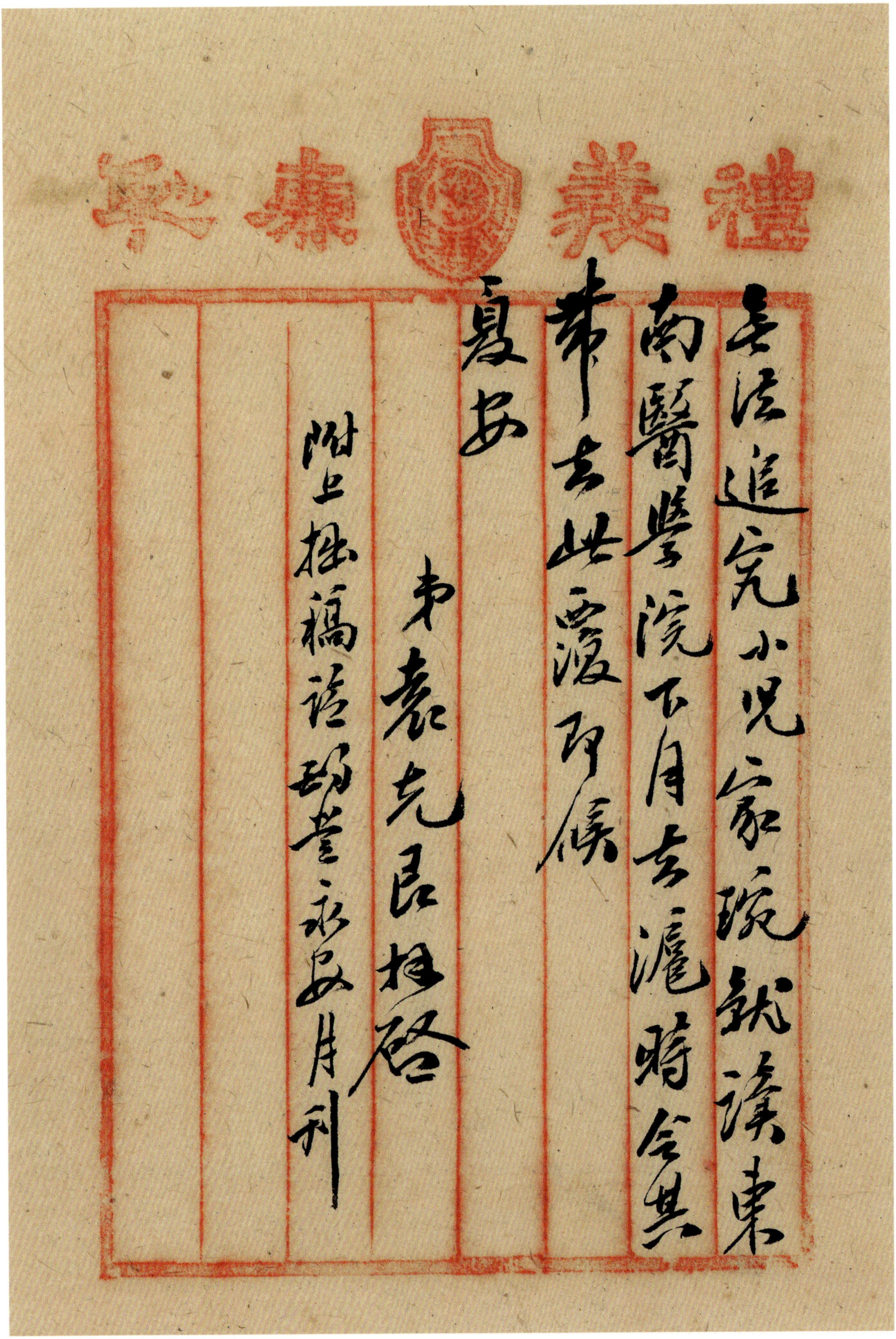

禮義廉恥

無法追究小兒家琬號謨東
南醫學院下月去滬時令其
帶去此覆即候
夏安
弟袁克艮拜啓
附上拙稿請登永安月刊

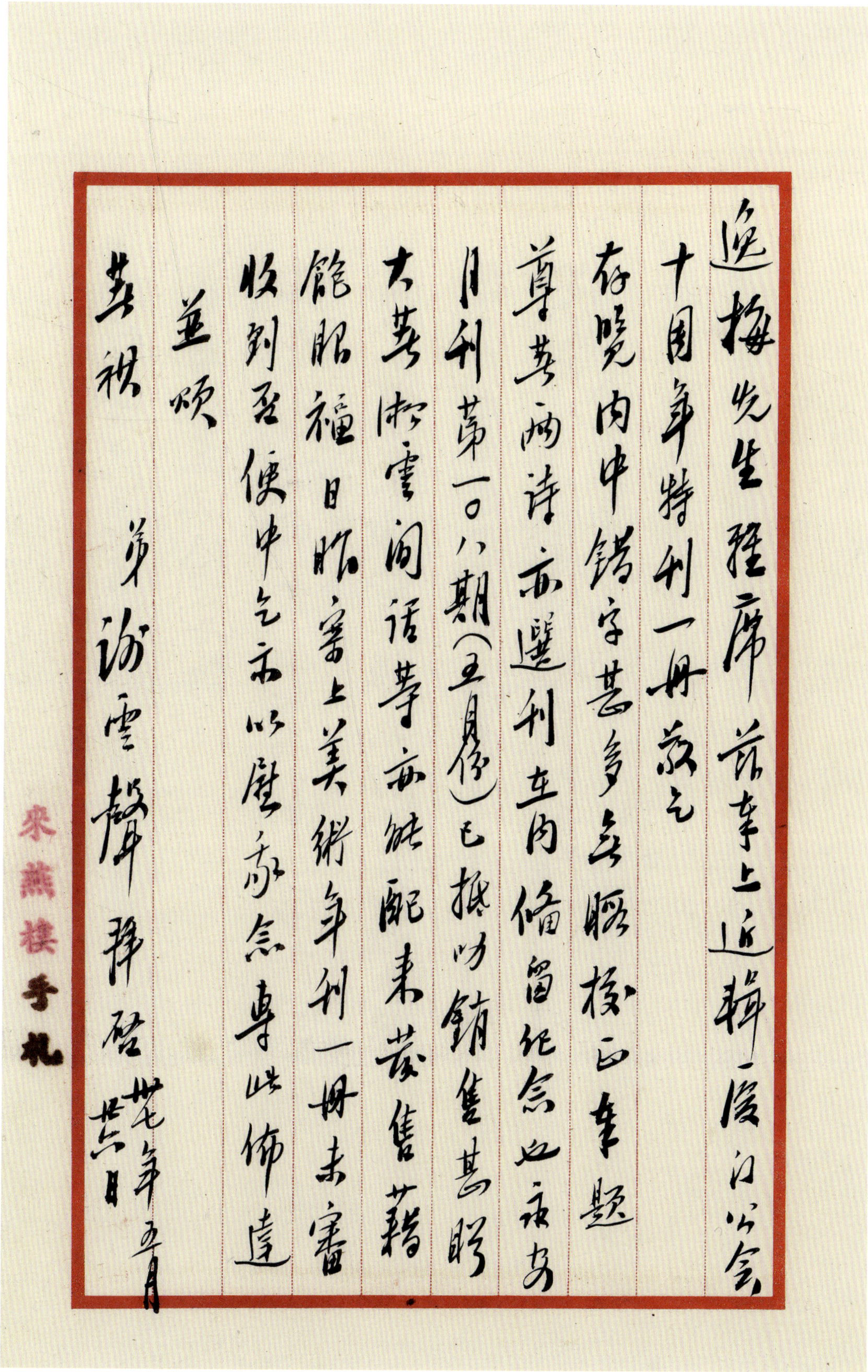

逸梅先生經席：前寄上近稿一段，以公會十周年特刊一冊，敬乞存覽。內中錯字甚多，無暇校正。集題尊著兩詩，亦選刊在內，備留紀念也。承寄月刊第一〇八期（五月份）已抵，以銷售甚暢，大著藝林雲間話等亦能配來，蒙售藉館照福。日昨寄上美術年刊一冊，未審收到否？便中乞示，以慰系念。專此佈達，並頌

著祺

弟謝雲聲拜啓　廿七年五月廿六日

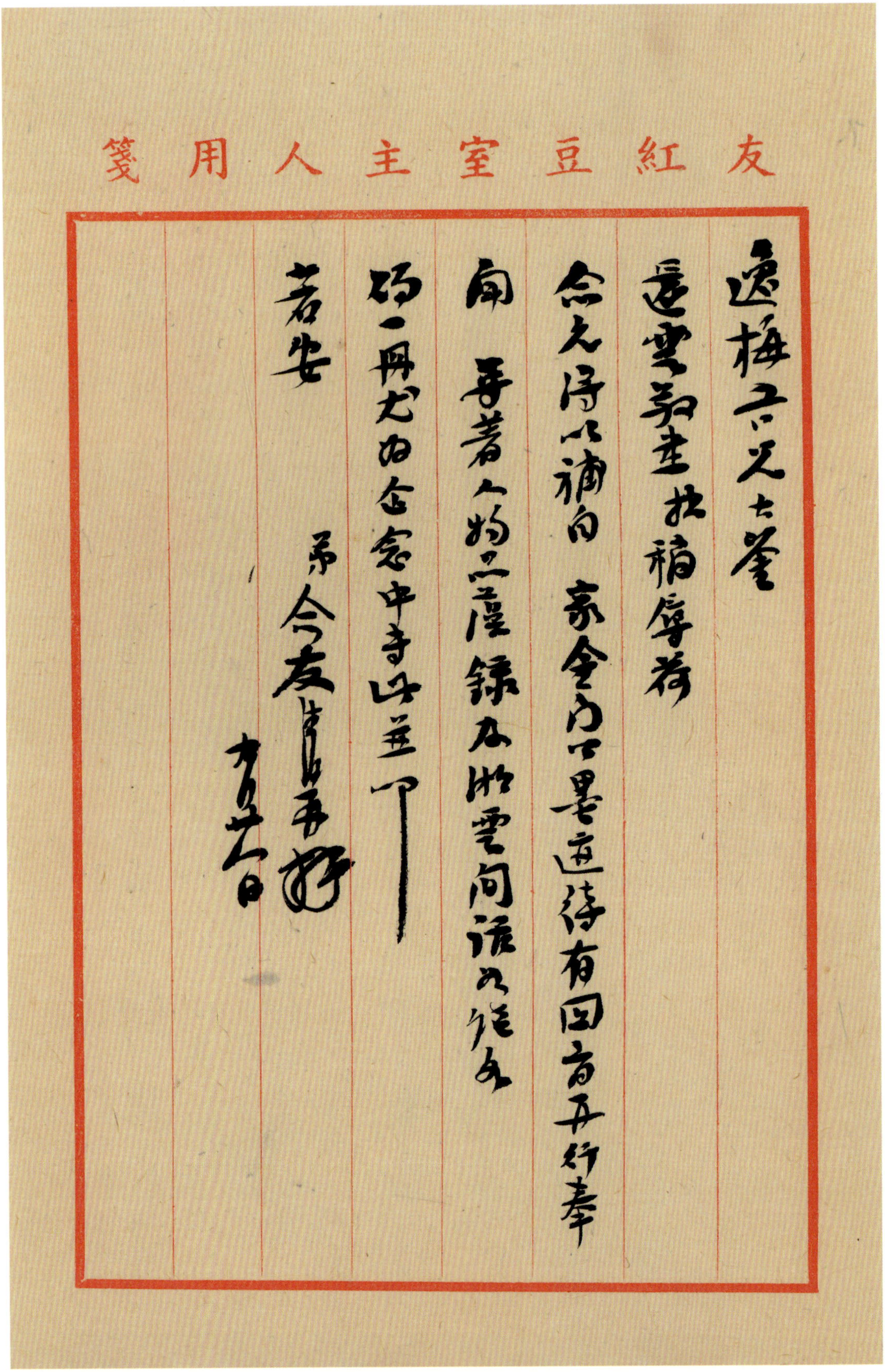

友紅豆室主人用箋

逸梅吾兄大鑒
蘧雲翁畫扇稍遲
命之得以補白　家舍乃下暑退待有回音再行奉
命　尊著人物品藻錄及淞雲閒話又從文
巧一冊尤為念念中者此並叩
著安
弟俞友清手啟
十五日

俞友清致鄭逸梅

王春渠致鄭逸梅

南洋兄弟煙草股份有限公司用箋

逸梅先生道席：前日奉上一緘，計先呈
鑒。新年幸有休假數天，一月二日下午三時屆
駕過寒舍一晤。蝸居湫隘，蕞廛本無屈及
高軒之理，所以不辭冒昧者，擬檢出所藏周彝鼓
種共相欣賞，我亦並爲
從者檢點人文之一助乎。通百文亦已東行，敬候
是日之勝，趣致，祇頌
著安
弟王春渠頓首上　十二月卅一日
敝寓在拉都路（西愛咸斯路南）三八九弄一號壽門
常閘，請走沿馬路邊門
如是日無暇光降，乞賜一電話，舍間電話爲七三五
七四號

中華民國　年　月　日

上海中正東路一八三號　電話八二〇八三　電報掛號一七一七

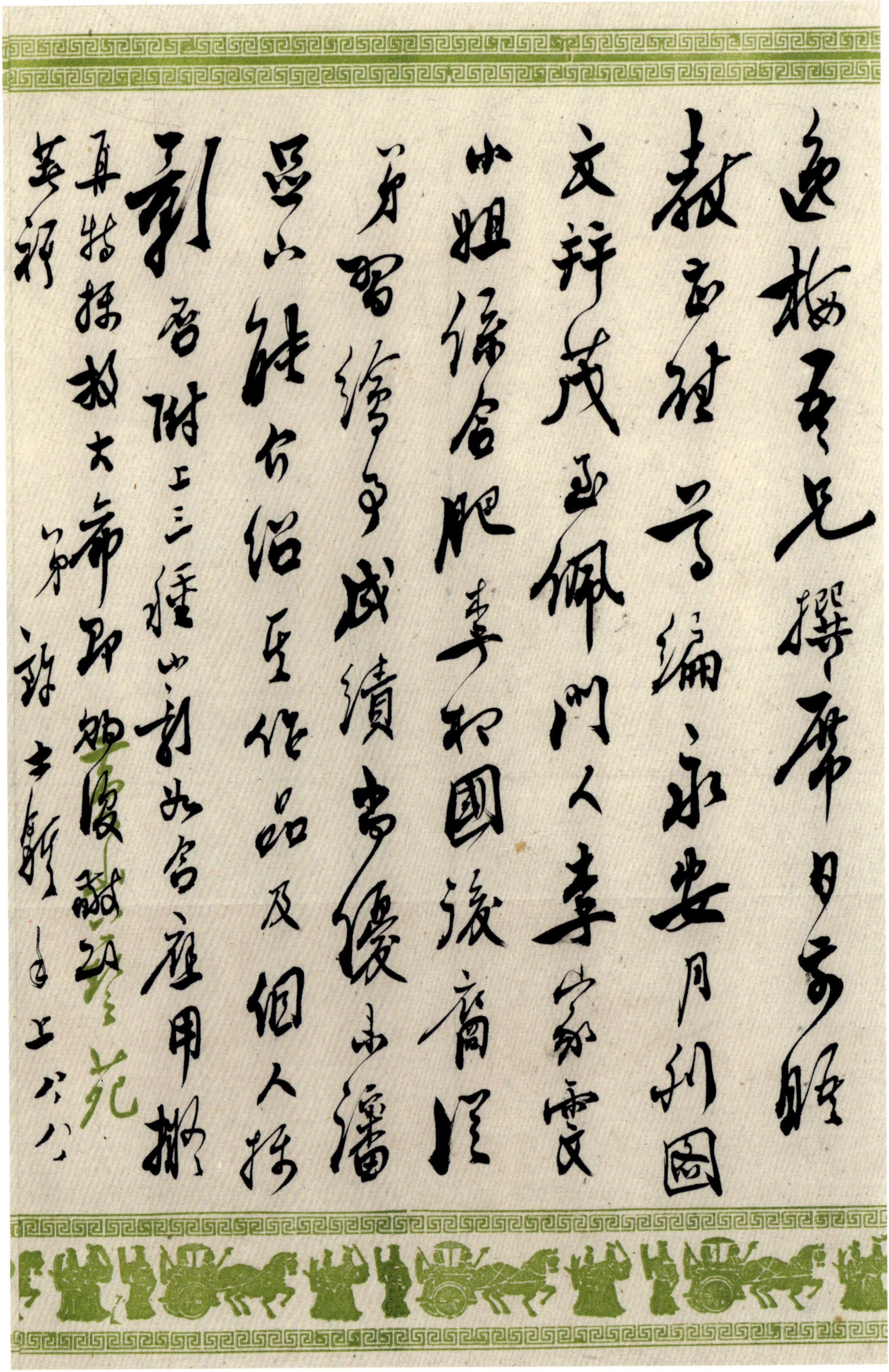
逸梅吾兄撰席：日前發
教，并[illegible]下編，永安月刊[illegible]
文拜[illegible]，至佩。門人李家雯
小姐係合肥李和國後裔，從
弟習繪事，成績甚優，亦擅
[illegible]，能仿[illegible]至作品及個人[illegible]
刻，茲附上三種，如能各應用[illegible]
冀特[illegible]教，大[illegible]即[illegible]藝苑
弟 許士騏上 六、八
著祺

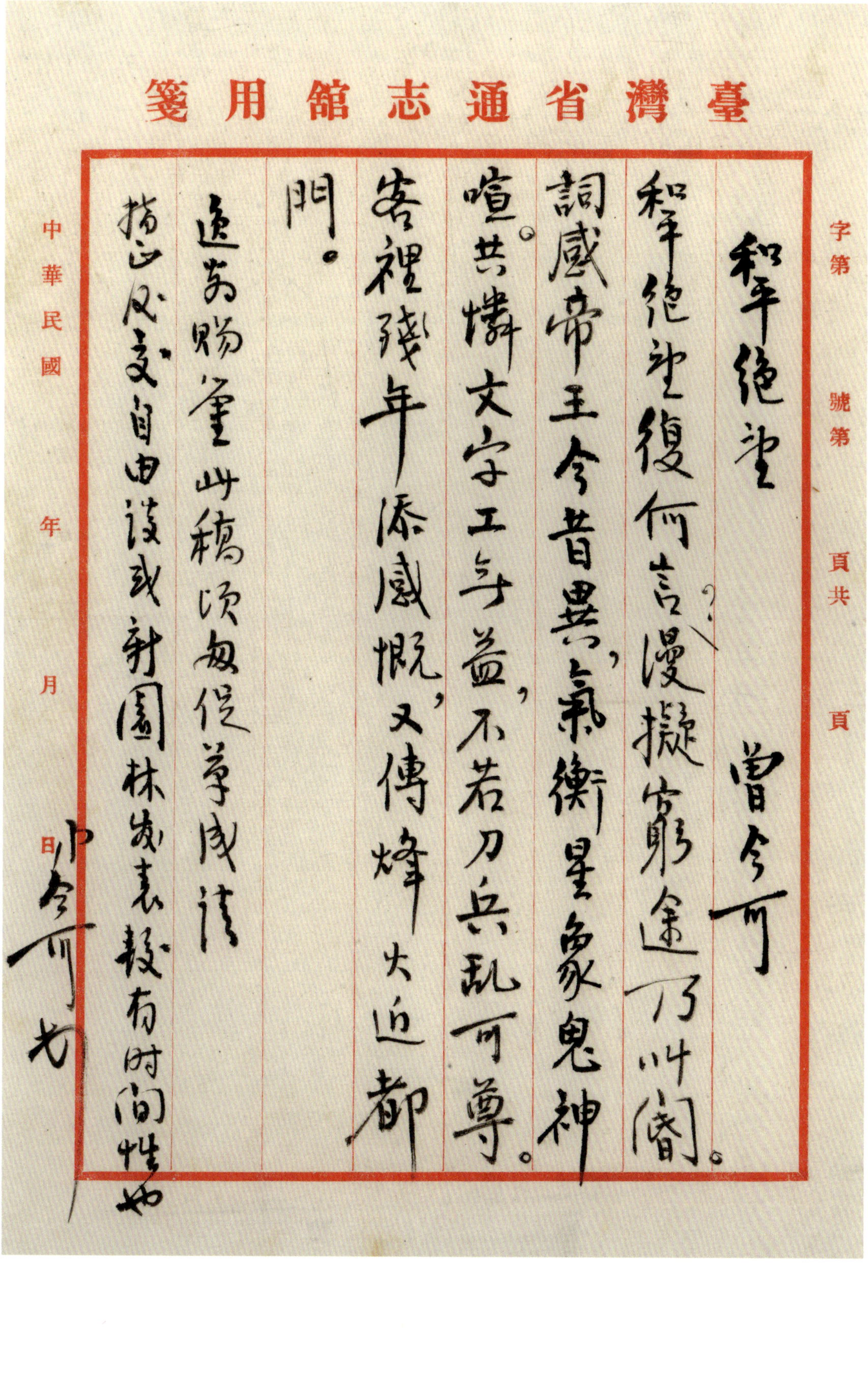

臺灣省通志館用箋

字第　號第　頁共　頁

和平絕望　曾今可

和平絕望復何言？漫擬窮途乃叫閽。詞感帝王今昔異，氣衝星象鬼神喧。共憐文字工無益，不若刀兵亂可尊。客裏殘年添感慨，又傳烽火迫都門。

逸梅賜鑒：此稿係匆促草成，請指正，交自由談或新園林發表，有時間性也。

今可　七

中華民國　年　月　日

顧青瑤致鄭逸梅

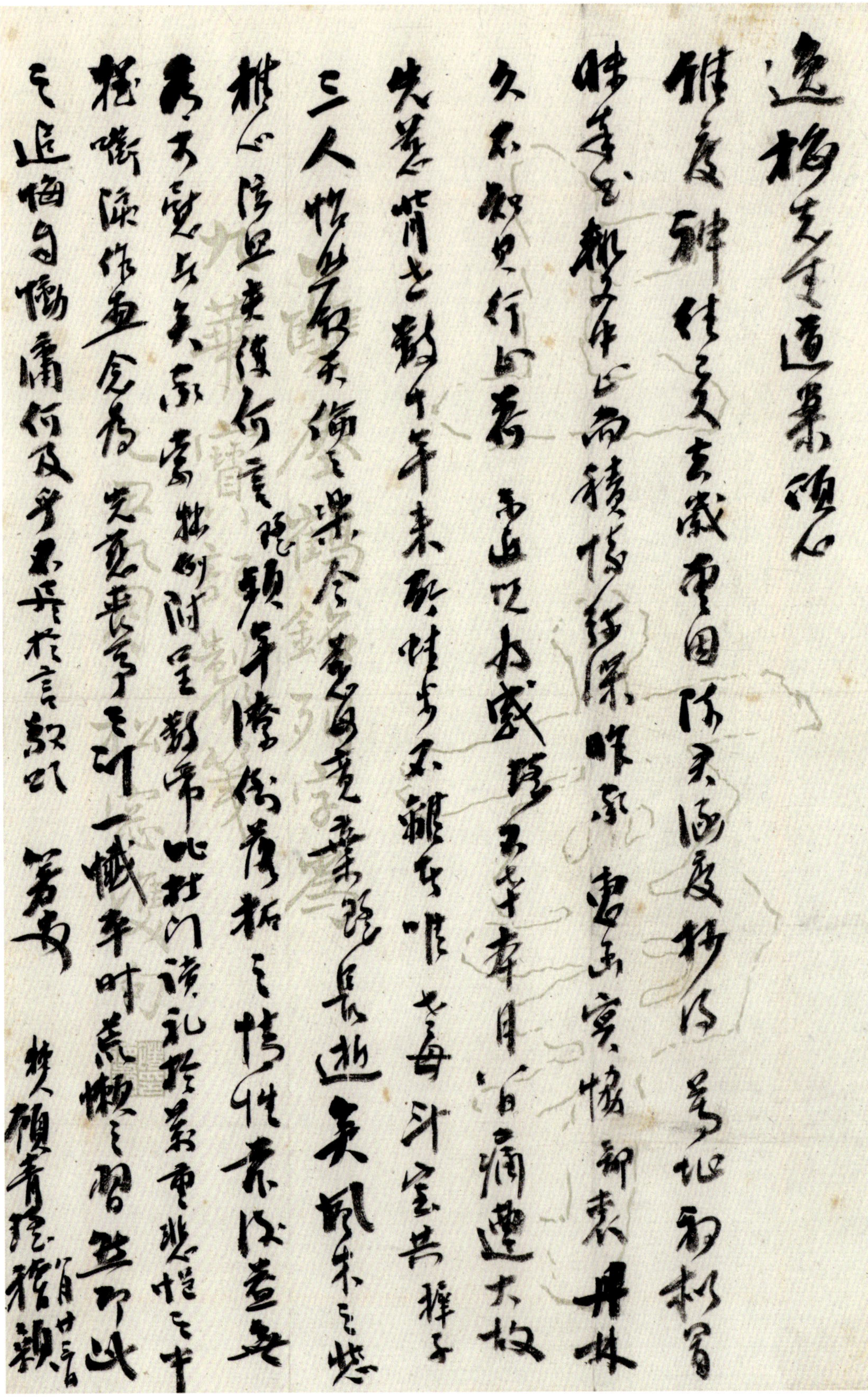

謝國楨致鄭逸梅

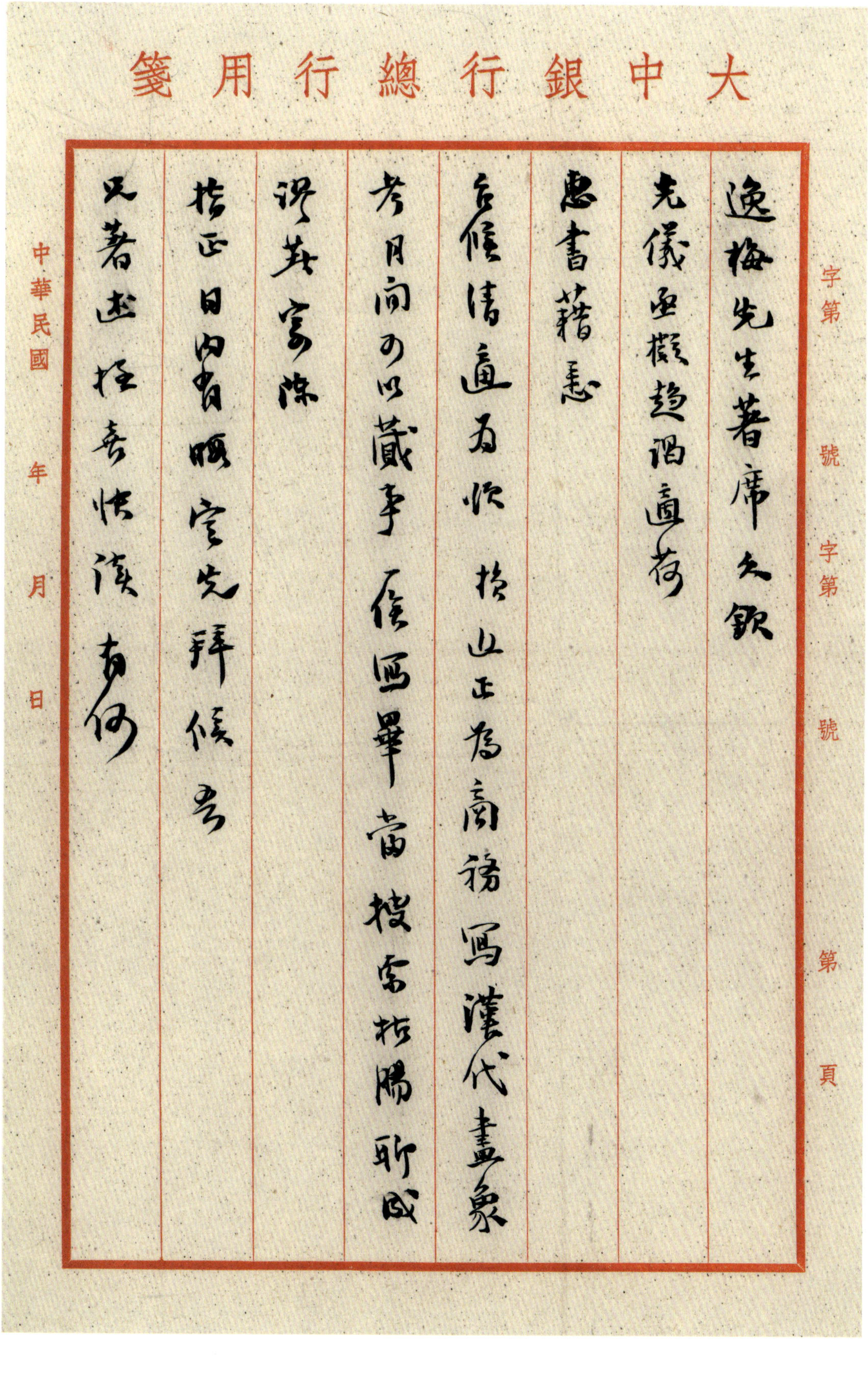

大中銀行總行用箋

字第　號　字第　號　第　頁

逸梅先生著席：久欽
先儀，亟擬趨謁，適荷
惠書，藉悉
台候清適為慰。拾山正為商務寫《漢代畫象
考》，月間可以蔵事。屬寫畢，當搜索枯腸，所感
謁其寄陳
指正。日內當踵寓先拜候，兼
又著述，種種快談。專候

中華民國　年　月　日

大中銀行總行用箋

字第　號　字第　號　第　頁

大著希
示知一二，為此順復，即頌
著安
弟謝國楨拜
八月廿八日

中華民國　年　月　日

胡亞光致鄭逸梅

亞光繪畫研究所用箋

逸梅吾兄如握：許久未見，甚以為念。弟于上月廿六日應友君赴南京觀光，至九日始偕遊回申。承蒙賜刊拙作一則，甚感。尚有小女一則仍托即為發表為禱。拙托之日前晤濟公，談及吾兄助辦新誌，甚為欣羨。授課之暇，乞賜我一談，能先期電約尤妥。此頌

近安

弟胡亞光頓

上海海防路四〇三弄十一號　電話三五一五一號

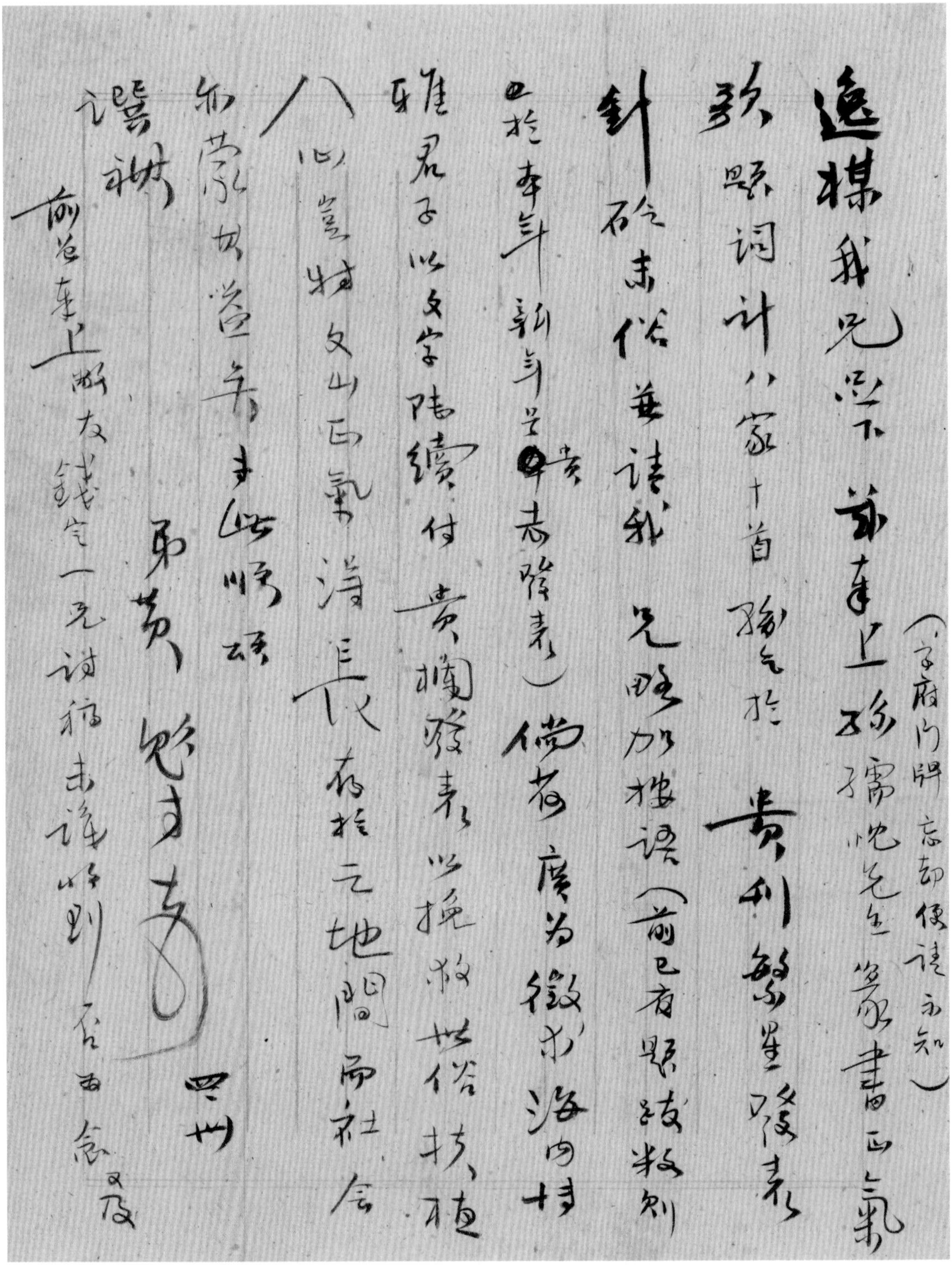

（字庵門牌忘却，便請示知）

逸梅我兄足下：前奉上孫儒伯先生篆書正氣歌題詞計八家十首，務乞於貴刊鬟星發表，針砭末俗，並請我兄略加按語（前已有題跋數則已於本年新年號中發表），備為廣為徵求海內博雅君子以文字陸續付貴欄發表，以挽救世俗，扶植人心，宣揚文山正氣，消長存於天地間，而社會亦蒙其益矣。手此，順頌

譔祺

弟黃覺寺 四卅

前呈奉上浙友錢定一兄詩稿，未識收到否？為念。又及

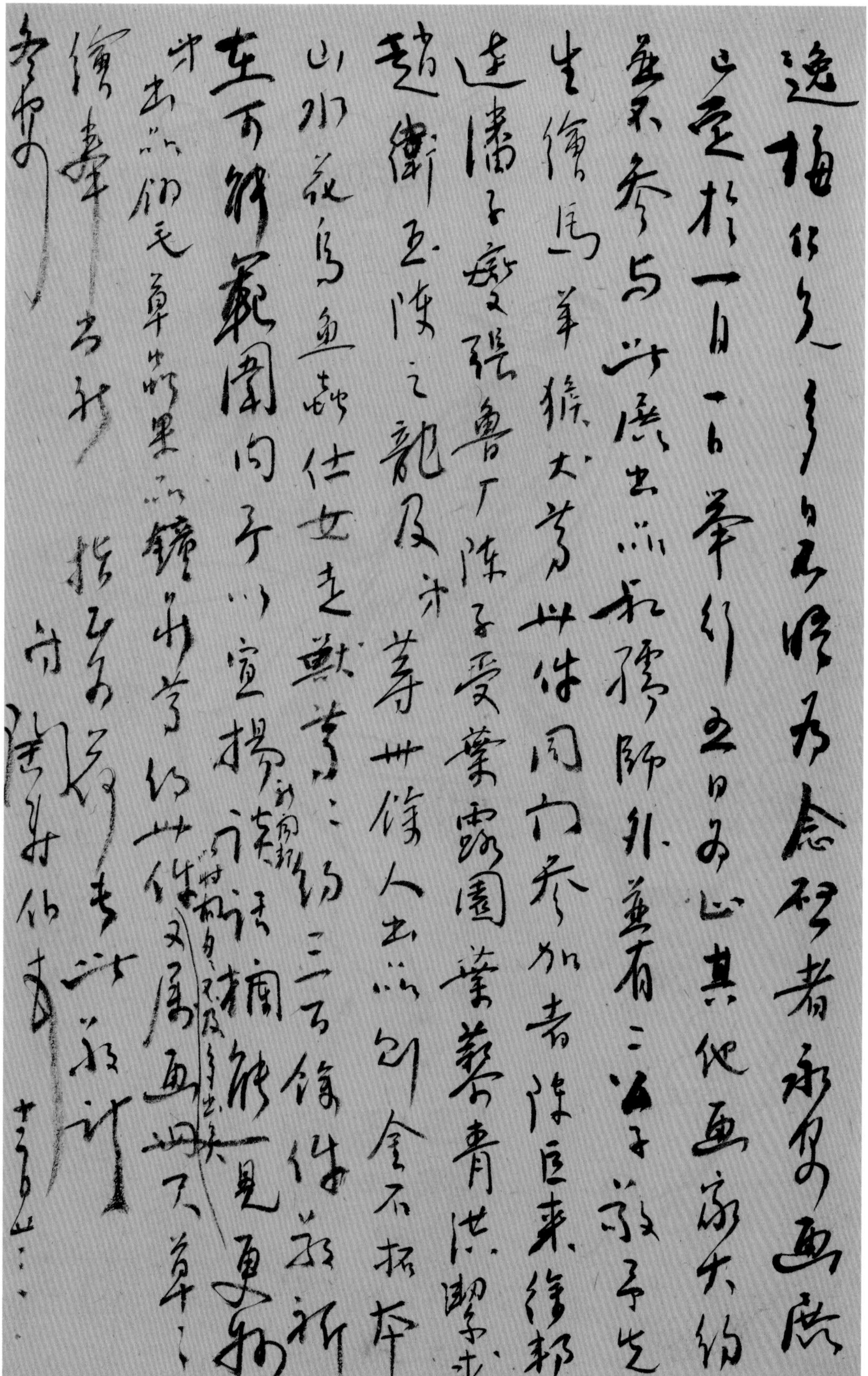

陶壽伯致鄭逸梅

逸梅先生史席辰奉
惠書敬承禮是
大作人物小掌錄情文並茂雅趣橫生為近
今報林所罕見允稱必傳之作盤旋周冀
在僻處不遠居北平年久書中人物李民七以沒控
場者強半相識寒雲公子尤有文字之契
執事所紀多係實錄可補野史之遺也惟譚
瀏陽獄中詩原文係望門投止思張儉忍死須臾
待杜根我自橫刀向天笑去留肝膽兩崑崙
略有異同年賽金花死於漢奸猖獗時正以仂

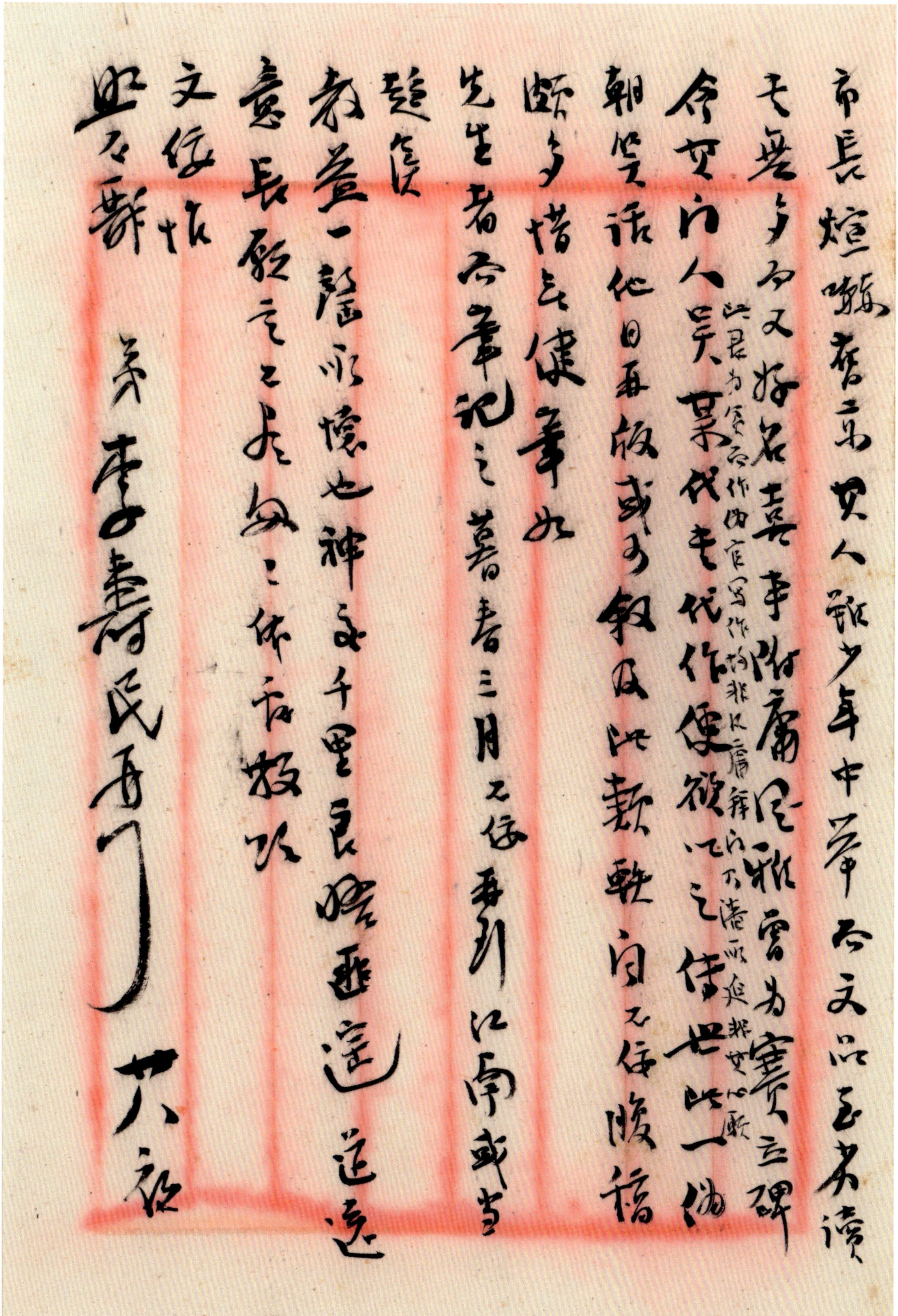

市長煊璈吾弟：丈人能少年中華之文，品吾弟讀者無多，而文好名甚，事附庸風雅，曾為寰之碑令丈之人矣，某代也代作，便欲以之傳世，此一偽（此君為負石作，由官民寫作，均非其原稿，以下請求延期非其心願）朝笑話。他日再版，或可刪及此數輯，自不任禱盼。多惜無健筆如先生者，不筆記之。暮春三月，不任再到江南，或當趨候教益，一證所懷也。神交千里，良晤匪遙，遙遙。意長紙短，之長無之，作書報以文綏，恍恍。照不宣。

弟 李壽民手上

廿六 敬

逸梅道兄閣下：昨辱
寵賜共適，至歡。承
貽天放先生文選兩册，感謝曷已。曉近名流
書，弟嘗精選數通，以奉一星期之內，必檢陳。不
先外舅況蕙風先生手書，弟處雖多，向其門
陳。又蒙下索，求或不足顧也。遲日我
兄見顧，幸先示知，弟必在舍恭候，藉可晤譚。匆上，敬
撰祺
弟陳巨來再拜
七月十九日

淞滬警備司令部用牋

潘博山致鄭逸梅

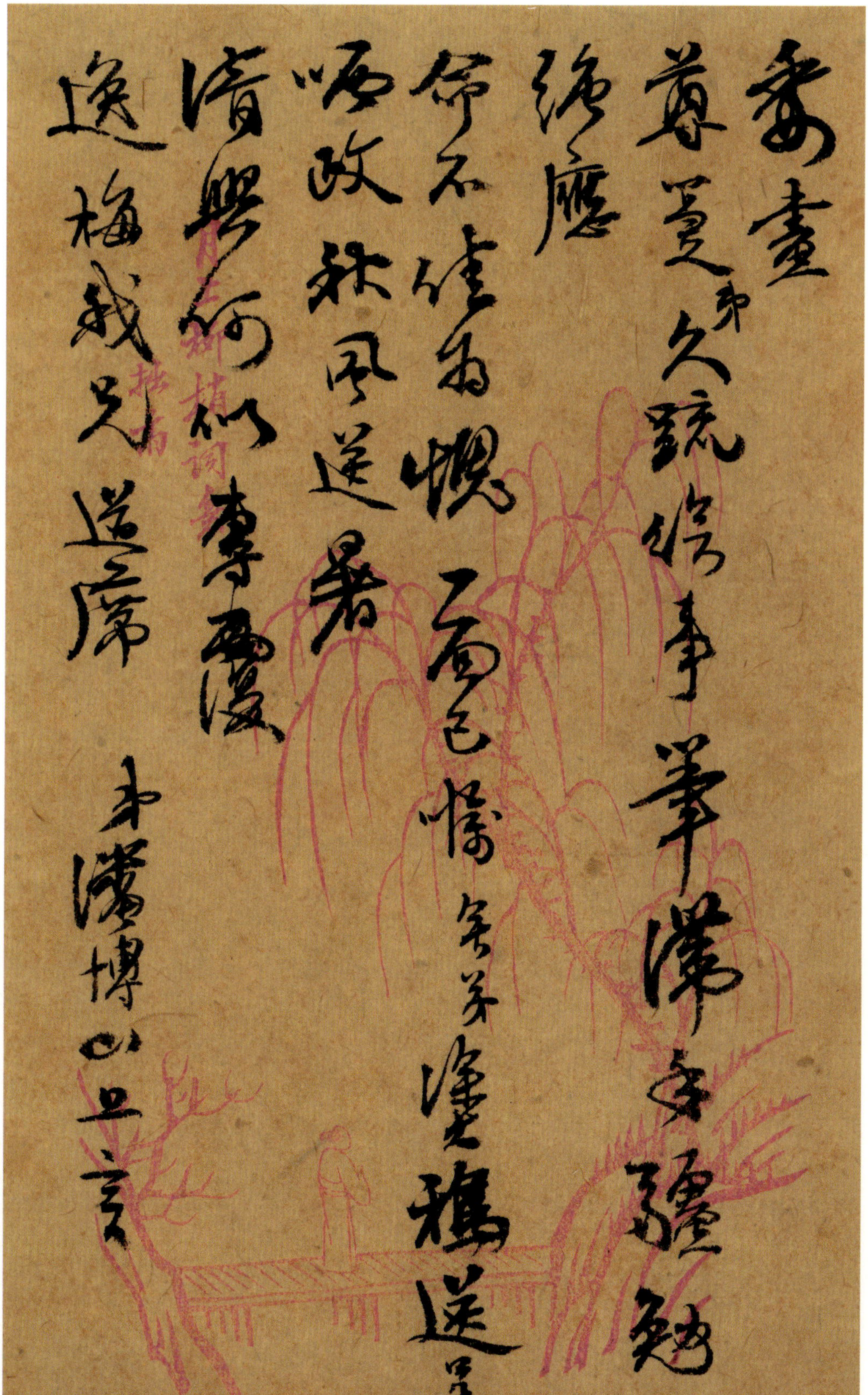

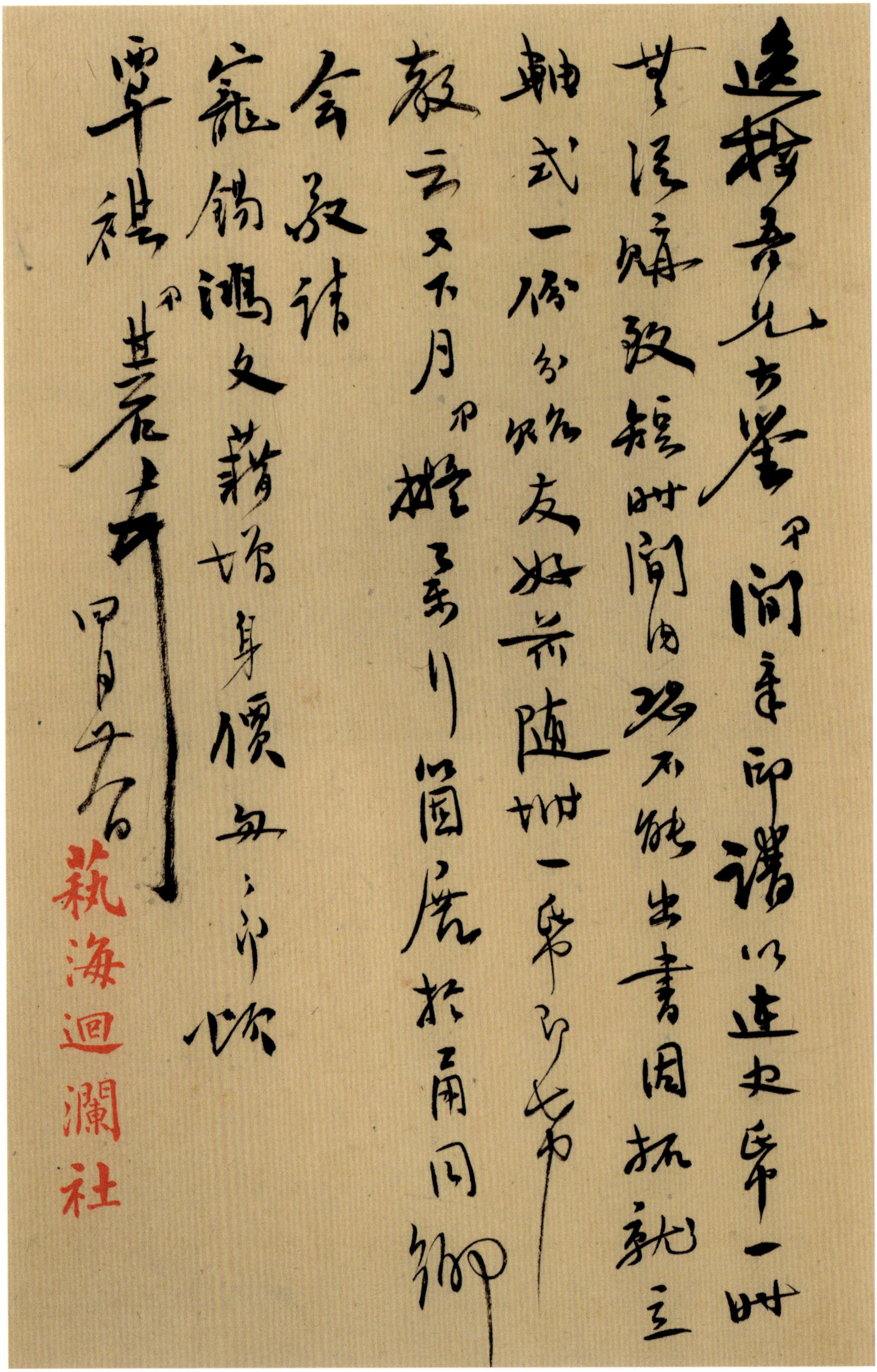
藝海迴瀾社

陳秋草致鄭逸梅

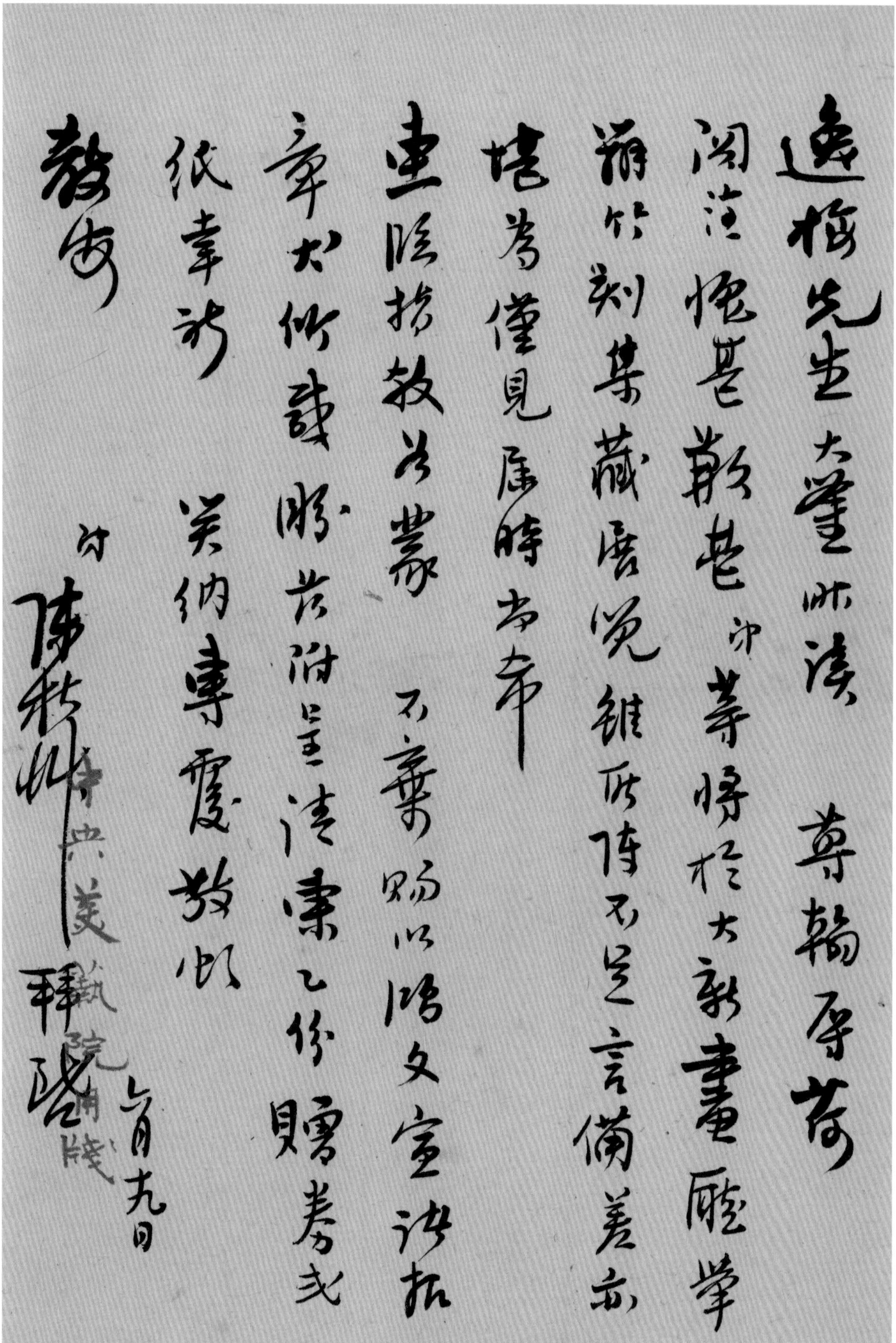

逸梅先生大鑒：昨讀 尊輯厚薈，閱注懷甚歉也。沙 萼將於大新畫廳舉辦竹刻集藏展覽，維所傳不足言，備羞亦堪為僅見。屆時尚希 惠臨指教為叢。不棄 賜以陪文宣詩拓章，尤所感盼。茲附呈請柬乙份，贈券弍紙，幸祈 哂納，專覆，敬叩
教安

弟 陳秋草拜啓 七月九日

申石伽致鄭逸梅

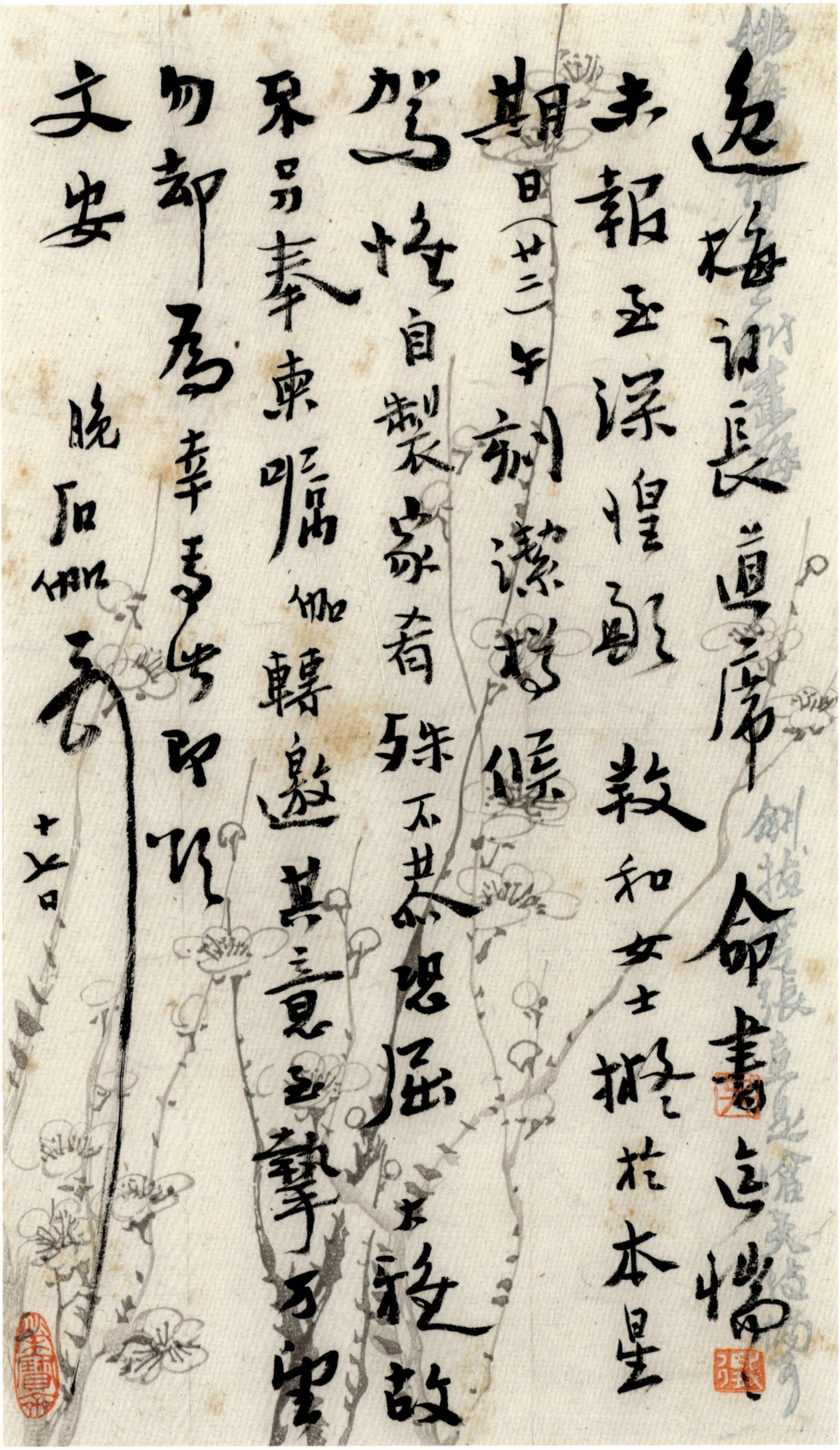
逸梅詞長道席：命書已悉，未報，至深惶歉。和女士擬於本星期日（廿三）午刻潔樽候駕，惟自製家肴，殊不甚恭，恐屈大雅，故果另奉柬，囑伽轉邀，其意至摯，可望勿卻為幸。專此即頌
文安
晚石伽頓首 十七日

施翀鵬致鄭逸梅

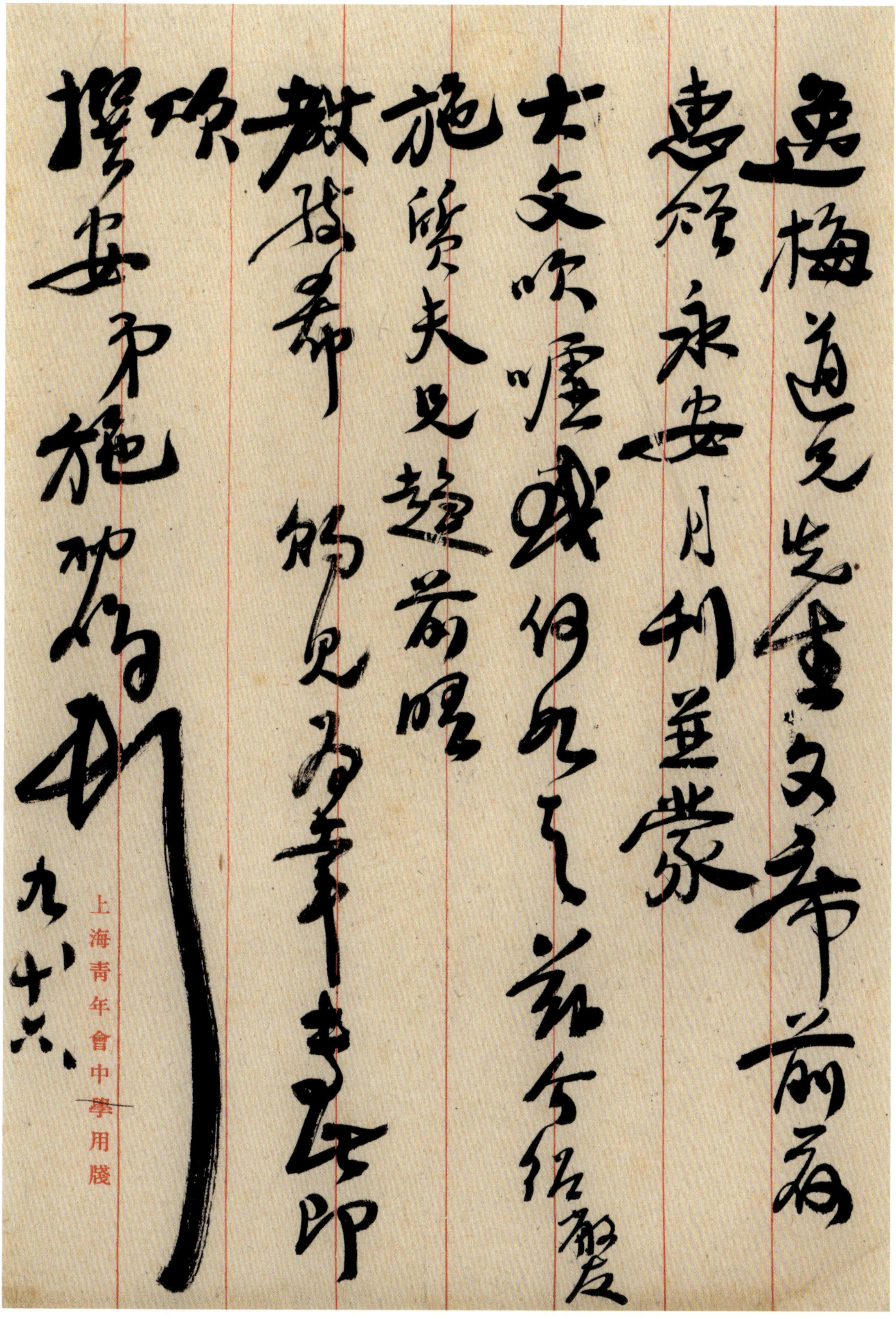
逸梅道兄先生文席：前承
惠頒《永安月刊》，並蒙
大文吹噓，感何可言。茲介紹[illegible]
施質夫兄趨前晤
教，我弟鈞見為幸。專此即
頌
撰安。弟施翀鵬頓首
九、十六

上海青年會中學用牋

陸抑非致鄭逸梅

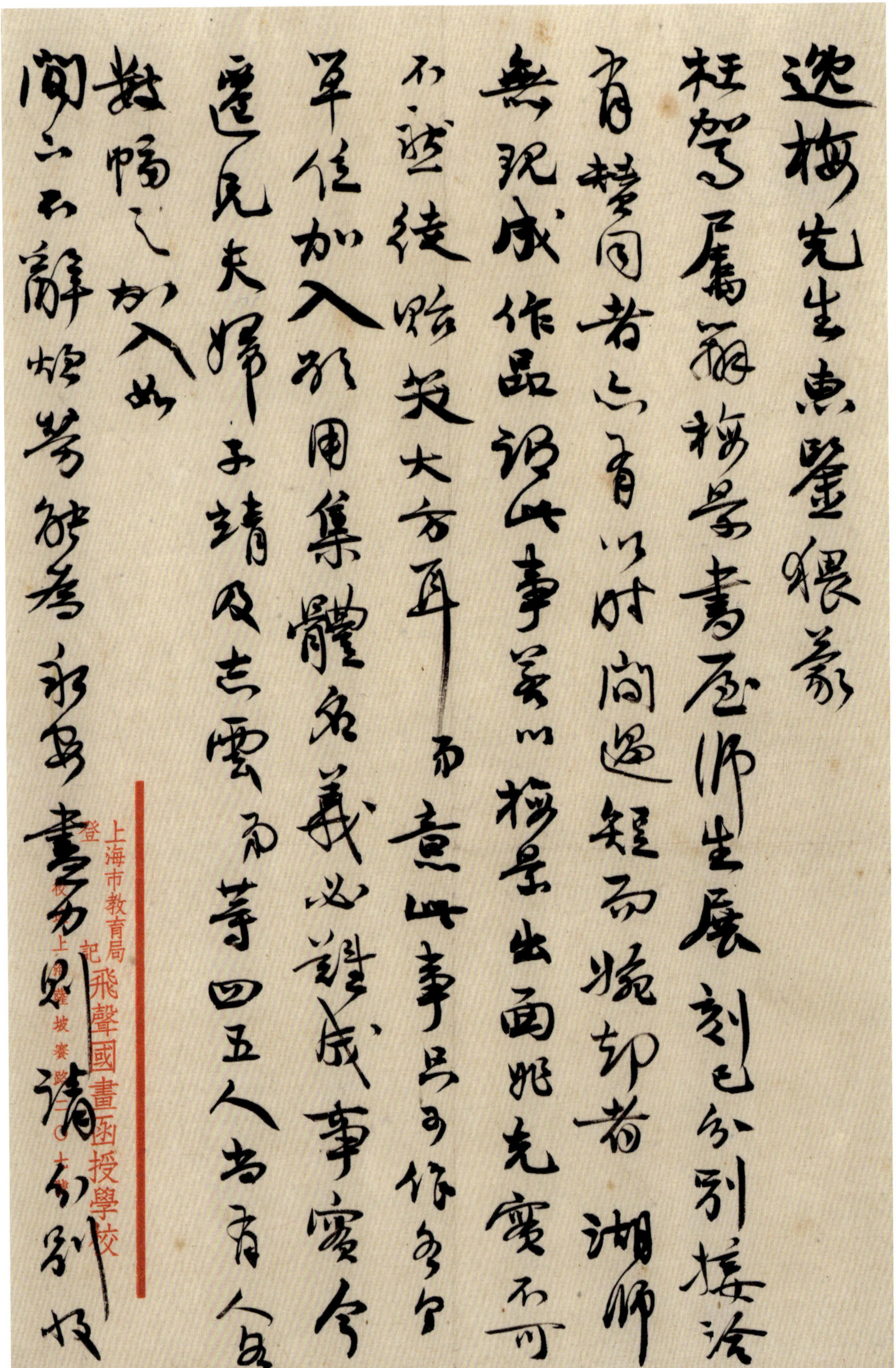
逸梅先生惠鑒：猥蒙
枉駕，屬爲梅景書屋師生展，刻已分別接洽，
有贊同者，亦有以時間過短而婉卻者，湖帆師
無現成作品，認此事以梅景出面，非先實不可，
不能從略，大方耳。而意此事只可作罷，
單位加入報用集體名義，必難成事，實令
逸民夫婦、子靖及志雲兩等四五人者，有人如
數幅之加入，如
閱之不辭煩勞，能爲叔安書畢，請分別收

陸抑非致鄭逸梅

集附驥尾，兄當可設法籌備，湖帆作之，只可作罷。

寫於藏本系題，性質不識，識閒山意認如何？致乃不周，尚希

原諒。爲此即請

著安

小弟抑非

十月三日

上海市教育局登記

飛聲國畫函授學校

校址上海薩坡賽路二〇七號

周鍊霞致鄭逸梅

逸梅先生 正拍

浣溪沙

向晚風來暑漸消　畫堂西畔月痕嬌　羅衣如雪五銖飄　閑恨轉教詩有味　清愁何厭夢無聊　鐘聲催短可憐宵

玉楴蘭香嵌鬢鴉　銀紅衫子換宮紗　冰肌欲倩溪縷遮　涼愛當窗千个竹　媚憐窺戶一枝花　玲瓏閑影夕陽斜

鍊霞初稿

董天野致鄭逸梅

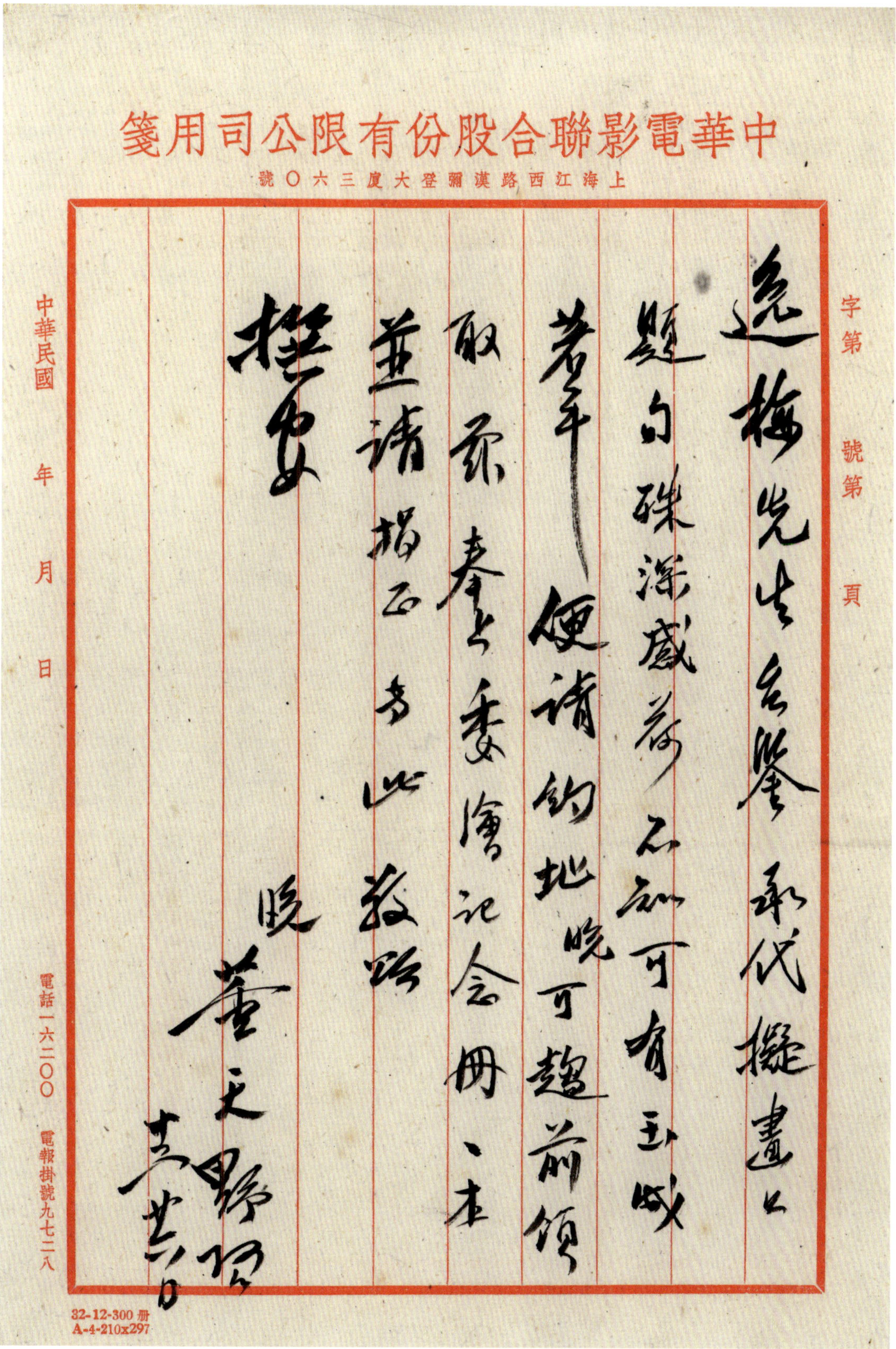

中華電影聯合股份有限公司用箋

上海江西路漢彌登大廈三六〇號

字第　號第　頁

逸梅先生台鑒：承代擬畫之題句，殊深感荷。不知可有現成著作，便請約地，晚可趨前領取。茲奉上委繪記念冊一本，並請指正。專此，敬頌
撰安

晚董天野頓首
十一，廿八日

中華民國　年　月　日

電話一六二〇〇　電報掛號九七二八

32-12-300 冊
A-4-210x297

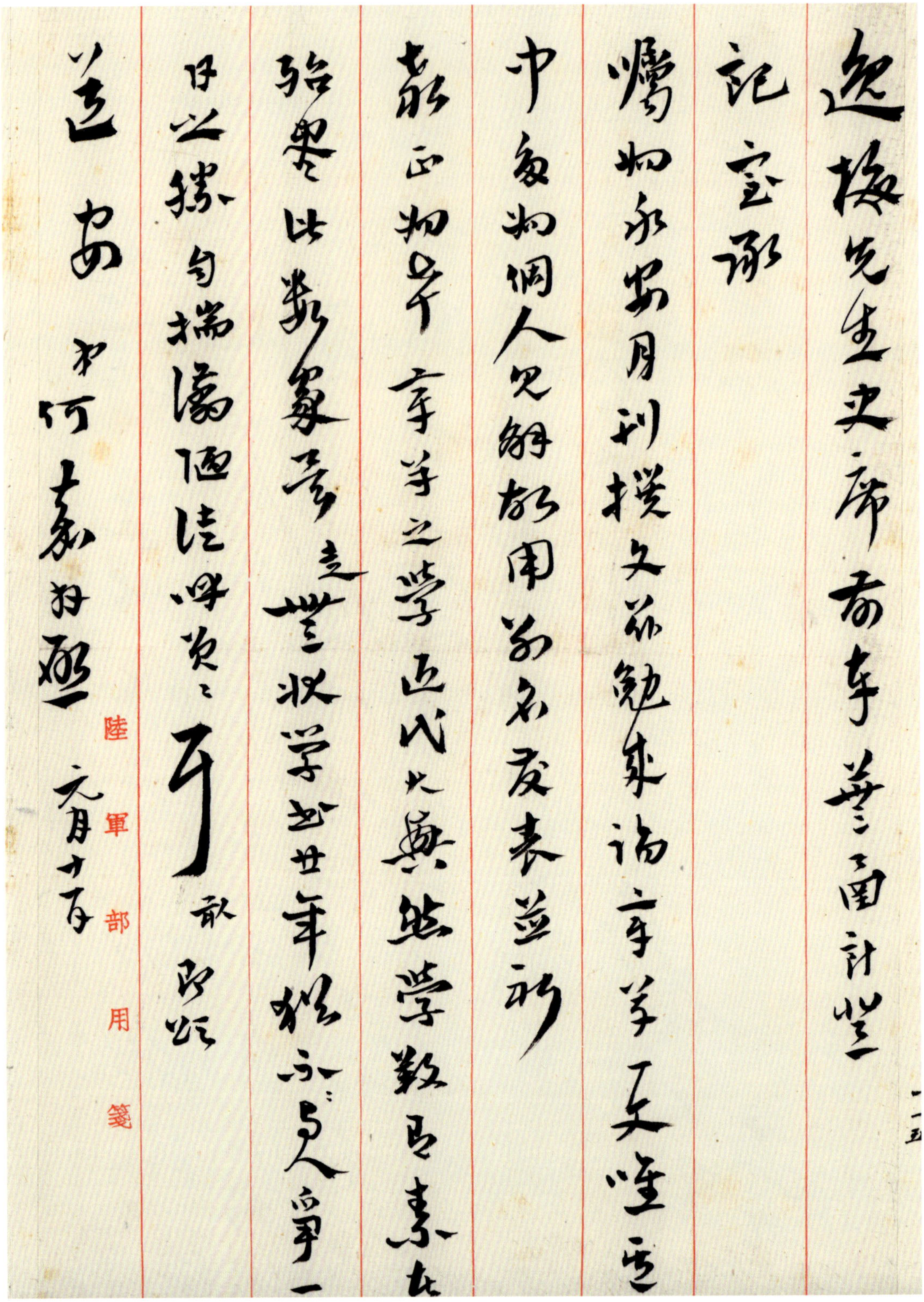
逸梅先生史席：奉手華函，計登
記室。承
囑為永安月刊撰文，茲勉成論章草一文，惟其
中多為個人見解，故用別名發表，並祈
教正為幸。章草之學，近代大興，然學數巨素在
殆思比類篆書之世狀，學逾廿年，擬示與人，向乎一
得，以務自端，藉隨諸時賢之耳。敢取此
以達
安。弟何嘉頓首 元月十日
陸軍部用箋
一一五

呂白華致鄭逸梅

米糧統制委員會

字第　　號第　　頁

電報掛號：九七九九

逸梅先生足下：久未晤

教，殊念。茲送上寄[illegible]，務希

察收。敝[illegible]者，[illegible]推君

季直[illegible]中學一年級學識俱優，

屢試列前一，因慕[illegible]之名，已

投考[illegible]人[illegible]大道[illegible]之向

報社[illegible]結為[illegible]知不勝感

禱為叩

新禧

弟　白華拜上　十一、二

中華民國　　年　　月　　日

電話：六〇〇八一　六〇〇八二　轉接各處室

地址：靜安寺路三〇五號二樓

朱庸齋致鄭逸梅、陸丹林

隋高子玉造像碑格

丹林
逸楳兩先生有道：寄呈分春館詞述稿數闋，即希正調。另函係與談月色女士者，因伊京中住址偶爾遺忘，因懇轉致也。費神至感，即頌撰祺。

弟朱庸齋頓首

毀頹室主人造牋

陳子和致鄭逸梅

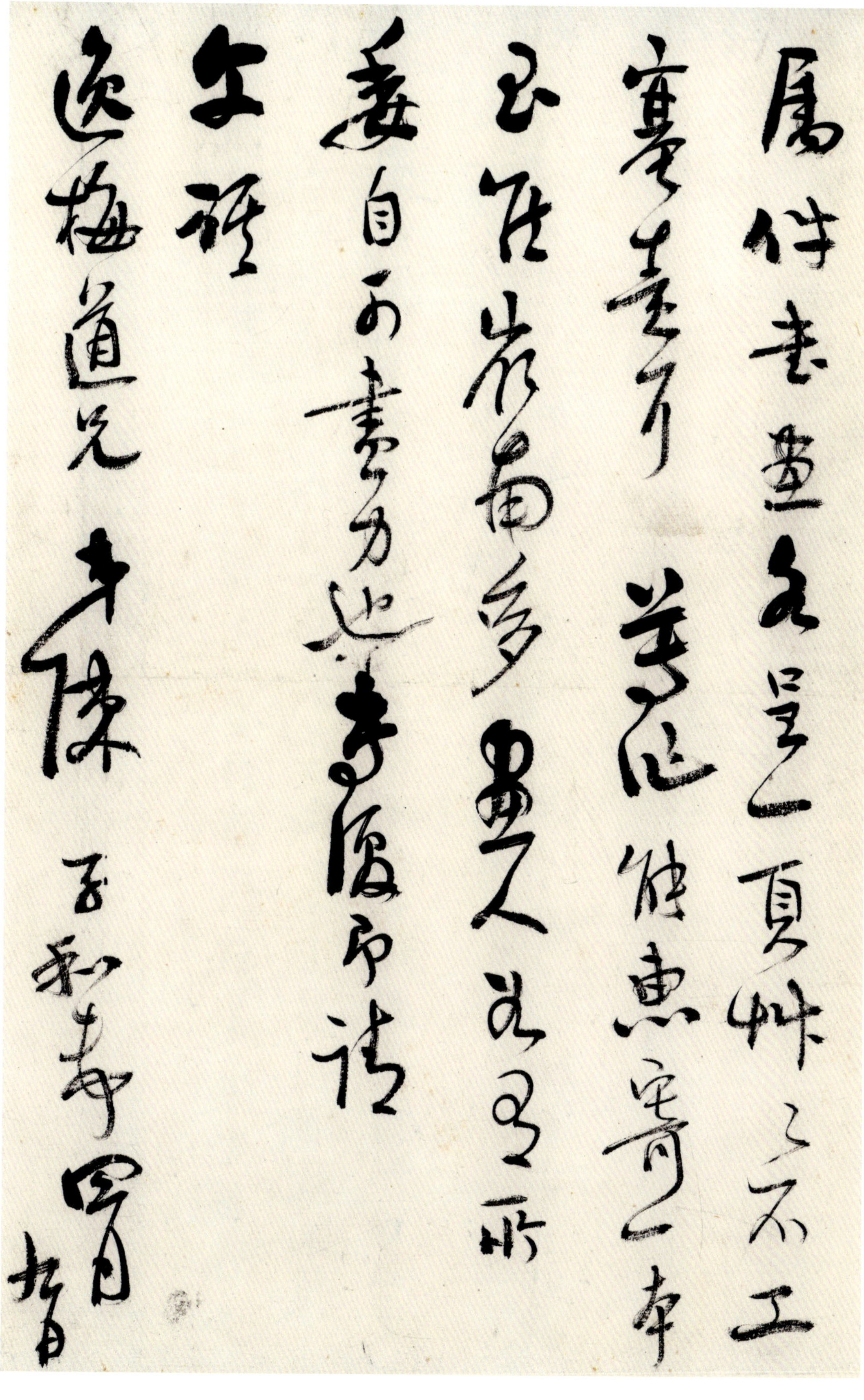

杜進高致鄭逸梅、趙眠雲

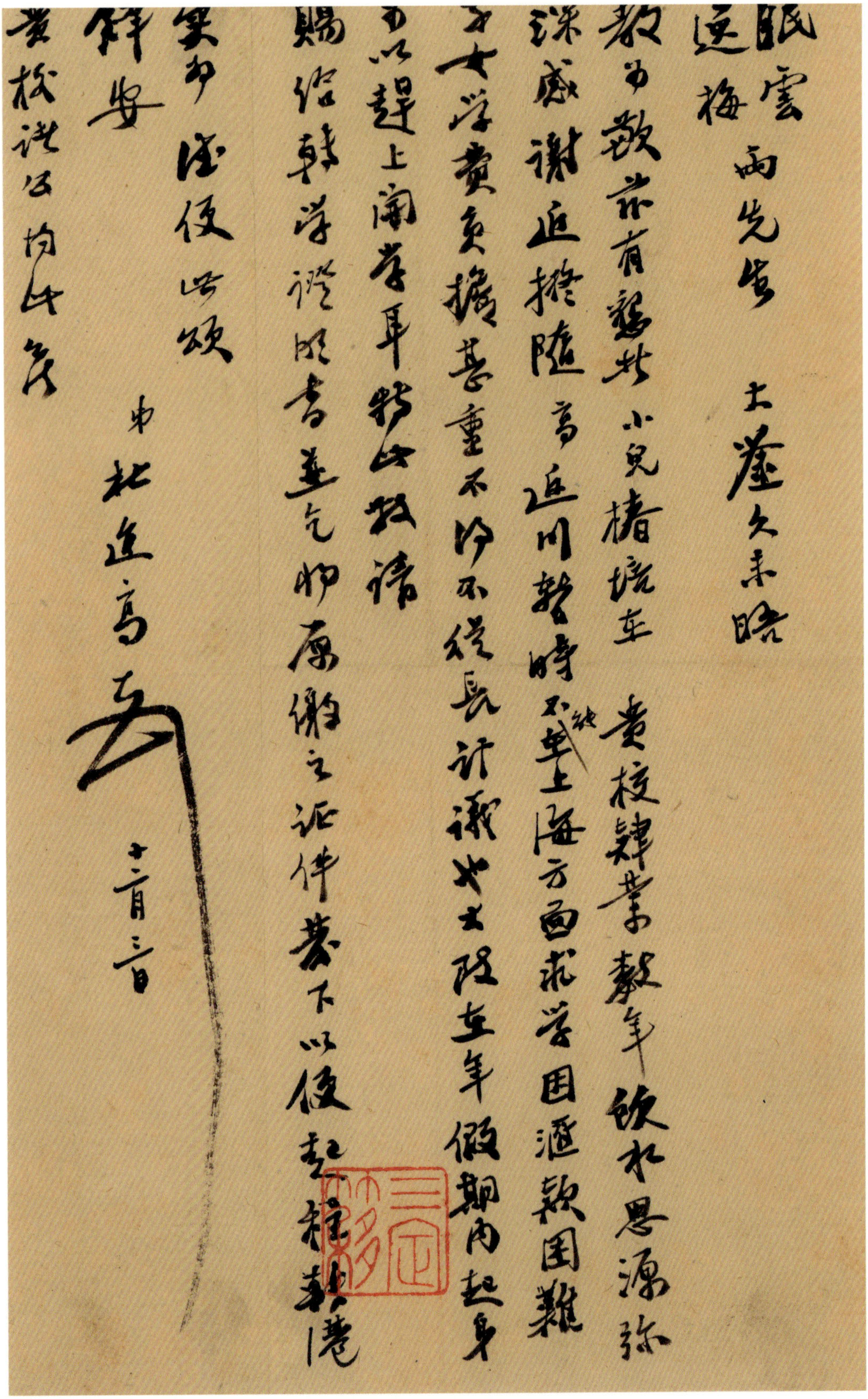
眠雲
逸梅兩先生大鑒：久未晤
教，至歉。茲有懇者：小兒椿培在貴校肄業數年，飲水思源，殊
深感謝。近擬隨高近川暫時不能赴上海方面求學，因匯款困難，
子女學費負擔甚重，不得不從長計議，此段在年假期內起身，
而以趕上開學耳。特此敬請
賜給轉學證明書，並乞[illegible]康衛之證件，寄下以便起程赴滬，
是盼。[illegible]便此頌
鐸安
貴校諸公均此候
弟杜進高　頓首
十二月三日

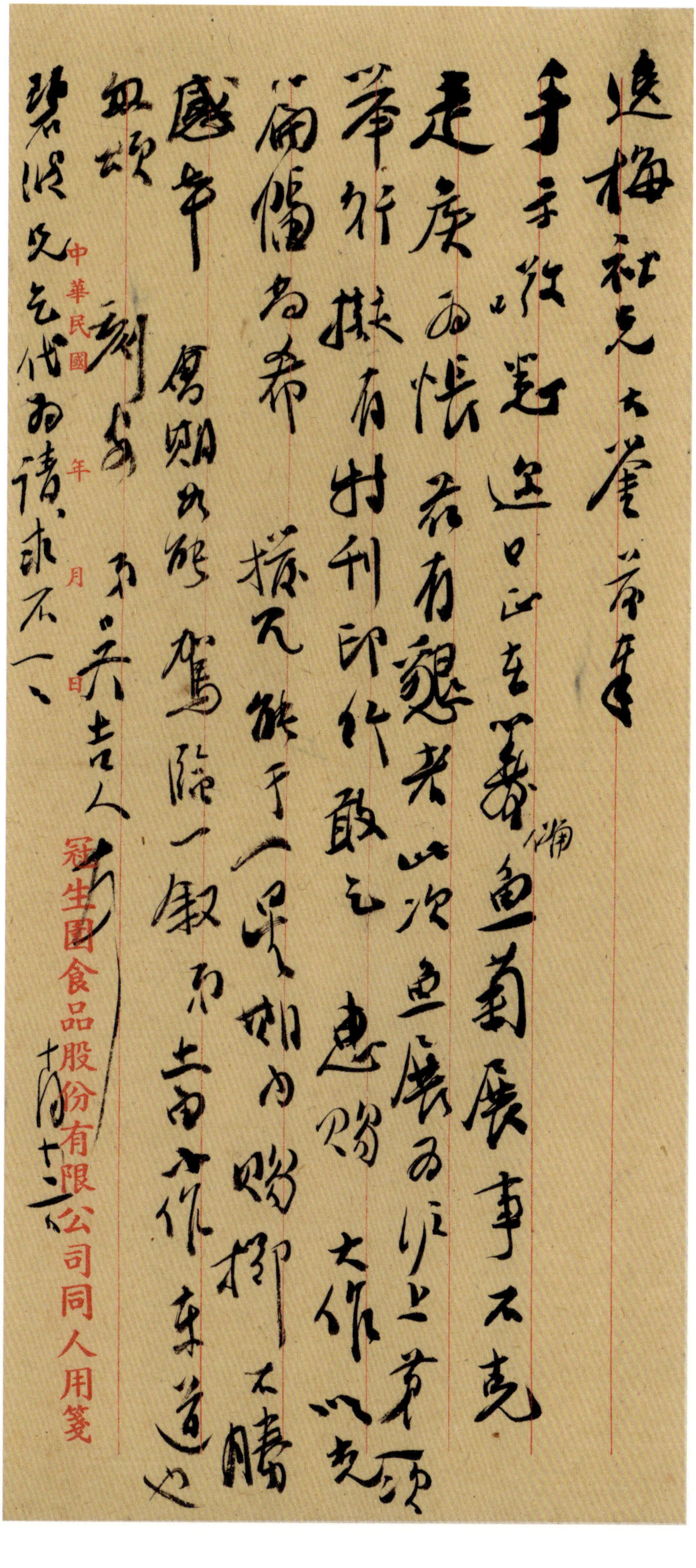

逸梅社兄大鑒：前奉
手示，敬悉。近日正在籌備畫菊展事，不克
走賀，為悵。吾友趙老此次畫展為作上草，須
華衍撰有對刊，即作敢乞
惠賜大作，以光
篇幅，為希
撰文能于一星期內賜擲，不勝
感幸。屆期此能
駕臨一叙，不知尚有作東道也。
此頌
刻安。弟吴吉人頓首 十月十二日
碧波兄乞代為請，求不一一。

中華民國 年 月 日

冠生園食品股份有限公司同人用箋

今晨
駕臨敝廬暢談甚快垂繪墨梅冊已竣
特煩君博兄帶奉以供
莞咲如能至鄭巽一載詩畫非常
感激順候
逸梅老友福康
雲鶴上言
四月三日

逸弟台鉴：四月一日大函均悉。此间因易寓居，遂多为题。旅秋今有信来，彼独居苏州，其境颇可悯。然情势所限，无可为役。翔青各界劝为无锡杨寿柟推介任为长亭路务。兄因就局事，与所负之责，又繁且重，为亲能计，不能遥行请假返苏，为有待于寿梅之全愈否？咳嗽试服克利西佛世使？弟价昂耳。去信之药，自去岁中，此间枸杞头至九角一斤，青果橄榄两角一个。每个圆形，约茶碗大，非如苏州之细长。弟试思是笑话否？来书三十元一包。弟双鬓已星，不愧星社前辈，亦尔若弟

日接次翁惠書，蒙頒賡等種，俱承遠懷。弟在病中見
天、在蘇州作茶擇覺凄子時（共時五去在仁大）悲於一夢，舊日
至云有次病逝者，行自念之，以文通之試出平原，蔓草蒼骨拱
木。欲說人生云此天道，寧論桓溫之昔日種柳依依漢南，
今看搖落，凄切江潭，樹猶如此，人何以堪。每一念之，不禁
悲從中來。共人生朝露之感也。上海匯業匯收若干元
詢示為照之制樸札，見示。（花開花落尋常事，謊敍看花載酒人）
此間新書店又有多少人共此同之感想也，則自命言花客，蓋花有季時，以喻書店
去來也。及時而言也，雖然世間事何一非花，錯錯的一言字便受用不少。弟謂不何

顧世楫致鄭逸梅

上海工業專科學校用箋

逸梅吾兄大鑒：弟因受人之托赴蘇北墾區考察水利，曾於三月十五日離滬，至上星期日始返。在泰州旅次購得大報一紙，拜讀大作，毋任欣快。返滬以後，諸事栗六，今又重執教鞭，益感不勝繁忙。昨日偶又檢得大報一讀，尊文中提及「外國之觀梅」一書，此書市上無處可購，不知兄可設法代為借否？處此亂世，百無聊賴，惟有欣賞奇文以遣無涯之生。尊況是何佳勝，甚以為念。本星期內何時有暇在府，祈示鐘點，俾得便趨詣。弟以每日至校內時無日不由尊府門前走過也。匆匆上，即頌

時綏

弟顧世楫頓首　四、十

梅兄近有何作？弟再近已擬成一篇矣。

上海公共租界漢口路（東京路東）一〇一號　電話三六七五三

逸梅吾兄：本欲一見，正企念間，忽荷
枉顧，適以事外出，未獲倒屣，悵惘
國學會即日召開，届時
惠臨一叙，藉叙衷曲，專肅歡忱，並頌
撰安
弟 王制銓濟 上
九月十二日

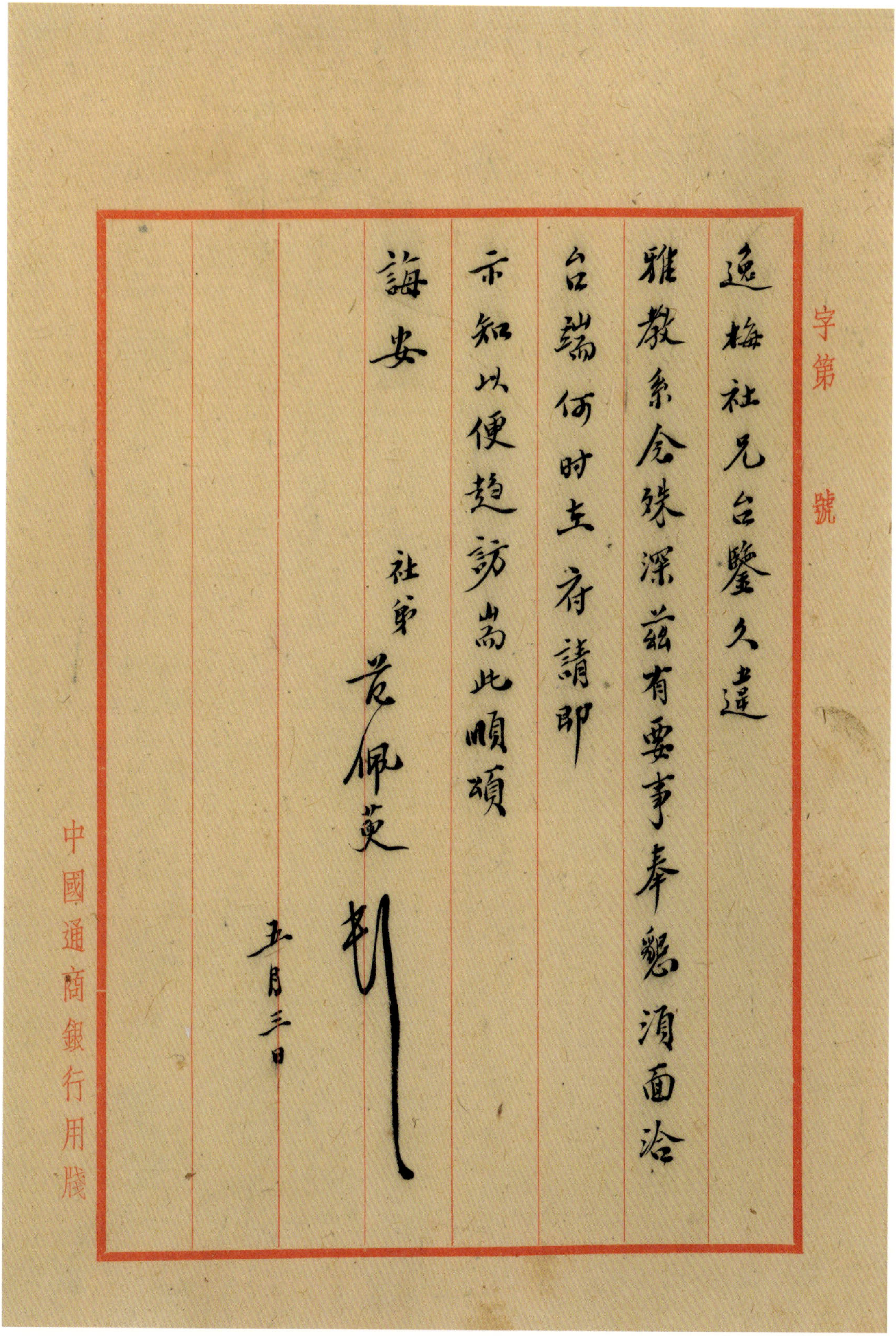

字第　號

逸梅社兄台鑒：久違
雅教，系念殊深。茲有要事奉懇，須面洽。
台端何時在府，請即
示知，以便趨訪。耑此，順頌
誨安

社弟范佩萸 頓

五月三日

中國通商銀行用牋

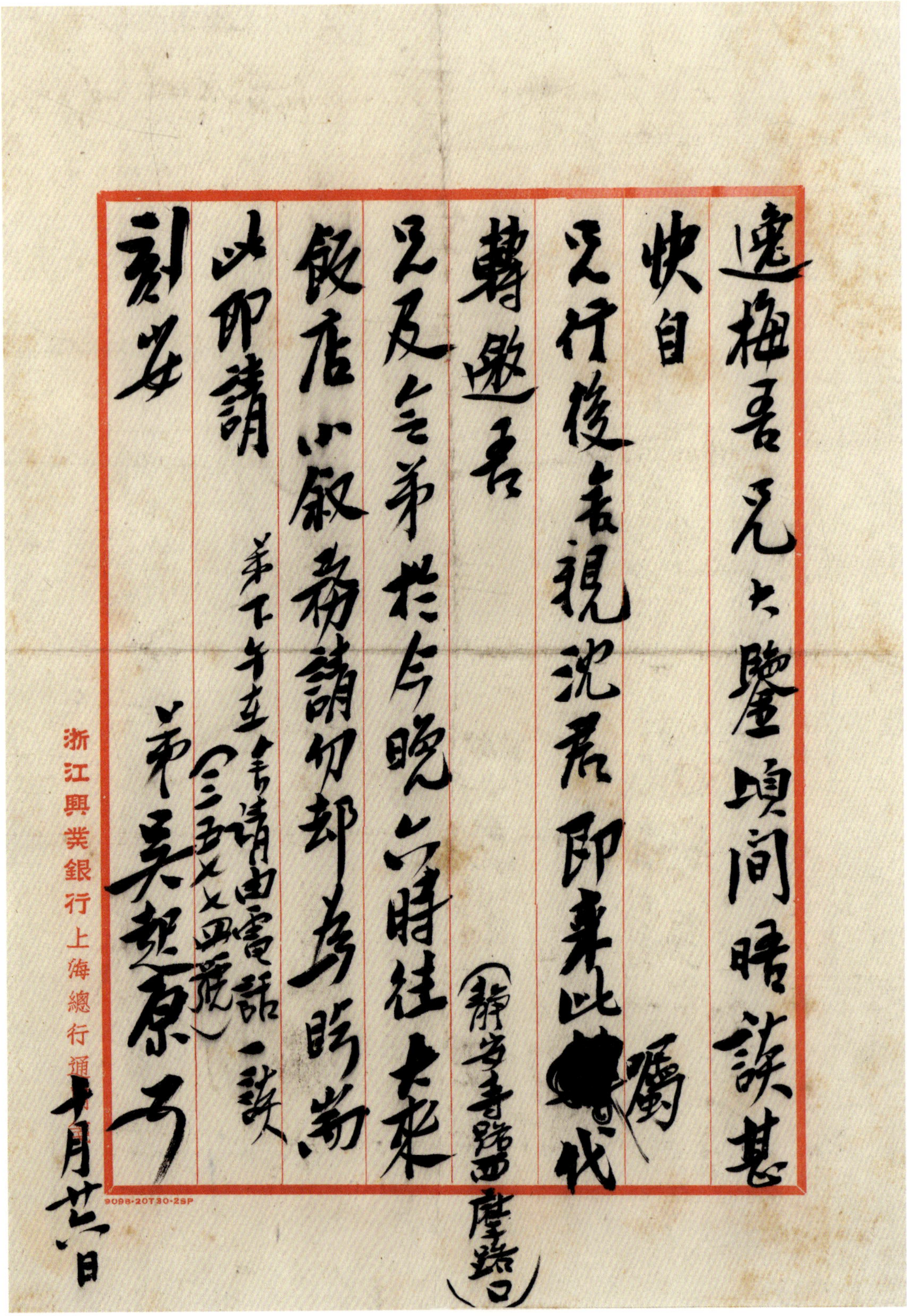

逸梅吾兄大鑒：頃聞晤談甚快。自吳行後爰視沈君，即來此屬代轉邀吾兄及令弟於今晚六時往大來（靜安寺路西摩路口）飯店小敘，務請勿卻蒞臨。為此，即請刻安。

弟下午在舍，請由電話一談（三五七七四號）。

弟吳起原手

十月廿六日

浙江興業銀行上海總行通用箋

9098·20T30·2SP

敬啓者前以夏時三月既望為尊夫婦結婚卅年
齊眉百歲記念卒成俚句呈乞
玉和早蒙
台收迄今靜候匝月尚未蒙
見貺佳什至深翹盼現距記念之期不遠用再
函懇仰祈
即賜珠璣不拘題詞或詩一二首以光家乘禱切之祇頌
逸梅仁長兄吟安 弟屠守拙頓
附青鷗函祈
代填地址付郵 又干

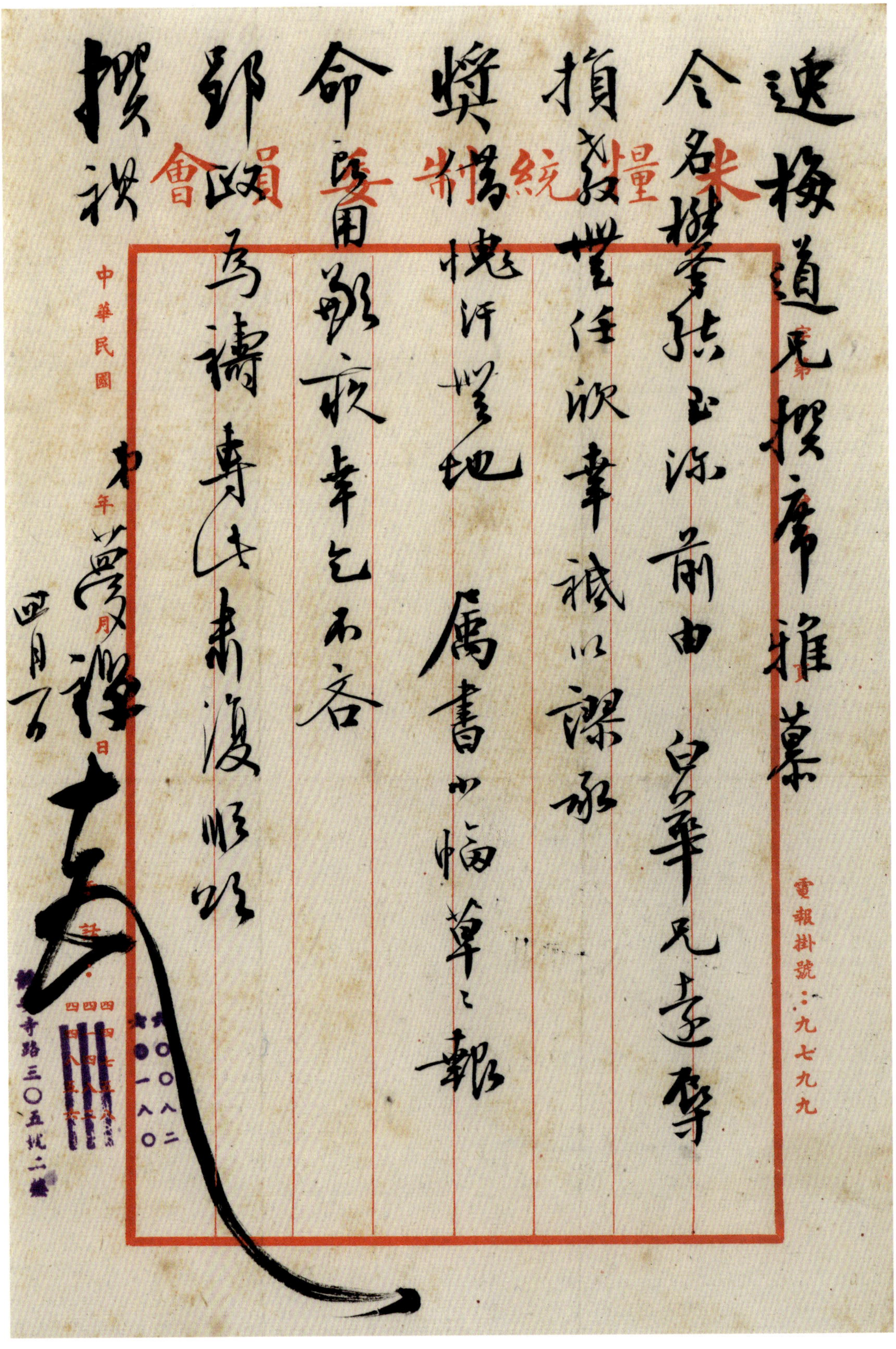
逸梅道兄撰席：雅慕
令名，擬著玉泳，前由 白華兄達摩
損教，幷任欣幸，祇以課承
獎借，愧汗無地。屬書以幅單之報
命，頃用鄭敬辛乞不吝
郢政，為禱，專此奉復，順頌
撰祺
弟夢禪 四月十日
大吉
米糧統制委員會
中華民國 年 月 日
電報掛號：二九七九九
寺路三〇五號二樓

鄒夢禪致鄭逸梅

黃若玄致鄭逸梅

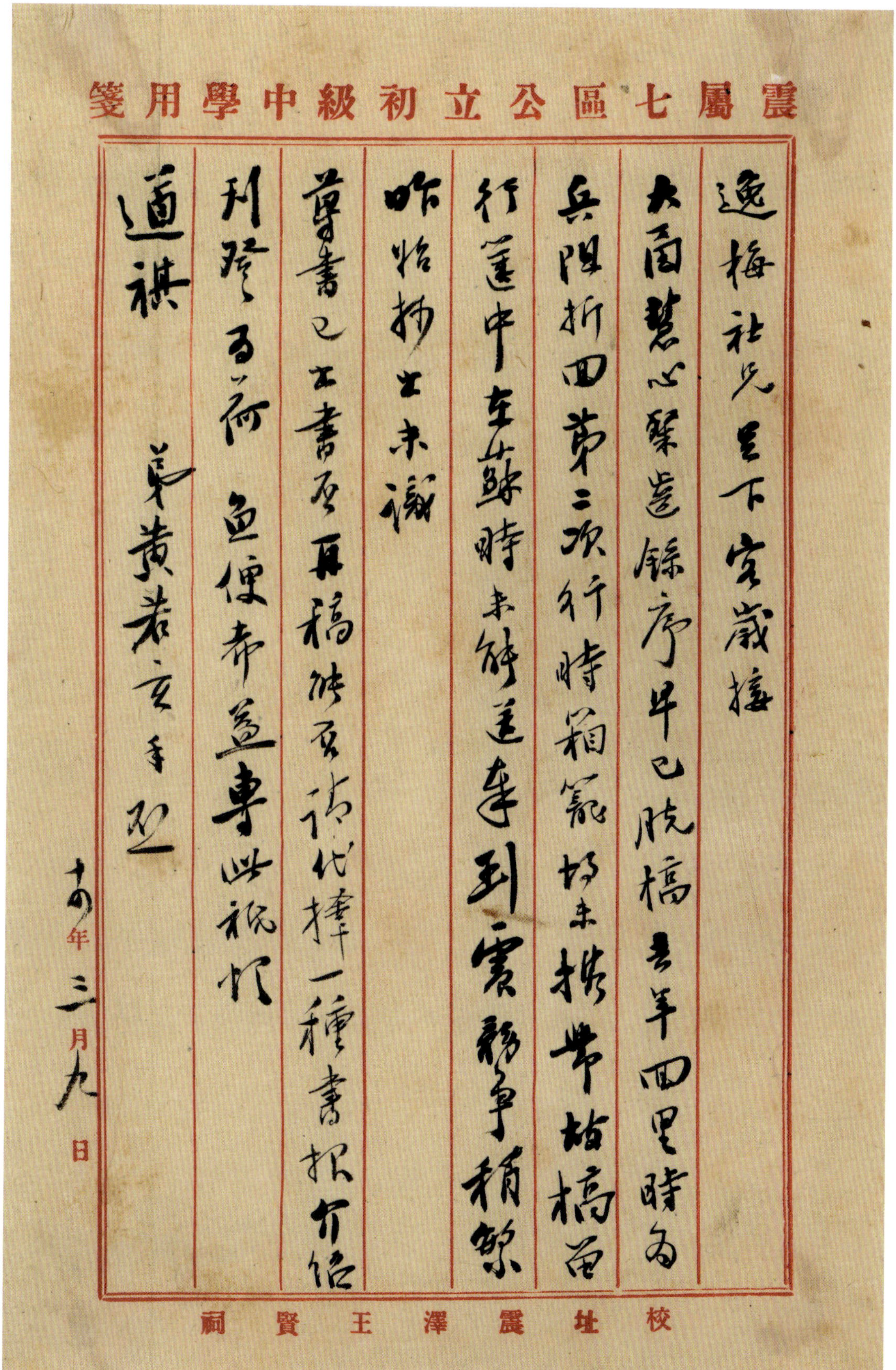

震屬七區公立初級中學用箋

逸梅社兄足下：客歲接大函，慧心粲齒錄序早已脱稿，去年四月時爲兵阻折回，第二次行時箱籠均未携帶，故稿留行篋中，來蘇時未能送奉。到震務事稍繁，昨始檢出，未識尊書已出書否？原稿能否請代擇一種書報介紹刊登爲荷。如便亦盼覆。專此祝頌

道祺

弟黃若玄手啓

廿四年三月九日

校址震澤王賢祠

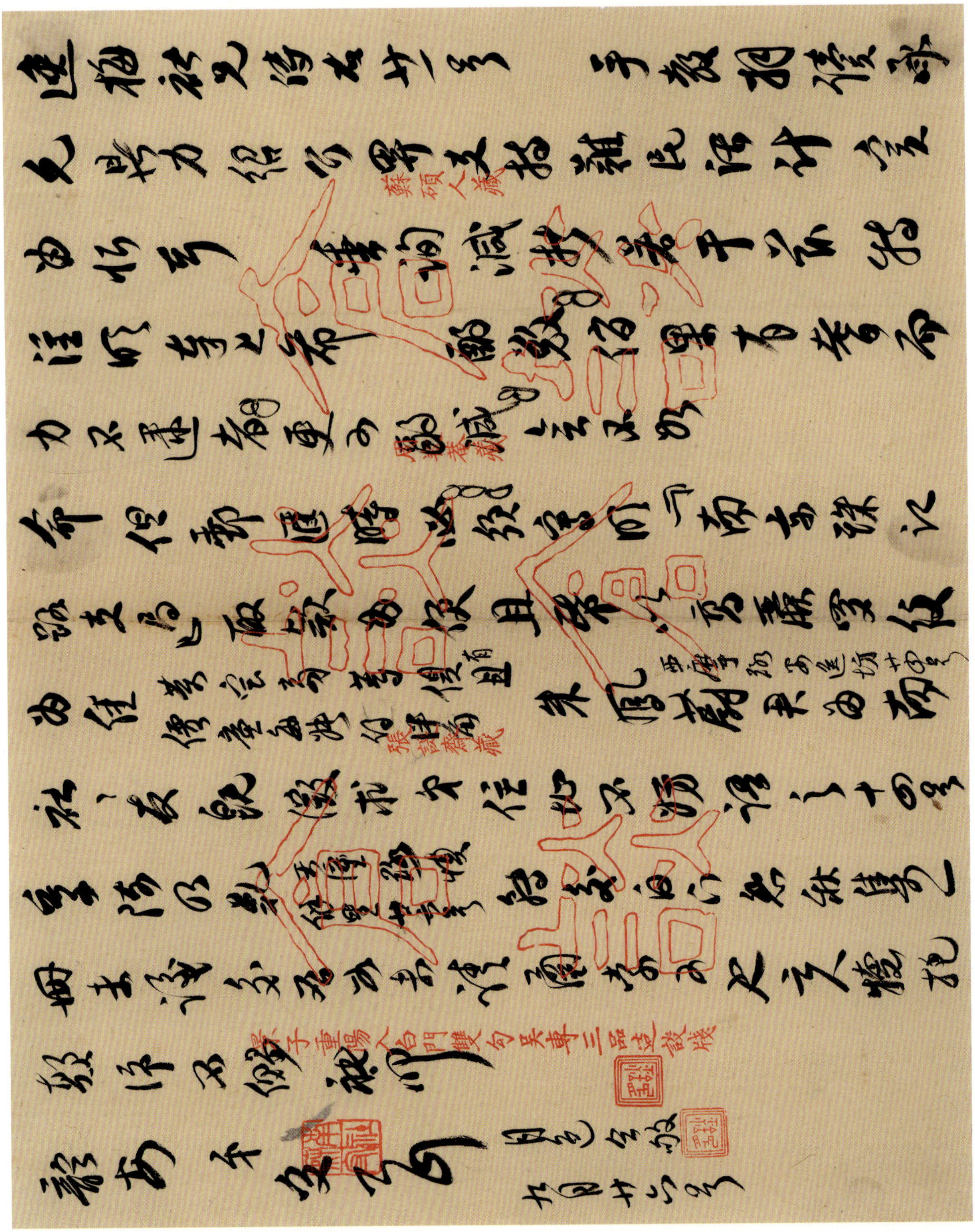

蔡寒瓊致鄭逸梅

吳頤叟致鄭逸梅

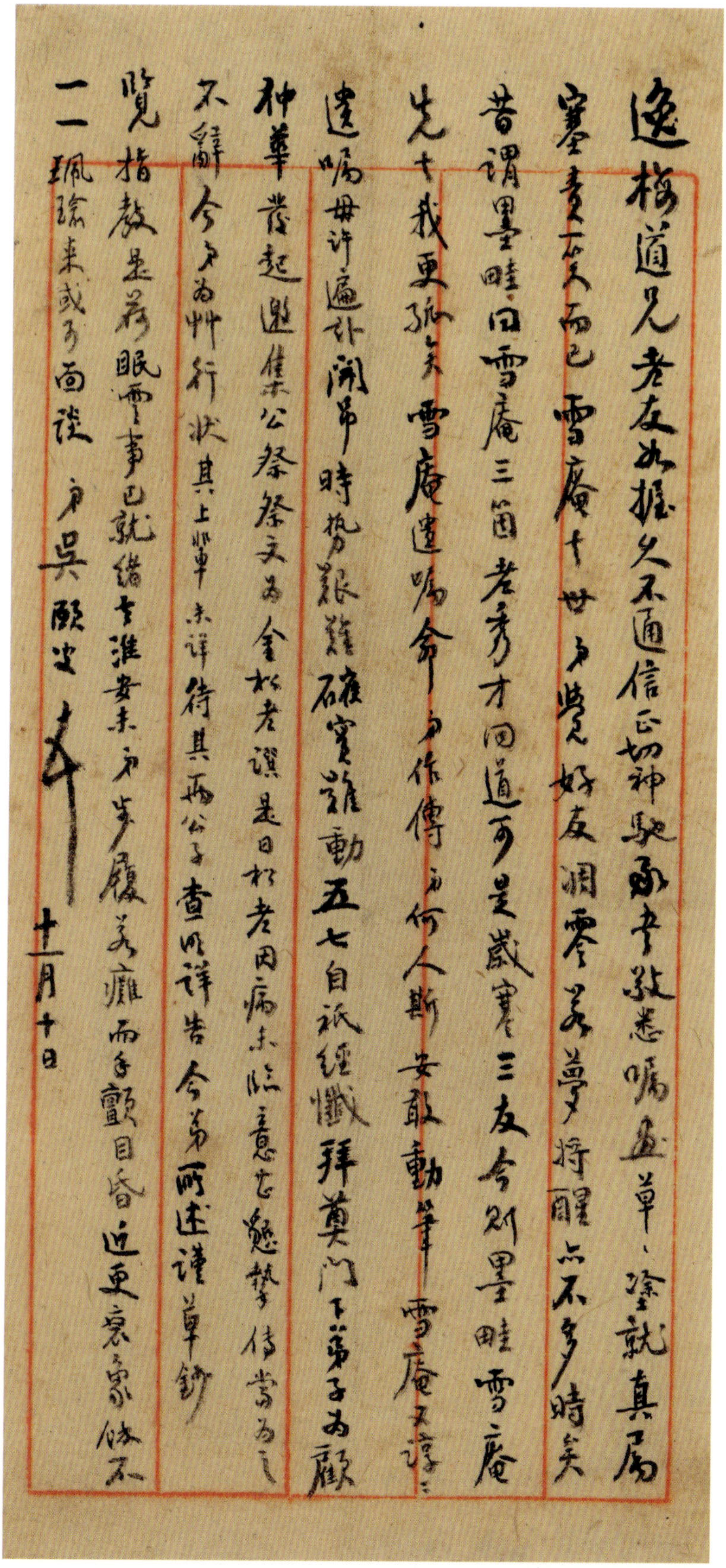

逸梅道兄老友如握久不通信正切神馳承寄敘悲鳴盦草、塗就真局
塞責一笑而已雪庵十世弟覺好友凋零美夢將醒亦不多時矣
昔謂墨畦曰雪庵三箇老秀才同道可是歲寒三友今則墨畦雪庵
先亡我更孤矣雪庵遺囑命弟作傳弟何人斯安敢動筆雪庵又諄諄
遺囑毋許遍訃開弔時執事艱難確實難動五七自祇經懺拜奠門下弟子為厭
神華發起邀集公祭祭文為金松岑撰是日松老因病未臨意甚懇摯倩嵩為之
不辭令弟為草行狀其上半輩未詳待其兩公子查明詳告令弟所述謹草鈔
覽指教是荷眠雲事已就緒吉淮安未弟步履蹣跚兩手顫目昏近更衰衰體不
二 珮琮來或可面談 弟吳頤叟
十二月十日

嚴益知致鄭逸梅

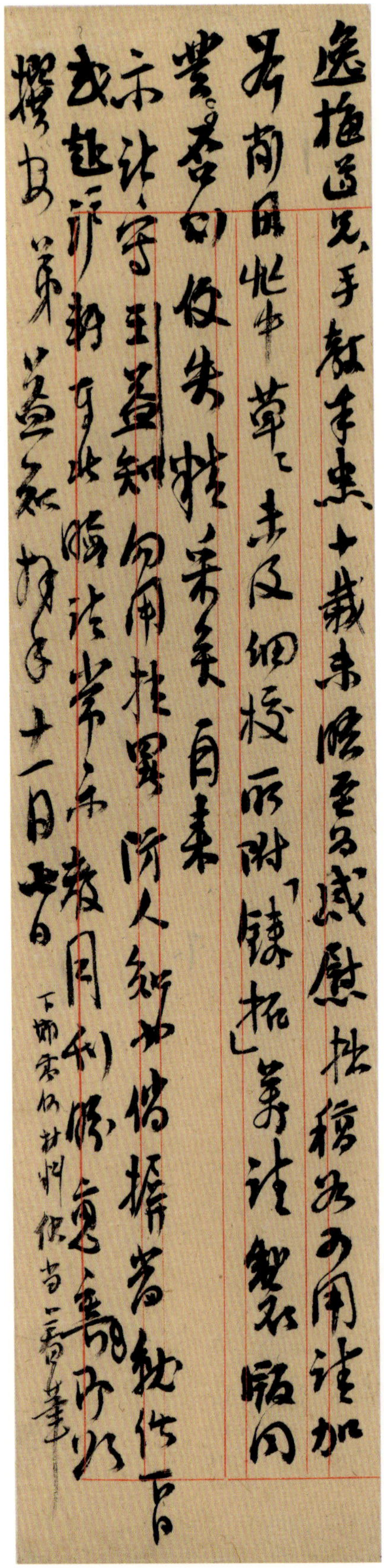
逸梅道兄：手教奉悉。十載未晤，至為感慰。拙稿如可用，請加
[illegible]草草未及細校，所附「[illegible]」[illegible]
[illegible]失[illegible]矣。自來
[illegible]知[illegible]人[illegible]
[illegible]
撰安。弟[illegible]頓首 十一月[illegible]
下[illegible]

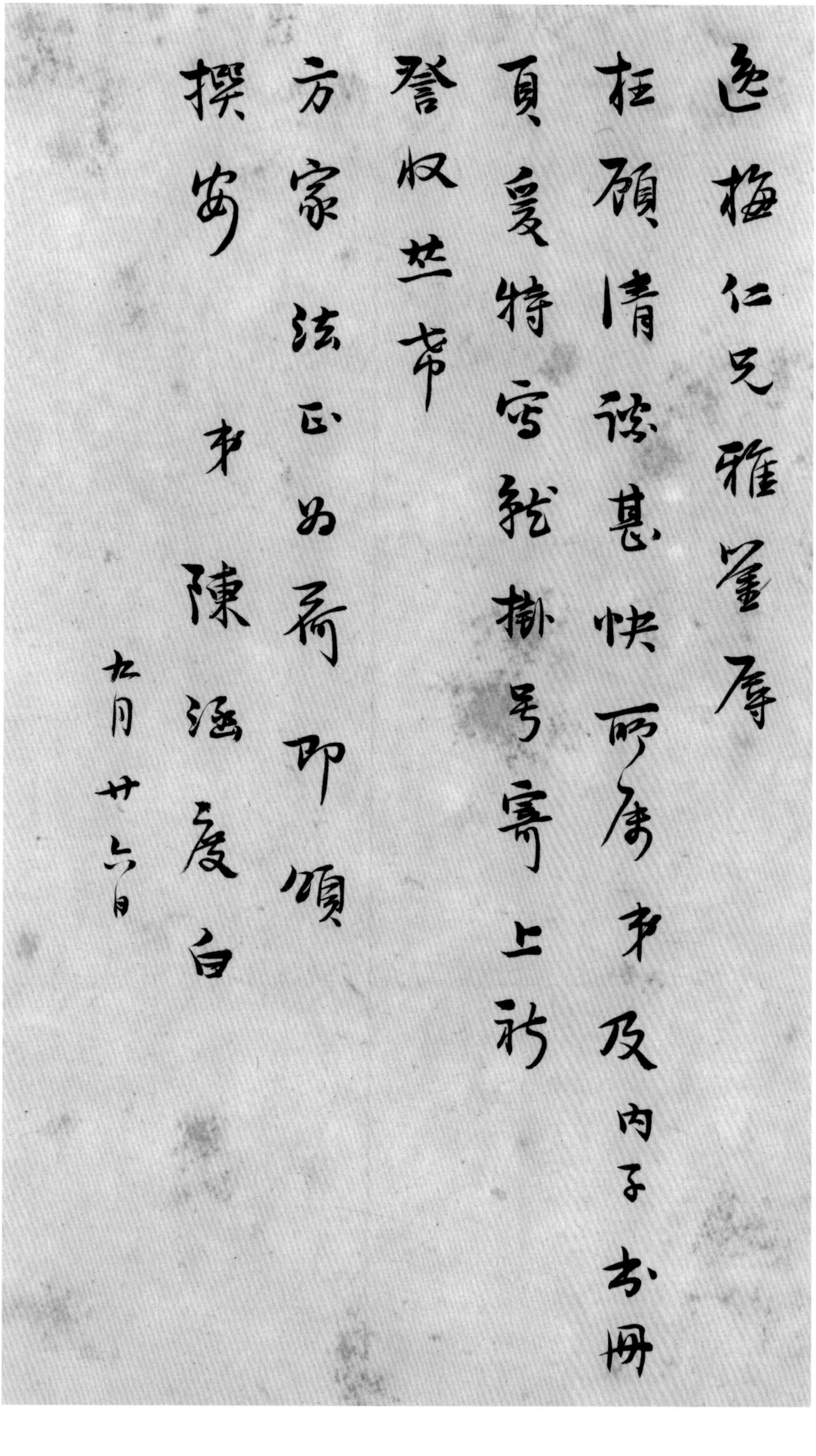

逸梅仁兄雅鑒辱
枉顧清談甚快所屬及內子書冊
頁夏特寫就掛號寄上祈
登收並希
方家法正為荷即頌
撰安 弟陳涵度白
九月廿六日

金秘公致鄭逸梅

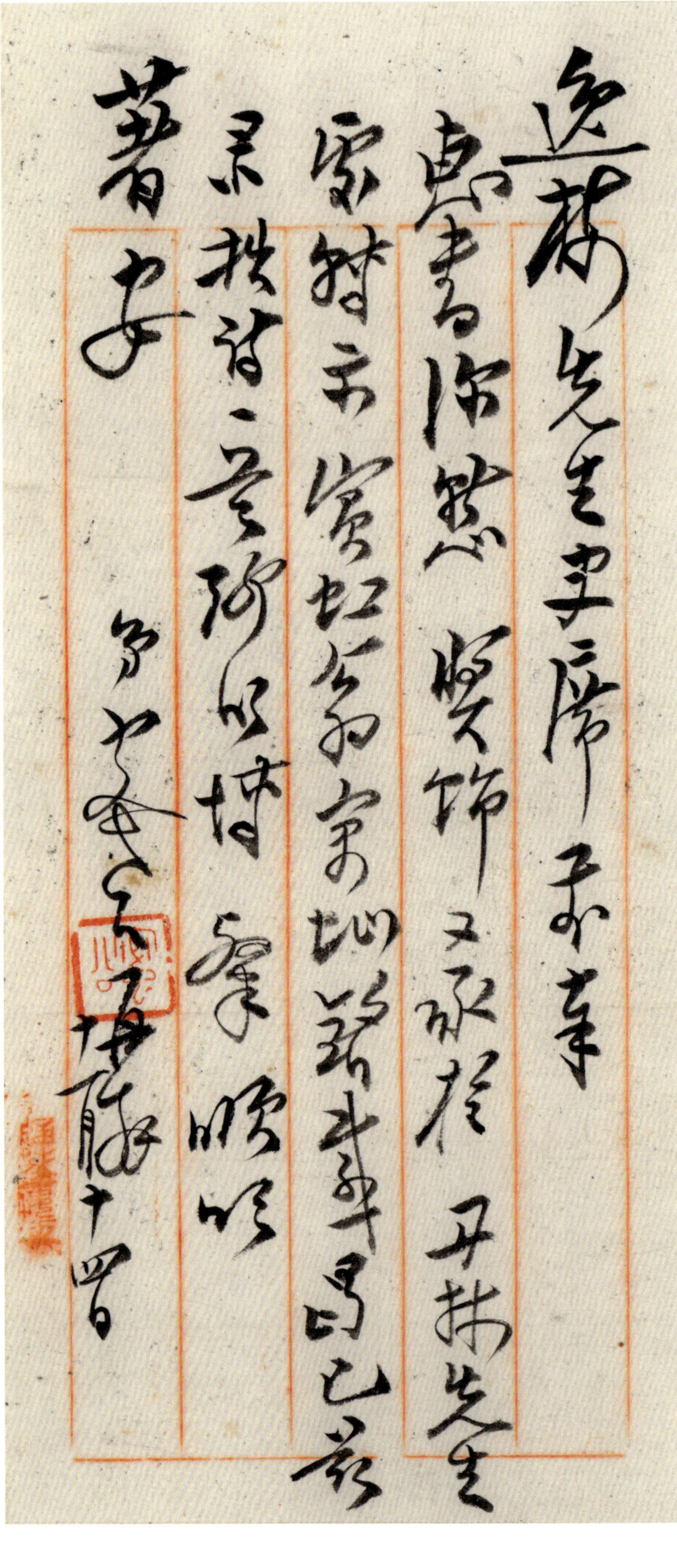

朱樂天致鄭逸梅

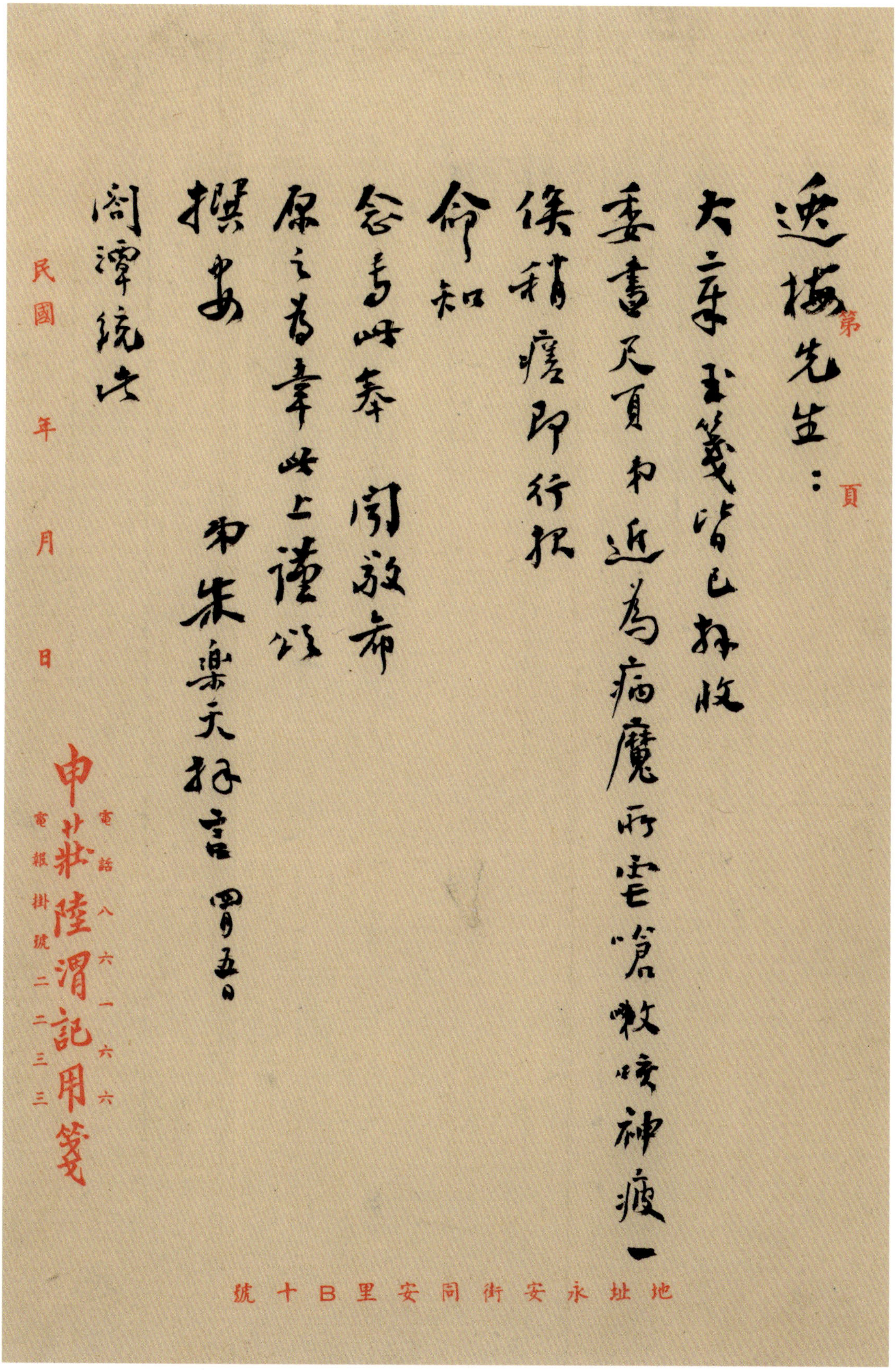

第　頁

逸梅先生：

大示玉箋皆已拜收。

委書尺頁，弟近為病魔所害，嗆咳神疲，一俟稍瘥，即行報

命，知

念特此奉　聞，敬布

原之為幸，此上，謹頌

撰安

弟朱樂天拜言　四月五日

閤潭統吉

民國　年　月　日

申莊陸渭記用箋

電話八六一六六

電報掛號二二三三

地址永安街同安里B十號

容膝軒主用牋

逸梅先生大鑒屬書冊頁以筆不應手
致污宣紙尚希
哂政此頌
著綏

弟賈粟香謹啟

十一月廿九日

中華書局通用牋

編輯所 駐滬辦事處 上海哈同路南陽路口 電話三一二五九 三〇九九九

逸梅先生燭鑒：萬象社
先生有否素識？茲因敝友有現
成書面紙約四百磅，每磅約六元五
角，只及紙價之半，而又有三色套印，
極適於萬象封面（樣紙已交与 尊
夫人），先生如能索價每磅七八元，
其餘利令歸 先生。此託，即頌
刻安。
弟韓非木頓

上海發行所 福州路河南路口 電話九一一一六〇

電報掛號 有線無線電報 上海二五七九

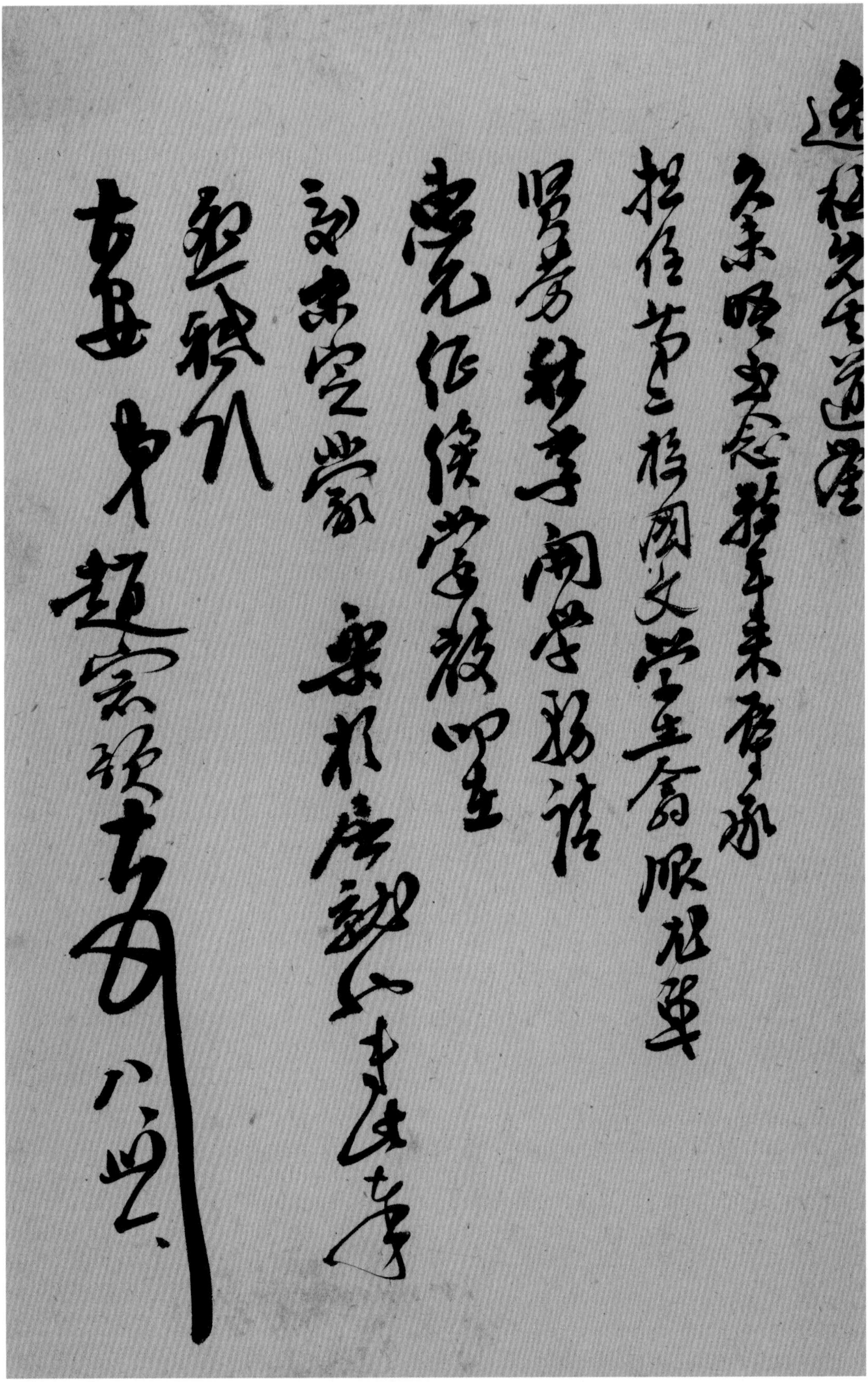

章澹致鄭逸梅

逸梅先生文席久慕　盛名無緣識荊心實念之刻
未能釋頃得文友吳康先生之介故不揣冒昧寄呈拙
詩若干首敬請　指教
先生仁者自當以啓迪後人為己任所以凡有可教之處望
不吝金玉其言一一指正感甚幸甚使他日青蓱有價實
先生惠我多矣倘蒙　不棄鄙識　回函請逕寄
吳興荻港鎮德源醬園章子恬是也肅此布達即頌
著安
後學章澹拜
二月十七日

鄭文淵致鄭逸梅

武進私立佳子中學用箋

逸翁先生道鑒讀滬上有名日刊報章均載
大著情文並茂耐人尋味近聞有「味鐙漫筆」
之刊行曾否蒇工經售處由書肆抑由報館「人
物品藻錄」被搜羅者是否均係作古之人乞
賜簡例或可貢一二則也事變前各書如「花果
集」等尚有出售否併　示知來函請寄常州
西門安家舍河東鄭元太號轉與鄙人是盼敬頌
著安

鄭文淵再拜

六月二十六日

校址　羅墅灣

蔣箸超致鄭逸梅

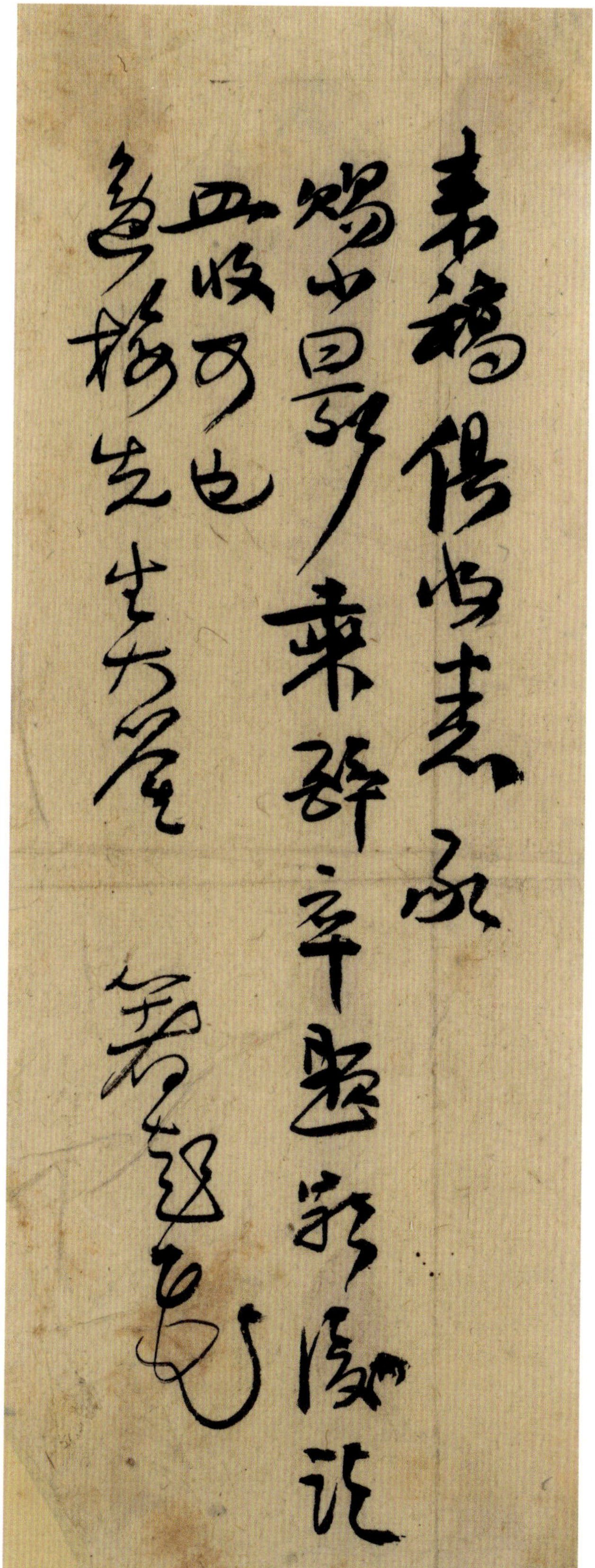

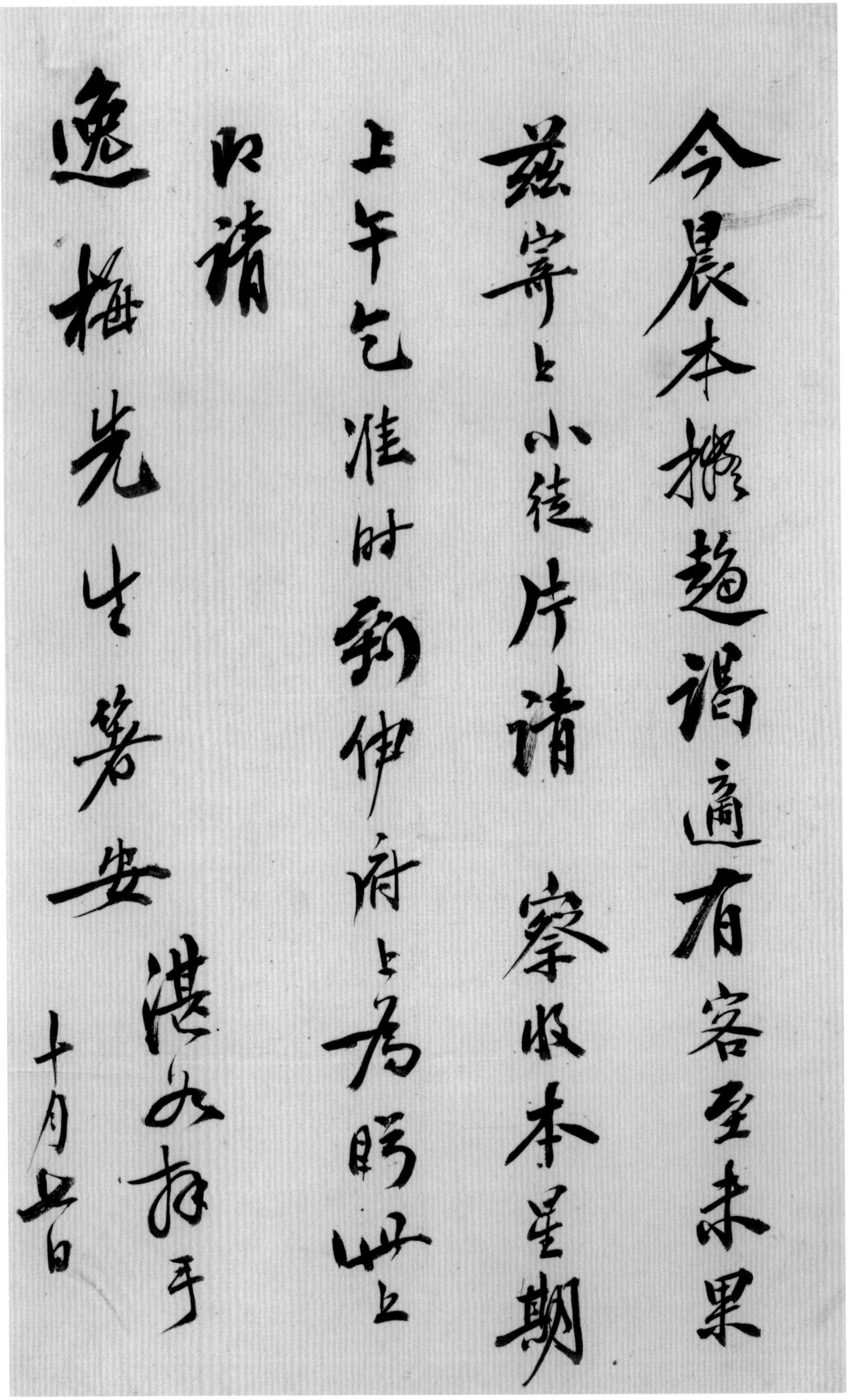
今晨本擬趨謁適有客至未果
茲寄上小徒片請察收本星期
上午乞准時到伊府上爲盼此上
只請
逸梅先生箸安
湛如拜手
十月廿日

孫癯蝯致鄭逸梅

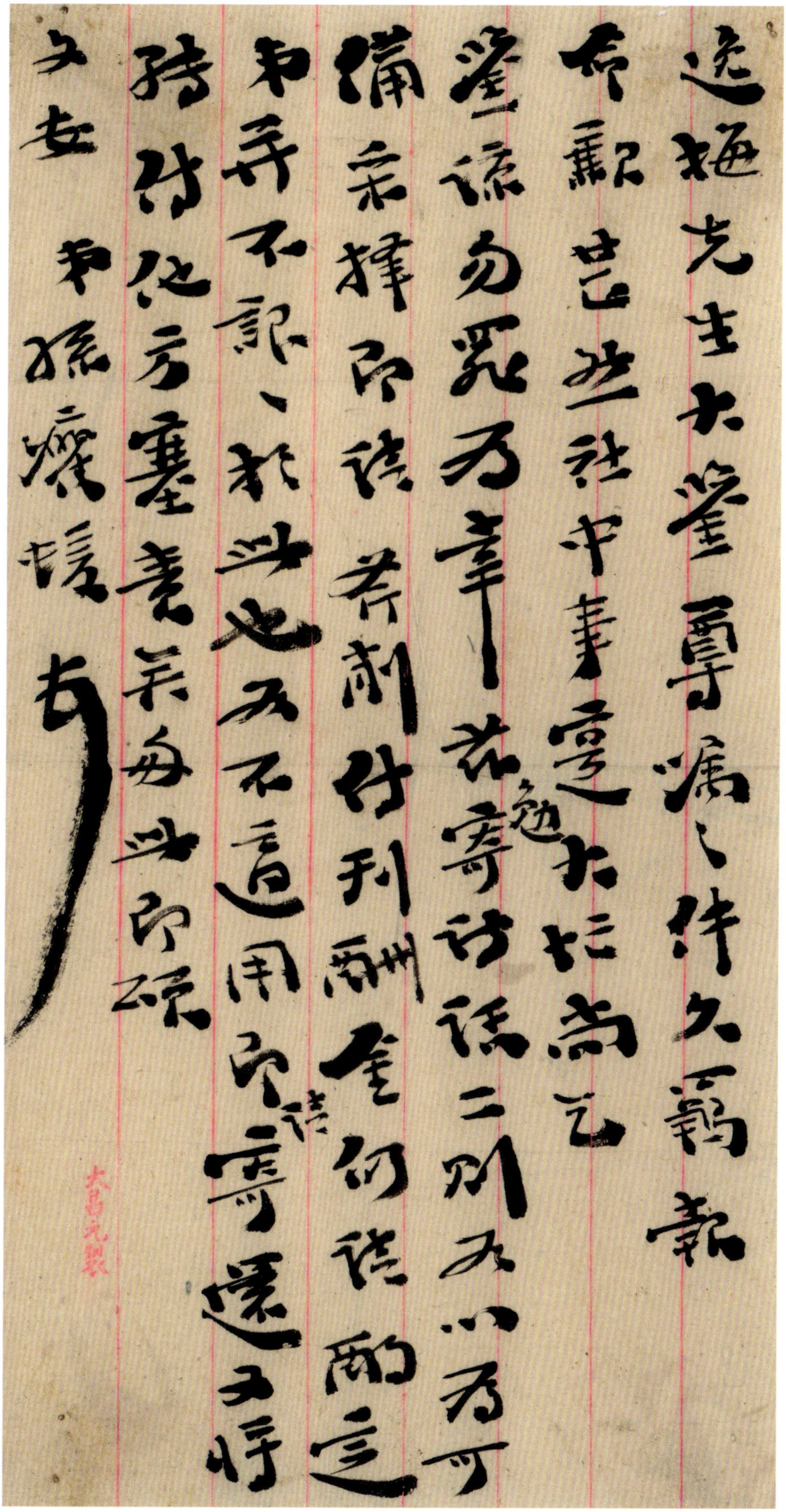

朱志泰致鄭逸梅

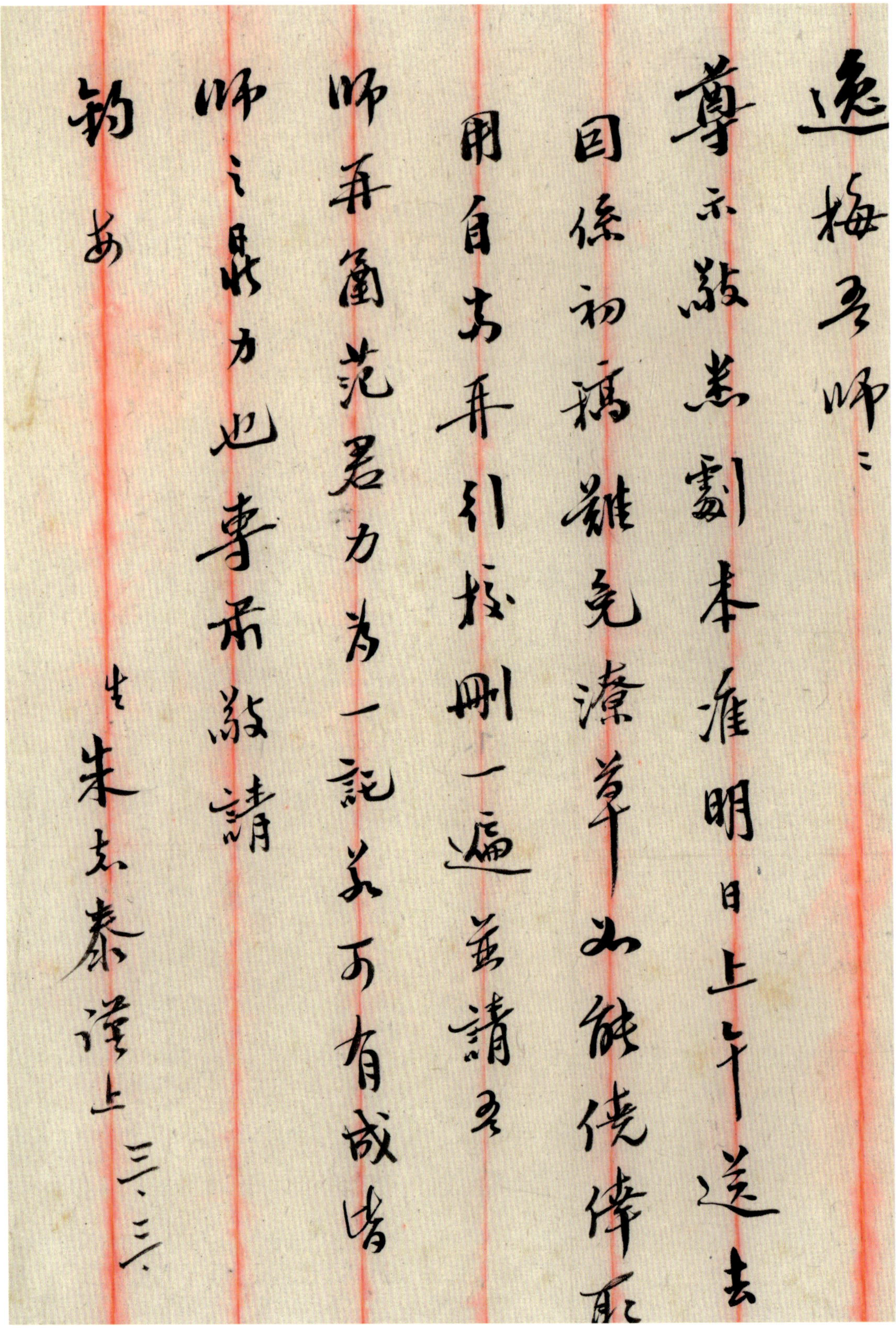
逸梅吾師：
尊示敬悉。劉本準明日上午送去，因係初稿，難免潦草，如能僥倖取用，自當再行校刪一遍，並請吾師再屬范君力為一訂，是可有成。皆師之鼎力也。專肅敬請
鈞安
生 朱志泰謹上 三、三、

倪文宙詩稿

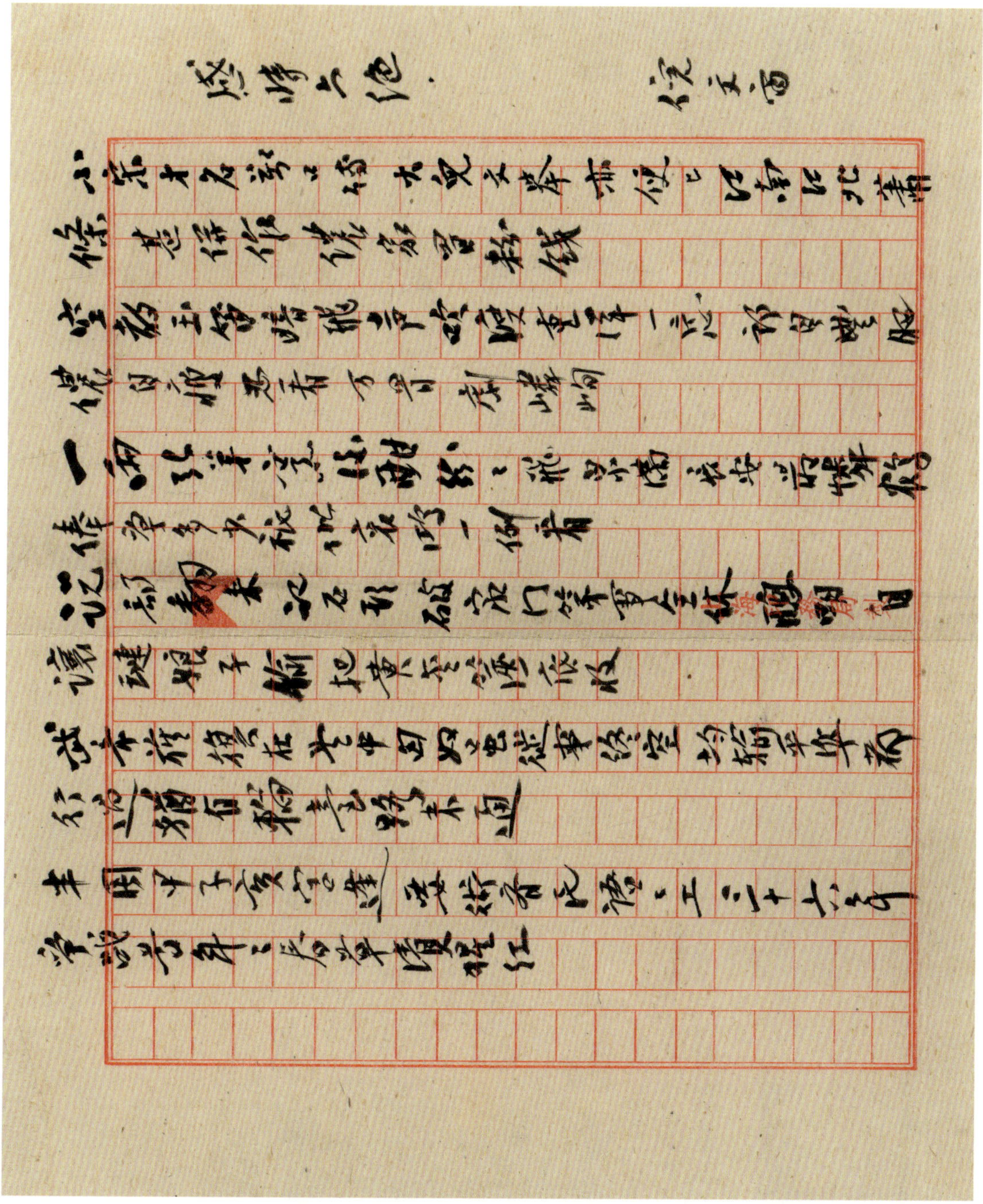

黃嶽淵致鄭逸梅

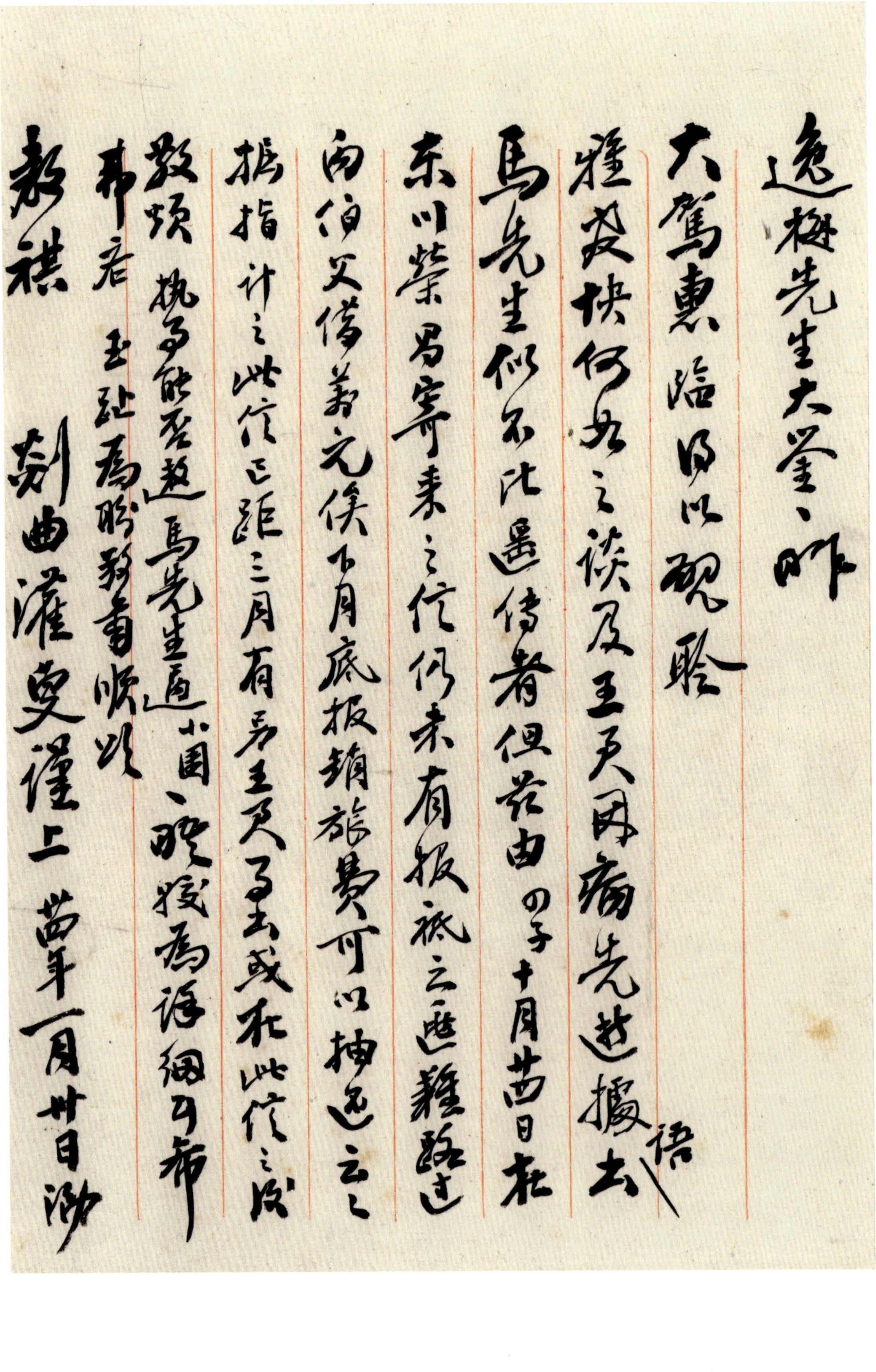

逸梅先生大鑒：昨
大駕惠臨，得以觀聆
雅教，快何如之。談及王天恨因病先逝擾去語
馬先生似不比遝遇傳者，但若由四子十月廿日在
東川榮昌寄來之信，仍未有報祇之逖雖路過
而伯文僧萬元侯下月底報銷旅費可以抽逸云云
據指計之，此信已距三月有另，王天恨去或在此信之後。
數頌 執事能否致逸馬先生函小圃、聽濤為詢細耳。布
弟啟 玉趾為聯務當歡迎
教祺
劉曲灌叟謹上 廿年一月廿日泐

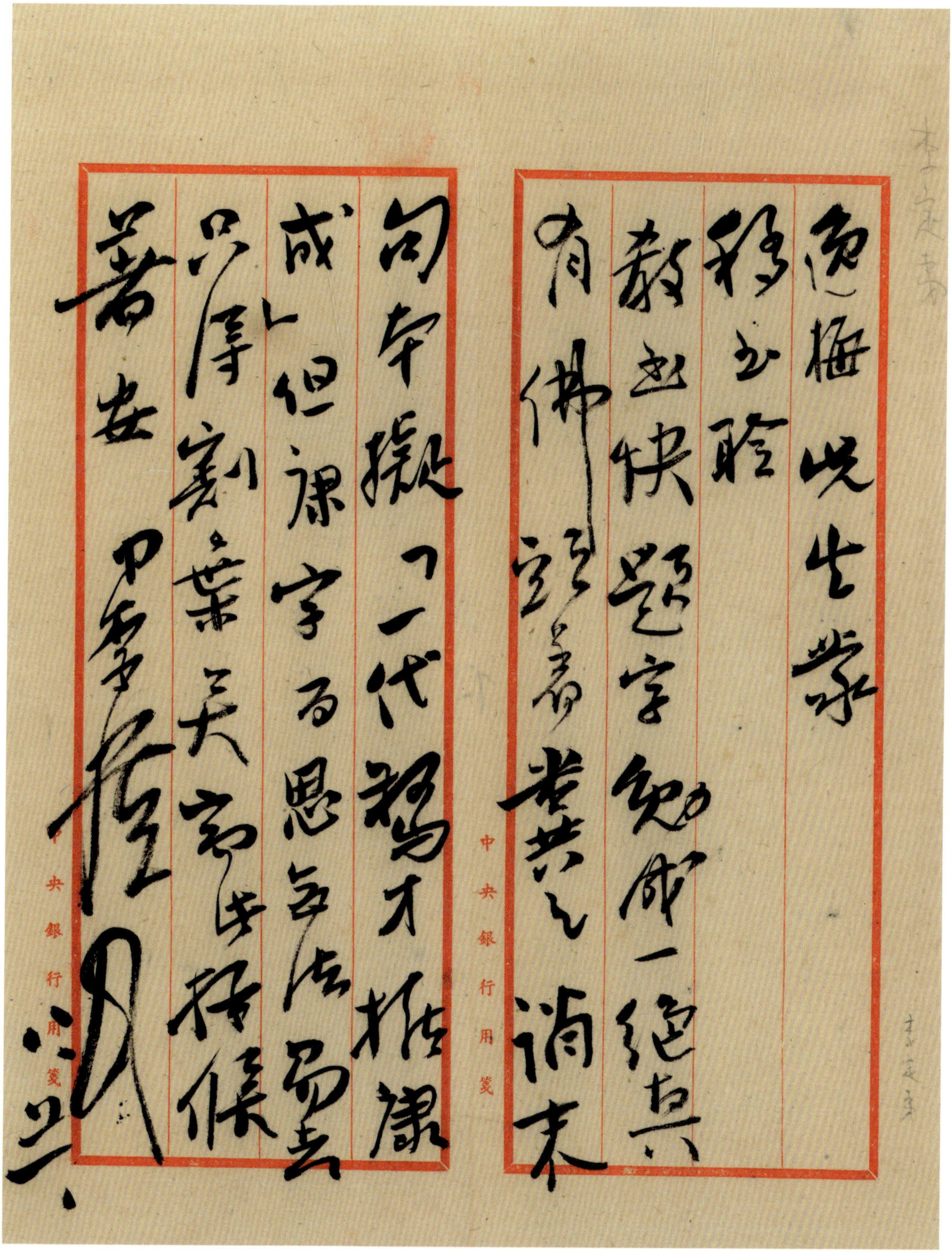

逸梅先生鑒：

移玉臨教，並快題字，知感。一絕真有佛頭著糞之誚。末句本擬「一代騷才」擬隸成，但隸字爲愚無法寫出，只得劉、葉、吴寫去將條。

著安

弟李定 月廿八

談月色致鄭逸梅

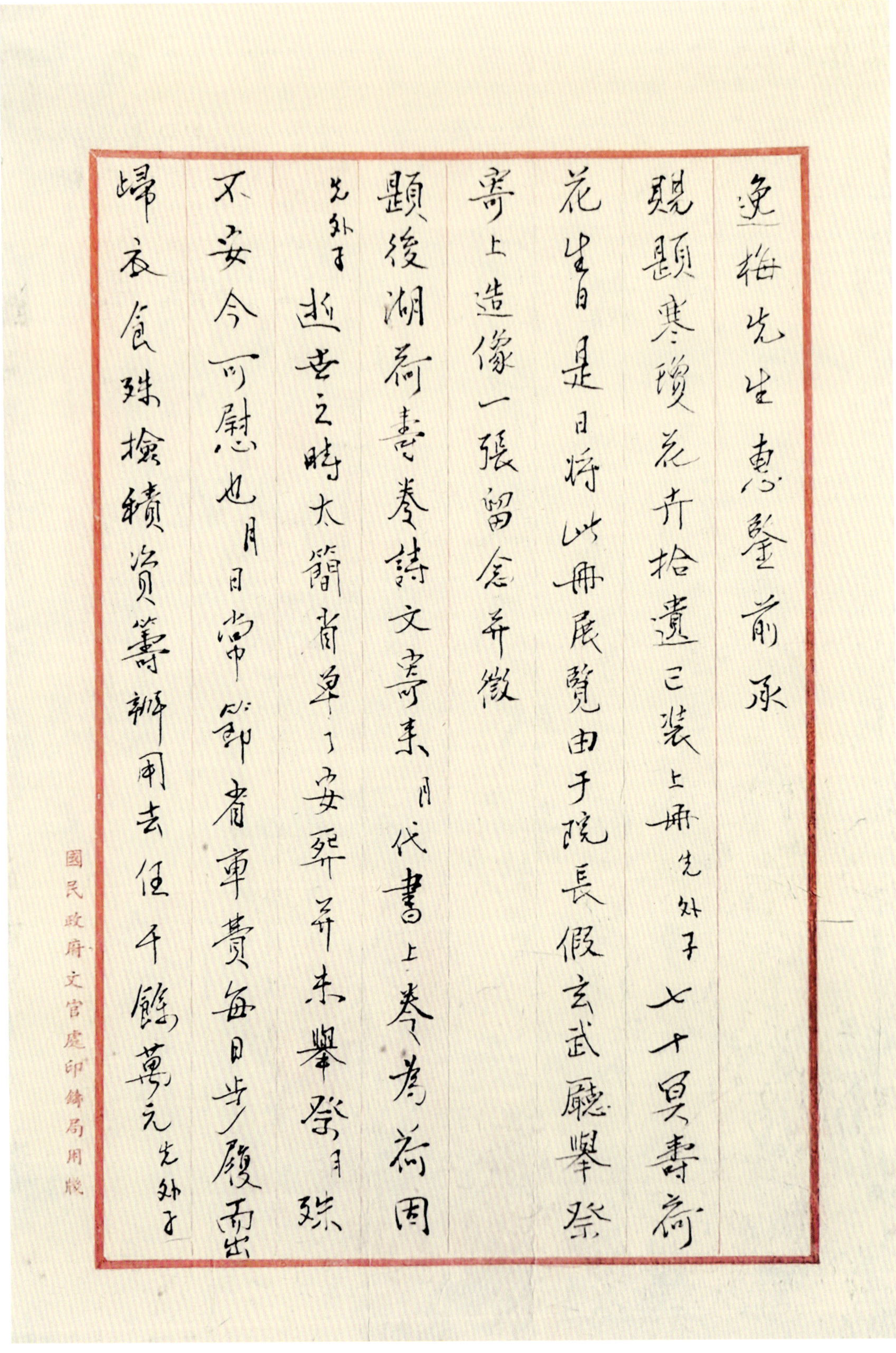

逸梅先生惠鑒：前承
賜題寒瓊花卉拾遺，已裝上冊。先外子七十冥壽，荷
花生日，是日將此冊展覽，由于院長假玄武廳舉祭。
寄上造像一張留念，并徵
題。後湖荷壽卷詩文寄來，月代書上卷，為荷周
先外子逝世之時太簡省，草草了安葬，并未舉祭，月殊
不安，今可慰也。月日常以節省車費，每日步履而出
歸，衣食殊儉，積資籌辦，用去伍千餘萬元，先外子

國民政府文官處印鑄局用箋

身後事算終結月逸後之事亦籌策中未悉天
從人愿否到時再告永安月刊有關于俄們文
章請
公留意代購前後數多少即寄奉還及上海報
或月刊等帰
公留意代購為盼、、候秋後或有詩与文寄
上代刊可炎熱異常念滬熱否此上敬頌
暑祺 蔡談月色合十 廿八、十、

國民政府文官處印鑄局用箋

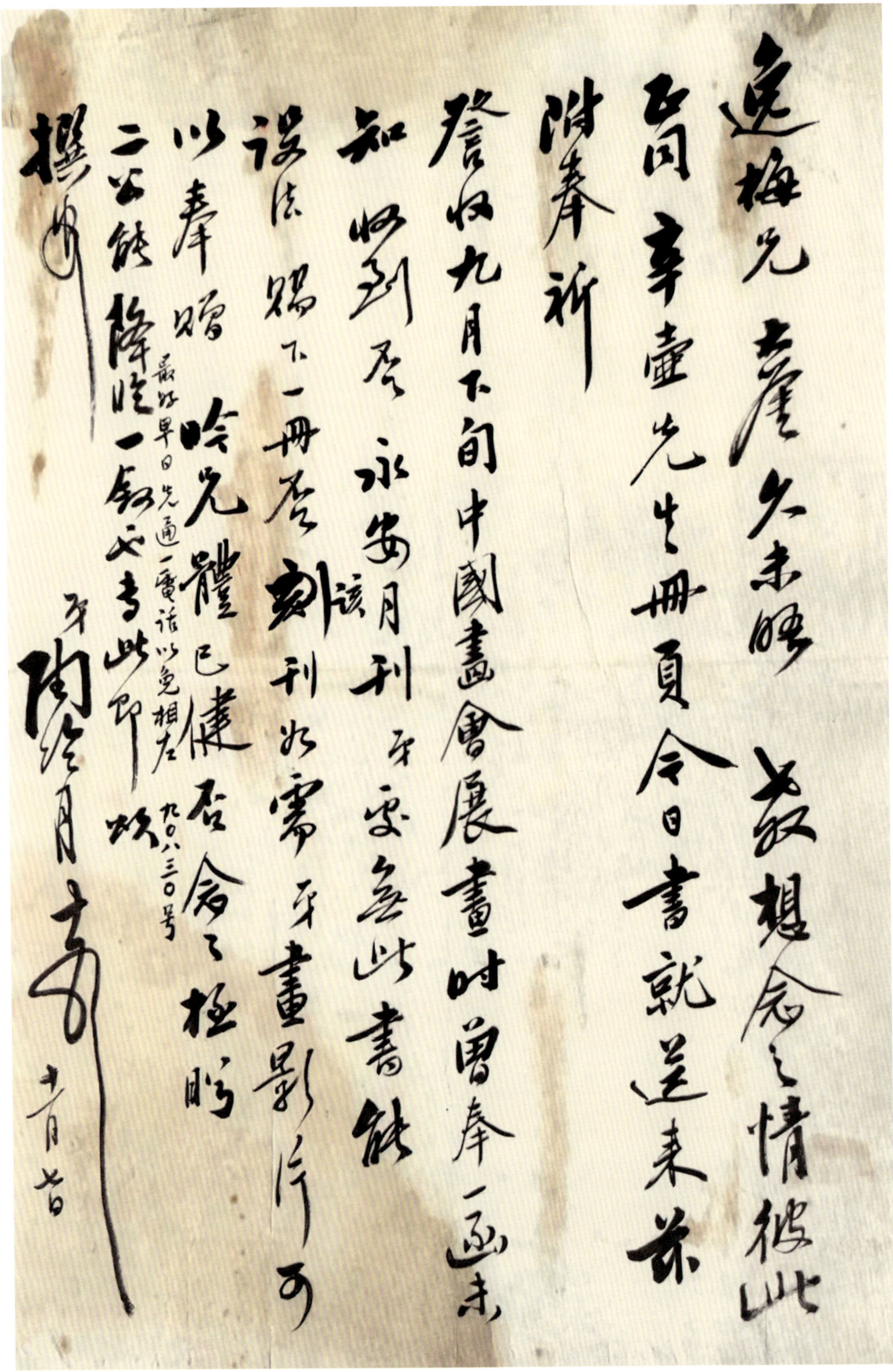

逸梅兄臺久未晤教想念之情彼此
所囑辛壺先生冊頁今日書就送來茲
附奉祈
登收九月下旬中國畫會展畫時曾奉一函未
知收到否永安月刊弟要無此書能
設法賜下一冊否該刊如需弟畫影亦可
以奉贈吟兄體已健否念念極盼
二公能降臨一敘必needs此即頌
最好早日先通一電話以免相左 九〇八三〇號
撰安
弟陶冷月拜 十月廿日

陶冷月致鄭逸梅

范烟橋致鄭逸梅

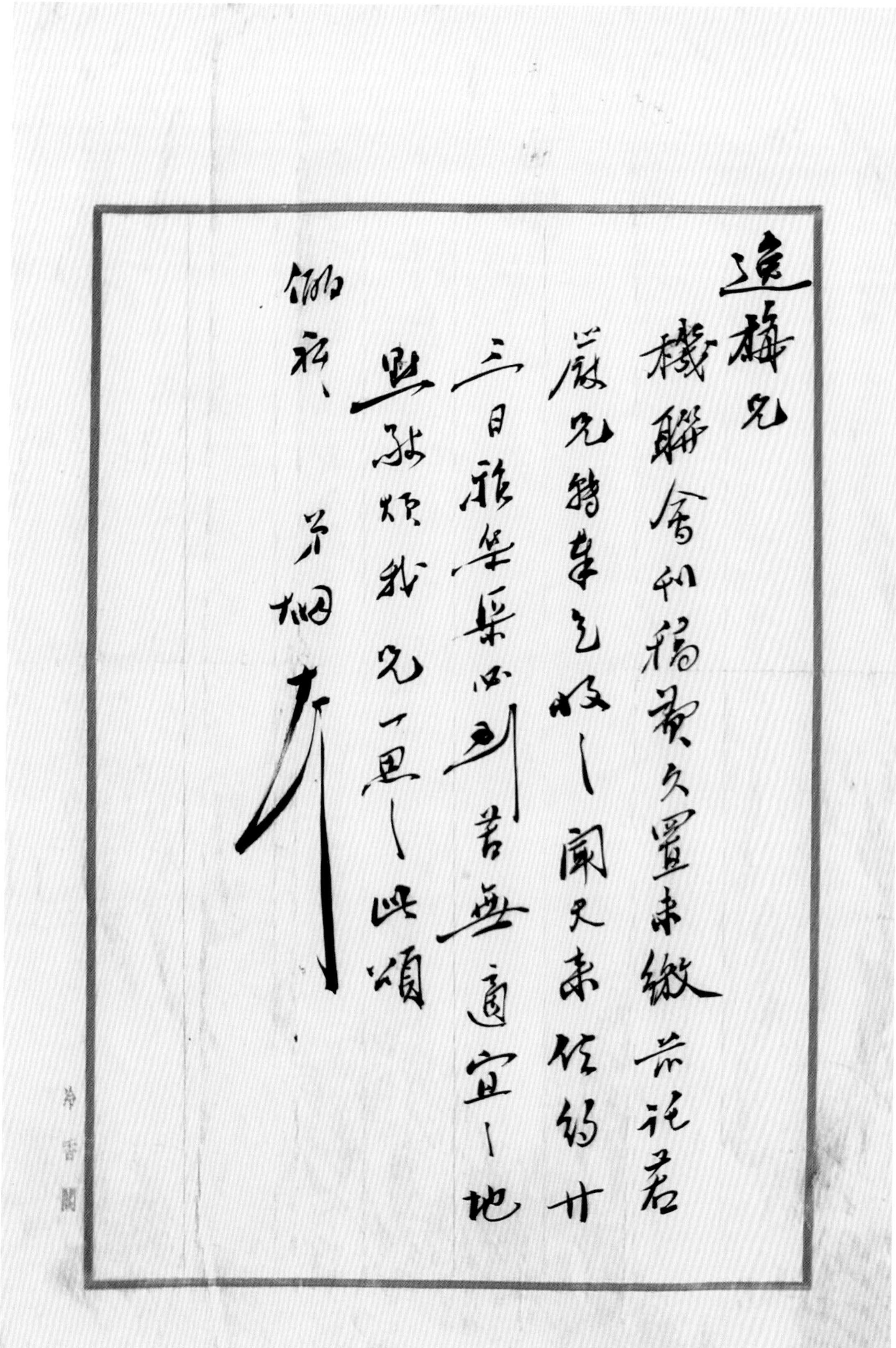

逸梅兄

機聯會刊稿費久置未繳，前托君

嚴兄轉來，已收之，聞又來信約廿

三日雅集，渠以到者無適宜之地

點，煩我兄一思之。此頌

儷祉

弟烟橋

朱其石致鄭逸梅

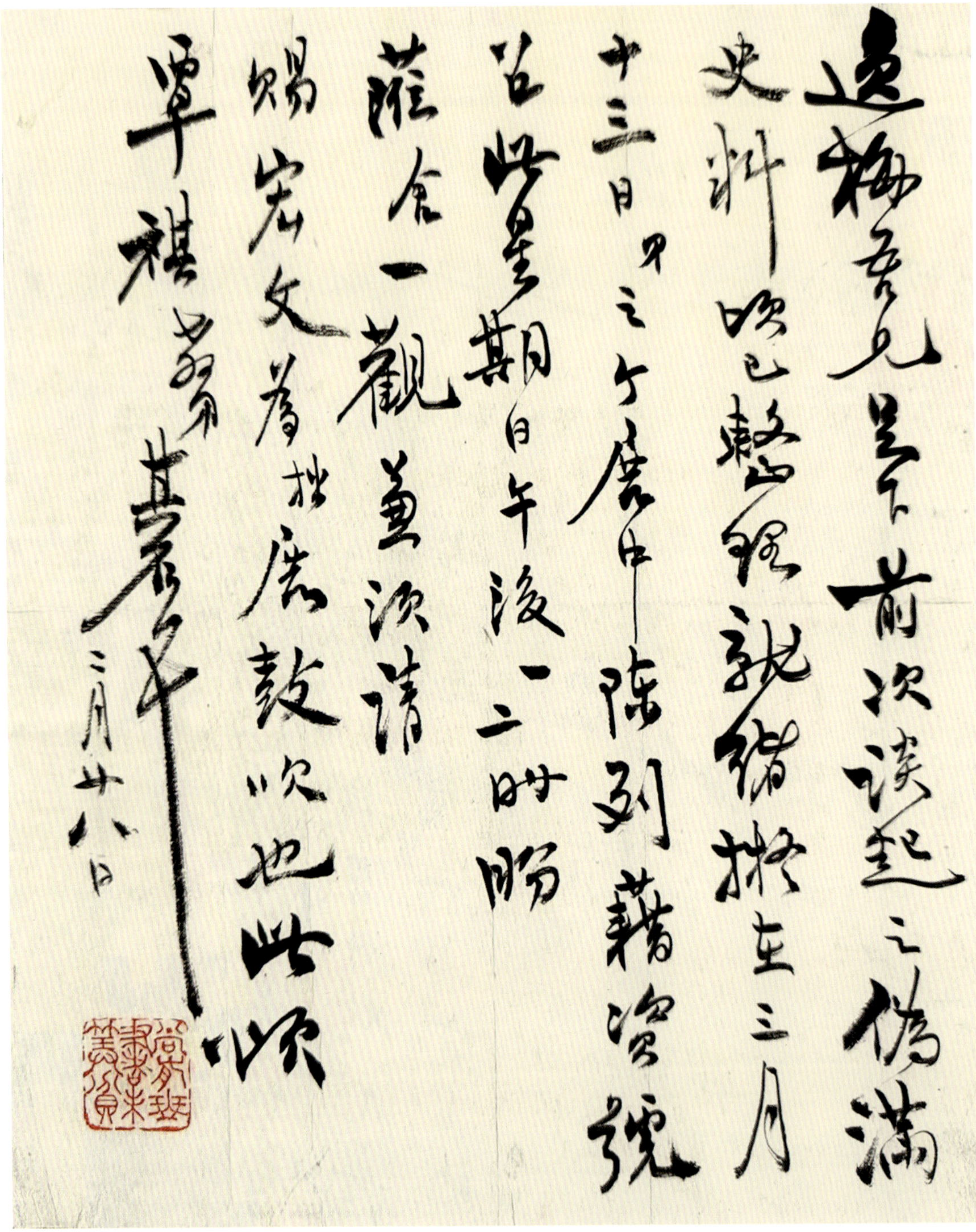

逸梅吾兄足下：前次談起之僞滿史料，昨已整理就緒，擬於三月十三日[illegible]陸到藉溪號，茲此星期日午後一二時盼蒞舍一觀，並請賜寫文章於居敦次也，此頌撰祺！弟其石手
三月廿八日

張聊止致鄭逸梅

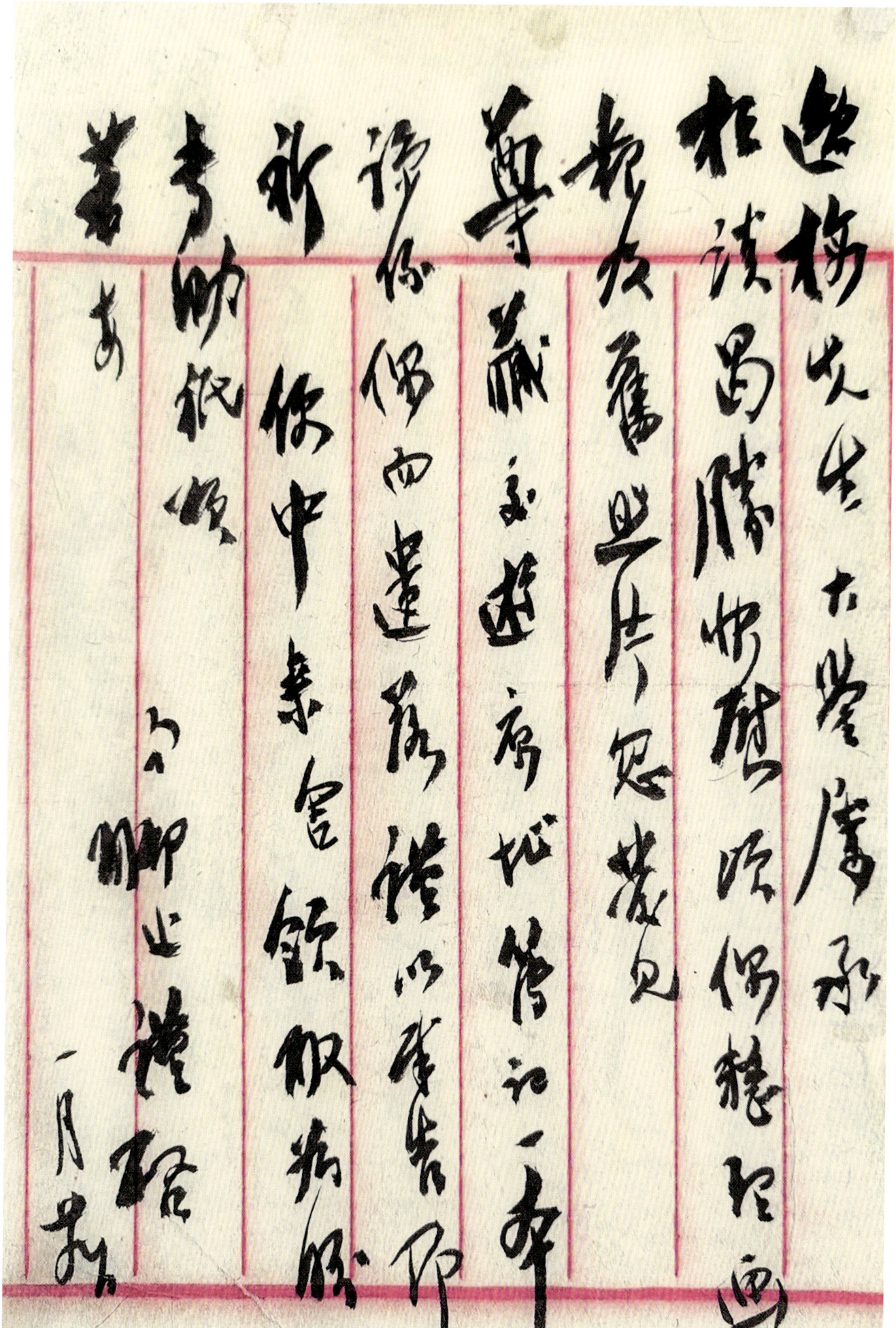
逸梅先生大鑒：承
招讀[illegible][illegible][illegible][illegible][illegible][illegible][illegible]過
觀友舊照片[illegible]發見
尊藏之[illegible][illegible]城[illegible]記一部
[illegible][illegible][illegible]而[illegible][illegible][illegible][illegible][illegible]即
[illegible][illegible]中[illegible][illegible][illegible][illegible][illegible][illegible]
[illegible][illegible][illegible][illegible]
[illegible]安
[illegible]聊止[illegible][illegible]
一月[illegible]

俞劍華致鄭逸梅

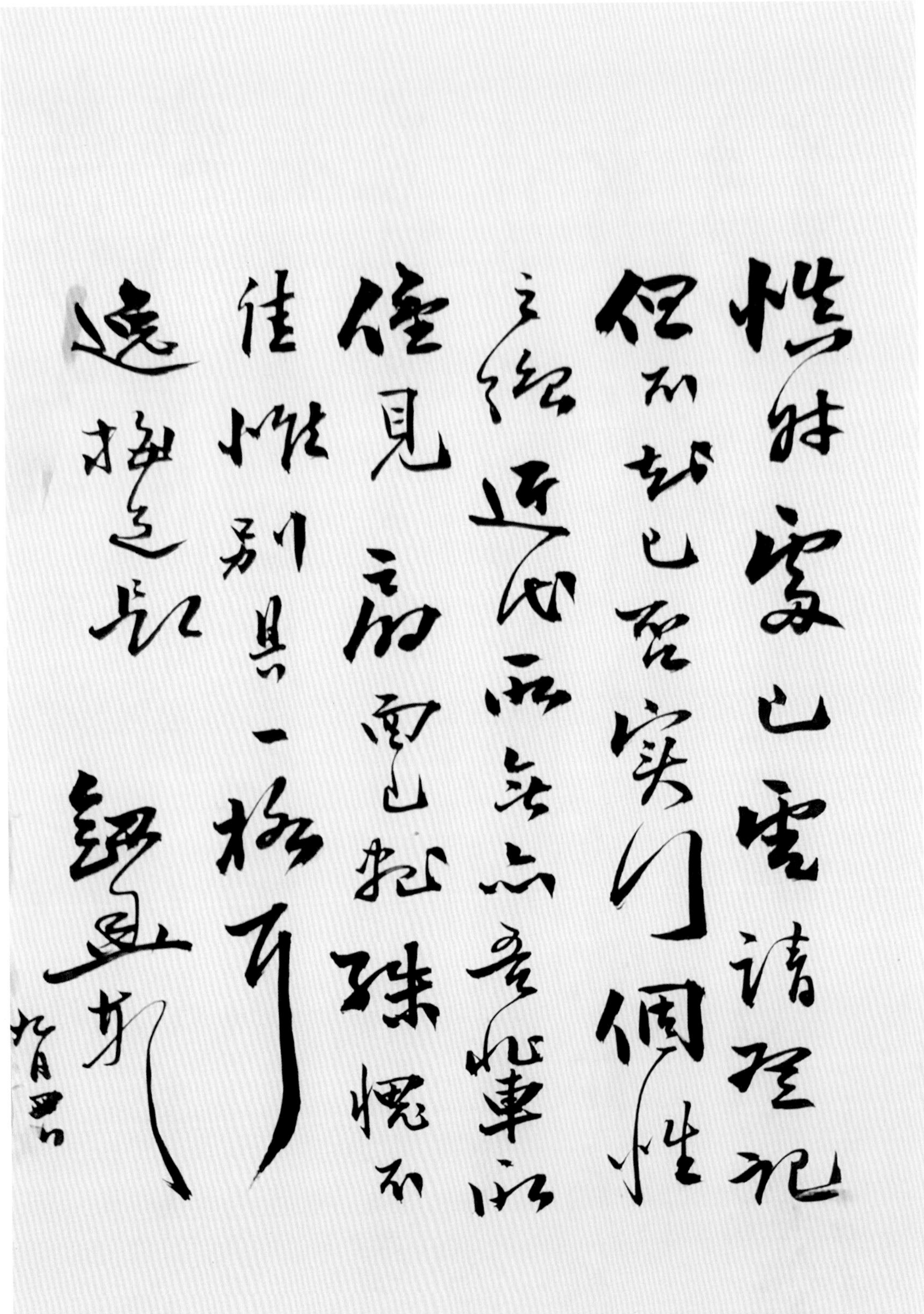

蔣吟秋致鄭逸梅

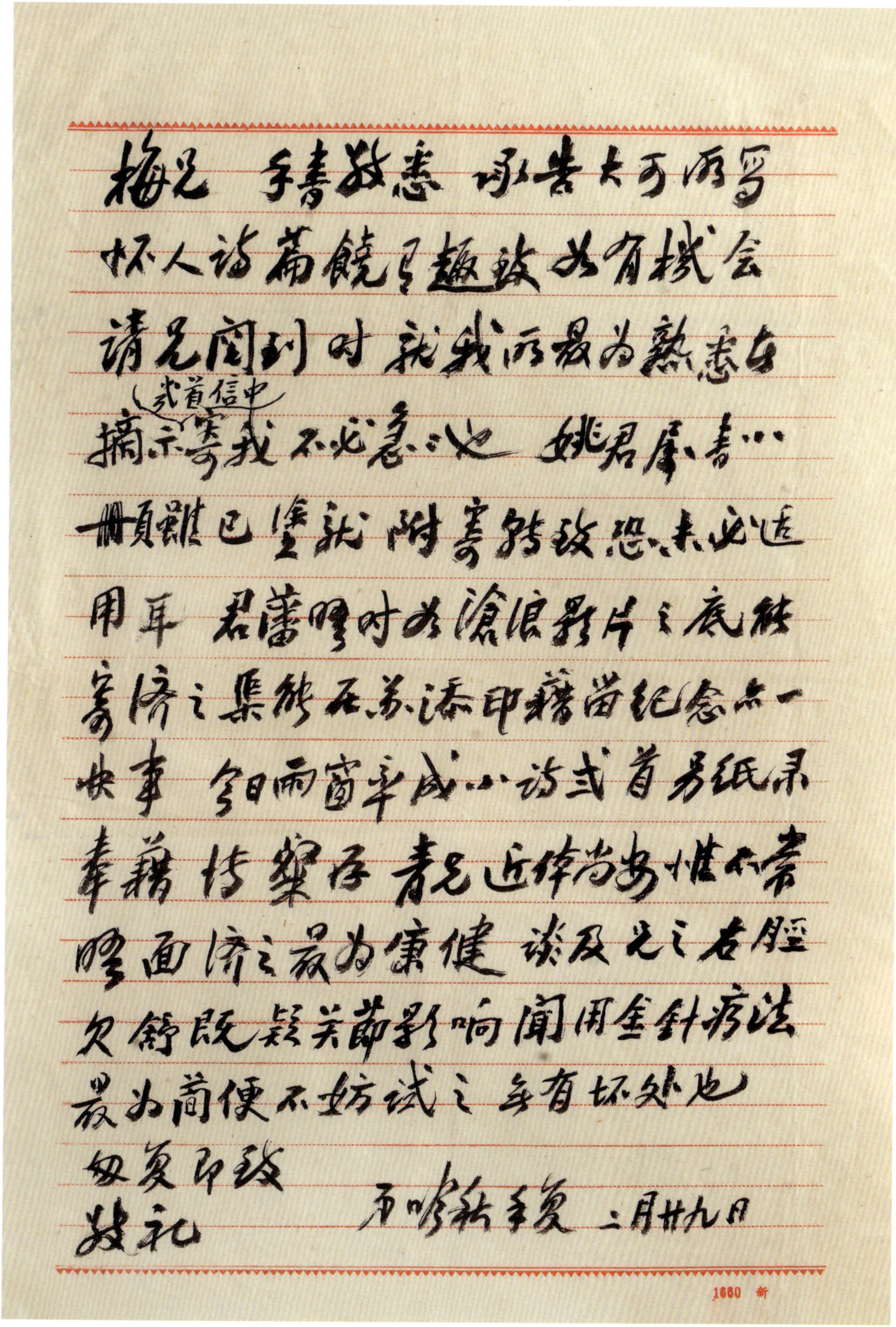

梅兄 手書敬悉 承告大可將寫
怀人詩 蕭饒二趣致 如有機会
請兄閱到时 就我所最为熟悉者
摘示寄我（弍首信中） 不必急〃也 姚君屠青⋯
册頁數已查就 附寄轉致 恐未必适
用耳 君藩昔时为滄浪影片之底稿
寄済之集稿在苏添印藉留纪念亦一
快事 今日雨窗率成小詩弍首 另纸录
奉藉博粲耳 青兄近体尚安 惟不常
晤面 済之最为康健 谈及兄之右脛
欠舒 既疑关節影响 闻用金针疗法
最为简便 不妨试之 無有坏处也
匆复即致
敬礼 弟吟秋手复 二月廿九日

1660 新

逸梅我兄至谊

迭奉手教 均已拜悉 最近又接到有关学习毛主席著作之参考资料 丰富多采 足资阅读 足证对学习毛选之重要性与必要性关怀备至 投我所需 使人感何可言 碧兄来信述将学习心得发为诗歌 对弟亦多启发 能不通读全卷之后 继续深入 领会更深 以获更坚决彻底改造世界观 洵足效法也

今年天时不正 忽晴忽雨 时暖时寒 由于防预不周 感染恶性伤风 即所谓流行性感冒 经服药打针以后 虽已有所好转 但尚未完全恢复 体力大受影响 情绪亦殊失常

谛兄虽与弟同年 但素体健强 神態如六十餘人 且家务操劳 朋友酬应 虽极繁忙 加以参加政治学习 而毫无倦容 使人自愧不如也

弟对书法一藝 既无工力 又乏特長 而每天来家之人 不是索書 定是学字之青年 大有应接不暇之苦 我尝率成即事小诗一首 录请 哂正

索書学字滿门庭　筆債如山永不清
力尽精疲深志苦　累人只恨是浮名

拉雜作復 即政

敬礼 並祝

健康愉快

弟吟秋谨复

六月四日晨

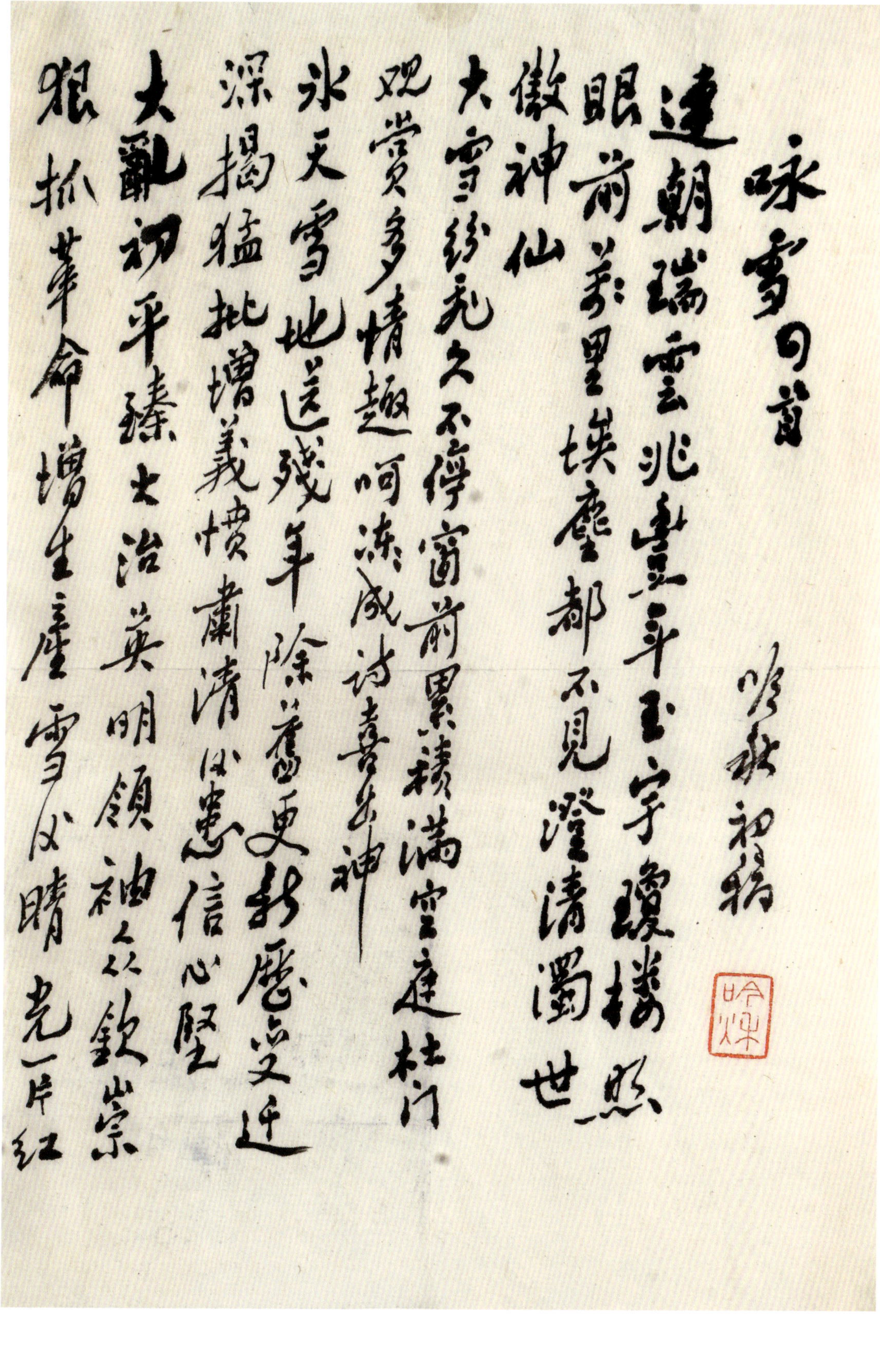

咏雪四首　吟秋初稿

連朝瑞雪兆豐年，玉宇瓊樓照眼前。萬里埃塵都不見，澄清濁世傲神仙。

大雪紛飛久不停，窗前累積滿空庭。杜门观赏多情趣，呵冻成诗喜出神。

冰天雪地送殘年，除舊更新歷史遷。深揭猛批增義憤，肅清四害信心堅。

大亂初平臻大治，英明領袖衆欽崇。狠抓革命增生產，雪後晴光一片紅。

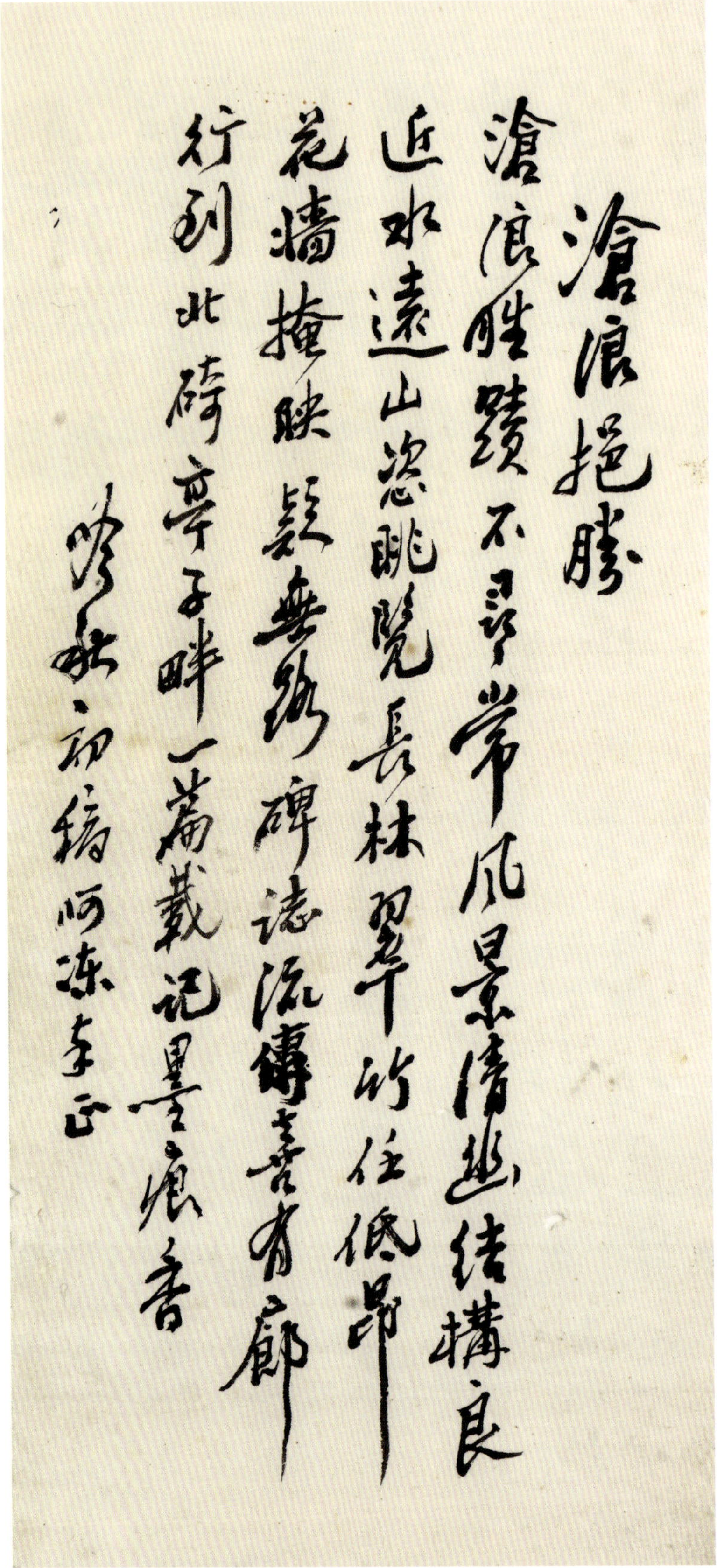

滄浪挹勝

滄浪勝蹟不尋常，風景清幽結構良。
近水遠山盈眺覽，長林翠竹任低昂。
花牆掩映疑無路，碑誌流傳古有廊。
行到北碕亭子畔，一篇載記墨痕香。

吟秋初稿，呵凍奉正

梅兄：不奉教言又多日矣。黄梅季節，乍雨乍晴，念前人所作小詩饒有情味，戲爲用可成絶句三首，另紙録奉，聊供粲正。青兄近來甚好，有時參加學習，議論風生，不減曩日。兄此信附碧兄信中，代爲投郵。海上老友，想多佳况，暇時便乞致念。此致

儷安

弟 秋上 七月廿日

逸兄吾契 頃由濟兄轉到手教並快
又承以集放翁詩句壽我八十 推崇隆情感
何可言 今日雨窗無俚 懷念良朋 謹和原
韻率成兩首 信筆所之 粗陋淺率 聊表
謝忱 藉希 繁正
來示述及高君藩與濟之約另在滄浪亭畔
之合影 聞之至快 濟之擬借底片寄奉 添印留
作紀念 亦殊有意义也
兄信中又告我陈无我善于攝生 以享高齡 洵
屬可以取法之範例 青兄学习会上不常敘晤 幸
近体尚安 可請釋念 此信因復碧兄之便 仍乞
煩為代投 亦如兄書來时每托濟兄代轉 彷彿已
成慣例 一笑 匆复 即頌
健康愉快
弟吟秋手复
二月廿一日

1660 新

逸兄賜鑒：手教讀悉，一年容易，又屆新年。以碧兄來信，知精神欠佳，略與談談，而我兄素抱樂觀，亦似不及往昔活躍，為之深念。青兄海上歸來，談及情況，較為安定，有時酬唱聯吟，藉解岑寂，足以告慰。弟雖拙訥，久病臥床，未免中心欠愉，尚能強作歡笑，絕抑憂思。昔人云：不如意事常八九，可與言人無二三。所幸兄與碧兄交久誼深，談話不淡，總以慰藉，可與言人，當之無愧矣。濟兄之師母亦常失健，而胸襟豁朗，殊屬不易，多得之榜樣也。匆復，即頌健康愉快。弟吟秋手復 元月九日

逸兄 手書誦悉 承將海上諸友近况見告
殊為難得 文安兄能趨訪吾儕 聞之大慰 回
想抗戰期間 枝棲海上 同寓一村 多承慰藉
而文寓亞光 碧波 芑岩諸兄亦常把晤 仲
友 小青則相距較遠 間時相顧 多方激勵
獲益良多 一經回首 記憶猶新 今各垂老年
華 經常通信者 以兄與碧兄最密 碧兄詩興
之濃 筆性之健 老而彌篤 我與每月必有數信
每信必有近詩 昔人云 不作無益之事 何以遣有
涯之生 我儕寫詩無非借以遣興排悶 兄
事較忙 交游素廣 故雖夙工詩而不常寫詩
深知詩而難以言詩 弟則既不能詩而偏喜詠
詩 更不懂詩而卻愛讀詩 兄聞此語 必
勿笑其狂妄乎
今年暑期蘇州天氣酷熱 勝于往昔 故學習
會中途已放假 即在家之時亦感額汗淋漓
夜不成寐 不識上海情况如何 諸兄
珍攝為上 濟兄已多日未晤 渠雖與弟同

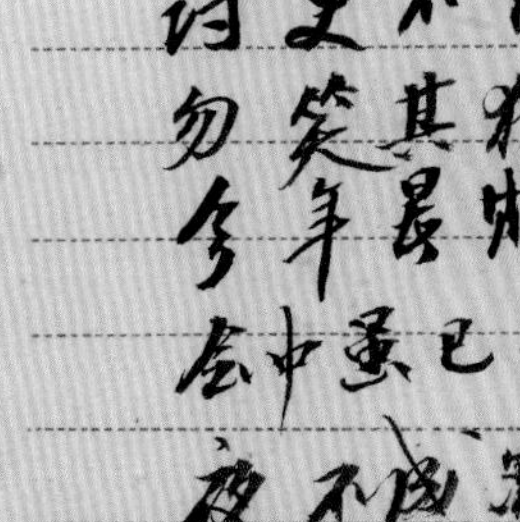

年 但身體強健 望之如六十餘人
使人豔羨之至 匆復 即頌
安吉

弟吟秋手復 八月三日

怀友　嵌字格两首

呈梅兄碧兄粲正

碧水无风静不波　逸情梅屋仰嵯峨
行吟何用掏工拙　秋色清華好景多

安远路边焕翠霞　養和村裡故人家
平橋矮屋嫌孤寂　怀舊情殷得句奢

吟秋初稿

逸梅我兄　前書已由済兄轉到　承告大可　濟庵
仲友　詩若友近况　至感至感　惟不知冷月兄近
况如何　常在系念中　近日蘇地天氣酷熱　殊觉悶損
遥念良朋　又難晤叙　勉寫怀友两绝　藉博一笑
兄之牙齒欲拔未拔　確殊不便　弟之牙齒早已全換假
齒　拔去时由牙医手術熟练　果施局部麻醉　並不十分痛
苦　为長远计　早日拔去为宜　未知尊意以为何如
匆上　即頌
暑祺

弟吟秋手复

七月八日

我處学習组须至七月底结束　開始放暑假
知関垂注　並以附告

1725 新

蔣吟秋致鄭逸梅

梅兄

济兄转到大函 足慰渴想之殷

前一段时间酷暑困人 歘汗淋漓

夜不成寐 殊感难受 近几天转

凉 较前舒适 惟多因感念友人 诗

多首 尤其兄与碧兄 尤为殷切 另

纸录奉一首 聊当俚歌 不值一笑

但嗜痂成癖 涂抹已成习惯 故

附碧兄信中 请其代为投邮 当已

有以呵正 此致

敬礼　　弟吟秋手上

八月十五日晨

蔣吟秋致鄭逸梅

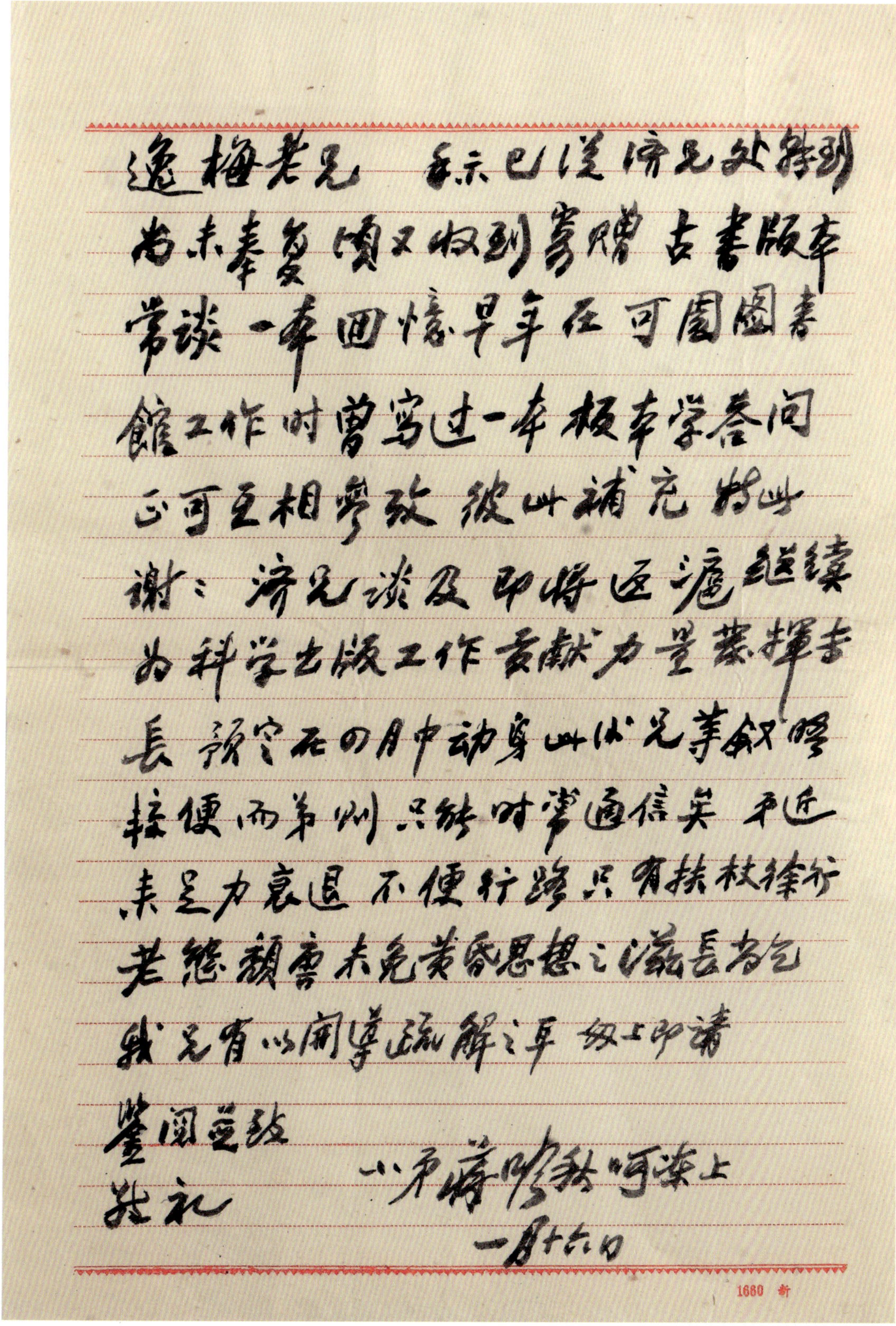
逸梅老兄　手示已從濟兄处轉到
尚未奉复　顷又收到寄赠古書版本
常谈一本　回忆早年在可園图書
館工作时曾写过一本板本学答问
正可互相参考　彼此補充　特此
谢谢　濟兄谈及即将返滬继續
为科学出版工作贡献力量发揮專
長　预定在四月中动身　此后兄等叙晤
較便　而弟则只能时常通信矣　弟近
来足力衰退　不便行路　只有扶杖徐行
老態頹唐　未免黄昏思想之滋長　尚乞
我兄有以開導疏解之耳　匆上　即請
鉴閲並致
敬礼
小弟蔣吟秋呵凍上
一月十六日
1680 新

蔣吟秋致鄭逸梅

梅兄至谊：惠書已由清兄轉到，展誦内容，再一次抄示大可兄近詩，頗有元白風格，讀之不厭。上海華行画展，顏君文樑所绘油画，工力精深，备受观衆贊賞，因此漫成小詩兩首，藉博粲正。

東梅庵兩絶

多承録示友朋詩　信口成吟不用思
元白高風心最愛　破開百讀解人頤

兩次寄示友人朱大可近作詩篇，不用修飾，殊有微之樂天風格，足資学習。

舊雨睽違渴想中　灶間傑作湖沙龍
至今画筆依然健　展覽爭傳独特风

老友顏子文樑兄工油画，梅兄此次參观上海画展中畫筆仍健，回想留学法国时所画灶间入选沙龍，載譽而歸。

此信附寄梁兄函中，托其代為轉致，亦如兩兄來信常經清兄收轉，已成慣例矣，一笑。

此复即頌

康樂

弟　吟秋手复

六月廿八日

1725 新

鵲桥吟　四首

烏鵲桥红带夕陽　女貞夹道綠陰長
三间矮屋聊容膝　学画耽書筆吐香

烏鵲桥高秋夜涼　鬼節步月到滄浪
良朋晤叙渾忘倦　酬唱联吟滿錦囊

烏鵲桥頭冰未消　清晨不覺市声囂
留題石刻经时久　盛世当前兴更高

晴窗愛讀樂天诗　妙语如珠喜不支
借取題材資学步　即难媲美亦心怡

家居烏鵲桥北　此桥以古代烏鵲館得名　吴地记　吴郡圖经续记　均有记載　而樂天诗中屢見不鮮　如烏鵲桥红带夕陽　烏鵲桥高秋夜涼及烏鵲桥頭冰未消　見宋平江城坊圖考　因借作起語　分咏四絶句　亦一时兴到也

吟秋初稿　秋

1725 新

蔣吟秋致鄭逸梅

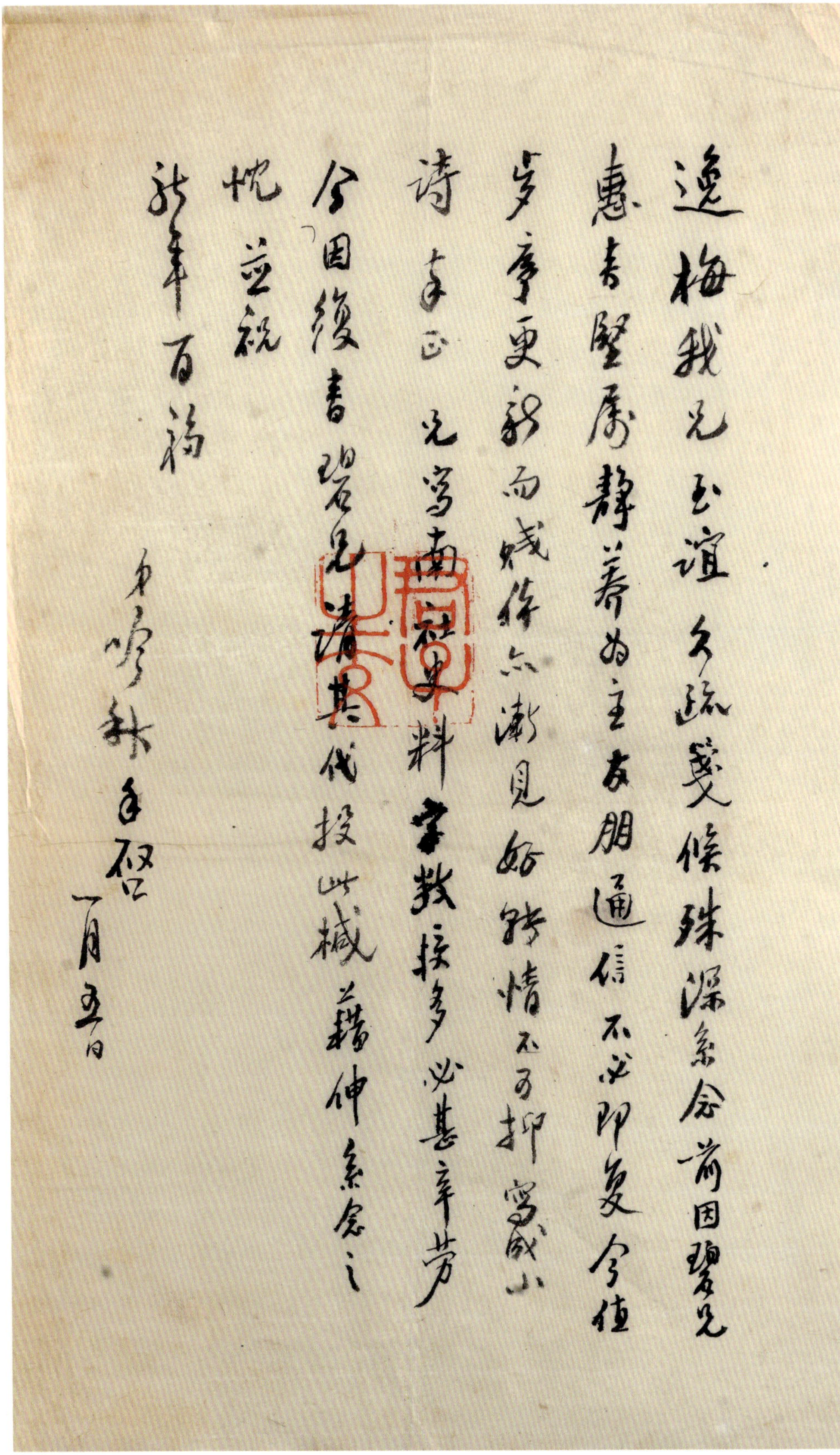

逸梅我兄玉誼：久疏箋候，殊深系念。前因碧兄
惠書，堅屬靜養為主，友朋通信不必即复。今值
歲序更新，而殘候亦漸見好轉，情不可抑，寫成小
詩奉正。兄寫南社史料，字數較多，必甚辛勞。
今因復書碧兄，請其代投此緘，藉伸系念之
忱，並祝
新年百福
弟吟秋手啓
一月五日

蔣吟秋致鄭逸梅

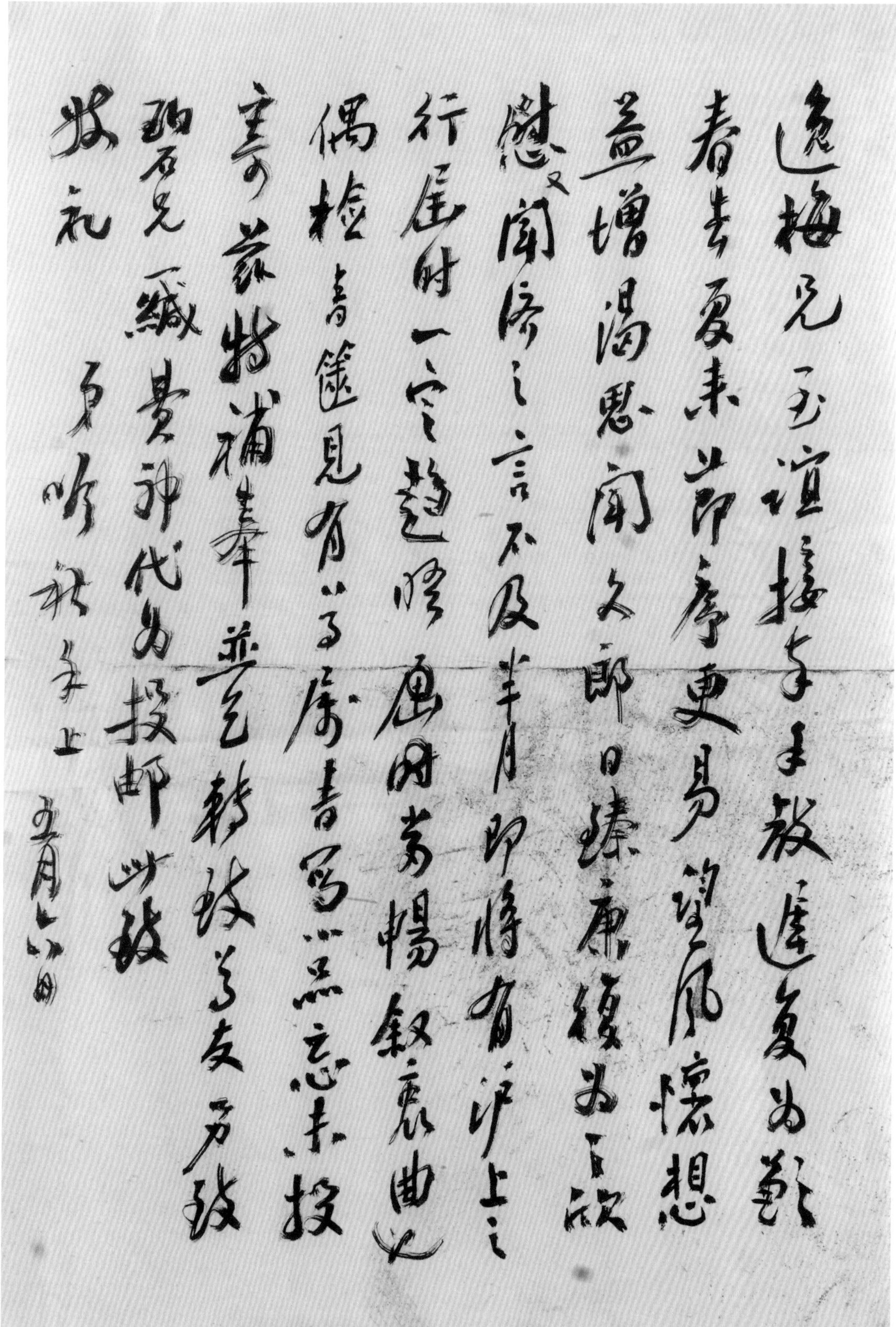

逸梅兄：前誼接奉手教，遲復為歉。春去夏來，節序更易，遡望風懷，想益增渴慕。聞久郎日臻康復，為可欣慰。又聞孫之言，不及半月即將有滬上之行，屆時一定趨晤，屆時暢敘衷曲也。偶檢青箋，見有以前屬書寫而忘未投寄之，茲特補奉，並乞轉致為友。另致勁石兄一緘，費神代為投郵。此致

敬禮

弟吟秋手上

五月六日

蔣吟秋致鄭逸梅

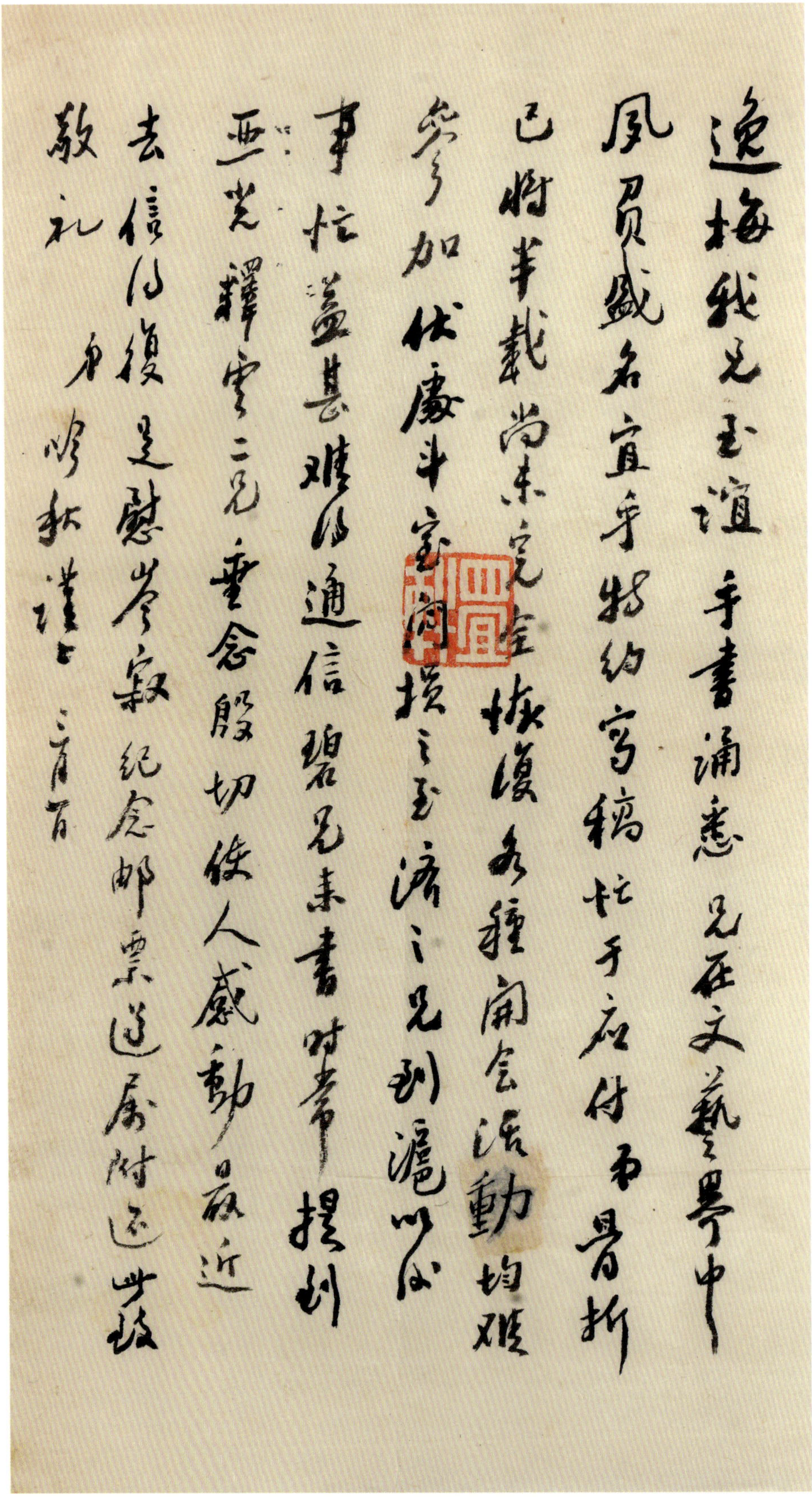

逸梅我兄玉道：手書誦悉。兄在文藝界中夙負盛名，宜乎特約寫稿忙於應付。而胃折已將半載，尚未完全恢復，各種開會活動均難參加。伏處斗室，損之、玉清之兄到滬以後事忙益甚，難得通信。碧兄來書時常提到。亞光、耀雲二兄垂念殷切，使人感動。最近去信得復，是慰岑寂。紀念郵票送奉，附還。此致
敬禮
弟吟秋謹上
二月十日

蔣吟秋致鄭逸梅

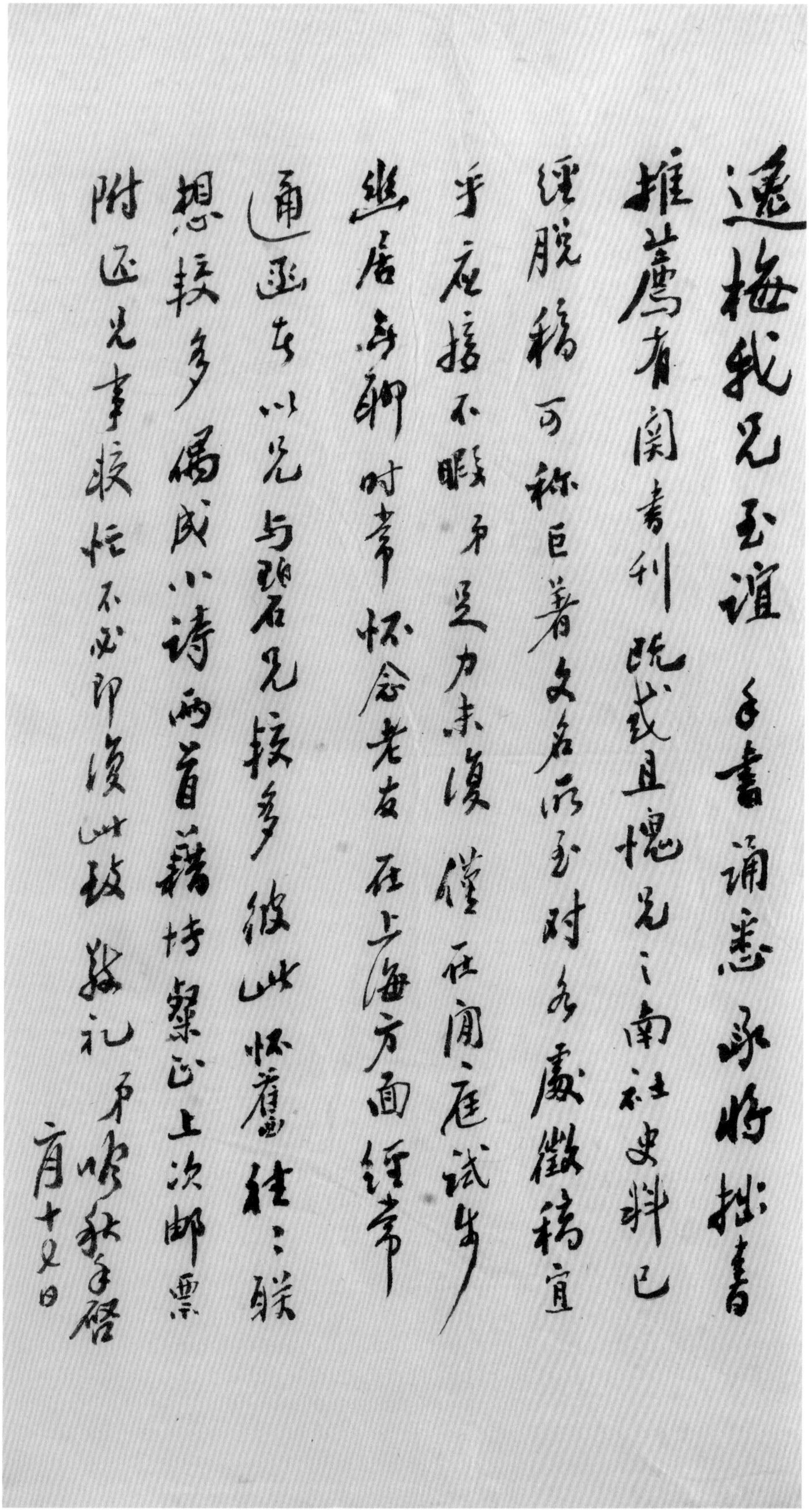

逸梅我兄至誼：手書誦悉。承將拙書推薦有關書刊，既感且愧。兄之南社史料已經脫稿，可稱巨著，文名所至，對各處徵稿宜乎應接不暇。弟足力未復，僅在閒庭試步，幽居無聊，時常懷念老友。在上海方面經常通函者，以兄與碧石兄較多，彼此懷舊，往往聯想較多。偶成小詩兩首，藉博粲正。上次郵票附還，兄事較忙，不必即復。此致
敬禮
弟吟秋手啓
六月十九日

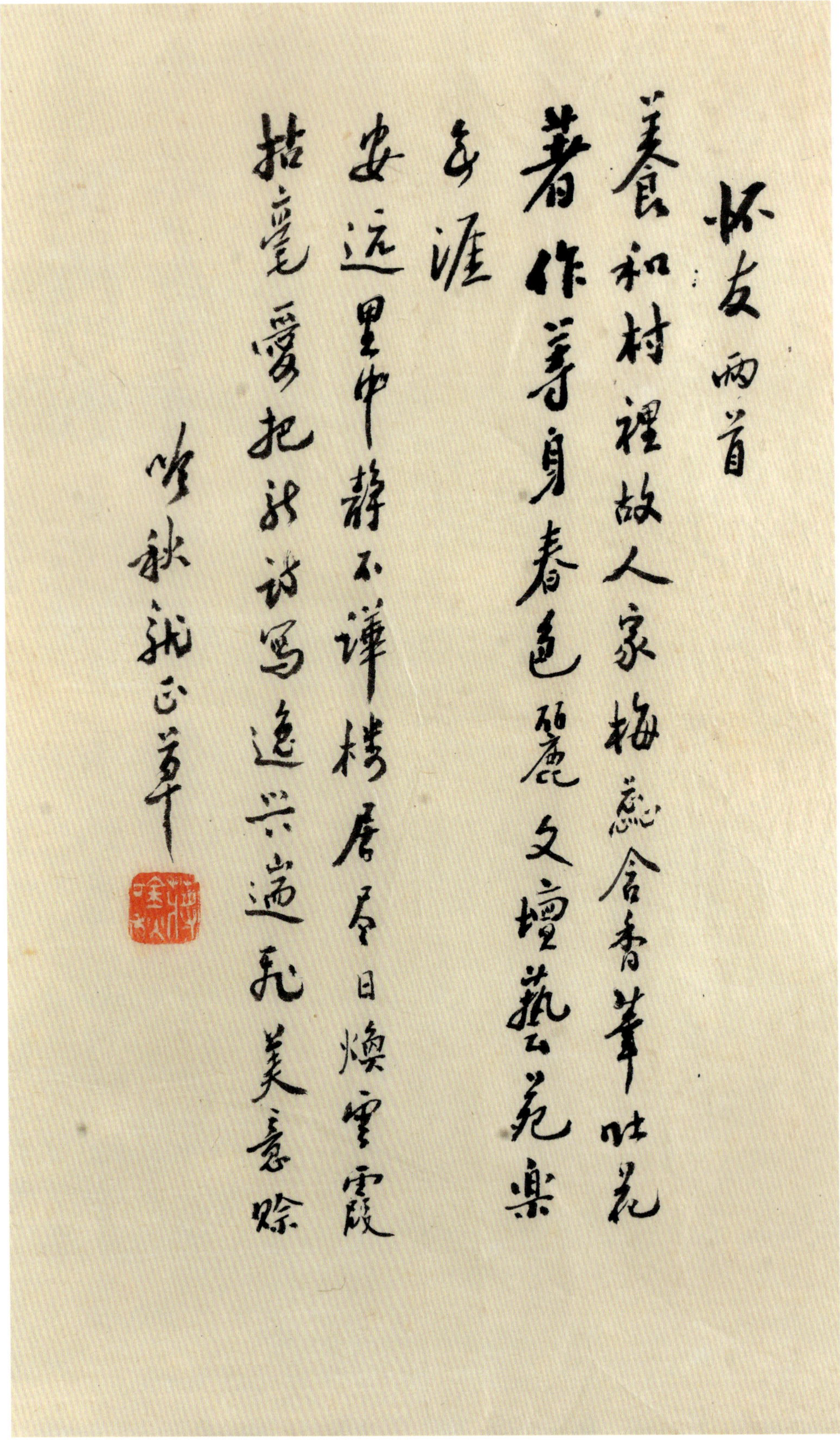

懷友兩首

養和村裡故人家，梅蕊含香筆吐花。
著作等身春色麗，文壇藝苑樂年涯。

安遠里中靜不譁，樓居盡日煥雲霞。
拈毫愛把新詩寫，逸興遄飛美意賒。

吟秋稿正草

蔣吟秋致鄭逸梅

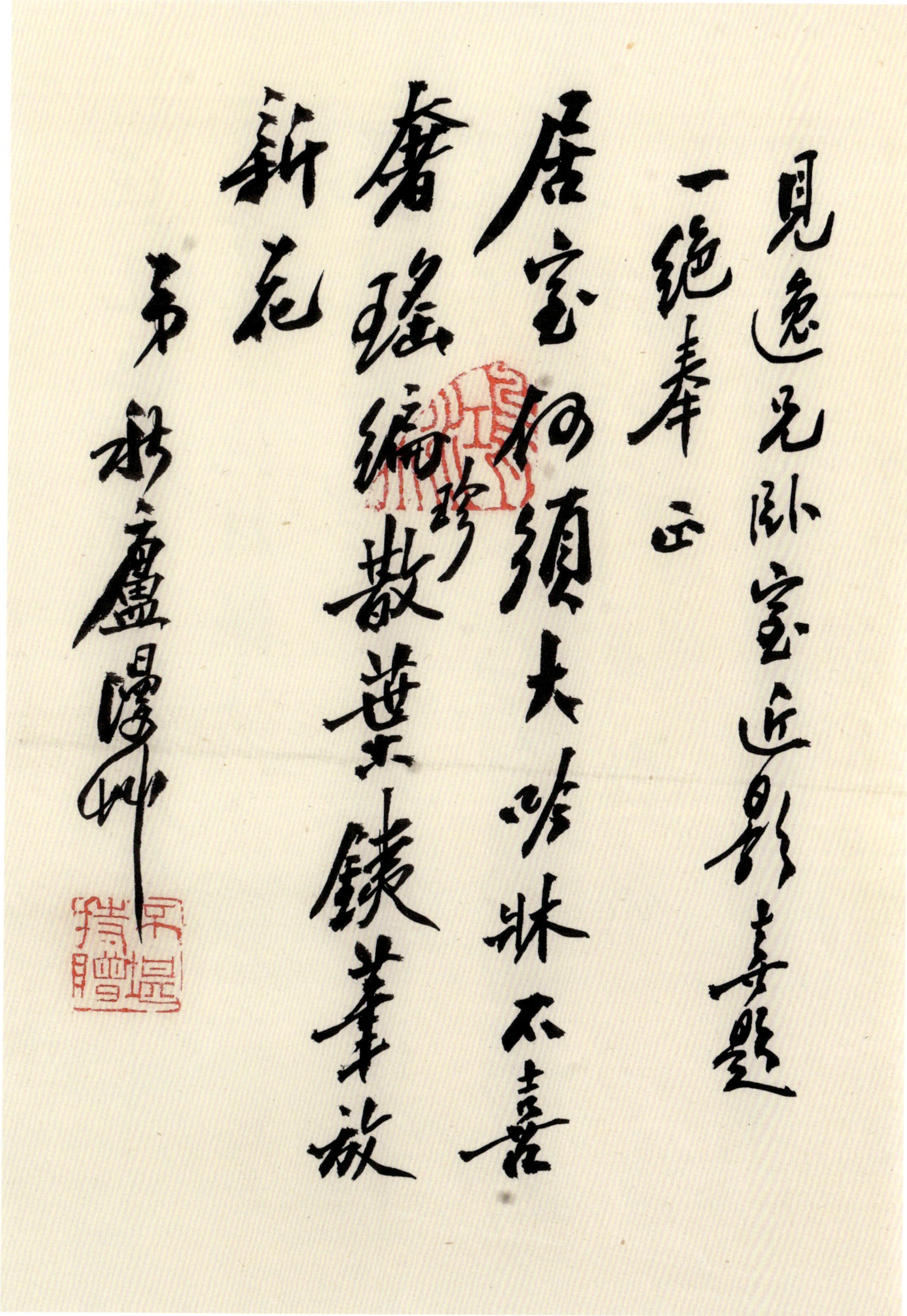

見逸兄臥室近影奉題
一絶奉正
居室何須大，吟牀不喜
奢。瑤編珍散葉，鐵筆放
新花。
弟秋廬[illegible]

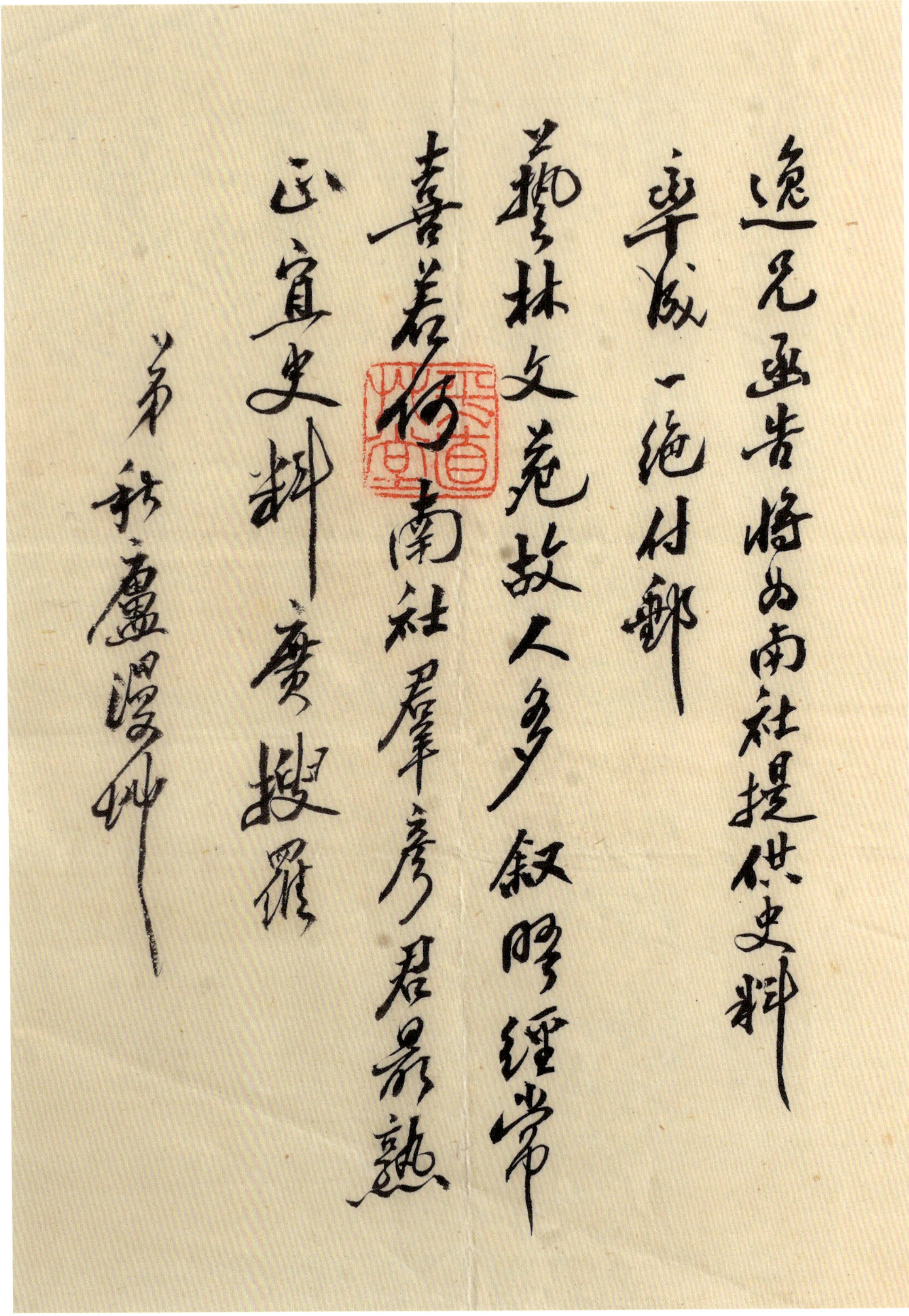

逸兄函告將由南社提供史料，率成一絕付郵

藝林文苑故人多，敘晤經常喜若何。南社羣彥君最熟，正宜史料廣搜羅。

弟秋廬漫稿

蔣吟秋致鄭逸梅

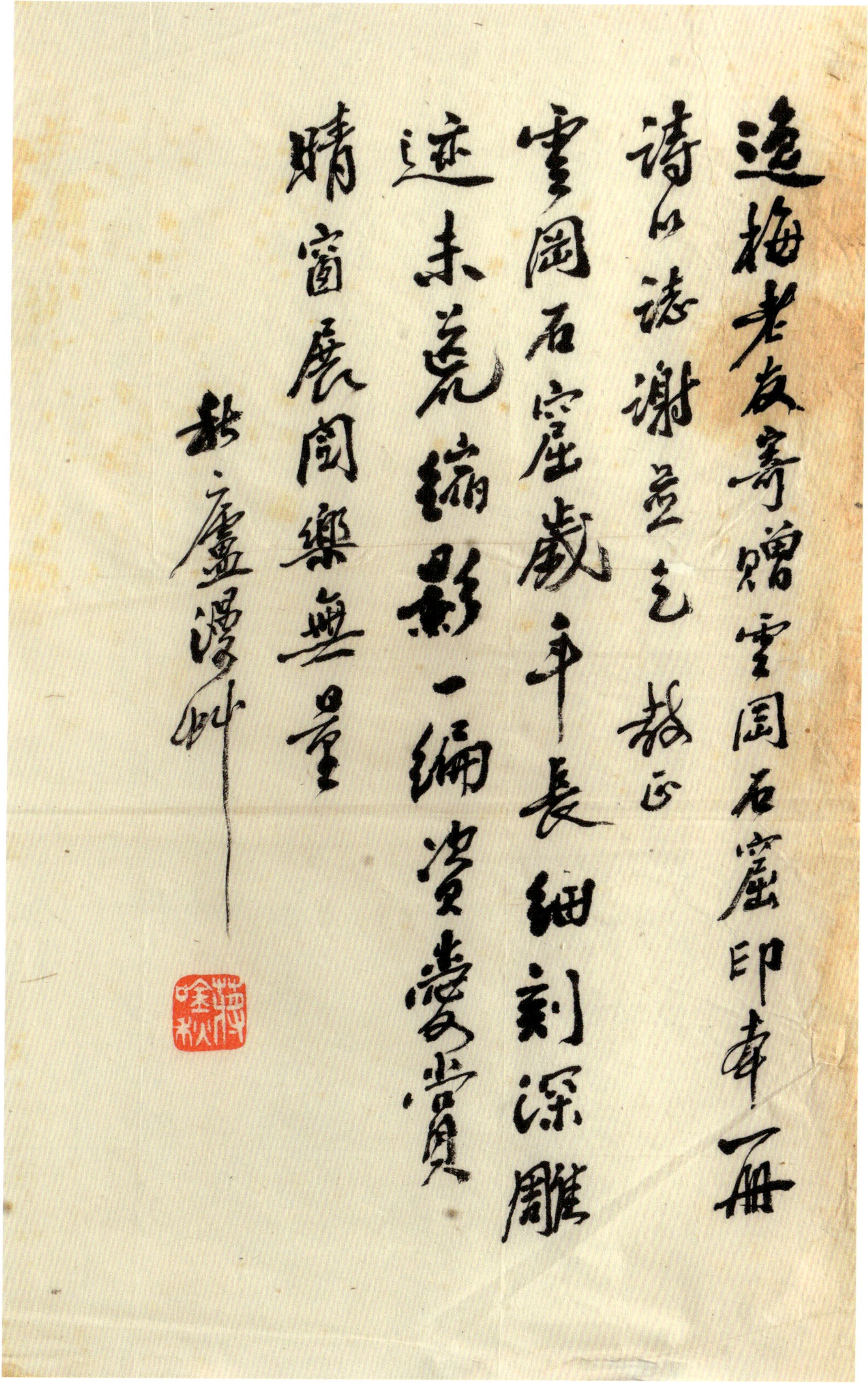
逸梅老友寄贈雲岡石窟印本一冊
詩以誌謝 並乞 教正
雲岡石窟歲年長，細刻深雕
迹未荒。縮影一編資鑒賞，
晴窗展閱樂無量。
秋廬漫艸

烏鵲橋四首　秋廬稿

白樂天詩有烏鵲橋紅帶夕陽烏鵲橋高秋夜涼烏鵲橋頭冰未消句，敝廬居近鵲橋，戲咏四絶，除第一首外，每首各用樂天詩一句為引，亦一時興到之作。

畫橋自昔著吳城，烏鵲流傳獨有名。記得樂天詩句好，效顰我亦寓高情。

紅帶夕陽卜居近，廛蹊非長三間矮屋容書榻，一角閒庭映翠苔。

烏鵲橋高秋夜涼，攜笻漫步獨徜徉。女貞一路長年綠，更喜花開別有香。

烏鵲橋頭冰未消，憑闌遠眺畫難描。南來北去人稱便，愧對留題石上雕（石刻橋名為余一九三四年所書）。

蔣吟秋致鄭逸梅

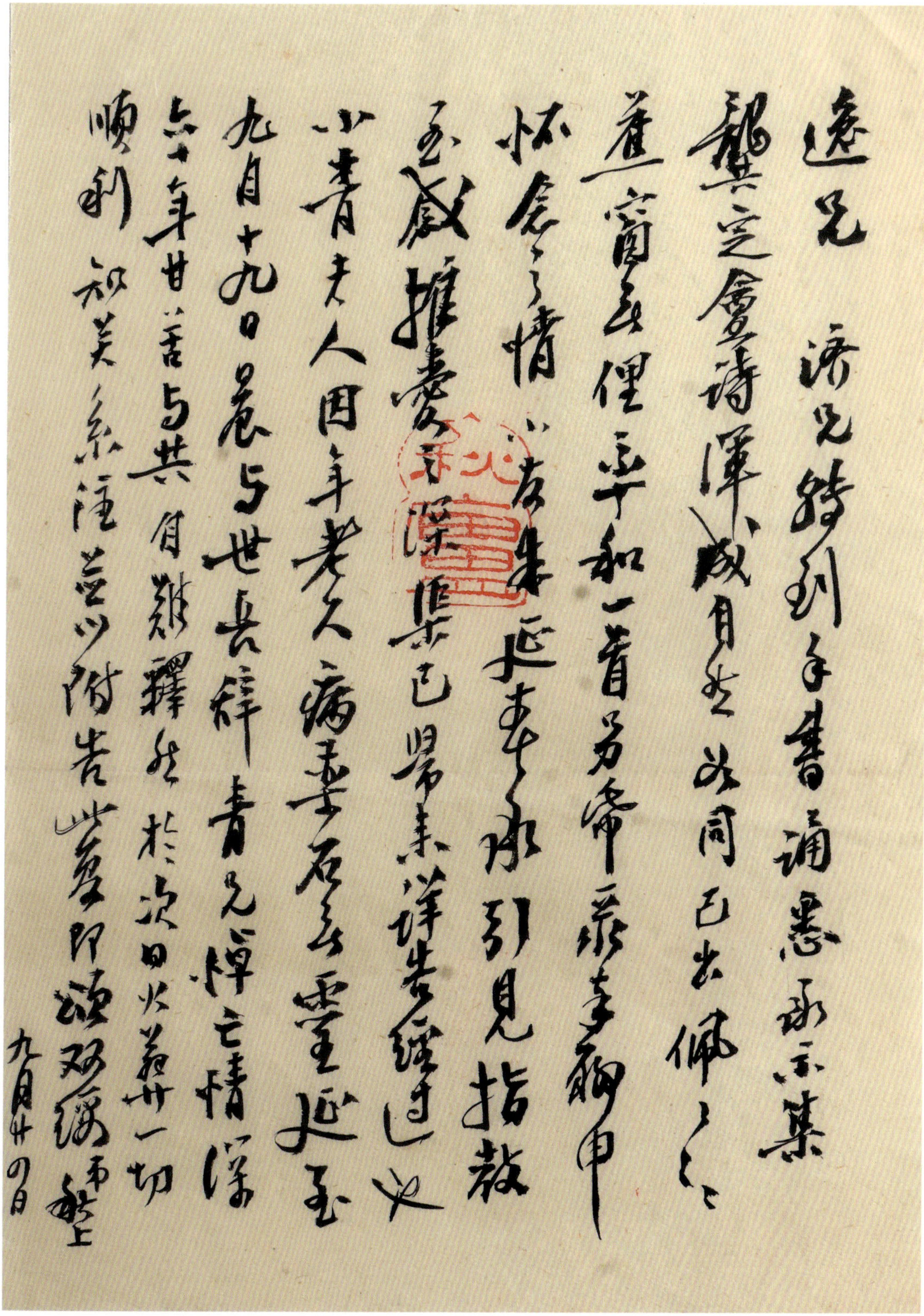

逸兄：

濟兄轉到手書，誦悉。承示集龔定盦詩，渾成自然，如同己出，佩佩。蓬窗無俚，率和一首，另希兼轉申懷念之情。以友集延老，承引見指教，至感。雅愛深深。渠已歸來，詳告經過。又小青夫人因年老久病，去年在虞山，靈延至九月十九日竟與世長辭。青兄悼亡情深，六十年甘苦與共，自難釋然。於次日火葬，一切順利。知關系注，並以附告。草草即頌雙綏。

弟秋上

九月廿四日

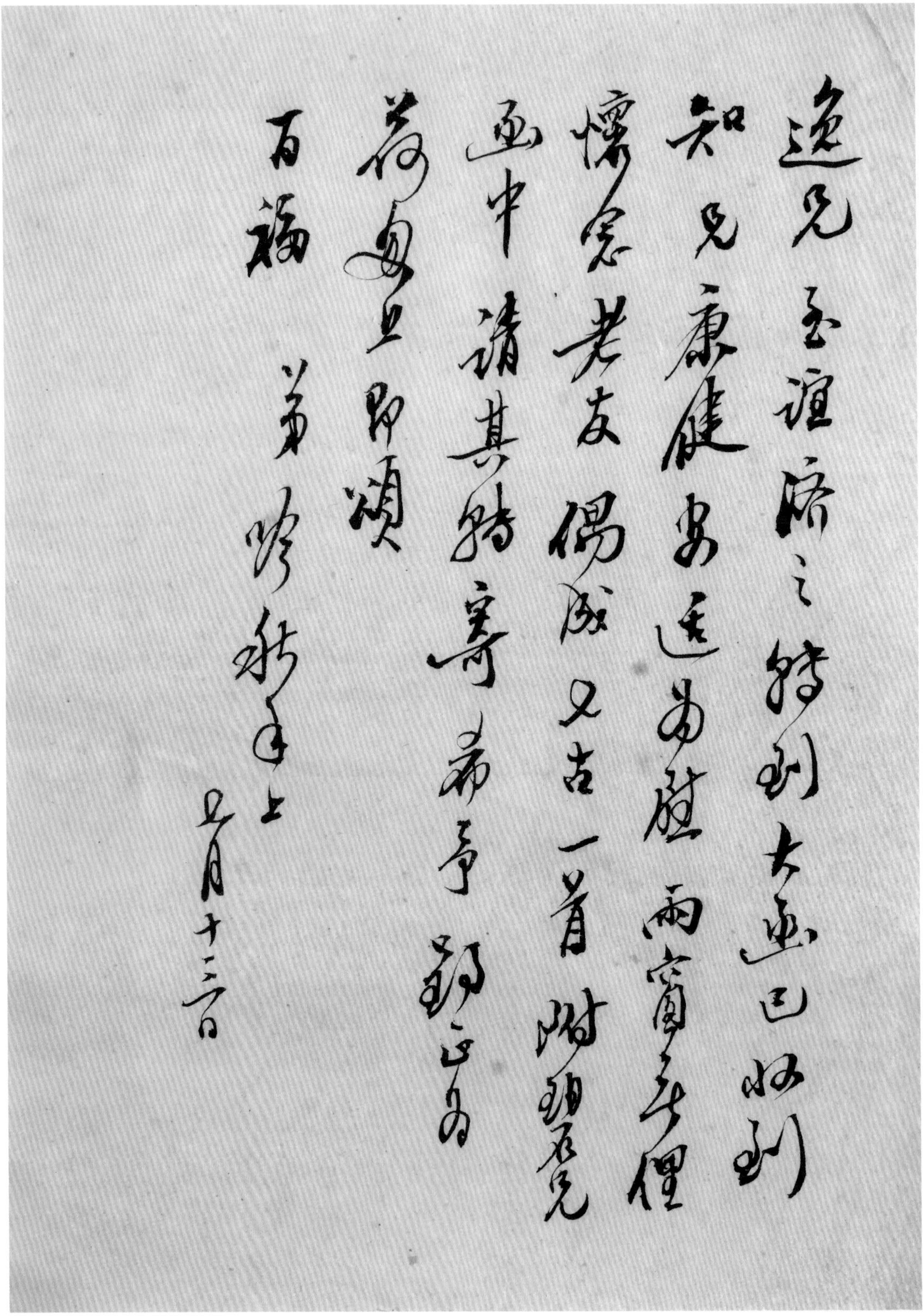

逸兄至誼席：之時到大函，已收到，知兄康健安適爲慰。雨窗無俚，懷念老友，偶成七古一首，附錄在兄函中，請其轉寄弟手，郢正爲荷。專此即頌

百福。

弟吟秋手上

五月十二日

蔣吟秋致鄭逸梅

蔣吟秋致鄭逸梅

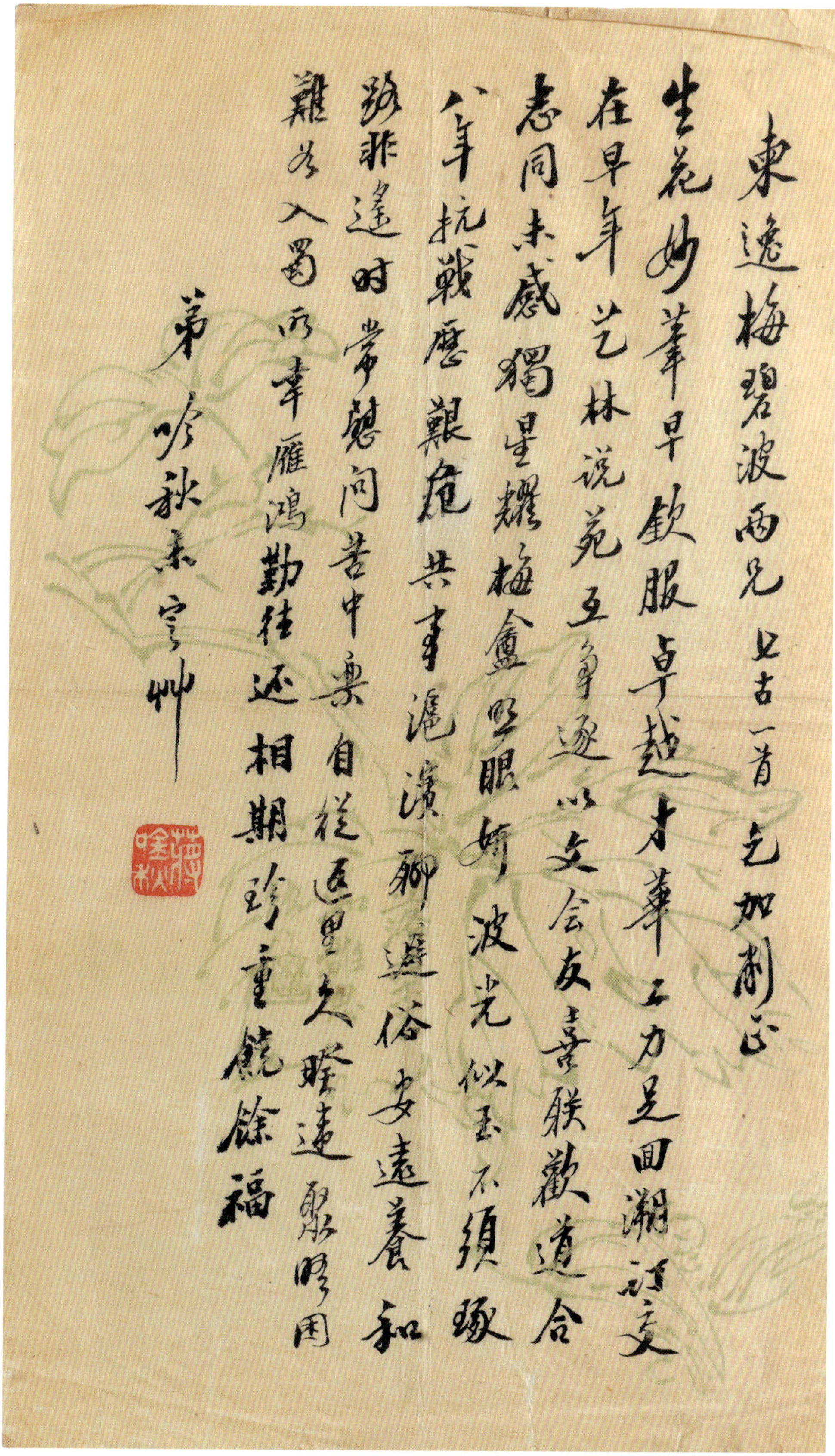

柬逸梅碧波兩兄 七古一首 乞加削正

生花妙筆早欽服，卓越才華工力足。回溯訂交

在早年，藝林說苑互爭逐。以文會友喜聯歡，道合

志同未感獨。星耀梅盦照眼明，波光似玉不須琢。

八年抗戰歷艱危，共事滬濱聊避俗。安遠養和

路非遙，時常聽問苦中樂。自從返里久暌違，聚晤困

難如入蜀。所幸雁鴻勤往還，相期珍重饒餘福。

弟吟秋未定艸

逸梅我兄如晤　前接手书即复寸笺　想已达览
震惊岁中　心神不宁　目前苏地情况　震情存在
但较为稳定　领导指示　既要防震又要开展工作　因此
多数居民已不露宿　比较宁心　内人病体一度垂危
现已渐有转机　知关垂念　并以奉告　贵处情况安好
弟在服药调摄之际　聊借涂写小诗遣闷　附录两首
请予指正

蔦蘿花

屋角墙边种蔦蘿　花妍叶美不求多
迎风映日浑如画　客至赏心喜欲歌

闲庭

庭前蔓草去除清　墙上藤花照眼明
留得残荷听夜雨　助人枕畔动诗情

幸勿笑其太觉无聊也　匆上即致

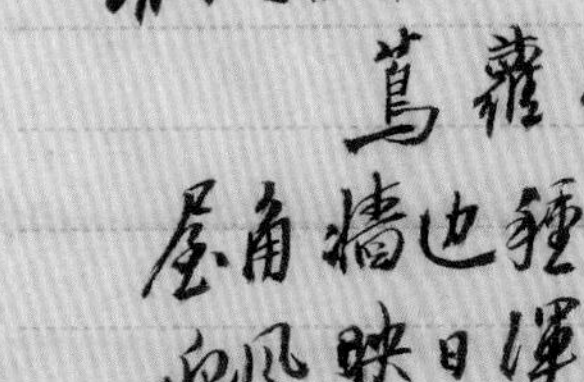

敬礼

弟　吟秋手上
九月七日

蔣吟秋致鄭逸梅

逸梅我兄：昨接惠書及釋雲兄詩，均已閱悉。承告友朋消息，至感。防震聲中，蘇州尚在日夜防衛之緊張狀態中，屈指已逾十天，尚未解除，殊感疲困。由于不能成眠，即景生情，用口語体寫成小詩四首，錄請指正，藉告近狀。

防震雜咏　四首

抗震防災已十天，風聲鶴唳不成眠；
階前蟋蟀鳴聲響，徹夜未休鬧枕邊。
今年天氣不尋常，秋暑困人未轉涼，
入夜蚊虫常撲面，驅除全靠點煙香。
輪流值夜未曾停，振足精神仔細听，
萬一外邊傳警報，立時呼喚避空庭。
有時白晝倚藤床，聊事補休在游廊，
門外客來偏不斷，此中況味實難嘗。

碧兄昨日亦有信來，並附詩青兄一緘，足見關懷之切，與兄相同。茲于復書同時亦答寸箋，乞碧兄存轉，藉釋懸念。

此致

敬禮。

弟吟秋手上

八月三十日

1660 新

蔣吟秋致鄭逸梅

逸梅兄：前接来信，早已诵悉。鹤园记写得极好，我虽未曾参加联欢晚会，得此一文，仿佛亲历其境也。

连日地震波及江苏，预报传来，苏州防震指挥部关心群众，动员住居屋外，以保安全。弟处老伴久病卧床，近又感染肺炎，体力益弱。儿媳均在医院工作，必须坚守岗位，救治病人，夜以继日，很少回家。幸小女前欲尚未回到北京，可以在家护侍。现虽热度已退，但进食极少，颇为担心。我在第一天露宿街头，彻夜未能合眼，最近几天，在天井中搭盖傢具掩蔽。在紧张声中，强作镇定，漫成小诗纪实，藉博一笑。

预防地震 两首

震灾预报感心惊，防护及时全力倾；
露宿街头听命令，一家老小到天明。

老妻久病小楼卧，地震来时奈若何？
百计千方谋隐蔽，庭前搭盖护身窝。

不知上海情况如何？若有警报波及，务必移住楼下，或空场为妥。

此信托碧兄代投，以壁屋住[illegible]，即致
敬礼！

弟 吟秋 手上

八月廿四日

1660 新

蔣吟秋致鄭逸梅

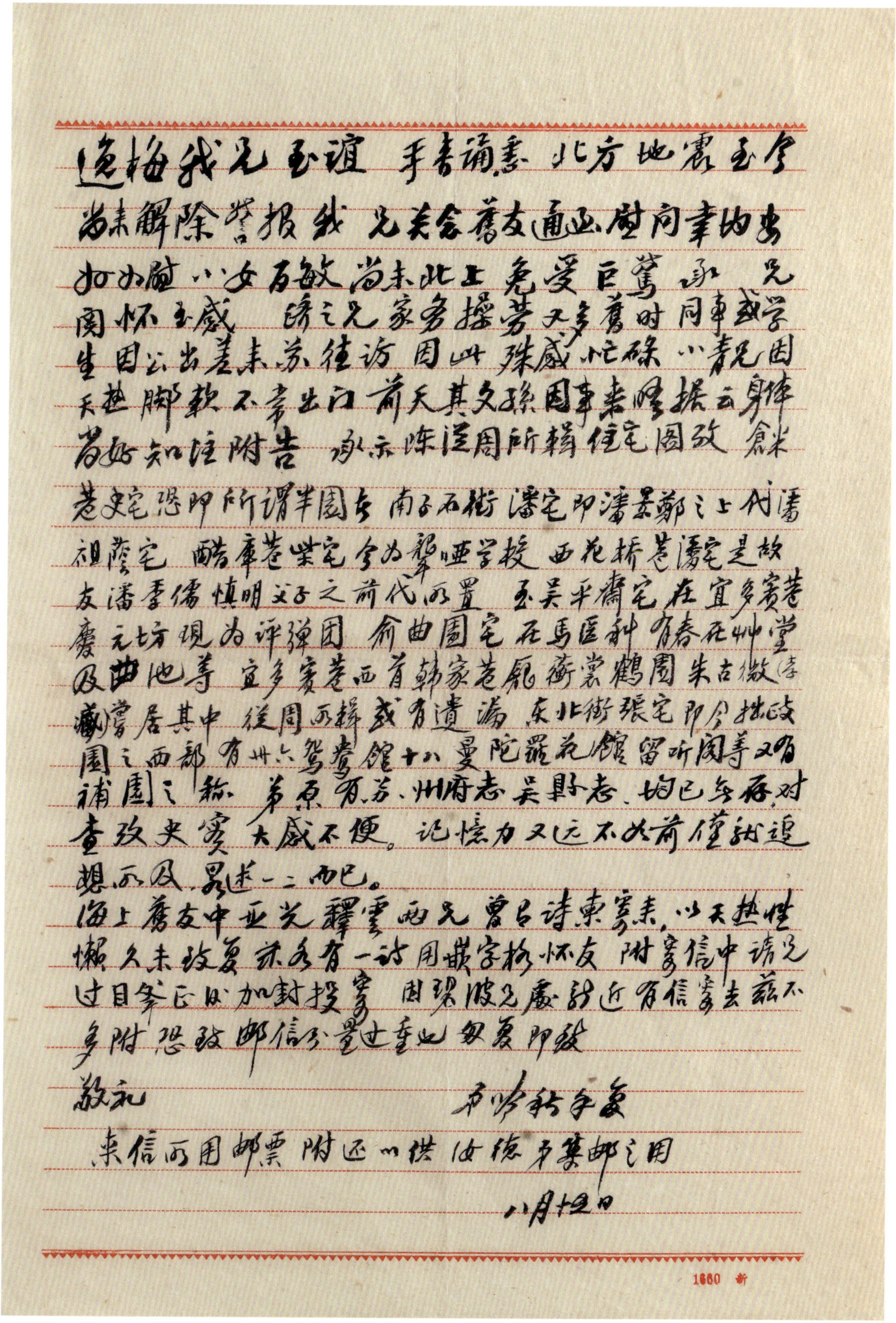
逸梅我兄至谊 手书诵悉 北方地震至今
尚未解除警报 我兄关念旧友 通函慰问 聿的弟
如小閣 小女石敏 尚未北上 免受巨惊 承 兄
关怀至感 谚之兄家务操劳 又多旧时同事或学
生因公出差来苏往访 因此殊感忙碌 小青兄因
天热脚软不常出门 前天其父孙因事来晤 据云身体
尚好 知注附告 承示陈从周所辑住宅图致 仓米
巷史宅 恐即所谓半园乎 南石子街潘宅即潘景郑之上代潘
祖荫宅 醋库巷紫宅 今为聋哑学校 西花桥巷潘宅是故
友潘季儒慎明父子之前代所置 至吴平斋宅在宜多宾巷
庆元坊 现为评弹团 俞曲园宅在马医科 有春在草堂
及曲池等 宜多宾巷西首韩家巷鹤园 朱古微（孝
臧）尝居其中 从周所辑或有遗漏 东北街张宅即今拙政
园之西部 有卅六鸳鸯馆十八曼陀罗花馆留听阁等 又有
补园之称 弟原有苏州府志、吴县志、均已無存 对
查考史实 大感不便。记忆力又远不如前 仅就追
想所及 略述一二而已。
海上旧友中亚光 释云两兄 曾有诗柬寄来 以天热性
懒 久未致复 前各有一诗 用嵌字格怀友 附寄信中 请兄
过目斧正 即加封投寄 周瑯波兄处 新近有信寄去 兹不
多附 恐致邮信分量过重也 匆复即致
敬礼
弟吟秋手复
来信所用邮票 附还以供 汝德弟集邮之用
八月廿五日

1660 新

蔣吟秋致鄭逸梅

逸梅我兄吾契：今日由硯濟之兄轉到尊函，展讀之下，欣悉近況安好為慰。舊日盟友音聞久疏，偶見書簡亦殊不易，而獨兄與碧兄關切殷厚，魚雁往還，久而不輟。弟素體欠強，衰象日增，偶寫小詩聊以破寂。蘇地老友亦惟幼年同學濟之與平生深交小青而已。回憶中學可園同事王佩諍、陳子清、陳子彝諸君均已早作故人，而東吳前輩潘慎明、徐景韓、凌景埏、孫藴璞諸位亦先後辭世。年壽有時而盡，此固自然規律，但期心胸開朗，情緒快豁，永堅歲寒之盟，長享文字之樂，作安適之計，樹善和之風，則於願已足矣。匆上即頌

敬礼

弟吟秋手上

七月廿一日

8299

逸梅我兄　復函已於廿六日由濟之處轉到　據言此次到滬一度奉訪　適值外出　惟近候安好　為之欣慰　因成小詩一首奉正

最近探望青兄　見其園中月季盛開　頗多佳種　正在觀賞中　身体較前為好　詳言養生之道　值得介紹　說明年老之人　尤須心情舒暢　因心理足以影響生理　力勸重視注意　我因跼蹐偏中多年　常感焦慮　但往往不愉快之語与事　反將導致自身失健　故以青兄之言　正是我儕教訓之樣板　歸途又成一詩　一併錄請教之

據碧兄來信告知　亞光兄常常出遊　去年去黃山　今年去杭州　很能尋快樂　有時作画　有時寫詩　藉以娛老　亦是一法　碧兄詩筆之健　詩思之敏　殊屬不易　幾乎每信有詩　如有詩去　每復必和　弟雖愛好相同　但与之相比　遠遠不如也

碧兄之信已代投郵

匆复　即致

敬礼

弟吟秋手上

五月廿八日

蔣吟秋致鄭逸梅

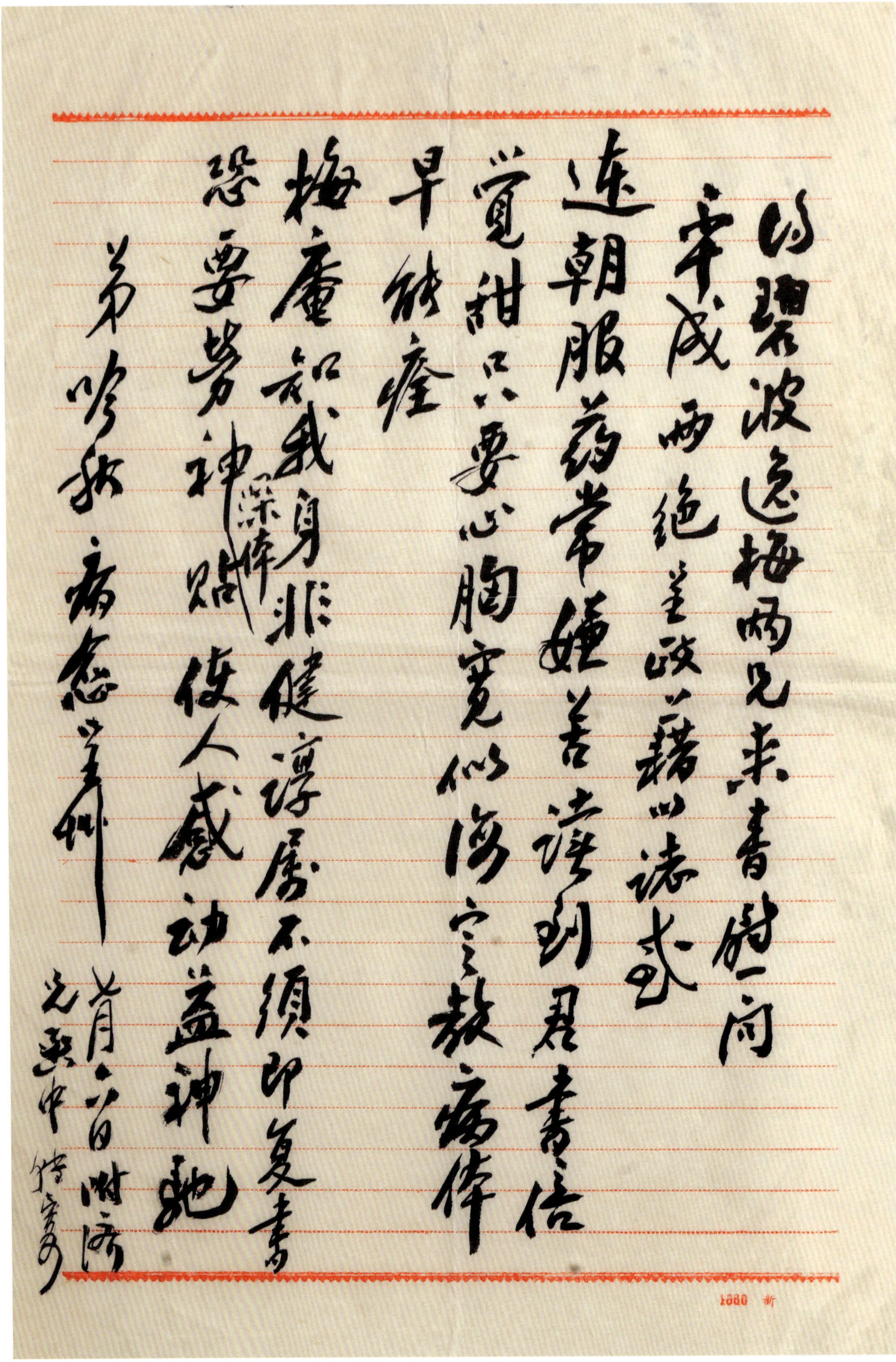

以翠波逸梅兩兄來書謝問，
率成兩絕並政，藉以誌感。
連朝服藥常睡，喜讀到君書信
覺甜。只要心胸寬似海，定教病体
早能痊。
梅庵知我身非健，諄屬不須即復書。
恐要勞神深体貼，使人感動益神馳。
弟吟秋病愈草拜
十月廿日附識
兄與仲侍寄

1860 新

蔣吟秋致鄭逸梅

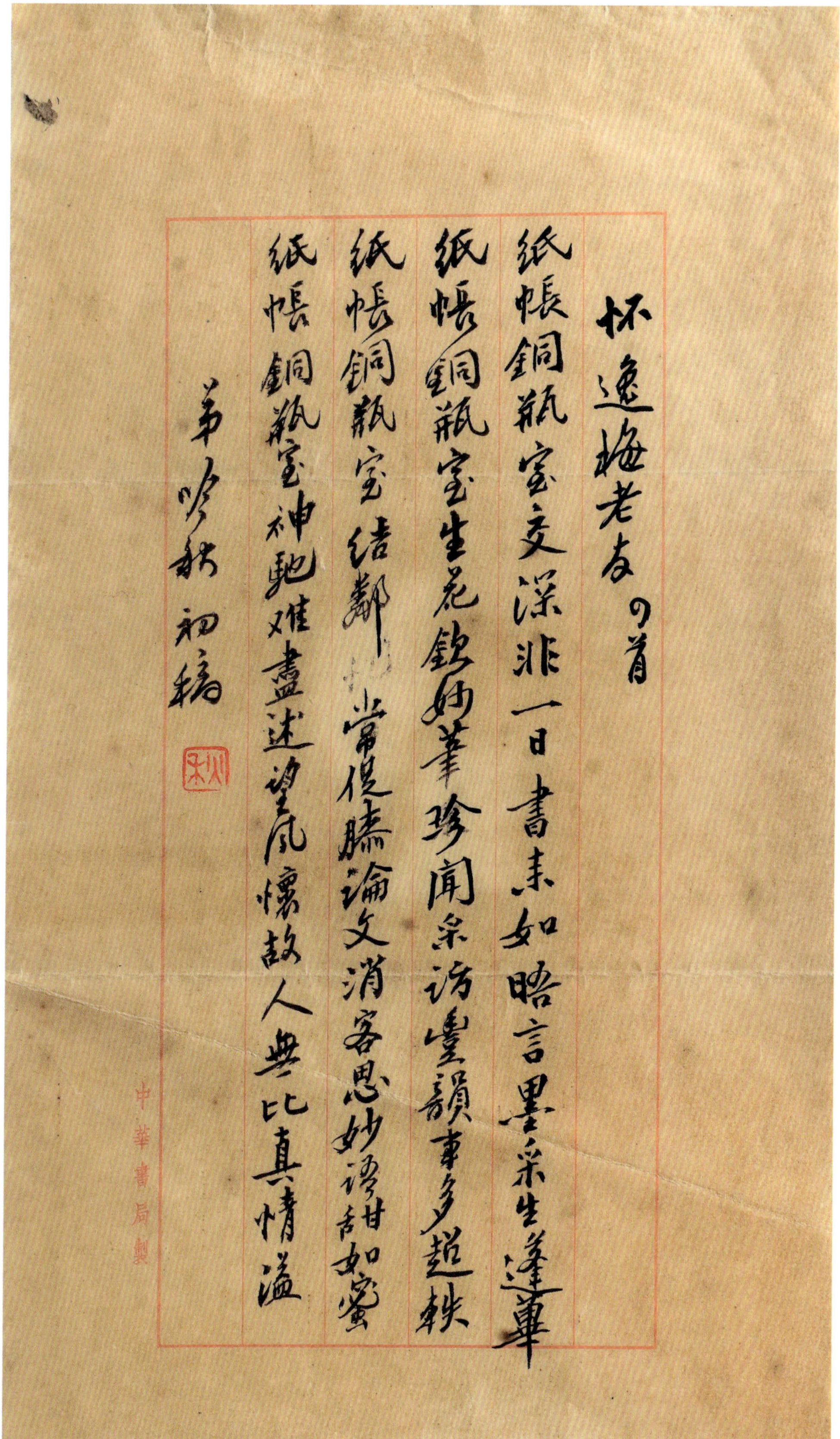

懷逸梅老友四首

紙帳銅瓶室交深非一日書來如晤言墨采生蓬蓽

紙帳銅瓶室生花欽妙筆珍聞采訪豐韻事多超軼

紙帳銅瓶室結鄰常促膝論文消客思妙語甘如蜜

紙帳銅瓶室神馳難盡述望風懷故人無比真情溢

弟吟秋初稿

中華書局製

蔣吟秋致鄭逸梅

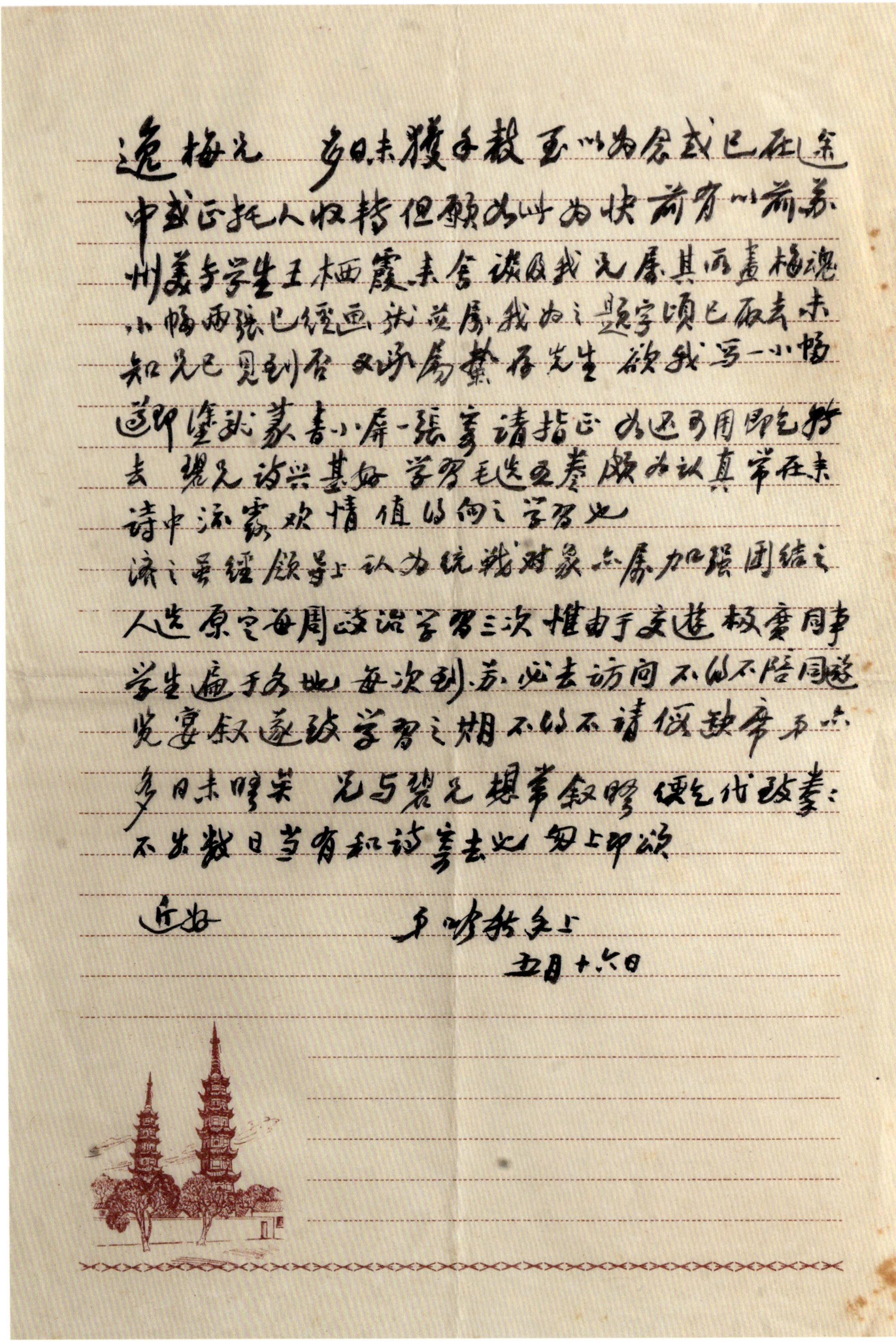

逸梅兄　多日未獲手教，至以為念，或已在途中，或已託人收轉，但願如此為快。前有以前蘇州美專學生王栖霞來舍，談及我兄屬其所畫梅逸小幅兩張，已經畫就，並屬我為之題字，頃已取去，未知兄已見到否？又承屬葉存先生欲我寫一小幅送印，塗就篆書小屏一張，寄請指正，如還可用，即乞轉去。碧兄詩興甚好，學習毛選五卷頗為認真，常在來詩中流露歡情，值得向之學習也。

濟之吾經領導上認為統戰對象，亦屬加强團結之人選，原定每周政治學習三次，惟由于交通極費周章，學生遍于各地，每次到蘇必去訪問，不得不陪同游覽宴叙，遂致學習之期不得不請假缺席，而亦多日未晤矣。兄與碧兄想常叙晤，便乞代致拳拳。不出數日當有和詩寄去也。匆上即頌

近好

弟吟秋頓上

五月十六日

蔣吟秋致鄭逸梅

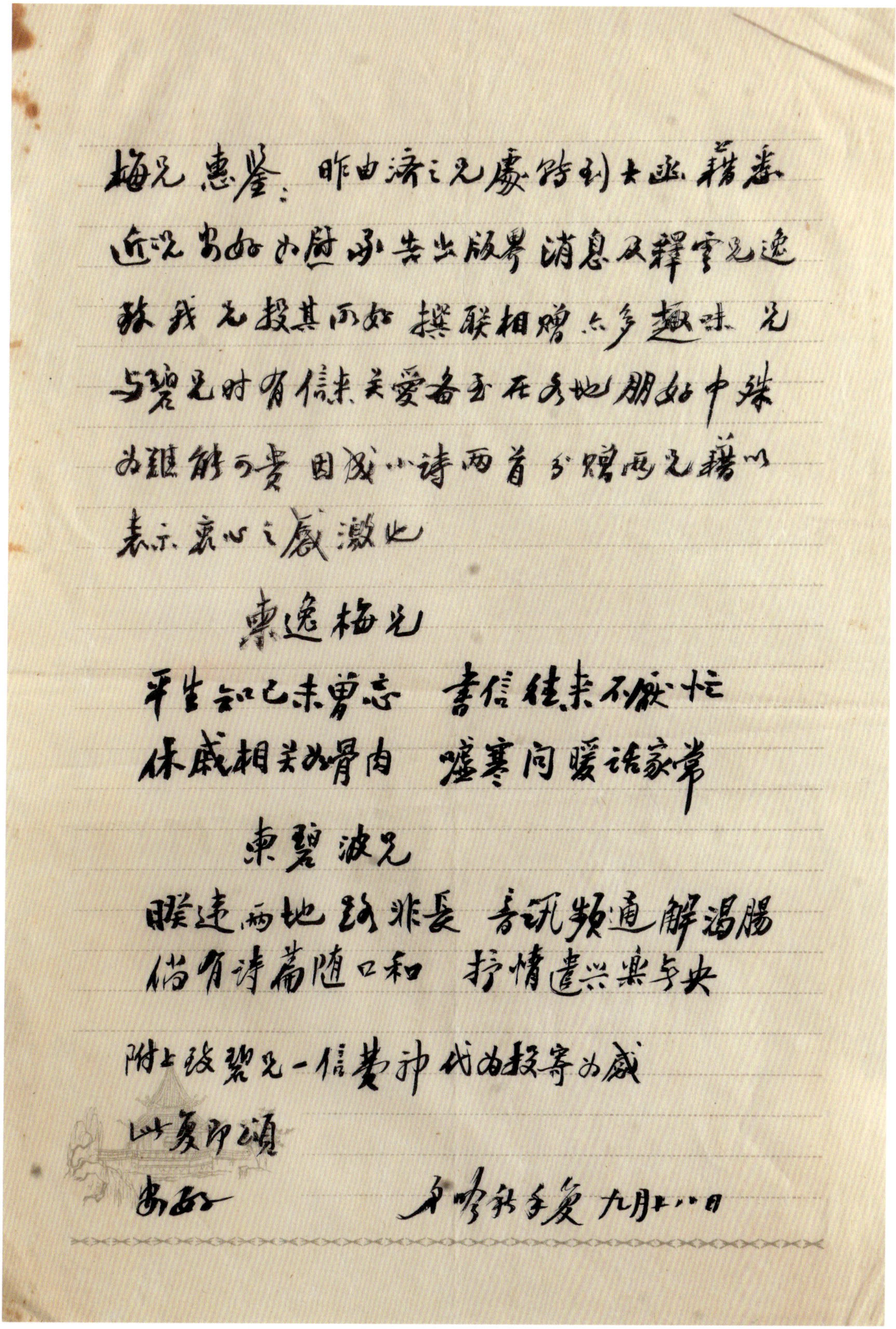

梅兄惠鉴：昨由济之兄处转到大函藉悉近况安好为慰承告出版界消息及释云兄逸致我兄投其所好撰联相赠亦多趣味兄与碧兄时有信来关爱备至在各地朋好中殊为难能可贵因成小诗两首分赠两兄藉以表示衷心之感激也

柬逸梅兄

平生知己未曾忘　书信往来不厌忙
休戚相关如骨肉　嘘寒问暖话家常

柬碧波兄

睽违两地路非长　音讯频通解渴肠
偶有诗篇随口和　抒情遣兴乐无央

附上致碧兄一信费神代为投寄为感

此复即颂

安好

弟吟秋手复　九月十八日

蔣吟秋致鄭逸梅

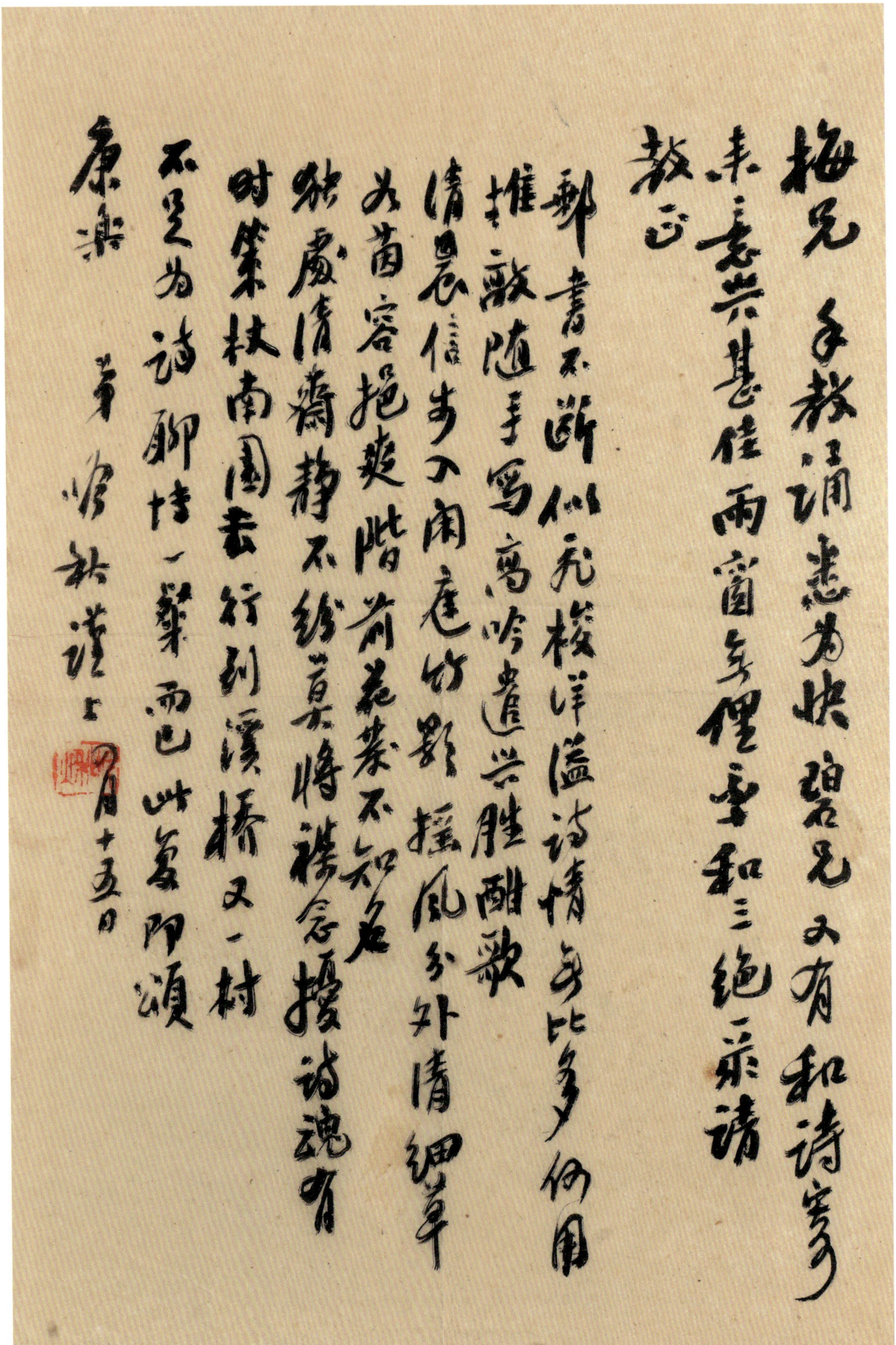

梅兄 手教誦悉為快 碧兄又有和詩寄來 意興甚佳 雨窗無俚 率和三絕 一并請教正

鄴書不斷似充棟 洋溢詩情無比多 何用推敲隨手寫 高吟遣興勝酣歌

清晨信步入閑庭 竹影搖風分外清 細草如茵容拖屐 階前花落不知名

獨處清齋靜不諠 莫將襟念擾詩魂 有時策杖南園去 行到溪橋又一村

不足為詩 聊博一粲 西山 此復即頌
康樂
弟吟秋謹上 四月十五日

蔣吟秋致鄭逸梅

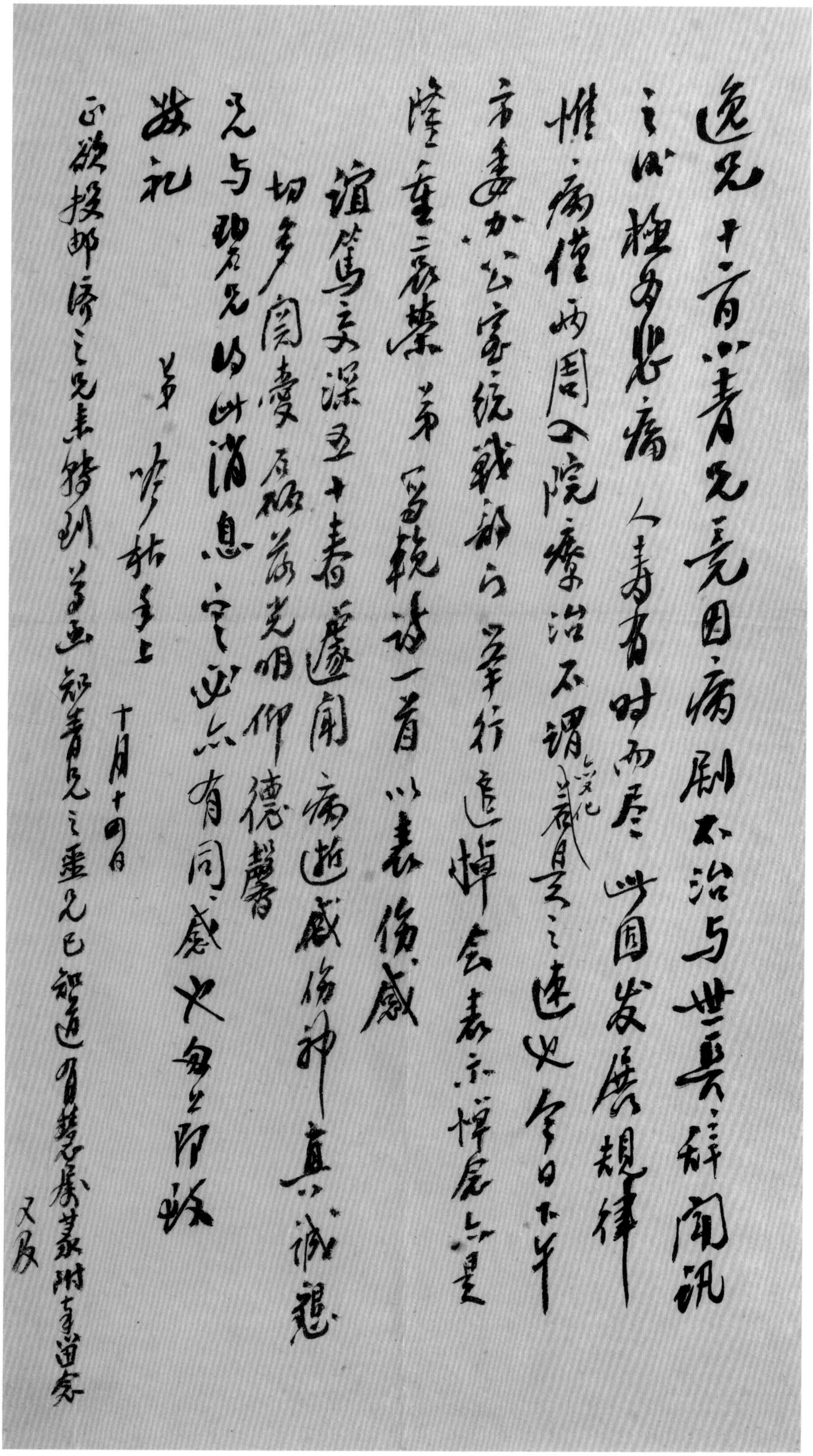

逸兄：十六日以青兄竟因病劇不治與世長辭，聞訊
之際，極為悲痛。人壽有時而盡，此固發展規律，
惟病僅兩周，入院療治，不謂[illegible]之速也。今日下午
市委於公家統戰部亦舉行追悼會，表示悼念，亦是
隆重之哀榮。弟寫輓詩一首，以表傷感。
誼篤交深，五十春秋，遽聞病逝，感傷神真，誠懇
切多。閱憂原稿，落光明，仰德懷鬱。
兄與碧君兄均此消息，定必亦有同感也。匆此即頌
安祉
弟 吟秋 手上
十月十四日
正欲投郵，濟之兄來，轉到第五函，知青兄之噩耗已知道，可見甚悲戚，附去請道察。
又及

逸兄：手書誦悉。俗事紛繁，致遲作复為歉。昨日晚上政协与统战部在怡園邀集各界人士二百餘人举行中秋赏月联欢會，弟被提名为錄音对象，朗誦詩篇兩首：

中秋佳節共聯歡，皓月当空放眼看。萬象更新逢盛世，詩情洋溢到毫端。

领袖英明作主張，能力图大治紧抓綱。真誠團結全無致，四化雲行信念強。

九十又五之章太炎夫人湯國梨同志亦到會，發言真所謂八十多來些，七十小弟弟，九十不希奇也，一笑。郵票附还此箋，仍附碧兄函，托其代投。匆匆即頌

健康

弟吟秋手上　九月十五日

蔣吟秋致鄭逸梅

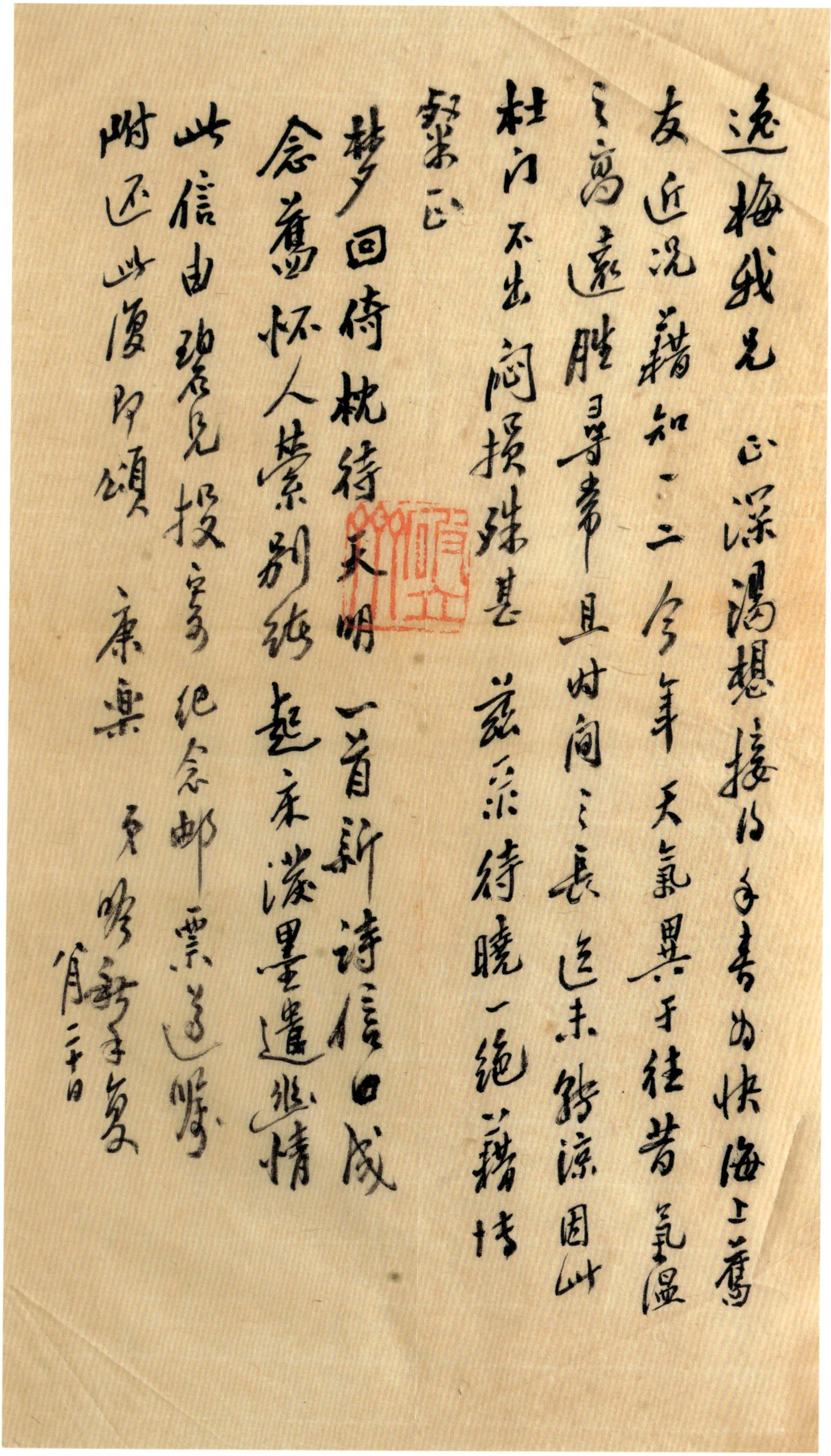

逸梅我兄：心深渴想，接得手書為快。海上舊
友近況，藉知一二。今年天氣異于往昔，氣溫
之高遠勝尋常，且時間之長，迄未轉涼。因此
杜門不出，悶損殊甚。茲錄待曉一絕，藉博
粲正：
夢回倚枕待天明，一首新詩信口成。
念舊懷人縈別緒，起來潑墨遣幽情。
此信由碧君兄投寄，紀念郵票遵囑
附還。此復，即頌
康樂。
弟吟秋手復
八月二十日

逸兄悼亡詩以致唁

蕭老剛傳喪偶信，梅翁又報悼亡音。
須知年壽有時盡，悲感情懷莫太深。
校樓滬瀆久相鄰，回首當年記憶新。
勤儉家風人共仰，精神不滅永留痕。

弟蔣吟秋謹詠

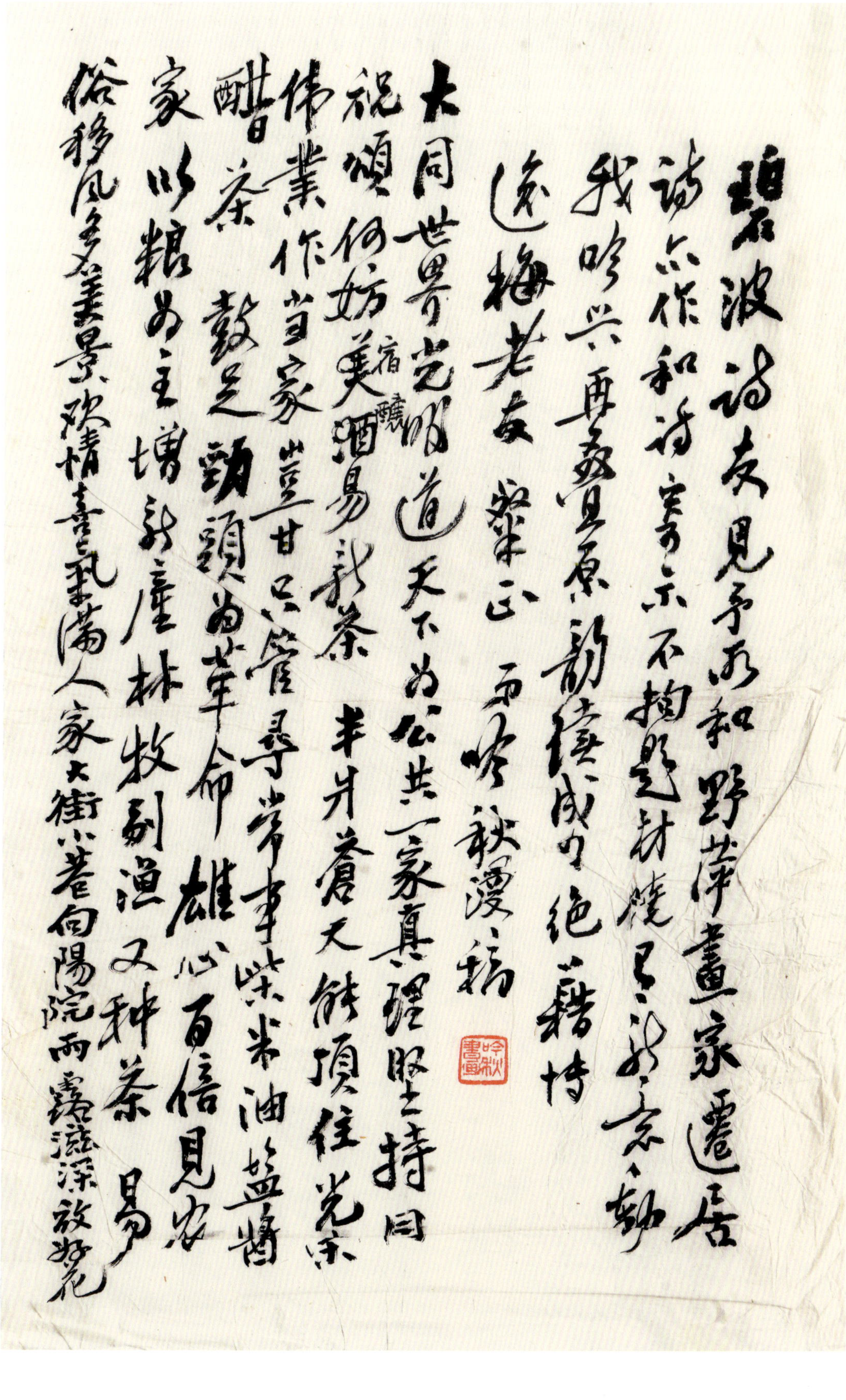
碧波詩友見予所和野萍畫家還居詩亦作和詩寄示，不拘題材，隨見隨寫，意妙。我吟興再發，賦原韻遙成四絕，藉博逸梅老友粲正。弟吟秋漫稿

大同世界光明道，天下為公共一家。真理昭然持日說，須何妨宿醞美酒易我茶。

半片蒼天能頂住，光榮偉業作當家。豈甘只管尋常事，柴米油鹽醬醋茶。

鼓足勁頭為革命，雄心百倍見客家。所以糧為主增新產，林牧副漁又种茶。

易俗移風多美景，歡情喜氣滿人家。大街小巷向陽院，雨露滋深放好花。

蔣吟秋致鄭逸梅

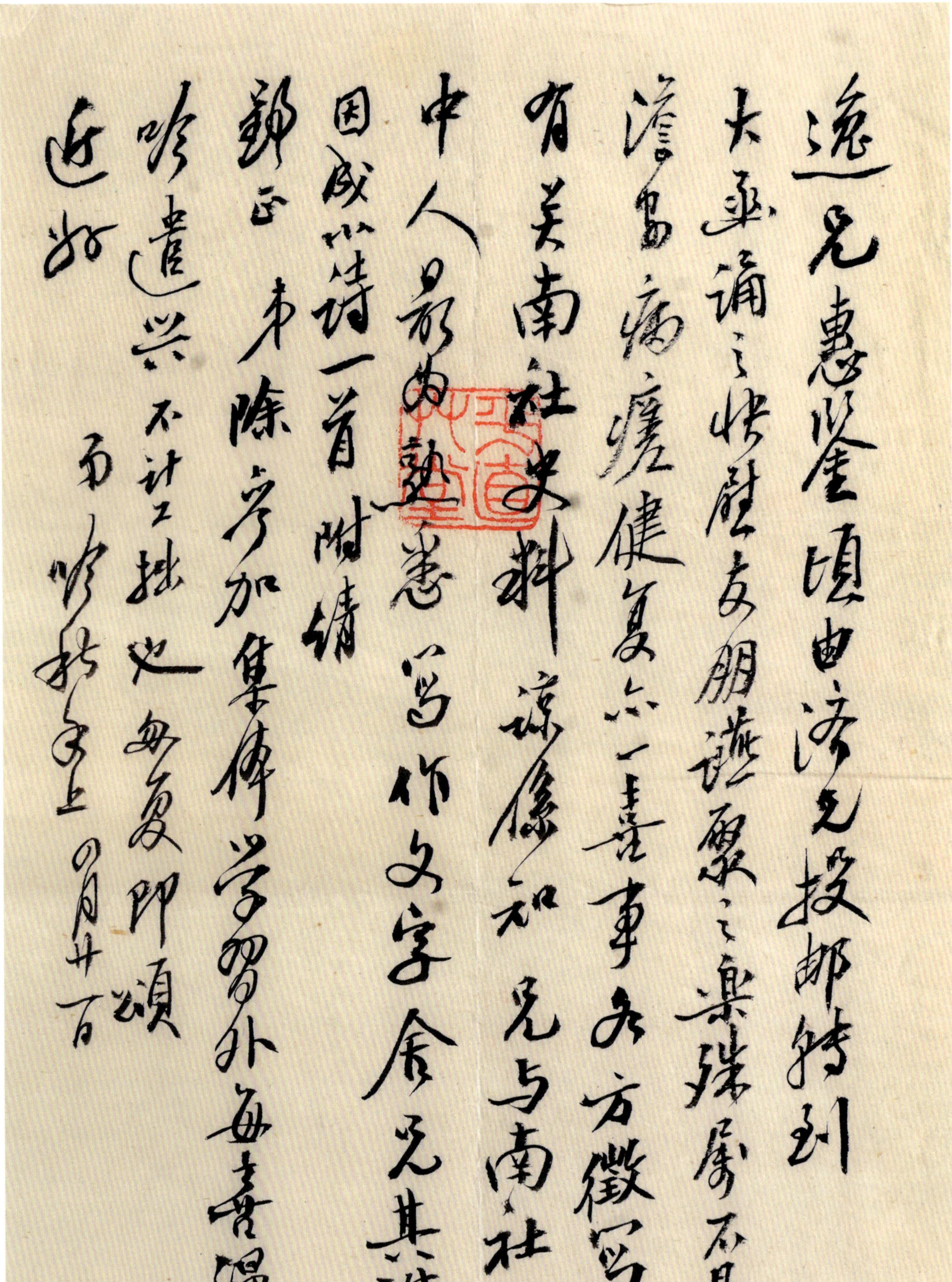

逸兄惠鑒：頃由濟兄投郵轉到
大函，誦之快慰。友朋讌聚之樂，殊屬不易
獲，而病瘥健復亦一喜事。承 方徵寫
有关南社史料，諒係知 兄與南社
中人最為熟悉，屬作文字，舍兄其誰？
因成小詩一首，附請
郢正。來除參加集體學習外，無甚漫
吟遣興，不計工拙也。無復，即頌
近好
弟 吟秋手上 四月廿日

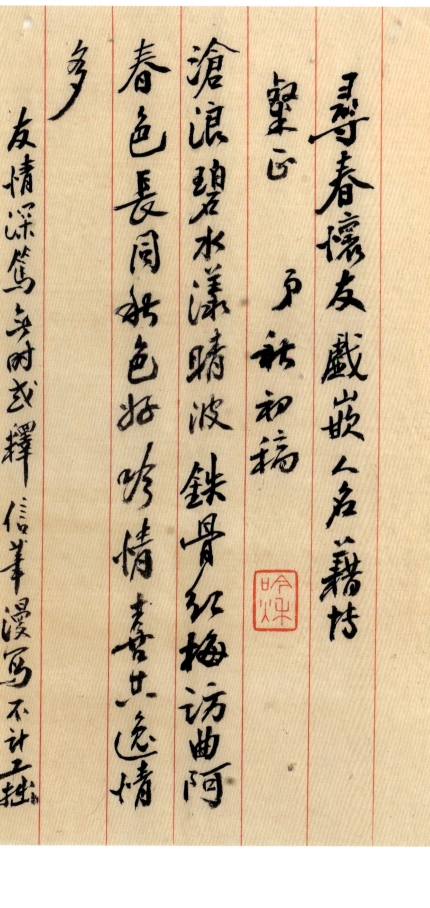

尋春懷友　戲嵌人名藉博

粲正　夕秋初稿

吟秋

滄浪碧水漾晴波　鐵骨紅梅訪曲阿

春色長同秋色好　吟情未若逸情

多

友情深篤無时或釋　信筆漫寫不計工拙

也

蔣吟秋致鄭逸梅

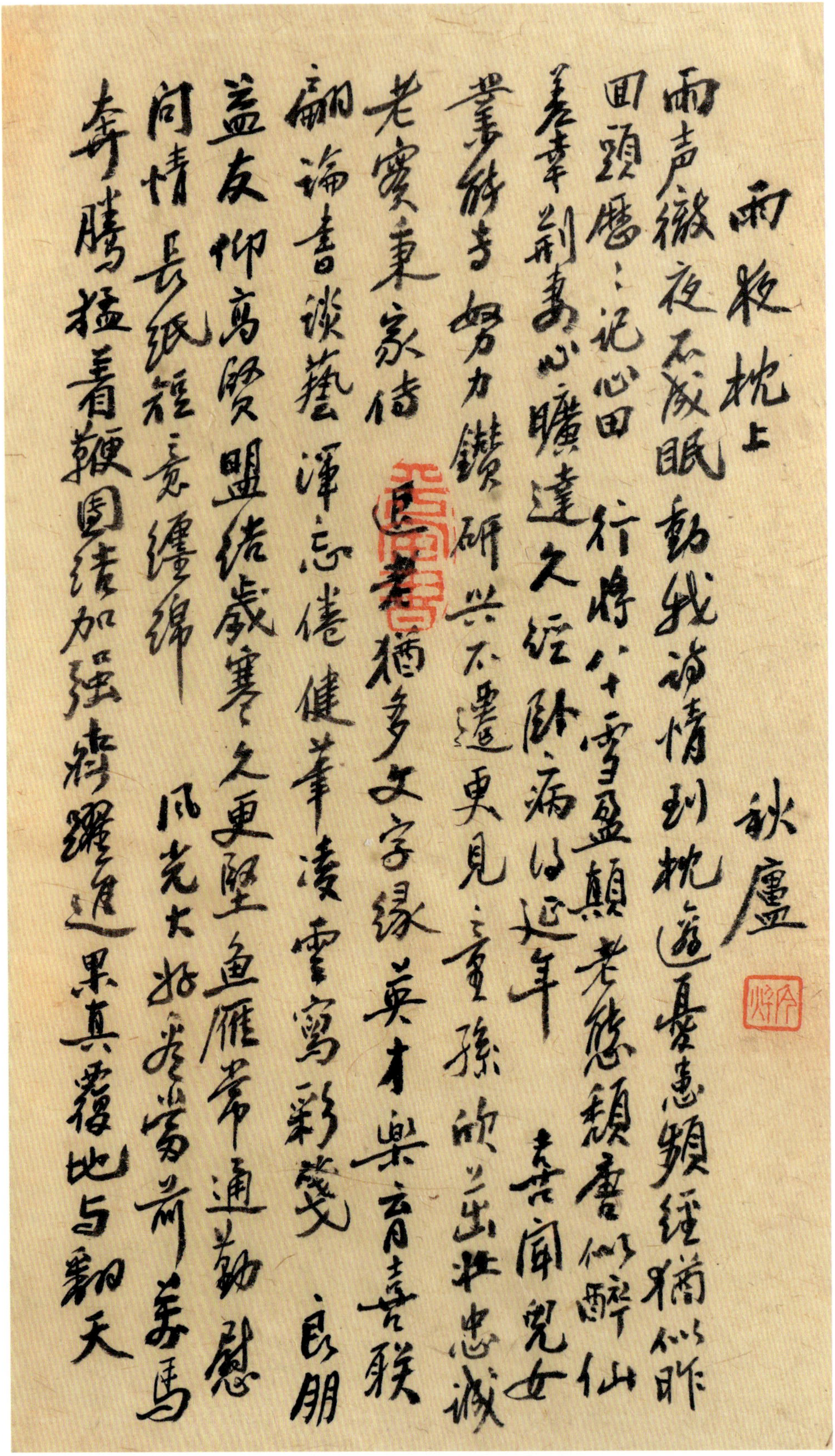

雨夜枕上

雨声徹夜不成眠，動我詩情到枕邊。長患頻經猶似昨，回頭歷歷記心田。行將八十雪盈顛，老態頹唐似醉仙。養華前事心曠達，久經臥病不延年。吾聞兒女業務努力鑽研與不還，更見重孫欣然壯志識。老實東家侍道者，猶多文字緣。英才樂育喜聯翩，論書談藝渾忘倦。健筆凌雲寫彩箋，良朋益友仰高賢。盟結歲寒久更堅，魚雁常通勤慰問，情長紙短意纏綿。風光大好春當前，萬馬奔騰猛着鞭。團結加强齊躍進，果真覆地與翻天。

秋廬

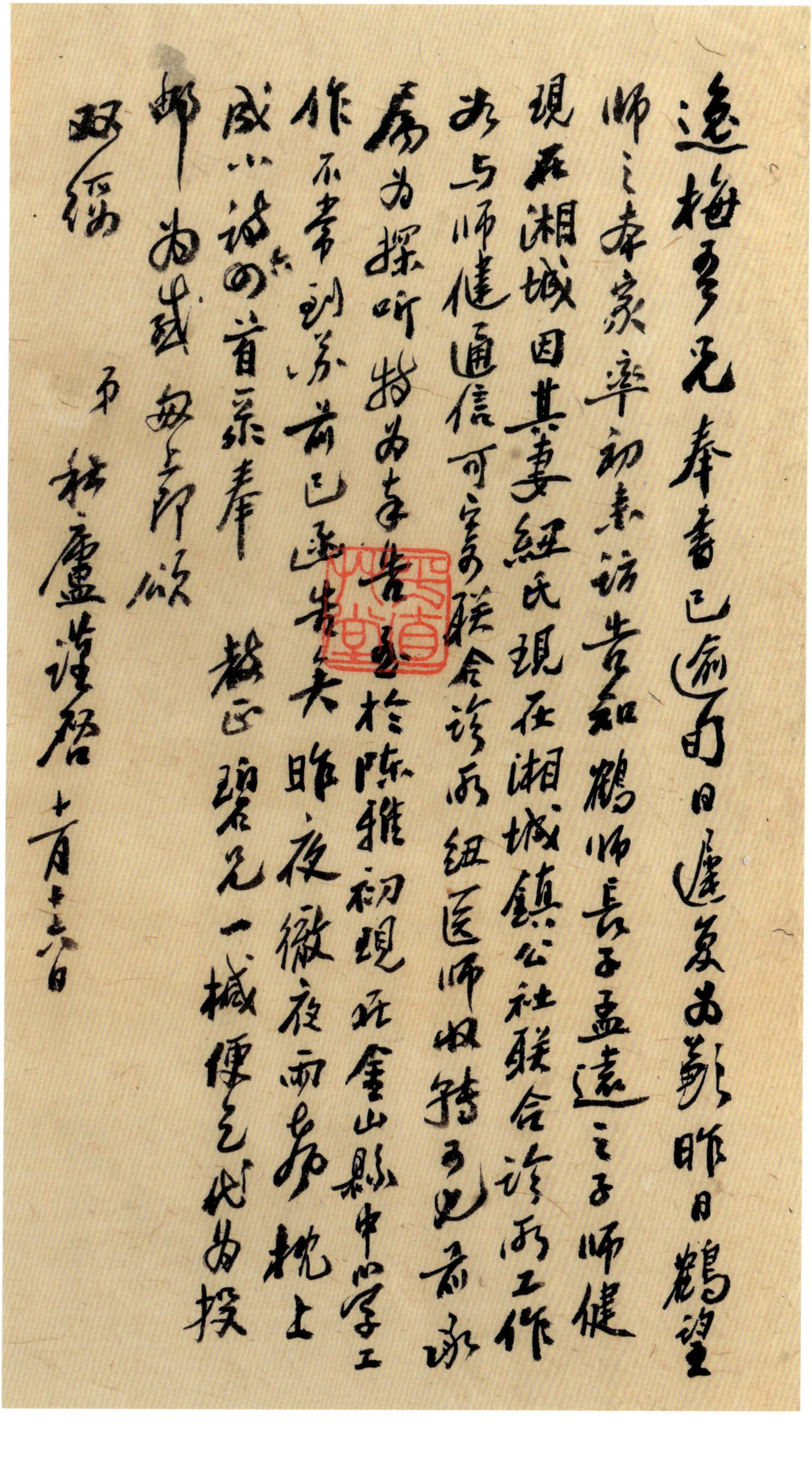
逸梅吾兄：奉書已誦。前日遇吳[illegible]，昨日鶴望
師之本家率初來訪，告知鶴師長子孟遠之子師健
現在湘城，因其妻紐氏現在湘城鎮公社聯合診所工作，
故與師健通信，可寄聯合診所紐醫師收轉可也。前承
屬為探聽，特為奉告。至於陳雅初，現在金山縣中心學工
作，不常到蘇，前已函告矣。昨夜徹夜而眠，枕上
成小詩四首，茲奉　教正，瑤兄一紙，便乞代為投
郵為感。[illegible]即頌
撰綏
弟　秋廬謹啓　十月十六日

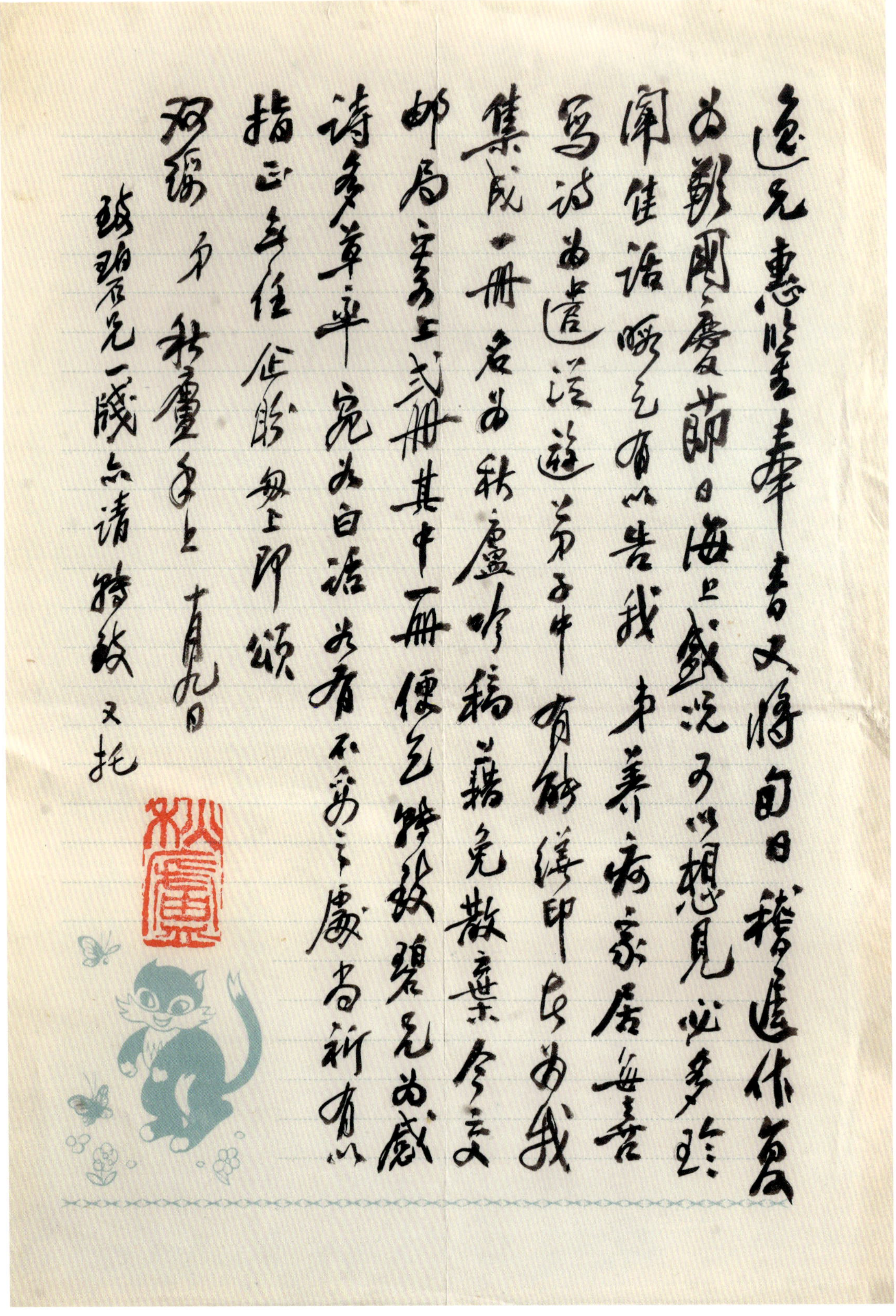
逸兄惠鑒：奉書又將旬日，稽遲作復為歉。聞慶節日海上盛況，可以想見，必多珍聞佳話，暇乞有以告我。弟養病家居，每喜寫詩為遣，從遊弟子中有能繕印者，為我集成一冊，名為《秋廬吟稿》，藉免散棄。今交郵局寄上弍冊，其中一冊便乞轉致碧兄為感。詩多草率，兄為白話者，不需予以處尚新，有以指正，無任企盼。專上，即頌
雙綏
弟 秋廬手上 十月九日

致碧兄一牋，亦請轉致。又托

秋廬

蔣吟秋致鄭逸梅

逸兄玉契：手書誦悉，滬翁病瘥，為之大慰。所作贈詩祝君八十大壽，工穩貼切，令人欽佩，動我詩興，率和一律，藉代舉觴頌賀，並乞斧正。弟秋上 前六日

壽逸兄八十和滬叟律句

曉起門前剝啄聲，瑤函未啟已知名。良朋誼厚常懷舊，老友情深仰俊英。秋來軼聞從所好，叢談集語莫能爭。高齡八十心猶壯，遙祝長春當酒傾。

承詢弟之寫述及名字別署，摘錄如下：

原名鏡寰，字吟秋，號秋廬，因室人陳碧箔故，所居齋名為吟碧樓、碧秋吟廬等。

所有編述為吳中藏書先哲考略、文選書錄述要、滄浪亭新志、版本學答問、蘇州景物詩輯等，均已刊行。所有寫作為秋廬襍詠、滄浪集、秋星集、山居百絕、書法要言等。

逸兄如晤：手教誦悉，藉稔安健為慰。碧君兄感染時風，引起肺炎，想已出院，至以為念。寄鳳病未就痊，尤深懸系。弟雙足無力，不易恢復，家居岑寂，殊覺悶損。來書引用沈石田詠簟「銀床涼雨似人生，年過獨眠佳」句，足徵善於攝生，堪資取法。即用佳字韻成詩兩絕，寫呈粲正。

攝生遣興善為排，長壽致遙據小齋。軼事珍聞勤采集，零金碎玉意偏佳。

結契良朋信不虛，老當益壯仰羣儔。頻通魚雁情真切，意味深長靡有涯。

順頌
撰禮

弟秋廬手啓　九月四日

梅兄如晤：手教誦悉。承告滬上公園有杜鵑牡丹展覽，春去夏來，又是一番景象。關心弟之腰腳，祝健康，爲當心，足徵愛護之深，不可多得也。海上舊友中除兄與碧君兄外，通問者甚少。碧君兄時有詩來。兄所輯軼聞廣博，殊覺可珍。蘇州印人張寒月贈我蘇州風光印章拓片，知兄素好印，以移送清賞，藉留紀念。現有餘墨，寫成絕句兩首，即希哂正。此致敬禮

遙念滬濱長壽路，幽居茂苑壽星橋。相期健適同忘老，放眼乾坤百慮消。

徐步園林去又回，牡丹盛放杜鵑開。故人報道花消息，動我詩情筆底來。

弟吟秋未是艸　五月十七日

吟秋書畫

黄梅 三首

黄梅時節家家雨（宋司馬光字君實有約七絕第一句）曉起臨窗靜不譁
畫意詩情來腕底凌霄初放兩三花

携節一路向前行梅子黄時日日晴（宋曾紆字棨山三衢道中七絕第一句）
安步當車穿捷徑多賓巷裡集耆英（學習地址在宜多賓巷）

學習歸來豁素襟熟梅天氣半晴陰（宋戴復古號石屏夏日七絕第二句）
立新破舊同前進人老心紅體會深

梅兄 笑正　弟秋廬漫艸

吟秋

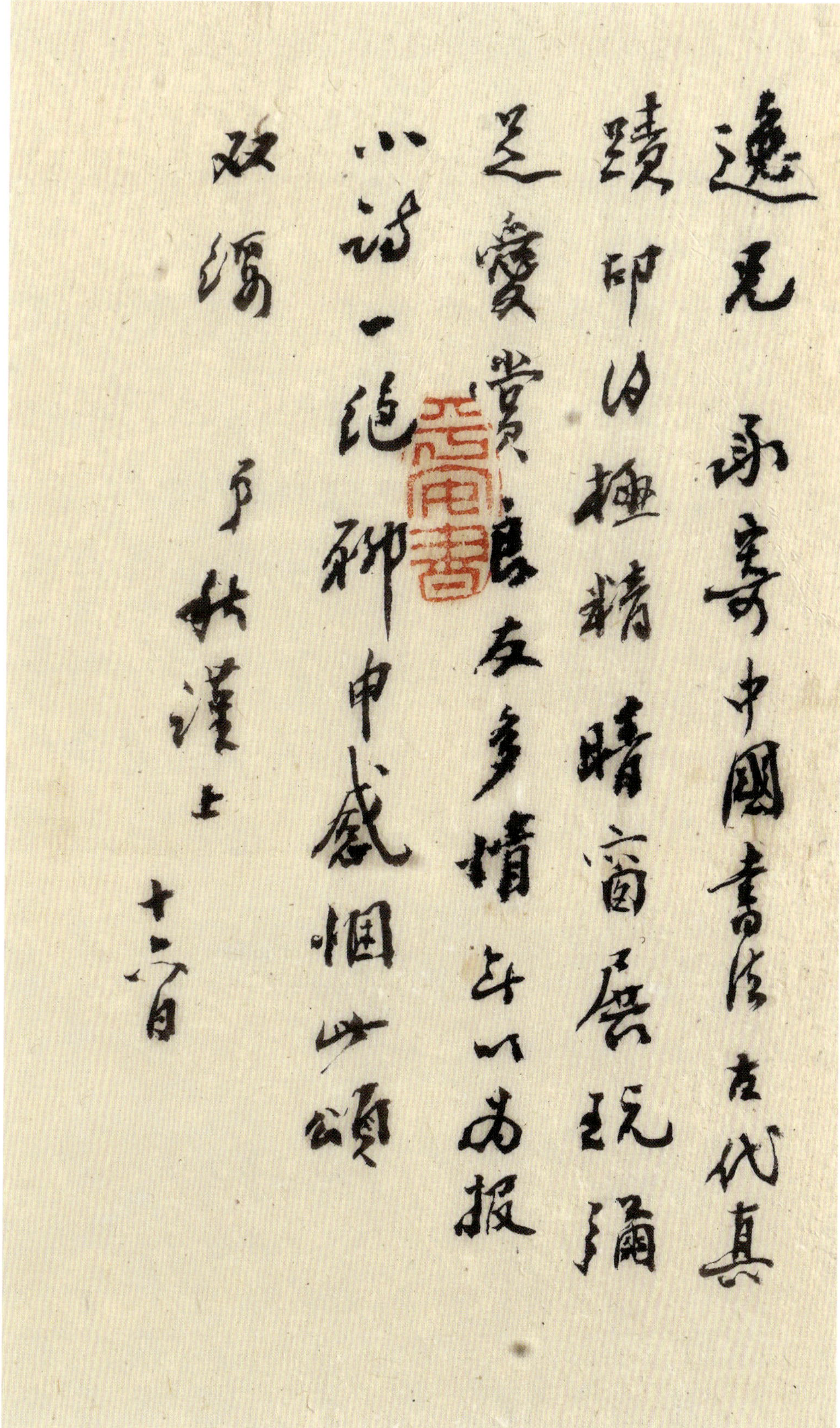

逸兄 承寄中國書法古代真蹟印得極精 晴窗展玩彌足愛賞 良友多情無以爲報小詩一絶聊申感悃此頌

雙綏

弟 秋謹上 十二日

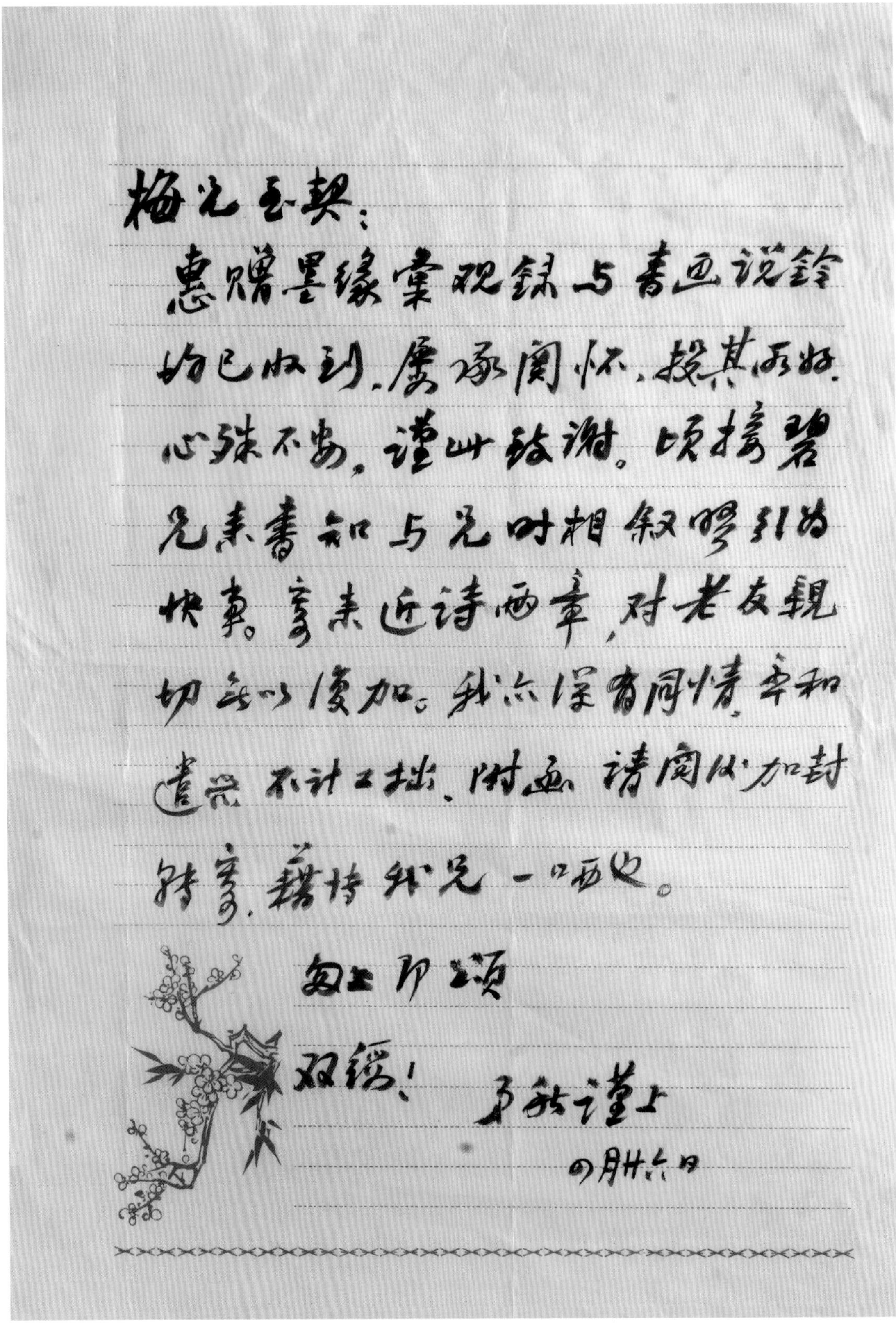

梅兄玉契：

惠贈墨緣彙觀録与書画說鈴均已收到，屢承關怀，投其所好，心殊不安，謹此致謝。頃接碧兄來書知与兄时相叙晤引為快事。寄來近詩兩章，对老友親切無以復加。我亦深有同情，率和遣興，不計工拙，附函請閱以加封轉寄，藉博我兄一哂也。

匆匆即頌

双綏！

弟鈞謹上

四月廿六日

蔣吟秋致鄭逸梅

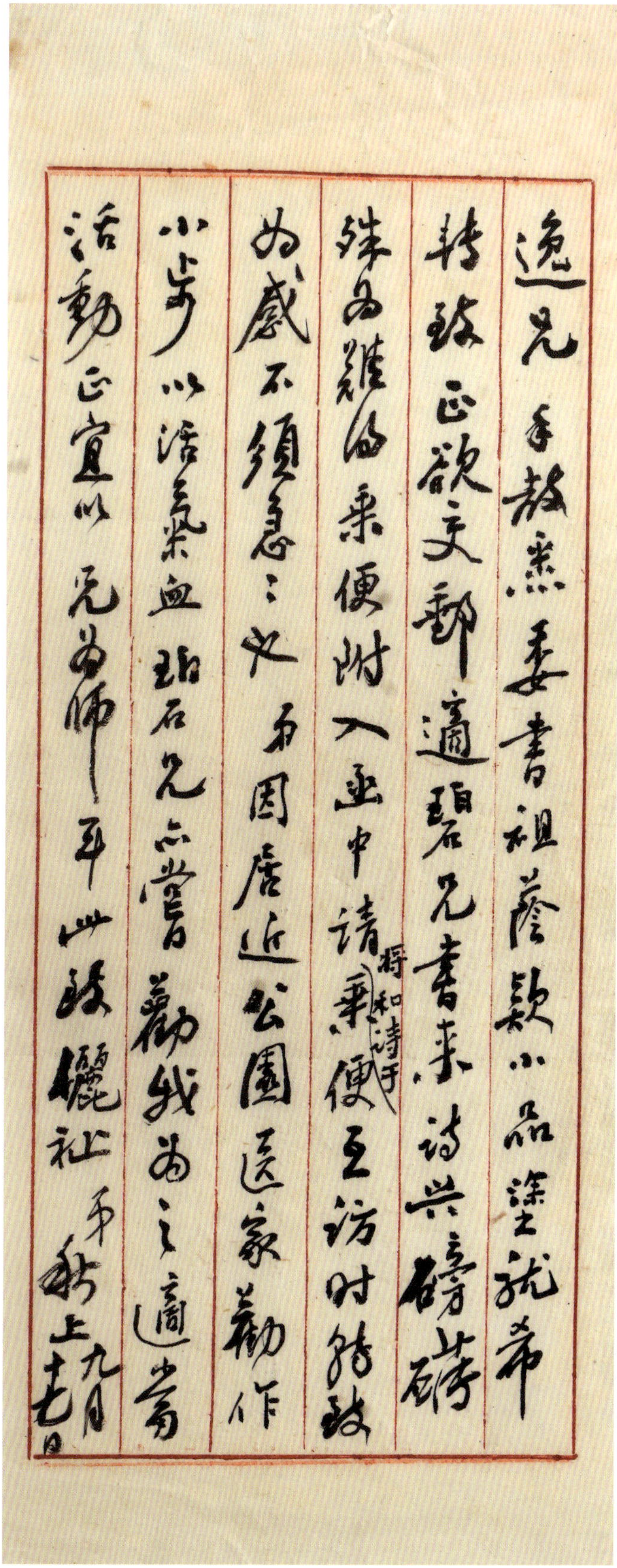
逸兄手教悉委書祖蔭款小品謹望就筆
特致 正欲交郵適碧石兄書來詩興磅礴
殊為難得茲便附入函中請將和詩手乘便互訪時轉致
為感不須急急也 弟因居近公園遠家勸作
小步以活氣血 碧石兄亦嘗勸我為之適當
活動正宜以兄為師耳此致儷祉 弟秋上 九月廿七日

蔣吟秋致鄭逸梅

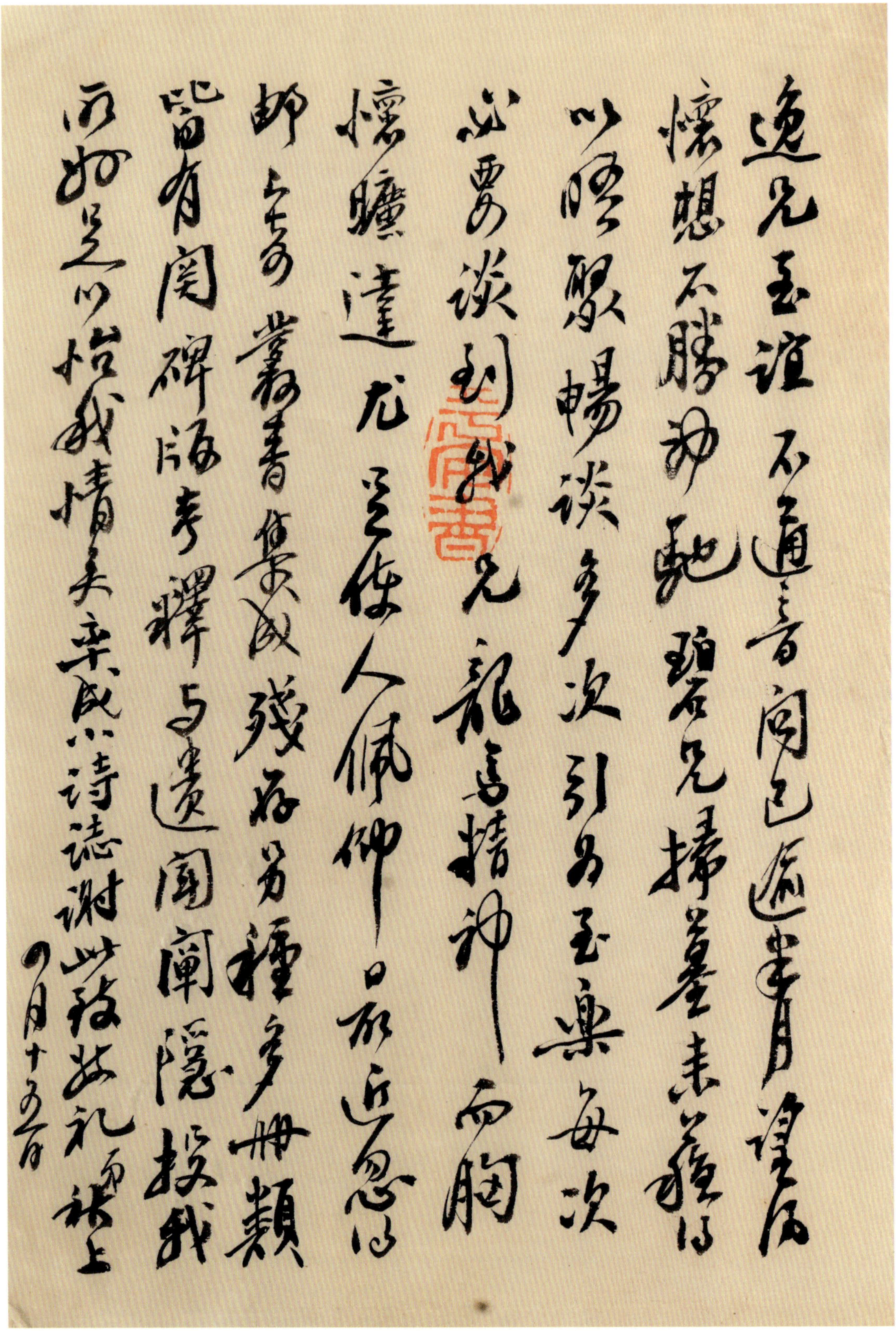

逸兄玉谊：不通音問，遥逾半月，遥望廬居，懷想不勝翹馳。碧岩兄掃墓來蘇，得以時聚，暢談多次，引爲至樂。每次必要談到我兄，龍馬精神，而胸懷曠達，尤足使人佩仰。日前近悉以郵寄叢書集成殘存多種多册，頗皆有關碑版考釋與遺聞隱掌，投我所好，足以怡我情矣。來民小詩誌謝，此致敬禮。吟秋上 四月十五日

蔣吟秋致鄭逸梅

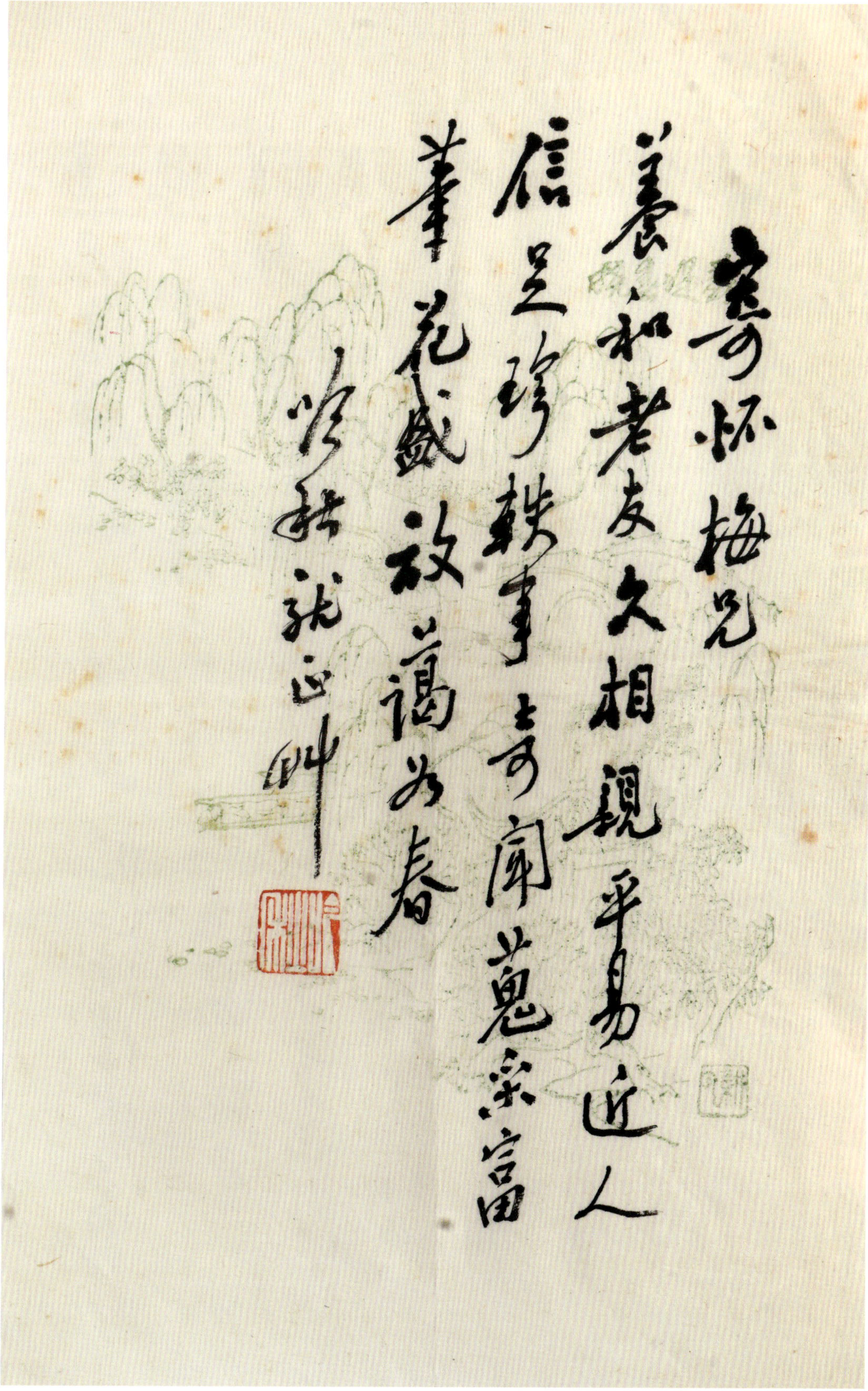
寄怀梅兄
羲和老友久相親平易近人
信足珍軼事書開萬象富
筆花盛放藹如春
吟秋敬正艸

蔣吟秋致鄭逸梅

逸兄玉誼：接展瑤函，知近況佳勝，為慰。承賜拙詩，並許題畫，見餽厚誼，隆情感何可言。惠詩中第三句「老翁八十經旅鐵」，是否可以畧易數字，改為「八旬老友欣經勁」，避免兩個十字重複。叨在知己，故敢提出參改，是否有當，仍請裁定，想不致嫌其冒昧也。此致
敬禮
弟吟秋手上
四月七日

蔣吟秋致鄭逸梅

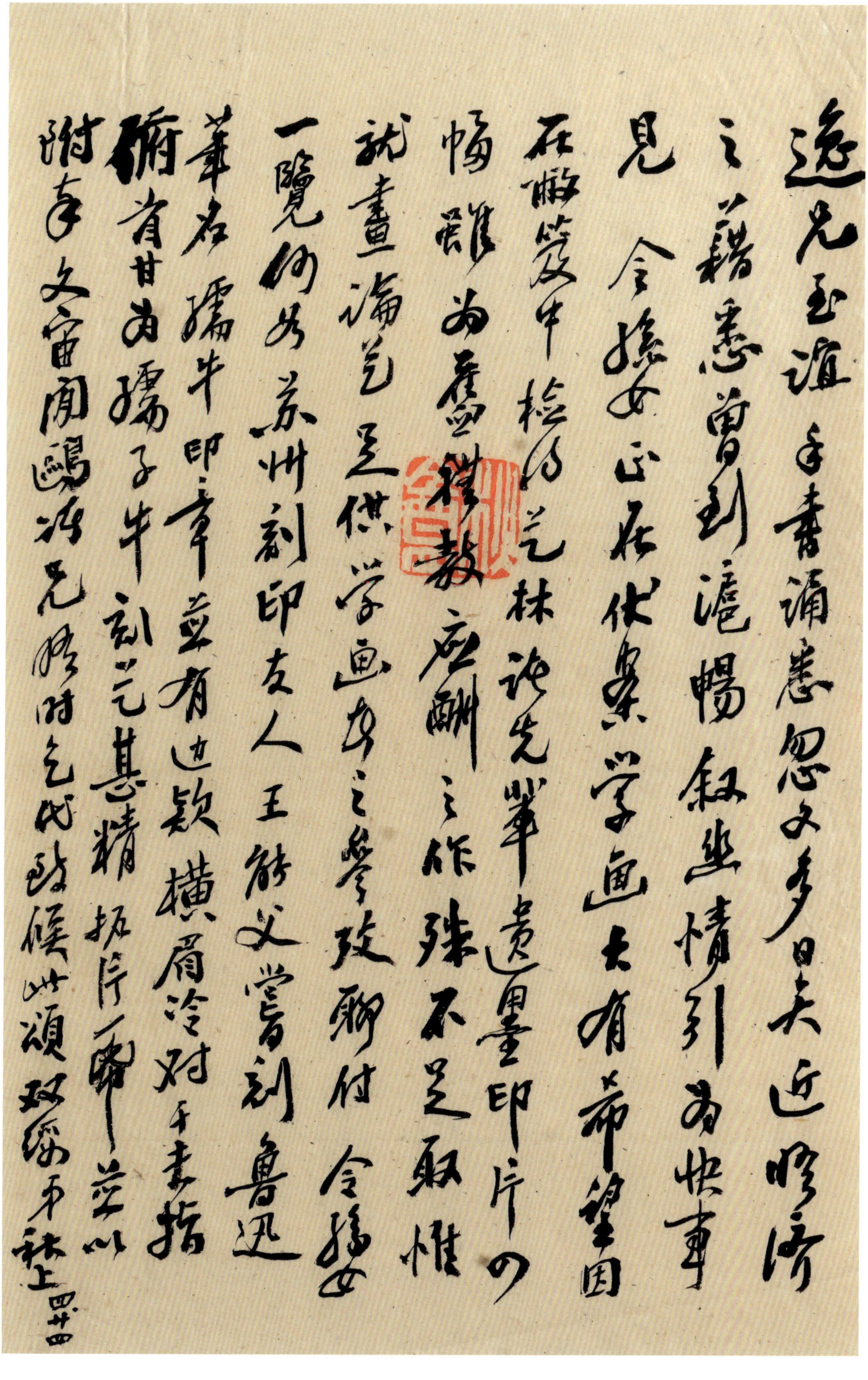

逸先生道鑒：手書誦悉，忽又多日矣。近晤濟之，藉悉曾到滬暢叙幽情，引爲快事。見令孫女正在供職學畫，大有希望。因在敝篋中檢得先林訒先筆貴遺墨印片兩幅，雖爲舊藝術應酬之作，殊不足取，惟就畫論藝，足供學畫者之參攷，聊付令孫女一覽何如？蘇州刻印友人王能父嘗刻魯迅筆名孺牛印章，並有邊款"橫眉冷對千夫指，俯首甘爲孺子牛"，刻工甚精，擬拓一紙並以附奉，文字因緣，鴻爪留存，先此附告，此致候，並頌玫孫。弟吟秋上　四廿四

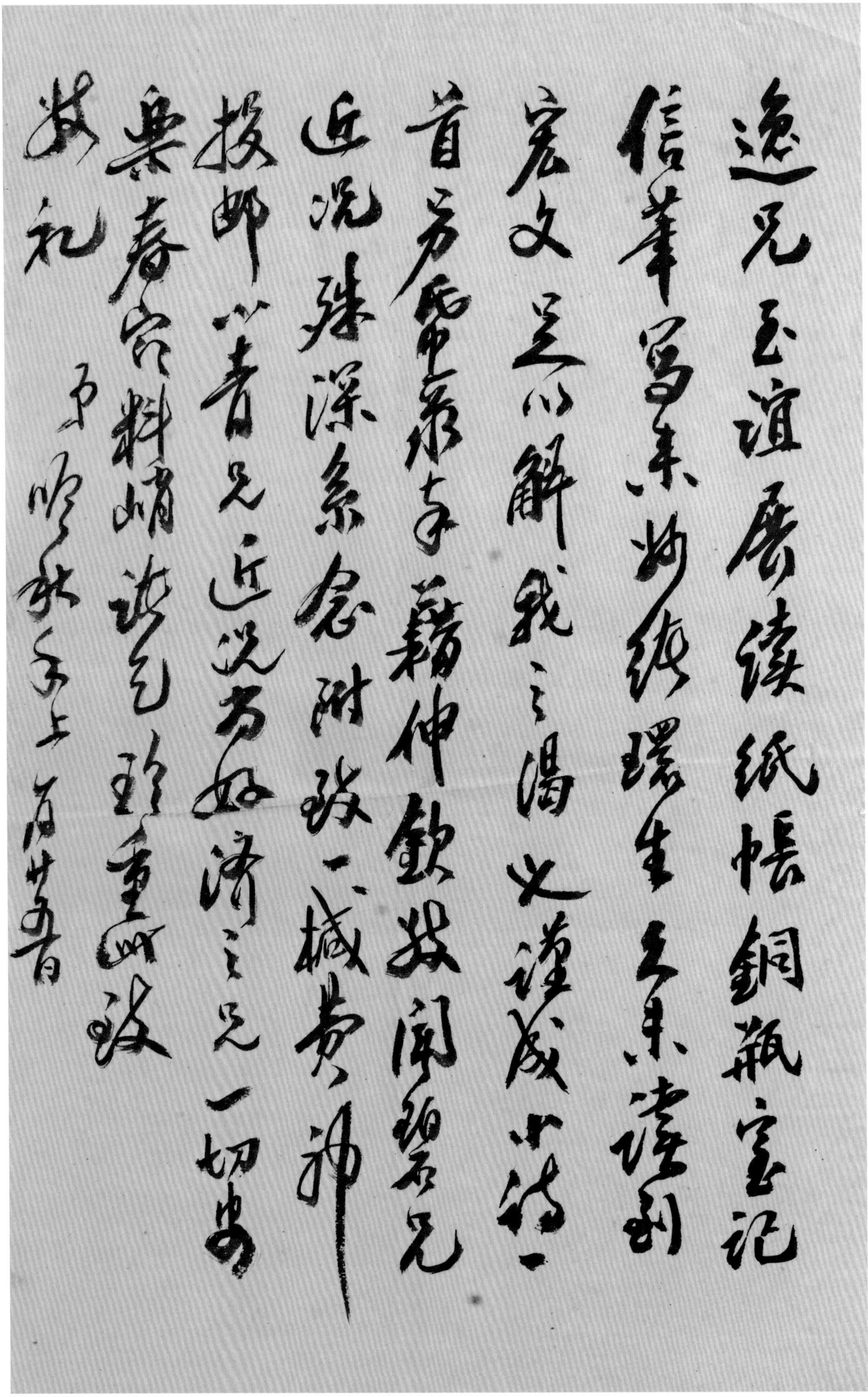
逸兄玉道：展讀《紙帳銅瓶室記》，信筆寫來，妙緒環生，美不讀到宏文，足以解我之渴。又謹成小詩一首，另紙錄奉，藉伸欽遲。聞鶴兄近況，殊深系念。附致一緘，費神投郵。以青兄近況為好，濟之兄一切安樂。春寒料峭，諸兄珍重。此致
敬禮
弟吟秋手上
[illegible]月廿五日

蔣吟秋致鄭逸梅

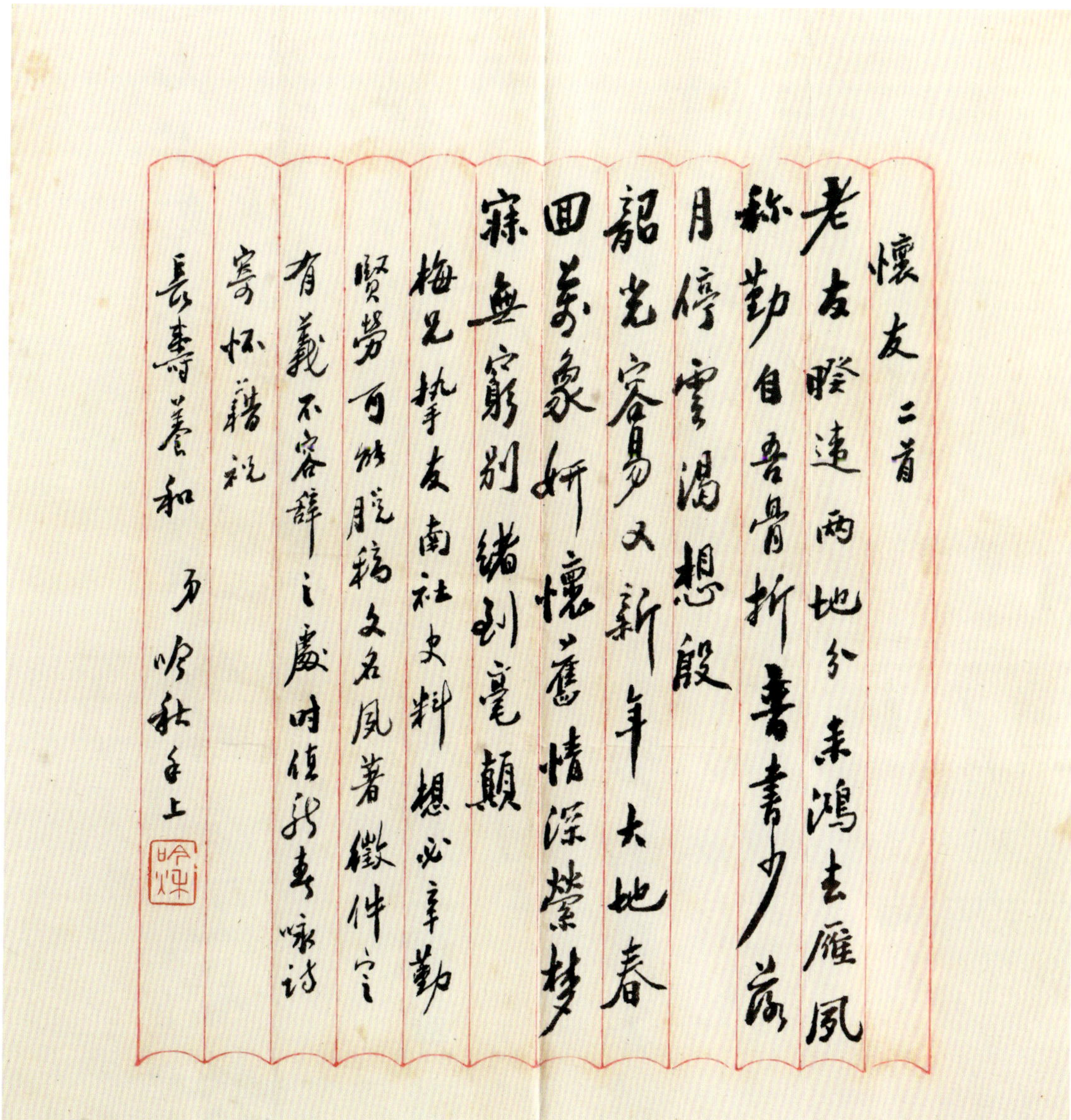

懷友 二首

老友睽違兩地分 來鴻去雁夙稱勤 自吾骨折書畫少 歲月停雲渴想殷

韶光容易又新年 大地春回萬象妍 懷舊情深縈夢寐 無窮別緒到毫顛

梅兄執筆友南社史料 想必辛勤賢勞 可能脫稿 文名夙著 徵件之有義不容辭之處 時值新春 咏詩寄懷 藉祝

長壽 並希 和 弟吟秋手上

吟秋

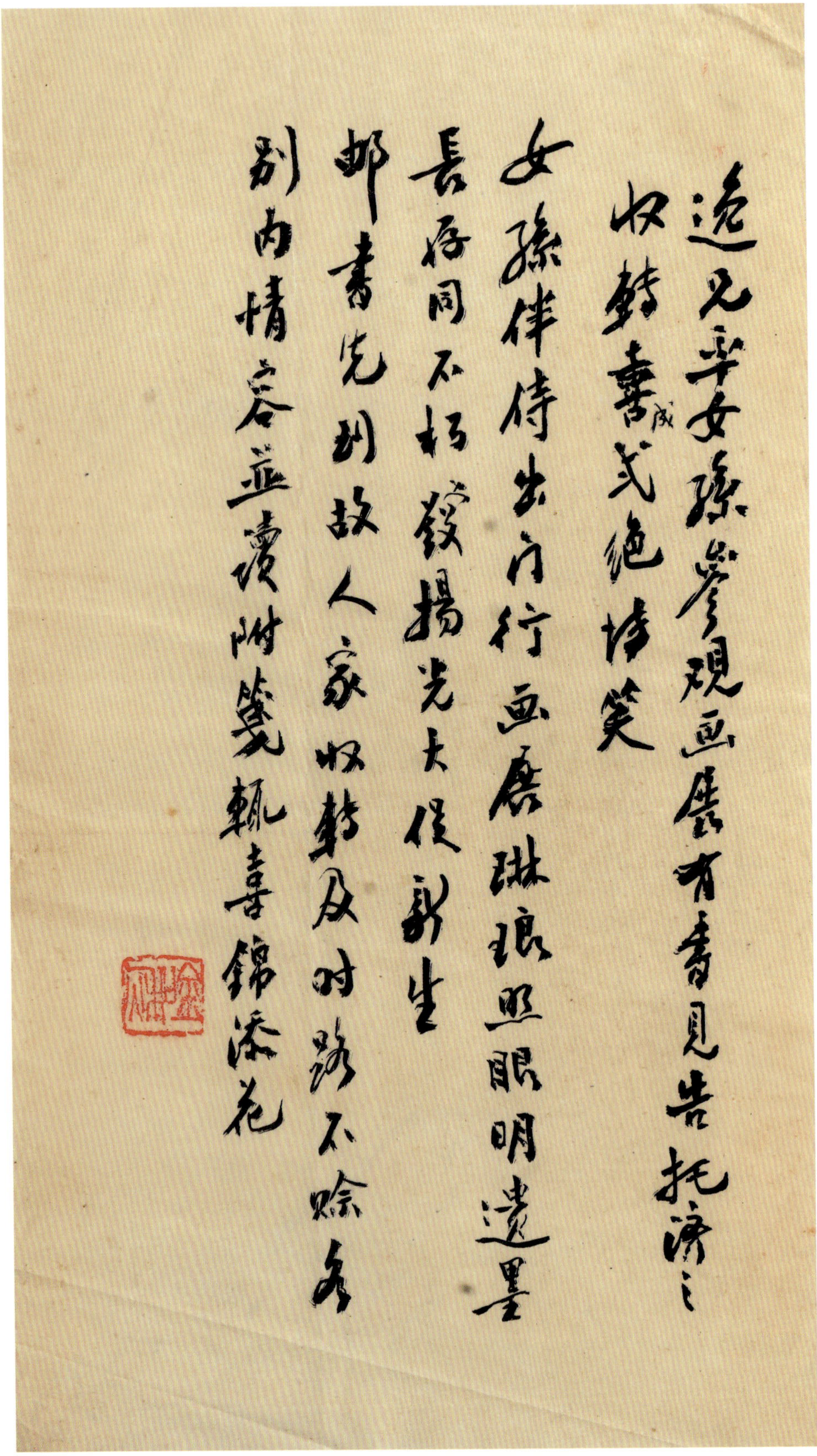

逸兄：承女孫參觀畫展，有書見告，托濟之收轉，書成弍絕博笑。

女孫伴侍出門行，畫展琳琅照眼明。遺墨長存同不朽，發揚光大後新生。

郵書先到故人家，收轉及時路不賒。多別内情容並讀，附箋輒喜錦添花。

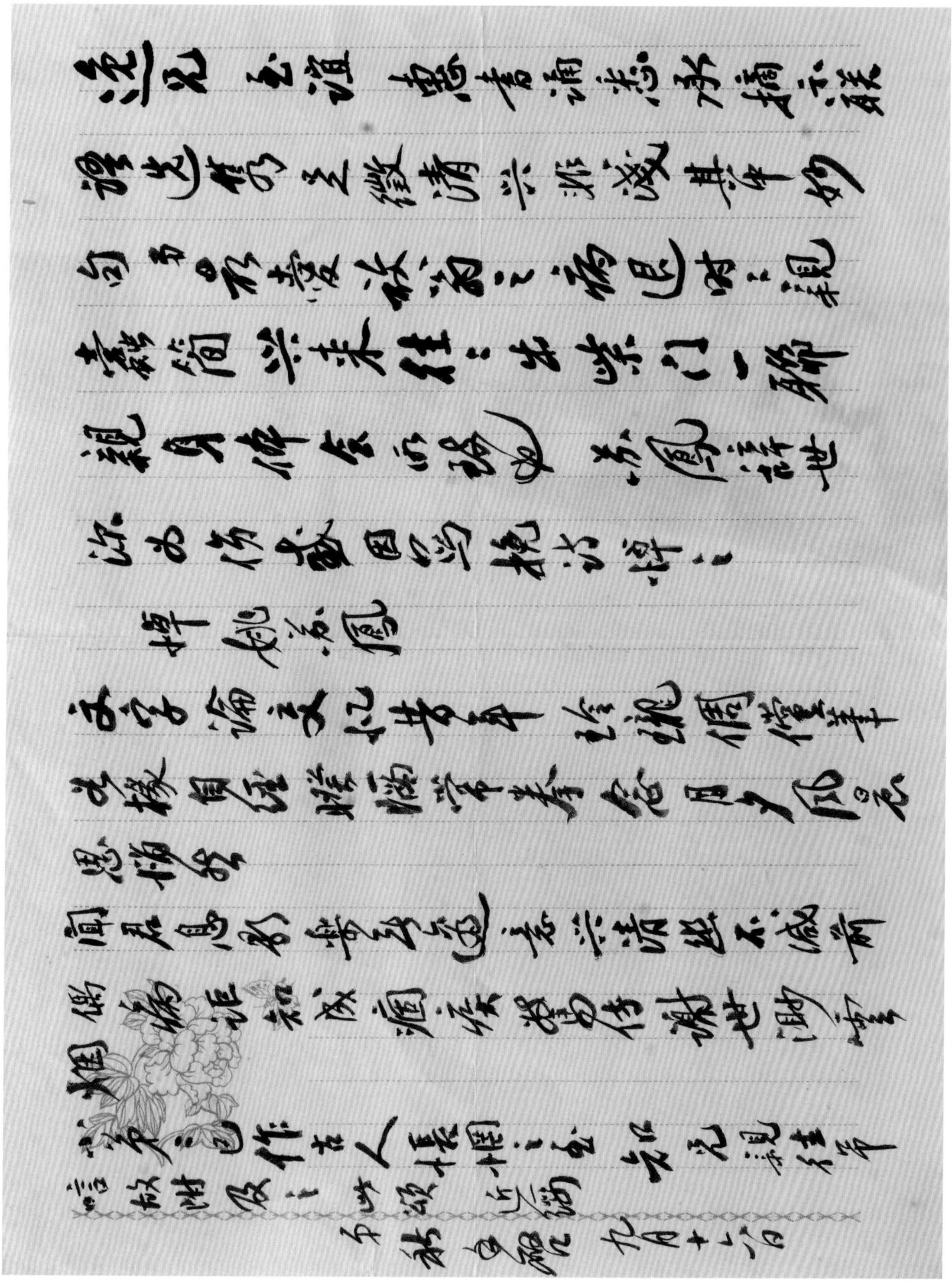

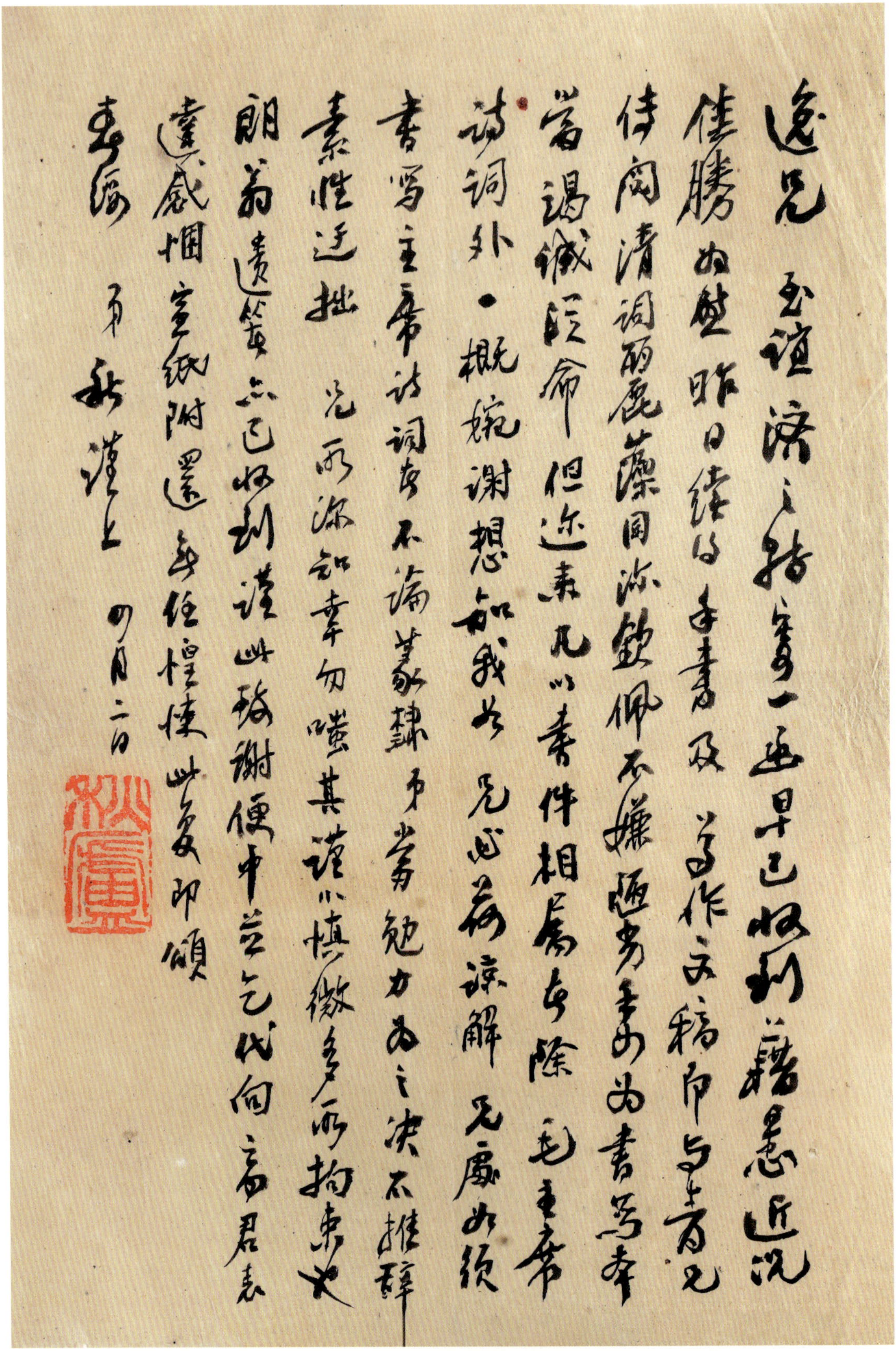

逸兄：

由諠濟之轉寄一函早已收到，藉悉近況佳勝為慰。昨日續得手書及尊作文稿，即與手書兄詩閣清詞麗藻同深欽佩。不嫌陋劣，囑為書寫，本當竭誠從命，但近来凡以書件相屬者，除毛主席詩詞外，一概婉謝，想知我者兄必蒙諒解。兄處如須書寫毛主席詩詞者，不論篆隸，弟當勉力為之，決不推辭。素性迂拙，兄所深知，幸勿嗤其謹小慎微，多所拘束也。朗翁遺箋亦已收到，謹此致謝，便中並乞代向高君表達感悃。箋紙附還，無任惶悚。此頌

春綏

弟 秋 謹上 四月二日

逸兄吾契：昨奉遠雲，展誦之下，悅如覿面。我兄愛好尺牘

近代名家，應有盡有，寓窩雜得信中告我，姜新村中雁蕩

凋零，不勝感喟。非木為人敦厚純正，深所企重。弟遷蘇以後

曾寫詩懷念吾兄，當存篋中也。芸岩亦頗爽直而素健

張紹儀遽致蛻化，思之悵然。王趙二翁近況佳勝，以蘇鳳心亦

開朗。聞之足慰。當有圖書館熟人，敦起潘遲、孔潘景鄭兄弟

近況諒好，便乞告知，擬復此信時，今日收到惠寄上海玉雕之精

妙絕倫，彌足珍愛，此乃我國獨特藝術，謝謝。此頌

雙安。附詩請正

弟 秋上 廿六日

逸兄玉契：復書誦悉。海上老友凋零，頗有逝者如斯之感。瑞春兄近係久客，聞之不勝懸系。現正休養之期，暫不致函，以免煩瀆，稍緩再行通問。頃於故紙堆中檢得虞山翁松禪尺牘兩通，一則述及僧侶索書，一則述及毛龜盆松諸語，頗饒風趣，字亦精神飽滿，自成一格，即以奉贈，聊以充數，藉供清賞。匆上，即頌

雙福

弟吟秋謹上　十二月十六日

蔣吟秋致鄭逸梅

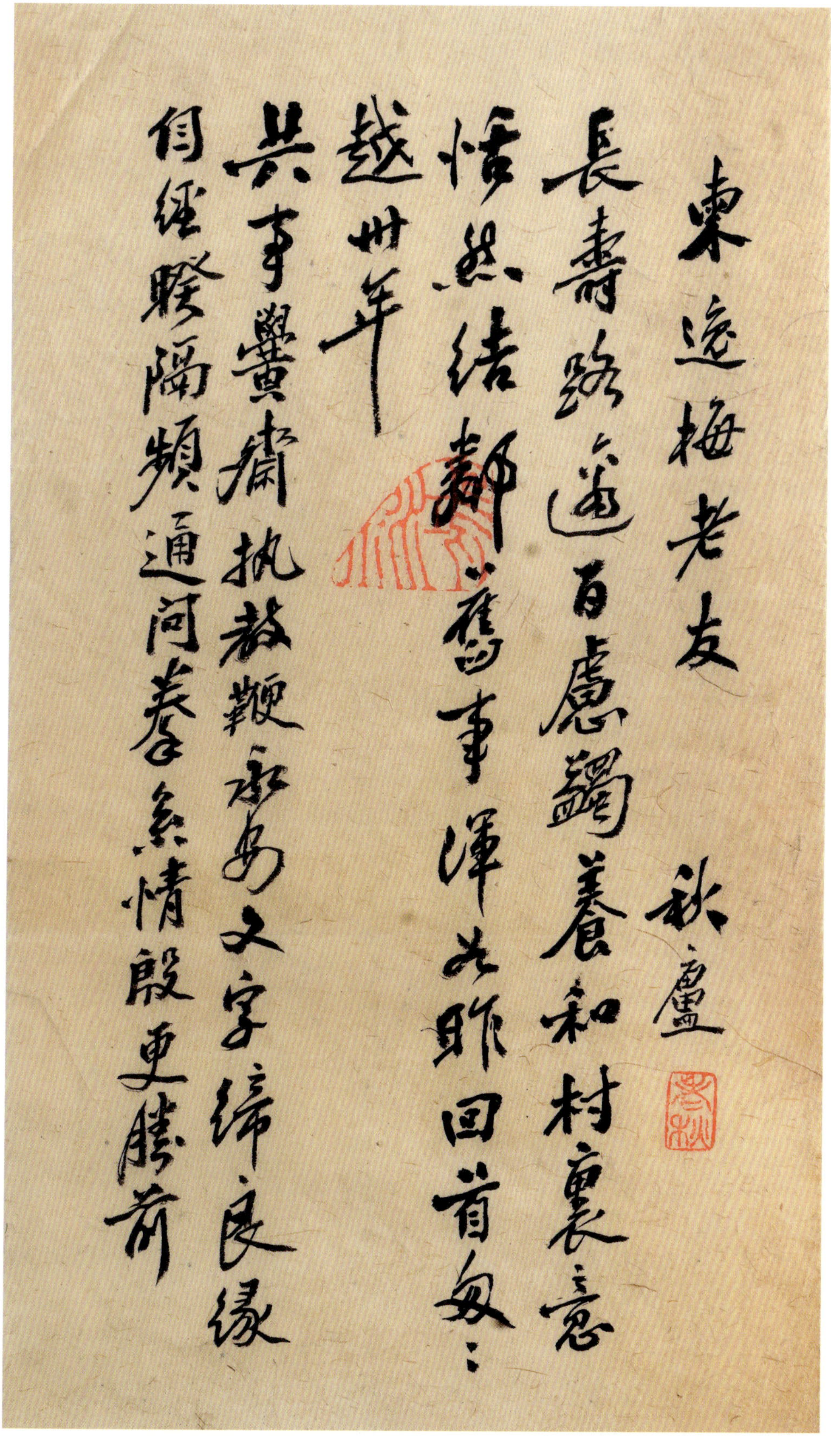

逸梅老友

長壽路邊百慮蠲，養和村裏意怡然。結鄰舊事渾如昨，回首匆匆越卅年。共事黌齋執教鞭，永安文字締良緣。自經睽隔頻通問，耄耋情殷更勝前。

秋廬

濟兄吾誼：昨承惠臨暢談，海上之行，厚荷諸友關懷之切，彌深感激。因成小詩兩首錄奉教正，並博一粲。

秋高氣爽菊花天，老友來臨喜欲顛。回首舊時渾似昨，談心抵掌溯前緣。

幽居無俚發吟肩，海上故人別緒牽。倚語殷勤勞慰問，心胸曠達祝長年。

談及黃式金之世兄黃尚誠夫婦，均住傳染病醫師住烏鵲橋弄蘇醫新村第一區第二三幢中，順便附及。此致

敬禮

弟吟秋手上　十一月二十二日

蔣吟秋致鄭逸梅

祝逸梅老友八十壽

丶背論交五十年志同道合久彌堅頻經憂患

身常健曠達情懷俗慮蠲

記曾海上結芳鄰文字因緣喜率真紙帳銅瓶

居室好一枝妙筆藹為春

平生著作御輕清小品文章早有名掌故源流

人同愛零金碎玉众心傾

近年睽隔倍相思魚雁往還足解頤今歲欣逢八十

壽還童返老祝齊眉

弟蔣吟秋謹奉

吟秋

蔣吟秋致鄭逸梅

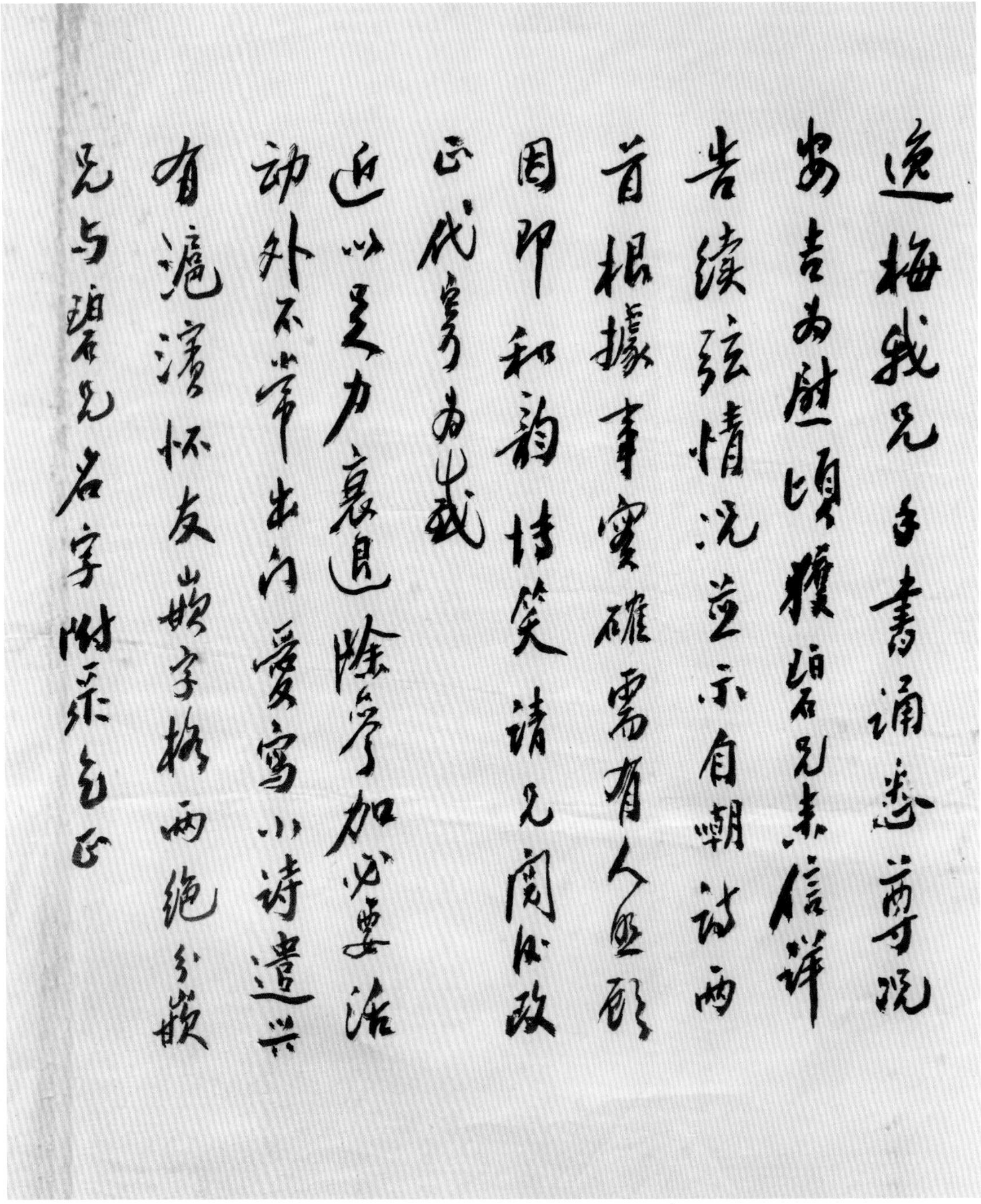

逸梅我兄：手書誦悉，府況
安吉爲慰。頃獲碧石兄來信，詳
告續弦情況，並示自嘲詩兩
首。根據事實，確需有人照顧，
因即和韵博笑，請兄閱後致
正代寫爲感。
近以足力衰退，除每天加必要活
動外，不常出門，愛寫小詩遣興。
有滬濱懷友嵌字梅兩絶，分嵌
兄與碧石兄名字，附乞乞正。

蔣吟秋致鄭逸梅

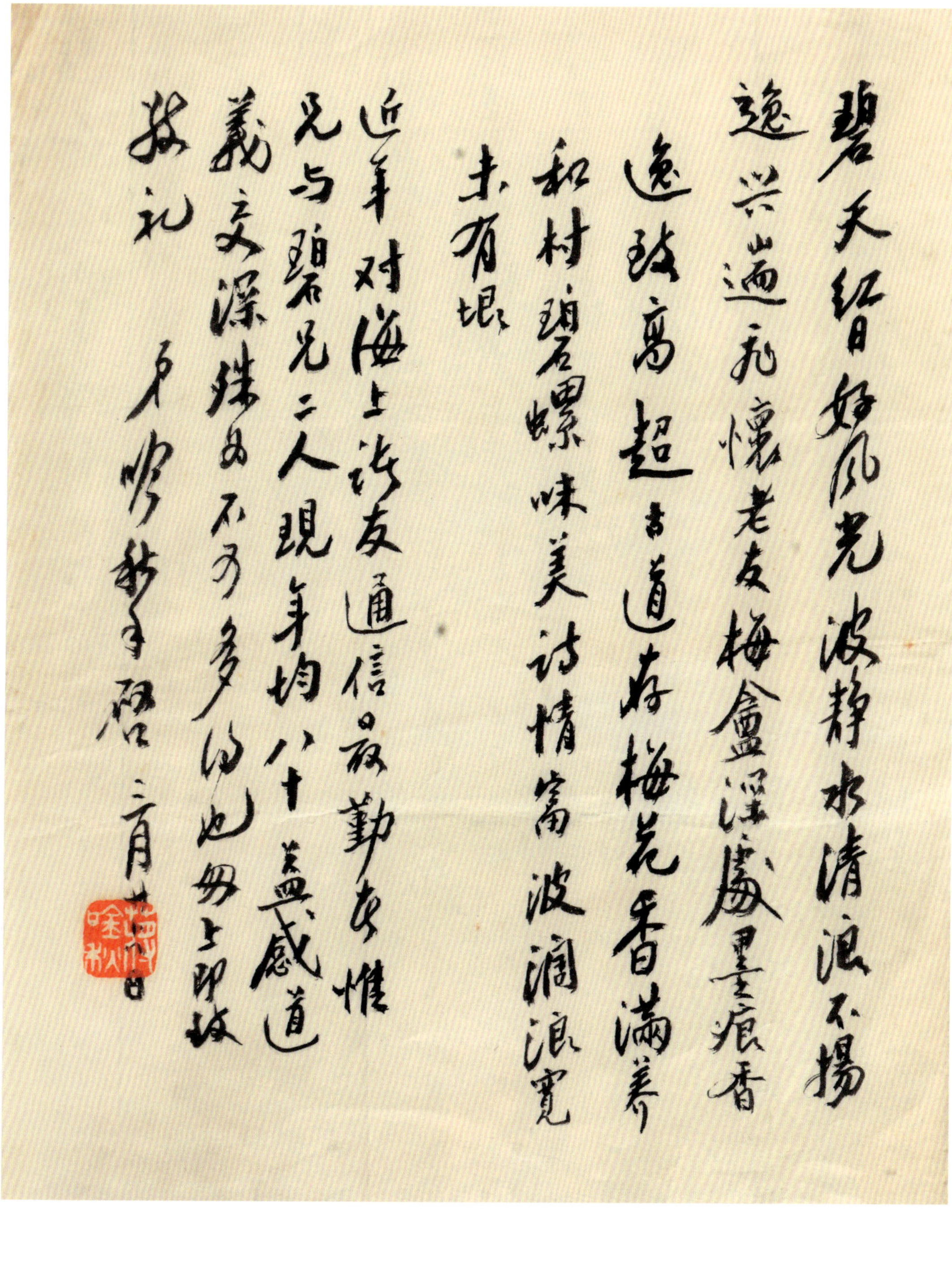
碧天紅日好風光，波靜水清浪不揚。逸興遍飛懷老友，梅盦深處墨痕香。
逸致高超古道存，梅花香滿養和村。碧螺味美詩情富，波闊浪寬未有垠。
近年對海上諸友通信日疏，勤者惟兄與碧君兄二人。現年均八十，益感道義交深，殊爲不可多得也。匆匆即頌
撰祉
弟吟秋手啓 二月廿日

逸兄：濟之轉來手翰誦悉，關于海上文藝界及出版界情況，敘述甚詳。碧君兄亦有和應君之詩，更加促我吟興，續成四首，右揭題封信箋，所和寄請一笑，不值存留也。蘇州文化局主辦之書畫印章展覽，領導上且鼓舞，節展出很多青年愛好篆隸，傳統加以發揚光大，大家鼓促我用篆隸書寫成毛主席詩詞集冊，並將印行出版，以供青年學書之學習。加不知我兄對這方面之出版界有無熟人可以聯系，並有致意之可能否？當將稿本寄請斟酌。瑣瑣奉瀆，不勝感愧。並頌禮安。吟秋上　十二月二日

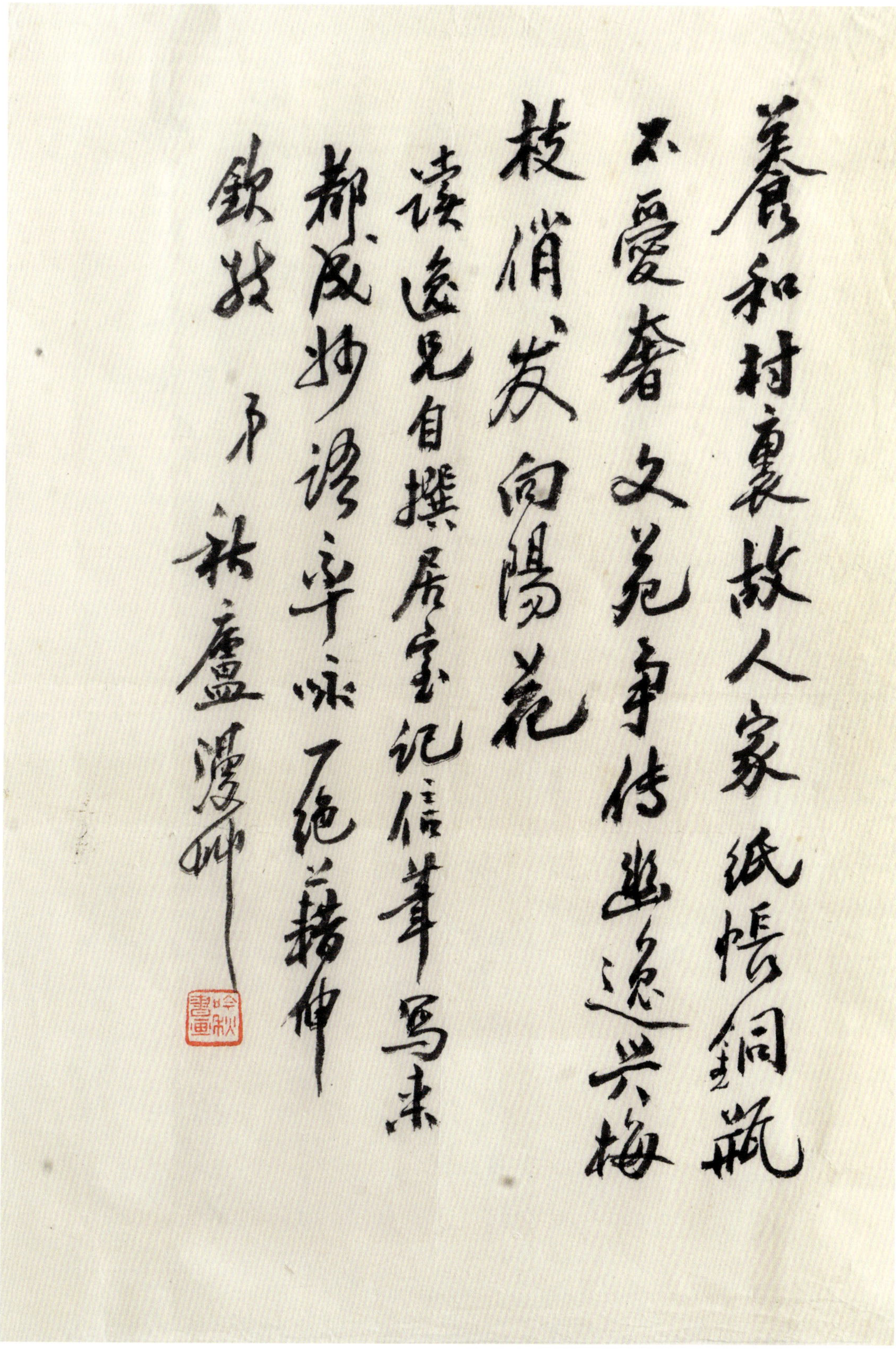

養和村裏故人家，紙帳銅瓶不愛奢。文苑爭傳幽逸興，梅枝俏發向陽花。

讀逸兄自撰居室記，信筆寫來都成妙語，率咏一絕，藉伸欽敬。

弟秋廬漫草

吟秋書畫

逸兄道：昨奉手書，詳述寫作之忙，盛名洋溢，眾望所歸。愚拙如弟，常承不棄，有所諮及，深滋愧汗。令孫女在電視機中表現藝術，觀之甚喜。有關弟之瑣屑，另紙摘錄，瑣瑣屑屑，藉供選拾。此次郵票先行附还，以防忘記。兄如事忙，不必即復。此致

撰祉

弟吟秋手上　三月廿八日

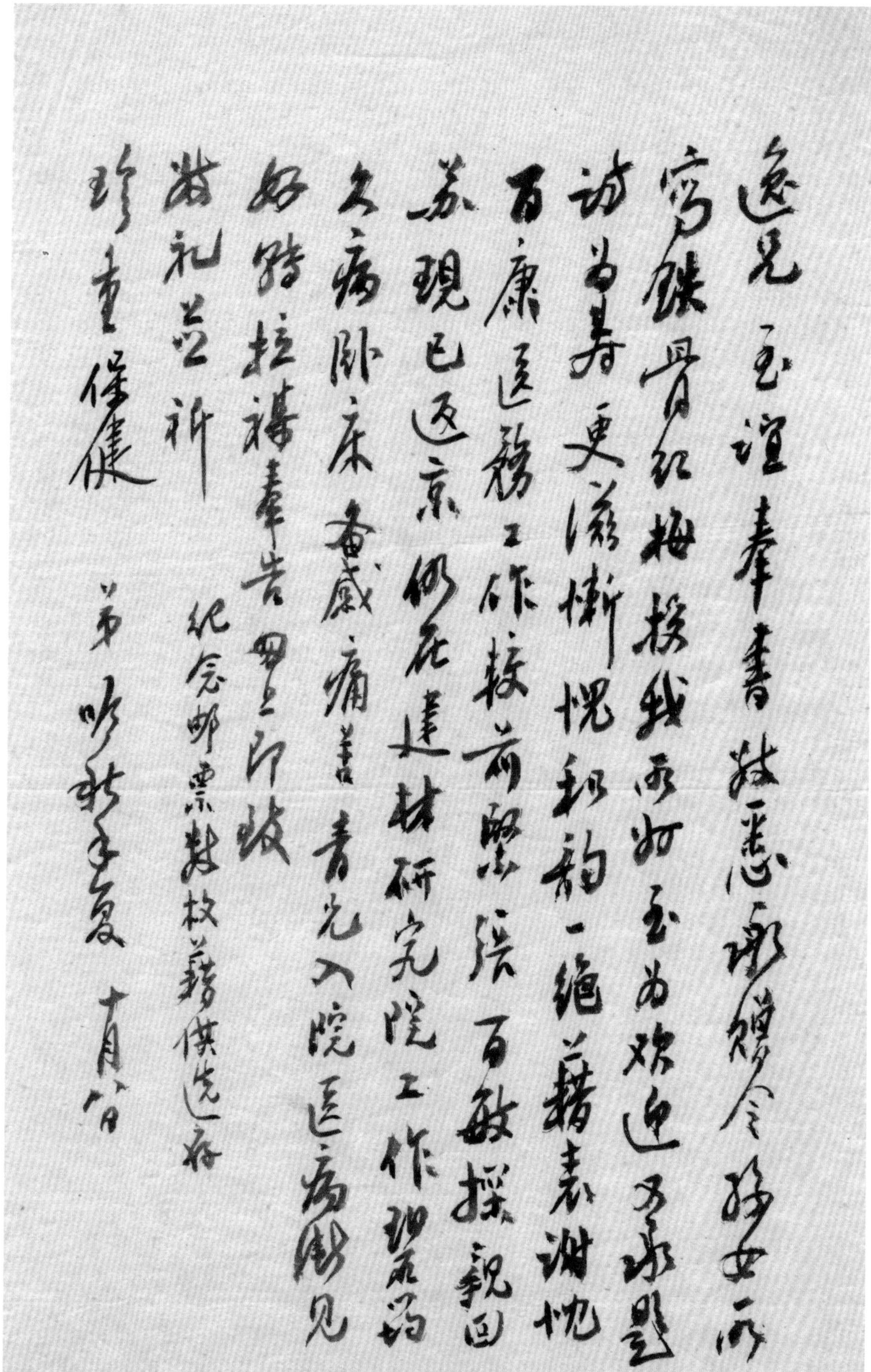

逸兄：手誼奉書，猥蒙郵贈令孫女所
寫鐵骨紅梅，投我所好，至為歡迎。承題
詠為壽，更滋慚愧。錄韵一絕，並藉表謝忱。
百康。医務工作較前緊張，百般探親回
蘇，現已返京，仍在建築材研究院工作。[illegible]女
久病臥床，舊歲痛甚，青光入院医病，劇見
好轉。拉雜奉告，[illegible]上印收。
紀念郵票數枚，藉供[illegible]逸存。
潭祉。並祈
珍重保健。
弟 吟秋手復 十月八日

潘景鄭致鄭逸梅

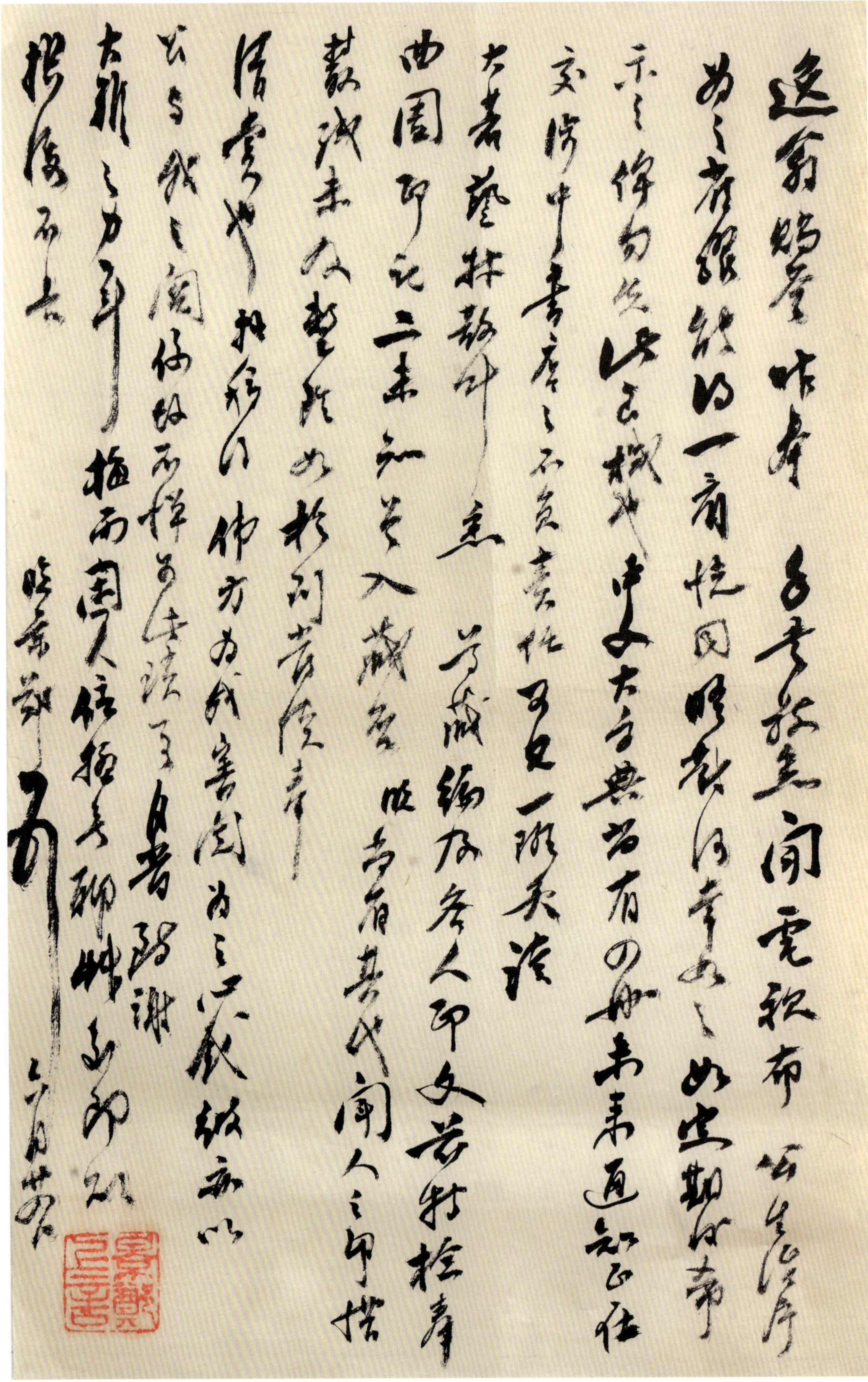

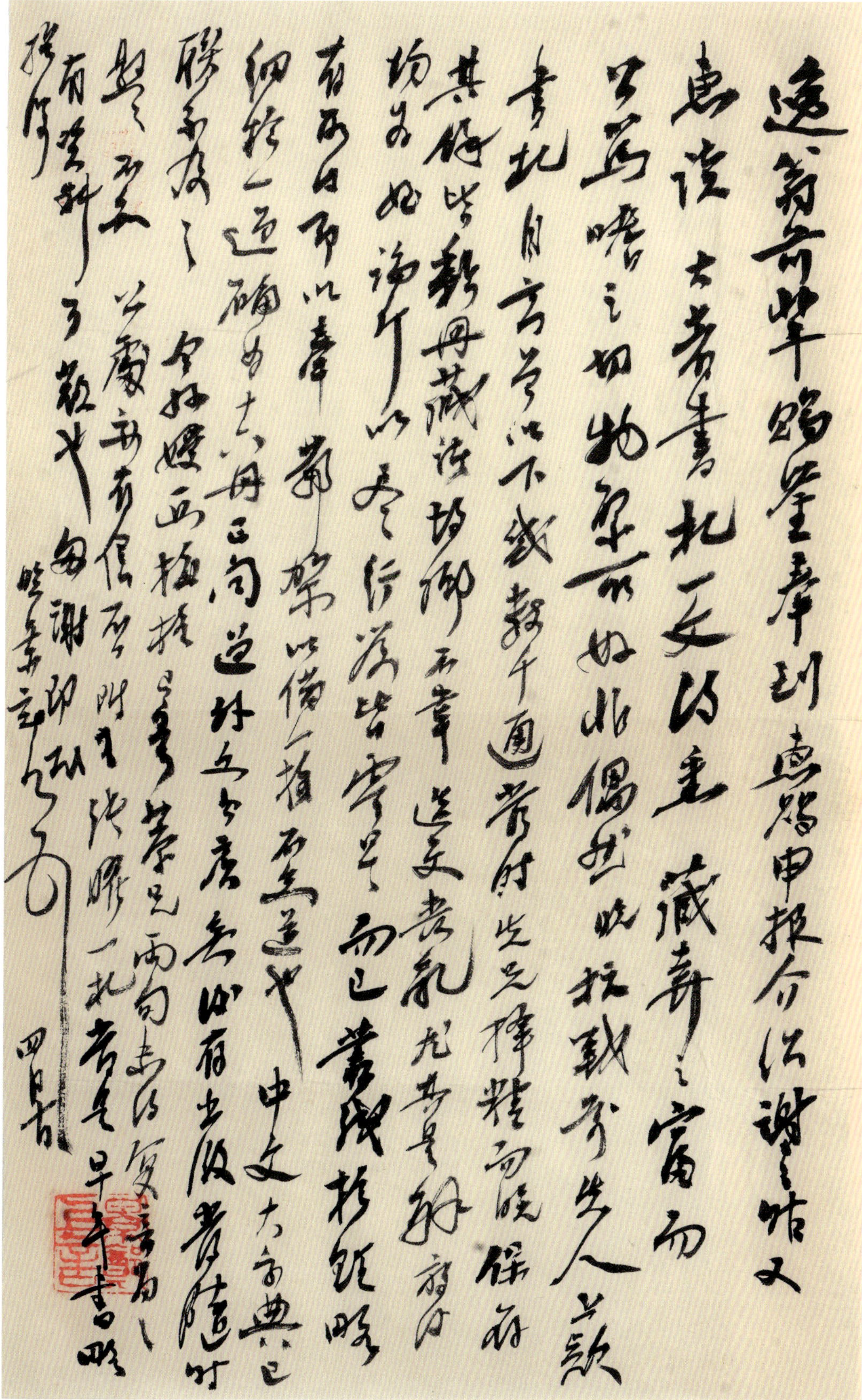

潘景鄭致鄭逸梅

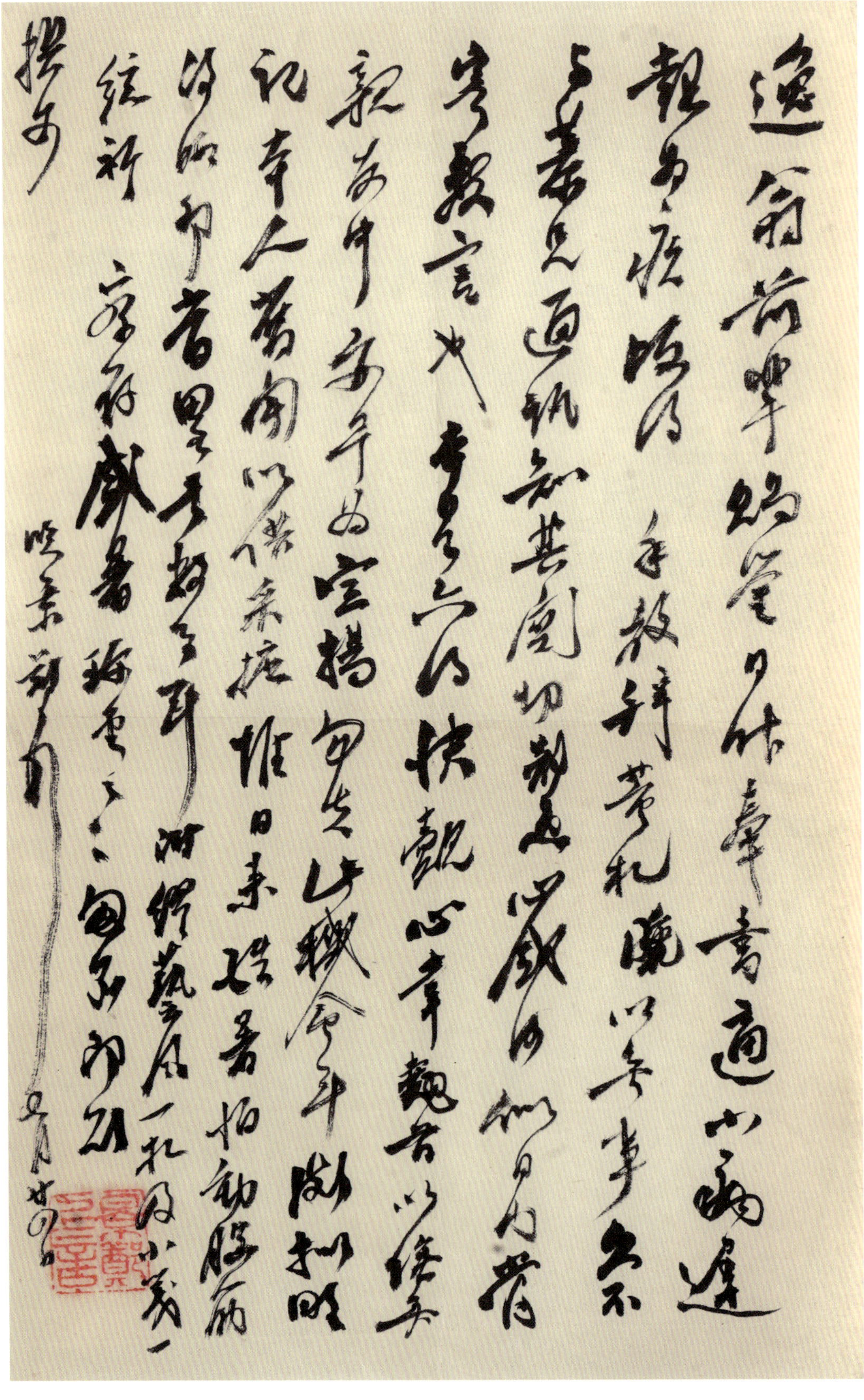

潘景鄭致鄭逸梅

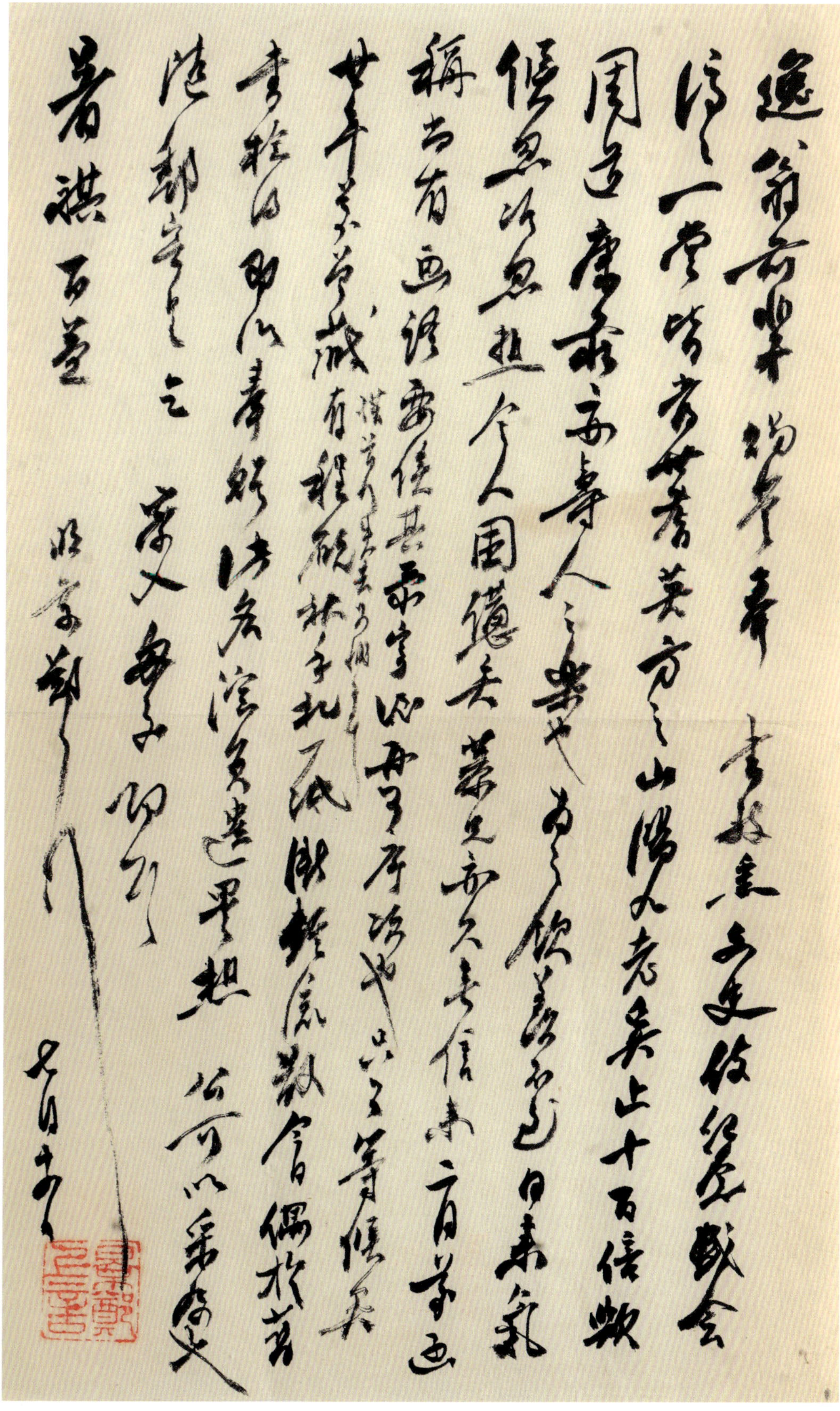

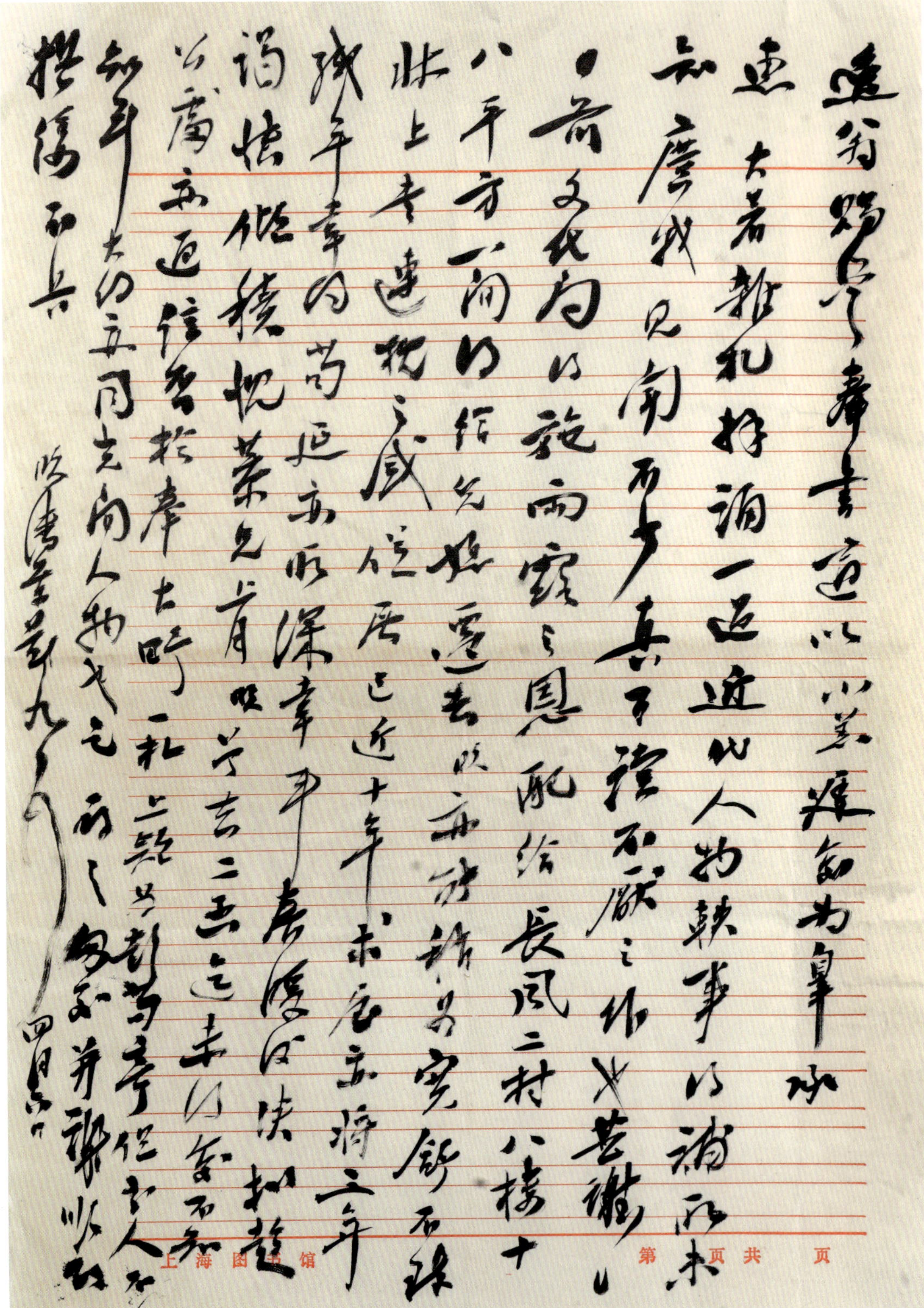
上海图书馆
第 页共 页

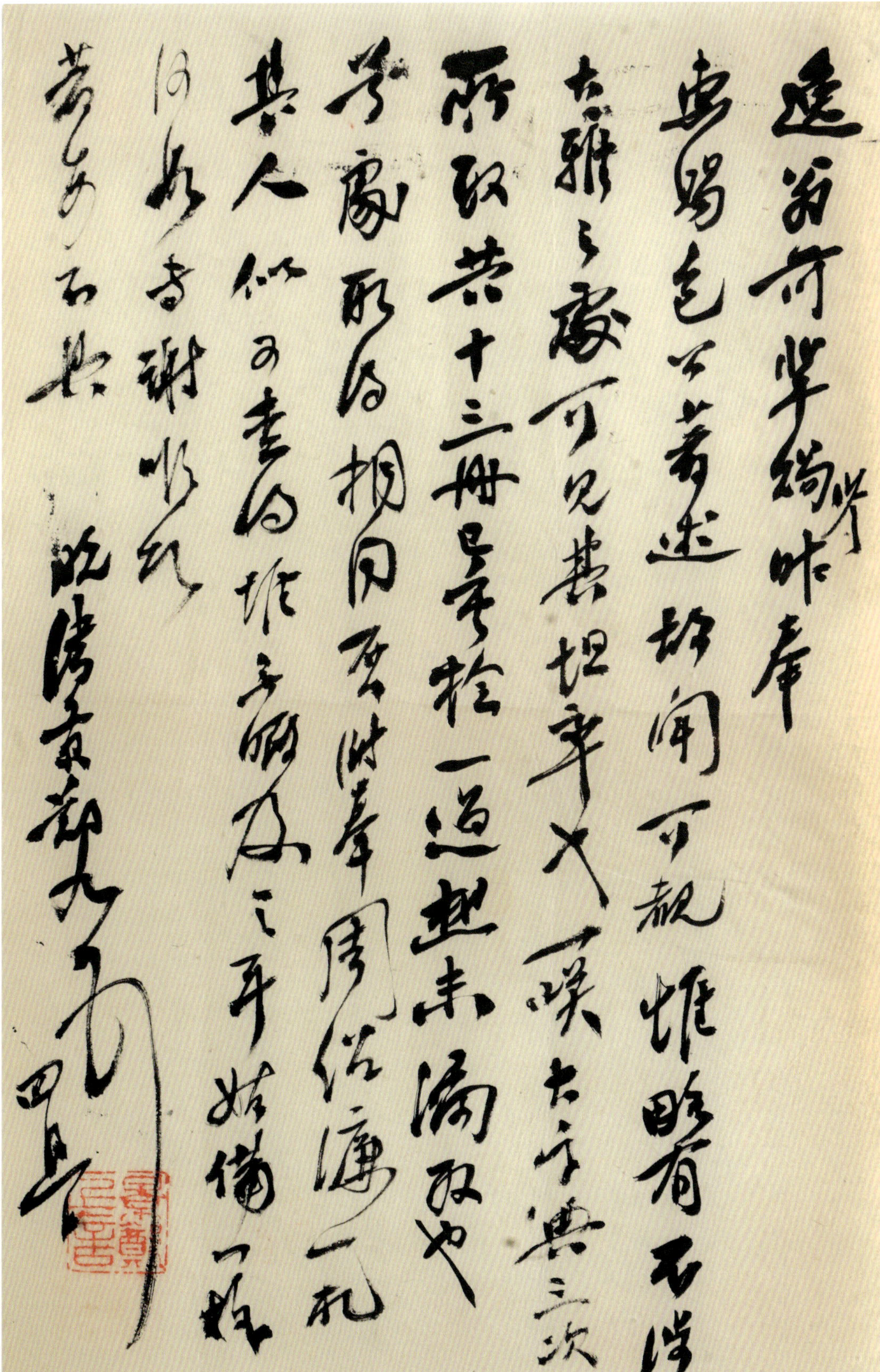

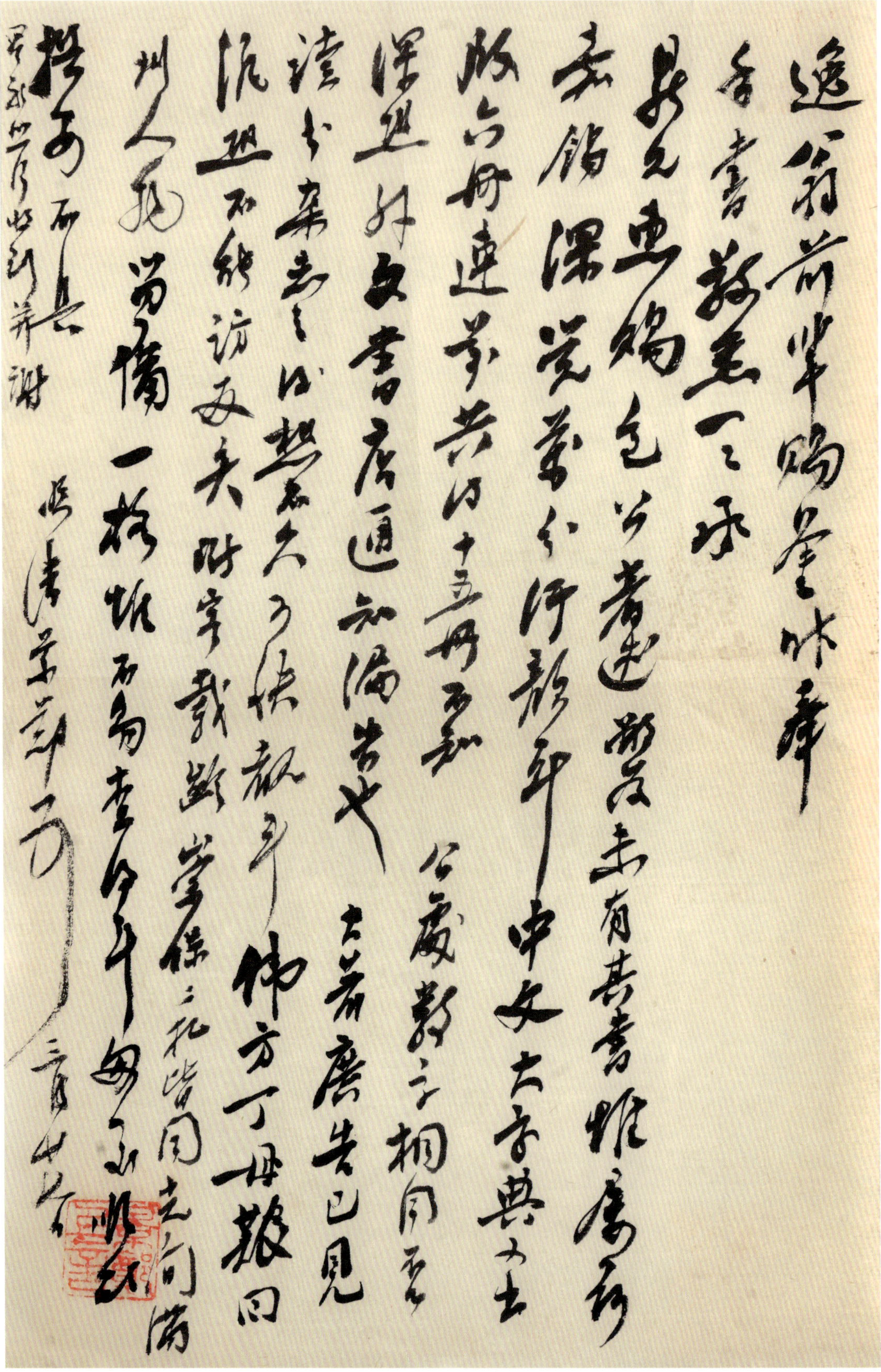

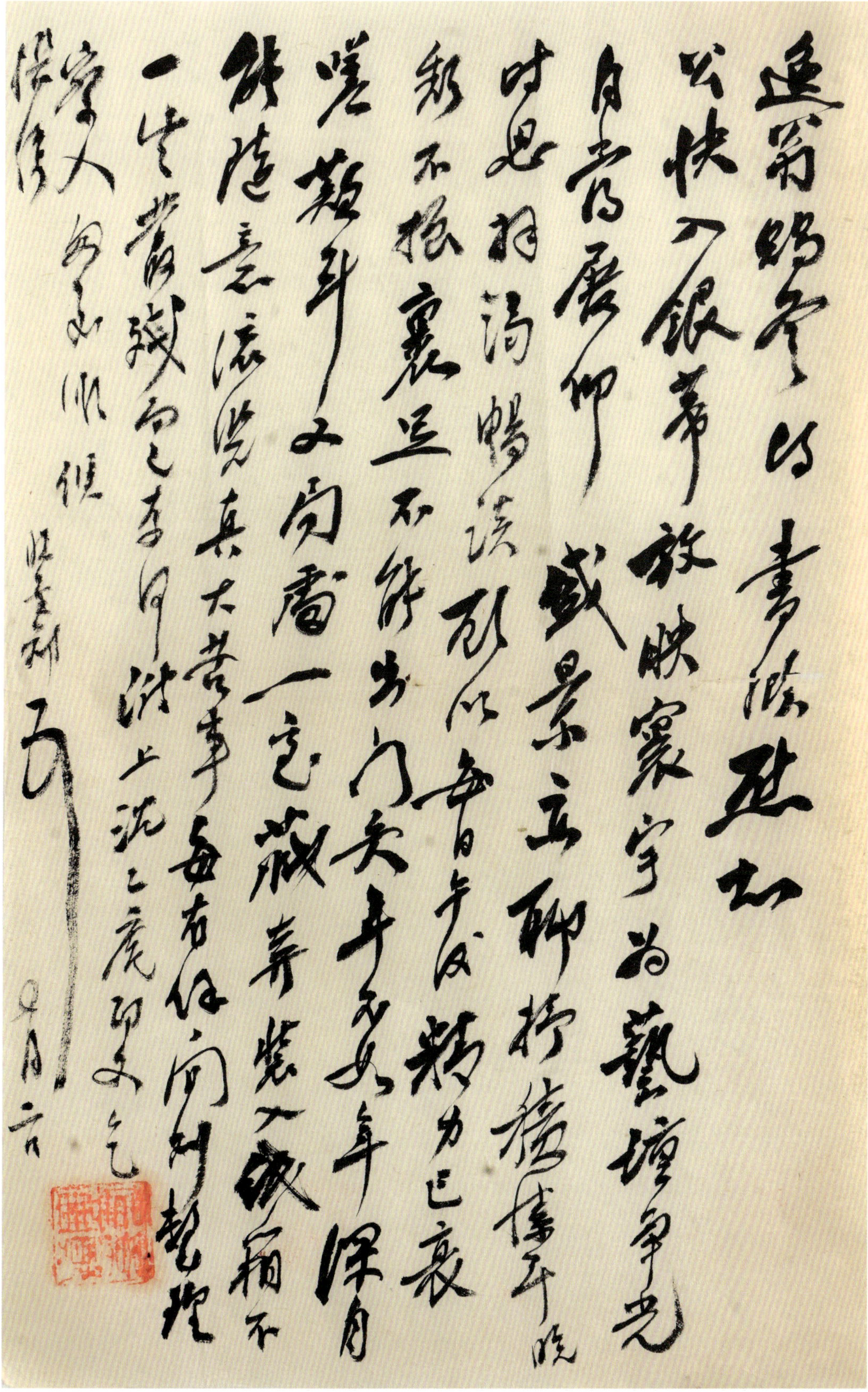

潘景鄭致鄭逸梅

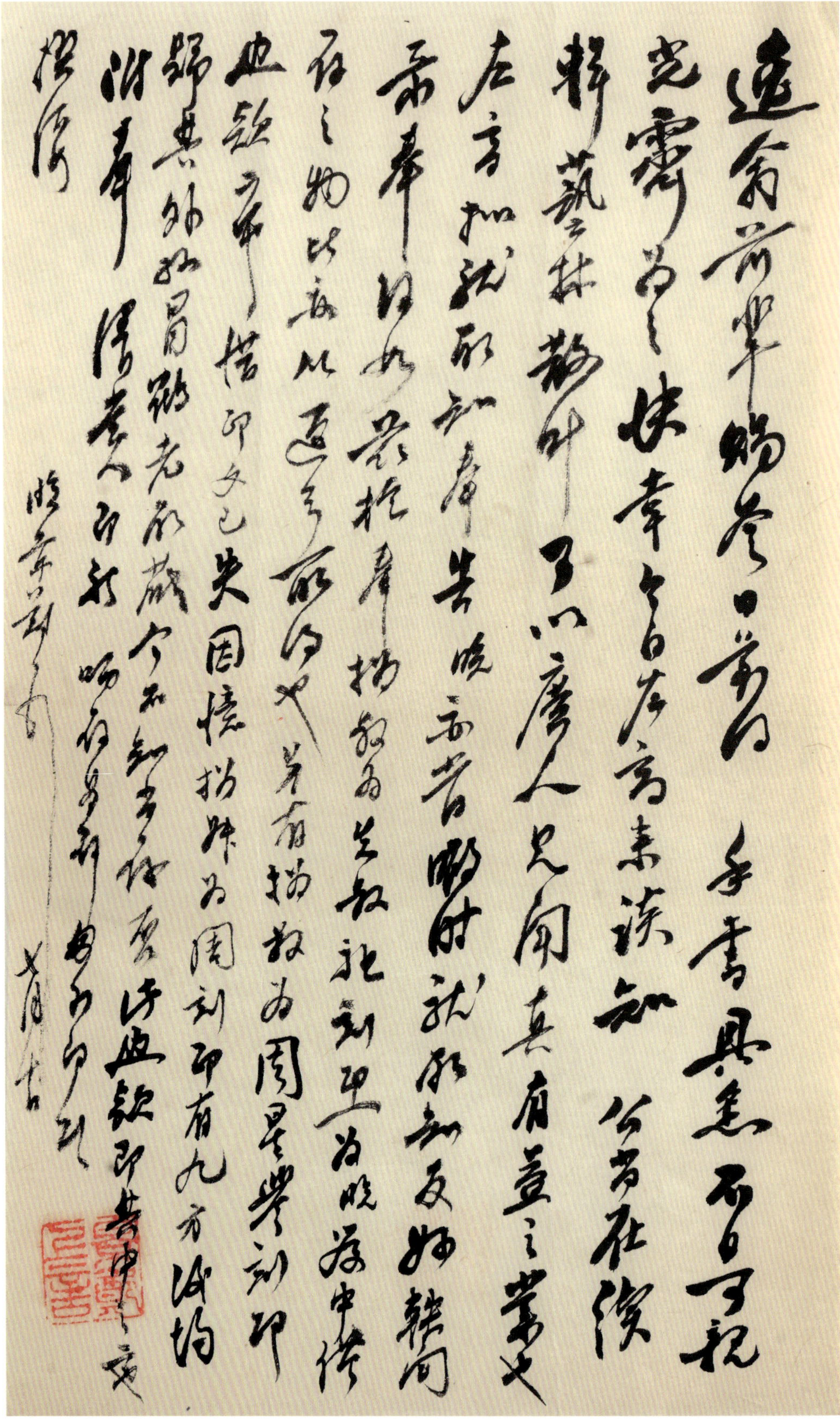

潘景鄭致鄭逸梅

潘景鄭致鄭逸梅

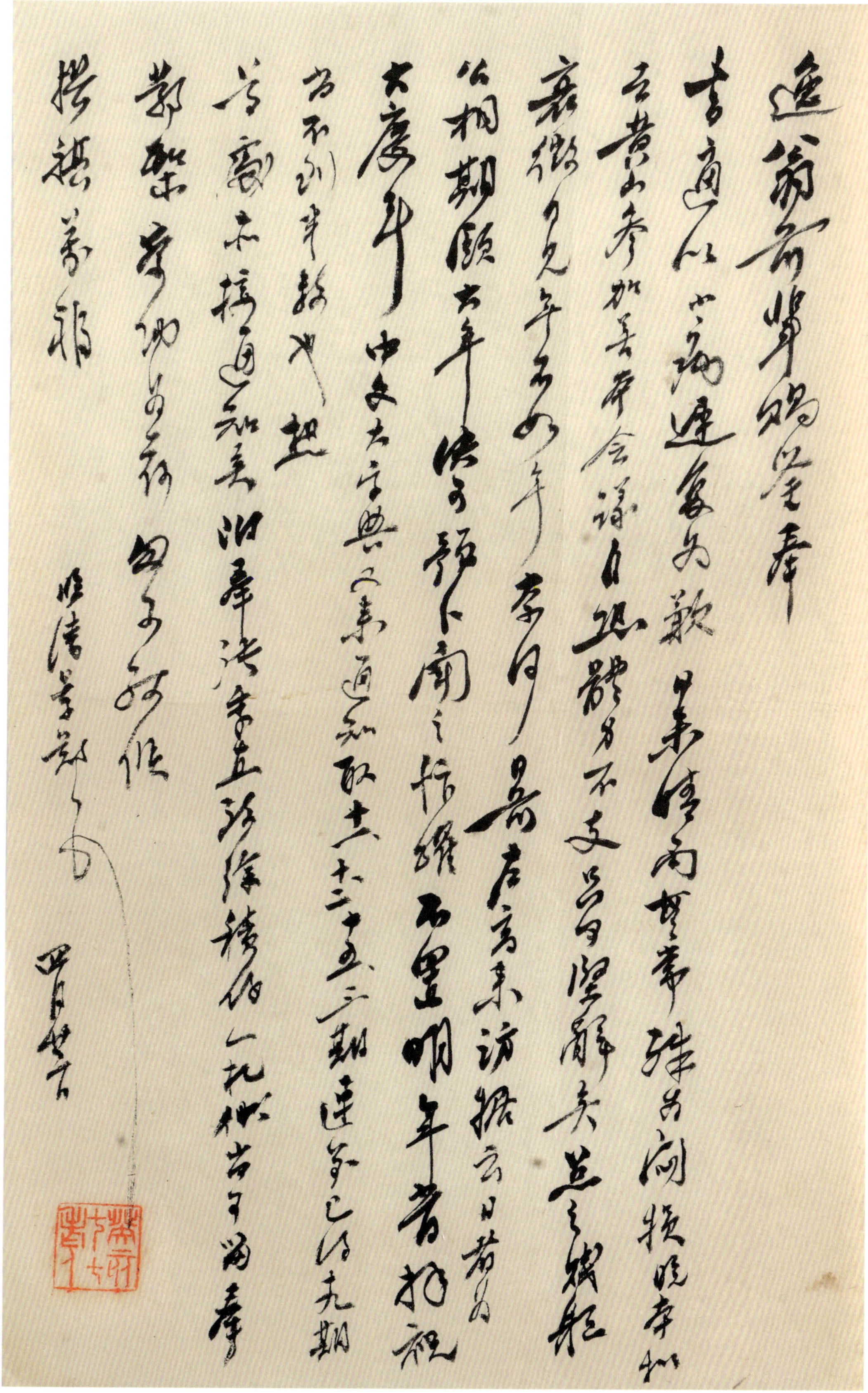

潘景鄭致鄭逸梅

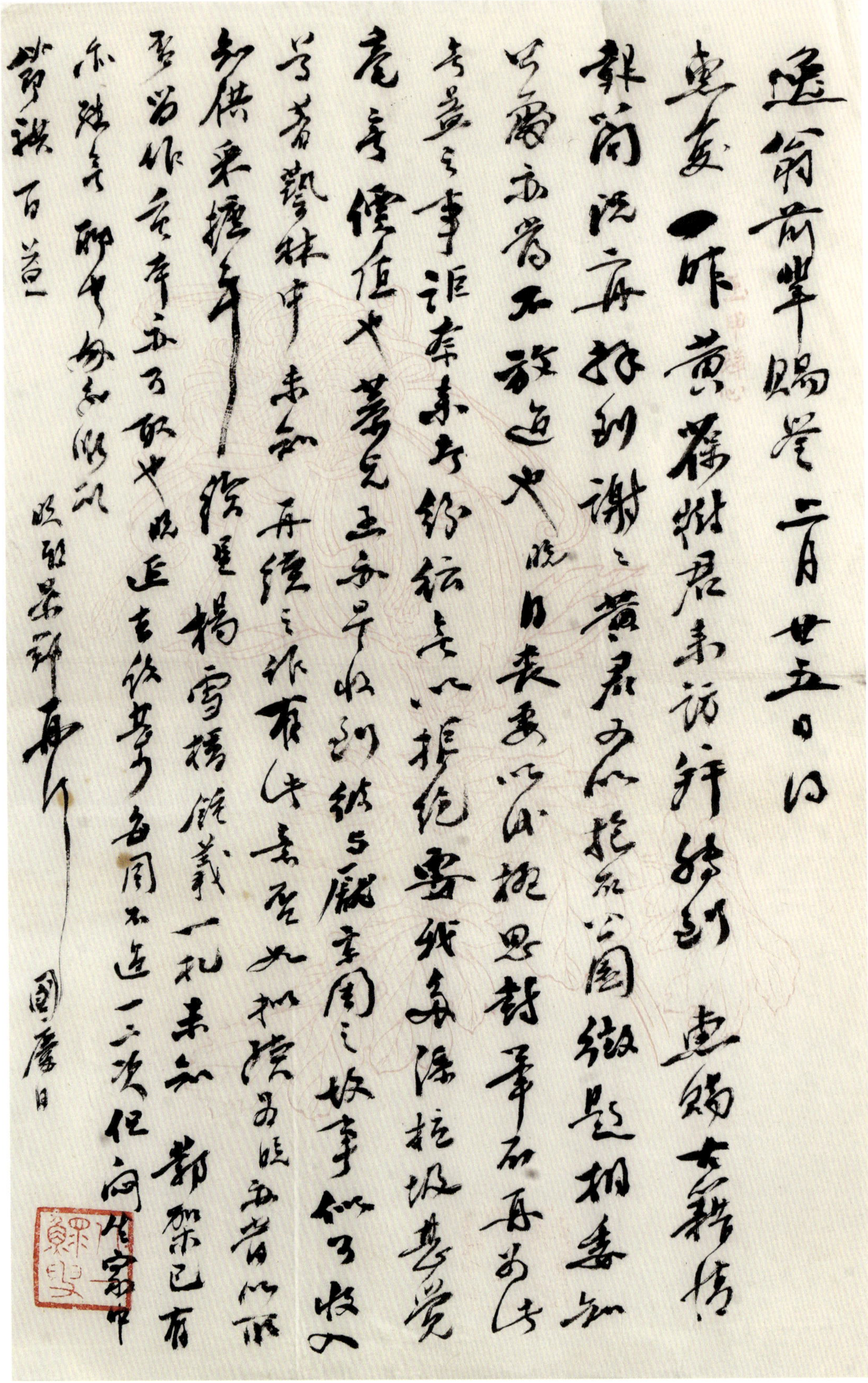
逸翁前輩賜鑒：二月廿五日得
惠書。一昨黃蔭樹君來訪，拜領 惠贈古籍，情
[殷]荷渥存，拜謝謝。黃君又以拈花公園徵題相委，知
公[囑]亦當不敢違也。晚日來要以抱思封筆，不再為人
[illegible]
[illegible]
[illegible]
[illegible]
知供采擇耳。[illegible]楊雪樵[illegible]一札未知
[illegible]
[illegible]
[illegible]
晚[illegible]拜[illegible]
國慶日

潘景鄭致鄭逸梅

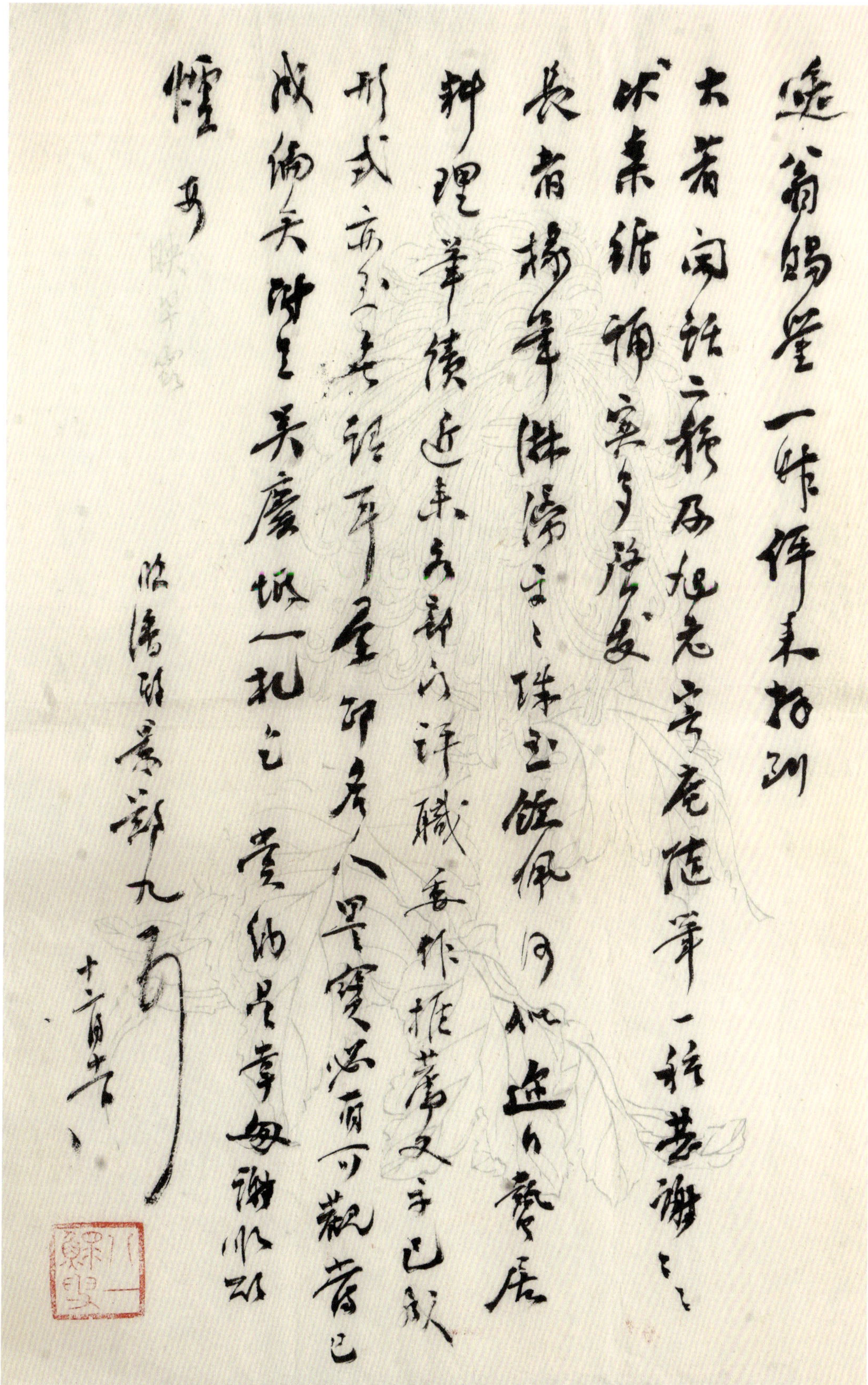

潘景鄭致鄭逸梅

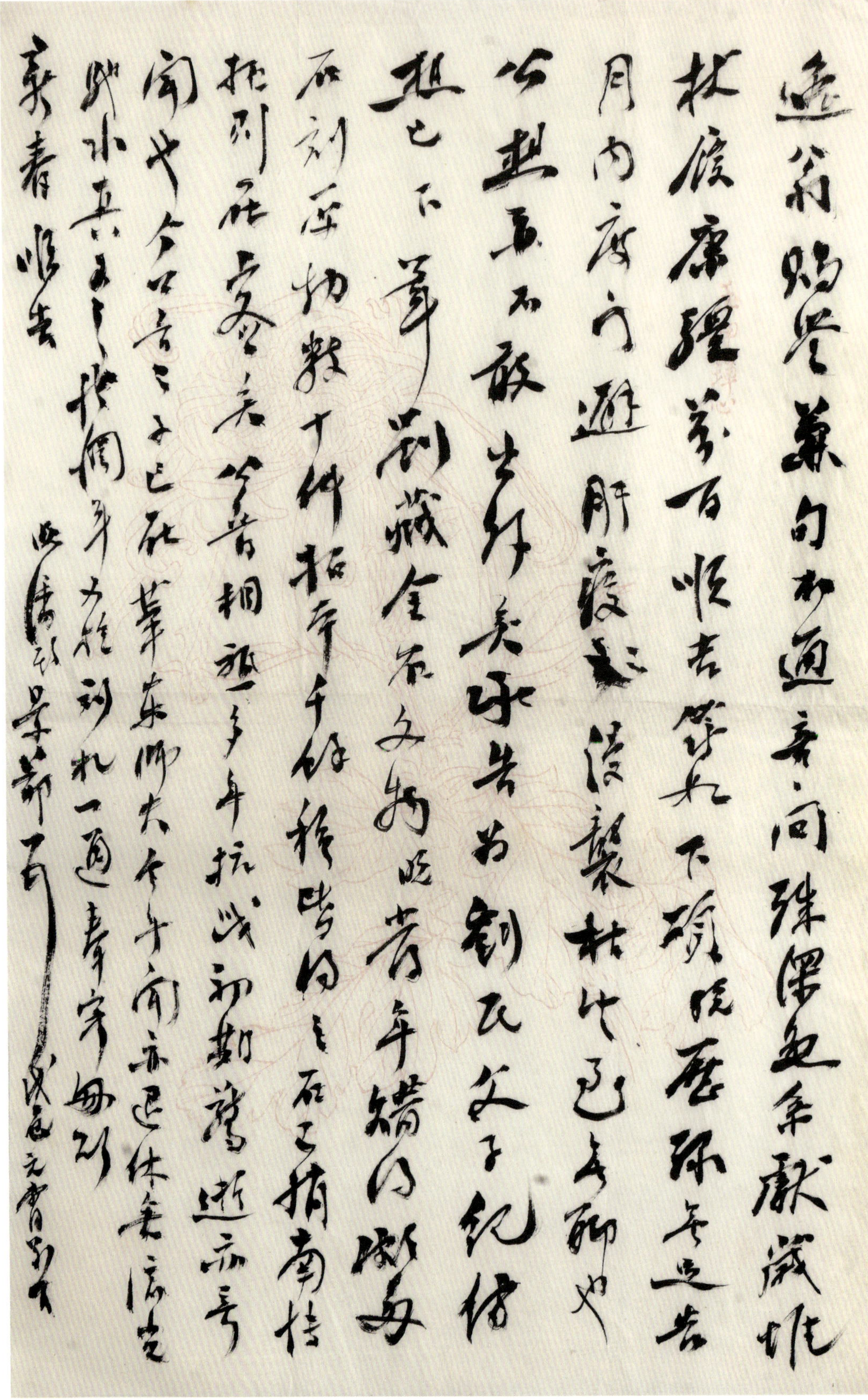

潘景鄭致鄭逸梅

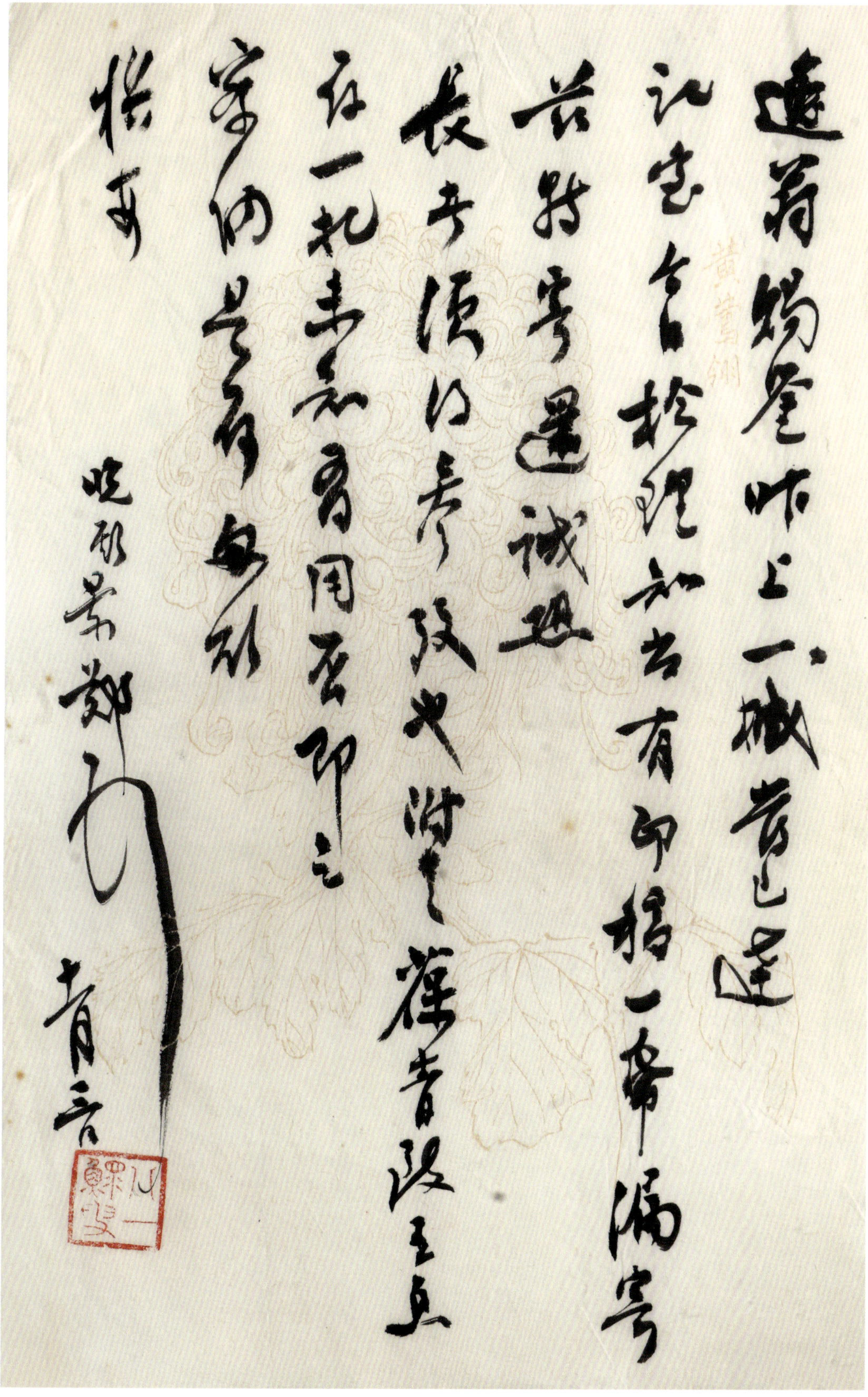

潘景鄭致鄭逸梅

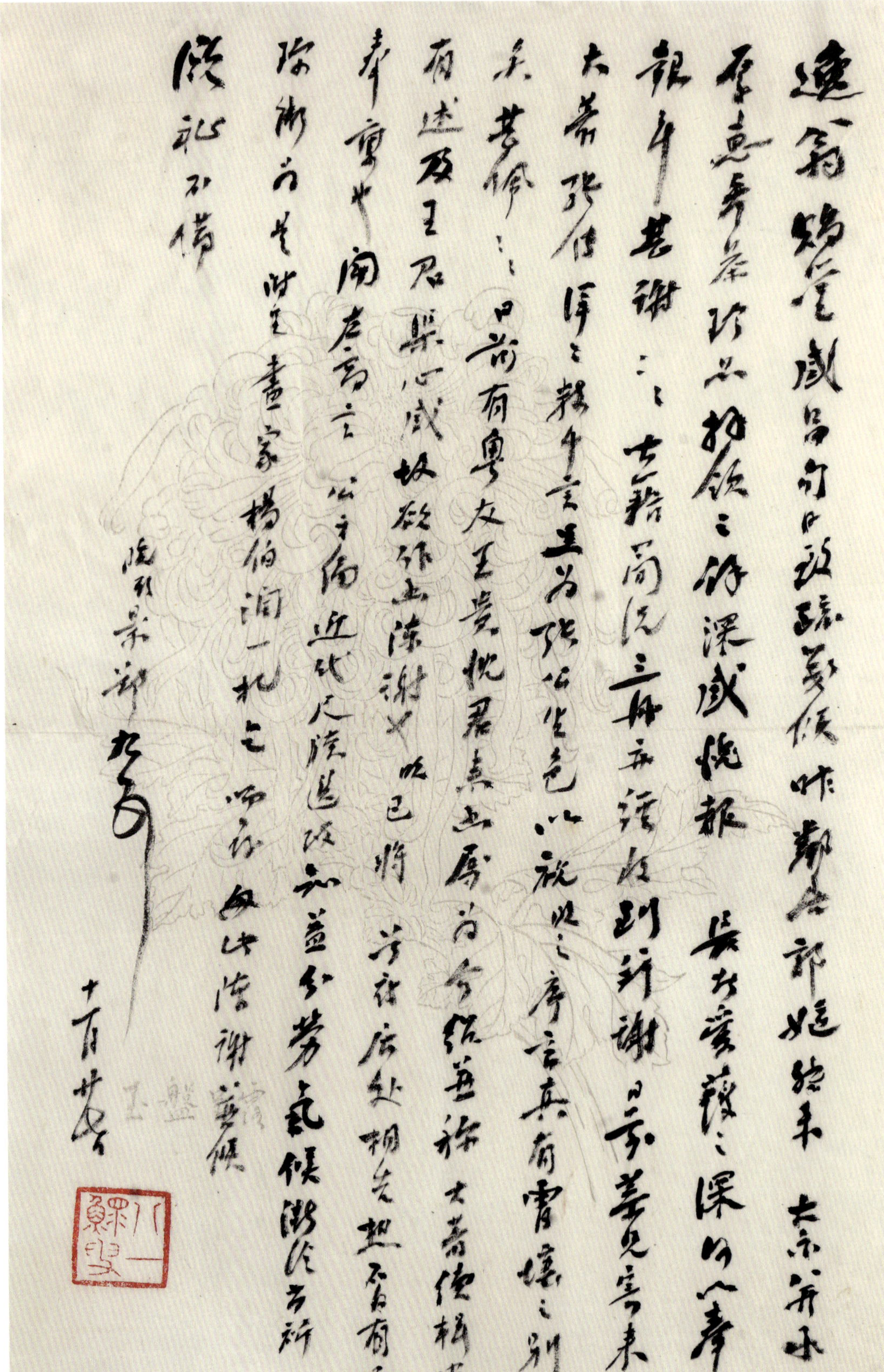

逸翁賜鑒：咸昌旬日致疏箋候，昨鄭公郎姪轉來大示，并承
厚惠壽柔珍品，拜領之餘，深感深感。饒報長者盛貺，深以為幸。
銀耳甚謝甚謝。去臘簡沈立丹兄，請以刻研謝。日前芳姜見寄來
大著《張傳》，得讀穀年言王為張公生色，以祝取之序言，真有霄壤之別
矣。芳倫日前有粵友王貴忱君來函，屬為介紹吾兄大著，傳播中
有述及王君，渠心感極，欲作函深謝，又以已將芳諭底址相告，想不日有函
奉商也。閘老前輩，以手編近代尺牘選改，知益加勞氣，候謝之
珍衛。前先生與畫家楊伯潤一札之，亦存，如此借謝兼候
儷祉不備

晚弟景鄭拜啓

十月廿六日

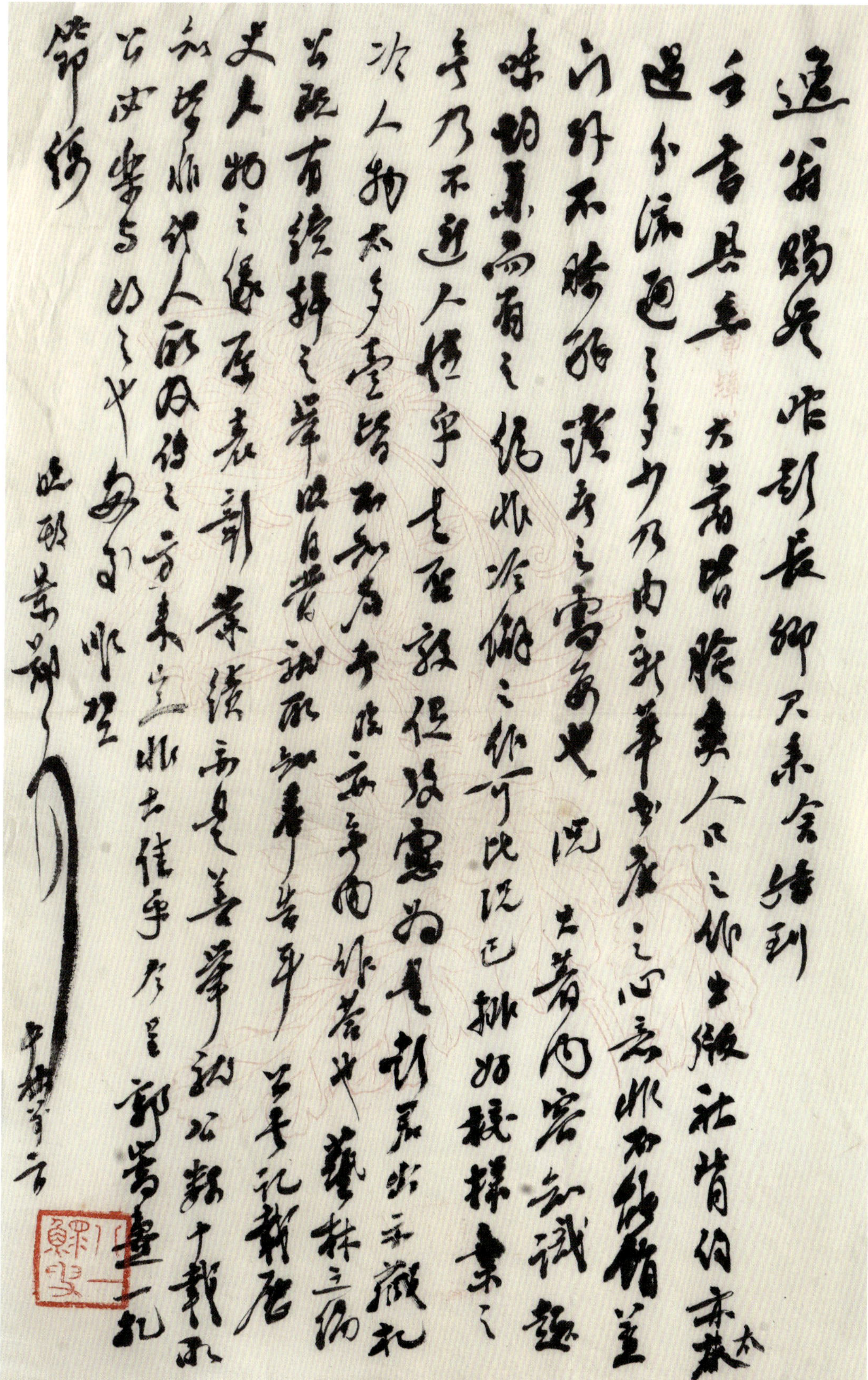
逸翁賜覽：昨郵長卿尺素，今續到
手書具悉。大著皆膾炙人口之作，出版社肯約成太
過分流通之事，乃由新華書店之心意非如能銷，並
行外不勝能讀者之需要也。況先生著內容知識趣
味均集而有之，絕非泛泛之作可比，況已排好校樣來之
手乃不迟。近人怪乎先生發促，使寬為是。許君所藏札
次人物太多，臺皆知名者，非泛泛手所能作者也。藝林之物
未難有續拜之舉，以目前試取知暮者耳。上年託新居
文人物之億厚表彰，棠續亦是善舉。訪以數十載，頗
知此非代人所以得之，方來恐非大佳事，尤宜
上此皆言之也，無所非理。鄭箸畫一札
節禧
此頌 景鄭頓首 中秋前言

潘景鄭致鄭逸梅

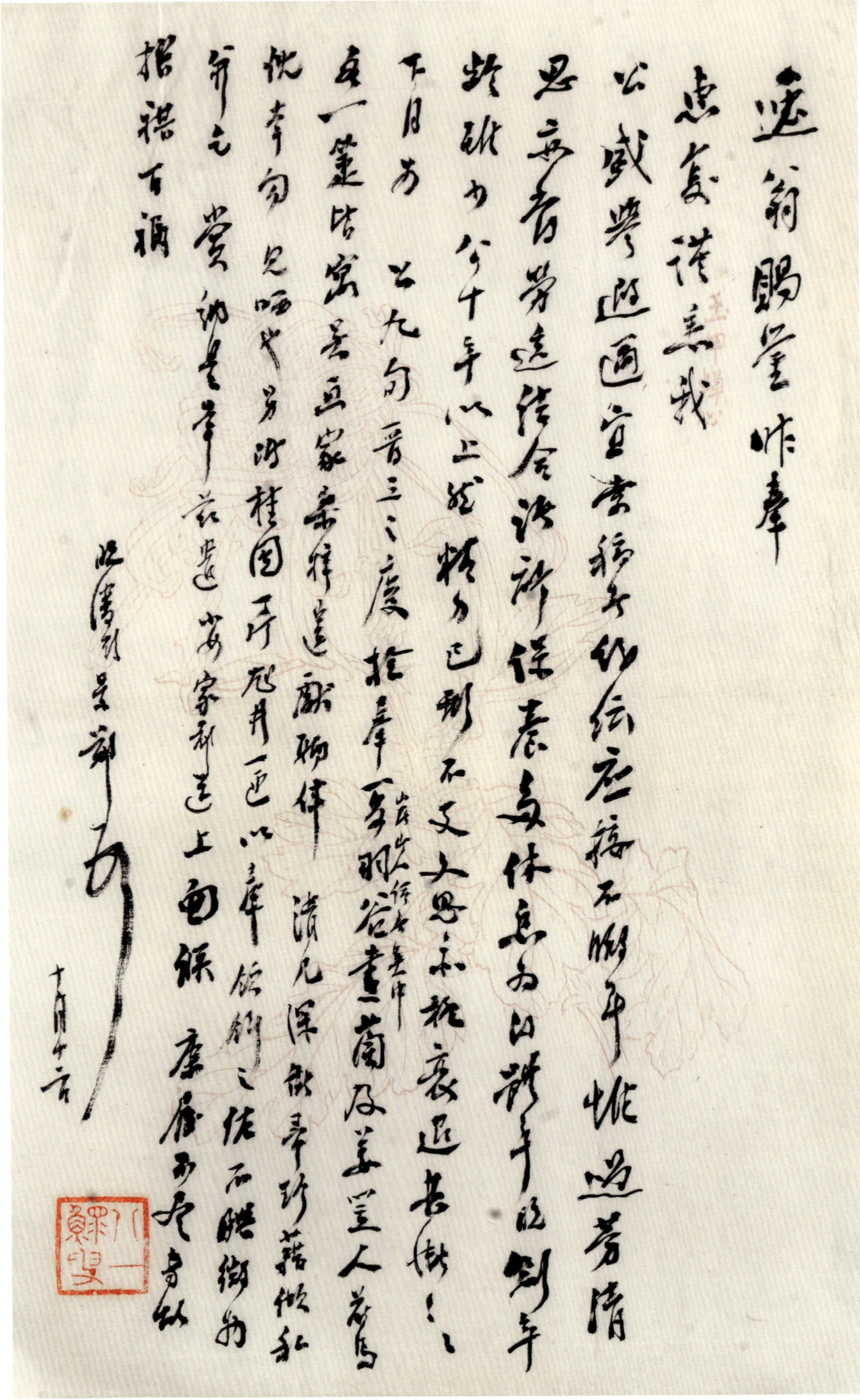

逸翁賜鑒：昨奉
惠箋，謹悉
公盛興遊園，宜書稿多紛紜，應接不暇乎。惟望勞清
思，亦有勞逸結合，從容保養身体，休息為上。以弟年
歲體力，今十年以上，精力已到不支，文思亦就衰退，甚歉甚歉。
下月為
公九旬晉三之慶，擬奉一寄（山民山人何名垂作）明谷畫蘭及篆[illegible]人篆
壽一箋，皆寶吾點家寶遺，獻聊伸
清凡，深歉奉珍藉供私
悅奉句足暢也，另附桂圓[illegible]干一匣，以奉飲飼之佐，而聊御[illegible]
前已賞納是幸，敬此奉達，並祝安家都達上西棕康健而免壽紋
指禮百禎
後學景鄭謹啟
十月十二

潘景鄭致鄭逸梅

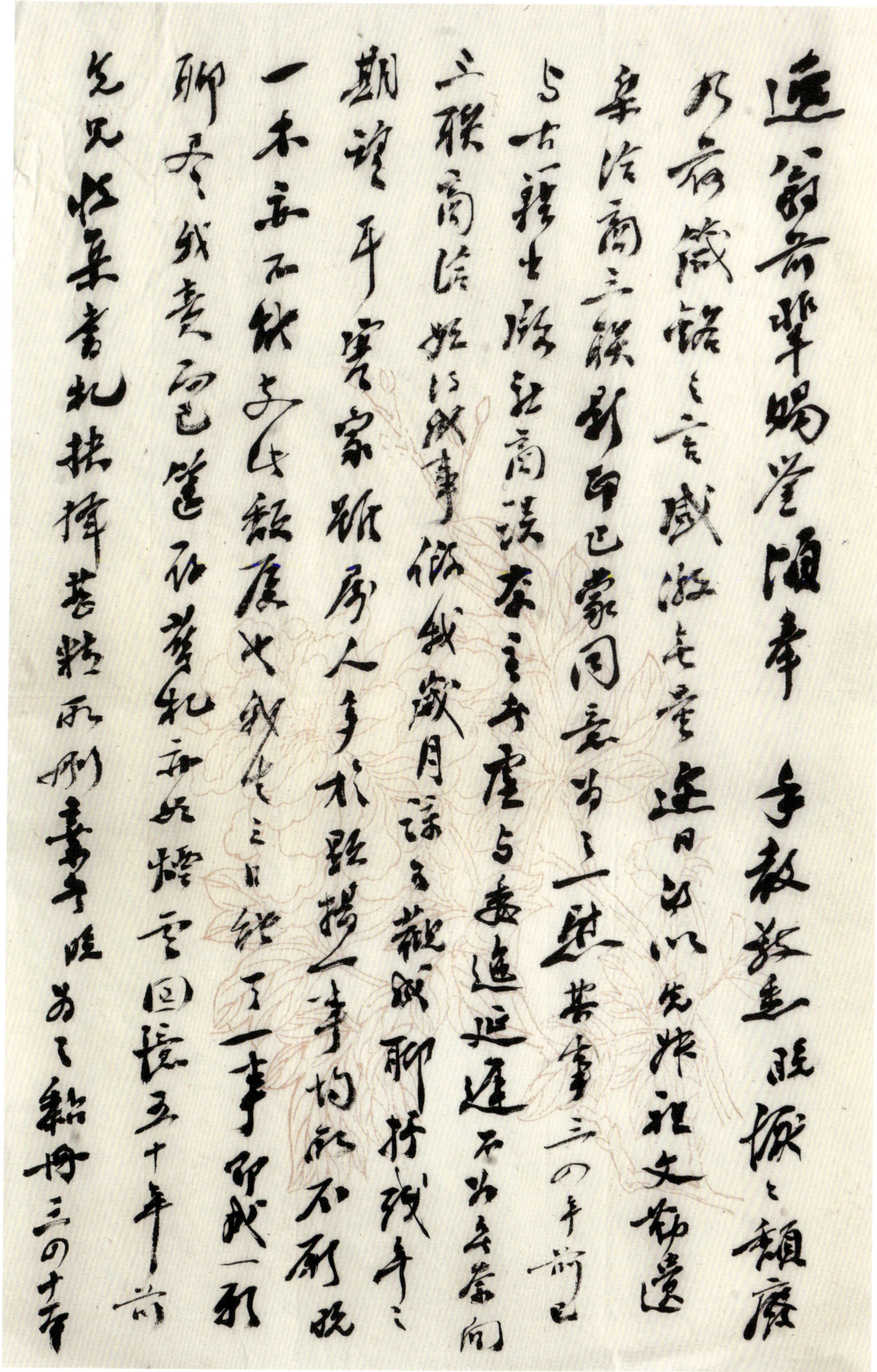

逸翁前輩賜鑒：頃奉　手教，敬悉　眠減，頗慶。
所為識語，語言感激長者。近日以先師社文節選
稿洽商三聯，新印已蒙同意，出其當三〇年前已
與古籍出版社商談，奉之去歲，虛與委蛇，延遲不出，去春向
三聯商洽，始得成事。假我歲月，謀之藏版，聊抒殘年之
期望耳。實家躬屏人，多於顯揚之事均能不厭煩。
一木亦不能支，昨報度之我俺三日，繼下一事即成一孔。
聊及之，我責而已。篋底叢札，亦如煙雲，回憶五十年前
先兄收集書札，搜輯甚精，取刪專書，咄為之編印三〇十冊

潘景鄭致鄭逸梅

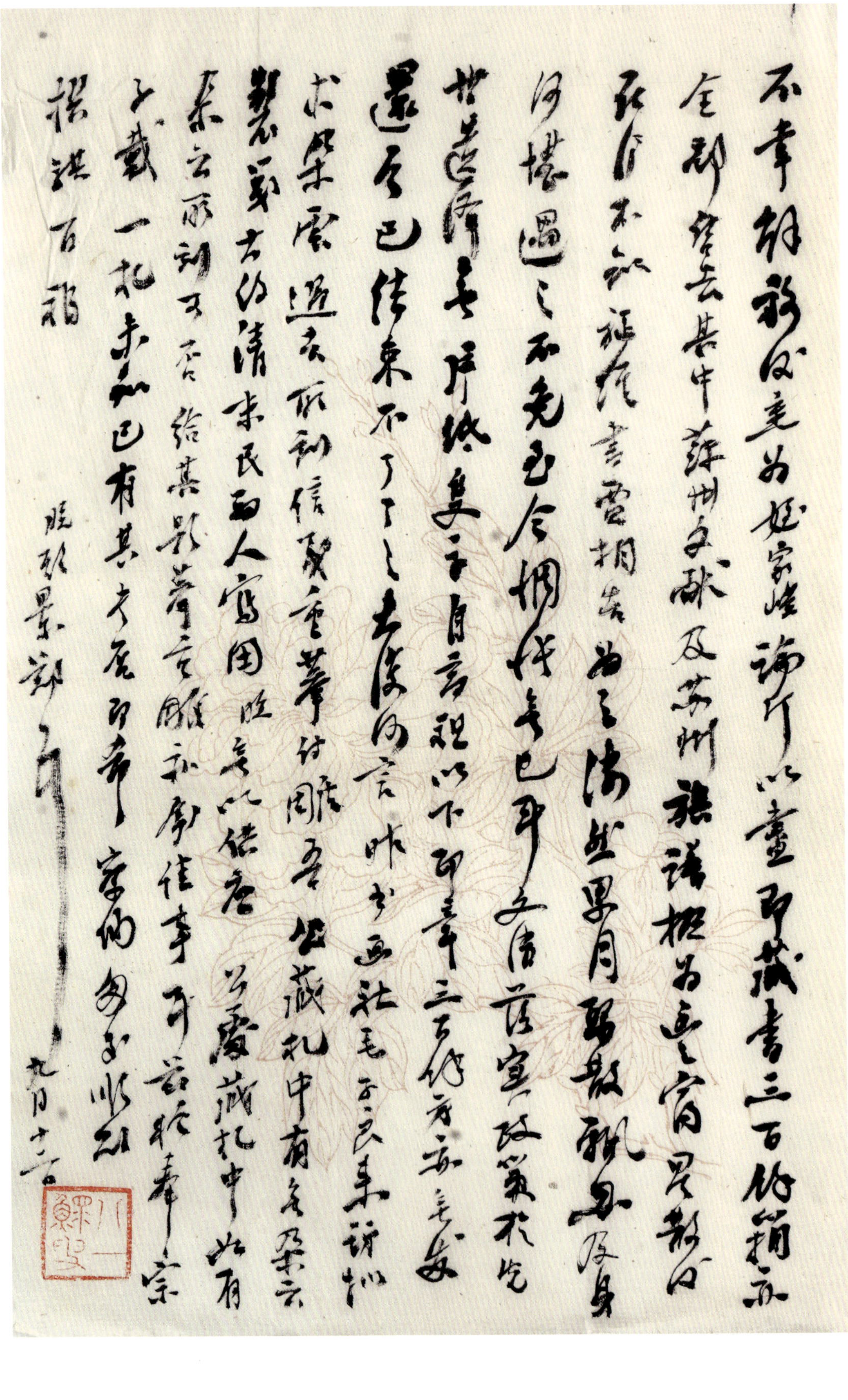

不幸頻移以還姪家陸續斥以盡藏書三百餘箱悉取
全部售去其中薛刻文獻及蘇州諸稿為多當日最難以
斥售不知輾轉書賈捐去為之流散異日聚散飄忽及身
何堪遇之不免色令惘然無已耳今借蒼宜改策於先
世澤長守片紙隻字自言程以下印章三百餘方亦已安
還今已傳來不了了之大德所言昨於西社毛子良手訪於
求無麗遠去所刻信札查筆談因循者既藏札中有嘉柔云
散篆古的讀秉氏西人寫图暇當以錯虎公處藏札中如有
柔云所刻不存給其影寫存雕刻印佳事耳為於奉一宗
之載一札未知已有其本否印希寫錄為盼敬頌
撰祺百福
晚弟景鄭頓首
九月十二日

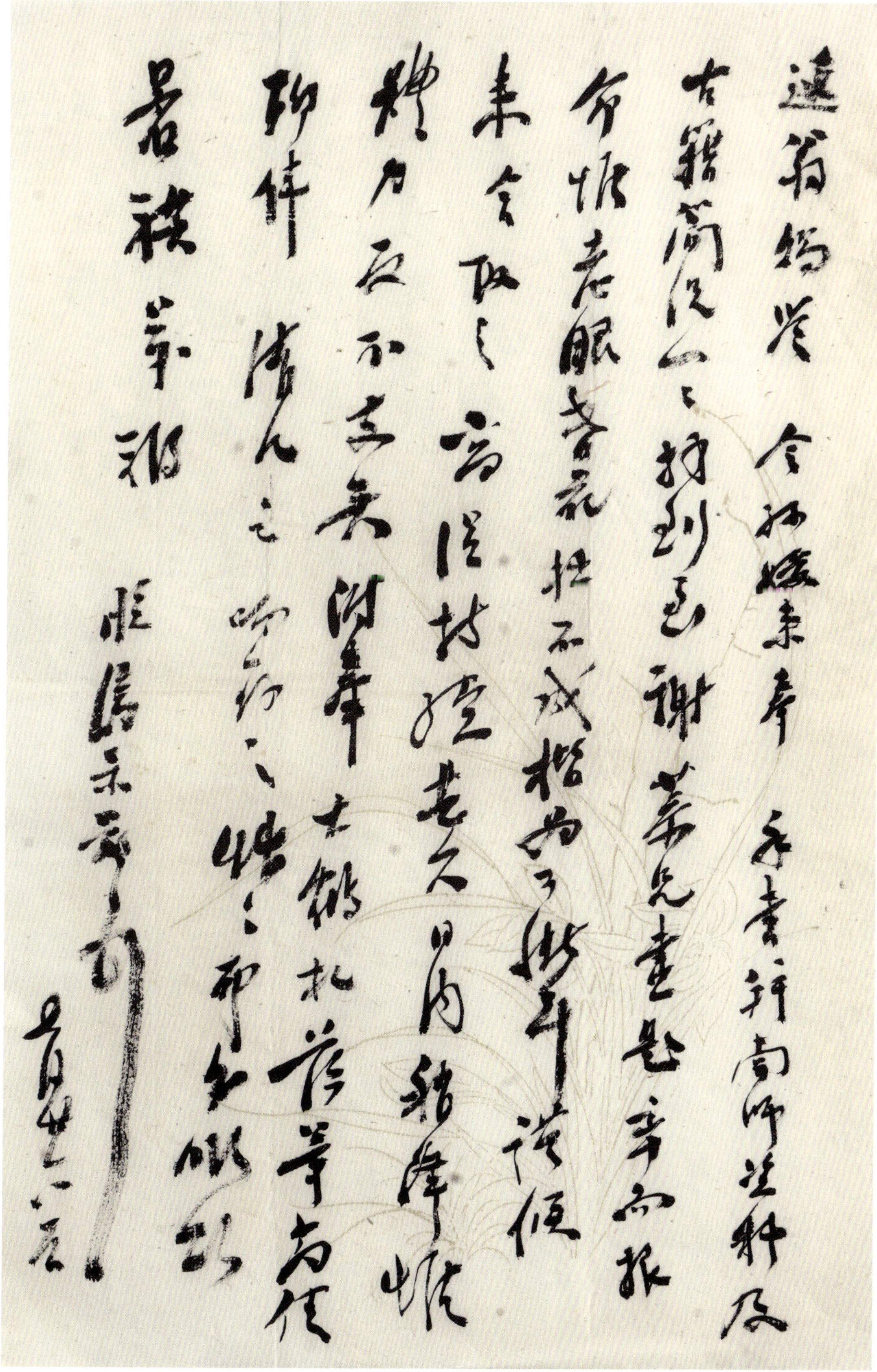

逸翁編兄：令孫媳來，奉 手書，并 高師(?)注軒及
古錢前(?)後之，拜到已謝。弟先(?)畫毫(?)起(?)，弟向報
命催(?)。老眼昏花，握不成楷，尚乞諒之。前(?)催(?)
來令孫之 高誼(?)，甚(?)荷(?)。老人目內(?)絡(?)續(?)帖(?)
精力衰(?)不支矣，謝(?)拜(?)古錢札(?)，蔣(?)等為代
郵件。諸(?)人之吟(?)好(?)之，特(?)之，知(?)又(?)收(?)到(?)
著祺萬福(?)
弟(?)景鄭頓首
十月廿一日(?)

潘景鄭致鄭逸梅

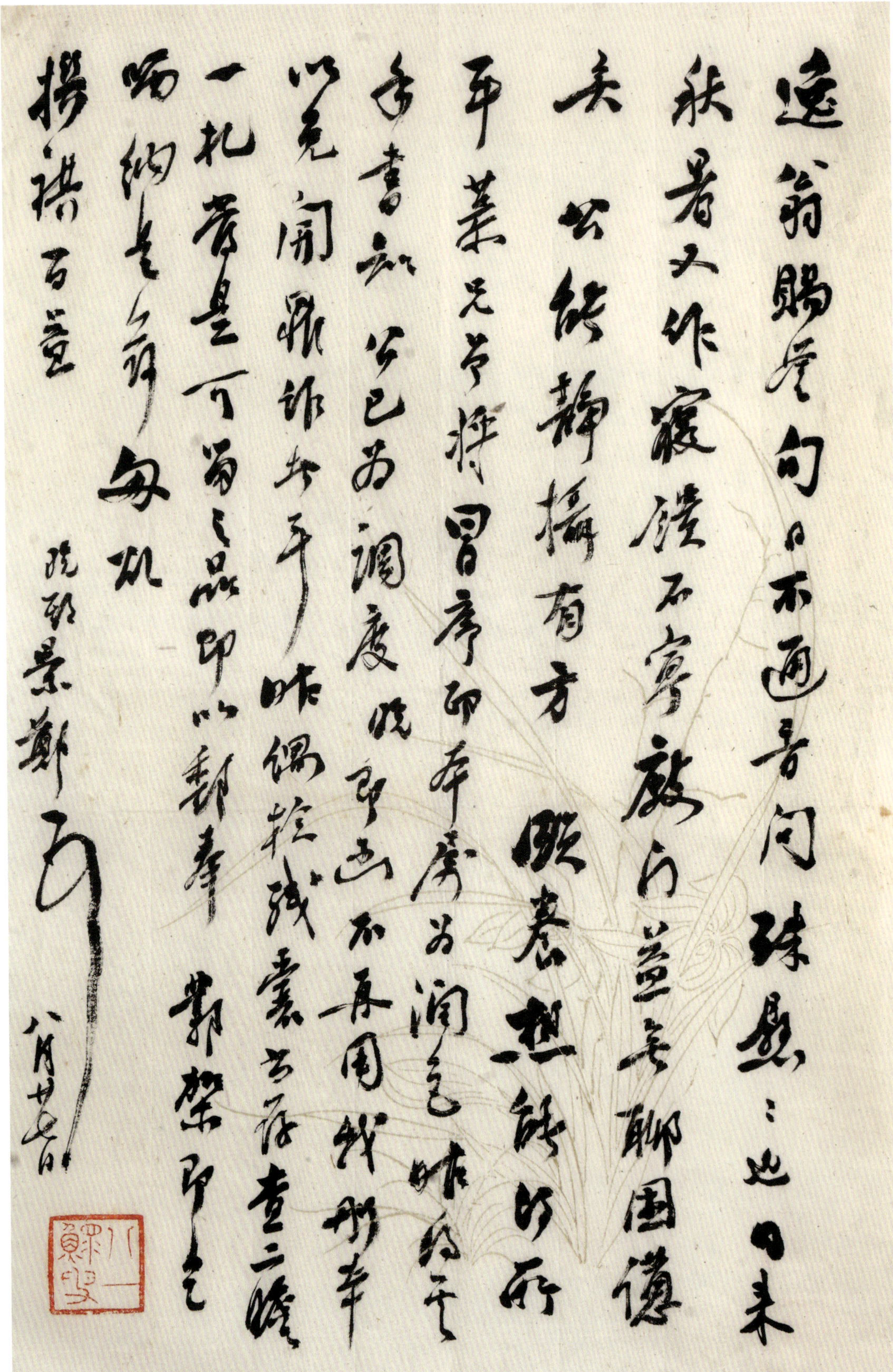
逸翁賜覽：旬日不通音問，殊懸懸也。日來
秋暑又作，寢饋不寧，敬以爲念，聊國德
矣。公能靜攝有方，賤恙想能如所
乎。菜兄前將冒序印本寄序爲潤色，昨聆千
手書，知公已爲調度，賤印亦不再用錢刊本，
以充閒飛詐去年，昨偶於殘囊中存壹二張，
一札，齊是可當之品，即以郵奉尊架，即乞
哂納是幸。匆此敬頌
撰祺。
晚弟景鄭頓首
八月廿七日

潘景鄭致鄭逸梅

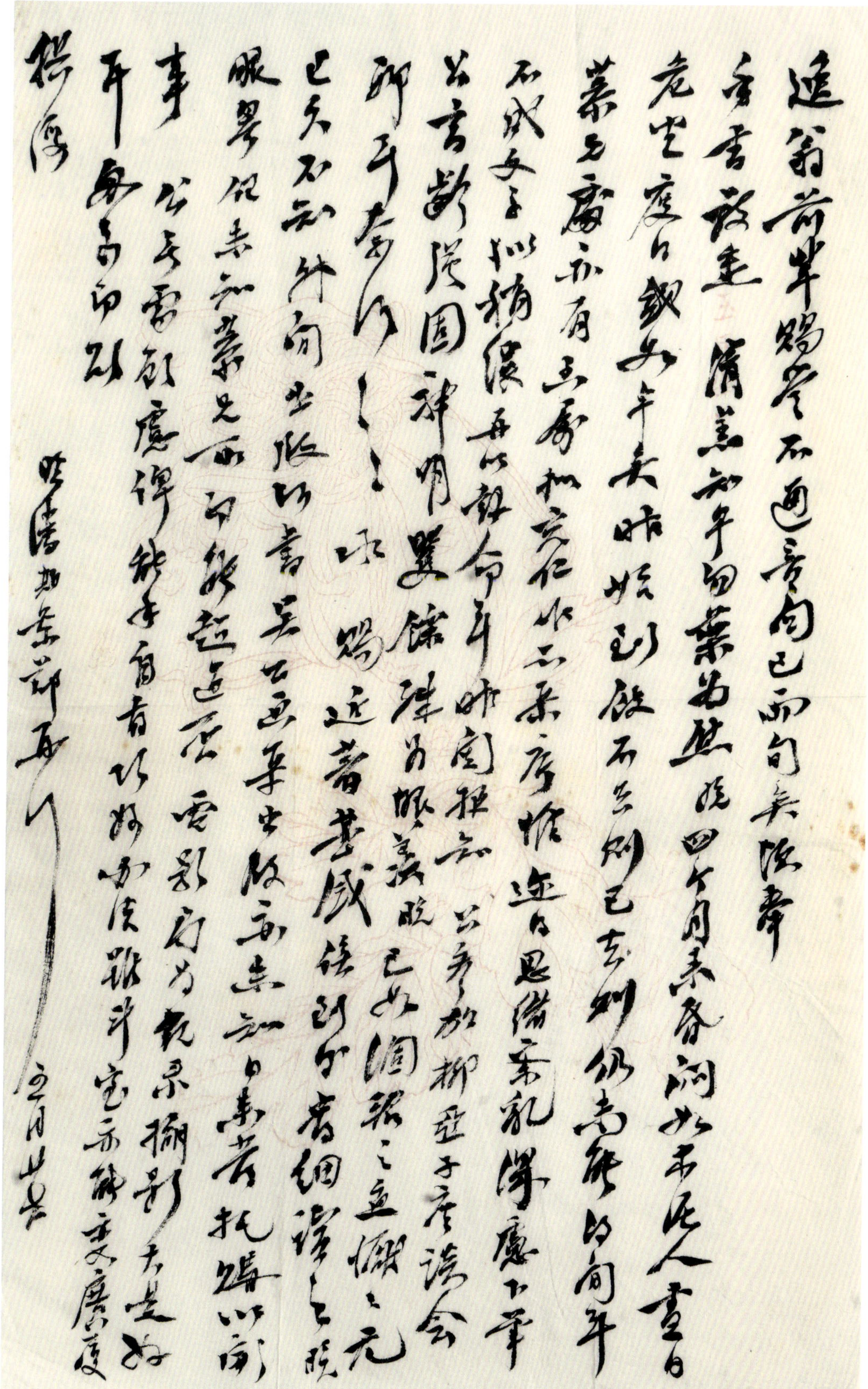

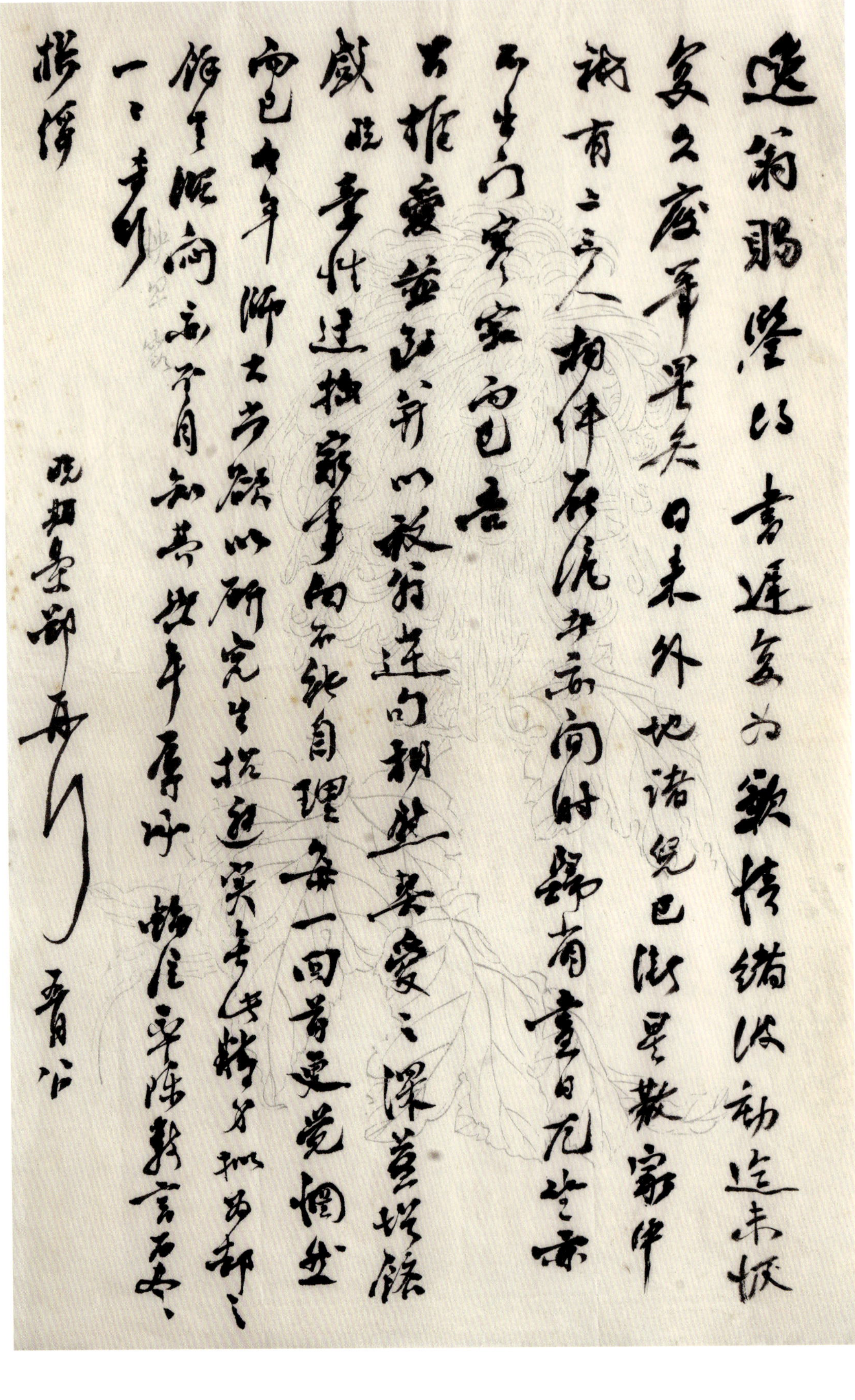

逸翁鵬鑒：以書遲復為歉。情緒波動，迄未恢復。久廢筆墨矣。日來外地諸兒已漸星散，家中

潘景鄭致鄭逸梅

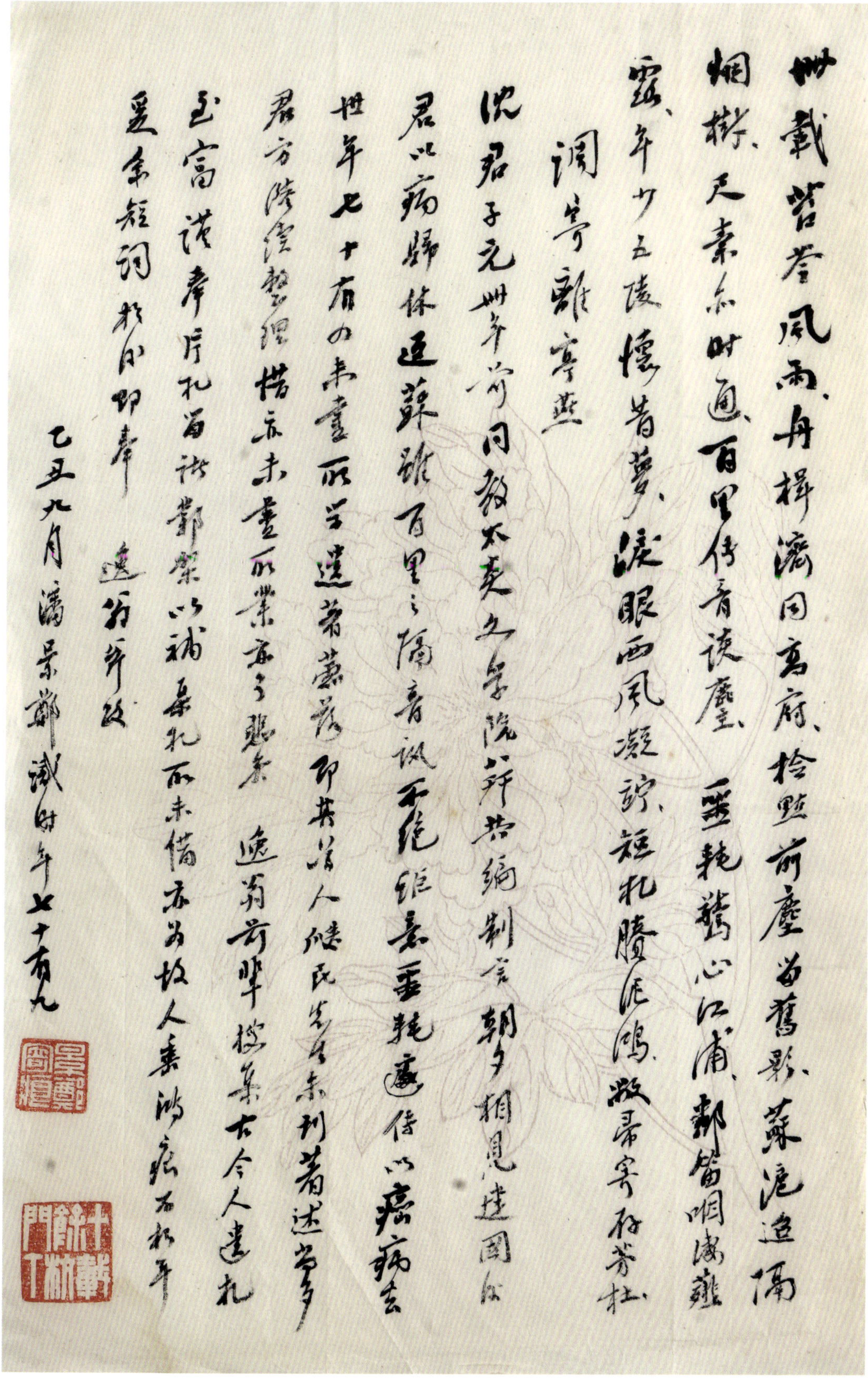

卅載皆眷風雨、舟楫濟同高廚、撿點前塵皆舊影、蘇滬遥隔烟樹、尺素亦時通、百里傳音談麈、垂耄驚心江浦、鄭笛咽秋離霞、年廿五後，懷昔夢、淚眼西風凝竚、短札牘泥鴻，散帚寄存芳杜、

調寄離亭燕

沈君子元卅年前同教太炎文學院，并共編製言，朝夕相見，建國後君以病歸休返蘇，雖百里之隔，音訊不絶，距意垂耄遽傳以癌病去世，年七十有四，未竟所業，遺著叢殘，即其哲嗣人繼民先生未刊著述當多，君方從陰整理，惜亦未竟所業，爲之悲矣。逸翁前輩搜集古今人遺札至富，諸聲片札，留誌鄭棨，以補集札所未備，亦爲故人秉鴻痕於不朽，是余短詞，於此即聲。逸翁并政

乙丑九月潘景鄭識，時年七十有九

潘景鄭致鄭逸梅

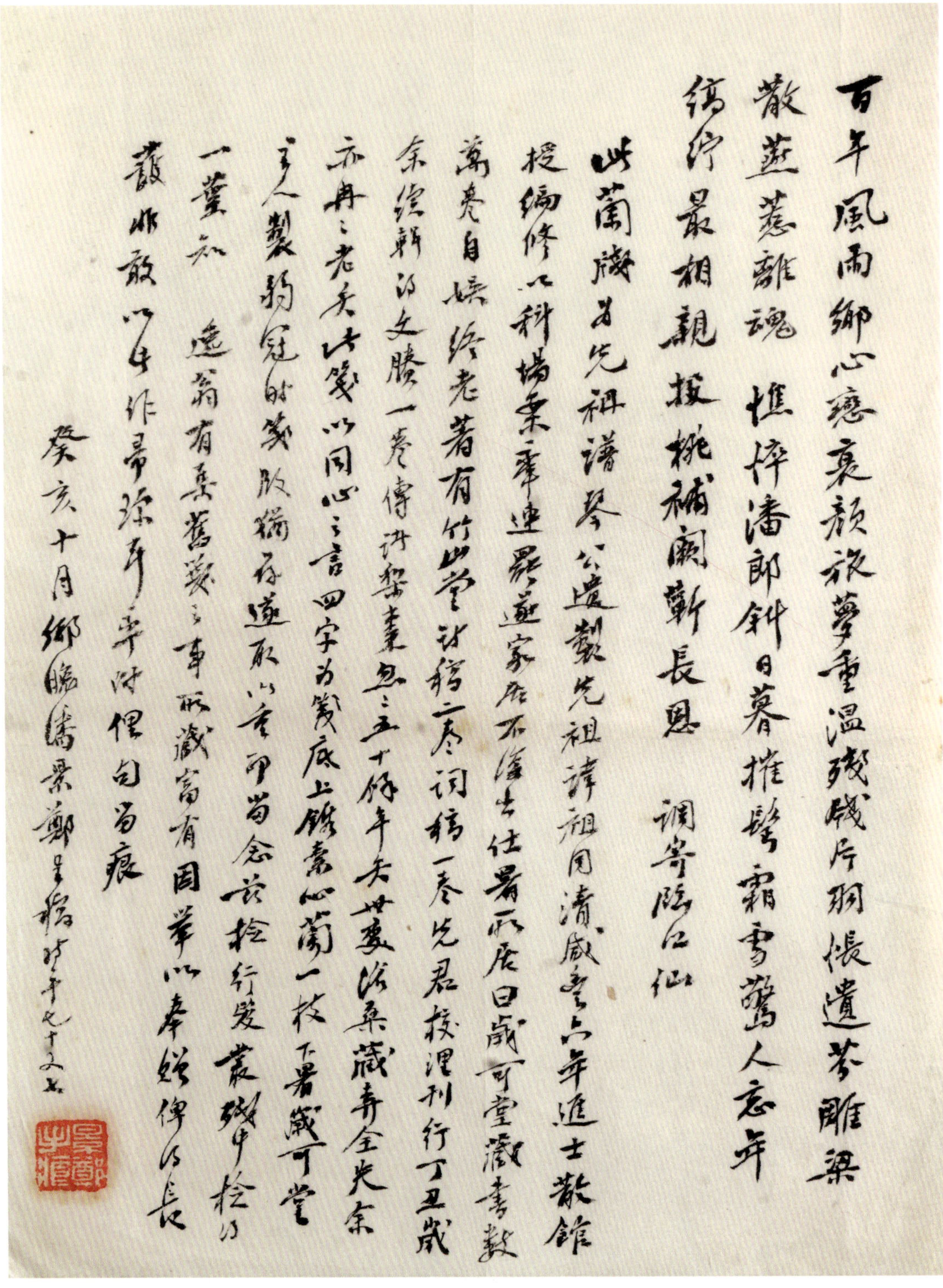

百年風雨鄉心戀，衰顔旅夢重溫。殘牋片羽悵遺芬。雕梁散燕，慈離魂。　惟悴潘郎針日暮，摧鬢霜雪驚人。忘年縞紵最相親。援桃補闕，斷長恩。

調寄臨江仙

此蘭箋為先祖譜琴公遺製。先祖諱祖同，清咸豐六年進士，散館授編修，以科場案牽連，罷避家居，不復出仕。署所居曰歲可堂，藏書數萬卷，自娛終老。著有竹山堂詩稿二卷、詞稿一卷。先君校理刊行。丁丑歲余從韓江文勝一卷傳鈔，舉素息息五十餘年矣。世變滄桑，藏弆全失。余亦冉冉老矣。此箋以同心之言四字為箋底，上鐫素心蘭一枝，下署歲可堂主人製。弱冠時裝股猶存，遂取以奉呈，尚念其拾行笈叢殘中拾得一葉耳。　逸翁有集舊箋之事，所藏富有，因舉以奉贈，俾得長護，非敢以率作，畢綴芹宇時俚句留痕。

癸亥十月鄉晚潘景鄭呈稿，時年七十又七。

潘景鄭致鄭逸梅

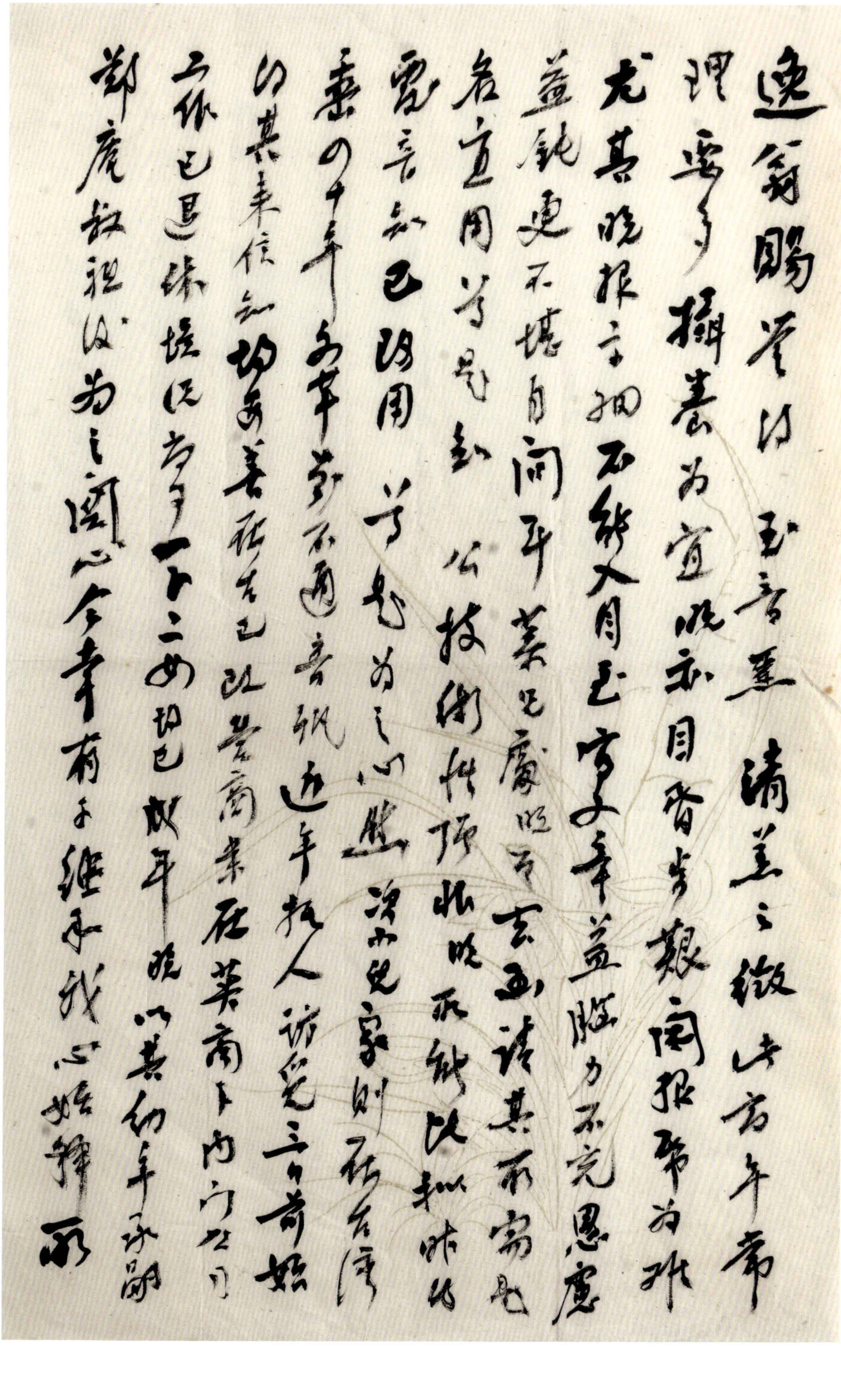

潘景鄭致鄭逸梅

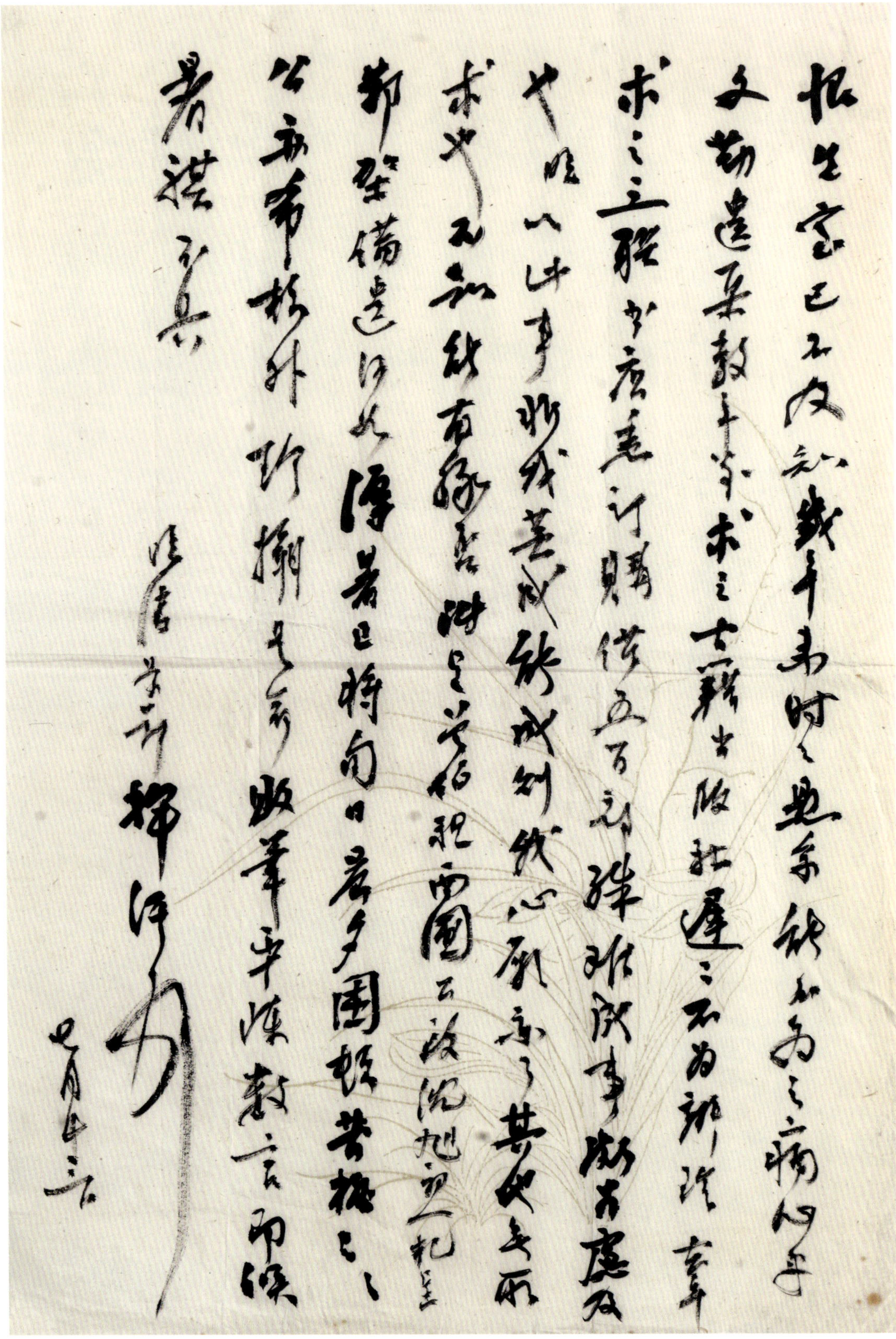

逸翁賜覽：日前鄭郡來，轉到再拙札瑰芳知照閱之，為雅著又承
手書并惠古籍一冊，均收到，謝謝。日前為佚之叢輯
外地先生均未能藉叢集遺稿，為疾間鄭郡
公將有北京之行，未知何時啟程
續輯可選近人手札，未知均以公上款為例否？如
未定例，所屬故友已裝裱成冊者有錢玄同、吳任
崇年祖齋並偕姚石子等若干人，可以提供為用
吉方聞居畢奉選，但均已裝冊，如何擷錄
示商妙手也。所可納和西圃老人一札，未知尚足采錄否
於存其身無長菲謝，敬候
撰祺

晚景鄭頓首　十月廿日

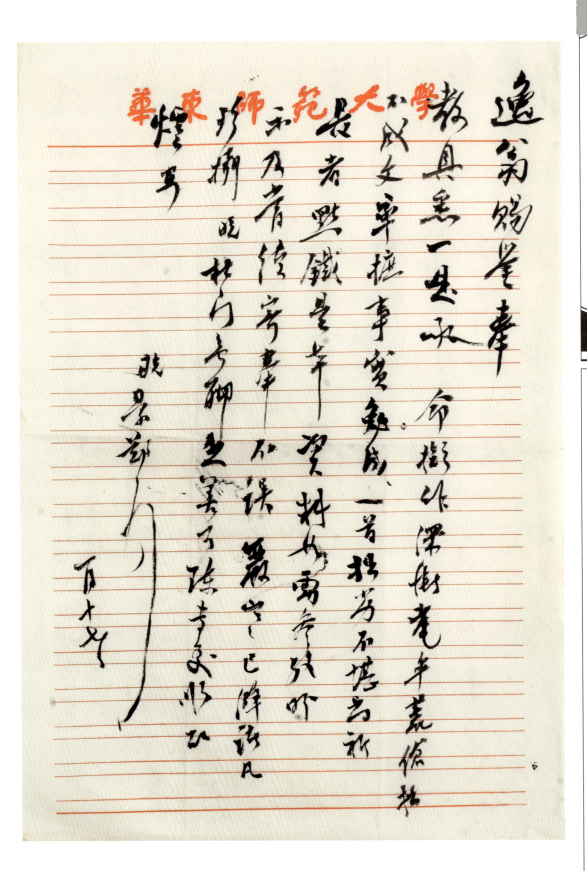

潘景鄭致鄭逸梅

逸翁賜鑒：奉
教具悉一是。承
命撰作梁樹庵年叢，依拙
不成文，寧摭事實，勉成一首，粗劣不堪爲訓，
長者點鐵是幸。賀料如需斧政，
和及肯綮寄奉，不誤。叢書已詳諸凡
珍攝。晚 梓行，當卽寄呈陳孝威收正。
燈安。

弟景鄭頓首
月十九日

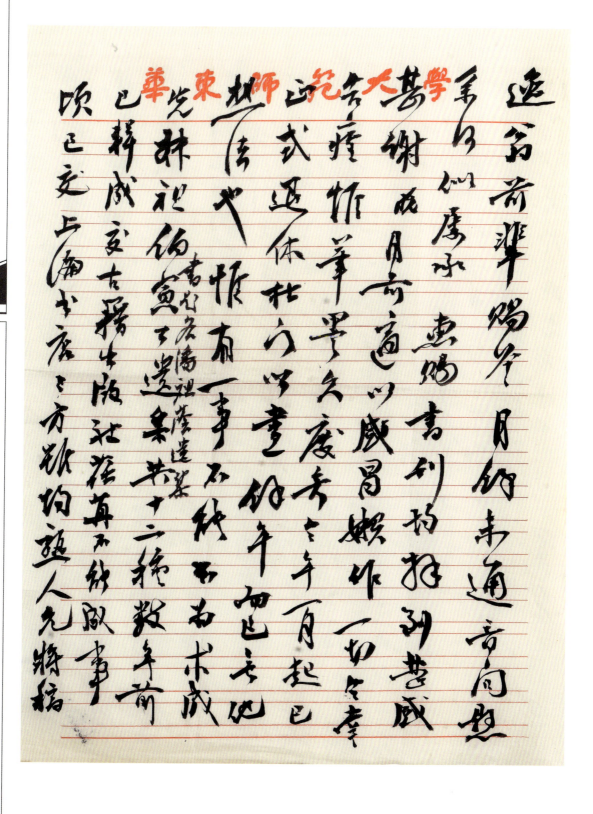

潘景鄭致鄭逸梅

華東師範大學

逸翁前輩：睽違月餘，未通音問，無任系念，似度承惠賜書刊，均拜領，無感甚謝。旋月前適以感冒嬲作，一切々廢，告痊。惟筆墨久廢，去年夏起已正式退休，杜門以遣餘年而已。去他材傳也。惟有一事不能不為求成：先叔祖伯寅公遺集（書已名潘祖蔭遺集）共十二種，數年前已稡成，交古籍出版社，擬真不能啟事。頃已交上海書店之方張均趙人先將稿

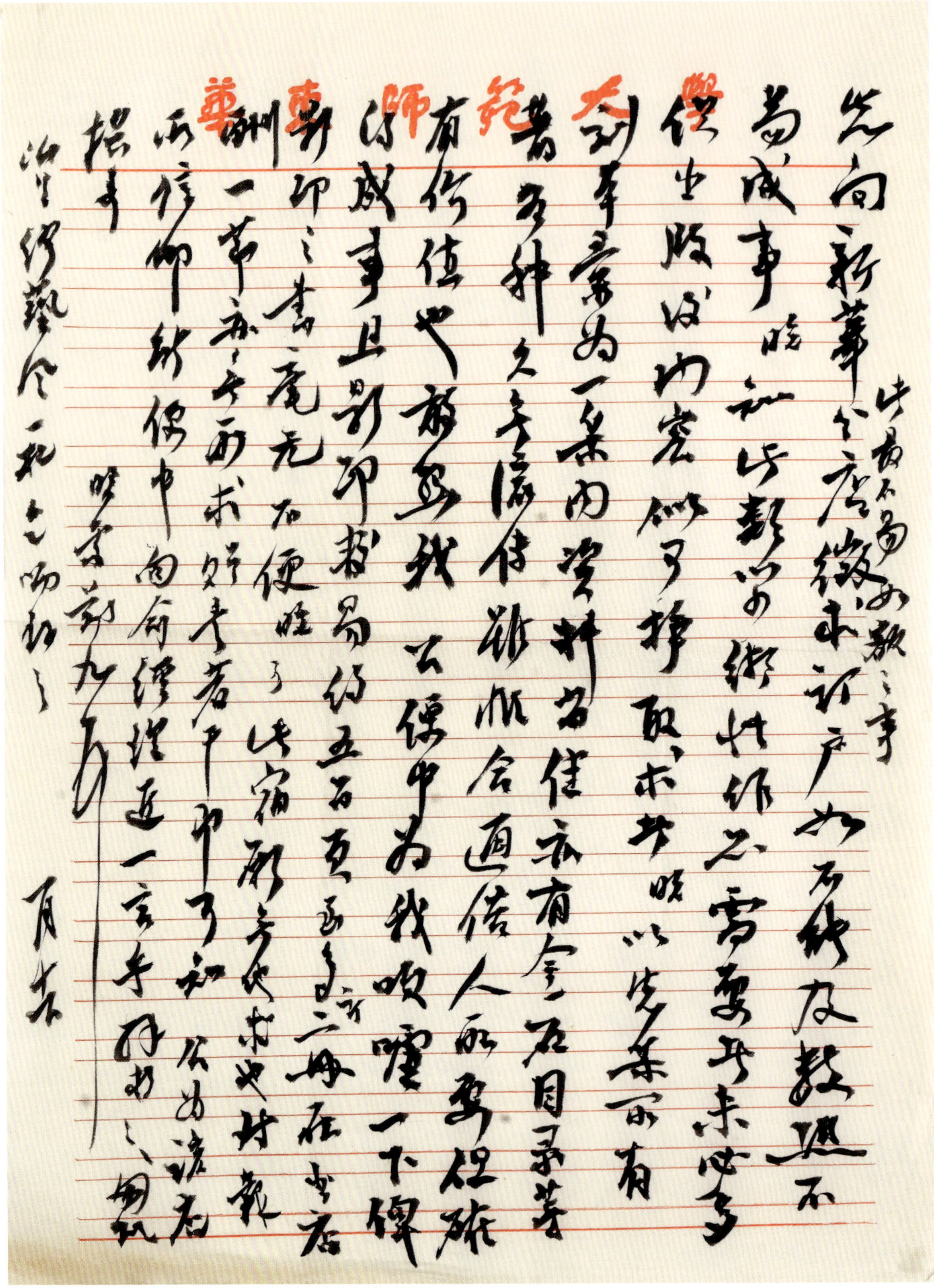

潘景鄭致鄭逸梅

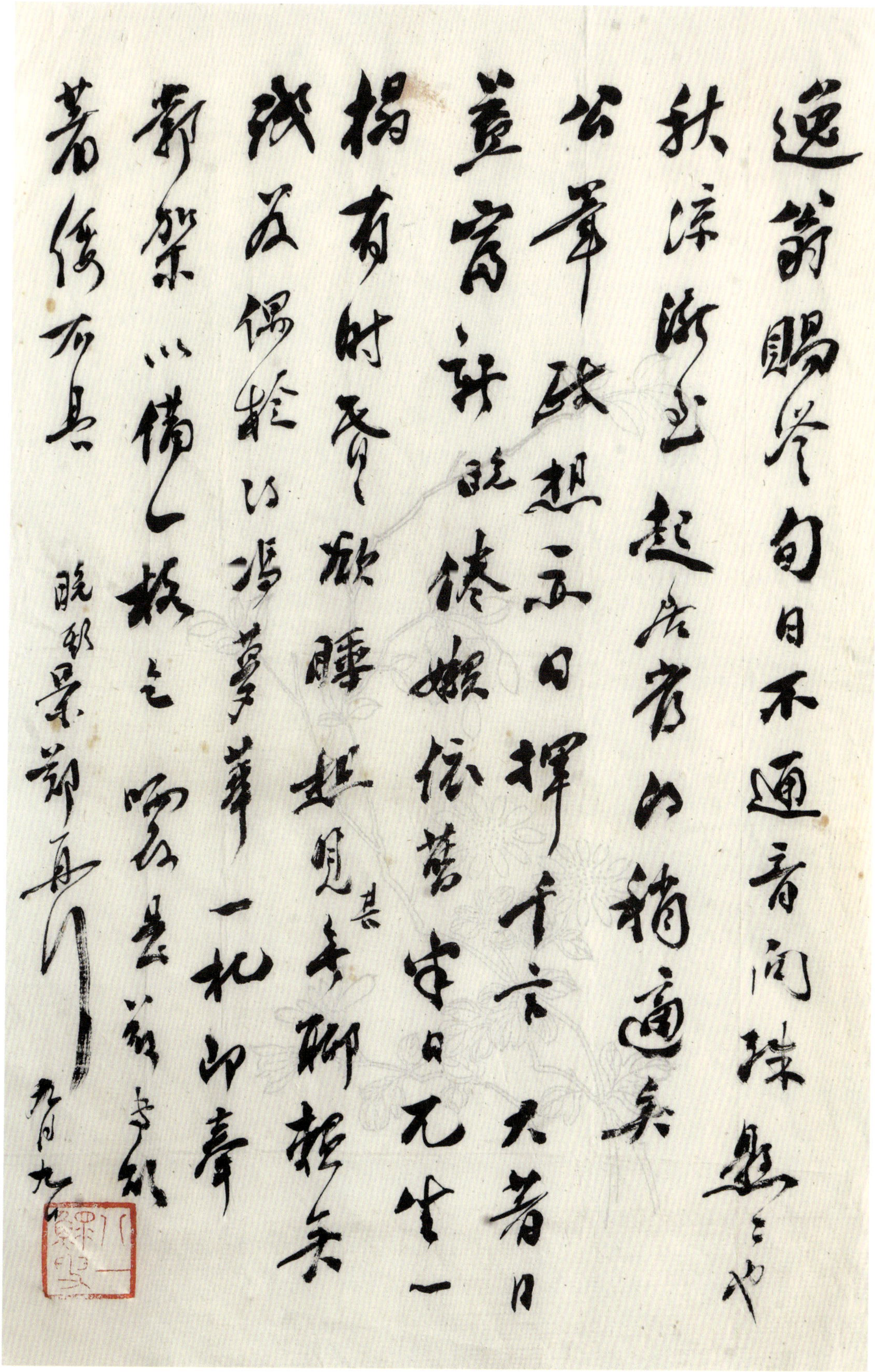
逸翁賜鑒：旬日不通音問，殊懸懸也。
秋涼，浙出起居當必稍適矣。
公年政想正日揮千言，大著日

潘景鄭致鄭逸梅

逸翁前輩賜鑒：一周來以全國善本書目會議，竟日在延安飯店參加審查，晚返寓[illegible]甚忙。惠文教資料一冊已領到，當通一函謝謝。今日大會已結束，得以休息一日。積六方面[illegible]理及之，亦[illegible]寄去[illegible]。公近於撰述，想日新月異也。甚念甚念。一昨[illegible]以[illegible]已為心[illegible]上海[illegible]十年來未有[illegible]大震也。公亦受聘[illegible]於古籍[illegible]一九[illegible]能詳其下[illegible]亦[illegible]謝，仰祈指示。順請日安。

弟景鄭頓首 [illegible]

潘景鄭致鄭逸梅

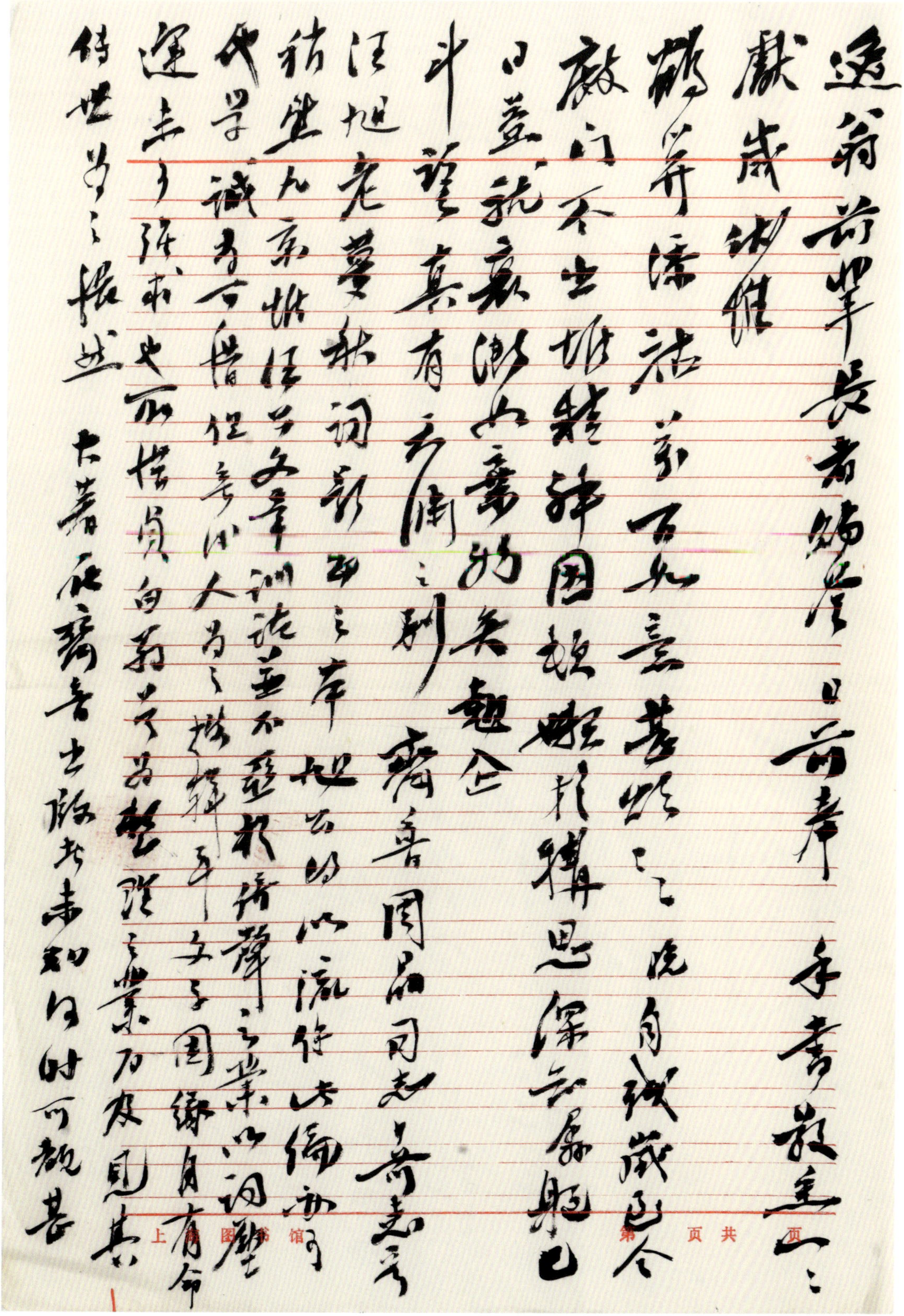

逸翁前輩長者綺席：日前奉手書，敬悉一一。
獻歲以維
杖履清祜，萬事如意，甚慰甚慰。晚自識歲已今，
閉門不出，惟精神困頓，於精思深無興趣已
日益就衰，澈如蠶約矣，勉企
比諸真有雲泥之別。壽香同居同志者云
汪旭老蔓秋詞稿印之年，擬出版以流傳，尤備于可
積然九京，惟猶多年訓詁，並不甚於倚聲之業，以詞學
代學識有今昔，但是以人為之，採擇乎文字因緣自有命
運去矣，孫本文而後，貞白翁其為堅，張之業乃及見其
待世為之振起。
大著欣齋香出版否，未知何時可觀其

逸翁々々社長吾兄撰席：兩月之久，竟無音問，近來出院之後，可謂一難，從今年已向政協請求，不能每日去本台，照章以天時暖和，不拘時日往來，以休息鄉壹，經年以眼相思，趁謁長談，以慰久思。年來計家不致窘身，屢已亂盆，當未落實，緣是稍暇，雜述新整，難矣。新干偶於叢殘中檢得翁松禪手札一紙，書厨有關之語，即以奉上，希哂納是幸。即請撰安

春祺。不莊

弟景鄭頓首

丙寅新正五日

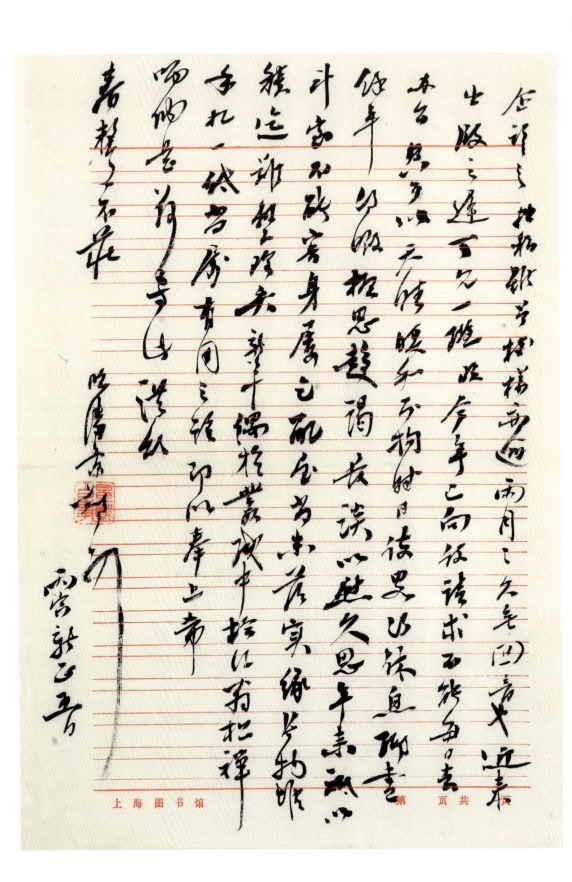

潘景鄭致鄭逸梅

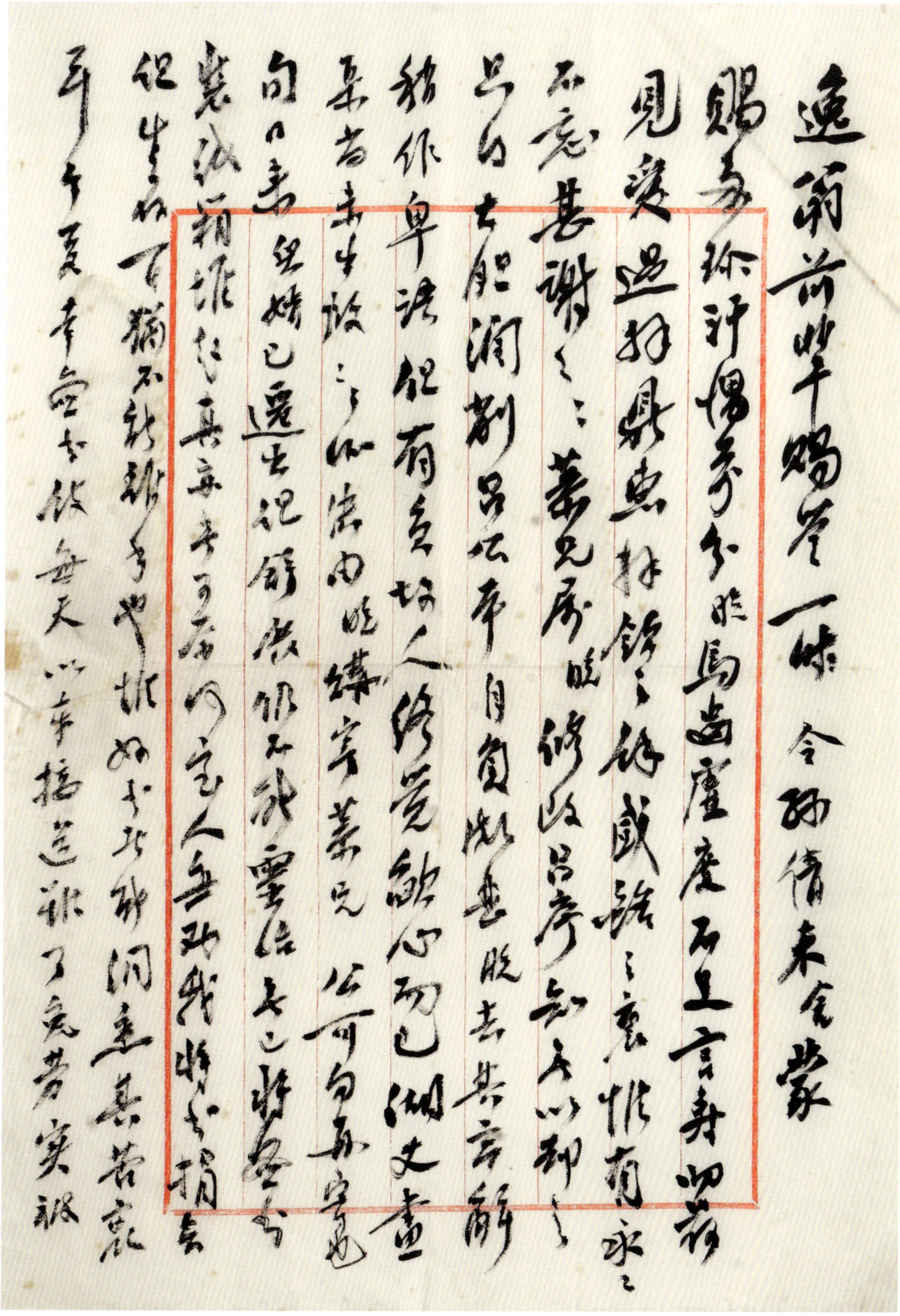

逸翁前輩尊鑒：一昨　令孫偕來，承蒙
賜示拙詩得序，令於馬齒虛度，不足言壽，即荷
見愛過存，具見錦錦鍼戢，銘之衷懷，有永永
不忘。甚謝甚謝。蕭兄處昨經段呂二公，知某以卻卻
之，只以去船洞劉呂二公本月閱微無服，去其言辭
雜作卑談，紀有色切人，終覺歉心。湖文畫
集者未出，故之和法內，昨講定蕭兄，公何自辦宜也。
自內來，但姓已還，出但錢微，似不啟，虛領長已將無
悲感，領悟在其年，去可府心之人無功，我將某捐去
紀生在下，猶不能謝手也。此如其能潤色其著錄
耳。乍夏　專此敬頌　安天　以本稿道謝　不宣　[illegible]

梅老史席：讀誦大示，敬聞有二種，四川出版第一冊，上海
亦十月出版。其不同則四川僅單字，上海則複字為
當。但內容所收集有詞語又不同。此把四川版但不能
免到，新編而未到甚多也。上海要預訂，既以嗟日付之。
只刊出一期，甲一期拖久，仍須待之。近把上海書店報印
又有組畫著五種，已從江蘇影印出版，亦僅風行
齋舍延遲甚久，自書樣本審定，雖先寄有冊送來，
未收到。殘稿猶記及也。望上葉據初版詩爾願一札來，勿誤。
諸承夫子致意，布謝此訊
暑祺 弟撮
晚景鄭頓首
六月廿五

濃情縞紵銘心處，勝骨肉、十年風雨，旅江千、尺素傳頻，傾識衷、辨
香時炷。況是吹噓屢屢，重彩筆、暮鐘晨鼓，樹標木、題柯回
枯，認朱印、深懷記取。　調寄賀恩新

僕與　逸翁訂交垂五十年，砥同審泥上塵事，互霸塵益無多。
翁長于一星紀，忝得忘年之交，引爲快幸。　翁文名流播藝苑，久
推台斗矣。十年動亂，不相顧問，四出殄滅，過從遂密，魚雁往還，歲時
年問即。　翁勤業撰著，日成千言，高年精力過人，具備期頤之徵，瑞近歲
鴻編付印，累數百萬言，殊方異域，不脛而走，紙貴洛陽矣。僕以庸
愚困蹟書城，自創蓋蓋與席仰同朽而已。　翁不鄙樗材，一再揄揚，
中心愧汗，無以言喻。爰鐫製高審深知小印，以矢勿諼，聊贅俚言，即乞
教正

甲子九月三日鄉晚潘景鄭謹呈　時年七十有八

逸翁賜覽：奉 去歲惠一書，方以藥函

自北京歸來，與 公合看，出示收到，失日來陰雨

遠錦並荒，周人既另日旅集，每日到彼，竟待續

寄時去半日哀，纖益甚，談至京，多心緒甚矣

去京不禁前之 佣(?)托 四川辭書出版社簡

出版濮錦去辭典，未寫目，不知內容，徑至上海辭書

十月下去世，同在日以前，後在杭晚詢之友人，言四川亦罕

事上海有穫之，如果刻，待時間出版而無 公手寫之

在杭州圖書館，今日開幕，有人來函邀，既實難姪後言聲之

指出可否？仍請 況先生向廣寫一晚，稽年暇一札也

函乃是蒙 去歲

撰祺 晚潘景鄭頓首 印

潘景鄭致鄭逸梅

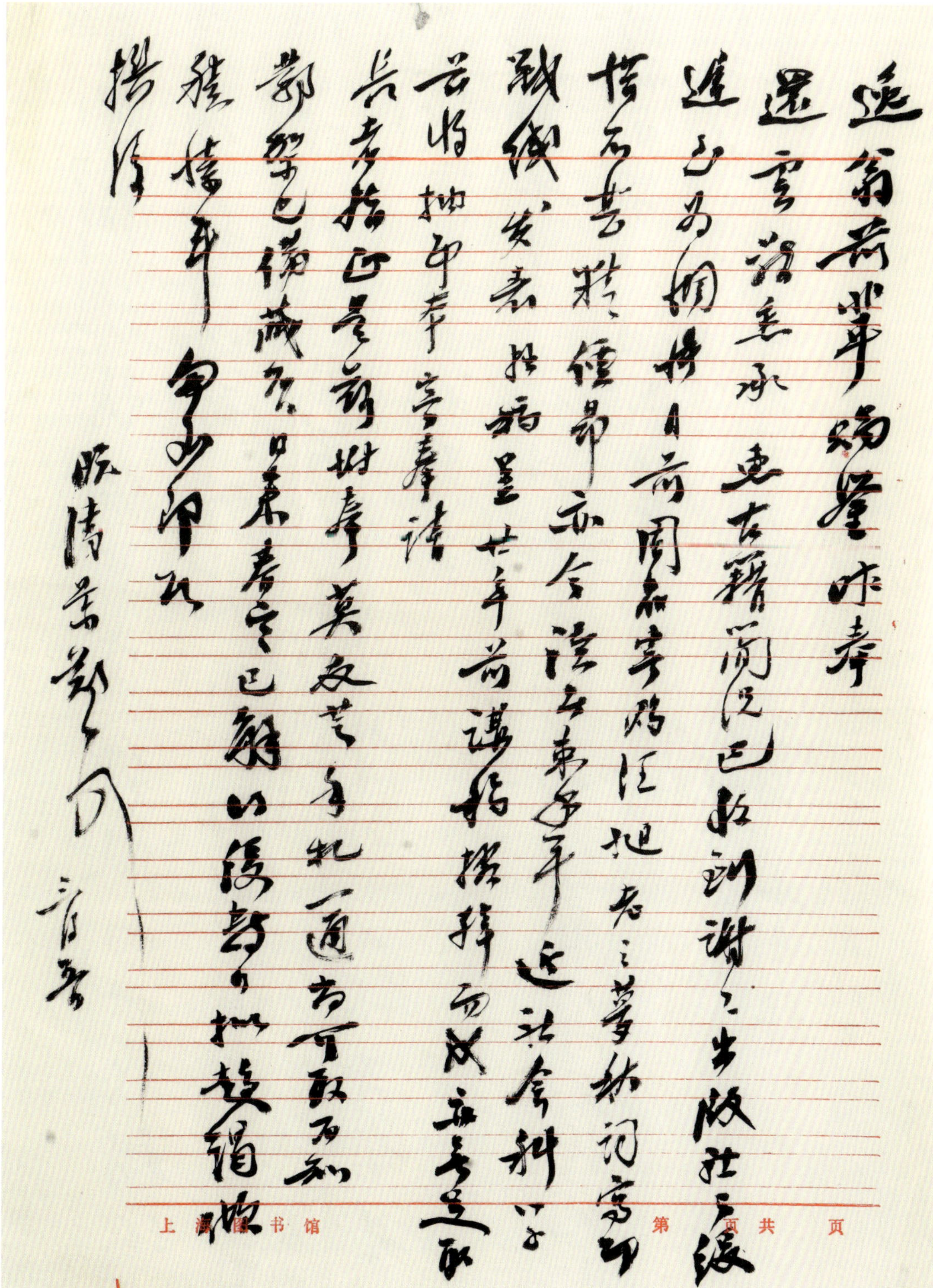
逸翁前輩賜鑒：昨奉
還云，諸悉。承　惠古籍簡已收到，謝謝。出版社復
述及為拙撰，日前周和寄鷗往返，老之墓誌詞寫好，
請為書，精鐘鼎亦今浣東寄，年底社會科學
戰線發表。拙稿呈廿年前謝稚柳拜而成，與其立取
云將拙印本寄請
長者指正是荷。樹本莫友芝手札一通，當可取否，不知
鄭氏已備藏否。日來春寒已解，以後當擬趨領
雅請，年內[illegible]
撰[illegible]
晚　景鄭上
[illegible]
上海图书馆　第　页共　页

潘景鄭致鄭逸梅

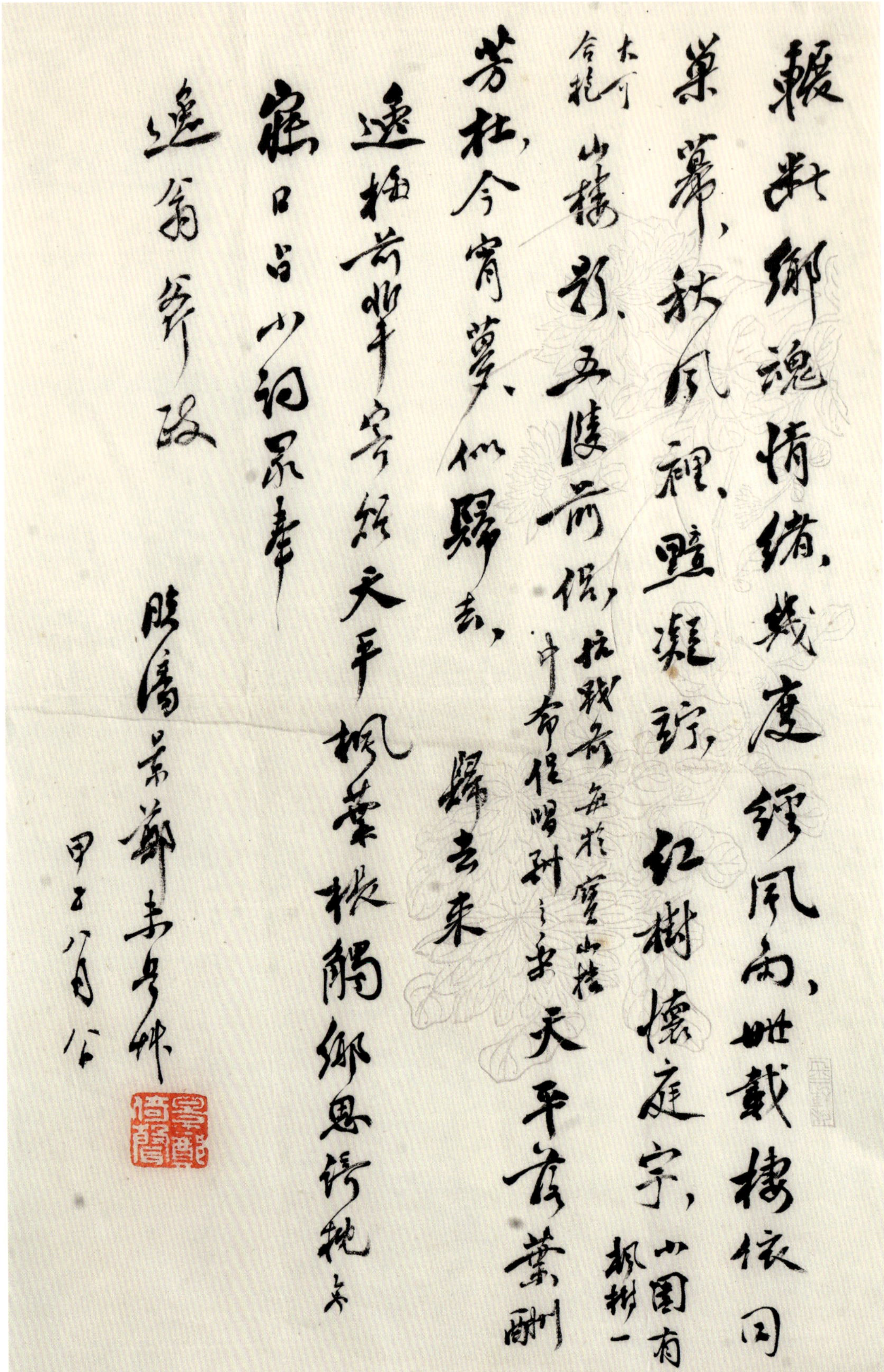

輾轉鄉魂情緒，幾度經風雨，卅載樓依舊巢幕，秋風裡，豔凝紅樹，懷庭宇，小園有楓樹一大可合抱山樓影，五陵前侶，拉我每於寶山樓中分倡唱酬之樂天平夜葉酬芳杜，今宵夢，似歸去，歸去來

逸梅吾兄寄贈天平楓葉，撥觸鄉思，得此矣感日占小詞畀奉

逸翁吟政

胎盦景鄭未定草

甲子八月公

潘景鄭致鄭逸梅

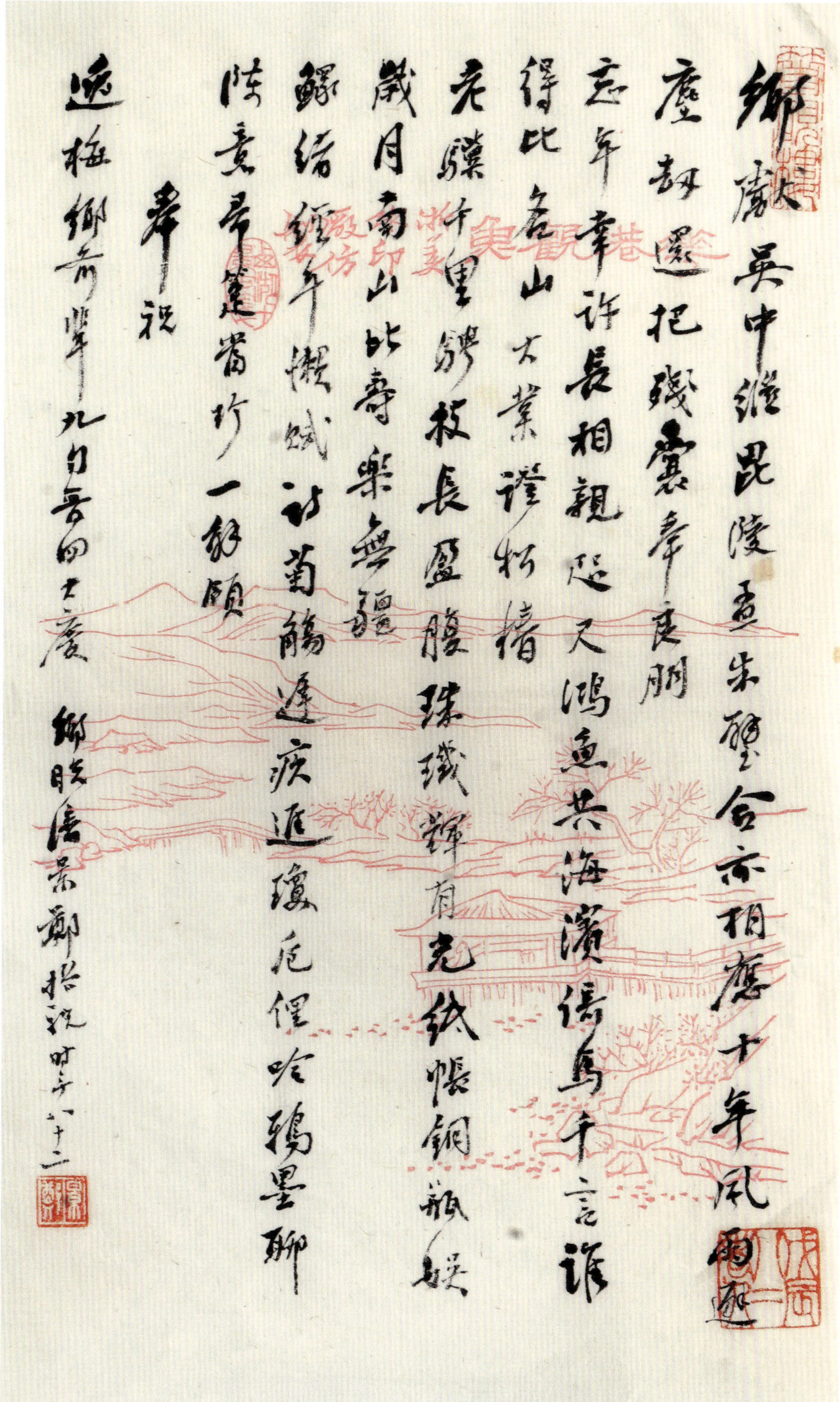

鄉丈：
廣吳中繼昆陵畫朱璧合亦相應十年風雨遥
塵劫還把殘箋寄良朋
意年幸許長相親咫尺鴻魚共海濱儒鳥千言詠
得比名山大業謹拈稽
老驥千里鍛杖長盈腹珠璣輝有光紙帳銅瓶緩
歲月南山比壽樂無疆
歸結繾年纖賦詩蜀觴遥疾進瓊卮俚吟聘墨聊
陳貢吾箋當竹一敘頃
年祝
逸梅鄉丈前輩九月壽向大慶
鄉晚潘景鄭拜祝 時年八十二

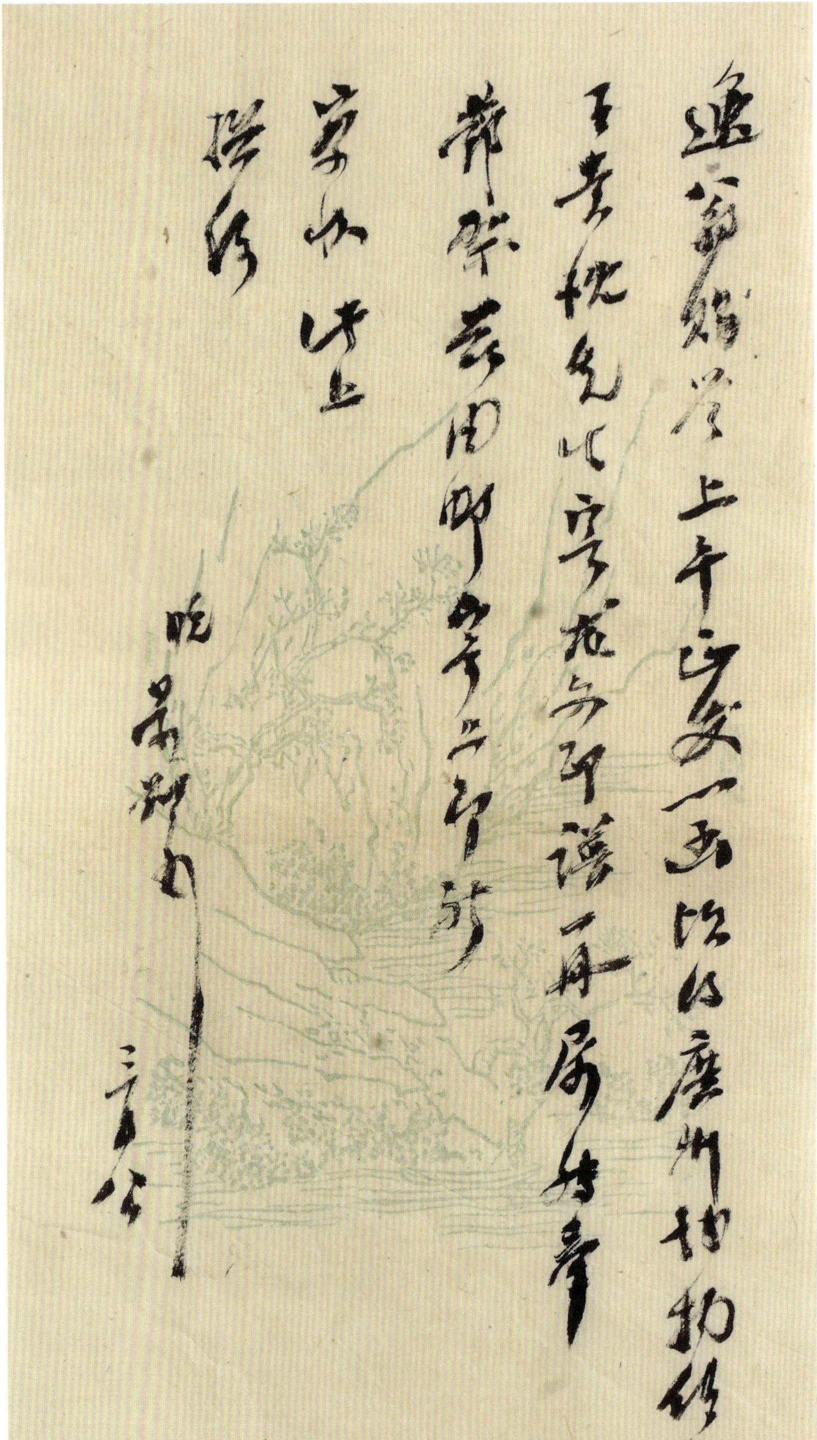

逸翁館長：上午已發一函，[illegible]以廣州博物館[illegible]
王貴忱先生以[illegible]與[illegible]一再屬[illegible]
[illegible]
安以[illegible]
撰綏
晚景鄭[illegible]
三[illegible]

潘景鄭致鄭逸梅

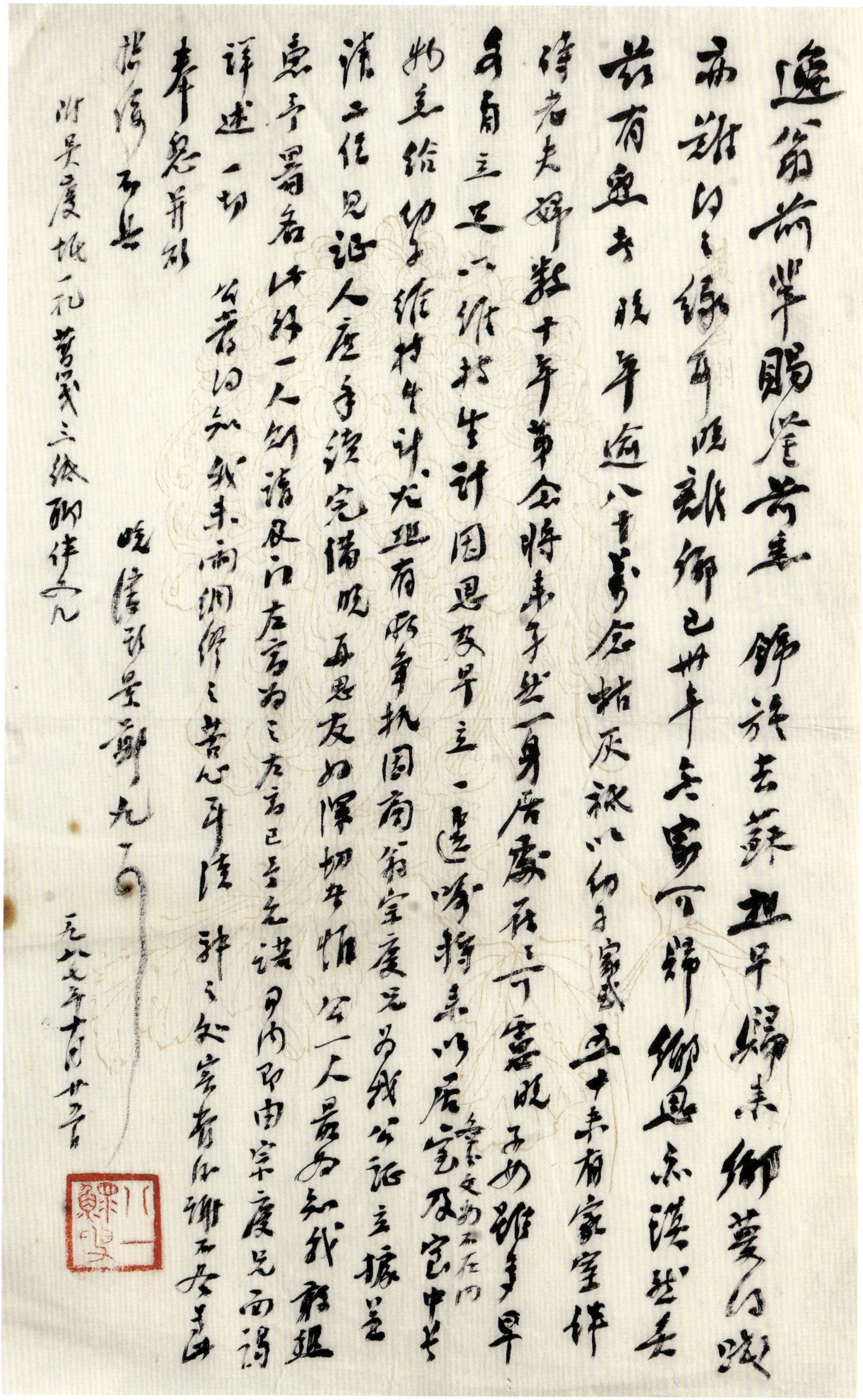

逸翁前輩賜鑒：昔年鄉旅去蘇，想早歸來，鄉夢何殊。亦難以之緣，再作故鄉，已卅年矣，實可歸鄉，鄉思亦深，然矣。茲有逸老於年逾八十高齡，皆灰祇以外子家盛五十年來有家室伴侍老夫婦數十年，今將來孑然一身，居處孤寂無靠，既子女離手早自自立，又一紙於生計，因思及早立一遺囑，將來以居室（像文物不在內）及室中長物並給外甥維持生計，尤恐有所爭執，因商翁宗度兄為我公證立據，並請工作兒證人處手續完備，既再思友如渾切於惟公一人最為知我，務懇惠予署名，此舉一人代請及門左右為之左右已承允諾，日內即由宗度兄面謁詳述一切，公若回知我未雨綢繆之苦心，再請許之，知宗有相謝不盡矣。奉懇，并頌時祺不具

晚潘景鄭九一

附呈度坡一紀貴刊三紙聊佐一九

一九九五年十月廿三日

潘景鄭致鄭逸梅

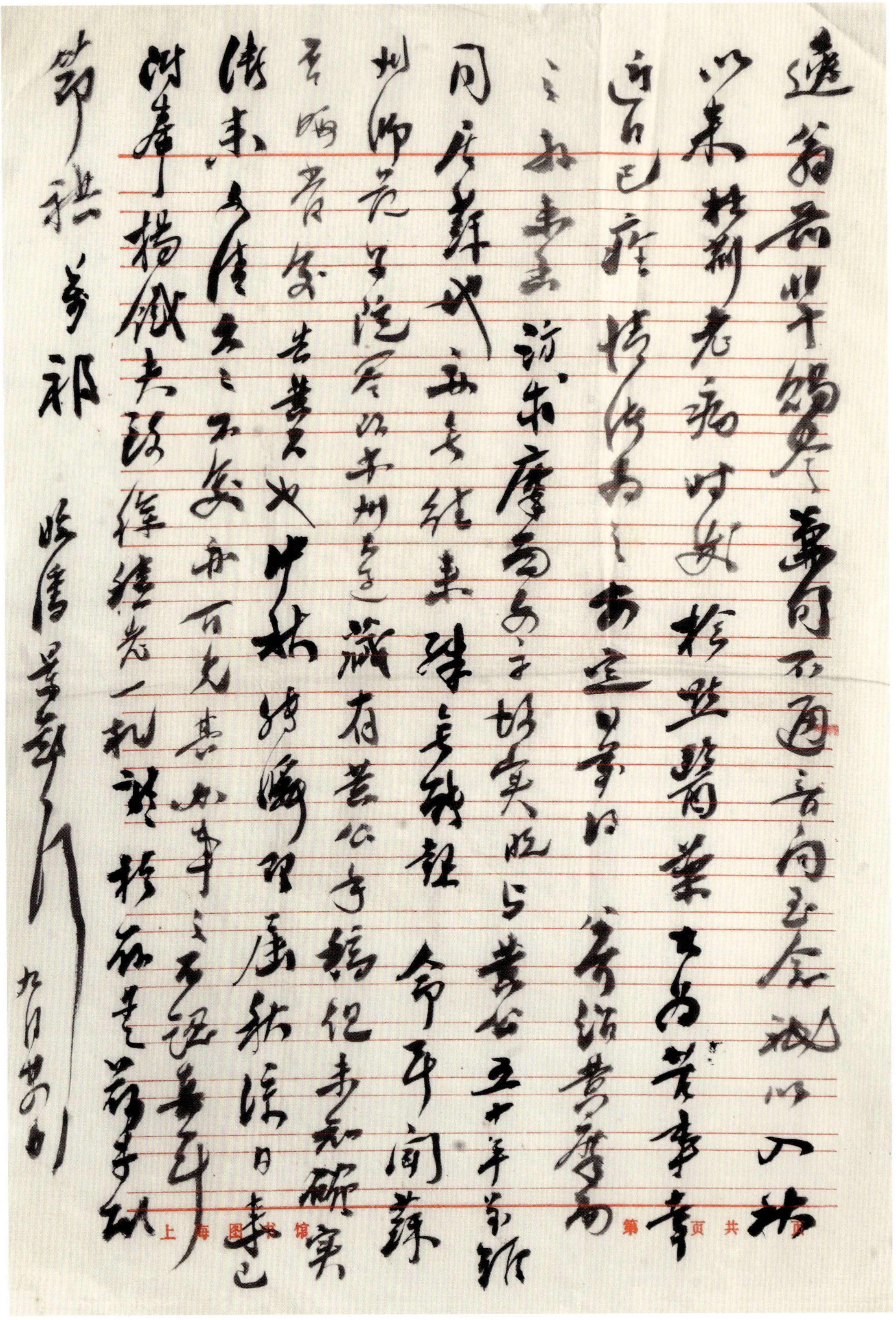

潘景鄭致鄭逸梅

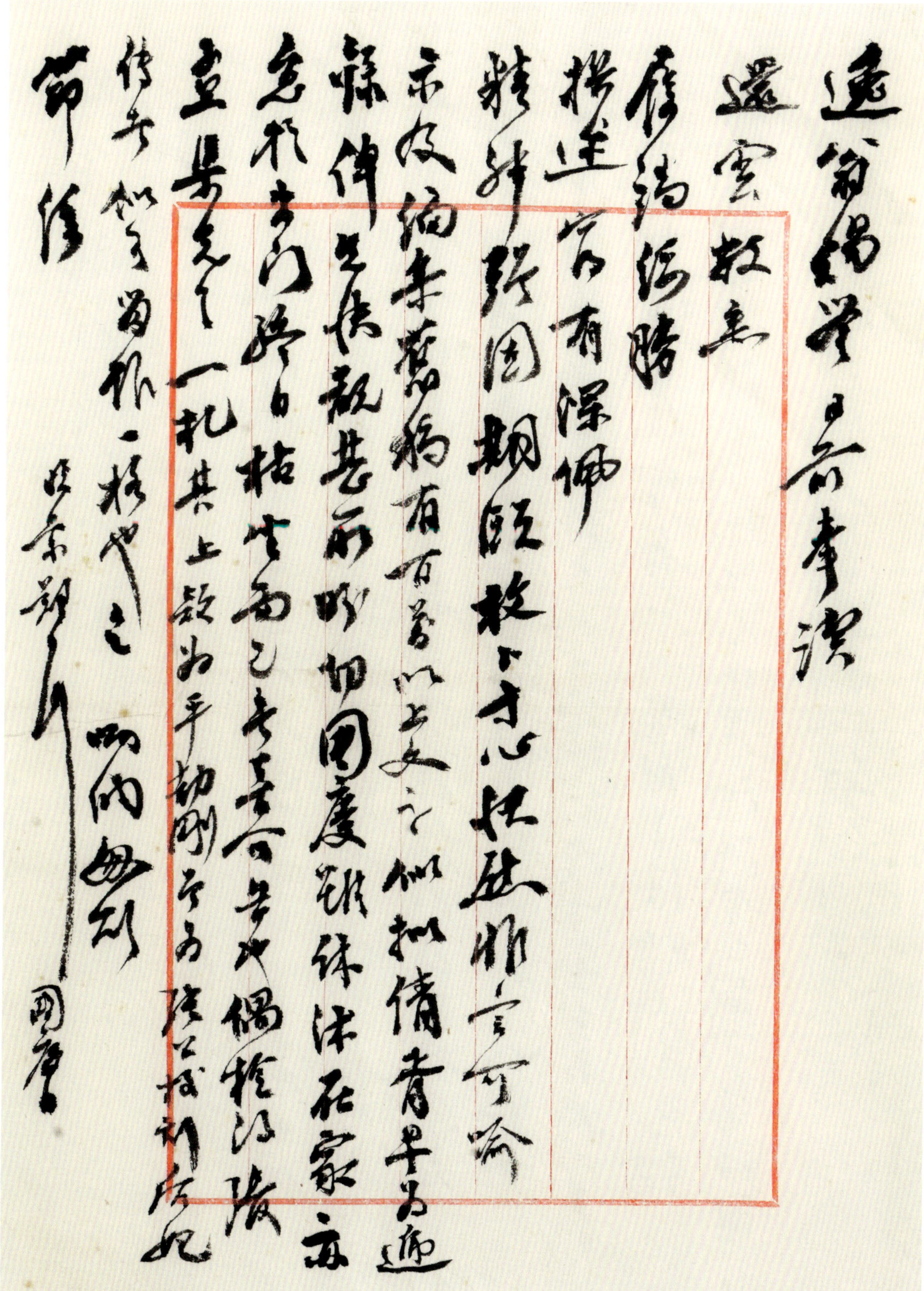

潘景鄭致鄭逸梅

逸翁賜答奉

書幷大作上海藝話及古籍簡述之編，快讀之下，

心目神朗，甚銷暑之良劑，又感謝之。日來大伏

之後，天氣炎熱，庸碌一切，懶於動作，直如枯木矣。今年

館中對于照顧，以年接退，事雖較好，然頗受拘束，不

能自由，于齋居常不可得，然爲者不能不顧親友。

批之末，寄之正平梅，未知能久先君稿，刊非姓宋下未滿八百

繳紙之數，亦合作宣告一段，當附呈，懇祈老手高詞

稿之一段，奉謝道。正作之圖壽知，任意已藏，有寧勿謝。

此頌

著綏不備

晚侍景鄭頓首

八月六

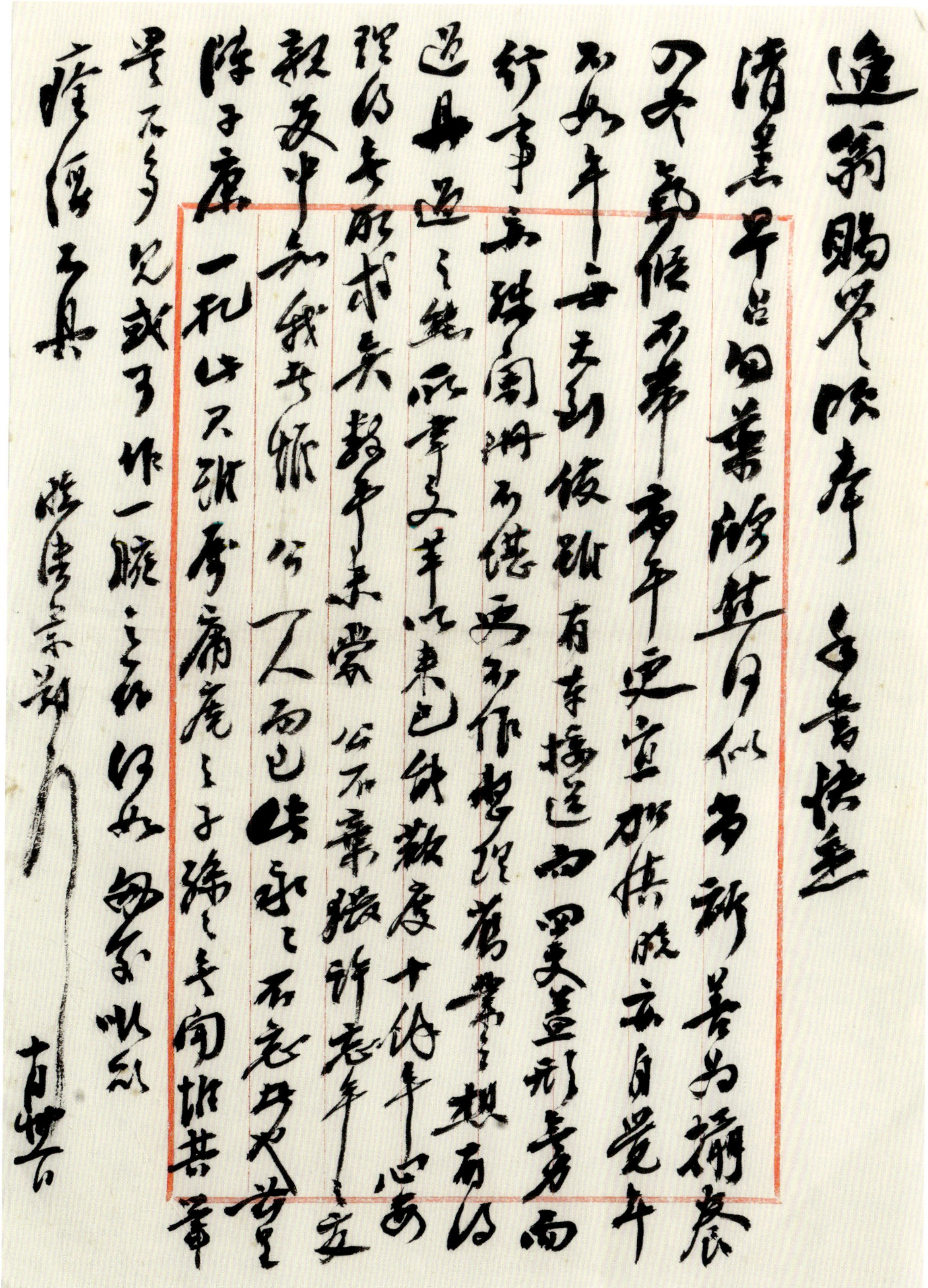

逸翁賜覽收存　手書猥悉
清恙早占勿藥，欣甚。日似為新善為稱慶
入冬氣候不常，弟亦年更宜加惜，晚亦自覺年
不如年，無去歲健，雖有奉揚之函，羅夫蓋形影而
行事亦殊困渺，不能再有所作，惟理舊業之想，而仍
逸與逸之鈔，所寄之平江東巴鈔數度，十餘年心血
理亦無成求矣。數年未嘗　公不棄，猥許忘年之交
親友中知我者，惟　公一人而已。此乘之不能無大望
除子康一札，此只張孝庸虎之子孫之未聞將其筆
墨，不多見，或可作一曉之否？何如如示覆收否
痊健之喜
景鄭頓首

潘景鄭致鄭逸梅

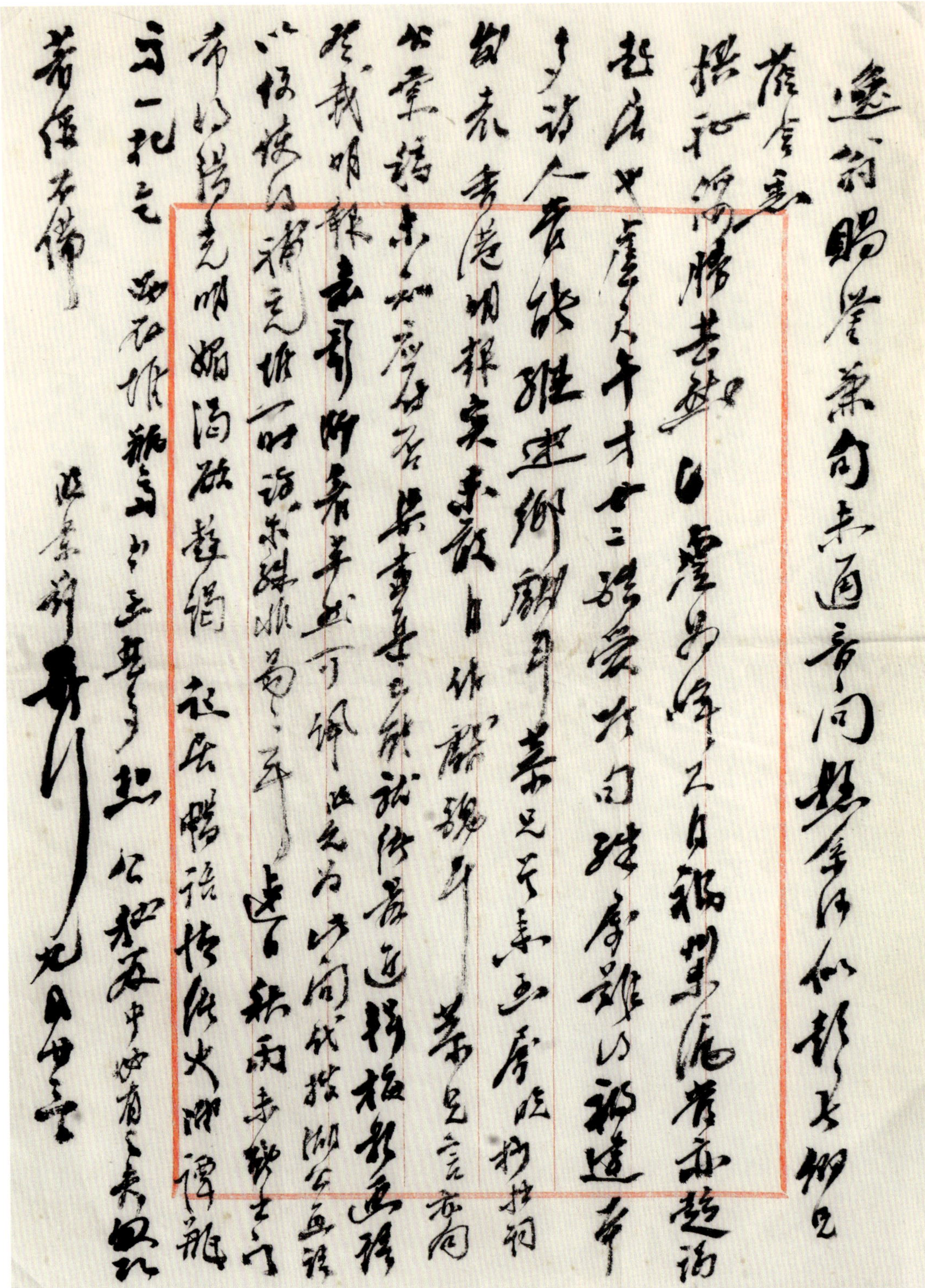

逸翁賜鑒：奉
書并古籍簡況，再謝謝。示及清羨，告於
吾兄以高年猶能揮筆，臨池勞動，為
之向，氣候時多變幻，腰亦加意珍衛，於
近來雖手術後病軀稍復，但精力衰敗，日甚一日，
今日之風雅盛事亦甚備，不敢出門矣。於年李校了
先生一札未知。鄭榮已具備，哲學林中收社稿
公指印之後，子當鴻雪亦張馬千丈，無如何耶。
即請
近綏
弟景鄭頓首 廿五

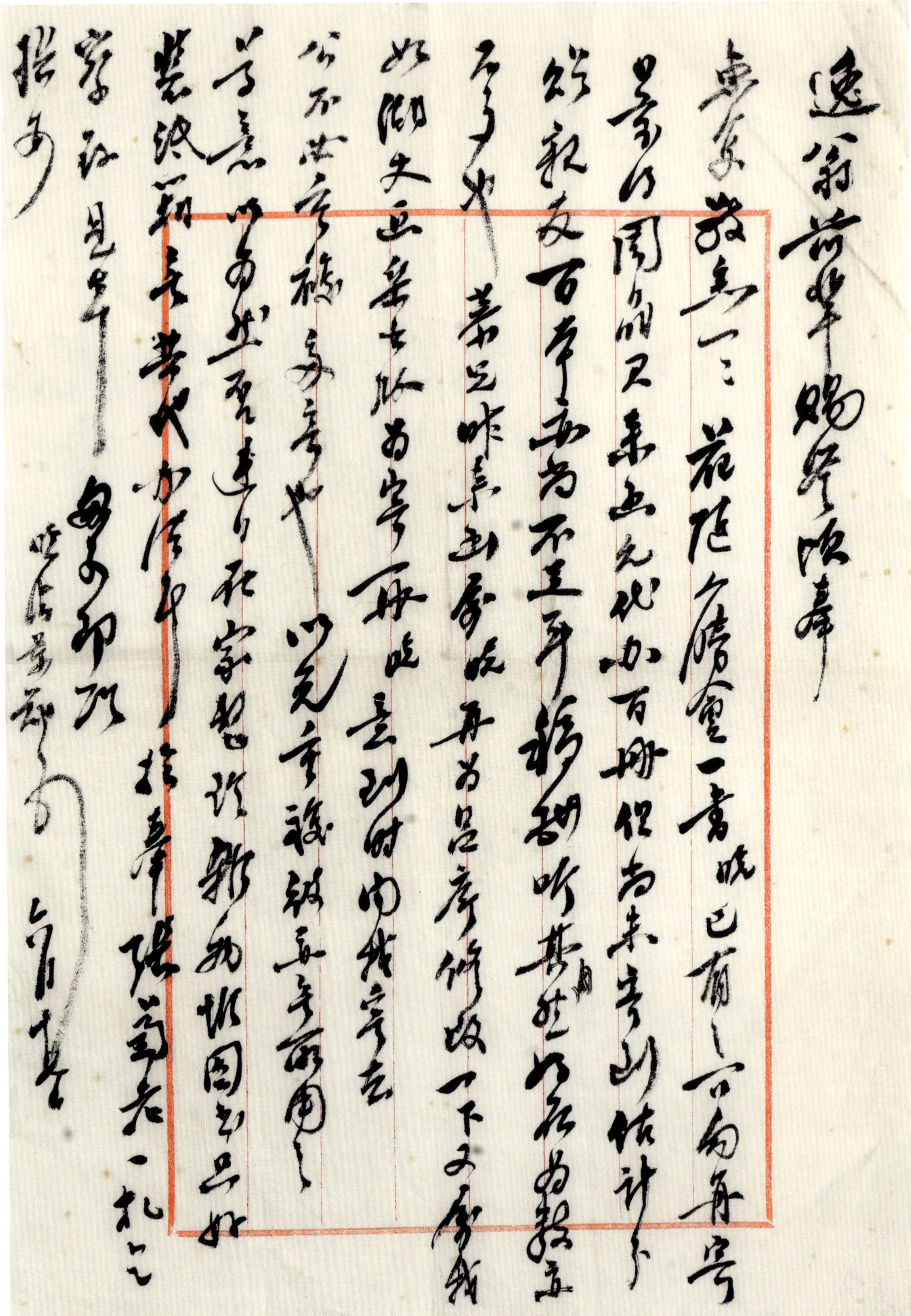

潘景鄭致鄭逸梅

潘景鄭致鄭逸梅

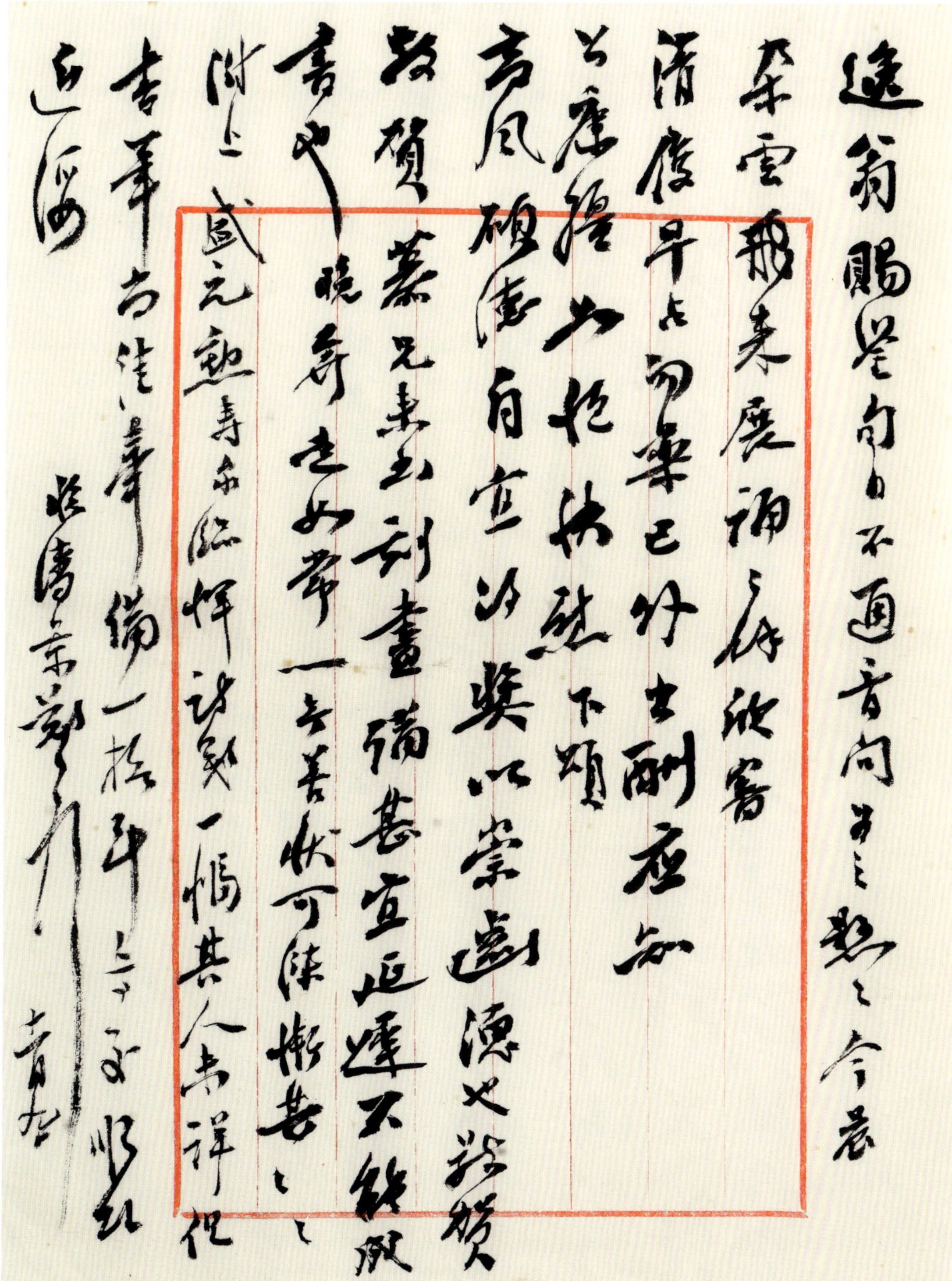

逸翁賜鑒：前日不通音問，甚之念念。今晨
朵雲飛來，展誦之餘，欣審
清恙早占勿藥，已能出酬應，知
公康強如恒，快慰下懷。
高風碩德，自宜得獎，以崇遠德也。敬賀。
敬賀慕元兄去刻畫，備甚宜，延遲不能取
書也。曉寄去如帶一套，善收可沫，懶甚懶甚。
附上戚區元勳壽希臨悍詩歟一幅，其人未詳，但
吉年古佳佳章，備一格，聊上左右哂收。
弟潘景鄭頓首　十一月五
頌近祉

潘景鄭致鄭逸梅

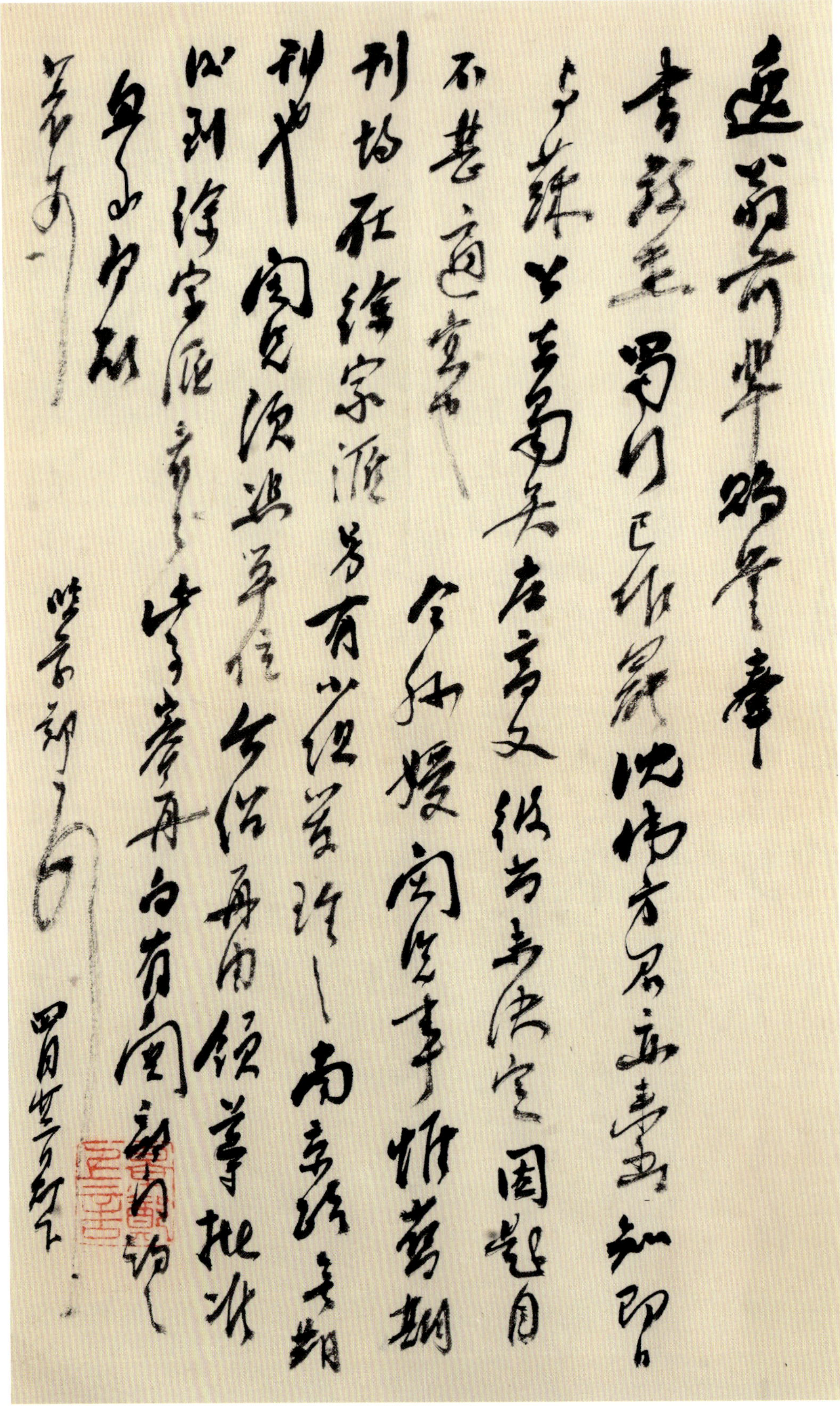

逸翁賜鑒：奉書適以小病稽答，遲遲爲歉。
詒中華古籍前後已收到，謝謝。承見屬知
公已交呂序，以爲冊頁校印，唐人雨窗呂公存予，幾至
矣。定刻名拓，所見者手斯錄，錄之年，其書法仍佳
非其也。公爲范張非傳記，未知能爲晚作一文
否？此下二錢，昔年將台灣所載郡事，奉寄奉政
信報，後承函別有同學，所不敢謝，謹呈
聊以奉告。均在。無賢，故自忘其純粹。肅此，敬頌
以奉續紙一通，於今陳培之傳中，學無同文，問音邑
近去但讀名不收查取書無異人文，勿取印紙
指傳
吳縣名武庵
弟景鄭頓首

潘景鄭致鄭逸梅

逸翁賜鑒：以大郵周君均無紙寄，吾家來稿已即郵上一本，奉 教。以已無寄存百本，以後紙張致友化不能乞紙來紙，甚愿此舟實甚二不夠存也。詩稿深知今時宜應通者少，僅印一千五百本，少得可備紫面無愁者不堪周知需意。以 公合作不便拒絕，只得勉強一下，明知所本甚苦心傳，得出，聊以存我六十年之殘紙殘而已，無可實不足道也。惠序亦聊以自題而已。知我罪我，亦不暇顧之矣。承 詢大籍前後一五三期，再收到者已無多矣。

撰祺

弟景鄭頓首

十三

第　页共　页

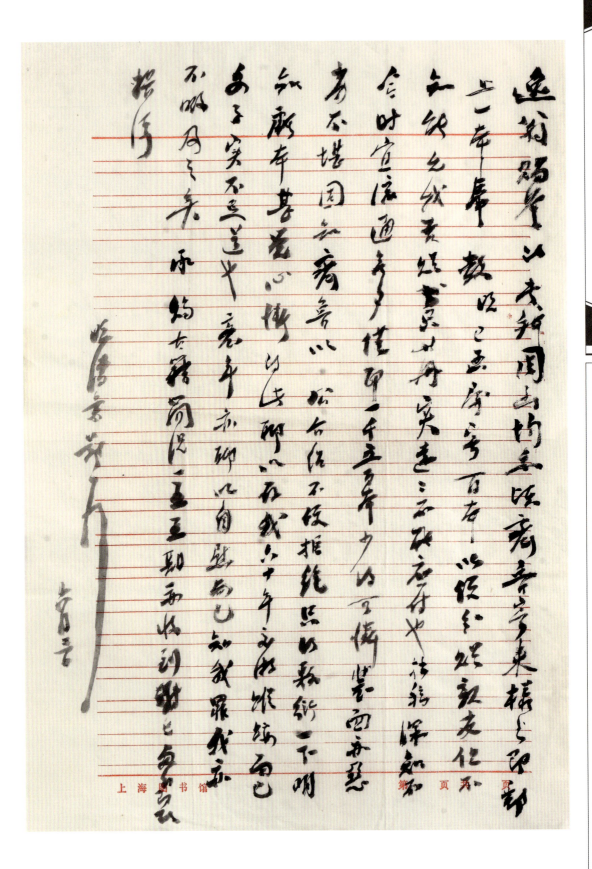

潘景鄭致鄭逸梅

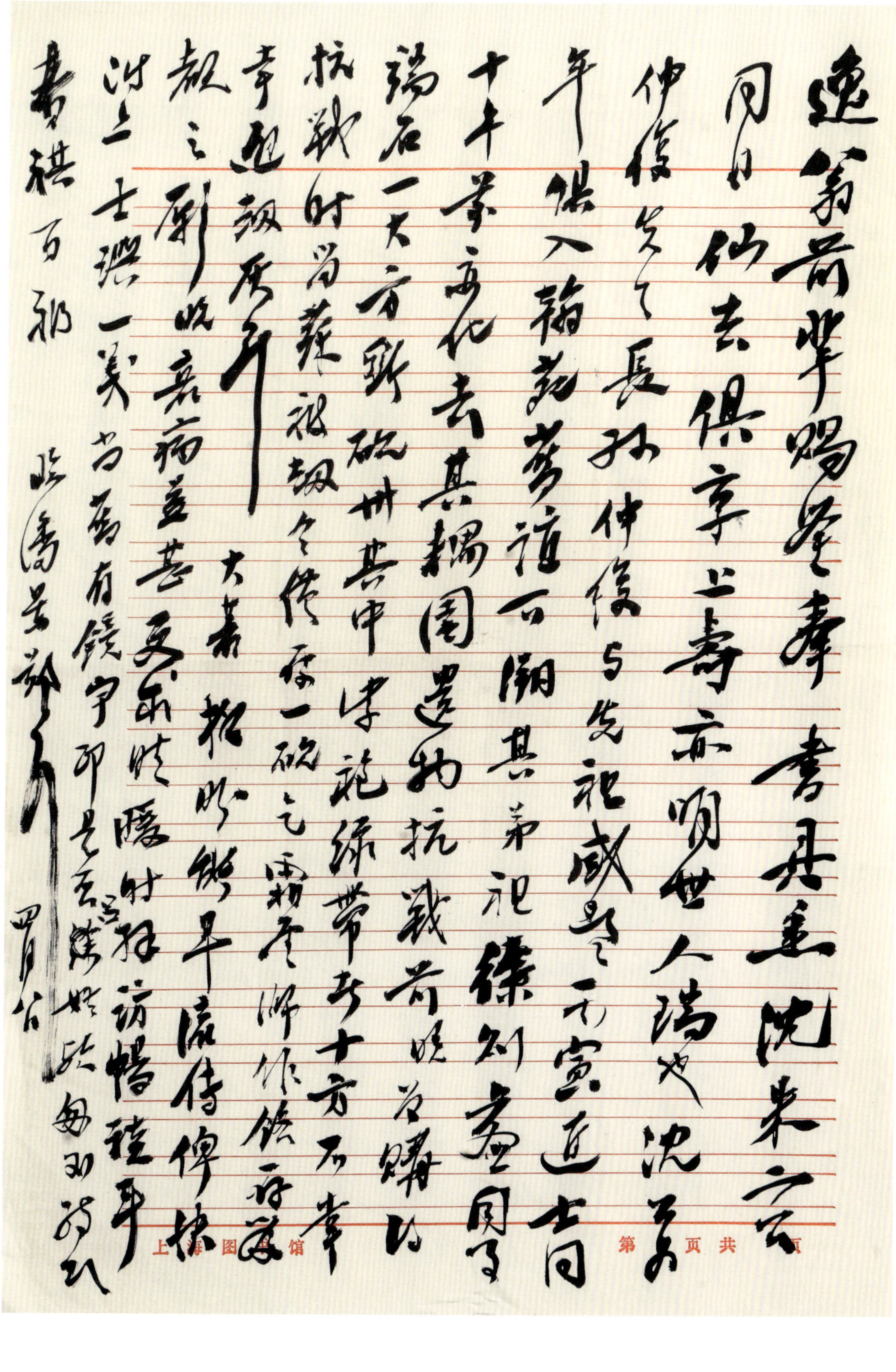

逸翁前輩賜鑒：奉 書具悉。沈米云
同日仙去，俱享上壽，亦明世人瑞也。沈翁
仲復先生長孫，仲復與先祖咸豐[illegible]丙辰進士同
年，偕入翰苑，誼可謂甚篤。弟祖綠(?)知為同
十千萬化去，其攜圖遺物抗戰前晚為歸以
瑞石一大方硯冊，其中律詩綠帶廿十方，不幸
抗戰時為藏祖叔久佚，存一硯之霜匠(?)，將作餘一存海(?)
亭遐緻歷年 大著報所織早流傳，傳抄
叔之劇盼。喜病益甚，夏秋時隱時作，訪晤稽延
附上士瑛一箋，為有鏡字即是也，逞好，此毋功謝識(?)
著祺。百拜。
晚潘景鄭拜上
四月廿日

上海图书馆　　第　页共　页

逸公前輩大人侍右：兼旬未能[illegible]候，拜[illegible]
[illegible]，無與晤商，以小病疏懶，未出[illegible]，新歲
且[illegible][illegible]老壇及書簡，承示[illegible]丹，謝謝。又清[illegible]
不我之[illegible]物，皆未[illegible][illegible]，容待再[illegible]什[illegible]件
如[illegible]得之[illegible]東[illegible]高收[illegible]林之[illegible]，[illegible]太玄聯屏
只存此西[illegible]已，非未發，成是[illegible]也。[illegible]大[illegible][illegible]三聯及湖帆[illegible]
書[illegible][illegible][illegible]如郵一件，[illegible][illegible][illegible]，請[illegible][illegible]再[illegible][illegible]
余[illegible]中[illegible]，咸年常來即往，[illegible]壽先方[illegible]一聯，既無價
值，郵有歷史意，又[illegible][illegible]稿作[illegible][illegible]年[illegible][illegible]
[illegible]之三九出[illegible][illegible][illegible]老者，公如[illegible][illegible]，即弄之，[illegible]也[illegible]上[illegible][illegible]
撰安不莊
[illegible]景鄭頓首　一月廿日

　第　页共　页

潘景鄭致鄭逸梅

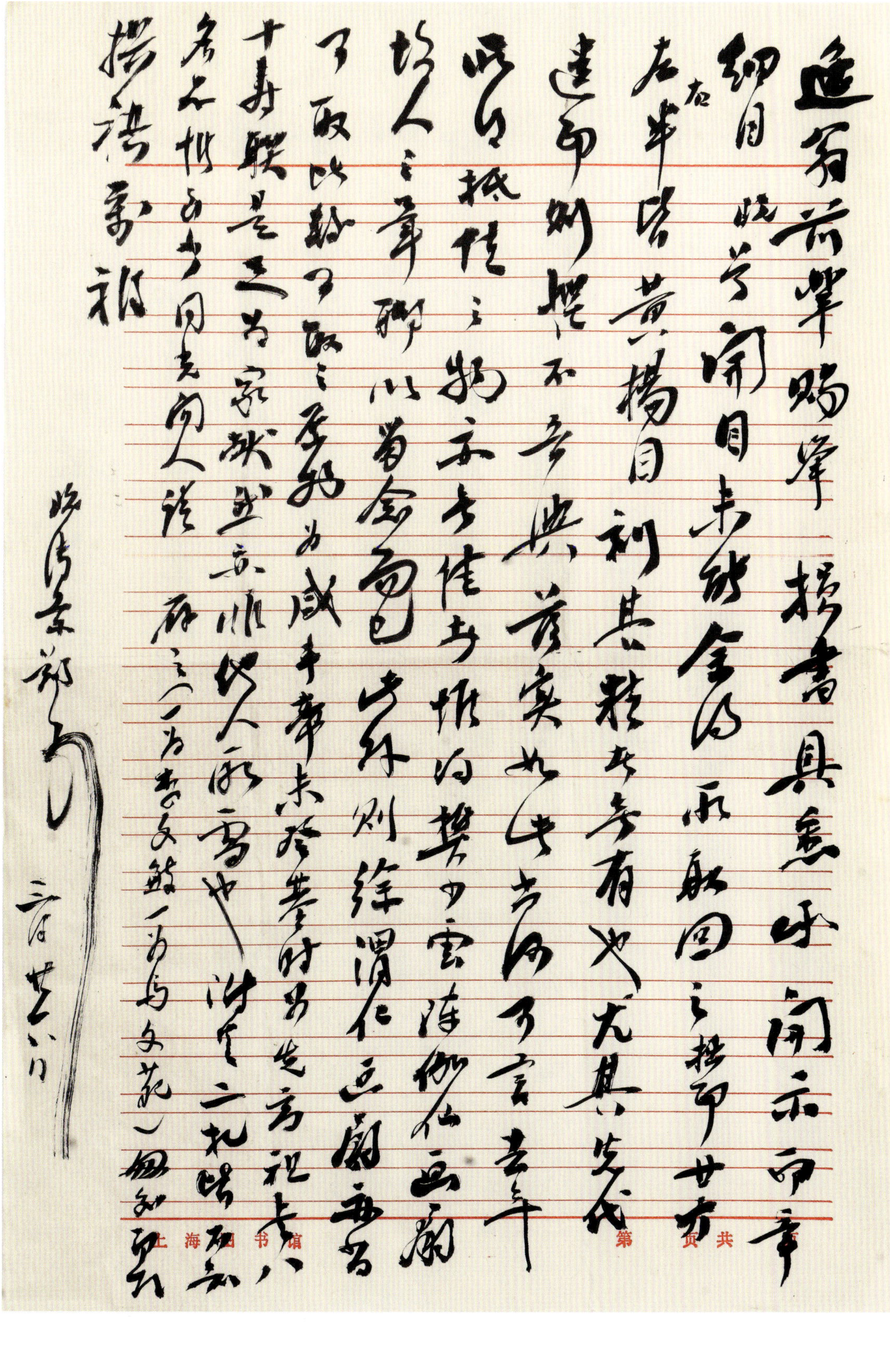

逸翁前輩賜鑒：損書具悉。承詢示印章細目，昨前開目未能全行取回之拙印廿方，左右半皆黃楊目刻，其精者多有也，尤其先代遺印則絕不多，與黃賓虹先生所云者[illegible]年所得抵借之物亦未佳者，惟均[illegible][illegible][illegible]仙亞篇故人之章，聊以當念而已。未刻則徐渭仁亞篇最為可取，此外可取之印不勝為感。中華未於其時，[illegible][illegible]先高祖大八十壽聯是也，為家[illegible][illegible]亞亦非他人所寫也。沈[illegible]二札皆不知名不[illegible]，乃吾用先前人語。府之一八方古文錢一方為文范，[illegible][illegible][illegible]

撰祺

晚潘景鄭頓首

三月廿八日

潘景鄭致鄭逸梅

逸翁道長侍右：昨奉手書，具悉一一。昨蒙惠寄尊著并詩箋

尊老序，卯年蒙足下意，屬删改，以傳想中

公意亦有取舍，殊無當評說去，似亦不當再笑話

公稿爲刪潤一下，惟與其他近年同輩研究先生通信殊多追

念亡友，不勝感。遂爲刪削，自渠下世，挑燈近來腰痛，痛感衰

長者盛諄，聞頃二三以後，蒙先之命，在故人遺文亦可

同垂不朽。諄諄之處，實深惶悚。專肅之時，並頌

著一札，未詳其人，下筆方諸能，自愧印記

撰祺。

晚潘景鄭頓首

近檢舊篋，得信箋，附奉閱覽，即以奉贈也。

五月廿八

潘景鄭致鄭逸梅

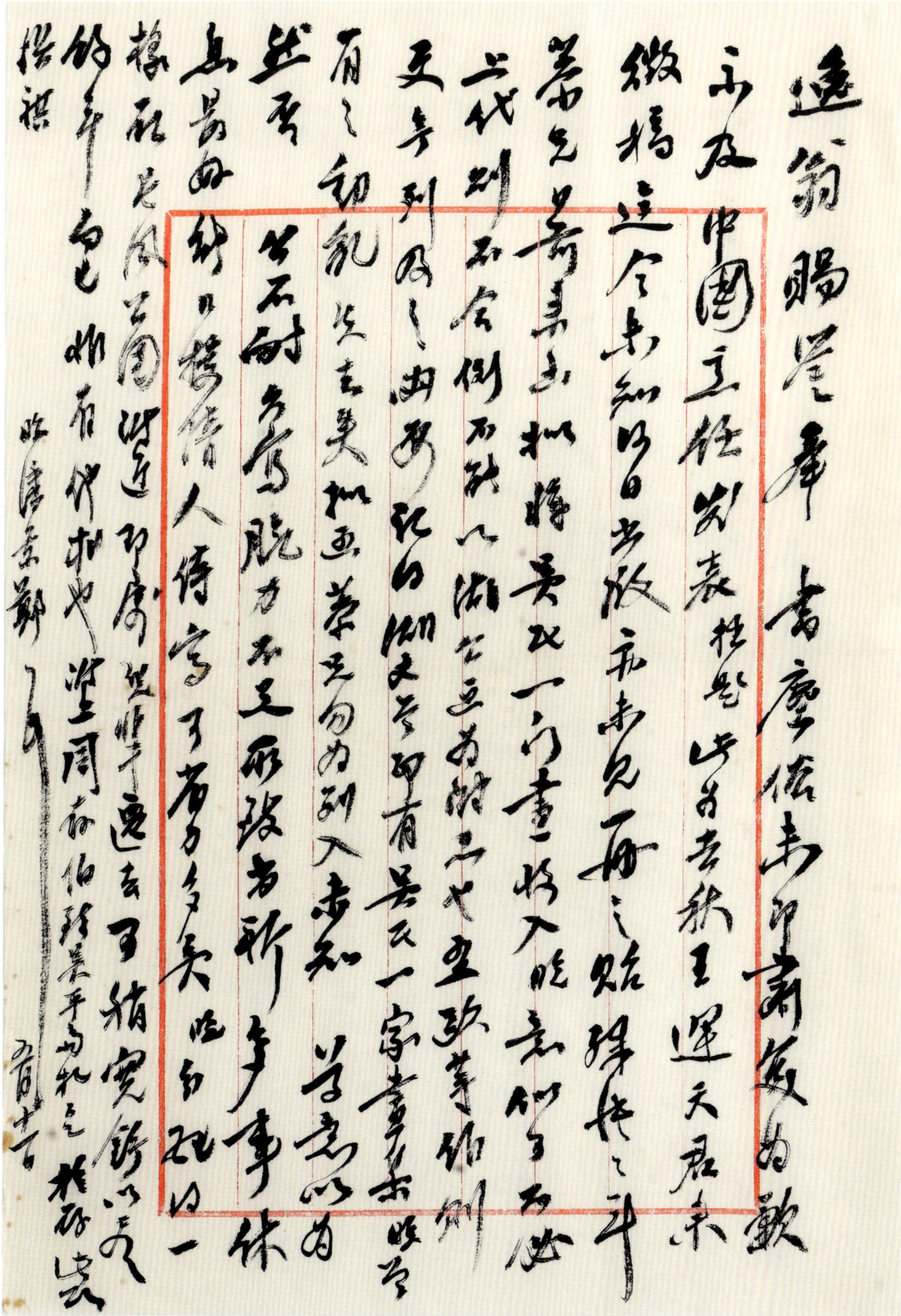

潘景鄭致鄭逸梅

逸翁鄉兄道席：

手書拜悉。滬上錄一札，似爲子敢再蘇州府五張，不[illegible]合併乞拜領。鴻大著[illegible]及[illegible]文獻選輯古

籍簡之一一拜到，去讀正還爲謝。大著快

談尤爲神往於[illegible]，[illegible]業之大才耳，齋

吾[illegible]之將[illegible]排印只校，知成之可期乎哉

影印一冊之事，[illegible]納爲將來計，言[illegible]印

[illegible]兄屢函有皆[illegible]可作想，公[illegible]及見矣。弟友

聞在寓作古，爲廿年來[illegible]，近九十高齡

又日前[illegible]爲之[illegible]然。前述江君近因病以癱瘓下世

年七十有[illegible]，[illegible]一今矣，[illegible]

[illegible]

弟景鄭[illegible]

[illegible]十八日

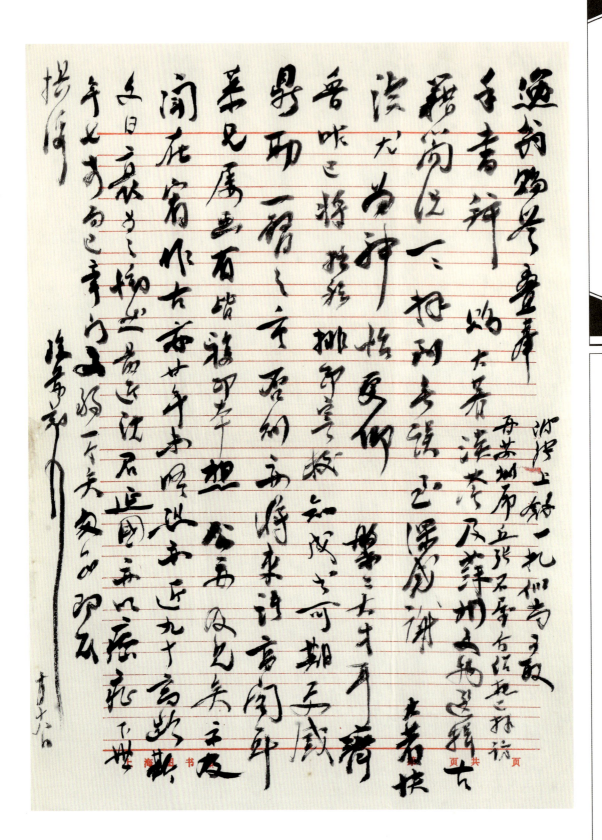

潘景鄭致鄭逸梅

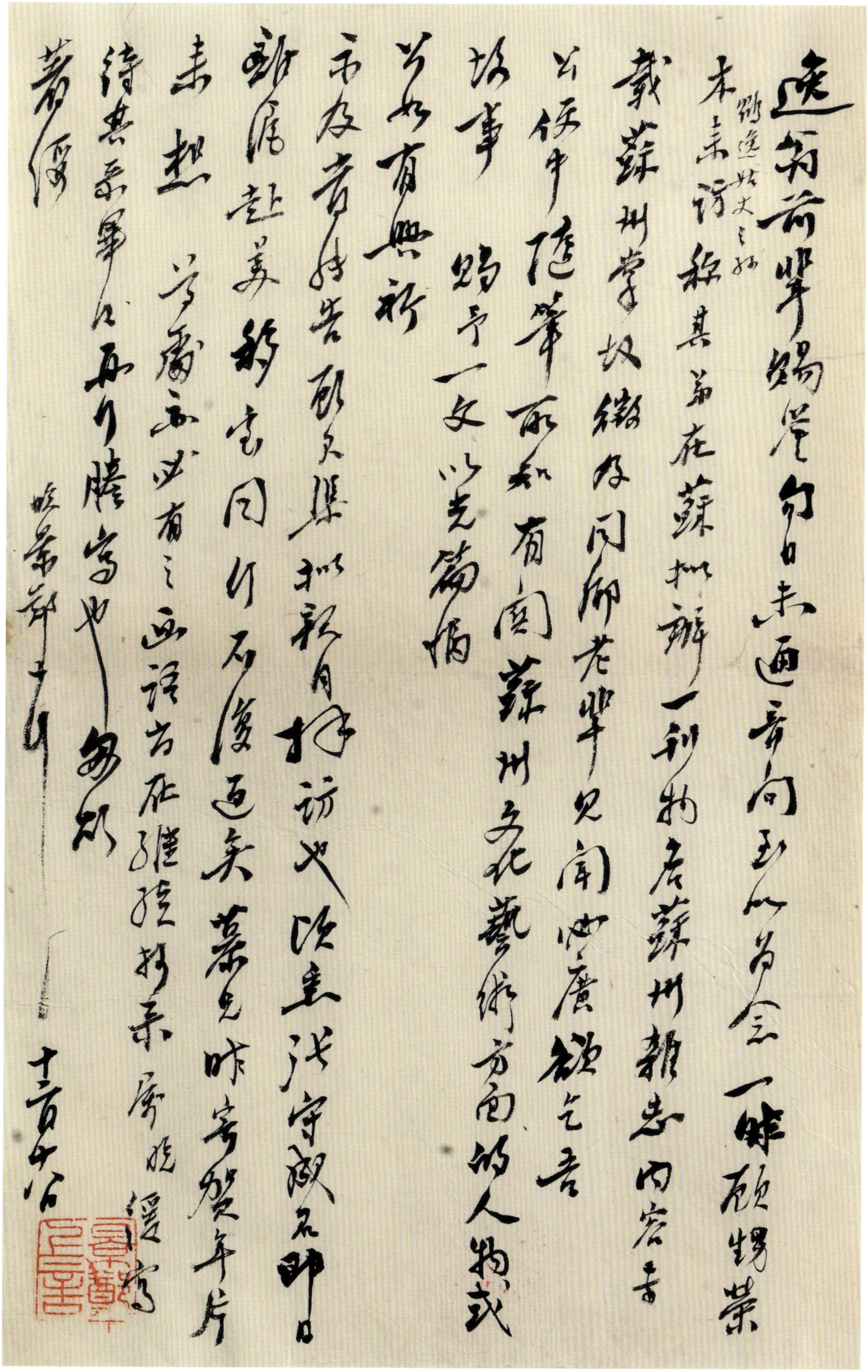
逸翁前輩賜鑒：匆匆未通音問，至以為念。一昨頒賜榮
（鄭逸梅丈之孫）木森詩孫其弟在蘇州辦一刊物，名蘇州雜志，內容專
載蘇州掌故，徵及同鄉老輩見聞，以廣錄之，言
公係中隱，筆下所知有關蘇州文化藝術方面的人物或
故事，賜予一文，以光篇幅。
公如有興，祈
示及，當轉告郁君，渠擬親自趨訪也。順悉
新居趣美，能云同行不復過矣。慕光昨寄賀年片
未想，若厲公所有之函，語言在維拉特來處，
待其來寧，再行謄寄也。匆頌
著安
晚景鄭上
十二月十八日

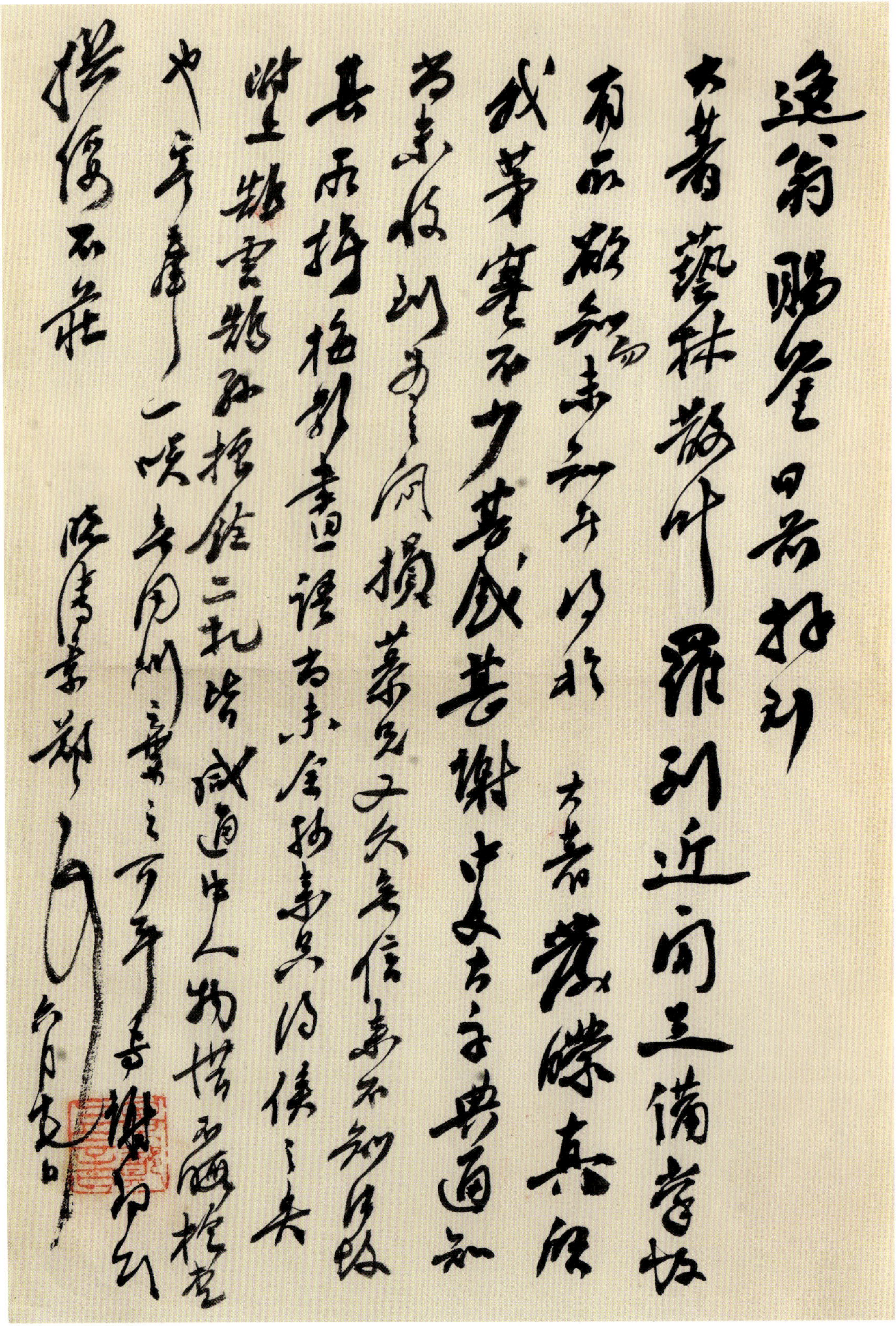

逸翁賜鑒：日前拜到
大著《藝林散葉》，羅列近聞，足備掌故，
有所欲知而未知者，得此
大著[illegible][illegible]具[illegible]，
我茅塞不少，甚感甚謝。《中文大字典》通知
尚未收到，[illegible]風損，[illegible]子久無信來，不知[illegible]
其[illegible]拜梅影書，請為[illegible][illegible][illegible][illegible][illegible]候之矣
[illegible]上雲鶴和梧館二札，皆感通中人物，皆不[illegible][illegible][illegible]
也。[illegible][illegible]一[illegible][illegible][illegible][illegible][illegible]年[illegible]謝[illegible]
[illegible]候不莊
[illegible][illegible]弟鄭[illegible]
[illegible]月[illegible]日

潘景鄭致鄭逸梅

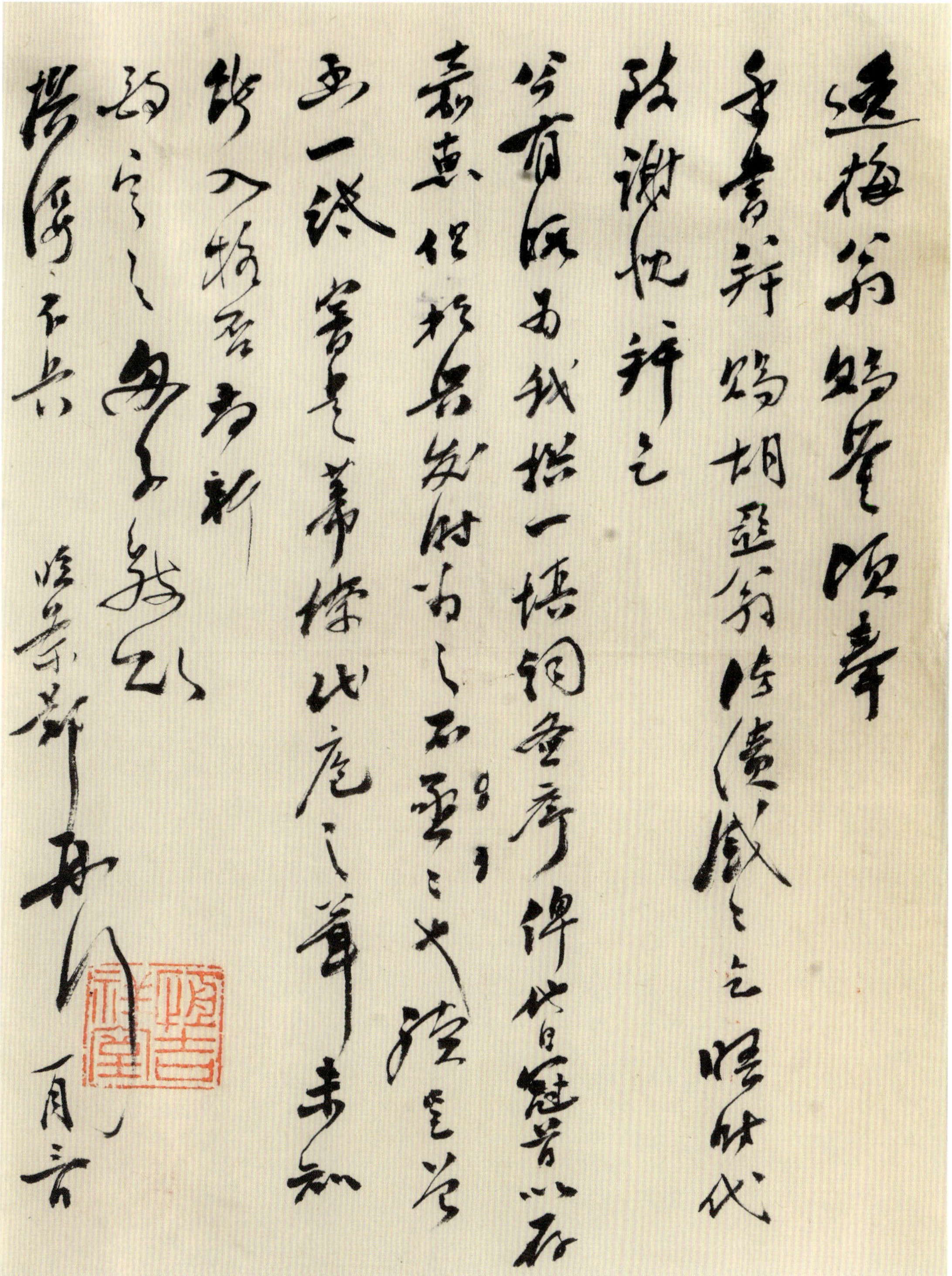

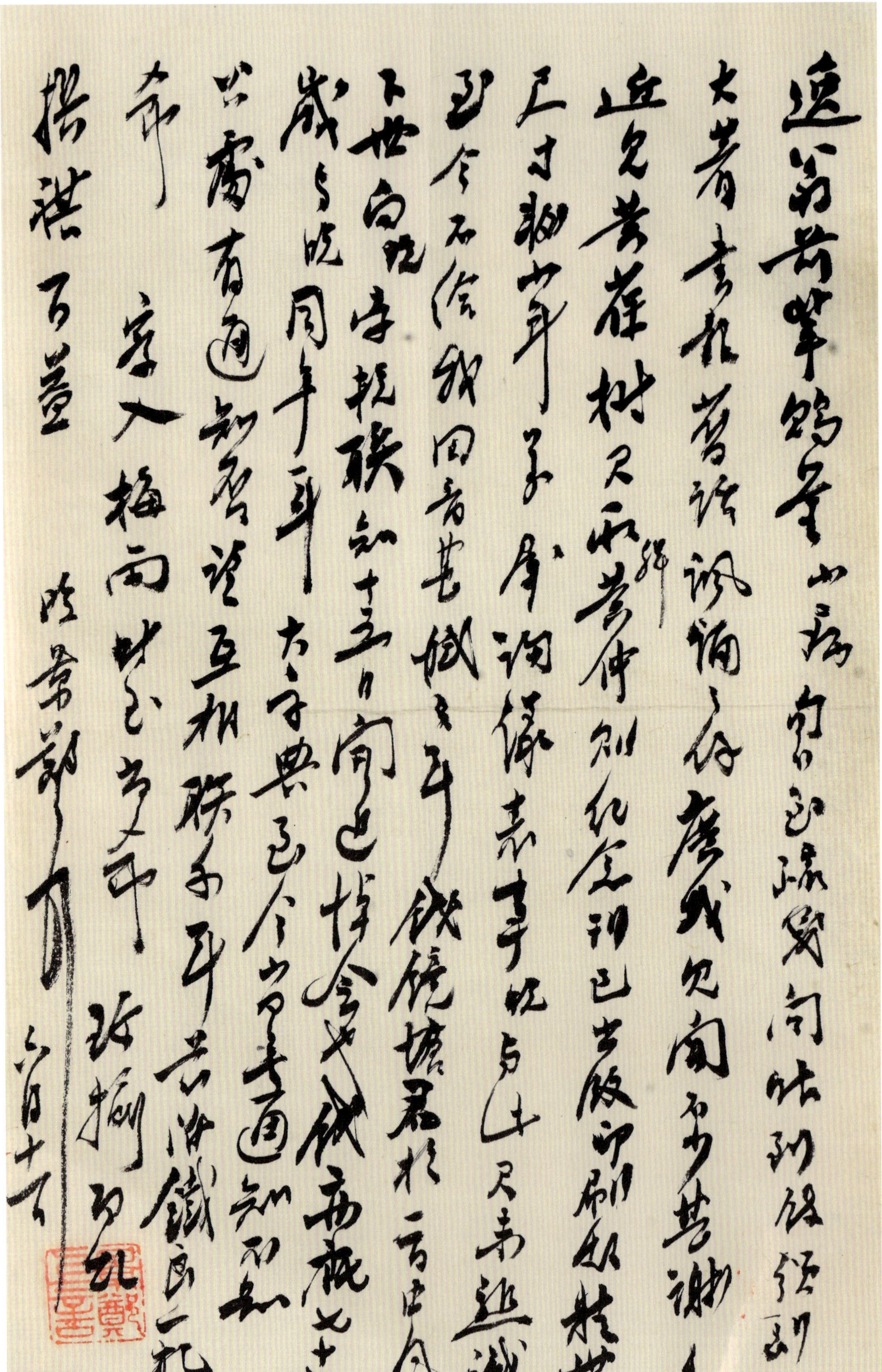

潘景鄭致鄭逸梅

潘景鄭致鄭逸梅

潘景鄭致鄭逸梅

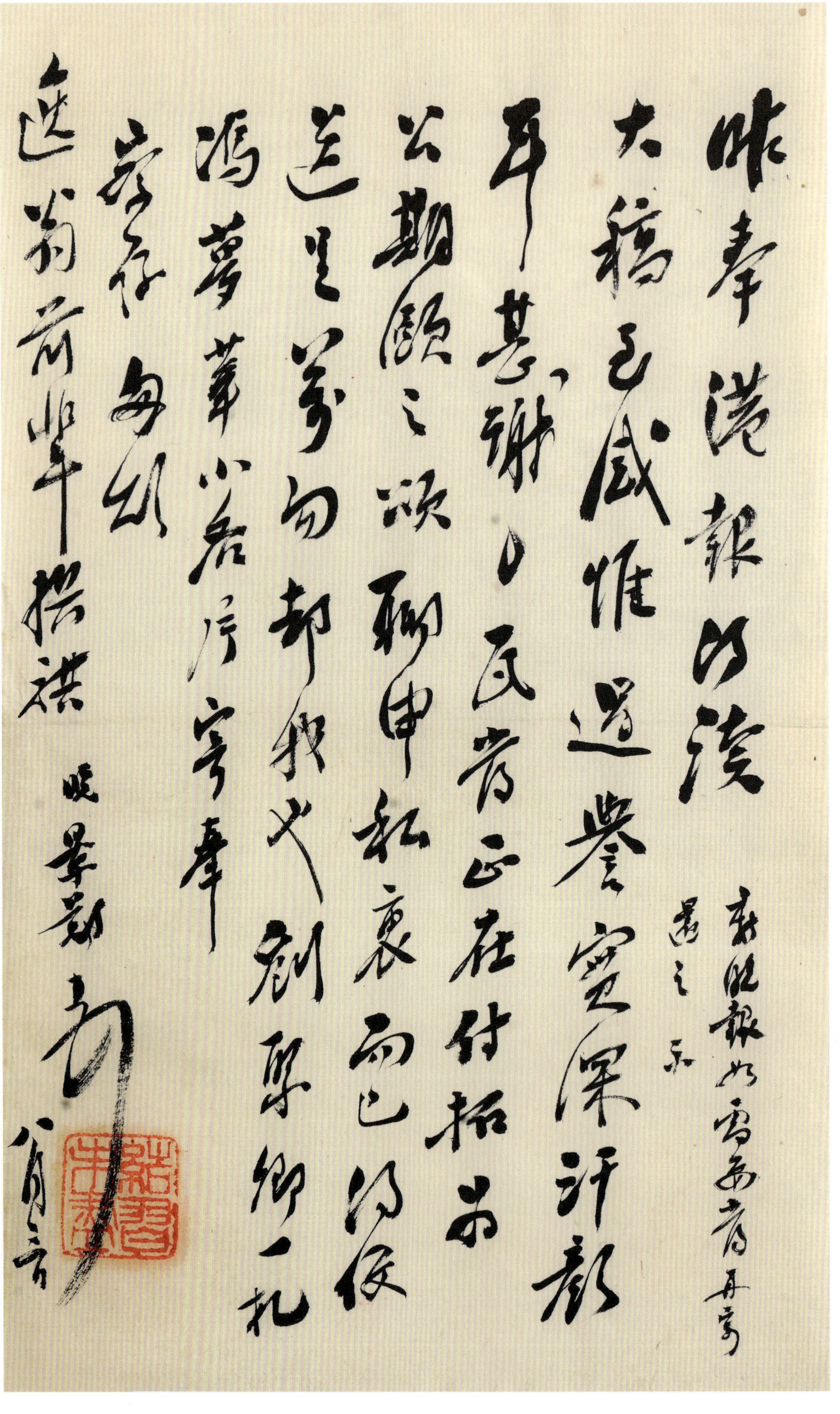
昨奉港報，以港
大稿已感，惟道譽寔深汗顏
耳，甚謝甚謝。民意正在付梓，出
公期頤之頌，聊申私衷而已，仍候
送呈篆句，却我必劇，鄭鄉一札
為夢華小居所寄奉
察存。每紙
逸翁前輩撰祺
晚景鄭頓首
八月六
新晚報如需每周再寄
遇之示

潘景鄭致鄭逸梅

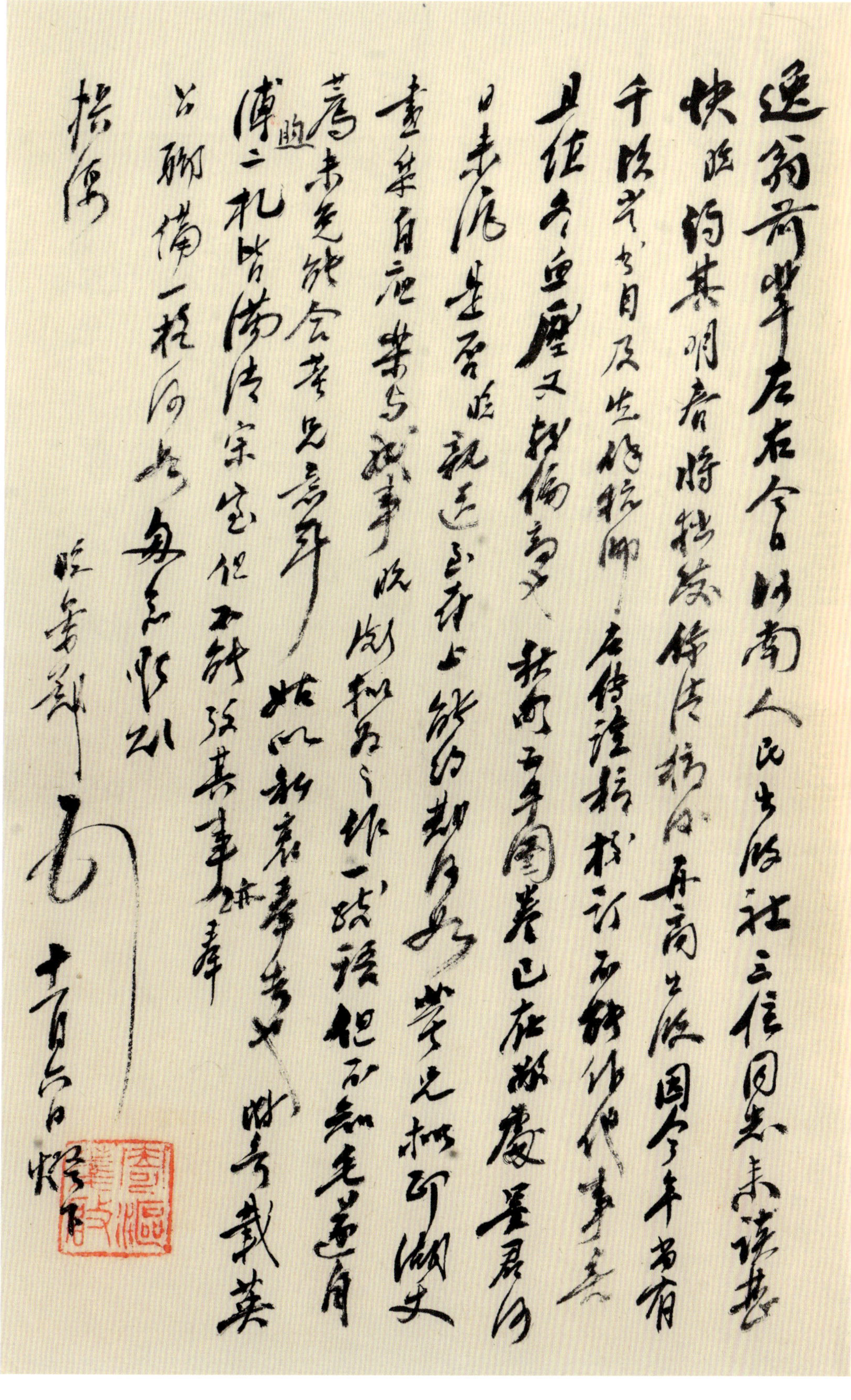

潘景鄭致鄭逸梅

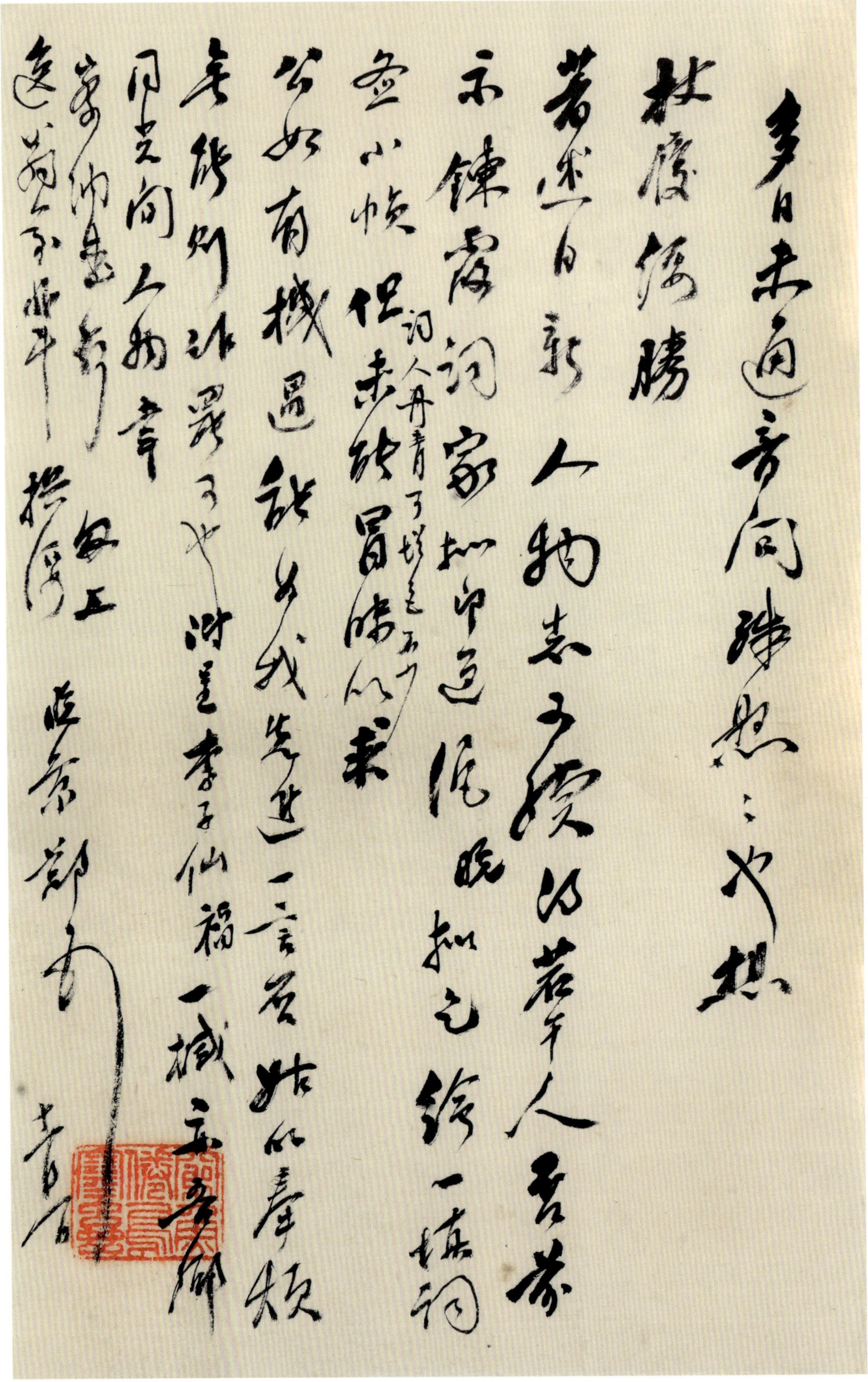

潘景鄭致鄭逸梅

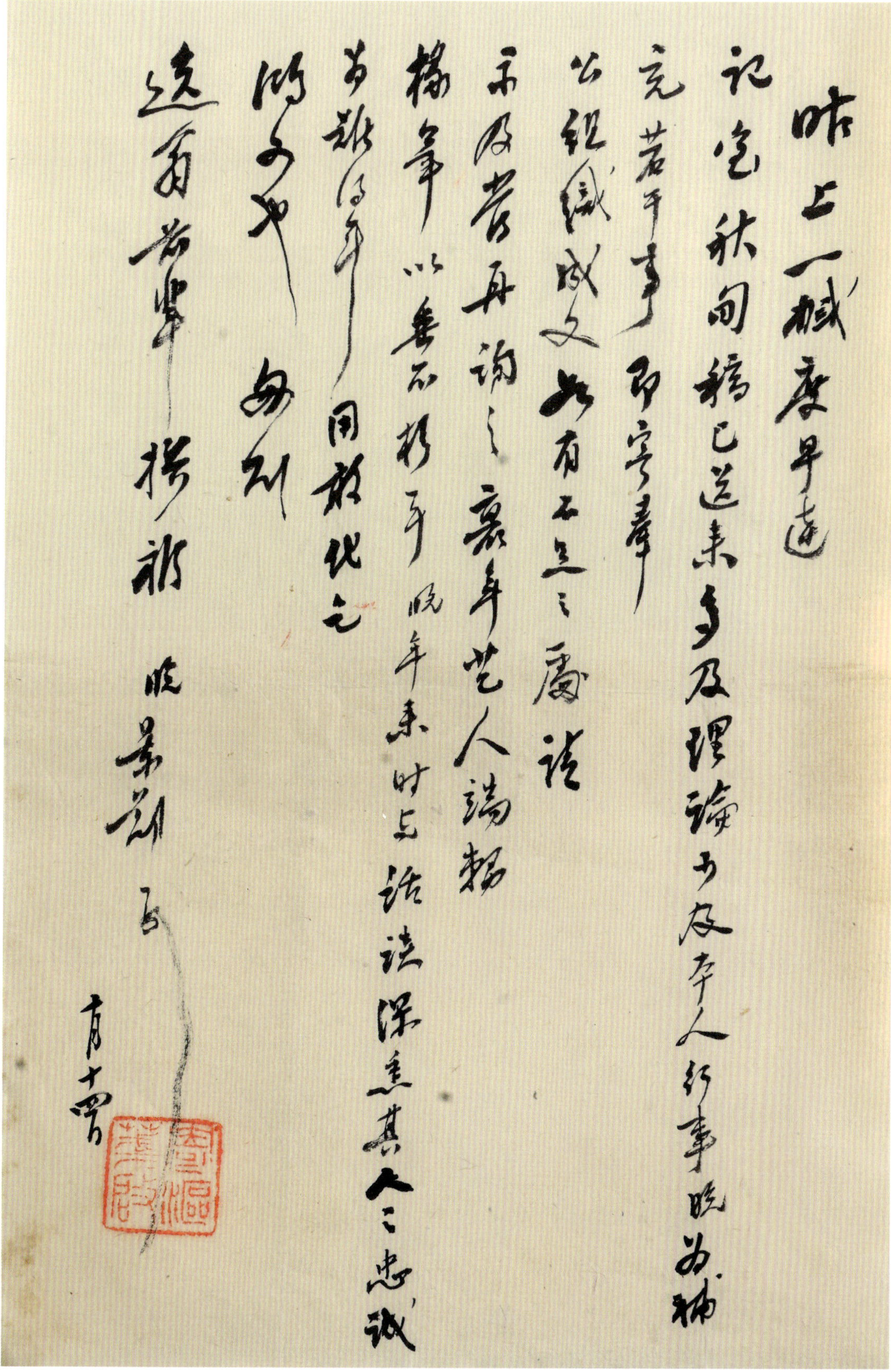
昨上一緘，度早達
記室。秋間稿已送來，多及理論，少及本人行事，晚爲補
充若干事，即寄奉
公組織成文，如有不足之處，請
示及，當再詢之。衰年藝人端賴
椽筆以垂不朽。[illegible]年晚年來時與話，諒深悉其人之忠誠，
爲作傳[illegible]，同[illegible]代之
[illegible]之也。匆叩
逸翁著安 撰祺 晚景鄭 上
月十四

潘景鄭致鄭逸梅

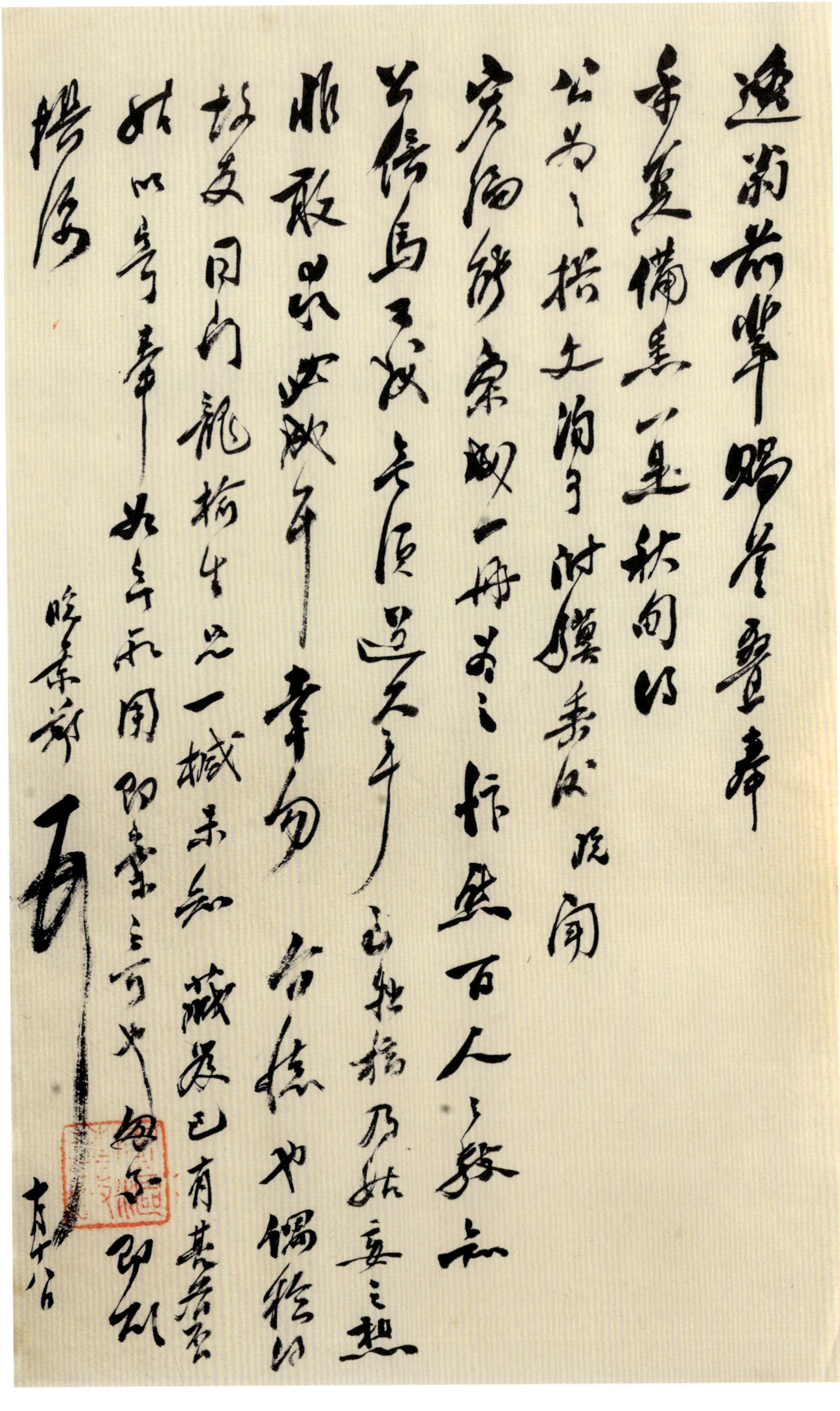

潘景鄭致鄭逸梅

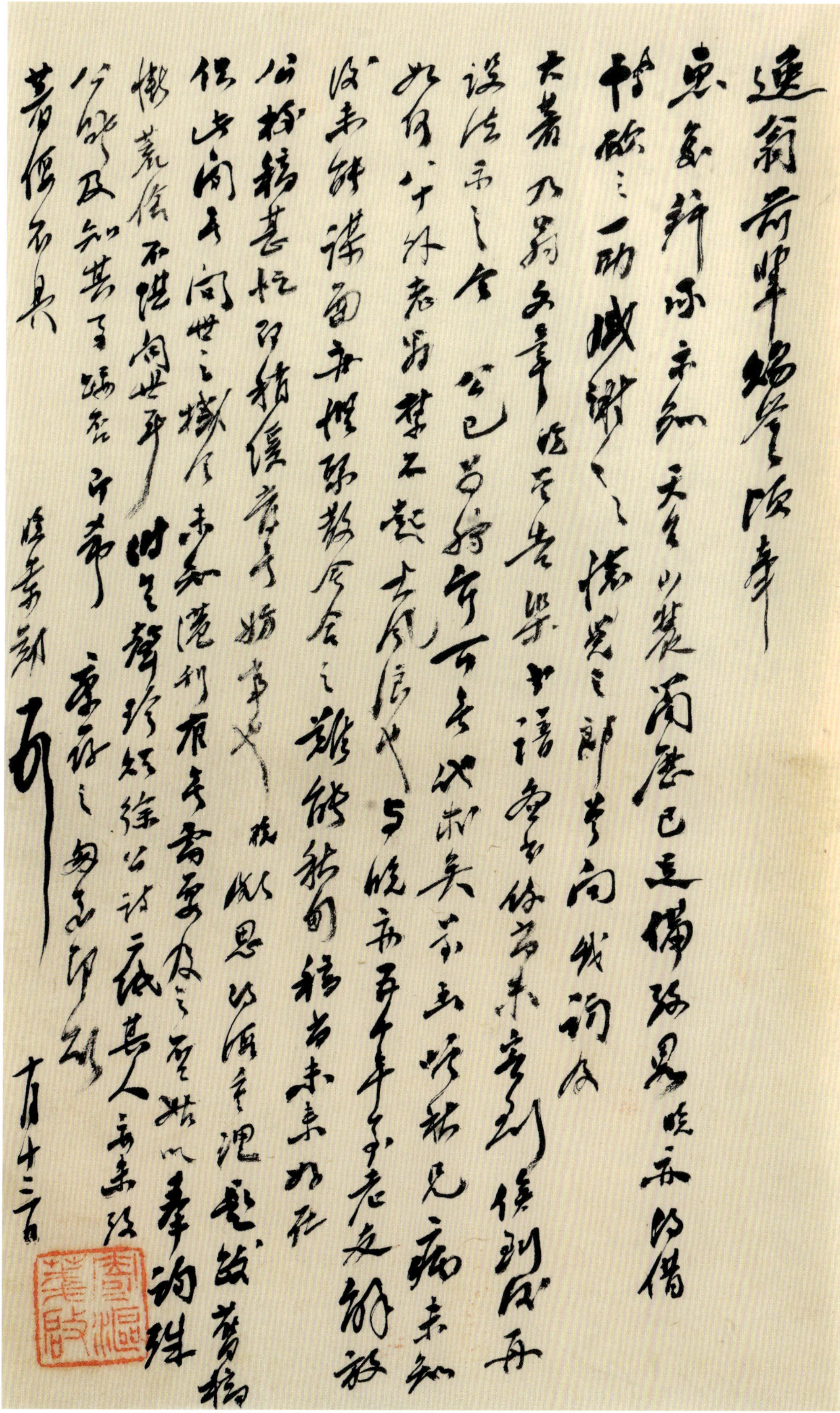

潘景鄭致鄭逸梅

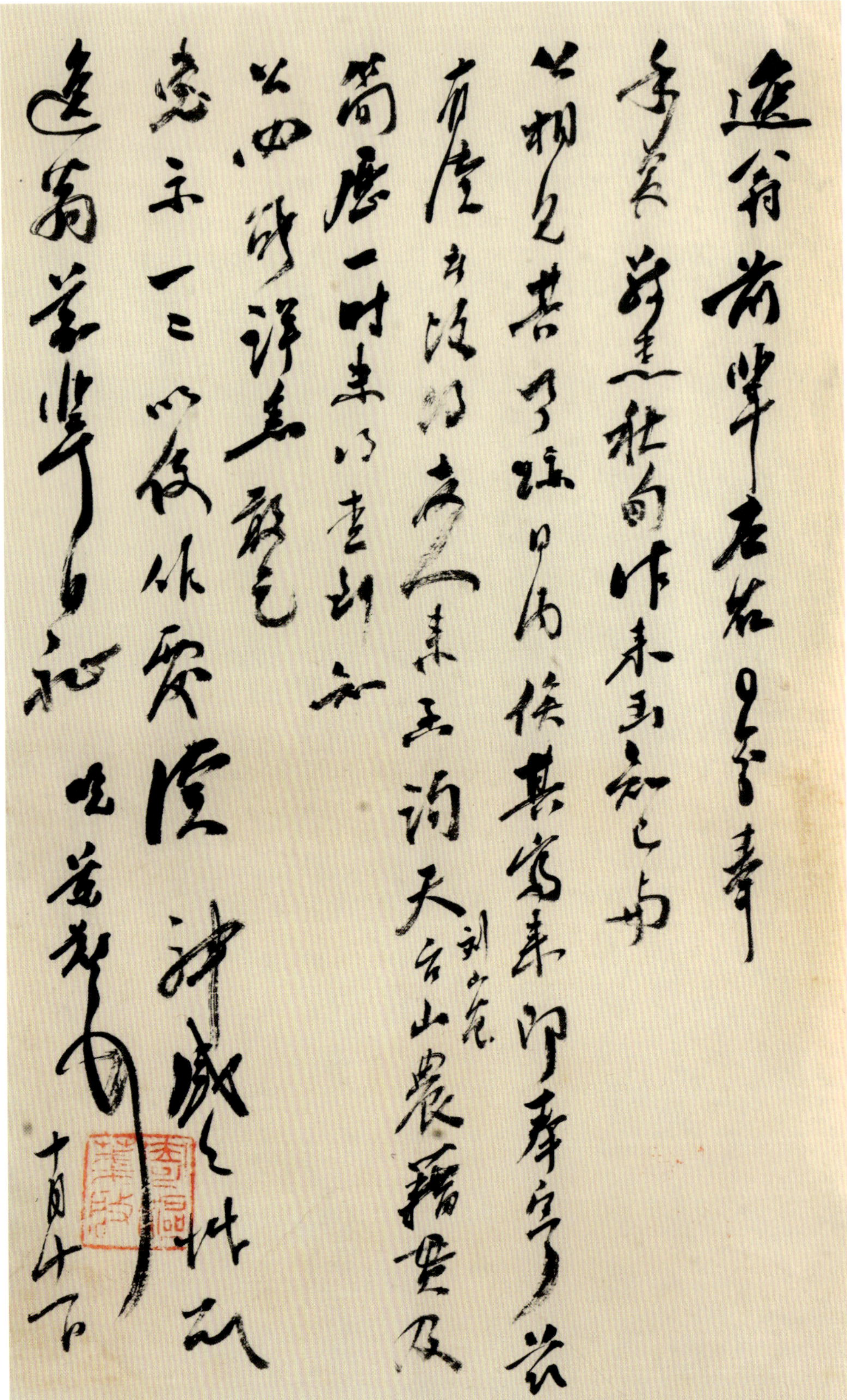

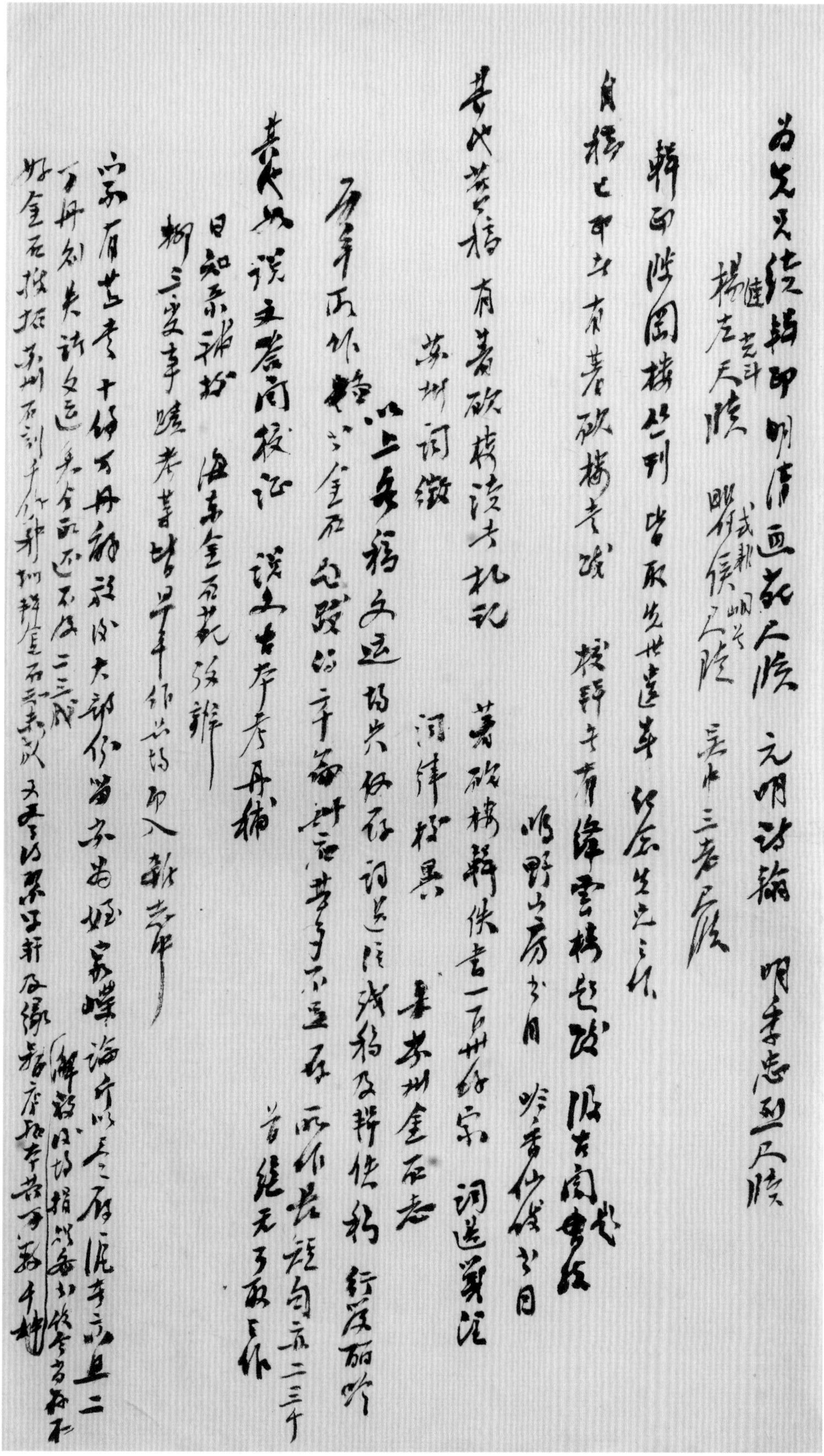

潘景鄭致鄭逸梅

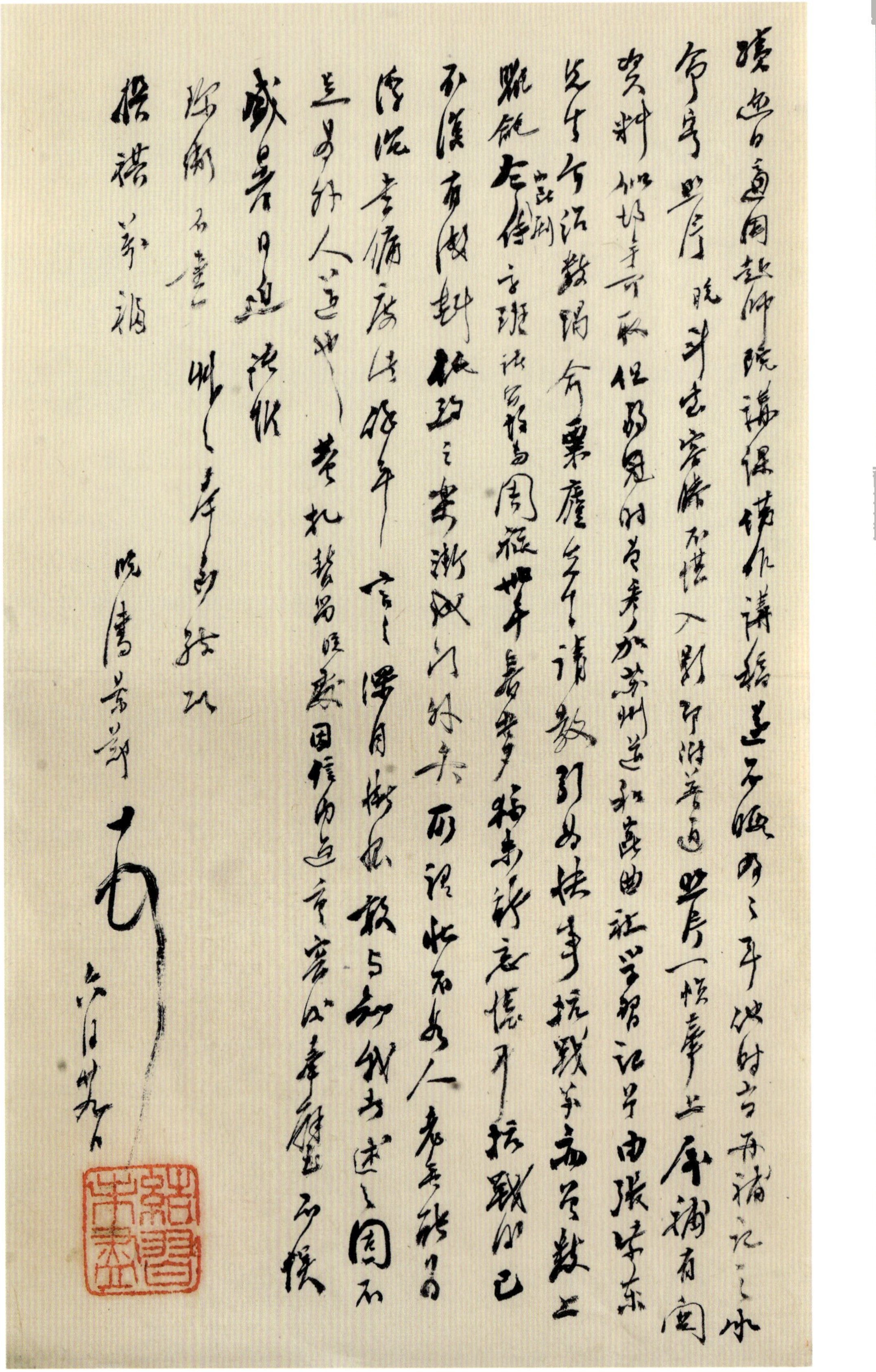

潘景鄭致鄭逸梅

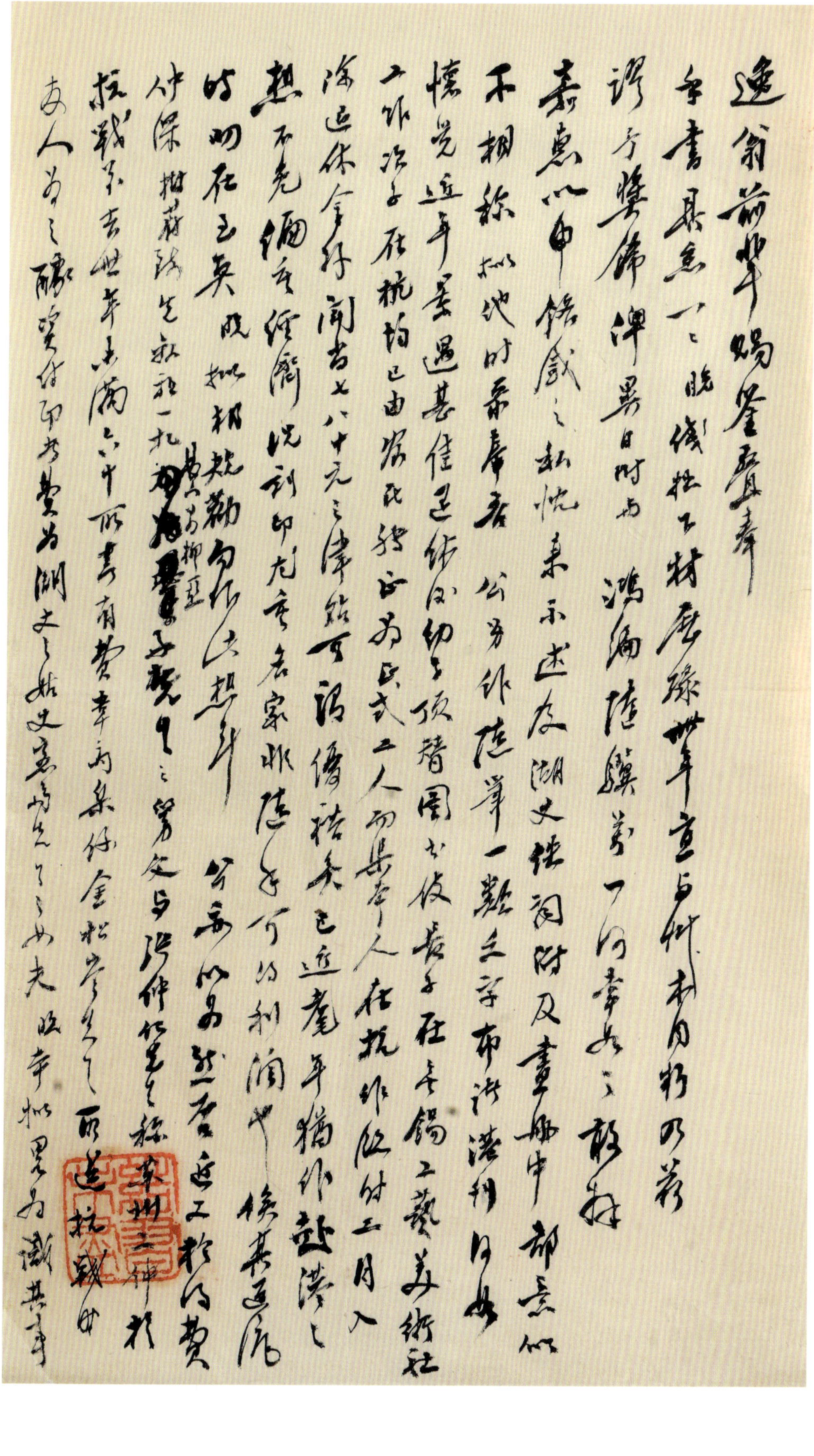

潘景鄭致鄭逸梅

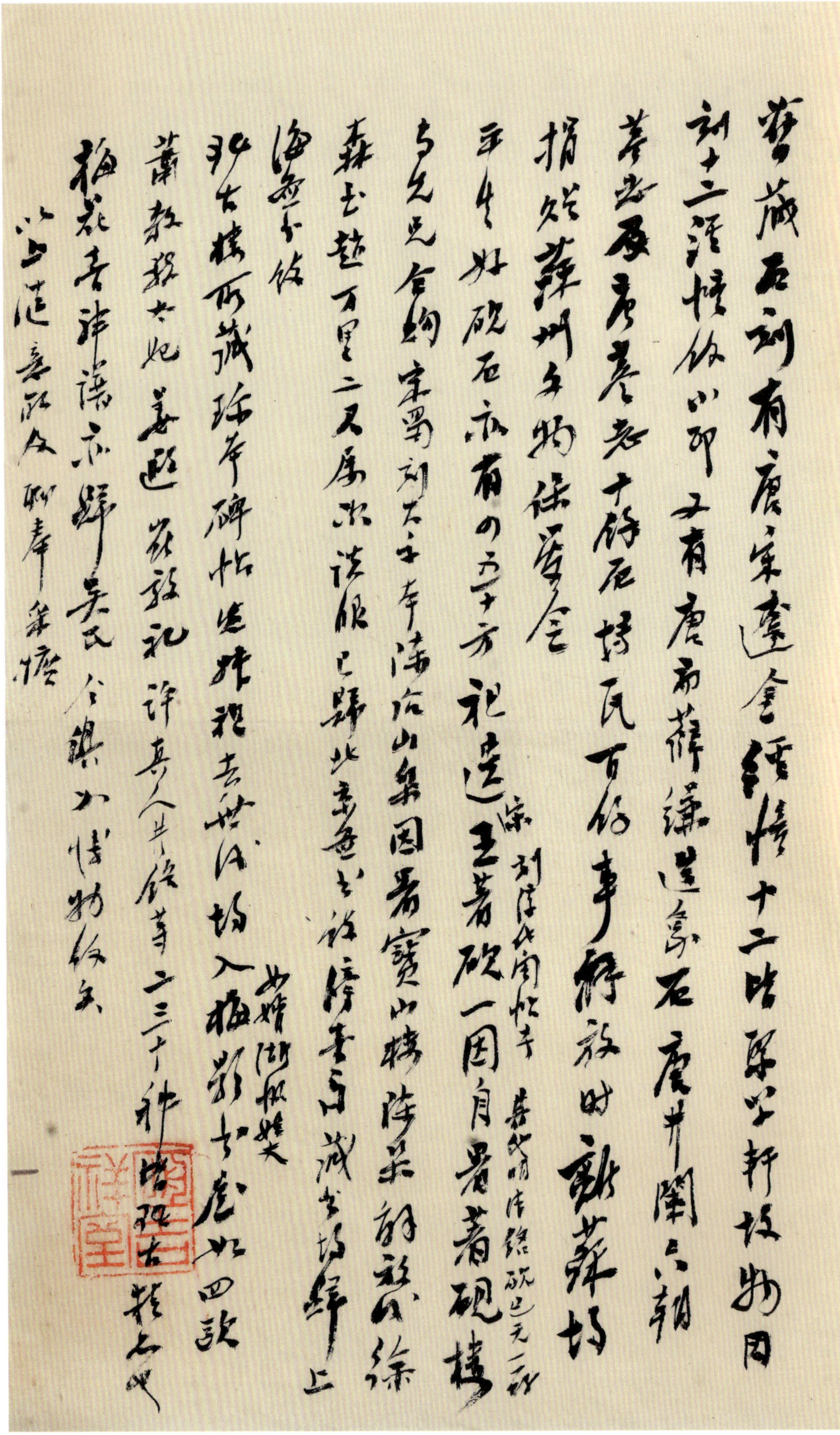

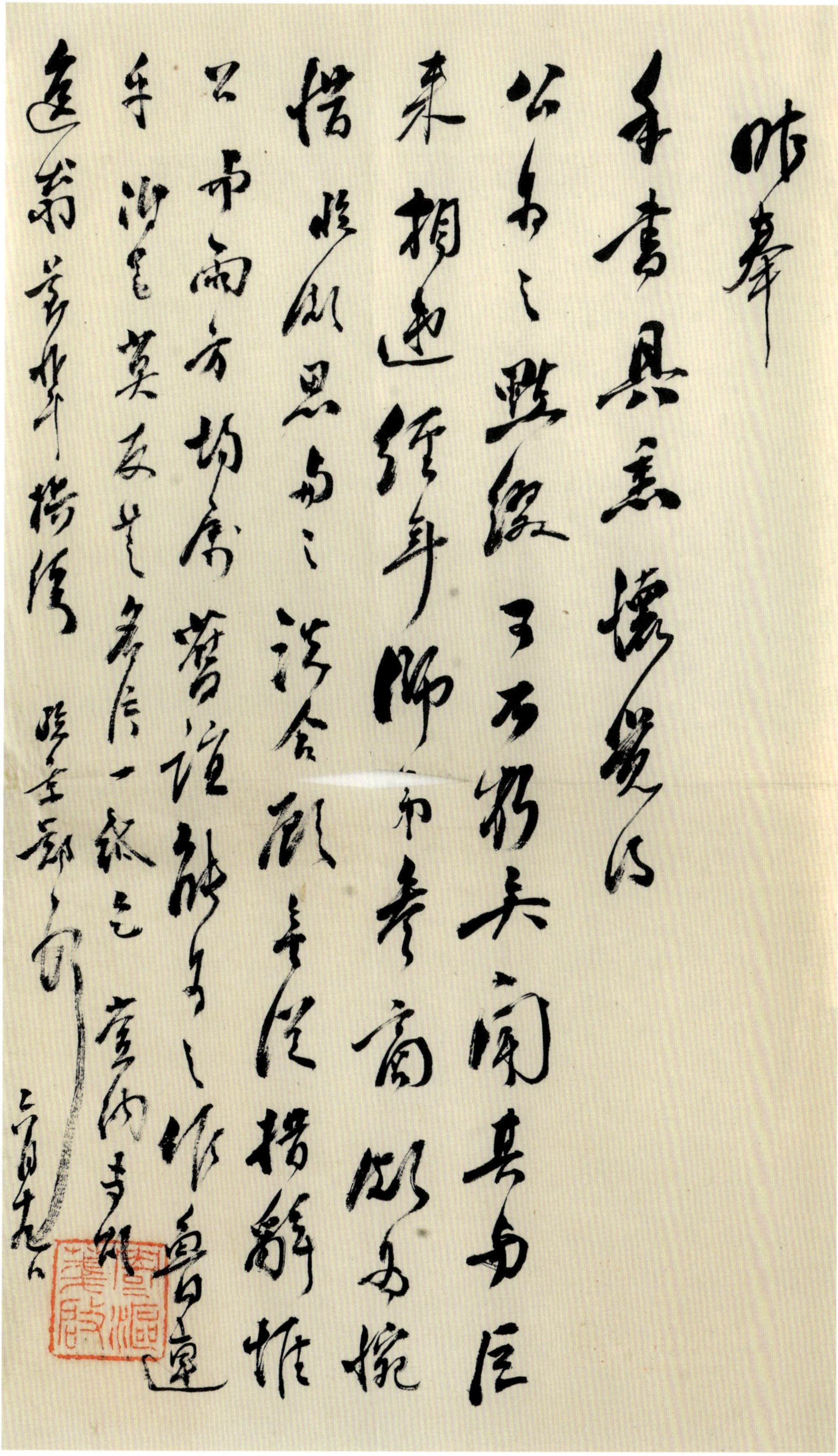
昨奉
手書具悉。懷覺乃
公為之題跋于石刻矣。聞其為居
來損逸經年，師亦奇窮，似為憾
惜。收藏思為之設合，顧手續措辭惟
公亦兩方均屬舊誼，能為之作魯連
手，洵是莫友芝名信一紙，已查得寄呈
逸翁著祺
晚生景鄭
二月十九日

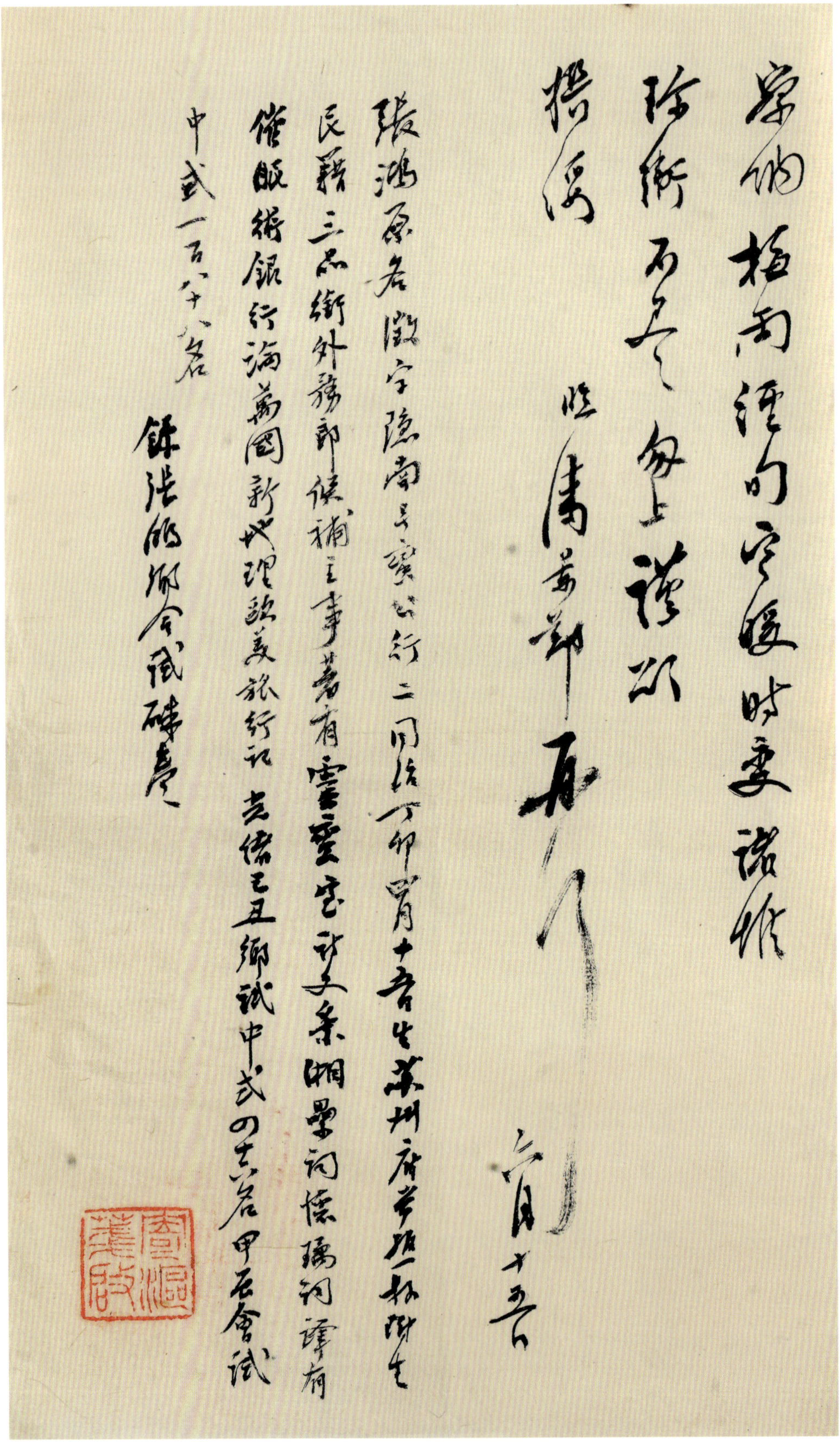

寄納梅丈經明守經時變諸作，珍衛不足，象上請政，撰綏。

姪潘景鄭再拜

六月十五日

張鴻，原名澂，字隱南，亦實弌，行二，同治丁卯四月十六日生，蘇州府常熟縣學附生，民籍，三品銜外務部候補主事，著有蠻巢室詩文集、湘夢詞、懷瑤詞，譯有備販銀行論、萬國新地理、致美旅行記。光緒己丑鄉試中式四十六名，甲辰會試中式一百八十八名。

錄張鴻鄉會試硃卷

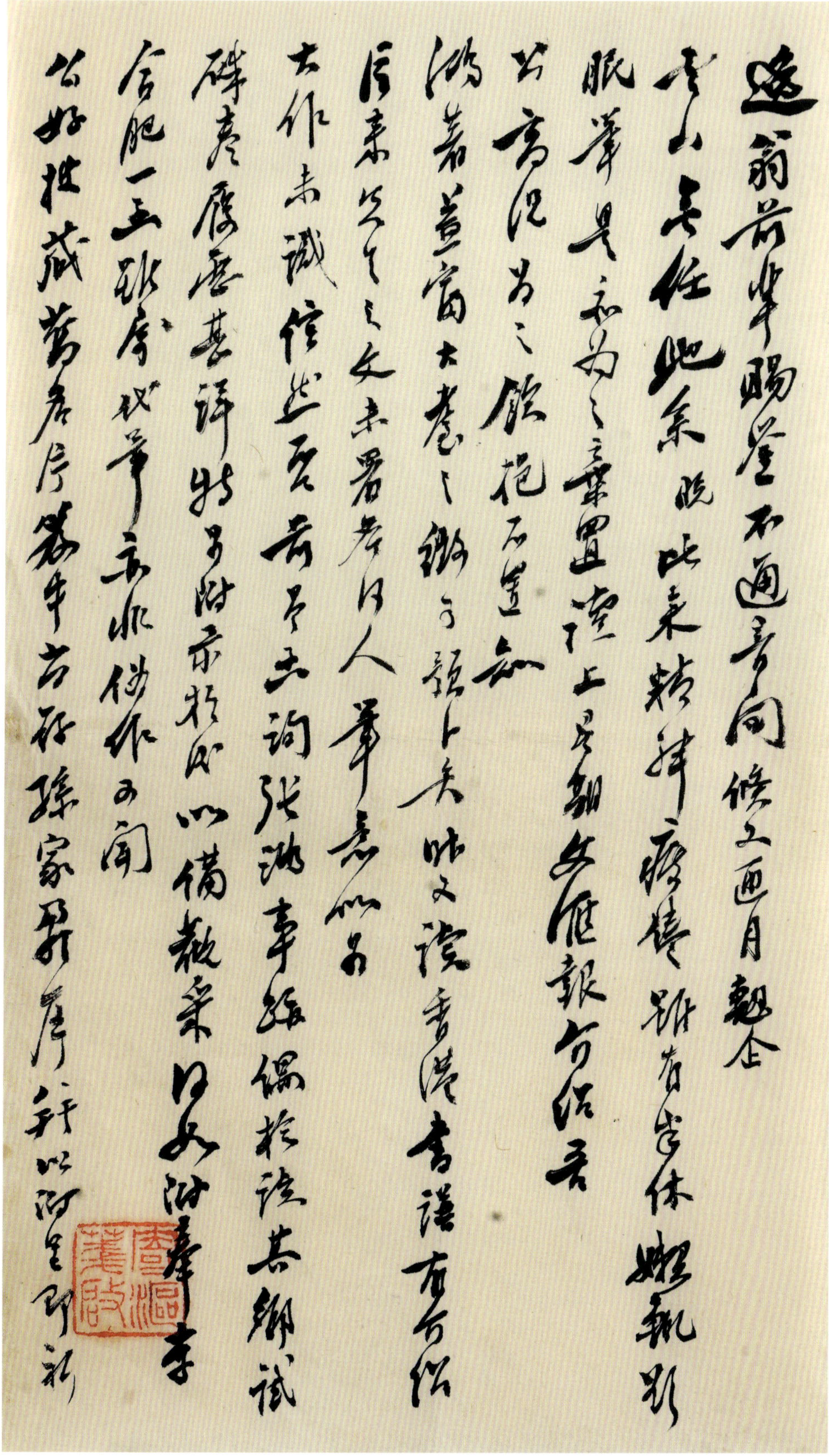
逸翁前輩賜鑒：不通音問，倏又匝月，翹企
[illegible]山長住地，系念。既此來精神康健，雖有些休，暇輒
[illegible]筆是知為之業置案上，足知先生報刊否？
公高見若之，館抱石道知。
鴻著益富，大卷之徵，予頓下矣。昨又讀香港書譜，有介紹
[illegible]先生之文，未署名何人，筆意似出
大作，未識確否。[illegible]工詞，張[illegible]事跡編於諸某鄉試
硃卷，履歷甚詳，特另附奉，以備徵采。日來湖畔李
合肥一五張字，[illegible]筆亦[illegible]，[illegible]作可聞。
公好收藏，[illegible][illegible]所藏[illegible]，孫家[illegible][illegible]，[illegible]以[illegible]呈，即頌

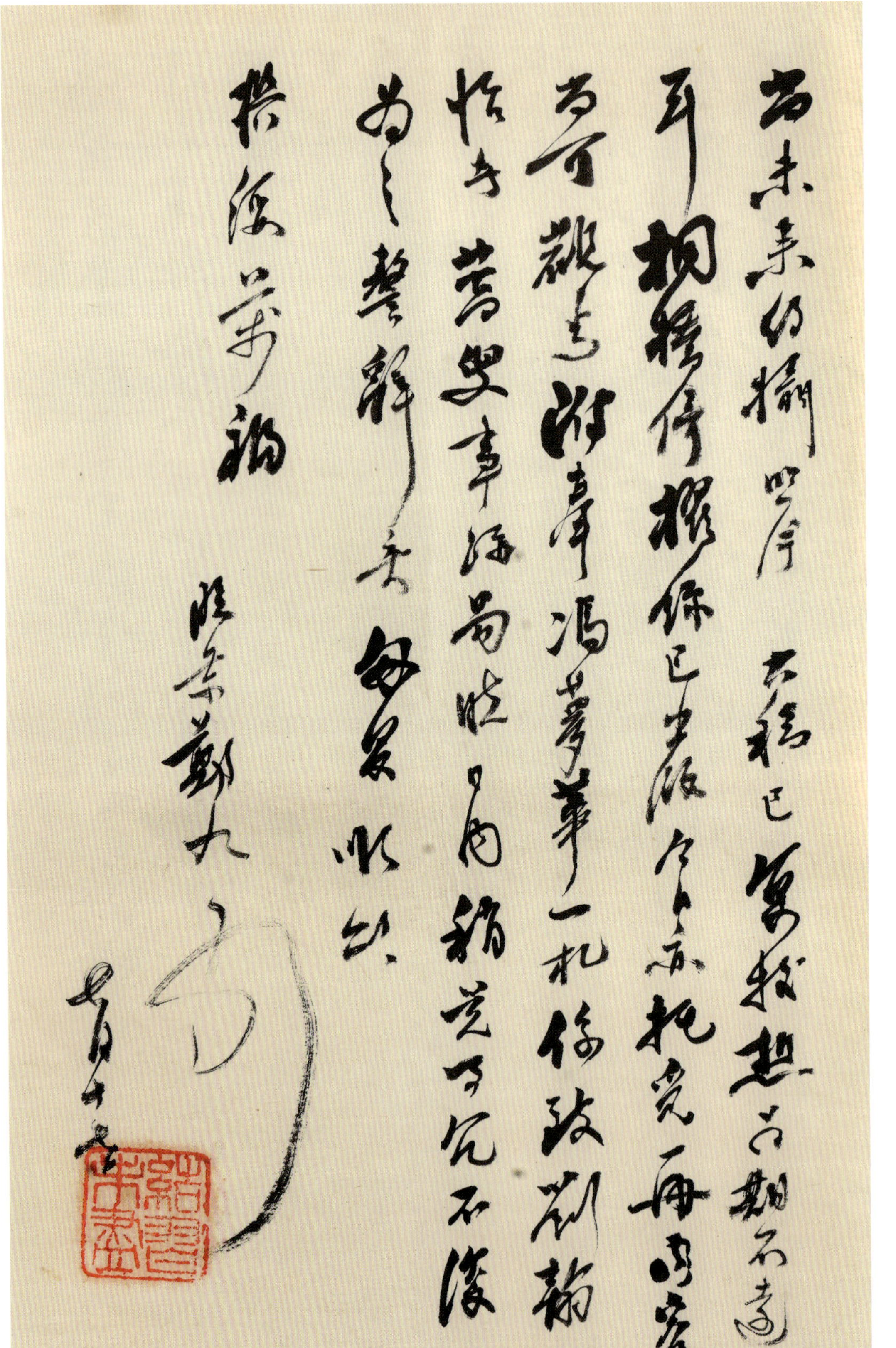

潘景鄭致鄭逸梅

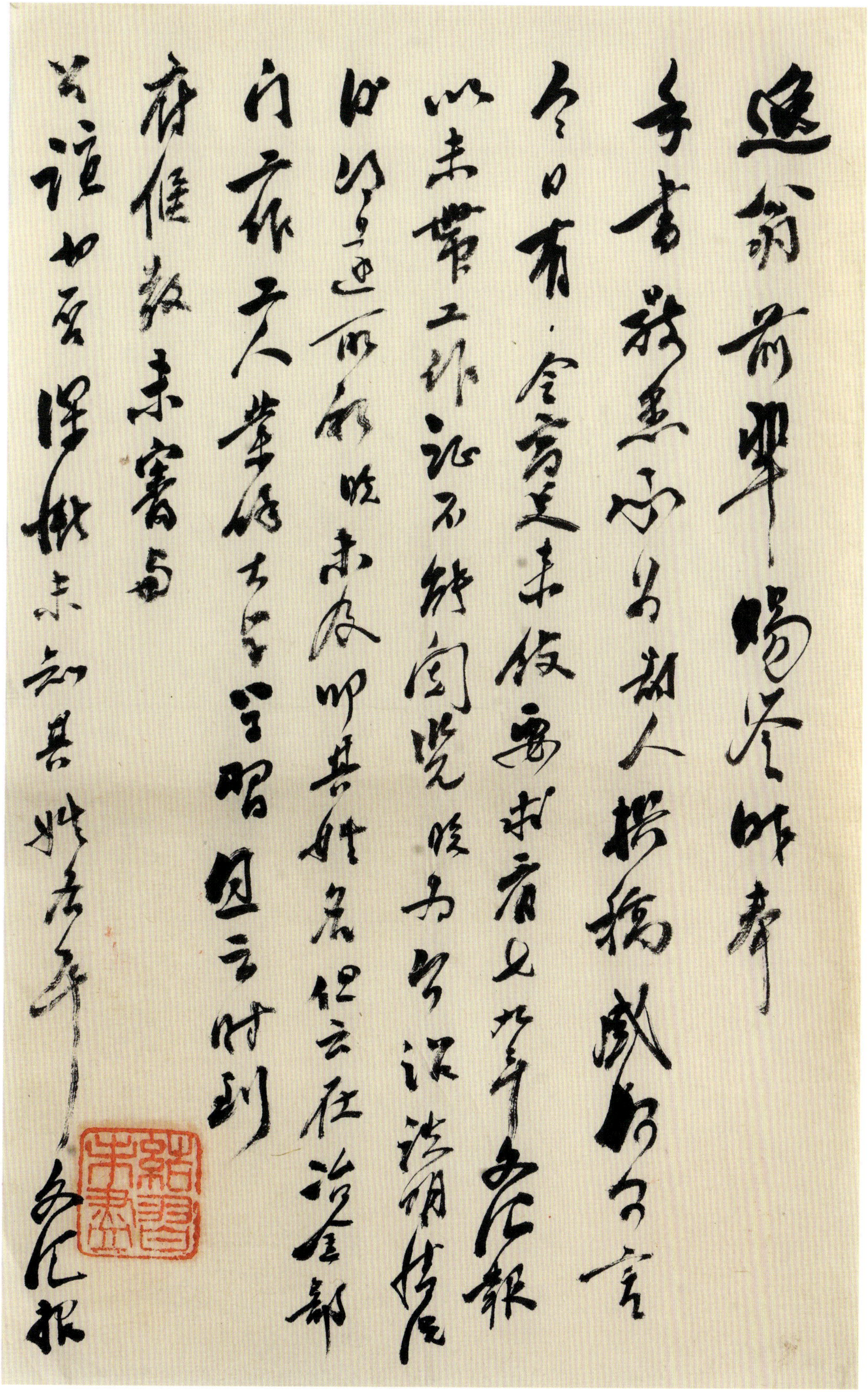

逸翁前輩賜鑒：昨奉
手書，敬悉承為敝人撰稿，感何可言。
今日有，令甥友來假處求看之北平文匯報，
以未帶工作證，不能閱覽，唯另為設法請借。
明日過所，晚來及即其姓名，但云在冶金部
内屬工人，業經大學習，因之時到
府借教，未審尚
并詳如何，望撥冗示知其姓名耳。文匯報

潘景鄭致鄭逸梅

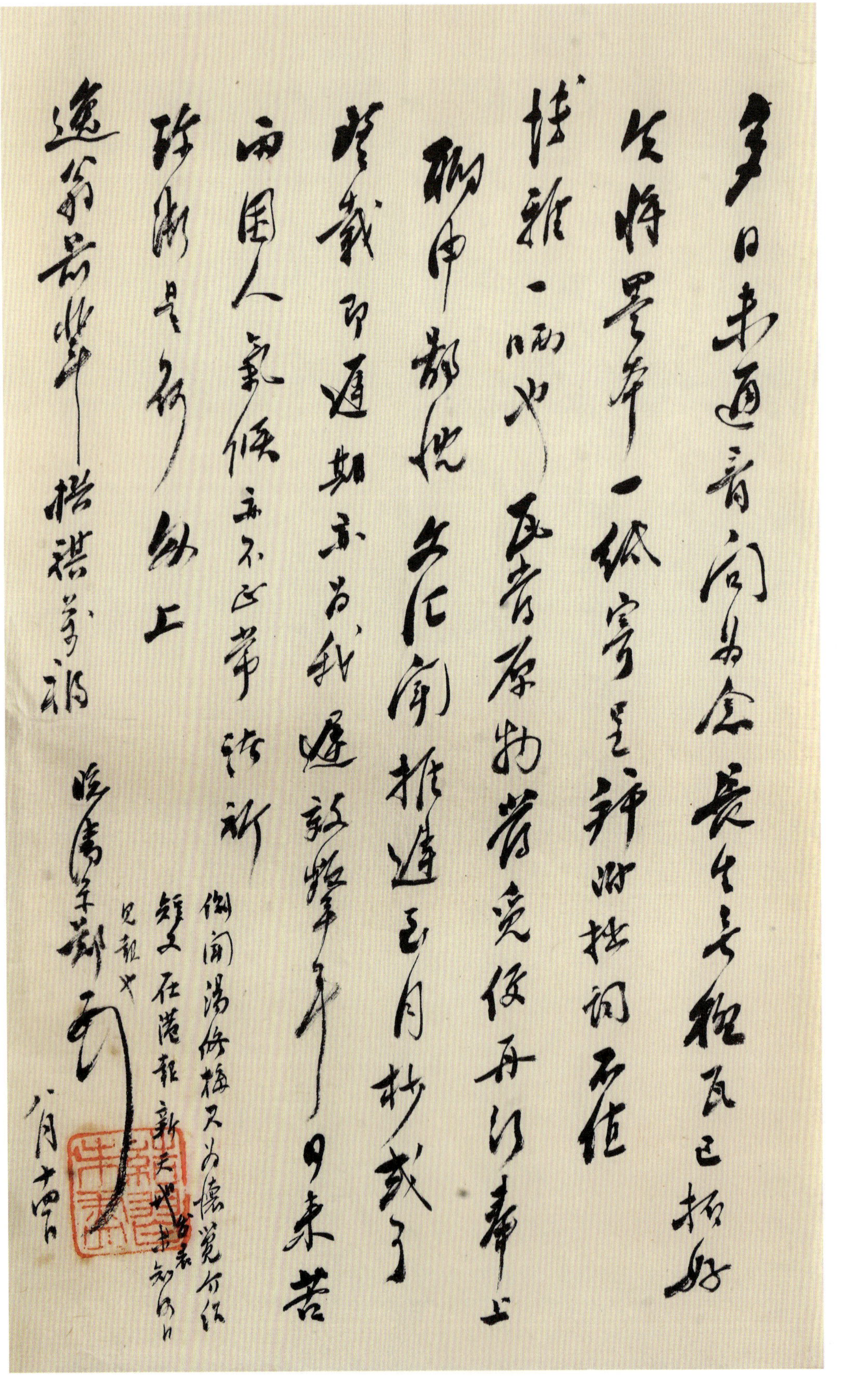
多日未通音問為念長生之祝已拍好
兄將墨本一紙寄呈祈附拙詞不佳
博雅一哂也更有原物當俟再行奉上
聯中鄭批兄能閒排遣正月抄出了
茲載即遇期亦為我遲(?)誤年十一月來苦
雨因人氣候亦不正常諸祈
珍衛是所紉上
逸翁吾兄撰祺 弟景鄭頓
八月十四日
側聞湯修梅又為懷覺介紹
鍾文在港報新天地出發表
兄想已知之

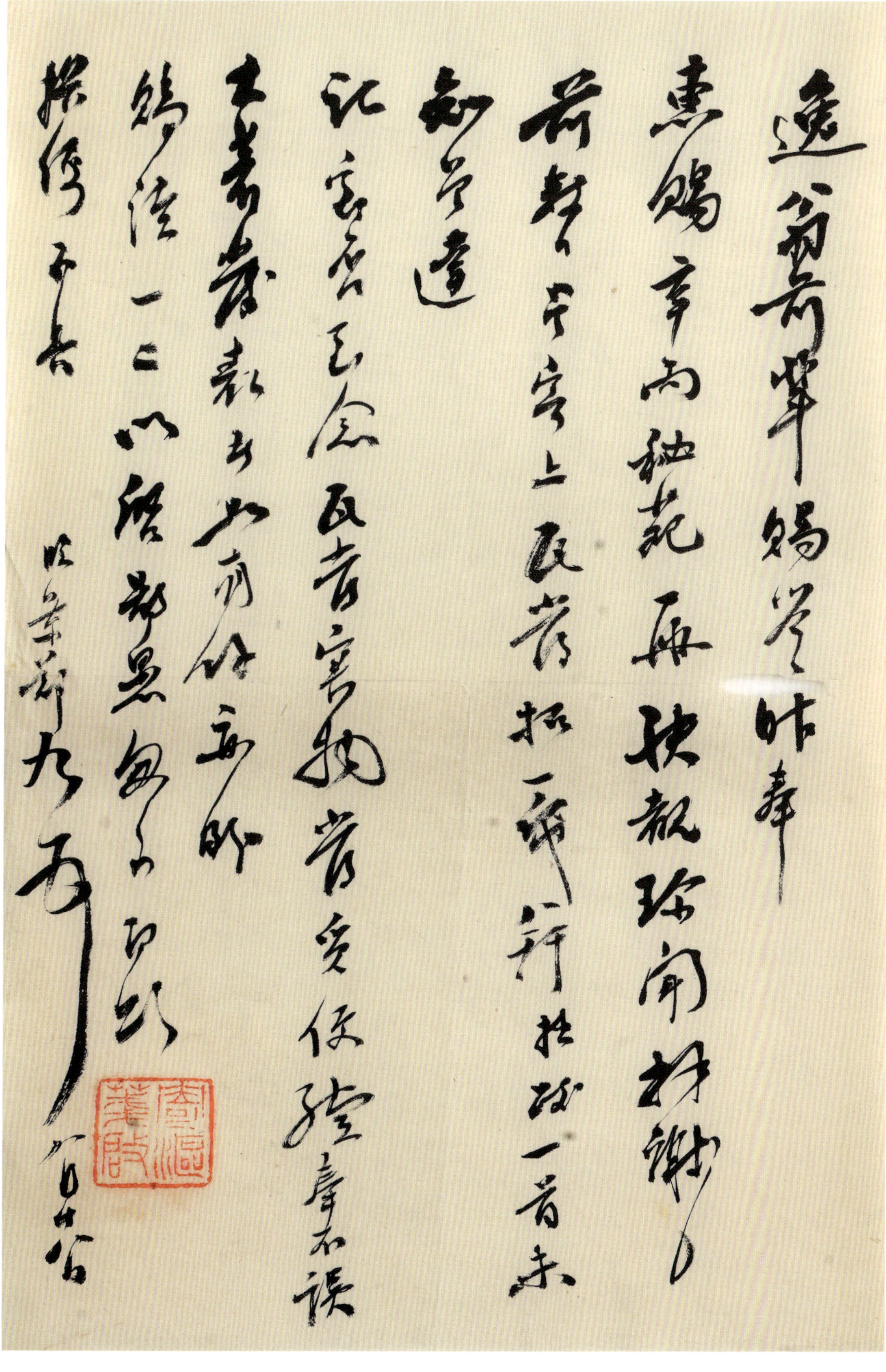

逸翁前輩賜鑒：昨奉
惠賜[illegible]，細讀再三，欣[illegible]琳瑯，拜謝。
前[illegible]上[illegible]指一紙，八行[illegible]一首，未
知可達
記室。至今[illegible]
[illegible]
[illegible]一二，以[illegible]
撰綏。[illegible]
晚景鄭頓首
[illegible]月廿四日

潘景鄭致鄭逸梅

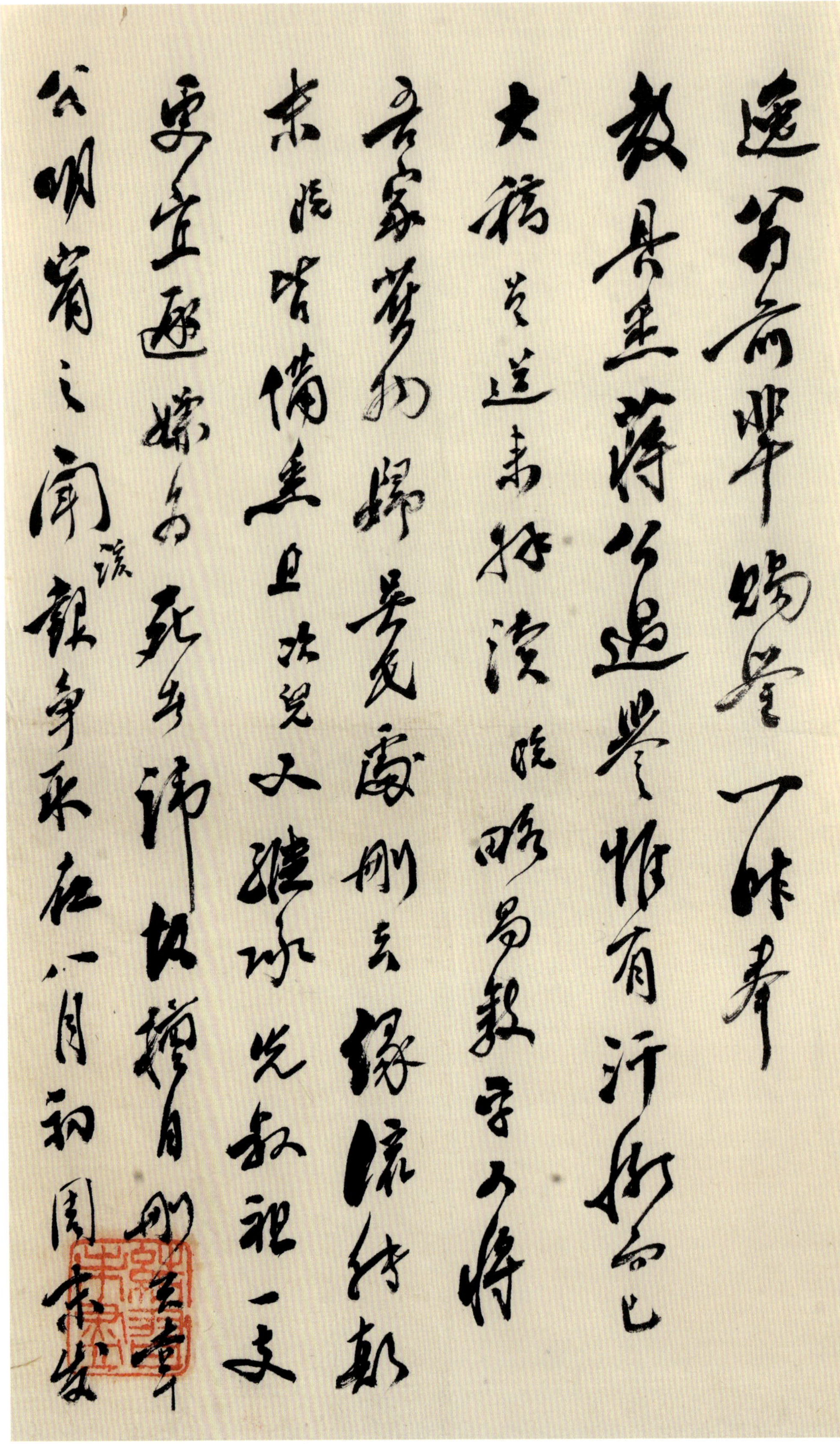
逸翁前輩[illegible]：[illegible]昨奉
教，具悉蔣公遺墨，惟有汗顏而已。
大稿並送來拜讀，[illegible]易數字乃得
吾家藝術[illegible]
來[illegible]皆備[illegible]先叔祖一支
要宜[illegible]
公[illegible]

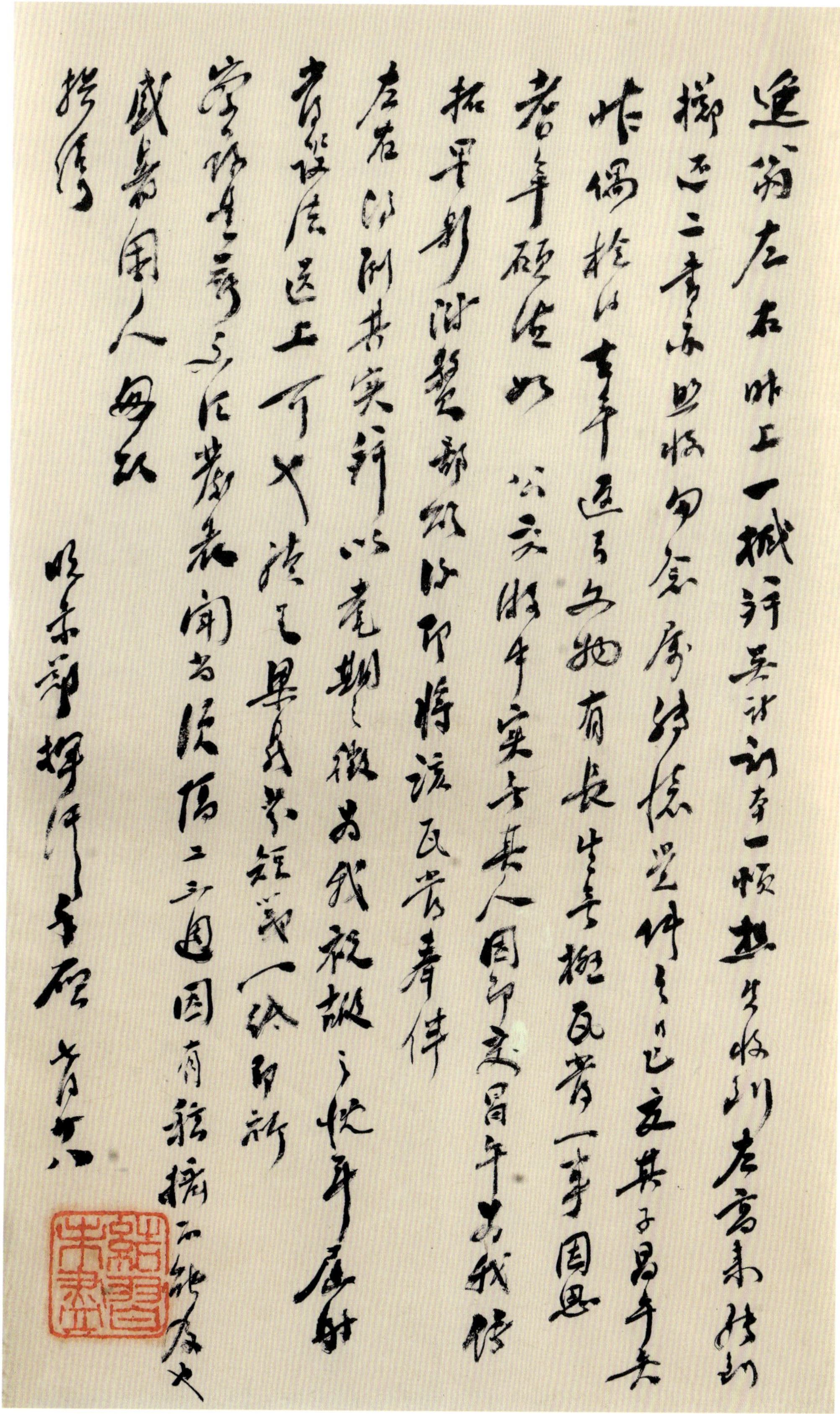

潘景鄭致鄭逸梅

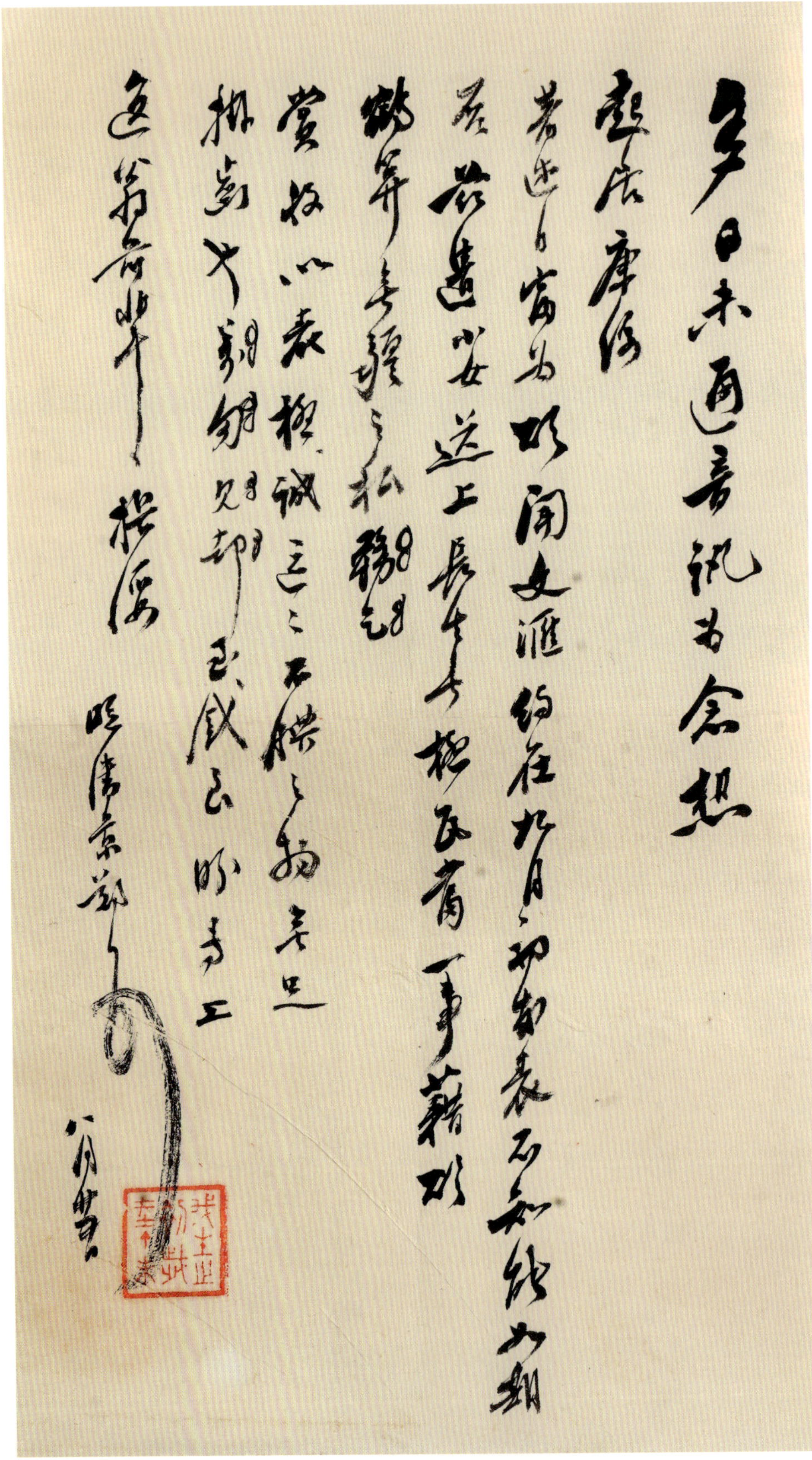

多日未通音訊為念想
起居康[illegible]
昔[illegible]當為明聞文滙約在九月初刊[illegible]不知能如期
發表 茲送上長[illegible]
[illegible]
賞收以表微誠[illegible]
[illegible]
道安 弟[illegible]
[illegible]
八月[illegible]

潘景鄭致鄭逸梅

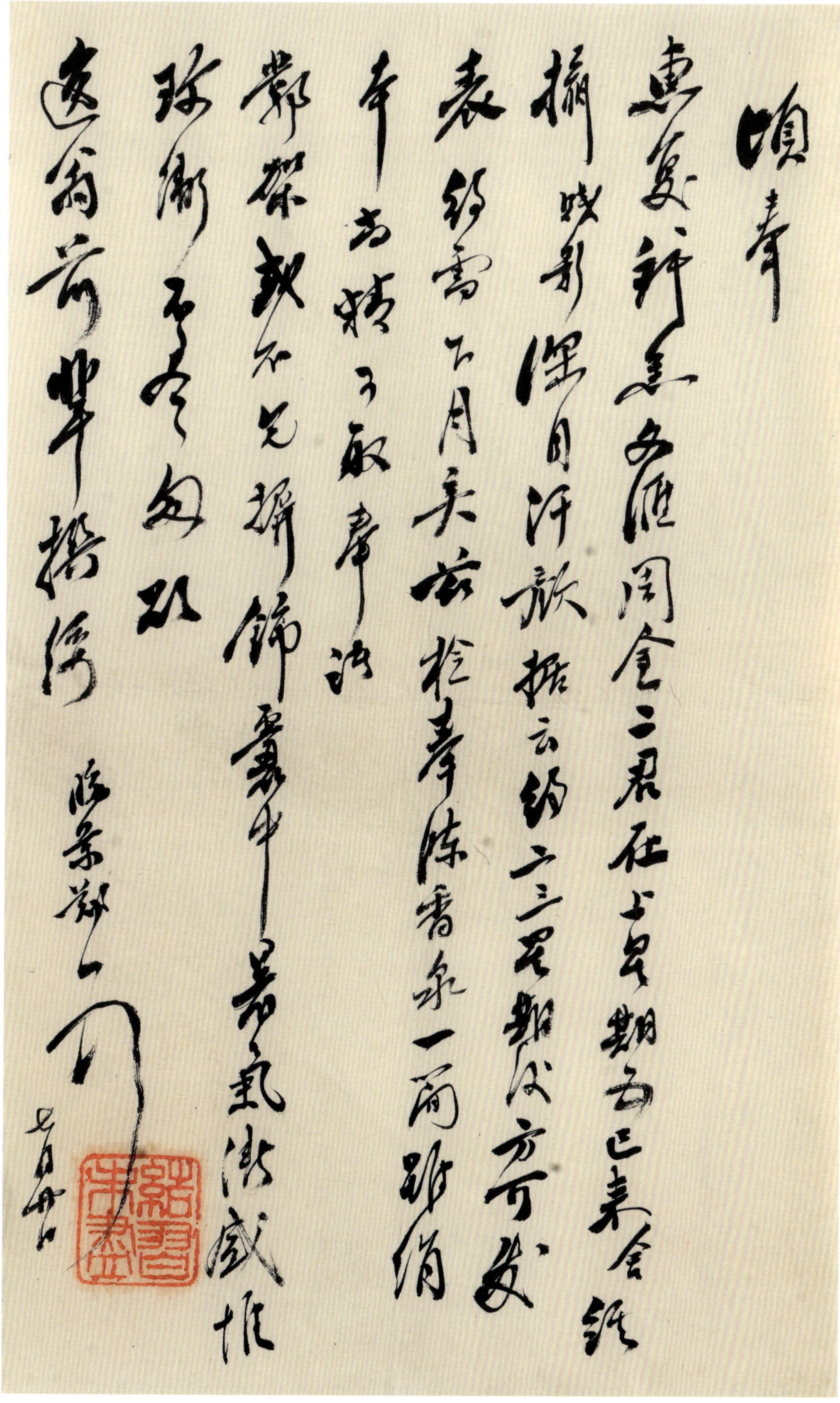

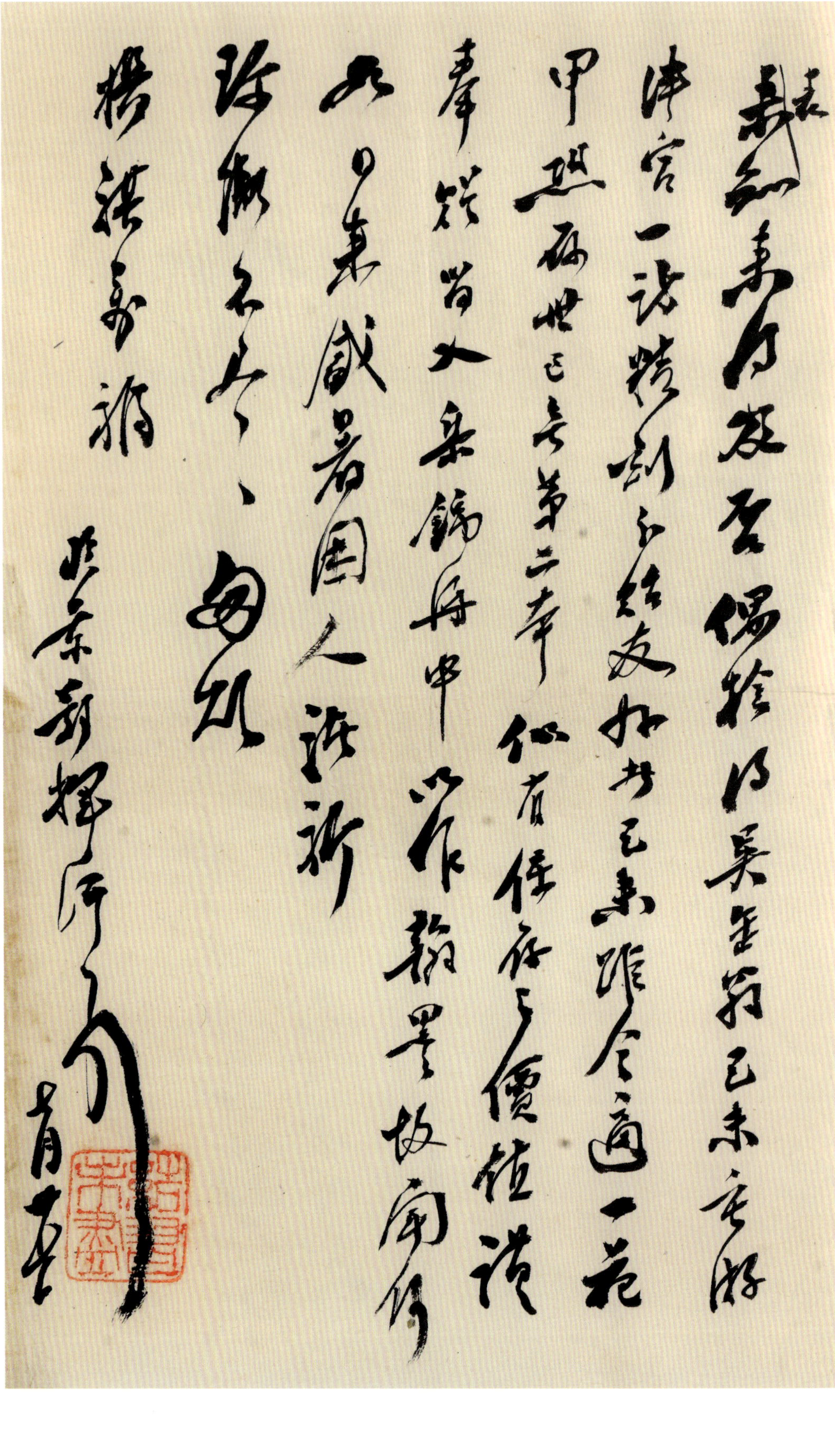

潘景鄭致鄭逸梅

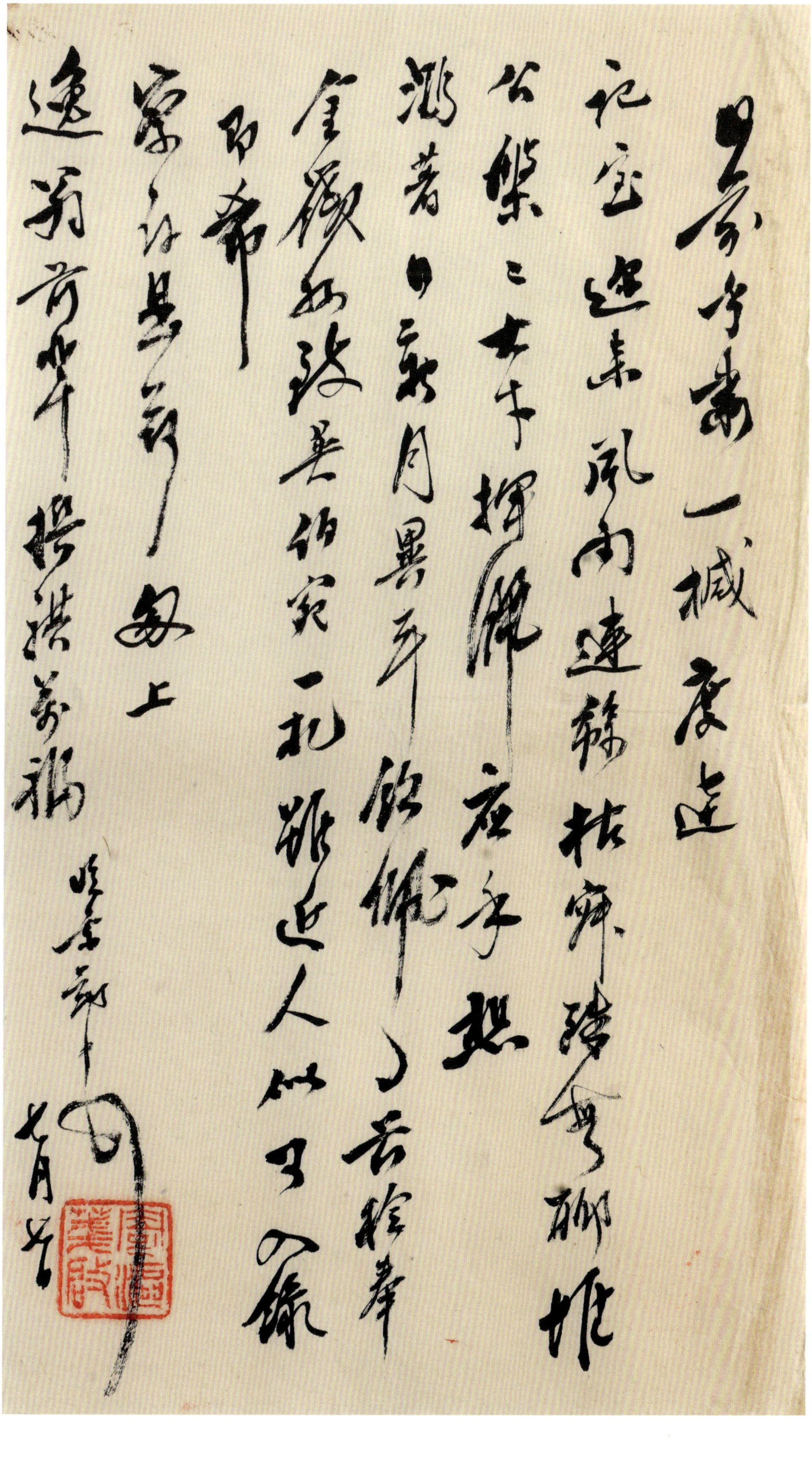

潘景鄭致鄭逸梅

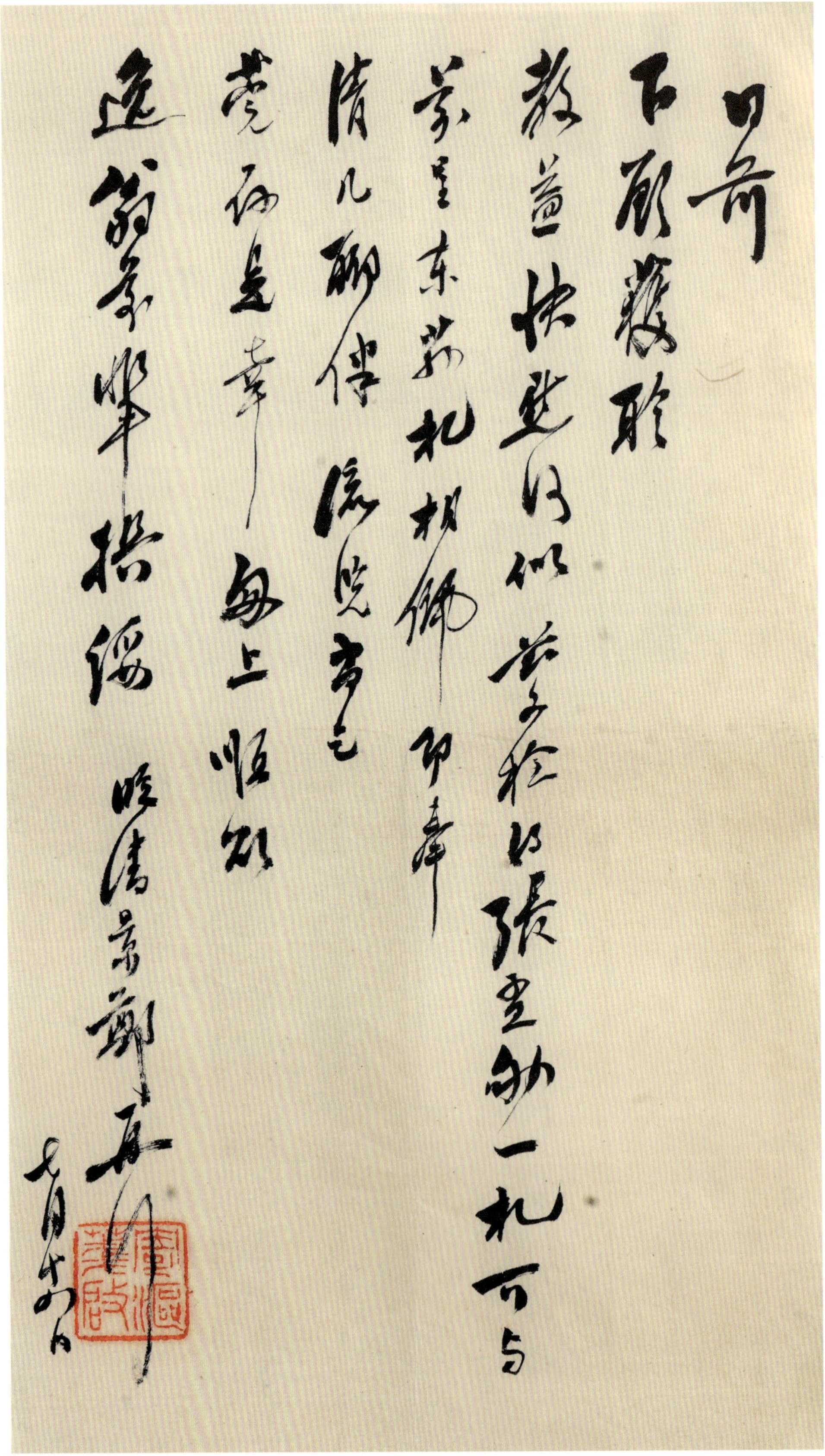

日前
下顧獲聆
教益，快慰何似。並承移以張書勛一札，可與
荼星東蓀札相佩，印奉
清几，聊佐
儀覽，亦足
覽取是幸。匆上，順頌
逸翁先生撰綏。晚潘景鄭再拜
七月十四日

潘景鄭致鄭逸梅

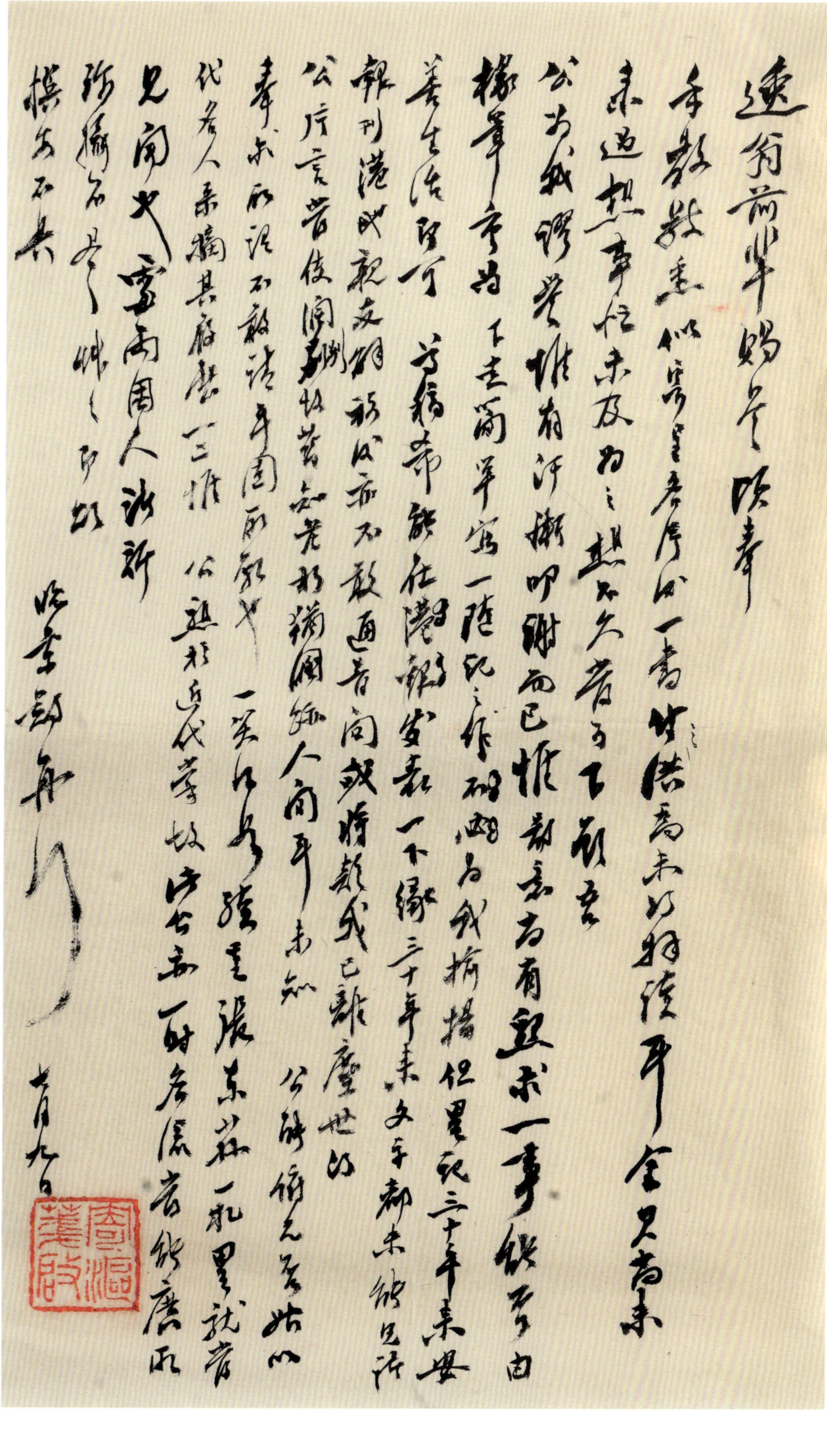

逸梅先生賜鑒：

奉教悉。

枚庵廣傳甚好，下頌所詢及八人，即就所知奉告如下：

潘有馨，字椒坡，三松老人曾孫、西圃姪，事蹟待攷，卒于光緒間。

潘毅遠，字叔重，讓之，清末官江西廬陵知縣，辛亥歸隱，卒于一九三一年，年六十三，著有小三松堂集。

潘睦先，號季孺，捐道銜，隨端方出使歐洲，辛亥後任江蘇銀行經理，卒于一九六三年，年九十三。

潘志裘，字泉生，事蹟待攷。以上三人為我之族叔祖。

潘志穎，事蹟待攷。以上二人為我之族伯。

餘三人恐非同族。

本可細查奉告，緣敝藏家譜久遭劫物，去年還故

潘景鄭致鄭逸梅

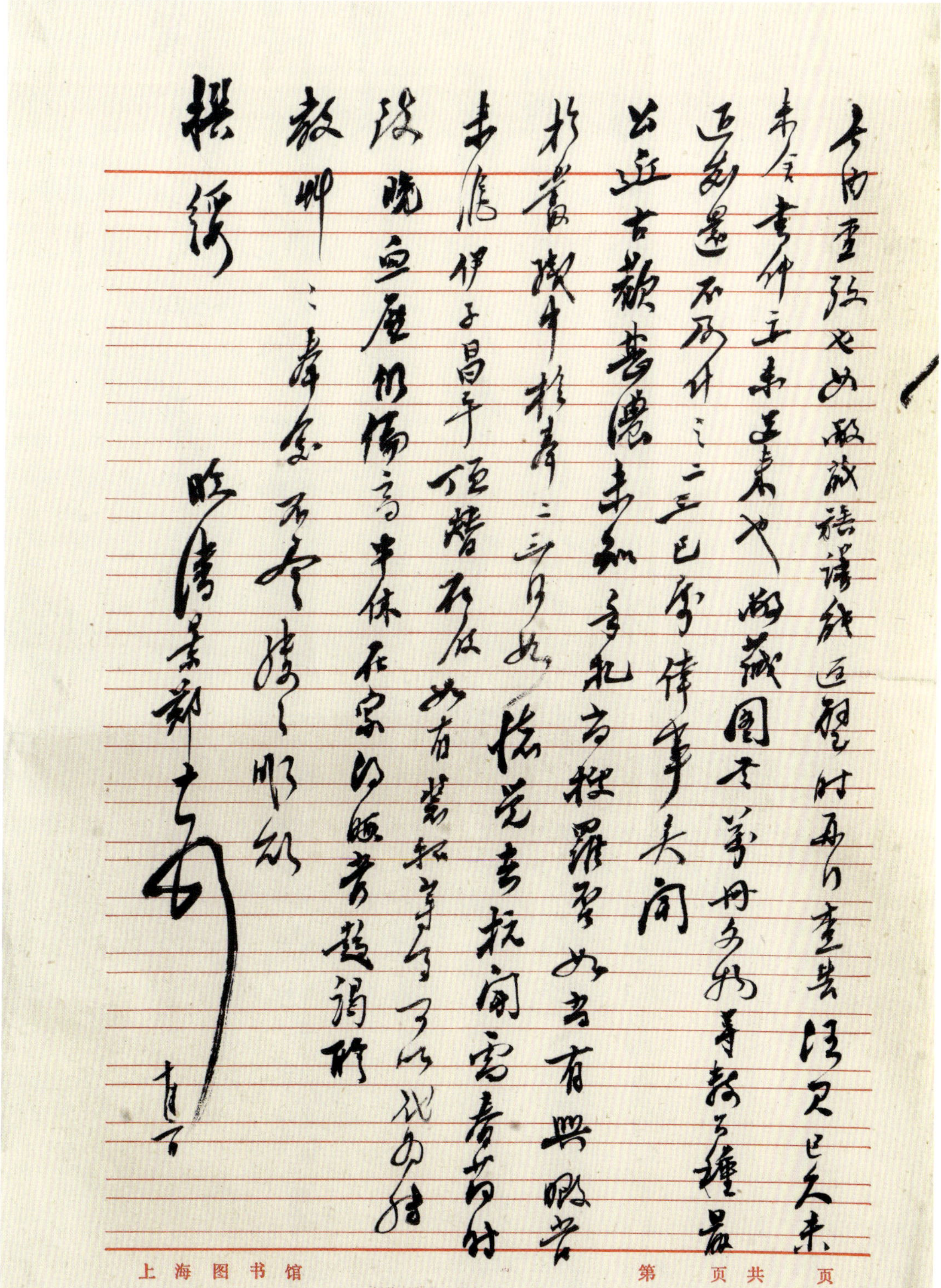

大函重致也如，敝藏諸箋近從時再行查出，請尺已久未來，今查得王東莊大小冊，藏圖共第冊，分幾部等數五種，最近劉墨遂不及什之二三，已索偉事，未聞公近古蘋甚濃，未知手札亦擬羅列，如去有興，似當於前，撥中於春二三月如

惠臨，伊子昌平下旬赴杭閘需貴安時

奉候，不便如有紫紅等，可以代為轉

談。晚血壓偏高，半休在家，以賑貴題詞，聆

教，此此事，至不能暢叙，順頌

撰綏

晚潘景鄭頓首

十日

上海图书馆　第　页共　页

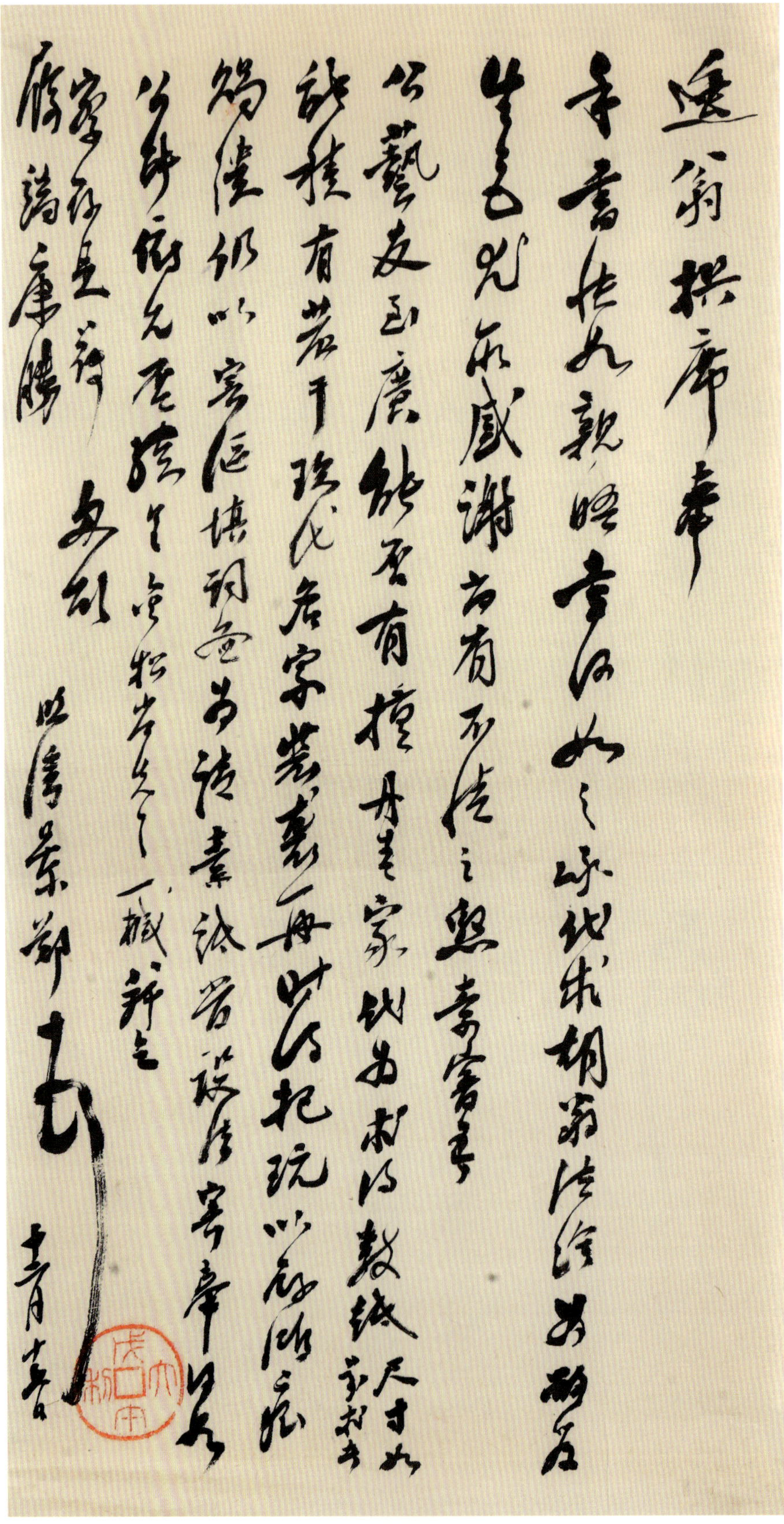

逸翁撰席：奉

手書，借先[illegible]親睹[illegible]如之[illegible]，此代求胡翁法繪[illegible]

先生先施，感謝[illegible]有不[illegible]之懇[illegible]

公藝友函廣，能否有擅丹青家代為求得數紙，尺寸如前求者

弟積有若干頁，代名家[illegible]一冊，以資把玩，以[illegible]

[illegible]紙以寄，[illegible]填詞並為請書素紙若[illegible]寄奉[illegible]

公[illegible]尚乞[illegible]一紙[illegible]

[illegible]

[illegible]

弟潘景鄭[illegible]　十月十[illegible]

潘景鄭致鄭逸梅

潘景鄭致鄭逸梅

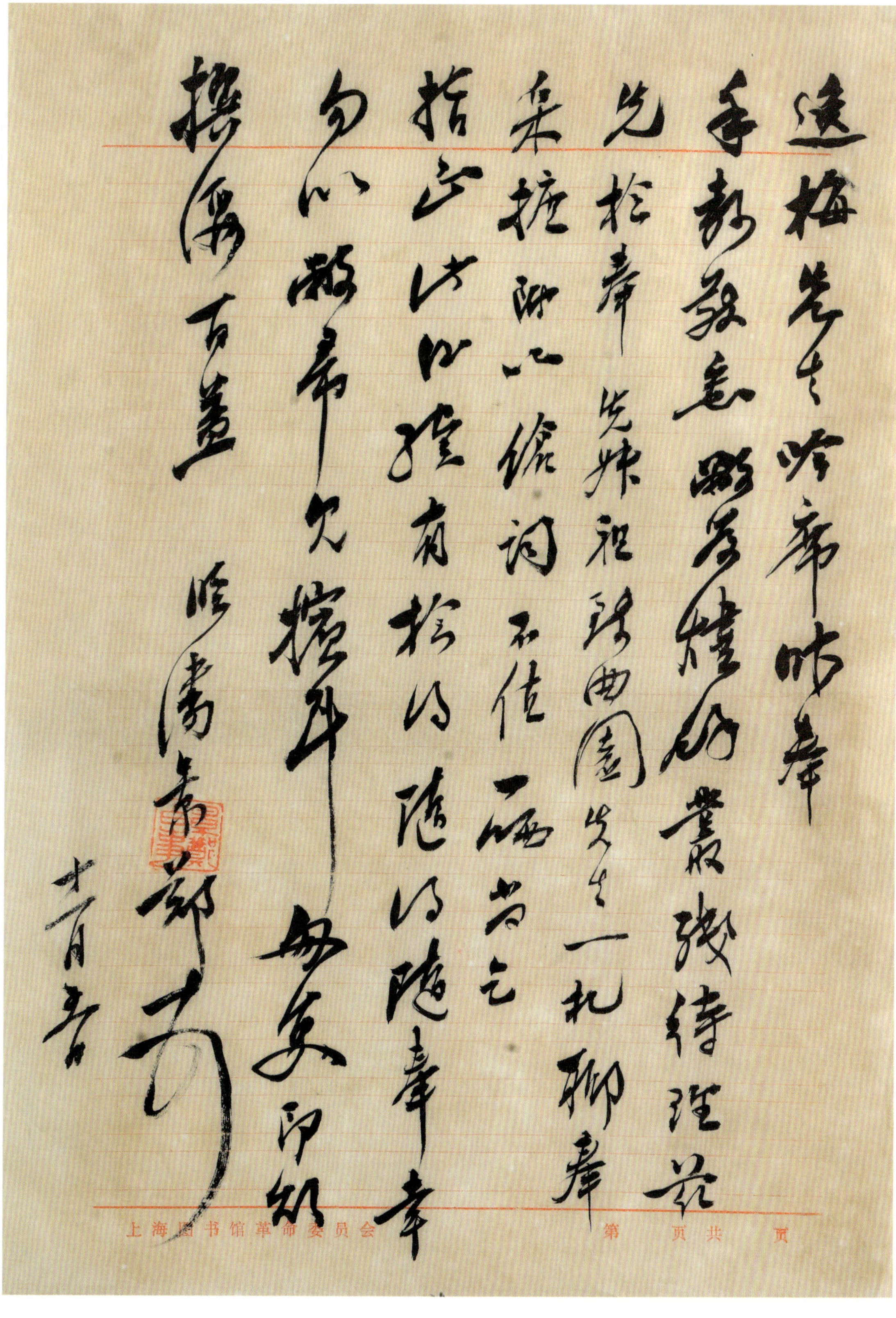

逸梅先生吟席：昨奉
手教，敬悉。鄙篋叢殘待理，茲
先於奉 先叔祖致曲園先生一札，聊奉
集摭附，以綴詞不佳，一併奉之
指正。此後續有所得，隨得隨奉，幸
勿以敝帚見擯為幸。即頌
撰祺，不盡。
潘景鄭頓首
十月五日

上海图书馆革命委员会　第　页共　页

潘景鄭致鄭逸梅

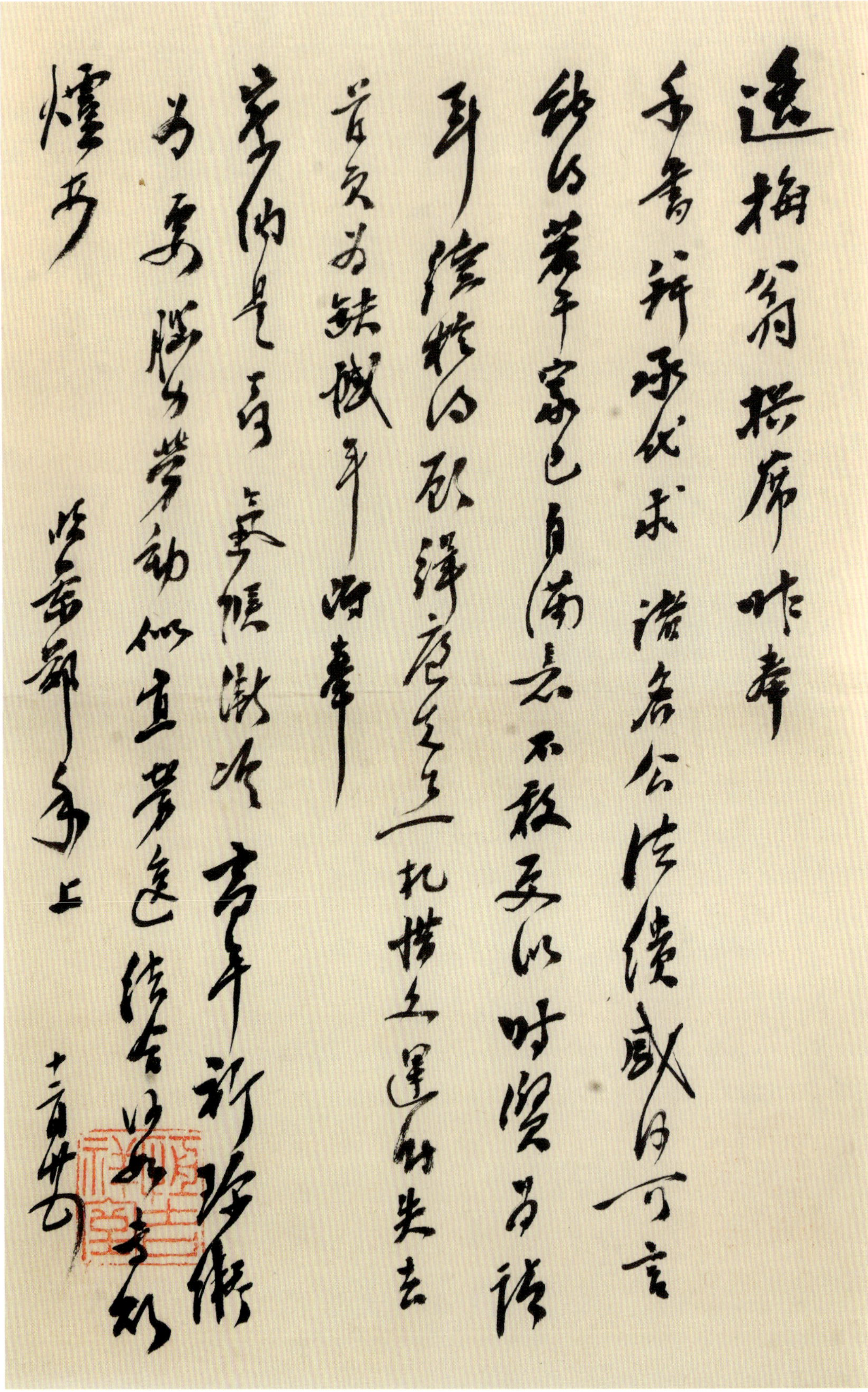

逸梅翁撰席：昨奉
手書，拜承代求　諸名公法繪，感何可言。
鄙以若干家已自滿意，不敢更以此瀆　諸
鄙繪精以致謝。厚意一札擬今達，似失去。
前函為鐵城年丈借奉
寒仍是舊，無恨懶作。去年新聘職
為安勝勞動，似直勞逸法，合以為幸耳。
儷安
弟潘景鄭手上
十二月廿七

潘景鄭致鄭逸梅

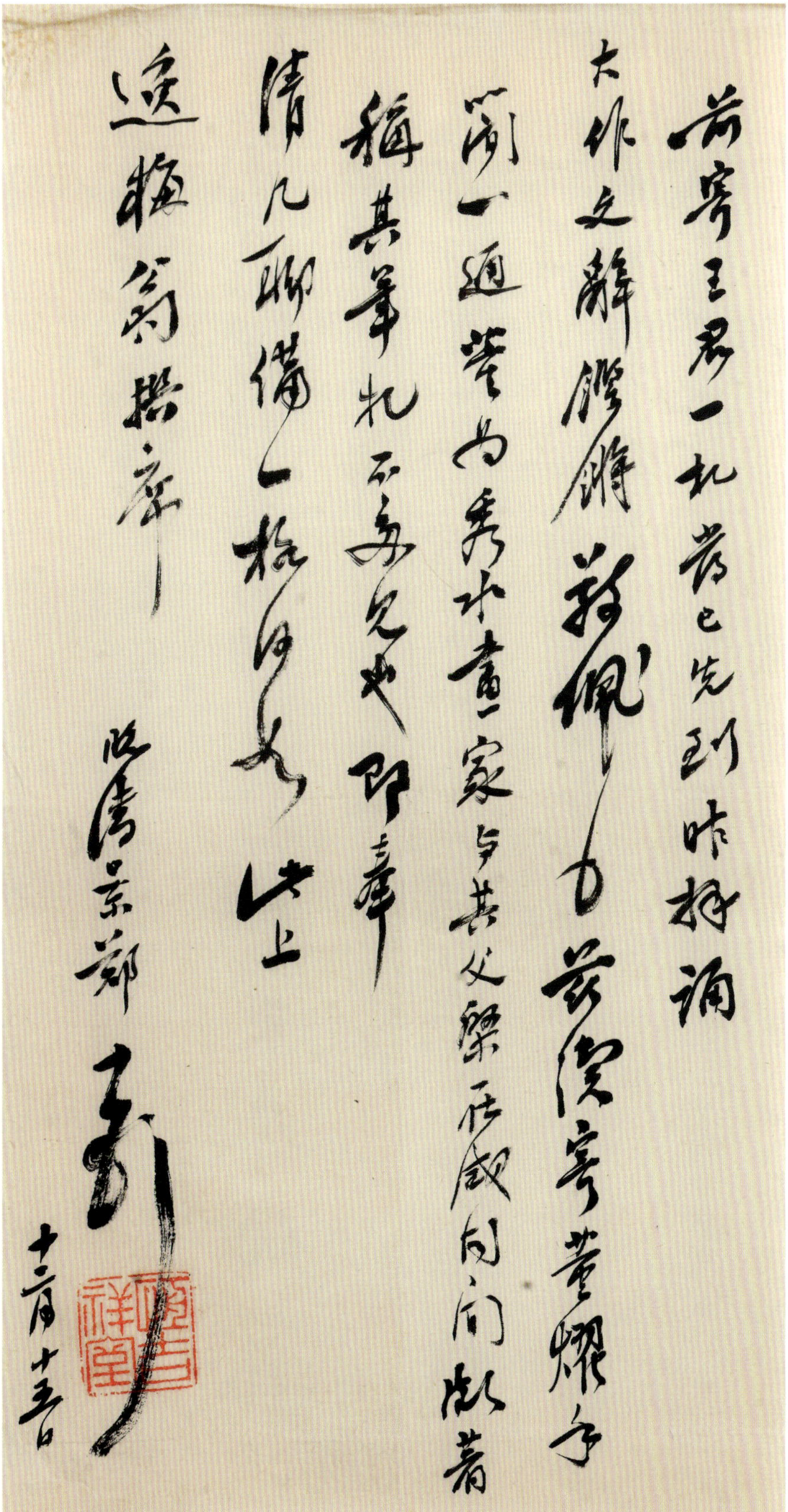

潘景鄭致鄭逸梅

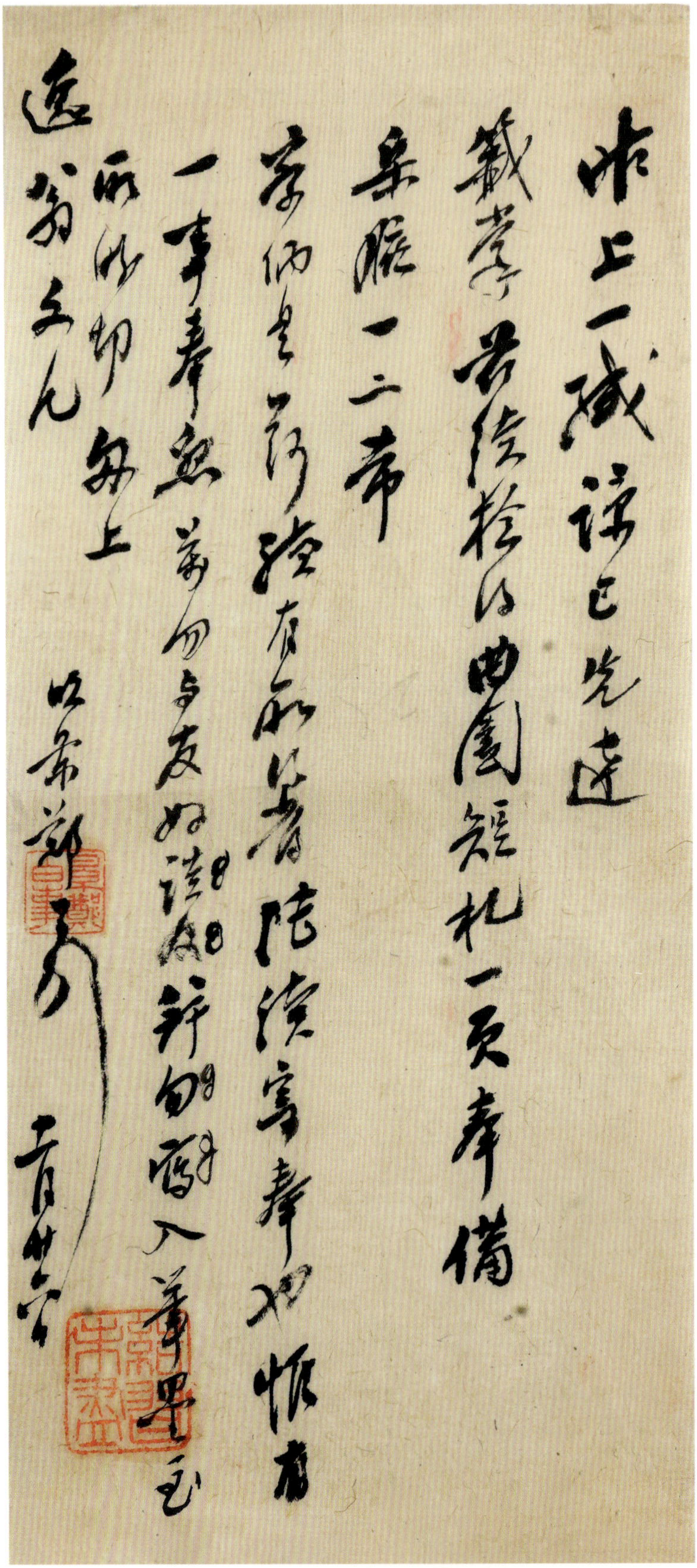
昨上一箋，諒已先達

籤奉尚須檢得田園雜札一頁奉備

采擇一二本

[illegible]何足[illegible]語尤所笑者，陡須寫奉也，悵悵

一本奉鑒，前[illegible]友好諒恕，許自斷入筆，罪甚

所懷切切，無上

逸翁足下

小弟景鄭頓首 十月廿六

潘景鄭致鄭逸梅

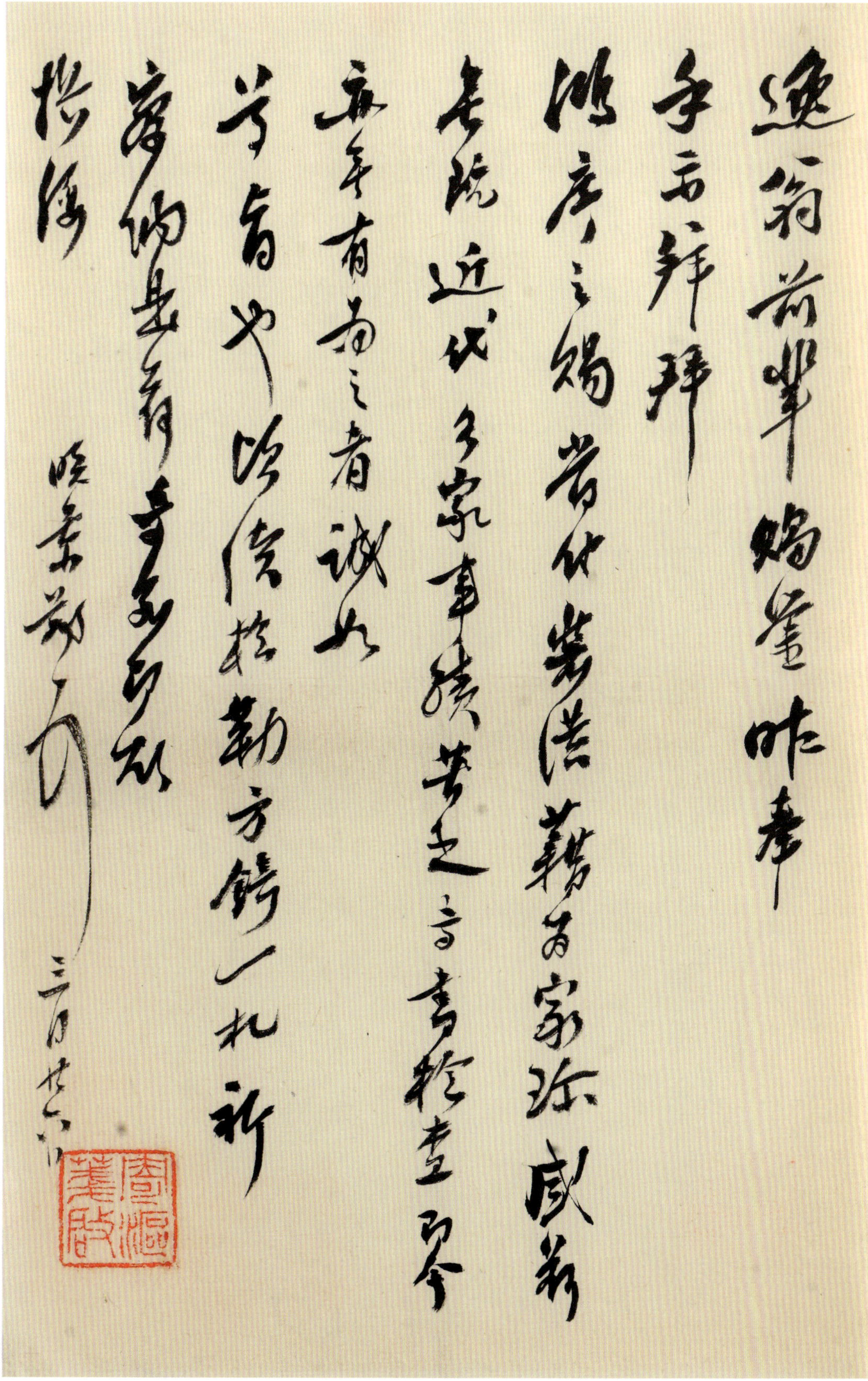

潘景鄭致鄭逸梅

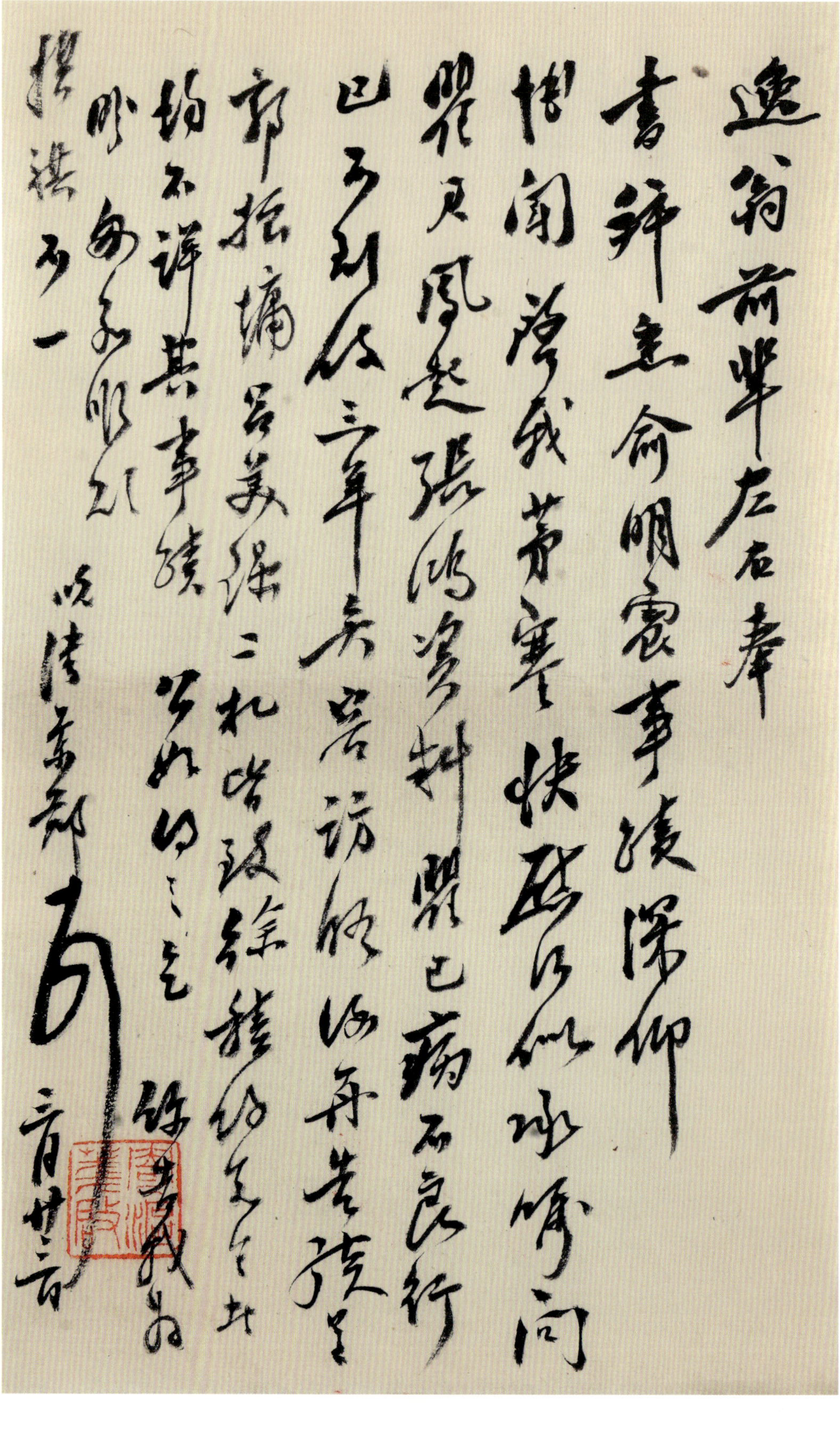

潘景鄭致鄭逸梅

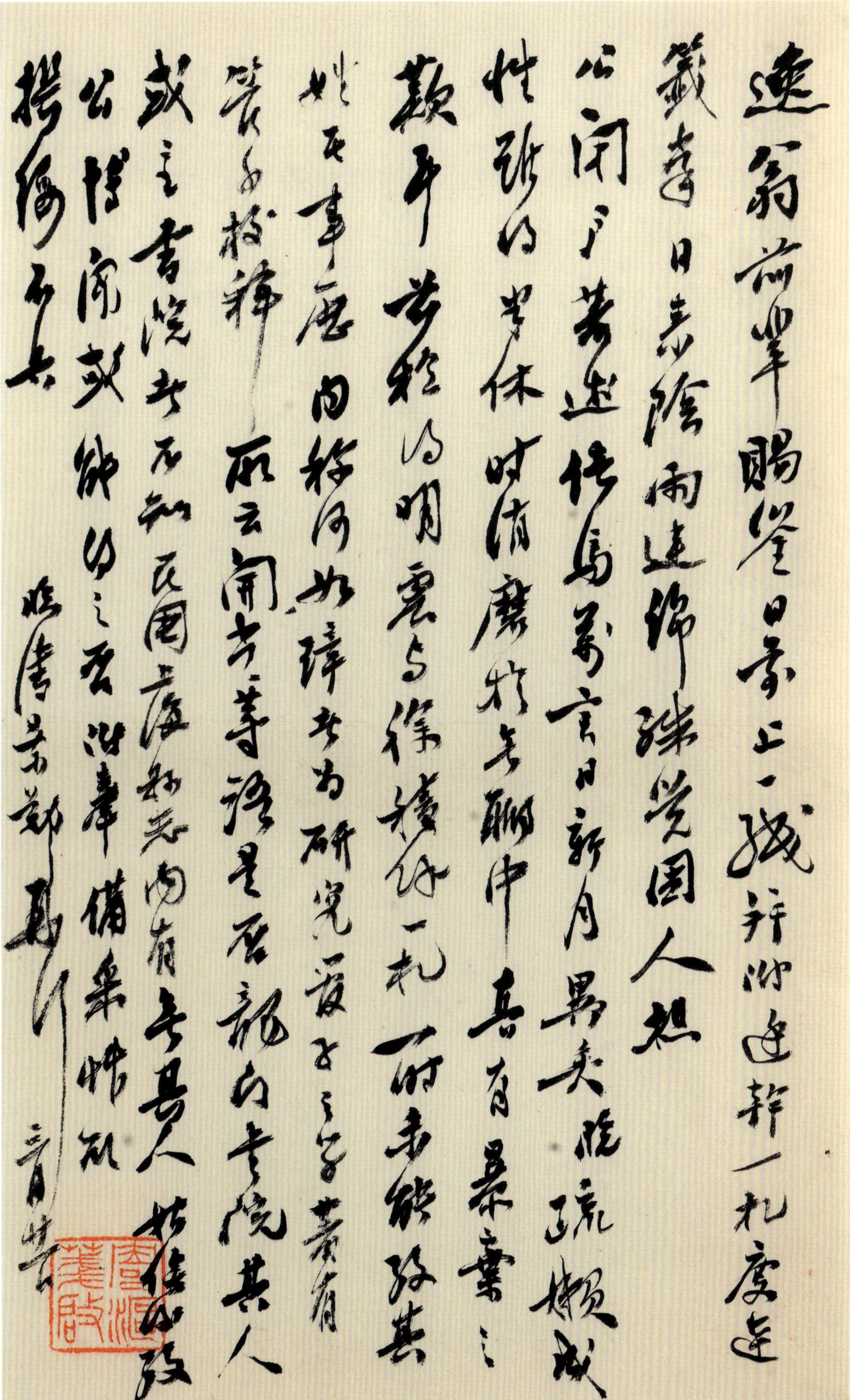

潘景鄭致鄭逸梅

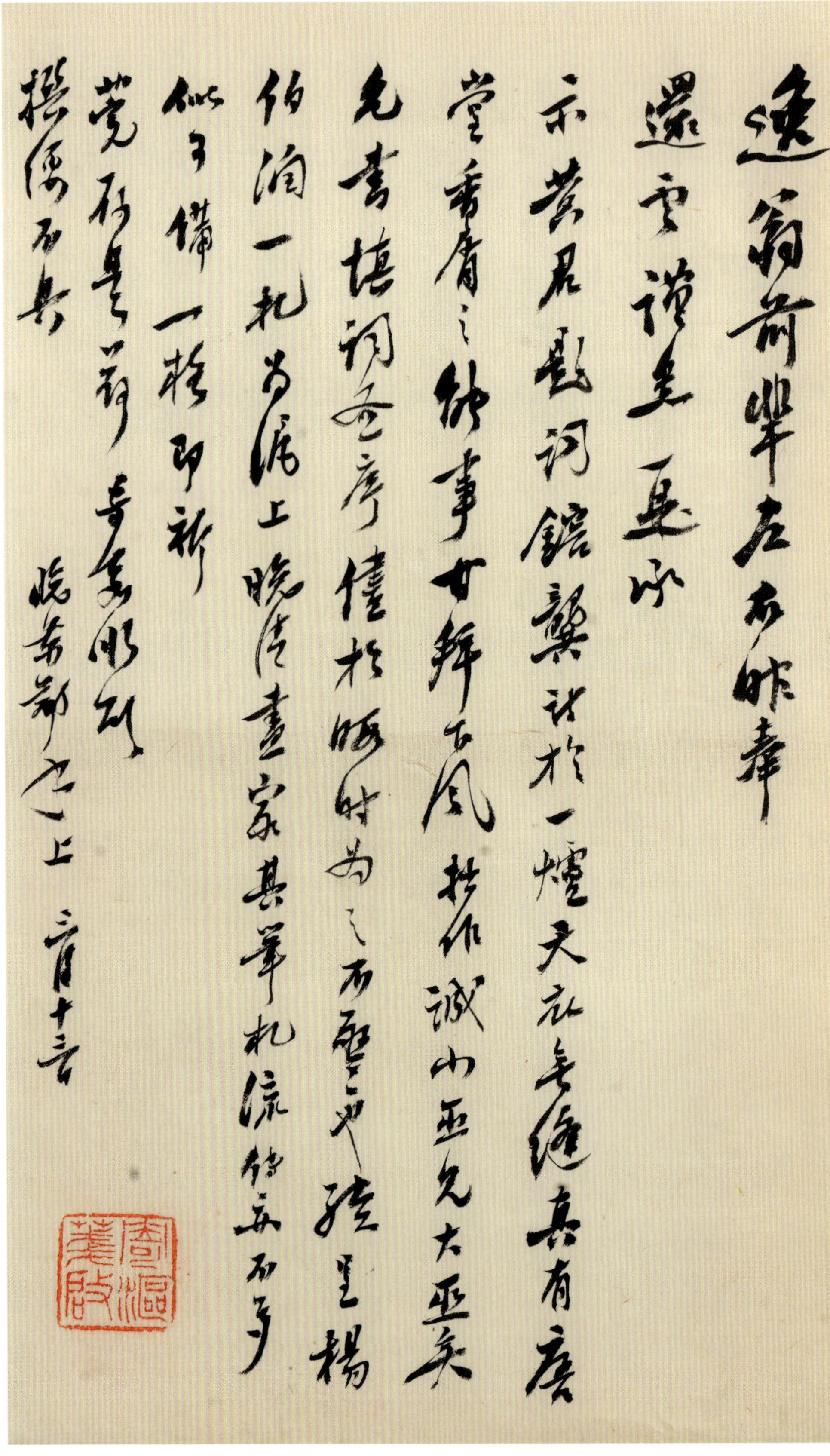

逸翁前輩左右：昨奉
還雲，謹悉一一。承
示黃君勘詞，鎔龔許於一爐，天衣無縫，真有唐
堂香肩之能事，甘拜下風。拙作誠小巫見大巫矣。
允書填詞圖序，僅於略時為之，而無足也。張星揚
伯詢一札，為携上。曉滄畫家其筆札流傳殊不多，
似可備一格耶。祈
覽存是荷。專此，敬頌
撰祺不具。
晚弟景鄭上　三月十三

潘景鄭致鄭逸梅

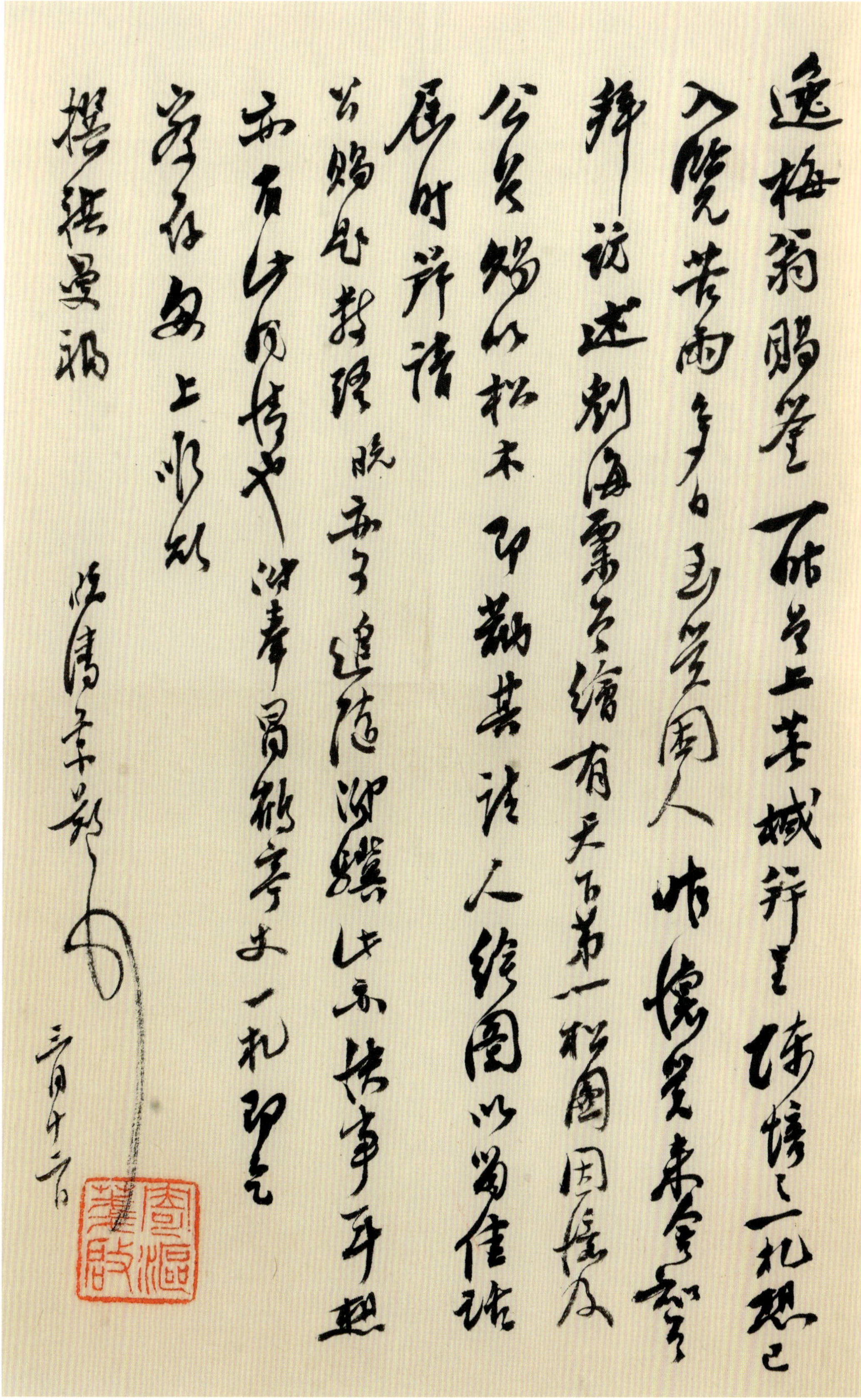
逸梅翁賜鑒：頃寄上蕪城拜呈[illegible]一札，想已
入覽。昔年多方覓周人[illegible]
拜訪，述劉海粟先生繪有天下第一松圖，因屬友
公代作松木印，勸其請人繪圖，以留佳話。
屆時拜請
公賜題跋。晚亦可追隨御鑾，此亦佳事，乎想
亦爲快事也。海粟翁[illegible]一札，即乞
察存爲上。此頌
撰祺。
弟景鄭
三月十六日

潘景鄭致鄭逸梅

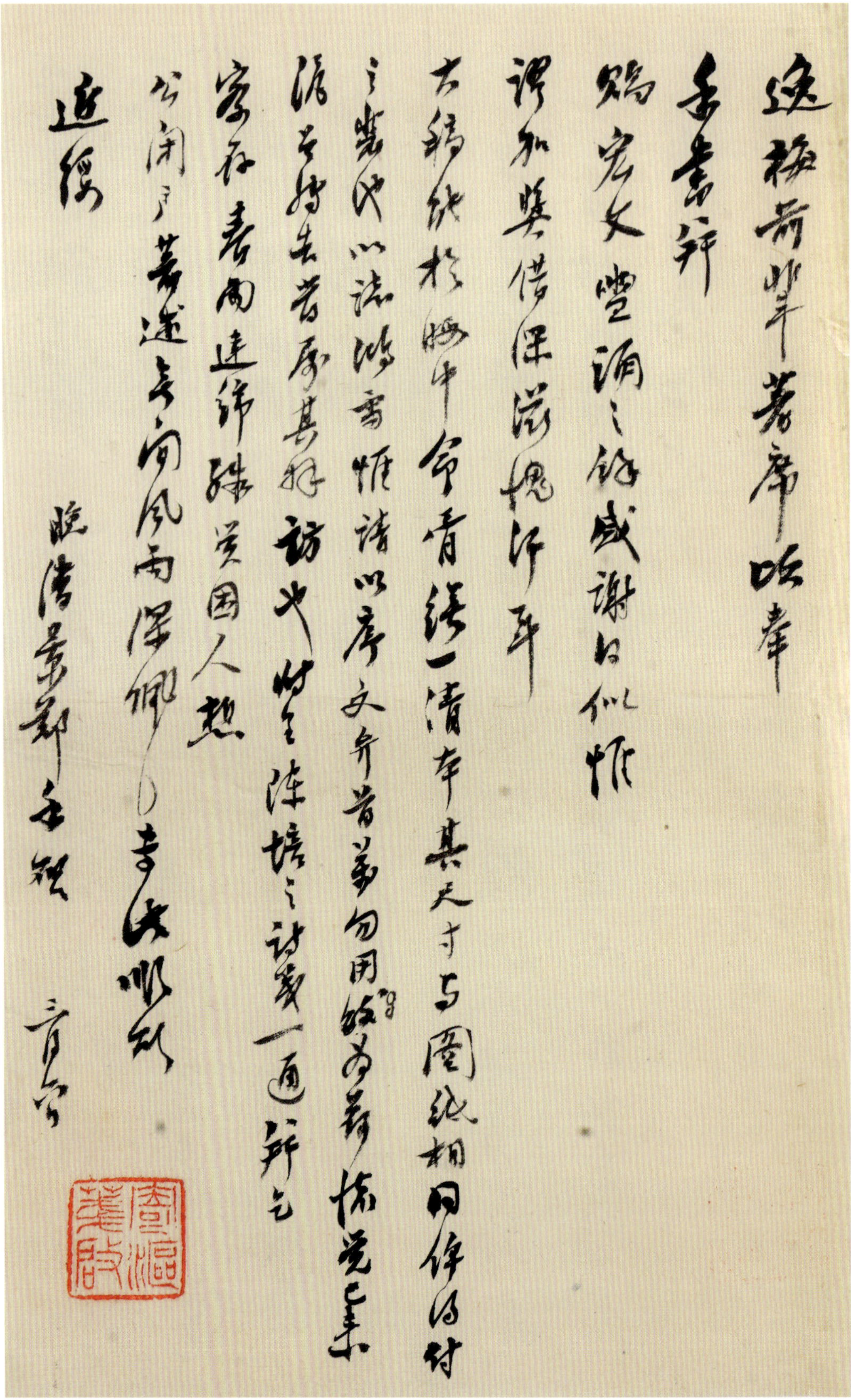
逸梅前輩著席：昨奉
手書并
賜宏文，豐潤之筆，感謝何似。惟
謬加獎借，深滋愧怍耳。
古錢拓幅中，命肯錢一清本，其尺寸與圖紙相同，俾得付
之裝池，以誌鴻雪。惟請以序文并首葉句用[illegible][illegible][illegible][illegible]之集
請者將去，當屬其擇訪也。惟陳培之詩箋一通，并乞
察存。春雨連綿，殊覺困人，想
公閉戶著述，長向風雨保佩。耑此，順頌
近綏
晚潘景鄭手啟　三月六日

潘景鄭致鄭逸梅

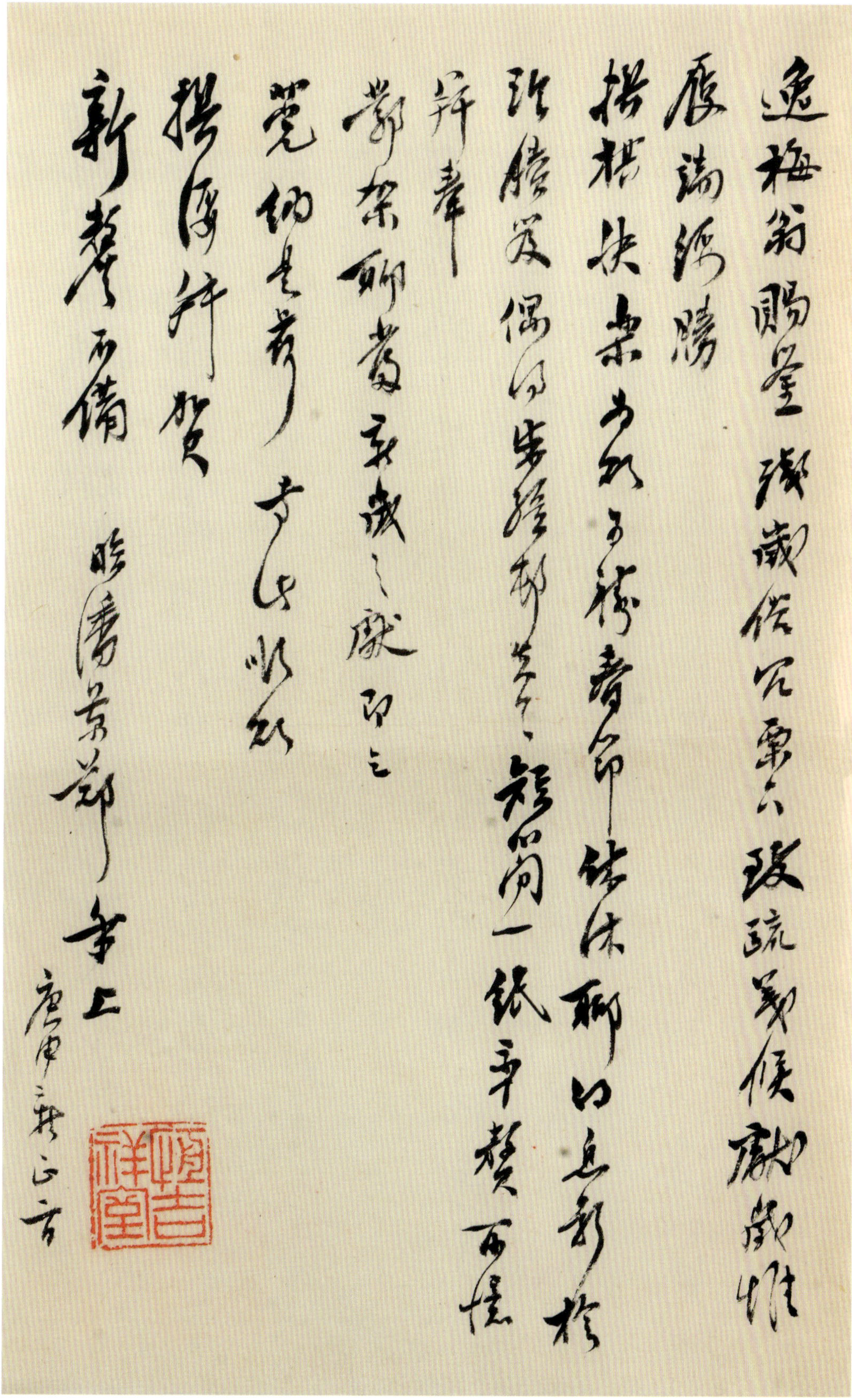

逸梅翁賜鑒：殘歲從冗累，久致疏箋候，歉歉悵悵。辱誦瑤牘，揣揣快樂，為承手稽壽命，借休聊以息影於許續笈，偶向步趨都茫茫，能否賜一紙率贅而捷，拜年。鄭集聊當新歲之獻，即之覽納是幸。專此順頌撰祺，拜賀新禧，不備。

晚潘景鄭手上

庚申立春正月

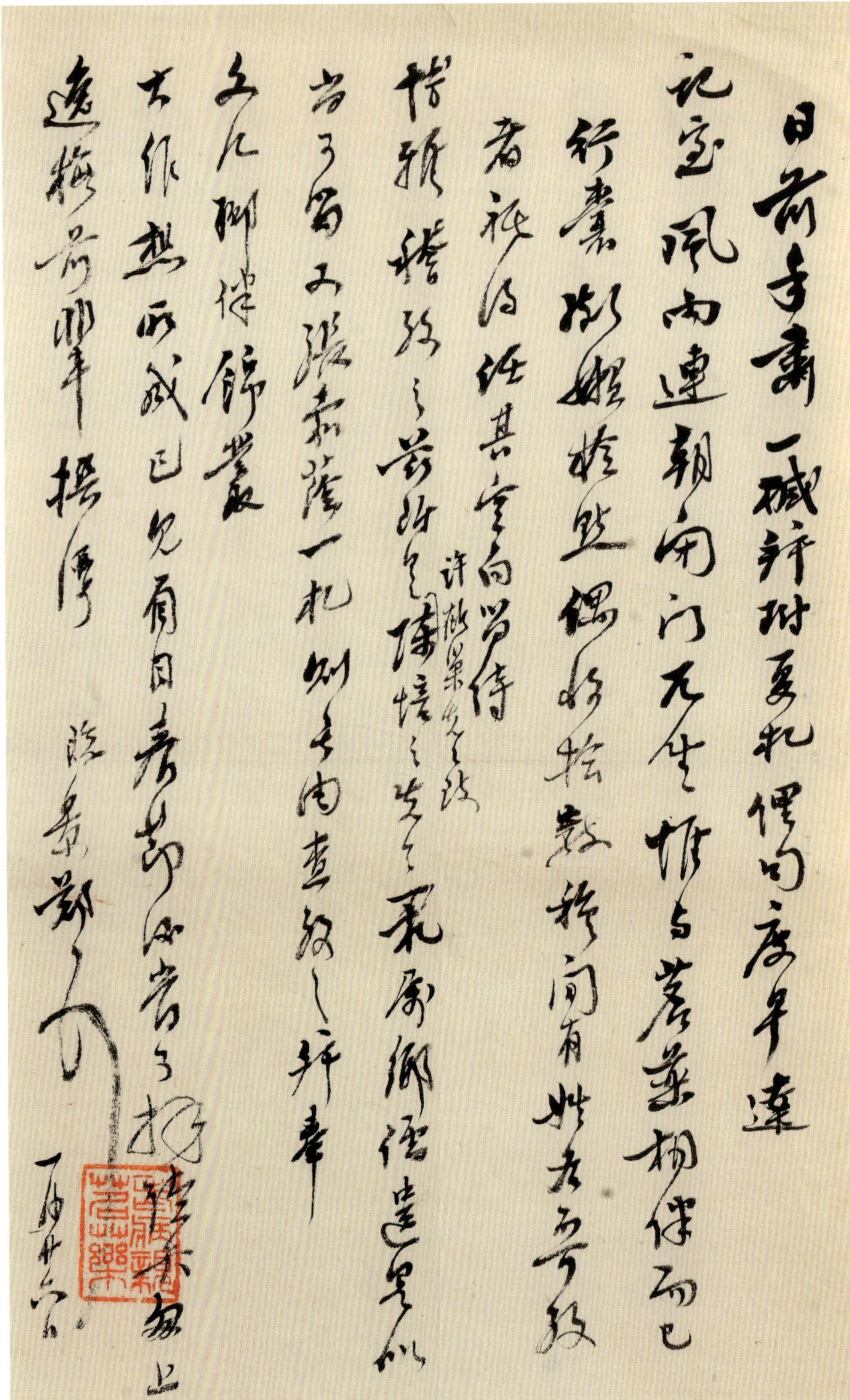

潘景鄭致鄭逸梅

潘景鄭致鄭逸梅

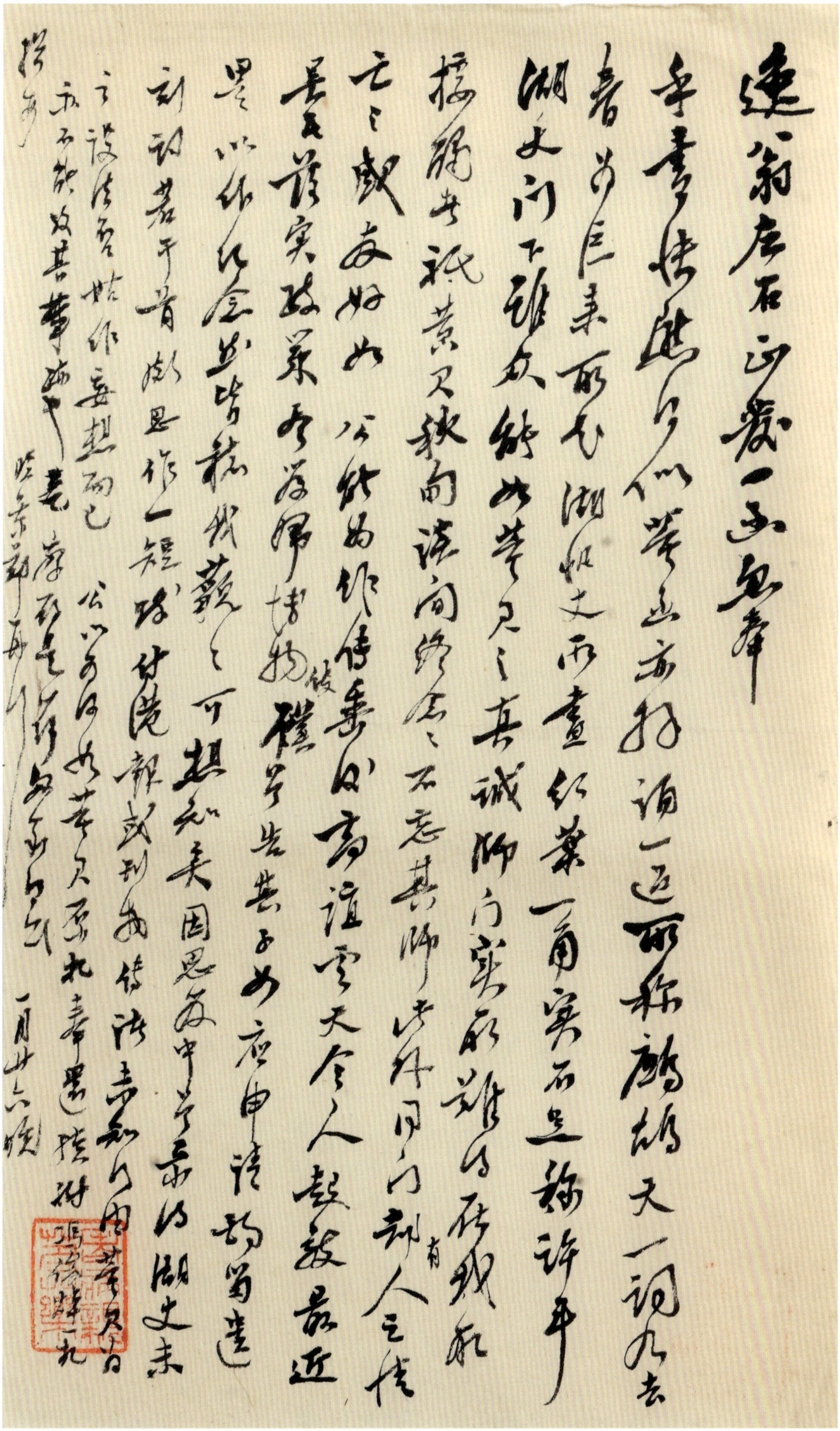

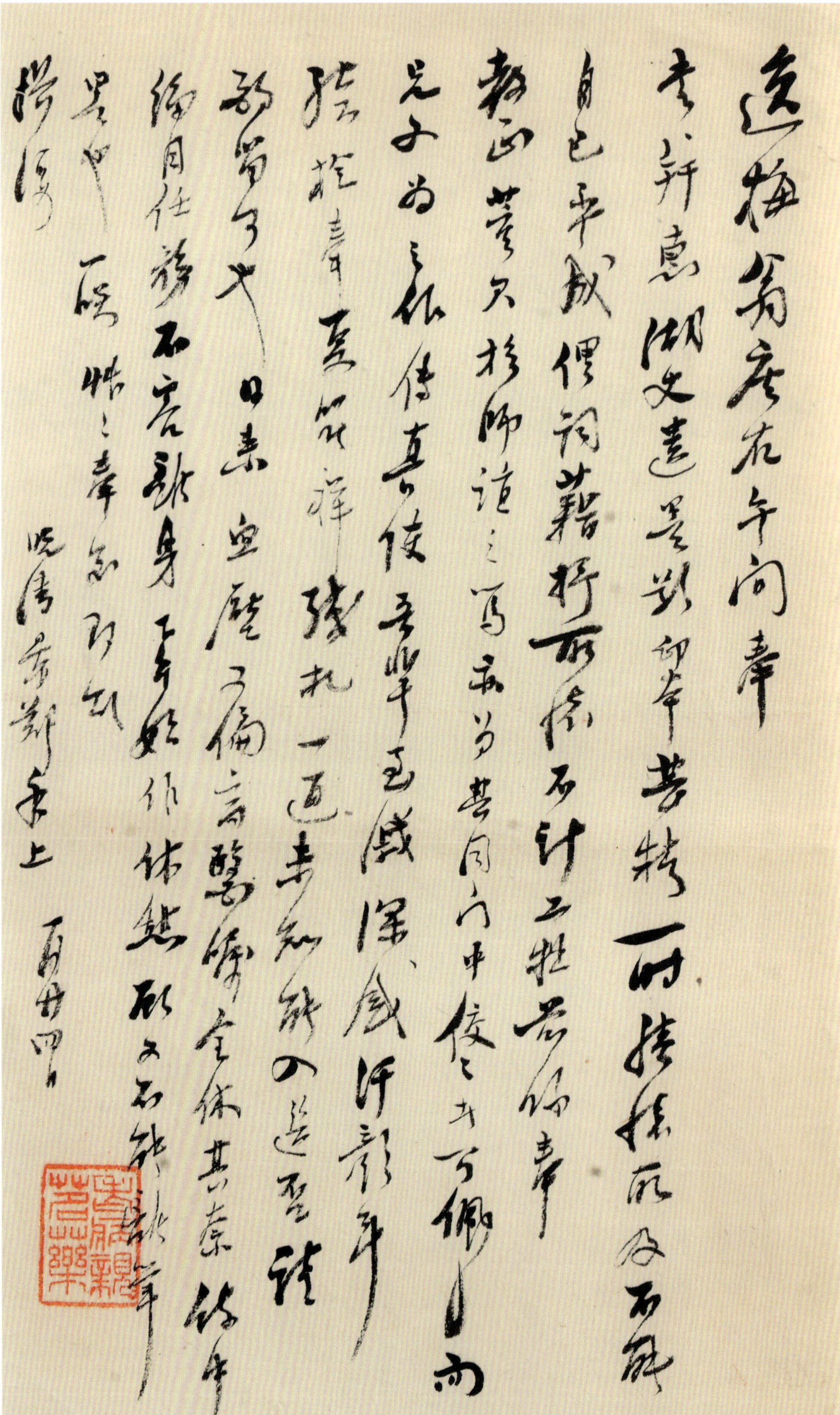

潘景鄭致鄭逸梅

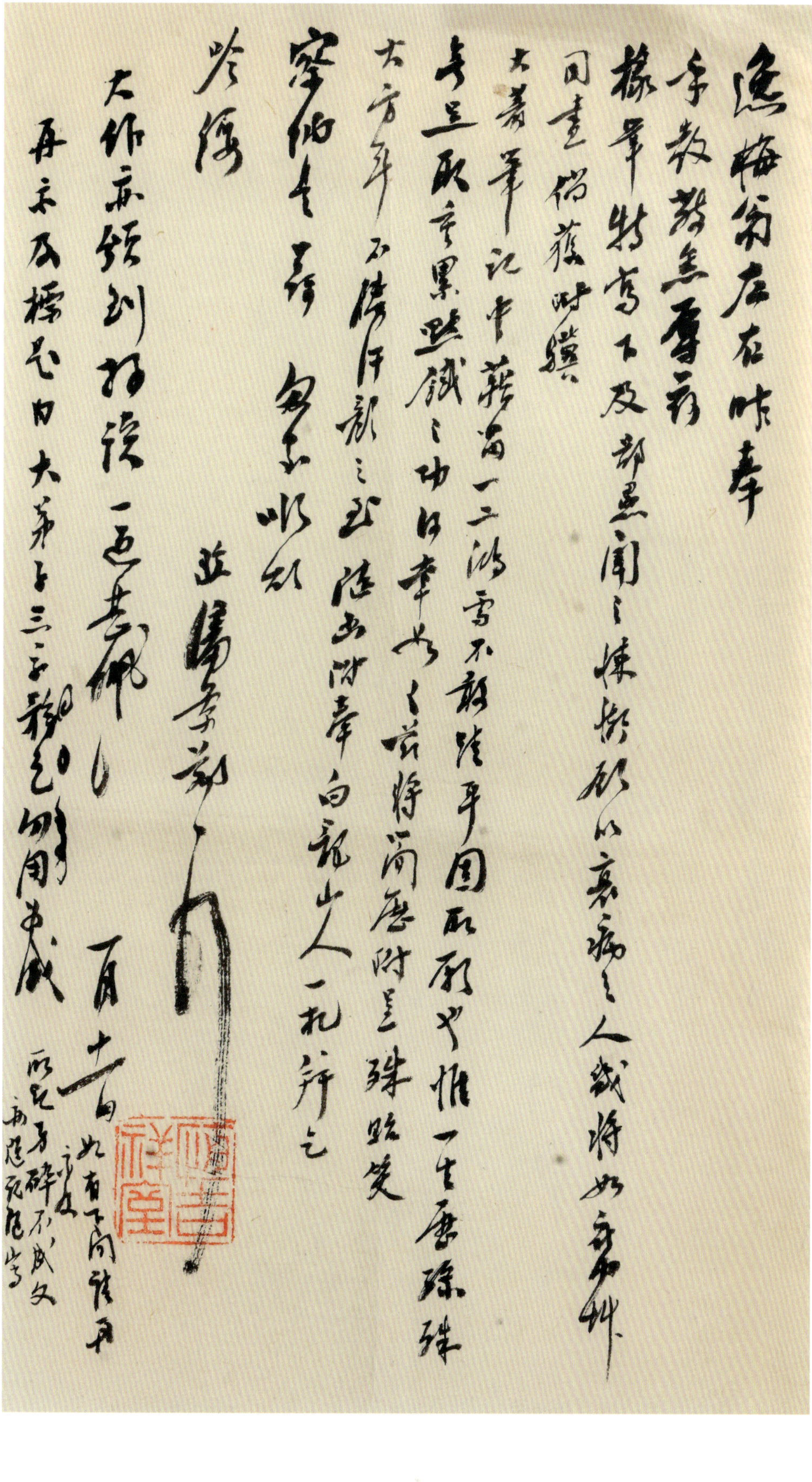

潘景鄭致鄭逸梅

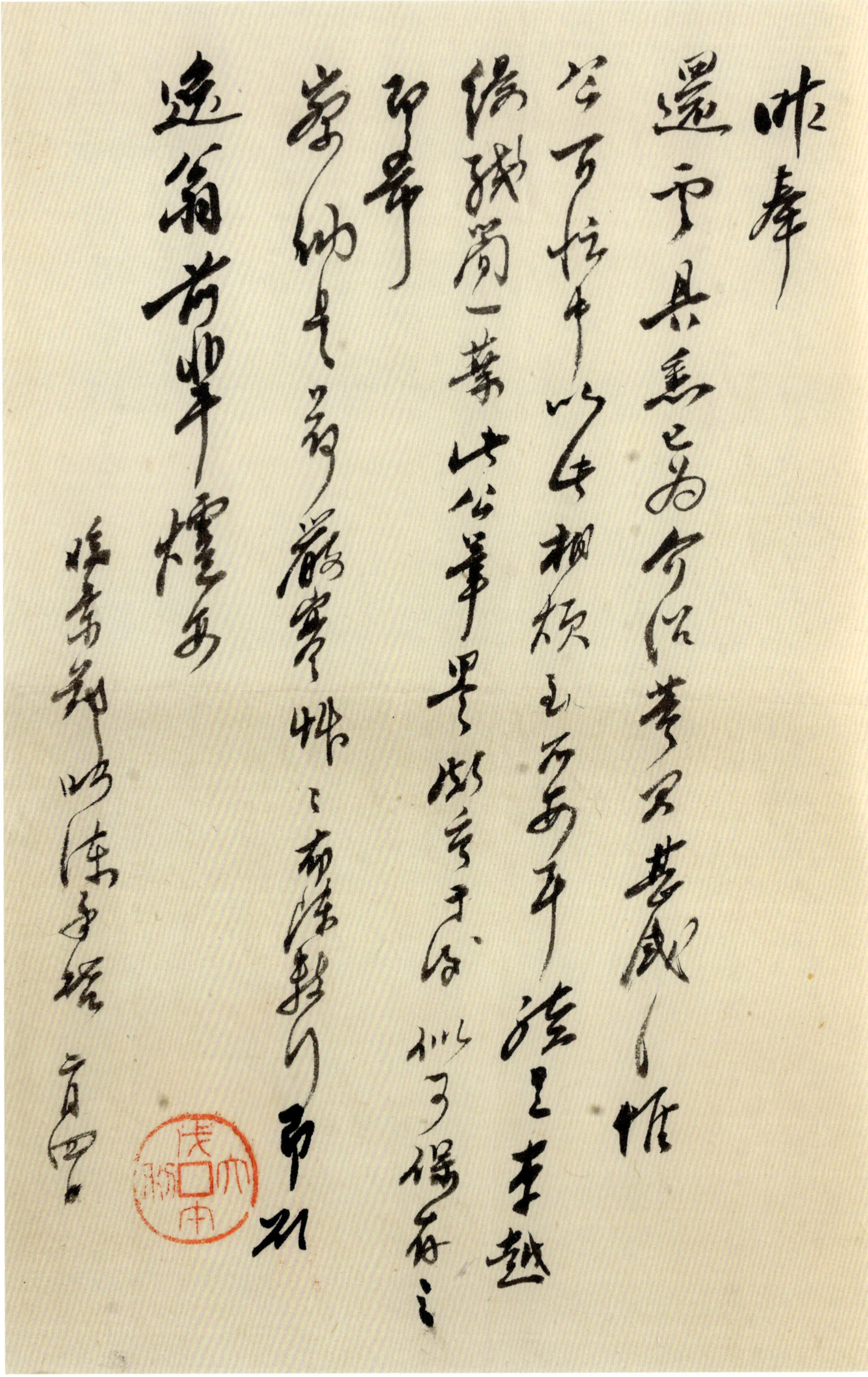

潘景鄭致鄭逸梅

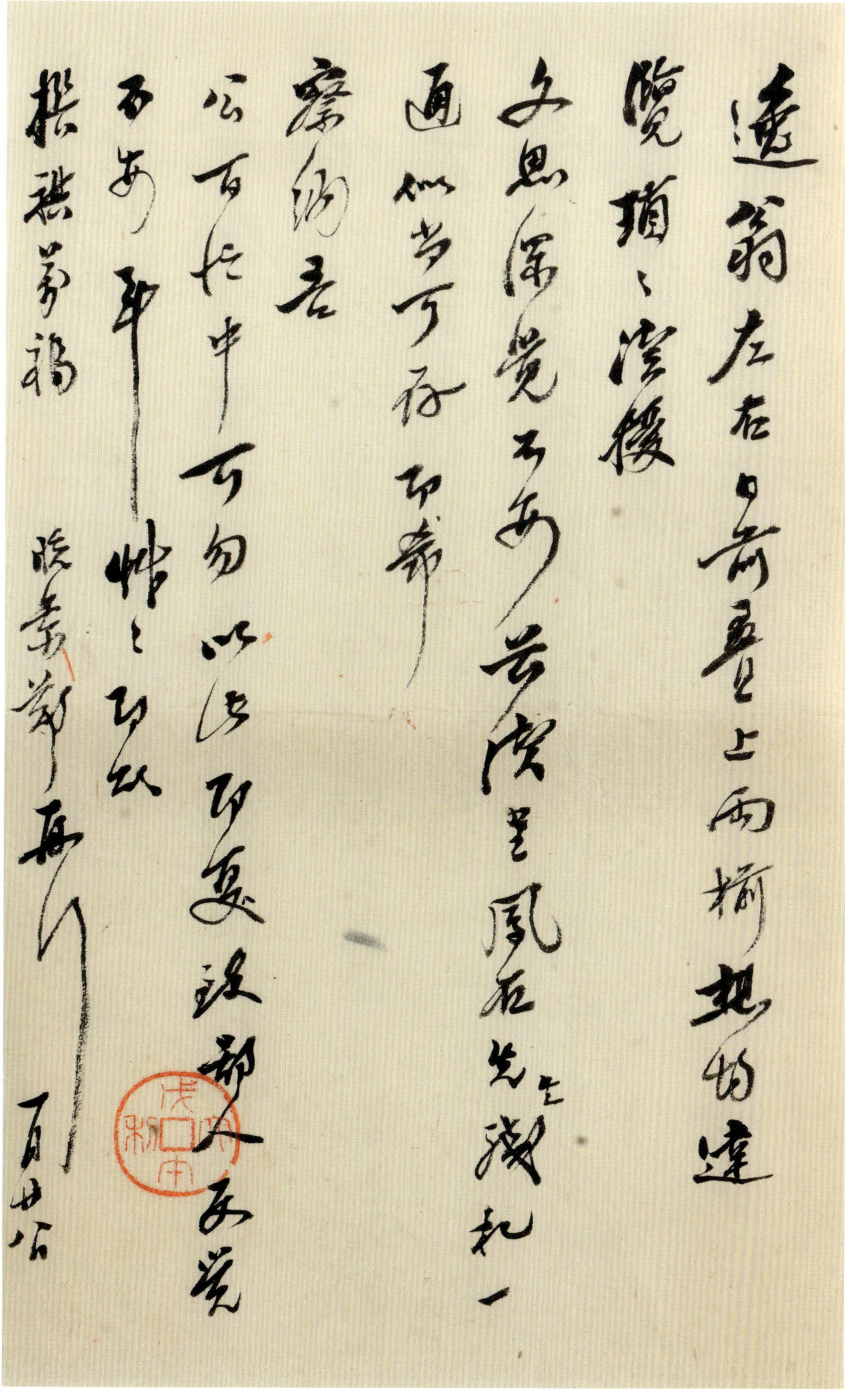

逸翁左右：日前奉上兩摘抄，均達
覽。[illegible]潛樓
多思深覺不安。芸濱呈風石先生識札一
通，似尚可存，即希
察納。吾
公百忙中，万勿以此須即復，致勞人久覽
不安耳。惟惟即頌
撰祺。弟[illegible]
[illegible]景鄭再拜
月廿六

潘景鄭致鄭逸梅

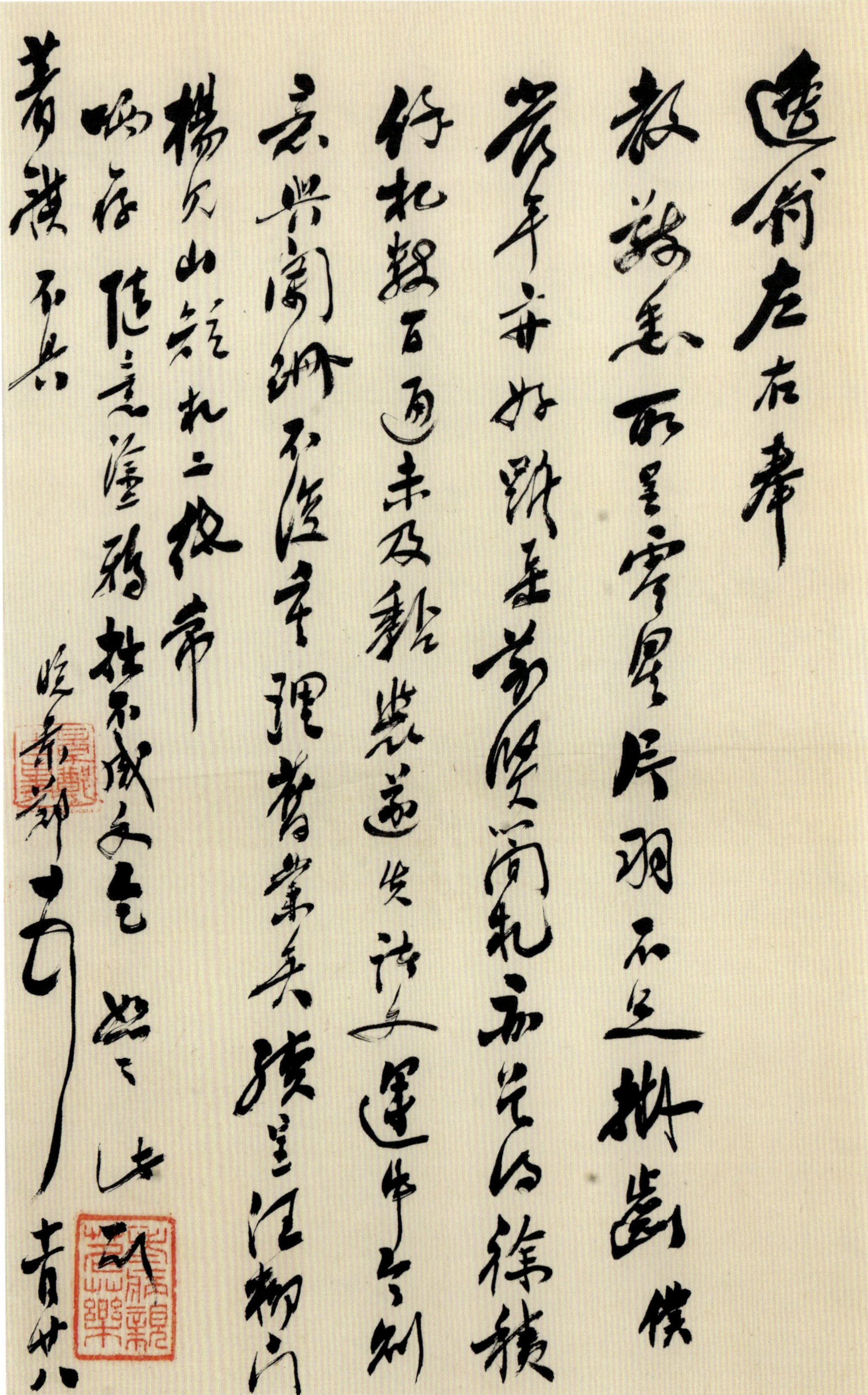

潘景鄭致鄭逸梅

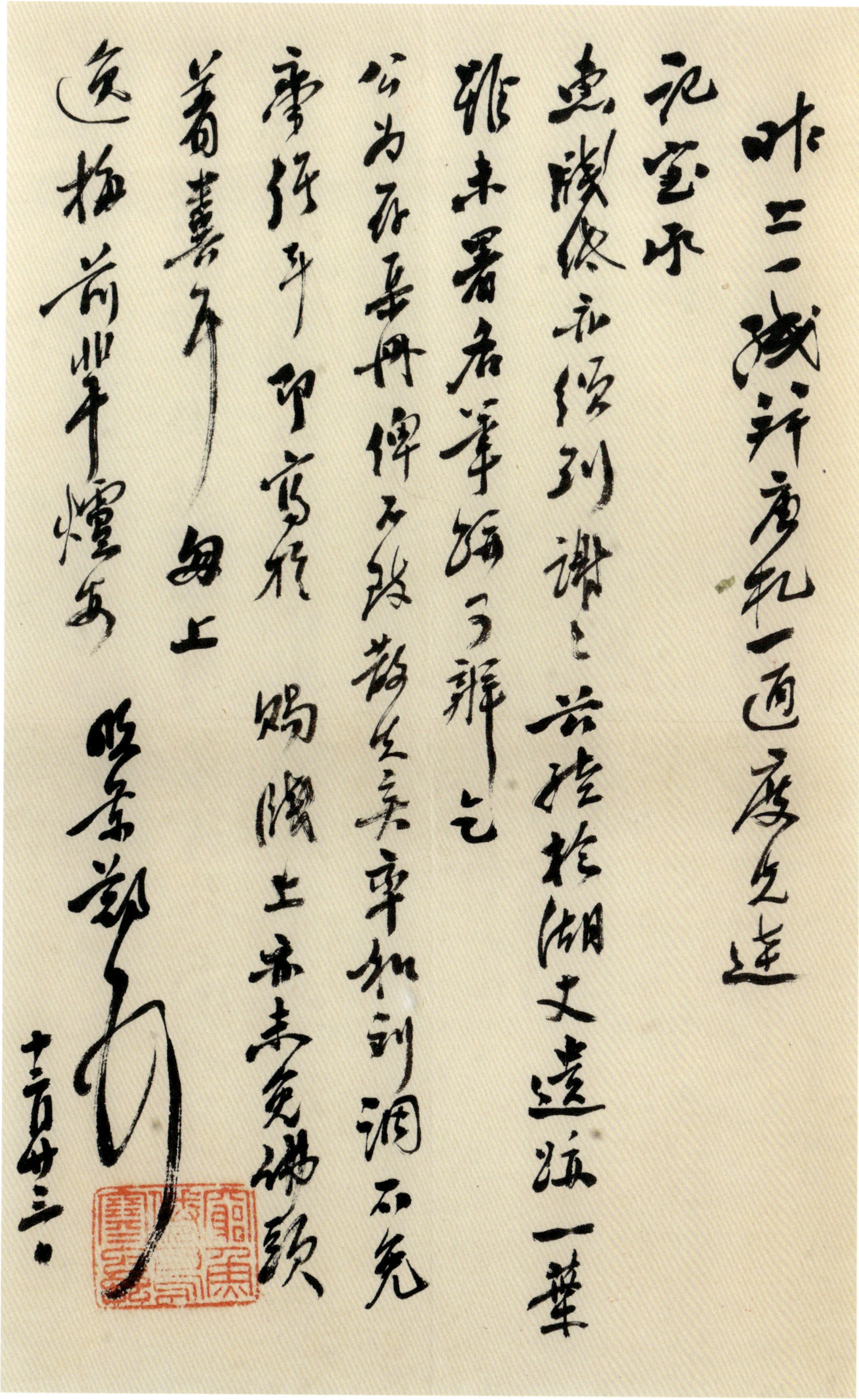
昨二箋并廣元一通度已達
記室。承
惠賜像亦經到，謝謝。芸陸於湖文遺跡一葉
雖未署名，筆跡可辨也。
公為存之冊，俾不致散失矣。辛知到滬不免
零停平印寫稿，賜箋上絹未免佛頭
著糞耳。每上
逸梅前輩千爐安
景鄭
十二月廿三日

潘景鄭致鄭逸梅

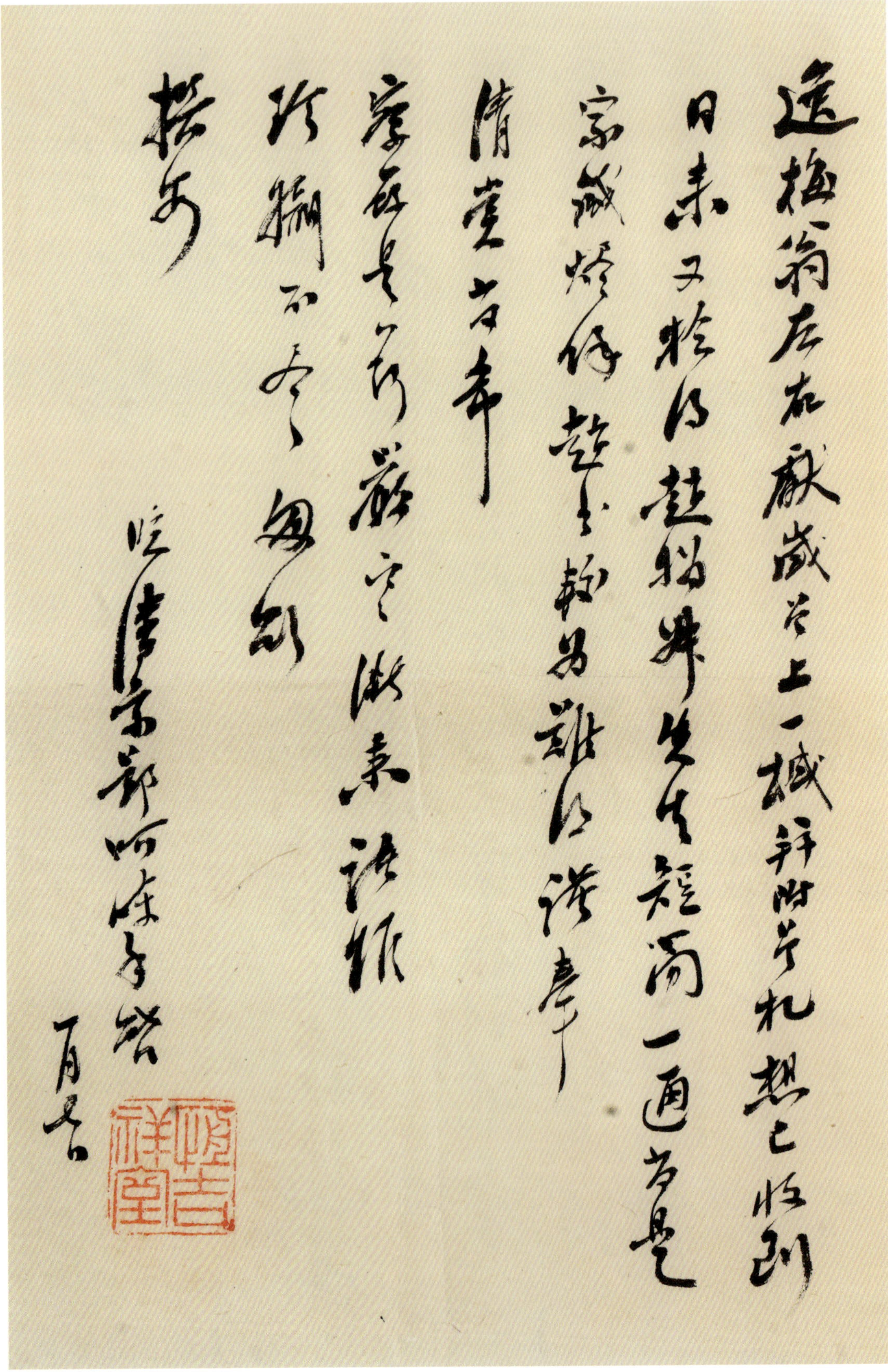

潘景鄭致鄭逸梅

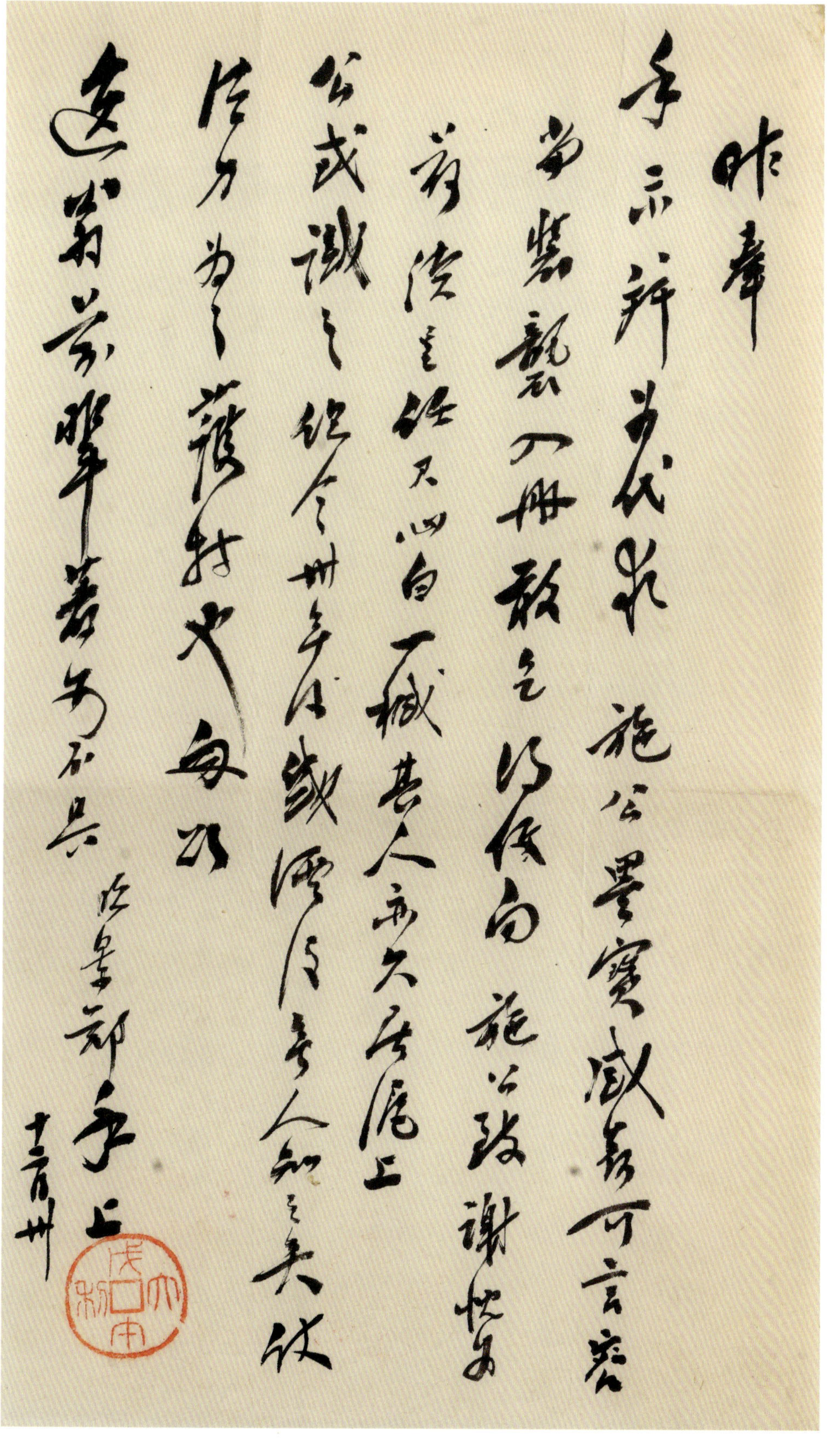
昨奉
手示并先代札 施公墨寶感甚可言容
當裝潢入冊敬乞代侯向 施公致謝忱為
荷清季經只心白丁藏甚人亦久居尾上
公識之然今卅年後幾經人知之矣仗
法力為之護持也每以
爰翁崇雅善為不具
景鄭手上
十一月卅

潘景鄭致鄭逸梅

逸翁撰席：頃奉

惠書，敬悉一一。湖女遺詞承爲介紹，慕公欲入畫册，甚

好。以鄙見爲我向叢刊談及其事（能先爲擬介紹一下亦可），但鄙意能否先由

港報刊載一下，則對於湖女遺詞傳布較廣，畫册未能人手

一册，所印不能過多也。管見如此，不知

公意見以爲然否？湖畔鄭詠嘉先生一札，敬希轉石公去，

敦函索其手校詞稿在否，

公搜羅之資料，故不憚煩瑣及之也。一笑。寒威驟退，

諸惟珍衛。即頌

爐安

弟潘景鄭頓首

一月卅日

潘景鄭致鄭逸梅

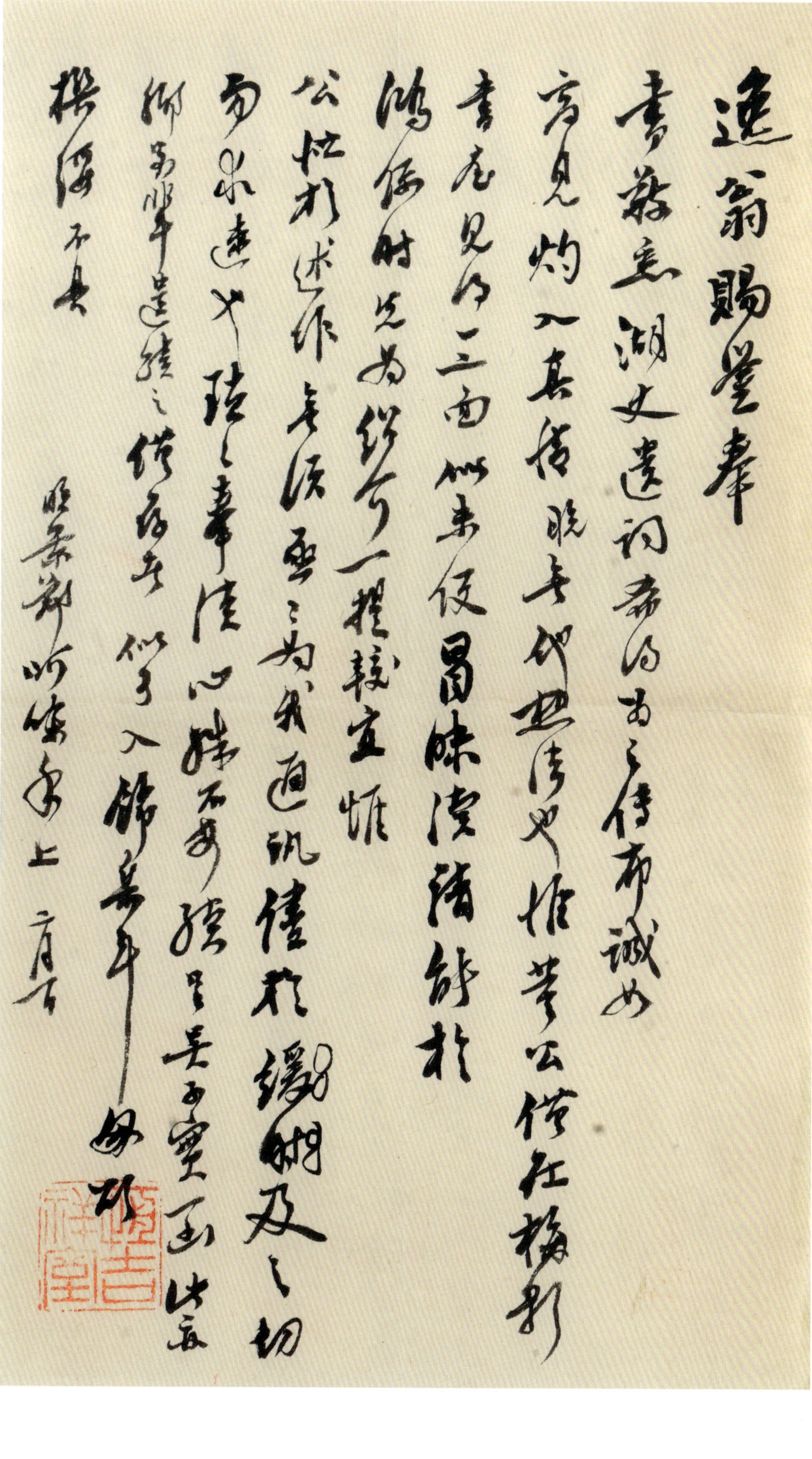

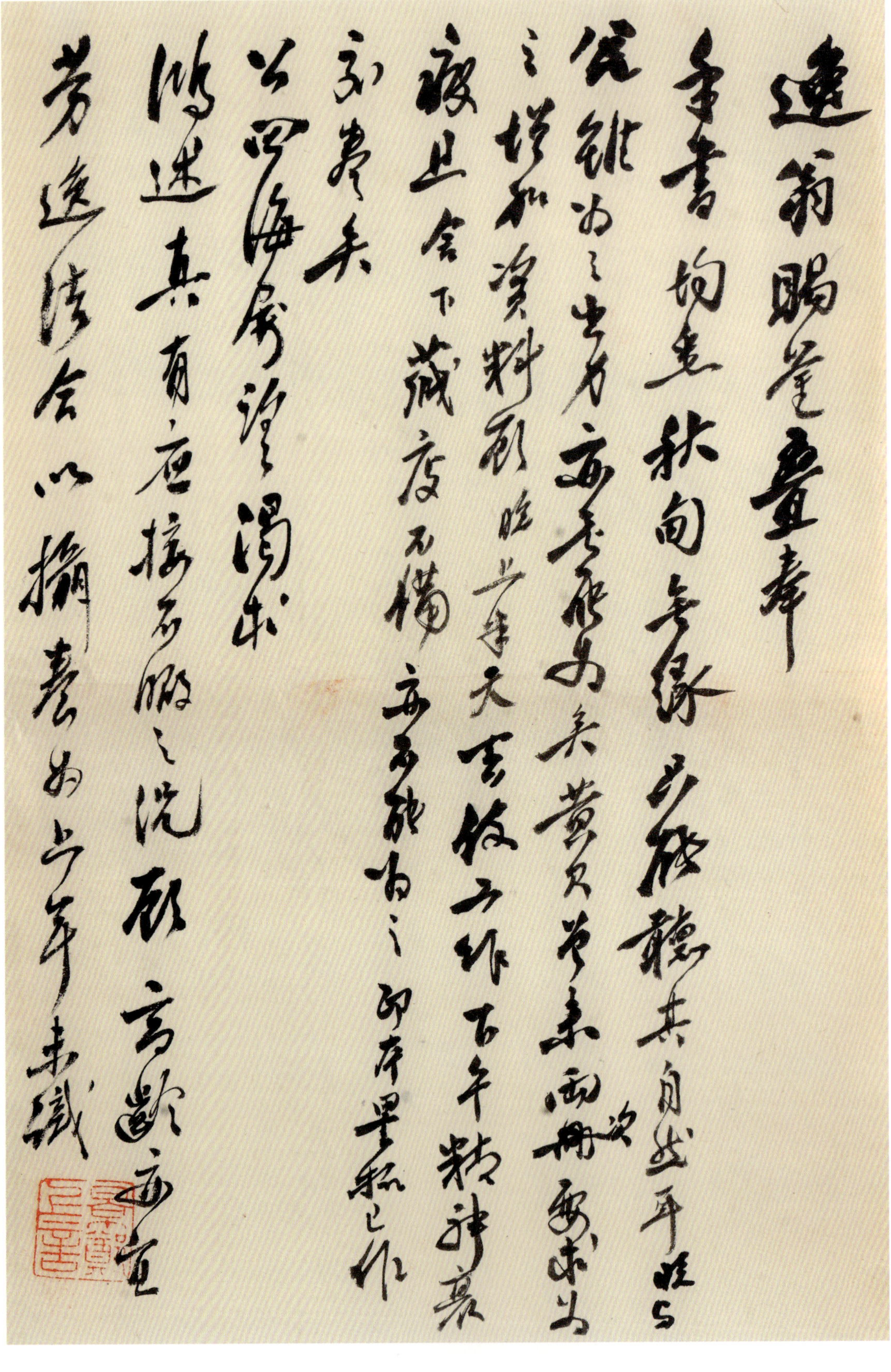

潘景鄭致鄭逸梅

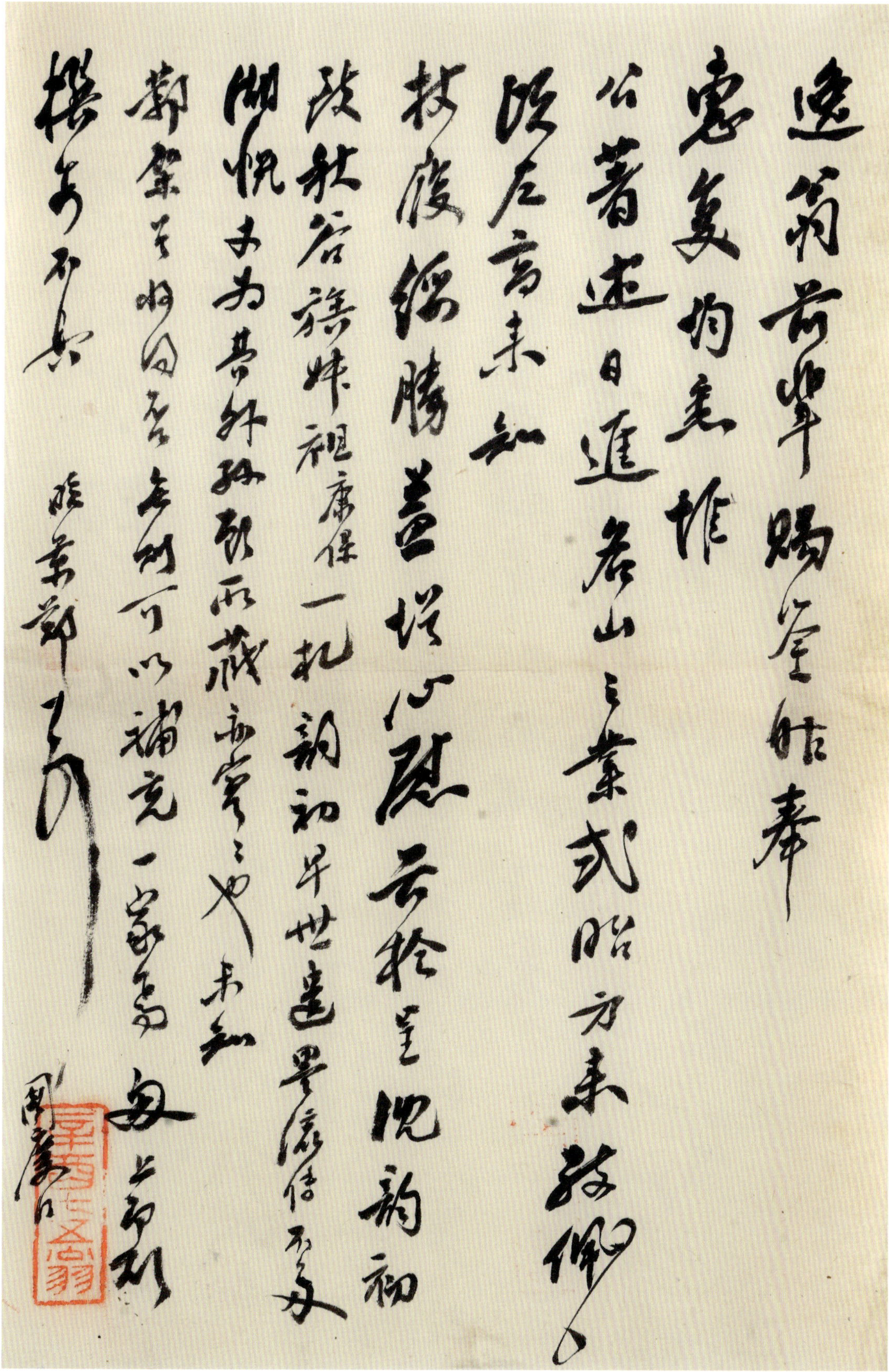
逸翁前輩賜鑒：昨奉
惠復，均悉。惟
公著述日進，名山之業，式昭方來，欽佩
[illegible]右尚未知
校讀經勝，益增心慰。云於是[illegible]詢初
敬秋谷孫姊視康保一札，詢初與世遠墨緣信否？
湖帆丈為吾外孫鄭所藏前賢之也，未知
鄭架上收羅否，今刊可以補充一家言
撰者不知。
晚弟景鄭頓首
安 上元節
閏康日

潘景鄭致鄭逸梅

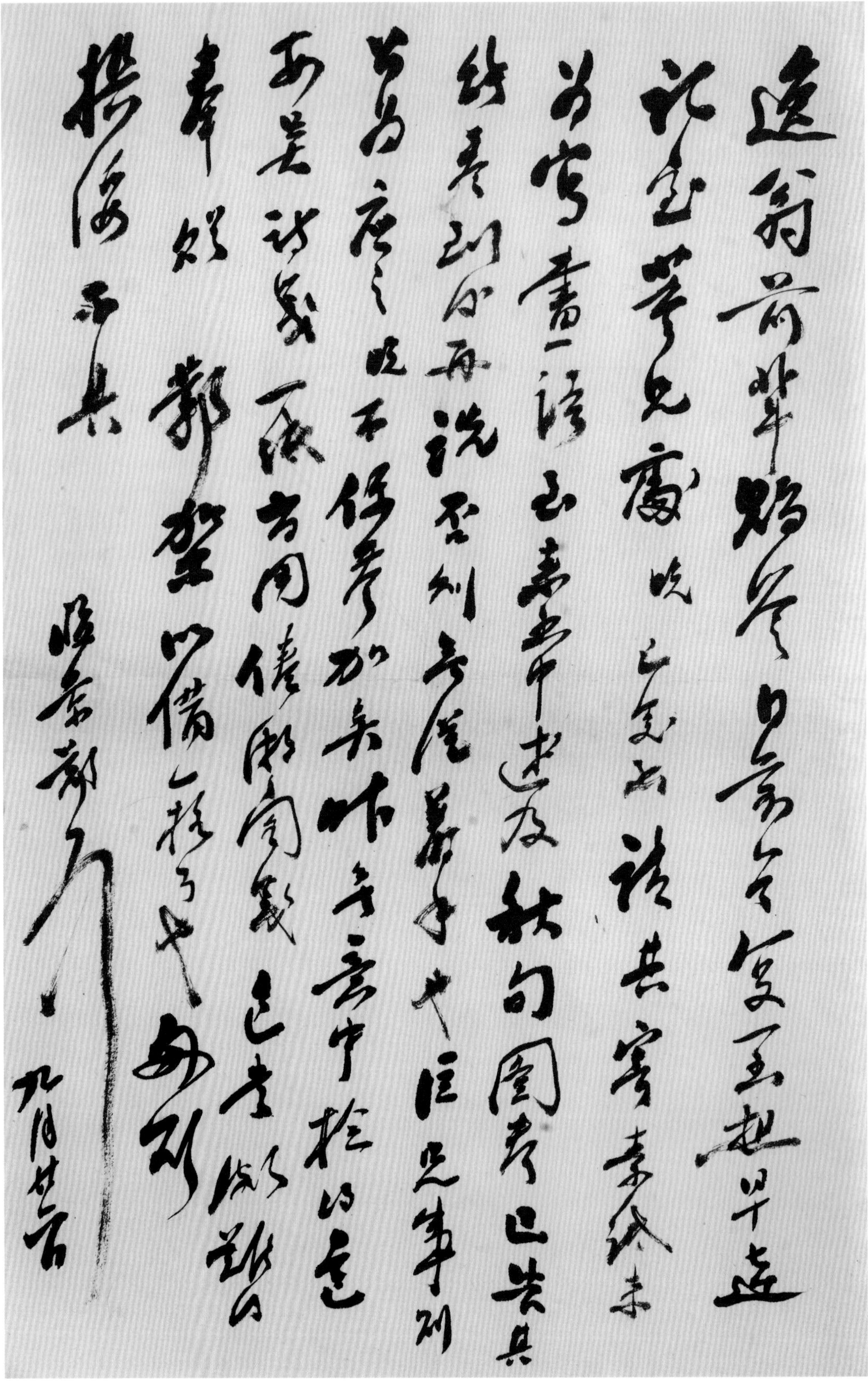

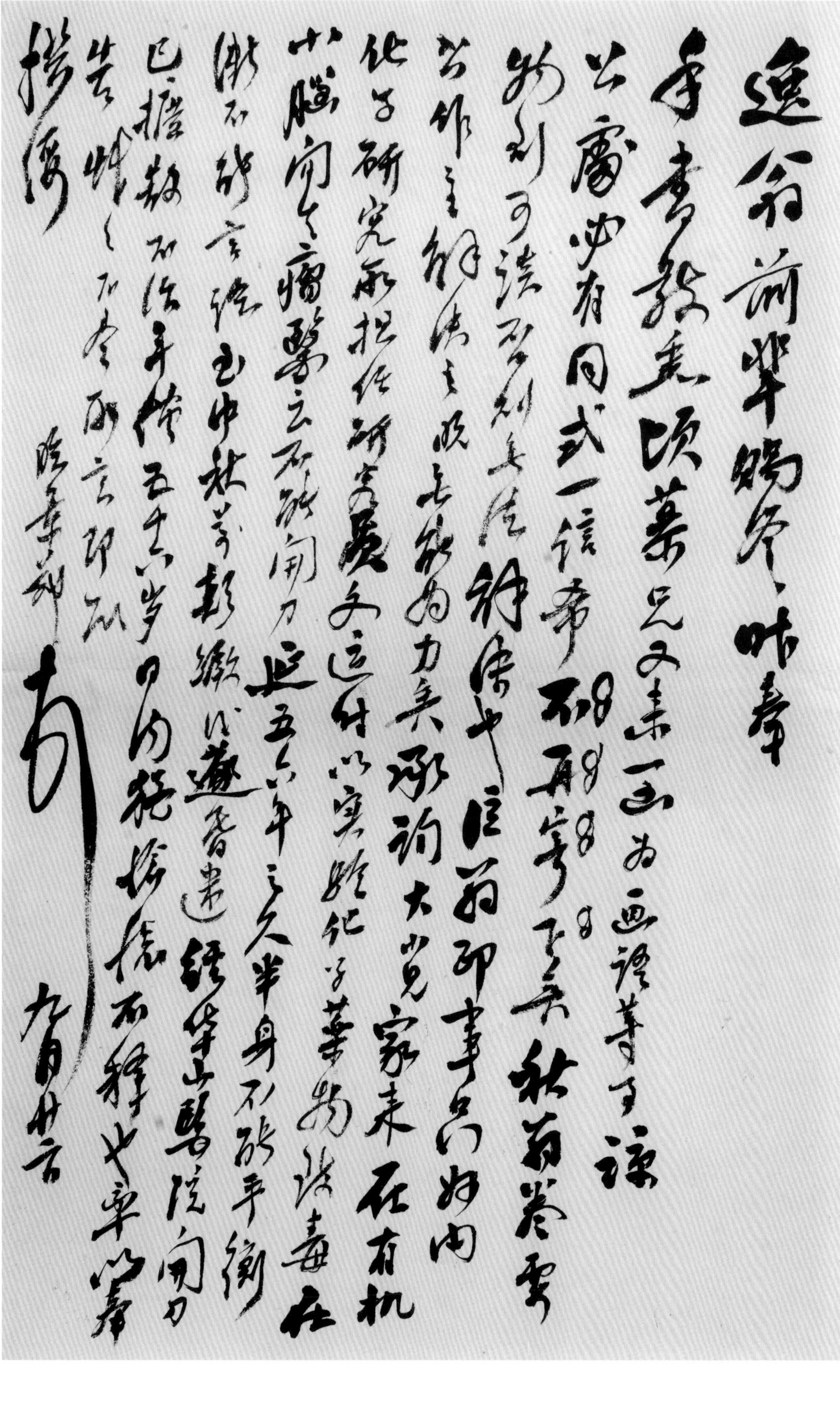

逸翁前輩賜覽：昨奉
手書敬悉。頃葉兄又來一函，為畫譜等事，諒
公處亦有同式一信，弟不再寫了矣。秋翁卷雲
翁刻可謂珍刻無偶，得傳中區區，即書見內，
公作主。解決之後，長銘為力矣。承詢大覺家在有機
化學研究所擔任研究員，文革時以實驗化學藥物設毒，在
北碚，向之療醫，云不能開刀，延五六年之久，半身不能平衡，
做不能言語。立中秋前彭欲以遊普患，後經華山醫院開刀，
已擡救不治，年僅五十六歲，可為慘惜不釋。七年以前
告，此不贅所言即頌
撰福
晚景鄭頓首
九月廿六

潘景鄭致鄭逸梅

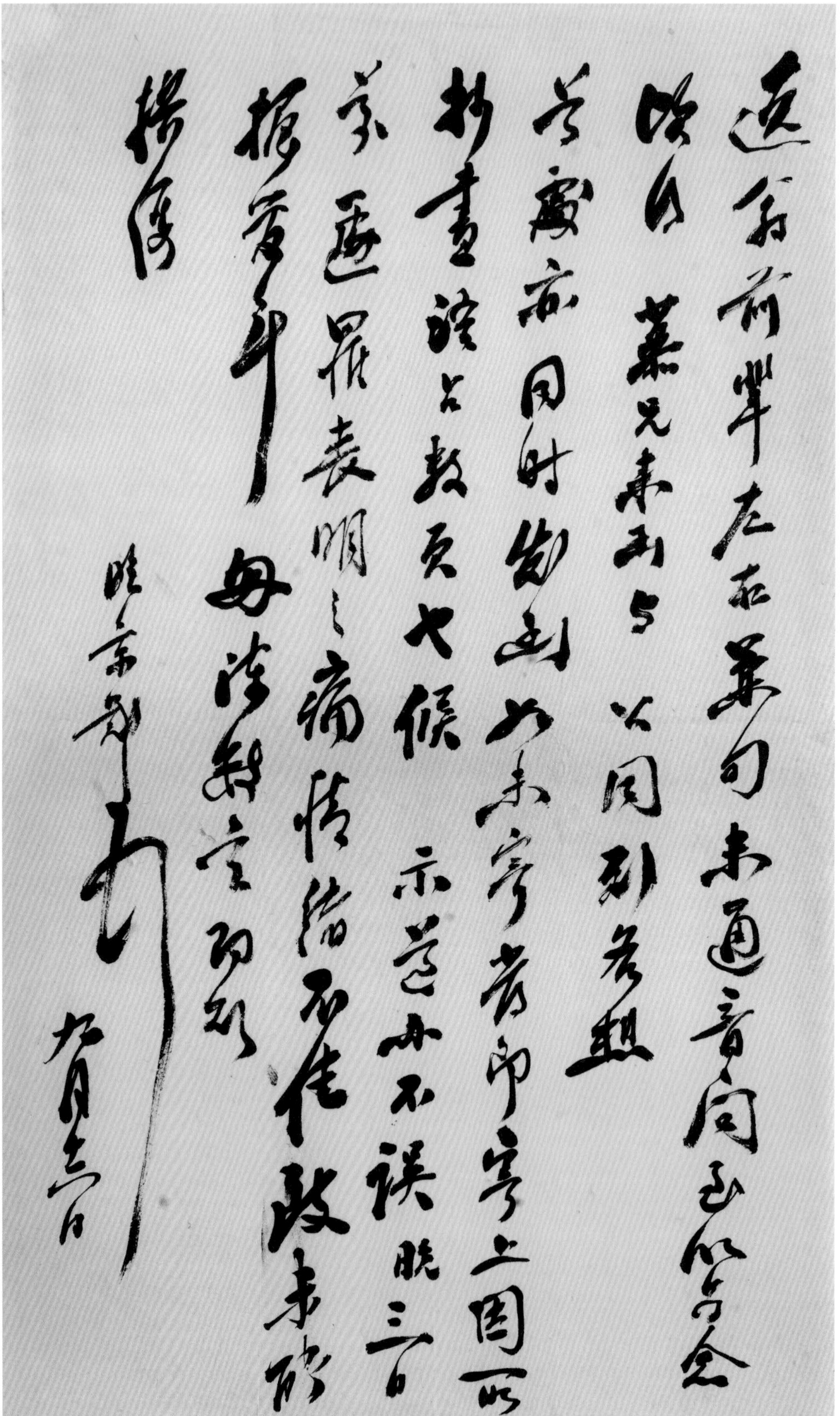

潘景鄭致鄭逸梅

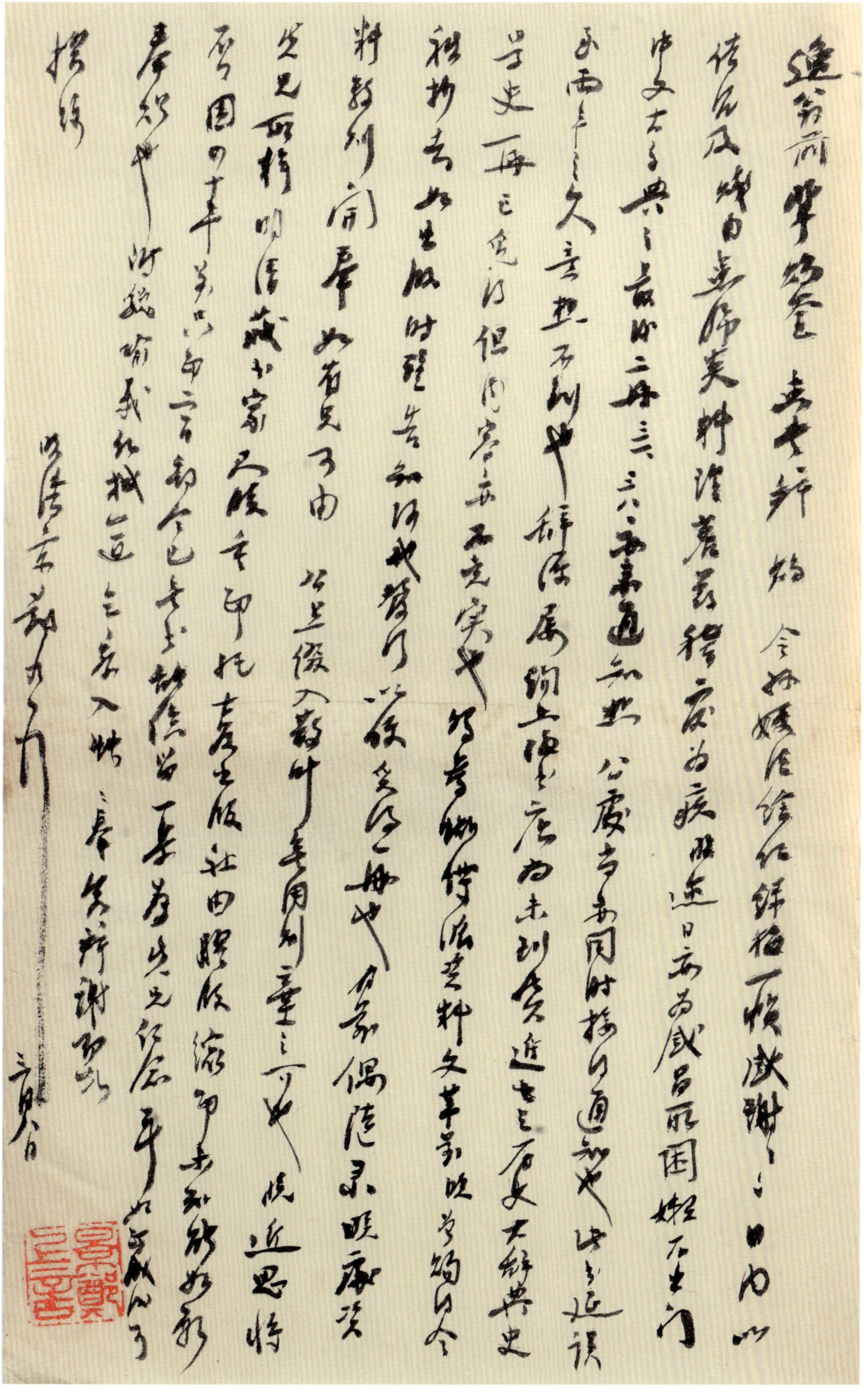

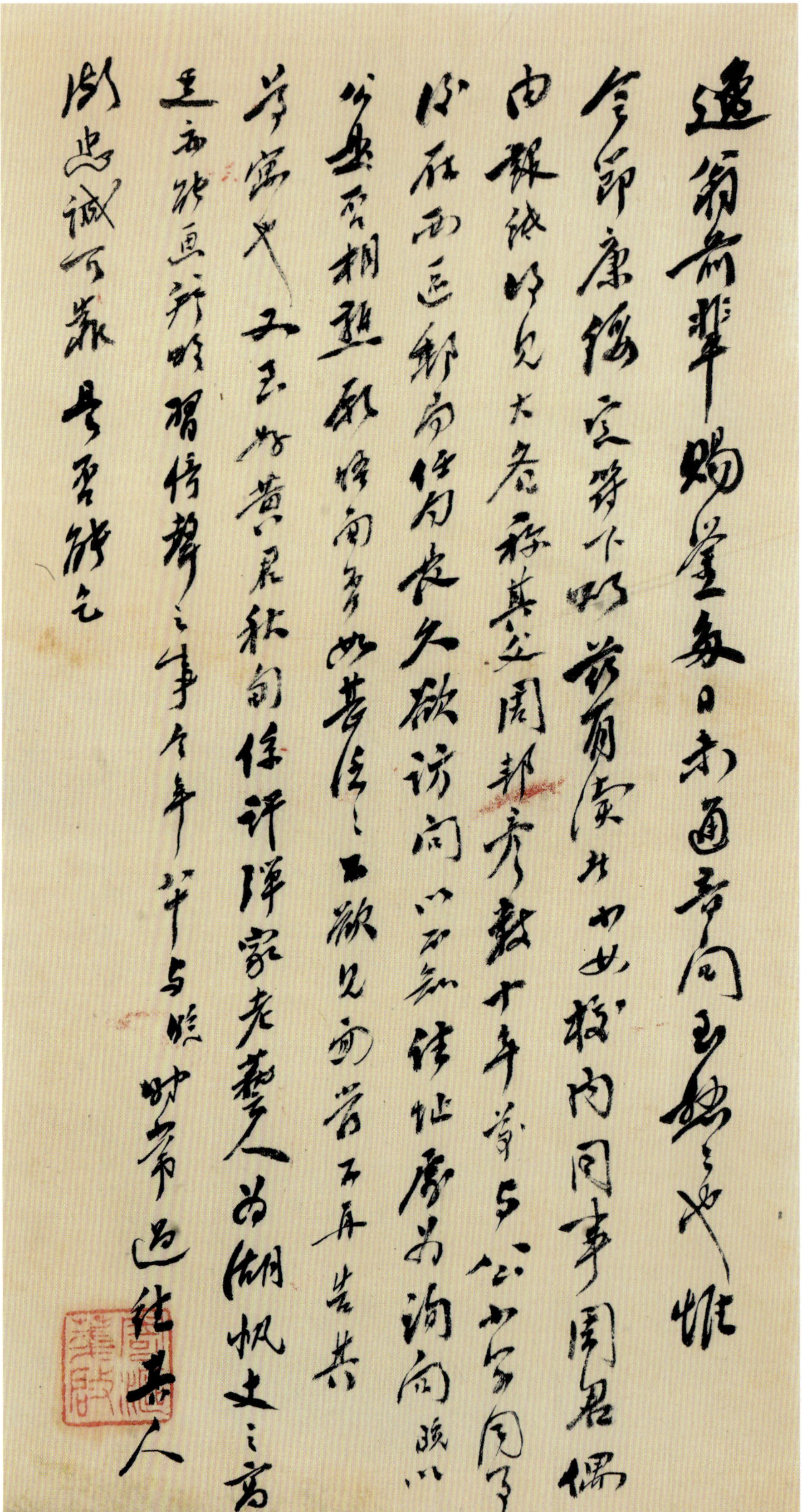

逸翁前輩賜鑒：多日未通音問，至念念也。惟令節康綏，定符下頌。茲有安徽女校內同事周君保由報紙得見大著，稔其父周郇秀數十年前與公曾同事，在西泠印社任職最久，欲訪問以不知住址，屬為詢問。頃以公曩昔相熟，敢煩詢問，倘蒙其後之不嫌見面，尚乞再告其尊寓也。又吾友黃君秋甸，係評彈家老藝人，為湖帆丈之高足，而能詩畫、篆刻，習傳聲之事，今年八十，與晚時常過往，其人斷忠誠可靠，幸吾體之。

潘景鄭致鄭逸梅

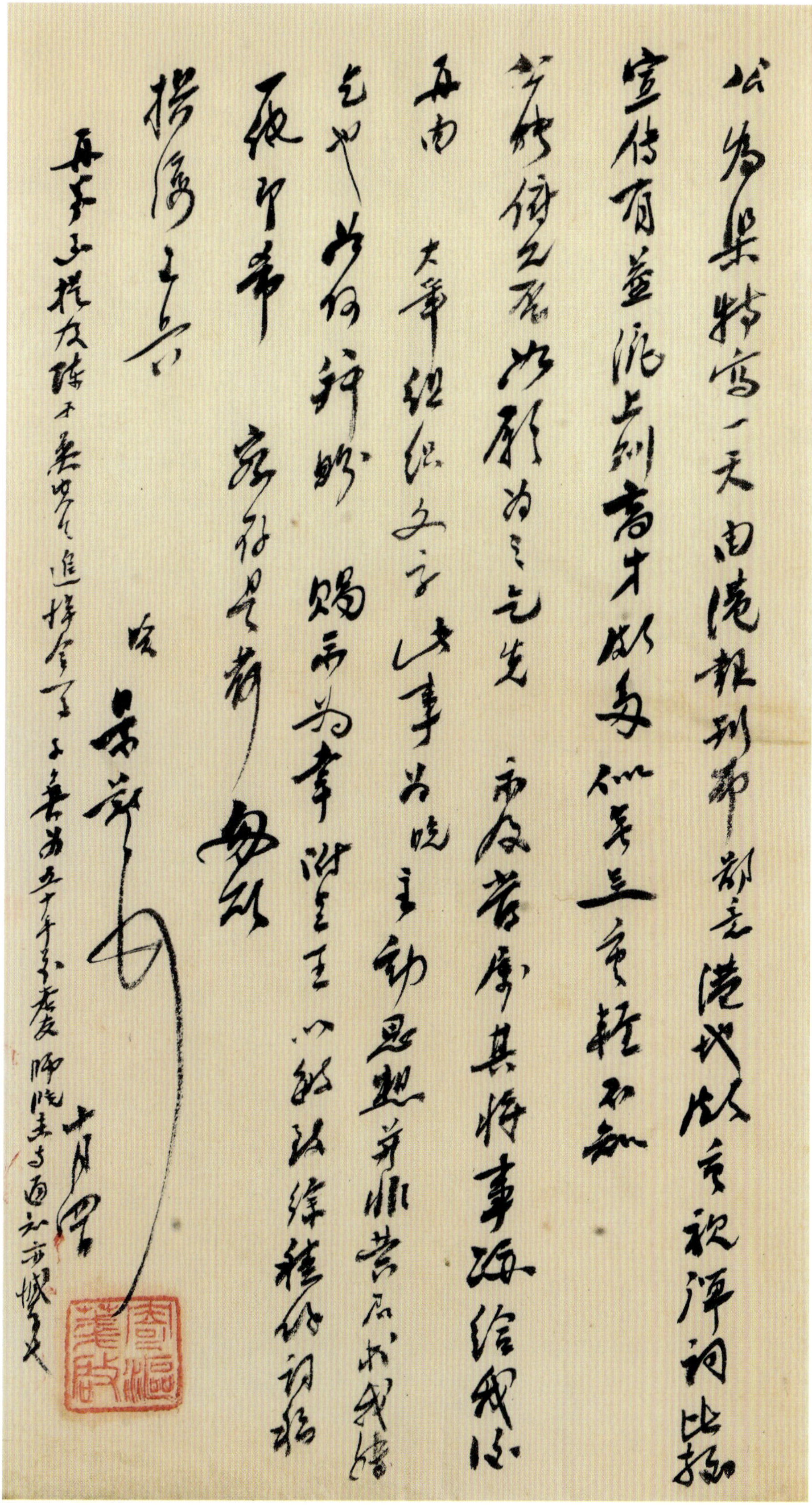

潘承弼，字景鄭，別署盍山，晚年寄漚，建國以後以字行，吳縣人。光緒卅三年生於蘇州。高祖芝軒公諱世恩，以狀元官至武英殿大學士，謚文恭。曾祖星齋公諱曾瑩，以翰林官至吏部左侍郎。祖譜琴公諱祖同，以翰林官庶吉士，早歸田，任宗陽書院之院長。父子和公諱亨穀，早年承繼十二叔文勤公，由南接養成人。叔祖鄦庵公諱祖蔭，官至刑部尚書，謚文勤，藏金石圖書，即所謂攀古樓、滂喜齋也。家有楹書六具矣，並遂從事研討。年十六七時，問業吳縣吳瞿安先生梅，習詞曲之業，初嗜樂章，繼習倚聲。二十歲從章太炎先生學文字訓詁之業。章先生在蘇創辦章氏國學講習會，擔任講師，兼編輯《制言》雜誌，自一至六十三期，始終其事。抗戰未作時，章先生已下世，章夫人辦太炎文學院於滬上，擔任講師，教務之任者二載。以汪偽強迫登記，停辦。即應顧起潛合眾圖書館工作，建國後爰館歸公，改上海歷史文獻圖書館，後併入上海圖書館，前後歷四十年，在職圖書館以終。同行中與錢玄同、吳伯任、朱希祖往來最密，今均存有遺札可攷。抗戰時為吳霜厓師輯印《霜厓詩錄》《霜厓詞錄》，注旭初時明。

為章太炎師手印《春秋左傳讀》

其代南中同門春舉

錢誌丁丑給

抗战时以其兄非麟介绍拜湖帆为师，湖帆以畏友重之，事无钜细，恒以相委，服劳无怠容。湖帆葬母亦重委经纪其事，对于师门忠诚始终如一。师殁后乞顾炳鑫画师为绘遗象，悬壁间，晨夕相对，以志永念。偶与友人谈及师门执教，欷歔动容。师弟之间生死不渝，为近人所难能。湖帆门下数十人，惟秋向与黄蔡錞二君念念不忘师门，此亦人所共知者。

汪旭初先生酷嗜译词，岁时过从，执指秋向论译词，并自编词谱付秋向按弦歌之。有不能入调者，则为之改字句以合韵节。旭初甚称秋向，引为寄伟。

秋向及吴门以湖帆，即以填词授之，于是双学西译，并学长短句，偶作小令亦斐然成诵。近年与潘景郑亦偶作酬咏清遗轩，自选宋词之可唱者为叩弦而歌，此亦译词家中之难得者。欲编中国译词史，苦无资料，而高年谈乃同好引为憾事。生平专唱龙金扇轩，注意声韵格律。今年兵（正参加）社中为录音全本，藉为后世圭范。

潘景鄭致鄭逸梅

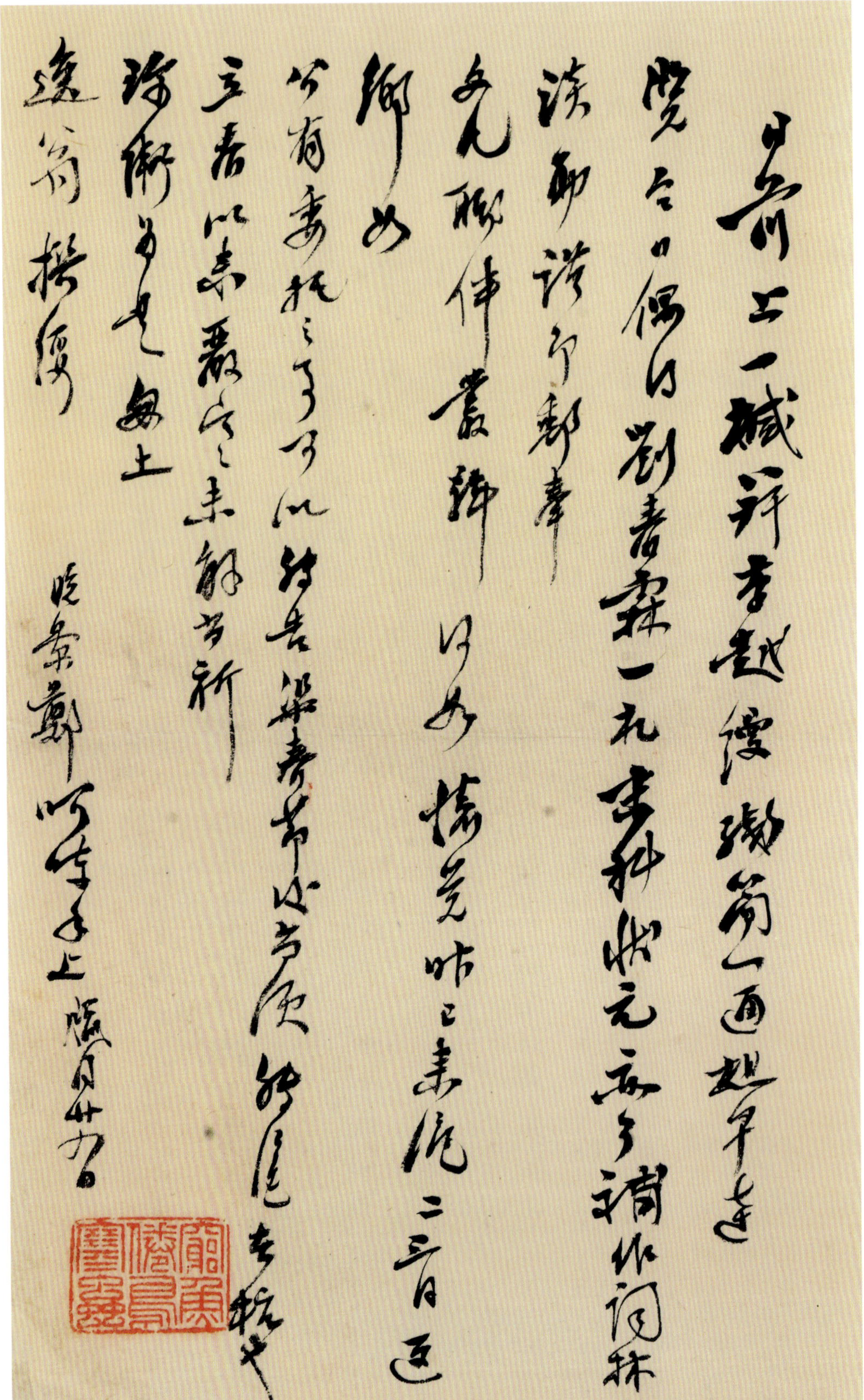
日前上一緘，拜李越縵遺墨一通，想早達
覽。今日偶得劉春霖一札，狀元亦可補作詞林
談助，請即郵奉
兄，聊伴叢錄，何如？據聞昨已來滬，二三日返
鄉也。
公有委托之事，可以付其梁壽前後便轉達去挍也。
至奉以求聚石之未解者祈
諒衡為是。每上
逸翁撰綏
晚景鄭頓首上　臘月廿九日

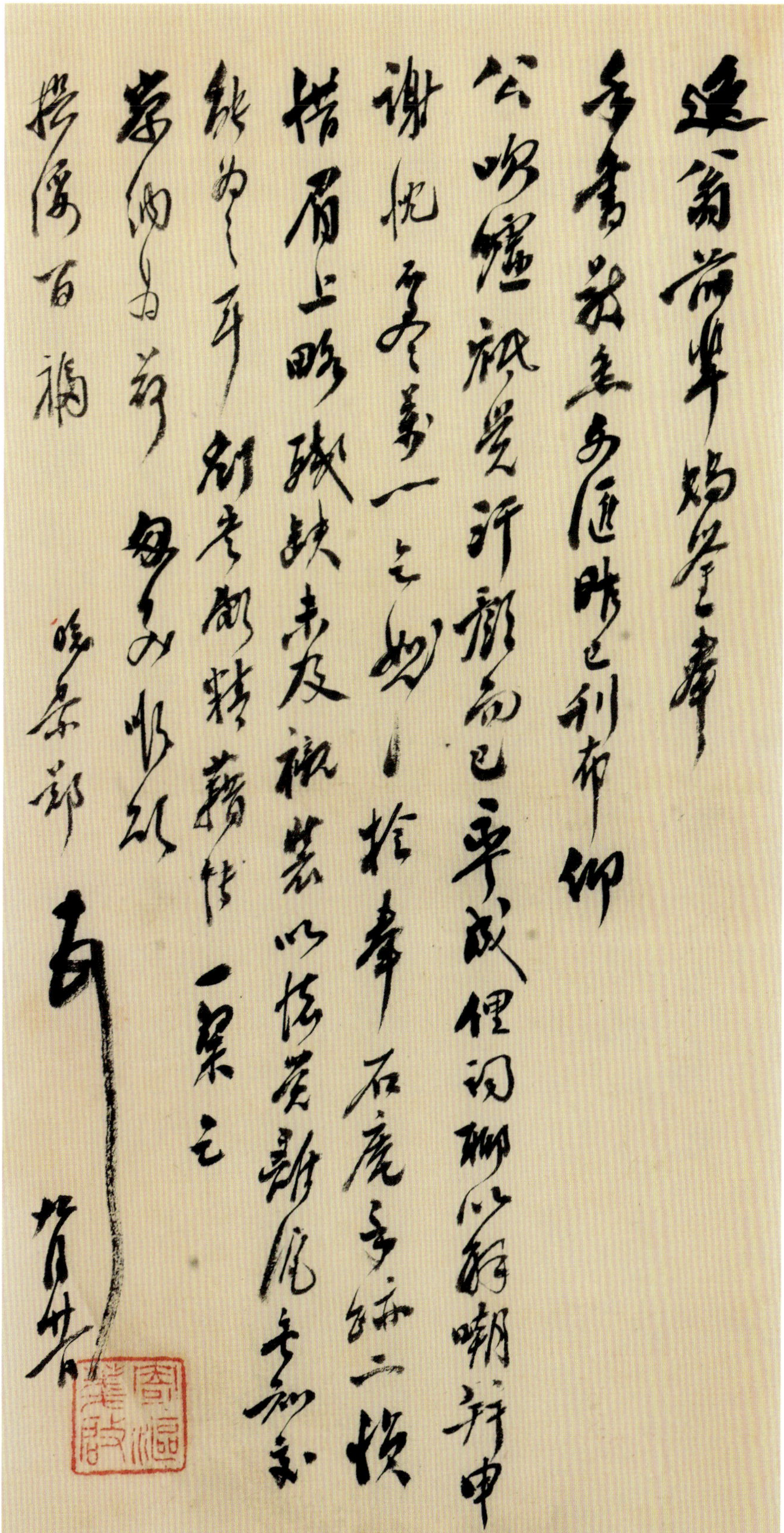
逸翁前輩賜鑒：奉
手書敬悉。承匯昨已到，布仰
公收羅，祇是訂鄭而已。平成俚詞，聊以解嘲，幷申
謝忱。承示篆一一之妙，檢奉石鹿手錄二帙，
皆眉上所識，缺未及裱裝，以恬裝新，尾無氣
能為之耳。別老敬精籍，佳一槧之
寶，倘為藏每函收紙
撰復，百福。晚景鄭頓首

潘景鄭致鄭逸梅

潘景鄭致鄭逸梅

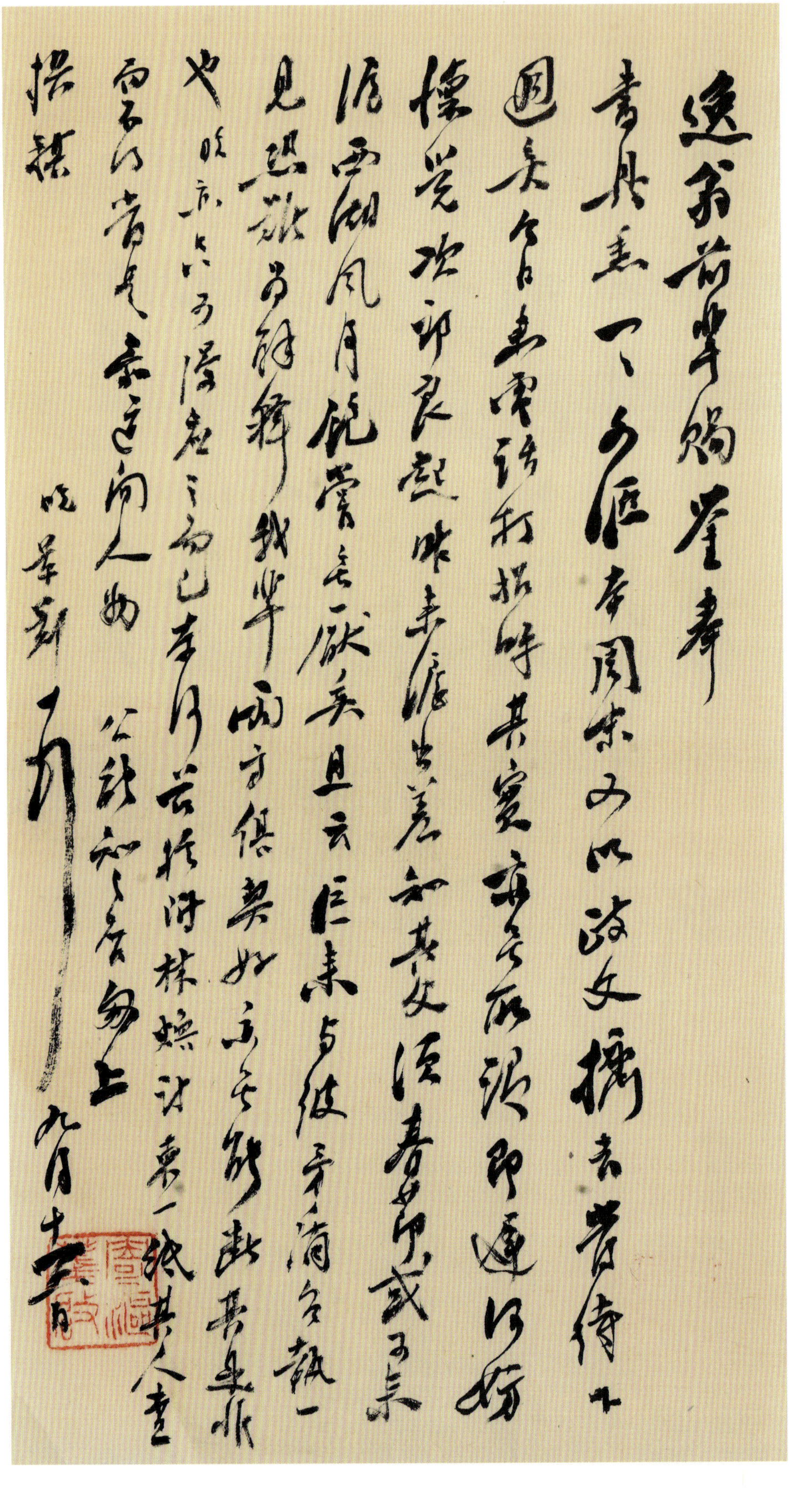

潘景鄭致鄭逸梅

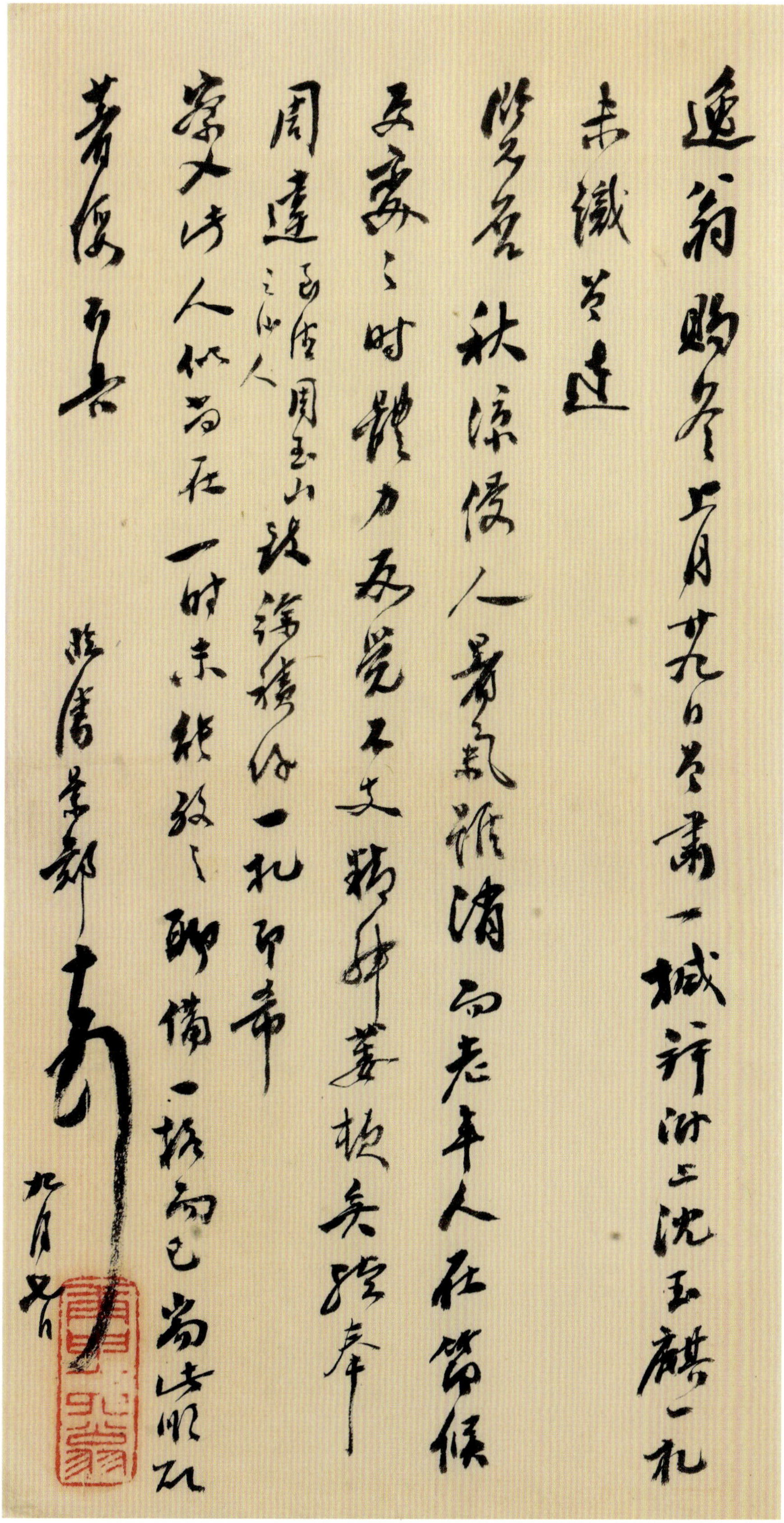
逸翁賜鑒：上月廿九日曾肅一緘，并附上沈玉麟一札，未識曾達
覽否。秋涼候人，暑氣雖消，而老年人在節候交替之時，體力殊覺不支，精神萎頓矣。茲奉
周達（即係周玉山之後人）跋語橫條一札，即希
察之。詩人似尚在，一時未能發表，聊備一格而已。尚希照收。
著綏不具
弟潘景鄭頓首
九月五日

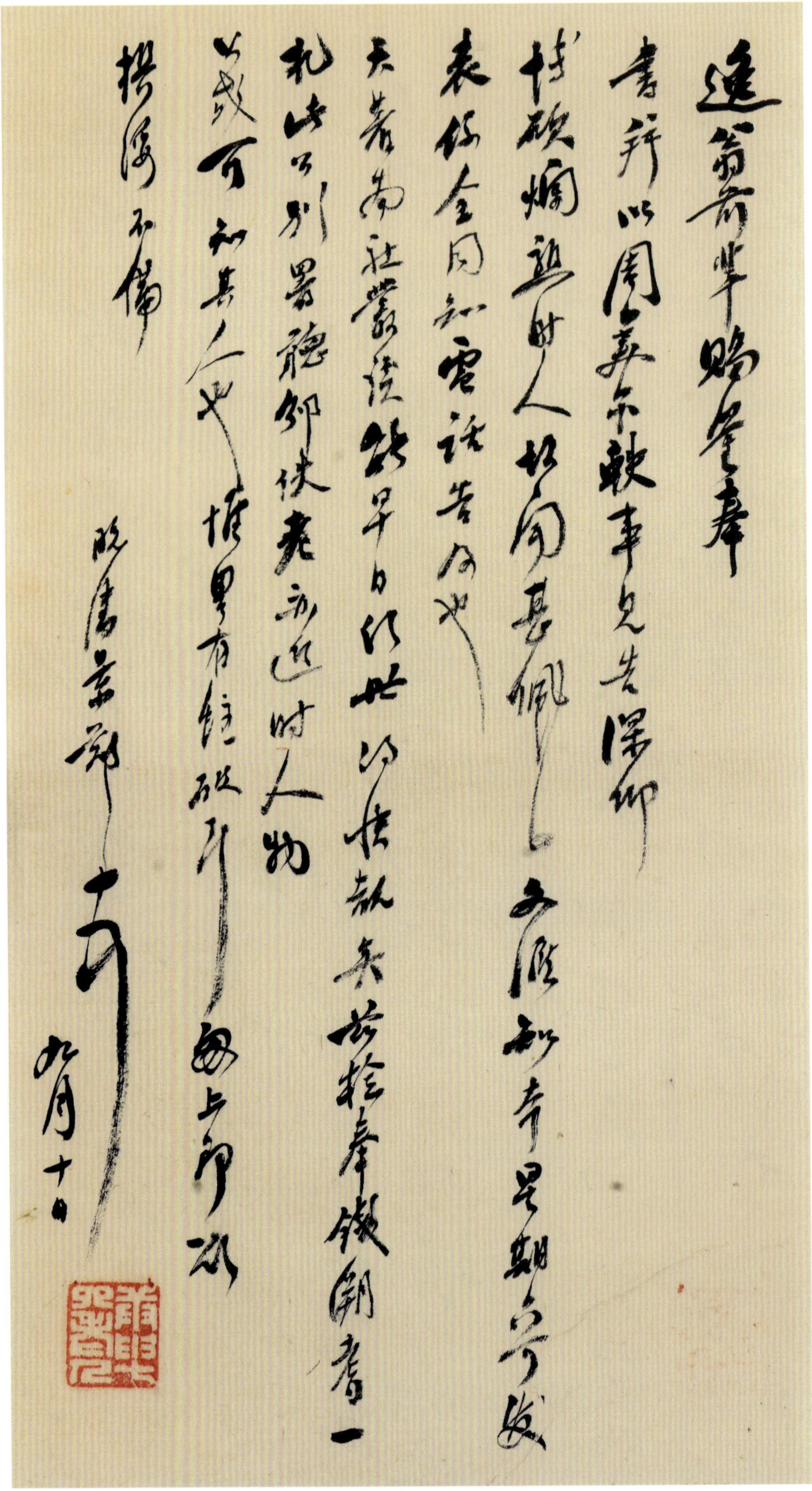

逸翁前輩賜鑒：奉
書并以周□□軼事見告。渠卿
接頗嫻熟，與其人相同，甚佩之。□□初□星期六□
表往全同知，電話告之也。
夫君尚在，叢殘能早日行世，以供□款，□於奉鐵網者一
札中以別署聽鄉伏老，新近時人物
之義可知其人也。拼寫有錯誤，匆上即頌
撰祺不備
晚景鄭頓首
九月十日

潘景鄭致鄭逸梅

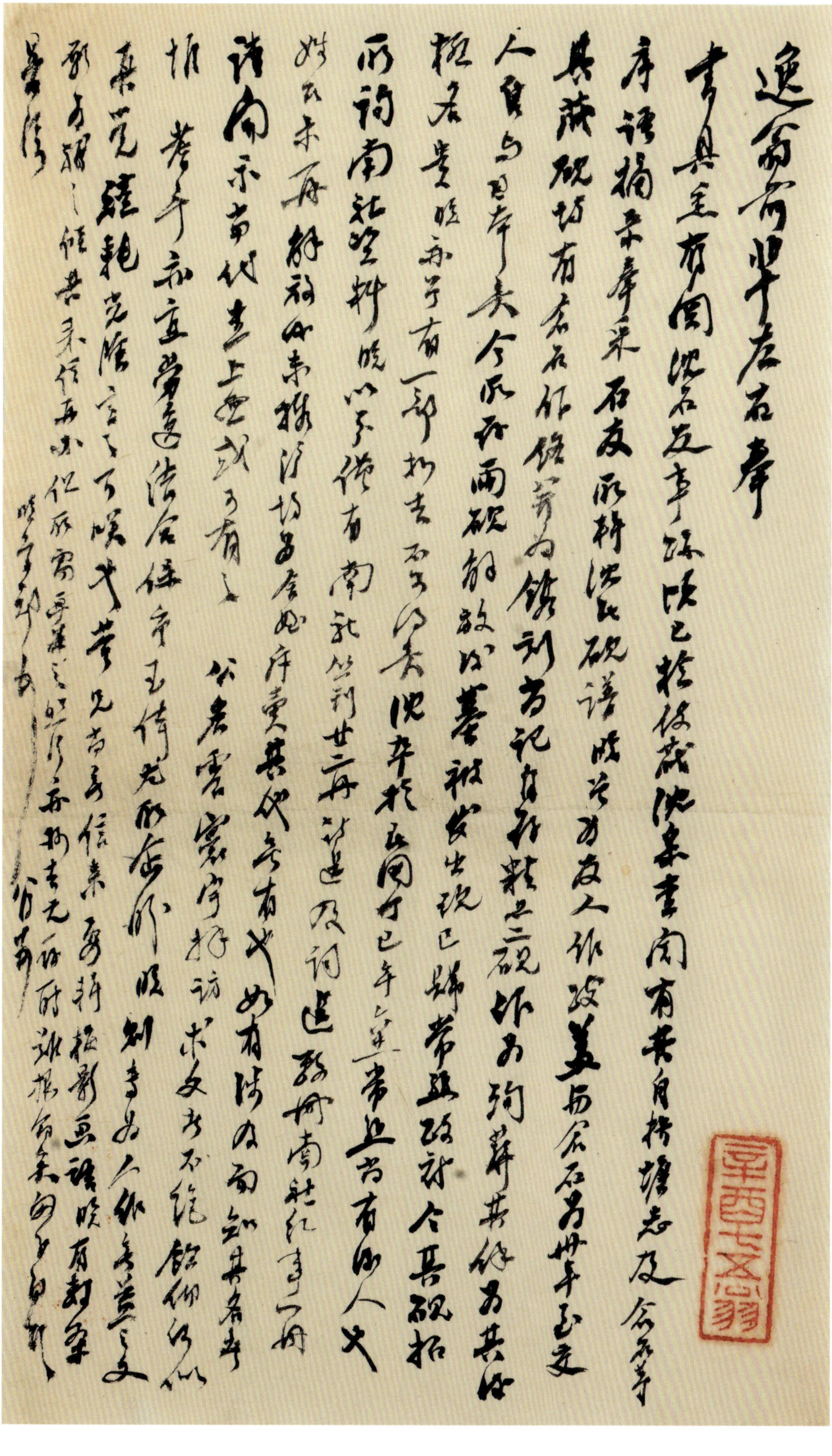

潘景鄭致鄭逸梅

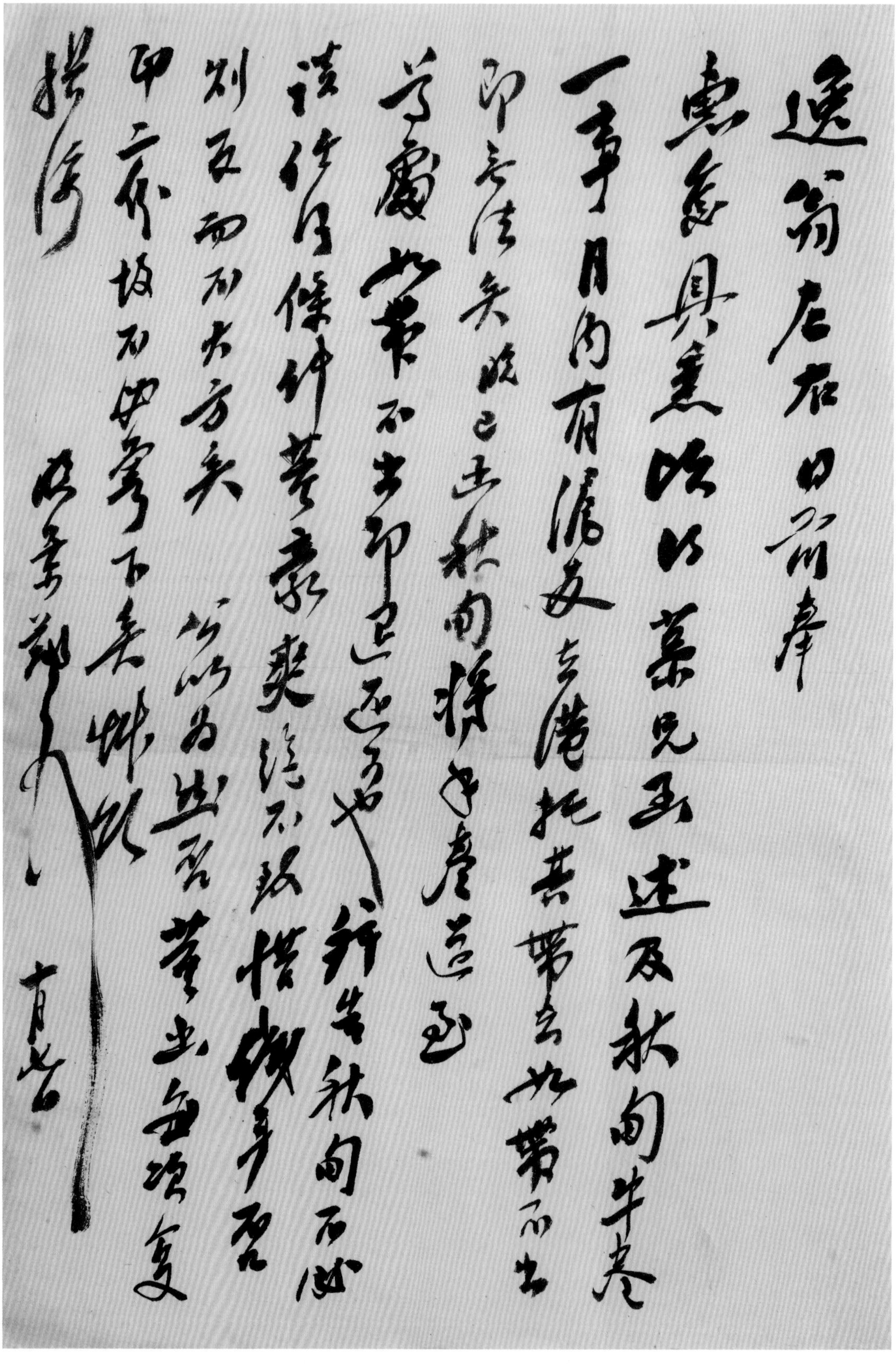

潘景鄭致鄭逸梅

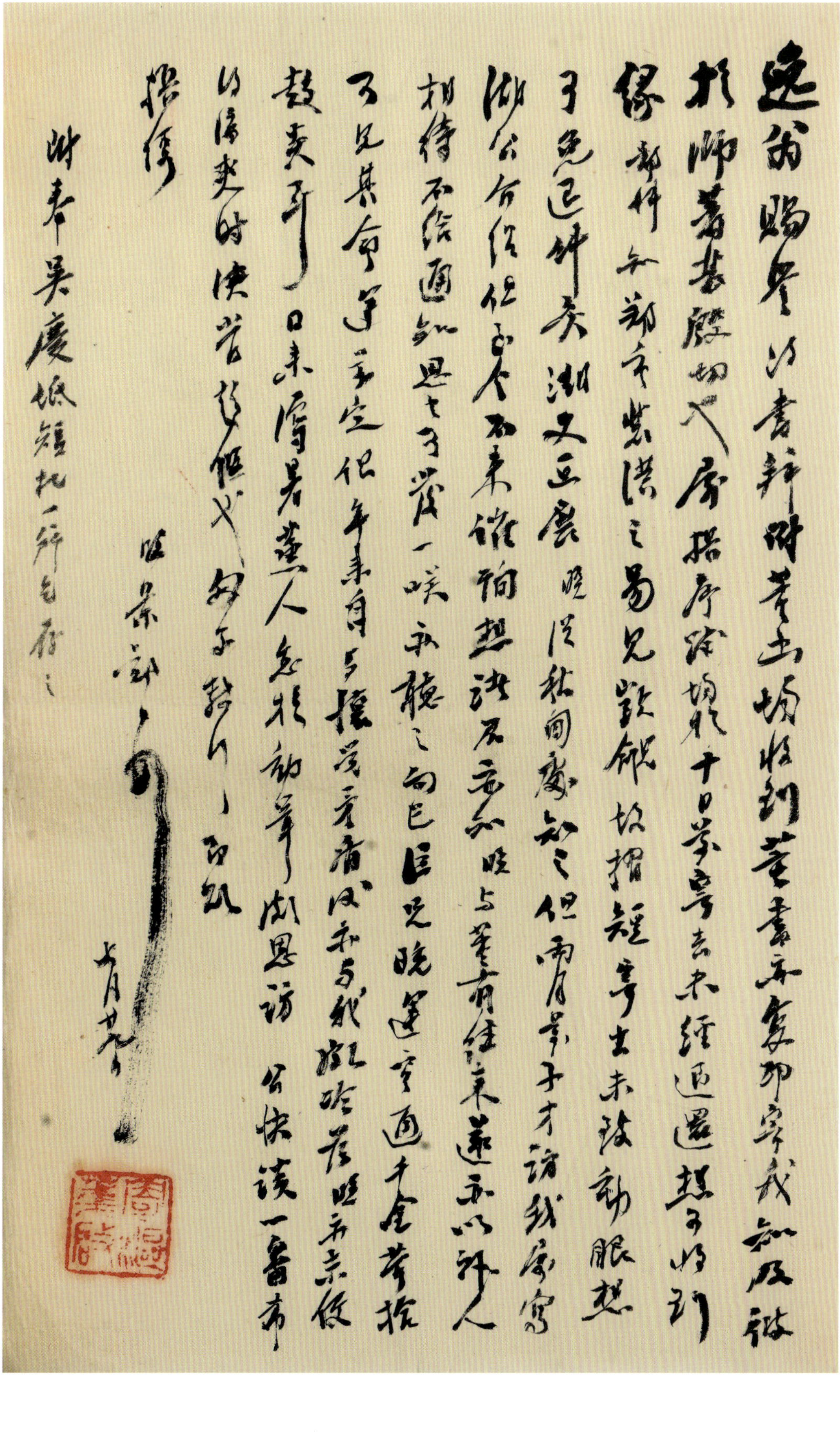

逸翁賜覽：前書辭謝，蒙垂詢，收到華書，承家邦寄我，知及識
於師蒙甚歡切之。序，指序語頗有十日第寫未經過目，想于此行
緣轉件分剖，乃點綴之。烏兒歡欣，以摺疑寄出，未能動眼，想
弟過此矣。湘文正處晚從秋間慶知之，但兩月弟子才請我審寫
湘公分任，但分人不來，請詢想諸君亦知。此與葉有往來，兼過示以行人
相待不能通知。恐七子發一嘆，承聽之，而已目見晚運，寄過千金。華於
不足其命算，未定。但年來自與懷翁舊，以承與我叔疏，孫昭亦宗使
鼓吹耳。日來循君蓮人急於動筆，尚思請公快談一番，亦
可得爽時，便當趨徑之，到時再有覆。即頌
撰安。

弟景鄭頓首　七月廿九

附奉吳慶坻短札一紙，乞存之。

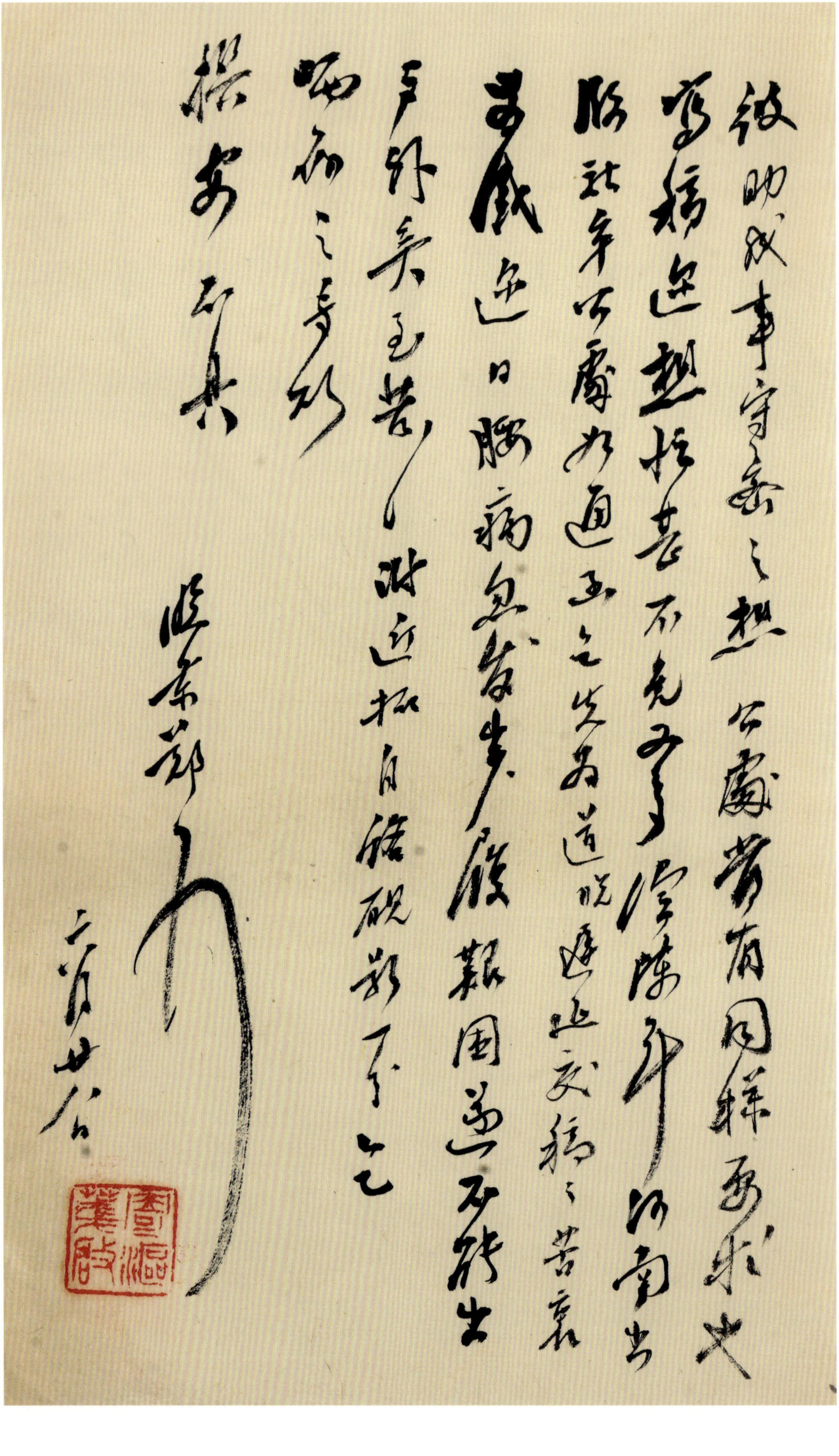

潘景鄭致鄭逸梅

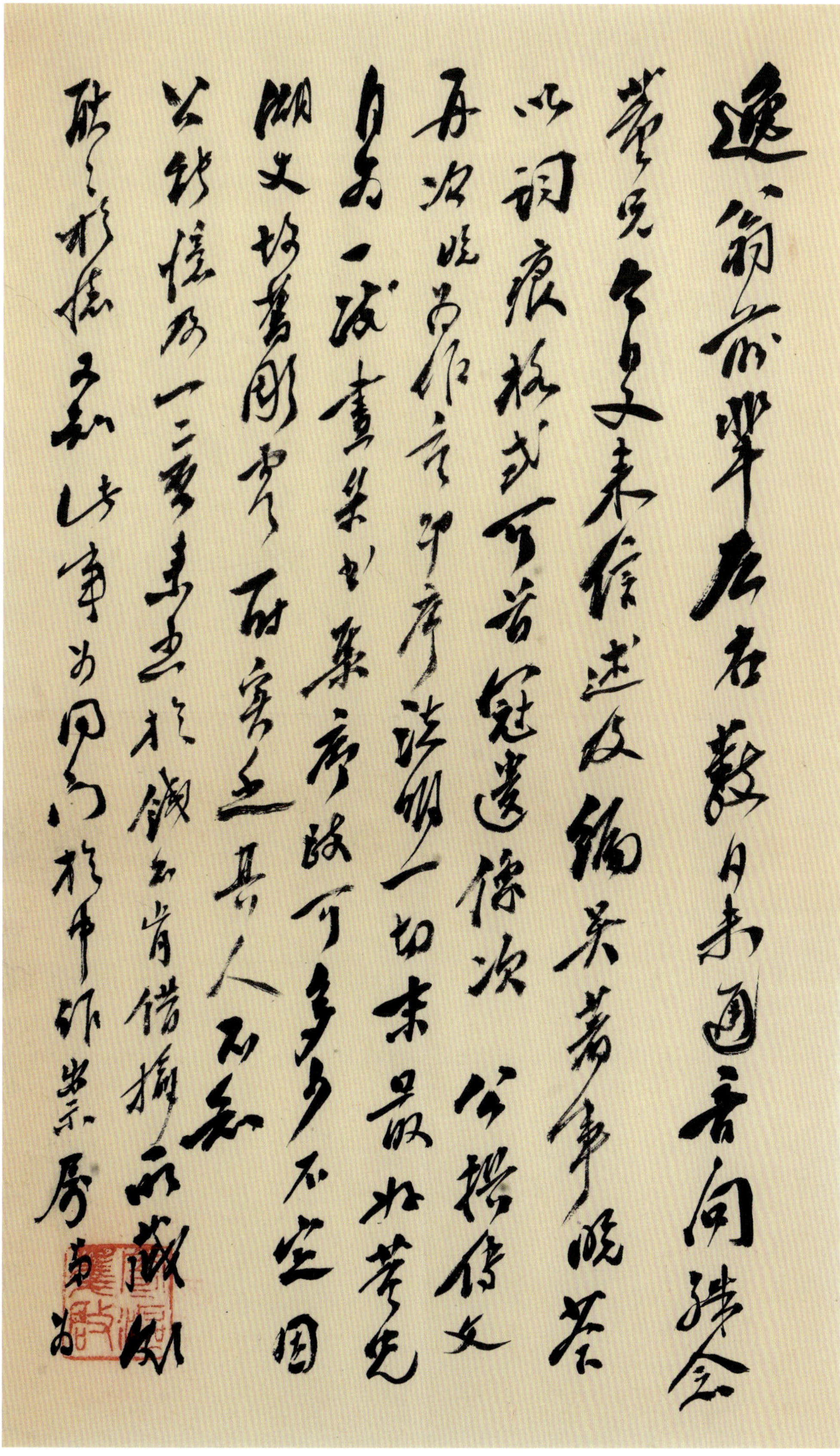

逸翁前輩左右 數月未通音問 殊念
蒙兄大文來信述及編吳著事 晚意
以詞痕格式可否首冠遺像 次公撰傳文
再次晚為作序言 即序說明一切 末最好如芸先
自為一跋 畫集則集序跋可多少不定 因
[illegible]

潘景鄭致鄭逸梅

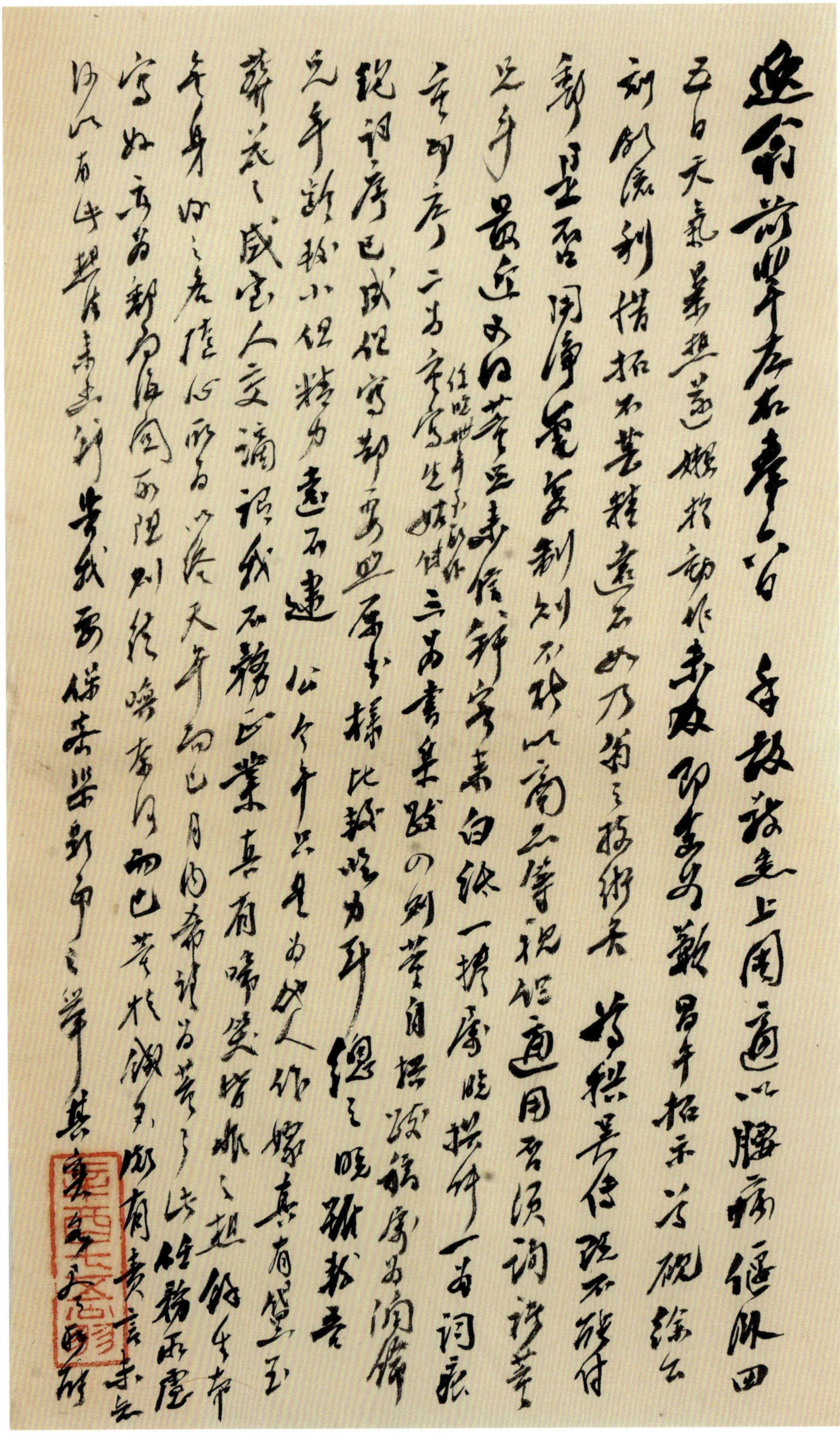

鄭逸梅友朋尺牘

潘景鄭致鄭逸梅

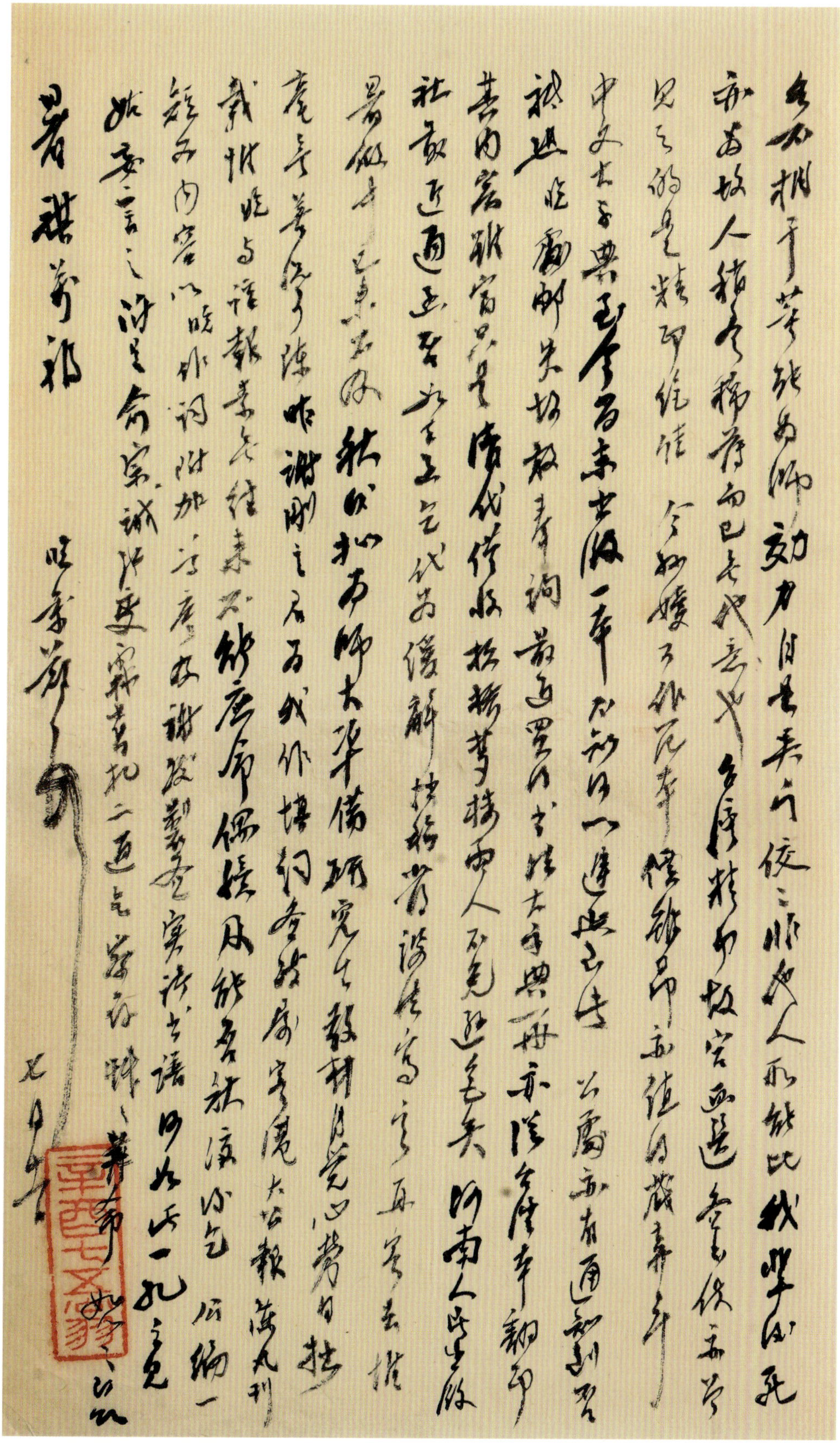
久不[illegible]努力自是表示佼佼，非如人所能比，我[illegible]
亦為故人稱[illegible]而已也。[illegible]精神，故宜益進，[illegible]
兄之[illegible]精印絶佳，今物價[illegible]，[illegible]亦值得藏[illegible]
中文大字典[illegible]來出版，一年[illegible]一[illegible]。公處亦有通知到否？
[illegible]
[illegible]
[illegible]
[illegible]
[illegible]
[illegible]
[illegible]
[illegible]
景鄭[illegible]

潘景鄭致鄭逸梅

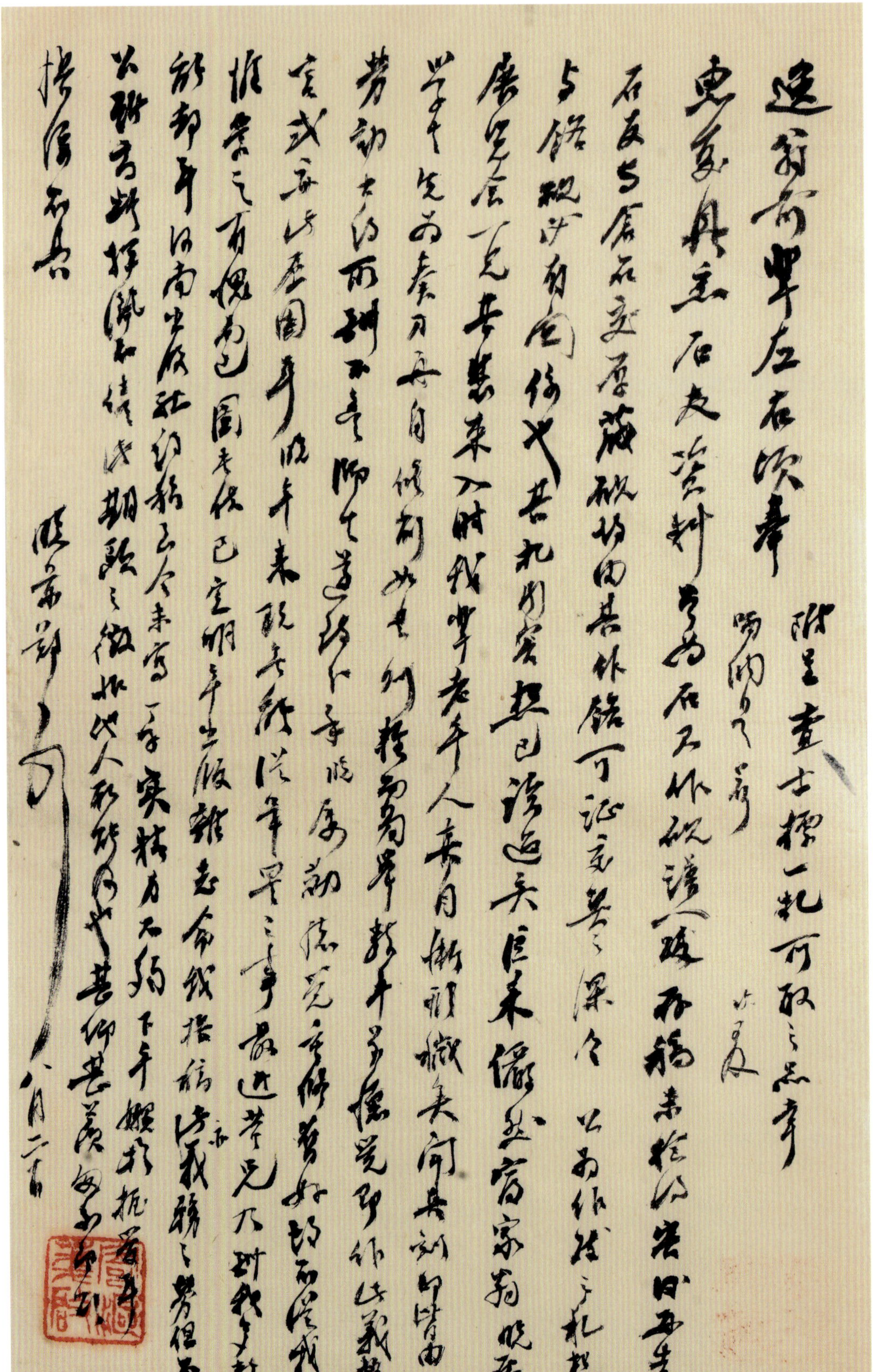

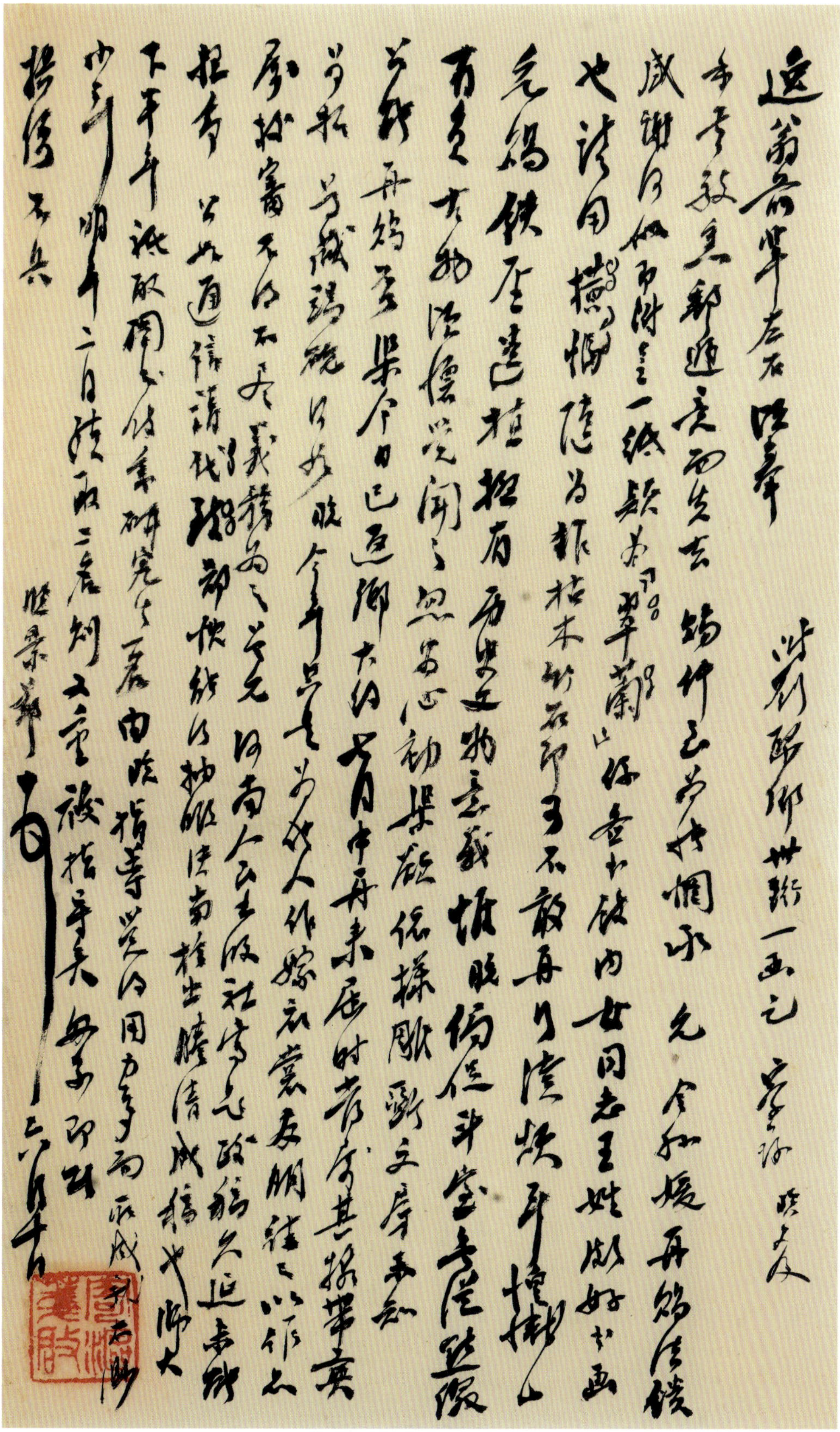

潘景鄭致鄭逸梅

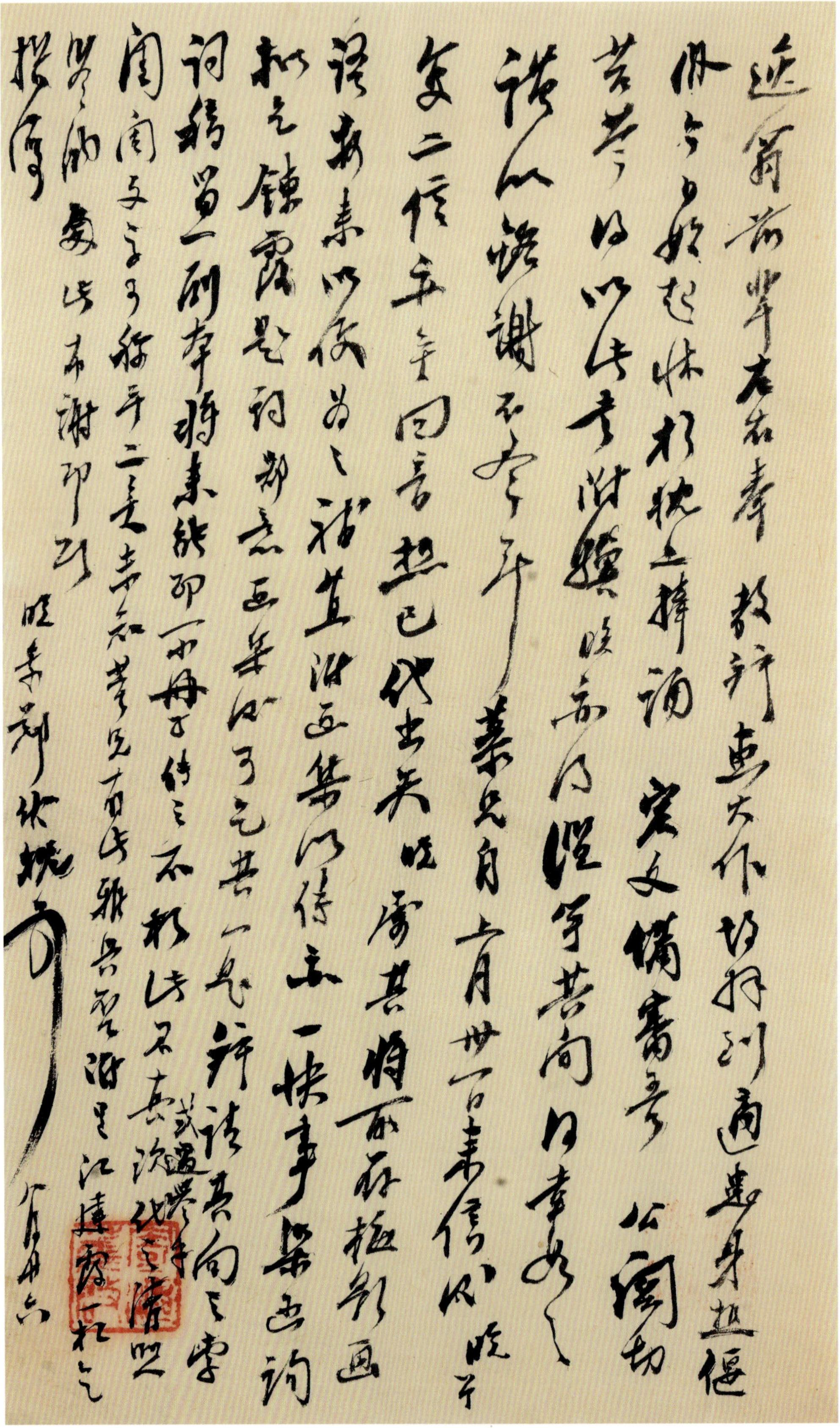

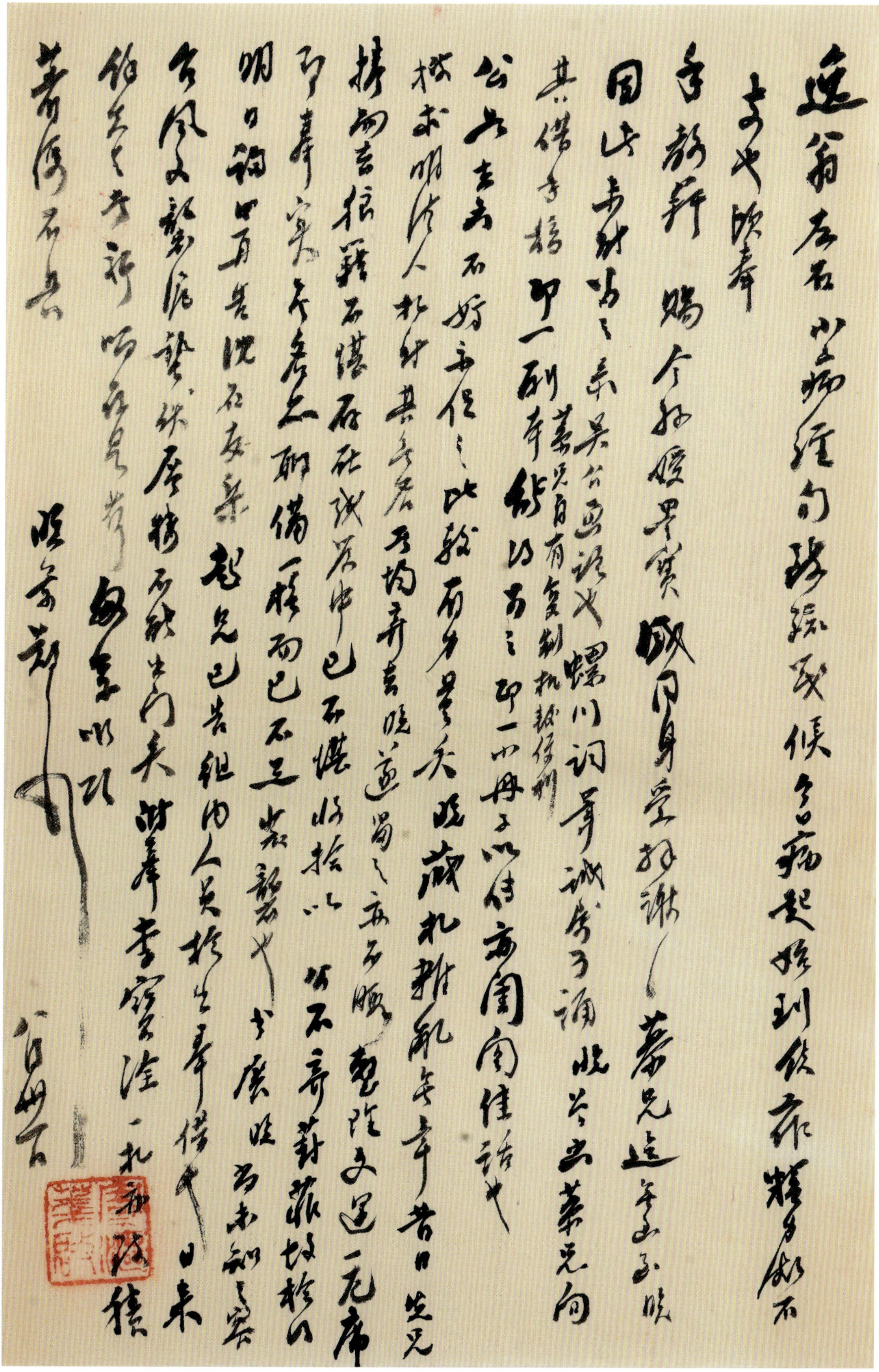

逸翁左右：小女病經旬，勞瘁殊甚，今病起，始到校工作，精力殊不支也。頃奉

手教并賜令孫媛畢業照，盛目身受，感謝感謝。蕘兄遺筆亦已收到。此亦拜讀，係吳公過錄也。螺川詞尋識其可誦，然皆出蕘兄向其借手稿印一冊本（蕘兄自有复制机，拟付刊），然以爲之即一小冊子，以付藝圃同佳話也。

公亦去去不好，今後之比較可多見矣。所藏札冊亂年矣。昔日 先兄搜求明清人於其手者，亦均棄去，[illegible]憶昨文選一元本，持向書估，雖不堪存在，然此中已不堪收拾以[illegible]，物不新，[illegible]印壽寅先生之聊備一格而已，不足[illegible]也。書展時[illegible]，明日詢之有無，恐不易矣。老兄已告組內人員於去年借出，日來今風之弊，[illegible]能出頭矣。謝李宗[illegible]一札[illegible]，能先生去新[illegible]見贈。匆頌

著安

晚景鄭

八月廿日

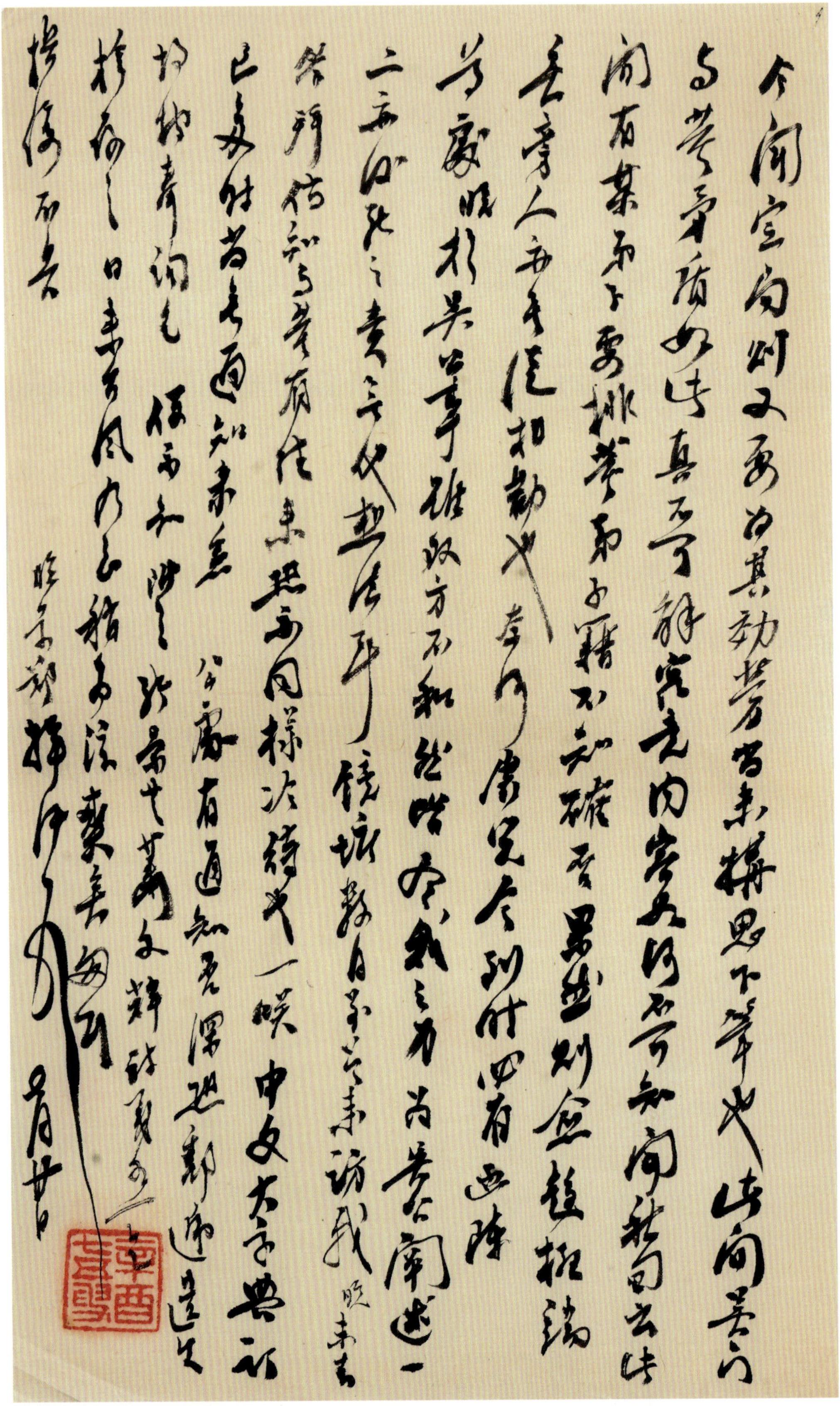

潘景鄭致鄭逸梅

潘景鄭致鄭逸梅

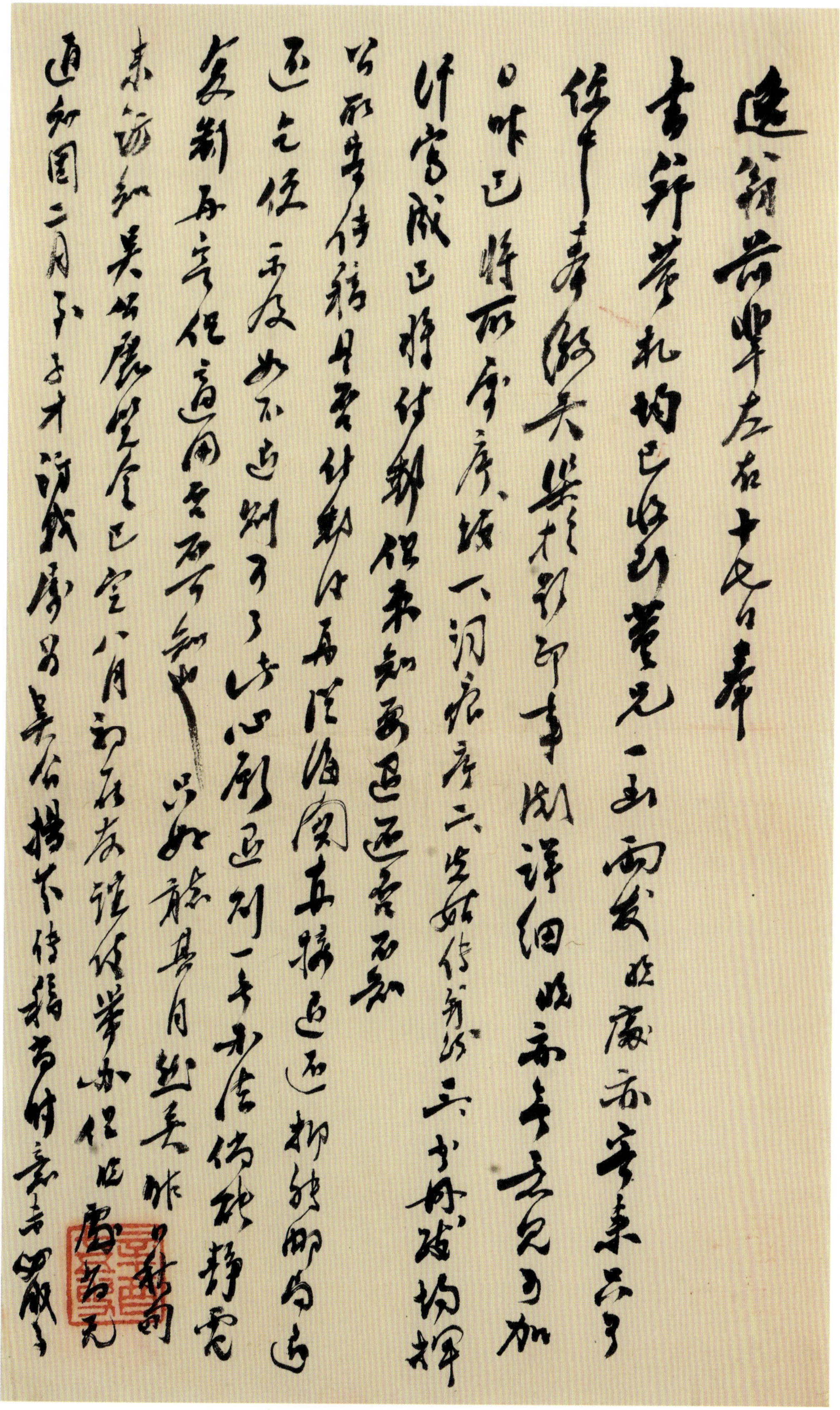

潘景鄭致鄭逸梅

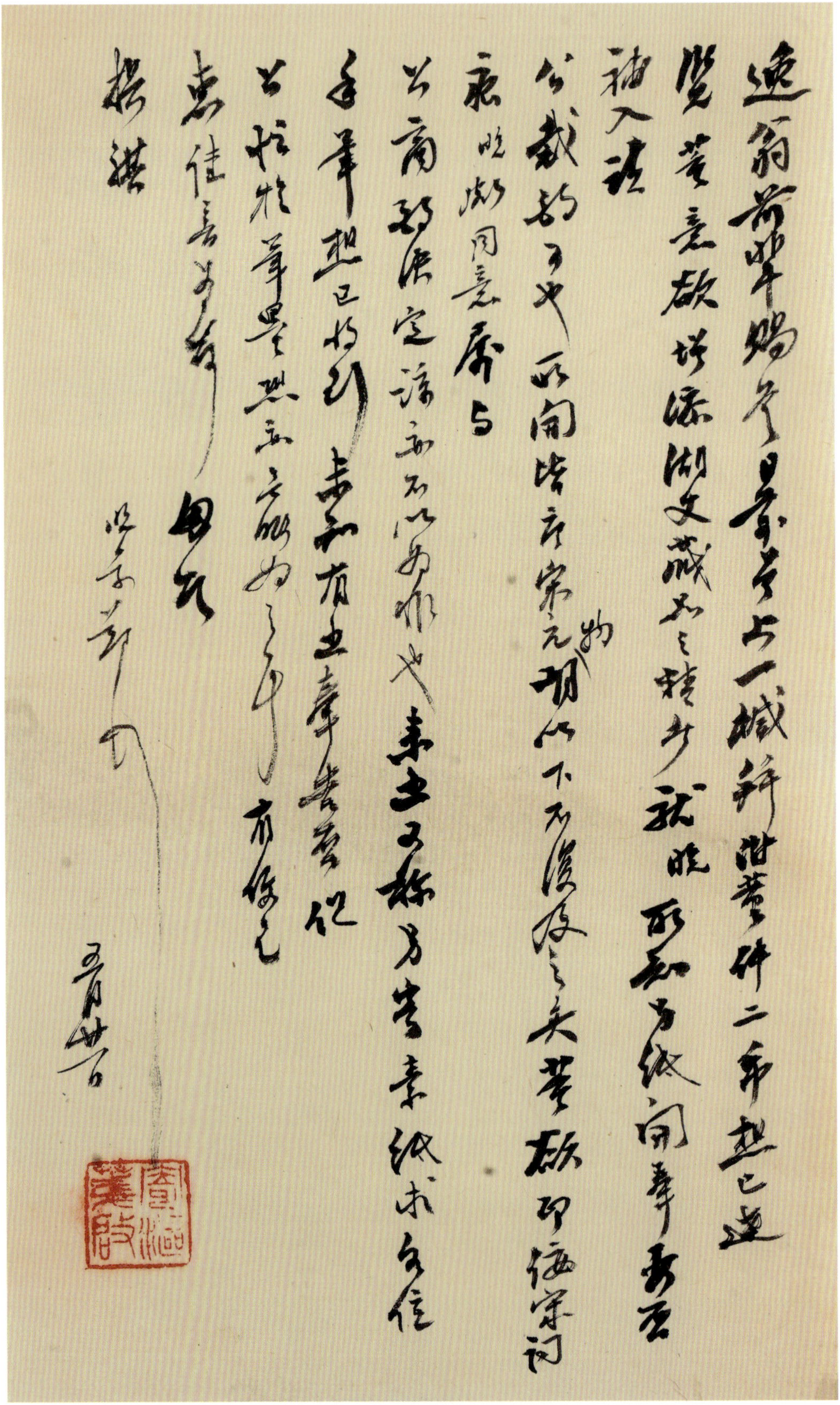

潘景鄭致鄭逸梅

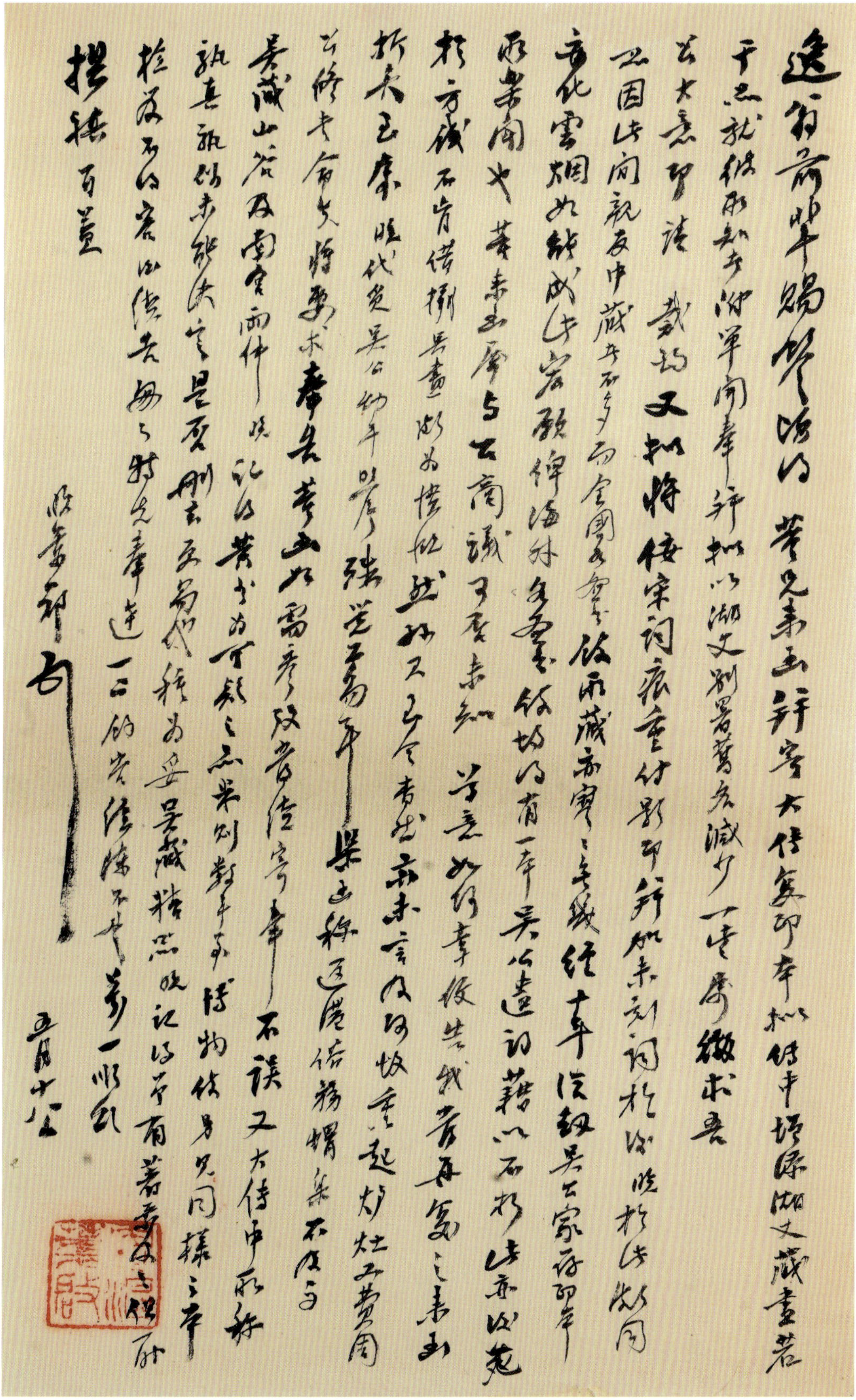

潘景鄭致鄭逸梅

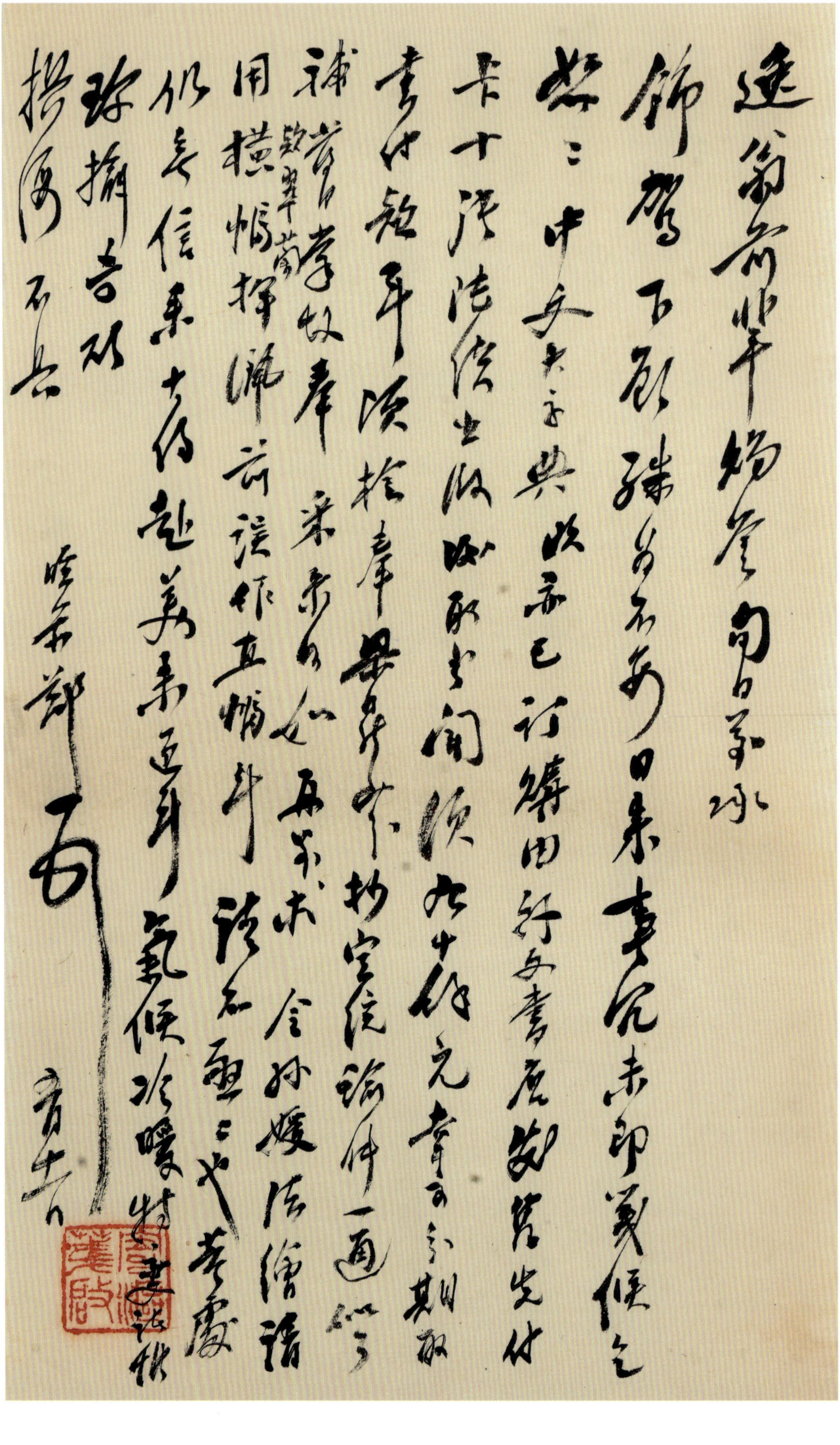

潘景鄭致鄭逸梅

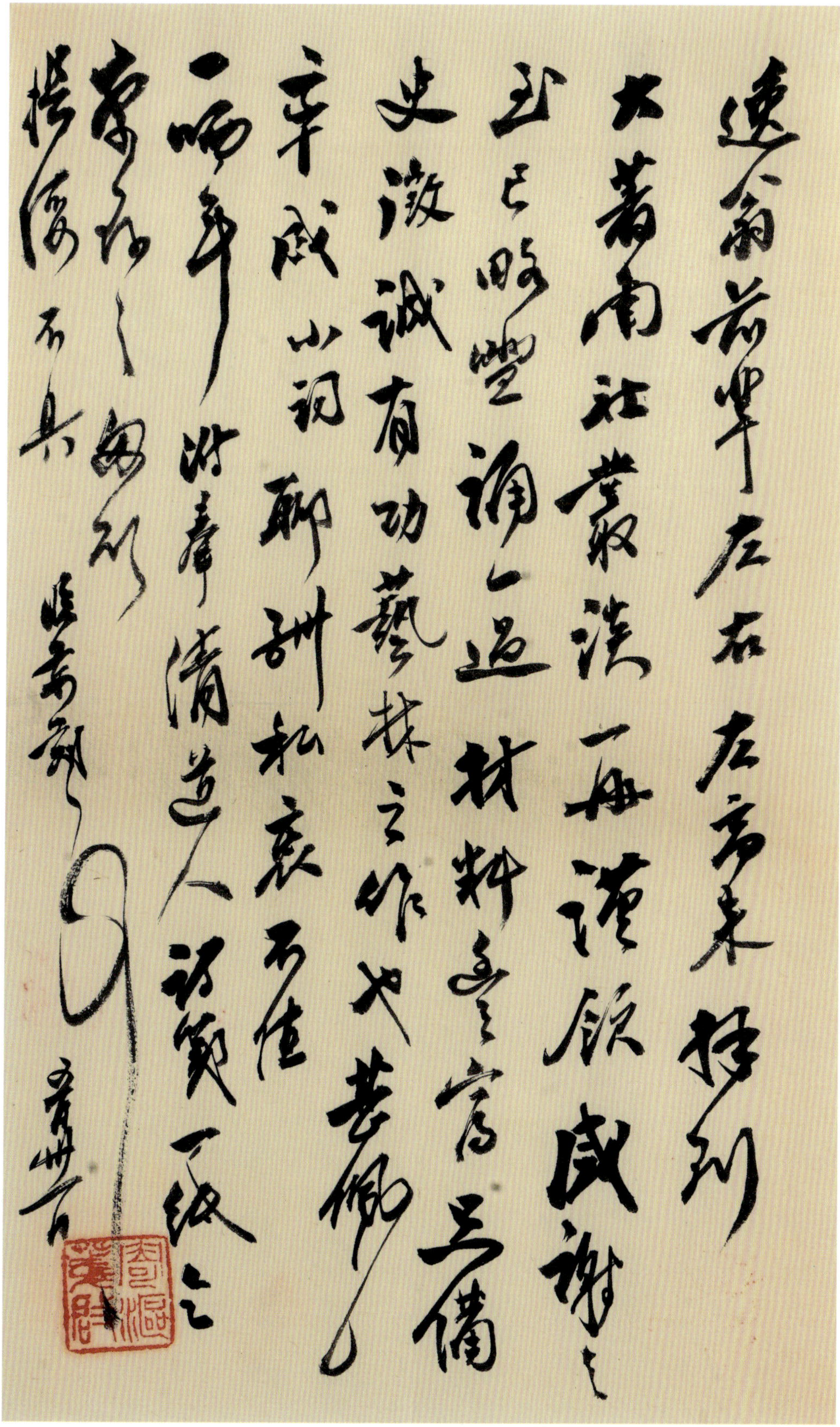

逸翁前輩左右：左右來，拜到大著南社叢談一冊，謹領，感謝感謝。比以暇晷誦一過，材料豐富，足備史徵，誠有功藝林之作也，甚佩甚佩。率成小詞，聊訴私衷，不值一哂耳。附奉清道人詩箋一紙，乞察收之。匆匆，撰祺不具。

晚景鄭頓首

五月卅日

潘景鄭致鄭逸梅

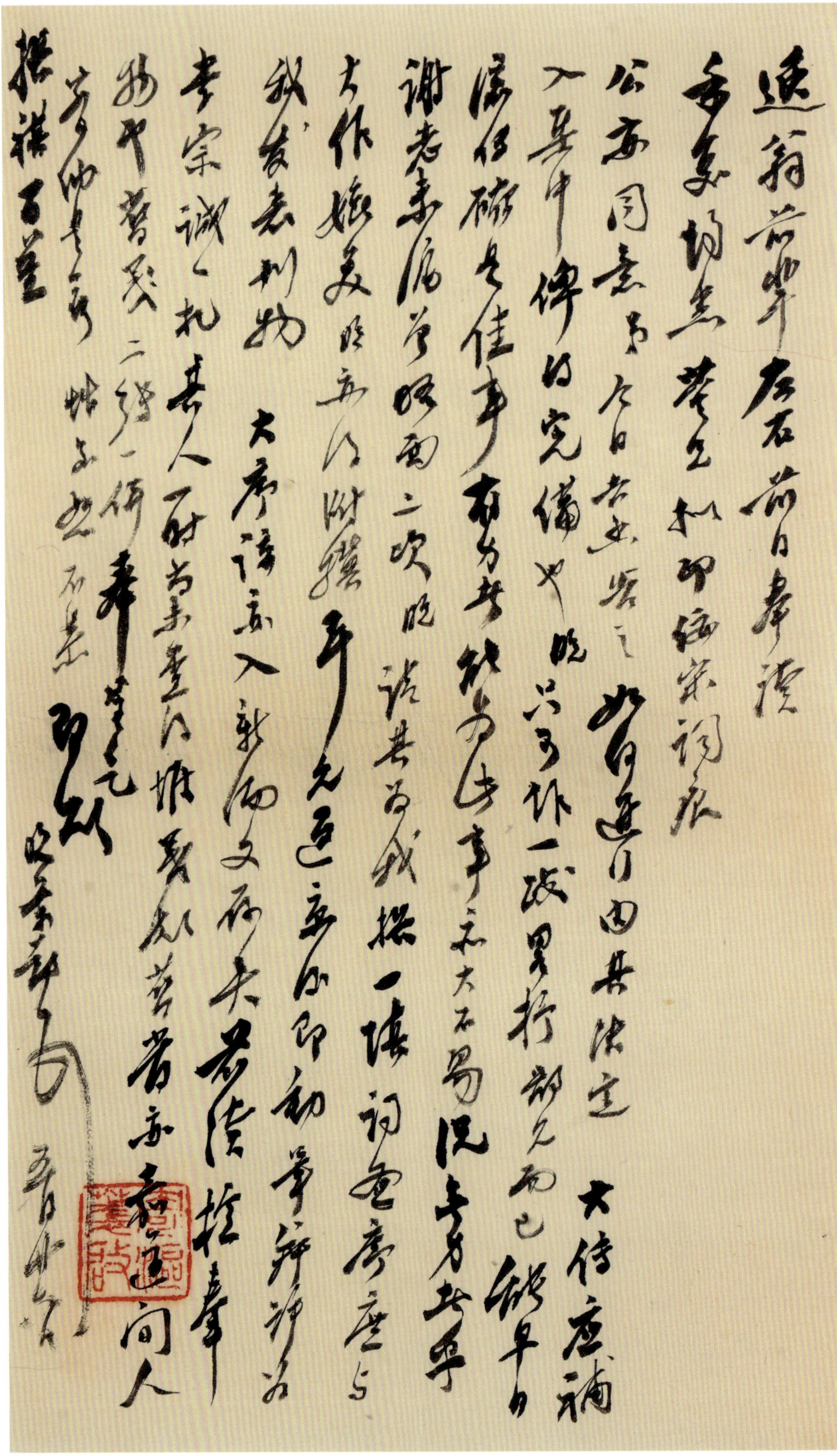

潘景鄭致鄭逸梅

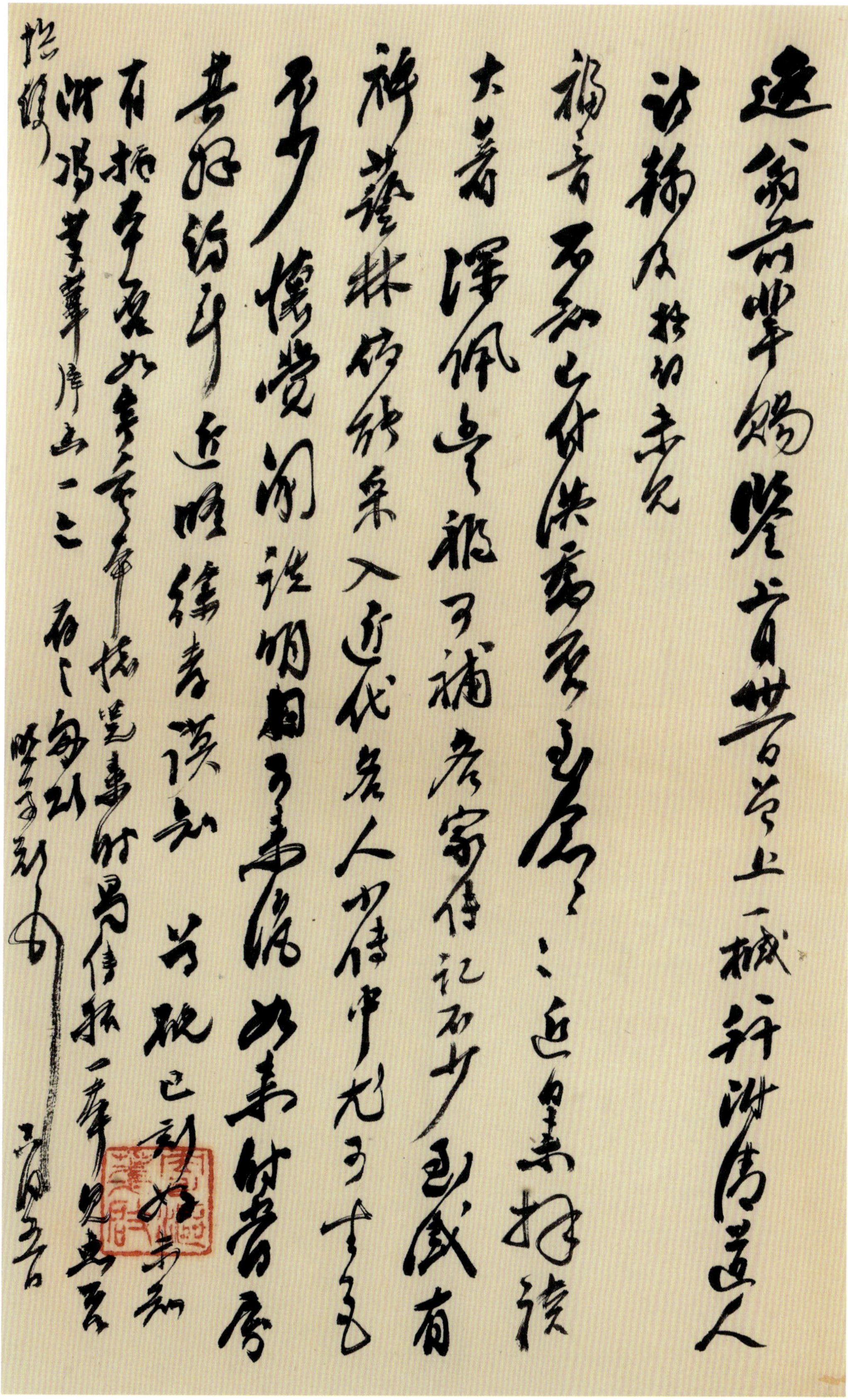

潘景鄭致鄭逸梅

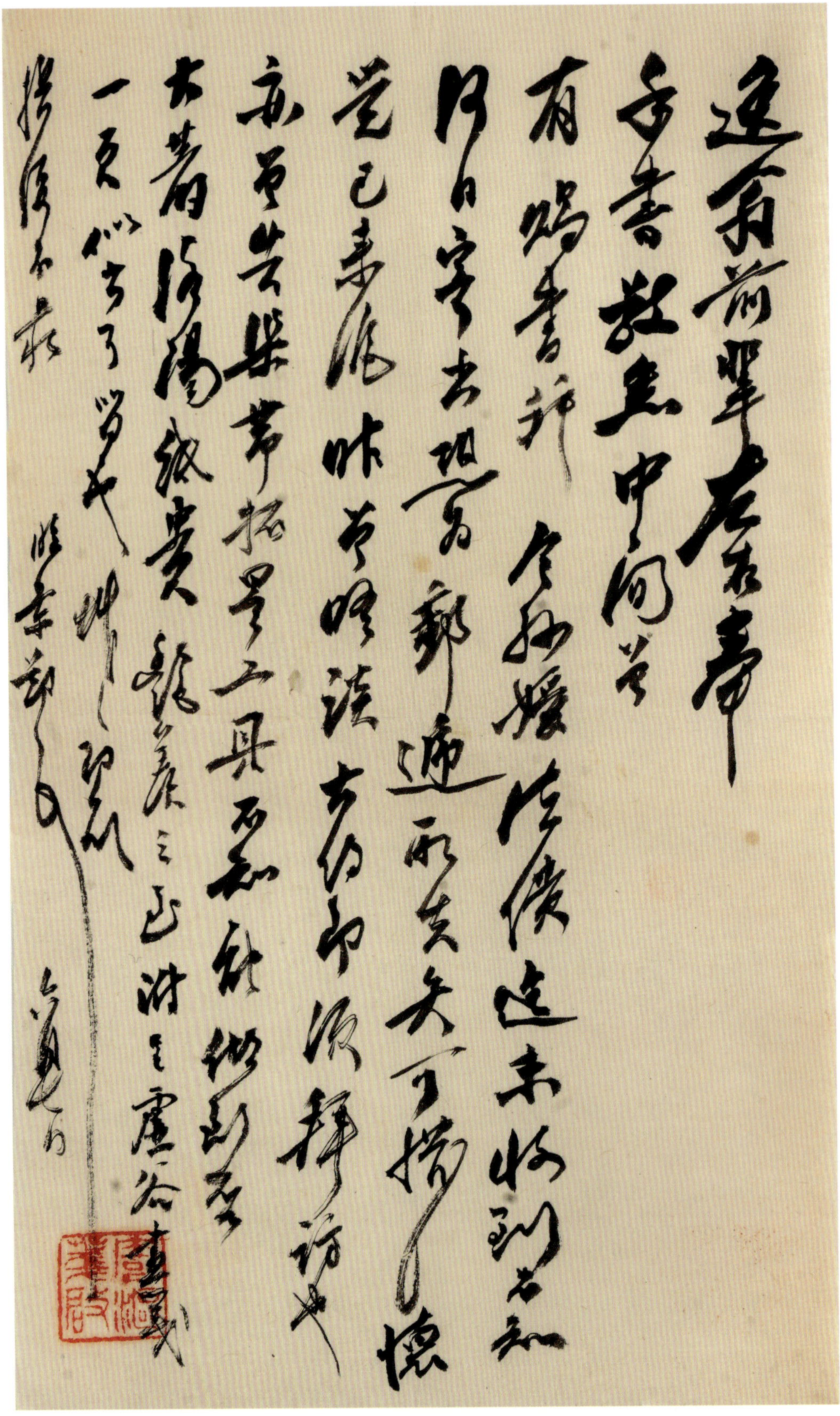

潘景鄭致鄭逸梅

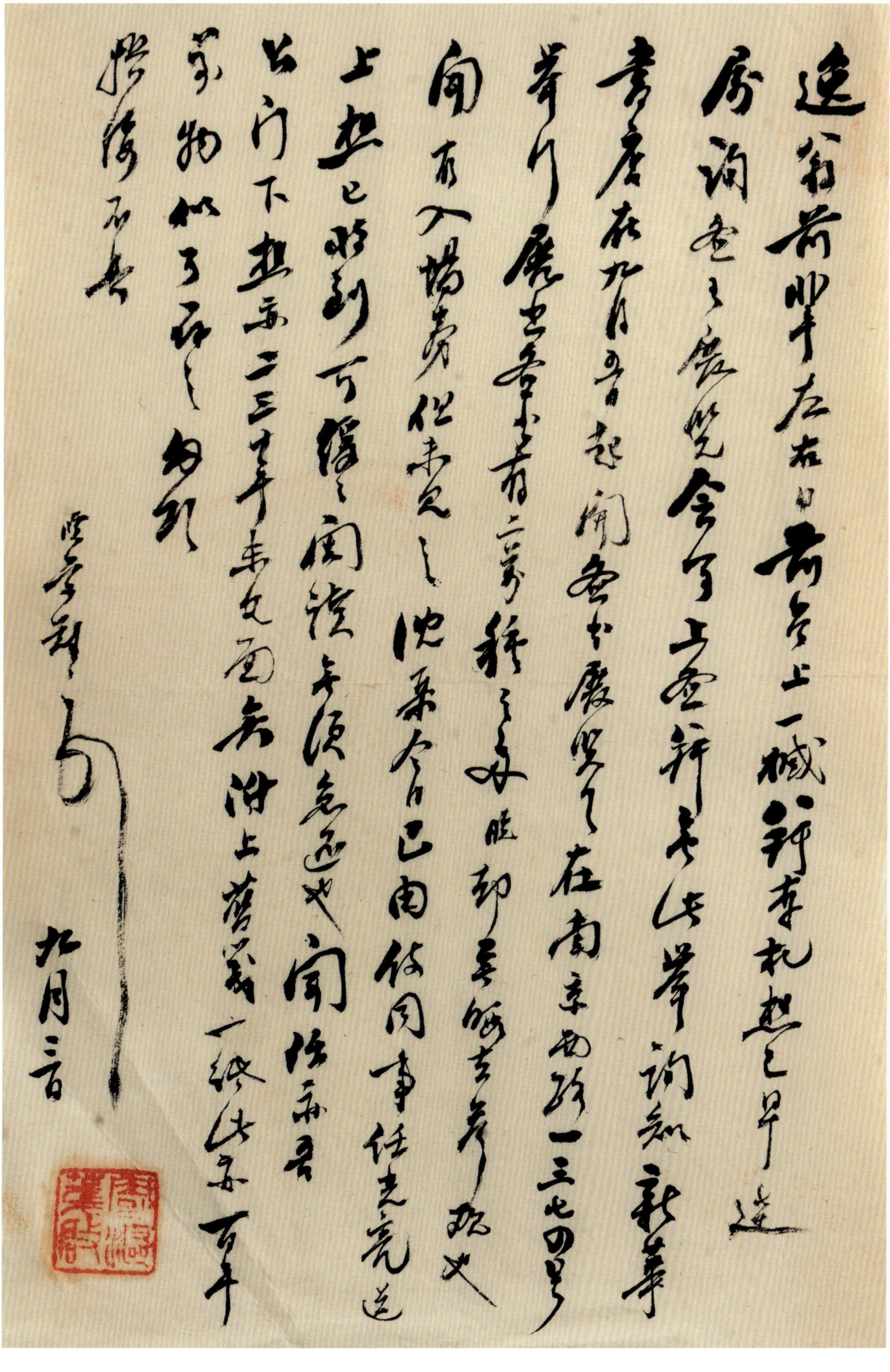

逸翁前輩左右：日前上一緘，計李札想已早達
座。詢及之處，覽今可上查，許長洛常詢新華
書店，在九月五日起開售，如處覽之在南京西路一三七四號
書行展出，各處亦有二家拜之。安[illegible]印本照古今拓文
向有人搆求，但未見之。此案今已由徐同事任惠亮送
上，拓已將訂可證閱，證無須急還也。閣任示者
出门下拓本二三十年未見面矣，滬上舊藏一紙供安百年
之物，似可存之為記。
特復，不具。

景鄭頓首
九月三日

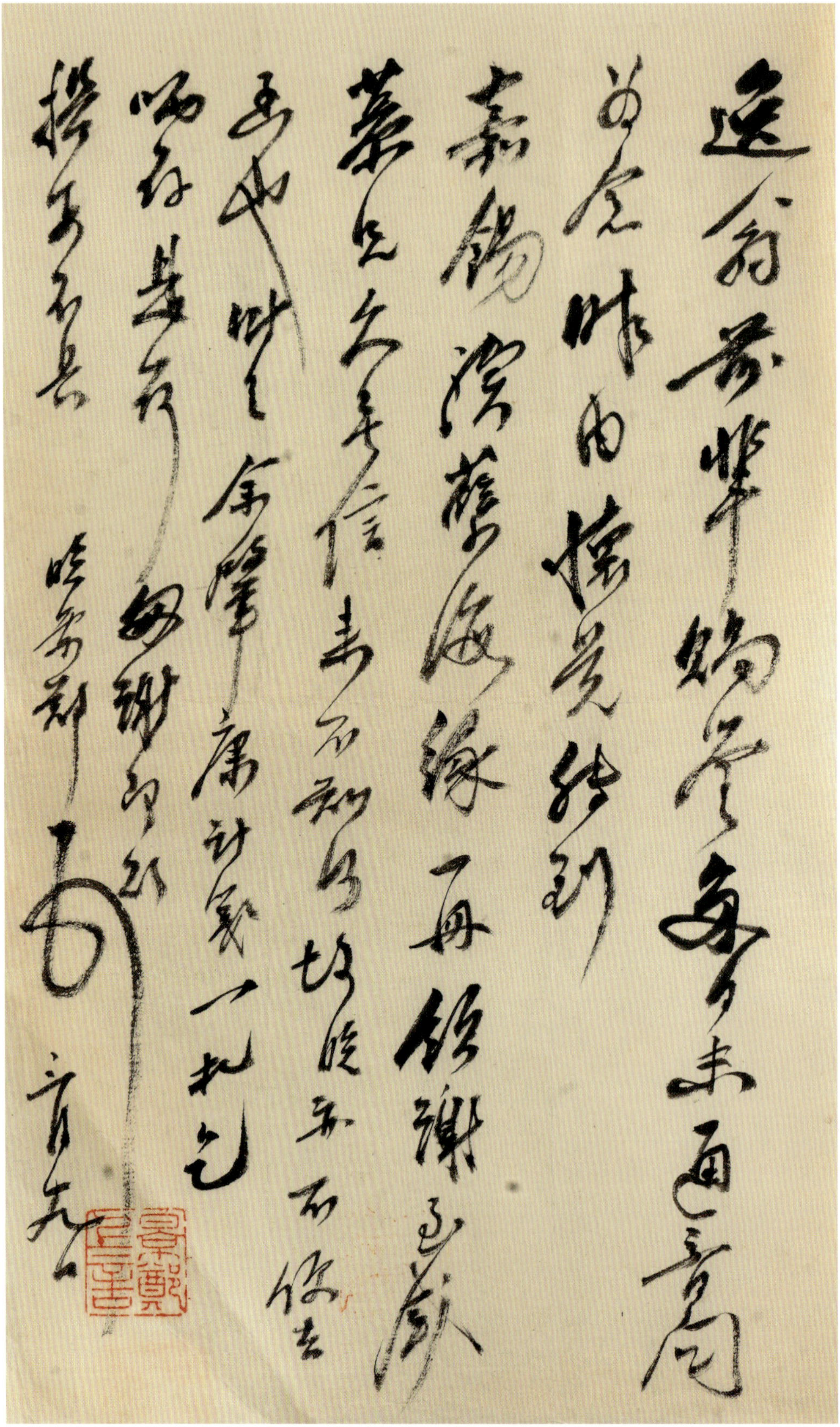

潘景鄭致鄭逸梅

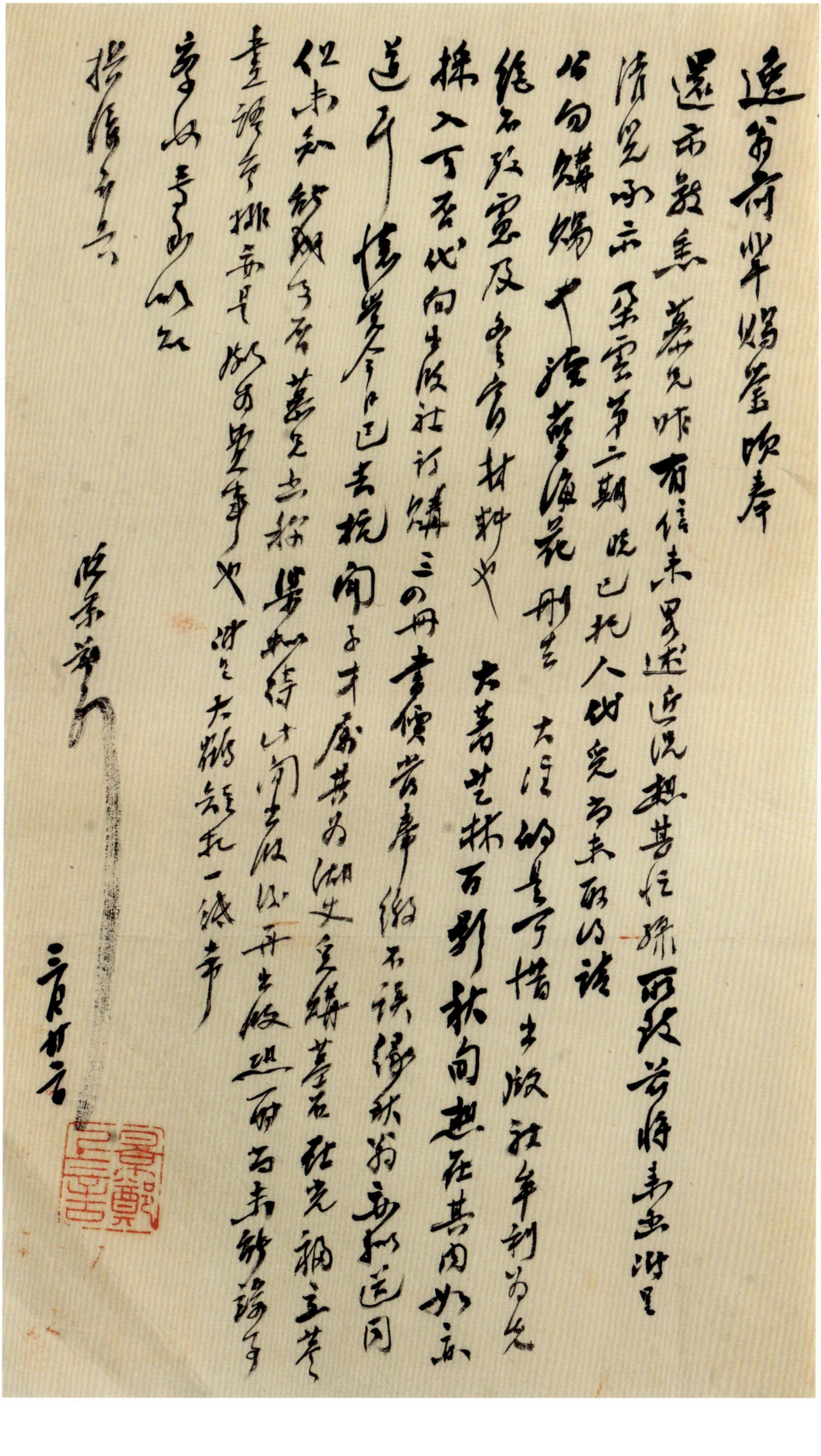

潘景鄭致鄭逸梅

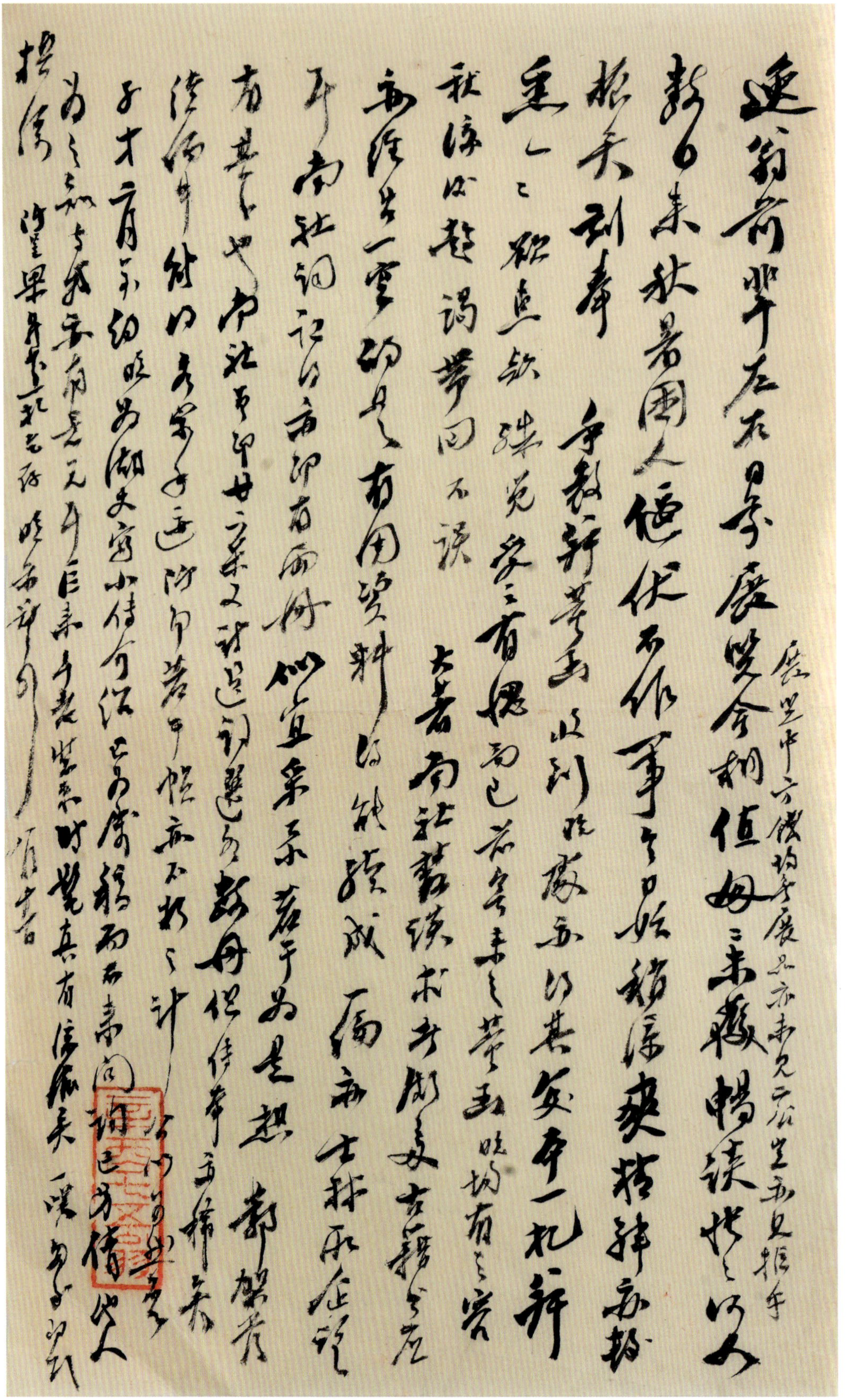

潘景鄭致鄭逸梅

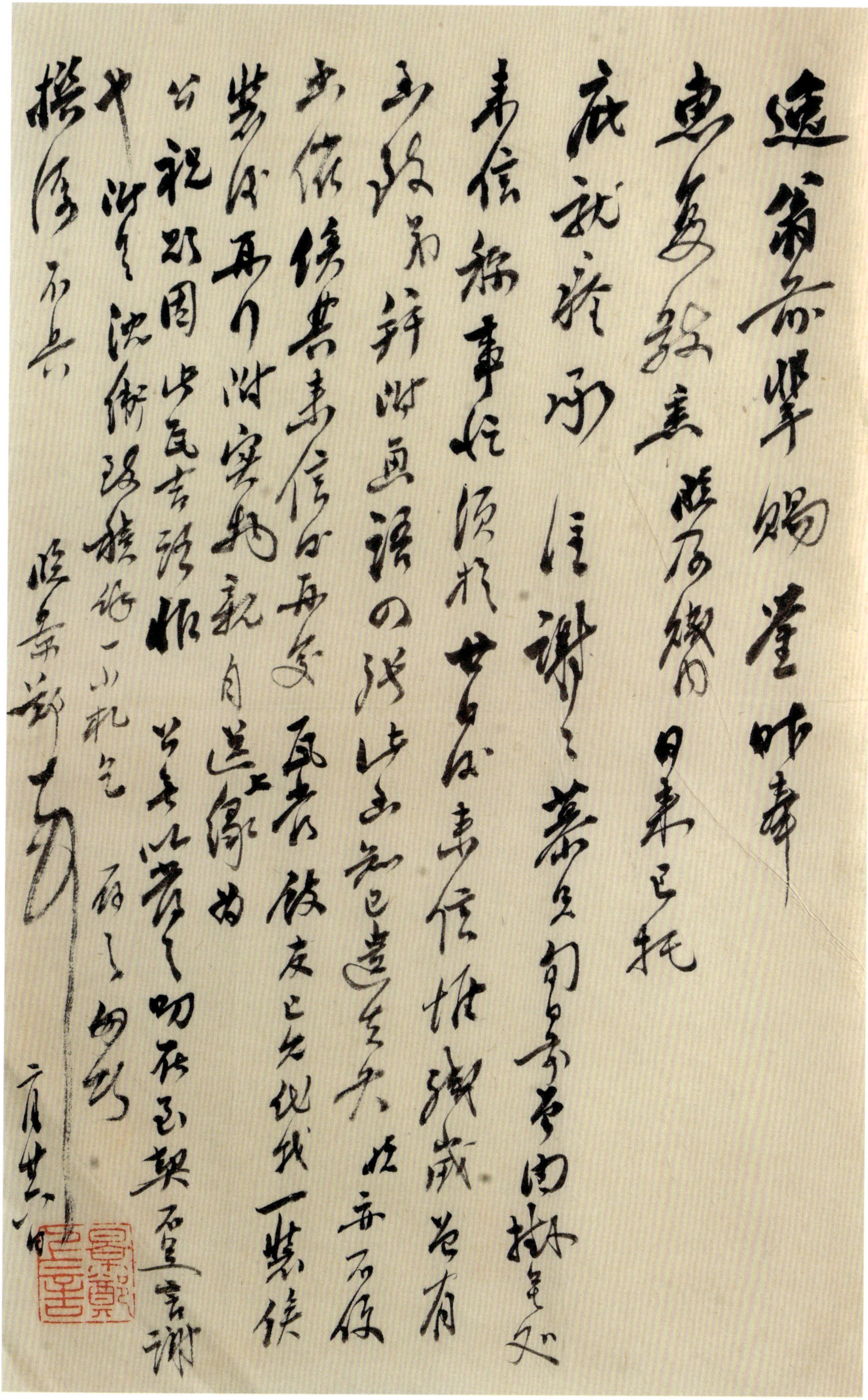

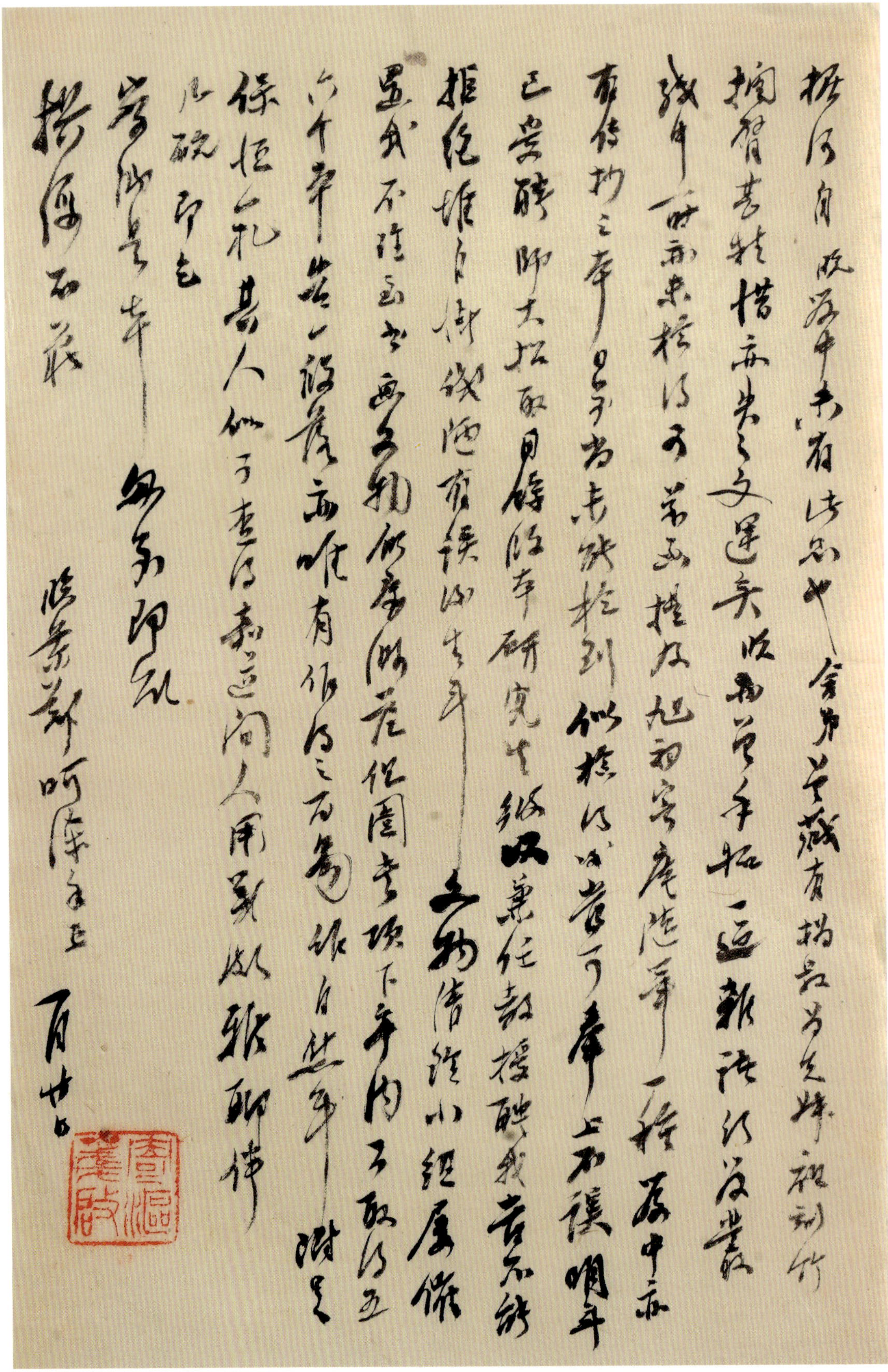

潘景鄭致鄭逸梅

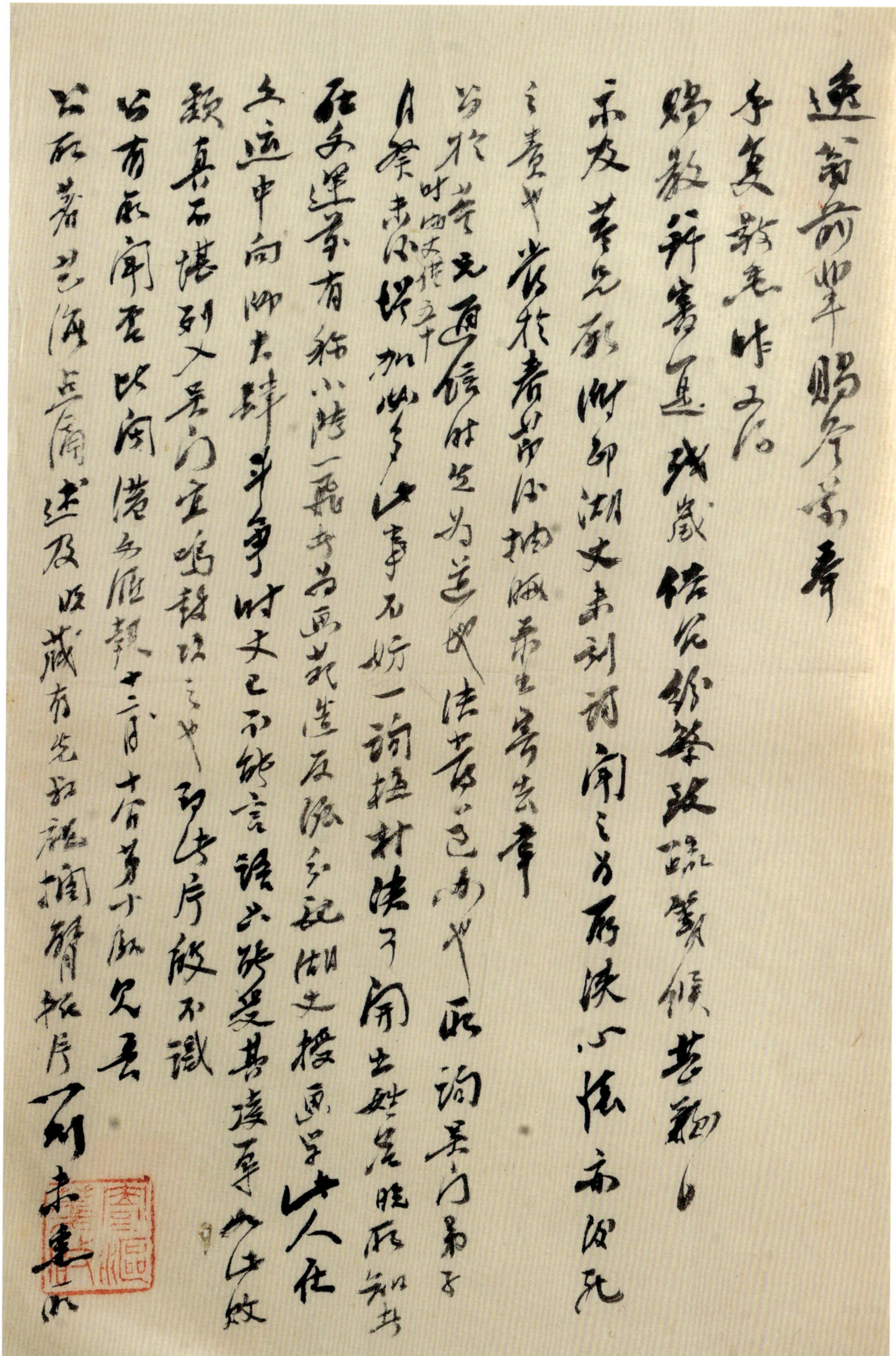

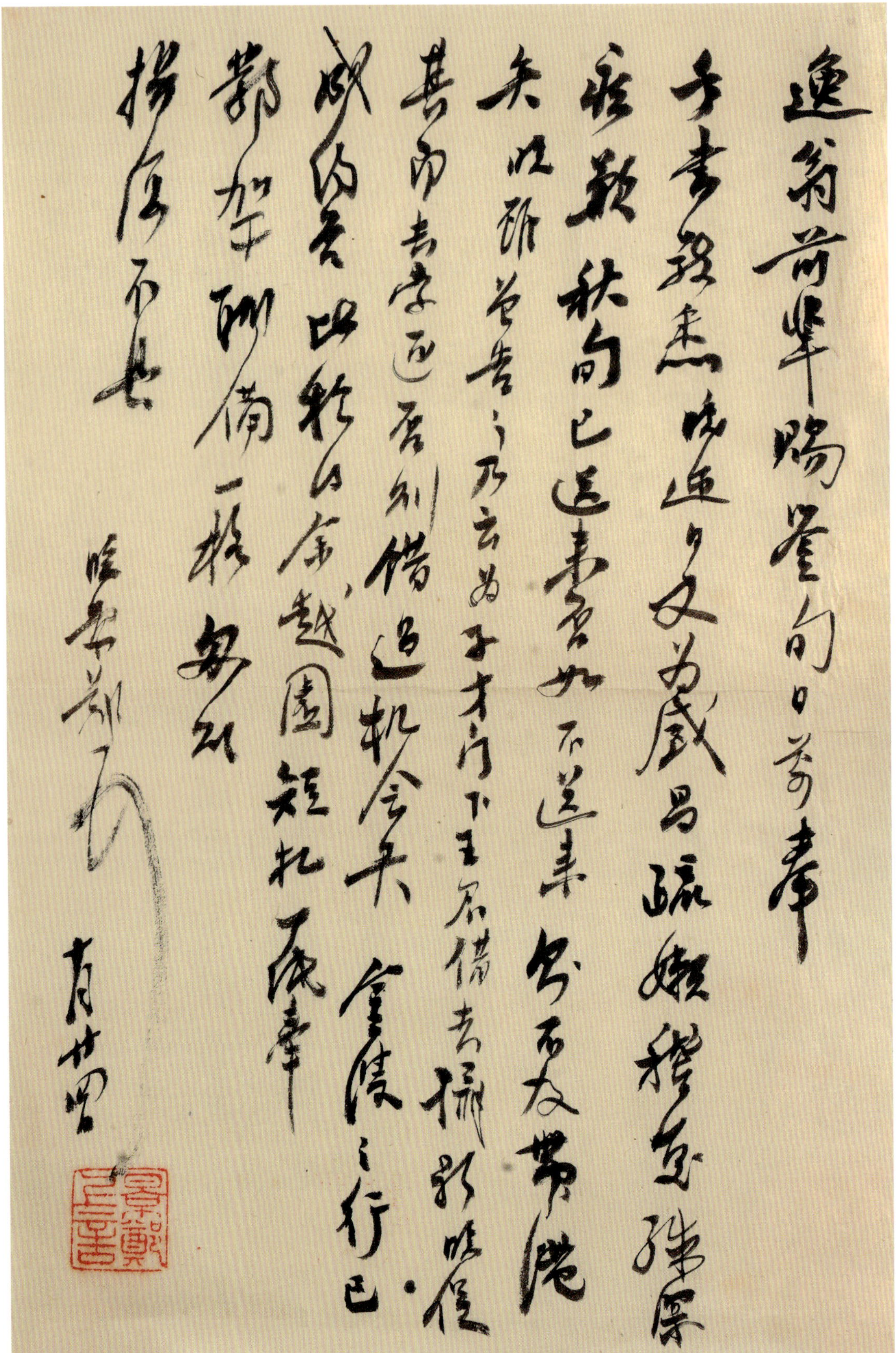
逸翁
前輩賜鑒：日前奉
手書敬悉。唯近以文為歲暮疏懶，稽覆深
愧。秋間已送書去，如不送來，然不及帶陳
矣。以張蔭君告之，乃云為王才門下王君借去攝影，唯催
其函去索還。若別借過，想會失。金陵之行已
成，仍當以報。又余越園短札，展奉
鄭架，聊備一格。即頌
撰安。不一
晚景鄭頓首
月廿四

潘景鄭致鄭逸梅

潘景鄭致鄭逸梅

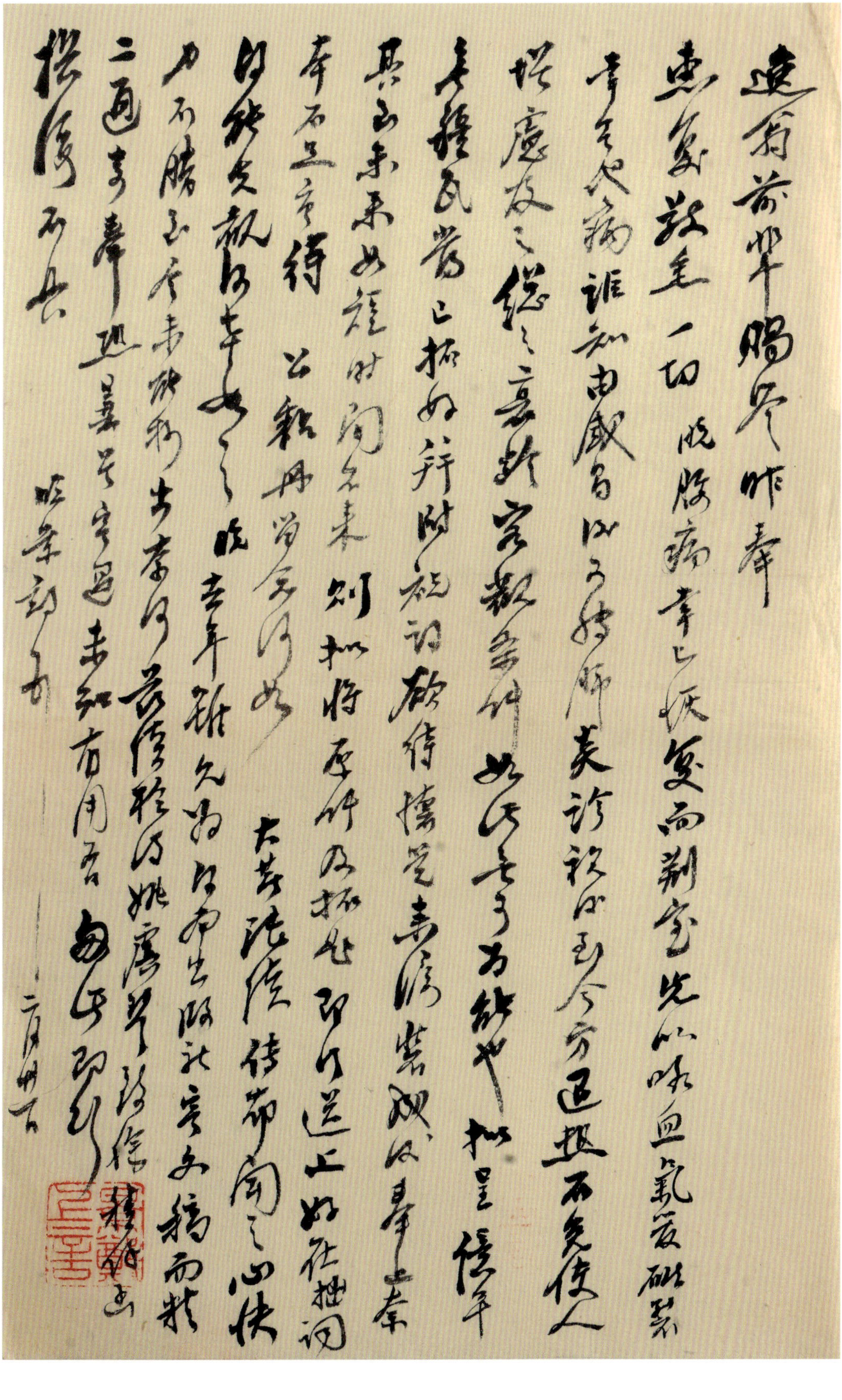

潘景鄭致鄭逸梅

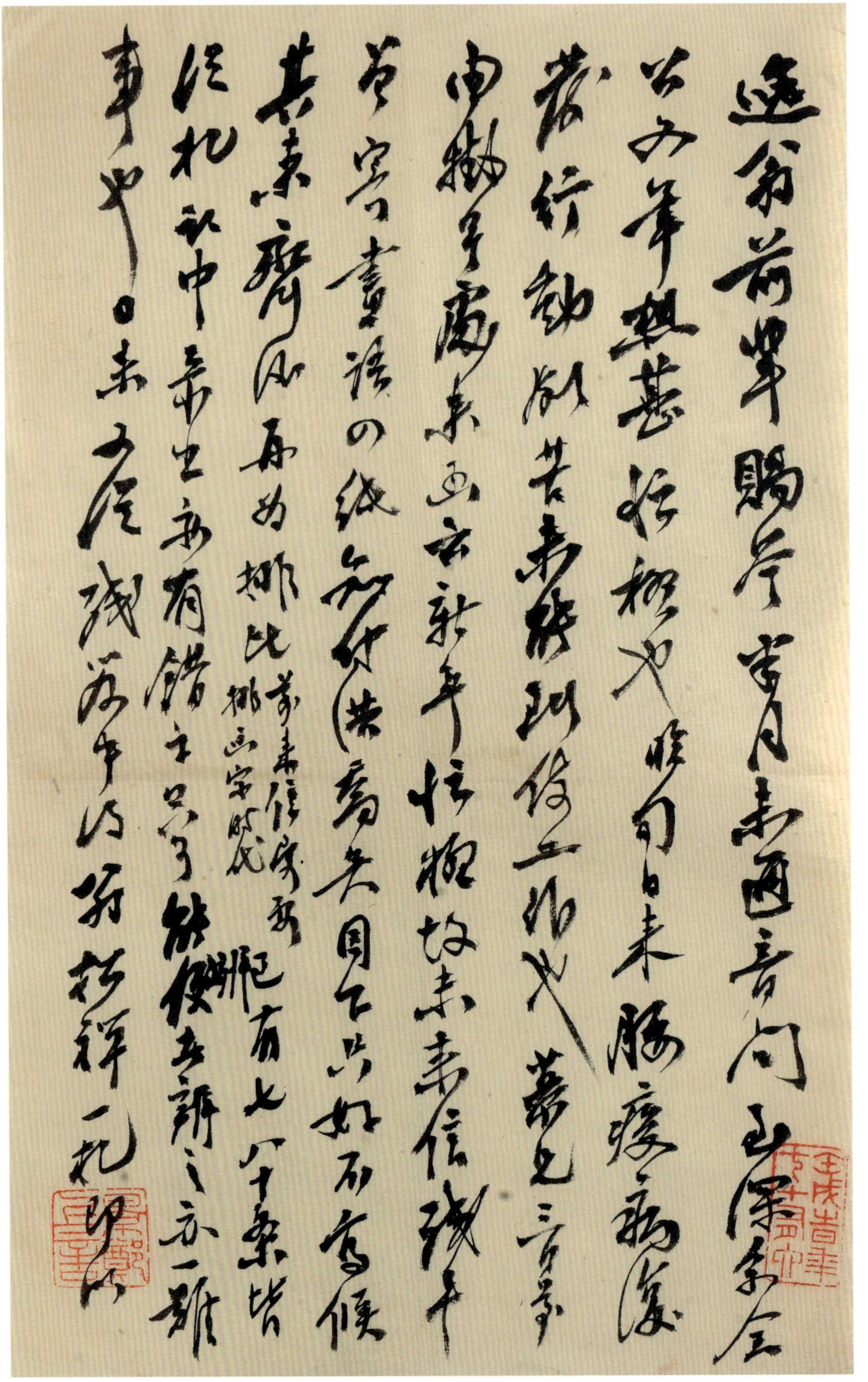

潘景鄭致鄭逸梅

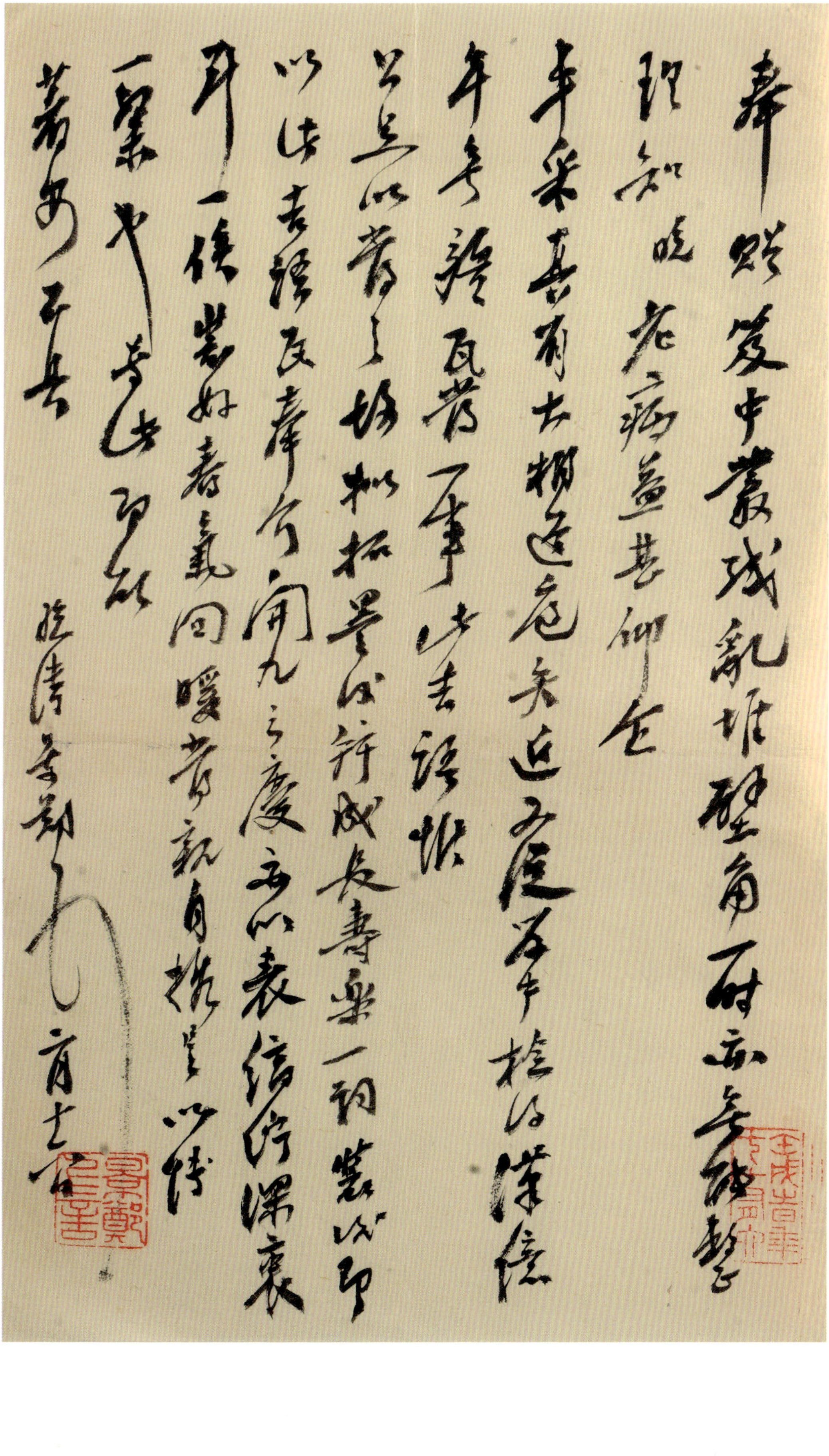

潘景鄭致鄭逸梅

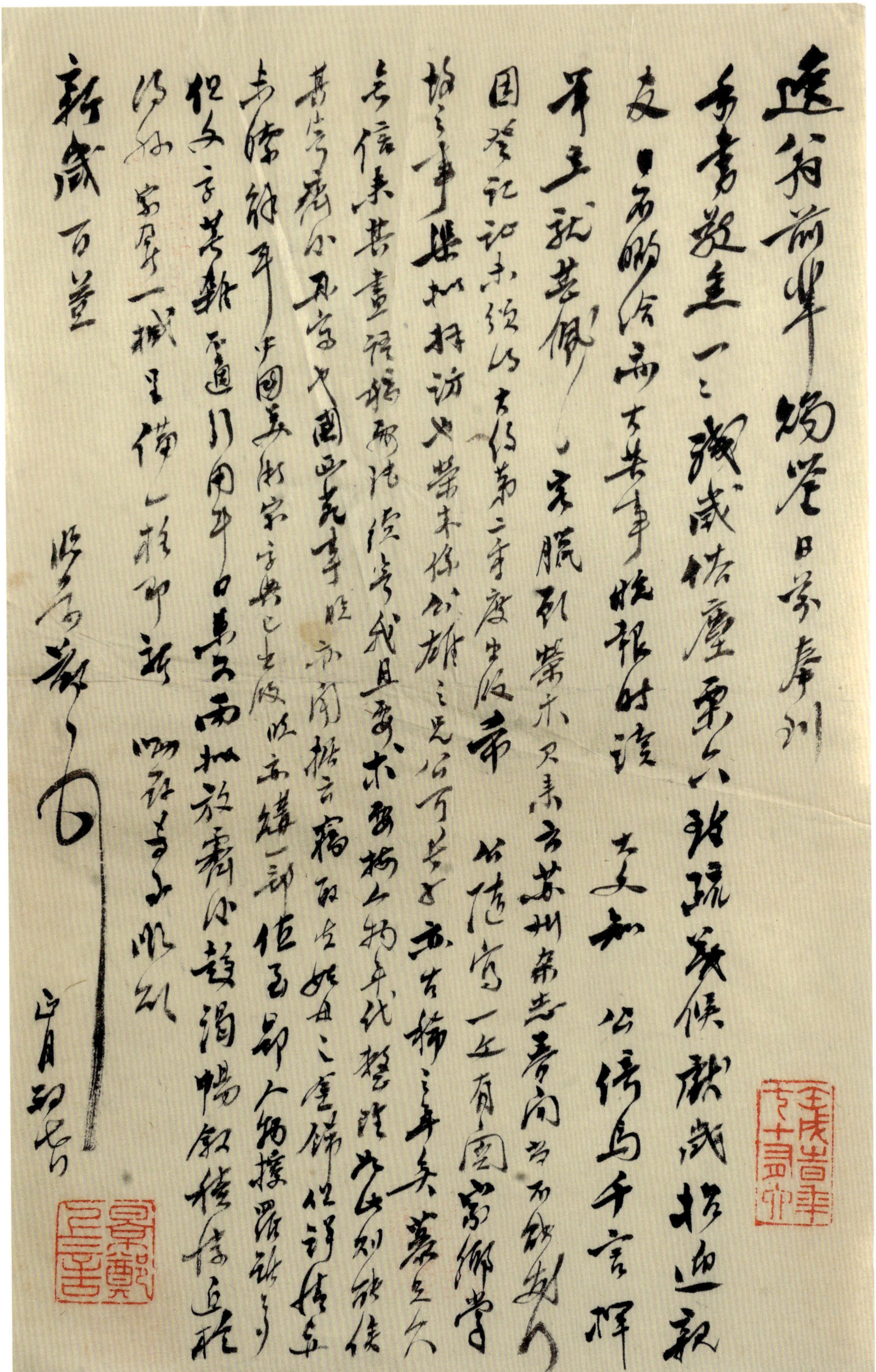

潘景鄭致鄭逸梅

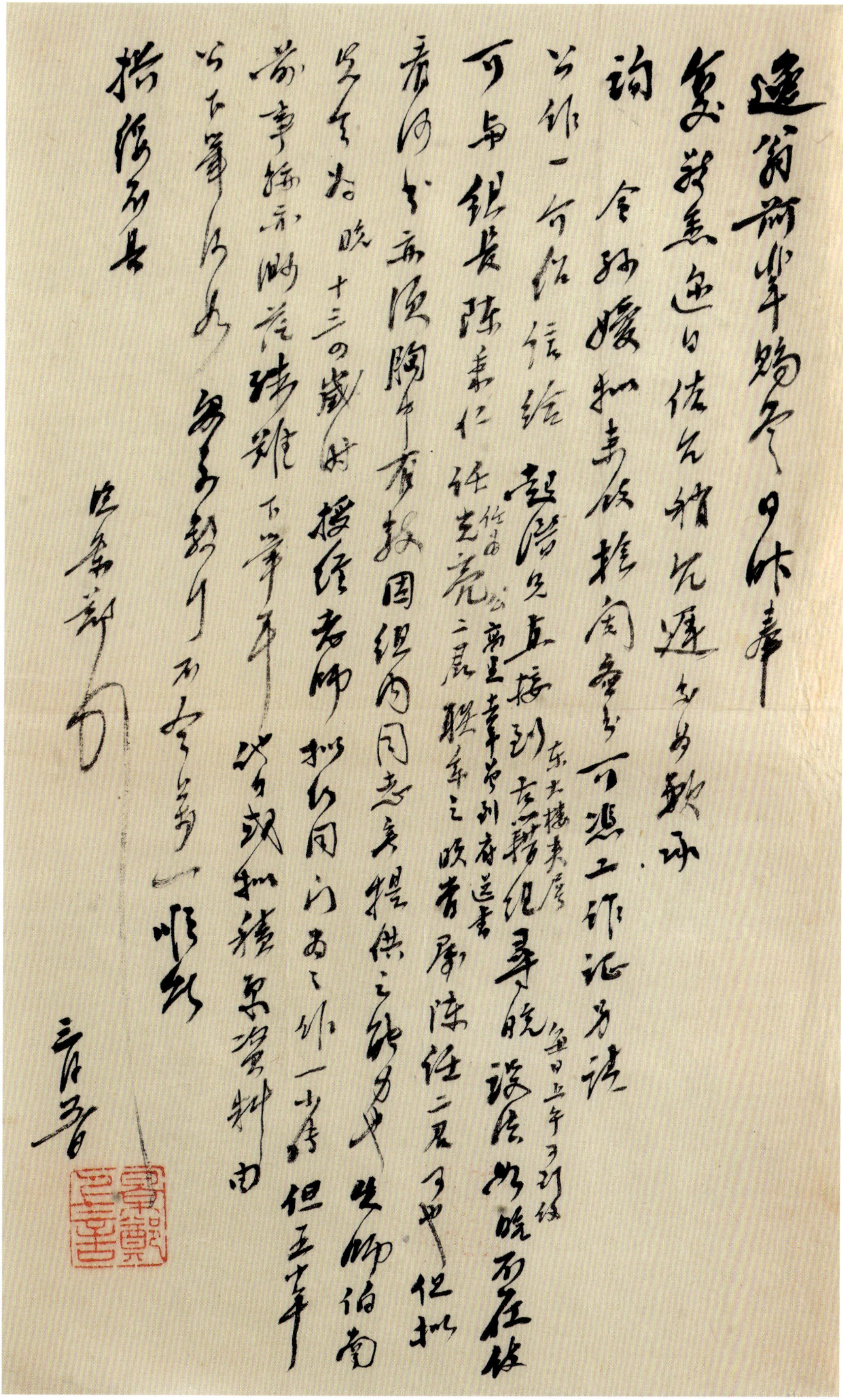

潘景鄭致鄭逸梅

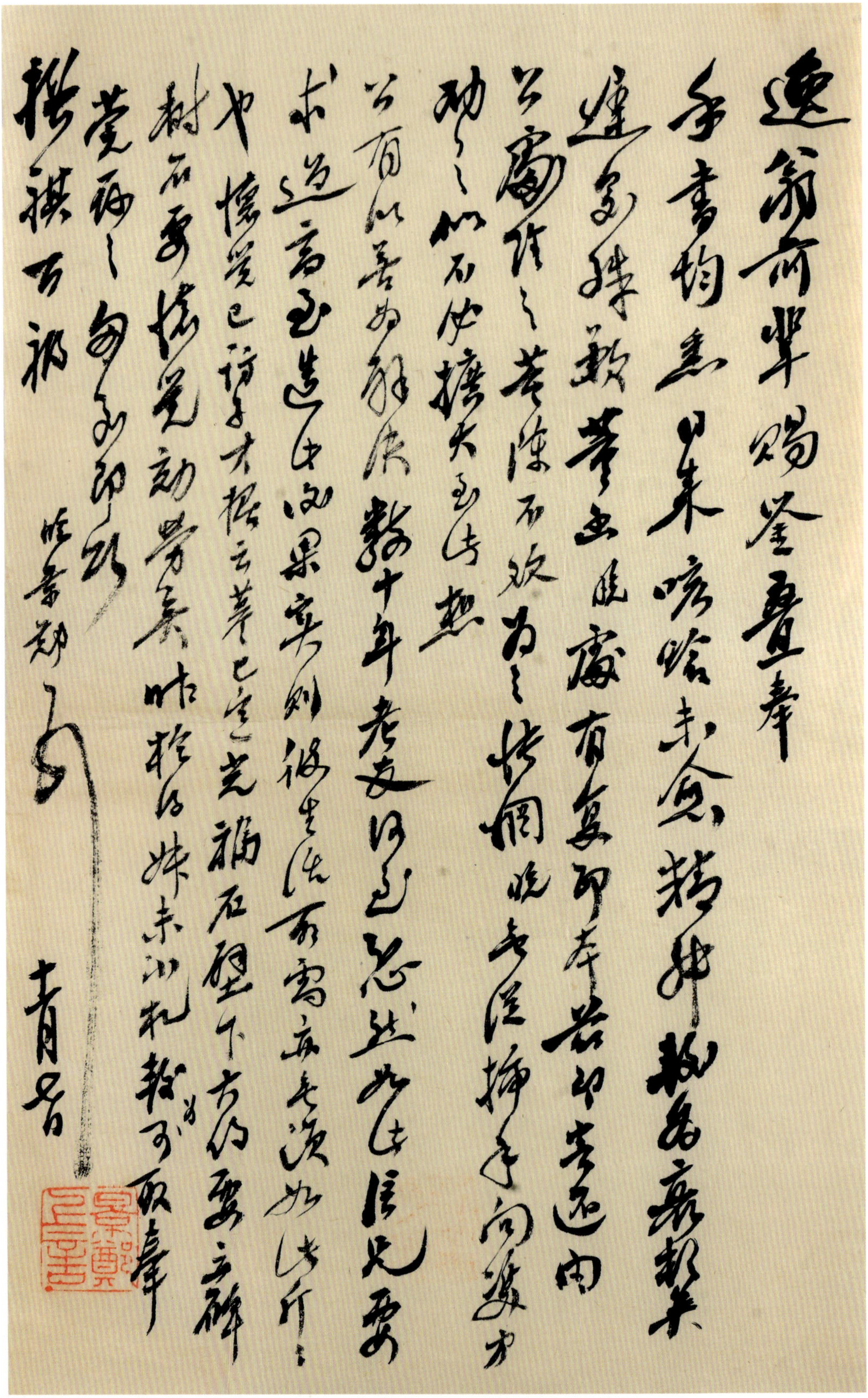

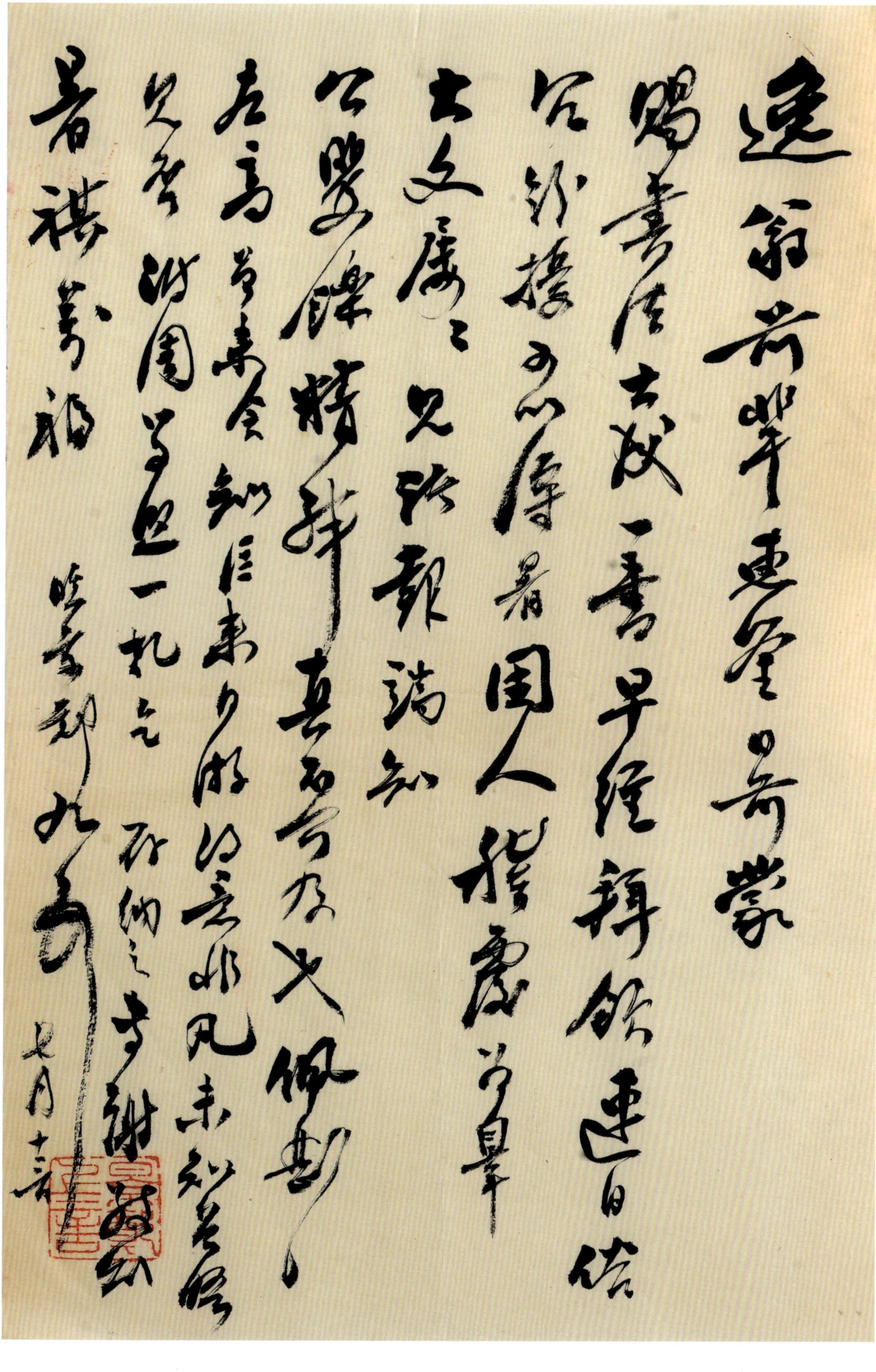

潘景鄭致鄭逸梅

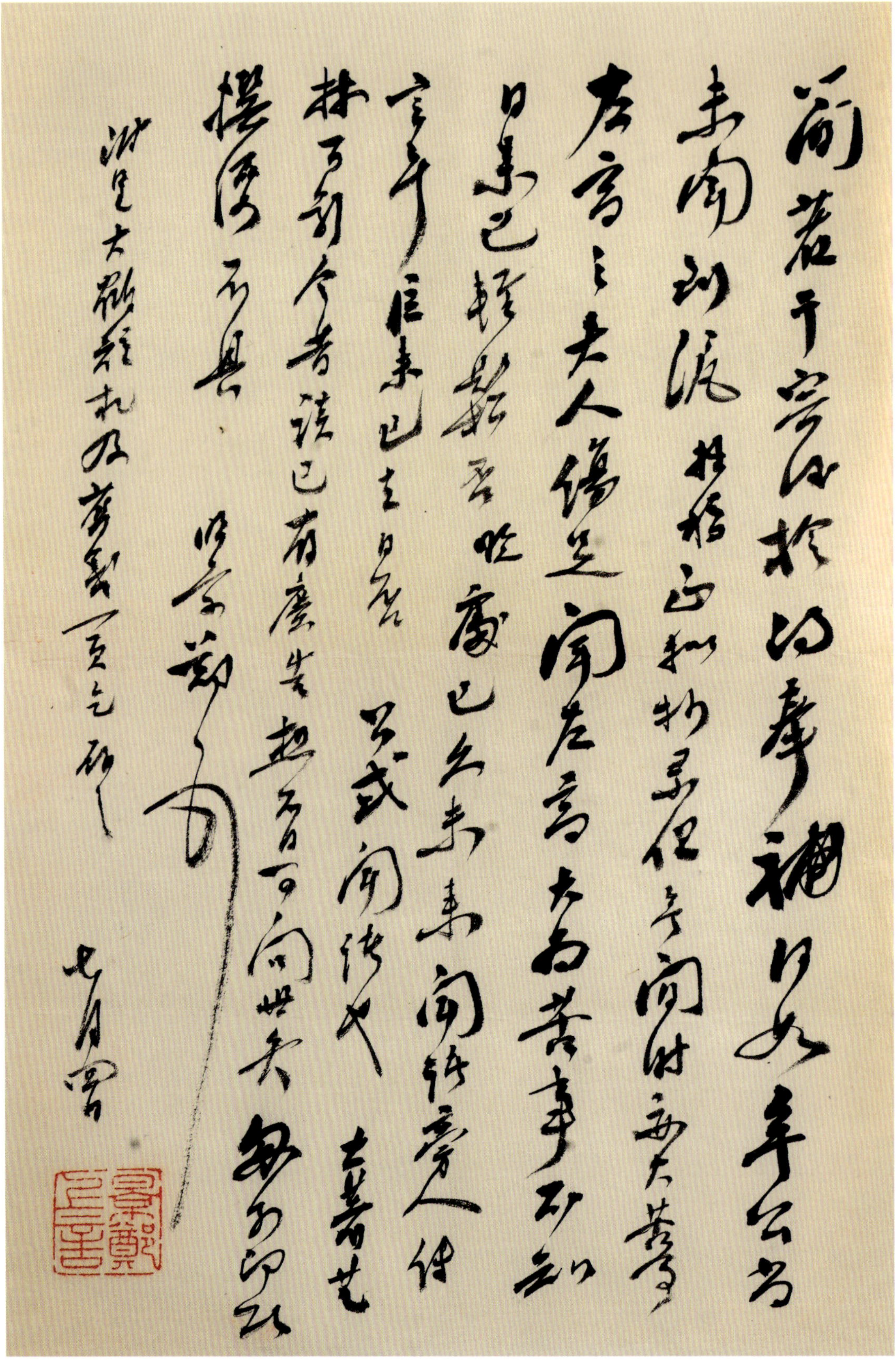

潘景鄭致鄭逸梅

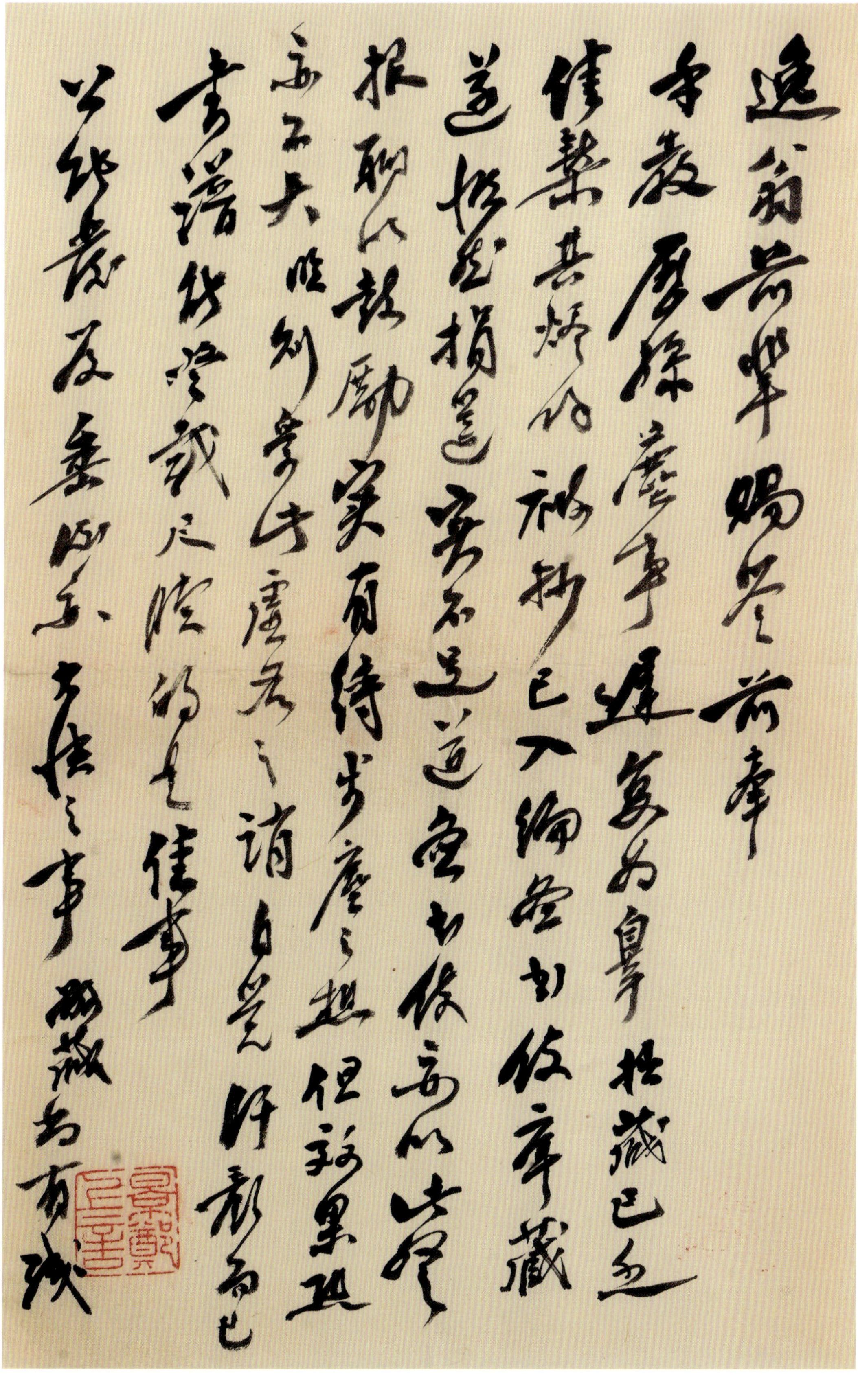

潘景鄭致鄭逸梅

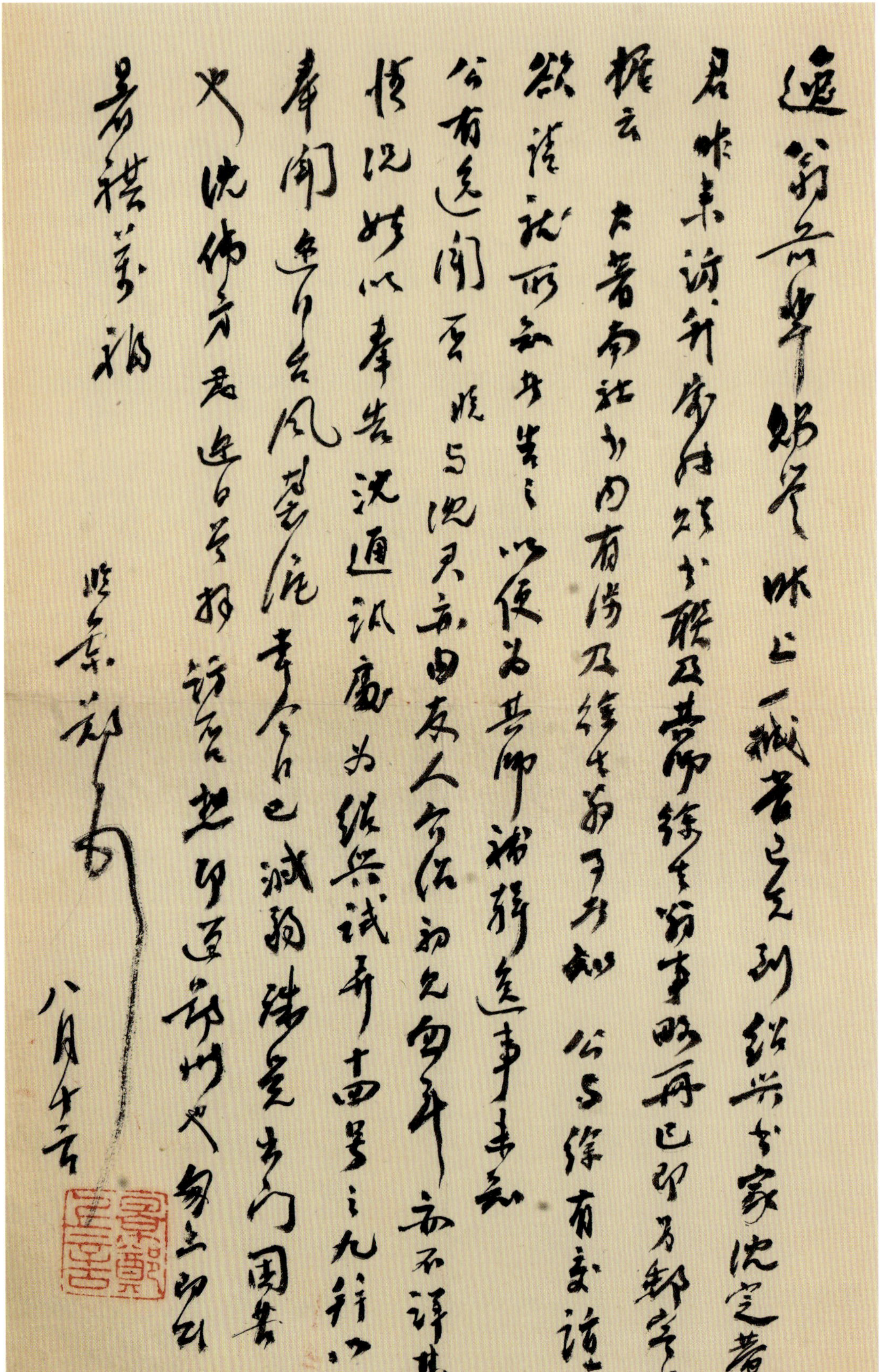

逸翁吾兄如晤：昨上一緘，當已先到。紹興少家沈定菴君昨來訪，并索拙作對聯及書幅條幅事，明再匹即另郵寄上。據云大著南社叢刊内有涉及徐生翁手札，公與徐有交誼，欲請託所知先生，以便為其師補輯遺事專集，公有遺聞否？昨與沈君言，亦由友人介紹初見面耳，亦不詳其情況，姑以奉告。沈通訊處為紹興試弄十西號之九，特以奉聞。近日台風甚虐，幸今日已減弱，諸想出門困難也。沈佛方君近日來杭訪書，想即返鄭州也。匆上即頌

著祺萬福

弟景鄭頓首

八月廿六

潘景鄭致鄭逸梅

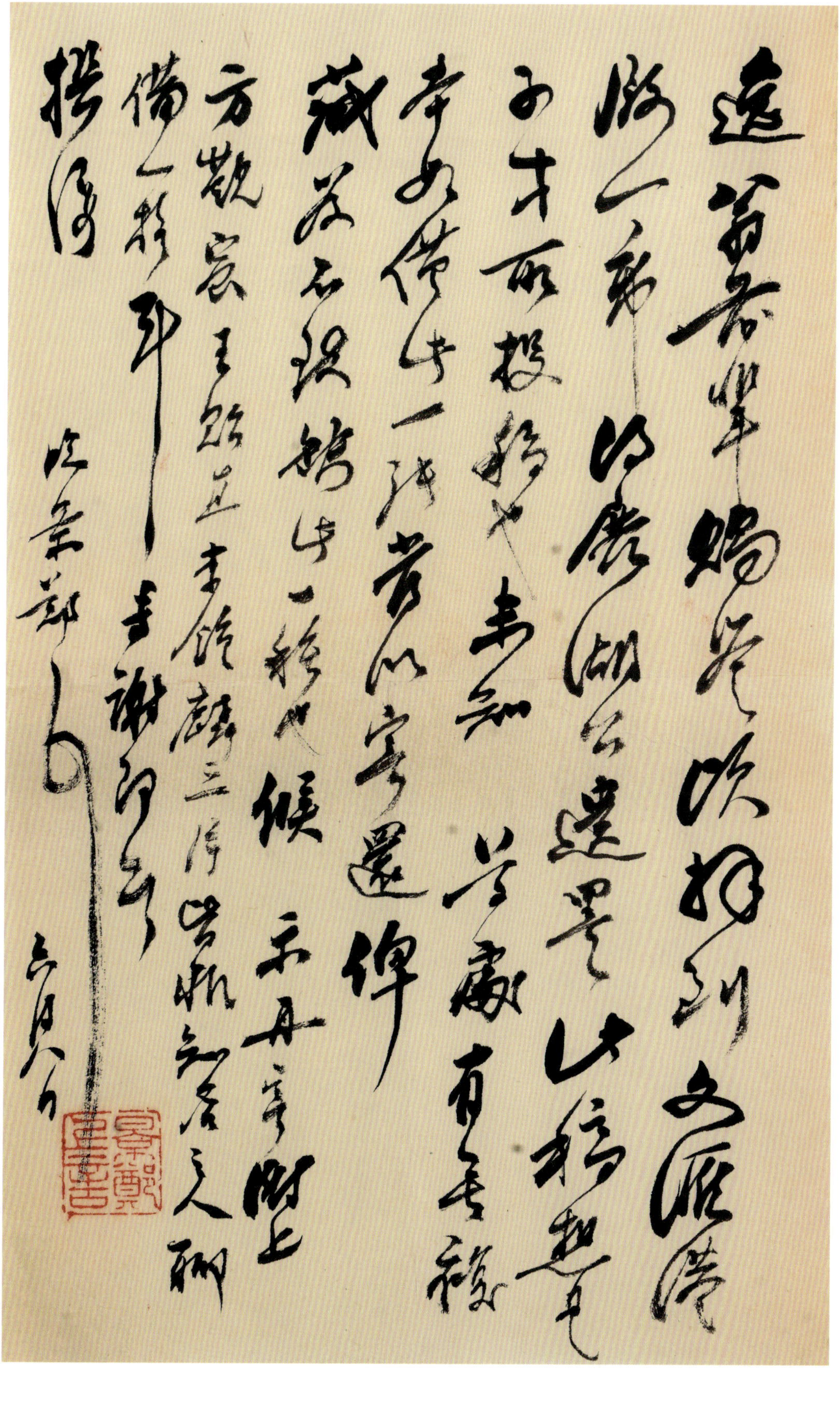

潘景鄭致鄭逸梅

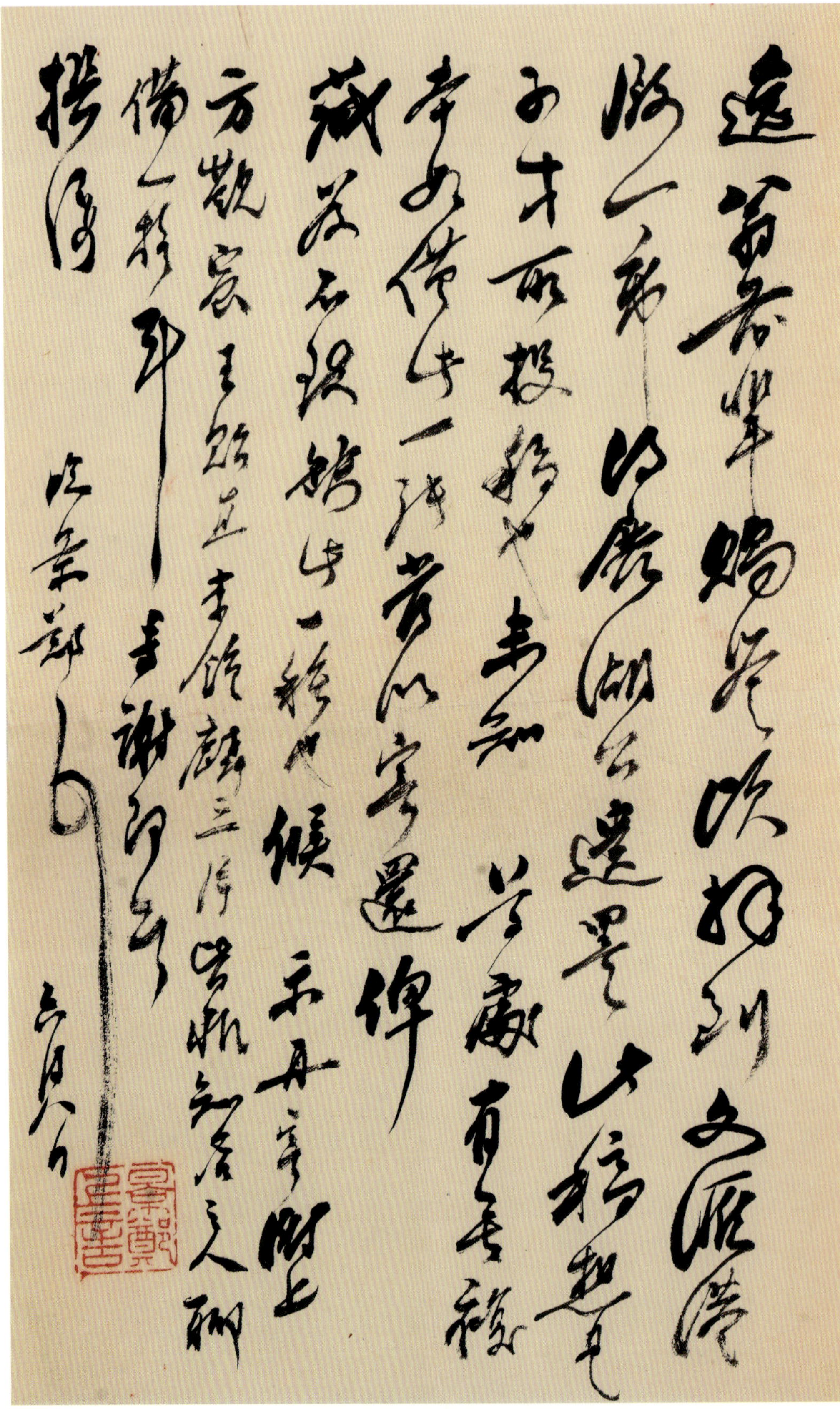

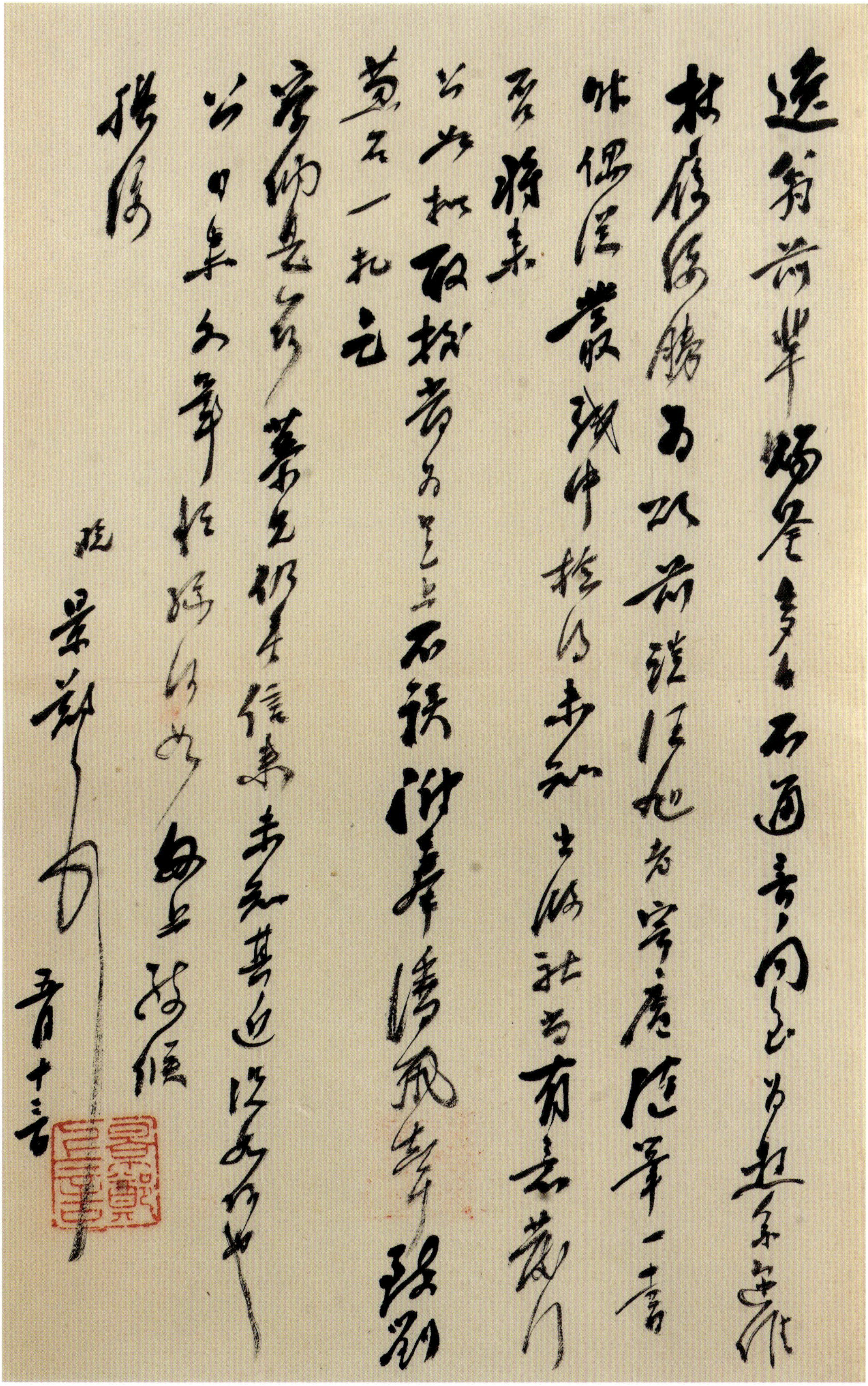

逸翁前輩：頃奉手示，敬悉一一。石遁[illegible]同[illegible]為[illegible]
林屋佳勝，乃以前[illegible]兄為寫，[illegible]隨筆一書，
此偶從叢殘中檢得，未知出版社尚有意蒐刊否？將來
公如擬[illegible]
黄石一札[illegible]
定卿兄處[illegible]葉[illegible]信來，未知甚近況如何也。
公日來[illegible]無上[illegible]敬候
撰綏
弟 景鄭 頓首 十三日

潘景鄭致鄭逸梅

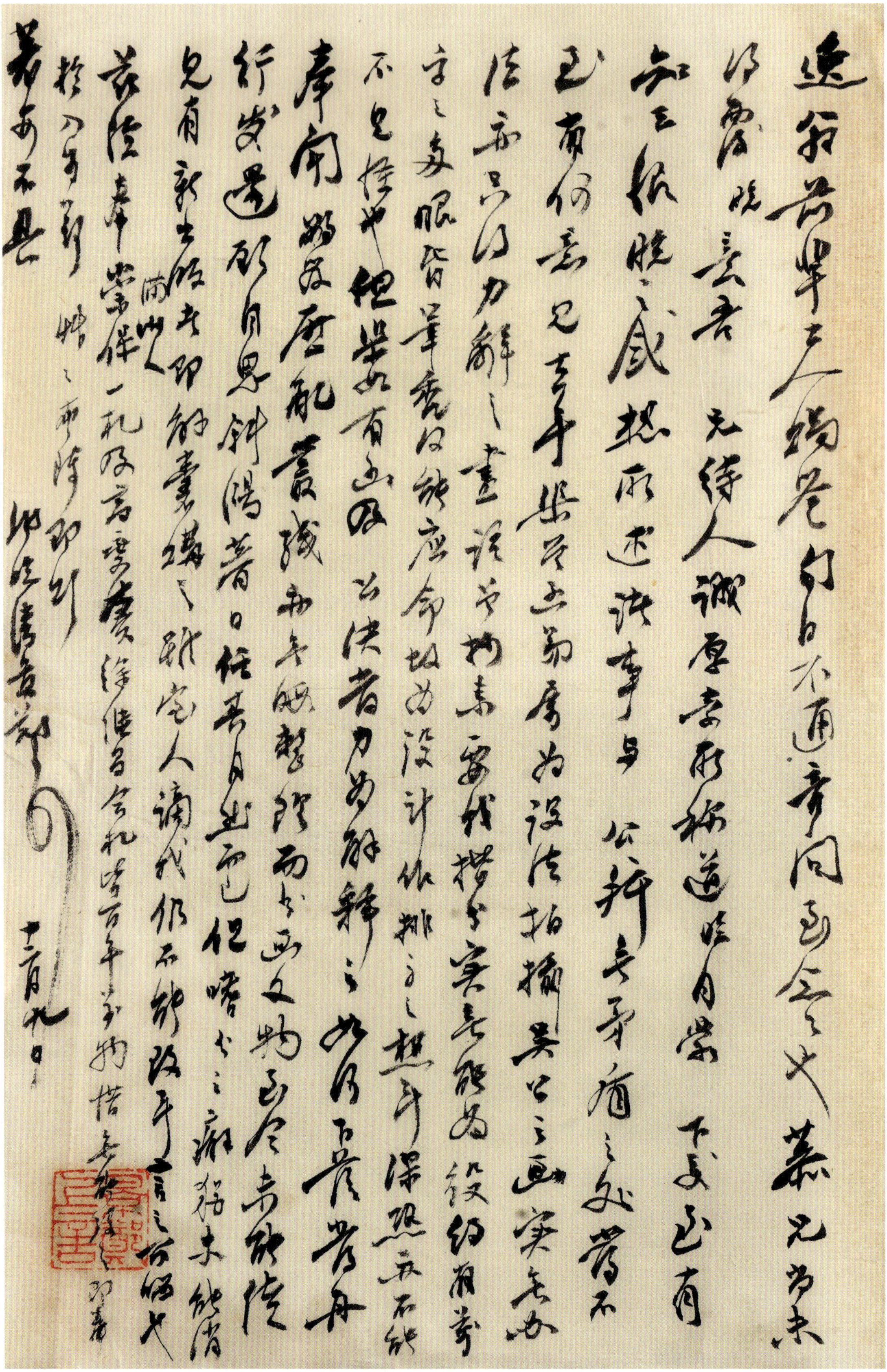

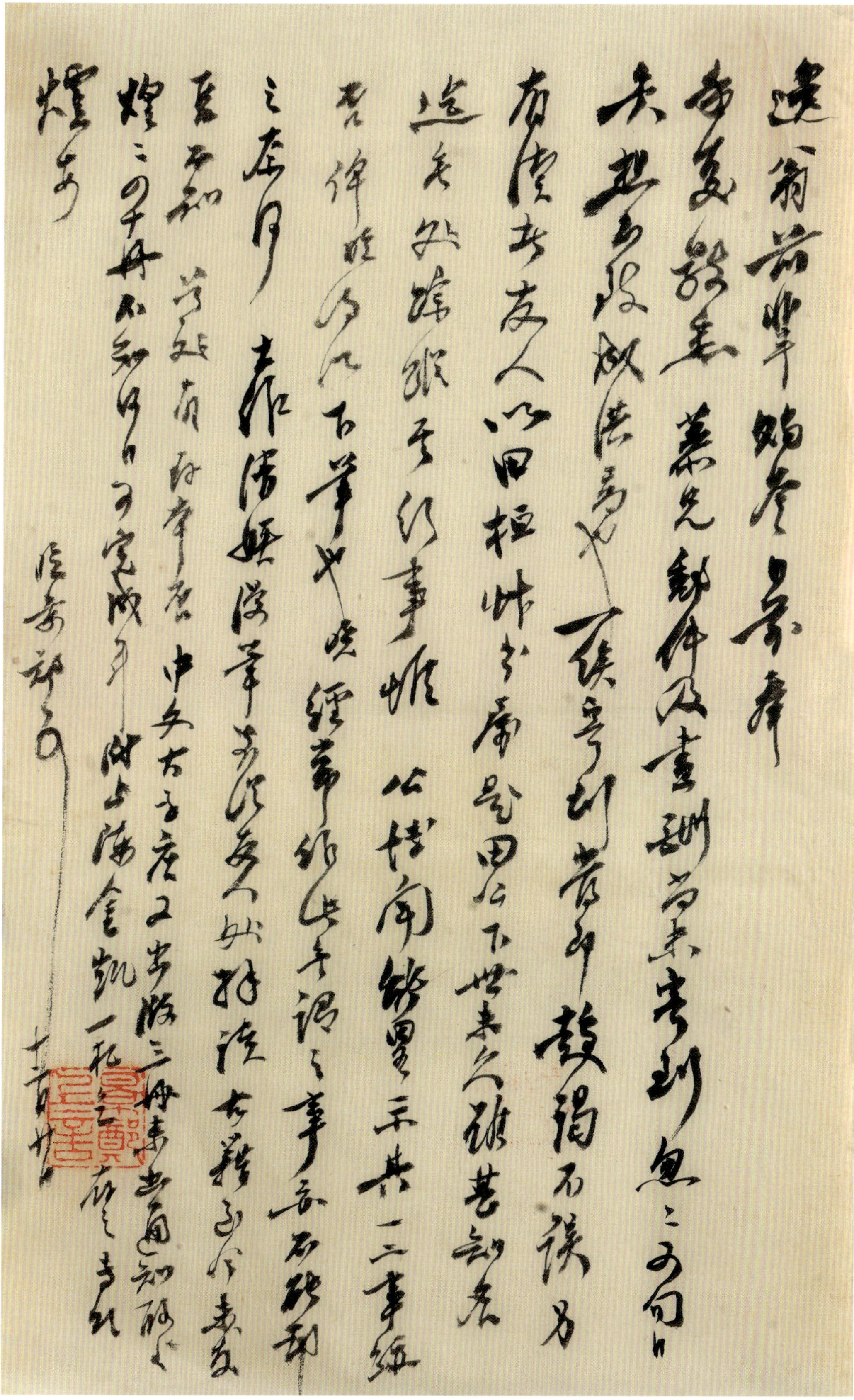

潘景鄭致鄭逸梅

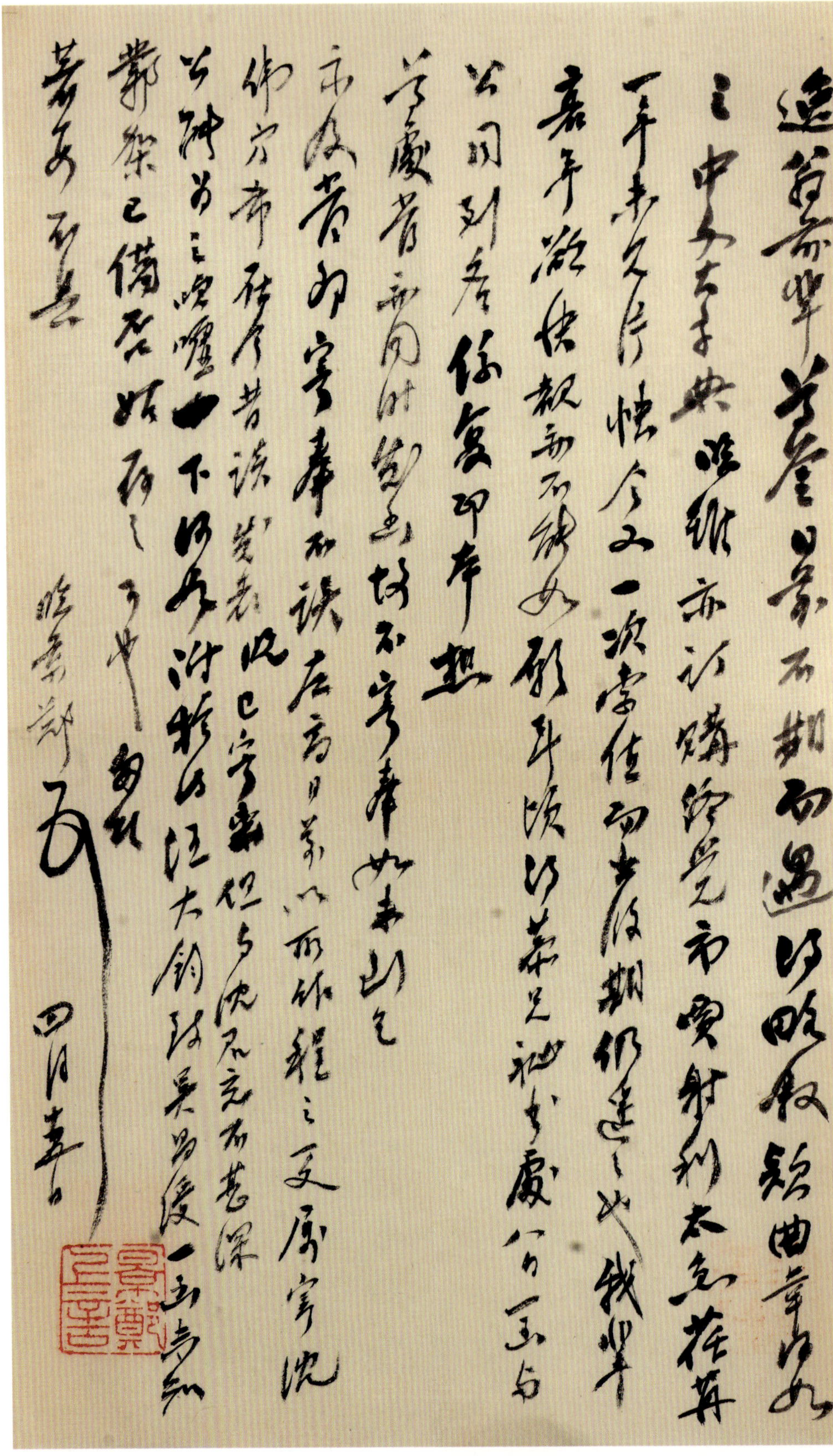

潘景鄭致鄭逸梅

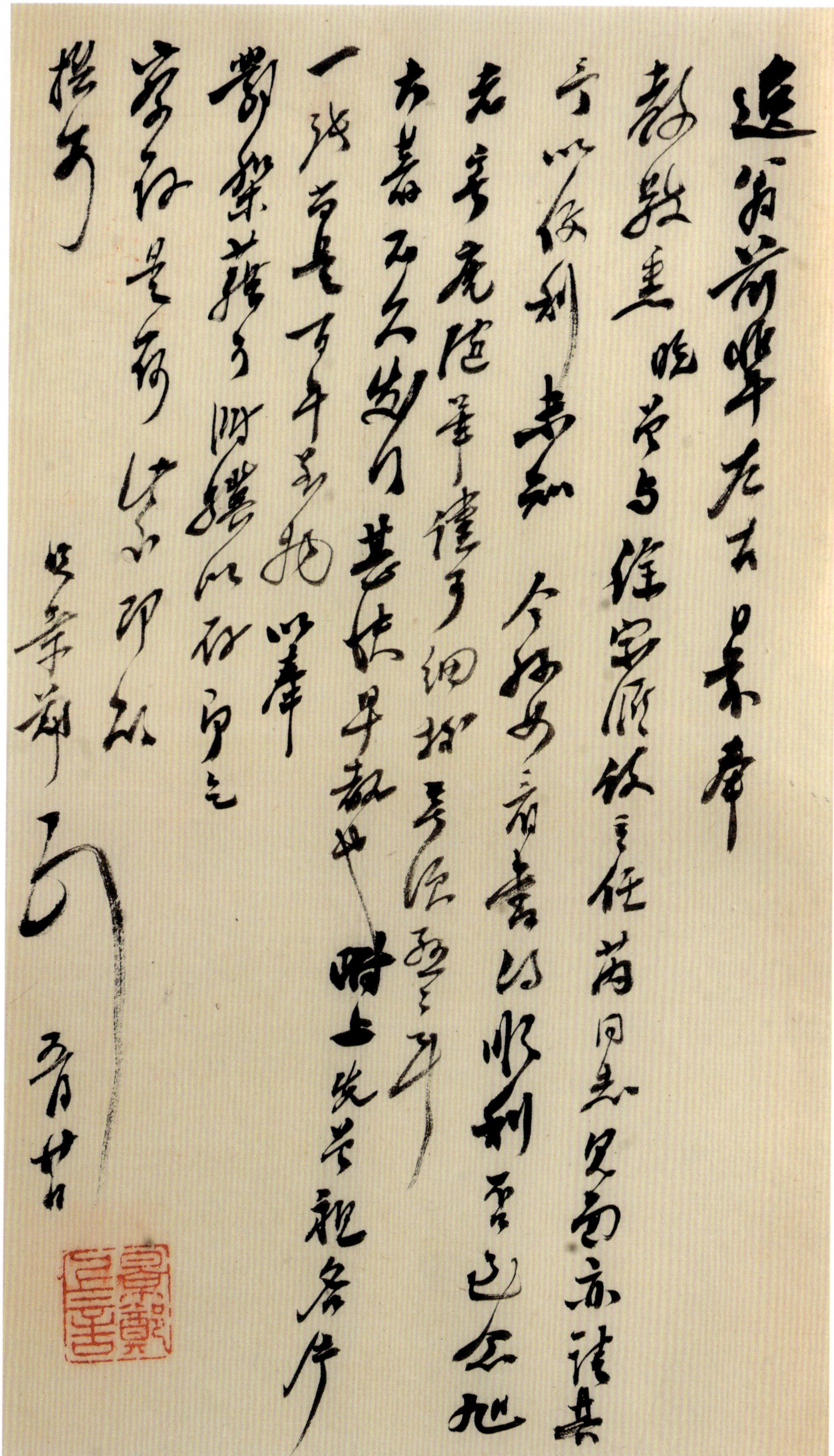

潘景鄭致鄭逸梅

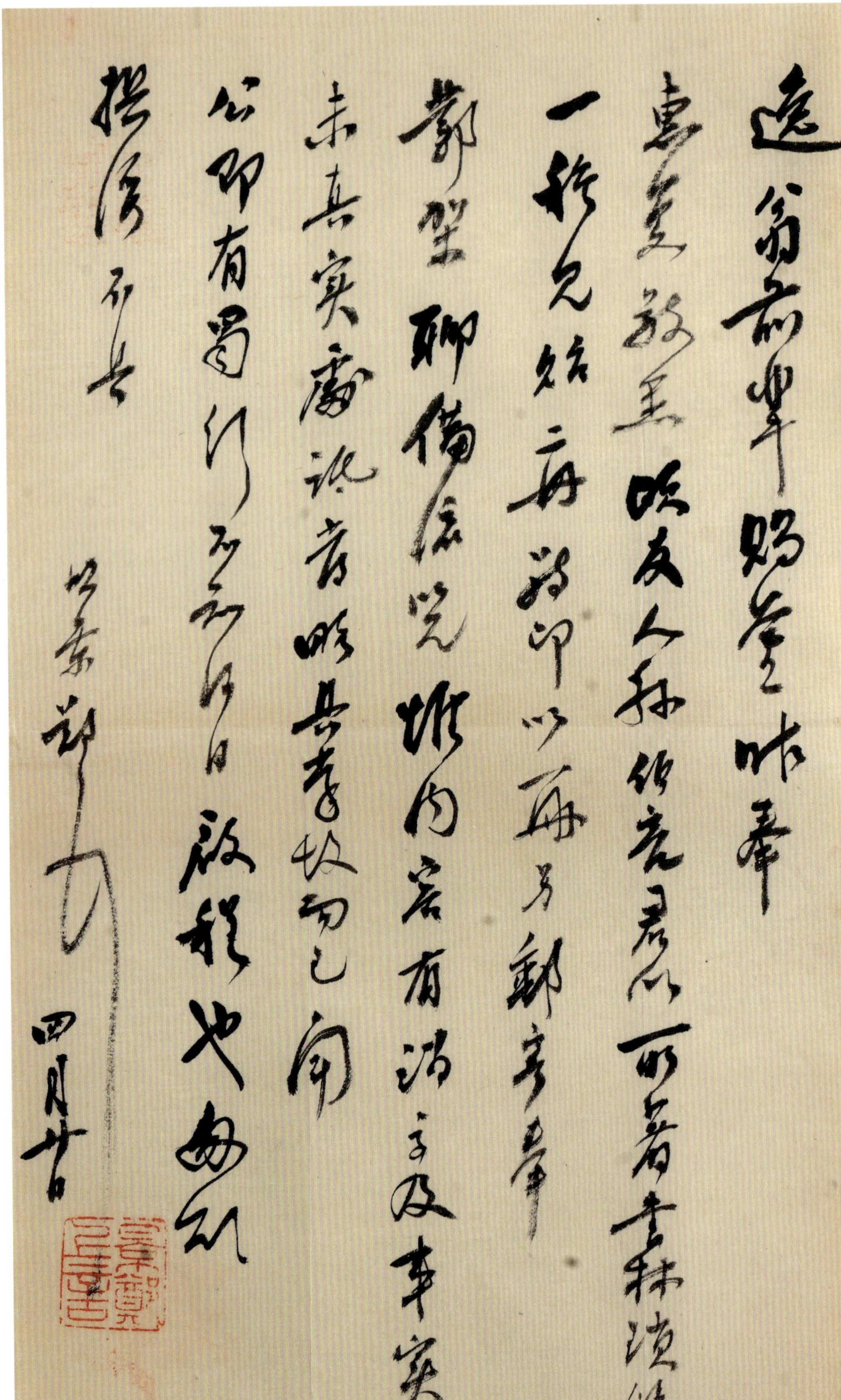

逸翁前輩賜鑒：昨奉
惠箋敬悉。吾友人孫伯亮君所著書林瑣錄
一種，允給再版，將印以再另郵寄奉
鑒照，聊備信覽。此內容有諸子及事實
未甚實處，誤言時無考據，切已閱
公印有圖行取函件自放能也。無氣
撰祺，不一。
弟景鄭頓首 四月廿日

潘景鄭致鄭逸梅

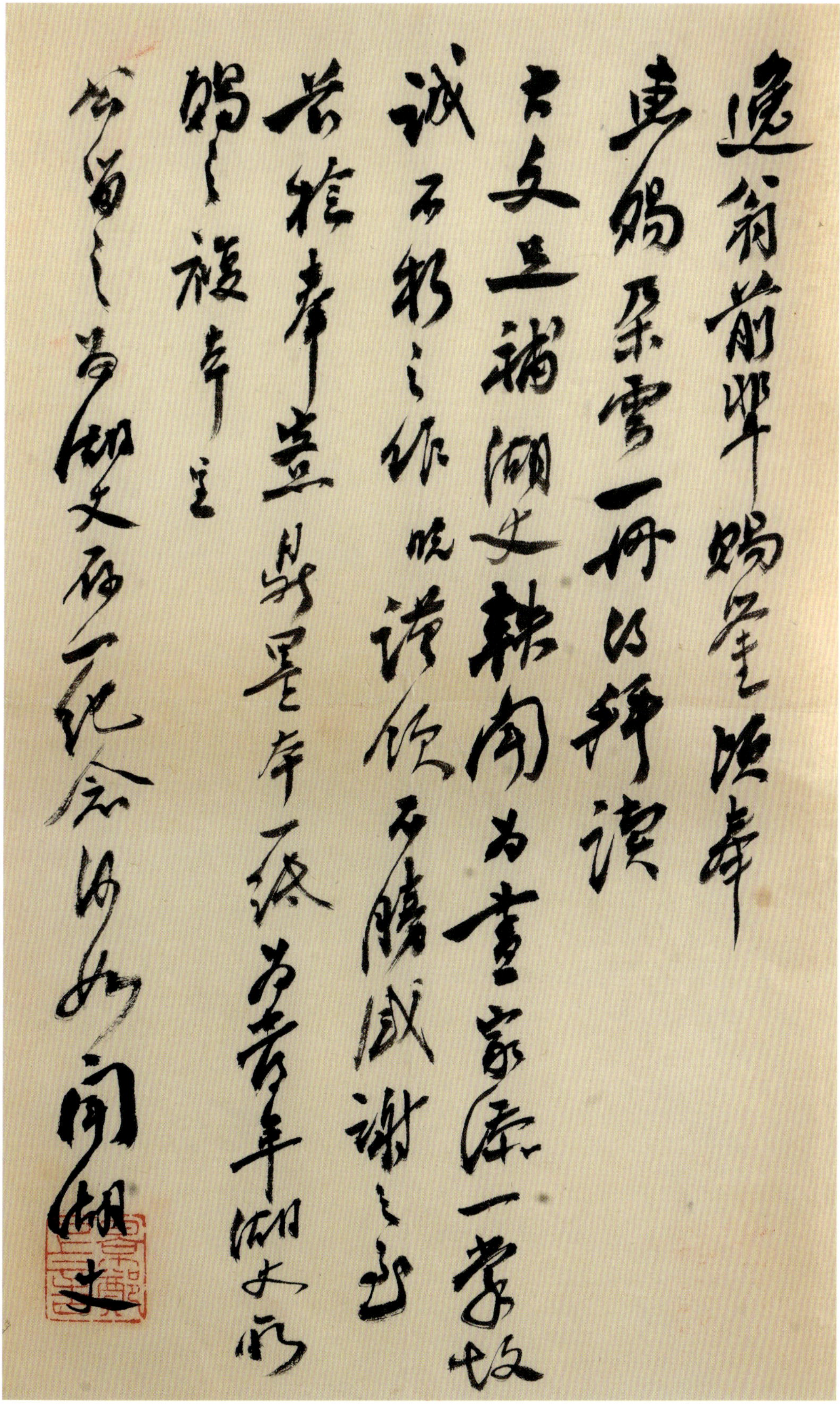
逸翁前輩吟壇：頃奉
惠賜朵雲一冊，以拜讀
大文並諸湖丈軼聞，為畫家添一掌故，
誠不朽之作，晚讀後不勝感謝之至。
茲檢奉並影墨本一紙，為壽年湖丈所
賜之，複奉呈
公留之，為湖丈存一紀念，何如？問湖丈。

潘景鄭致鄭逸梅

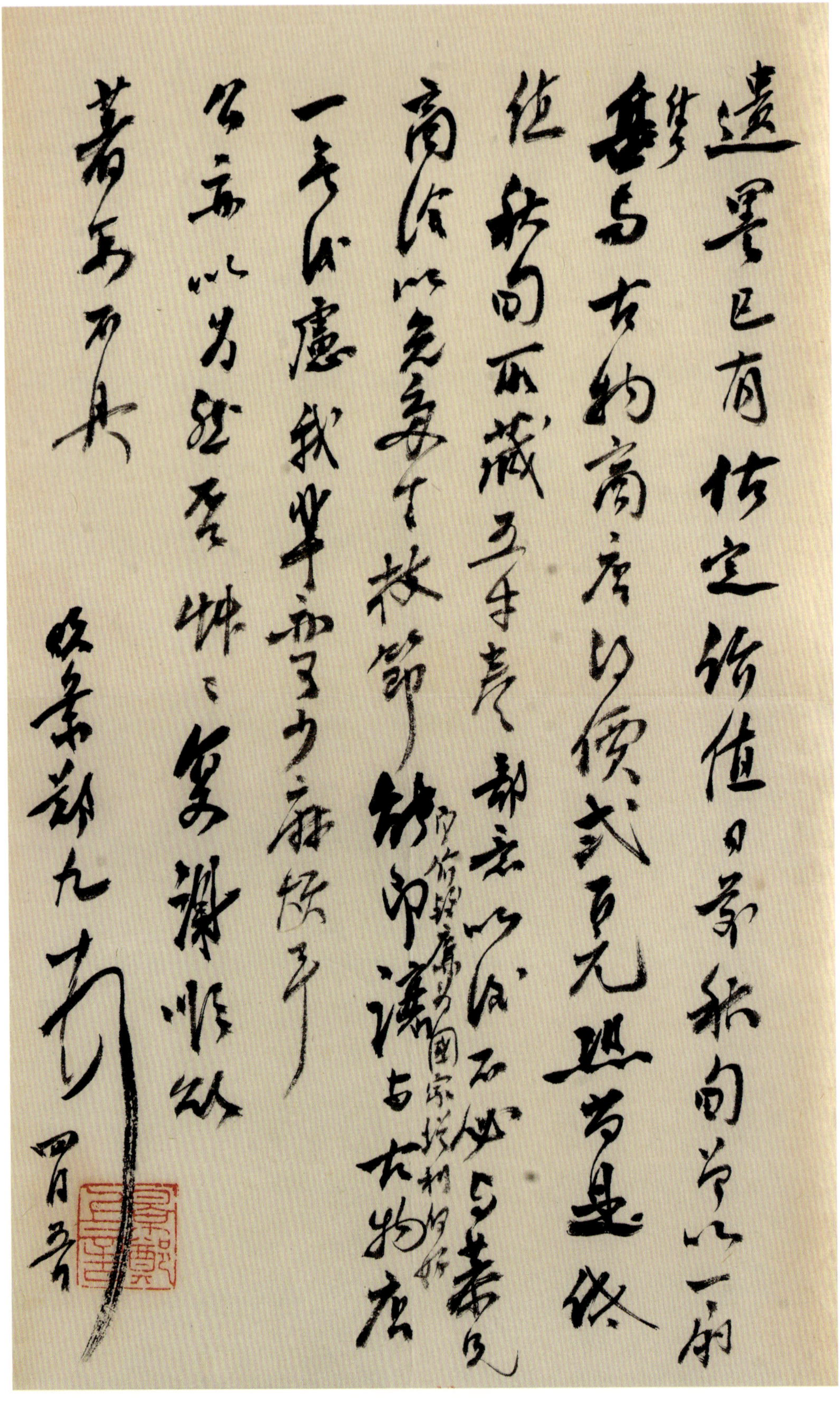
遺墨已有估定，給值日前蒙秋向節以一兩
繁奉與古物商店，以便式瓦元退為是從。
後彼向不收藏之手卷，鄭老以為不必與華兄
商洽，以免多生枝節，然即議與古物店（即作價廉，與國家收購相仿）
一手，以慮我輩無力廉價乎。
公亦以為然否？耑此奉謝，即頌
著安不具
晚景鄭九月四日

潘景鄭致鄭逸梅

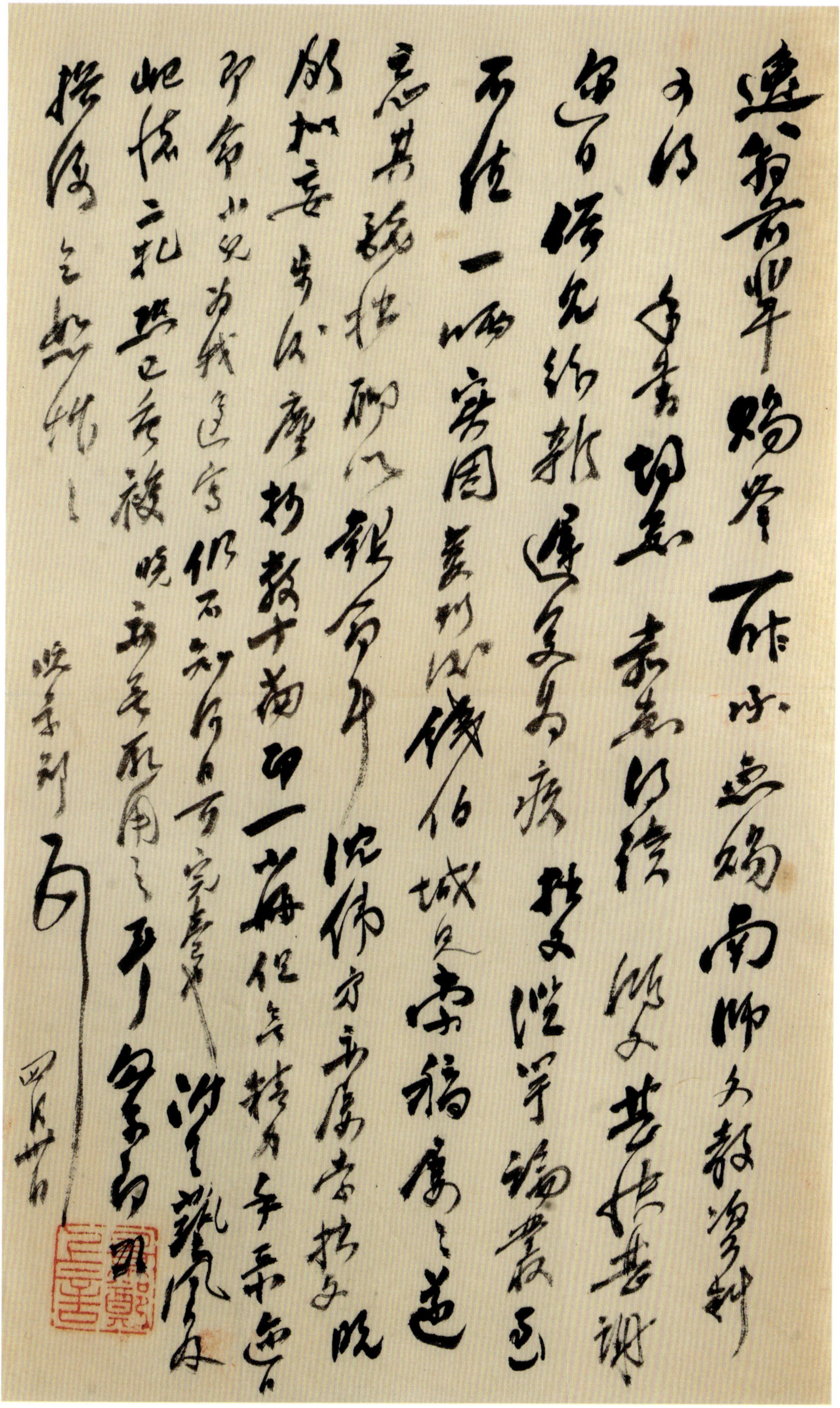

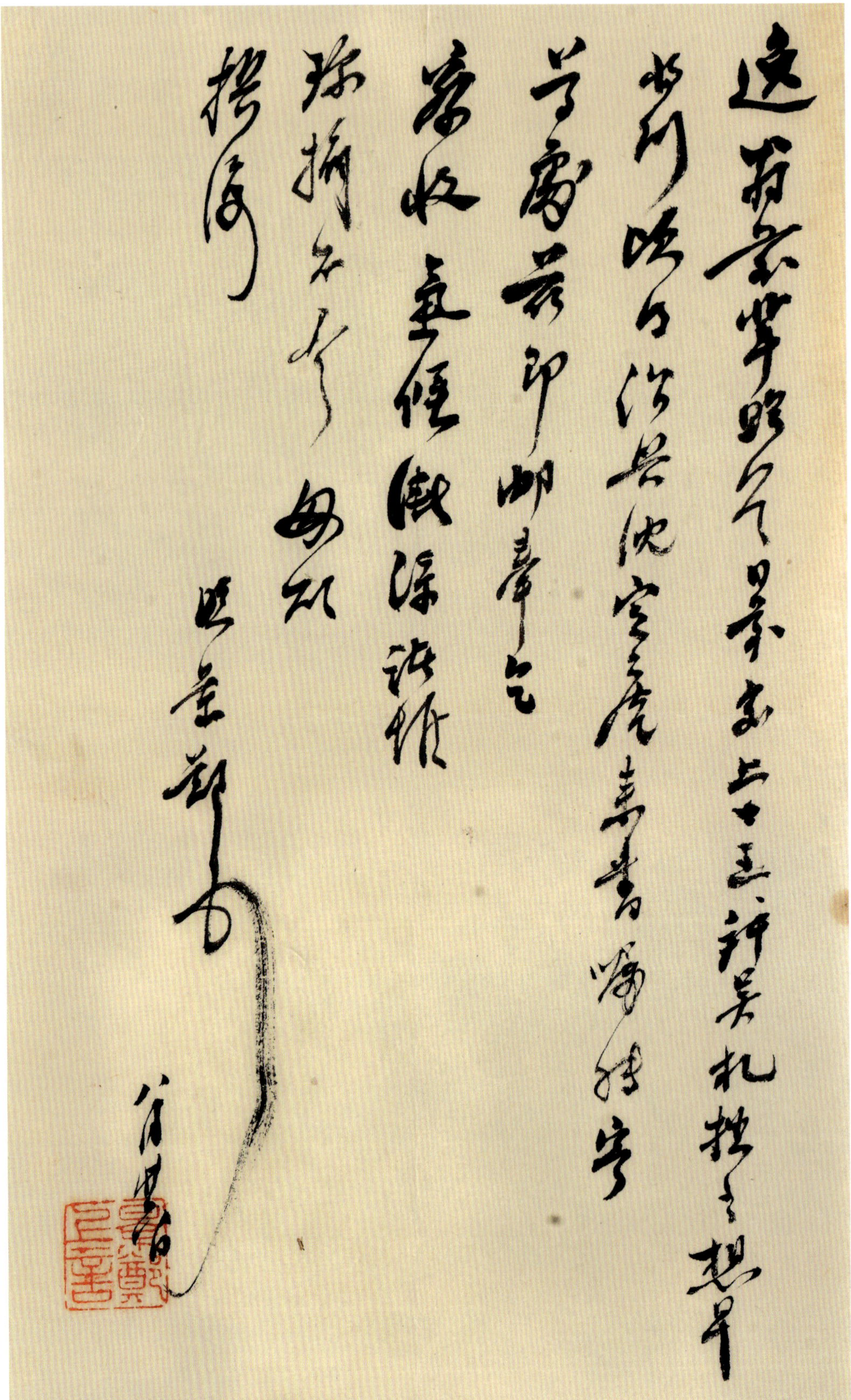

潘景鄭致鄭逸梅

潘景鄭致鄭逸梅

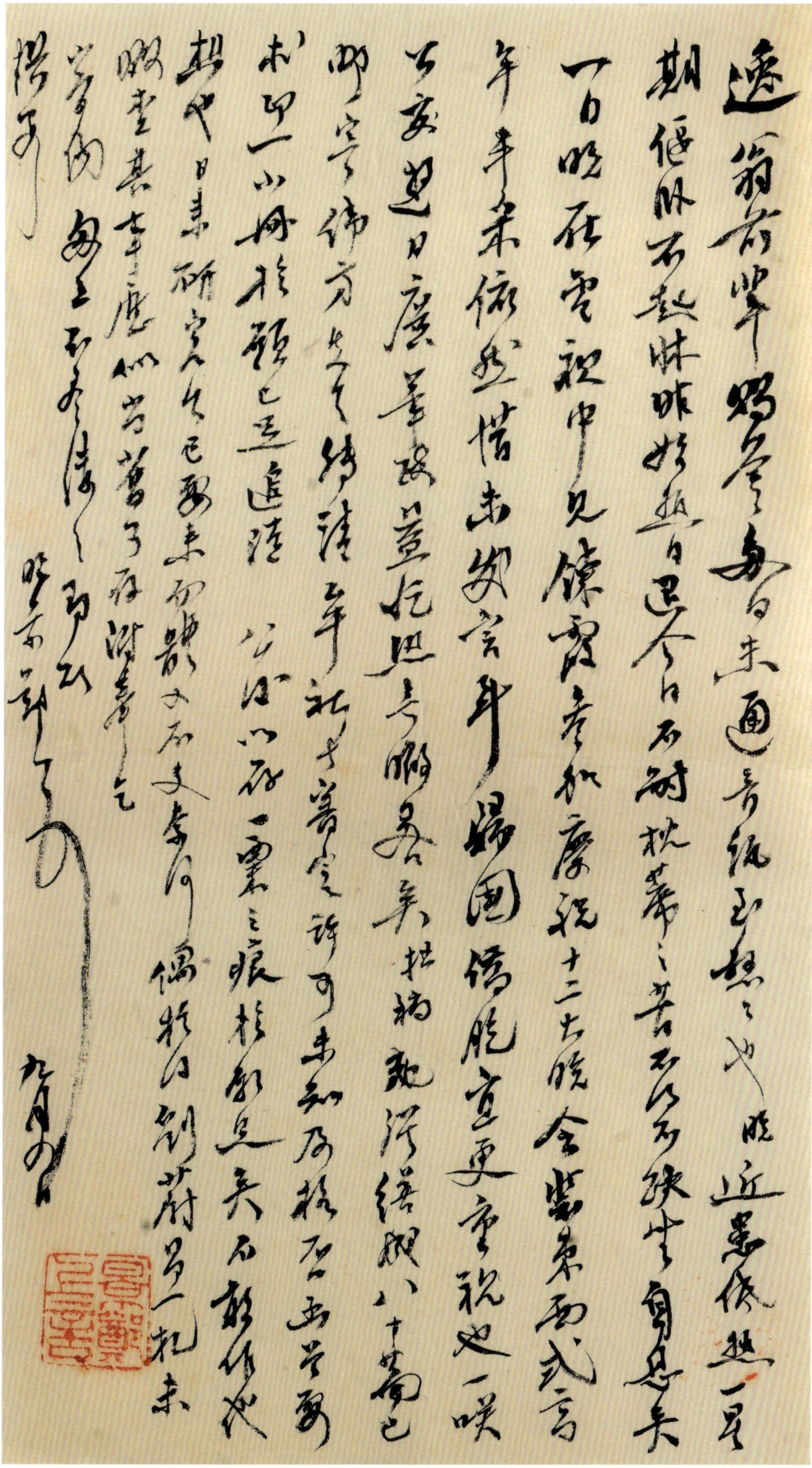

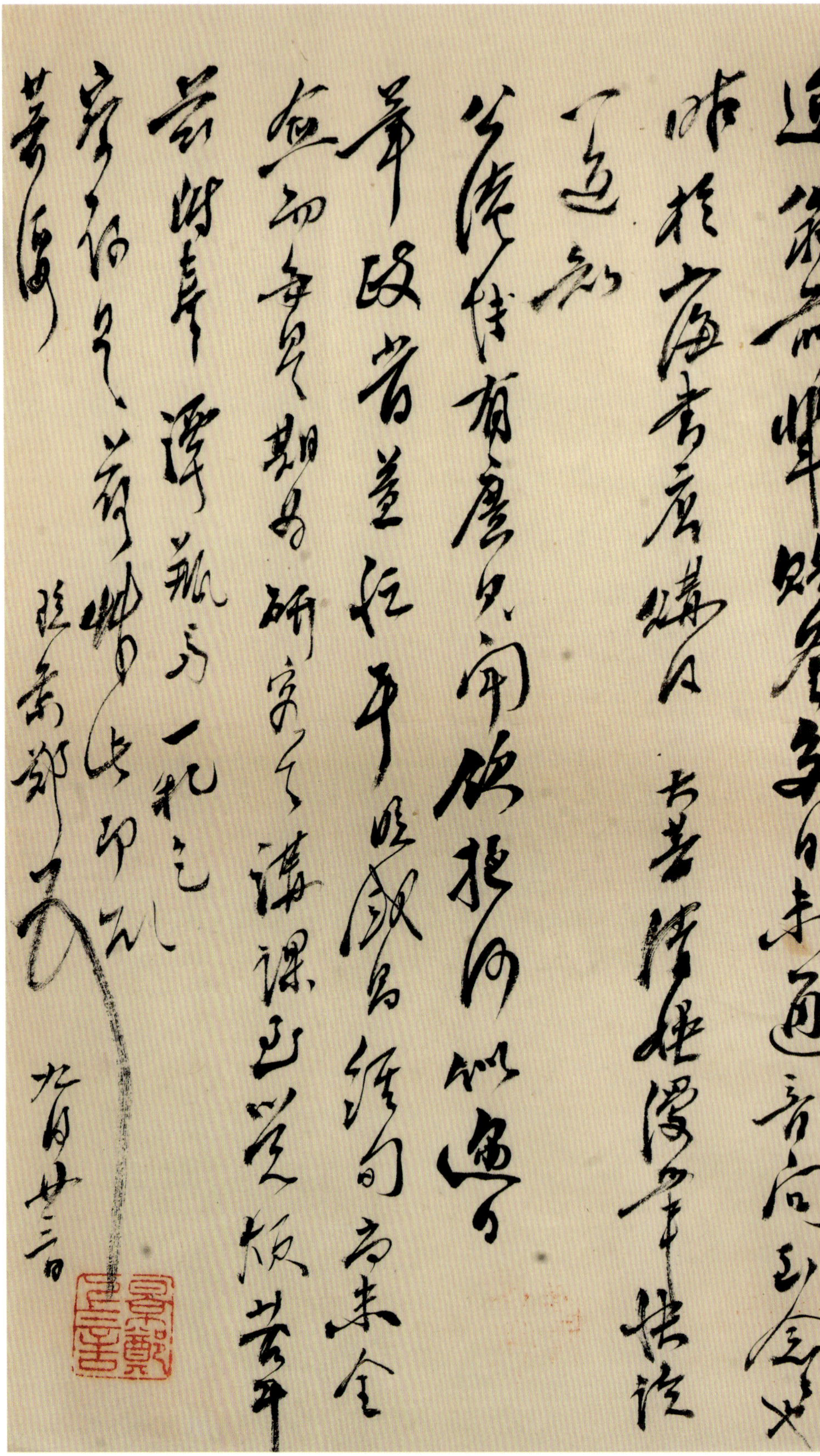

逸翁前年賜覆，多日未通音問，至念之。
昨於[illegible]書店購得 大著《逸梅叢談》，
[illegible]過，知
公[illegible][illegible]有[illegible][illegible][illegible][illegible][illegible][illegible][illegible][illegible]
筆政當益[illegible][illegible][illegible][illegible][illegible][illegible][illegible]尚未全
[illegible][illegible][illegible][illegible]期[illegible]研究之講課[illegible][illegible][illegible][illegible][illegible]
[illegible][illegible][illegible][illegible] [illegible][illegible]一札乞
[illegible][illegible][illegible][illegible][illegible][illegible][illegible]即頌
[illegible]安
弟景鄭頓首
九月廿二日

潘景鄭致鄭逸梅

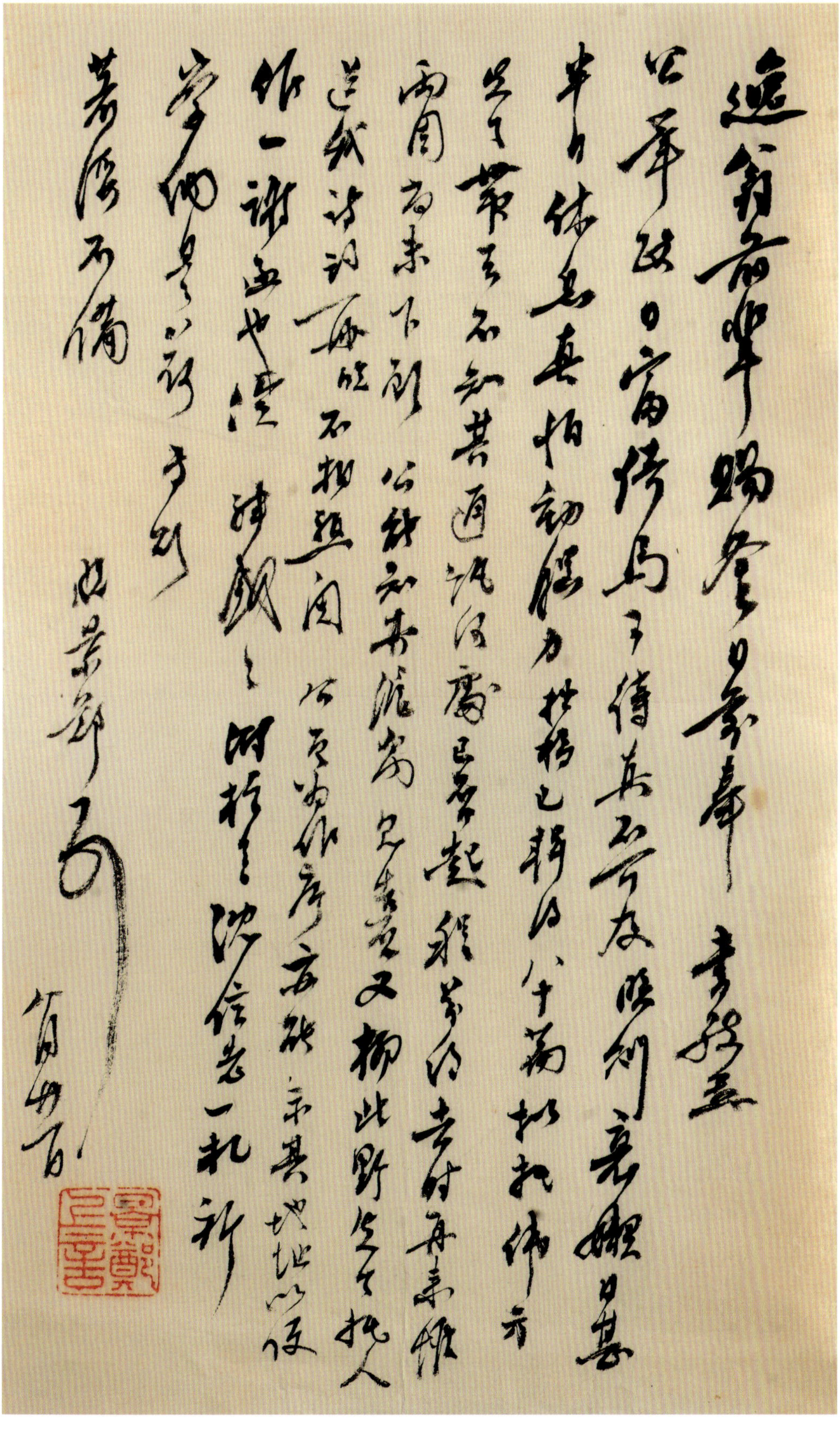

潘景鄭致鄭逸梅

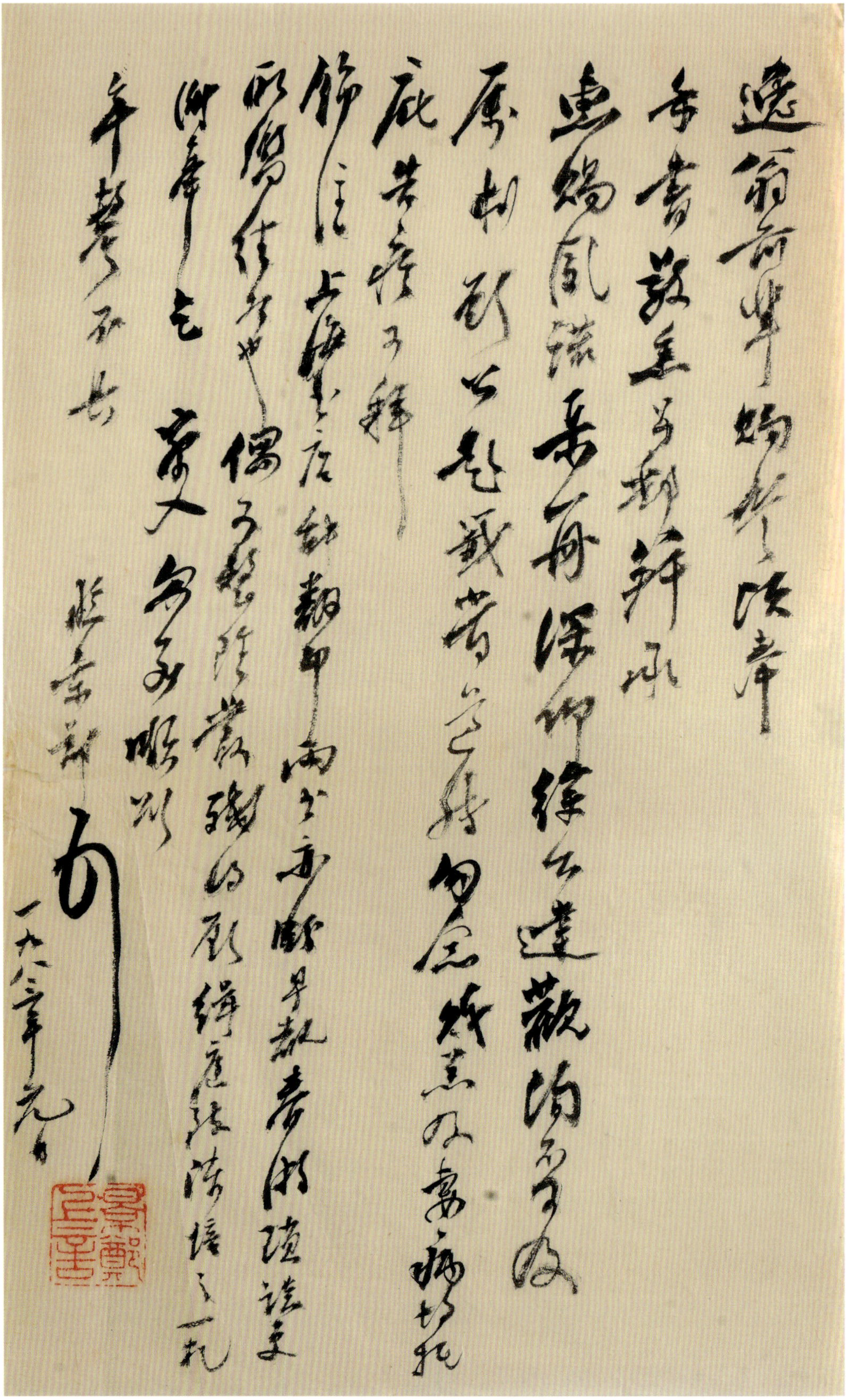

潘景鄭致鄭逸梅

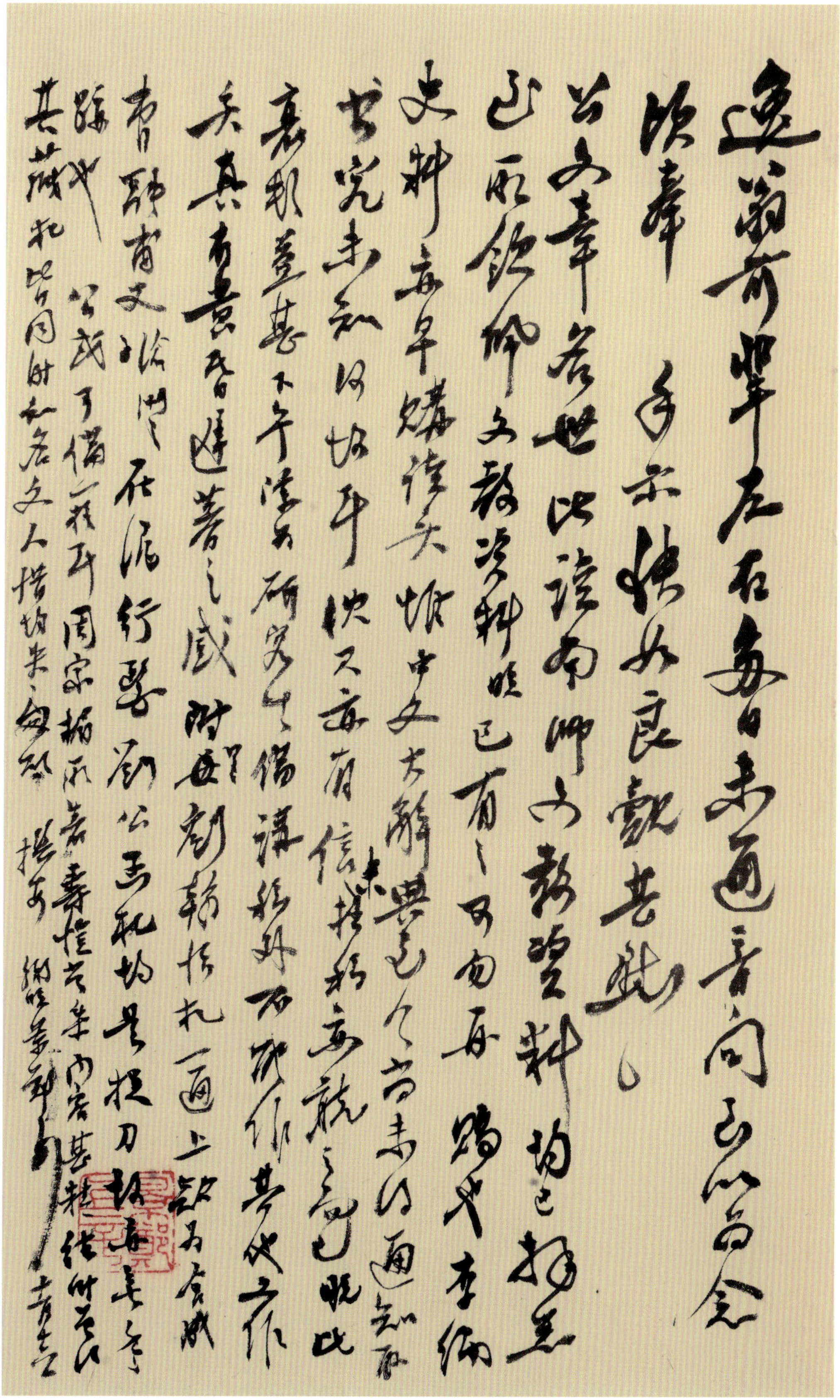

潘景鄭致鄭逸梅

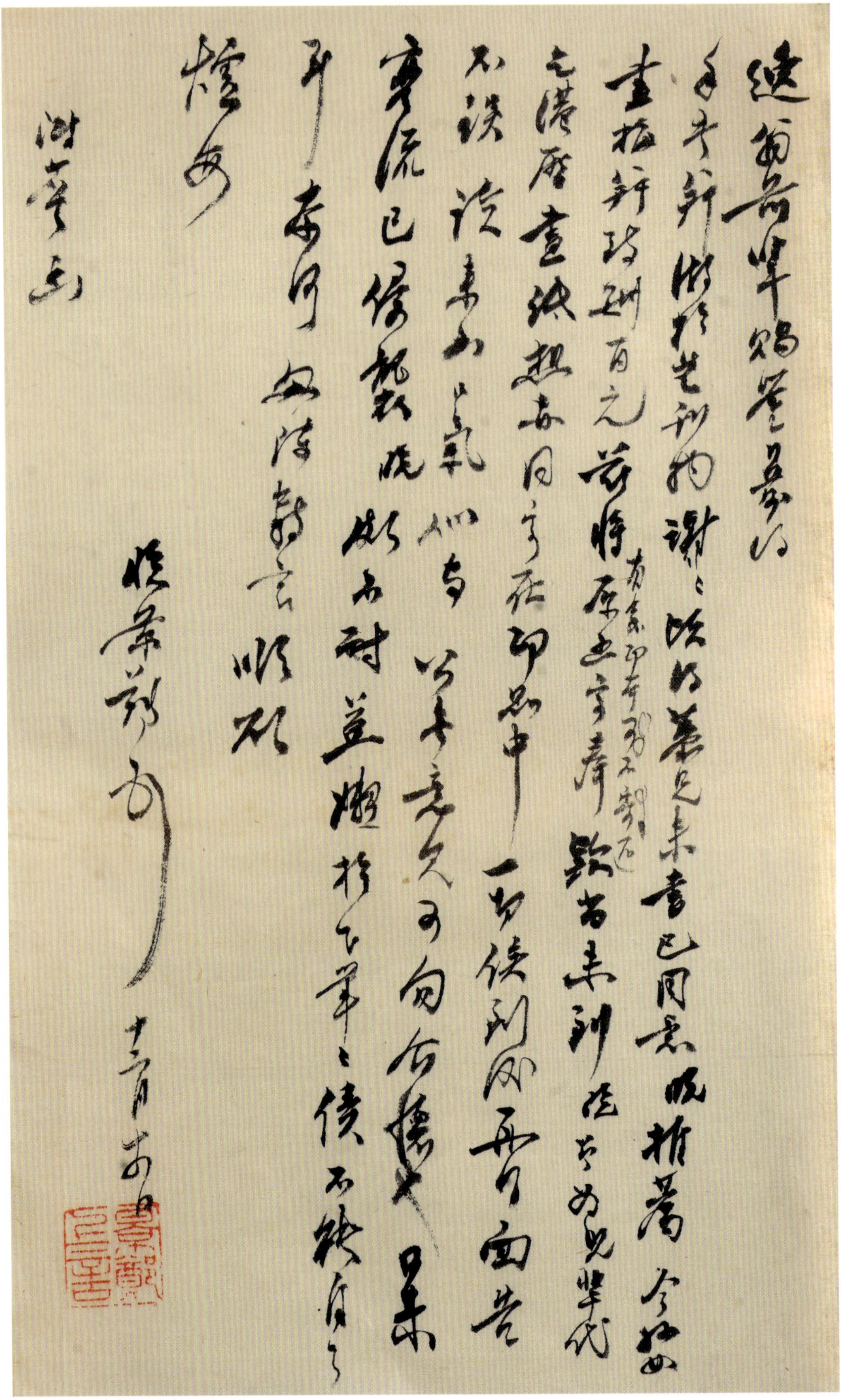

潘景鄭致鄭逸梅

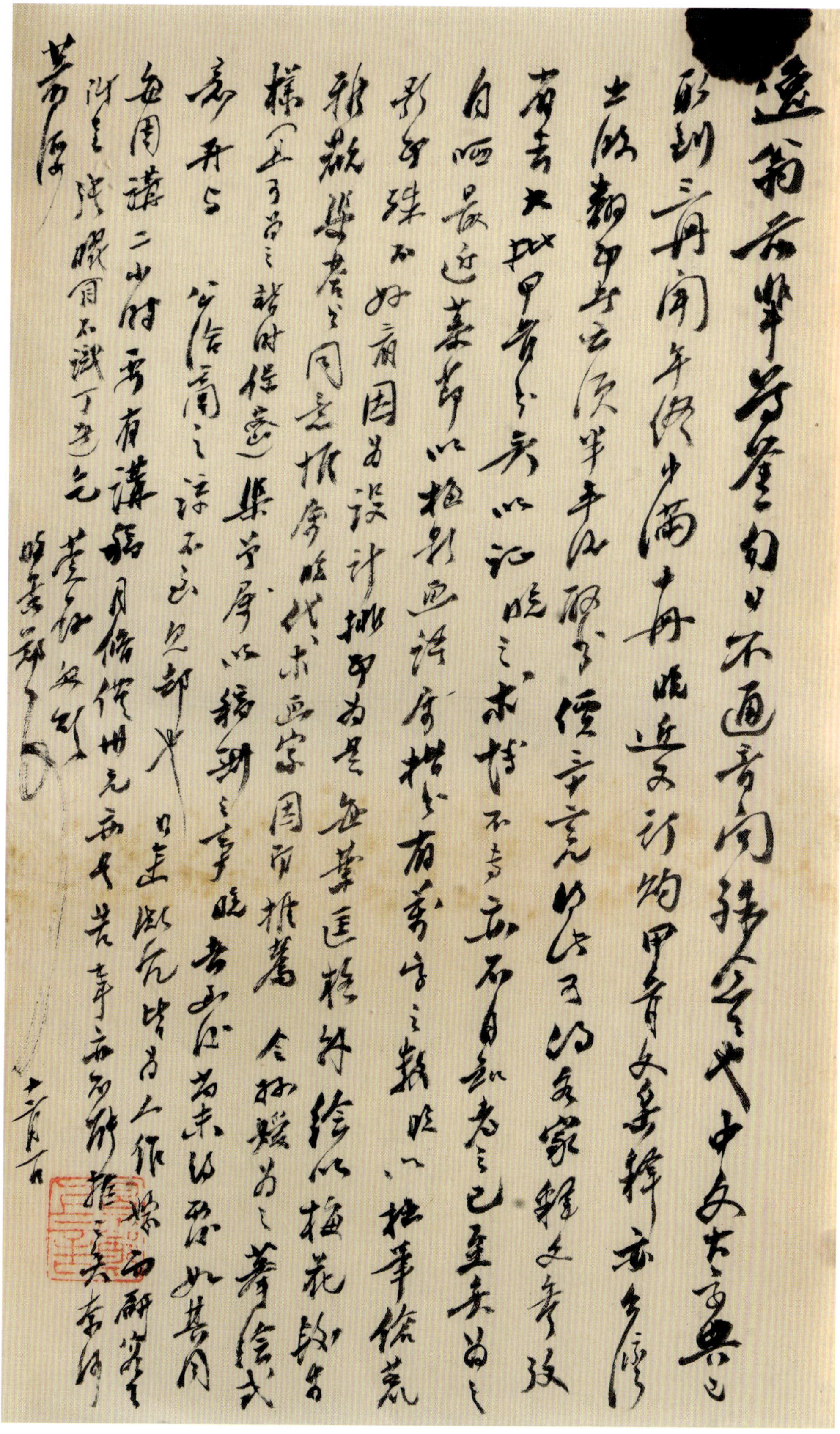

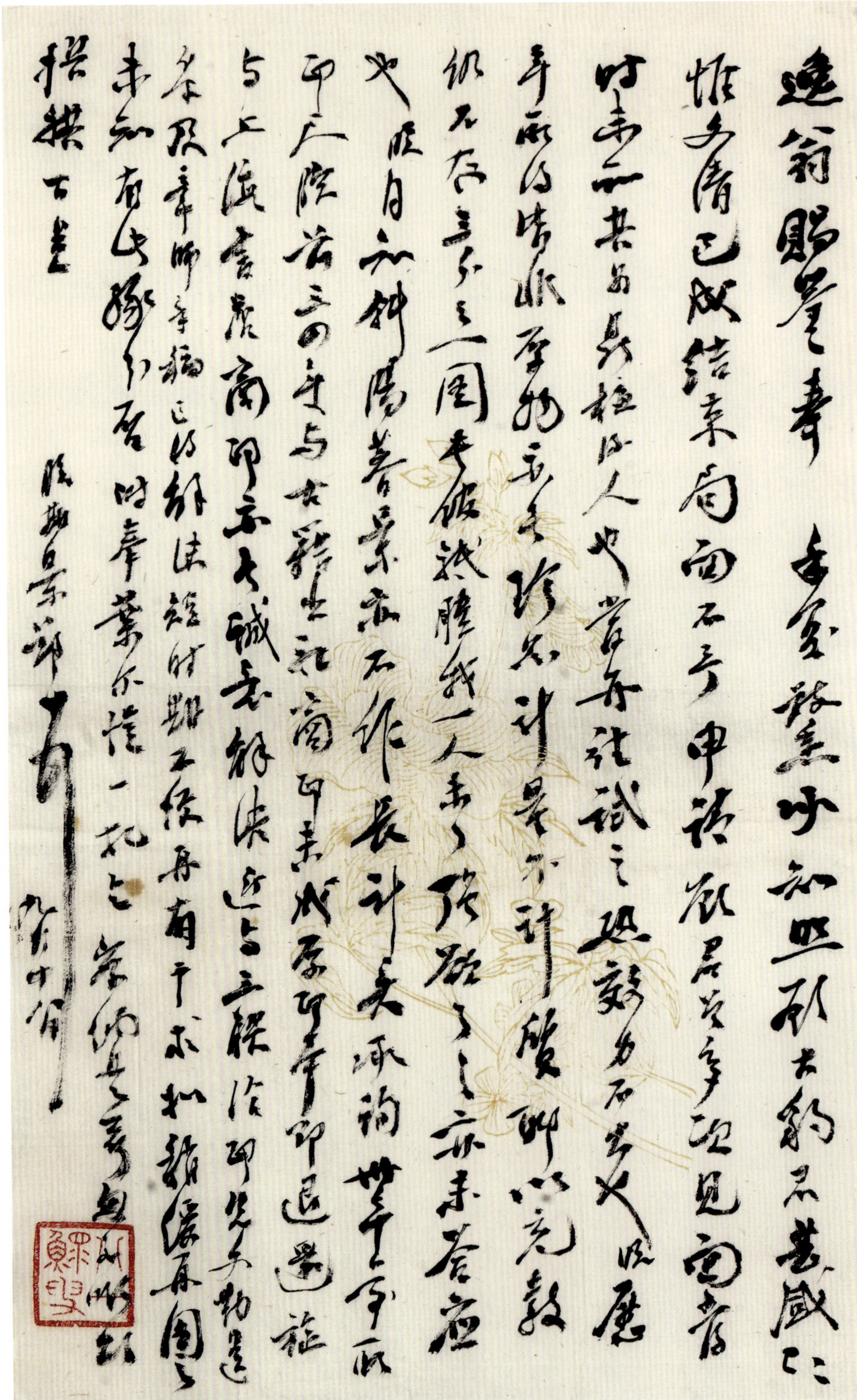

别後不見，不覺五三樹，立數面以不相宜，但晤高齋
謹惠之纏綿，别與晤談，長達情。但感君所在，不
能達於知己。公治學必熟，吾吴公出其餘行以為
不免有所畏縮，同行嫉妒，事事皆然，此輩
白不知為人，争逐利名，且惑人與我來評論。往
以事情所晤，向之直取之心數十年來，安於
瑣狀，常以平庸殘年終，所以待查而已，無所求
也。日來以荆室病，以安此生，自然款待為之於是
醫藥情況，同之不寧，若偶於欲為何捧以奉仰
蘇北捐一五，北捐件，專此奉達，必兼及知其人以
托執事，代為收復
痊安

弟景鄭頓首

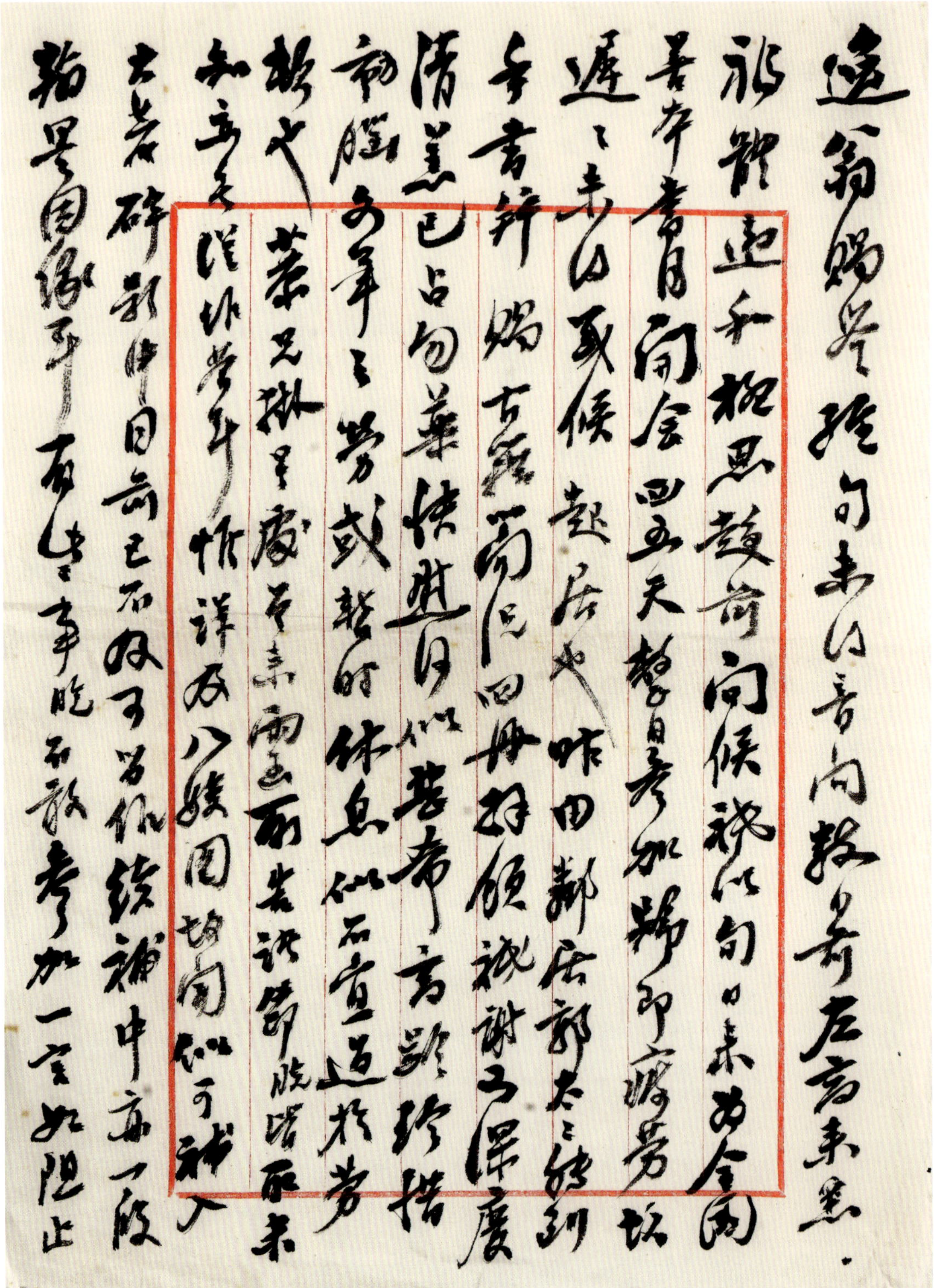

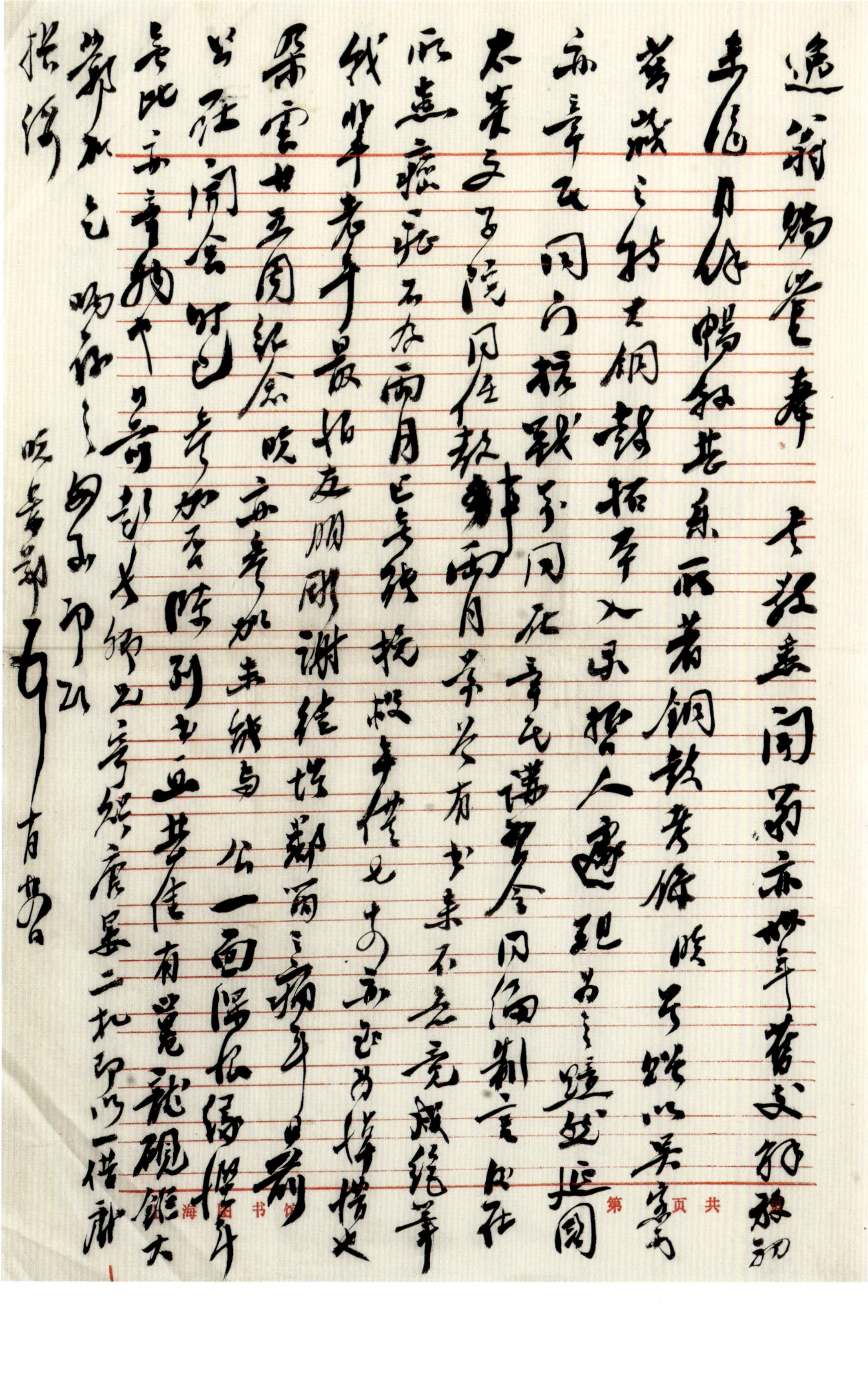

逸翁鴻鑒：奉 去歲惠函，蒙示卅年舊交，頻承[illegible]
垂念，月餘暢敘甚樂。所著銅鼓考，係晚[illegible]以吳愙齋
舊藏之轉古銅鼓拓本入示，擬請人題跋，[illegible]延閱
承年[illegible]同人題跋，并同在章氏講習會，同為劉宣[illegible]
太炎先生[illegible]同住。於兩月前有書來，不意竟成絕筆。
所遺[illegible]稿，不及兩月已無[illegible]統校，未見其全，亦甚為悵惜也。
錢半老年最好友朋，謝絕[illegible]，鄭[illegible]日前
朵雲廿五周紀念，晚亦[illegible]加未能與 公一面，歸後得悉
公在開會時，已先到[illegible]陸列之三[illegible]其[illegible]有[illegible]硯能大
[illegible]比示[illegible]十二[illegible]鄉[illegible]二[illegible]印[illegible]一[illegible]
鄭[illegible] [illegible]
指[illegible]
晚景鄭 [illegible]首

潘景鄭致鄭逸梅

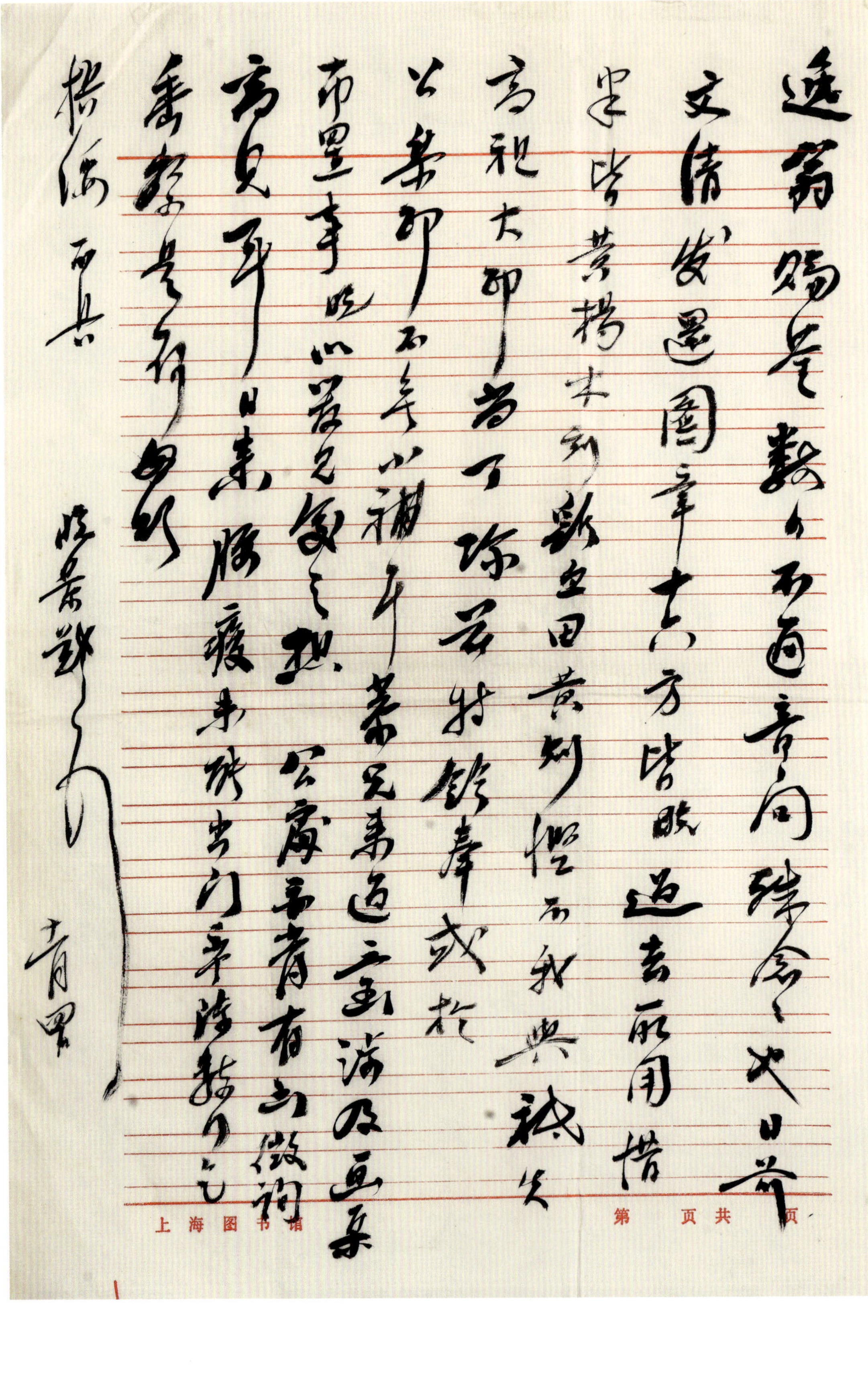

逸翁詞長：數々不通音問，殊念念。日前

文情發還圖章十六方，皆收。過去所用借

定皆黃楊木刻，新出田黃則[illegible]不我與識矣。

高[illegible]大印，為丁[illegible][illegible][illegible]館摹式於

公集印，不久以補刊。蕭兄來過二三次，談及[illegible][illegible]

市[illegible]本時以[illegible]之念之想。公處不肯有之微詞

高見耳。日來膝痠，未能出門，亦請勢之

垂察是荷。即頌

撰祺。不具。

弟景鄭頓首

十月四日

上海图书馆　　第　页共　页

逸翁道席：一昨奉[illegible]，鄭珍致徐桂的一札，不知有

景鄭已卯[illegible]會，亦自思之爲也

才[illegible]集子對錄印，珍藏的是武華之先影印本

用其如以奉獻

只今明清名人不啻千萬一件，公能[illegible]西代求

自有單例文。昨於向古出版社商請，無印藏者寄似

亟花足賤，損年壽爲之，定列印以發新來函廠本也。

華之出公舊印集藏一卷，如有可觀者，亦之業同所報

也。來示知公傳間有不符，鄙意公只著

遠藏以據期別之，崇華石子百任何干枝胸襟也，昨

見其高文，亦附出生閱新方稿，無不可否，異之，度外以爲

異其佚年，而惟判刻，將不錄自作，實情理不免。多少[illegible]年物

舊喬[illegible]，故獻義兄年，勿多印行

並候

近安　　　鄭[illegible]　一月廿八日

上海图书馆　　第　页共　页

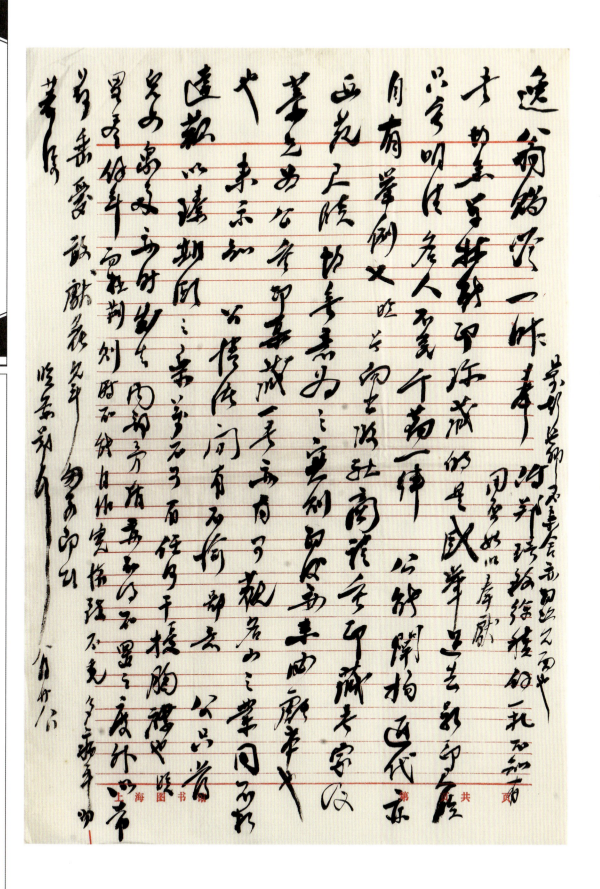

潘景鄭致鄭逸梅

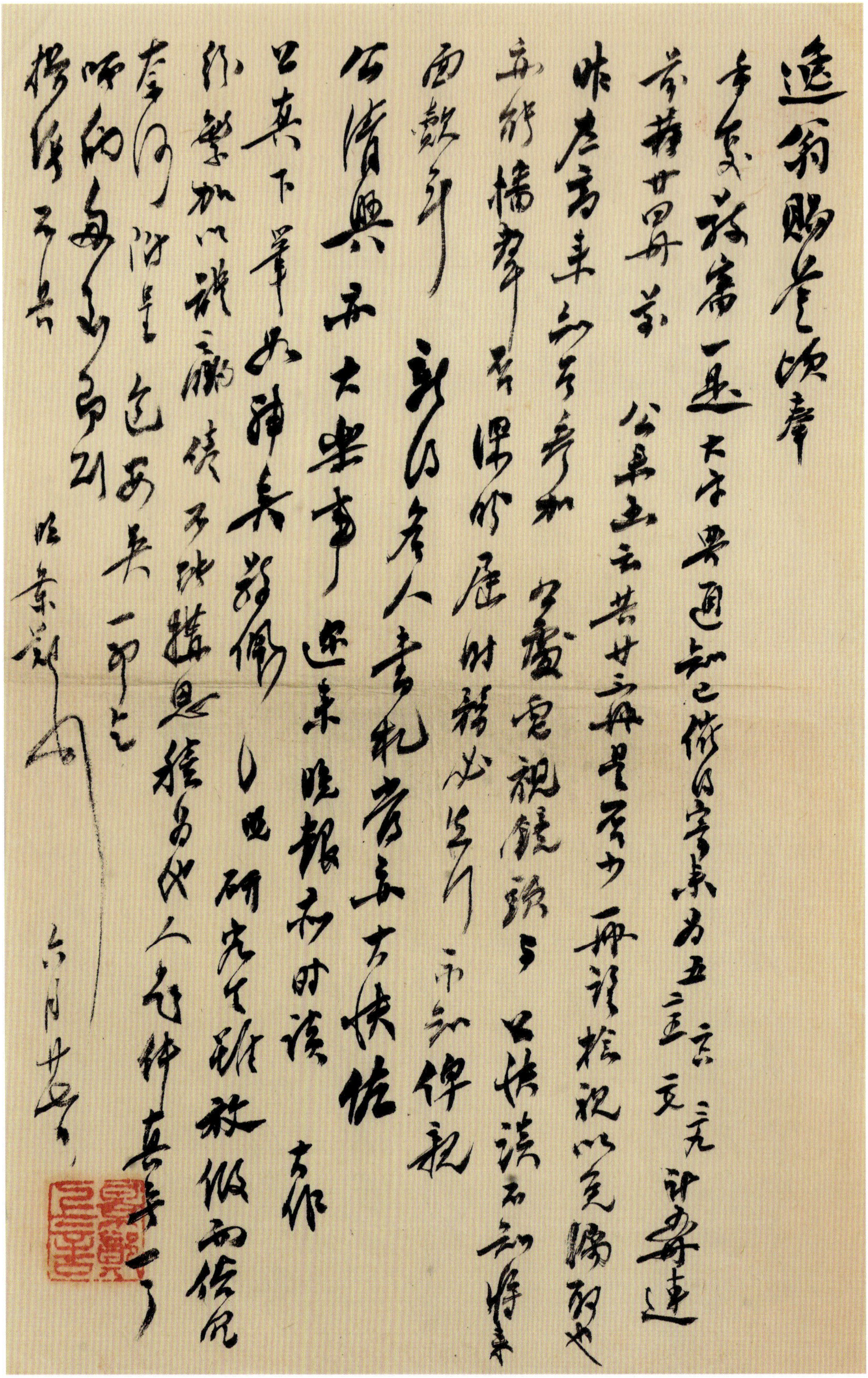

逸翁賜覽：頃奉
手教敬審一一。大示累通知已依目寫來，為五二、五六、文、三元，計冊達
前請廿四冊前。公來函云共廿六冊，是否少一冊，請檢視，以免遺漏也。
昨在寓來而未寄加[illegible]盦，曾視鏡頭，只供談古，知將來
亦能[illegible]聲否？果能屈附驥尾，必得[illegible]，亦知俾視
面歎耶。新得名人書札，當示古佚。
公清興不大出事，近來雖報紙時讀，古作
只真下筆如神矣，務佩[illegible]也。研究雅致價而依風
紙墨加以說說，俟不時謀恩推薦他人，尤仲真手一
[illegible]河潮是，遙安矣。一即之
時向[illegible]
撰後不具。
弟景鄭頓首
六月廿五

潘景鄭致鄭逸梅

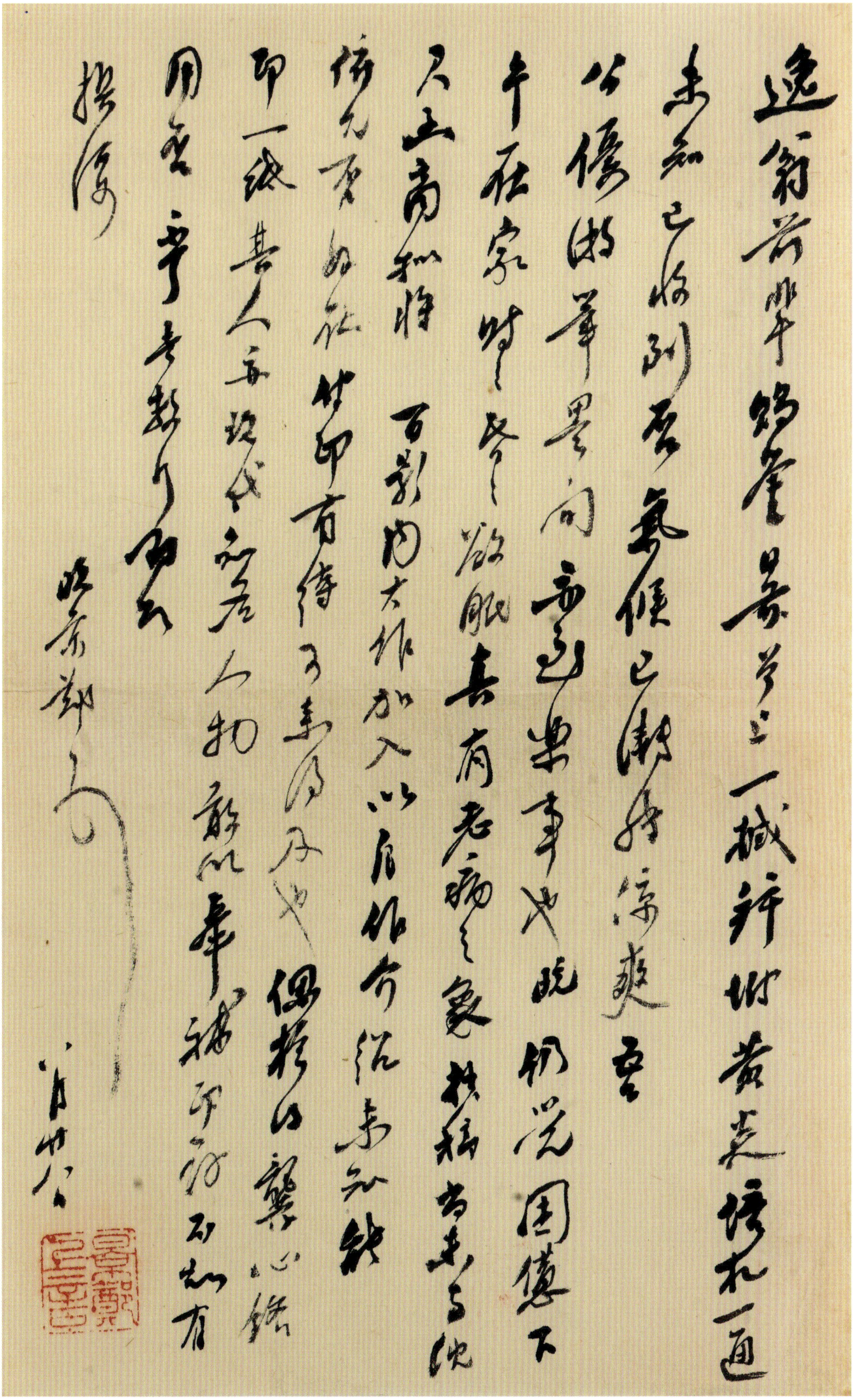

逸翁前輩鈞鑒：前上一緘，并附黃炎培札一通，未知已收到否？氣候已漸轉涼爽，吾公優游筆墨，想無恙也。晚仍覺困憊，下午在家時多歇眠，殊有老病之象，甚擬出來與沈尺公商榷。百影內大作加入以後作何結束，未知能係元旦如能出版，印有[illegible]來否也。偶檢得龔心銘印一紙，其人在晚清為名人，[illegible]奉[illegible][illegible]不知有用否？幸專數行，即頌撰綏。

晚景鄭上 九月廿八

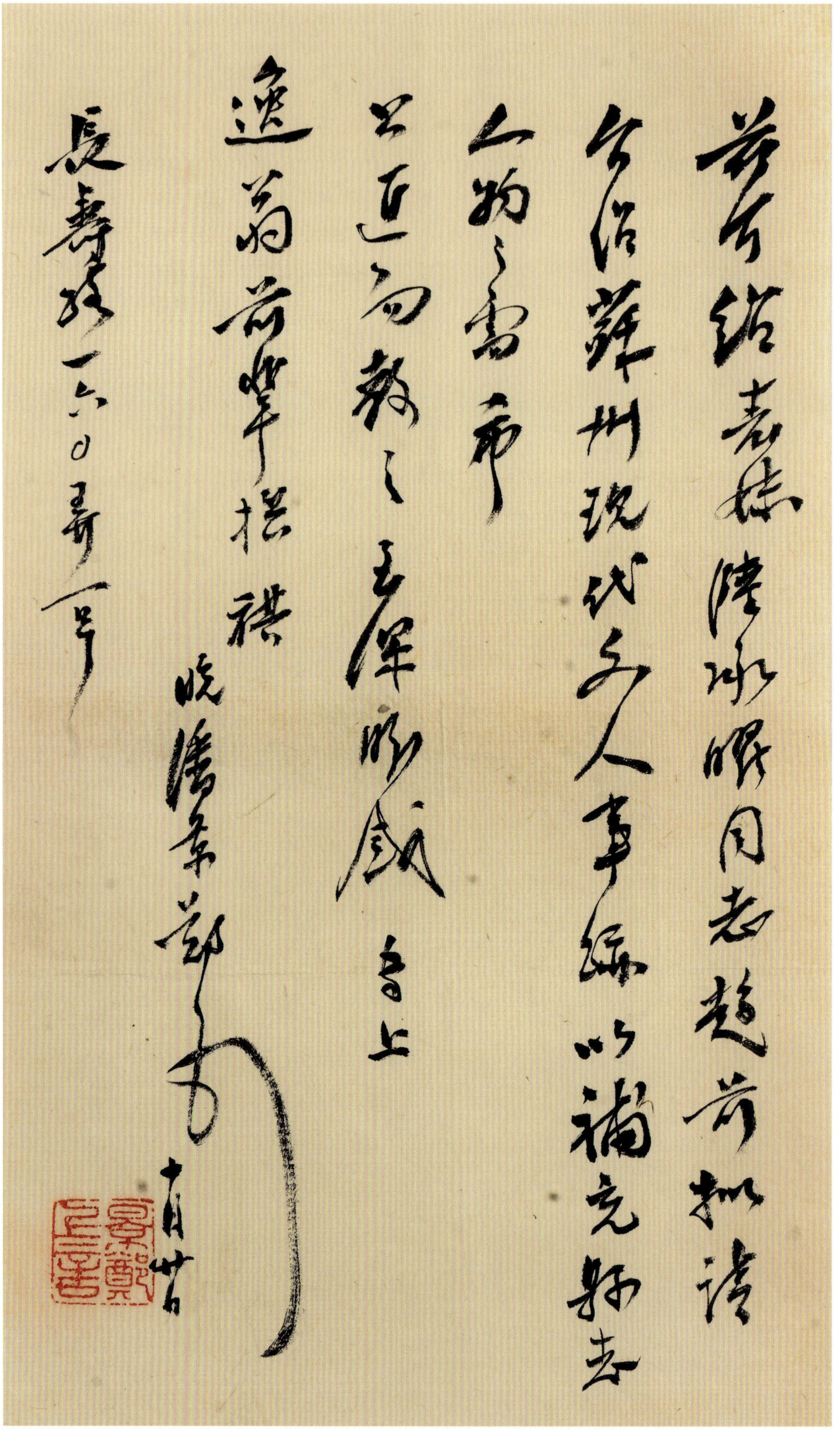
前介紹青年陳冰眼同志趨前拜請
介紹蘇州現代文人事錄以補充新志
人物之需耳
且近向教之至深銘感 手上
逸翁前輩撰祺
晚潘景鄭頓首 十月廿
長壽路一六〇弄一號

潘景鄭致鄭逸梅

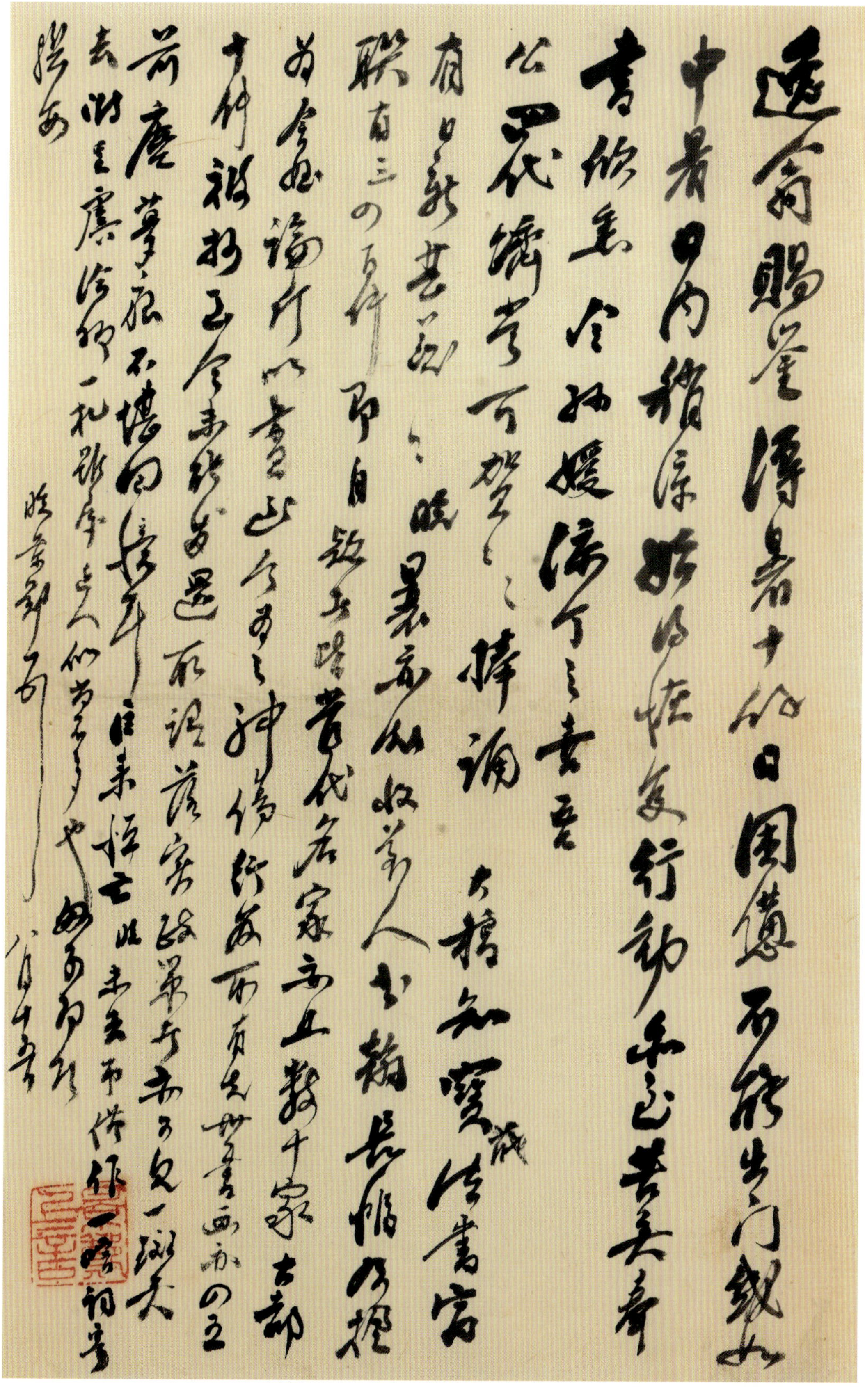

潘景鄭致鄭逸梅

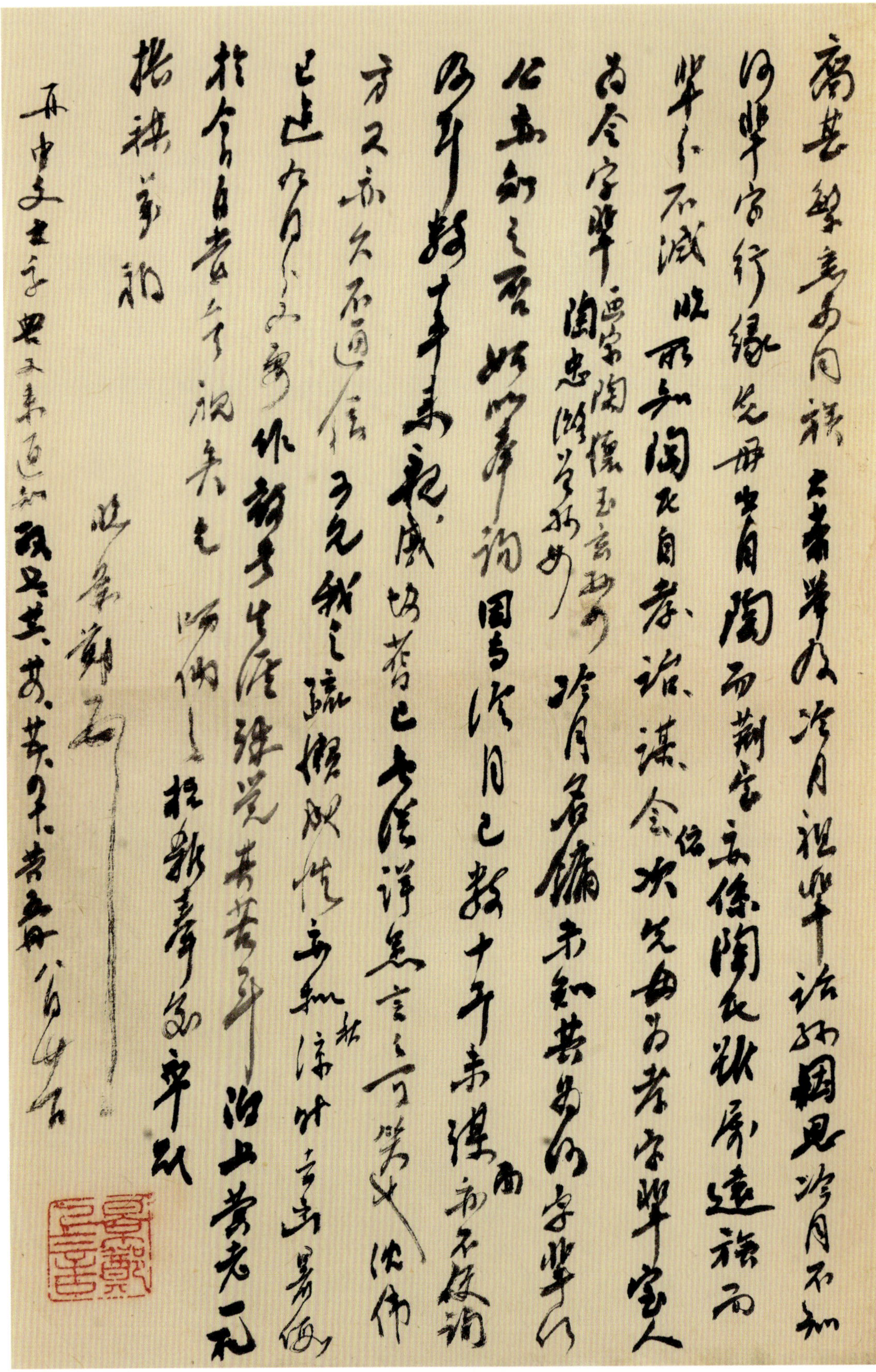

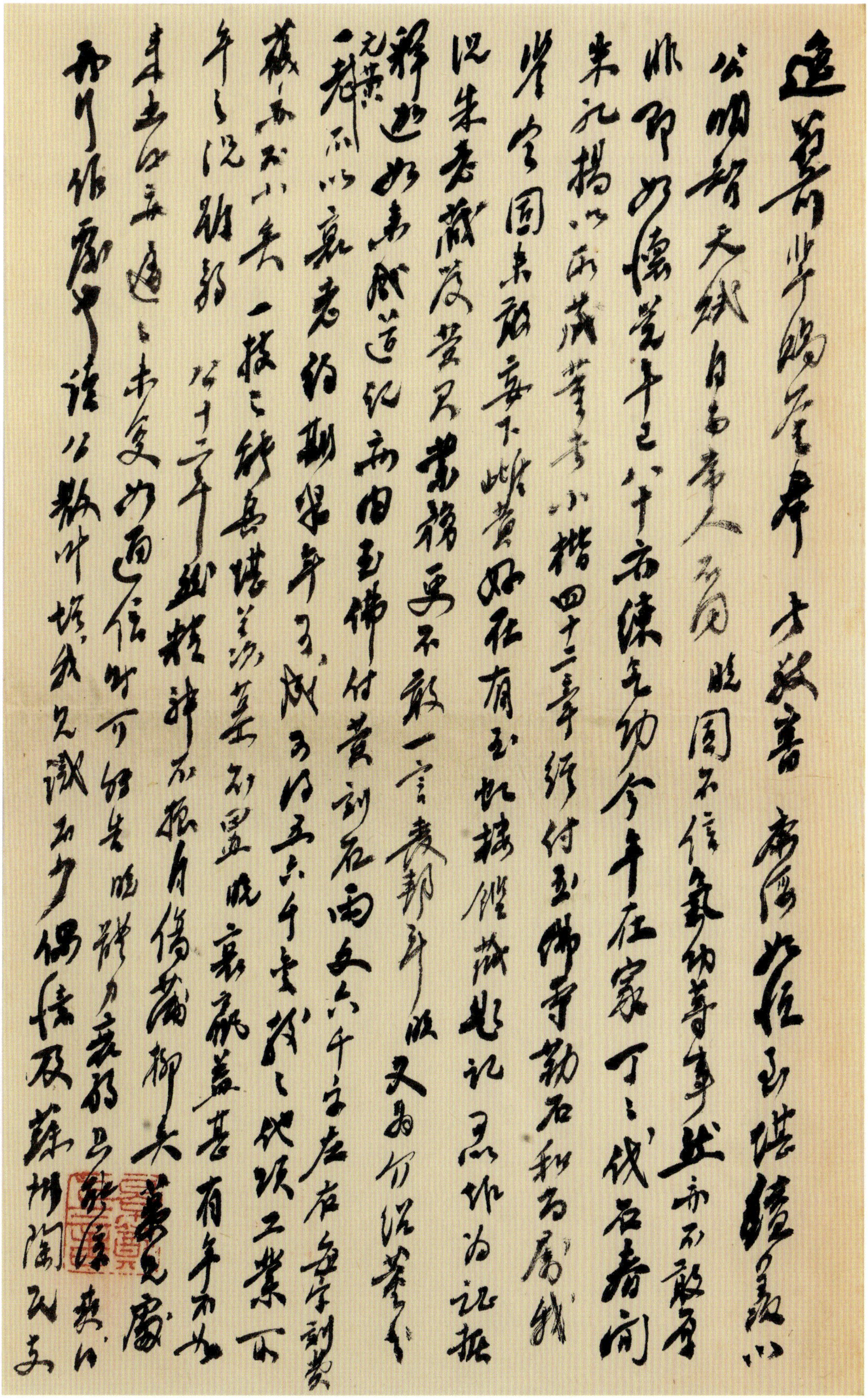

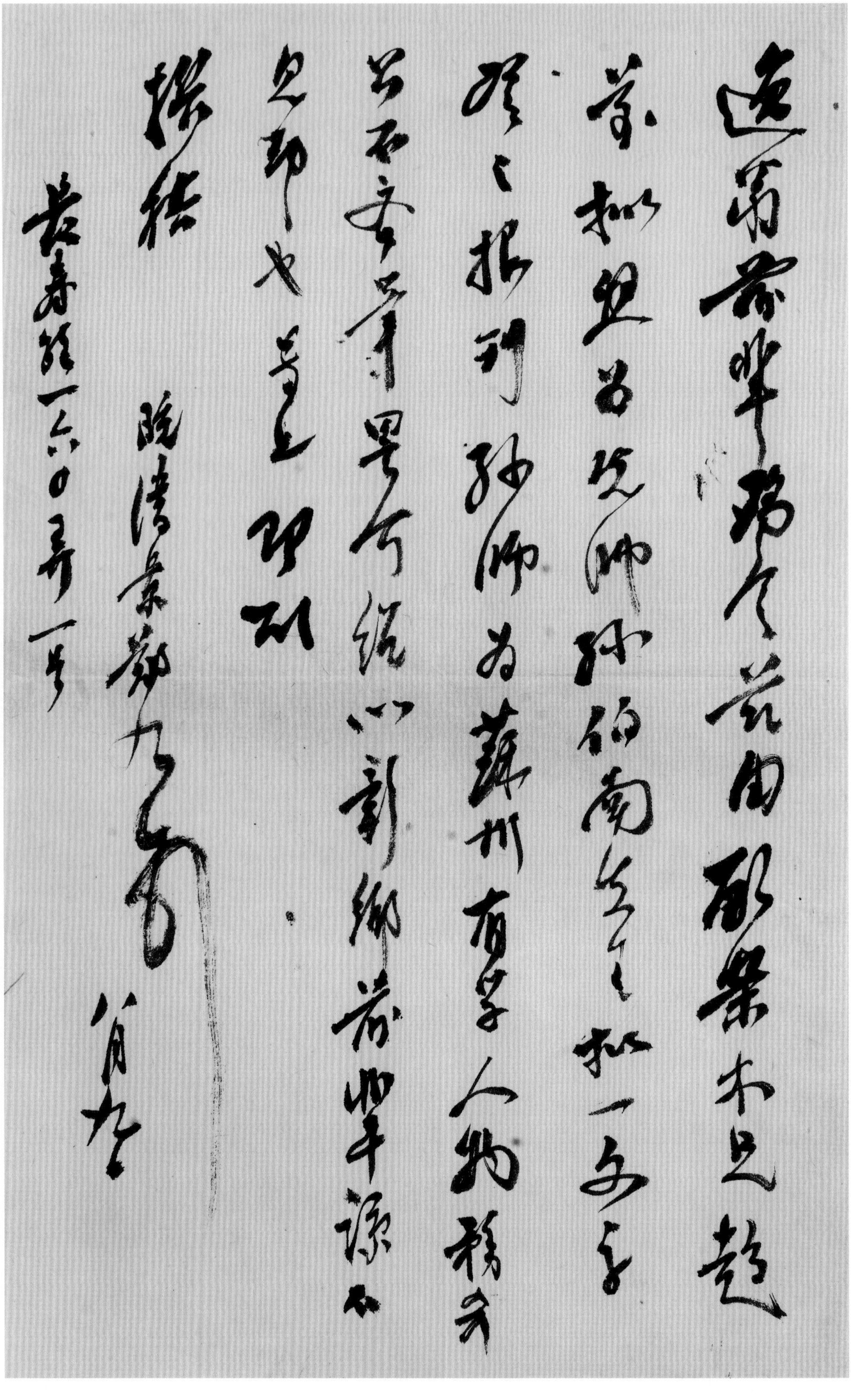

潘景鄭致鄭逸梅

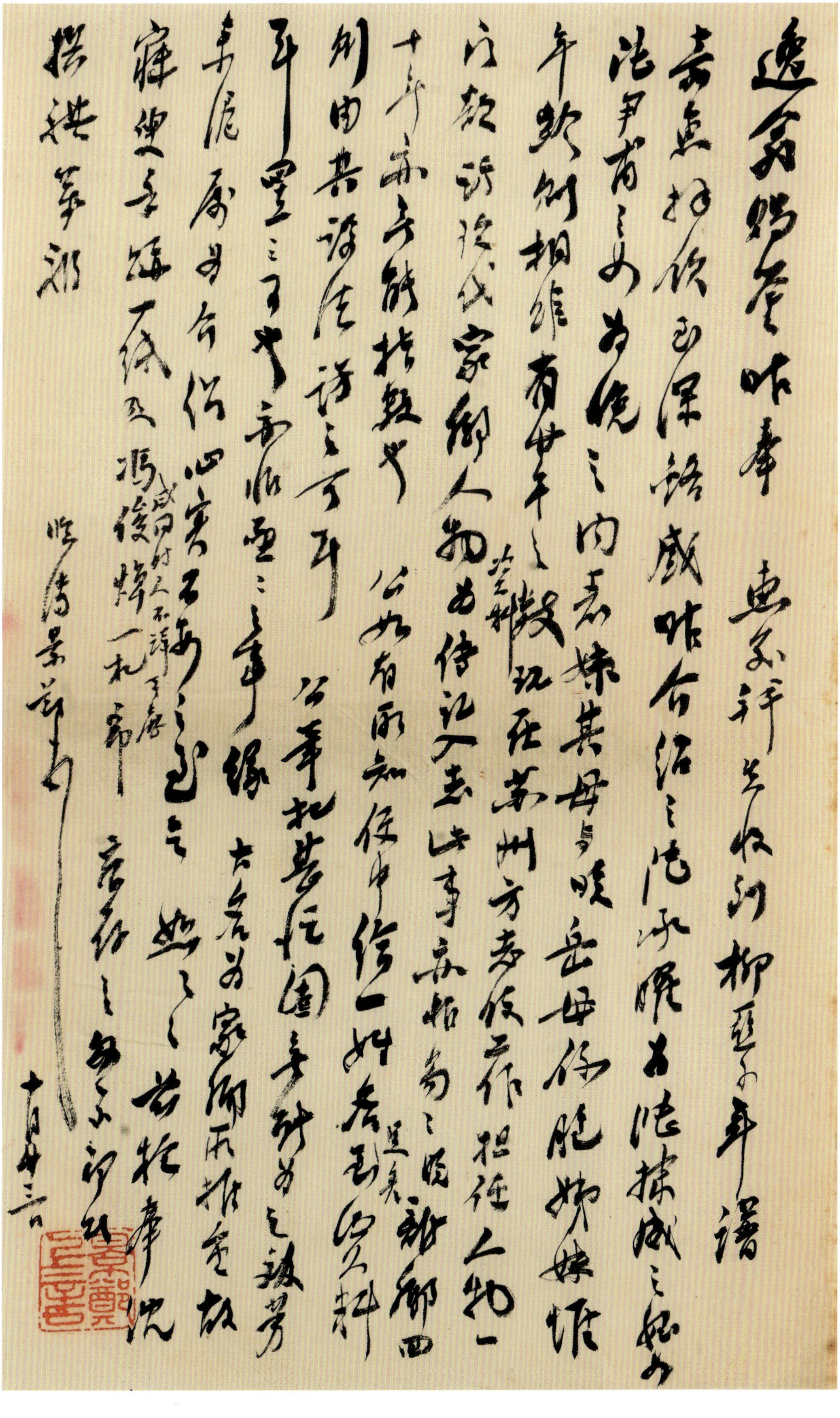

潘景鄭致鄭逸梅

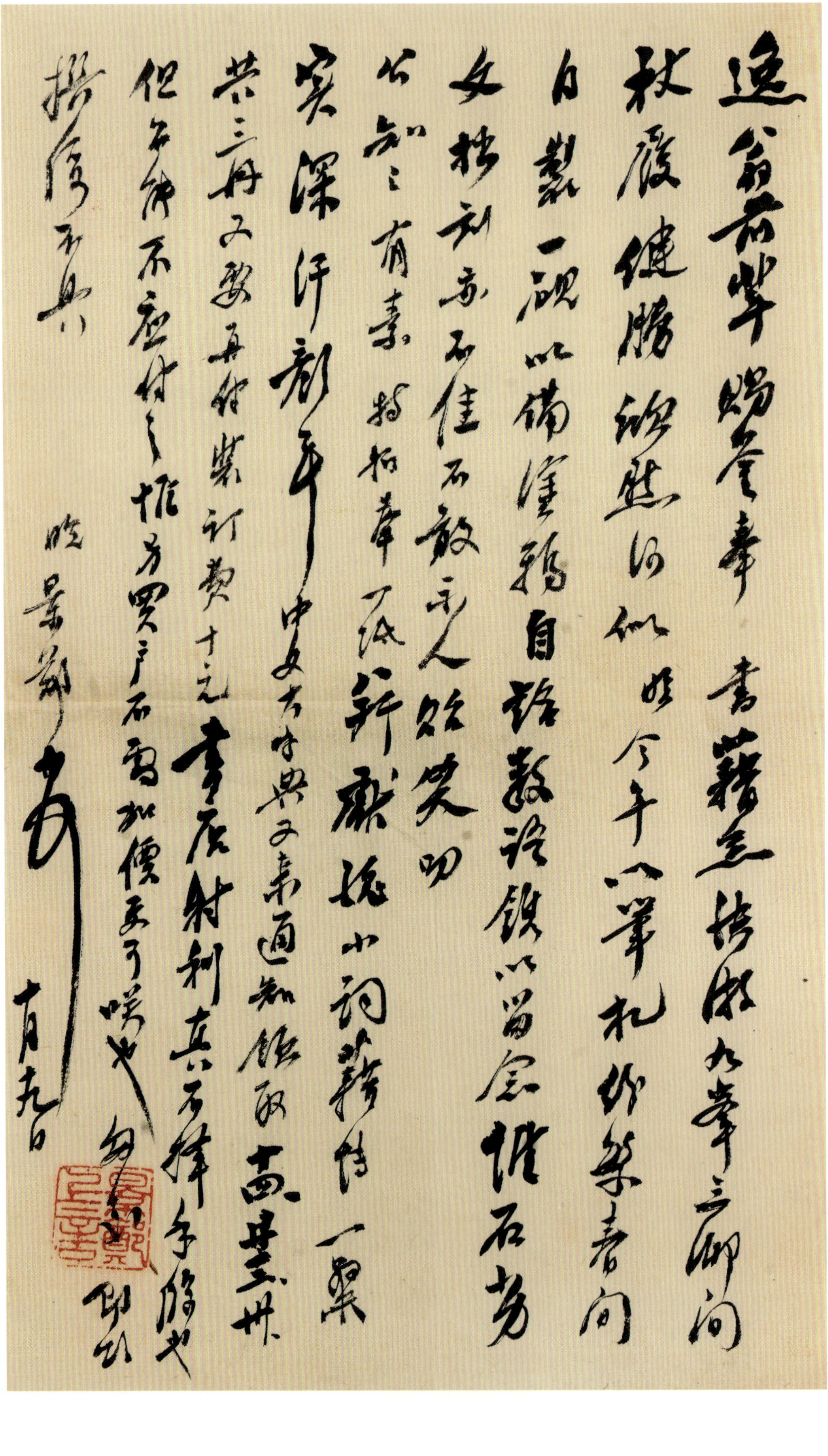

逸翁吾兄賜鑒：奉　書藉悉　[illegible][illegible]九華之[illegible]向
杖履健勝，欣慰何似。[illegible]今年八[illegible]札[illegible][illegible]春向
自製一硯以備[illegible][illegible]自[illegible]，[illegible]語[illegible][illegible]以留念，惟石劣
女[illegible]刻亦不佳，不敢示人，殊笑。以
公知之有素，將拓本[illegible][illegible]新[illegible][illegible]小詞[illegible][illegible]一[illegible]
冀深汗顏耳。中文大字典與[illegible][illegible]通知，能取[illegible][illegible]冊
共三冊，又[illegible][illegible][illegible][illegible]，[illegible]費十元，李[illegible]對[illegible][illegible][illegible][illegible]手續也
但[illegible][illegible]不[illegible][illegible]，[illegible]方[illegible][illegible]石[illegible]加便[illegible]可[illegible]也。[illegible][illegible][illegible][illegible]
[illegible][illegible]不具。
晚　景鄭再拜
十月九日

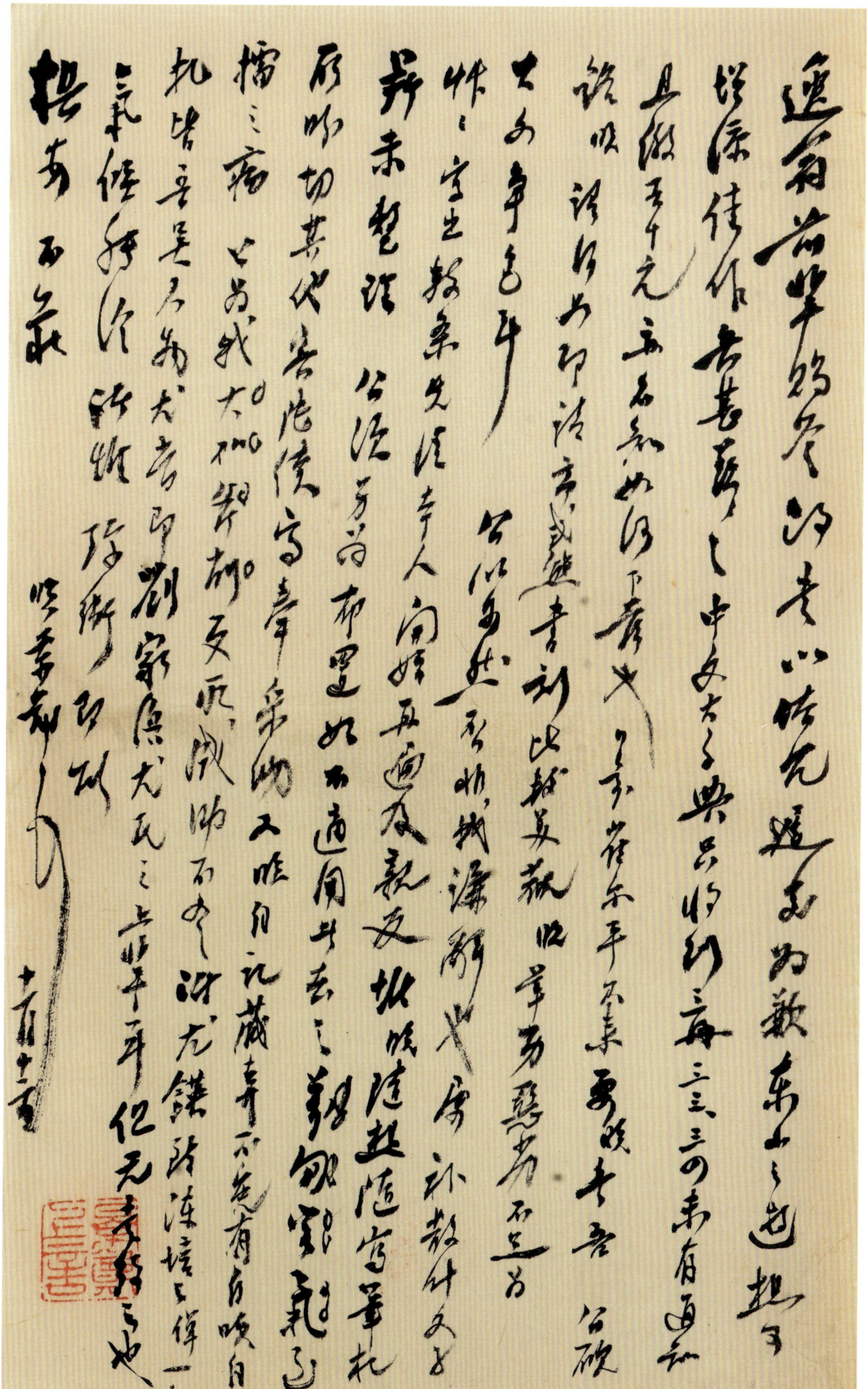

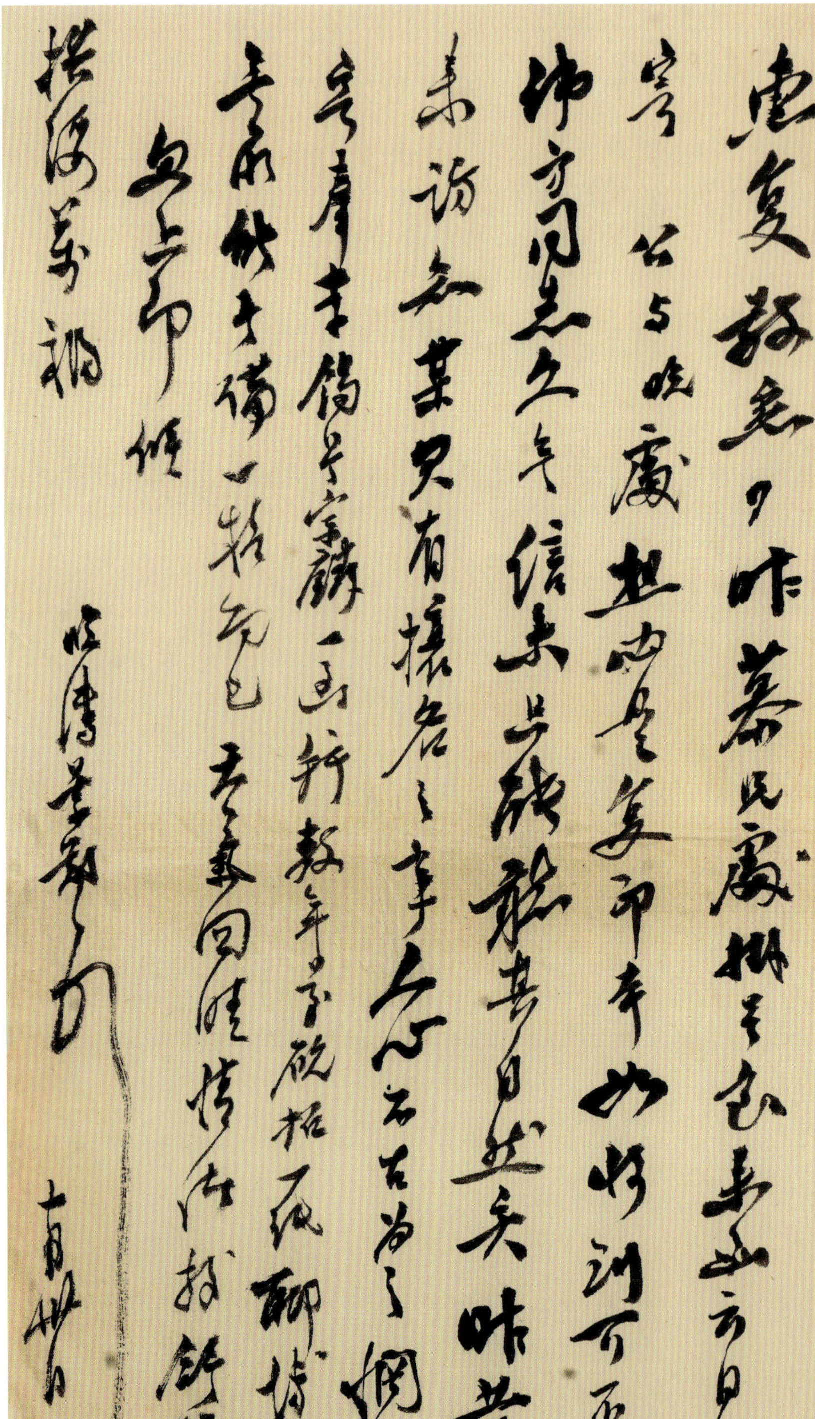

潘景鄭致鄭逸梅

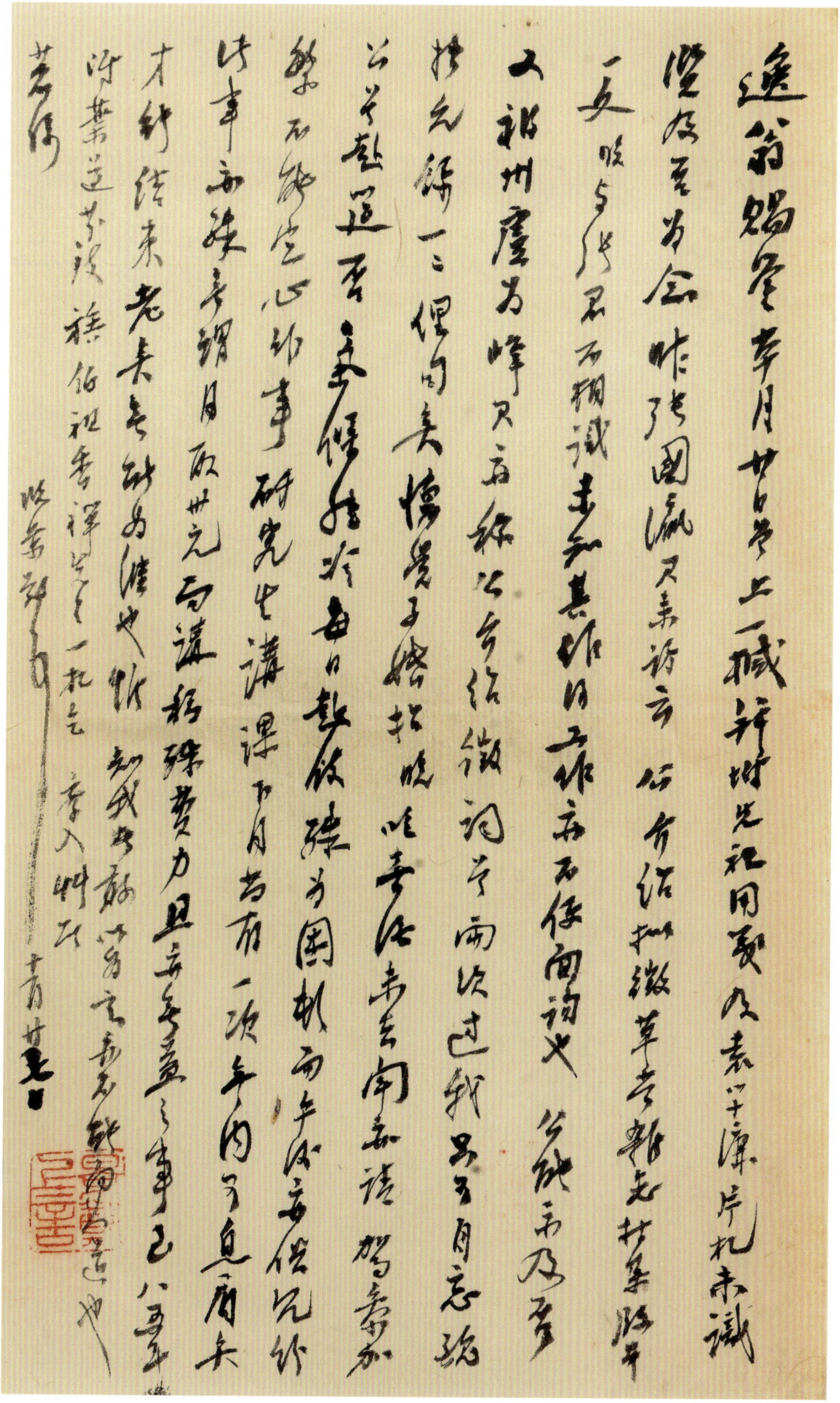

潘景鄭致鄭逸梅

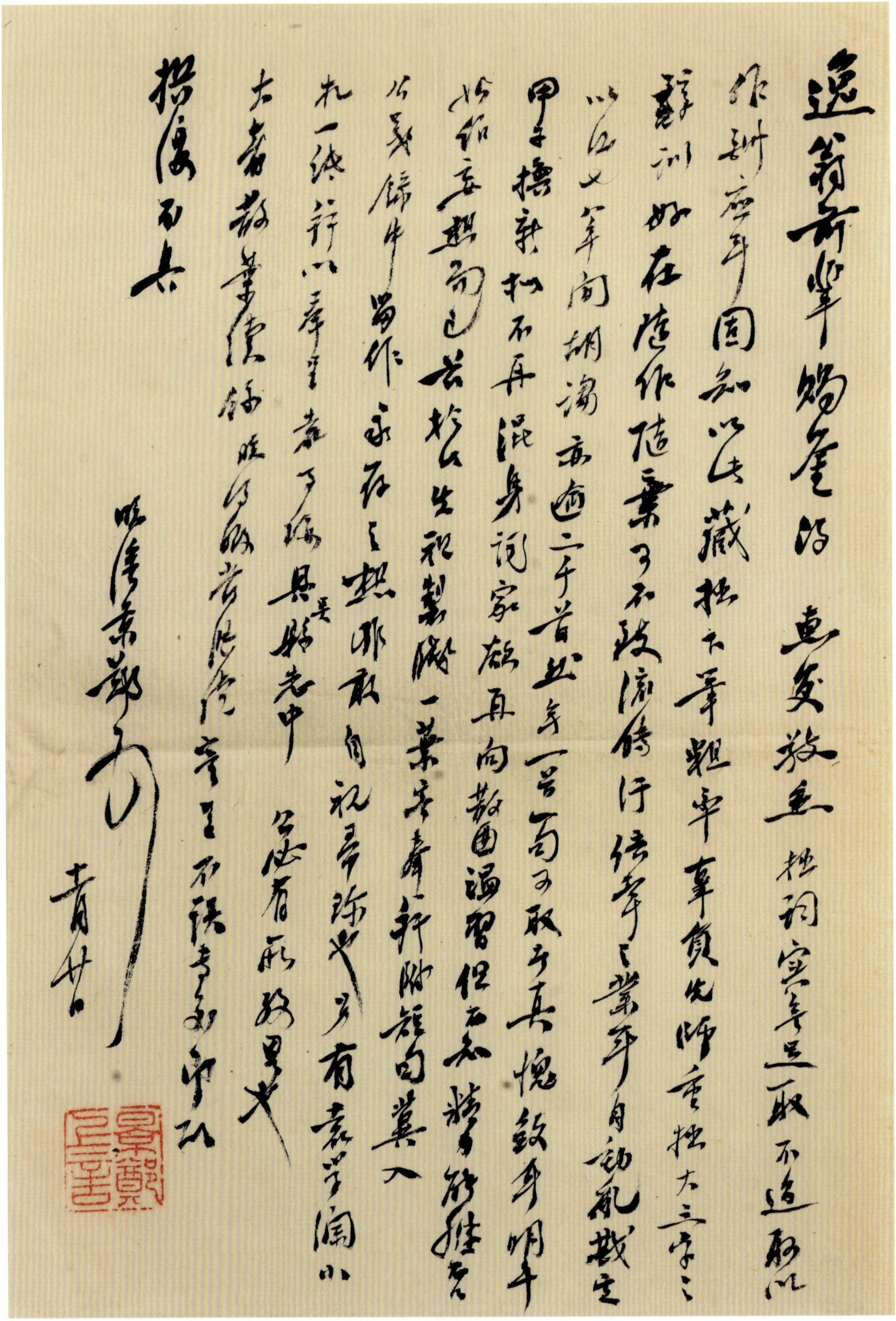

潘景鄭致鄭逸梅

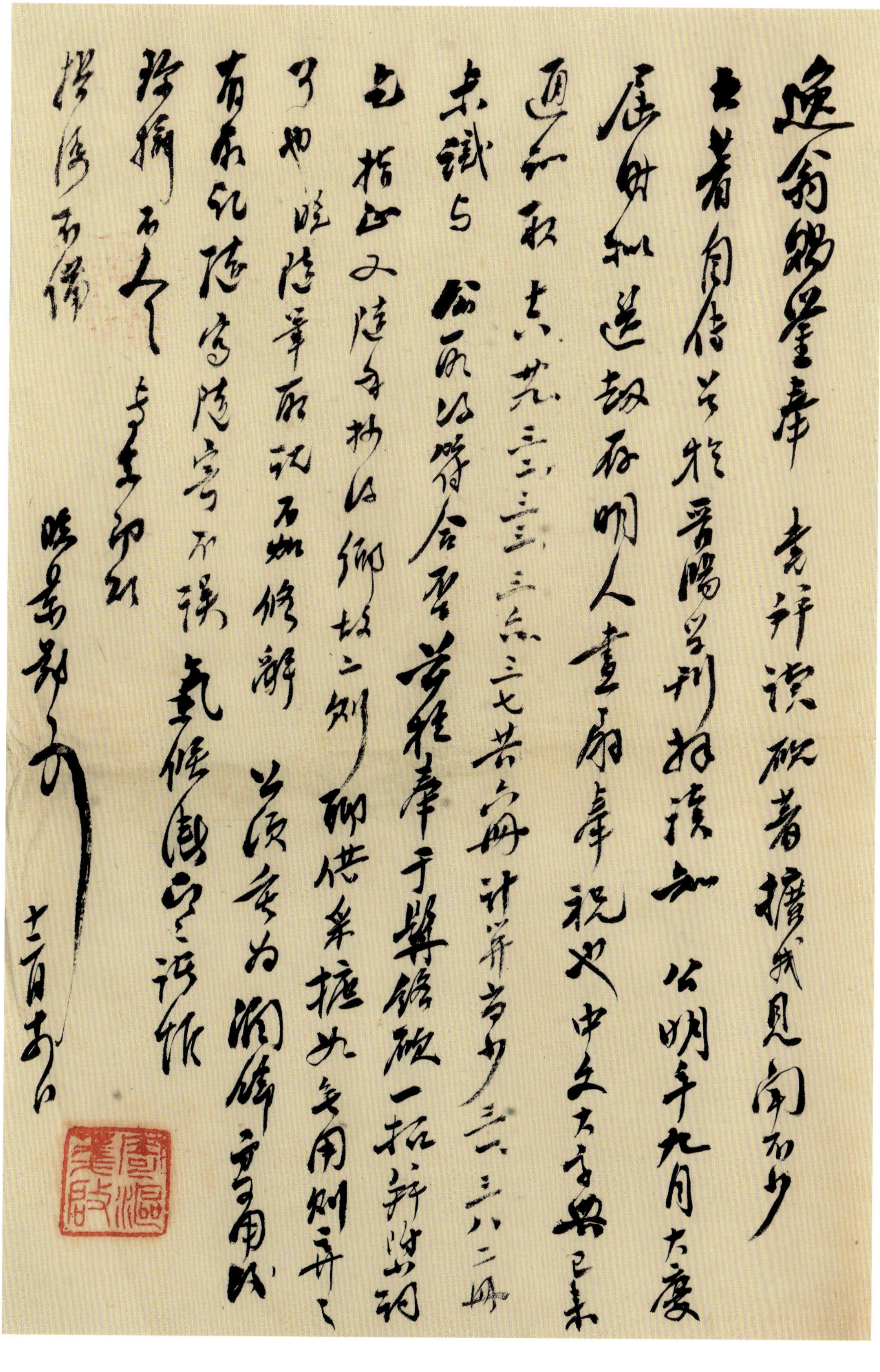

潘景鄭致鄭逸梅

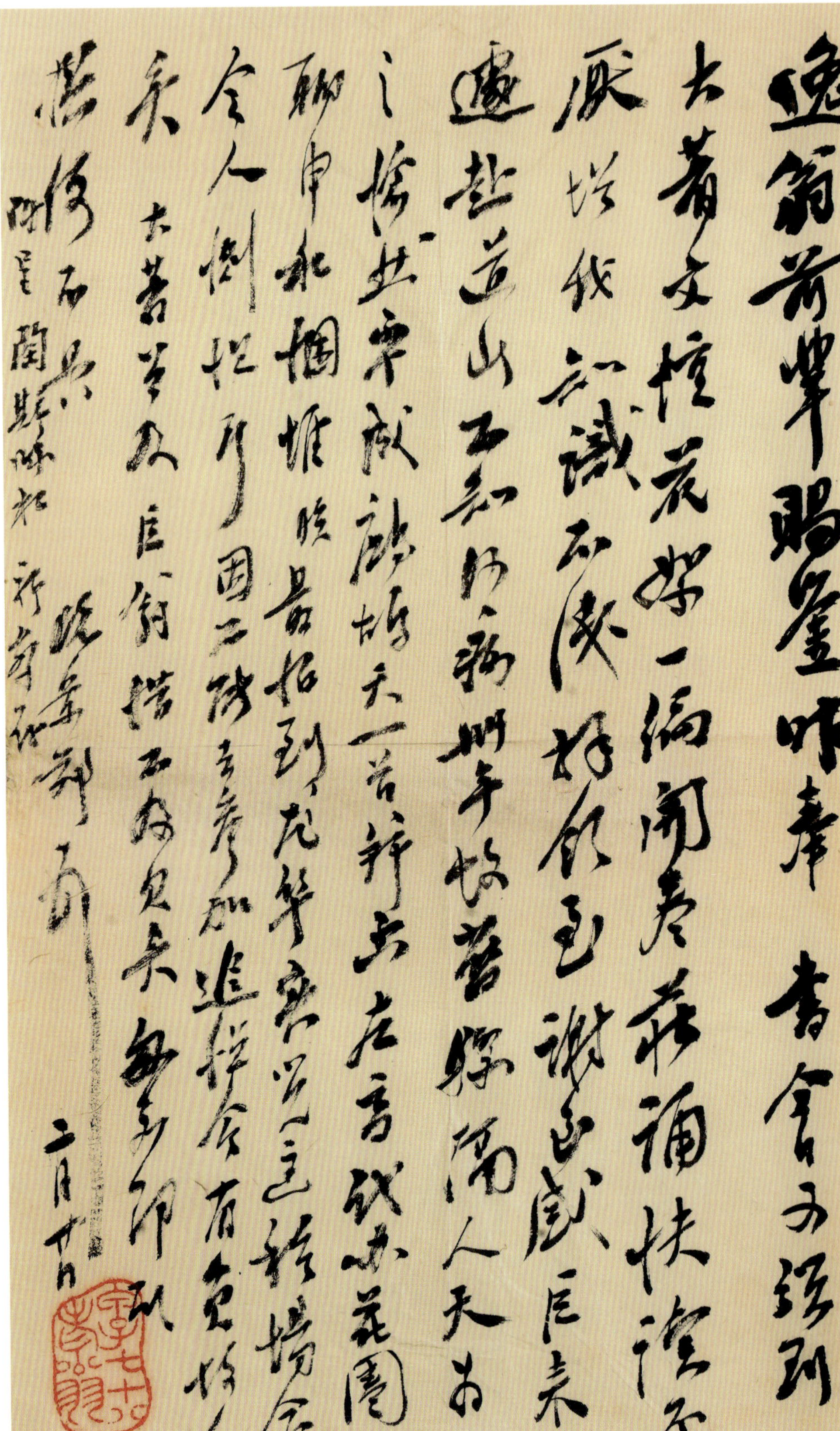

潘景鄭致鄭逸梅

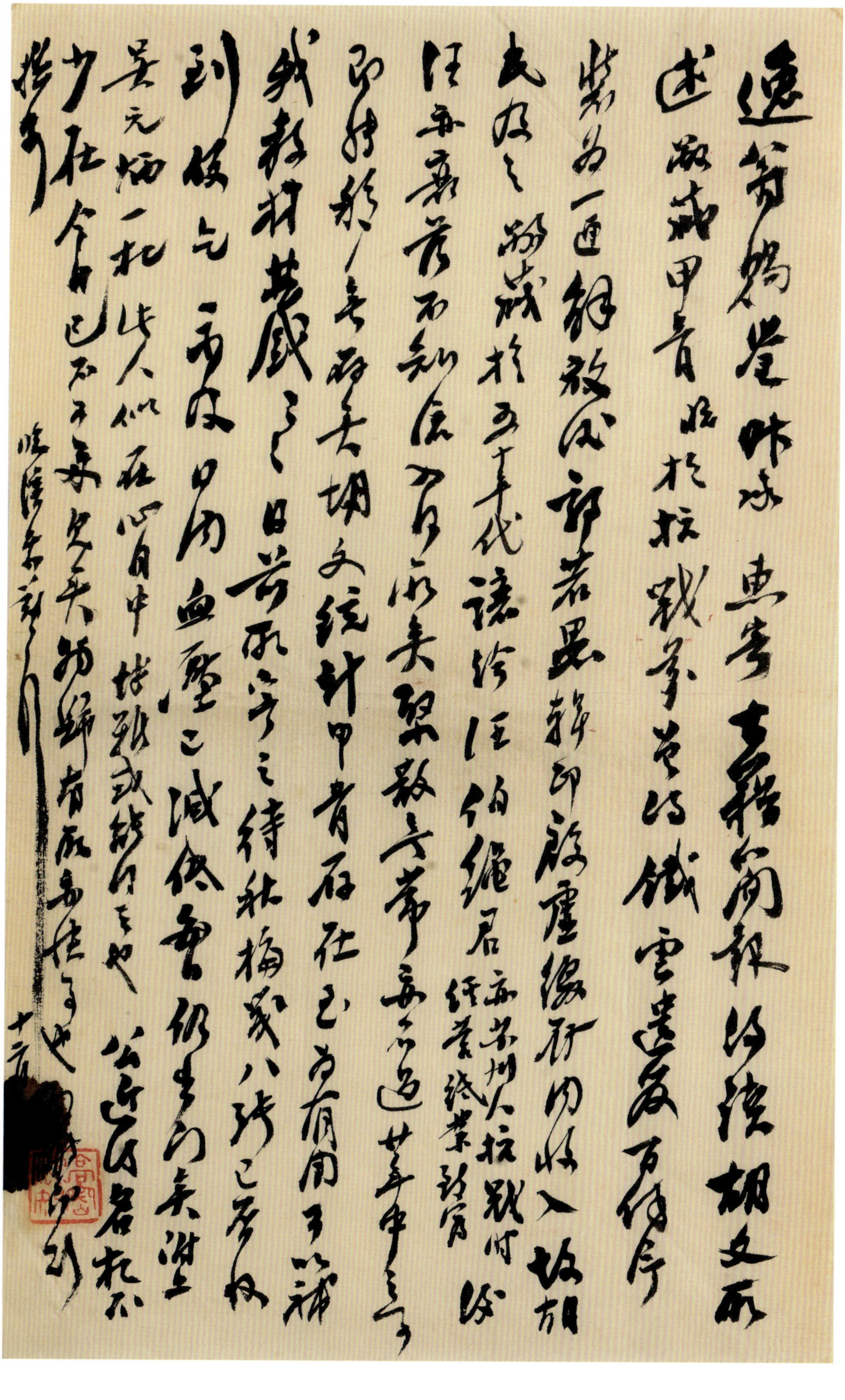

潘景鄭致鄭逸梅

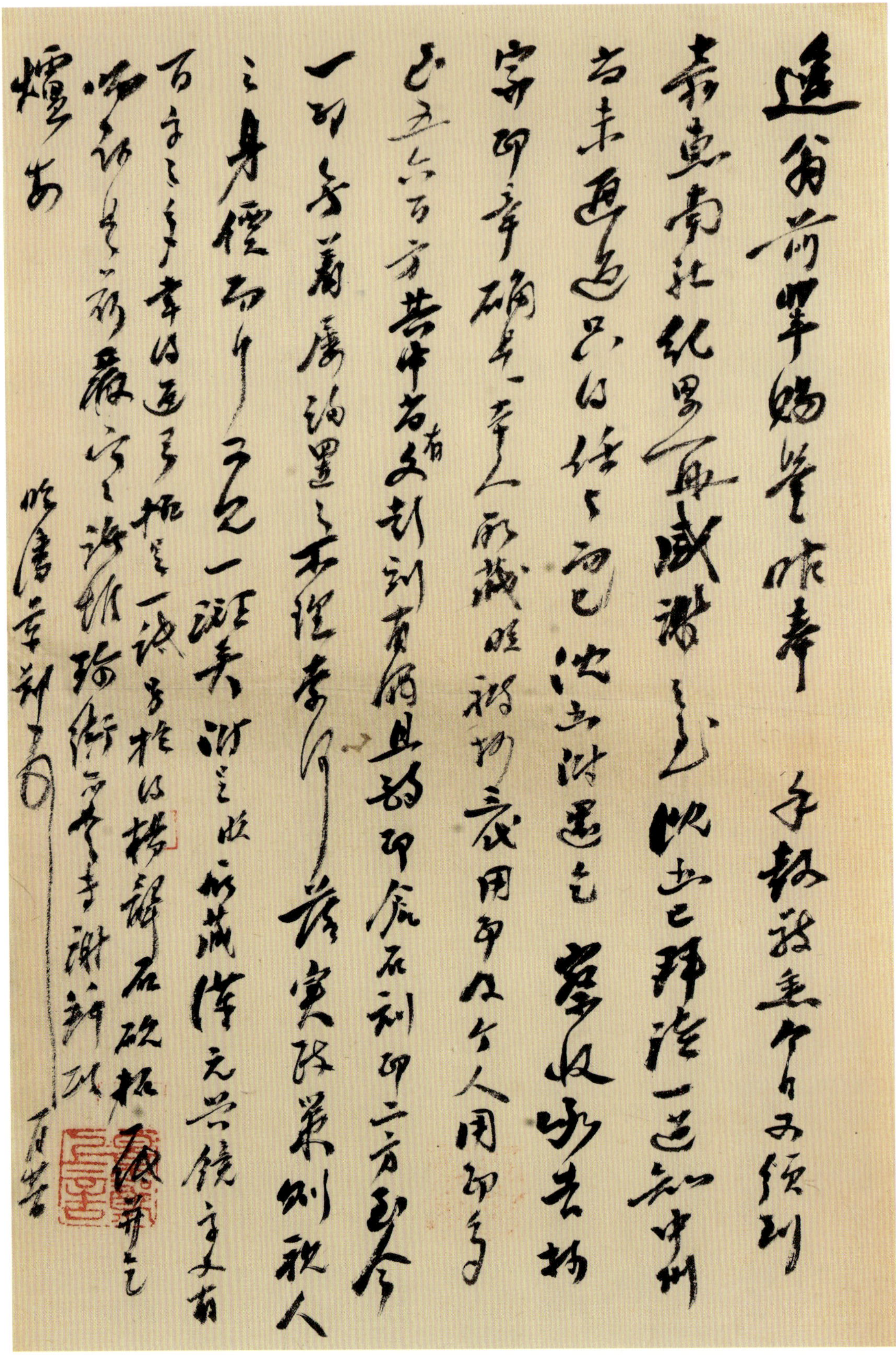

潘景鄭致鄭逸梅

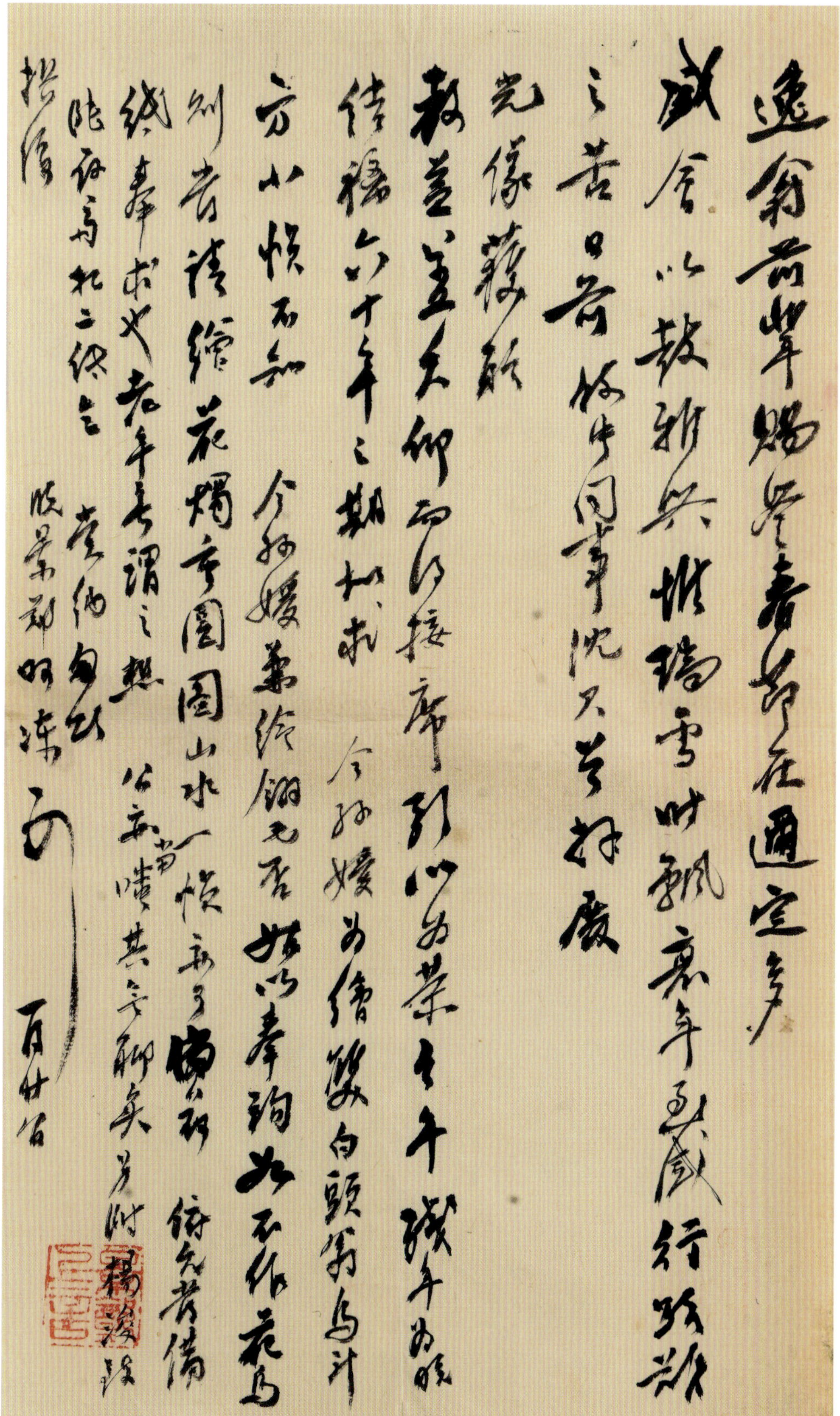

潘景鄭致鄭逸梅

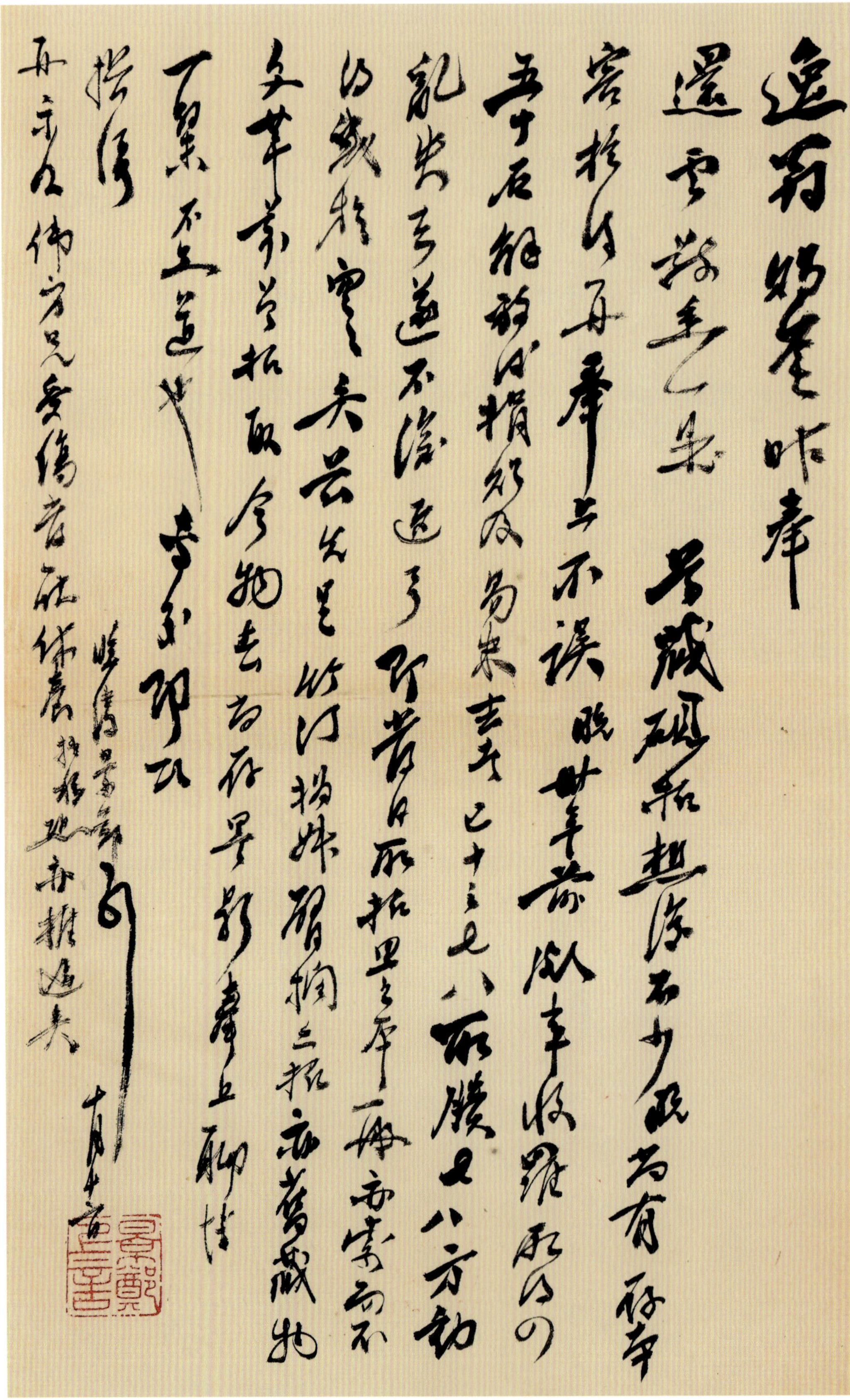

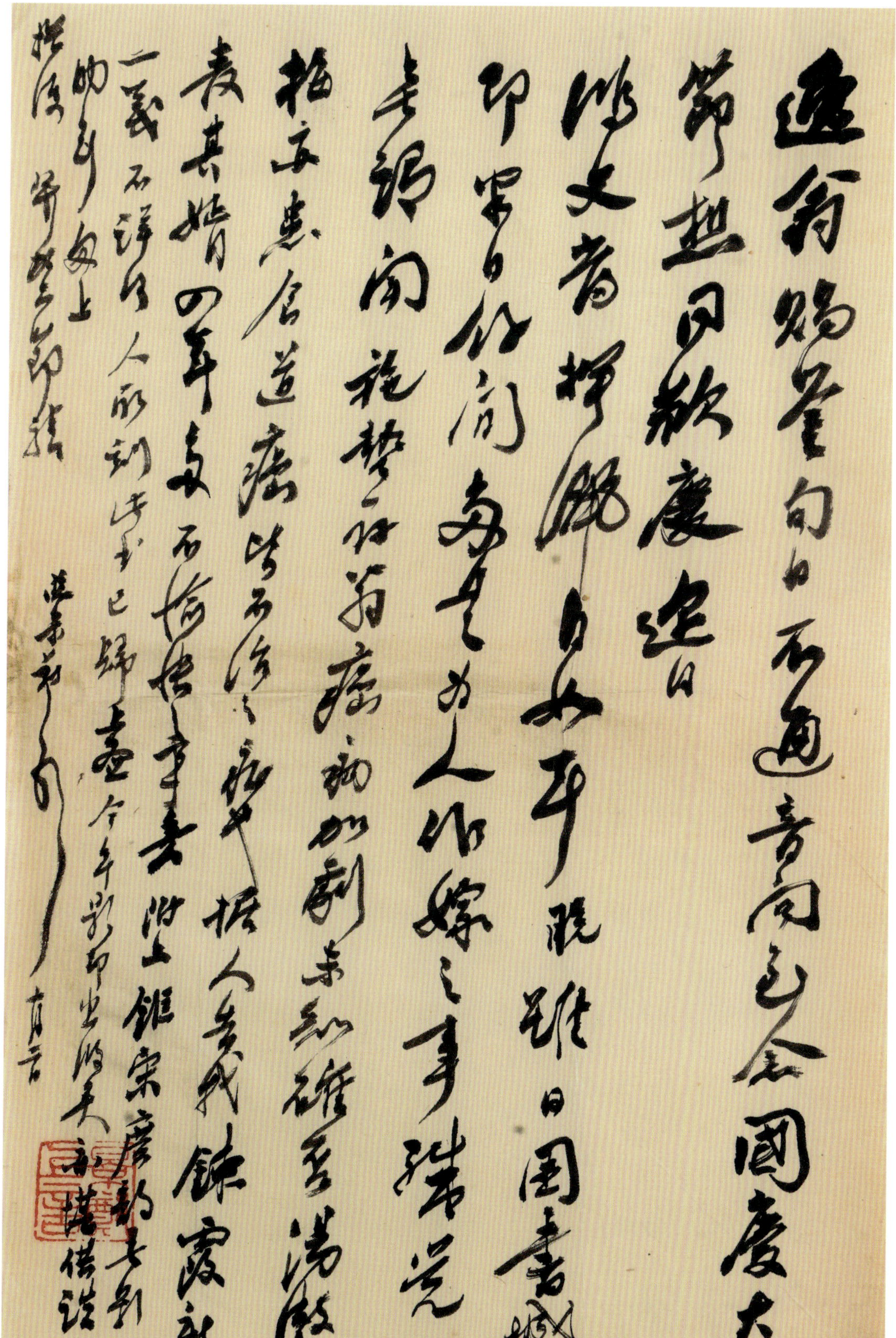

潘景鄭致鄭逸梅

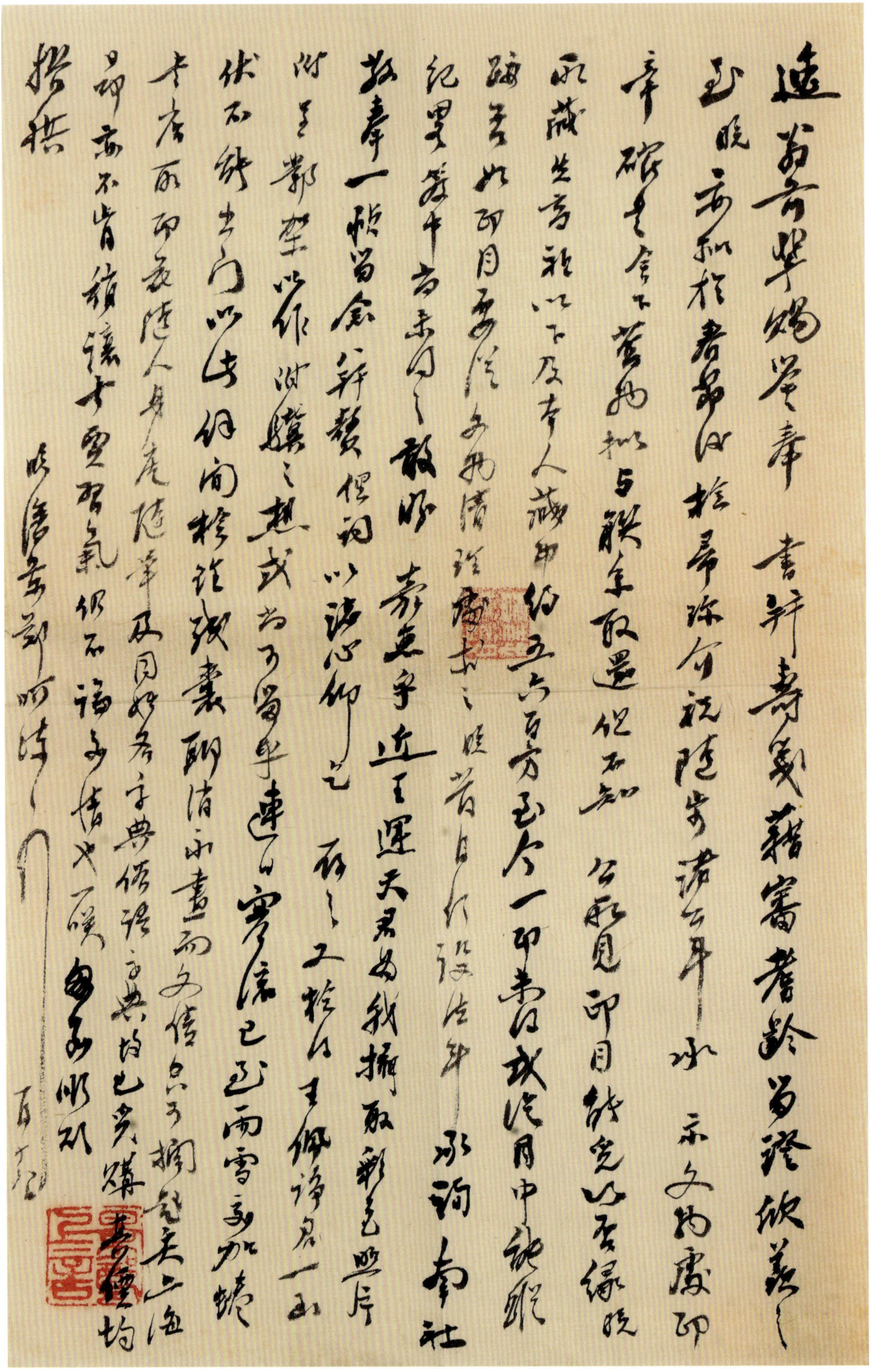

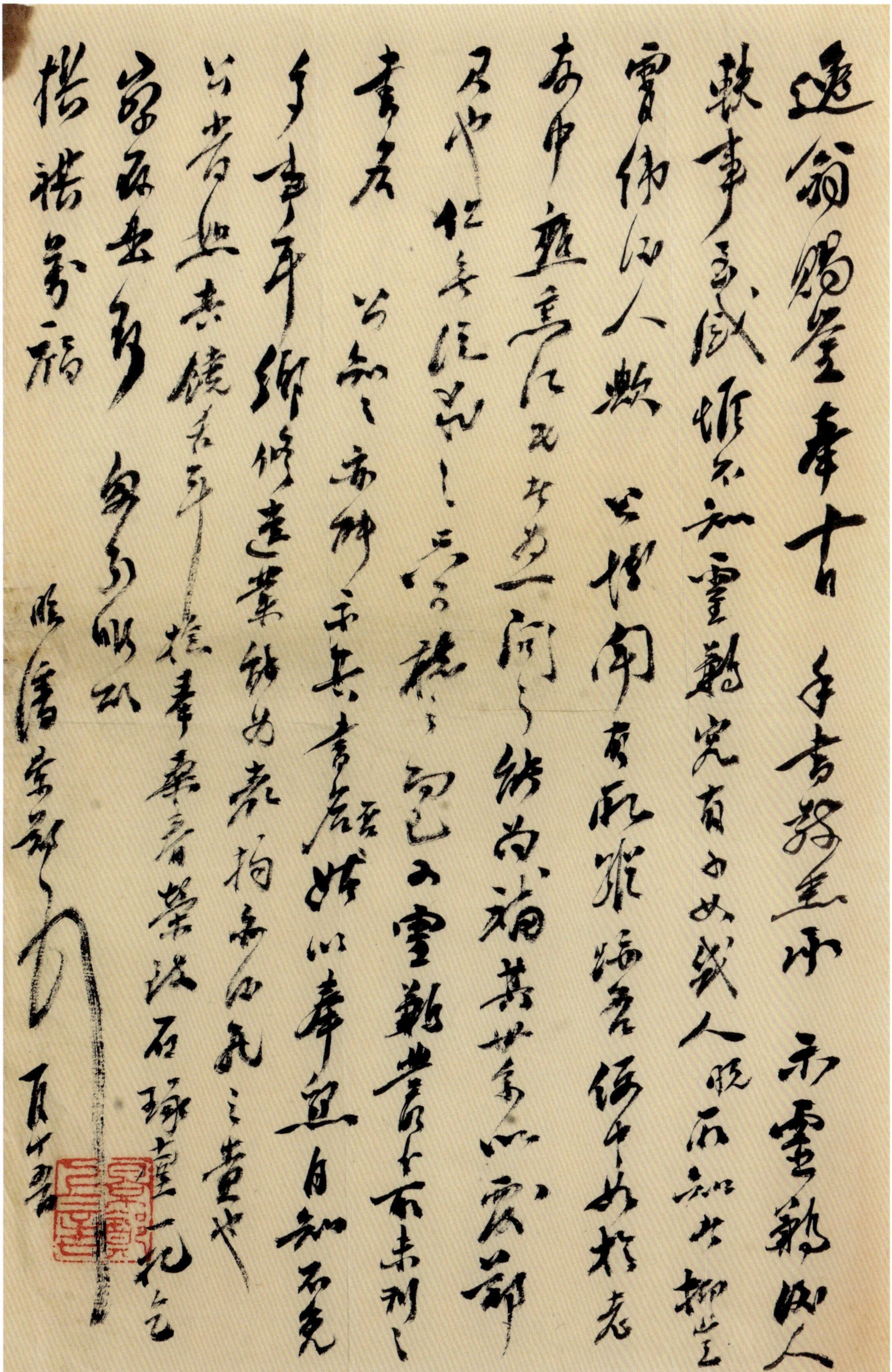

潘景鄭致鄭逸梅

潘景鄭致鄭逸梅

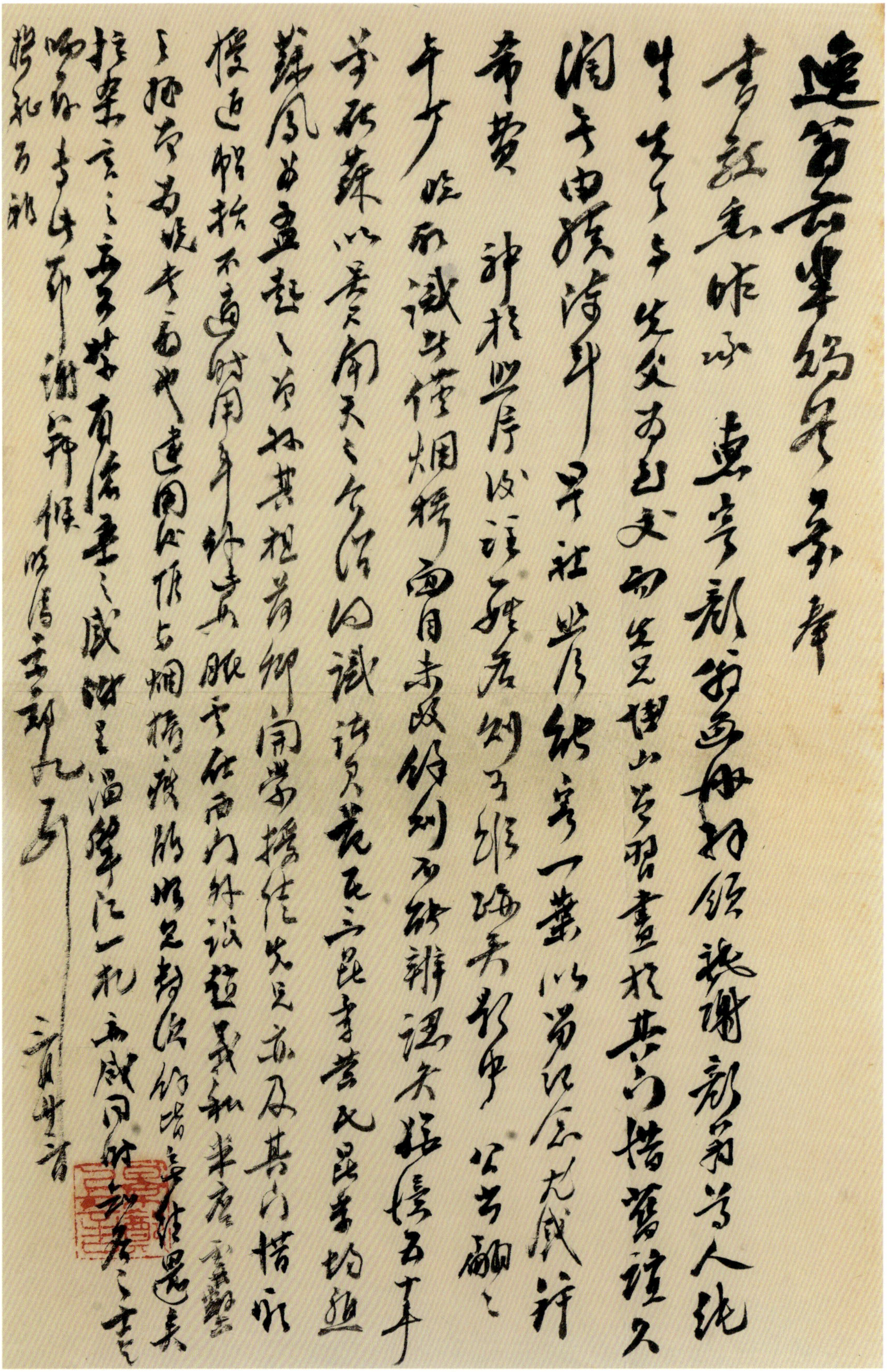

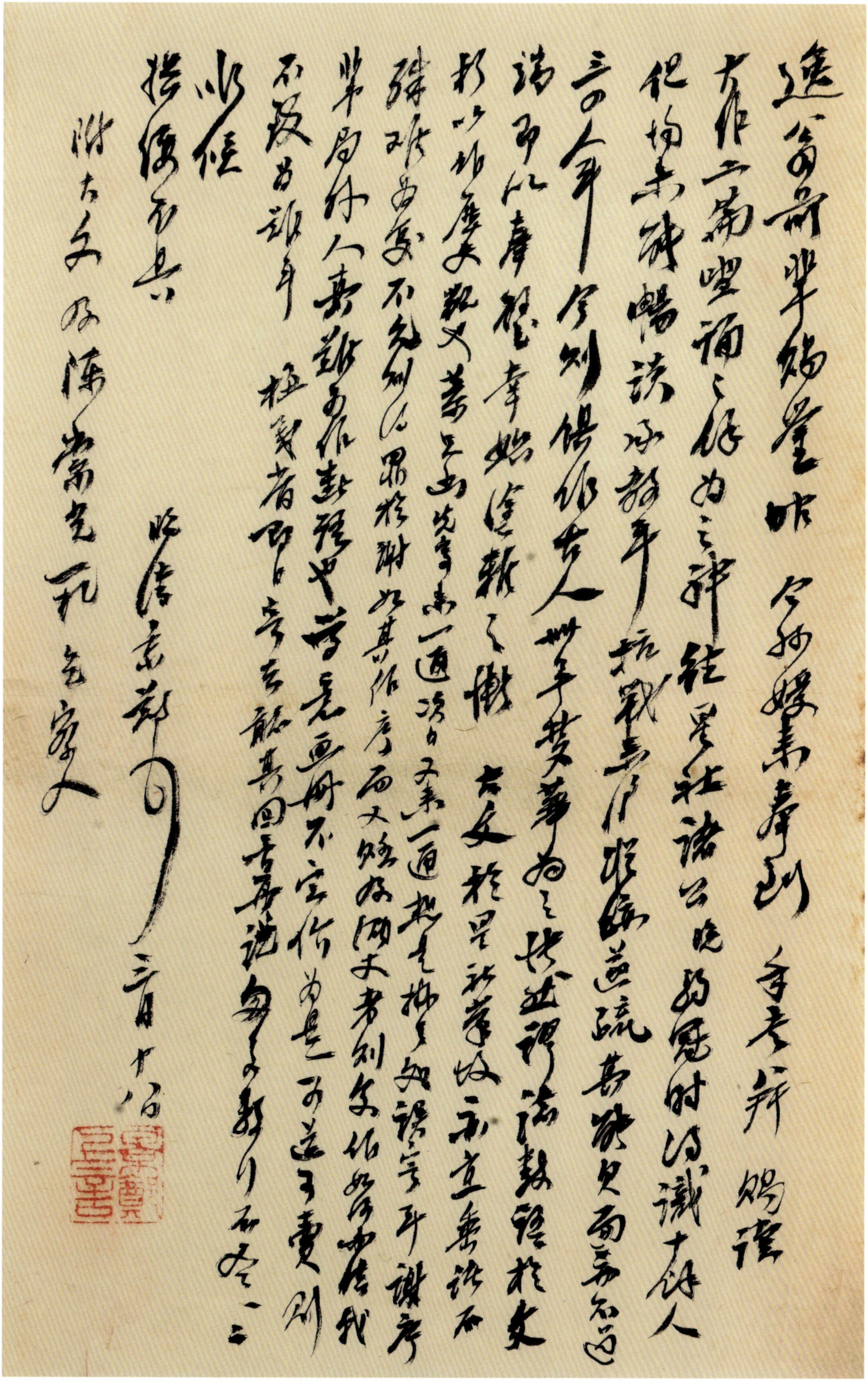

潘景鄭致鄭逸梅

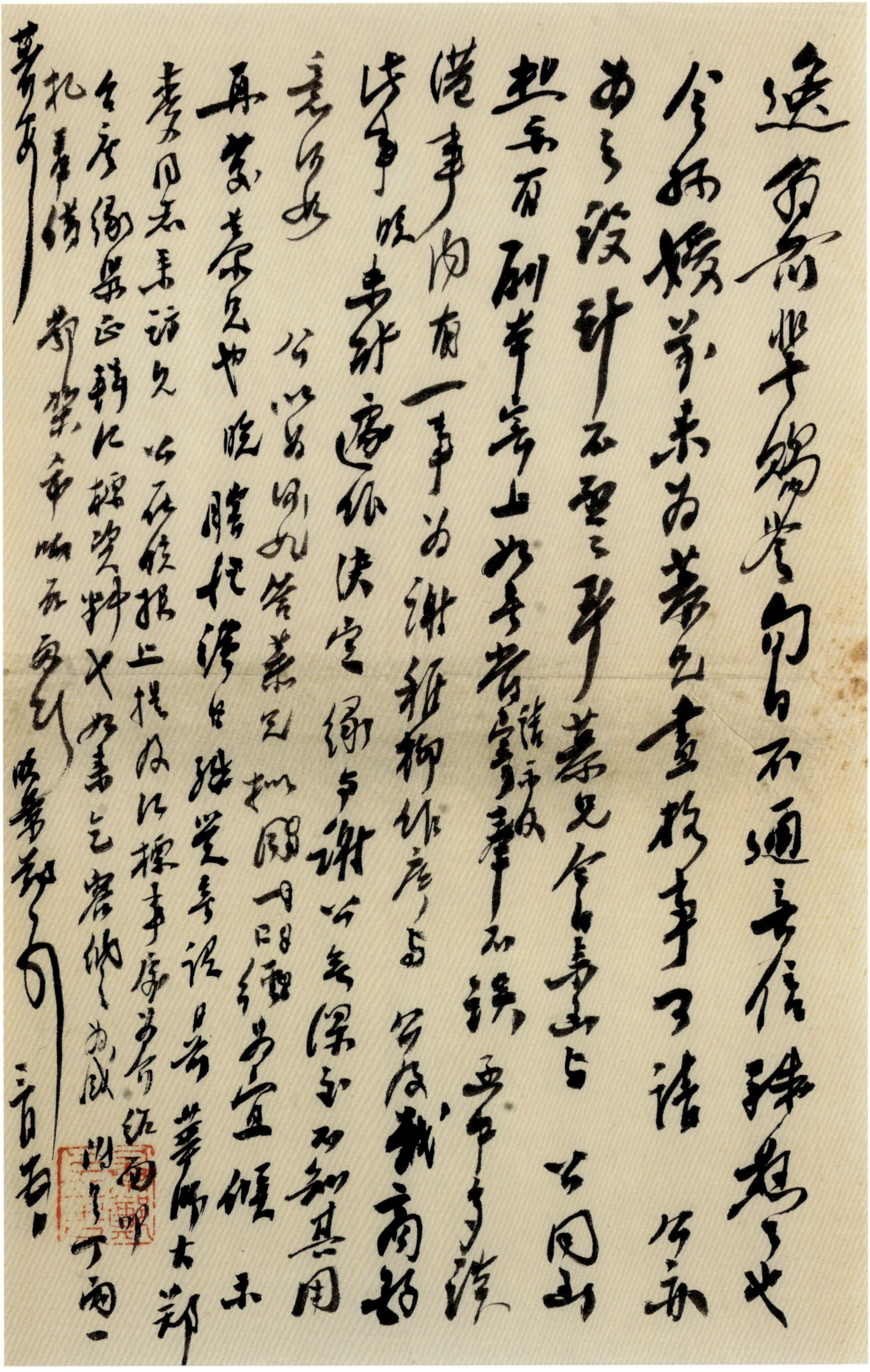

潘景鄭致鄭逸梅

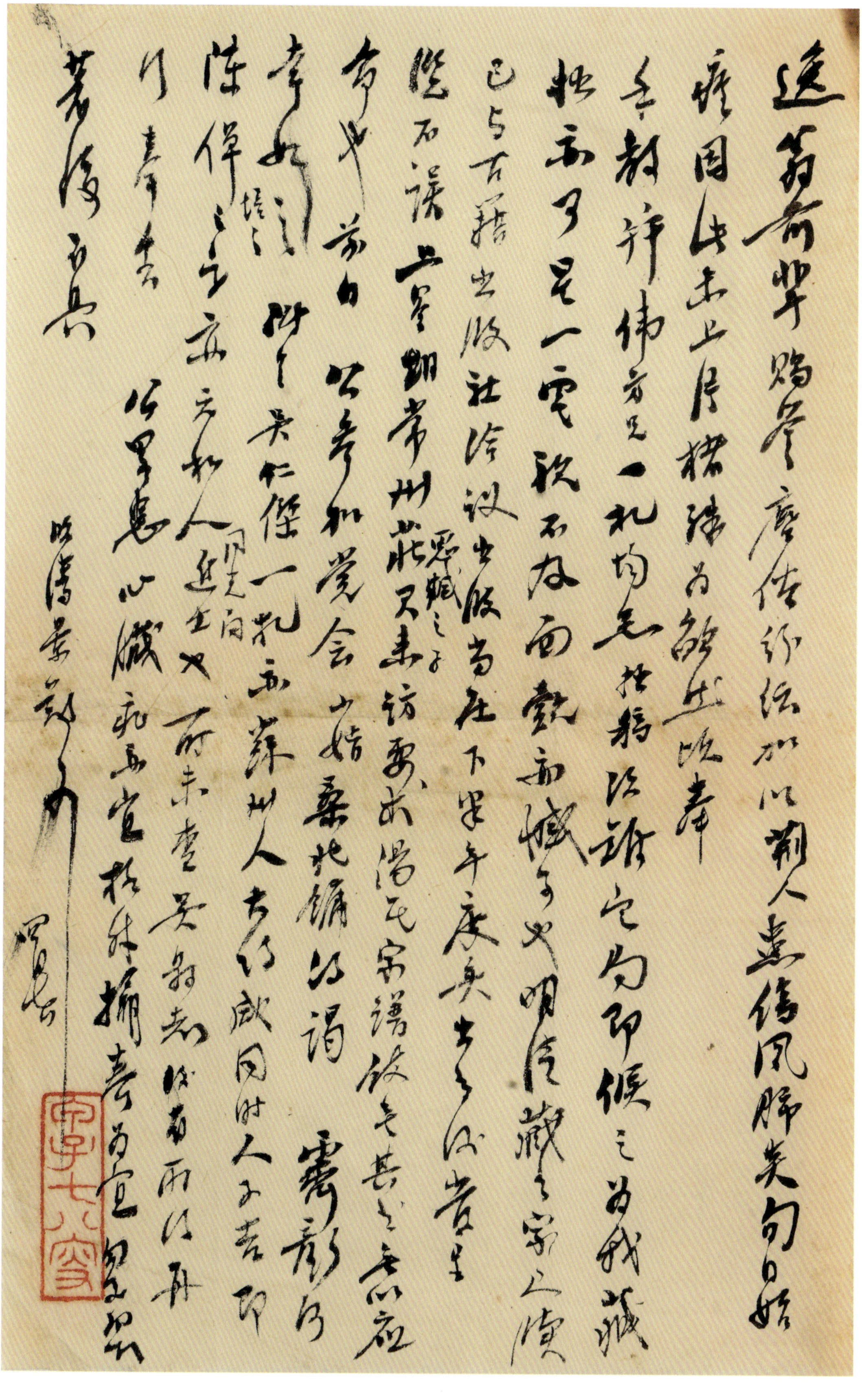

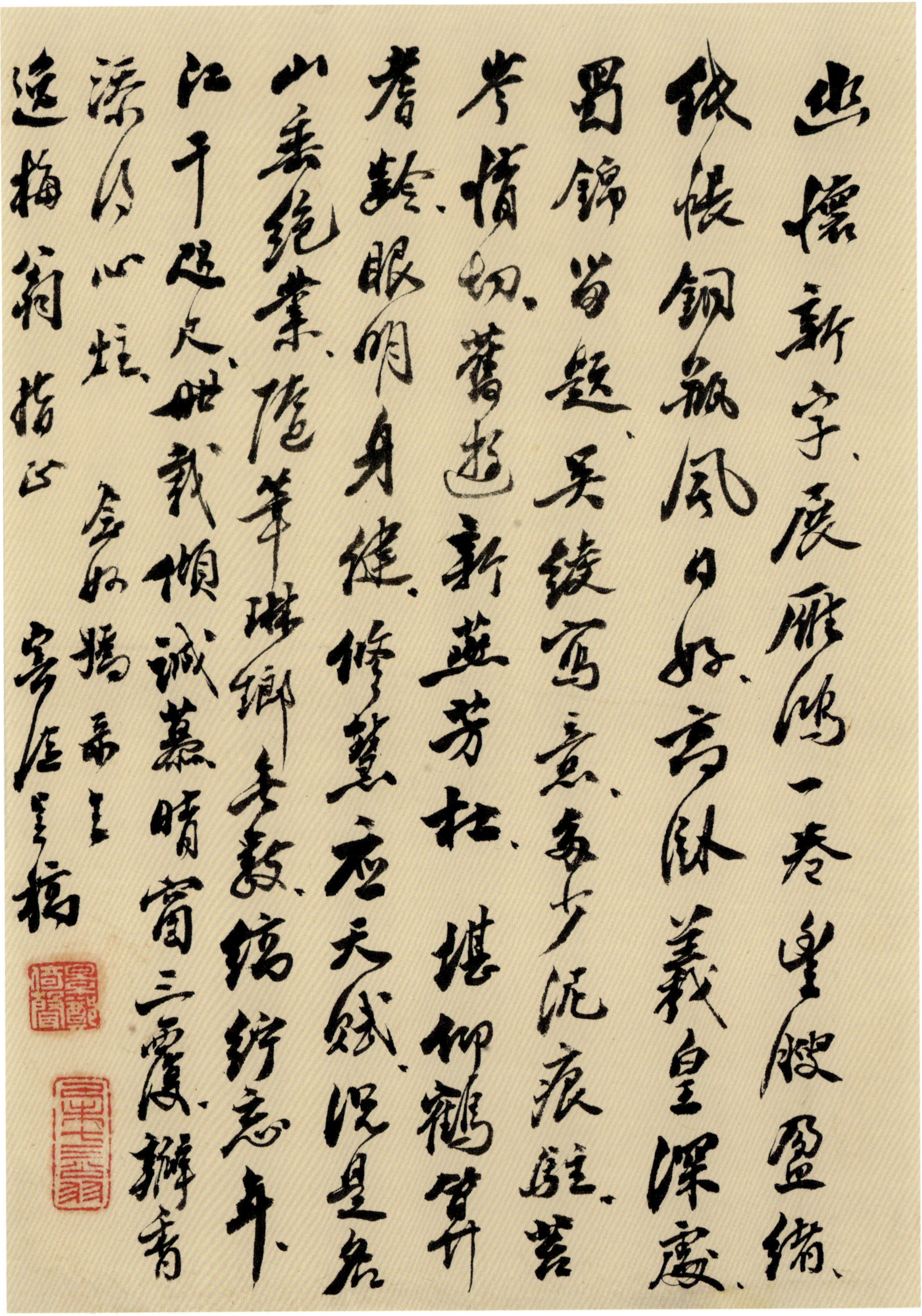

幽懷新字、展[illegible][illegible]一卷，[illegible][illegible]盈緒、
紙帳銅瓶風日好、高卧羲皇深處、
蜀錦當題、吳綾寫意、多少泥痕[illegible][illegible]
老情切、舊遊新燕、芳杜堪仰鶴算[illegible]
耆齡、眼明身健、修慧應天賦、况是名
山垂絕業、隨筆瑯嬛千數、縞紵意平、
江干咫尺、卅載傾識、慕晴窗三霞、辦香
[illegible]以心焉、
逸梅翁指正 [illegible][illegible][illegible][illegible][illegible] 寄漚稿

潘景鄭致鄭逸梅

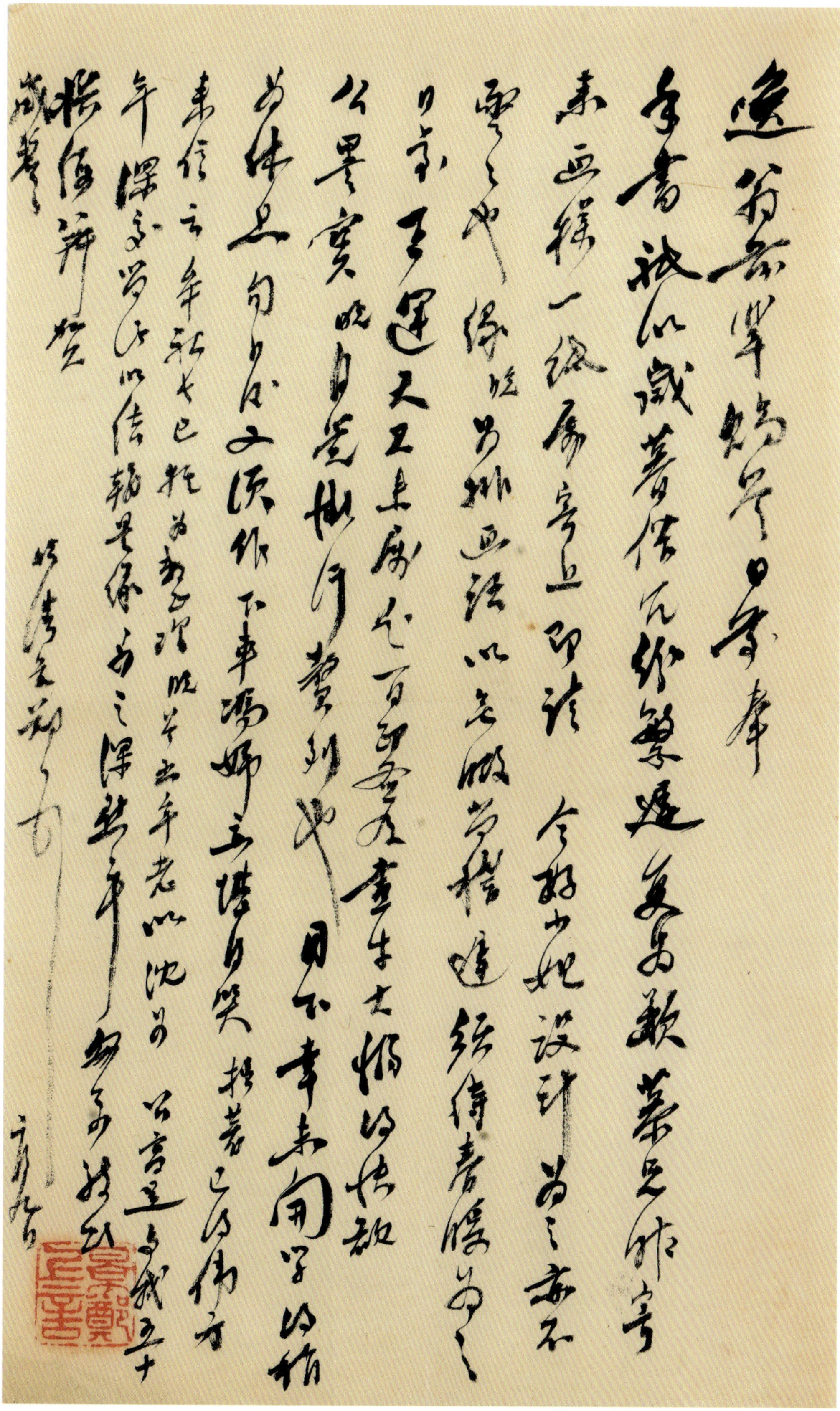

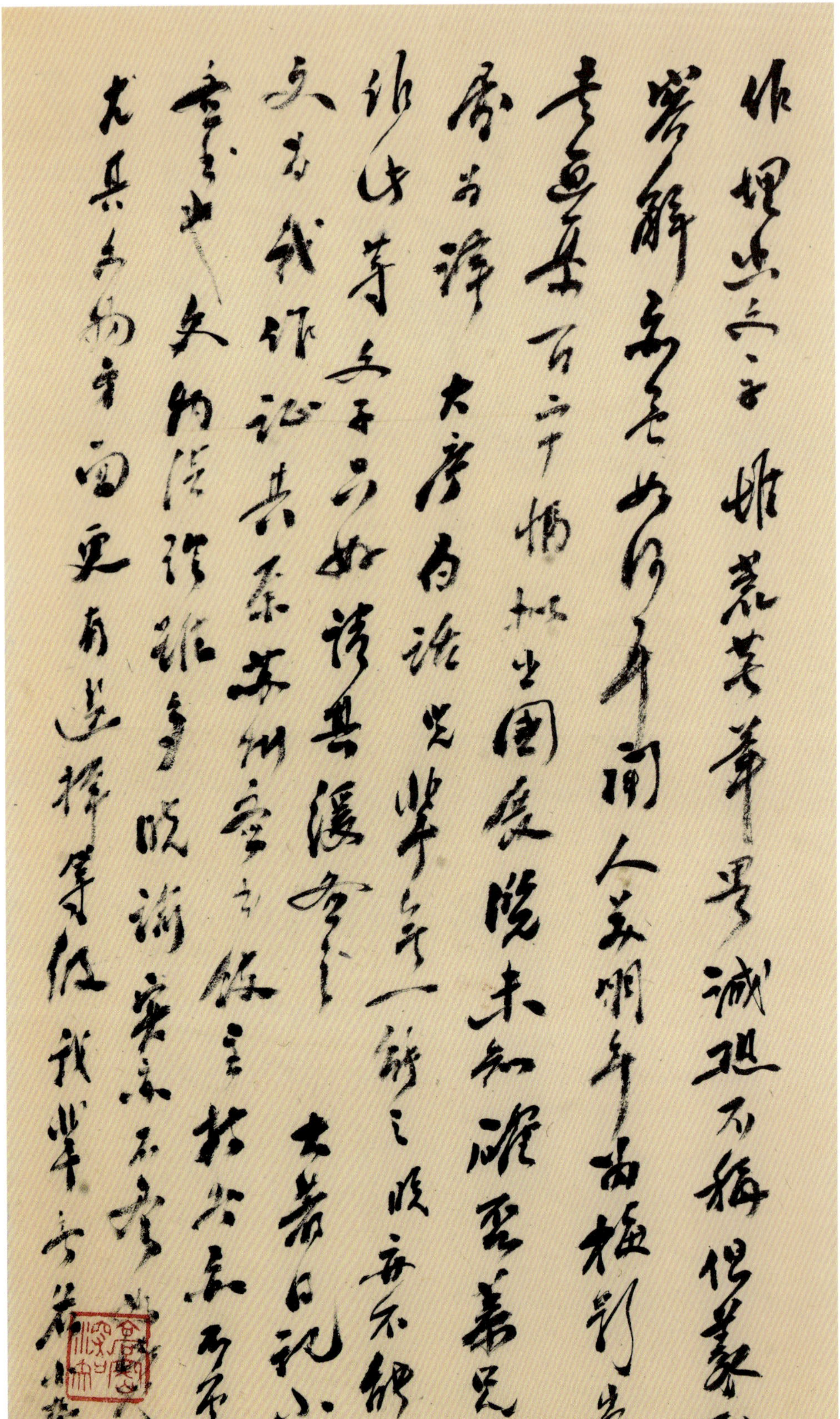

潘景鄭致鄭逸梅

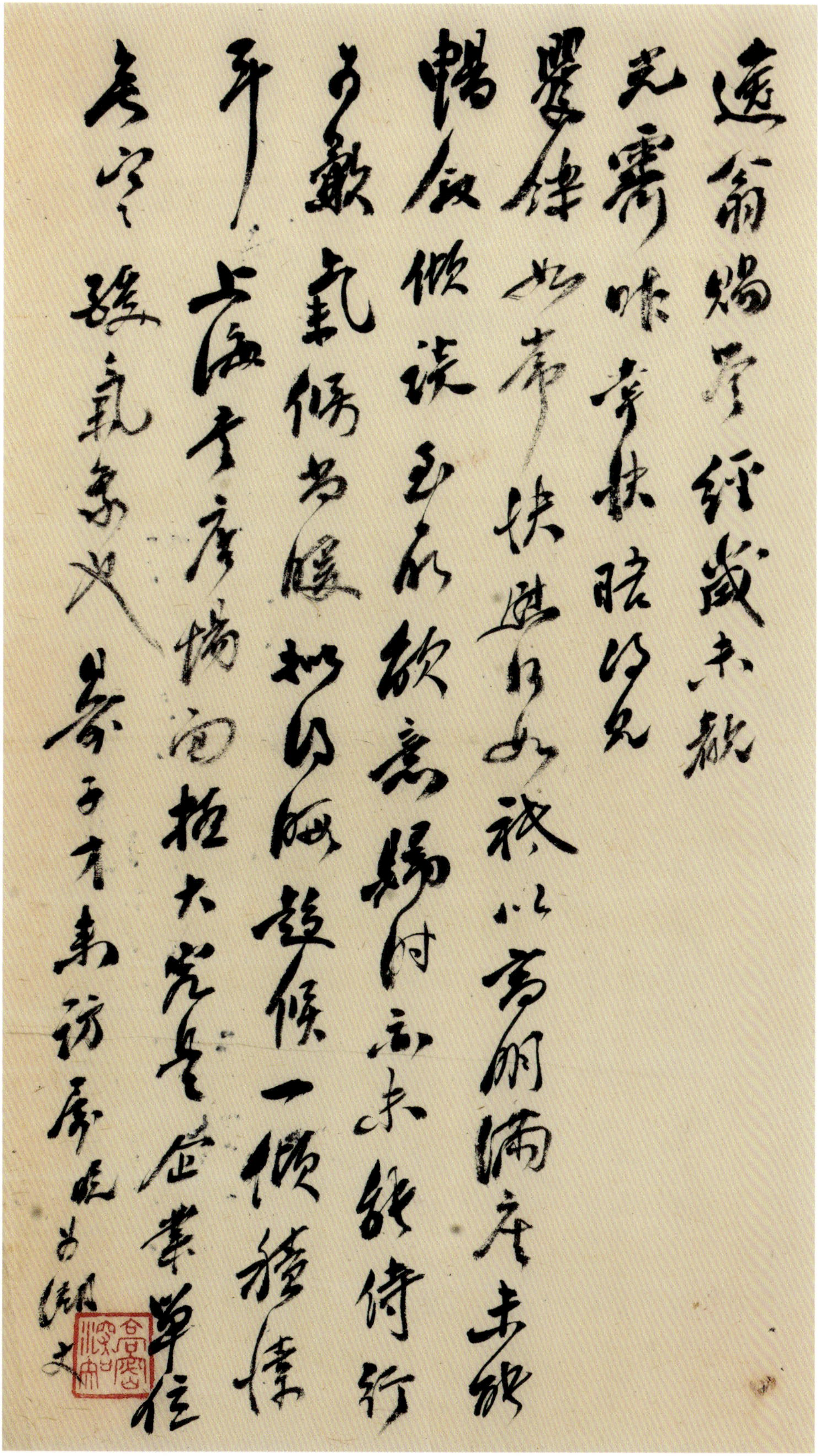

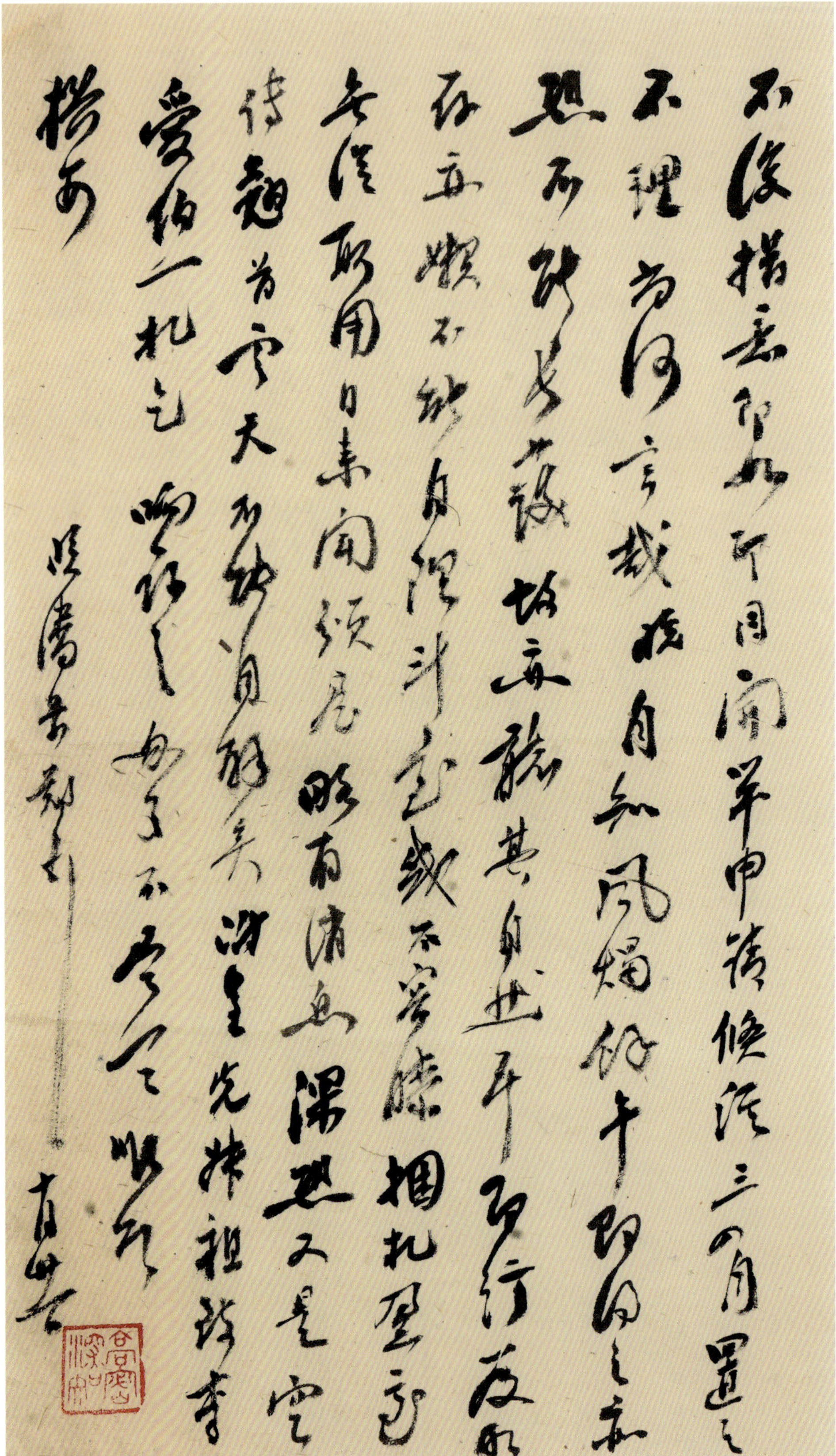

潘景鄭致鄭逸梅

潘景鄭致鄭逸梅

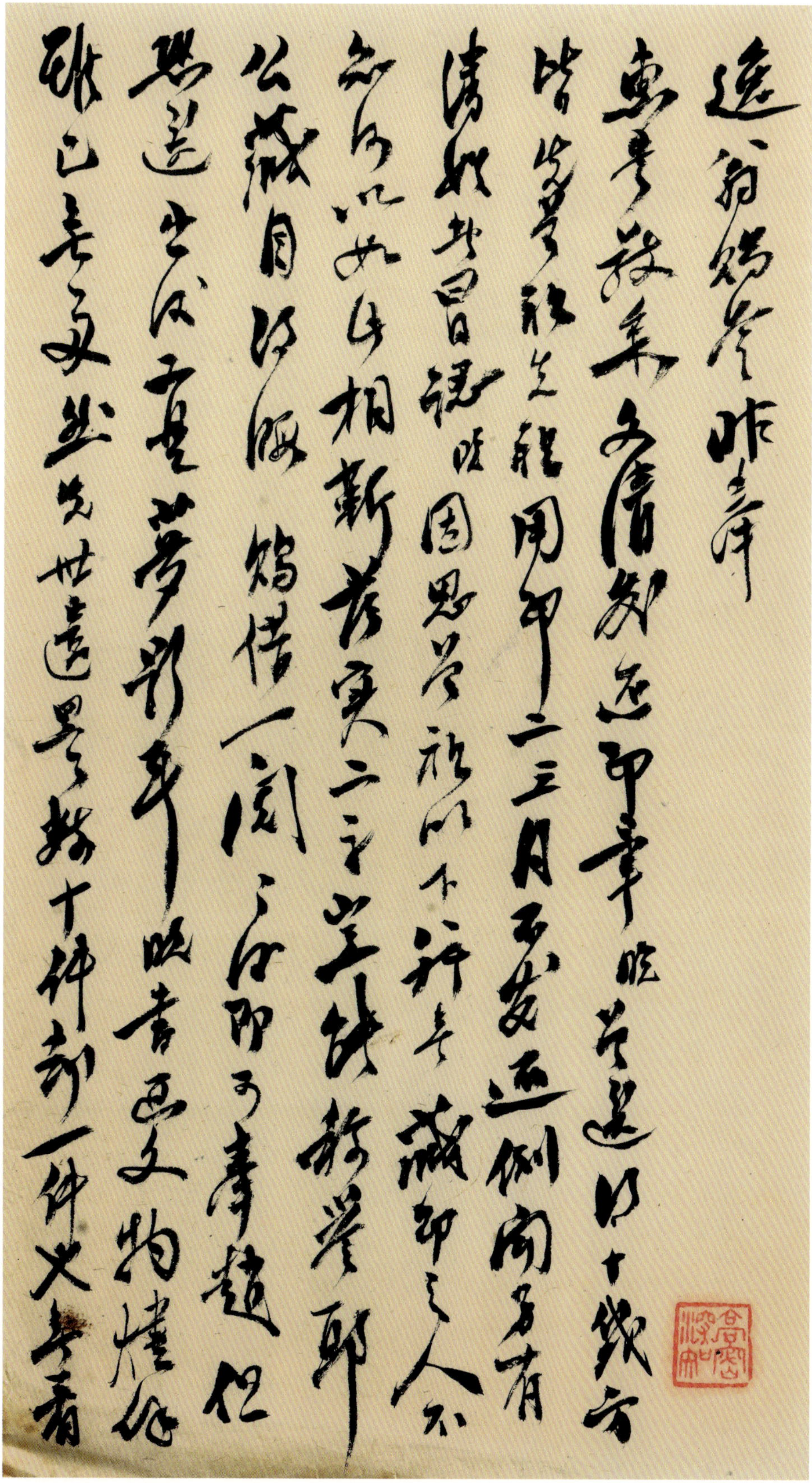

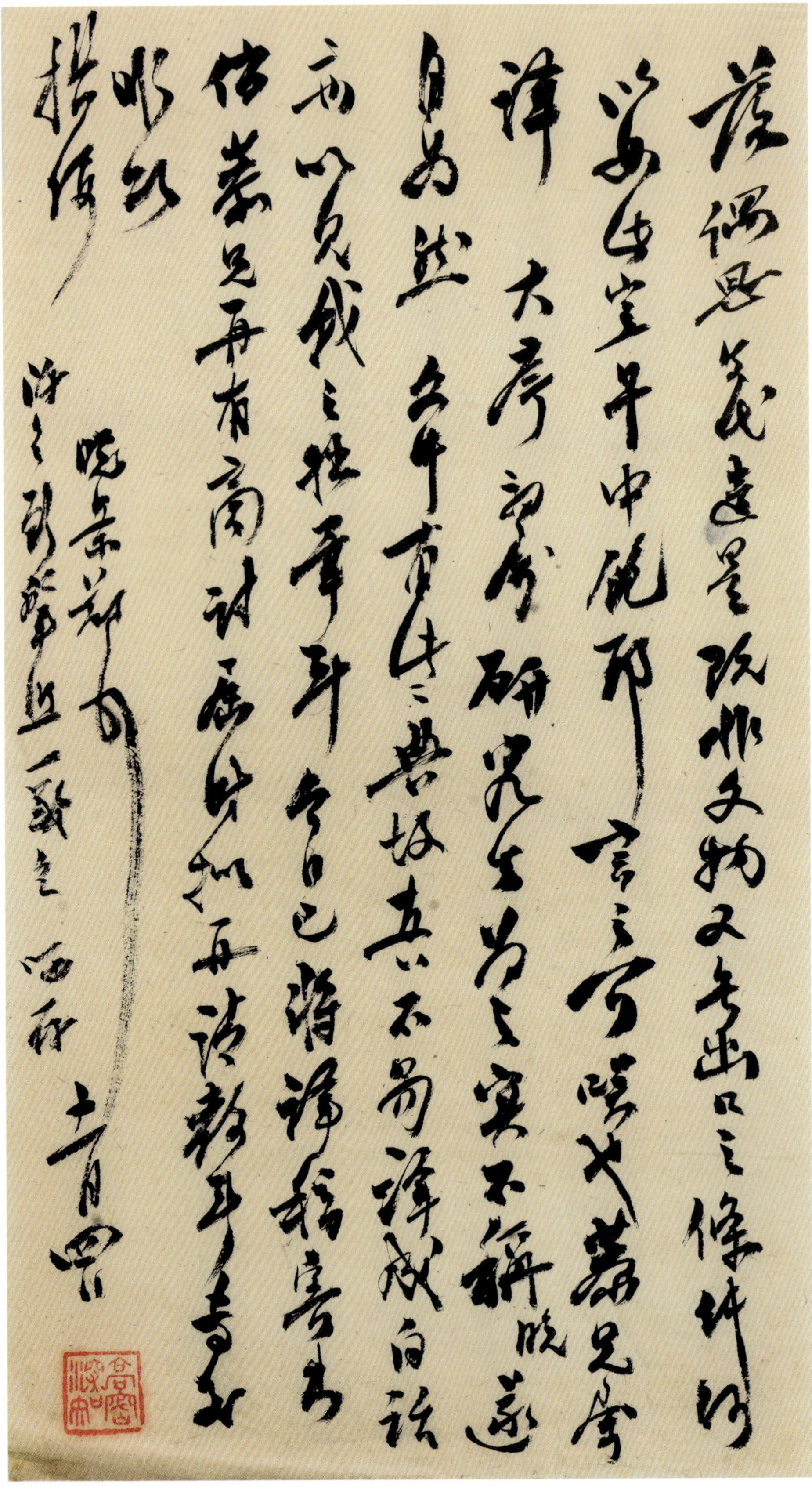

潘景鄭致鄭逸梅

潘景鄭致鄭逸梅

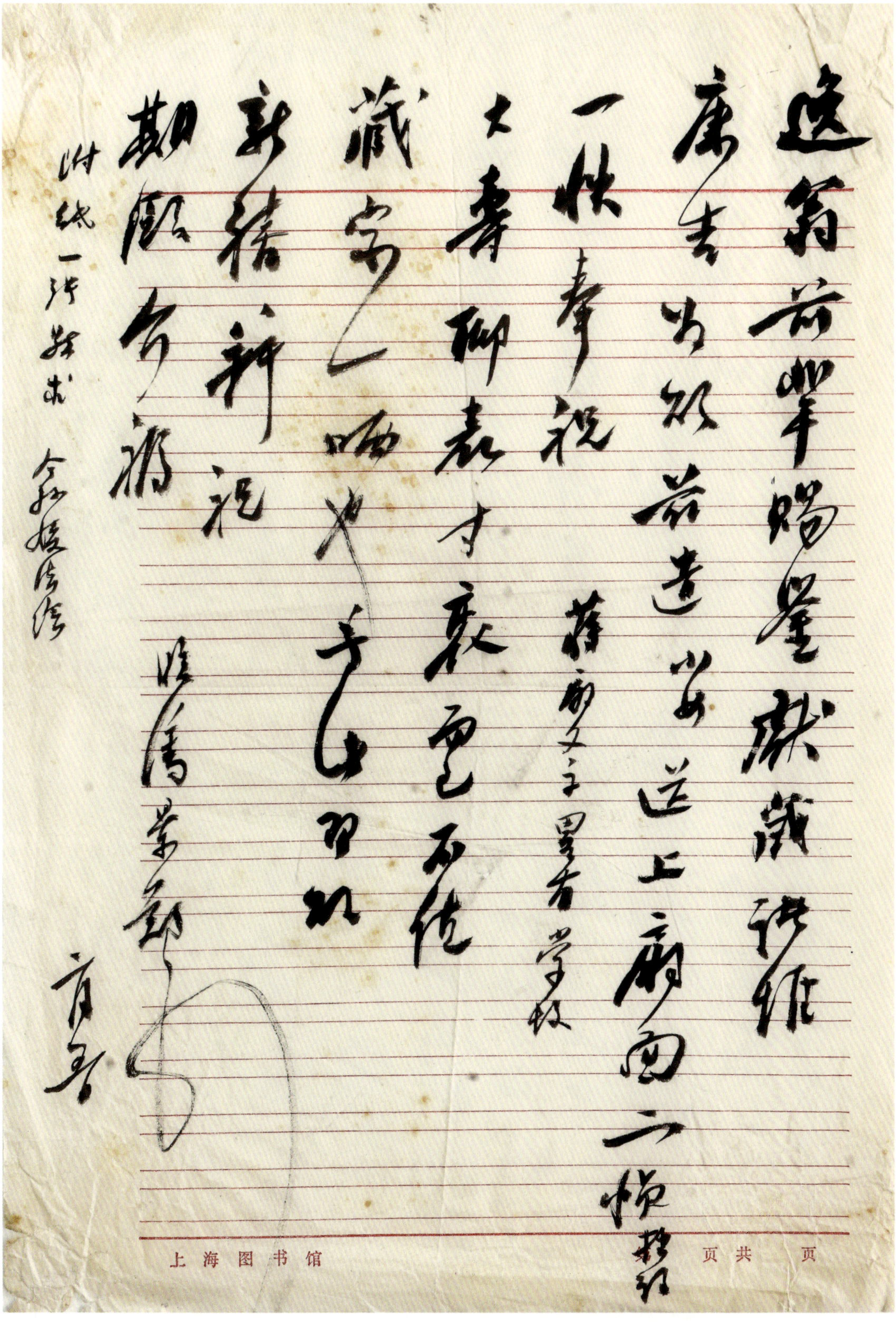

逸翁前輩吟壇：獻歲發祥，
康吉。出版前遣送上扇面二幀，想
一收　奉祝
大壽，聊表寸衷而已，不備。
藏家之[illegible]手也[illegible]
新禧新祝
期頤介福
晚潘景鄭　頓首
[illegible]女子[illegible]學校
附紙一張[illegible]令孫媳[illegible]

潘景鄭致鄭逸梅

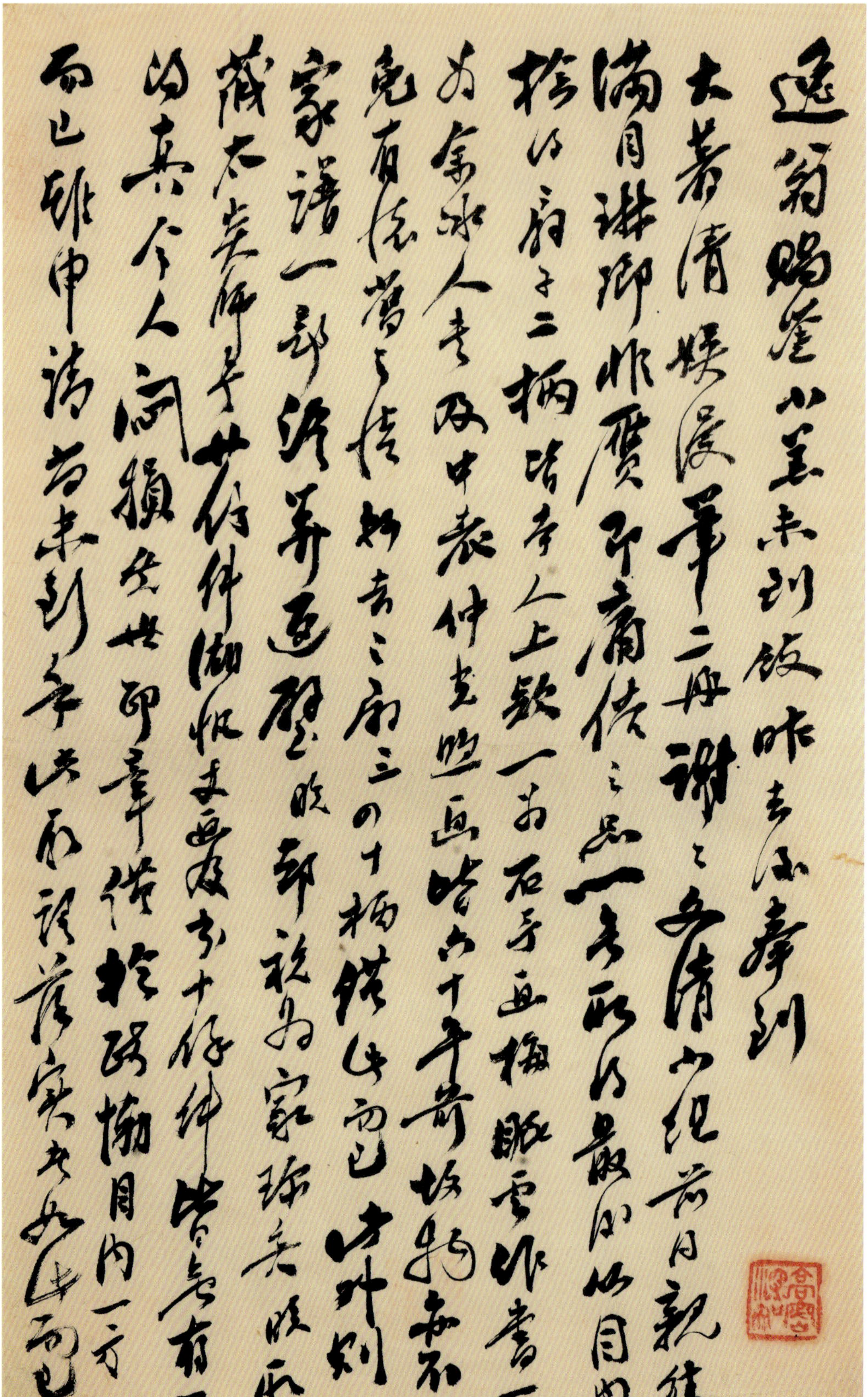

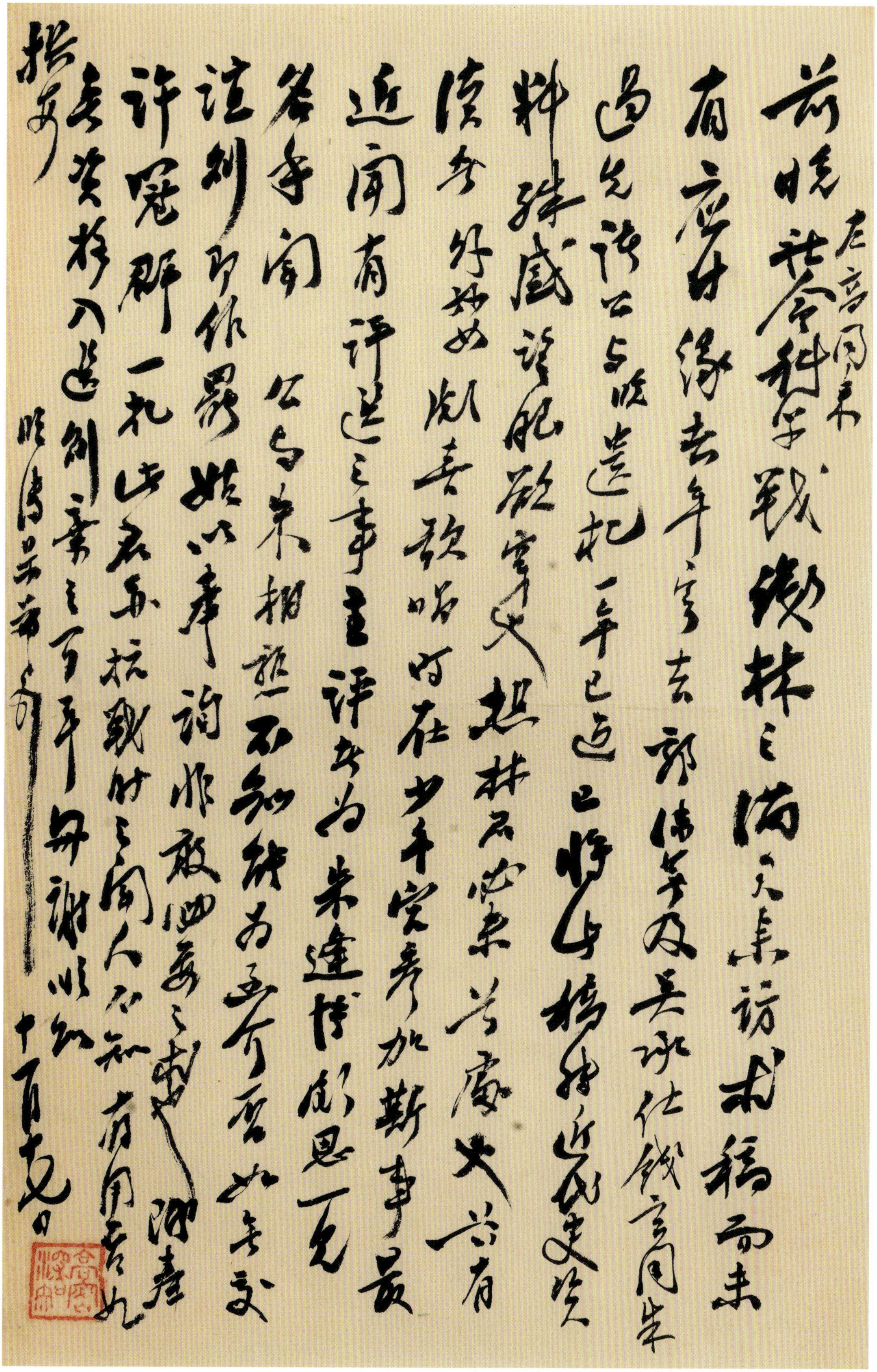

潘景鄭致鄭逸梅

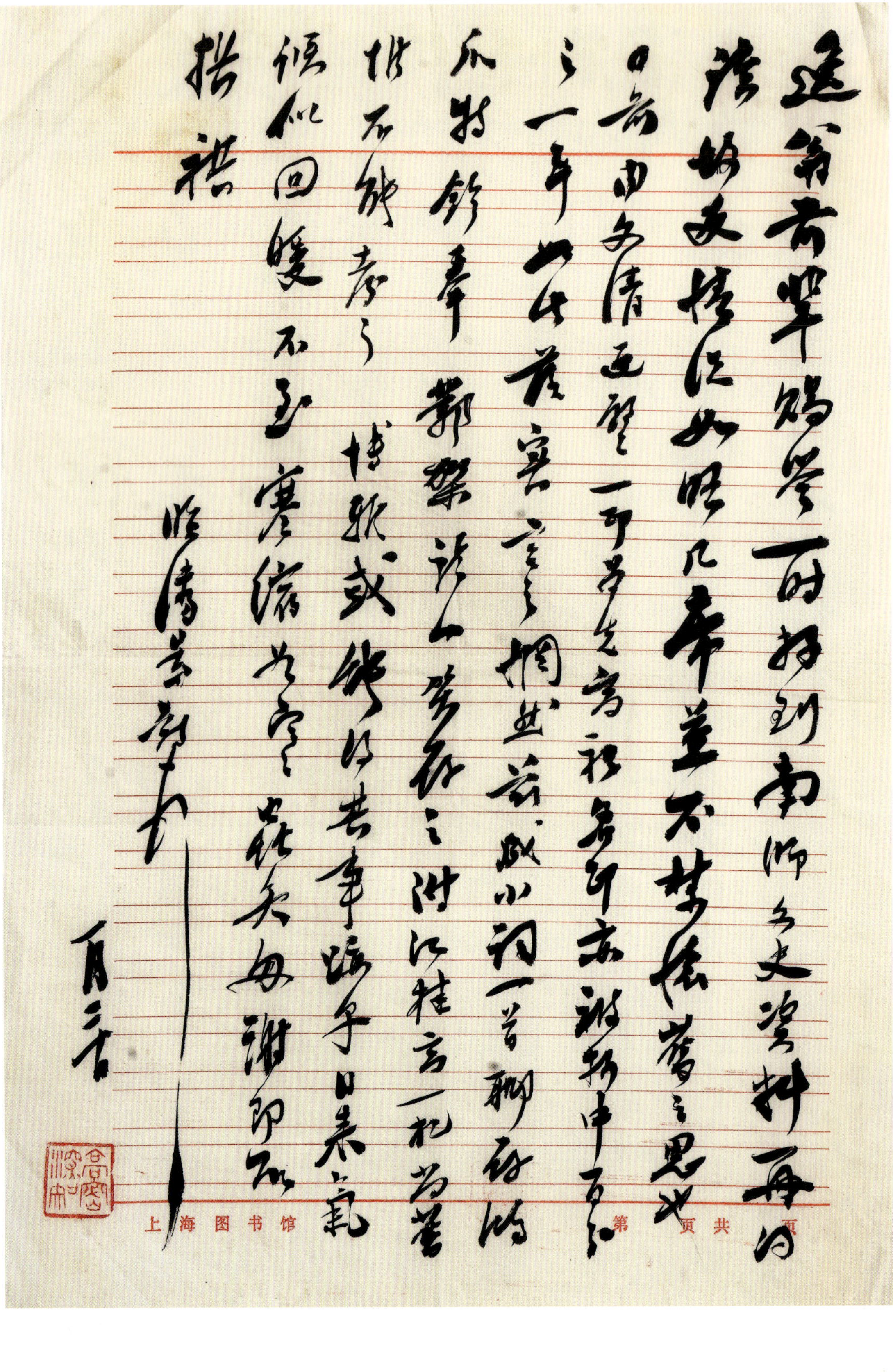

逸翁前輩賜鑒：頃拜到南湖文史資料，再四捧讀大文，情往如昨，几本並不禁依舊之思。又日前由冬青返聲一冊，並先寄顧印存，謝謝。中年之一年，世變寂寂，檢出舊作小詞一首，聊存鴻爪，特錄奉鄭盦，請正發之。附江桂言一紙，爲蒿排不能壽之，博張或能得去年手日表之亂。頃似回暖，不至寒縮，先生爲兵安，謹即頌

撰祺

晚景鄭上

月二十一

逸翁前輩道鑒：日前奉
手示，承詢印目一節，檢閲祇先高祖世恩一印，
係吳晚見樓高祖用印，數十方於抗戰前裝一匣，為吳中
文獻展覽陳列，當時所藏高祖印一匣、曾祖印一匣、先祖
印二匣，文革中被抄去，竟乃散失殆盡，諸有二三方在
右，可見其中石不多，皆人之收藏，實則由多名家
所刻，另藏之文，刻有兩具，對一印，屬詢手扇莫別之
為識，未所樸去矣。愚名為先妣親刻，甚萃潘印經有無一
圓印，晚於四十歲時用之。此次新年有可想見矣。圓知道

潘景鄭致鄭逸梅

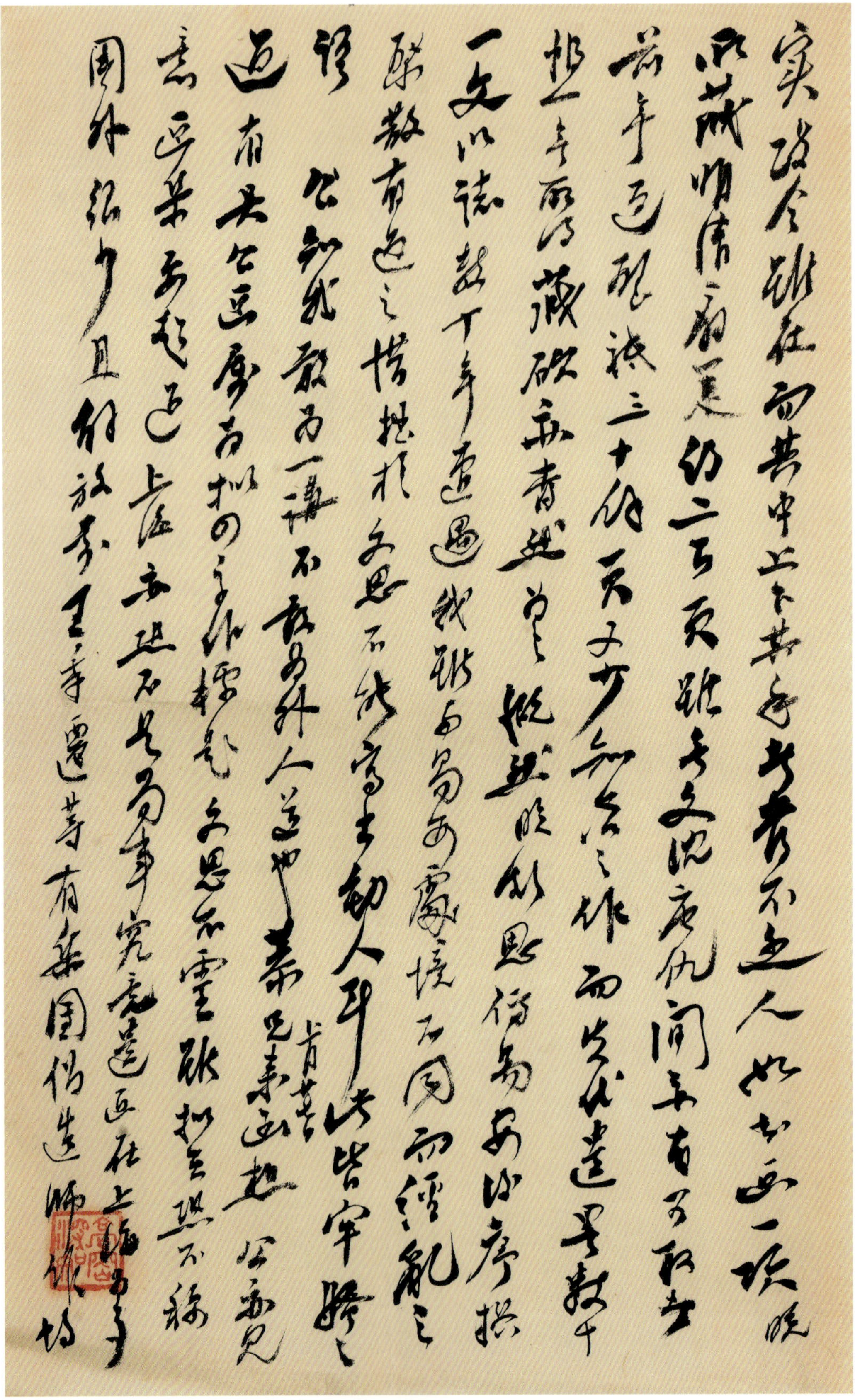

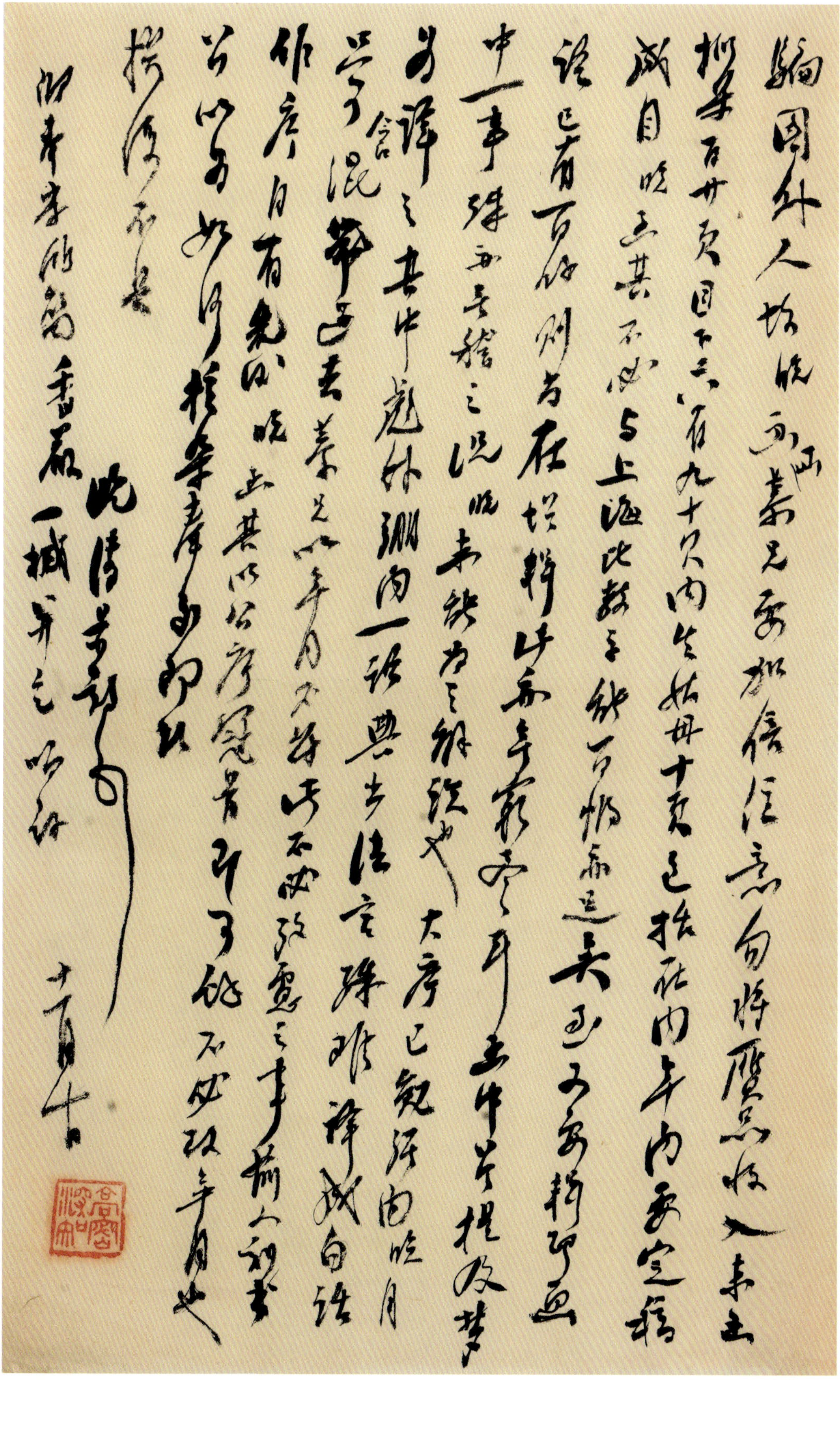

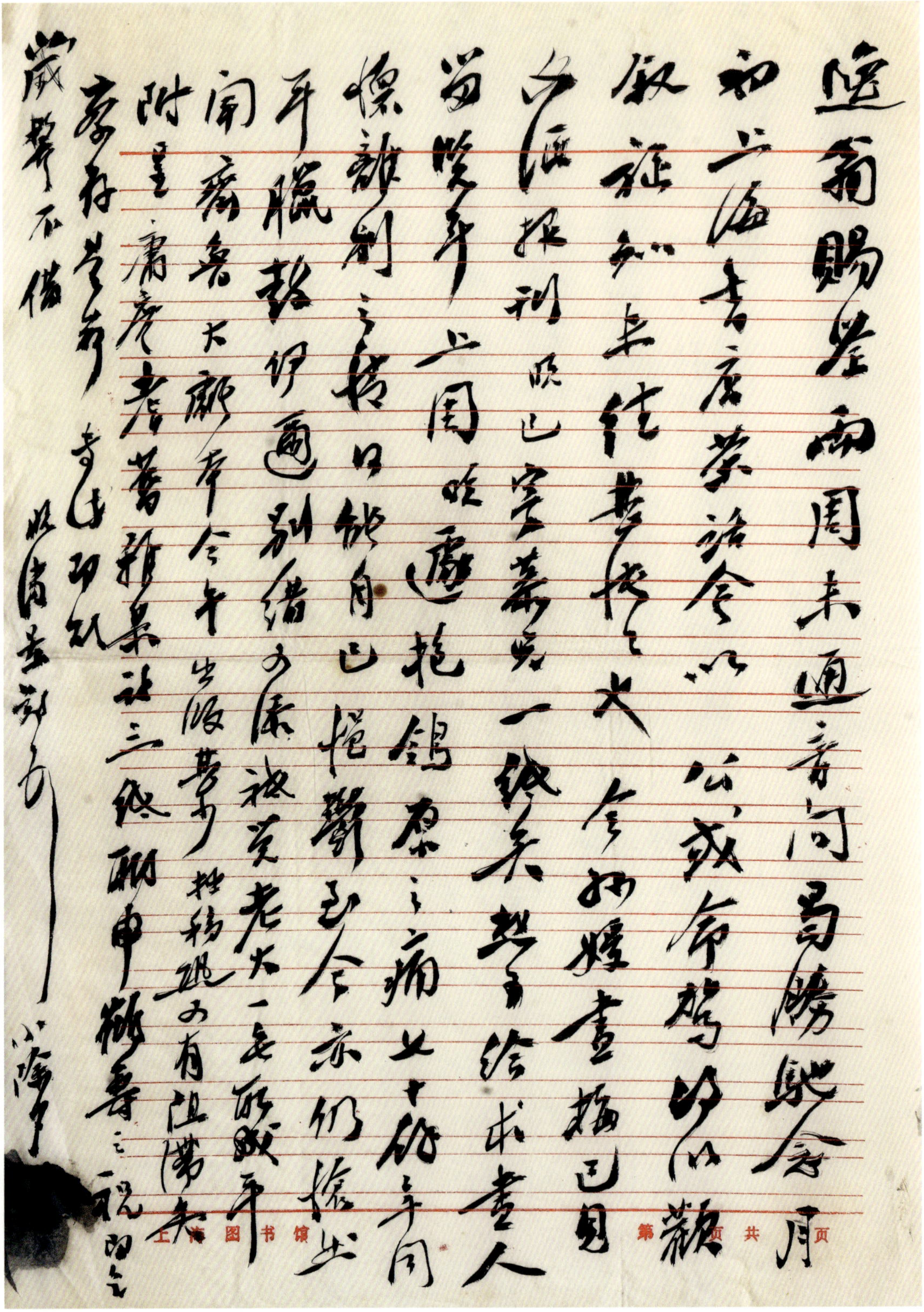
逸翁賜鑒：兩周未通音問，曷勝馳念。月
初上海書店榮治令以公或命駕以觀
敘，旋知未往，甚悵悵。大令孫媛畫梅已見
今匯報刊照，已寄蘇矣。一紙奉繳，給求書人
留贈。晚年上周晚過，抱鴿秦痛失七十孫手問
慄，離別之後，日難自已，悵觸至今，亦仍懷此
耳。臘鼓伊邇，別緒又添，被此老大，一無所成乎
聞齋集大概本今年出版甚易，拙稿現又有阻滯矣
附呈肅庵老人著精舉詩三紙，聊申[illegible]尋[illegible]，一祝冬安
亦存尊處，寄還印紙
歲暮不備
收書並謝[illegible]
小潘[illegible]

潘景鄭致鄭逸梅

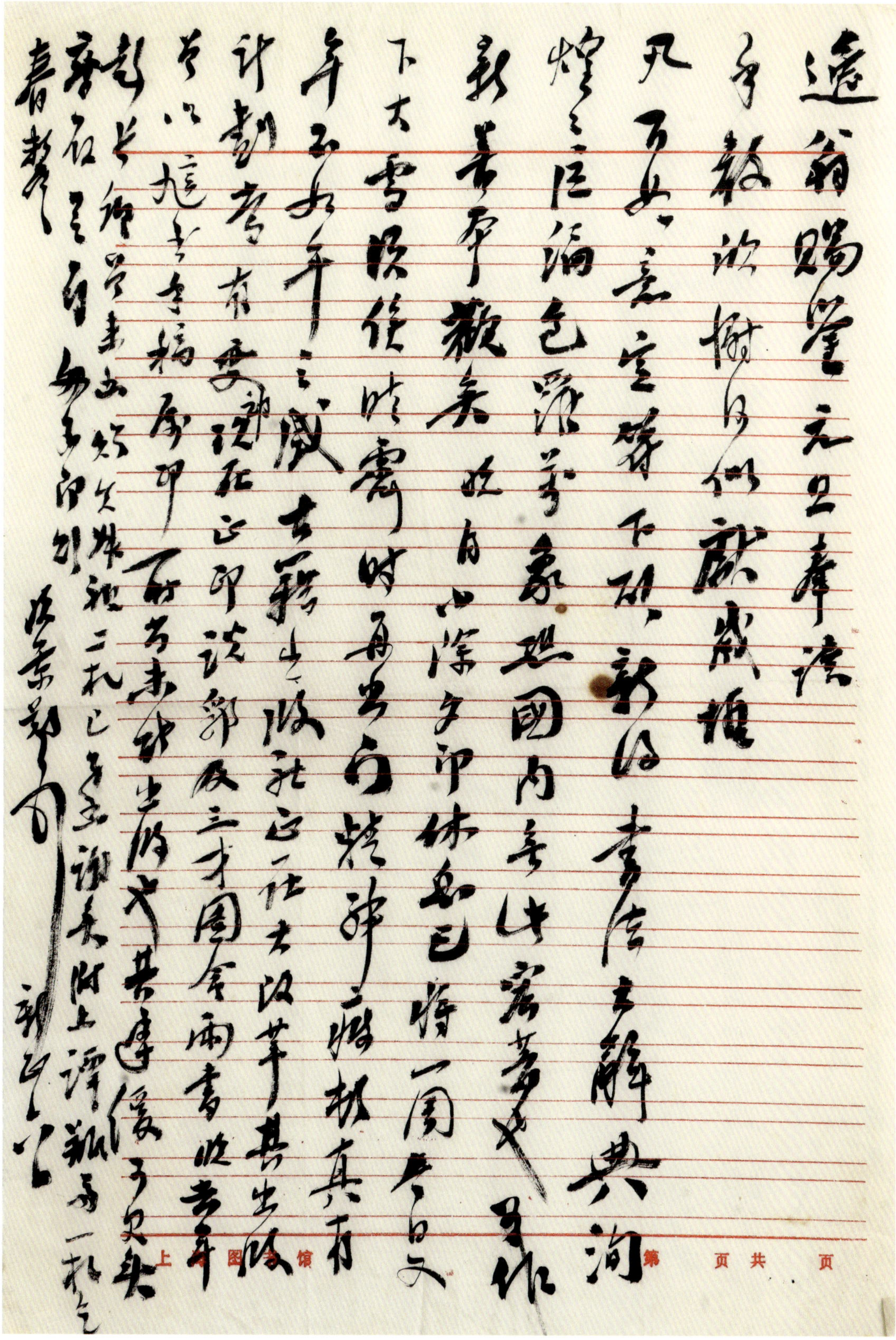

潘景鄭致鄭逸梅

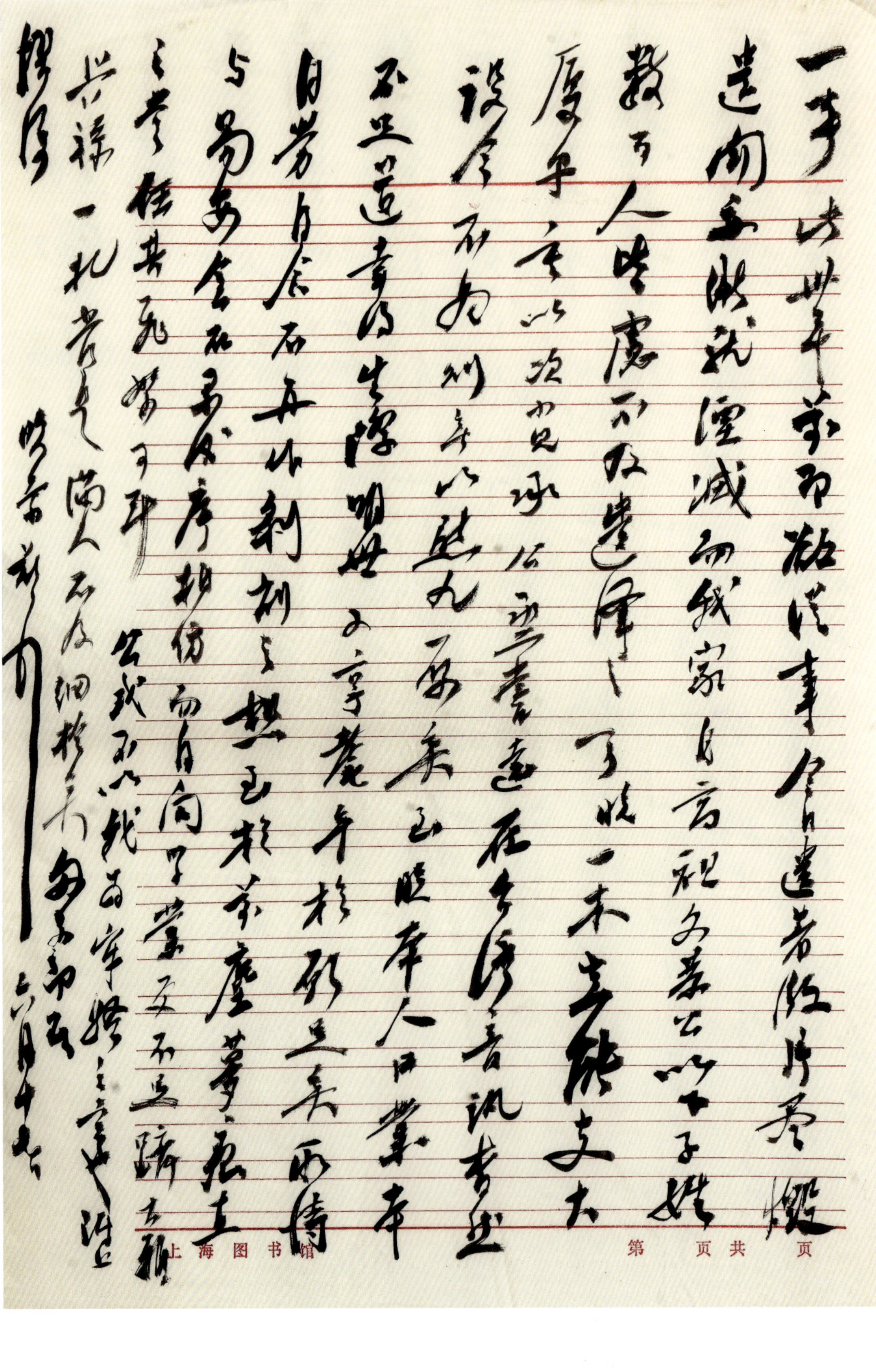

逸翁賜鑒：頃奉 書，展拙稿，彙呈 極 [illegible]
其自是厚蒙 厚愛之忱，實心之所免 [illegible]
不敢自始伊戚焉。 感念銘心，今院最近
研究生講課已屆一年，擬取鄉出三年一二種
擬書初稿已定，議六月先徐祖鄭虎公輯印
遺集，正在商議中，三月為先大父即明代藏書家
之後，亦在商洽之中，甚之後之事皆為了之，鄭
振興家數一旦復興成，手與日俱登 庵手以
從事，不順頌心耳，而已專此布候先祺 [illegible]

逸翁詞長

上海图书馆　　第　　页共　　页

潘景鄭致鄭逸梅

逸翁道長吟席:
前奉教並小手冊示李旌謹益感多
大著志石岡件真是四海知名主徵企仰企仰之甚者
承及之甚詳甚博,昨觀鄭卿君寓來滬卷
詢一札,實非實寫人物,殊不似尺牘,即轉小峰獻卿
備一格可也之。昨承示前借花獻佛,又公見贈新尺牘
至轉達鄭拙庵惠尺牘,已交部瑣中心不安,郵後不殺
採悉也。注公為錢燒寔及其手,寔非不愛人事者
也。正事新出請之,匆匆不文,順頌吟祉
撰安
旅儔景鄭頓首
八月四

上海图书馆 第 页共 页

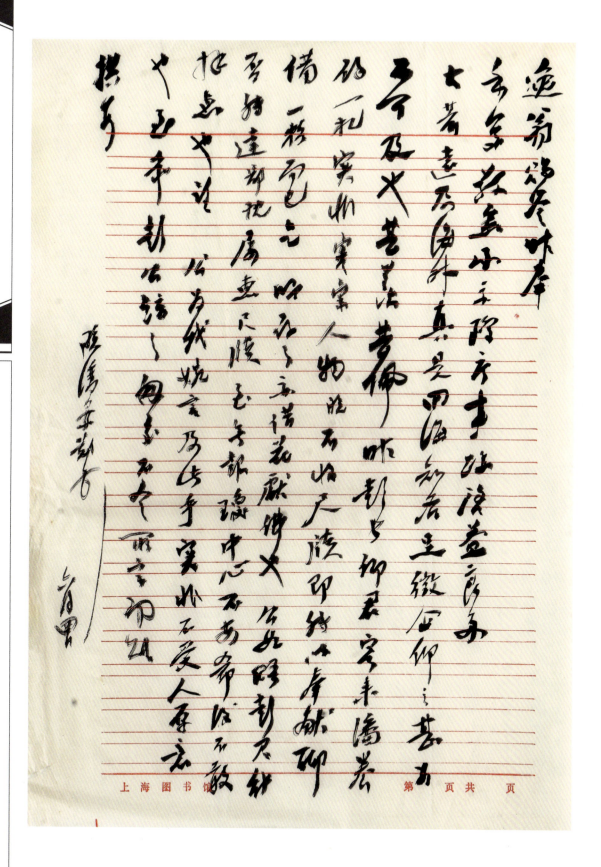

潘景鄭致鄭逸梅

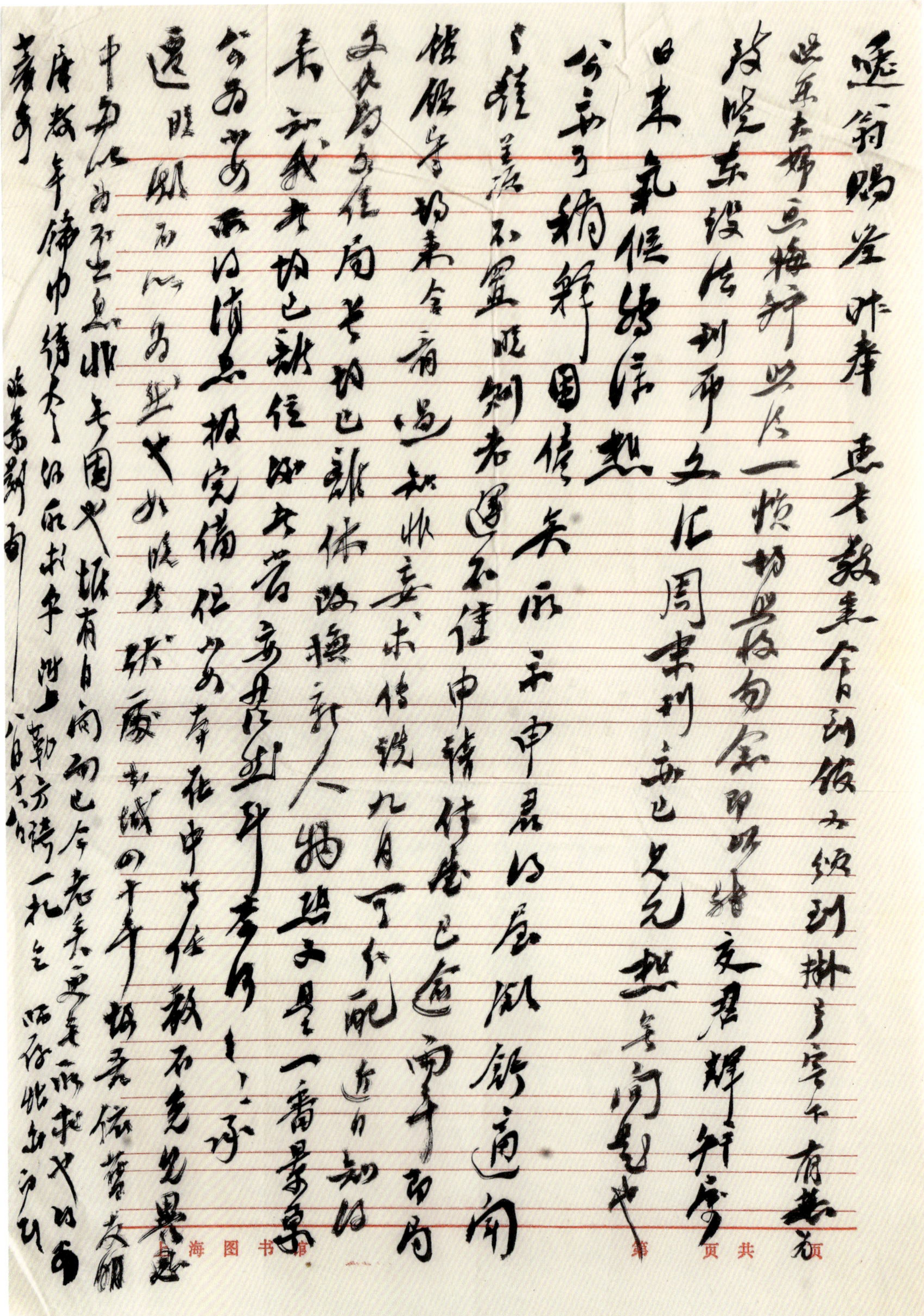

逸翁賜鑒：昨奉 惠書，敬悉。今日到彼五級，到掛號寄奉，有無爲
此系去歸亞梅軒者一幀，拍攝自句容，即此緒文君輝軒序
後悉東坡詩刊于文匯周末刊，亦已見之，想尚可見也。
日來氣候轉涼，想
公無可稍紓，因循矣。所示申君以風簷餘商通訊
之輩近況不置，晚知者還不佳，申請待遇已准，而十月
依然嗣後得來，今有遇秋收，亦未得請，九月可作配。近日知昕
之長爲之作用，長因也詠，休換新人物，想之是一番景象。
來示我大約已詠往，然去舊要其趣，升看之之序。
公爲學，所以積悉，極完備，但學者在中作教，不免思異處
還，睽睽前以爲憾也，如晚者狀處，承識四十年，垂蒙依舊友朋
中無以爲不世出，非其國也。振有自問，而已今老矣，亦無所求也，以示
座教年節中待之，以所示手跡，上勤方請一札。
專肅，敬頌 著祺。 晚景鄭頓首 八月十六日
昨得悉張師存阮

上海图书馆　　第　页共　页

逸翁賜覽：兩奉 惠教，敬悉。前日來此，荊人患病，心緒
不寧，匯寄尚羈，日內耗 疾已痊，以後營業當至 未及
公宴飲會，與晤相聞，兩飲而來，由共而泥之間之緣慳，
更殷切。奉寄小詞，奉 政，聊寄吾子同緣而已，幸
一咲置之。 所寄花回春甚人，照長風知肩，鉤黼老上海人
物，仍有取得再行奉告。比悉大著碑刻讀集已有廣告，想
不久可見耳。 屆時希代購二三冊，然友便覽虔微不知
可實乾也。 業兄無亦接到，但印行無集，磁兒石當刷印
我們都知立紹樹不佳，短箋之內已致，壽兄未必合意也。
謝兄先祖墨札一、王佩若札一，統補入 八月試云，無它勿念
撝安不莊
晚景鄭頓首
五月八

 第 页 共 页

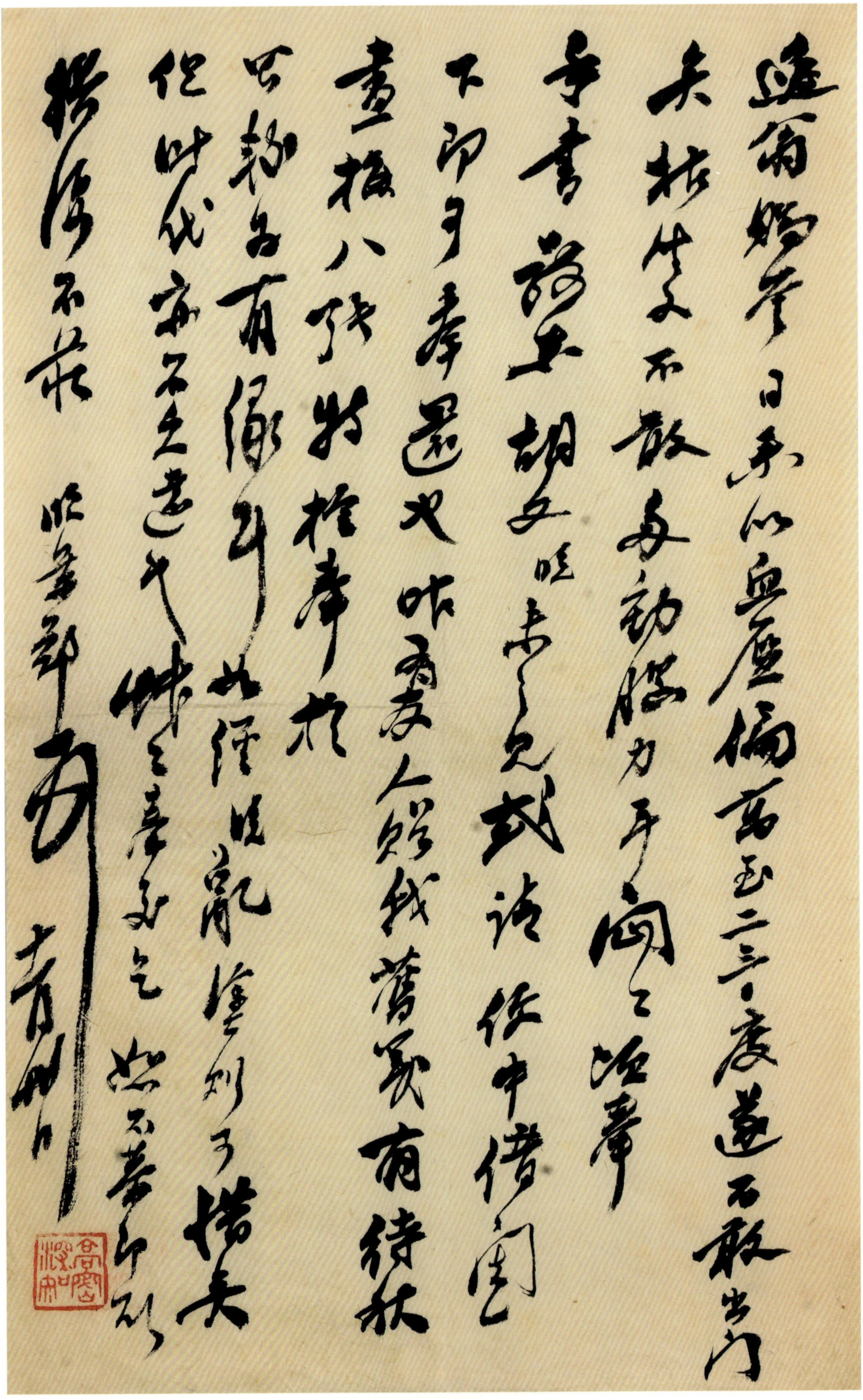

潘景鄭致鄭逸梅

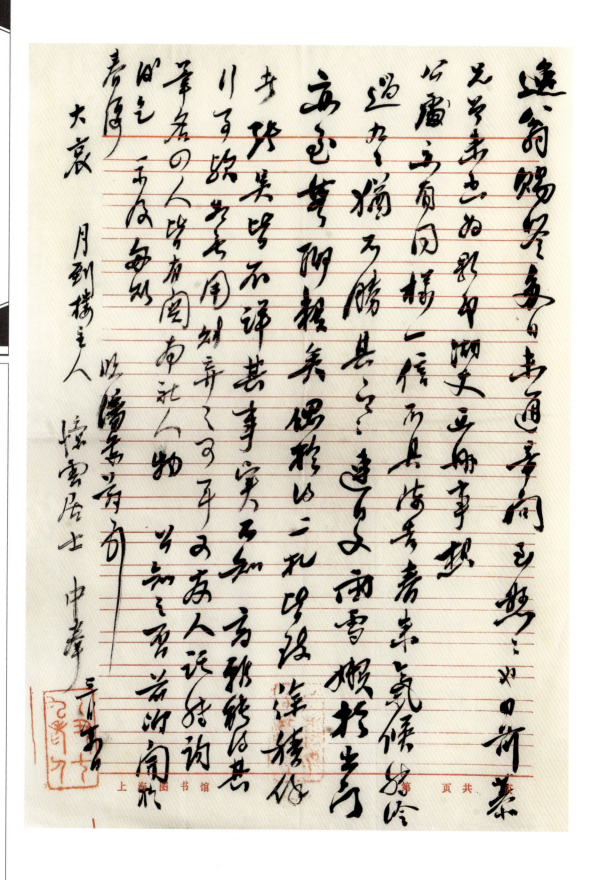

逸翁賜鑒：多日未通音問，至以為念。頃奉
兄函，出為鄙中湖叟正冊事，想
公處亦有同樣一信，所具諸君壽來。氣候轉冷，
過之獨不勝甚之速，又雨雪擱於門，
亦已無聊賴矣。偶於的二札，得詳諸條，
老弟矣，吳昌不詳甚事實，不知高鄰能給其
月可蹤否。惜周刻本了了可再，又有人說詢
單名之人皆有名，南社人物，不知之否，著於薊門
賜示一二為盼。
春褀

大安
月到樓主人

弟潘景鄭頓首

懷雲居士 中拜

三月廿日

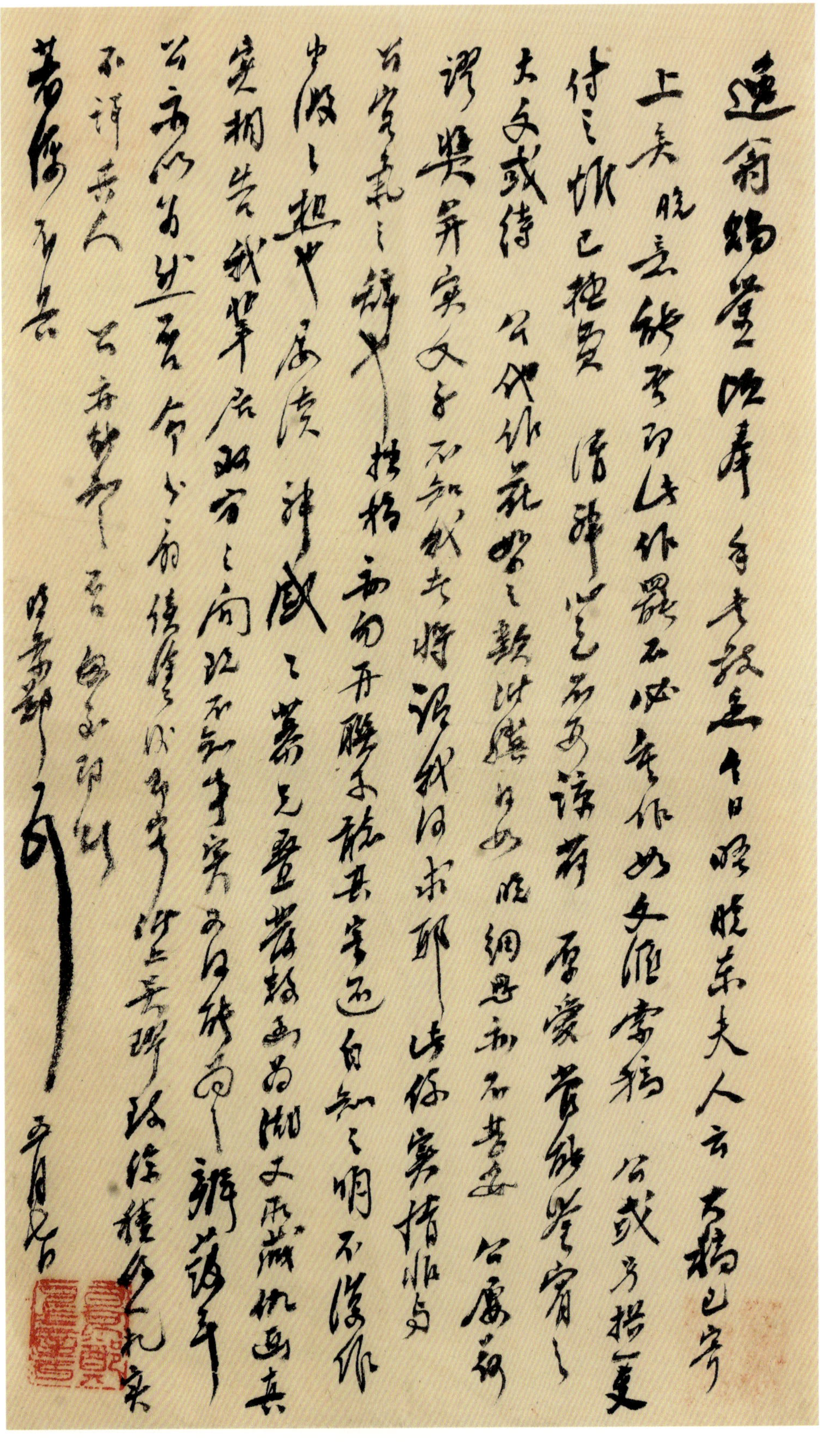

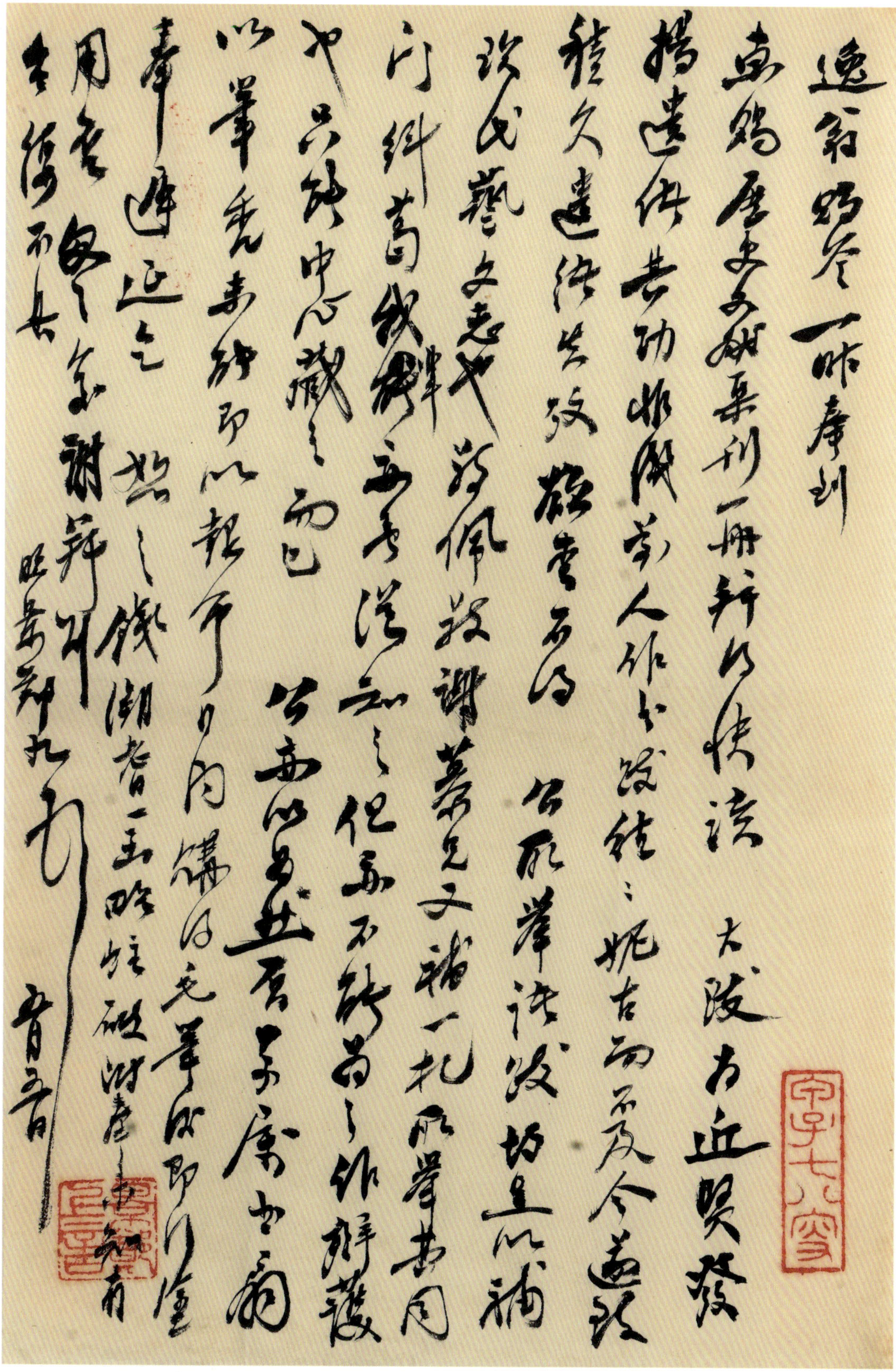

潘景鄭致鄭逸梅

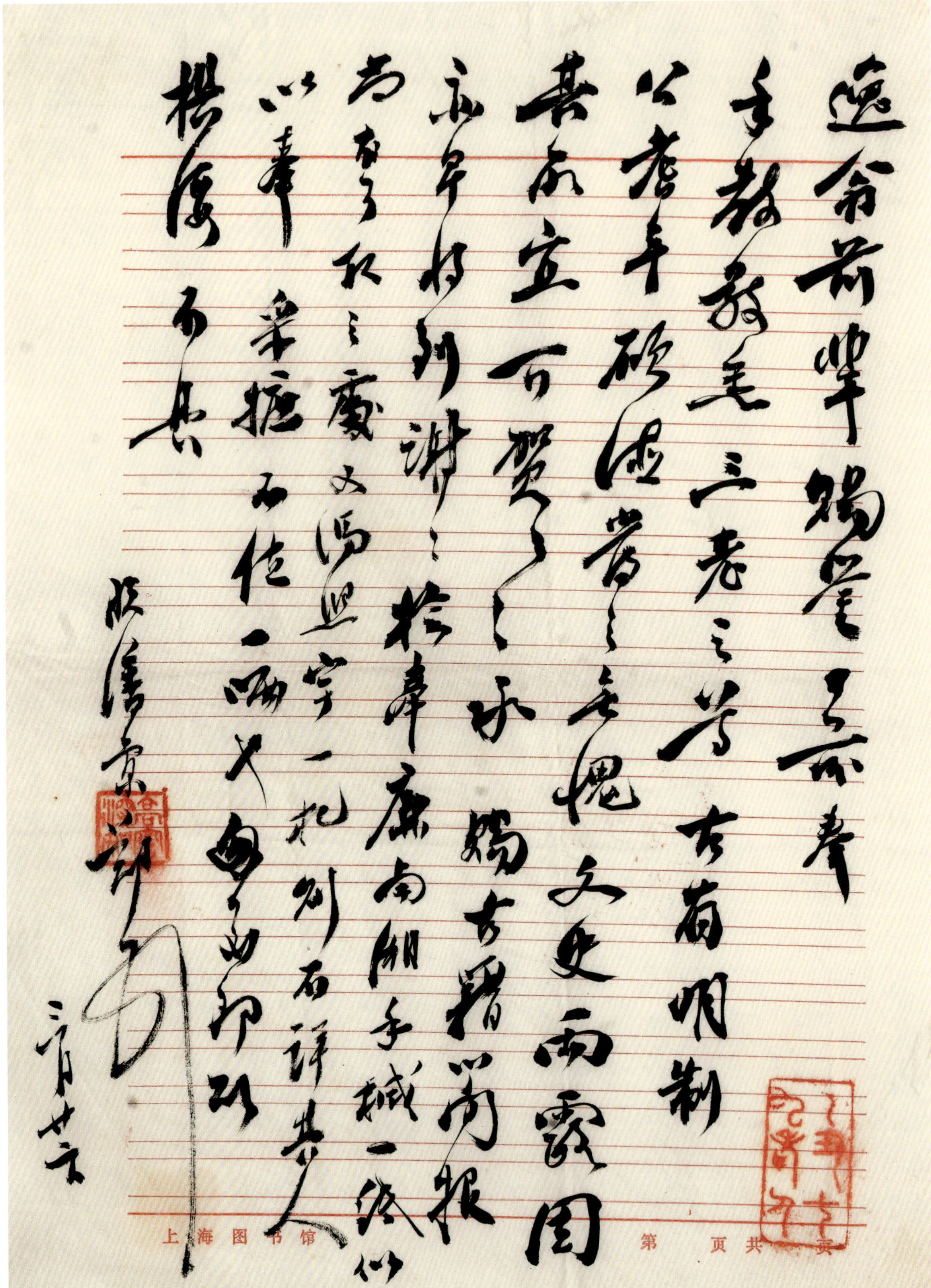

潘景鄭致鄭逸梅

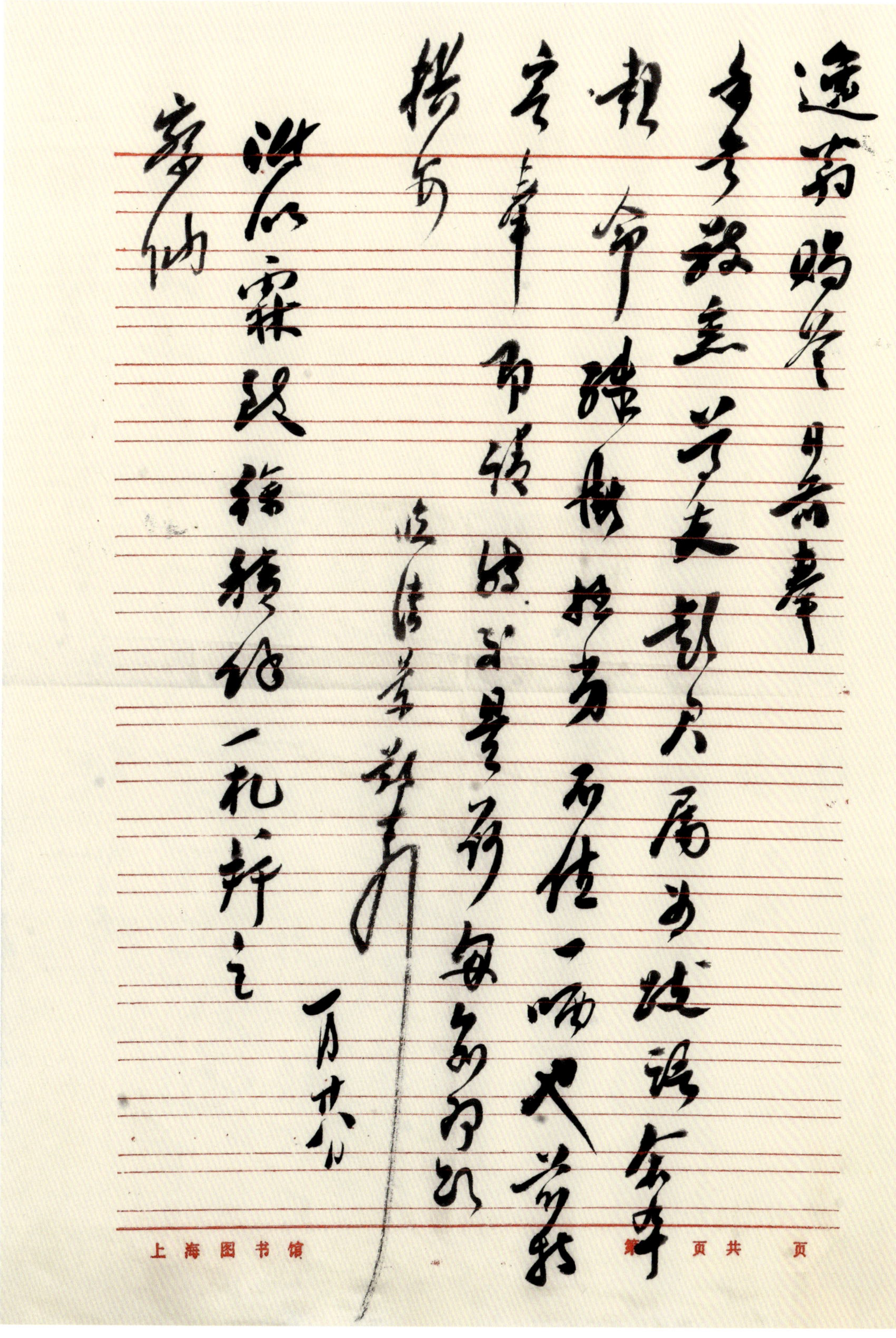

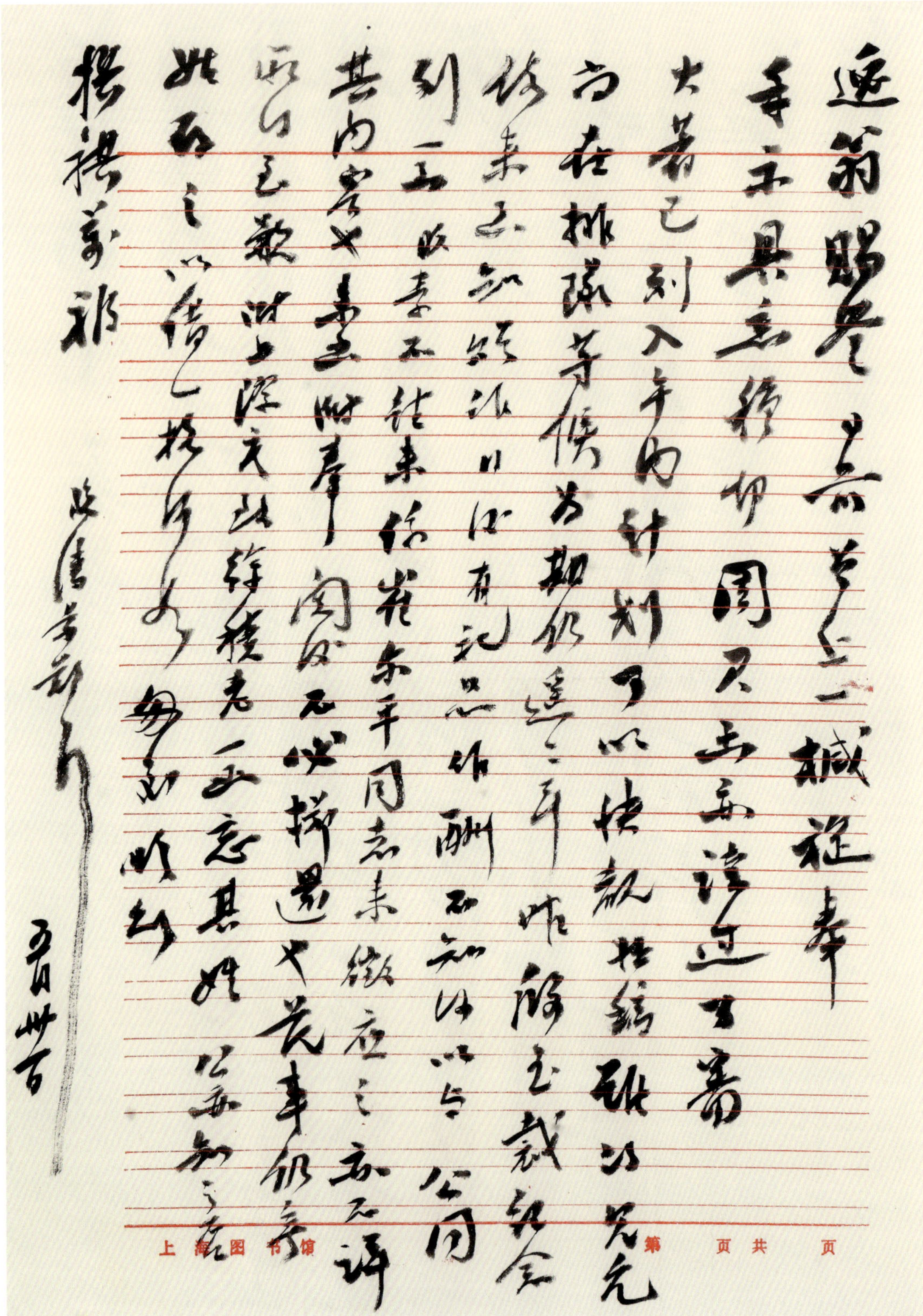

逸翁賜鑒：去冬上一緘，旋奉
手示，具悉。緒切同人去歲請過書齋，
大著已列入年內計劃，了以快款捷綫能以見允，
方在排隊等候，為期似遙遙耳。昨聆玉哉紀念
錄來示知，錄訊日以有記以作酬，不知以何公同
列一五收奉，不能來信，前年同志來徵應之，亦不詳
其內容，又書附本，關石以播墨選，又花事似亦
承以見教，附上深文與絳積老一手，意甚好，
此石之心情已拾何如，無知
楊楊箋祝
弟景鄭頓首
日卅日

上海图书馆　　第　页共　页

逸翁吾兄鑒：久未通音問，殊念念。天暖六月
中由師大招延參加研究生答辯，五六起步頗
先閱論文再作評語，然以古稀之年，苦於
腦力無論用於此等事，亦殊苦撓，明日又有指導
三研究生中期答辯，精歸三載，方得送去，元年告一
段落。下半年及明年上半年以休息一下，已下半年
又取得指導之文，自知六十之人，而不敢決定為之，未得
如再不敢自指之指導研究生，要通請課一次，月餘
卅元，其不及一半時付工資，甚是傷哉，為正義事甚
艱書超子二項，亦不合意，今得有年稿紙，白宣竹紙，特為不必求人
由之不能如愿達，東閣化字。謹此一札，似多可取，又為知者
指謝。

弟景鄭頓首 六月廿六日燈下

上海　書　第　頁共　頁

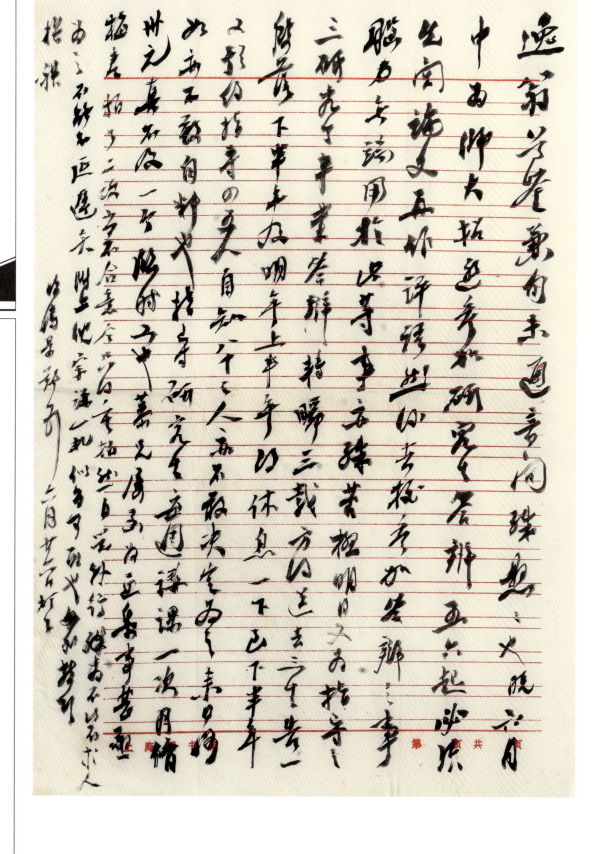

逸翁前輩賜鑒：昨奉
惠書，讀悉一一。
公榮壽之文聯，吉者累累，此亦衆望所歸也。秋葉言
印譜手跡閱畢。　公逸思年以見之，實爲同歲耳。擬
撰周萼坡一文，暇所知尤甚，萼坡曾獲古鈕所未見
廣品甚少，因未之古，如亞若干年爲周梅谷偽造，其章付諸
家所刊爲吳指者的周偽造（非本宗）殺，庫若與蘇人潘經耜
盛盛年古今爲騙局，潘寓東藝振者冒充先叔祖之勤任
以金偽覓，亦匱一盒，因古商未信，萼坡到蘇，潘古齋瓢梅
半庚拙作錄上，叔祖爲吳叔父以字居宦林，知士議丹三角號
以教萼元舉解，爲編年譜之譜，今蒐古編，因藏思大郎作
印擬著之偽作也。萼坡印譜，印成者爲研究金文字者所師

潘景鄭致鄭逸梅

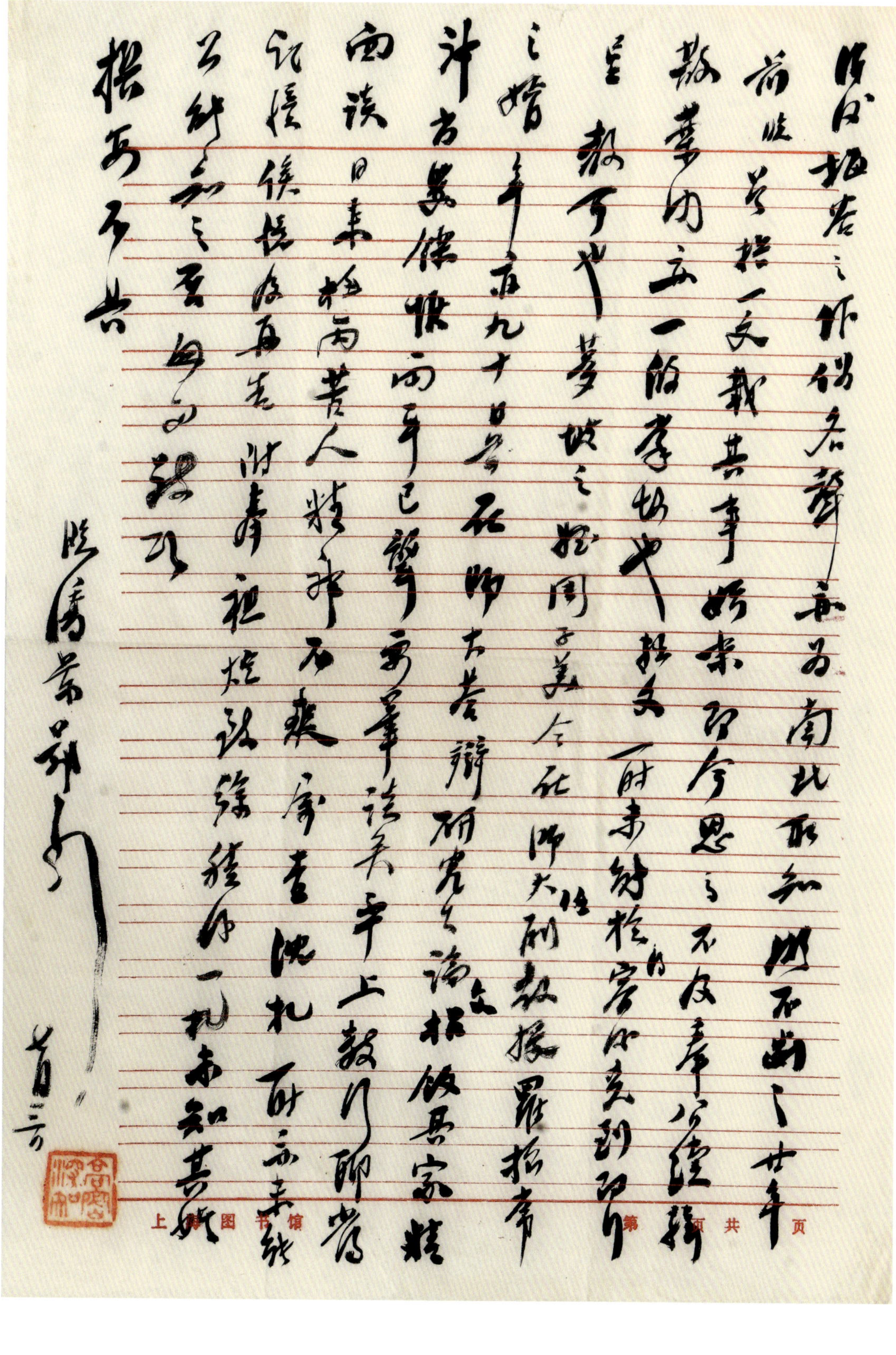

潘景鄭致鄭逸梅

上海师范大学

逸翁賜鑒：承詢者，因人事倥偬，日來氣候漸暑，
俟但因老未減，大作何能思識。此後訂李延卿兄
手尋得油印中國小說書目提要，敢於此意無趣之
詢。發之後，前年其人只得緩辭，並合寫上卿大中式有
對此能擔任也。羨先生書集三五，尚未寫紋繆我輒
指摘。湘文梅長兄所刻紙筆，亦之向紙校擬撰，敢乞示知見
為正，亦人尚之為未必孰是也。近日多備承西人所以未立
仲雍我德亦棣殷若干件作擬，搭承素紗作為節
次長宗等于雜助，然不敢妄，不可以何下月初為我決
定之。此事容後策安商聞也。一唉。並頌著祺。景祥世兄
一札乞轉致，若從維璐衡函，即以
擬之。

姪景鄭頓首　五月廿六日

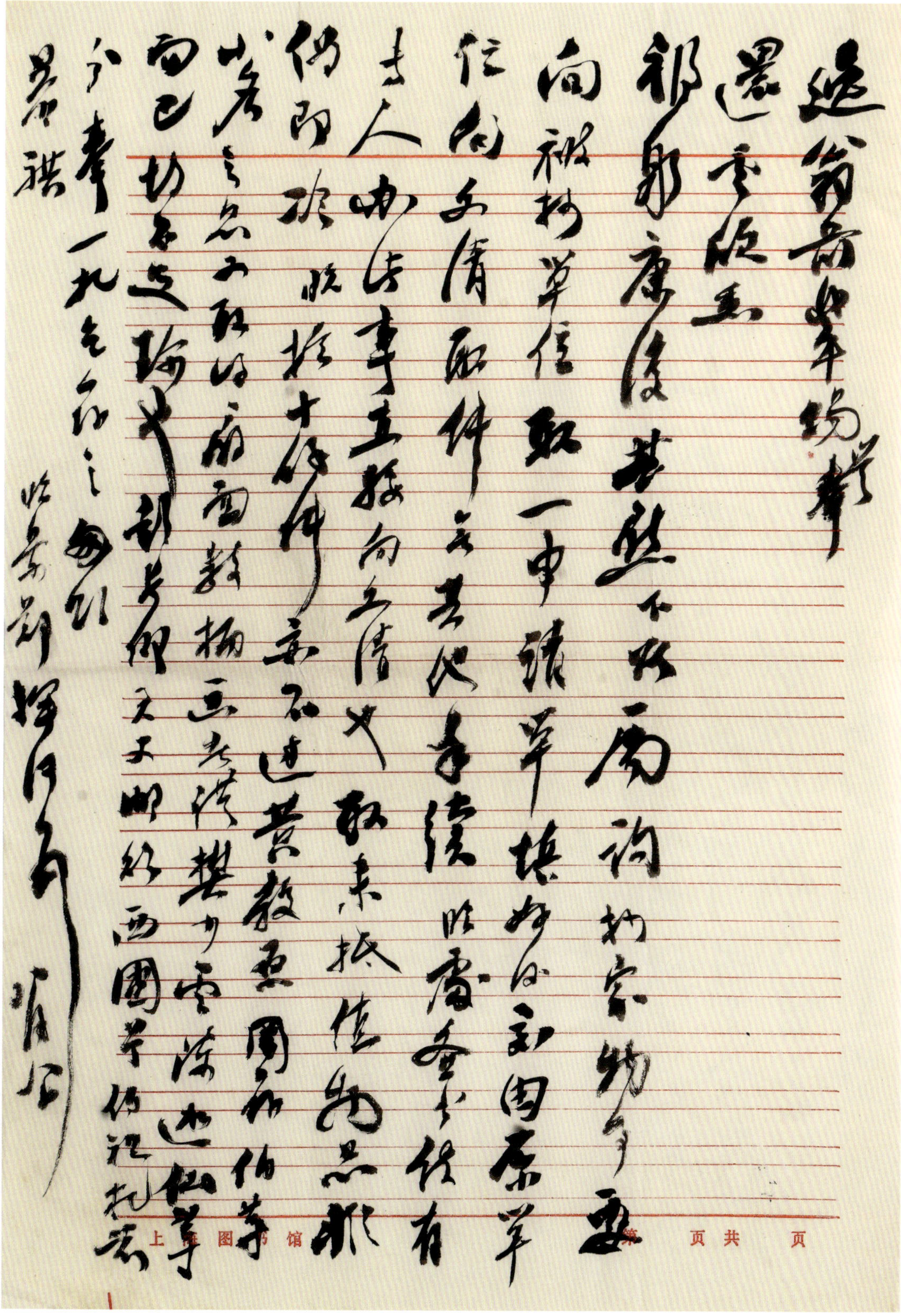

逸翁吾兄史席：

還示敬悉。

[illegible]

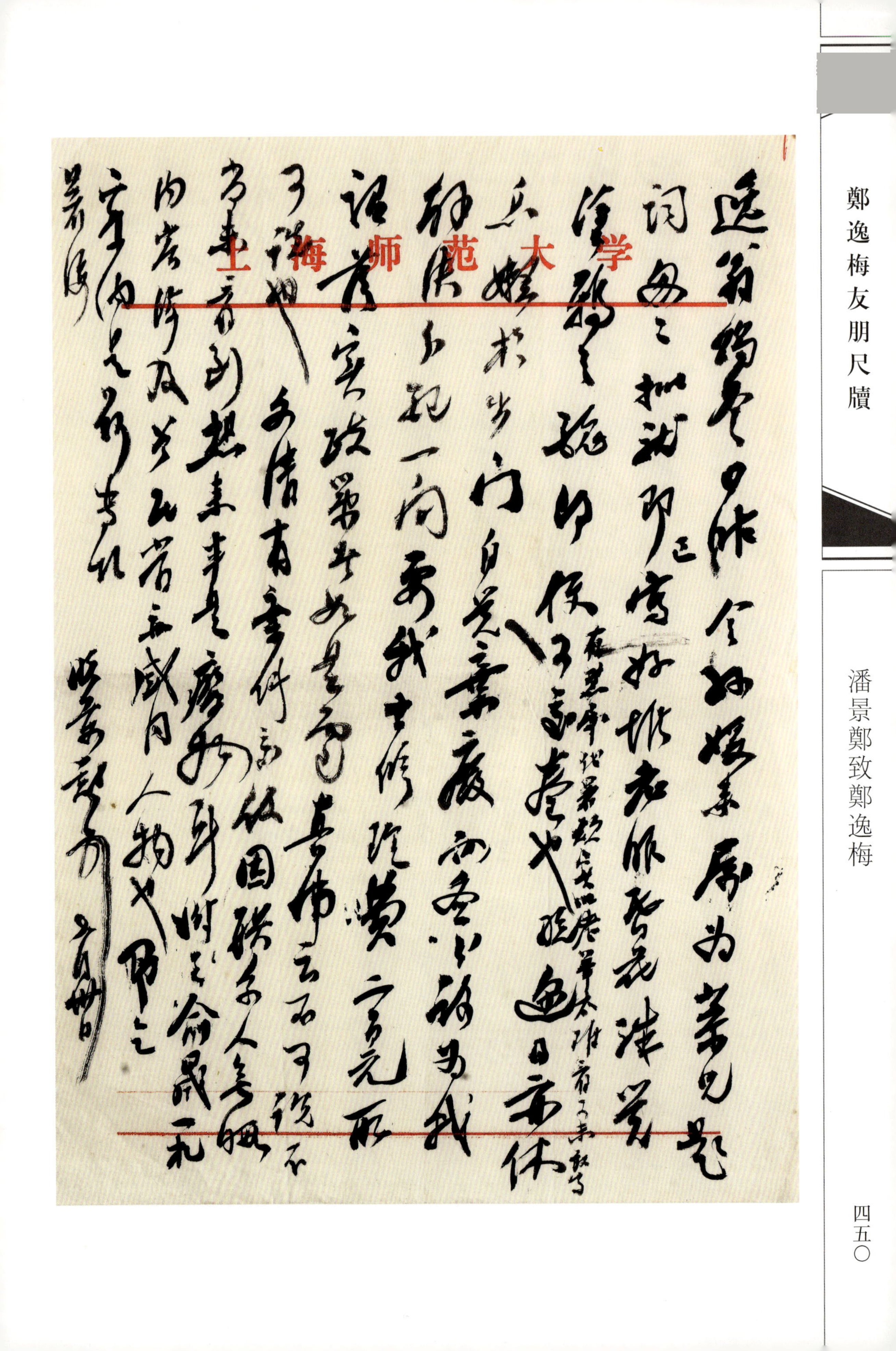

上海师范大学

[illegible]

潘景鄭致鄭逸梅

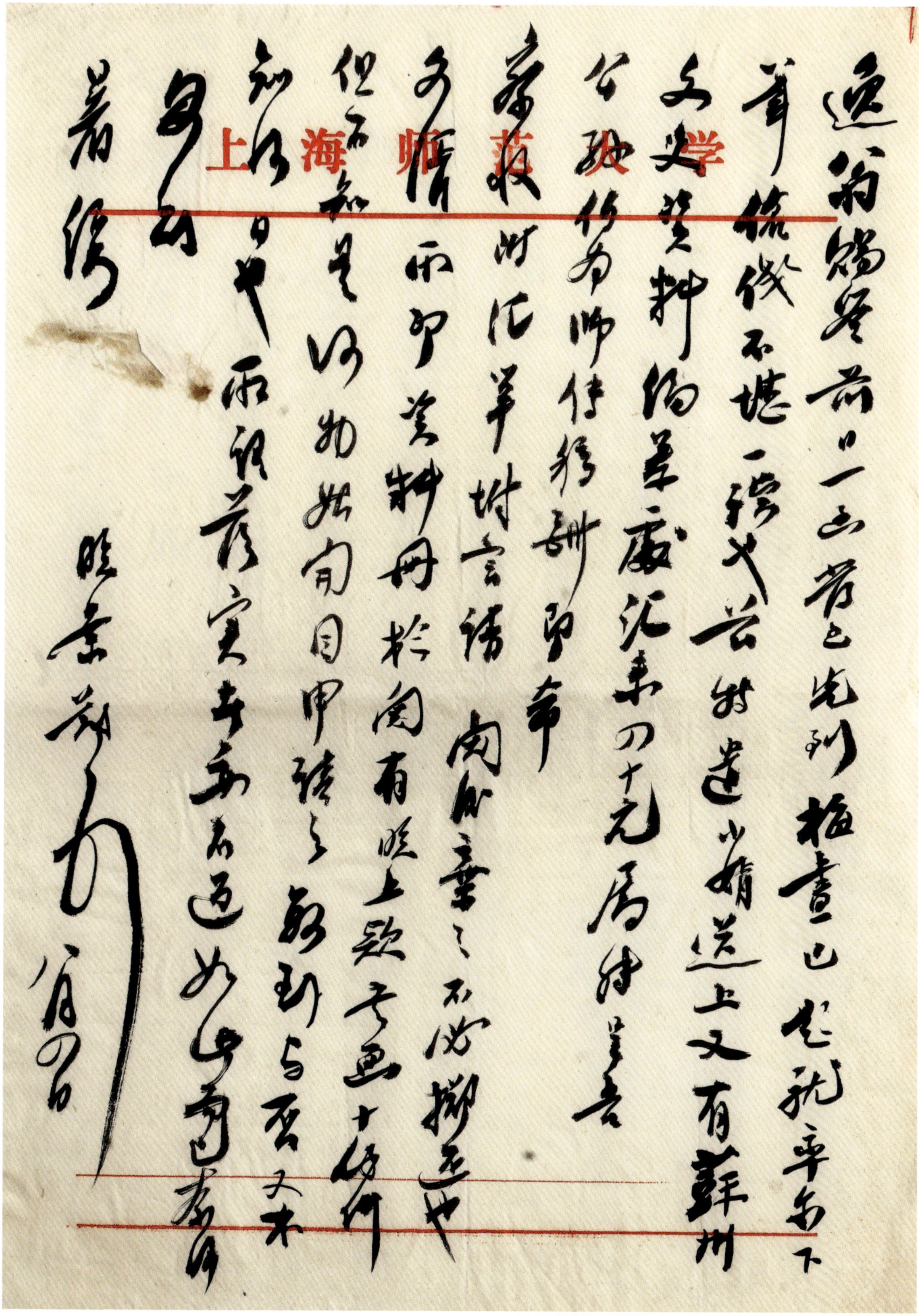

潘景鄭致鄭逸梅

逸翁吾兄著席：昨奉
手教，并蒙惠赐古籍书店所印之二期，欣感欣感。属查
花间春吾人民国上海数来有名，想此人係好事者，
在民国十年以后矣。询诸上海书友，如林君恒又不知所指，
详据吴静山兄已下世，吴君则近年在上海亦如此矣。
真为之询帐遗缺。大著实所心仪，候
以图书为及五洲同文两处，皆借洪见询，收亦无以应，不识
公能详其内容否？如以奉询，如能求得一二页，亦可敷衍矣。
彭长卿先生处以实家遗札见赐，收宋笺以报之，留以禄。
伯硕庭先生惠寄一札，奉郑架砚之，渴借花献佛也。
尊意代书手卷，实不知如何下落也。匆叩
撰绥，不莊。
弟景郑顿首　三月十日

上海图书馆　第　页共　页

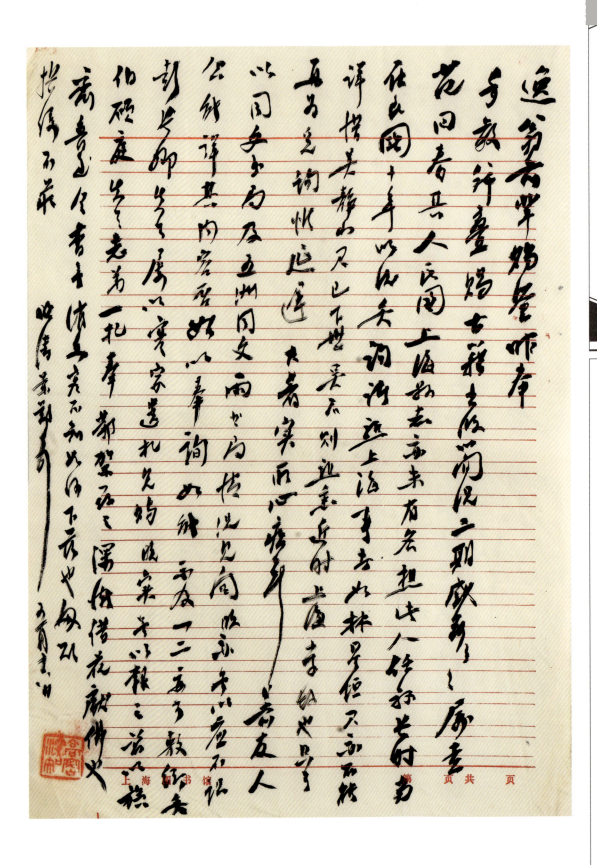

潘景鄭致鄭逸梅

逸翁賜鑒：多日未通音問，殊懸懸。比維
杖履安好，近安不[illegible]，尊恙已回春，非[illegible]人所詞
近來因音濁，為夜數通，新民晚報以論
大文，如晤。齋頭月前徵工，研究會編訪鄉獻，弟及
祖彝昨來，以推薦道彼來加入鄉因，因思我
公亦由[illegible]經[illegible]集，尚有新書，弟推如前，同意收藏名紙
所得，並請[illegible]切[illegible]先陳鄙衷，俟示再覆
附呈[illegible]擬[illegible]校[illegible]錄一紙，亦示有用否？附上
鄭翁印章，容[illegible]一[illegible]覆
大[illegible]

晚景鄭頓首

[illegible]月廿八

潘景鄭致鄭逸梅

逸翁前輩賜覽：頃奉 惠書，拜讀。此次承 對謝謝。常州路方面默默，亦
甚難得也。 稿今天收已寄奉，想不久可發表，但頃取應重重審閱，
人之情之匪其所思矣。詩作既於 公雅口手稿行，取甚難年，
識許可教。昨 來不又為重自 景步大稿，為我懸借，以好為人知。
此是名以予印局服務，方知本人來海經年，訛學稅。昨之材料偏左心，
亦知我者希，罵茲不顧。道一言，因此上城，且四十年，今則已屬風燭，
不敢作任何想法矣。最近有句云：愛我微緣向肯內，論交惟有詞渠
知。今日以後 公們所切者矣。昨懷覺子回鄉，托其女弟代刻一印，
云寄渠知，刻有 公印，亦佳。公與我兩人知之，不足為外人
道也。 最近西湖文藝有關於公出版文字，未知 曾見否，亦未悉其寄來
判定亦不之卿也。附之，截斷一札，當可滿人，又信封一，附有郵票
郵戳之，沈之庵切難忘，七十餘年矣。寄奉 一粲。成著謝已晚。
承繆信一二也不免，同樣，拾求春復即頌
著祺 弟景鄭頓首
八日

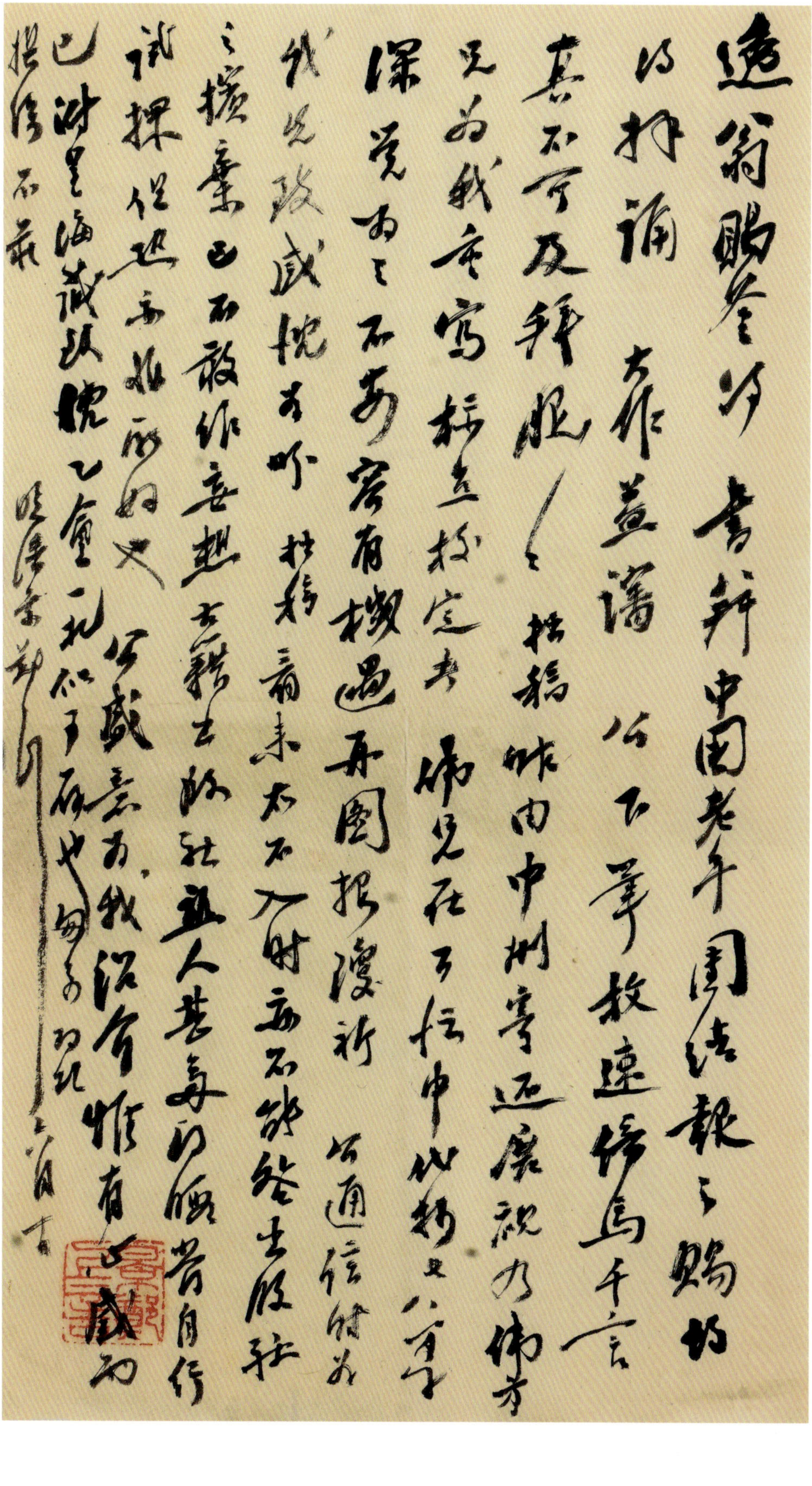

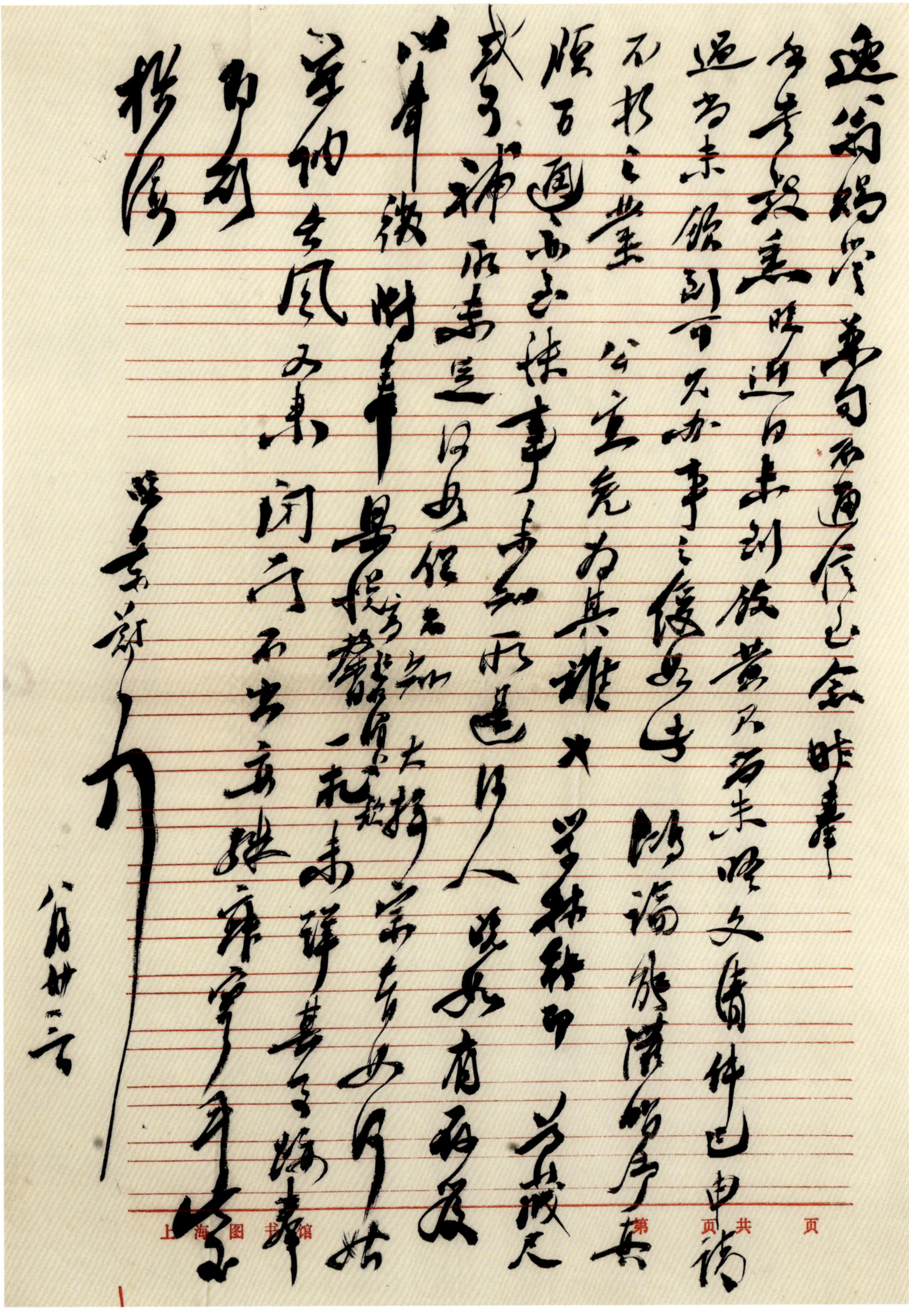
上海图书馆
第 页共 页

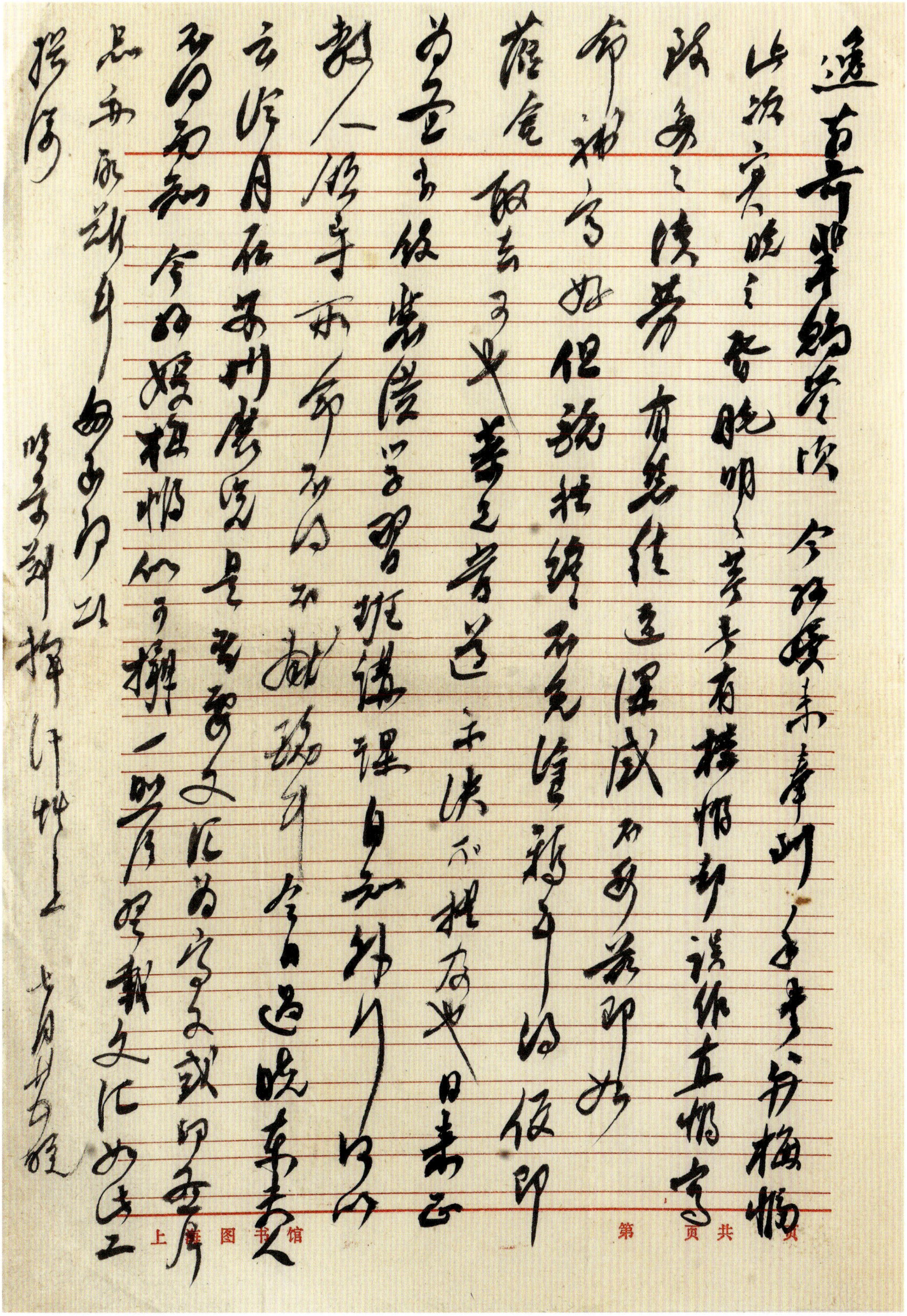
上海图书馆
第　页共　页

潘景鄭致鄭逸梅

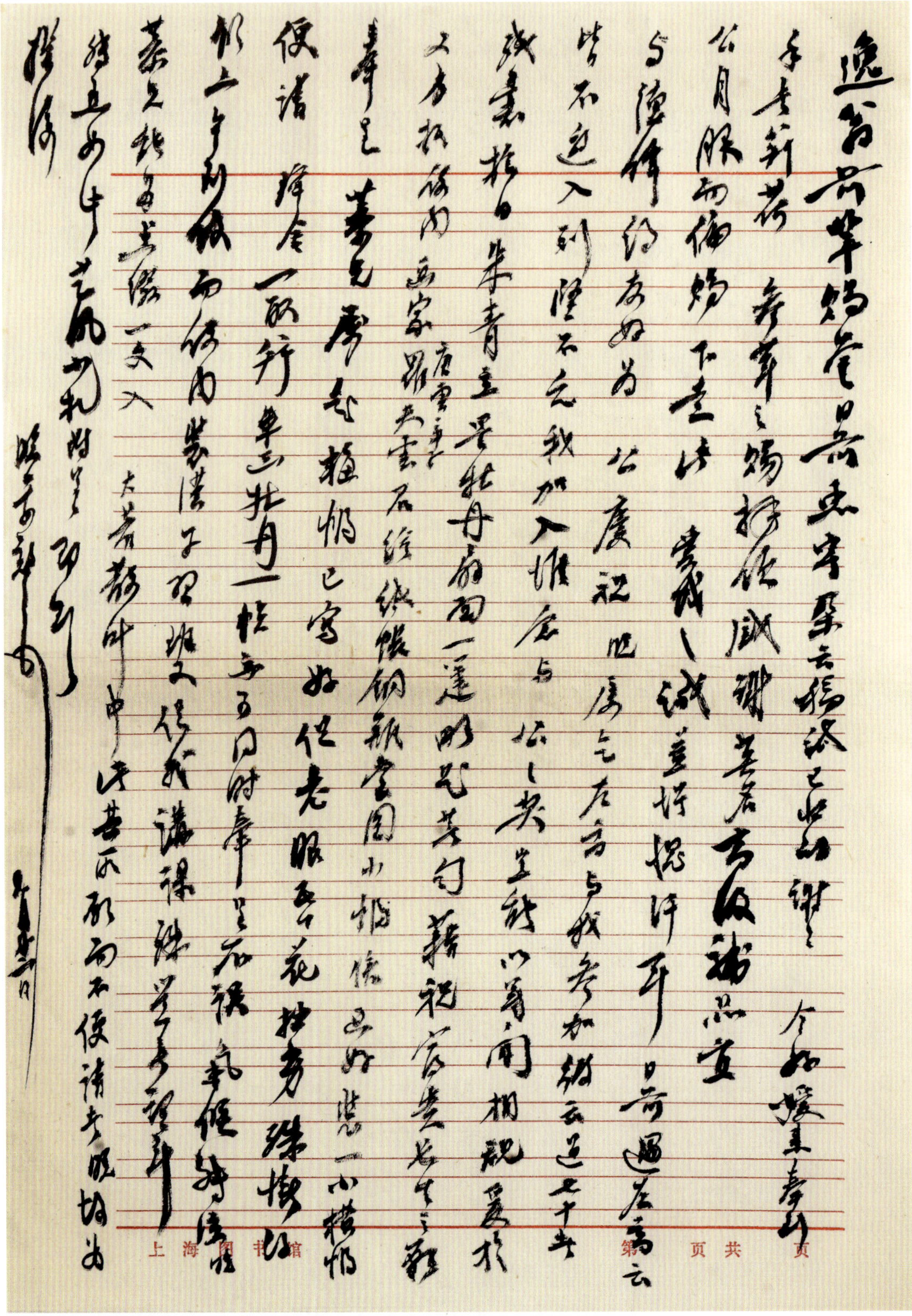

逸翁賜鑒：前日上一緘，日昨得奉兄來書與
公合書者想
公處亦有函上覽矣。茶山提及　公於兄貴節稱觴致慶晚寶集
知不能鼓舞，茶道一聲，頗保存數年。茶山以手跡徵郢見為書且語
之成。昨來題函詞，不混入畫語，另行附呈面討。屬印可即刊入後寄奉
齋手收入，不料香屑中。玉池老人札外，內容論及書本，亦有附雜文或論畫
札，均可不知　公意如何。茶老於　公欽佩之至，屬意欲託為其寫錄數
行收入冊中，以表彰其對師門之為，尤為世道人心所糾正一二，其風雲
耳。事實既委諒未知詳悉也。緣其函中稱茗老者，其表證　公為參考
書作述及家難，要面拜，不知是以移印本集，以參之，且家難作人，亦知
及約同中　以所見之言，日來諸著殊甚，館餘每思，屏在家休息，勿
出門，目前故以無他聲息，又聞　壬寅要在二三週始安，春來未知
奉告。奉者此懷甚東一二，當時推雜奉告即頌
著綏，諸祈
諒鑒不宣

弟　景鄭頓首　五月十六日

上海图书馆　第　页　共　页

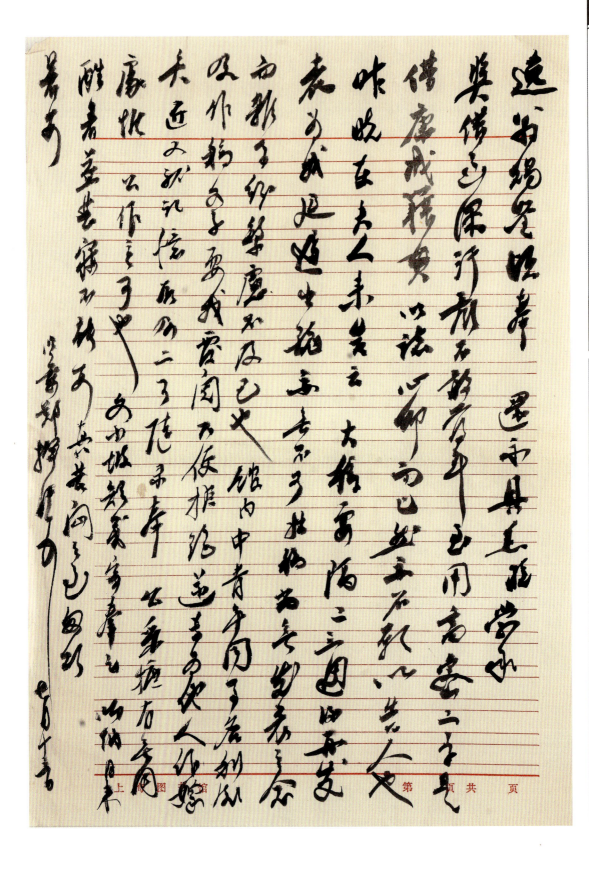

潘景鄭致鄭逸梅

逸翁先生吟席：還示具悉。猥承
獎借過深，深滋愧怍。前年承用書局之約，屬
借唐戒稿本，以諸必印而已，然亦石沉大海，先人之文也。
昨晚在友人處見尊製云：大稿需請二三通，由弟家
表兄成此，延遲至今，拖延年，未可知，特為先生表之念
而整理本館整理書籍，不及已久。館內中青年同事多到
及作編史，要我費用，不便推辭，遂乃由外人編輯
矣。近又被托編輯，所以二三月後來年，正要擬去看
處理工作三月也。如此校勘整寫奉上，以附月末
酬者，並望寫好，待下半年裝間之也無妨。
著安

小弟景鄭拜手
七月十二

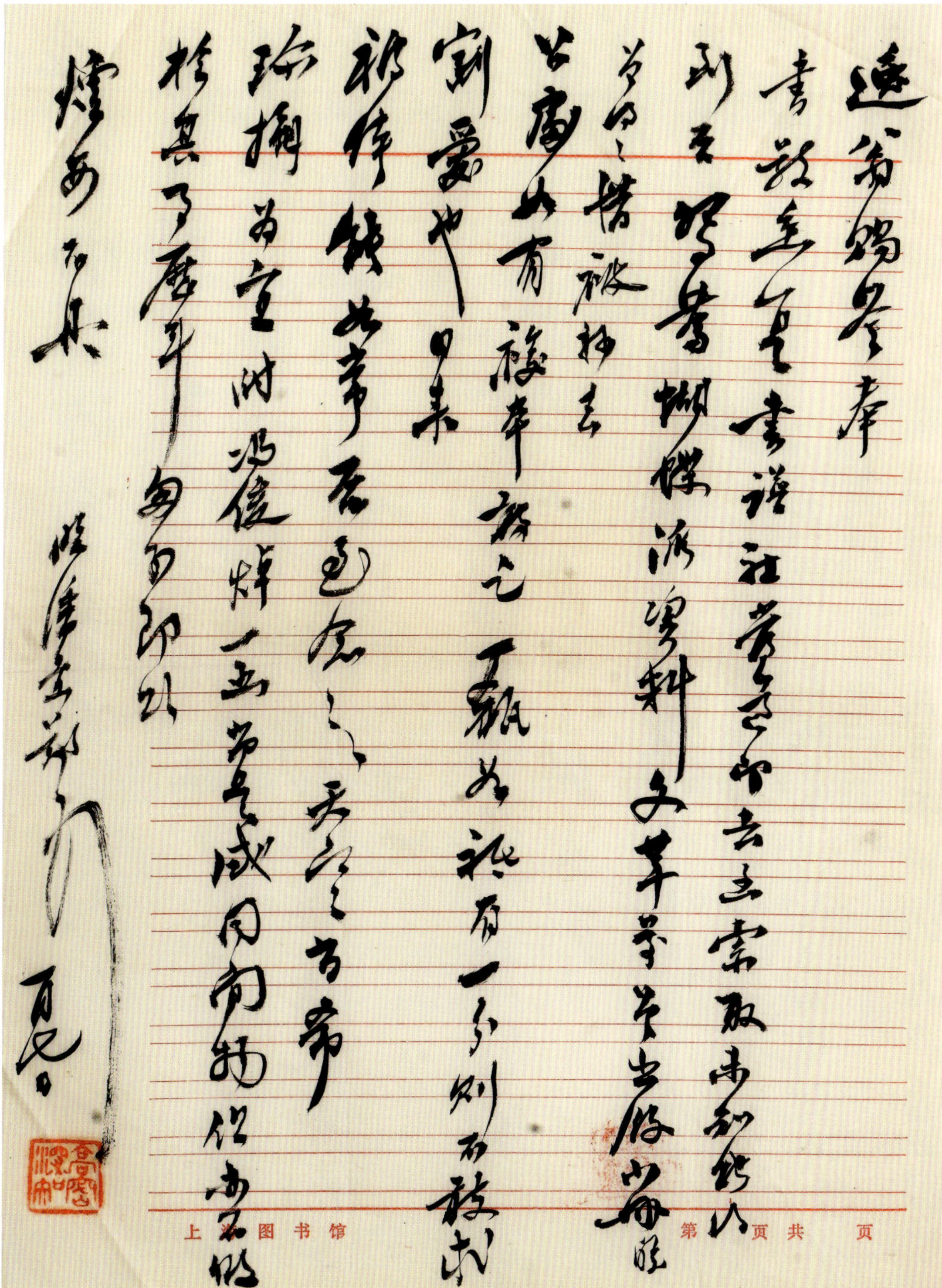

逸翁吟長座右：
書款奉上。書譜社黃君曾去索取，而初欲入
刊去。蝴蝶派資料多年前先後出借
為公之借被抄去，
公處如有移本齋之額，如能有一二則可移贈，
割愛也。日來
祁寒殊甚，如常否？尊處之天氣方常，
珍攝為宜。附復信件一，五角之成用兩紙似無妨
於其可應付。匆匆即頌
撰安，不具。
弟景鄭頓首 九月二日

第　页共　页

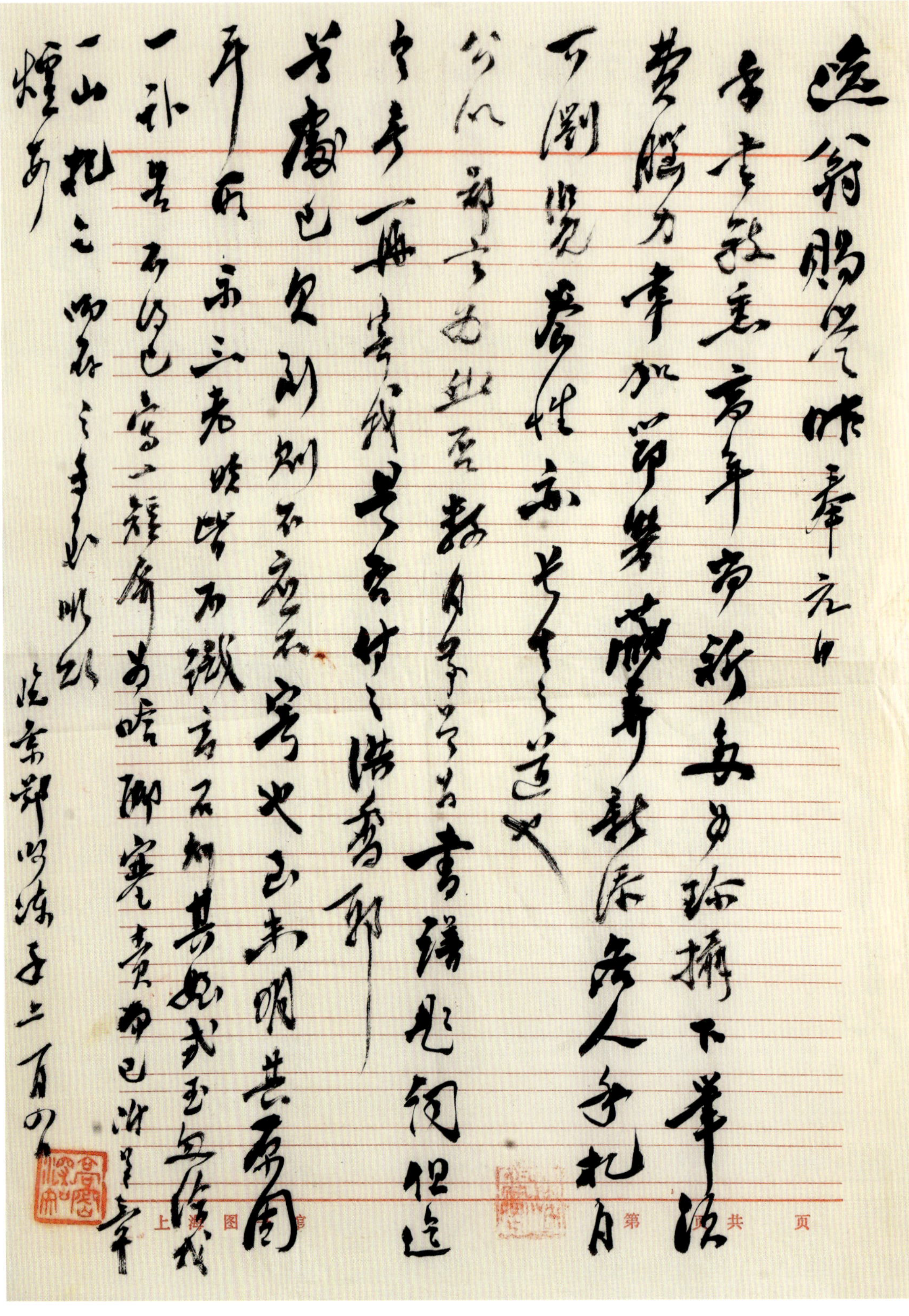

逸翁賜覽：昨奉六日
手書，敬悉高年霄祈多多珍攝，下筆須
費腦力，幸加節制。藏齋新添名人手札目，
可瀏覽卷帙，亦足以遣也。
公所需之西泠至數月前寄出書譜，見閱。但逸
今手一冊寄錢先生，付之洪喬耶。
若處已見到，則不應不寄也。至未明其原因。
年所示三老諱碑，不識言不知其如式否，無從代
一補。景不得已寫一短條，尚暗鄉賢責為已附呈奉
一山乞之，回答之手書此紙
燼矣。
弟景鄭拜手上　二月四日

上海图书馆　第　页　共　页

潘景鄭致鄭逸梅

逸翁賜鑒：頃手書均悉。文請沮議，實該策正，長難言

之事。晚前假得其印譜，因平生十餘方，為世畫物，申請領過兩月，

置之不理。原本為藏新舊印近四百方，一旦蕩覆，即晚經費用印，

既不值錢，深堪文革初設撤，另結集可嘆之甚，日稿至延耶？

公能財之追借之哉？手覺組織僱詢，都為有力者，百姓無傷無慮。

立而不理矣，一嘆。今日明晚東去，夫人振云：大稿定要增表以大名，

不可棄而晚東之指標亦有損於者也。兩借晚自撤形識不然之。

遺發耳。春月若倘想及占壹，有起素祁出確實，姿于手藝錢。

手存可為之介紹一下，花特里記其行事，春告而知。

公先為介入譜冊，略晚之所記數紀念章，開附多年參加組織。

担。公倘為千方自寺向能也，相見之之。附九一署鎮之。

仍咸同時人，亦我家能文之士，借而與其不能矣。公博聞錄知之。

題以奉綴，今閱刻叢之了也。每以

指耕

晚今新年 景鄭乞 [illegible] 六月卅日

附冊郵 介印集即出處，如有用至感

上海图书馆

第 页共 页

潘景鄭致鄭逸梅

逸翁賜鑒：昨奉　手簡敬悉。今日晤東老人，已呈示

初稿樣本屬照一冊，尚不知可見報告，俟覓得

耳。了翁即致去，恐不及寄呈矣。　大著數件已收，稿安

思翁藏馬湘蘭畫卷及鄭逸梅楷像，皆有手跡在

史作信令保指南新特物可以繪畫及之，因陪手稿未

經過來知。　大著承補入書明，吳為各條信史，如

可补の可请予为纪纸成文如来不及，則可棄之。凡事

均有緣分耳。　即來照。前者今日風來，似難處

代先生正來為之也。　望上海復興路三一號

方可放之。　專上　大人　順頌

著安

晚景鄭　頓首

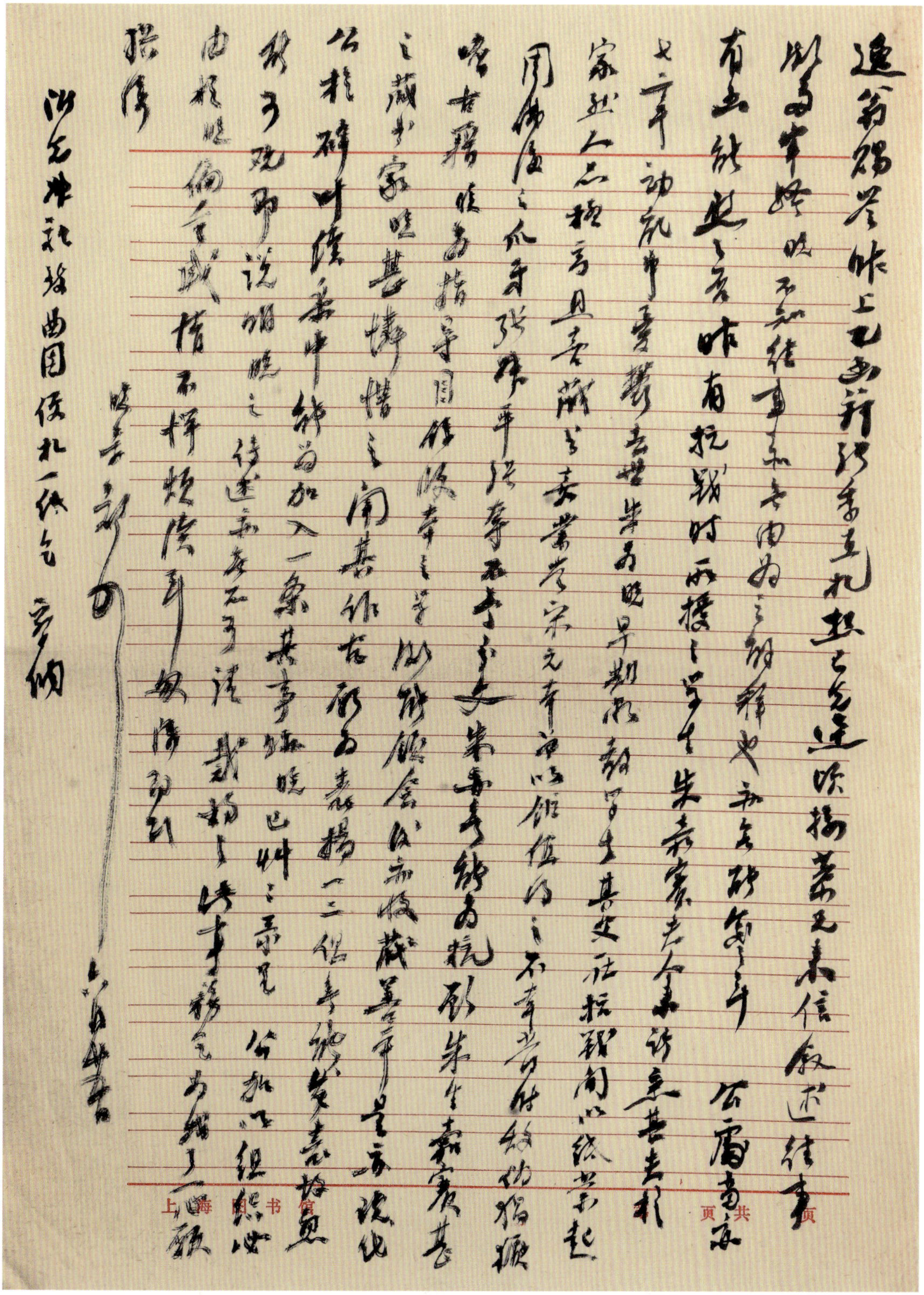
上海图书馆
第　页　共　页

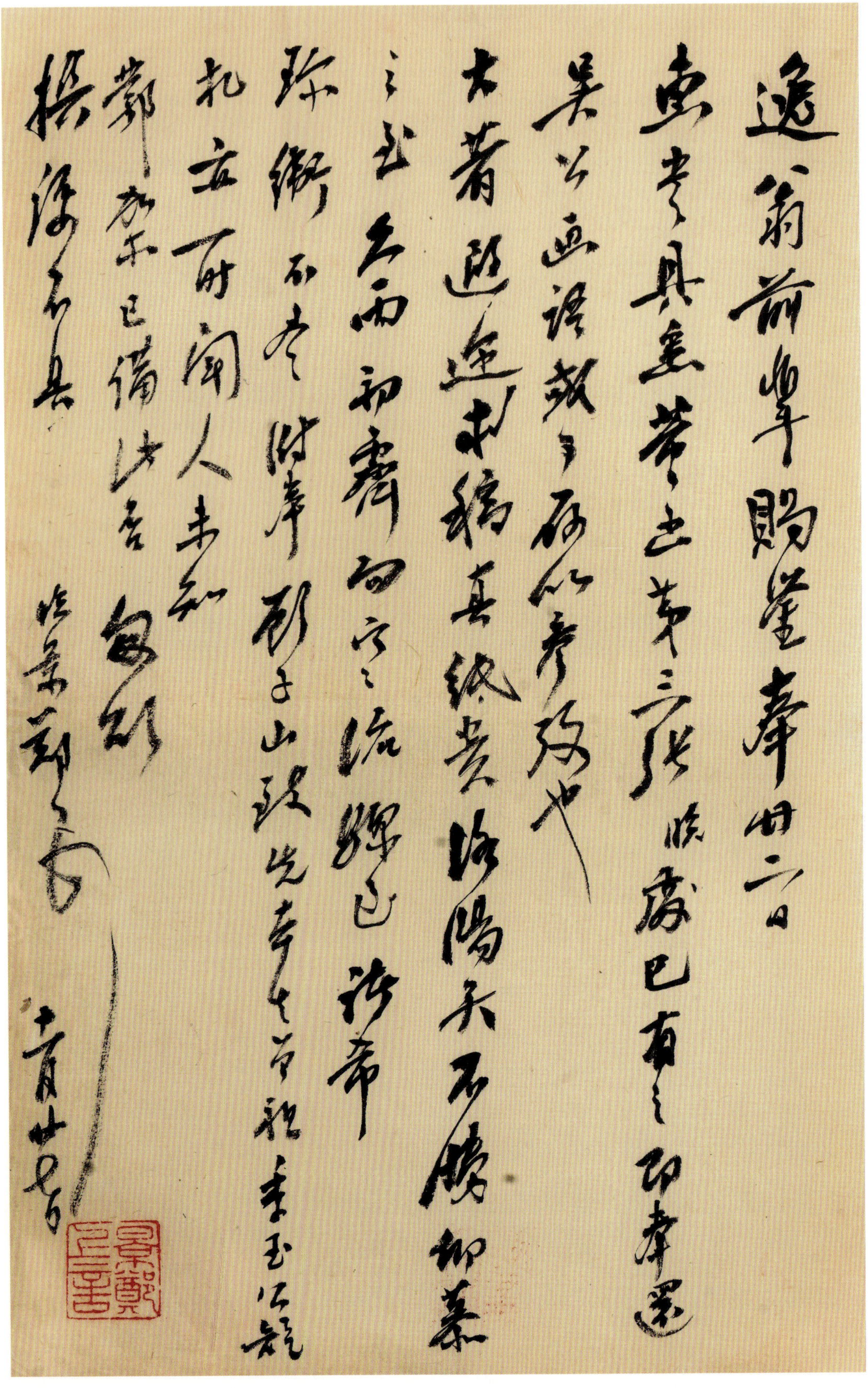

逸翁前輩賜鑒：奉廿二日
惠書，具悉。[illegible]去弟三張，收處已有之印本還
奚以逸語敘手存於者後也。
大著題[illegible]，遵[illegible]稿甚[illegible]，紙貴洛陽矣，不勝欽慕
之至。[illegible]初壽[illegible]之流輝已許帝
琮衡不在，附奉那子山跋，先[illegible]季玉[illegible]
札，立可閱人未知
鄭[illegible]已備法否　[illegible]
撰[illegible]。
後學鄭[illegible]
十月廿七日

景鄭

潘景鄭致鄭逸梅

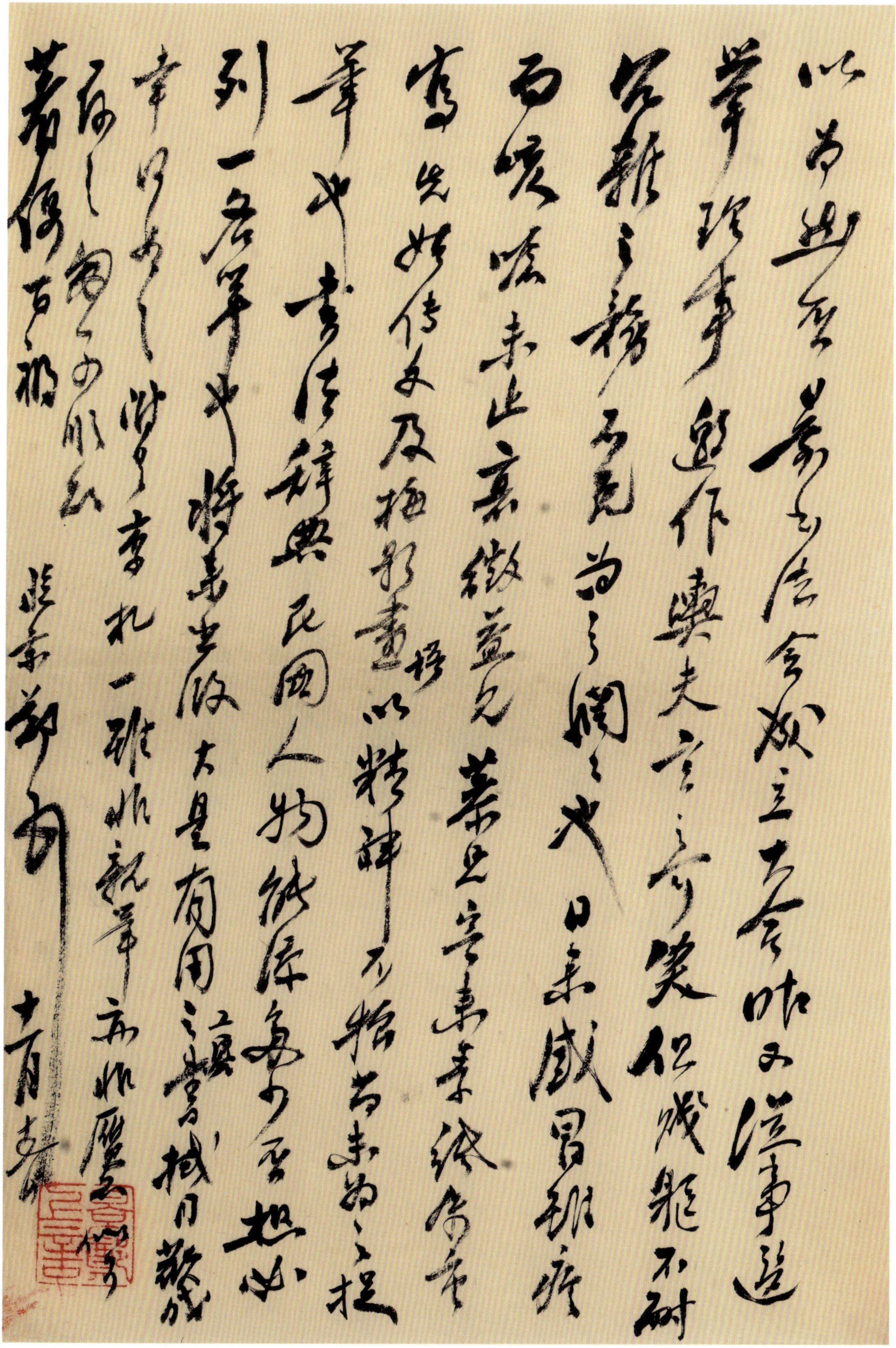

潘景鄭致鄭逸梅

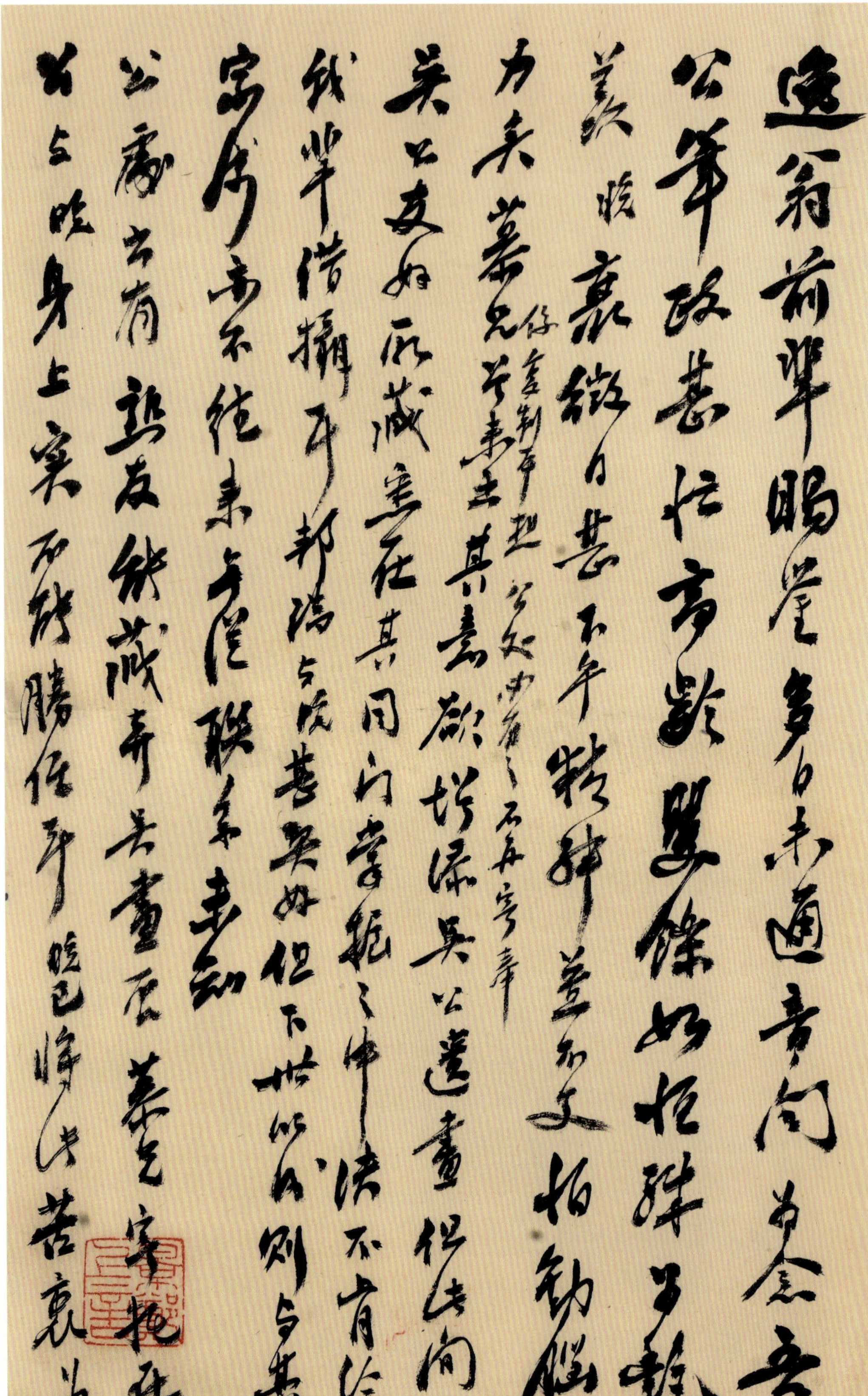

潘景鄭致鄭逸梅

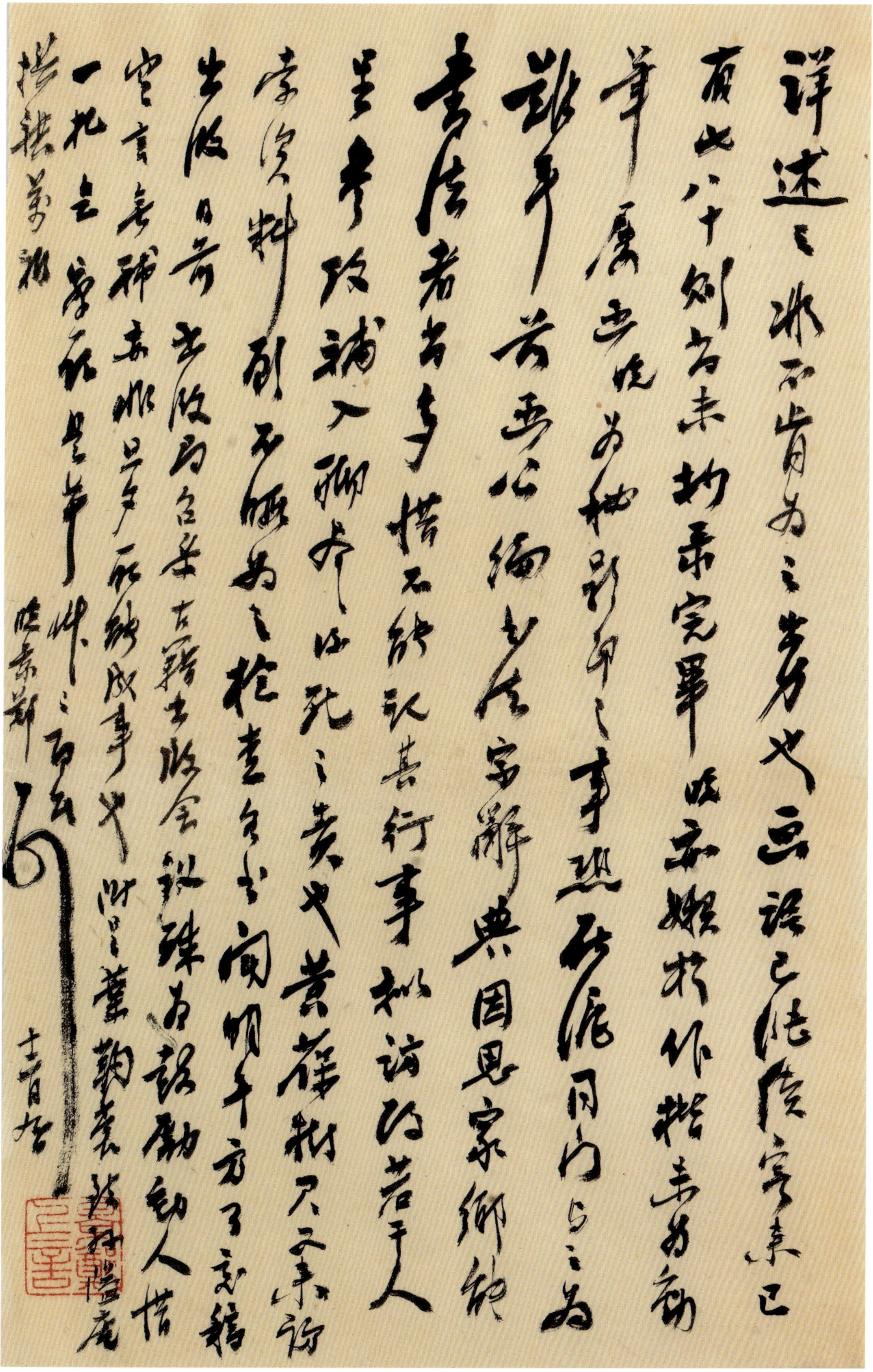

詳述之。承示肯為之出力也，無誤已。託侯寄來，已
有此八十則，名未抄錄完畢，時亦難於作楷，未為勸
筆，屢無暇為拙稿事，恐於月內亦可為
歲年前無心編一人名辭典，因思家鄉飲
耆舊者多，事蹟不能詳其行事，擬詢諸若干人
生平，考證補入鄉先哲之遺也。黃蕘輯尺之未刊
家資料，到不無為之搜集，有年，聞明年方可竣稿
出版日前出版為自然古籍出版社，承謬許為勸勉人，皆
實言，奉稱未能，只是一般的成事也。附呈葉鞠裳跋尾
一九五五年學術是年，此之可也
撰祺
弟景鄭
十一月廿日

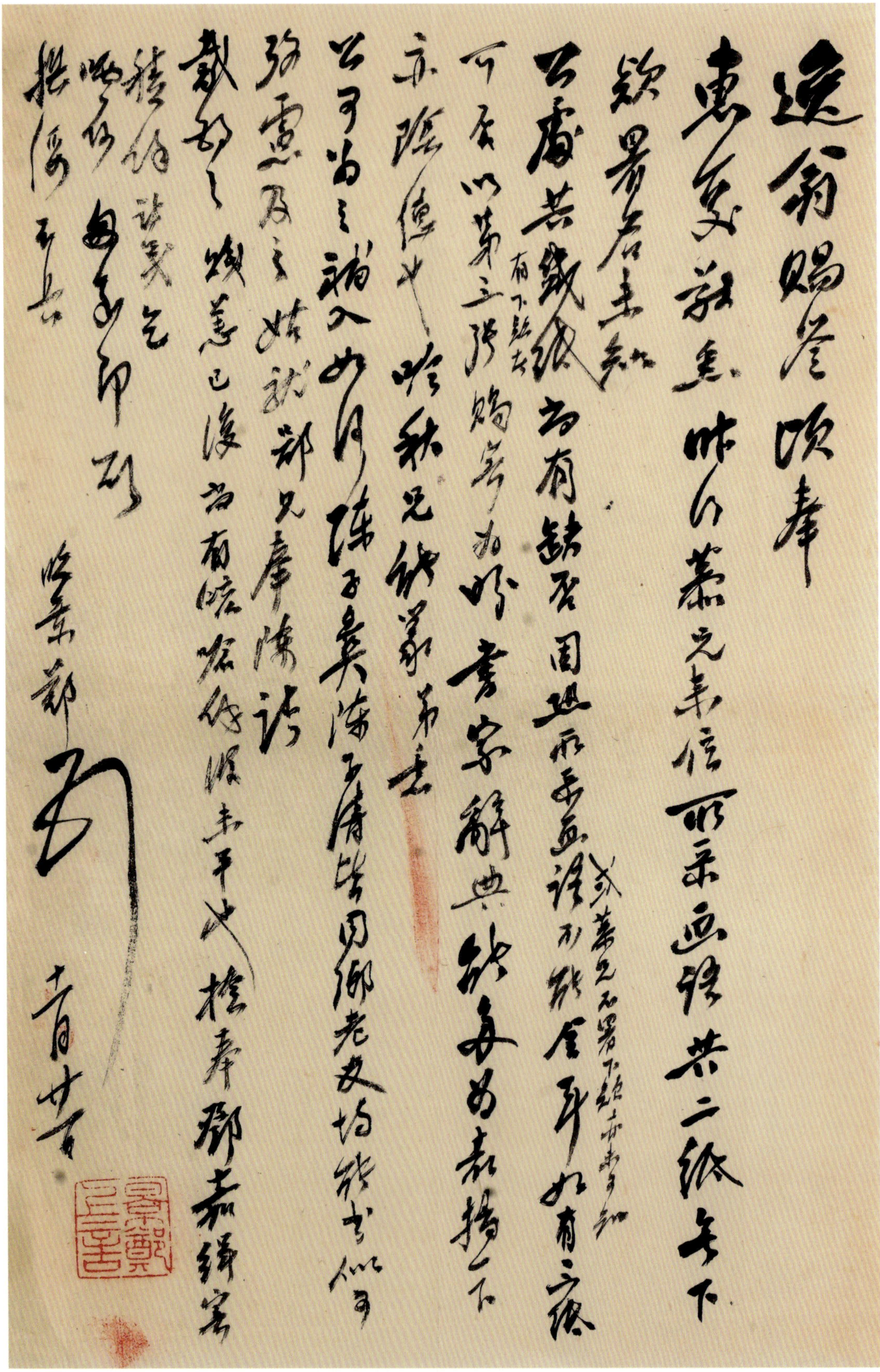

潘景鄭致鄭逸梅

潘景鄭致鄭逸梅

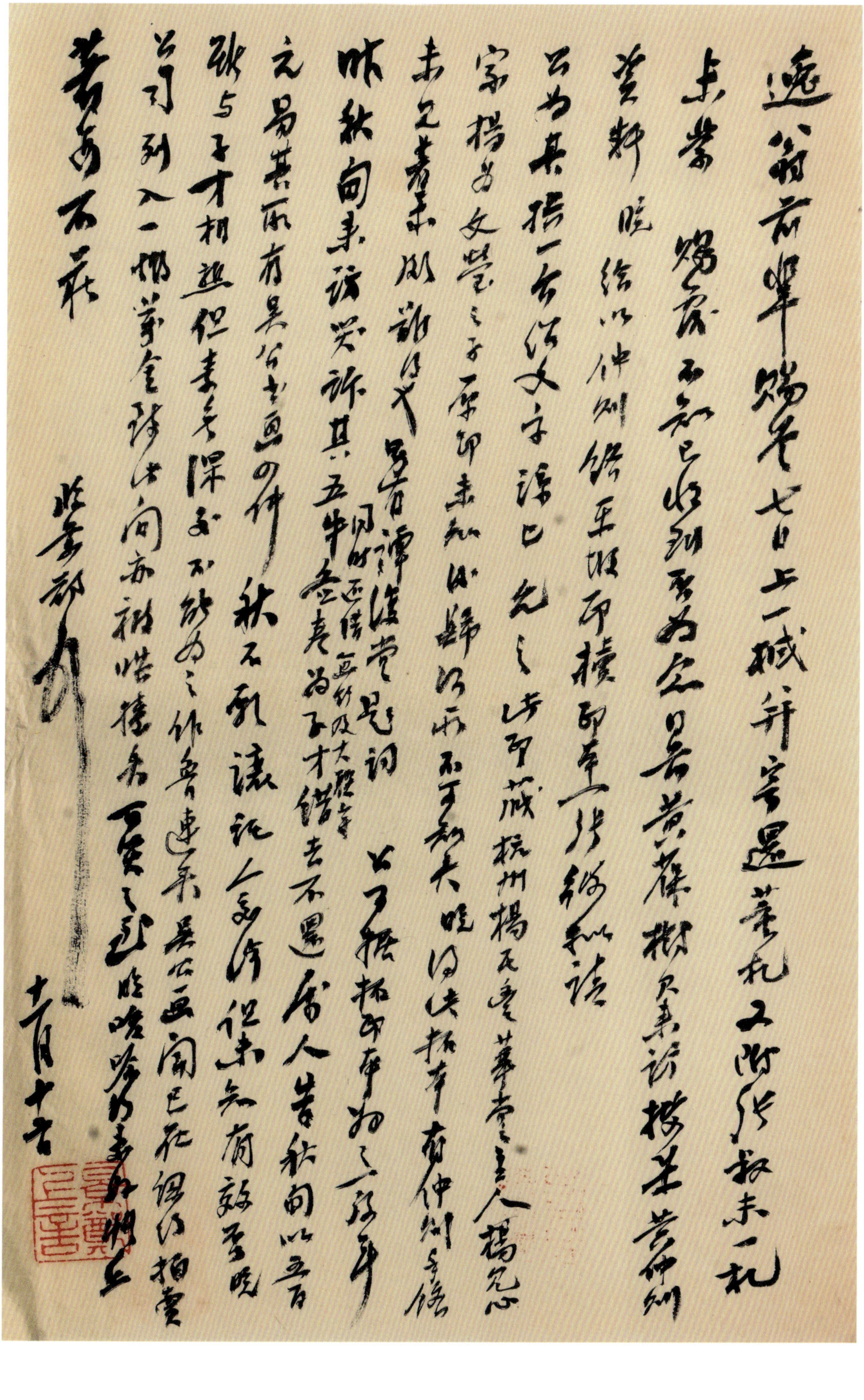

逸翁前輩：端午七日上一緘，并寄還叢札三冊，計達。頃報來一札
卓常端節不知已收到否？為念。日前黃蔭樹又來訪，携呈黃仲則
叢軼，昨給以仲則錢平版印續印本一冊，備知諸
公為其結一段文字緣也。先生所藏杭州楊氏華黃主人楊見心
家楊為文瑩之子，原即未知此歸何所，不可知矣。昨得失拓本有仲則手條
未見者未敢詢及，又晤蔣竹莊，承見告詞
昨秋向來訪，笑詠其五律(小字：同好所借畫竹及大雅堂)金竟為子才借去不還。有人告秋向以五言
之易其所有，吳公書畫四件。秋不能讓，託人多次但未知有錄否。晚
張與子才相與，但未免深受不能為之作，魯連矣。吳公畫開已在錄收拍賣
公可列入一帙，兼全諸件，向未補增，矣，晚以備晚吟身事斷未
甚為可感。

晚景鄭頓首

七月十七

潘景鄭致鄭逸梅

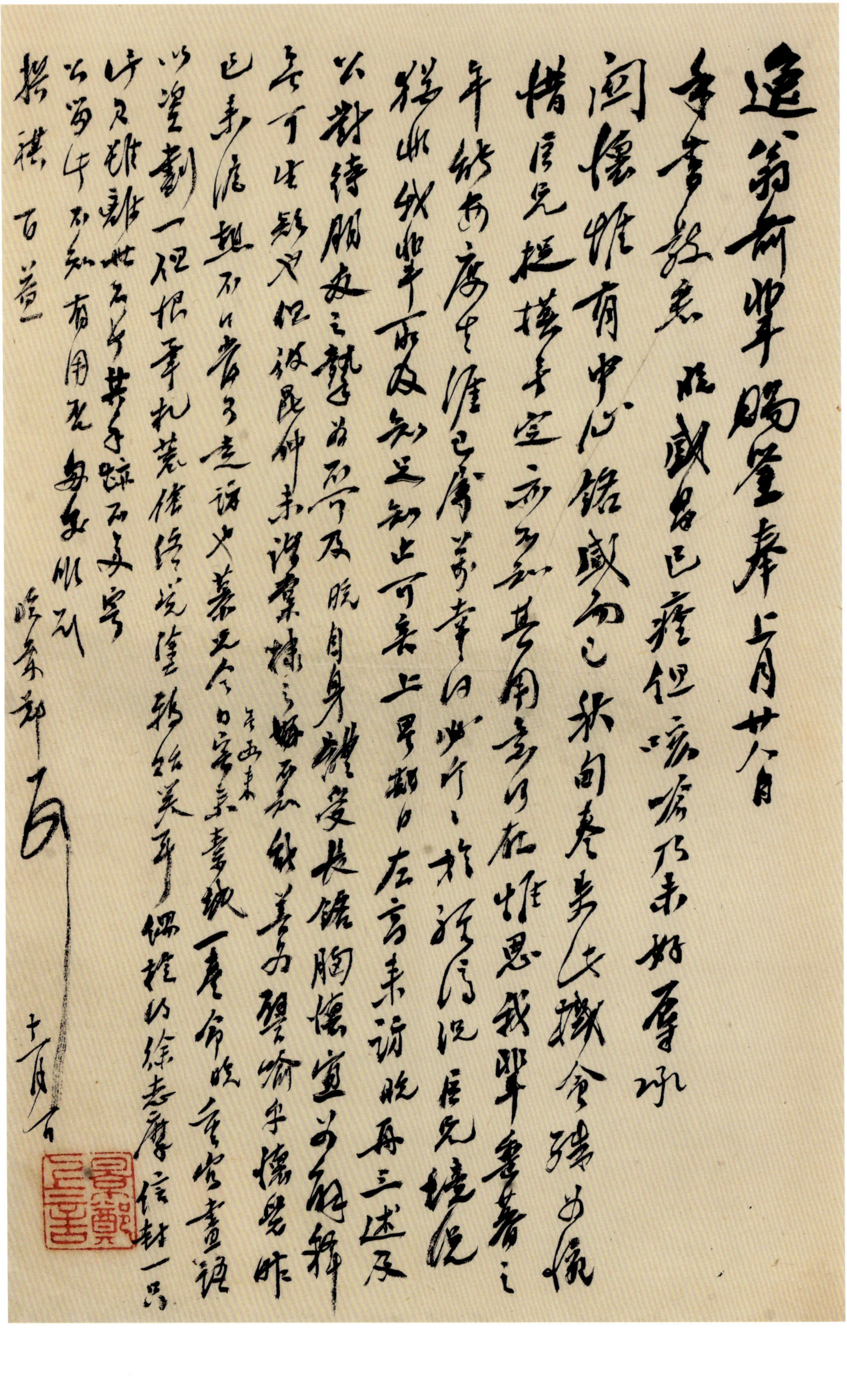

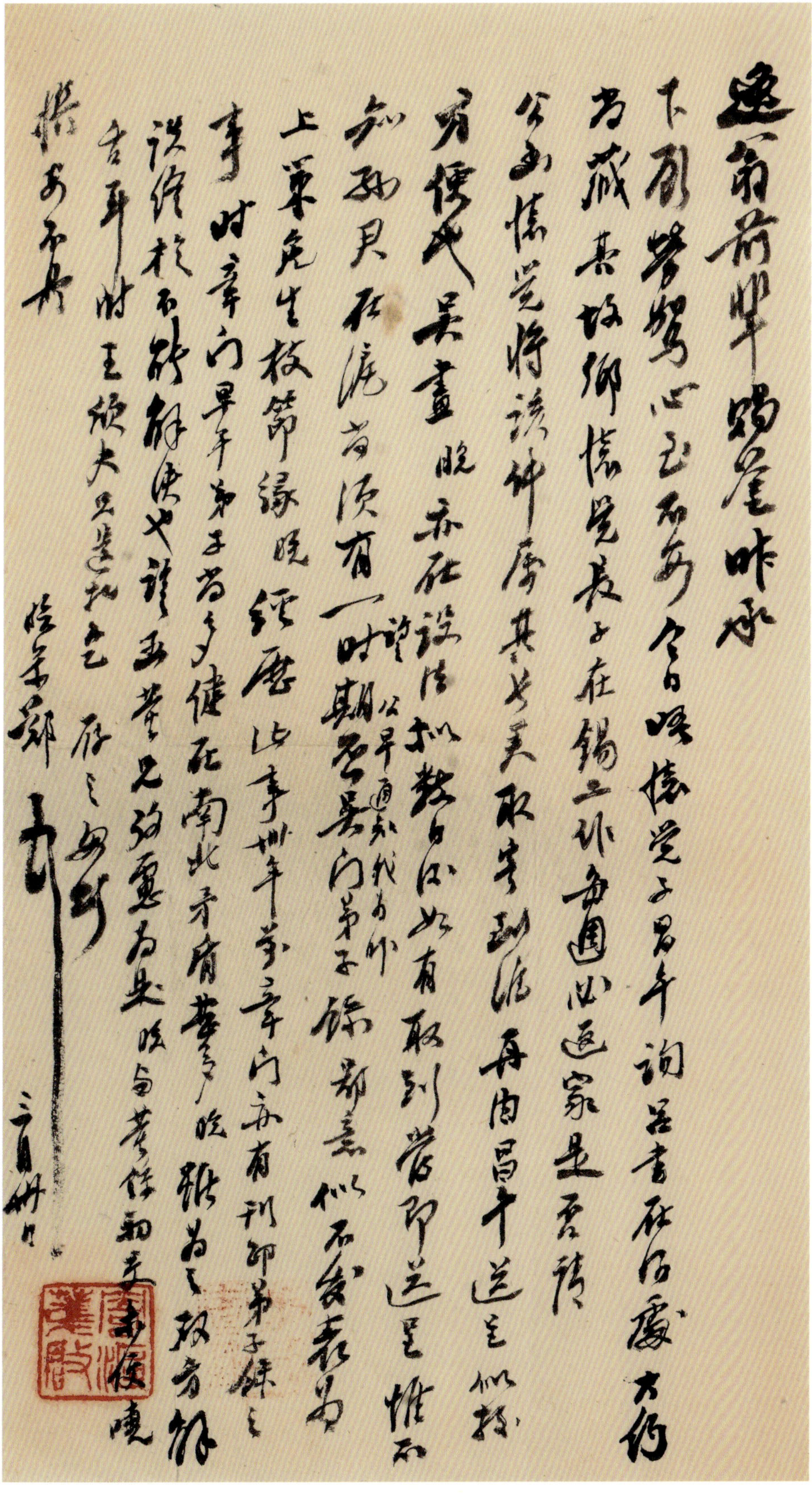

逸翁前輩賜鑒：昨承
下問，嘗囑心玉兄安令日晤懷覺子君，于詢及書經何處，大作
為藏者故鄉懷覺長子在錫工作，每週必返家，是否請
公函懷覺將該件寄其女，更取寄到滬，再由昌十送至，似較
方便也。吳畫，晚亦在設法，擬數日後如有取到，當即送呈。惟不
知頃只在滬，尚須有一時期。（公早年曾從吳氏代為作）吳門弟子徐鄭嘉似不多表為
上蒙先生校節錄，晚經歷此事卅年，前吳門亦有刊印弟子錄之
事，時吳門早年弟子尚多健在，南北各有其人，晚擬為之校訂
說，終於不能解決，只請至其他為是。晚與其餘再商，不得唯
告耳。時至彼大兄存之如何
撰安不具
晚學鄭

二月廿日

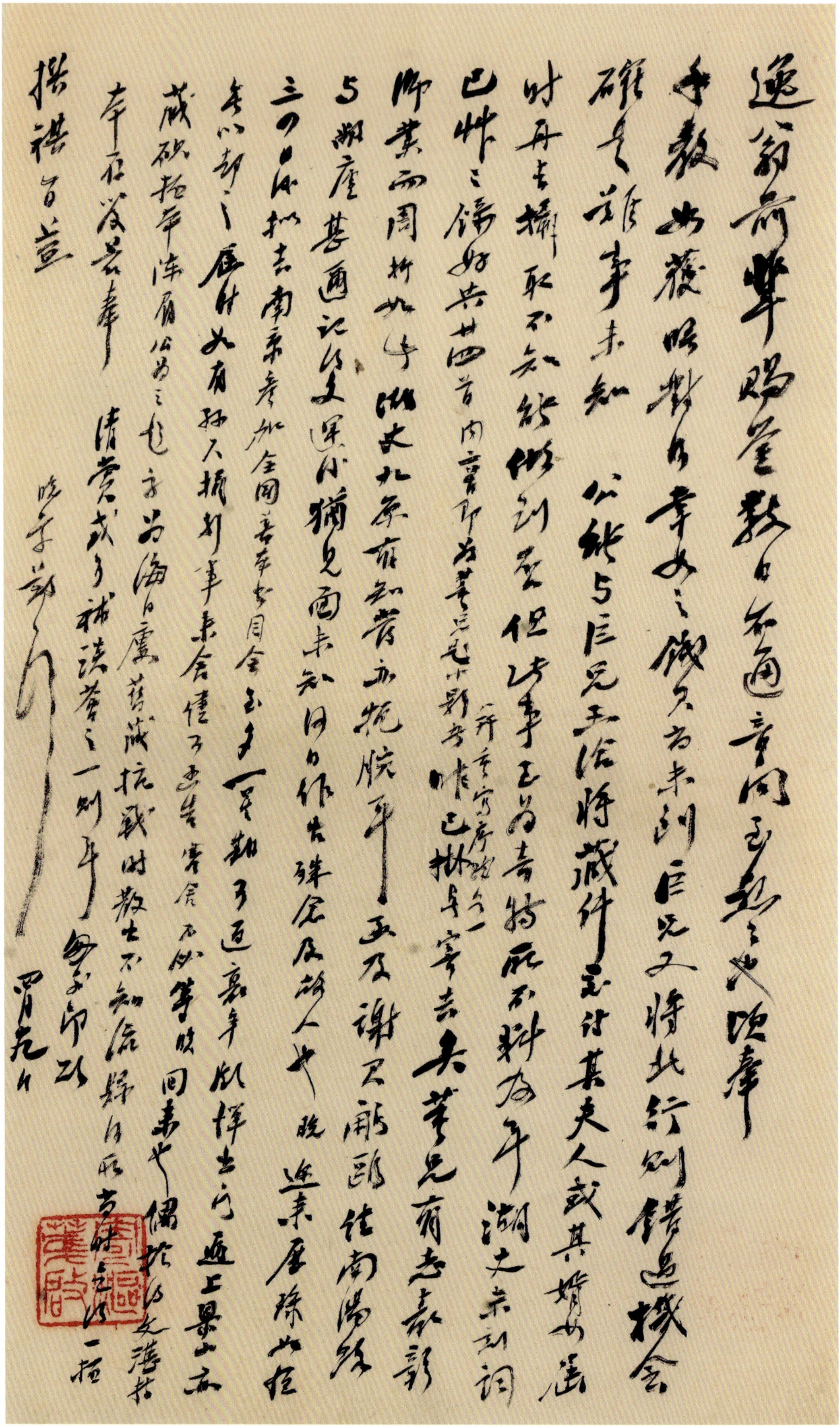

潘景鄭致鄭逸梅

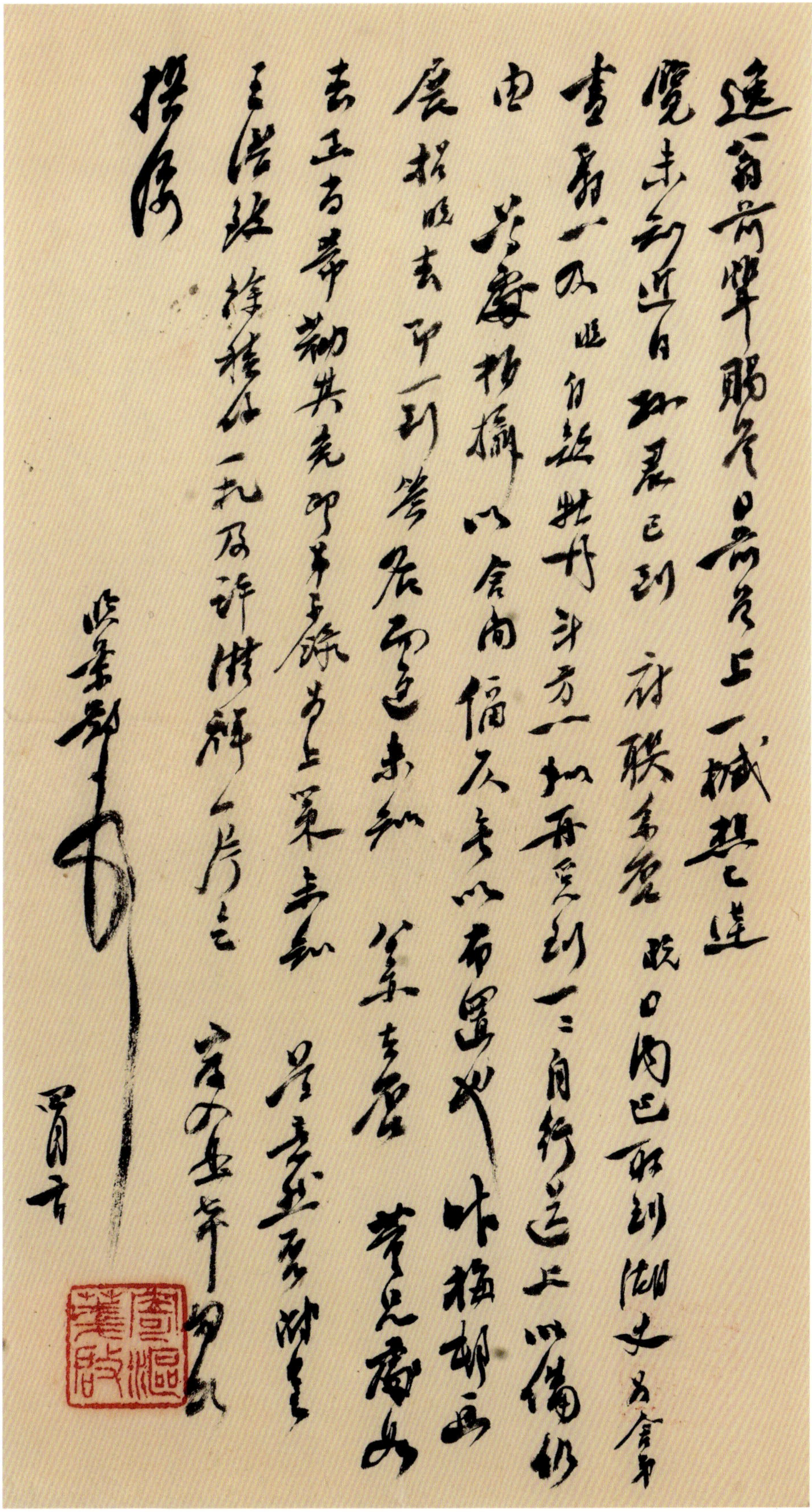

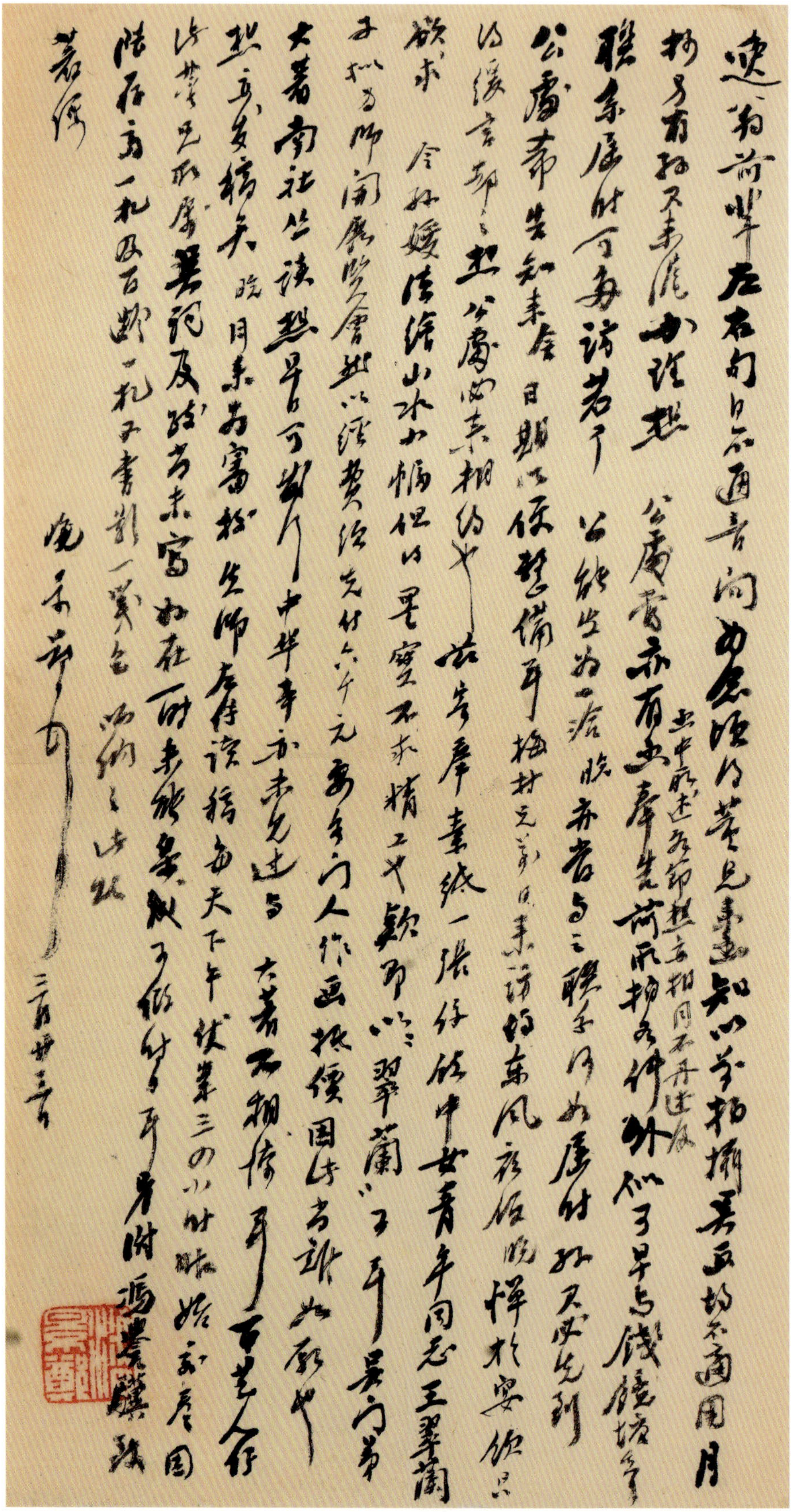

潘景鄭致鄭逸梅

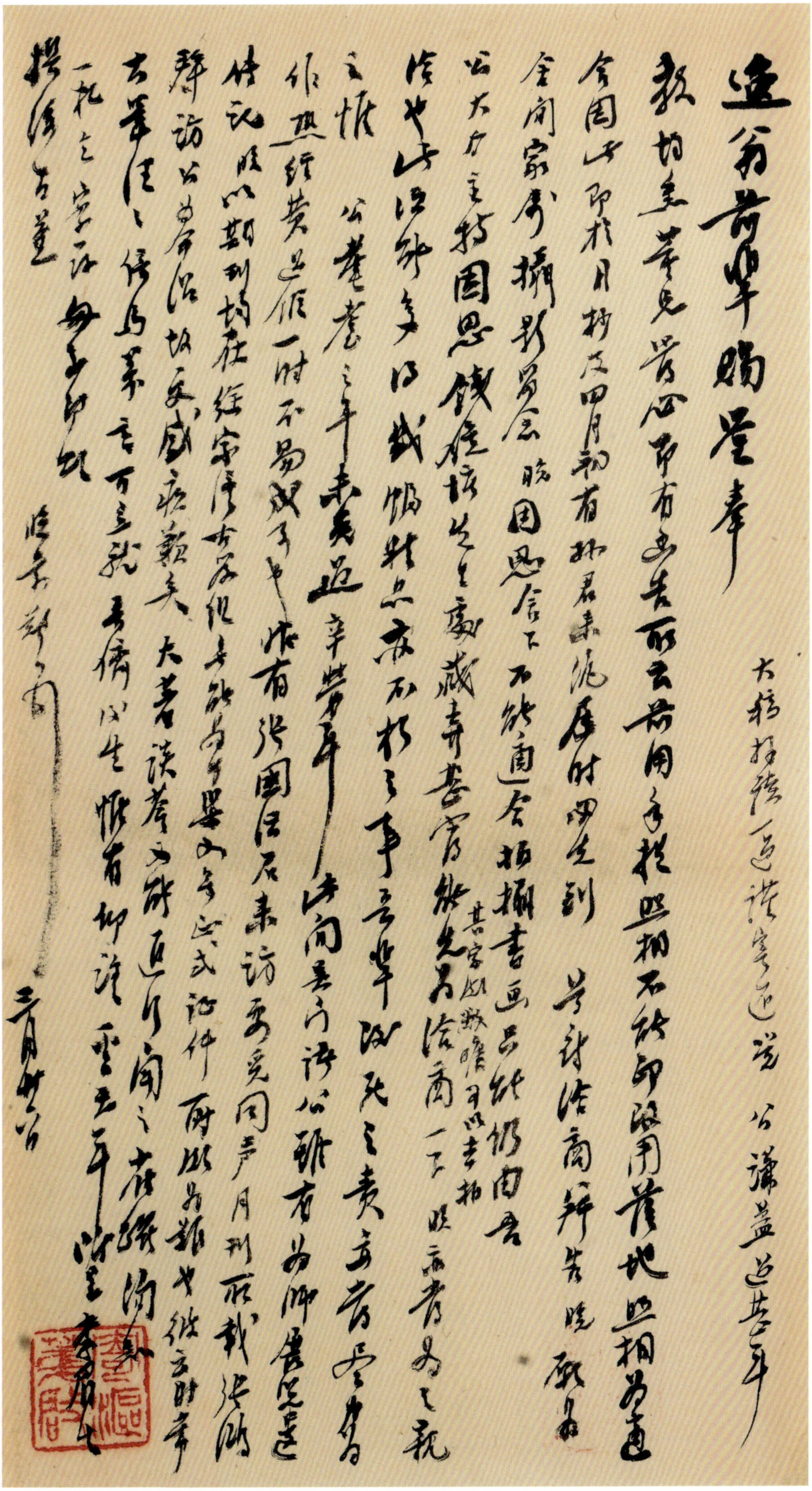

逸翁前輩賜鑒：奉
教，拙著蒙兄賞心節目，並告所云貴用手指照相，不能即照用，從此照相為道
令囡于印於月杪或四月初，有孫君來滬，屆時四人到 寒舍洽商辦告。晚啟乃
令高家屬攝影為念。晚因患食下，不能面過，令拍攝書畫，亦能酌商否
公大力主持，因患錢維城先生處藏奇書寶，能先為洽商一下，晚亦書為之親（其寄以數張可以寄拍）
洽也。此次絲多日來，惟賴照點夜不輟之事，去年以來之責，亦當要當
之悵。公耄耋之年未遑辛勞，年前奉詩公琢有為御覽是
作，與經費無依，一時不易成事也。惟有張國良君來訪，要索同年戶月刊所載張鵬
傳記，晚以期刊均在經營書局，[illegible]
歸訪公為寓居故事，盛夜難矣。大著談藝之餘，尚近有閒之[illegible]
古筆[illegible]
一九七[illegible]
撰安
晚景鄭頓首
三月廿日

大稿拙跋一通謹寄還，公謙益過甚耳。

潘景鄭致鄭逸梅

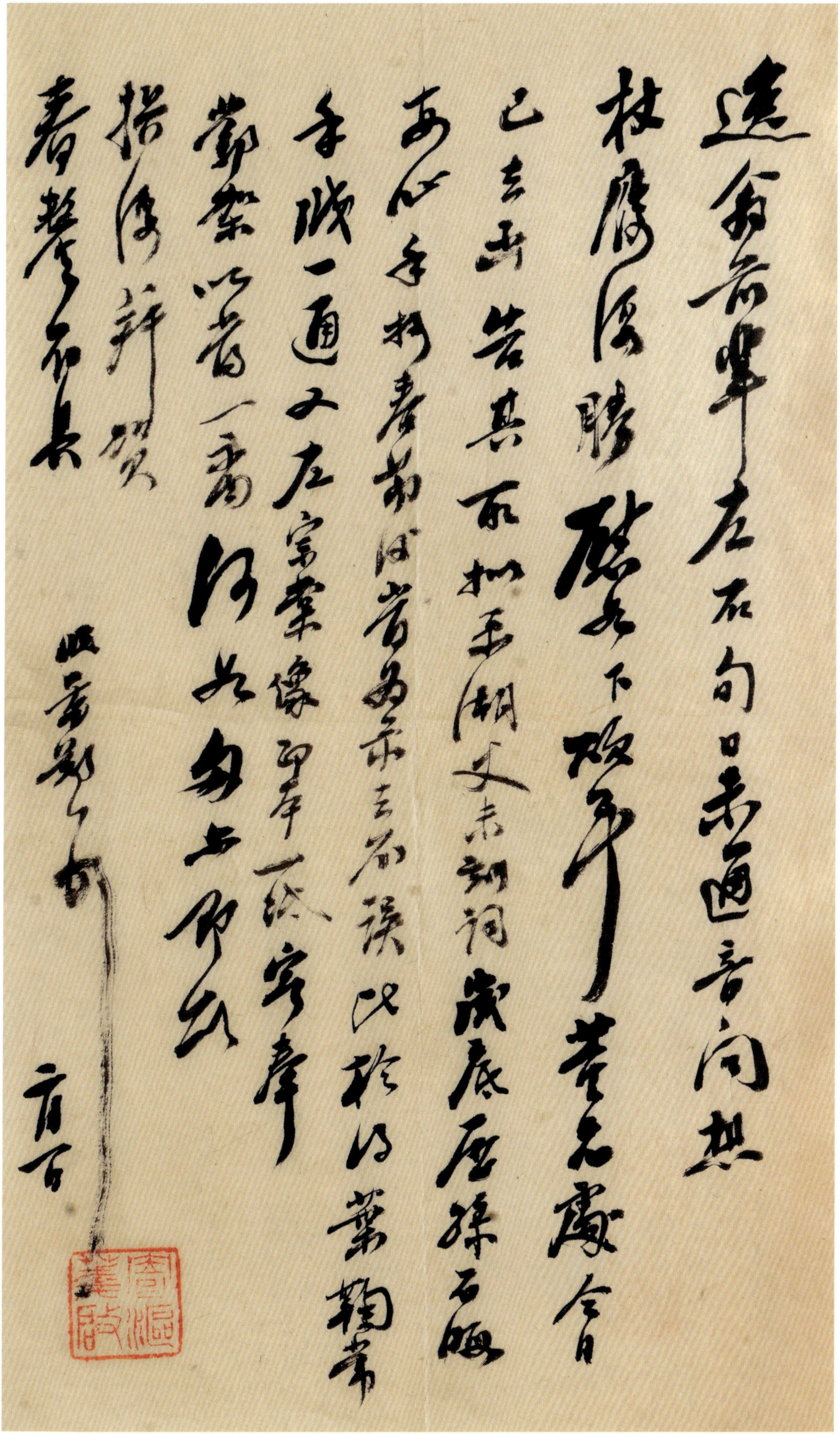

潘景鄭致鄭逸梅

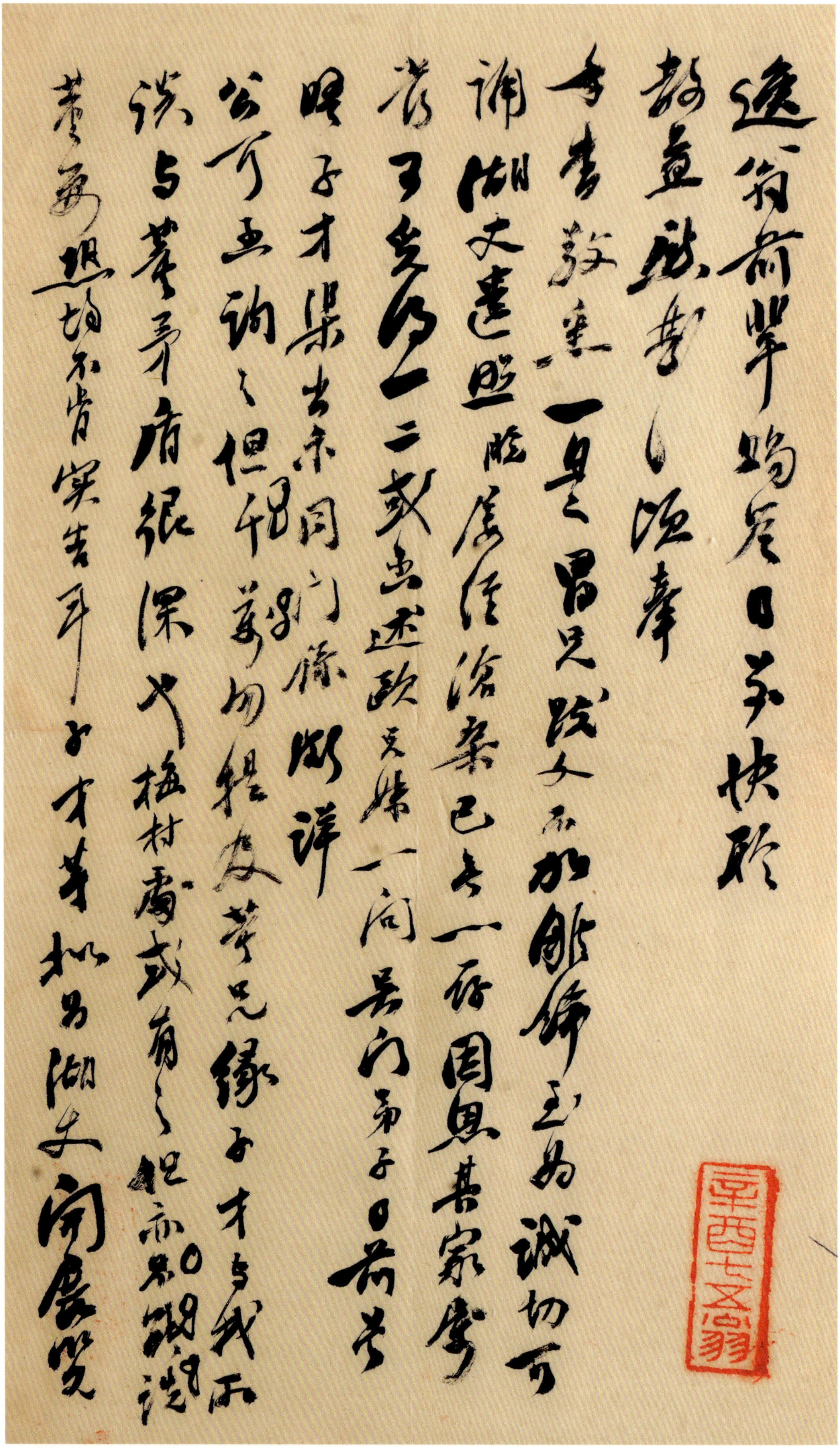

潘景鄭致鄭逸梅

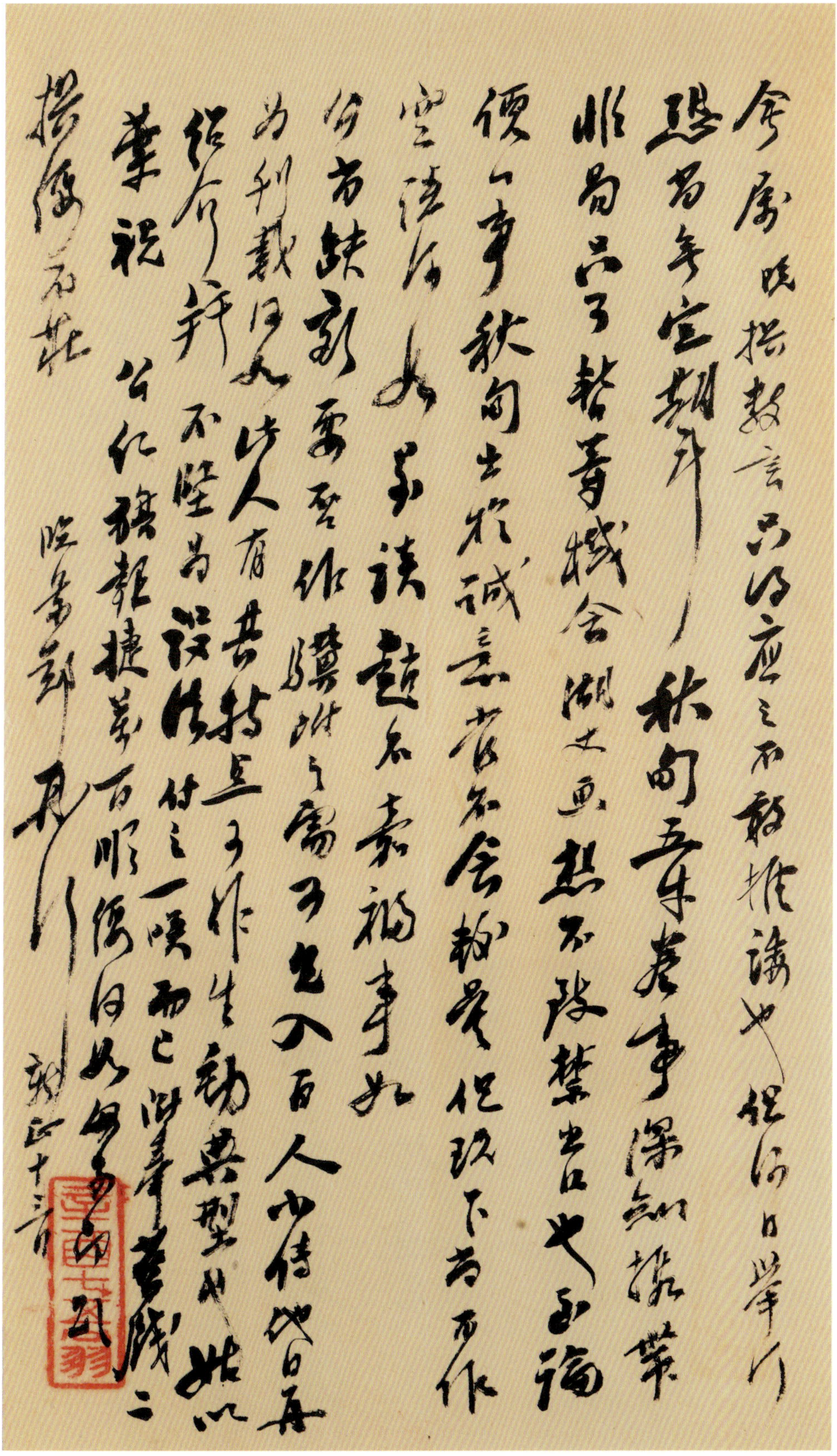

潘景鄭致鄭逸梅

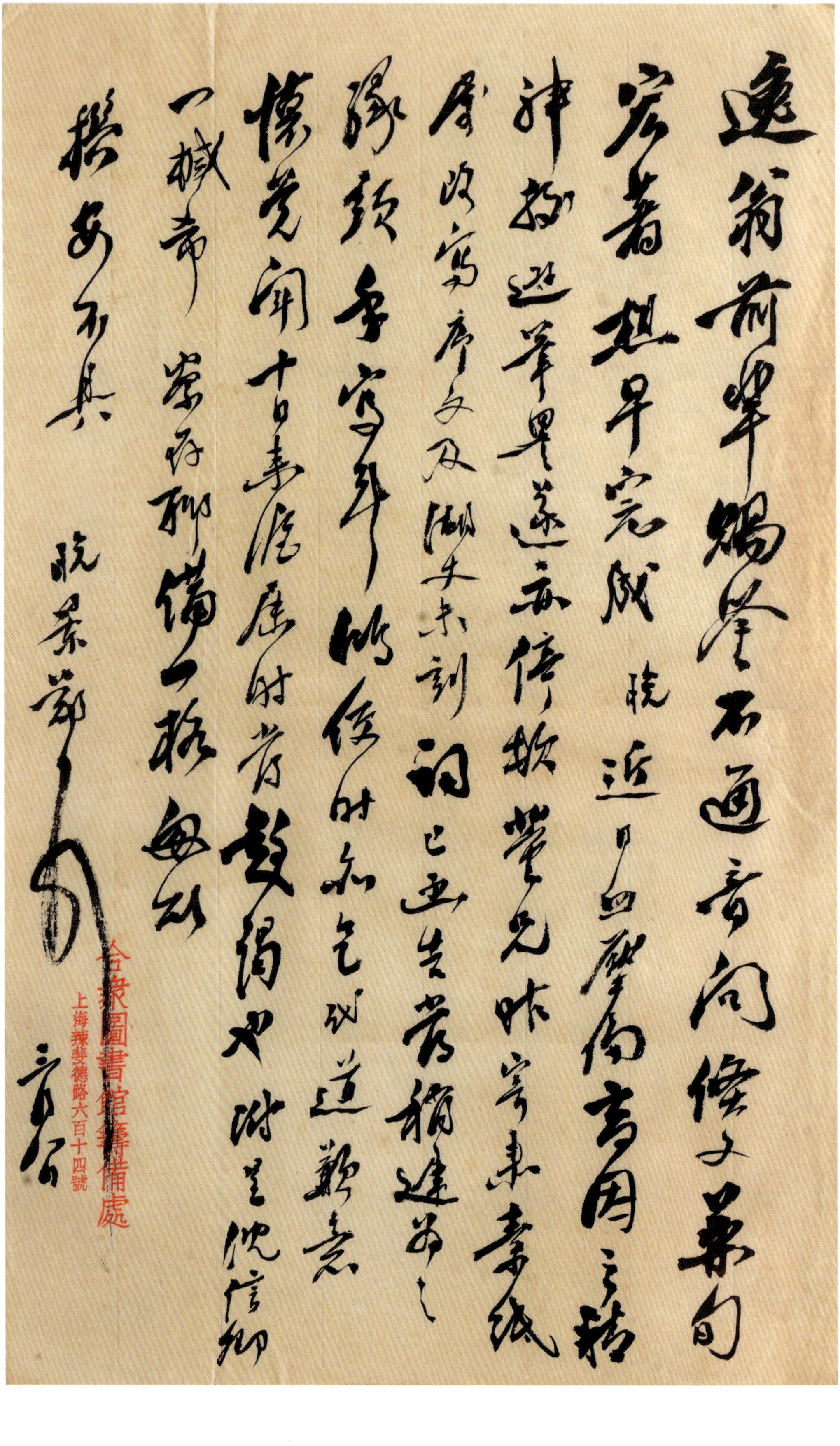
逸翁前輩賜鑒：不通音問，倏又兼旬，宏著想早完成。晚近日正屬彥周之稿，律教選箋，畢業遂亦倍撥，叢光昨寄來壽綫，屬改寫序文，及湖帆未刻詞，已函告黄精進，弟之緣頭多冗，遲延時日，亦乞代道歉意。懷覺開十日壽辰，屬附賀數縑也，附呈俛信卿一緘，希察存，聊備一格為叩。撰安不具。

晚景鄭頓首

合衆圖書館籌備處
上海辣斐德路六百十四號

潘景鄭致鄭逸梅

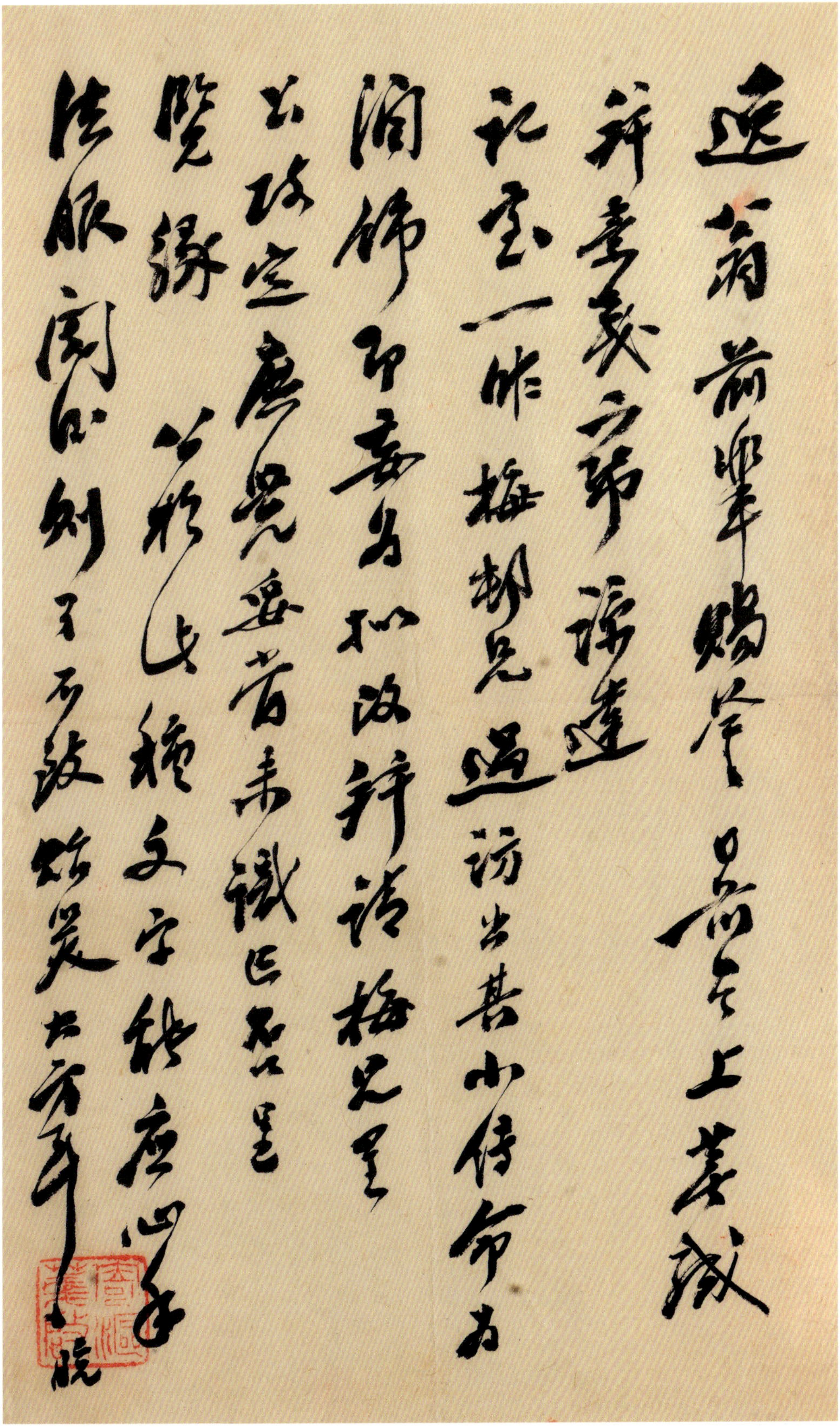

逸翁前輩賜鑒：日前奉上蕪識，并叢書二部，諒達記室。一昨梅都兄過訪，出其小傳，命為潤飾，即寄上，擬改數語，梅兄呈上政定，處恐無當，未識可否呈覽。錄此稿長文字，能應心手法眼，閱後則可不致貽笑大方矣。晚

潘景鄭致鄭逸梅

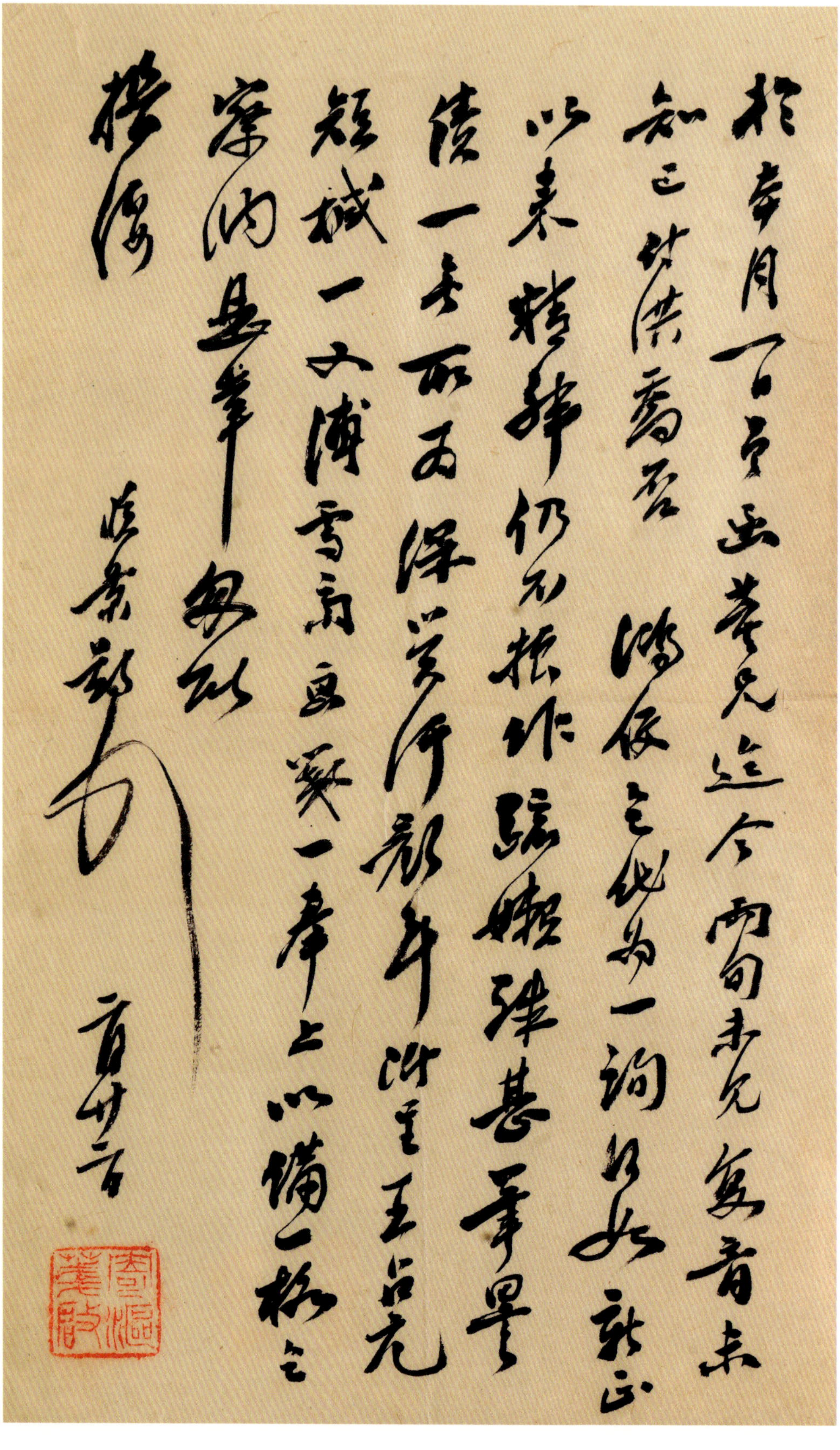
於本月下旬出蕘兄迄今兩旬未見復音未
知已付洪喬否　鴻依之說為一詢如何　新正
以來精神仍不振作臨池殊甚草草
請一手所西深以許鄭年訓至王古元
短械一文溥雪齋豆蔻一本上以備一格乞
察納是幸　匆此
撰祺
潘景鄭頓首
首廿六

潘景鄭致鄭逸梅

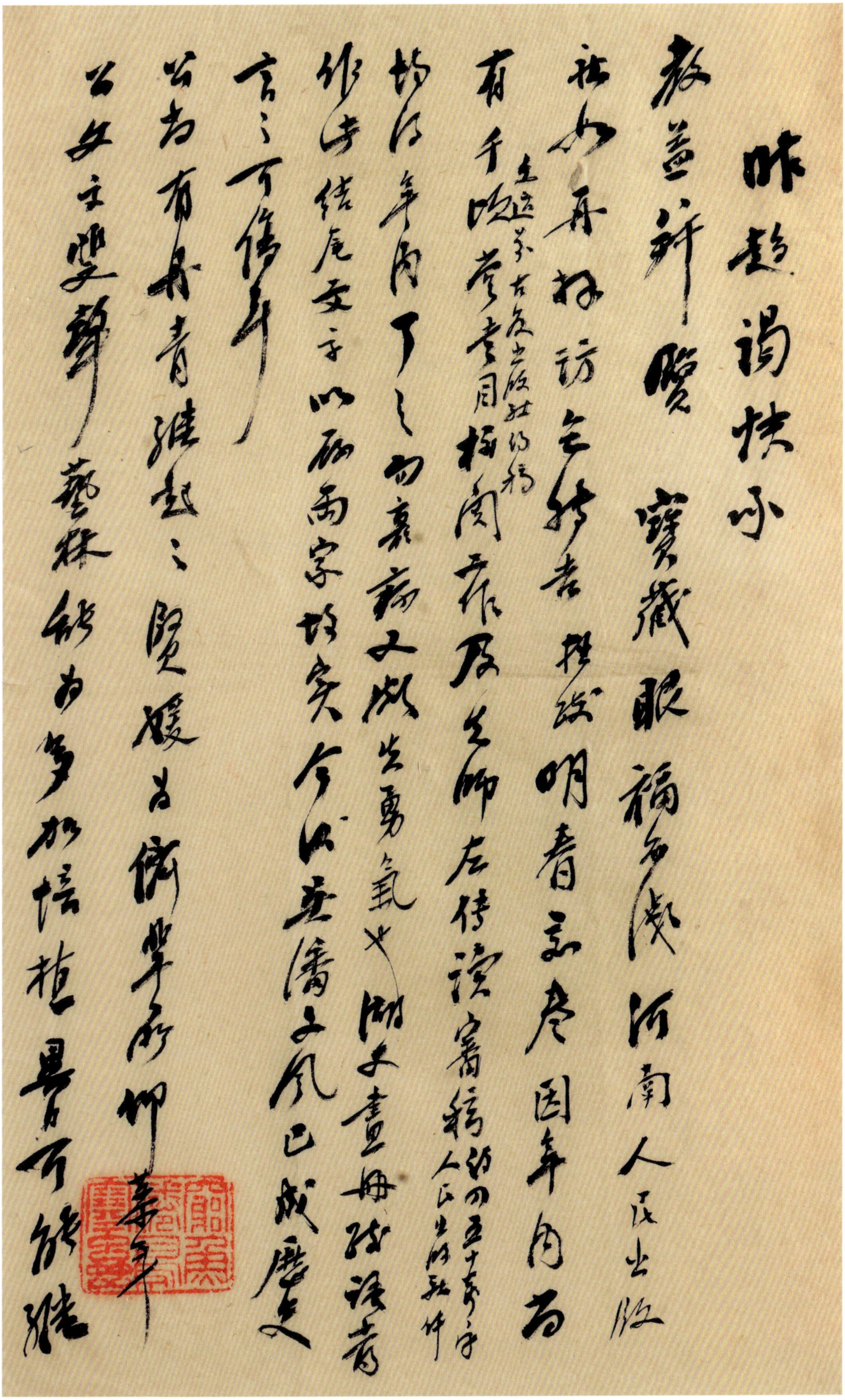

昨趨謁，快承
教益，并蒙 賜覽 寶藏，眼福不淺。河南人民出版
社亦再相訪舍弟者，據說明春來滬，因年内為
有千頃堂書目校閲(上海古籍出版社所編)，及 先師左傳讀寫稿，約四五十萬字(人民出版社付)
趕於年内了之。而襄翁之畫出勇氣之，湖上畫梅諸翁
作者結尾文字，以兩字攷究，今似並[illegible]之風已成歷史，
言之可傷耳。
公為有丹青雅趣之 賢媛，當儲畢所抑華年
公文之嬰鄭 藝林，能為多加培植，異日可能雅

潘景鄭致鄭逸梅

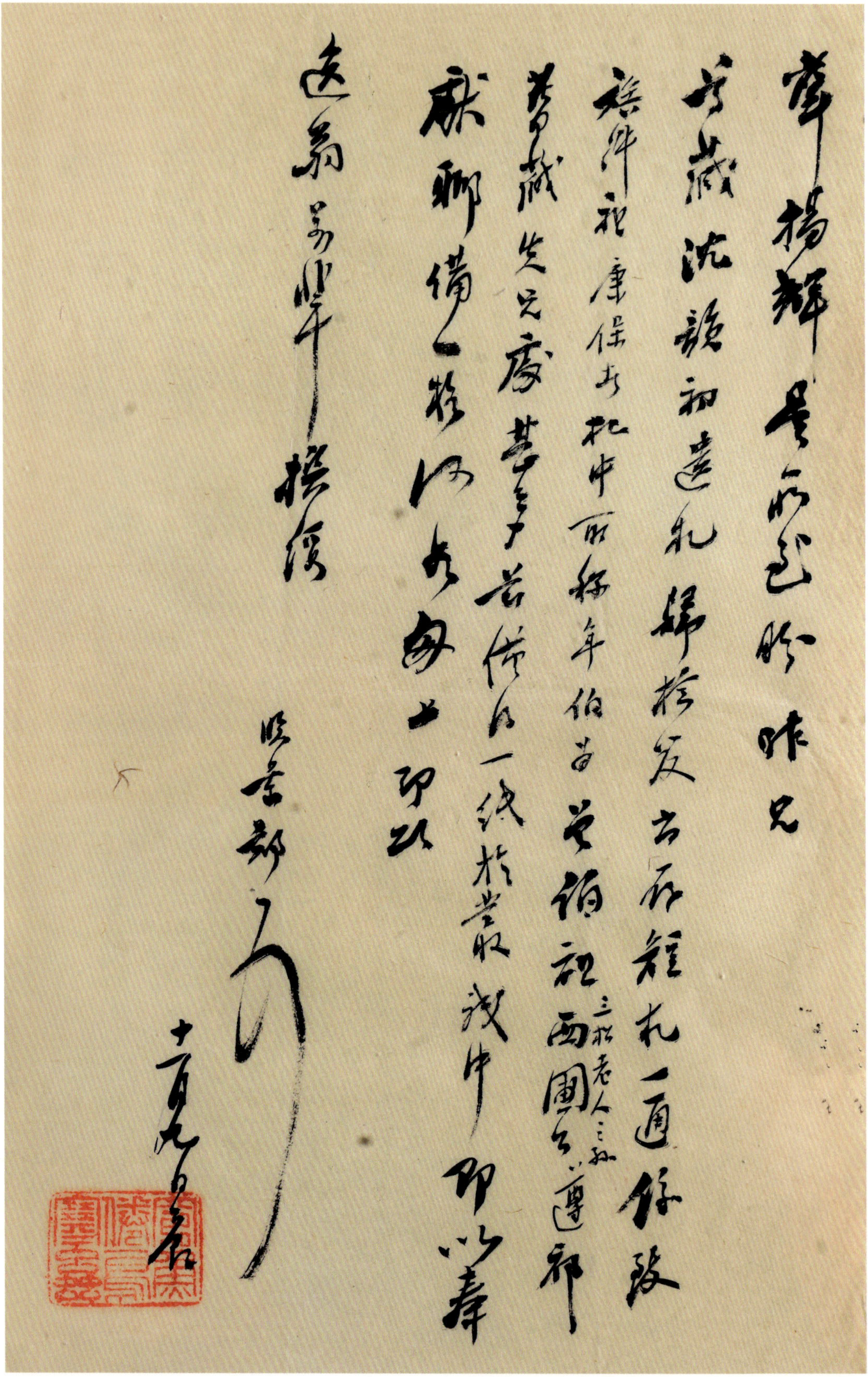

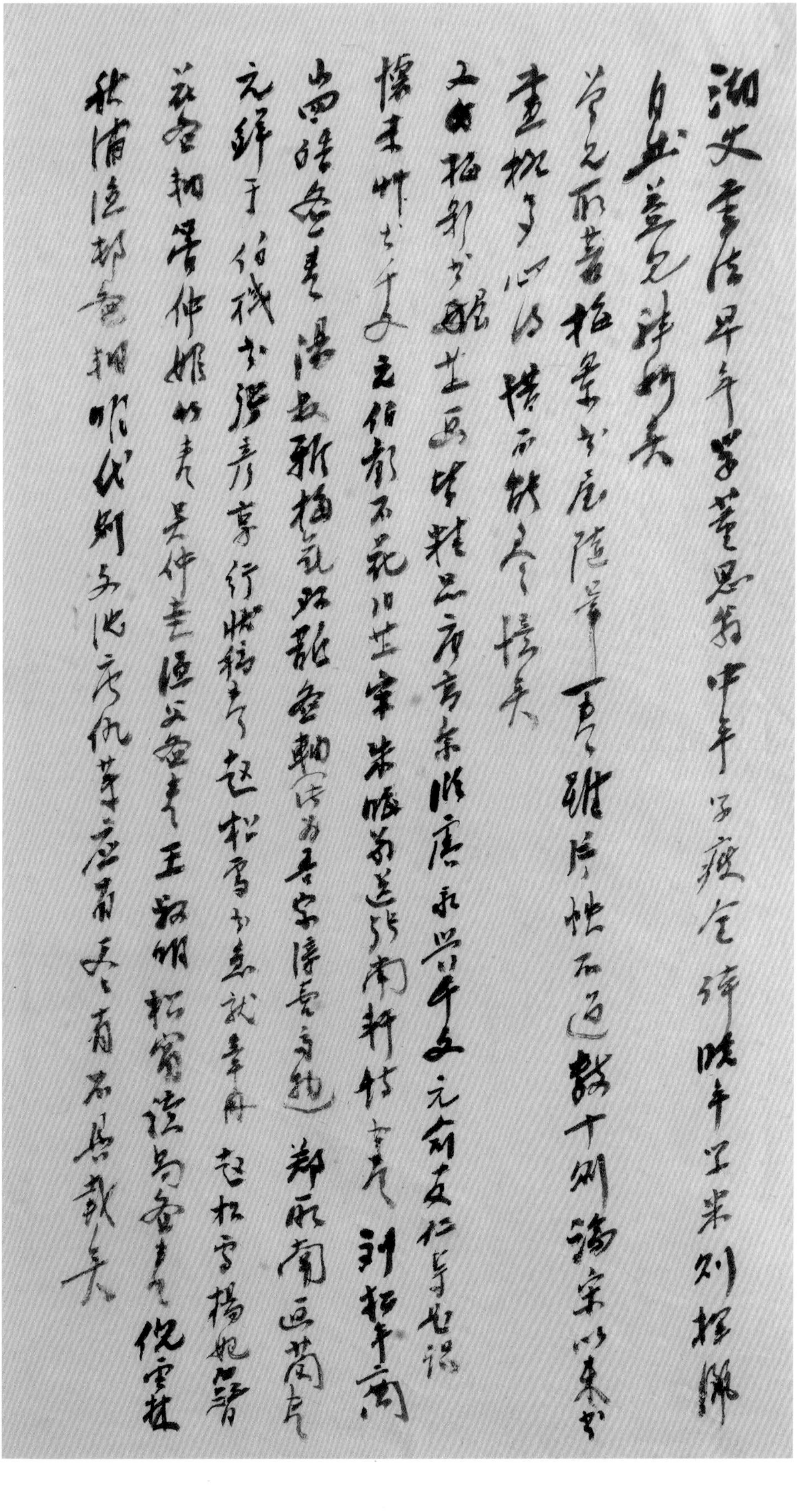

湖帆書法早年學董思翁，中年學瘦金體，晚年學米，則[illegible]
自[illegible]矣。
前人所書梅景書屋隨筆一書，雖片帙不過數十則，論宋以來書
畫[illegible]心得，[illegible]矣。
[illegible]
懷素草書千字文，[illegible]
[illegible]
[illegible]
[illegible]
[illegible]

所藏碑帖精品皆姑母遺中物，如梁蕭敷太妃墓志、許真人井銘，海
内孤本。四歐中收虞恭公碑，冊為麦尚旧物，餘如化度寺、九成宮、皇甫君三種，俱
吾家所出。昭陵碑中之崔敦禮、畫跋碑，亦出怡常藏，如意為宗之旧物
生家藏。所蓋金石拓本為金石扈廿餘大冊，冠以田郡儀直，尋四為那克
山房所能致也。其他文物，則不能悉憶矣。
抗戰時期，為湖帆先生影印梅景畫笈，所附弟子錄廿六人（予亦在內），其中
成名者王季遷、徐邦達、陸抑非、朱梅村、俞子才、蔣等數人，其他亦早年下石，
多見。但嘗來此廿餘年中，續有拜門者不詳，即如黃君基節尚未登來
以及其門者。
中年喜蓄緇以臨清金銀眼鏡，客來每接摩挲，以引以為樂

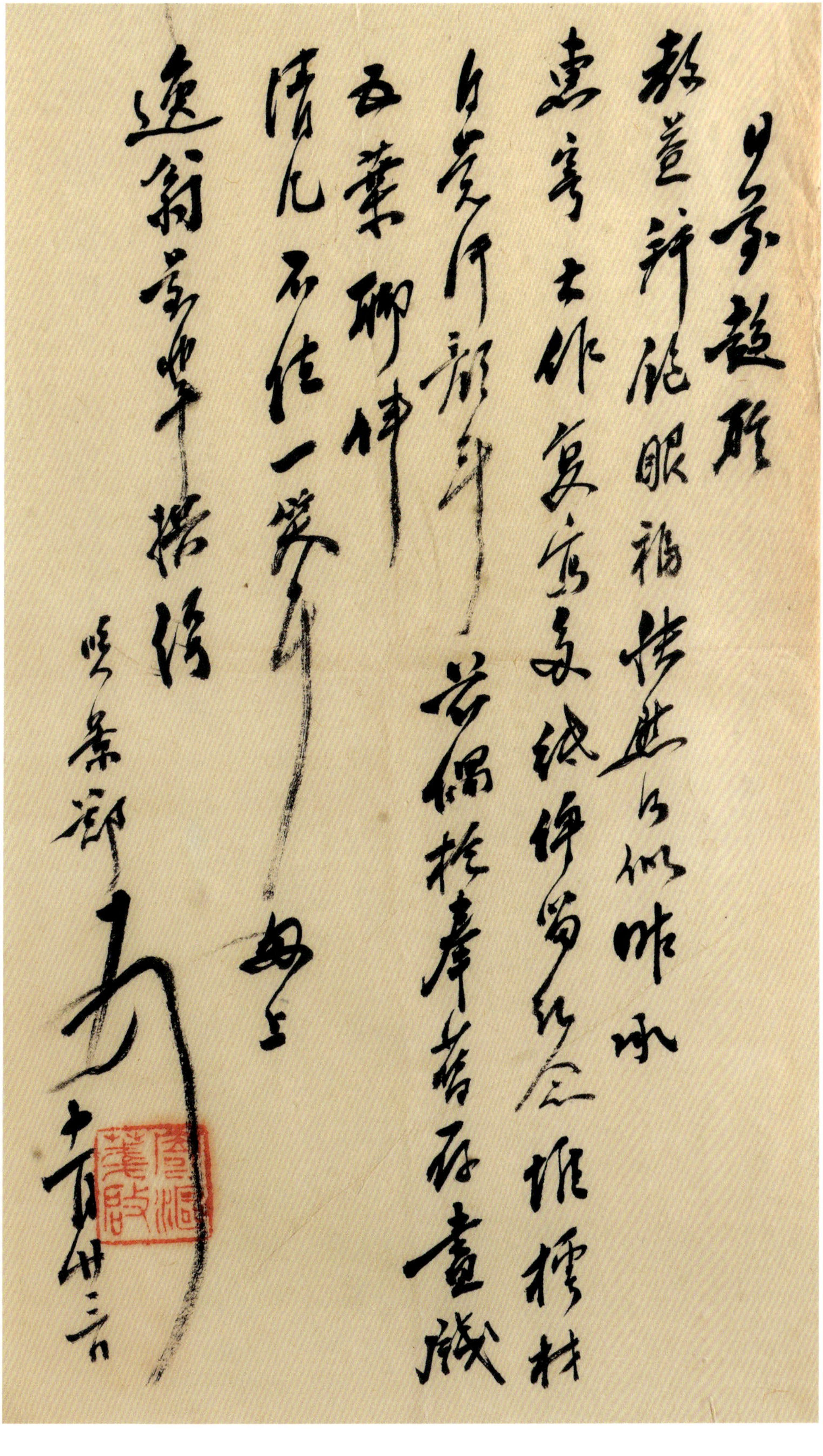
日昨趨聆
教益，許飽眼福，借出以似，昨承
惠寄大作寫意卷紙，俾留紀念，非標林
自當付郵封，
並得於摩挲，存畫識，
五葉聊伴
清几，不值一笑也。安上
逸翁先生撰綏
晚景鄭
十月廿二日

潘景鄭致鄭逸梅

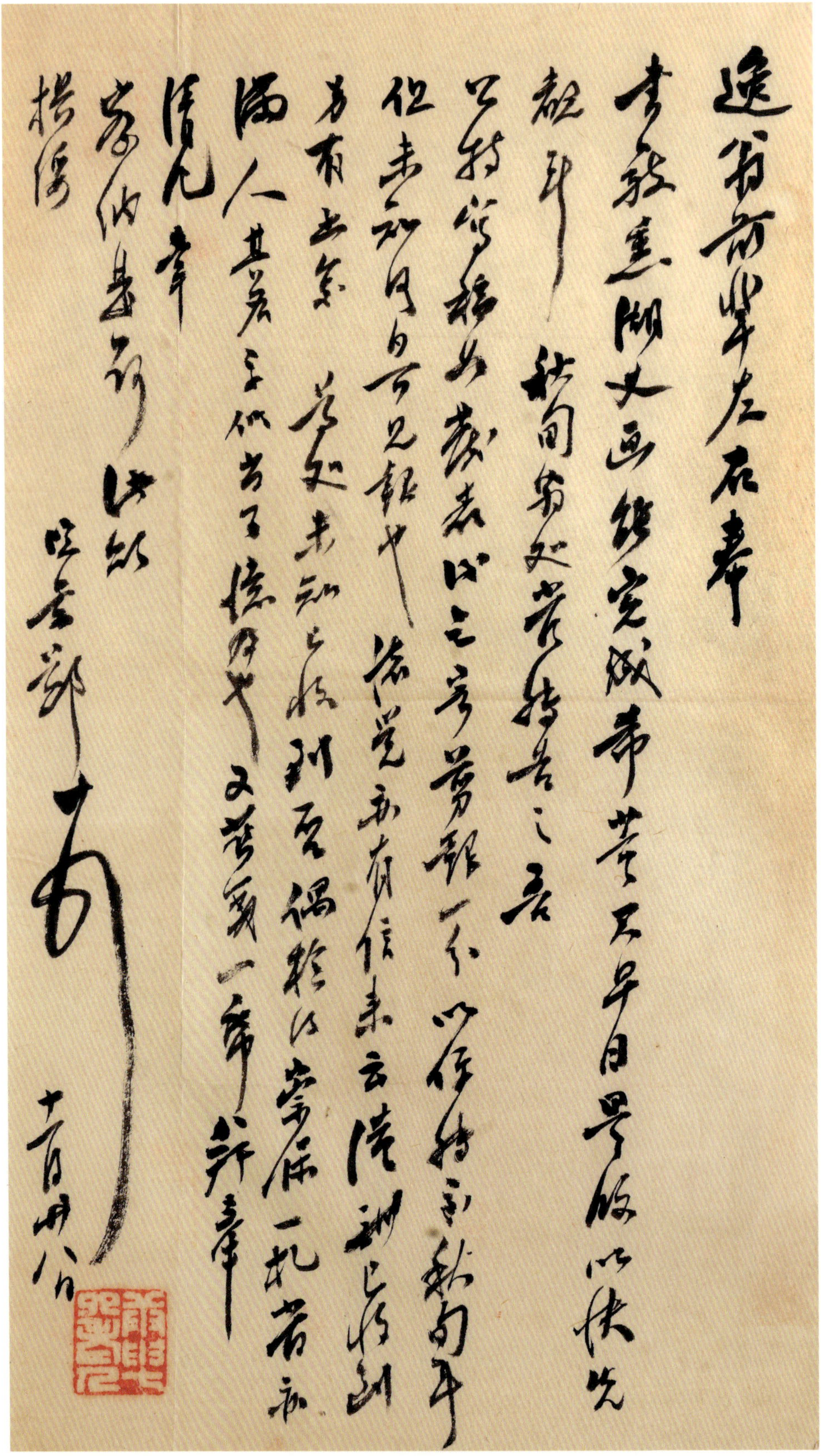

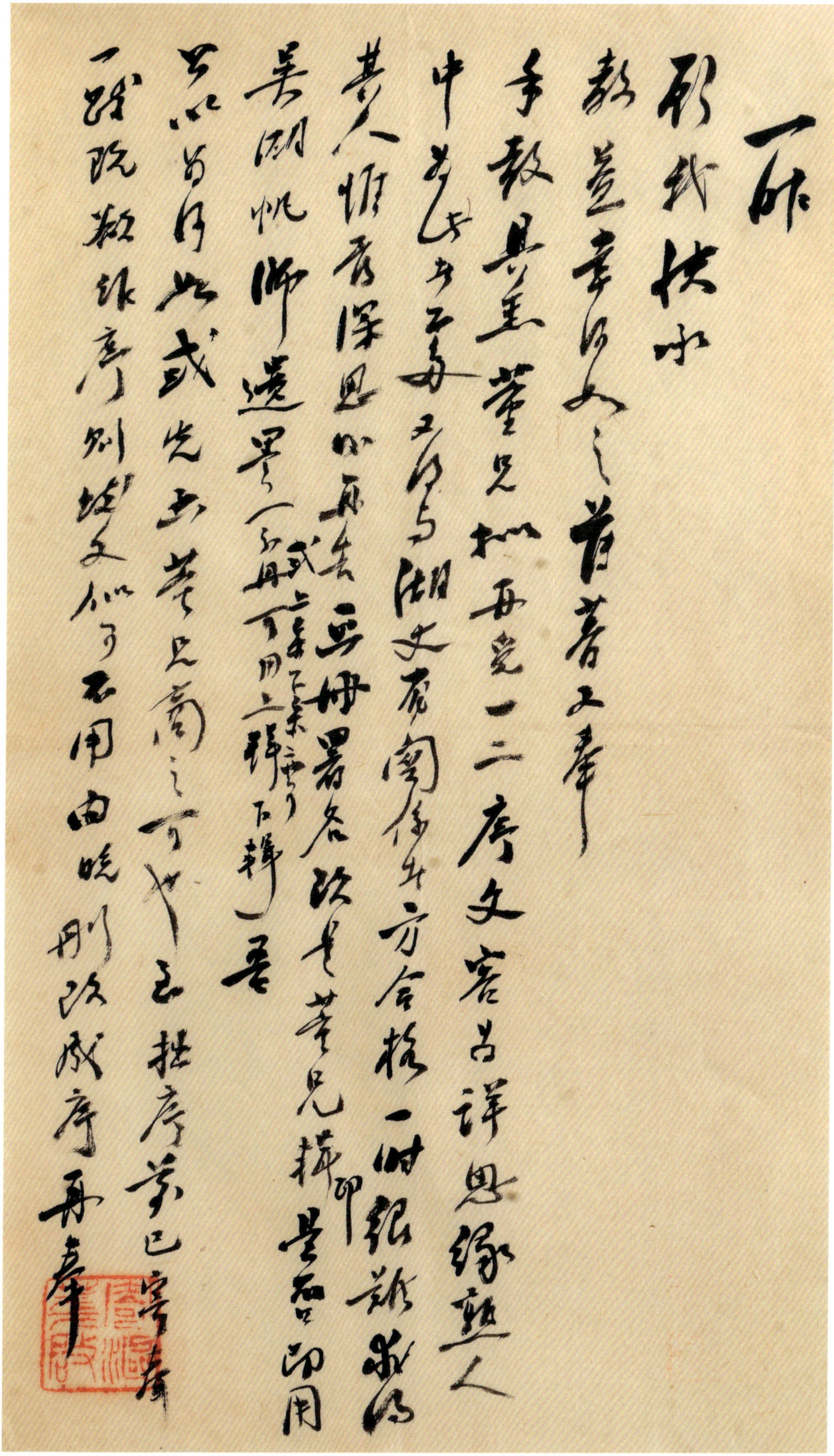

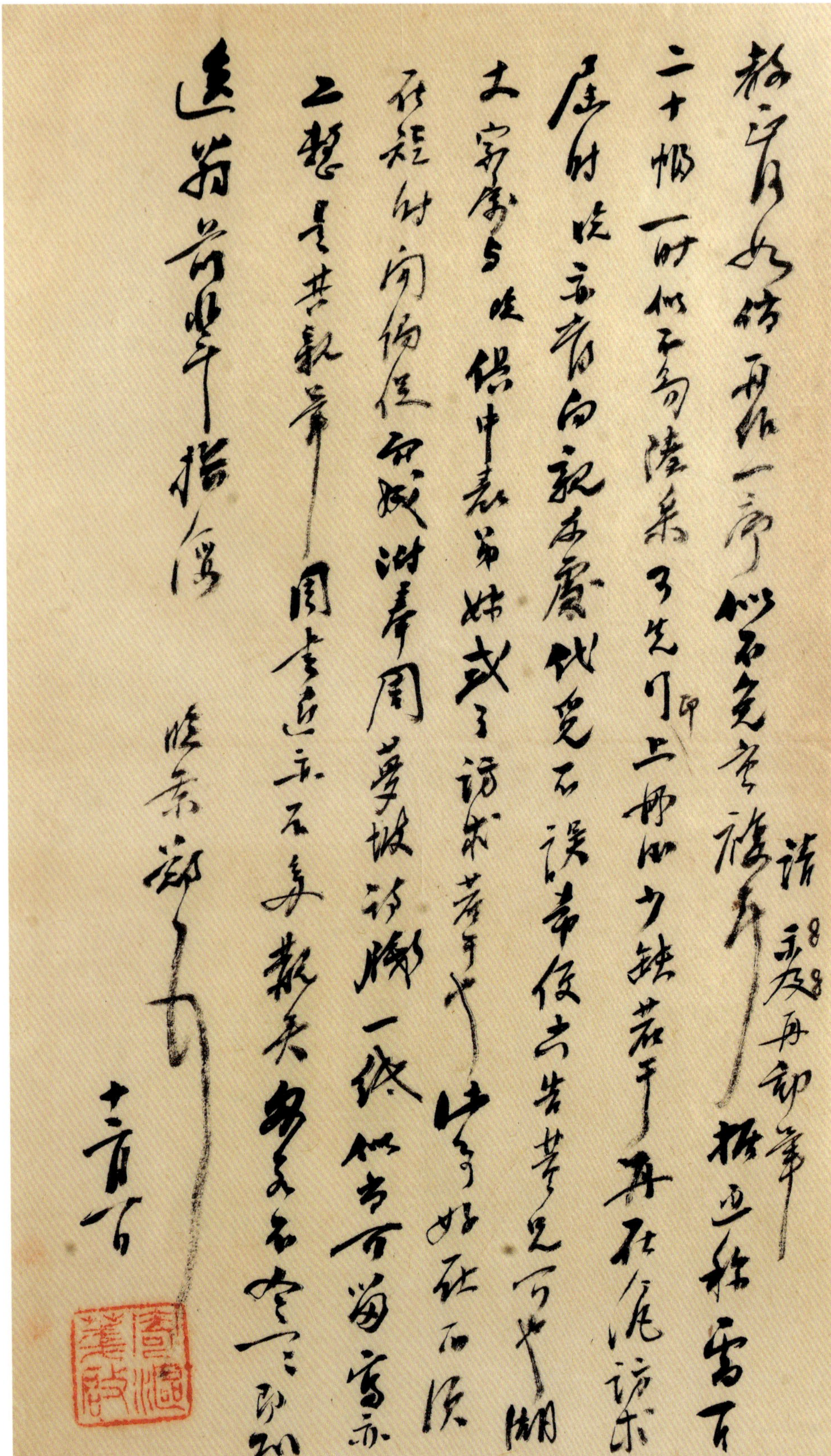

潘景鄭致鄭逸梅

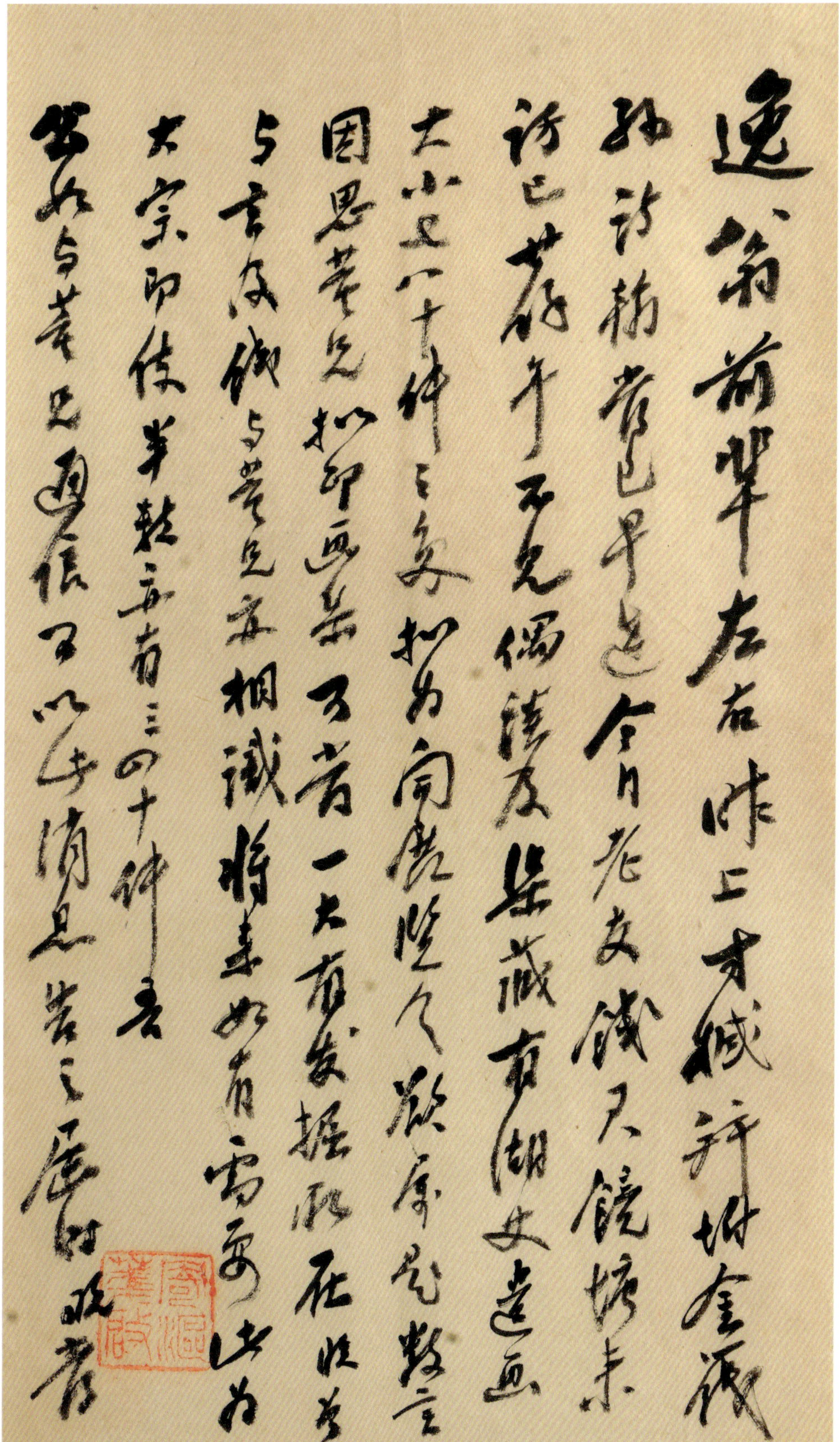

潘景鄭致鄭逸梅

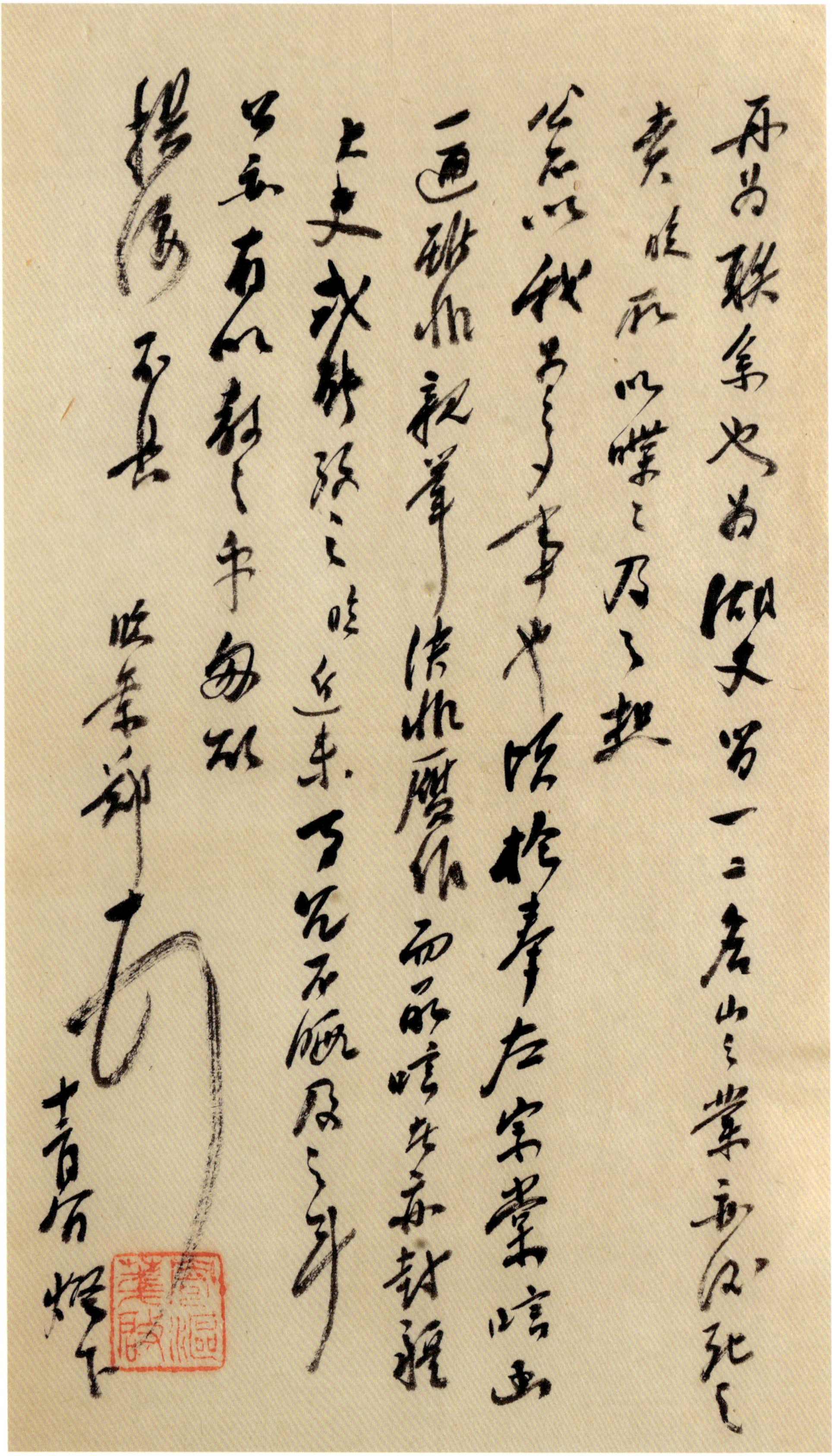

潘景鄭致鄭逸梅

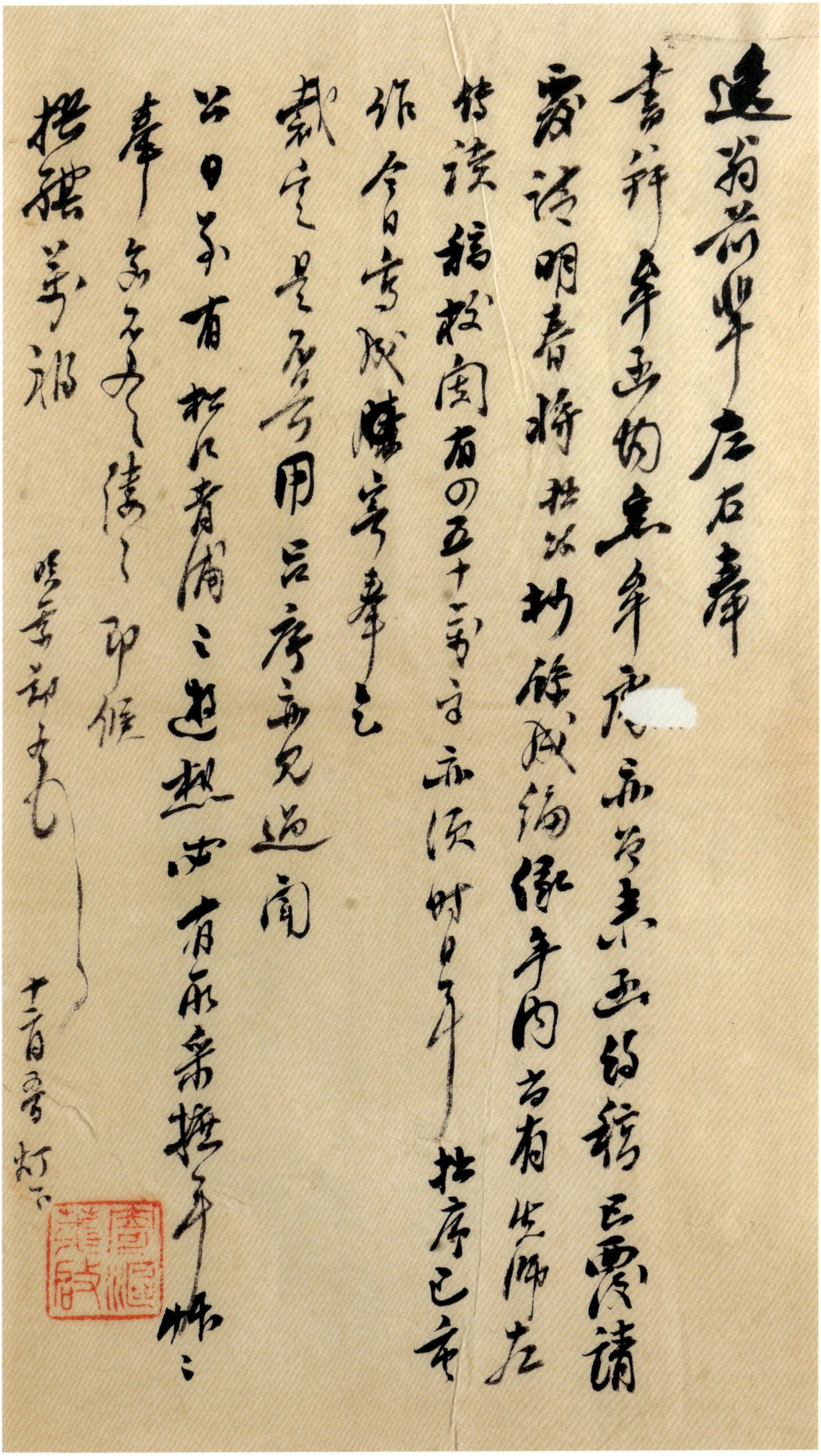

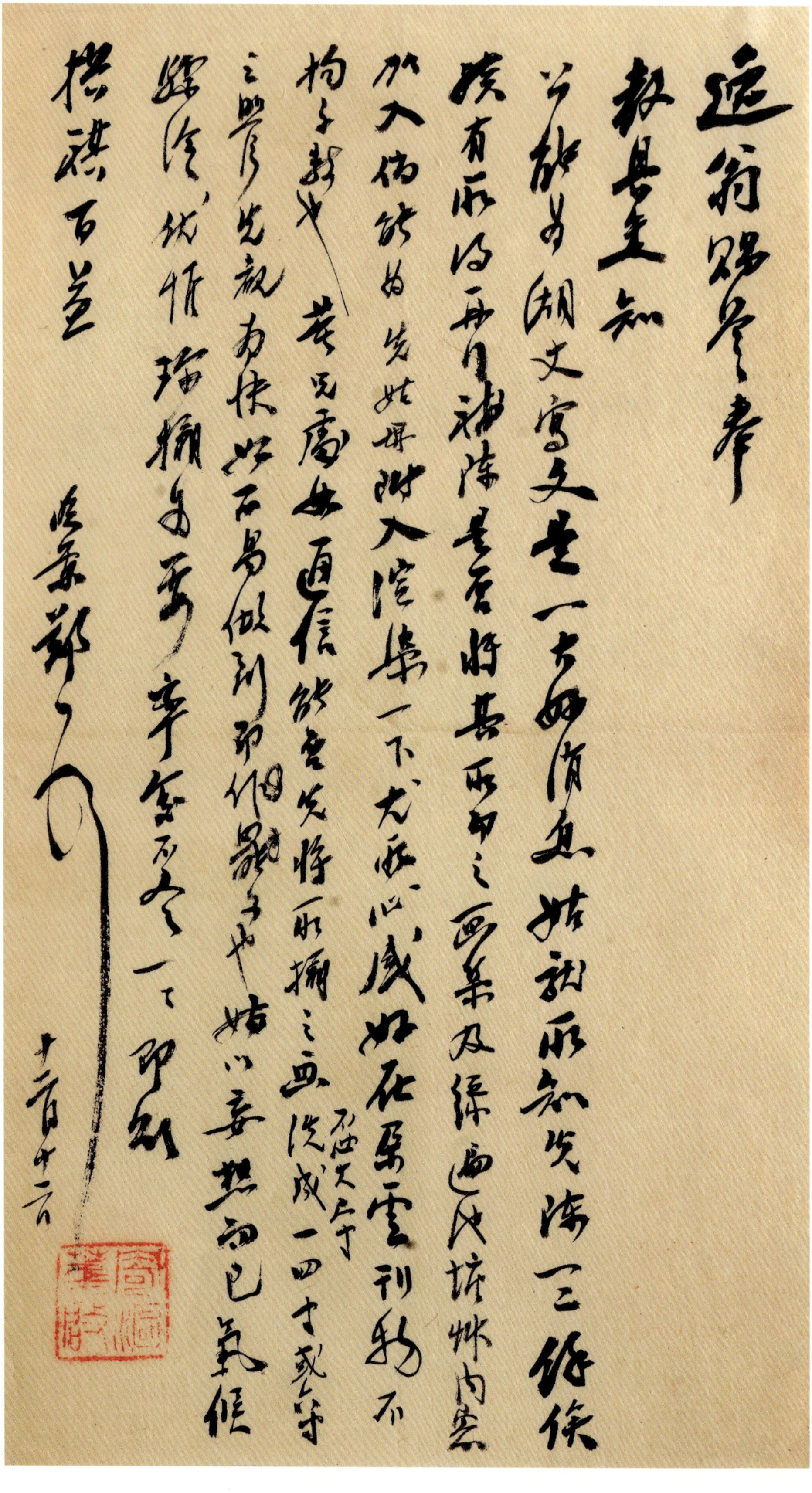
逸翁賜覽：奉
教具悉。知
公能與胡[illegible]文寫先生一大幅，[illegible]姑[illegible]所知先後一二[illegible]
俟有所得再行補請書[illegible]將其所印之畫集及經過[illegible]處內容
於大作能與先姓[illegible]附入畫集一下，尤所心感。如在集雲刊物，不
拘多少數也。黃君處女直信能否先將所攝之畫從成一四寸或六寸（不必大六寸）
之照片先寄為快。此不易做到，即作罷可也。姑以[illegible]而已，氣促
賜[illegible]作，瑞攝為要。辛[illegible]一一。即[illegible]
撰祺
弟景鄭頓首
十一月十一日

潘景鄭致鄭逸梅

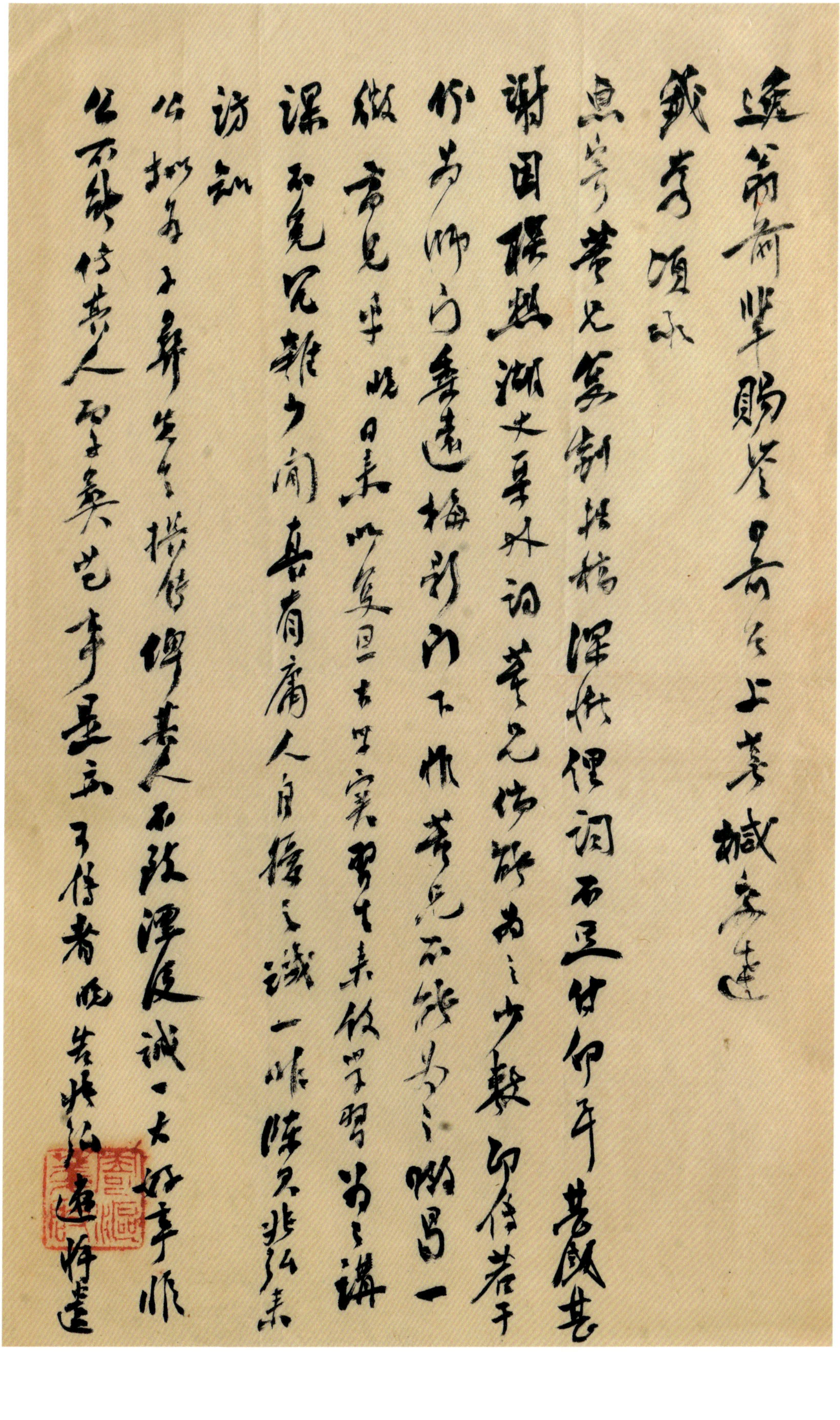

逸翁前輩賜鑒：日前奉上蕪緘計達
[illegible]覽。頃承
惠寄黃兄篆刻拓稿，渾似俚詞，不足[illegible]仰[illegible]，甚感甚
謝。因探趙湖史[illegible]外詞，黃兄[illegible]為之少數，即[illegible]若干
[illegible]為[illegible]之[illegible]逸梅[illegible]下作，黃兄不能為之賜[illegible]一
[illegible]兄[illegible]。此日[illegible]以復旦大學[illegible]來[illegible]學習，為之講
課，不免冗雜，少閒再[illegible]有[illegible]人自[illegible]之識一[illegible]陳大悲[illegible]來
訪知
公擬[illegible]下[illegible]先生[illegible]傳其人不[illegible]誠一大好事[illegible]
公不能付其人[illegible]年[illegible]者[illegible]告[illegible]逸[illegible]

潘景鄭致鄭逸梅

逸梅先生：

撰筆組織，亦爲故友交稱者一二耳。

公綜事紹法，數筆畢具，是善舉也。芸廬之有拓碑

歸謝之微作，塵言也。若雅宜劇錦囊一札，其人雖未致

及，根善內容似隨存宋棠新雜紀載去歲之書，而非時

從兄頃契無暇及之耳。據光宣良友未[illegible]商調

本，有見示者，即祈

指復，不[illegible]

弟景鄭頓

十月廿一日

潘景鄭致鄭逸梅

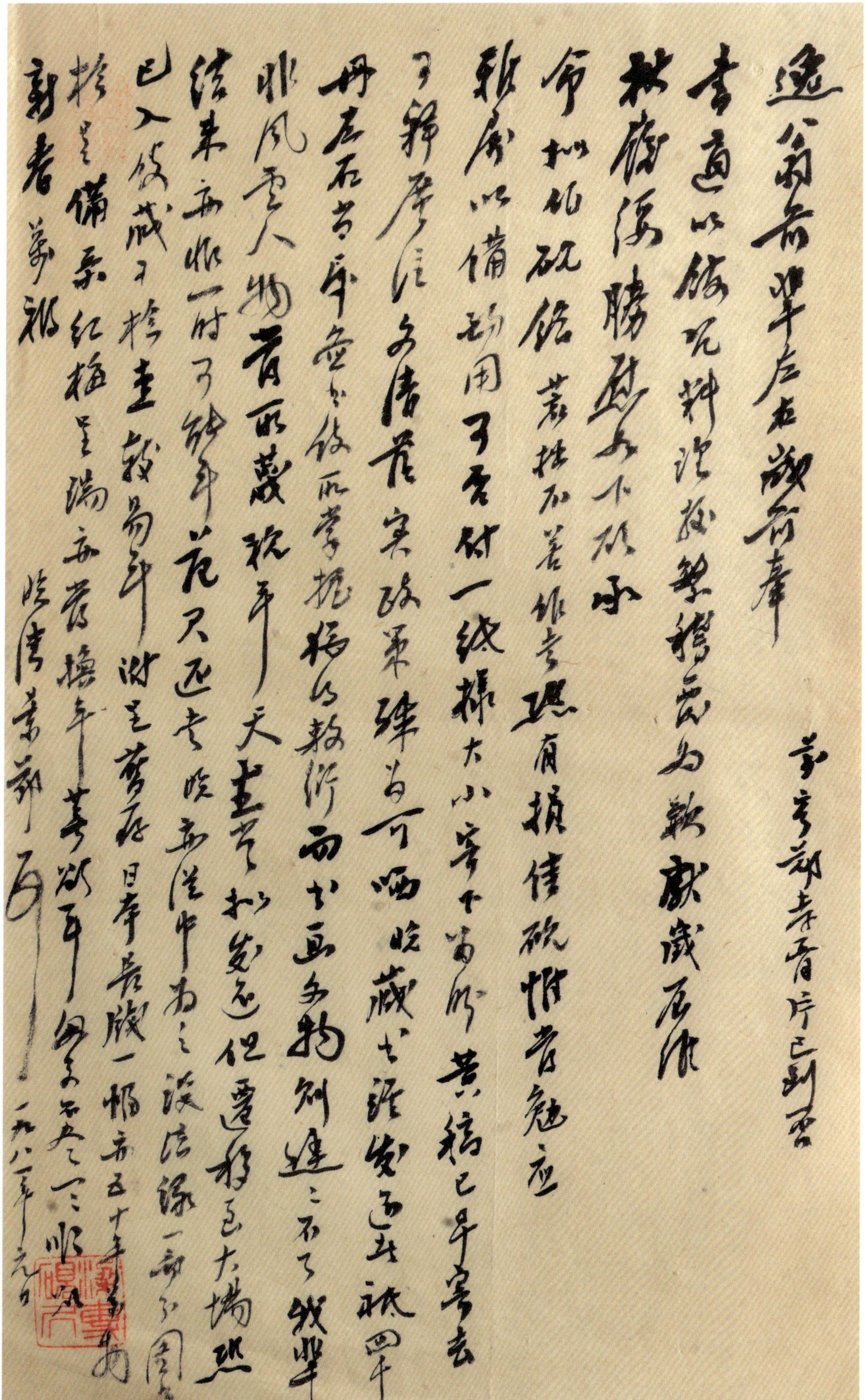

逸翁前輩左右：[illegible]
書[illegible]以[illegible]
林[illegible]
命[illegible]硯銘[illegible]
[illegible]以備[illegible]用[illegible]付一紙[illegible]大小[illegible]
[illegible]
[illegible]
[illegible]
[illegible]
已入[illegible]
[illegible]備[illegible]紅梅[illegible]
新春[illegible]
晚[illegible]景鄭[illegible]
一九八一年[illegible]

潘景鄭致鄭逸梅

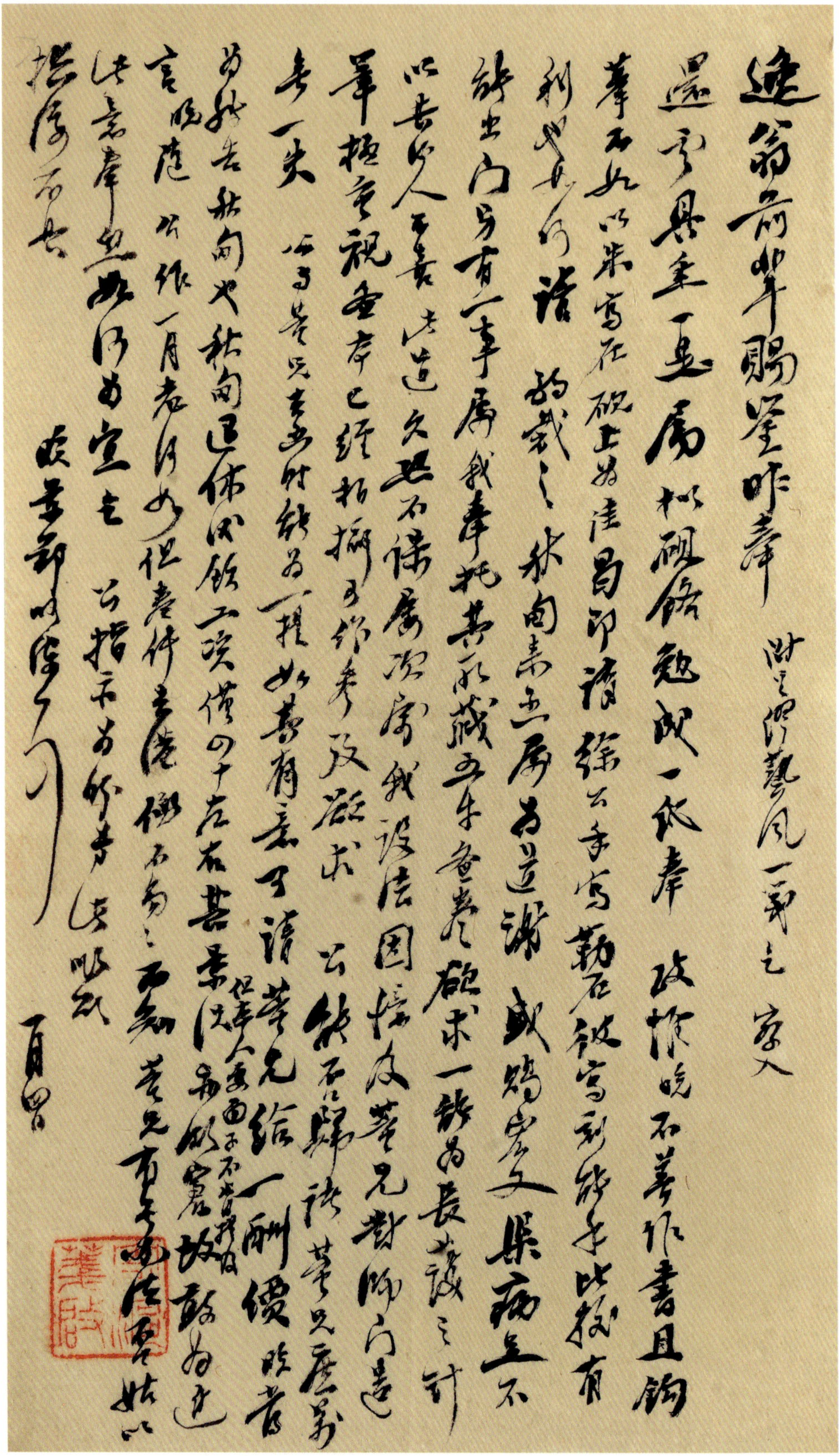

潘景鄭致鄭逸梅

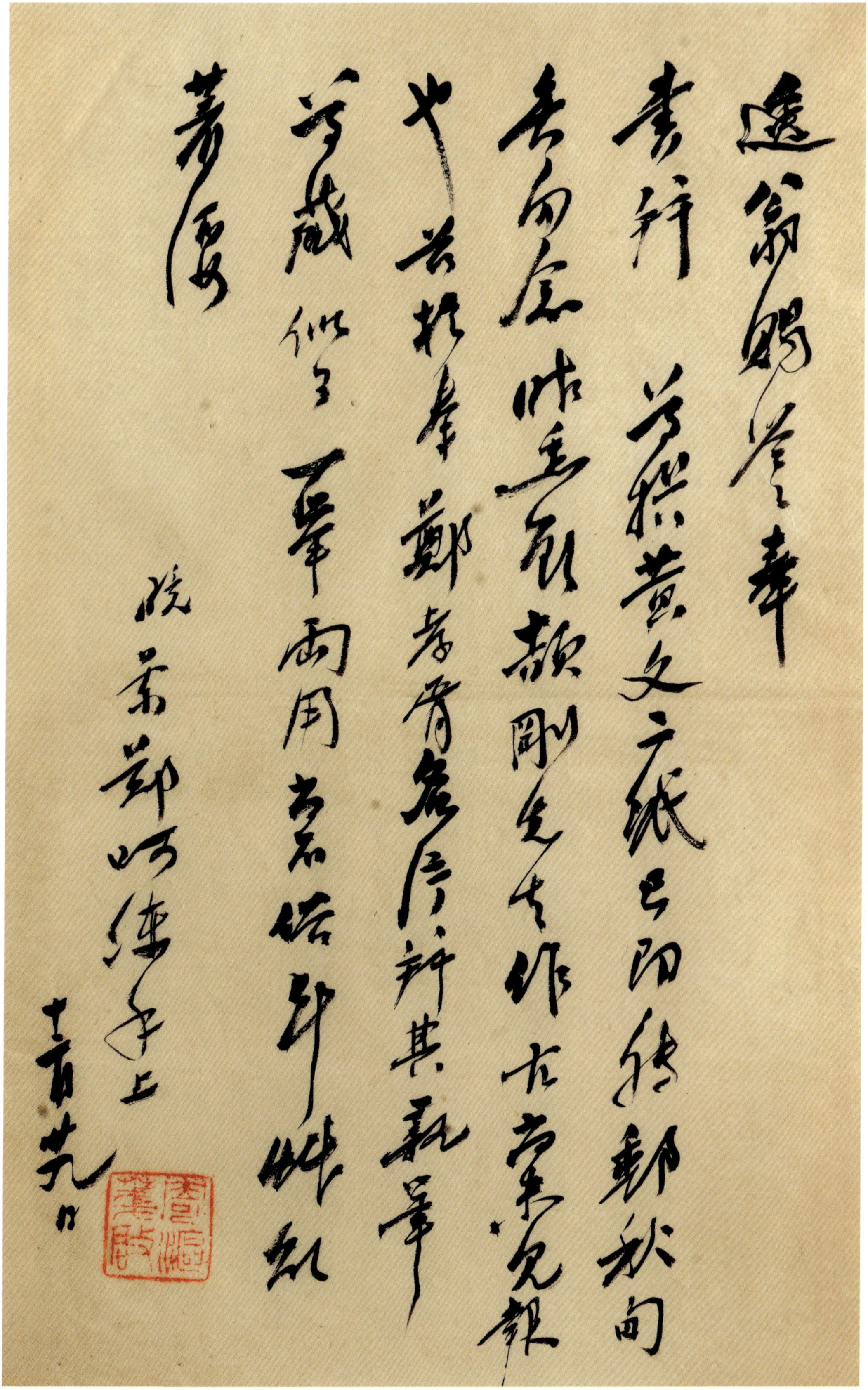

逸翁賜鑒：奉
書并 尊撰黃文六紙，已即轉鄭秋向
先生處。昨承 顧，剛先生作古，宋兄報
也。若能奉鄭孝胥名片并其親筆
尊藏似之。華兩周前寄給此紙
著安

弟景鄭頓首上
十一月廿九日

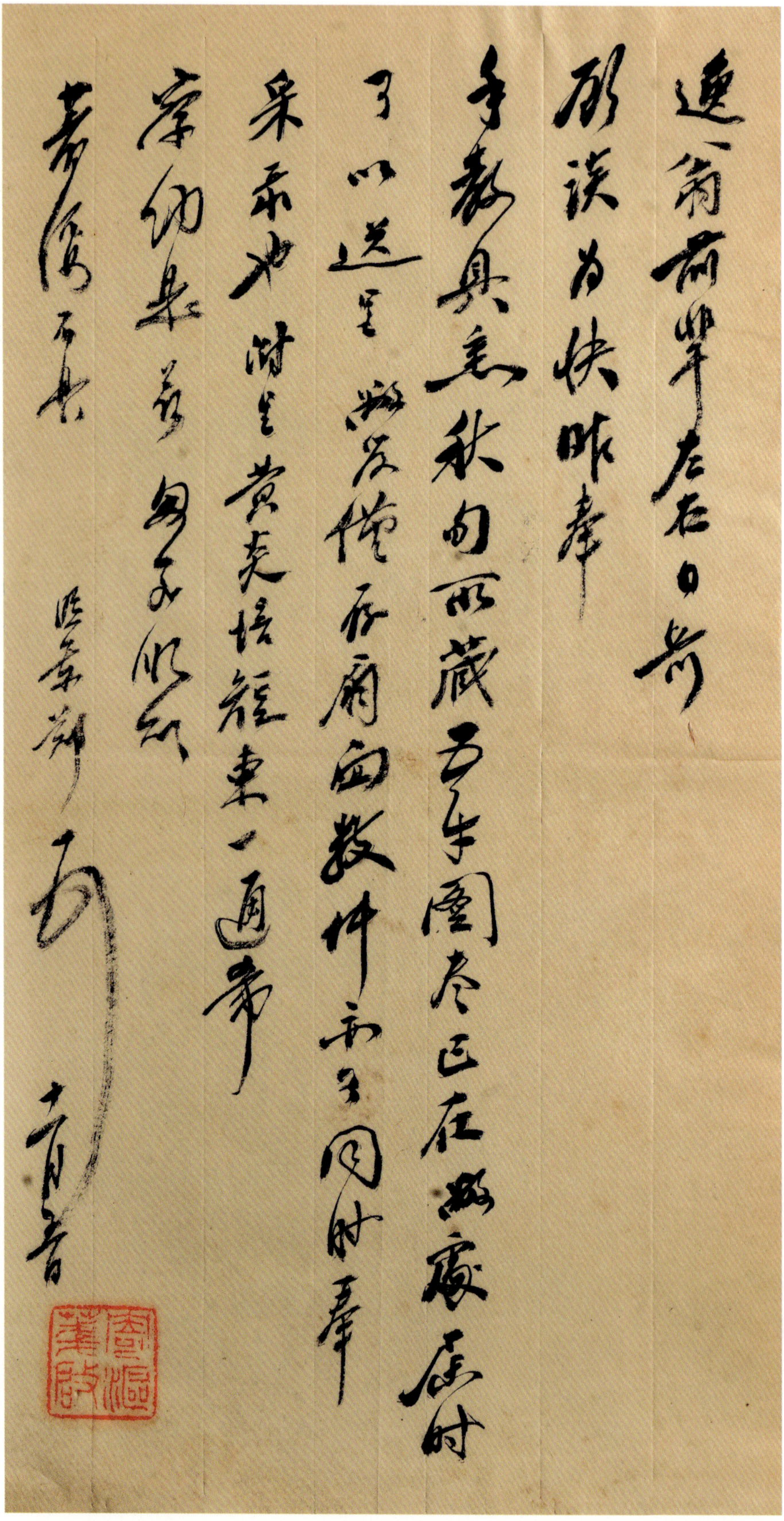

逸翁前輩左右：日前
承談爲快。昨奉
手教，具悉。秋間所藏王（?）手圖卷正在敝寓，届时
可以送呈。敝存[illegible]所開扇面數件，亦當同时奉
采。乘此附呈黄炎培短柬一通，希
察納是荷。匆匆順頌
著（?）綏。不具
晚景鄭頓首
十月[illegible]

潘景鄭致鄭逸梅

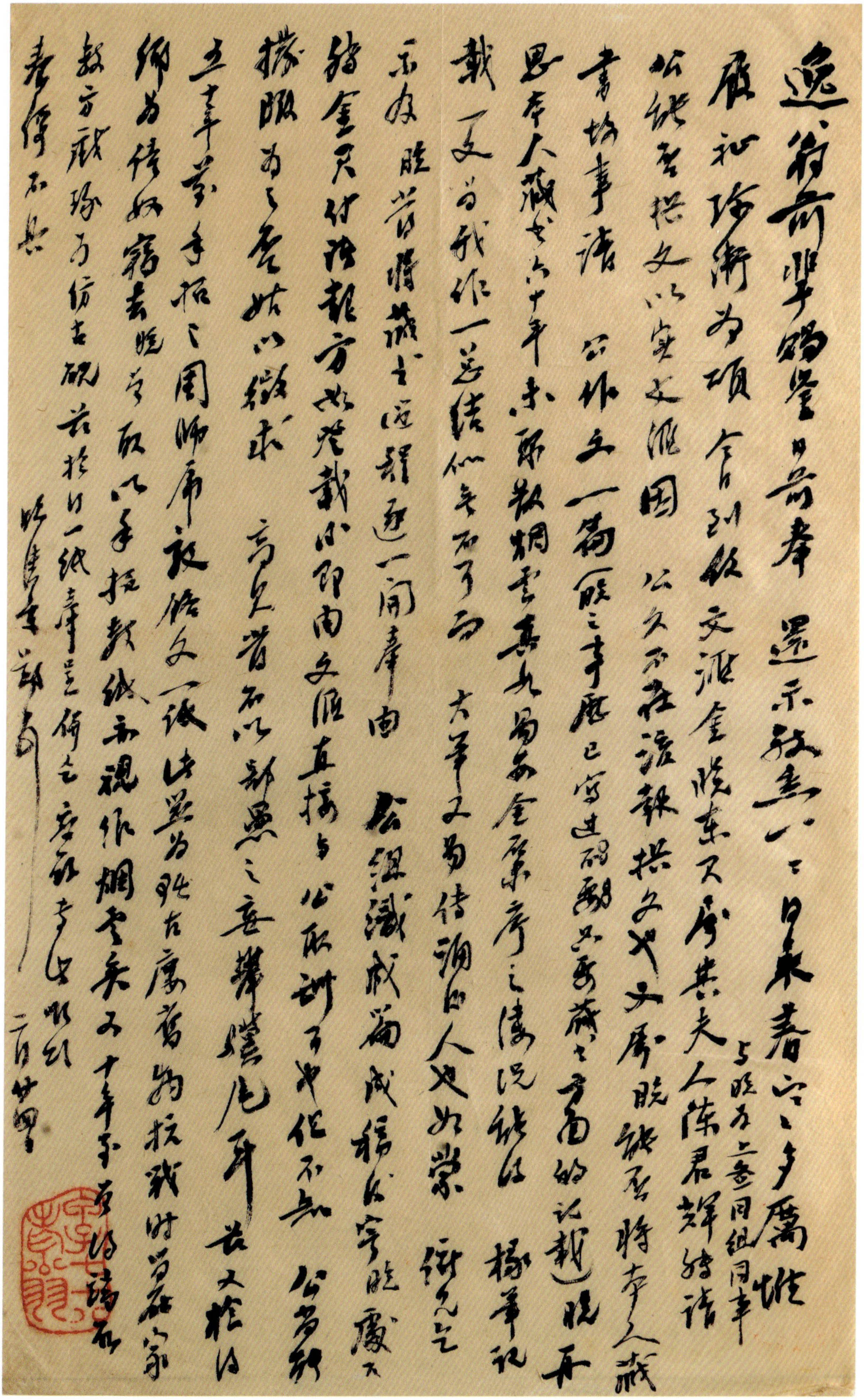
逸翁前輩鑒：日前奉
還示，敬悉一一。日來春寒多厲，惟
履祉珍衛為頌。今到敝文滙金陵東又屬其夫人陳君群特請與眭方二老同組同事
公錄其誌文，以寄文滙圖 公久不在滬錄拱冬之文屬眭錄至將本人藏
書館事，請 公作文一篇（眠之手稿已寄過，翻出來藏之多為的記載）眠再
思本人藏書六十年來所收網羅集九局者金原序之傳說緣楊華記
載一文，為我作一長結，似無不可，而 大筆又為傳誦之人也，如蒙 俯允之
示及。眠昔時藏之洹羅遊一簡本函 公組織成篇，成稿以寄眠處，又
錯金又付托報方，如見載，則即由文滙直接與 公取閱，可冲化不知 公為我
撥暇為之，無任以徼求。高見昔不以鄙愚之言，輕燒見耳。長文於此
五十年前手拓之同師前設循文一張，此是為眠古康書為拉我時為我家
鄉爲傳收藏去，眠曾取以手拓數紙，亦視作煙雲矣。又十年前求張詩在
敝方戚孫可仿古硯，亦拓得一紙，本年是何令壽，亦也昨紙
春祺不具
晚景鄭頓首
二月廿四

潘景鄭致鄭逸梅

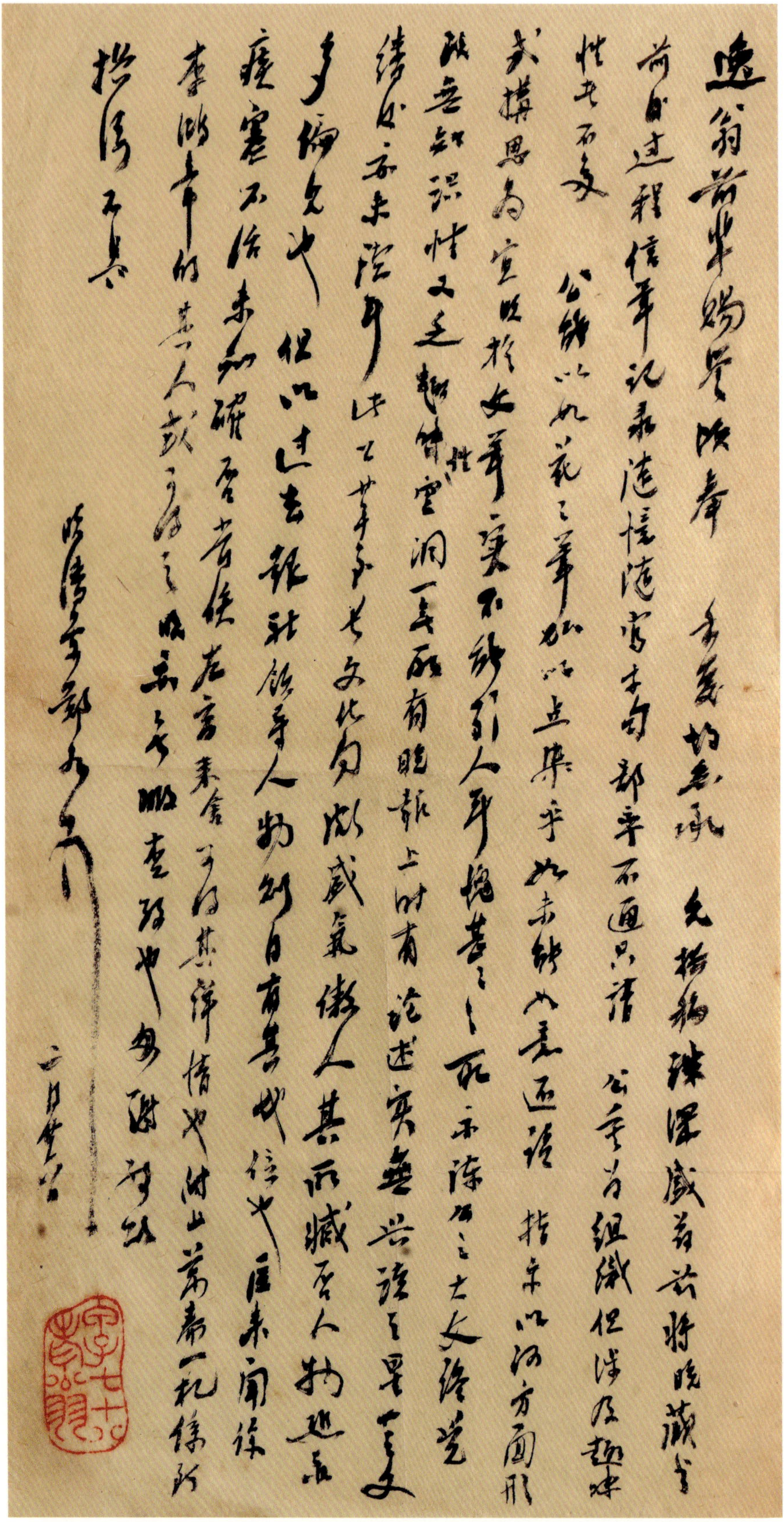

逸翁前輩賜覽：頃奉 手教，均悉。承 先[illegible]深感，並[illegible]將晚藏之
前日過程信手記錄，隨憶隨寫，未有[illegible]，郵來不通，只請 公予以組織，但涉及趣味
性者不多。 公能以生花之筆加以點染乎？如未能如是，通請 指示以何方面
或構思為宜，此於文筆實不能引人入勝甚之[illegible]，所示陳[illegible]之大文絕覺
既無知識，性又乏趣，[illegible]實詞一文，所有晚報上附有論述，實無甚諸足畏[illegible]
[illegible]來[illegible]是於七十年代[illegible]文化大[illegible]撤武氣傲人，其所藏名人物
手編先也，但以過去報社餘年人物，[illegible]自有其書信也，[illegible]未聞[illegible]
[illegible]塞不給，未知確否，[illegible]者言來舍，[illegible]將其詳情也，附山[illegible]一札，錄所
[illegible]之[illegible]，[illegible]查[illegible]也，[illegible]謝[illegible]
[illegible]不具

晚景鄭頓首 二月廿日

潘景鄭致鄭逸梅

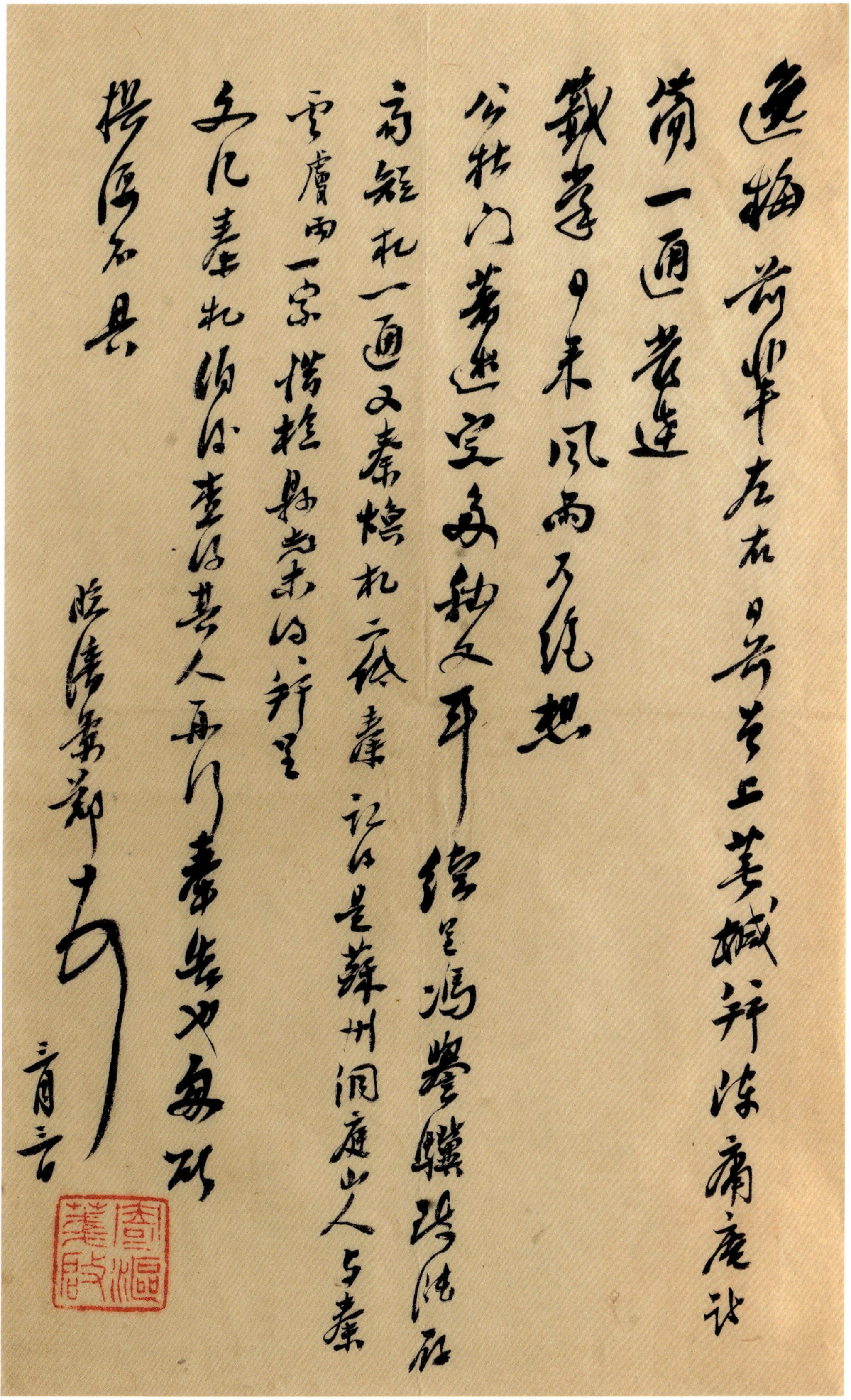

潘景鄭致鄭逸梅

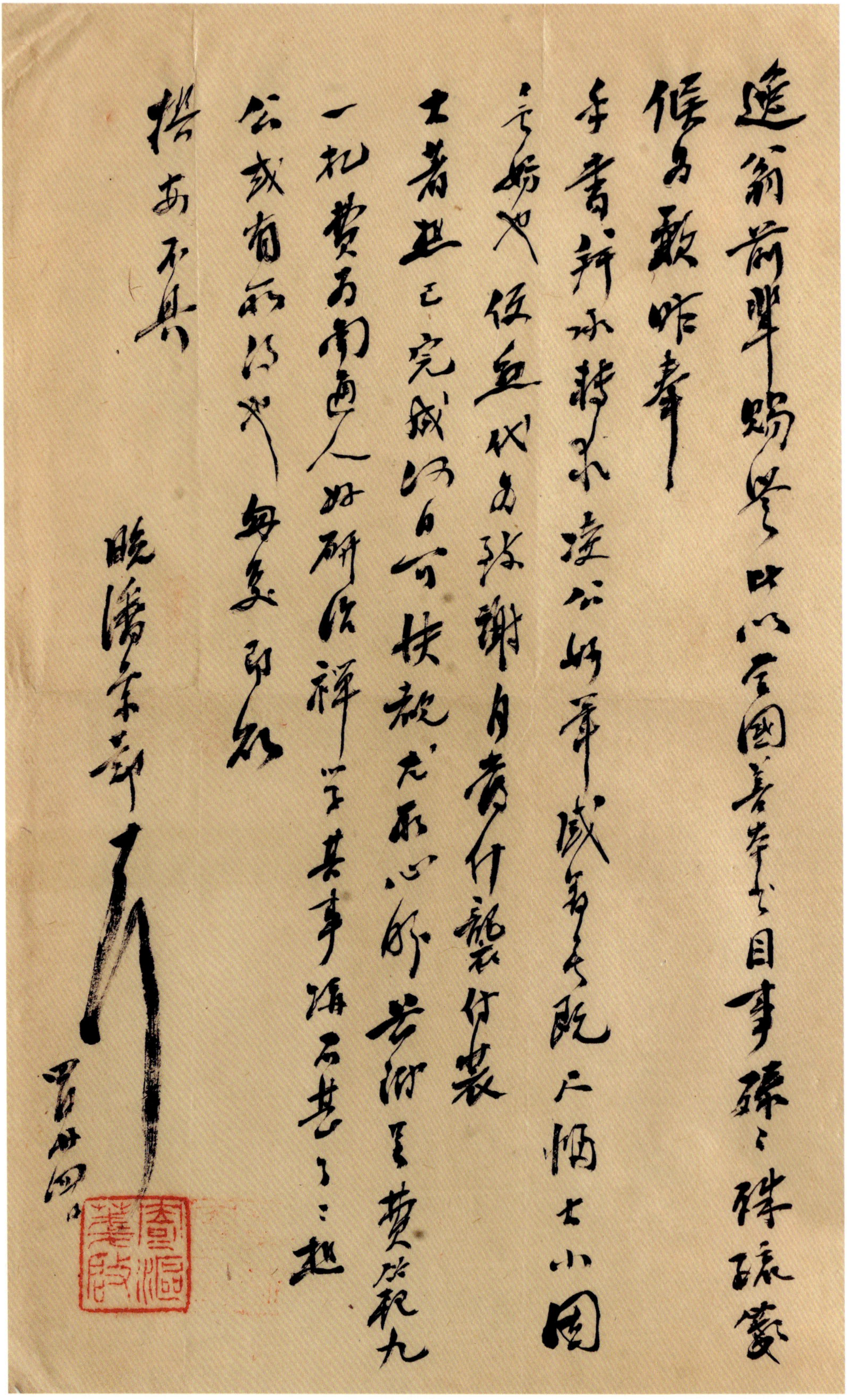
逸翁前輩賜鑒：比以全國善本書目事，碌碌，殊疏箋
候，為歉。昨奉
手書，并承精製逸公好事箋，既已爛大小圖
之妙也。佞無以為報，代為致謝，自當什襲珍藏。
大著想已完成，何日可快披讀，尤所心盼。若謝見贈貴所積九
一札，費君南通人，好研經禪學，其事隨石甚了了趣，
公或有所得也。匆匆即頌
撰安不具
晚潘景鄭頓首
四廿四日

潘景鄭致鄭逸梅

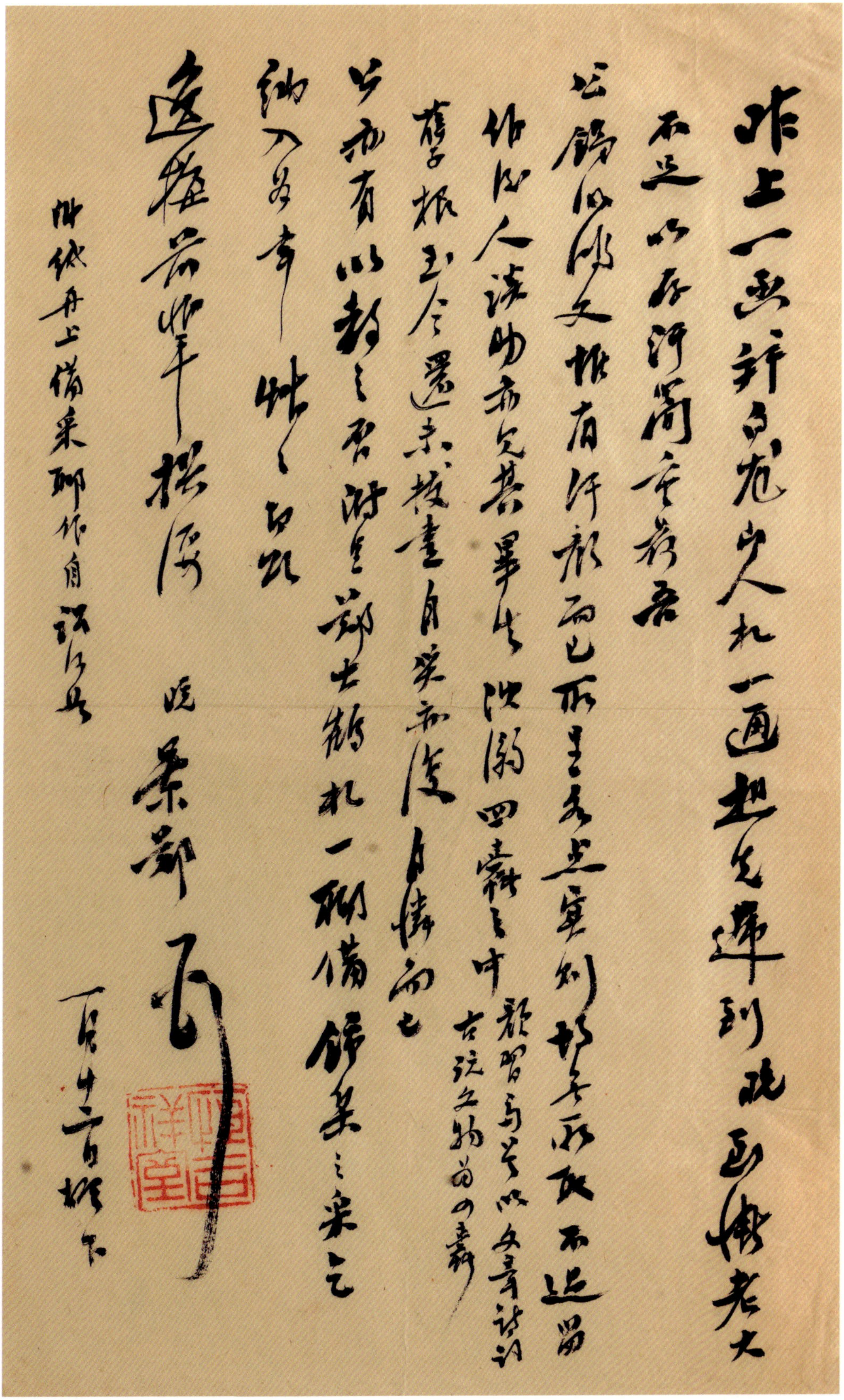

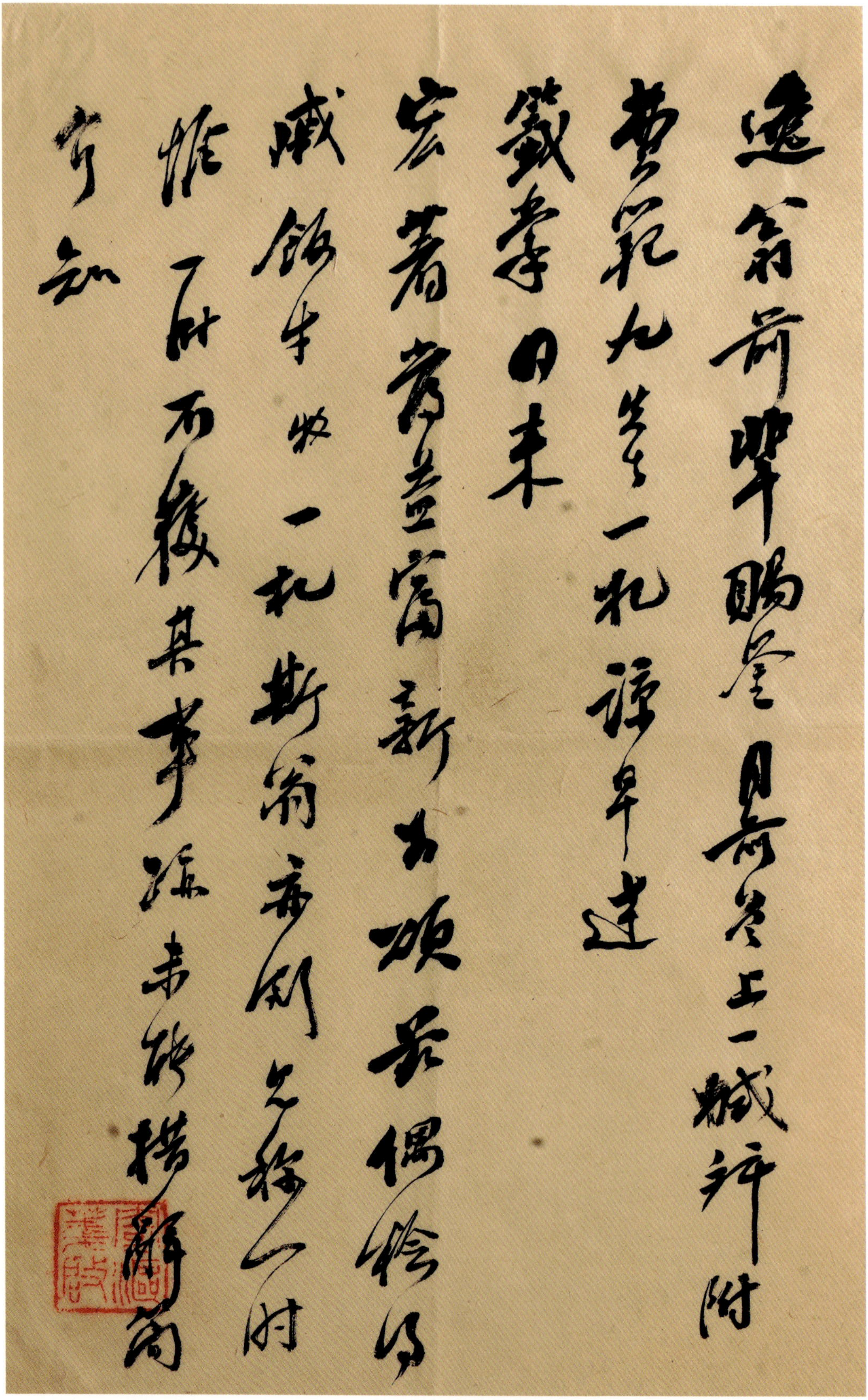
逸翁前輩賜鑒：日前奉上一緘，并附
黄範九先生一札，諒早達
籤掌。日來
宏著當益富新出，頃若偶檢得
藏錄中收一札，斯翁希刻之稿，今附
惟附不獲其事源，未能措詞
亦知

潘景鄭致鄭逸梅

潘景鄭致鄭逸梅

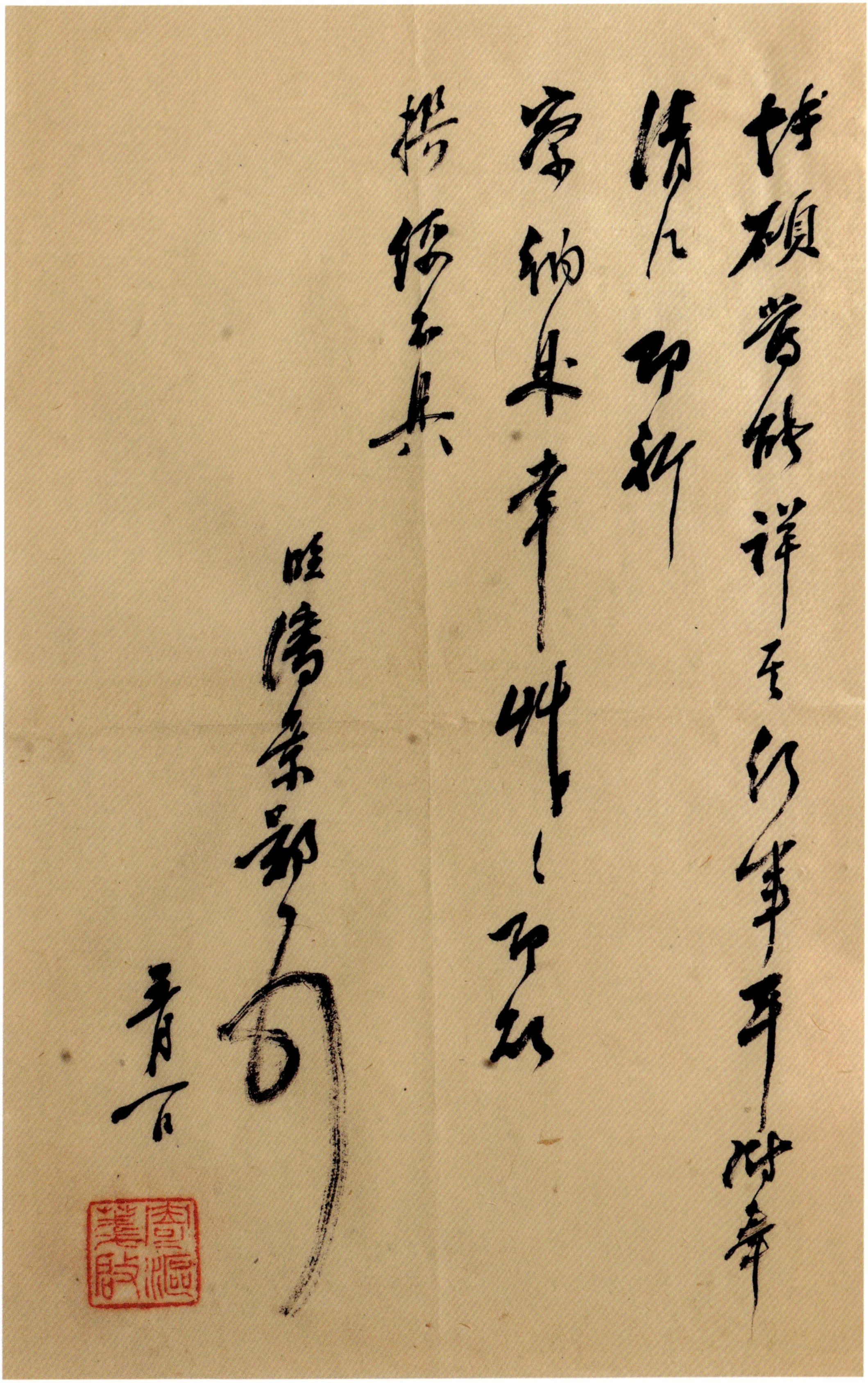

潘景鄭致鄭逸梅

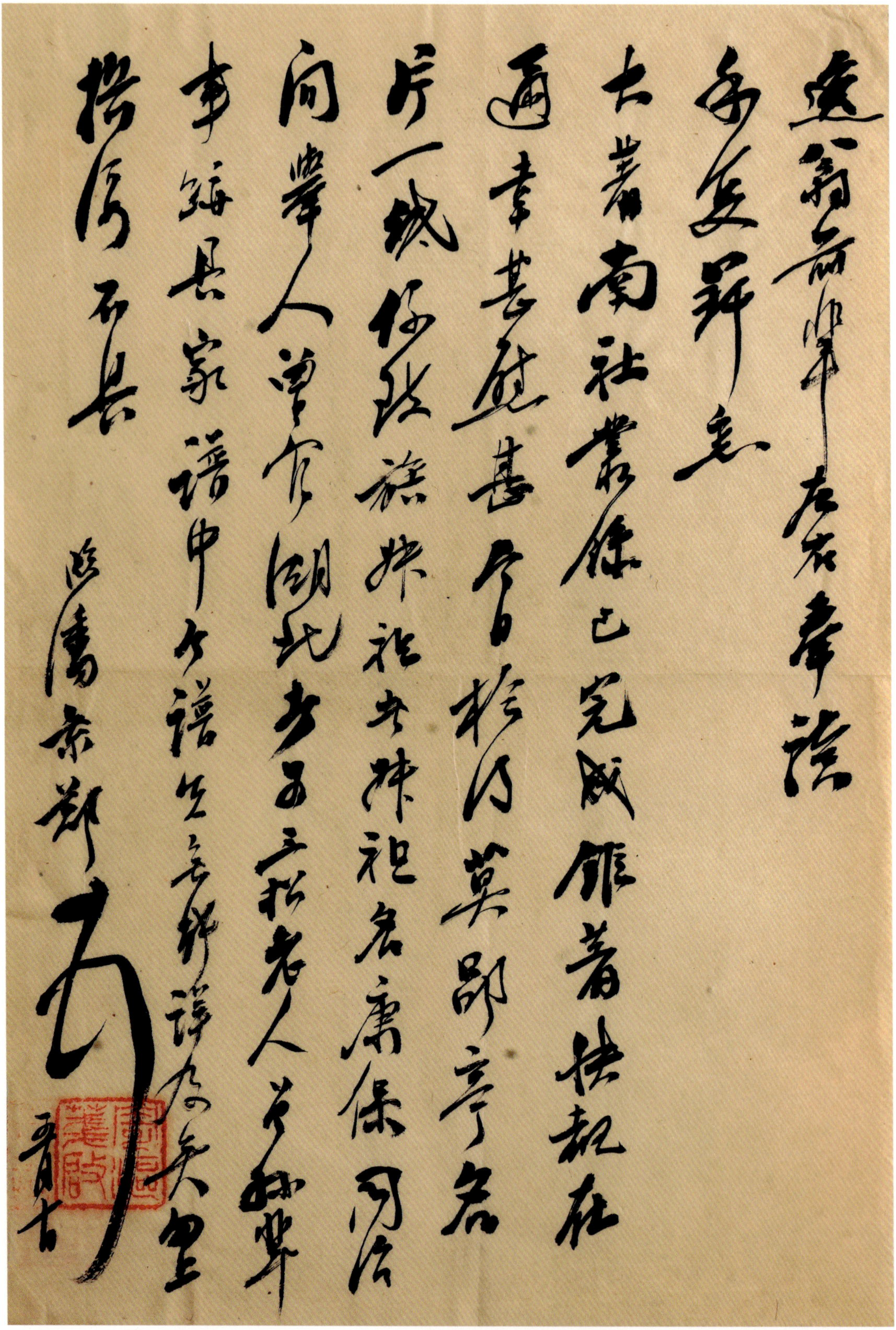

潘景鄭致鄭逸梅

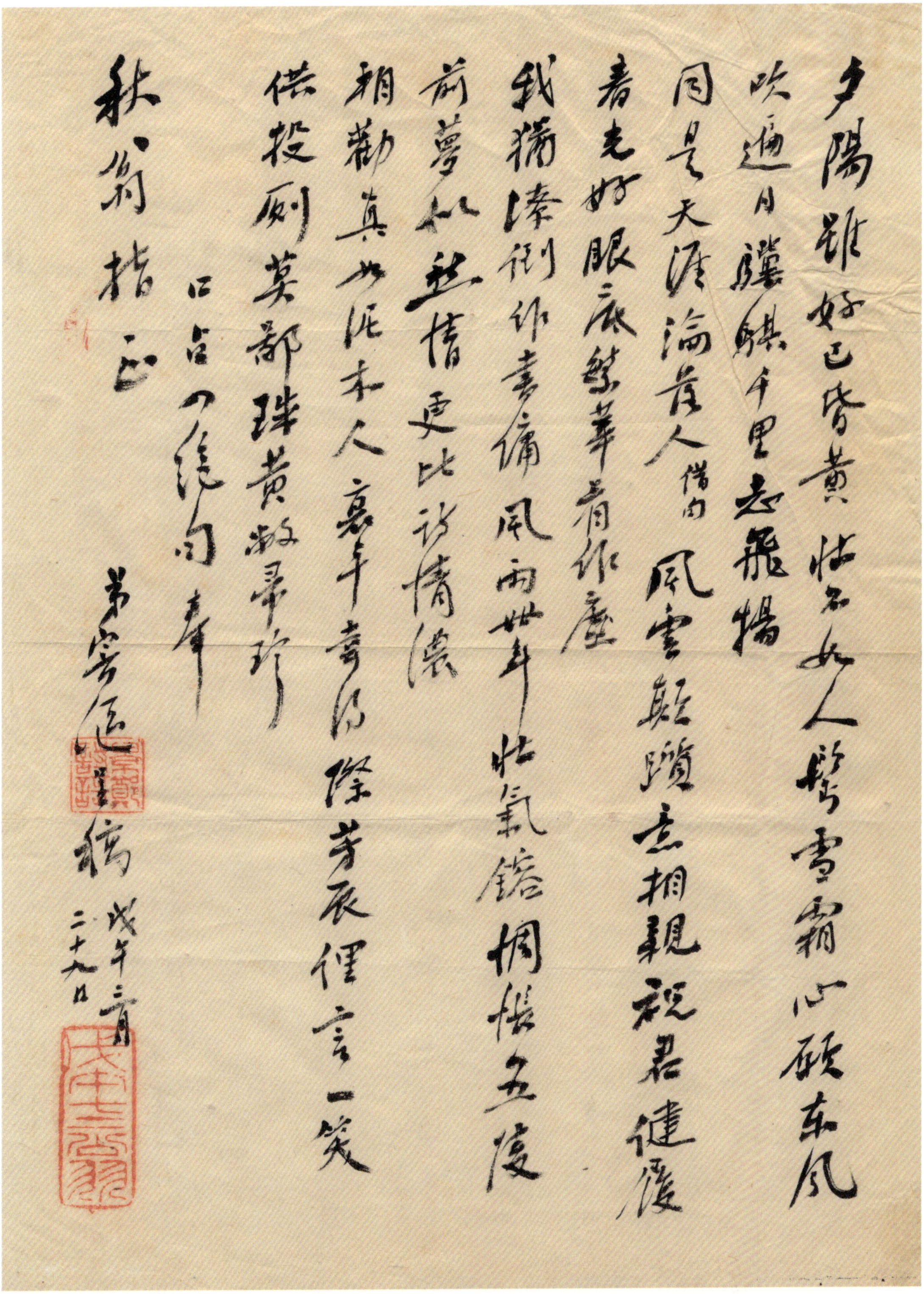

夕陽雖好已昏黃 壯不如人鬢雪霜 心願東風
吹過月 驥騏千里志飛揚
同是天涯淪落人借句 風雲聚蹟喜相親 祝君健履
青光好 眼底繁華看作塵
我猶潦倒作書傭 風雨卅年壯氣鎔 惆悵五陵
前夢似 然情更比詩情濃
相勸真如泥木人 高年喜得傑芳辰 俚言一笑
供捧腹 莫鄙珠黃敝帚珍
口占四絕句奉
秋翁指正
弟寄漚稿
戊午二月二十九日

潘景鄭致鄭逸梅

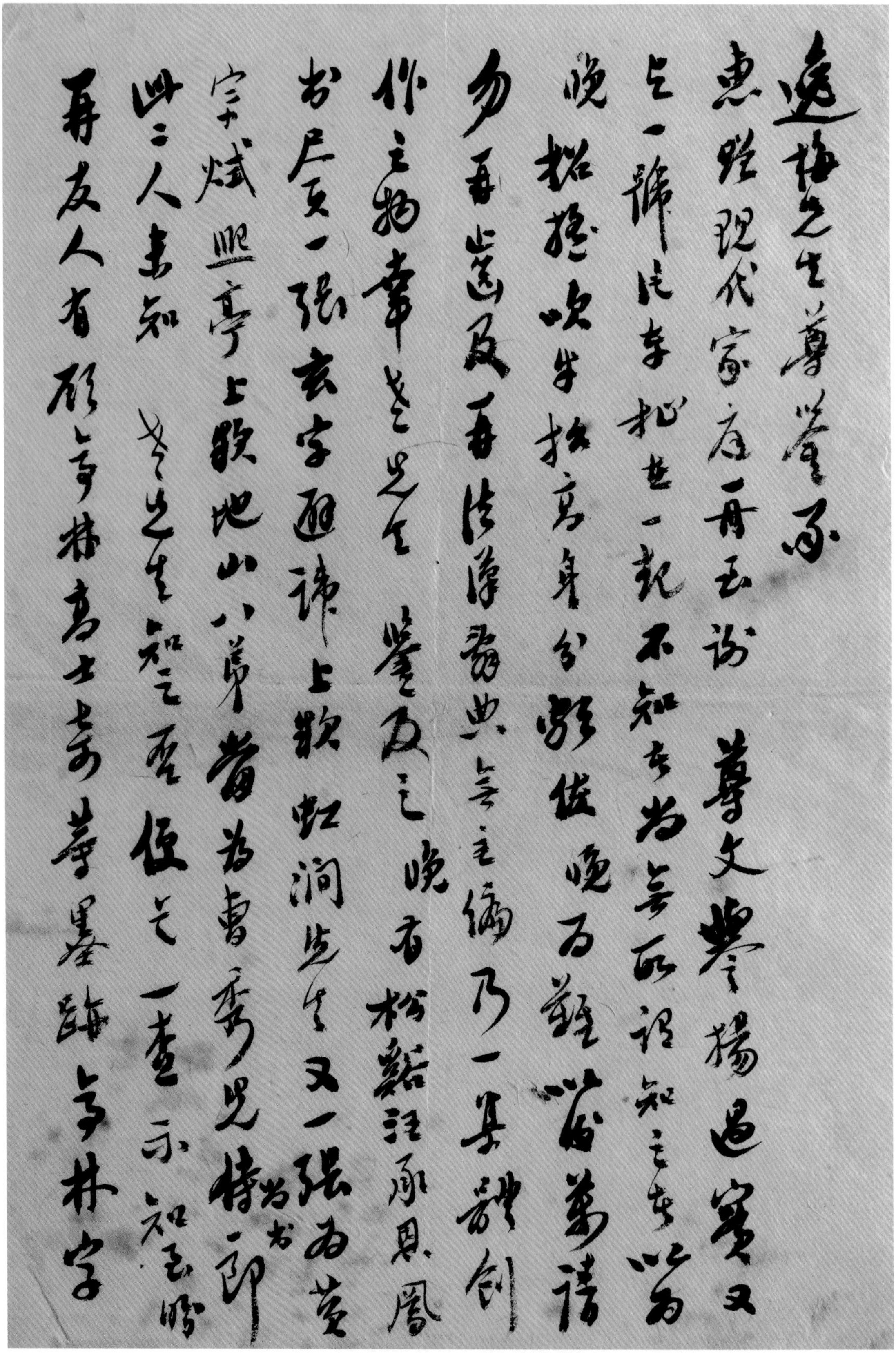

逸梅先生尊鑒：承
惠賜現代家庭一冊，至謝。尊文譽揚過實，又
之一節述弟拙作一記，不知吾兄所謂知之甚者爲
晚撰擬吹出拾高年分，錯誤晚爲難，蒙請
勿再述及。再者，此辭典無主編，乃一集體創
作，主編者章先生　鑒及之。晚有松鄰注承鳳
書尺頁一張，玄字迥諱，上款虹澗先生，又一張爲黃
字斌照亭上款，地山、八弟當爲書齋見贈，（爲書）即
此二人未知　先生知之否？便乞一查示知至盼。
再友人有顧亭林、高士奇等墨跡，亭林字

潘景鄭致鄭逸梅

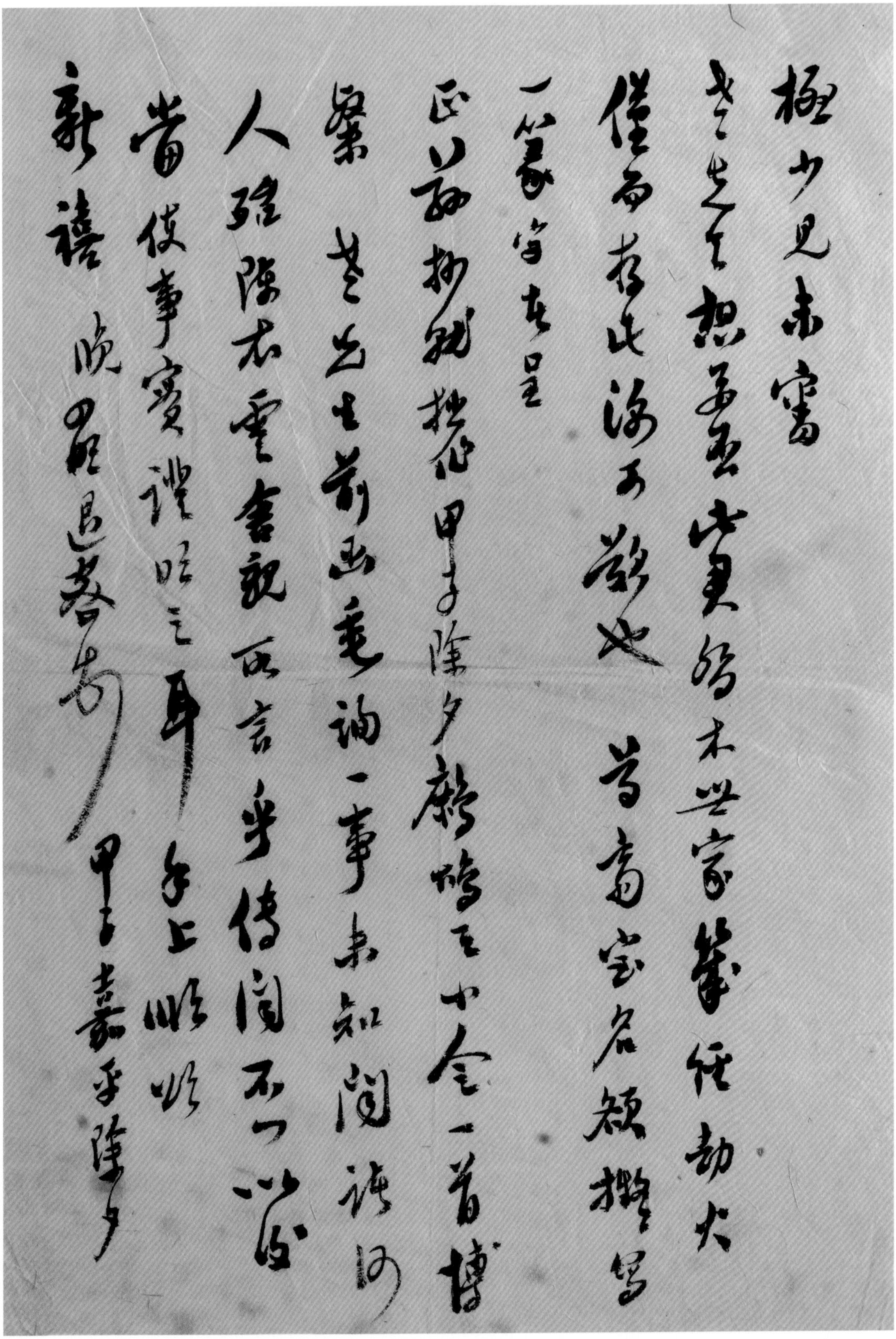

奉題蓬士師紀遊冊

雪泥鴻爪記前塵，丘壑生成筆有神。想見解衣盤礴處，晴嵐暖翠正橫陳。

杖履追隨歲月深，白頭讀畫復長吟。山西後約々青（冊中有黃山紀勝）惟有先生獲我心。

最近作錄呈

逸梅先生誨政

後學周退密拜手

周退密致鄭逸梅

若谷出示西行詩鈔屬題四絕

一騎春風入劍門，巴山蜀水盡精魂。十人自首清新草，合與前賢作弟昆。

幽情思古各長吟，治國無愁執法心。希向武侯渠下拜，閬宮依舊柏森森。

武侯君靡於國，遺愛在民，故閬宮一歷劫火猶不傷而

自傳

卯升杖嗟君筆帖，簪花格寫薛濤箋。人間墨本今難致，妙蹟猶傳張大千。

曾見石刻薛濤像，今誤君詩亦知尚有

大千居士所繪之花蕊夫人像，借字甚難說也

繪事君能工白描，長江三峽鬱岧嶢，它年

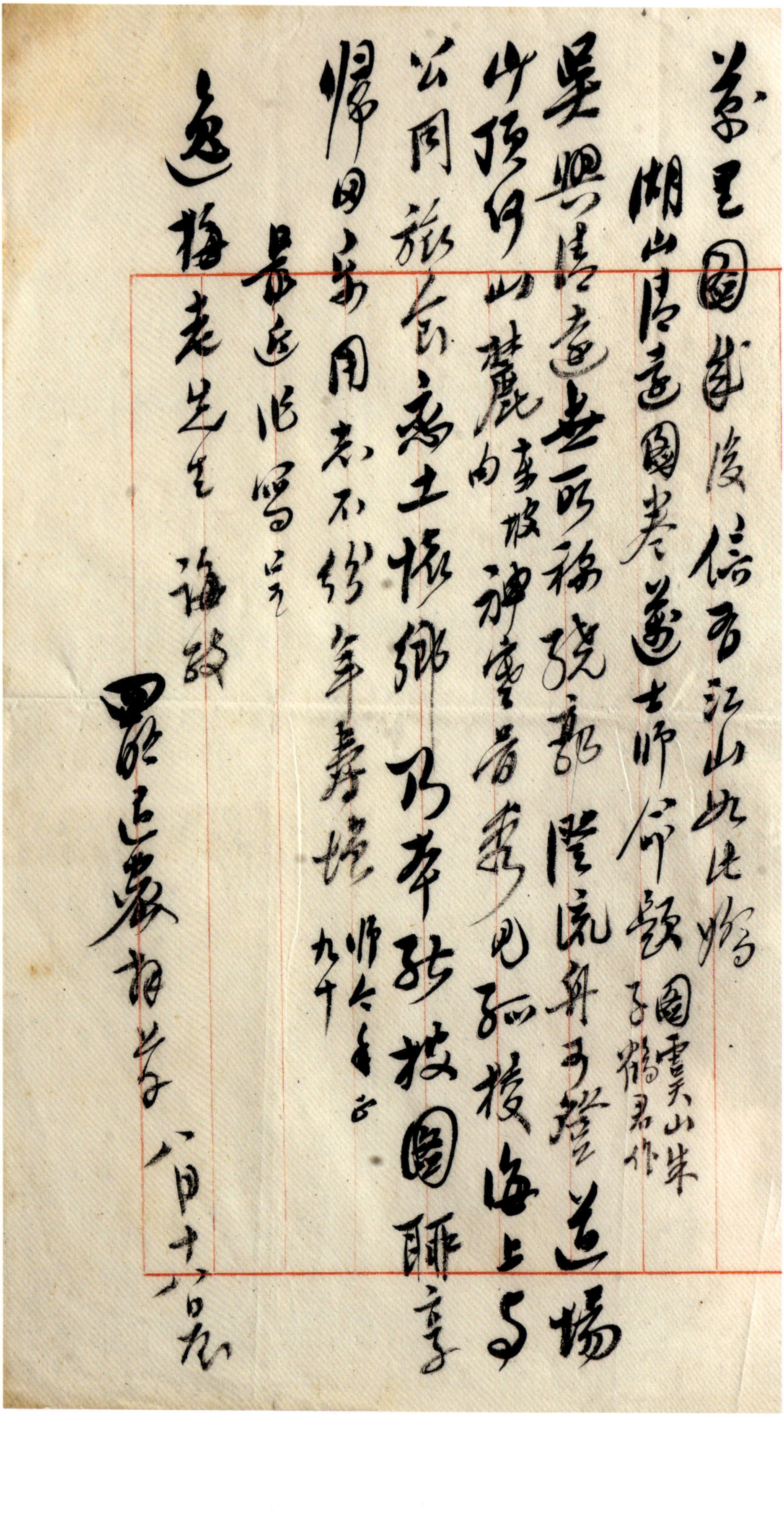

蒿里圖跋後信可江山如此嬌
湖山清遠圖卷嵩遁士師何題 圖（雲天山朱子鶴君作）
吳興清遠無所稱號龍[illegible]流舟子登道場
山頂何山麓句（東坡）神靈普發見孤棲海上多
公同旅食為土懷鄉乃本強拔圖聯亭
歸田魚用志不紛年壽堪（昨今年分九十）
最近作寫呈
逸梅老先生誨政
周退密頓首 八月十六日

周退密致鄭逸梅

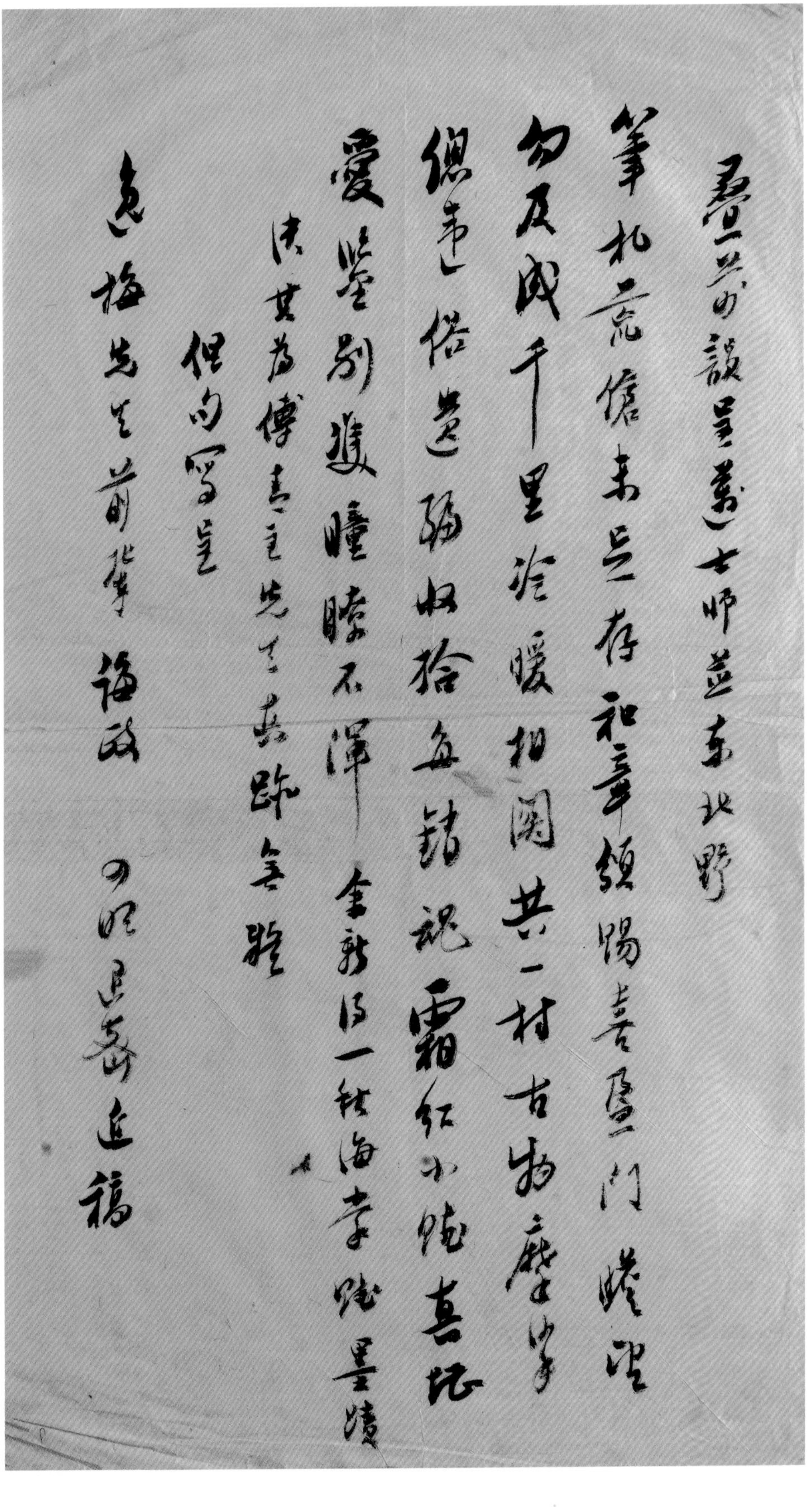

疊上兩函諒呈垂鑒士師並東北野
筆札亮僖來足存和華領賜書畫門牒跋
均及戊千里詒暖相関共一村古物摩挲
總道借道殘收拾無餘霜紅小姪真跡
愛鑒別雙瞳瞭不渾　金就臣一翁海孝跋墨蹟
法其為傅青主先生真跡無疑
但向寫呈
逸梅先生前輩誨政　同昭退密近稿

周退密致鄭逸梅

采泉宗兄今年七十賦詩見眎率步原韻奉酬

三歲君長我君年吾熟記平生如水交相見言及義憶在丙丁間兩人同里地君已露頭角我猶戲水澨長以實我師請席肄經子五十三年中渠隱招人避飛身第人海亦復適四紀偶有文字來[redacted]跌蕩快心意往在定辛文直諒見交誼點竄雖無多異軍異突起行餘耽吟詠六踐李花寺書箱盈萬卷翠墨累千紙老景冉冉來漫嗟良可已知足能常樂退休闡宏旨飲食齊精麤藝囊屬不費一塵江湖去山居弄墨戲晚紅丹青益靜娛朝夕壽壽君王如松柏高難畫蘇矣且隱畫者名君其歎觀止斯畫復以詩聊用酬知己

拙句録呈

逸老先生吟正

退密最近作 庚申秋

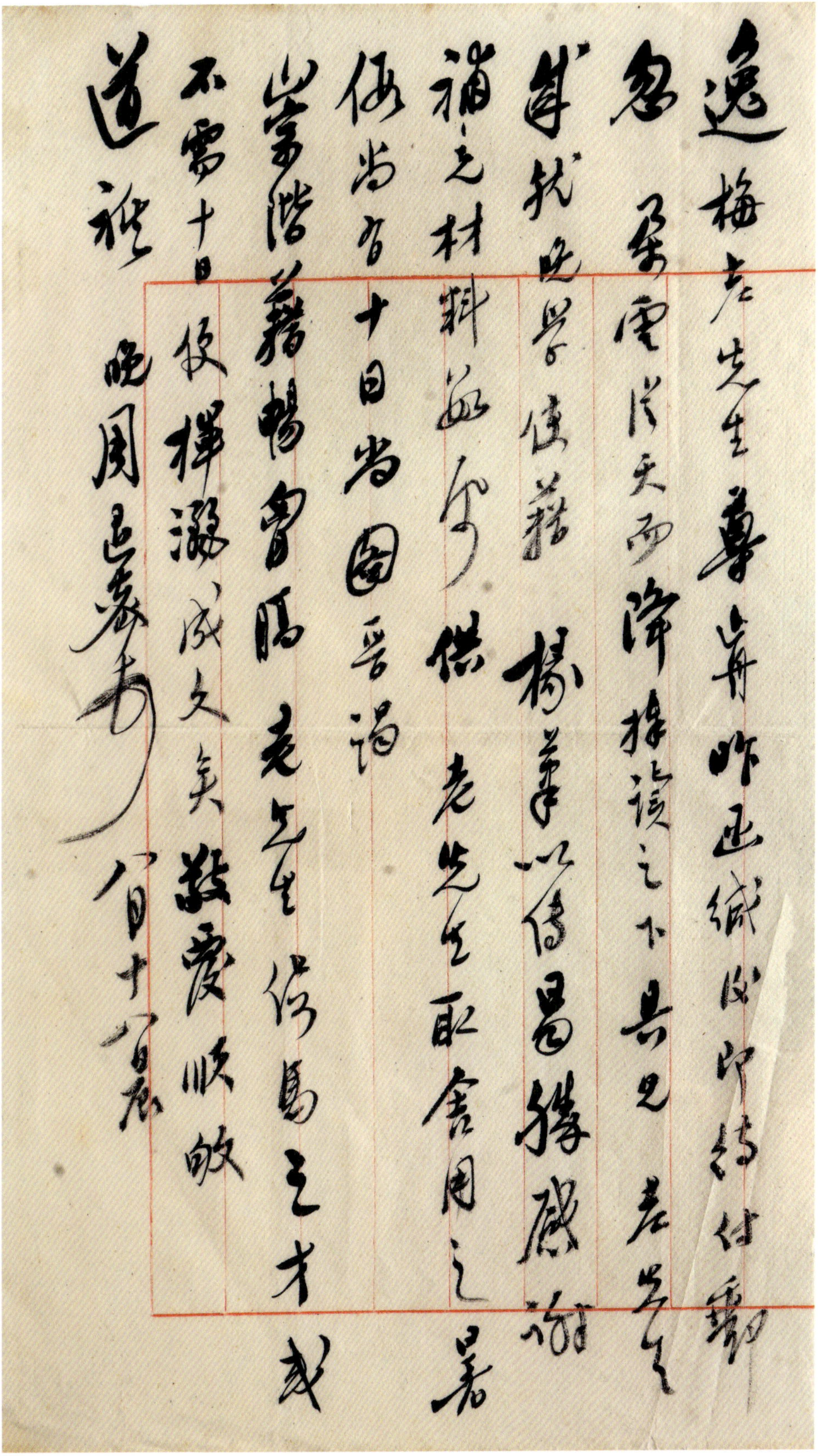

逸梅老先生尊前：昨函緘後即待付郵，忽奉電示，天雨降，接談之下，具見老先生樂就晚學，使藉揚華以傳，曷勝感謝。補之材料，如寄供老先生取舍用之。昔俟尚有十日，當圖晤語。嘗諳籍暢，曾聞老先生作馬之才哉。不需十日，便撰擬成文矣。敬覆，順頌道祺。

晚周退密拜手

八月十四日晨

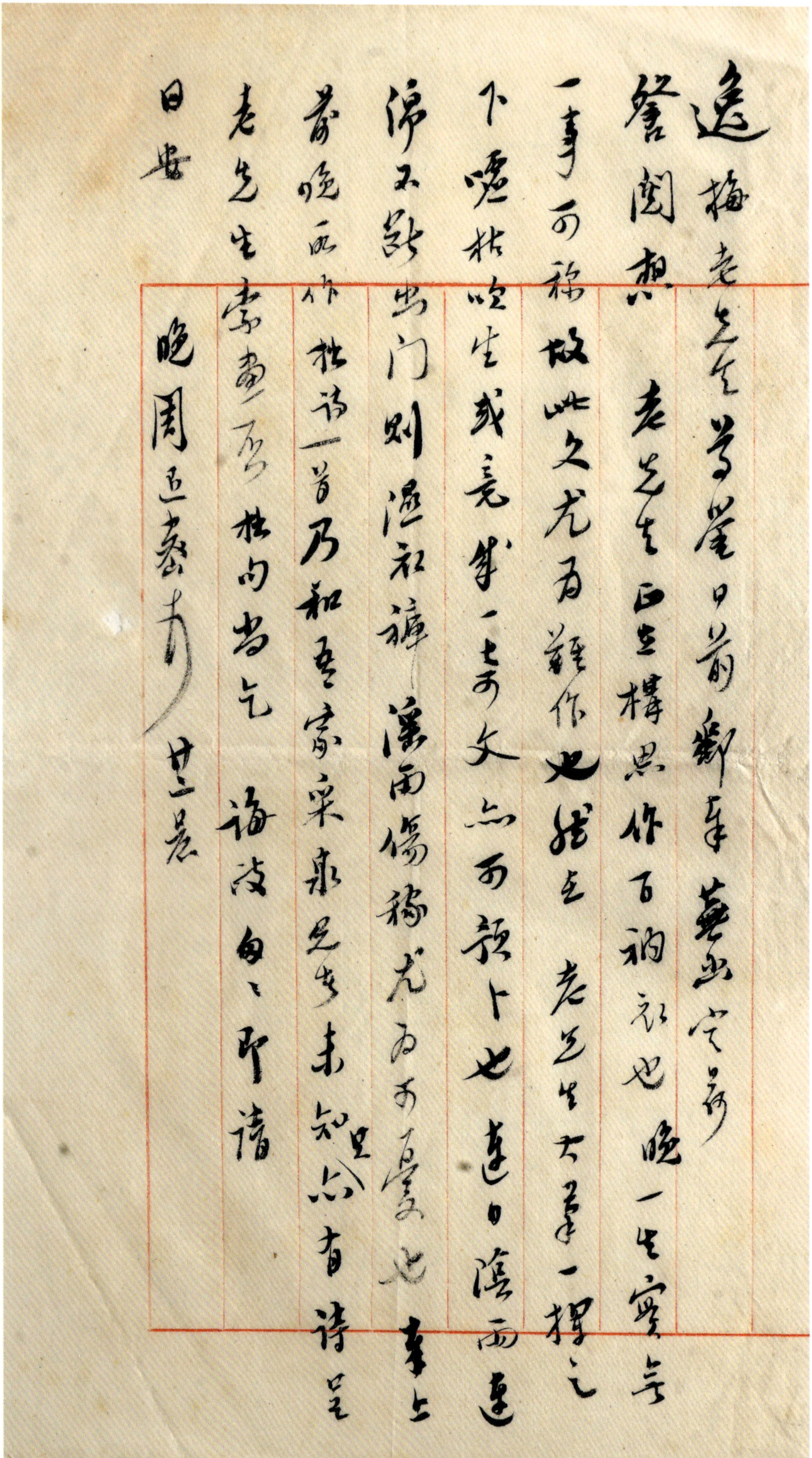

逸梅老先生著席：日前鄭[illegible]出示[illegible]，
簽閱悉。老先生正在構思作百衲記也。晚一生實無
一事可稱，故此文尤爲難作也。然在老先生大筆一揮之
下，[illegible]枯[illegible]生成竟集一本文，亦可讀下也。近日淫雨連
綿，不能出門，則[illegible]，淫雨傷稿尤可憂也。奉上
[illegible]晚近作枯詩一首，乃和吾家采泉先生者，未知亦有詩呈
老先生索畫已否？枯句書乞誨政。匆匆即請
日安
晚周退密上　廿三晨

逸老左右 奉椷
手翰辱蒙
關懷至為感激舍間老幼平安如恒惟為着意
安全保持警惕搭臨時帳篷無異露宿為
蚊所擾難於入睡平常無掛帳習慣今日方
知此物之可貴此間苦无售處只得乞靈於蚊
蟲香耳滬上珠羅紗帳或塑料精品兩人床帳
最好是方頂較合用
不知價若干祈
示知當匯價款託購如便中先購速寄尤
為應急用所搭帳篷正在加固預來綿陰之
期當在月底前後耳有勞
清神曷勝惶悚墊款數得覆即匯謝容
另謝敬頌
秋安
弟益知拜啟 八月十二日

25.5×35.5公分

包天笑致鄭逸梅

逸梅我兄：

惠書知拙作《回憶錄》已寄到，並以為慰。兄觀後感想如何，望加以評批，指其謬誤為感。

兄前來函，談及王益知要与我通函，今王已來港。他是跟着章行嚴來，章恐將久居香港了。因其夫人子女都陪了他來。益知的名義是章氏秘書，我与他尚未見面，亦不知道他住居何處，因他們此來甚為保密也。

沈安所寫題簽甚佳，我想用作扉頁。封面渴想叔章行老寫。我与他是老朋友，十年前他來過香港一次，在友人宴會上相見，他做了詩，述及我呢。此次託益知介紹，或可得到。但有人說他已病廢，不能握管了。

近來香港漲價，漲得可怕，可駭。米要一百多元一斤，租房子、買房子都是論每尺多少錢，那都是說的港幣。（每一港幣合人民幣三角八分多。）因此百物騰貴，工人不能生活，常鬧罷工，即印刷工人也如此，所以我的《回憶錄續編》也不能迅速出版也。

葉楚傖的兒子，名葉南，其媳名袁曉園，本同在美國，前年到香港，曾來看我，今到北京探親。廖承志等設宴招待，大為歡迎。袁為常州人，為文學家，能作詩詞。所以名曰葉南，因南社創辦時生也。

聞高伯雨要將兄前所寫的《袁寒雲》（皇二子）事，重行印一小冊，此等事望兄慎重。寒雲的兒子媳婦，以科學家正在北京走紅。況高有何力為人印書，他現在与沈葦窗在一起，幫他的《大人》雜誌寫稿，《大人》是反共的。我的《回憶錄》並不是他出資印的，而所得利益則歸他。我不得如此，這件事說起來，真可以寫一本書。以我与兄數十年道義之交，不能不掬忱奉告。敬問

健康。弟天笑手啟 六月四日

小青近來身體想健康，還做詩否？我深深想起烟橋、度鵑兩人，尤其度鵑死時的謠言，与其先因還有否？以何病逝世，使我迷惘。

朱積誠致鄭逸梅

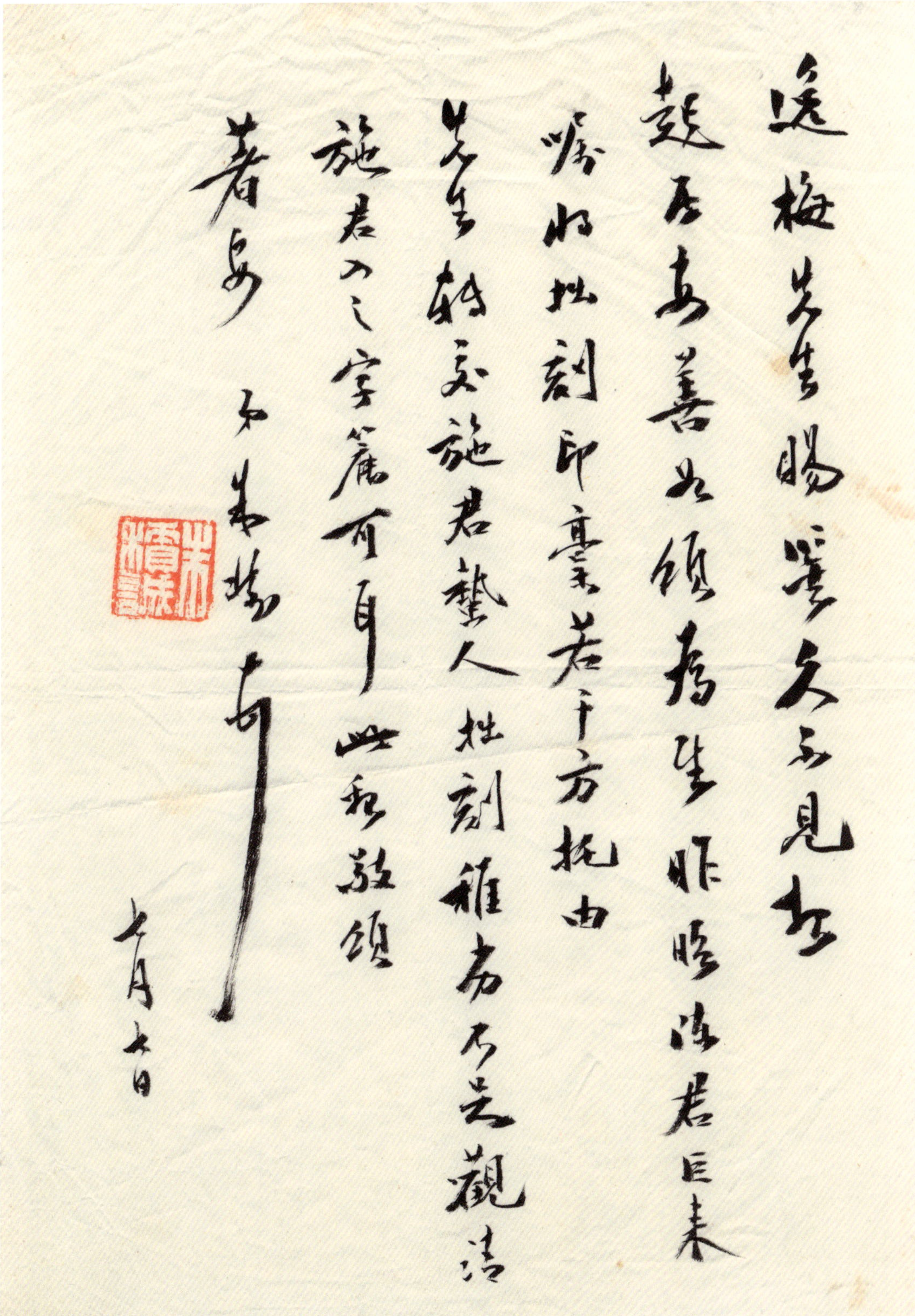
逸梅先生賜鑒：久不見甚
想念。起居安善為頌。為生昨晤潘君巨來，
囑以拙刻印稿若干方，托由
先生轉交施君蟄人。拙刻雖尚不足觀，請
施君加之寶鑒有目耳。此致，敬頌
著安。
弟朱積誠頓首
七月十日

逸老文席：

華翰敬悉一一，丞深忻慰。荷惠紅棉小品二幀，亦均拜收，足為精美，二君煩為致謝。畫院人本不多，賀老去世，又損一个。其青峰山水為大幅，小品罕見。而戴庵亦已七十一，不見人雖健碩，未必便享遐齡也。老年之遺腳力差，應是自然現象，未足為異。唯善加保養，聽其自然。壽本在天，自生之日便已定。佛家則有祈求延年之說，謂放生

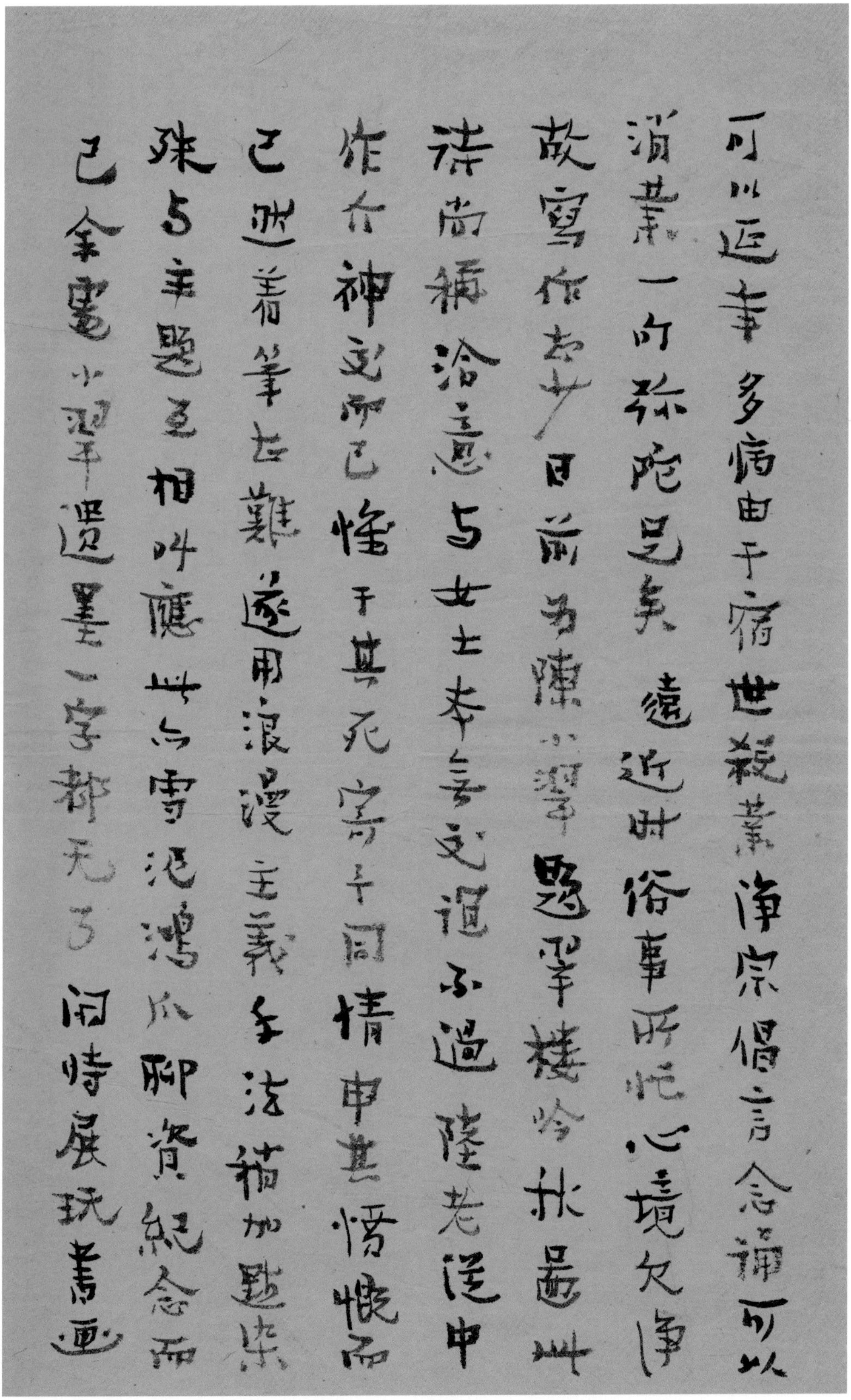
可以近年多病由于宿世殺業，淨宗倡言念佛可以消業，一門稱陀足矣。遠近時俗事所忙，心境欠淨，故寫作每少。日前爲陳小翠題翠樓吟拙畫冊詩，尚稱洽意，與女士本無交誼，不過陸老從中作介，神交而已。惟于其死寄于同情，申其悵懷而已。然著筆甚難，遂用浪漫主義手法稍加點染，殊與主題互相呼應，此爲雪泥鴻爪，聊資紀念而已。余處小翠遺墨一字都无了，閒時展玩書畫

以遣悶。借来源甚少，诗友则更少也。真有残山
剩水之感。奈何海上女士能诗词者，蝶川而外
尚复何人。附上去夏在日光岩摄影。香港冲印
因定影室之劣药水失调，故不明晰，姑为纪念可也。
耑此奉达。並候
安隱
李芳远拜手 四月廿六夜

林松峰致李佩秋

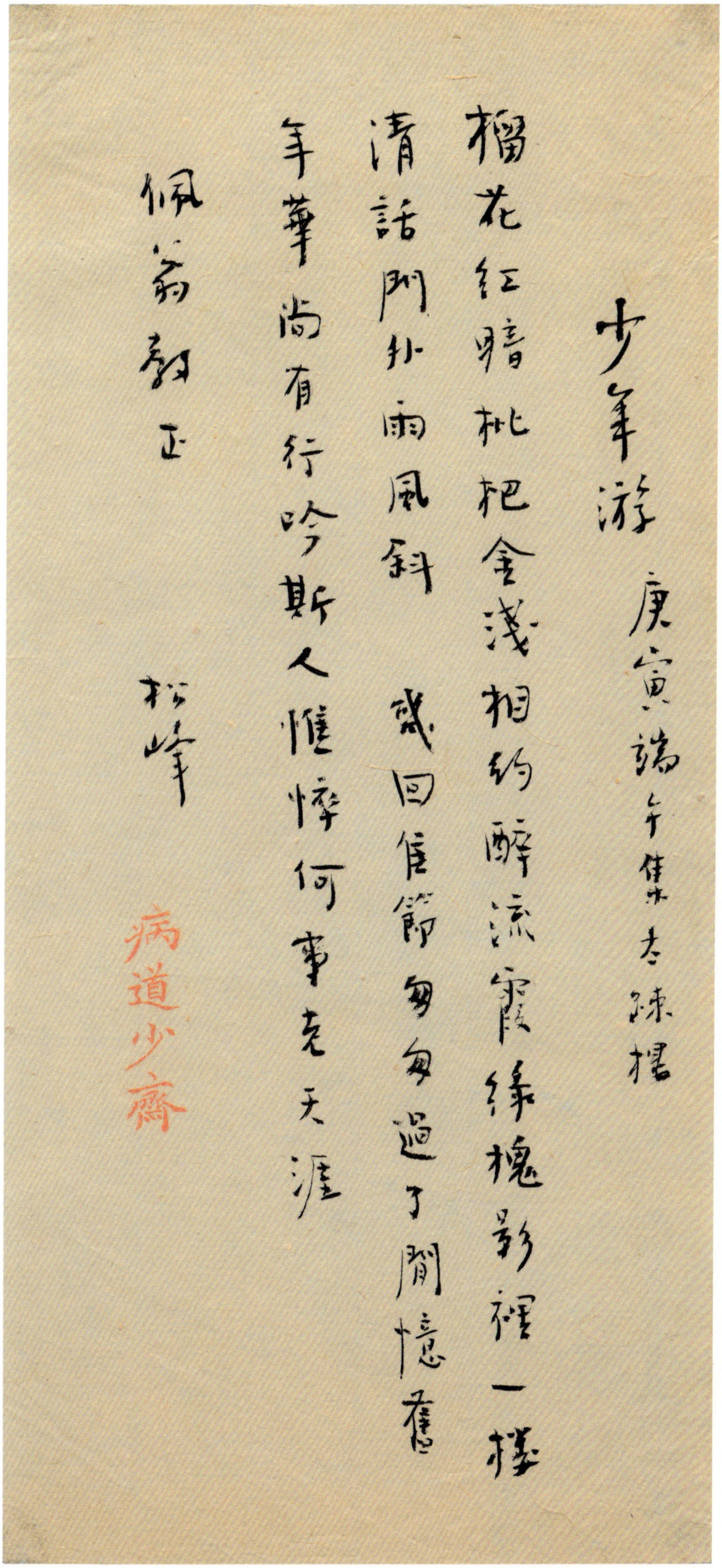

少年游 庚寅端午集太練樓

榴花紅暗枇杷金淺相約醉流霞綠槐影裏一樓清話門外雨風斜 幾回佳節每每過了閒憶舊年華尚有行吟斯人憔悴何事老天涯

佩翁教正

松峰

病道少齋

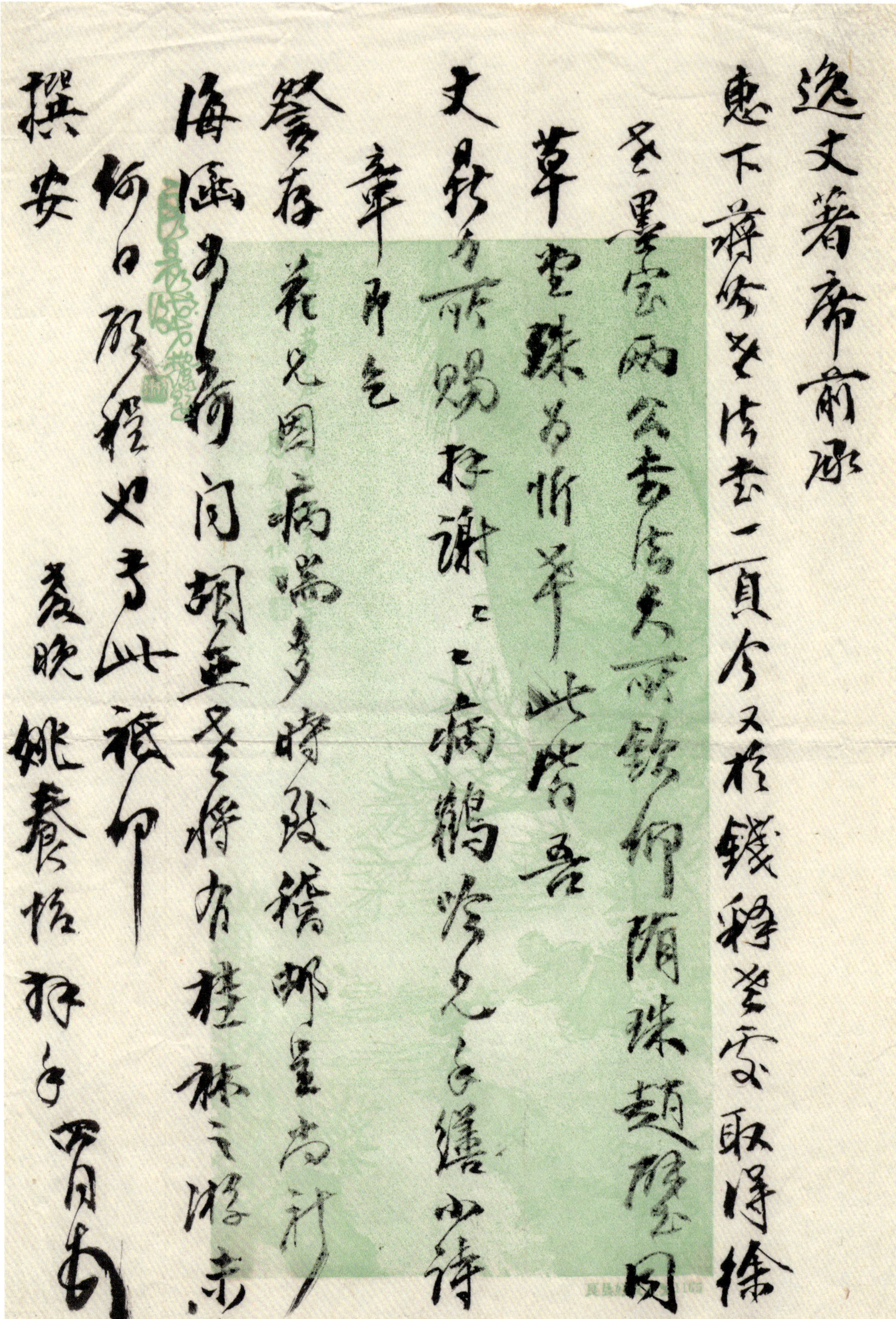
逸文著席前承
惠下蔣谷孫法書二頁今又於錢穆先處取得徐碧
君墨寶兩公書法大成欽仰隋珠趙璧同歸
草堂珠為慚華此皆吾
丈能力所賜拜謝拜謝病鶴詩見示續少詩二
章乃乞
鑒存花兄因病喘多時殘稽鄉里尚祈
海涵如有何聞頗亟當將有權衡之消求教
何日啟程只待此紙即
撰安
養晚
姚養怡拜手四月十日

處暑後二日即事有作寄謝 朗翁佩兄
並視彥行藹農
王郎秋士髯黃九愛客林逋厭世情綠舫
酒香今視昔麗都茶味夢猶清炎天正
赫威何往生日方來序已成晚過李侯
仍肉食夜歸高叟有詩呈
還粹初稿

逸翁仁丈賜鑒：月前冒暑来舍參觀古建築，生輝。聆悉將有清末民初上海專著，不勝欣禱之至。關於書隱樓歷史，已玉聲前輩六十年前在晶報上海古蹟談中已有記載。兩經浩劫，所藏原報已遭池魚之殃。數年前文化館朱君曾于上圖找到剪報，摘録原文如下：竹素堂街有巨宅一，昔為趙（邑紳）名照所居，大廳共有五六之多，其後門在引綫弄，今為郭紳住宅，亦古屋中之卓卓者。晚據勝利前夕古稀匠師所述，建屋主人曾放江西學政一節，即可以肯定為題書隱樓匾額之吳部尚書沈初。乾隆五七至嘉元年放江西學政，但沈於嘉慶四年卒於京邸，年六十五，致未能定居此宅。嘉慶以来上海籍官至一品者僅戶部右侍郎趙秉沖一人，此宅轉屬謙士所有最為可能，趙名照當係謙士後人。沈為錢陳群外孫，幼年被外祖比作花中之蘭，故以蘭韻名堂。此宅廳事後左右磚

門上有蘭芬桂馥兩額，而蘭芬门東山院中原有百餘年白玉蘭一株
蓋云椒手植也。沈係乾隆癸未榜眼，而壬午與趙文哲同年欽賜舉人，故
與謙士為父執輩。
大作將述滬上刻石否？似尚無人顧及。晚意上海自嘉靖間顧汝和摹刻石鼓硯，談
有潘氏淳化閣帖、喬氏群玉山房帖、王氏曙海樓帖、顧氏石鼓硯現藏天津
藝術博物館，淳化閣帖於嘉慶癸酉歸先六世祖榴山公，光緒辛巳東门
外舊居售與招商局，原石不知流落何所，現僅存拓片百頁。喬氏群玉山房帖
道咸間歸郁氏，二十餘年前曾見部分碑石被砌在該宅地坪中，現已不見，未知
博物館曾收集否。王氏曙海樓帖即培蓀先人王氏省園所刻，均為劉石庵
書，聞原石曾被某族人售作建築材料云，今王裕瀛處尚珍藏拓片一份。
自從參加豫園修建工程後，過四分之一世紀，當年匠師大多已不在世，設計院參

加設計者僅存晚一人而已不料去年出版豫園再由陳某寫一序言謂豫園是二十多年前我們修建的未知晚是否被列入我們之內但晚從未與彼共事亦未見此君到一綫製圖而當時除民用院二三人參加設計區房地局偶亦派一二青年協助外並無他人參加更無一人出自同濟在當事人尚在世時竟敢如此掠人之美豈非怪事作為當事人之一應可向出版部門提出糾正但目前霸氣甚熾不過被置之不理而已拙稿名園滄桑四百春詳記豫園文物遺劫事亦被出版社拒之門外去秋母校校慶被刊入校刊今奉上一冊內有紀念老教育家王校長文多篇或可作為素材建築學報二十年前曾刊拙作上海豫園一文對園林藝術討論較詳是否尚可參考但因係劫後餘燼已破爛不堪今奉上一閱半月後再前來取回专此敬祝

撰安

後学 郭俊綸上

癸亥秋分

逸老手教敬悉文字本不祥之物也況處此盛世
吏誰着筆 弟一生低首桃塢翁但終不得見一二全稿燬
天亦一快事 惟考紀得二年間結束語亦先生得意之筆
某君修志云凡起黃埔而未不逮及者。大率將兵立功矣。
友人曾君稱有史公筆意實不敢當不過一挑半剔之依云
若源於蜾蠃自史記史云曰自是后遂出師北討強胡南誅勁越
將卒以次封矣歐公有云當王師伐蜀時岳出而道一日鳳州以入
一日歸州以取忠萬以西今之所傳皆王師經行用兵處覽其山川之形
慨然而賦矣 弟最欣賞震川項脊軒記結束語庭有枇杷樹吾妻死
之年所手植也今已亭亭如蓋矣 弟竊吾言仿為二語或有當耶 樅父曾云有本大處不易逃也
吾翁東嘉政焊神韻之筆特系呈 政聊博一粲順祝
起居吉羊
七月十八日 弟 孟醇手狀

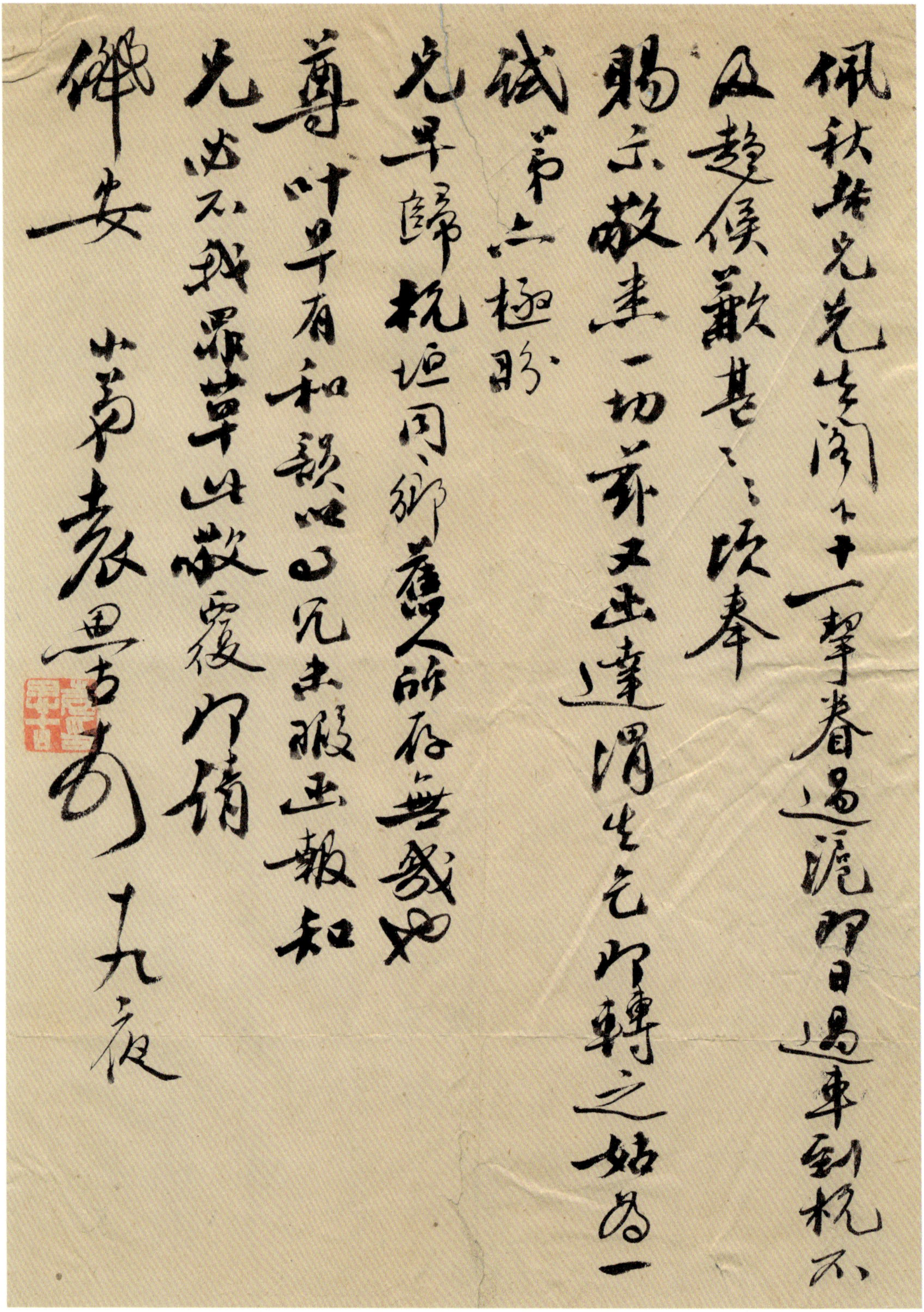

佩秋老兄先生閣下：十一挈眷過滬，即日過車到杭，不及趨候，歉甚歉甚。頃奉
賜示，敬悉一切。前又函達渭生兄，即轉之，姑爲一試，弟亦極盼
先早歸杭垣，同鄉舊人所存無幾也。
尊什早有和韻，以冗未暇函報，知
先必不我罪。草此，敬覆，即請
儷安
小弟袁思古頓首　十九夜

逸梅先生：

還记得昔年在萬象書屋，曾与 先生结文字因緣的往事否？与 先生不相見者轉瞬已逾三十年了。

最近看到此間由商務印書館出版的"艺林叢錄"，內有 先生记述昔賢手札的大作，因此想起我过去曾有一部份集藏的名人書札不幸散佚，而曾為 先生於冷攤上購得，並蒙以趙煥亭之一札見贈，惜乎我並未帶來香港。记得尚有向愷然、趙煥亭、漱六山房、范煙橋、林屋山人等信札或字迹多頁，諒仍為 先生所保存，不知亦能割愛賜寄否？此

左 先生留着並無用處，而我則可以獲得一些追忆往事的資料也。倘蒙 俯允，感且不盡。一俟收到，当郵匯人民幣若干，補償 先生当年斥資收購的損失，决不食言。如 先生有何需要，亦請 明示，以便照辦。

弟今歲已行年六十有六，也成了皤然一老了！惟頑軀尚健，差堪告慰耳。專此奉達，即頌

文祺。

陳滌夷 拜上

（通信處）

香港·九龍·

彩虹道大磡村·

翠華園八號二樓

陈巨来致郑逸梅函（逸梅题）

逸翁左右：十年未晤，念念良殷。时阅来稿，翁兄老而益壮，为之欣慰无量。启有陈者，弟于上旬在破箧中忽检得广东高要名印人何昆玉乐石斋印谱一册，前有三序：（一）番禺陈澧兰甫（二）马平王拯（同治五年丙寅冬月）（三）何氏自序。均木版所刊，内原印所钤都九十二方。闻前人云：广州马国权先生专事收藏粤中名人印谱，马君与兄为至好，乞代为一询，此谱已有藏弆否？如已有，则不谈了。万一尚无，则弟可以举之奉让，但希望能代觅一枝日本所出品的"塑料钢"的钢笔"尖"制品钢笔一枝，该笔与普通吸墨水的笔一式一样。只钢笔尖为"塑料"钢所制者也。弟于前年邮局一位日本留学生林君、他所用之笔即此式也，据云：与上海三元余之镀金笔价值相同，并非高贵之品，此物惟香港有便人至广州时，可以携带云云。所以请马先生就近设法请带一枝，或非难事。此笔如能寄达兄知时，乞仍交蛰公掷下，则何氏印谱立即作为交换之用若何？匆此奉干，敬叩撰祉

弟安持　一月十一日

关于此事，敬求勿交基辛格同年，并望不必与之谈及为幸。基同年为何人？乃视弟为狗屎不如之人也。兄可心照不宣矣。又及

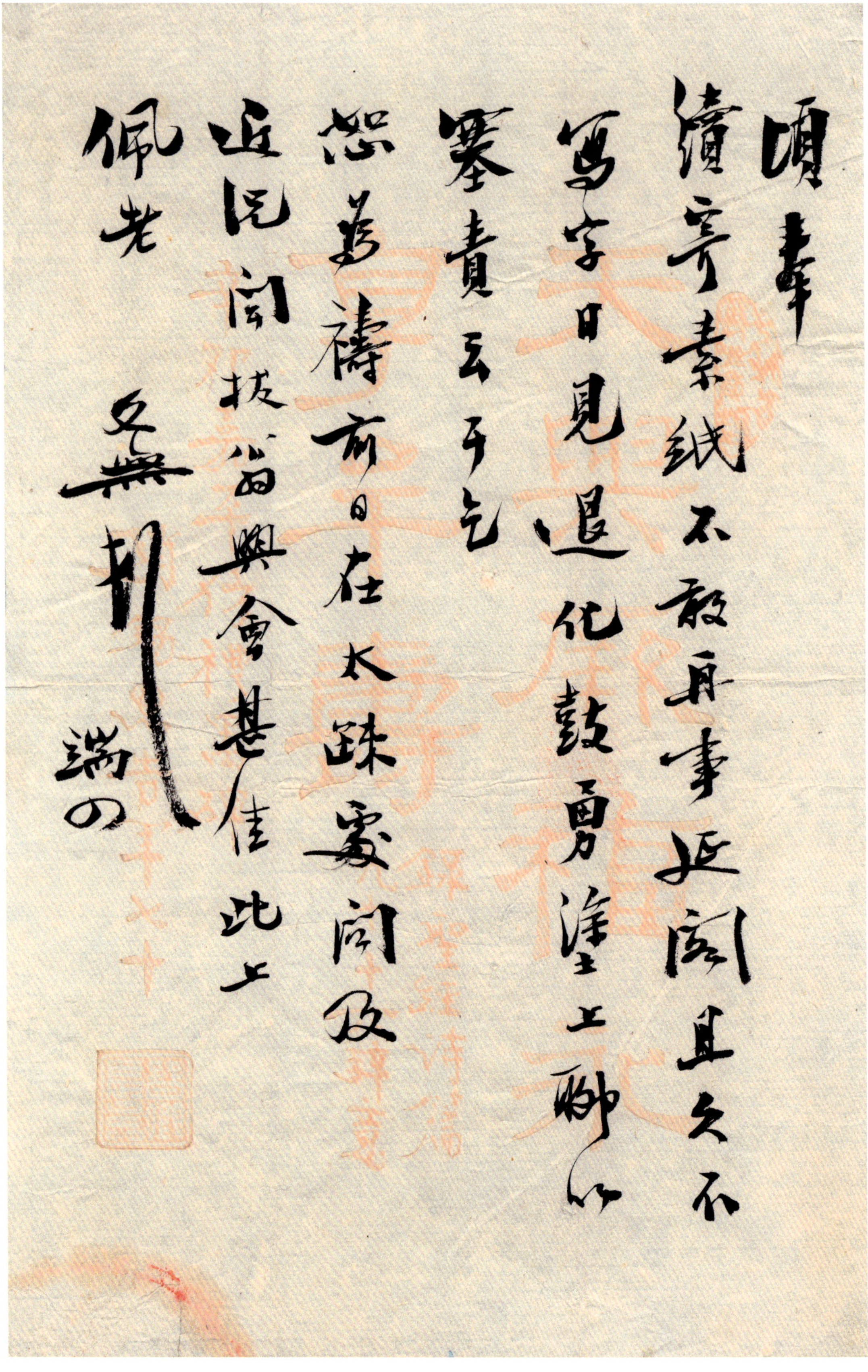
頃奉
讀竟素箋不敢再事延閣且久不
寫字日見退化鼓勇塗上聊以
塞責云爾乞
恕為禱前日在太珠宴聞及
近況聞拔留與會甚佳此上
佩老
文無頓首
端五

夏敬觀致李佩秋

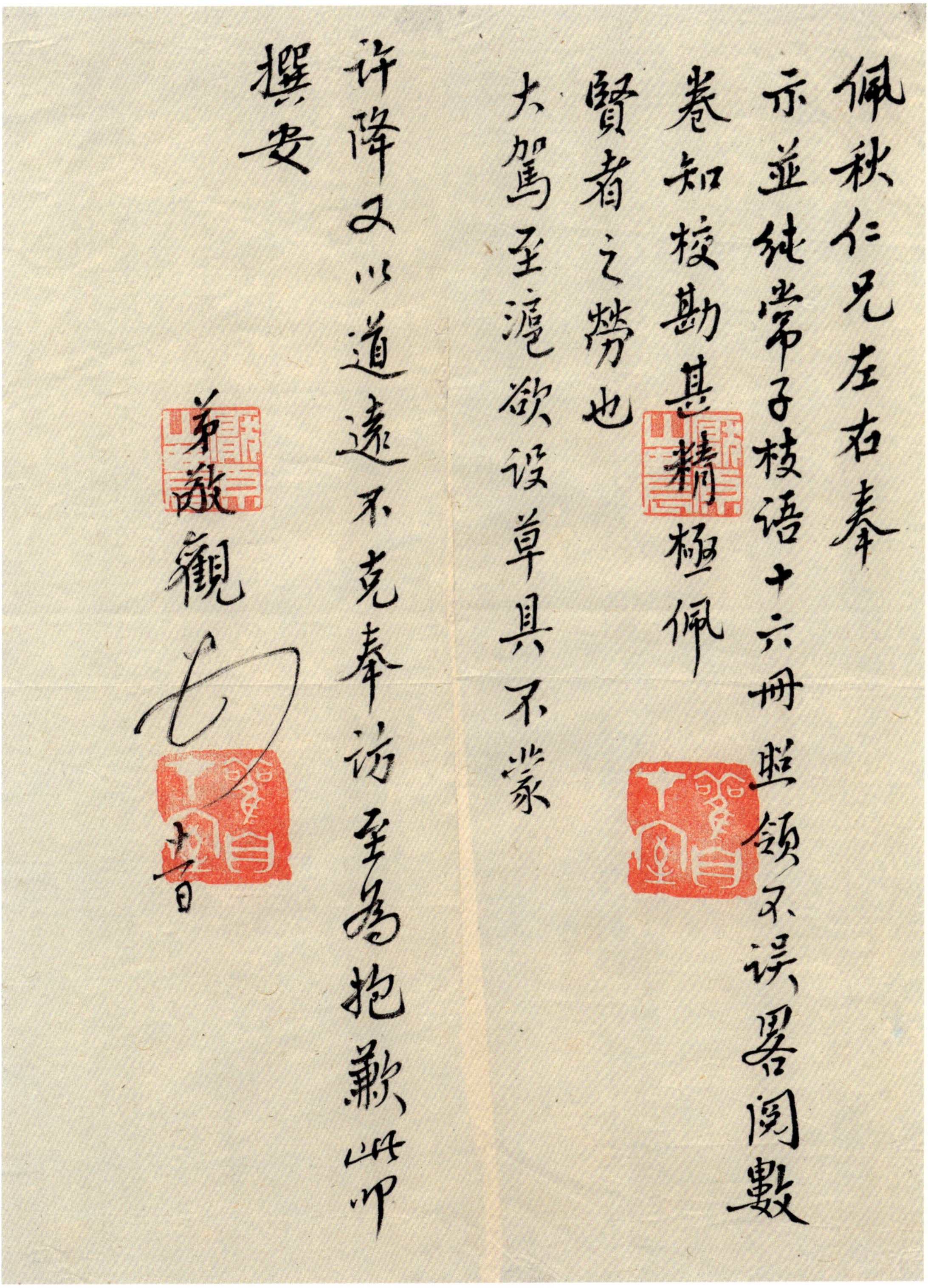
佩秋仁兄左右：奉
示並純常子枝語十六冊照領不誤，畧閱數
卷，知校勘甚精，極佩
賢者之勞也。
大駕至滬，欲設草具，不蒙
許降，又以道遠不克奉訪，至為抱歉。此叩
撰安。
弟敬觀頓首

逸梅學長兄尊鑒，诵大作湖帆兄傳，集中於其書画吟詠及收藏，下筆至凝重，欽慕無極。已黏于冊而寶藏之，安肯遵囑付諸字簏乎。目疾殆不能復原。今日医生為驗光，令配新眼鏡，據云可能左右協调，

北京市西城区印刷厂出品

(1440)

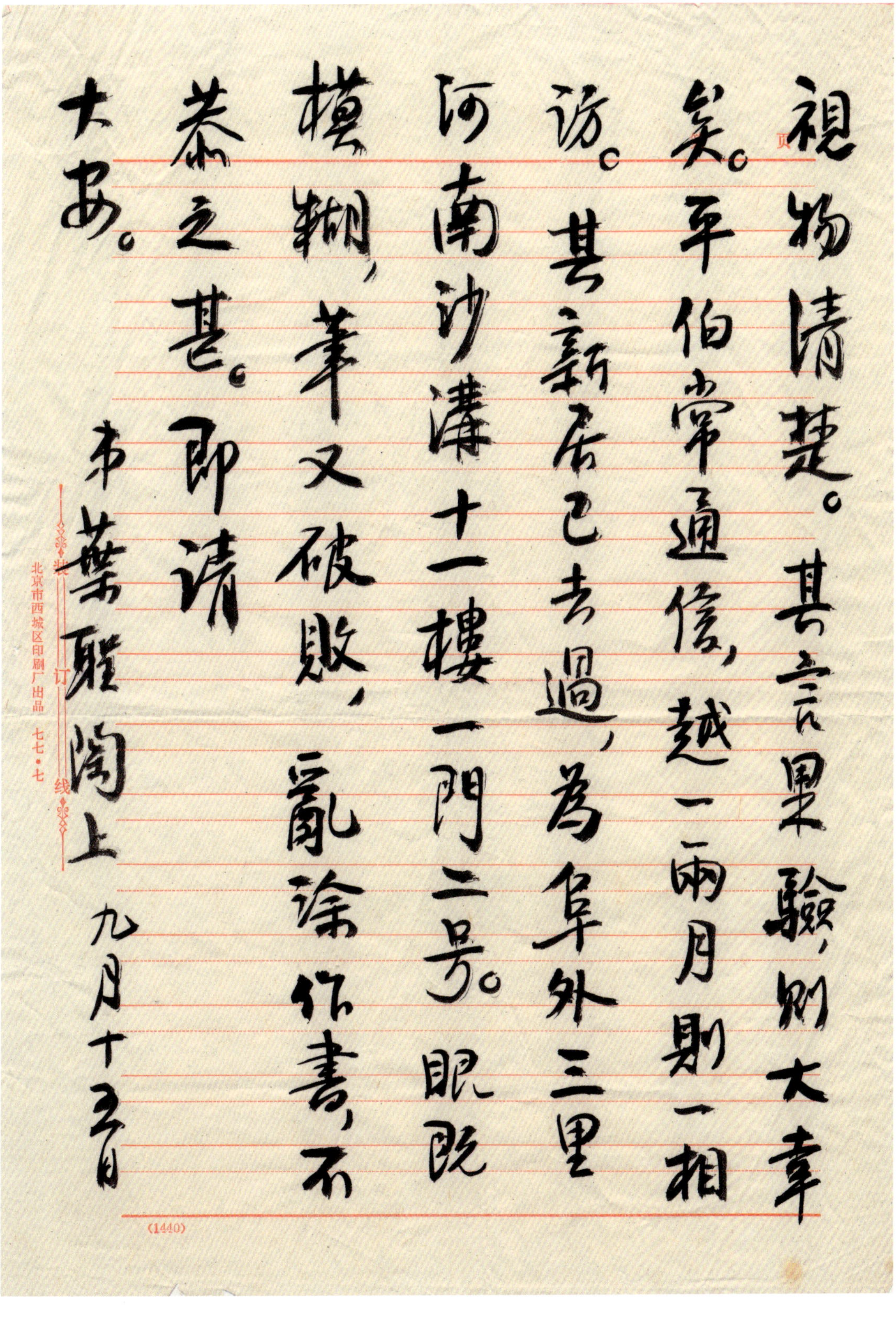

視物清楚。其言果驗，則大幸矣。平伯常通信，越一兩月則一相訪。其新居已去過，為阜外三里河南沙溝十一樓一門二號。眼既模糊，筆又破敗，亂塗作書，不恭之甚。即請

大安。

弟葉聖陶上　九月十三日

逸梅仁兄先生閣下：前日於滬
手書，然亦不知魏翁叟為何人，如來奉覆。昨晤
貞白兄，據謂魏翁為湖南人，善書畫，曾在滬以鬻書畫為
生，嘗與曾熙、陳三立、夏敬觀等人均有往還，
大可先生或當知之。弟曾於三日前至方寓，見有汪仲山
青綠山水冊以將畫石及王个簃書聯，此數人書畫均不
甚深，喜如未購，僅已承裱之扇面二幀，一為俞曲園隸書，一

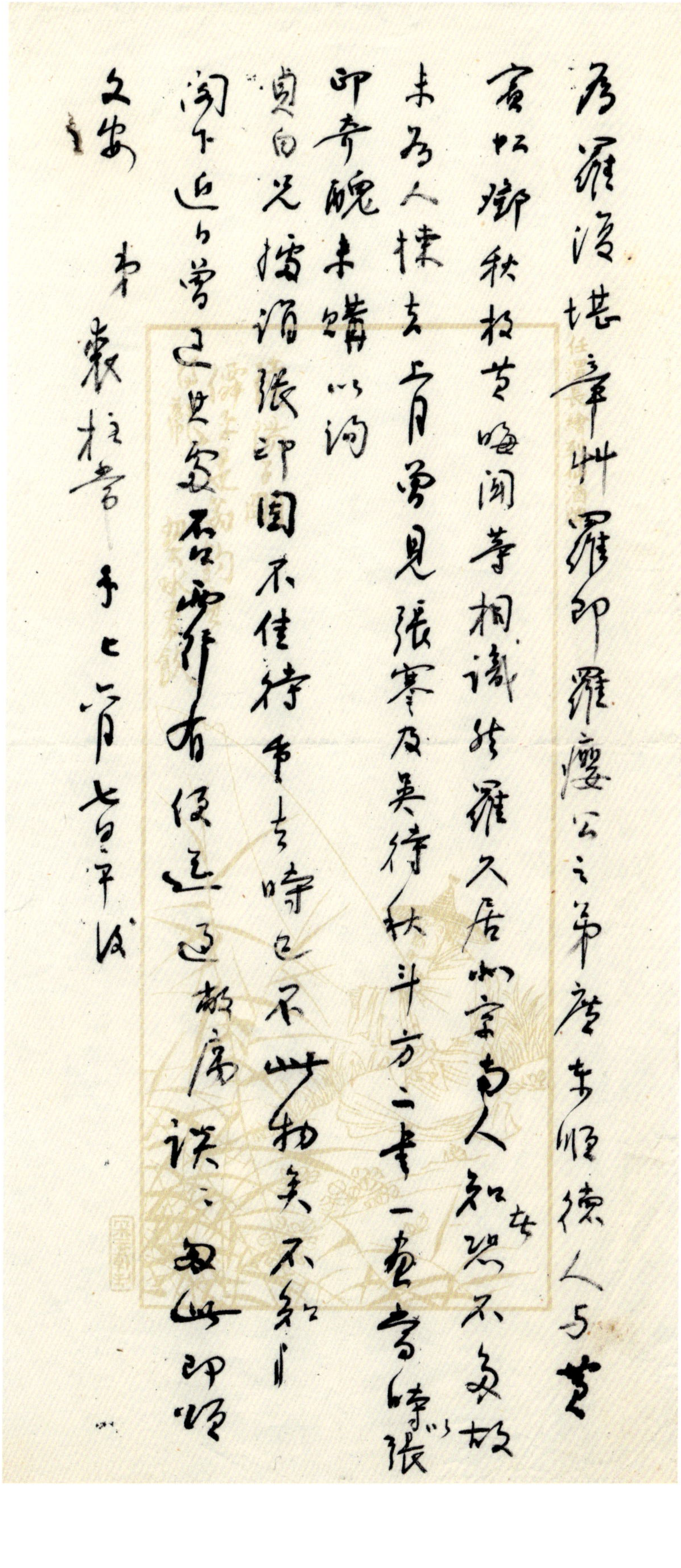

為羅復堪章草羅印，羅癭公之弟，廣東順德人，与黄賓虹、鄧秋枚、黄晦聞等相識。於羅久居北京，南人知者不多，故未為人據去。前曾見張寒及吳待秋斗方二幀，一幀當時以張印，奇醜未購。以詢貞白兄，擕得張印固不佳，待重去時已不此物矣。不知閣下近日曾見過否？如有便還過故宮談談如何。即頌

文安

弟 裘柱常 手上 十一月七日午後

楊無恙致李佩秋

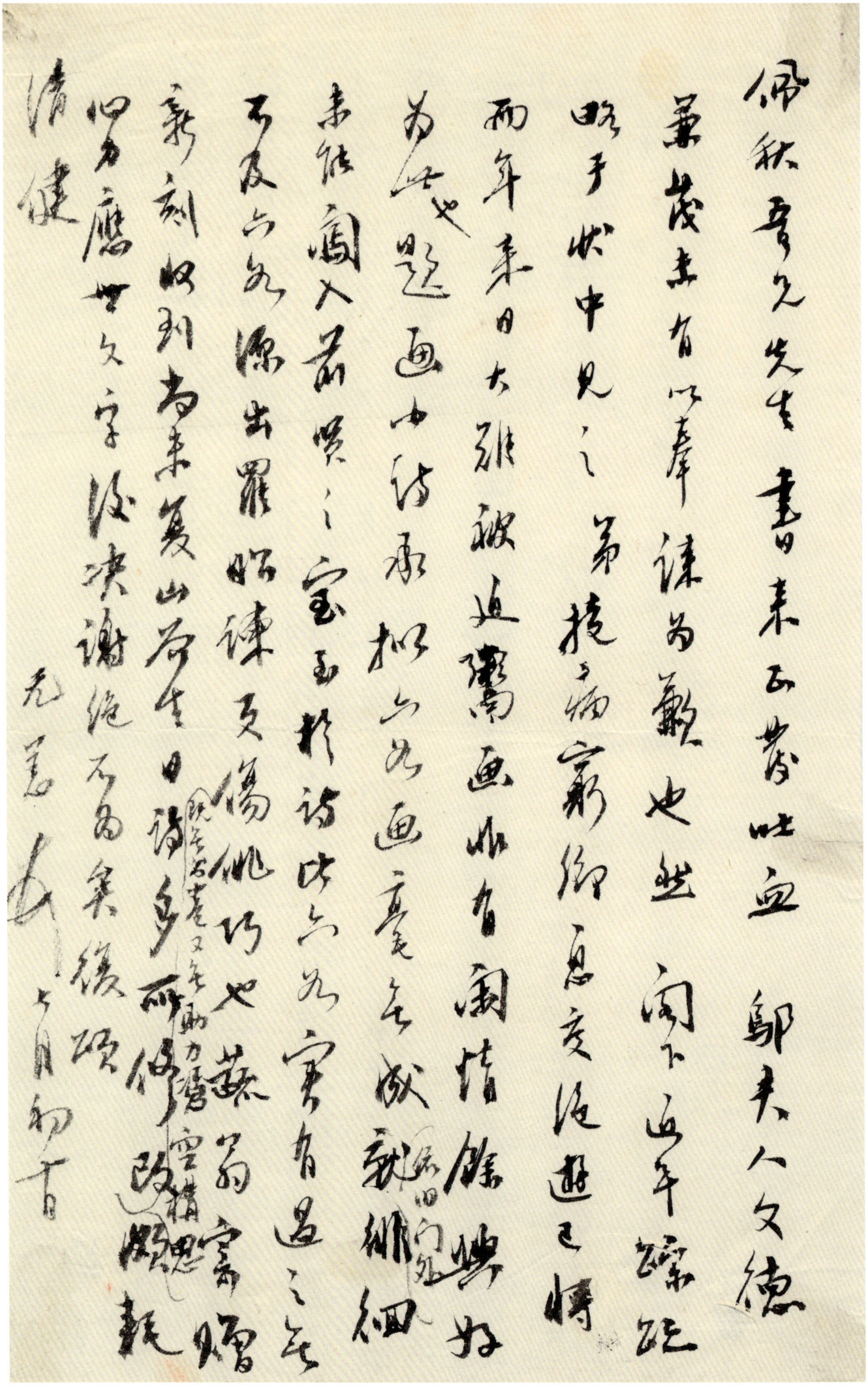

趙景深致鄭逸梅

1976.12.6.

逸梅兄：

现决定本月十九日上午九时在教室座谈《中国小说史略》注释，届时请带些书来临教室，略备茶点，以便闲谈。已另约谢国桢、陈汝衡、方诗铭、魏绍昌、徐扶明五位。陈济老因事出国不能参加。

听说兄已将《史记》注释未校出的错字交奇交至中文系《史记》注释组，至为感谢。前几天谢国桢兄也来教室谈话，他说过了新校《史记》，此后随时将来兄了不，届时一定到教室参加座谈。

吾兄如有意见，望随时赐告，仍写信来为感。

倘有余时，当将较老书信、画帖、照片等，以供浏览。

另闻郑先生曾印《红香楼》，兄知道他的笔名吗？荷鸿秀《小说丛话》引有《漂流生涯记》，不知何处可见此书否。祝好，

弟赵景深。

9298

青山禪院与山夢因遊

春陰不雨最宜遊，相約屯門事討幽。杯渡仙家留片石，碑題刺史亦千秋。韓昌黎刺史潮州時過屯門登杯山題高山第一四字碑石至今猶存 風過松籟喧山徑，海近波光炫寺樓。幾度登臨無一字，今番吟興亦難收。

佩秋吾兄吟正

放園呈稿

庚辰三月

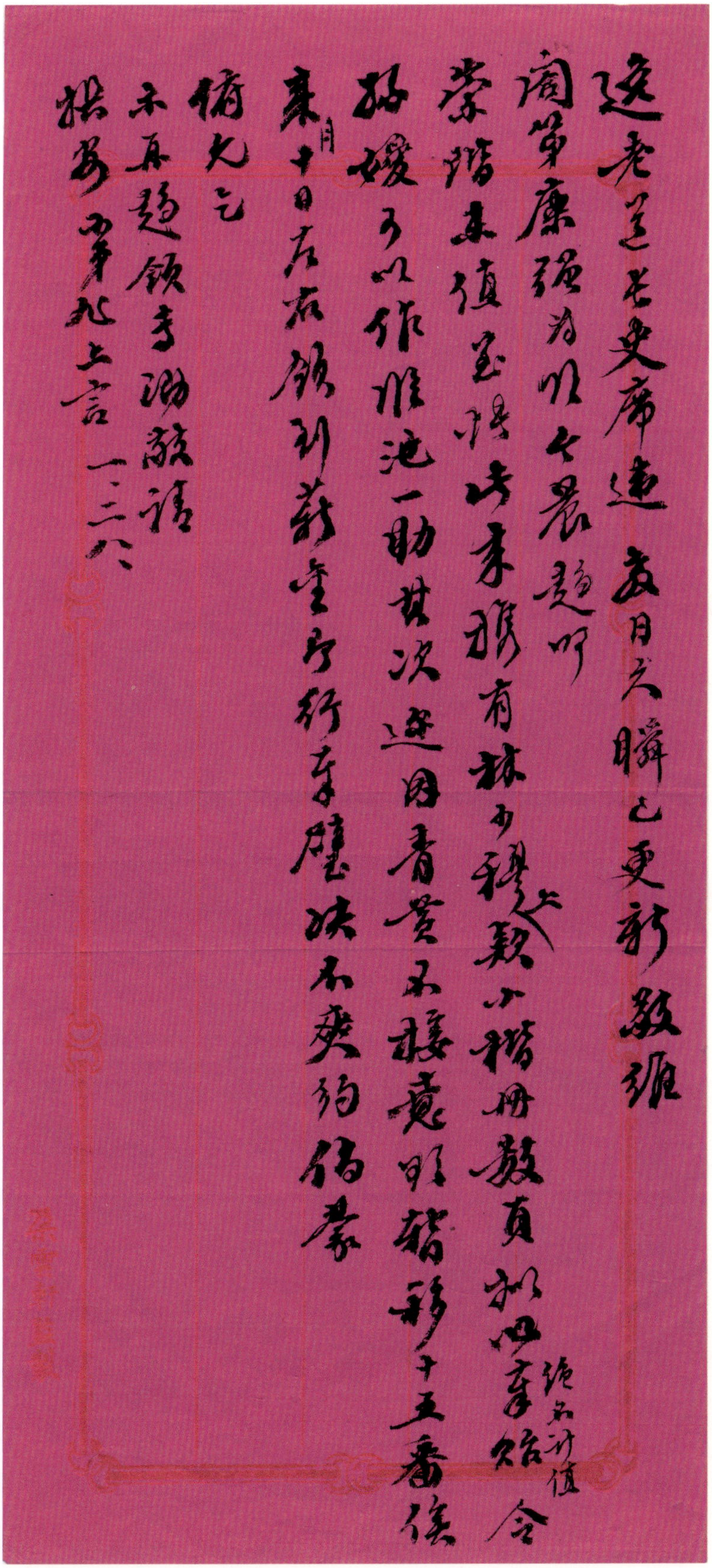

逸老道長史席：違教日久，瞬已更新，敬頌
閣第康强為頌。七晨題所
崇揩來值寒假，告來雅有林君穆夫人欲小楷冊敬頁於四季館令德不付值
孫媛可以作排池一助。其次逸因青黃不接，竟略貼移十五番俟
來月十日左右領到薪金，可行奉璧，決不爽約，倚藉
俯允之。
示覆，題領，專此敬請
撰安。弟耀邦上言　一二八

邊成致鄭逸梅

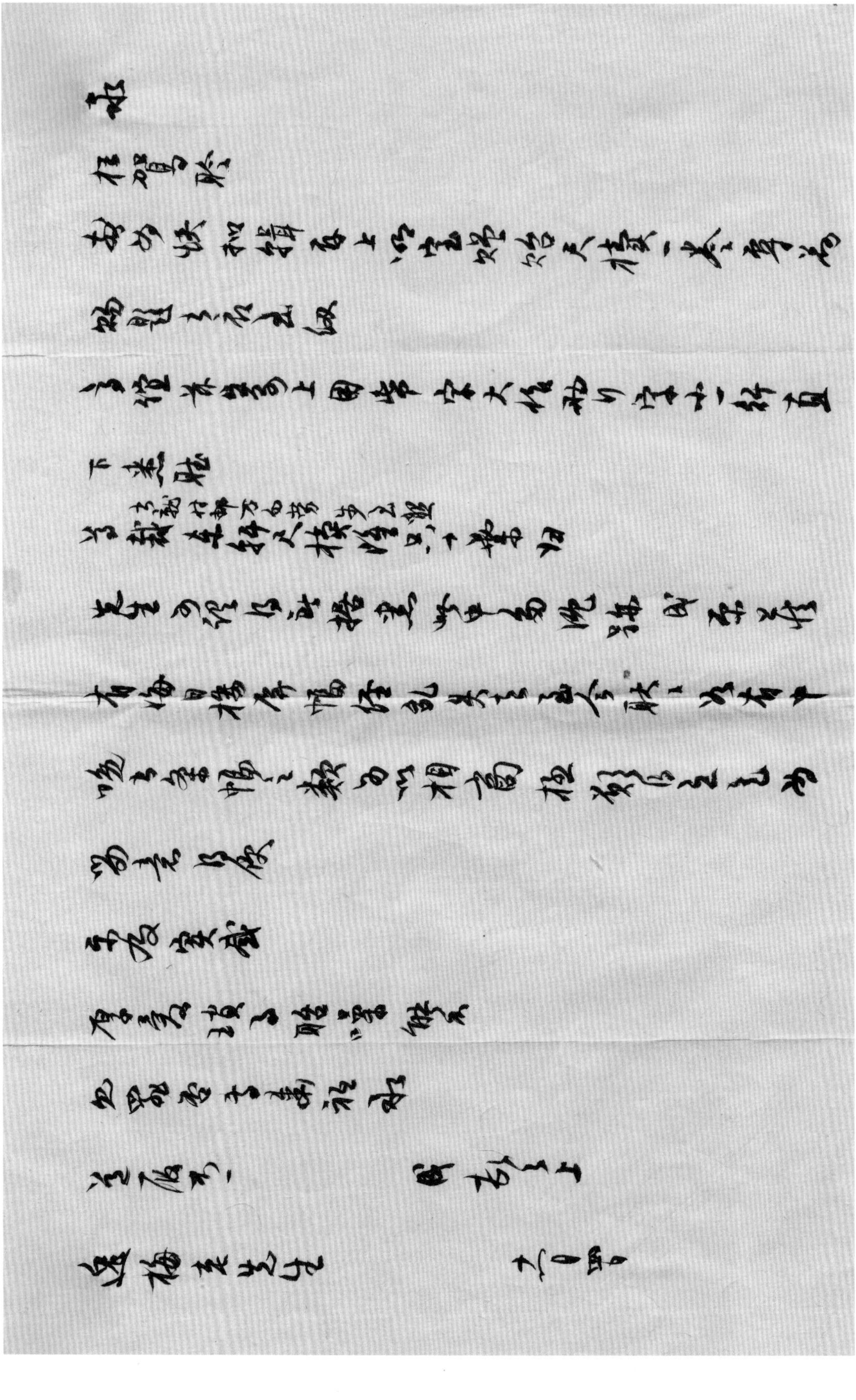

顧廷龍致李宣龔

拔可先生著鑒：日前拜教，為幸。鑑藏事已託揆丈允往面洽，一俟相晤再行奉聞。茲悉歷史語言研究所著述有由貴館印行者，弟代物色，無任銘叩。須價若干，當照繳。此請道安。

龍頓首　卅三、七、十

唐代政治史述論　陳寅恪　三十二年五月出

隋唐制度淵源略論稿　陳寅恪　卅三年十二月出

唐宋帝國與運河　全漢昇　卅四年一月

集刊　第七本第一分　第八本第二分　第九本一至四分　[illegible]　第十一本第一二分合刊　卅二年五月出

第十本第三四分合刊　第十二本第一二分合刊　卅三年九月出

以上皆國立中央研究院歷史語言研究所著作

鄭逸梅友朋尺牘

鄭逸梅家藏尺牘

下

丁小明　鄭有慧　編著

劉　巍　田宇晨　協理

家桂學棣留念
丙辰冬鄭逸梅
時年八十有二

華東師範大學出版社
·上海·

二　鄭逸梅家藏尺牘

語石先生道長閣下：兩奉
手教，並拜時賢詩集之
貺，琳琅滿目，獲益良多。前
命書題名件，以右臂作痛，詩
牌久遲遲報之，懇百喙莫解。
古甌暮年遭此拂逆，情殊
難堪。我
公暨淵老古誼可風，近世罕
覯。弟勉籌番餅八枚，一求
檢收，彙致杯水無濟，聊盡
微忱而已。蘅老已別有將意，
專函奉覆矣。古老原信附
繳。弟囊近與
貴郡惲氏訂二姓之好，季盦

錢溯耆致劉炳照

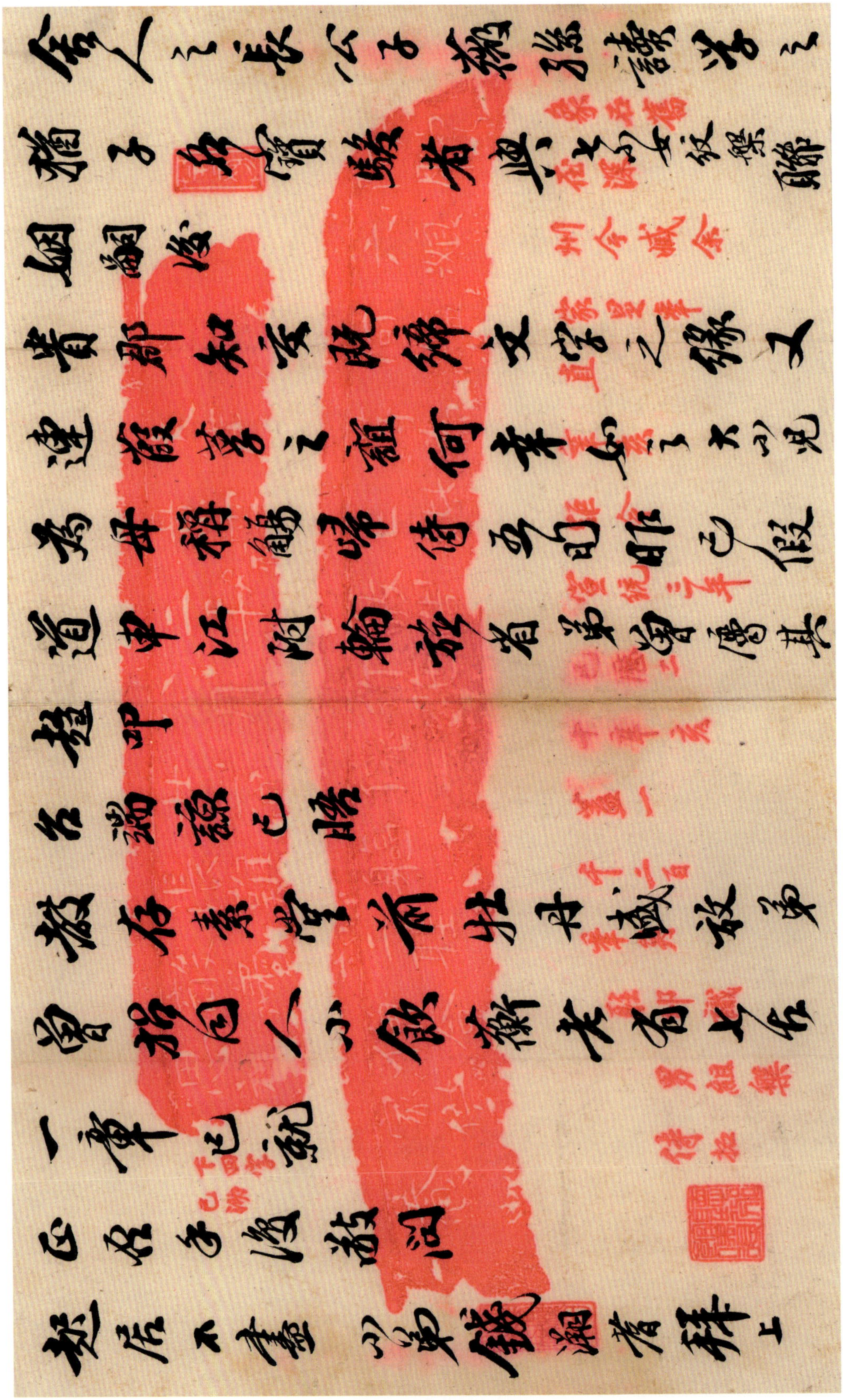

齊功成致劉炳照

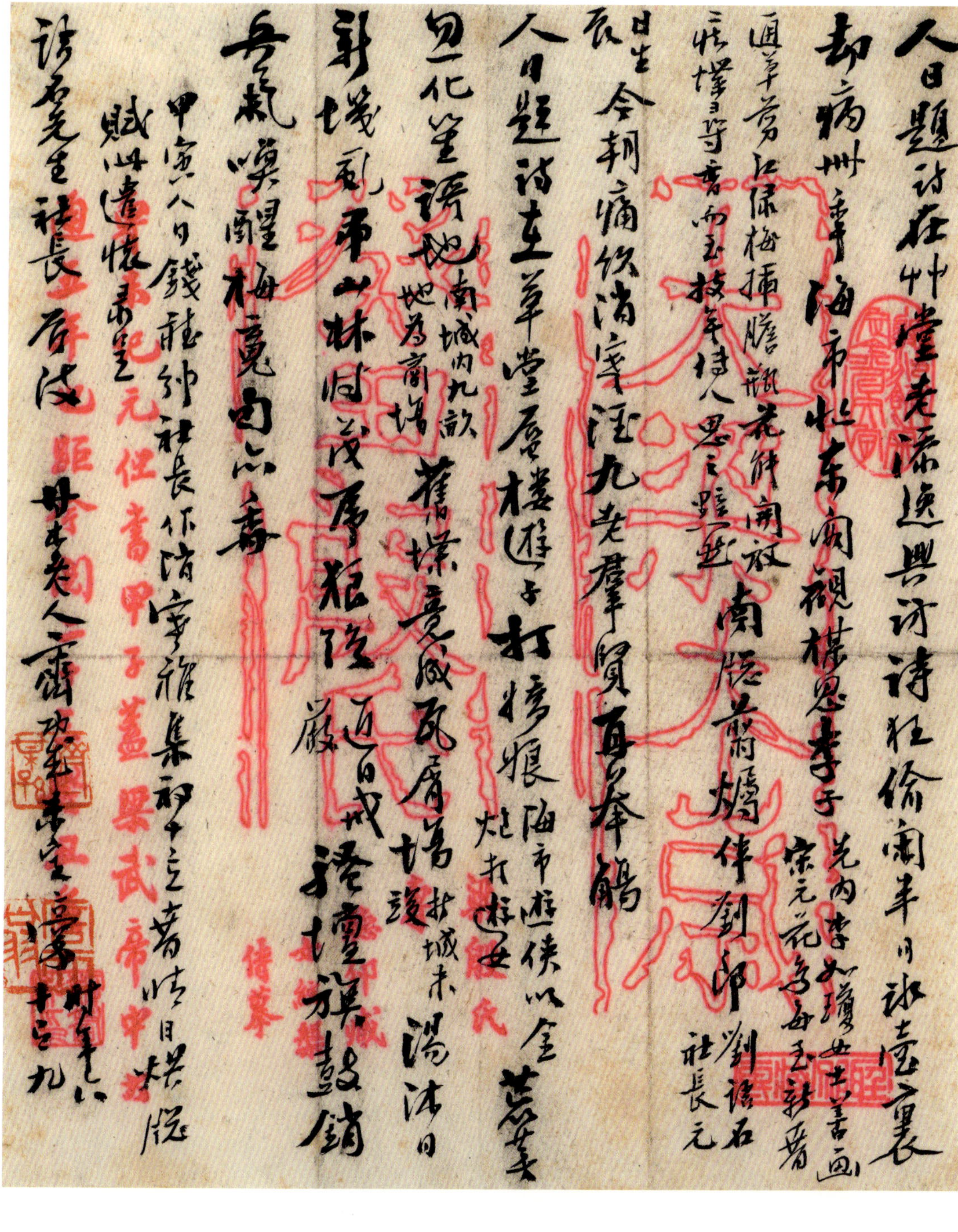

人日題詩在竹堂老添逸興訪詩社倫閣半月詠壺裏
卻病卅年海市北東關觀棋忘李子 先內李如璜女士書畫 宗元花鳥每妥新著
通草芳江緑梅插膽瓶花鉢開放
三棕擘白苹書而玉枝寄侍人恩之題
南屋蕭嫣伴劉郎 劉語石社長元
日生今朝痛飲消寒淮九老群賢再奉觴
人日題詩在草堂層樓遊子打擂粮海市遊俠以金蕉 炬扎游母
回化筆談地 南城內九畝地為薈場 蒼渫蕙城瓦屑場 撲城未濕沫日
新境亂平山林同發厚粗陰 厭 匝日戒 誓擅旗鼓銷
兵氣嘆醒梅花覓句心舒
甲寅人日錢龍鈔社長作消寒雅集和十三首時日煤焜賦此遣懷柔兆元
詩老先生社長斧政 卅年老人齊功成草 時年七十八 十之九

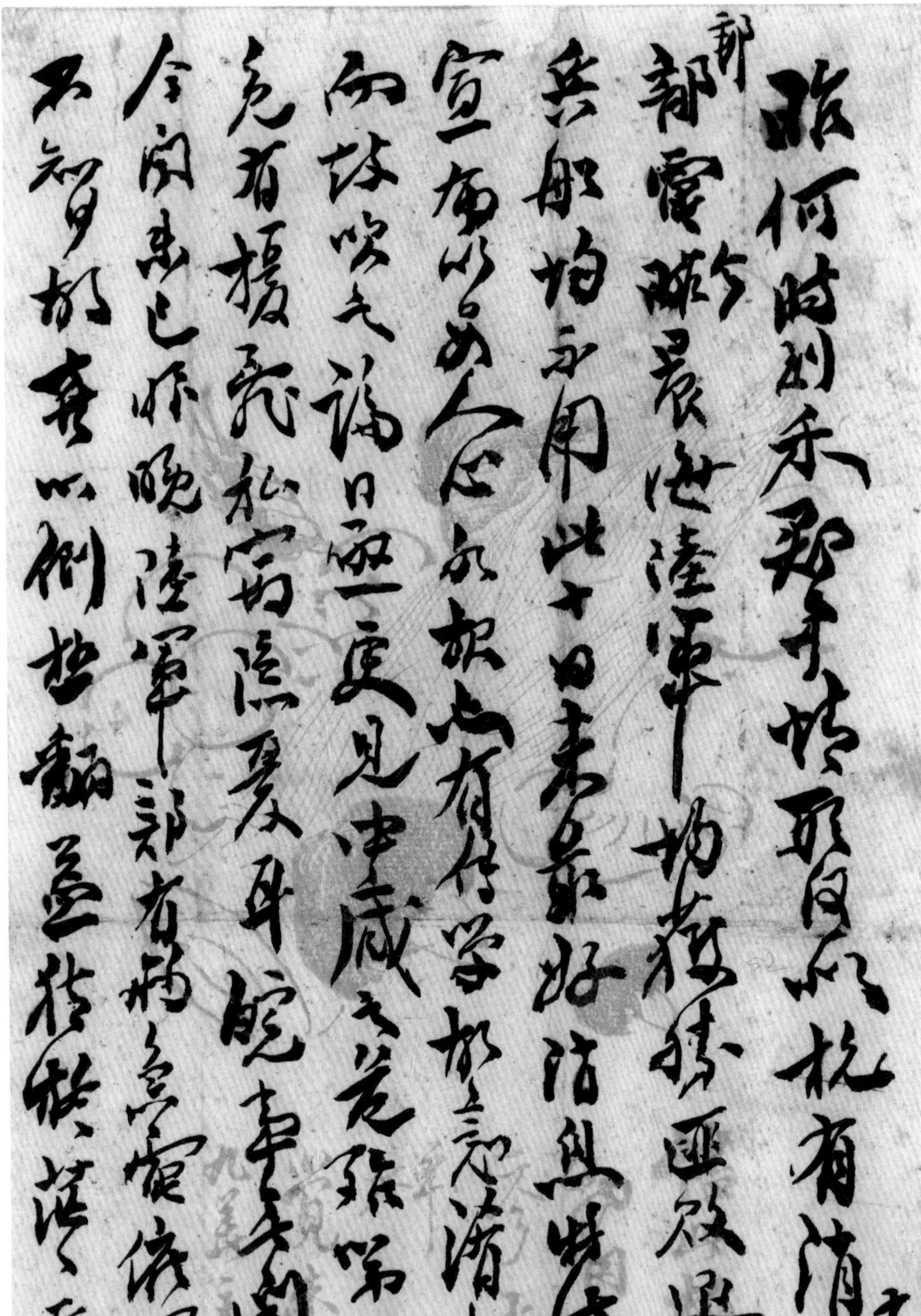

沈曾桐致沈曾植

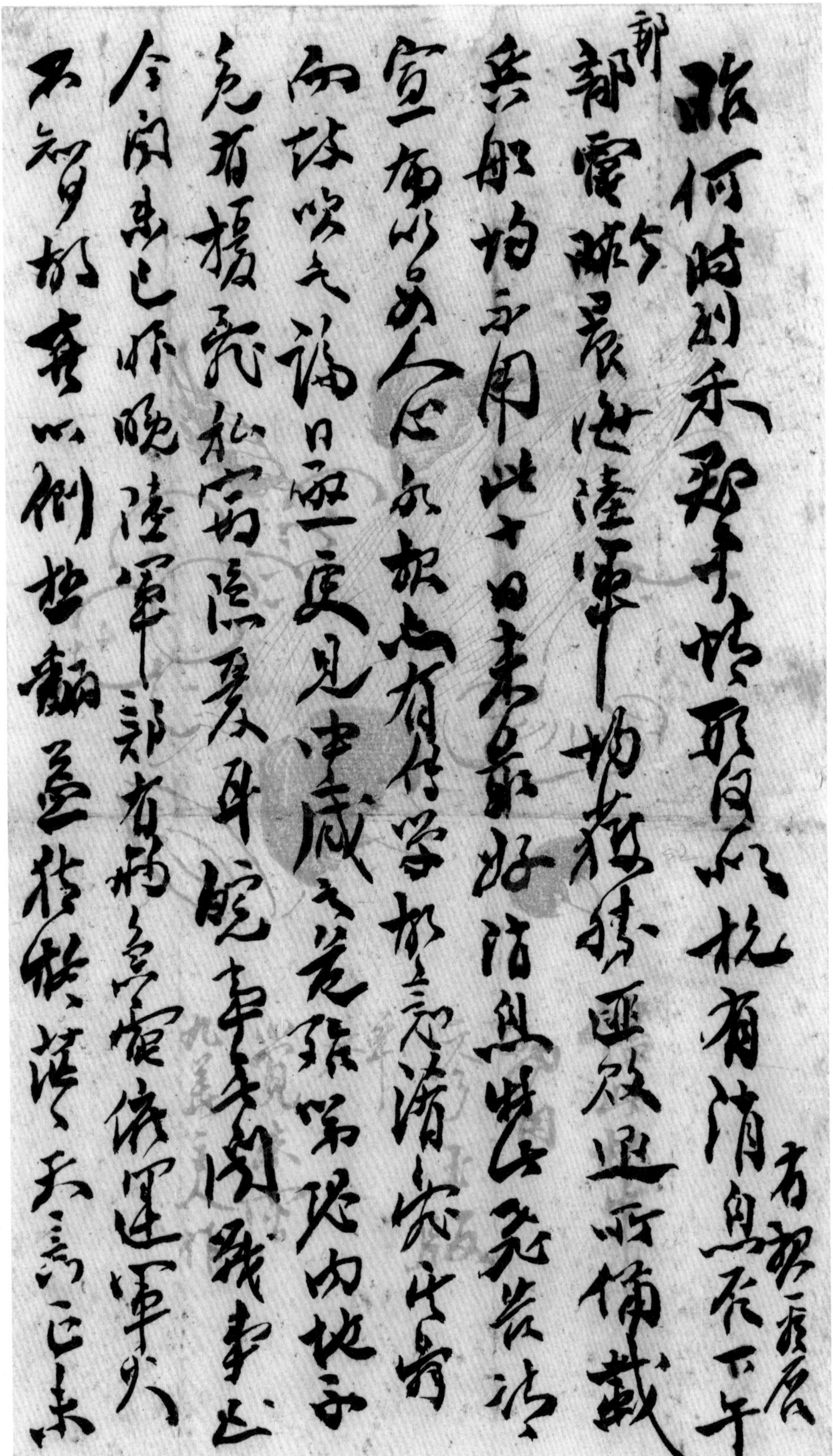

沈曾桐致沈曾植

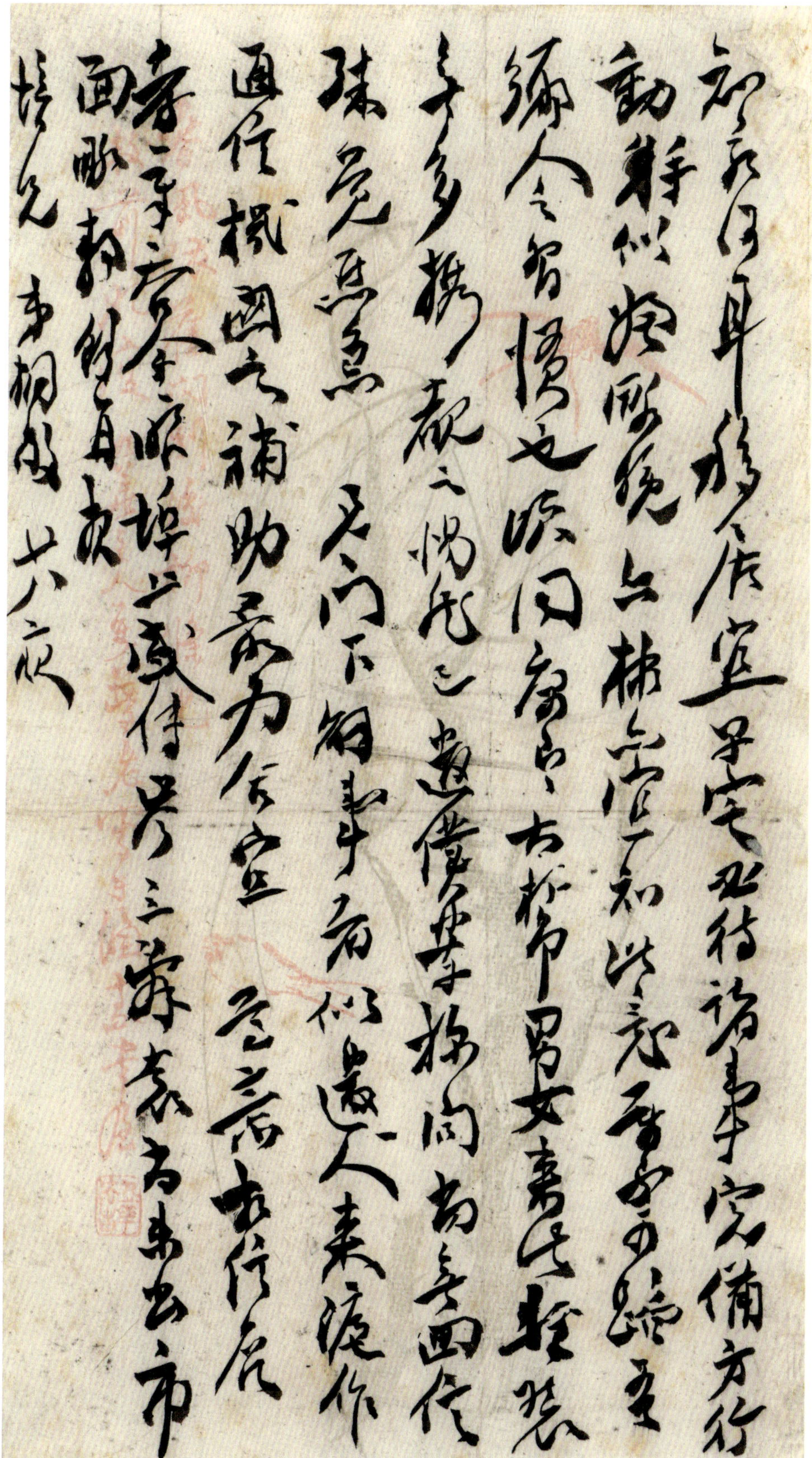

培老我先生執事：業奉
手書，愈鄭重愈稽眷。近來凡事皆如作信，其
慶弛可知也。得
公勤誘，庶立頓起懦矣。鄙人尤不以借債為不可，然不
能不謀路工之速成，以期將來交涉之譽。擬一面達
敝路事以一年完工，一面撥款，按各州縣展期必集，
而不知官吏之奉行如何，紳民之疑信如何，不揣綿
薄，冒昧赴之耳。州縣免提錢價羨餘，丁漕均規

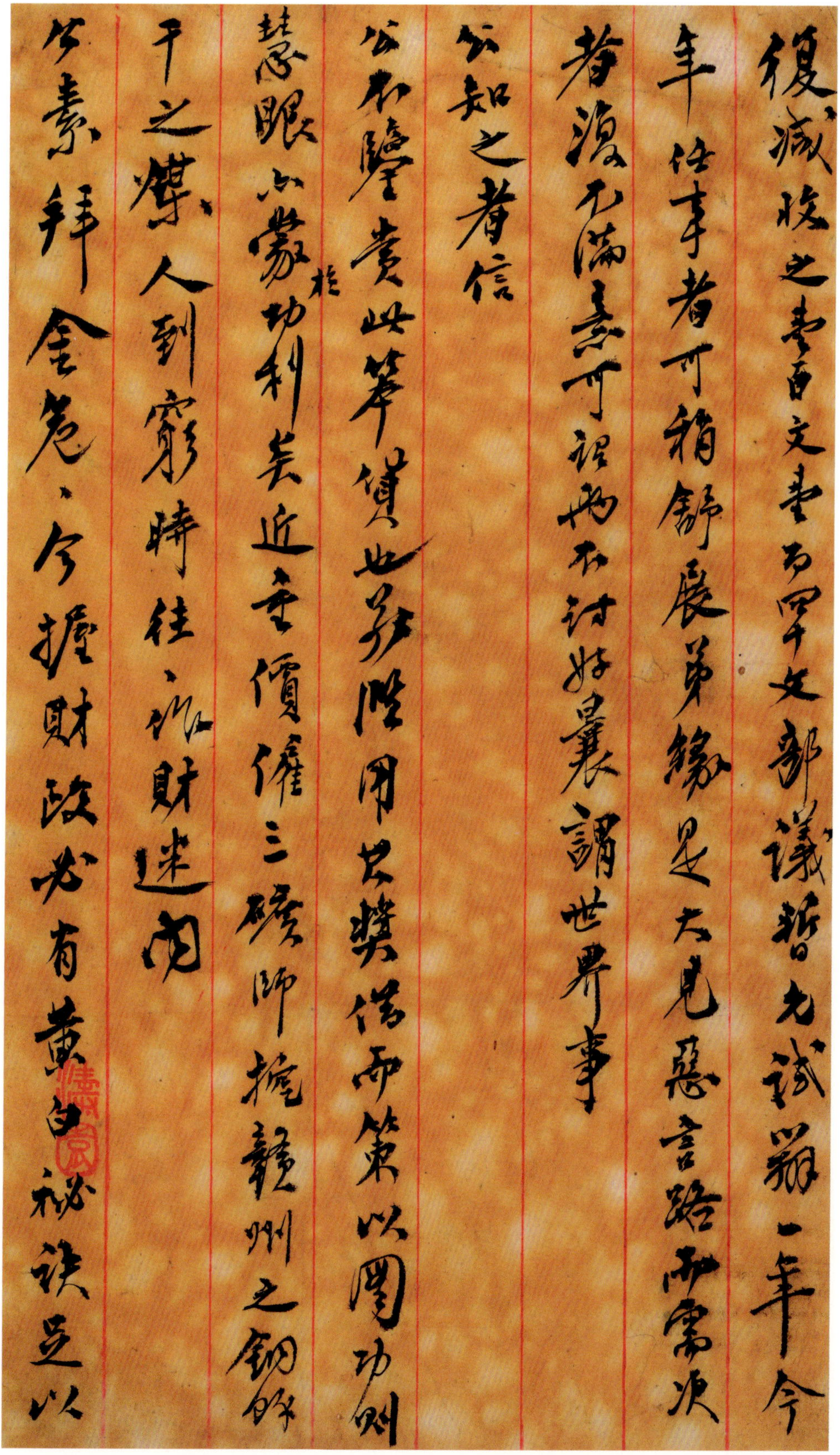

復、減收之。書局文書由學部議，暫先試辦一年。今年任事者可稍舒展，弟緣是大見惡言，路所需次者復不滿意，可謂兩不討好。曩謂世界事

公知之者信

公於學貴此等貨也，新陳用其獎借而策以圖功，則

慧眼小家於功利差近之價僅三鎊師擬鍾州之錫

干之樂，人到窮時往往以財迷用

公素拜金黨，今擬財政必有黃白秘訣，足以

稿已而閩人章一山之頡郎在贛不可得意緘
急於忝附借題而行弟曾函告其不宜而決其忝附者不足
恃公則第一者難而登忝第二者徘徊中路不援而復擠之
殊不近情年內有信來英尉藉之危代者豈敢自任推轂領
公厚意中心存之耳武令曾任岑妻赴大庾許令德藝萬年
公所念也井岡馬令官聲素好容覓機會李守宗言才畧亦曾蒙
鑒賞為鄙人迴避應改隸貴轄惟在贛為老資格改有恐無以異於人伊於
夢帥公手下同年他無淵源無從破格待之當令趨前也專請
大安並賀新喜 二月廿一弟瑜慶頓首
因而遲遲不出都大約為南皮所厄矣

乙庵尚書姻丈鈞鑒：久不得
音問，不審
道履何似。正以存古會南中來供近狀者，吾浙亦有其
無一數。今年壽款念甚，鄰邦聞袁吉旅不戴皖者，有已與中央交
字（將）在皖境之鐵路，動設督金，曾經勝加證之，民留作皖（從前某人日起不究既往）
振一圖，即由皖藏省當已實行。江浙應仿皖例，請皖看
務留許學英，冀以爲此事之中央交涉，已與此事風無能還
道憚高大見在此說客向證許，援皖並向中央交涉，其卷

官纍重斤十兩

漢銅權文曰官纍重斤七兩近年出土[illegible]又見斤二兩斤十兩者漢代權前人皆未見故撫之雪堂記

大從南旋，若向吾撫摺務之持人 玉又

長於友謀，若一山諸君對之

將此意述知諸老，節堂陶中丞自能堅信，亦求

轉告此事，弟及叔蘊、南皮、屠、夏諸故舊者，詳求

就近於閣，津門諸大宦中，庶可京卿，餘田丹謝等以伴望

再，玉有補遺一冊，校記一冊，二冊諸君當翻行，印成再奉

政。肅請

道安 振玉肅上 八月廿四日

官纍重斤十兩

漢銅權文曰
官纍重斤七
兩近年出土
亦有鐵製者
又見斤二兩
斤十兩者漢
代權前人皆
未見故橅之
雪堂記

楊葆光致哈少甫

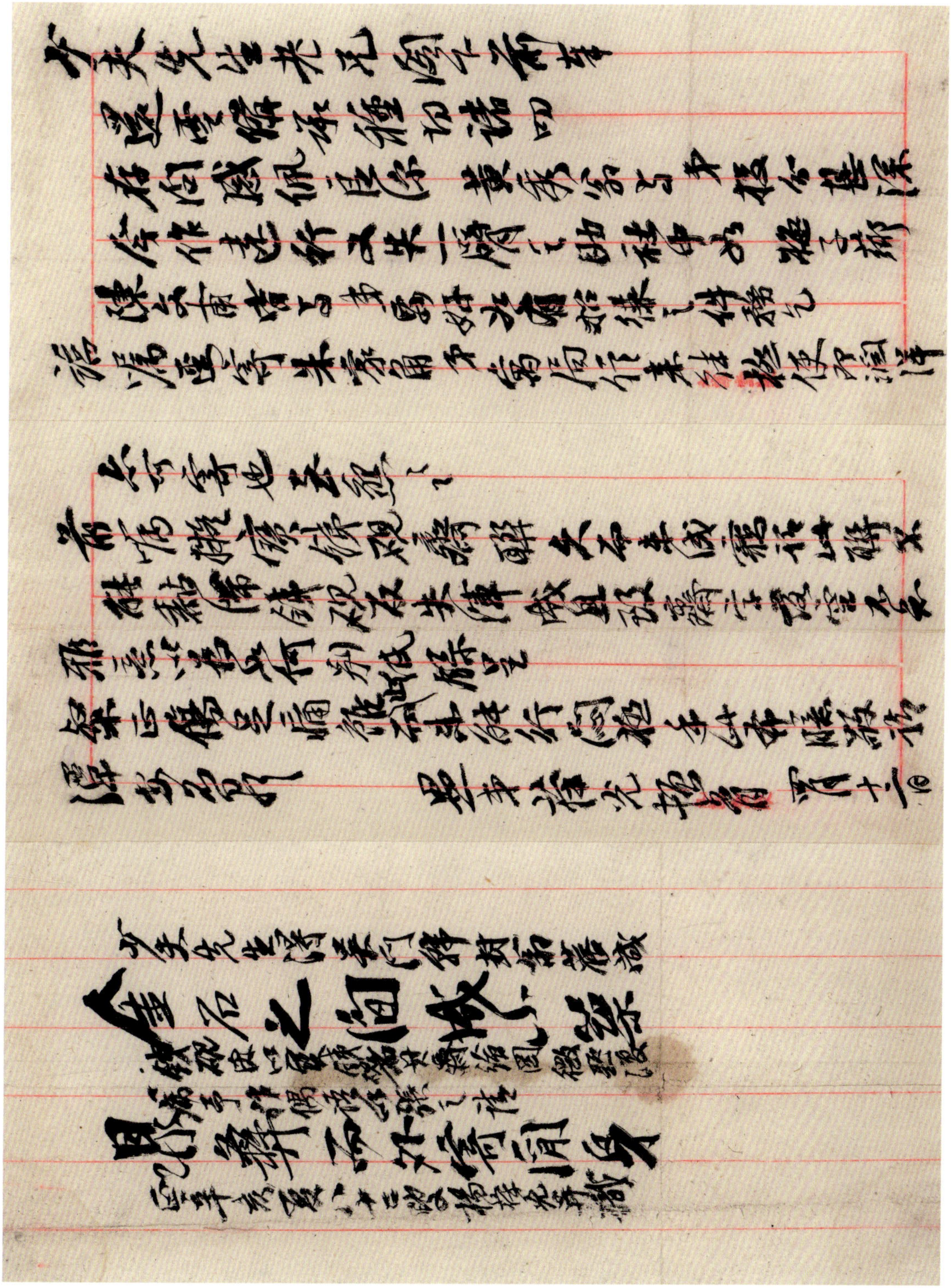

胡钁致哈少甫

少甫道兄大人玉契：廿四日奉寄寸函並拙書金
箋對一副、印花二種，頃自廿五日所書
手教，知瓊山先生印擬東鄉，遠收端硯刻
成，并二印石一同回寄，寄上至乞
登入鑒正。告硯所銘句，晦鳴竟未詳
體見何如耶。
並潤　弟胡钁頓首　壬午年
瓊翁硯印之資

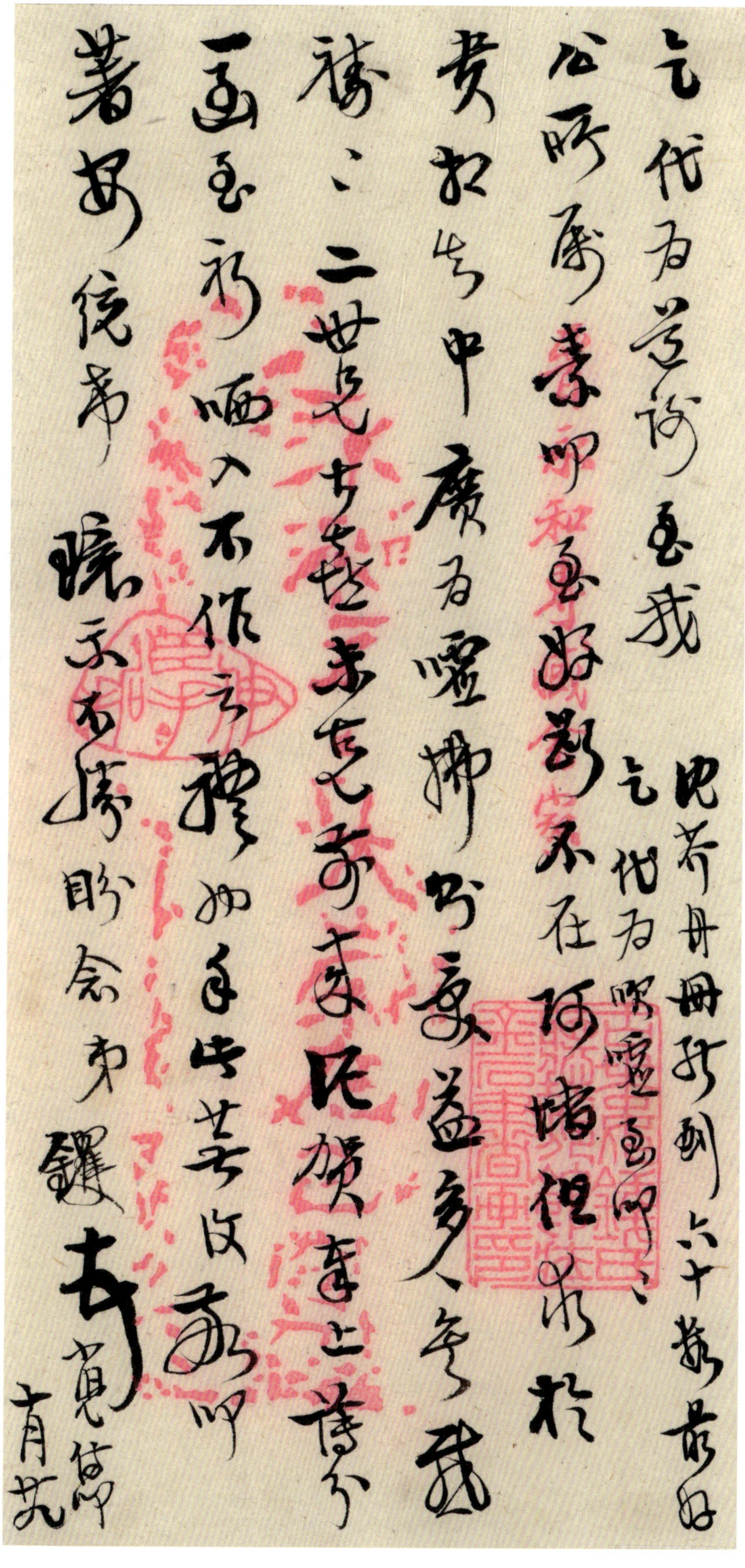

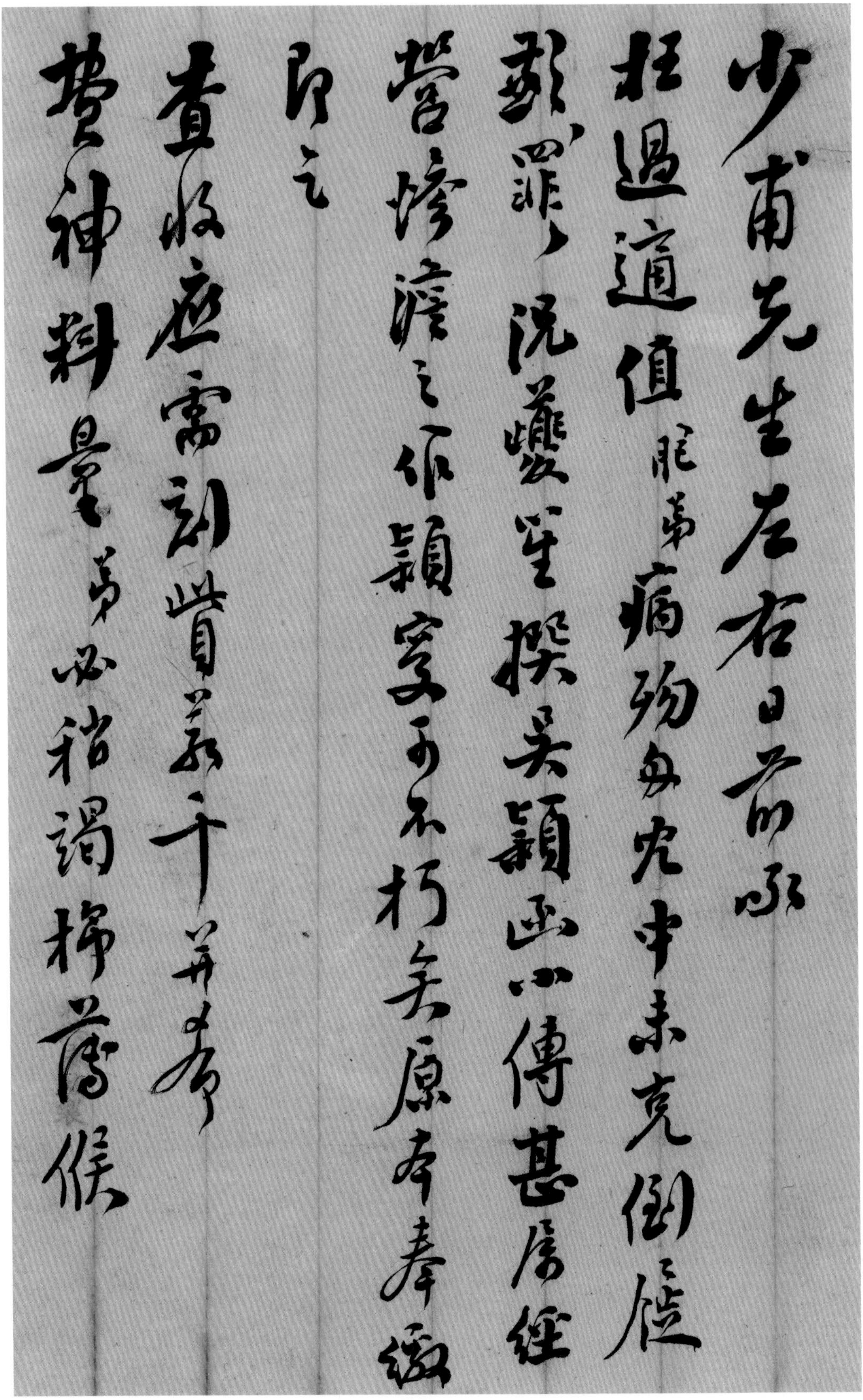
少甫先生左右日前承
枉過適值 賤弟病殉身中未克倒屣
歉罪况蘐堂撰吳穎函已傳甚屢經
譽修潢之作穎室于不朽矣原本奉繳
即乞
查收座需刻背 弟承千并多壽
費神料量 弟必稍謁捍舊候

何維樸致哈少甫

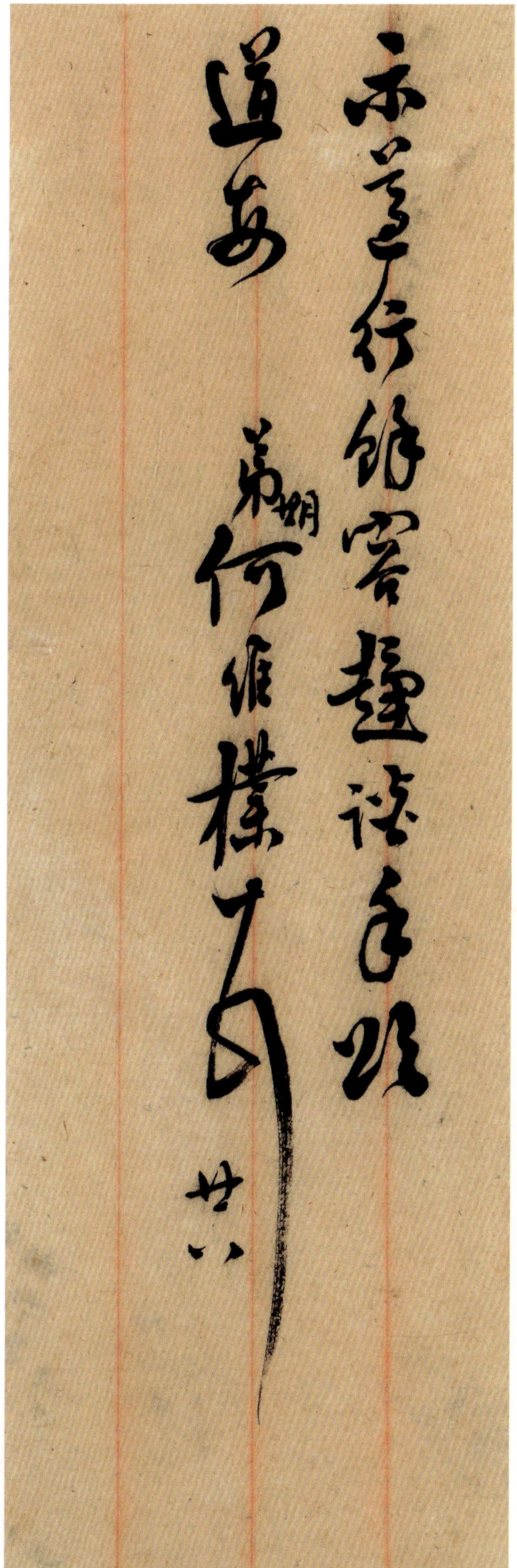
示悉行館容趨談手此
道安
弟期何維樸頓首
廿六

少夫先生鈞座：頃老來接奉
手諭，承 關注感極。前託遞光
轉懇購件，乃日本石印唐李北
海邕書古詩冊，福久知此物，並未
見過。聞友人云天津旭街東洋
石印出售店內有之，故求
代購，目

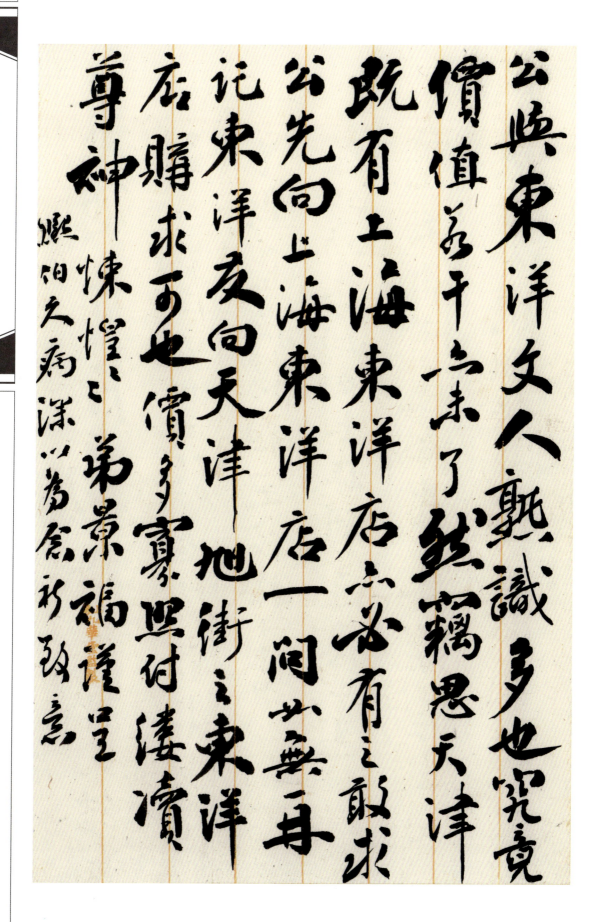

公與東洋文人熟識多也究竟價值若干亦未了然竊思天津既有上海東洋店亦必有之敢求公先向上海東洋店一問如無再託東洋友向天津地街之東洋店購求可也價多寡照付褻瀆尊神悚惶悚惶 弟景福謹呈

縱伯久病深以為念祈致意

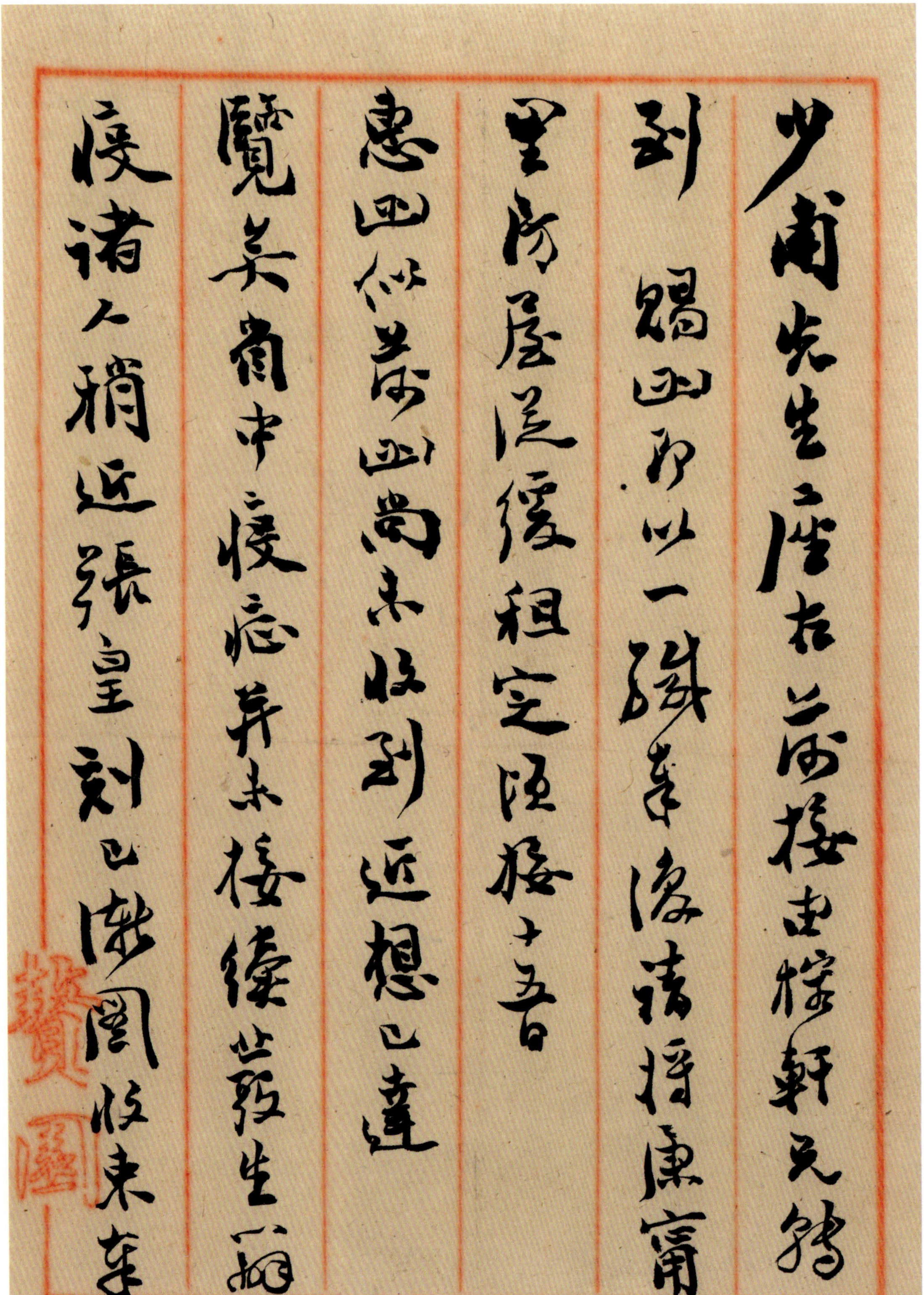

少甫先生座右：前接由裕軒兄轉到。囑函印以一𢾎華像，請將康甯望所屬延緩租定，延接十五音惠函，似莫函尚未收到，近想已達覽矣。甫中候症并未接續，此致生一函候諸人，稍延張皇，劉已徼閣收東來

仇繼恒致哈少甫

仇繼恒致哈少甫

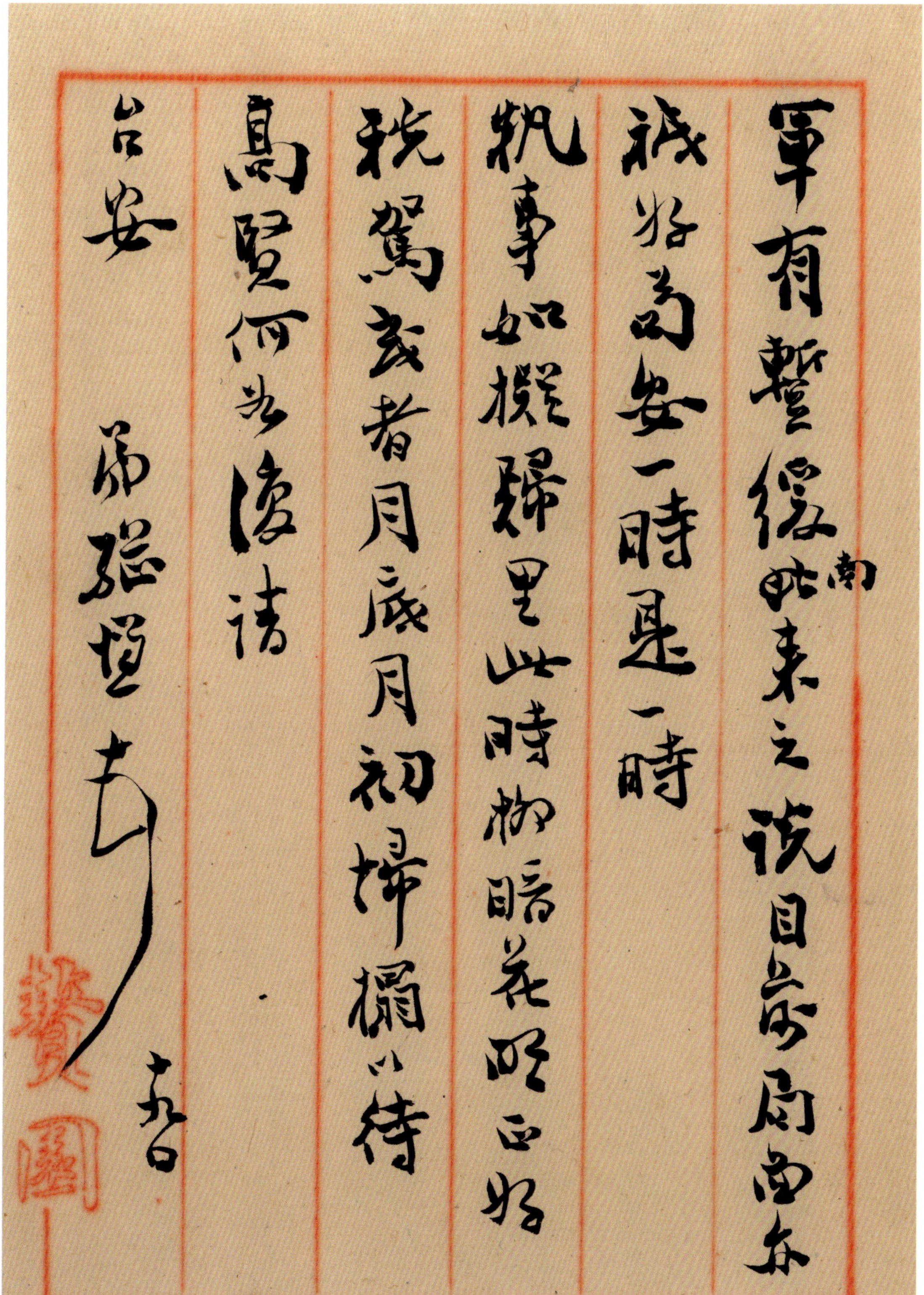

軍有暫緩北（南）來之説，目下局面亦祇得苟安一時是一時。執事如擬歸里，此時柳暗花明，正好挽駕，或者月底月初歸櫂以待高賢，何如？復請
台安
弟繼恒頓首

潘飛聲致哈少甫

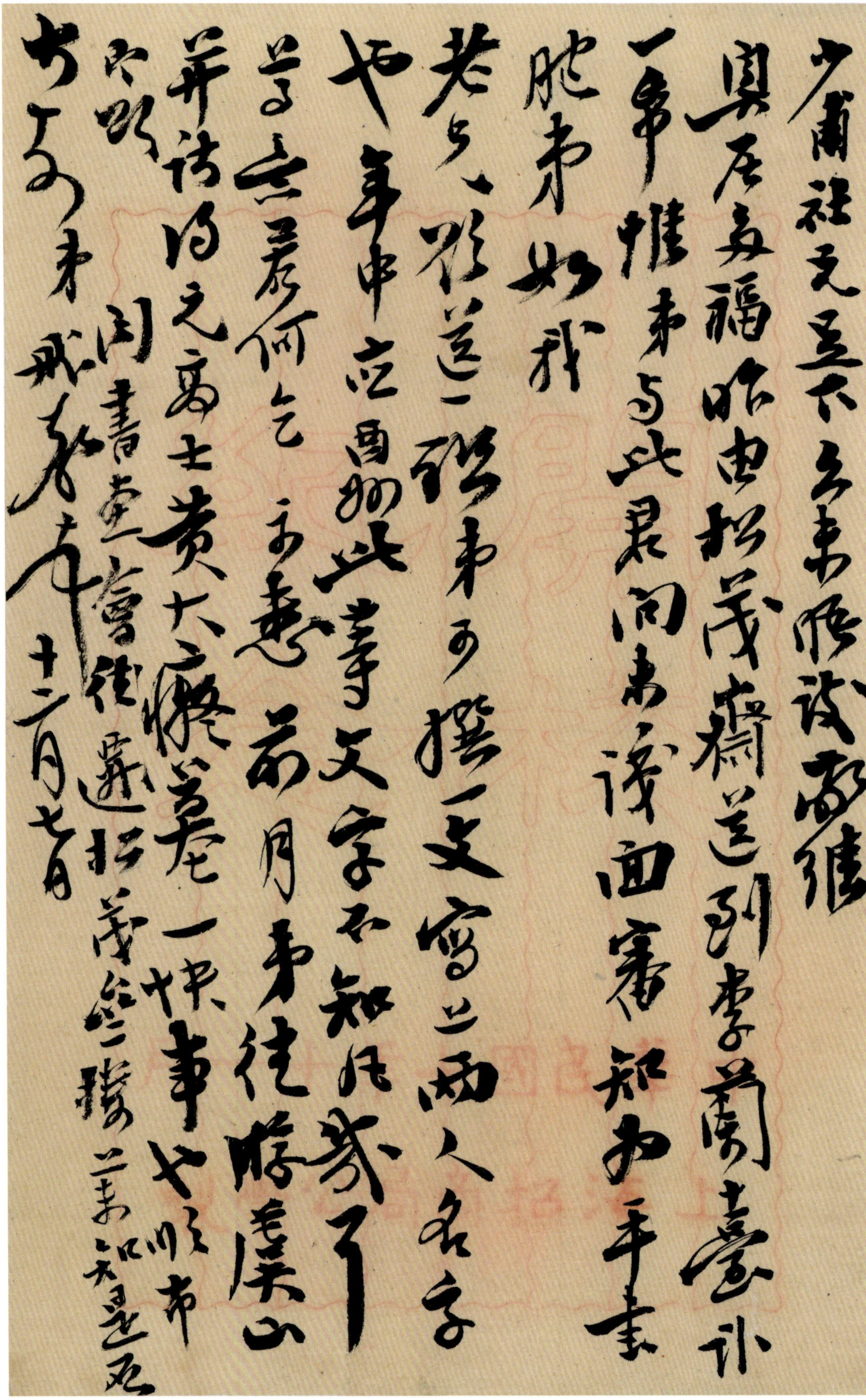
少甫社兄足下：久未晤談爲念。維
興居安福。昨由招商局寄到[illegible]
一卷，惟未與此[illegible]同來，請面審，知如手書
[illegible]未如我
兄之[illegible]。送一聯來，可撰一文寫上兩人名字
也。年中[illegible]此等文字不知能寄下
否？[illegible]前月來[illegible]
并請[illegible]之高士黃大癡[illegible]卷一帙[illegible]事也。順布
即頌
[illegible]
弟飛聲頓首。十二月七日

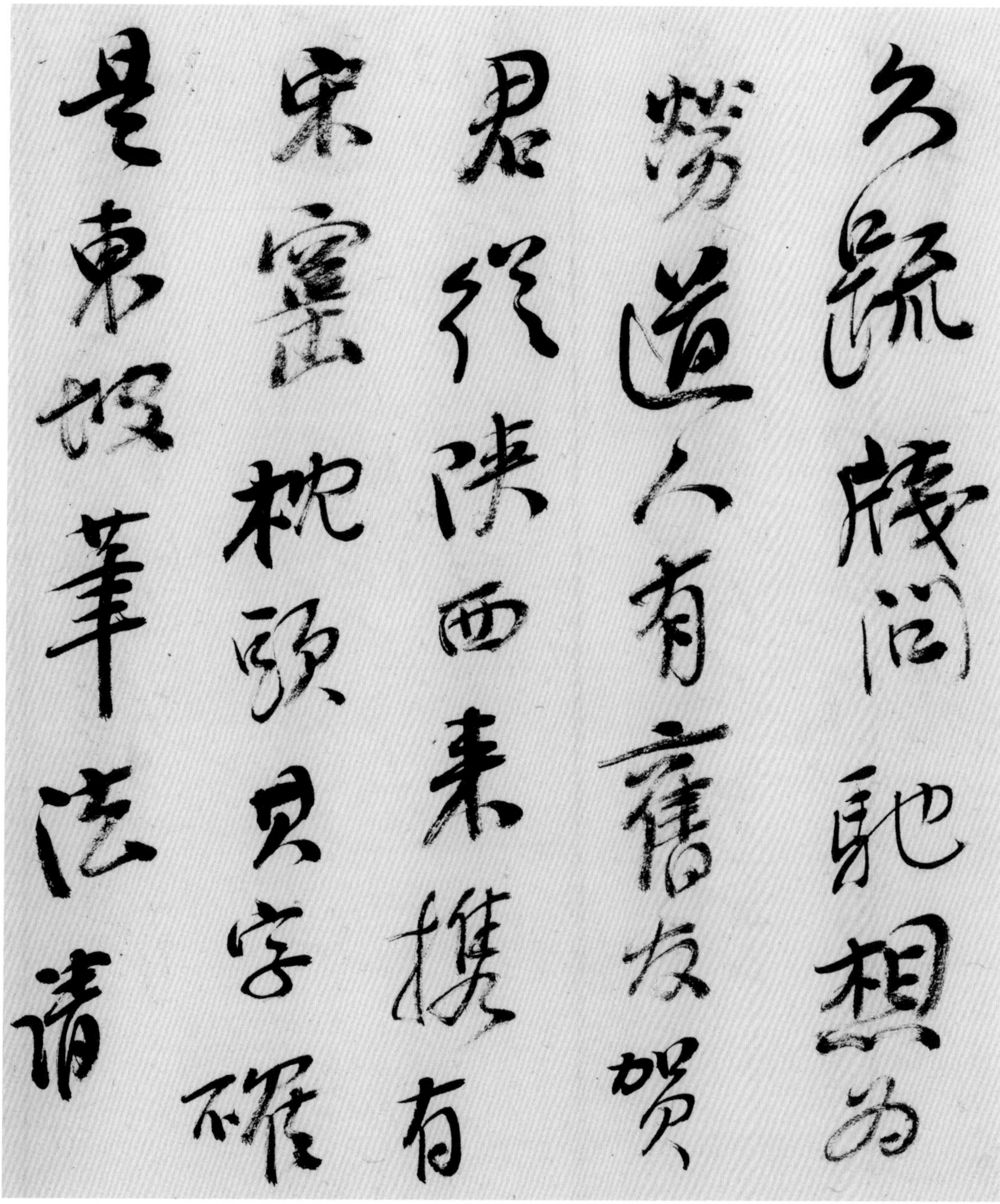
久疏牋問，馳想為勞。道人有舊友賀君從陝西來，攜有宋窰枕頭，其字確是東坡筆法，請

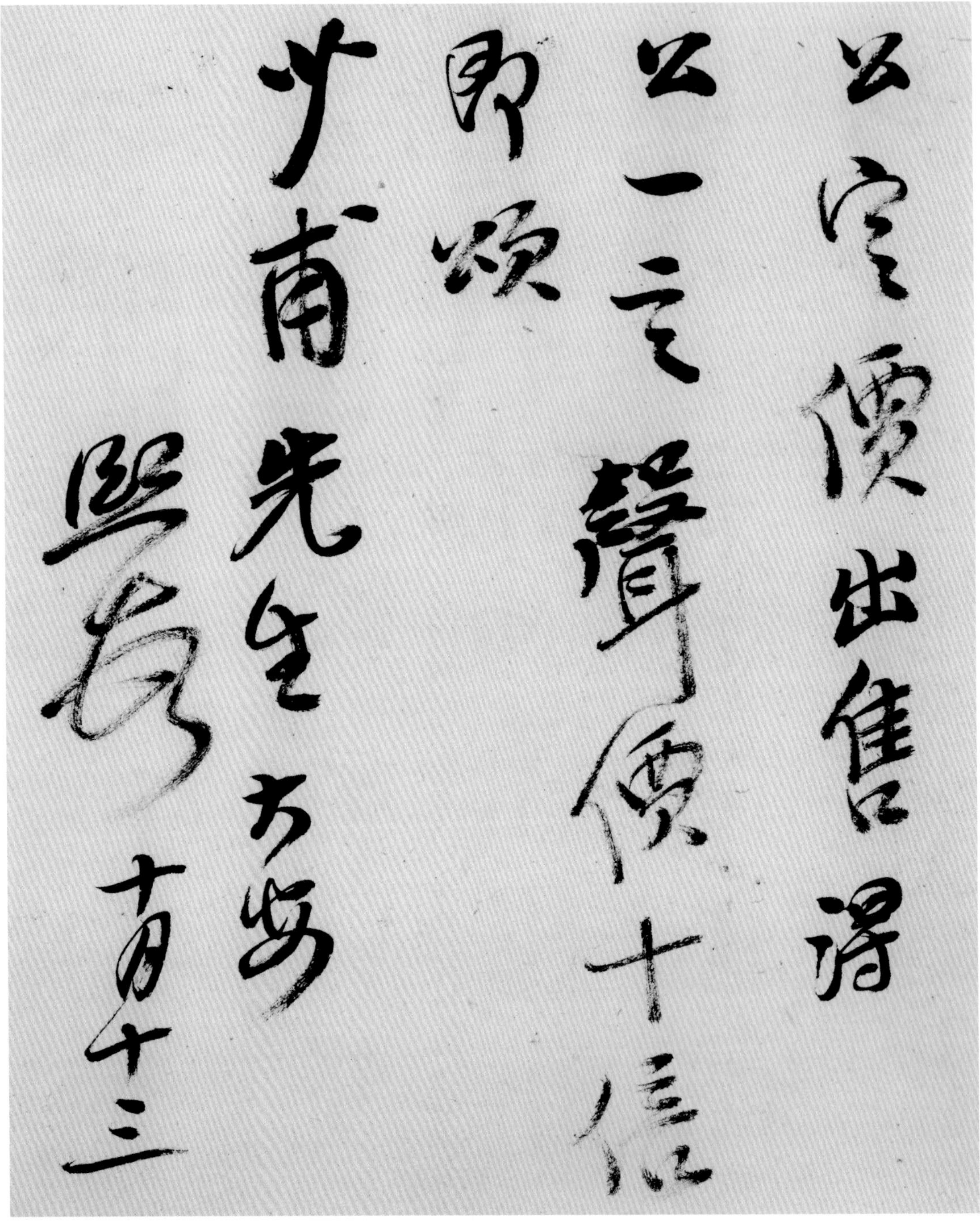

以定價出售得
公一言聲價十倍
即頌
少甫先生大安
熙頓首 十月十三

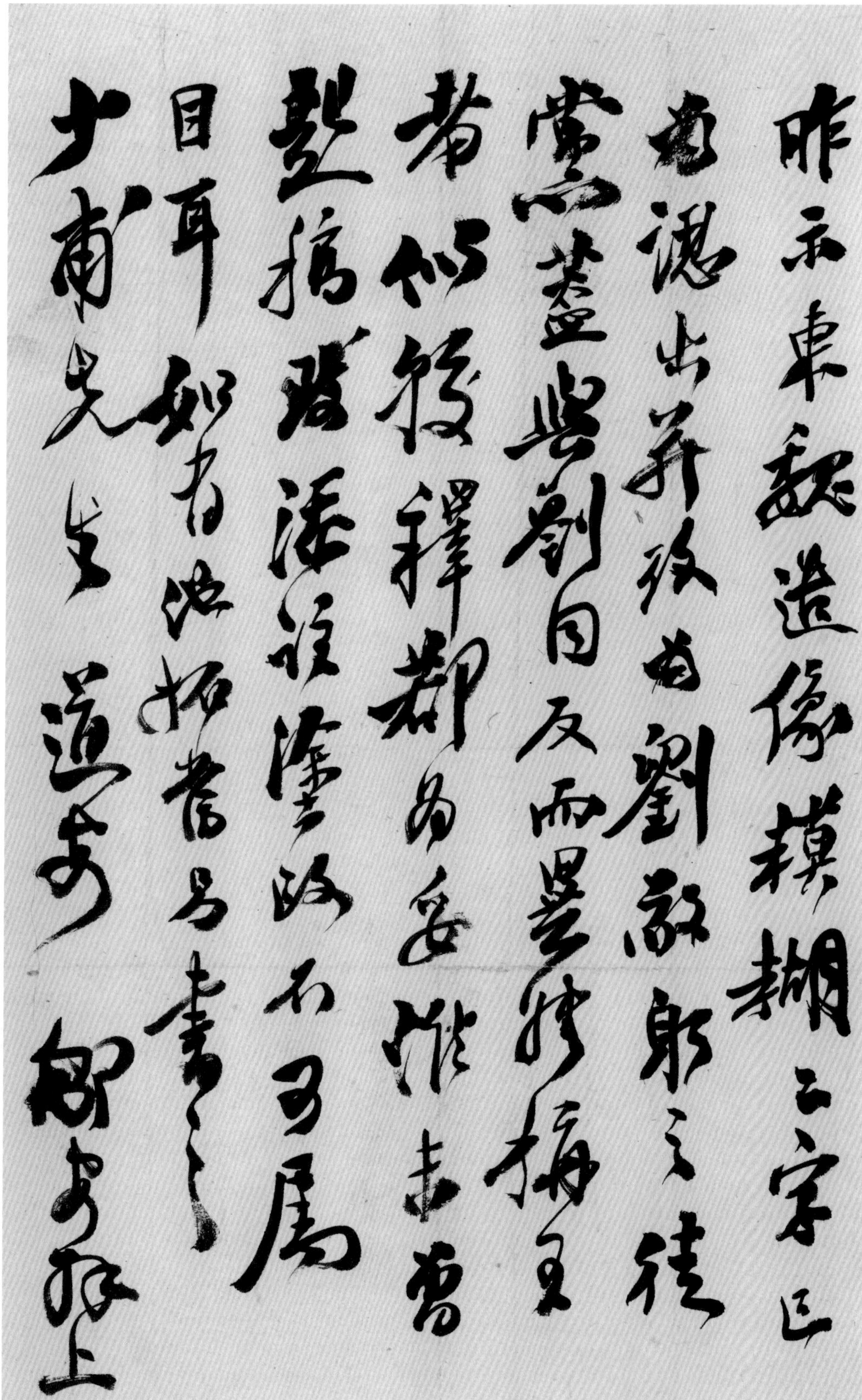
昨示東魏造像模糊二字區
為混出拜致由劉敬郎之徒
當心蓋照劉自反而墨拓梅叟
者似須釋鄭為無難事曹
整搨殘深淺殊不易屬
目耳。邨者治拓者另書之
少甫兄先生道安 鄒安頓上

手教誦悉，謹力疾湯題鄭以報
命，尚乞
哂正是幸，餘容晤罄。此頌
大安
觀津先生座
弟鄰翼首

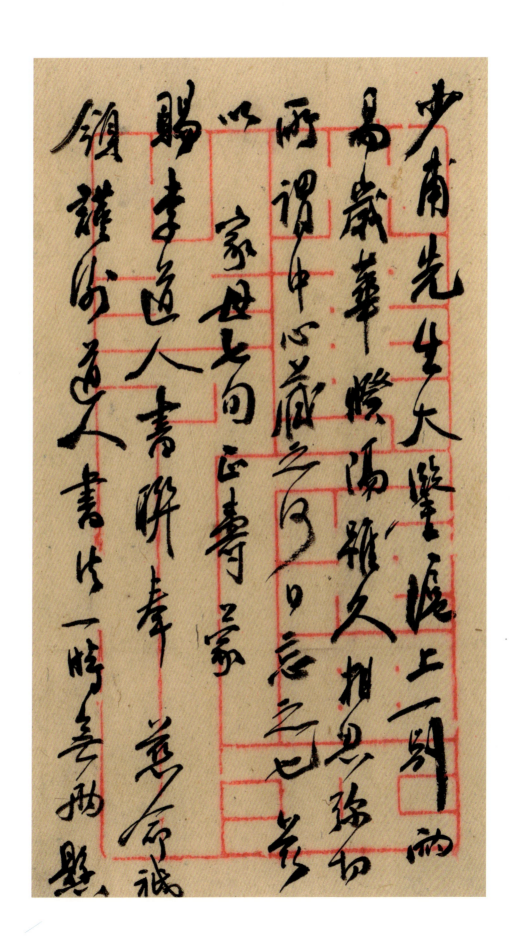

顧麟士致哈少甫

少甫先生大鑒：滬上一別，兩易歲華，睽隔雖久，相思殊切，所謂中心藏之，何日忘之也。前以
家母七旬正壽，蒙
賜李道人書聯，奉慈命祇
領，謹謝。道人書此一時無兩，懸

顧麟士致哈少甫

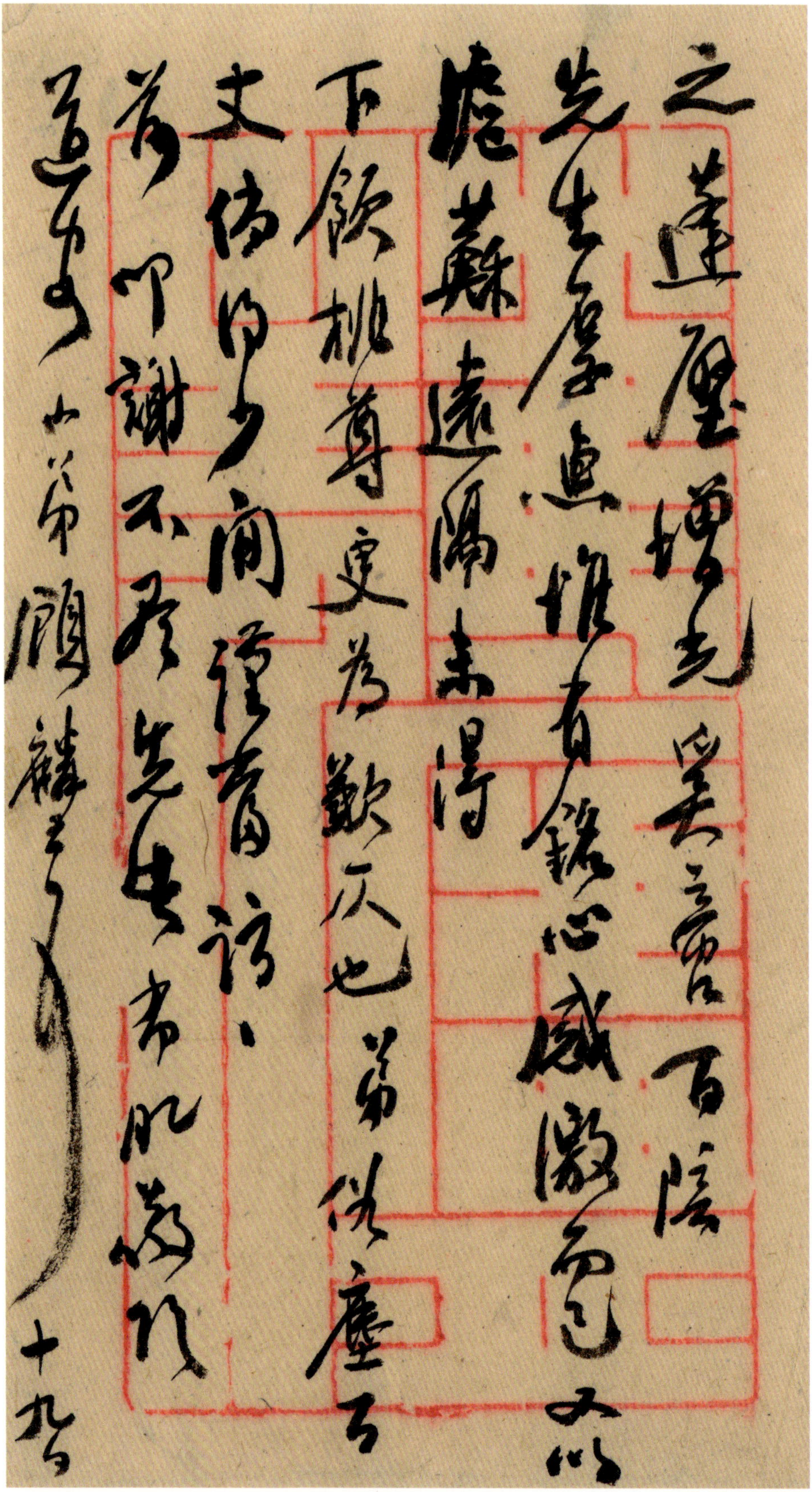

沈敦和致哈少甫

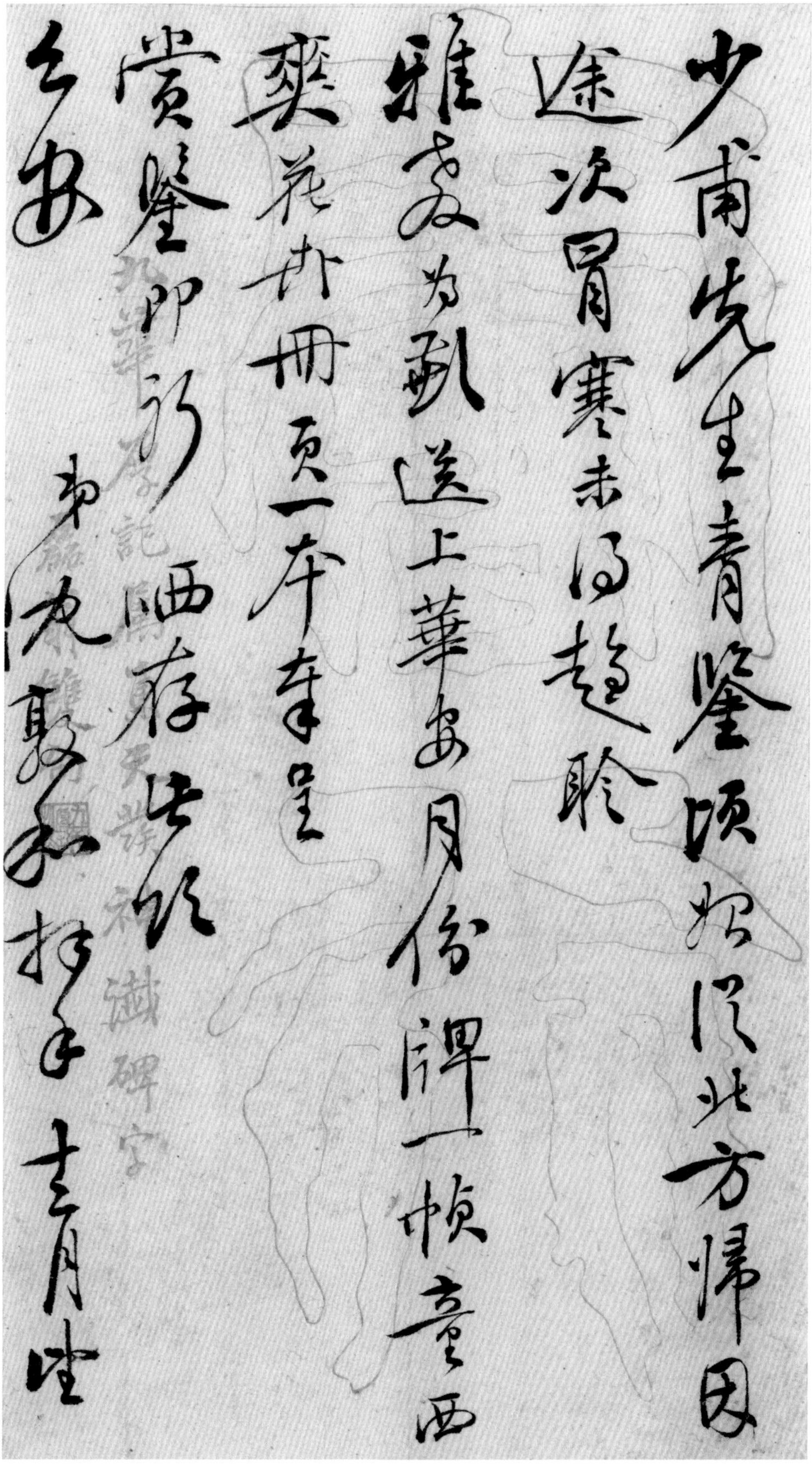
少甫先生青鑒：頃從關北方歸，因途次冒寒未得趨聆
雅教，爲歉。送上華安月份牌一幀、章西
爽花卉冊頁一本奉呈
賞鑒。即頌
西存先紙
台安。弟沈敦和拜手 十二月望

李瑞清致哈少甫

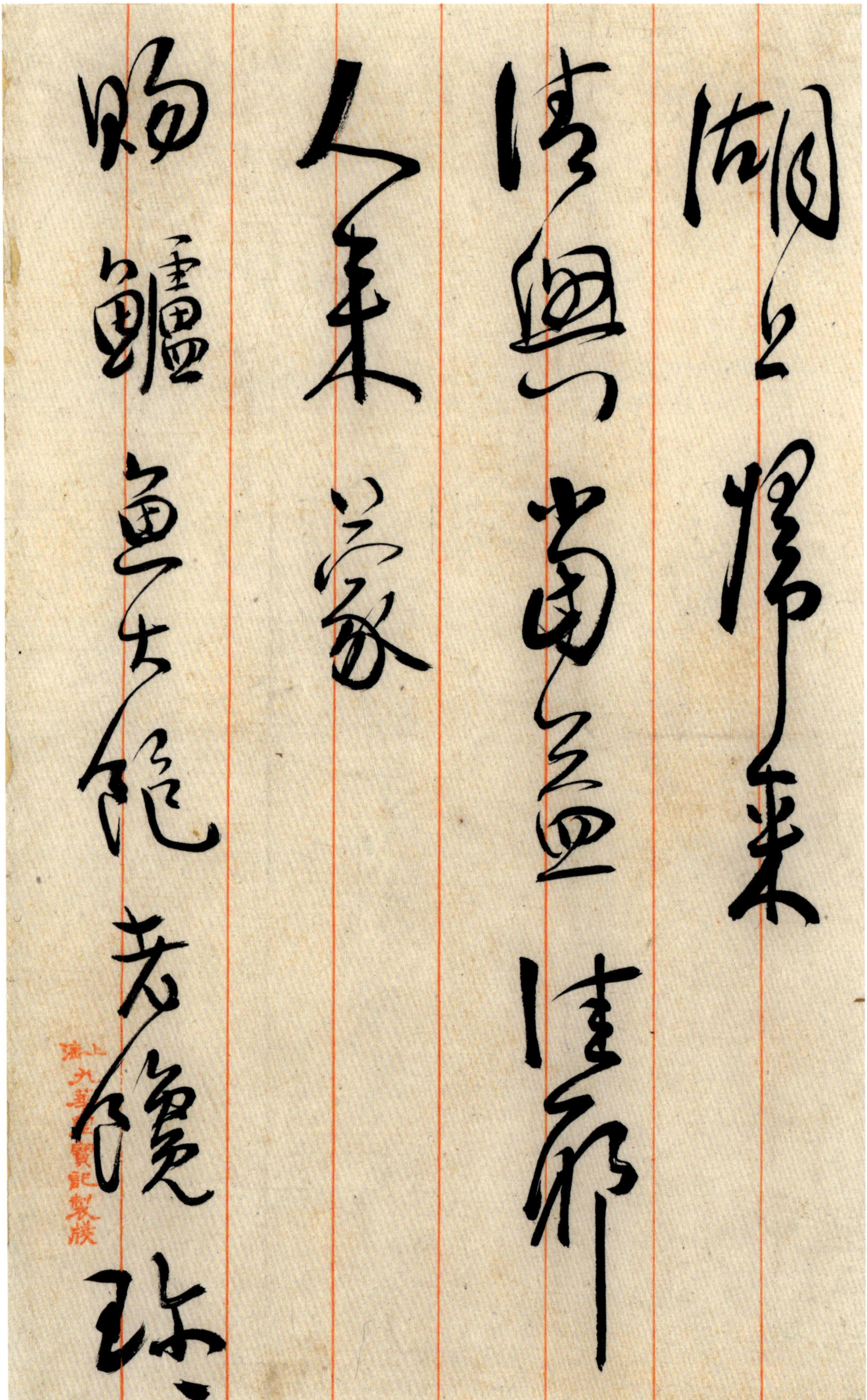

湖上歸來，清興當益佳耶。人來並蒙賜鱸魚，大飽老饕，珍

滬上九華堂寶記製箋

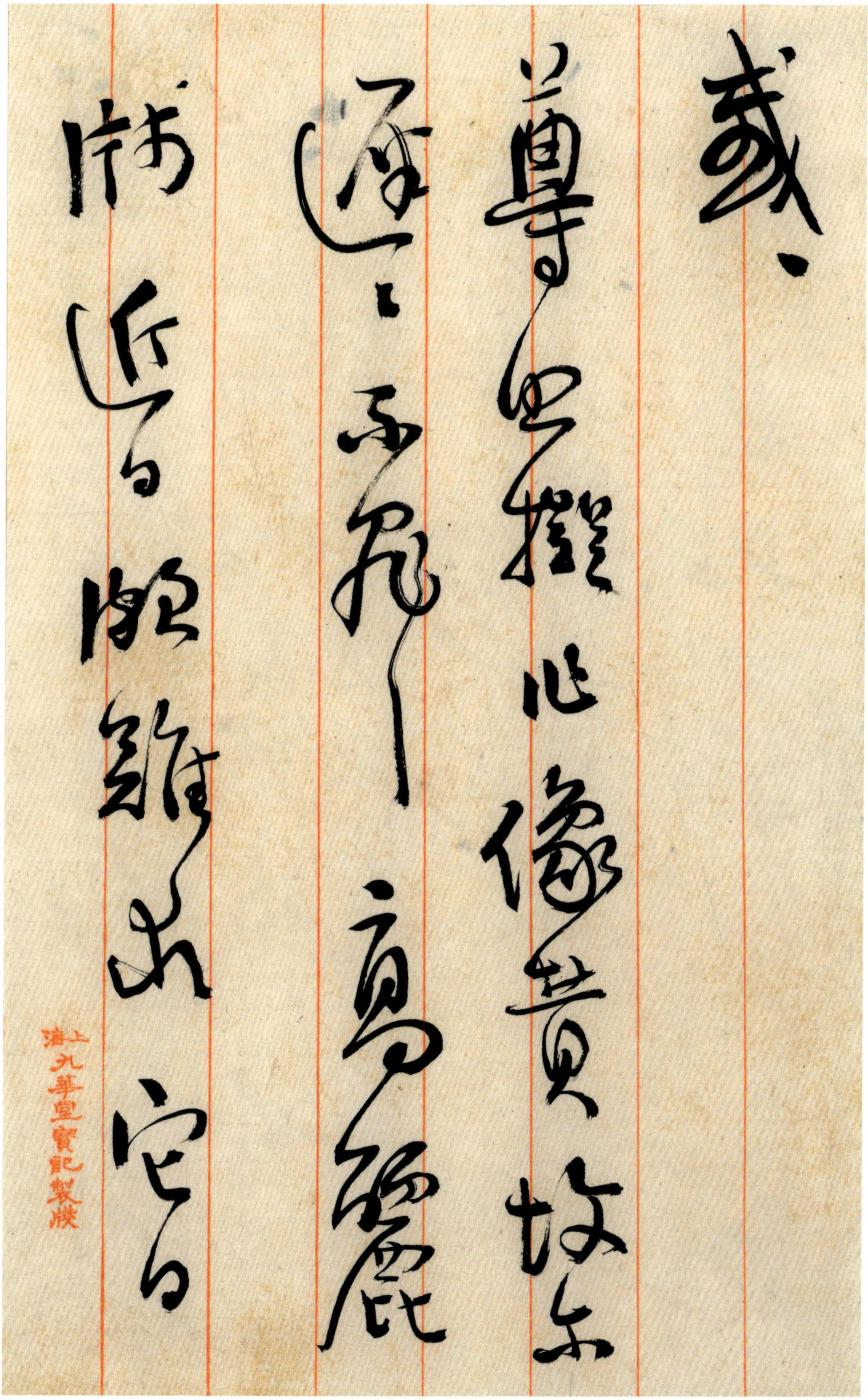
上海九華堂寶記製牋

李瑞清致哈少甫

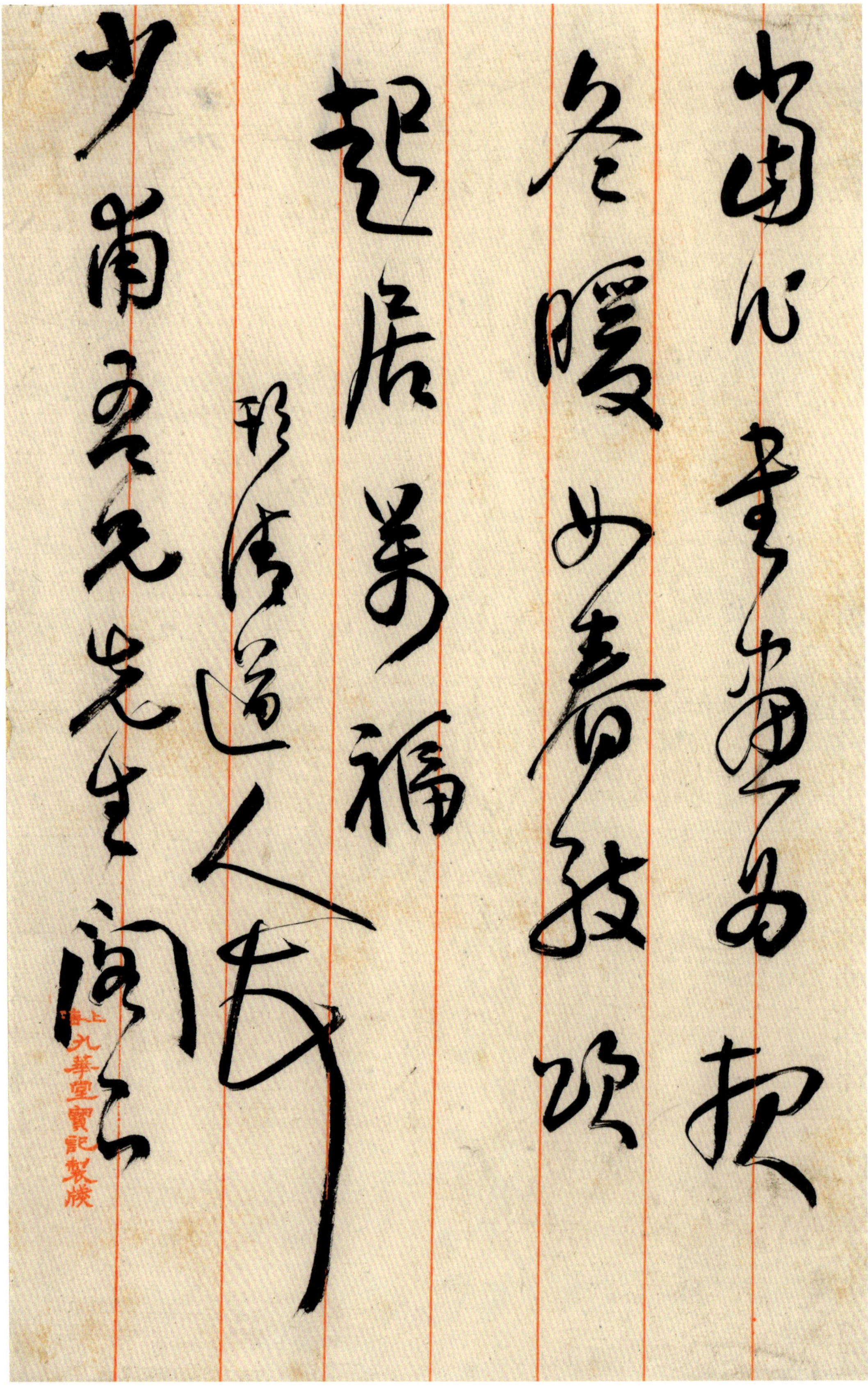

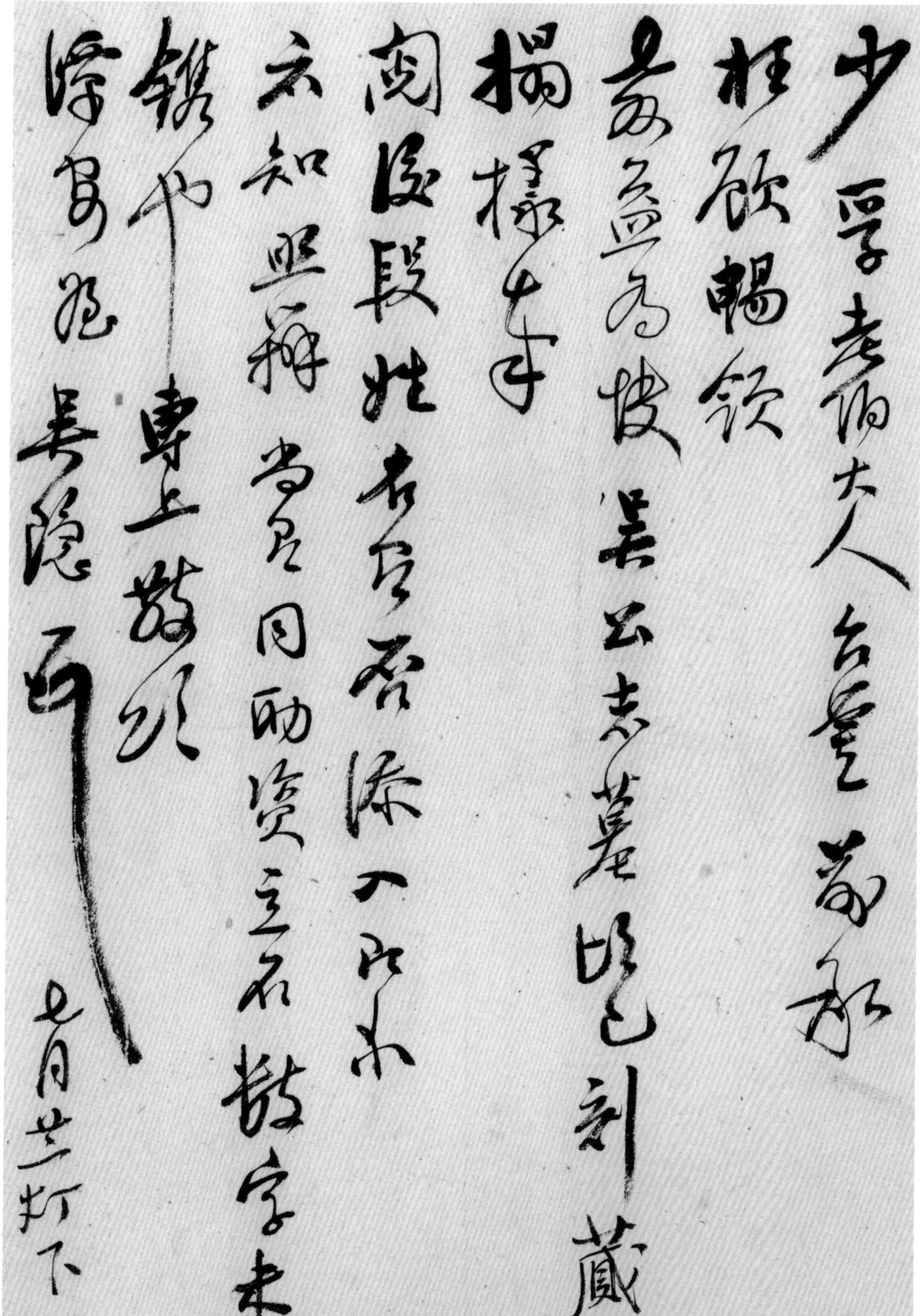

少甫老伯大人台鑒：前承枉顧，暢飲暢飲。家藏尚為拙，吳公志墓照已刻藏，揭搨本閱後，段姓者已添入行，不亦知照辦。當已同助資之名敷字來補也。專上，敬頌時安。吳隱頓首。七月廿燈下

少孚老伯大人閣下：昨西湖題襟（被）修經事，本月初旬曾與輔之兄參觀本樓，返申後面告一切。刻因吳昌老為其先德六月初六日百歲冥壽，在西湖鳳林寺作水陸道場七天，定初一日到杭，恐其觀題襟館塌壞情形有不滿意之處，望與輔兄商定，早得先行大修一次，以顧大局。特此奉聞。敬頌

道安。

姪吳隱上

六月廿日

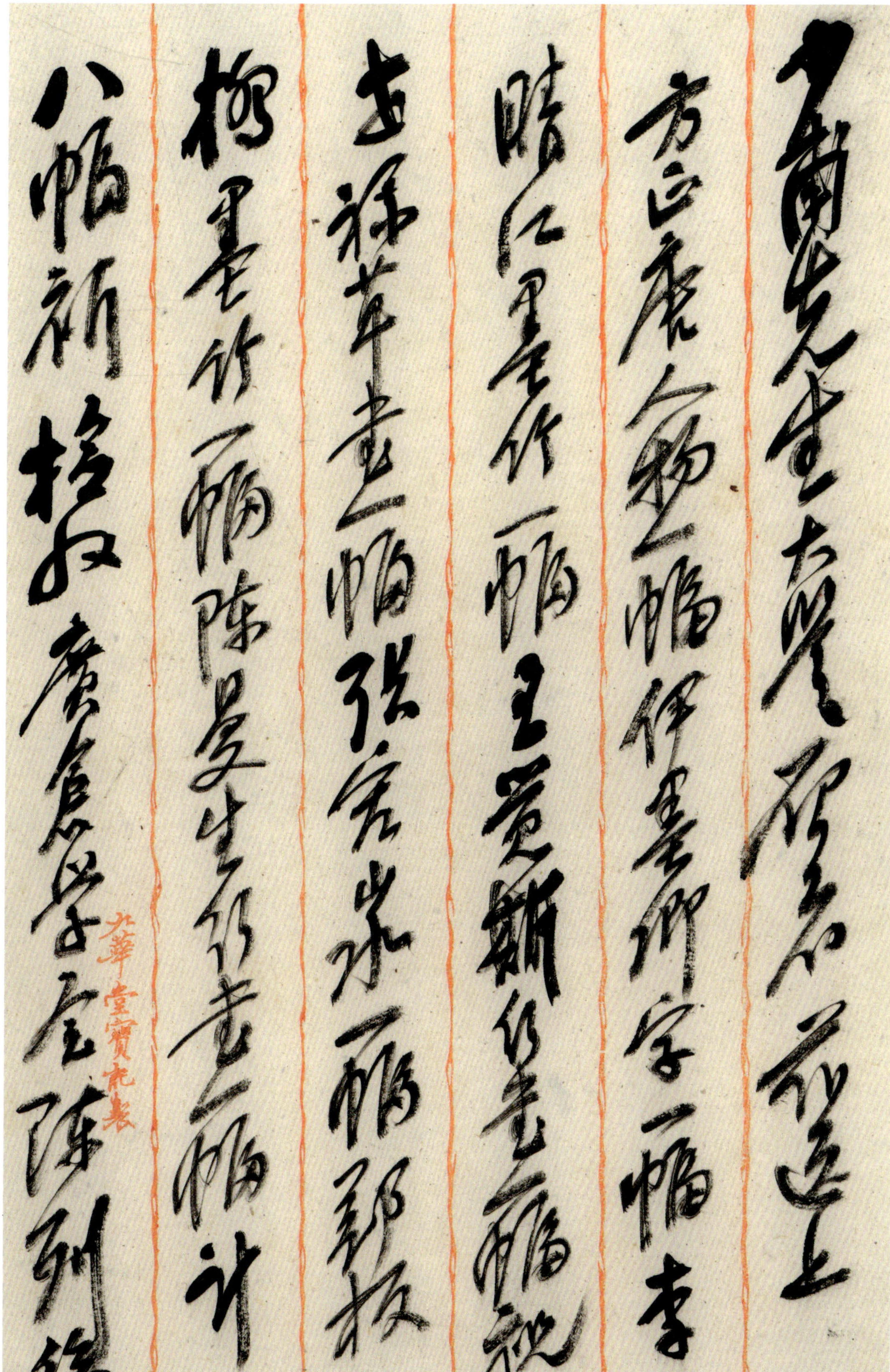
九華堂寶記製

王震致哈少甫

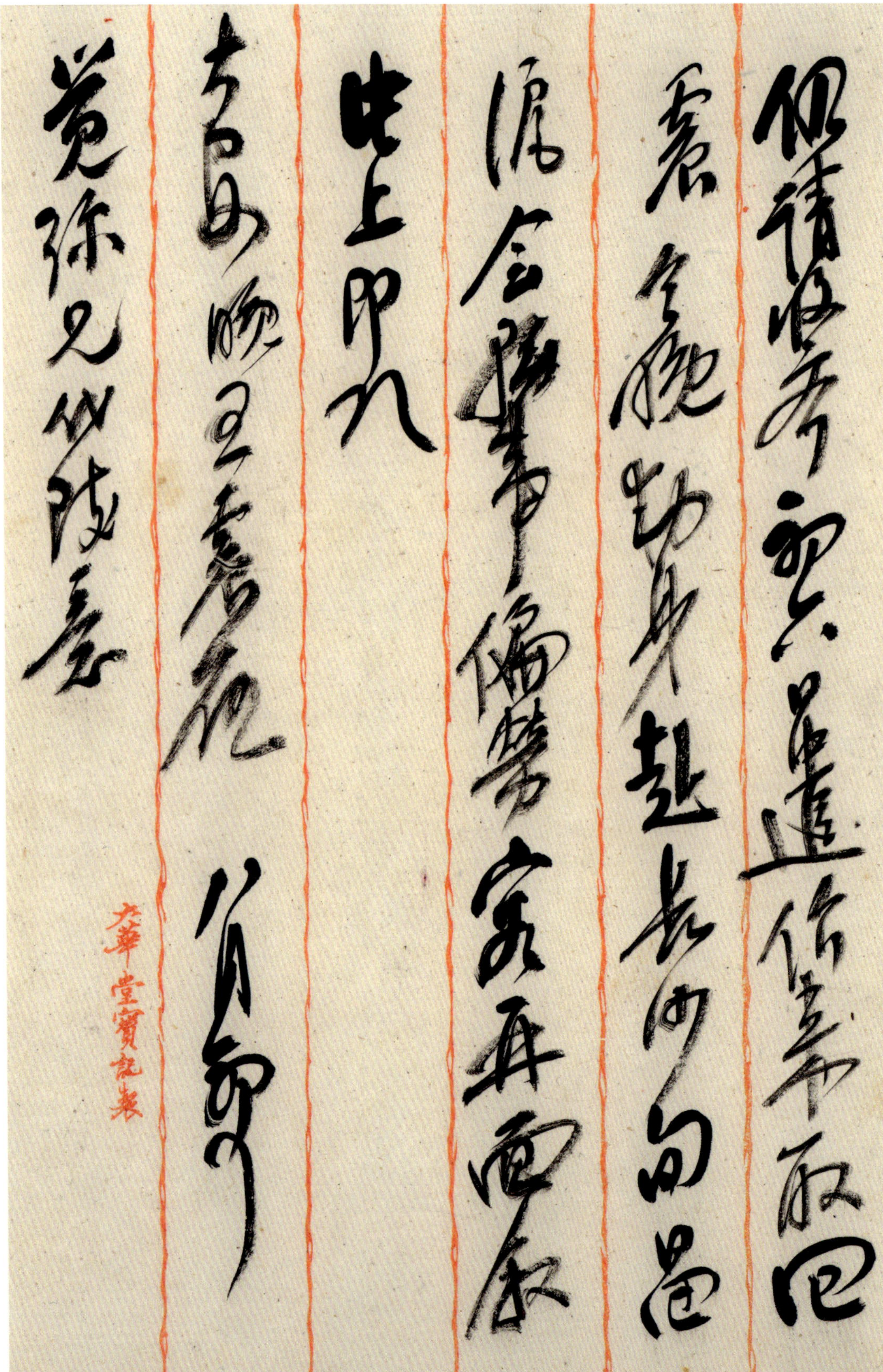

王震致哈少甫

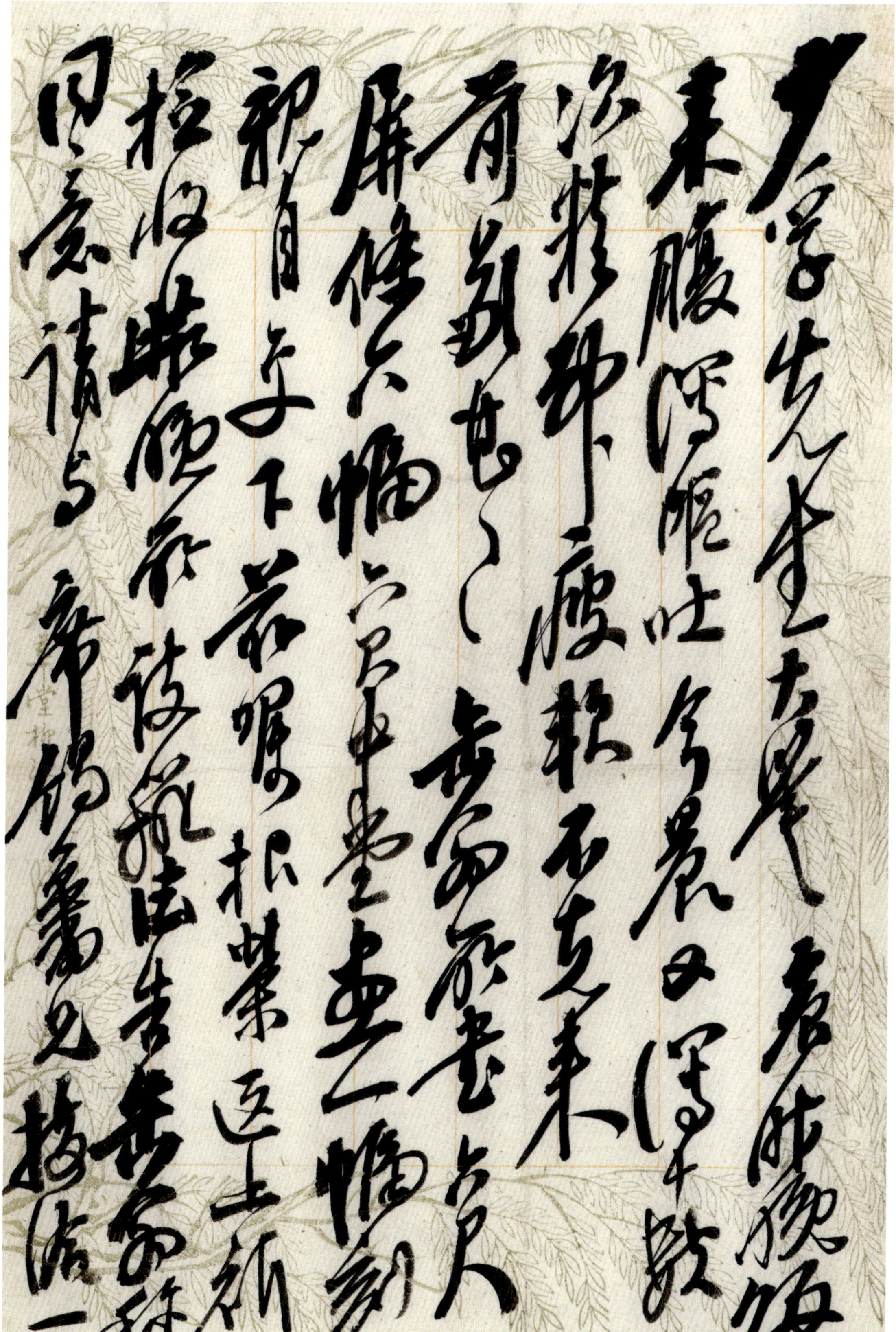

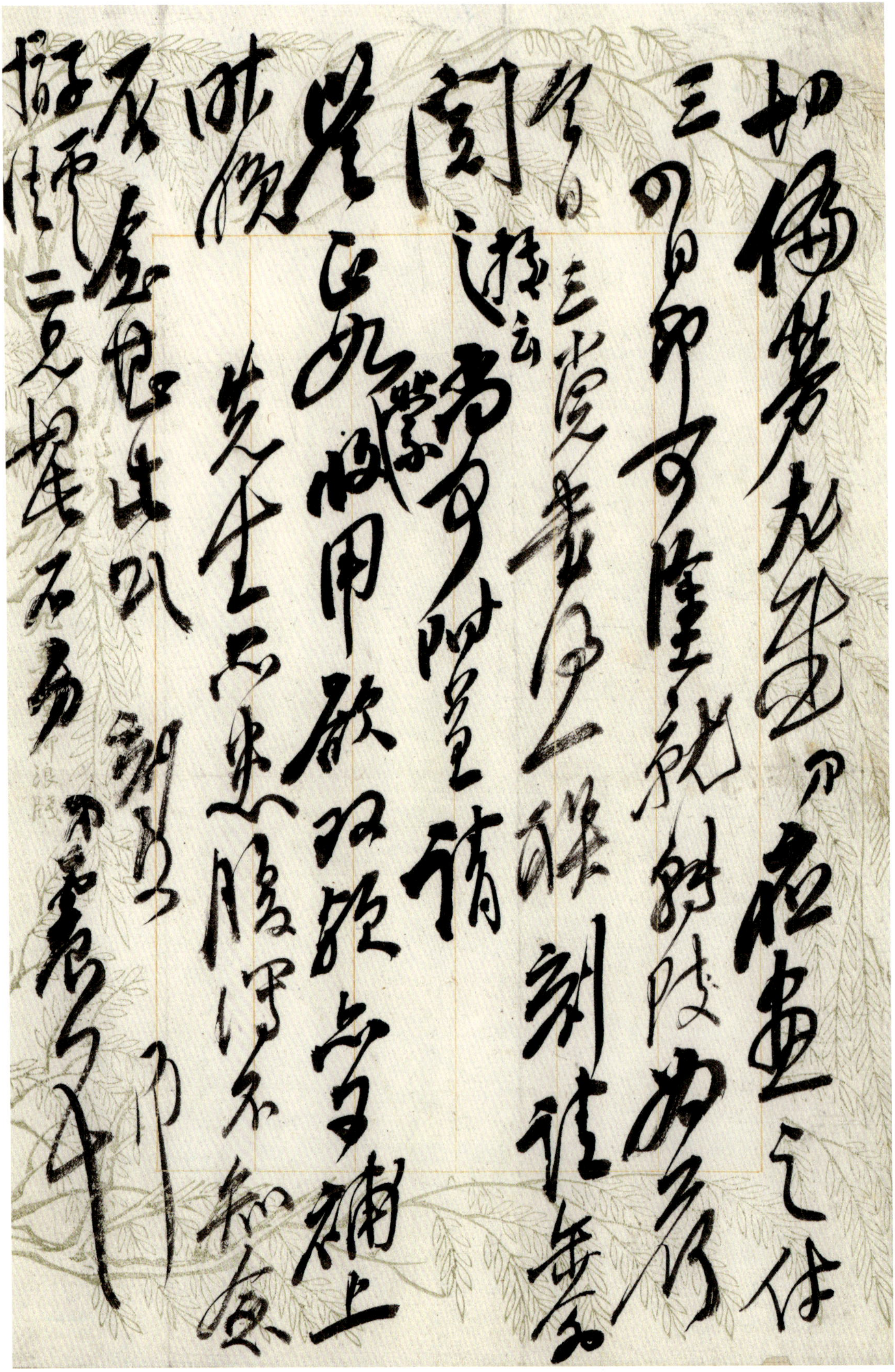

少夫先生仁兄大鑒：承
賜詩老畫頁，誠如 尊鑒所評，筆墨深厚，敬題
甚感。逮於初度，賤辰乃蒙 遠及，媿不敢當也。
硯圖已交去，想已
發入。丹翁住李宅館中，回條殊不像，俟伊來，弟
代改之可也。 祗復，即頌
大安。諸希
衡撥為荷。 弟晟頓首
即日

上九華堂寶記製牋

觀津先生閣下：曩承

清讌，因觸暑小極，不克趨陪，至深歉悵。

東京南畫家小室翠雲與書道（美術月刊）畫道主

任井土靈山將由京來滬（早晚可到，預定住六三亭）（已到青島），屆時乞

公要約鑒藏家招待一切。弟病痢纏綿（患腹瀉月餘矣），

不堪酬應，實為憾事。潘君曾蔭（愛多亞路廿五號中外股

票交換所董事）及汪君亞塵（東京美校學生，寓西門外上海美術學校）、姚君虞琴（寓法

界白爾路明德里九號）

東語極好，皆与靈山翁（東京名士也，著作等身）舊交。弟

已各〻通知，足任通譯，更得我
公爲介紹鑒藏諸公，圖一握手，不落寞
矣。如有公宴，弟即不能到，亦願列名
望與吴昌老、王一亭提議，如何歡迎
爲幸。力疾率報，敬頌
道綏。
弟廉南湖再拜 八月十一日

金世和致哈少甫

第　頁

少甫先生閣下奉

書只暇度一别三年思念之心

与兄華敬詢

起居知道履綏和時以書畫金石

自娛欽羨無已和四方奔走靠筆

為生金書金畫寓金文金石刻無味已

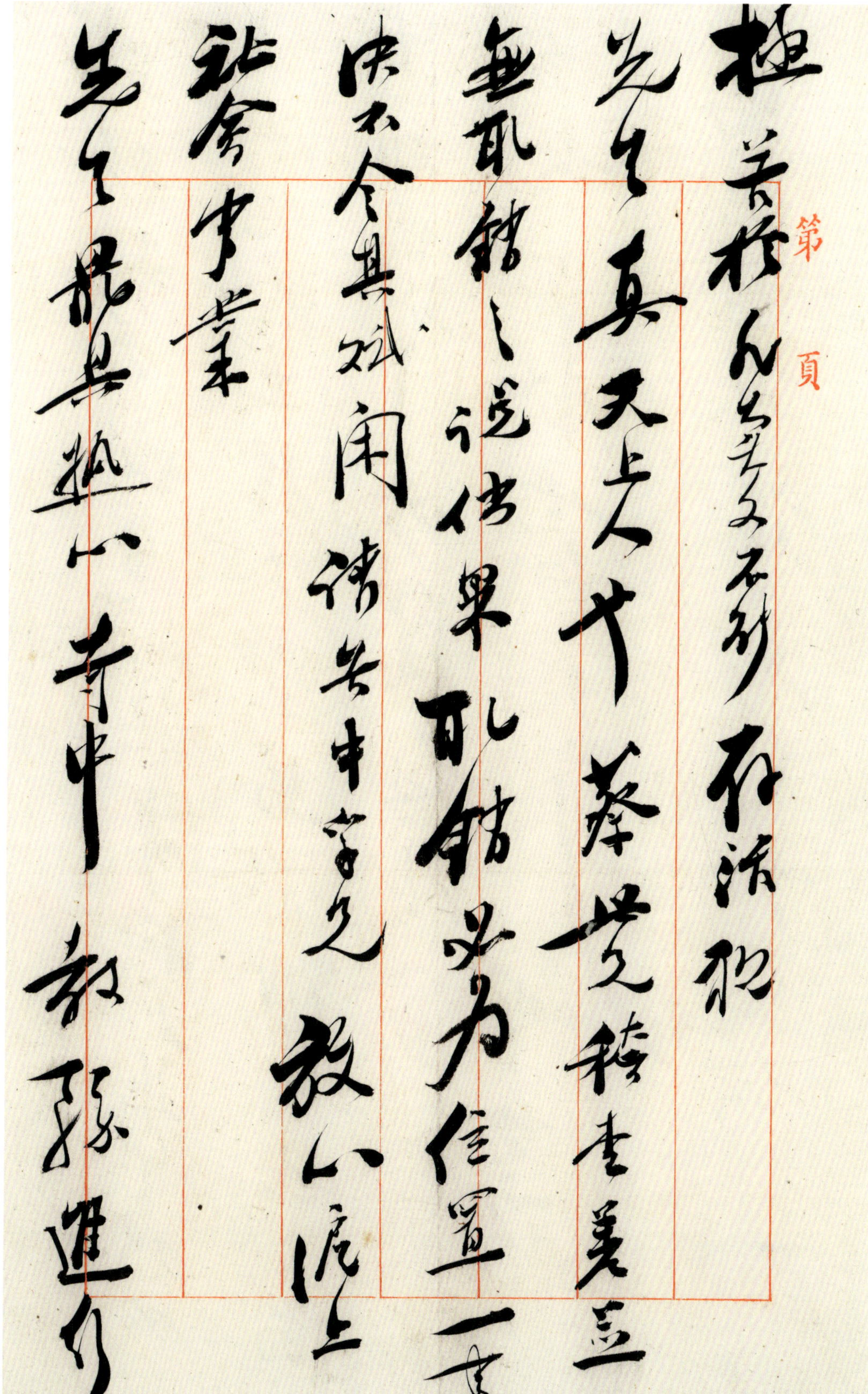

第　頁

極若於人生至不移，孤派狗

先生真天上人，大慈悲發者善心立

無取錯之說，倘果取錯者為，任置一事

決不令其燥閑，請告中華之救人濟上

社會事業

先生提倡熱心，專此　敬頌　進行

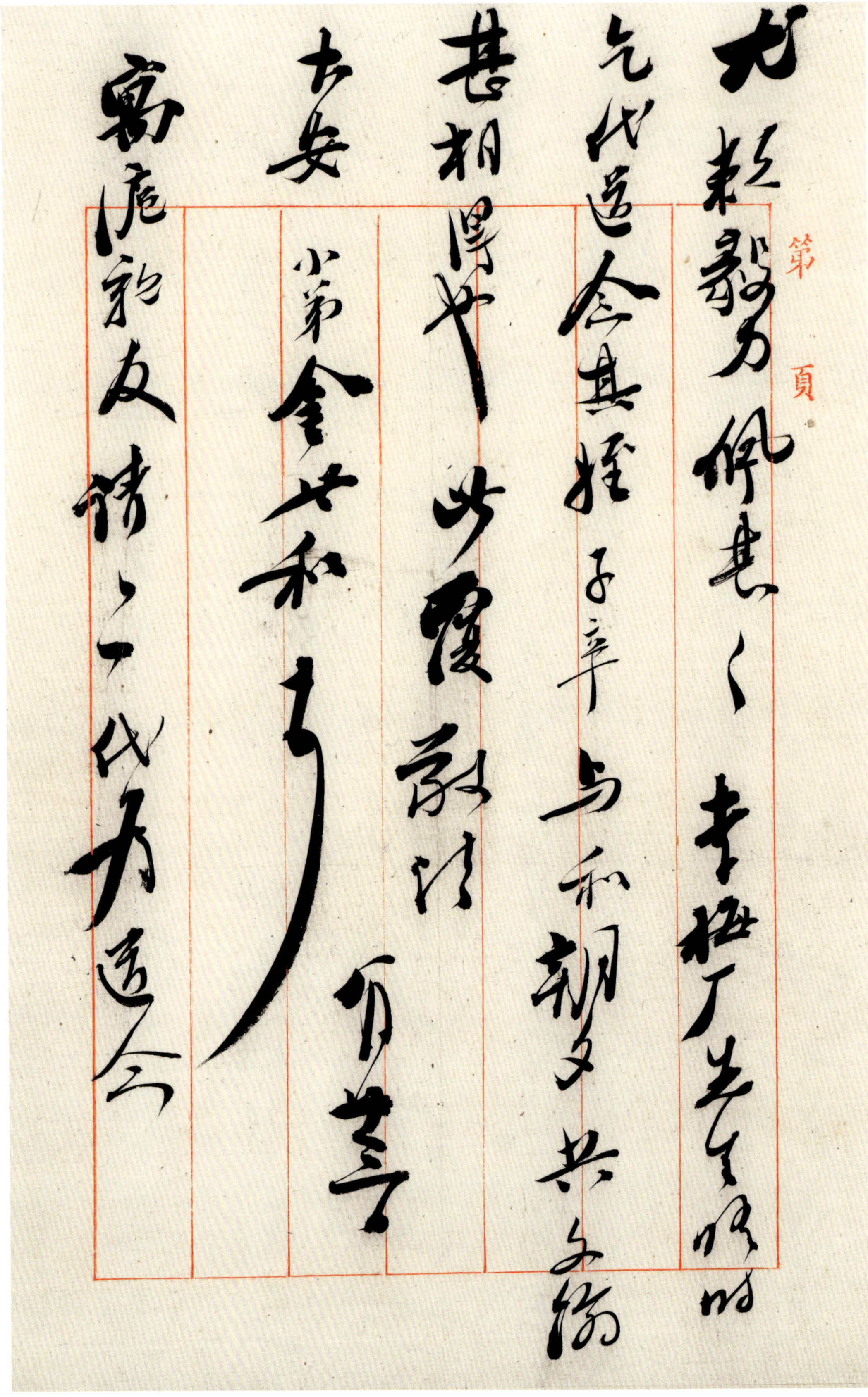
第　頁

尤赖毅力，佩甚々。幸梅厂先生昨时
乞代达，今其姪子辛与和翔文共事，
甚相得也。此复，敬请
大安。小弟金世和顿首　[illegible]
寄庵新友，请々代为道念

費有容致哈少甫

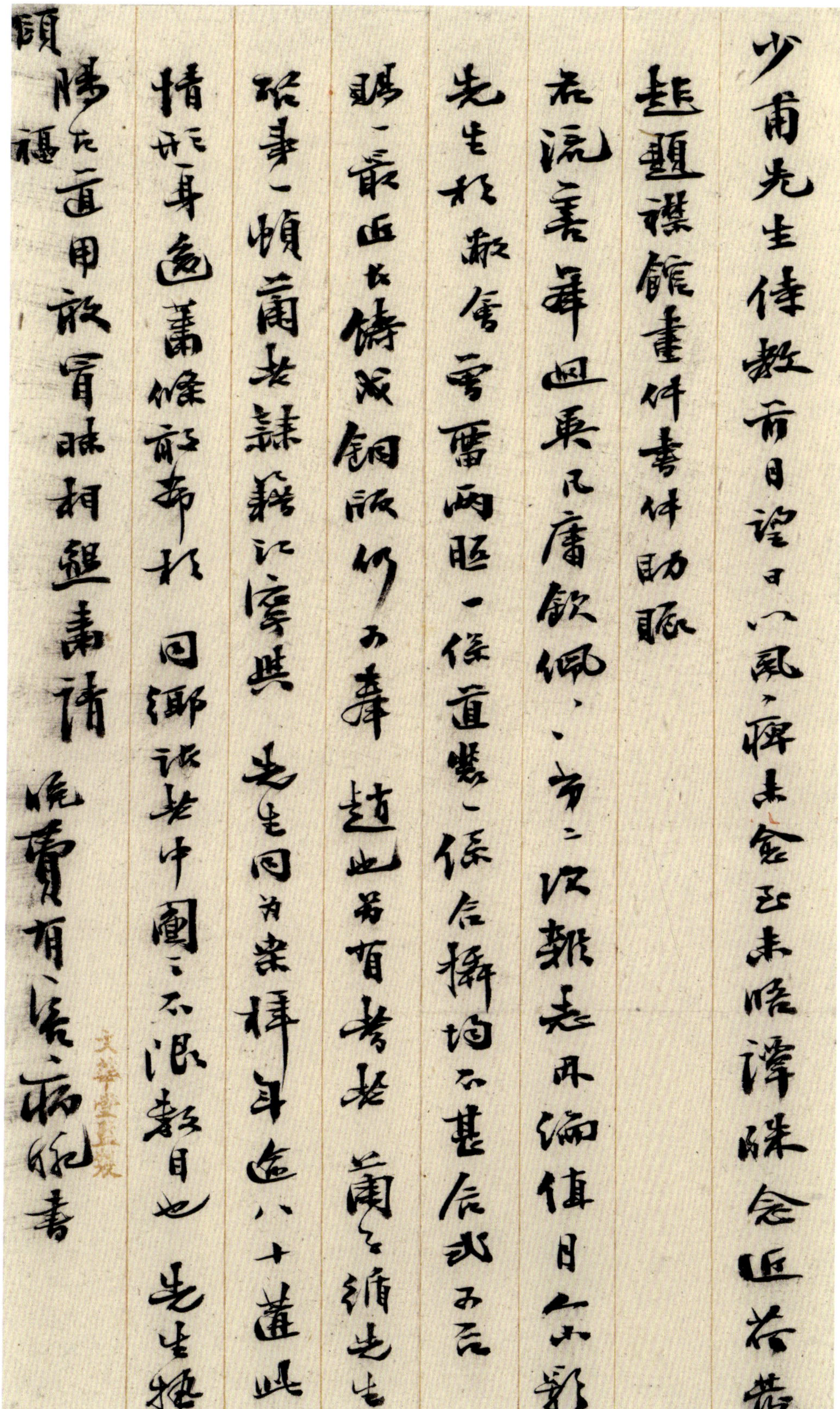
少甫先生侍教前日望日以風〻雨未會至未晤譚殊念近者莅
趨題襟館畫件書件助賑
在流善舉迥異凡庸欽佩〻〻前二次寄去再論值日今不報
先生於敝會書畫兩賑一條直幅一條合擬均不甚合式不能
賜一最近之鑄版銅版何如又奉 趙也若有者老 蘭〻維先生
從事一幀蘭老隸雜江寧興 先生同為來拜年近八十蓮此
情形尋逸蕭條前布於 同鄉諸老中圖〻不很數目也 先生採
賜允直用敢冒昧相懇肅請 晚費有〻容〻病腕書
頤
禧

少甫先生大人雅鑒：不奉
教誨四月有餘，仰止之懷，寸陰若歲。
是月初遇劉滄海兄於張堰，屬次談
及
閣下垂注鄙人殷殷問訪，欲幸何如。翰自
掃墓回松後，蒙楓涇、張堰兩處新
朋舊雨飛柬相邀，遂借遨遊之名，
行筆墨之實，所繪山水花草均承

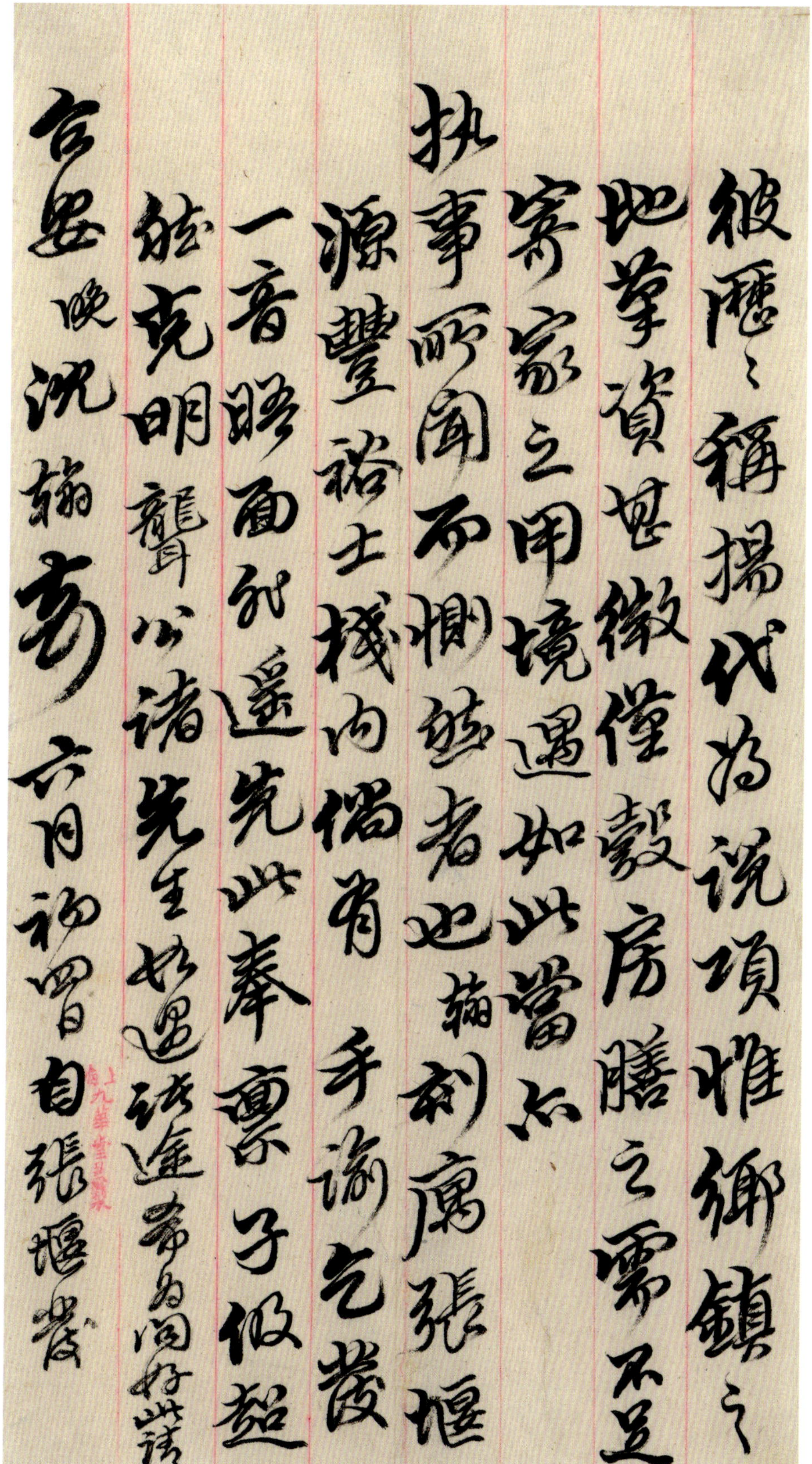
被歷歷稱揚，代為說項，難卿鎮之
地筆資甚微，僅敷房膳之需，不足
寄家之用。境遇如此，當亦
執事所聞而憫憐者也。翰刻寓張堰
源豐裕土棧內，備有手諭，乞發
一音，賜函就還。先此奉稟，子假超
然克明、龍翔以諸先生如遇該途，希為問好，此請
台安。晚沈翰頓首。六月初四日自張堰發。

觀偉仁大先生閣下：日前承
惠顧，暢談爲快。委題論書畫，勉成三絶，奉
呈政不肯
覽。摺扇已畫好，用墨用色意覺拙，未洽高雅，歉歉。
焉。黃表紙有人聯扇請隨時
知照，以便送去。專此敬請
道安。
晚士鴻頓首 十一日

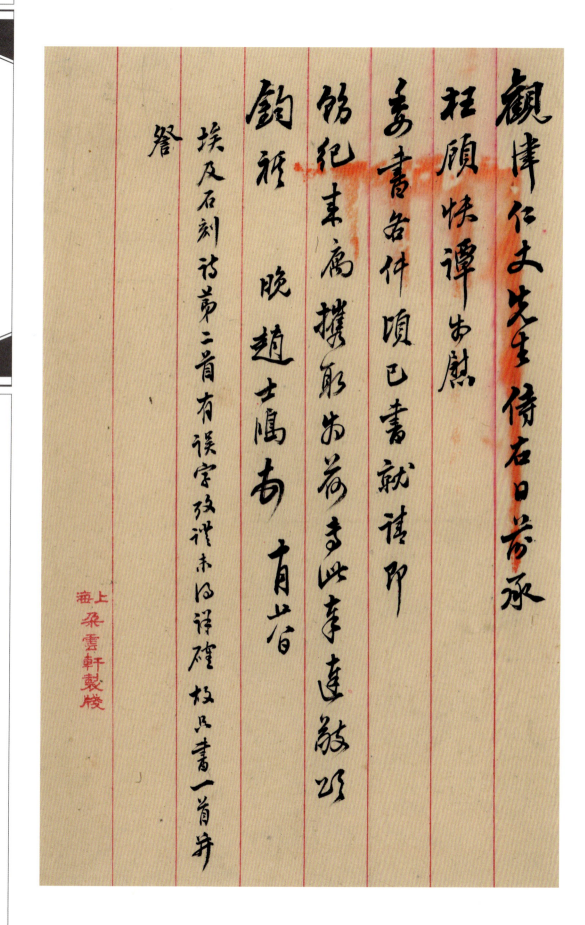

觀侓仁丈先生侍右：日前承

枉顧，快譚爲慰。

委書各件頃已書就，請即

飭紀來寓攜取爲荷。專此奉達，敬頌

鈞祺。　晚趙士鴻再頓首

挨及石刻詩第二首有誤字，孜讀未得詳確，故只書一首，并

詧。

丁輔之致哈少甫

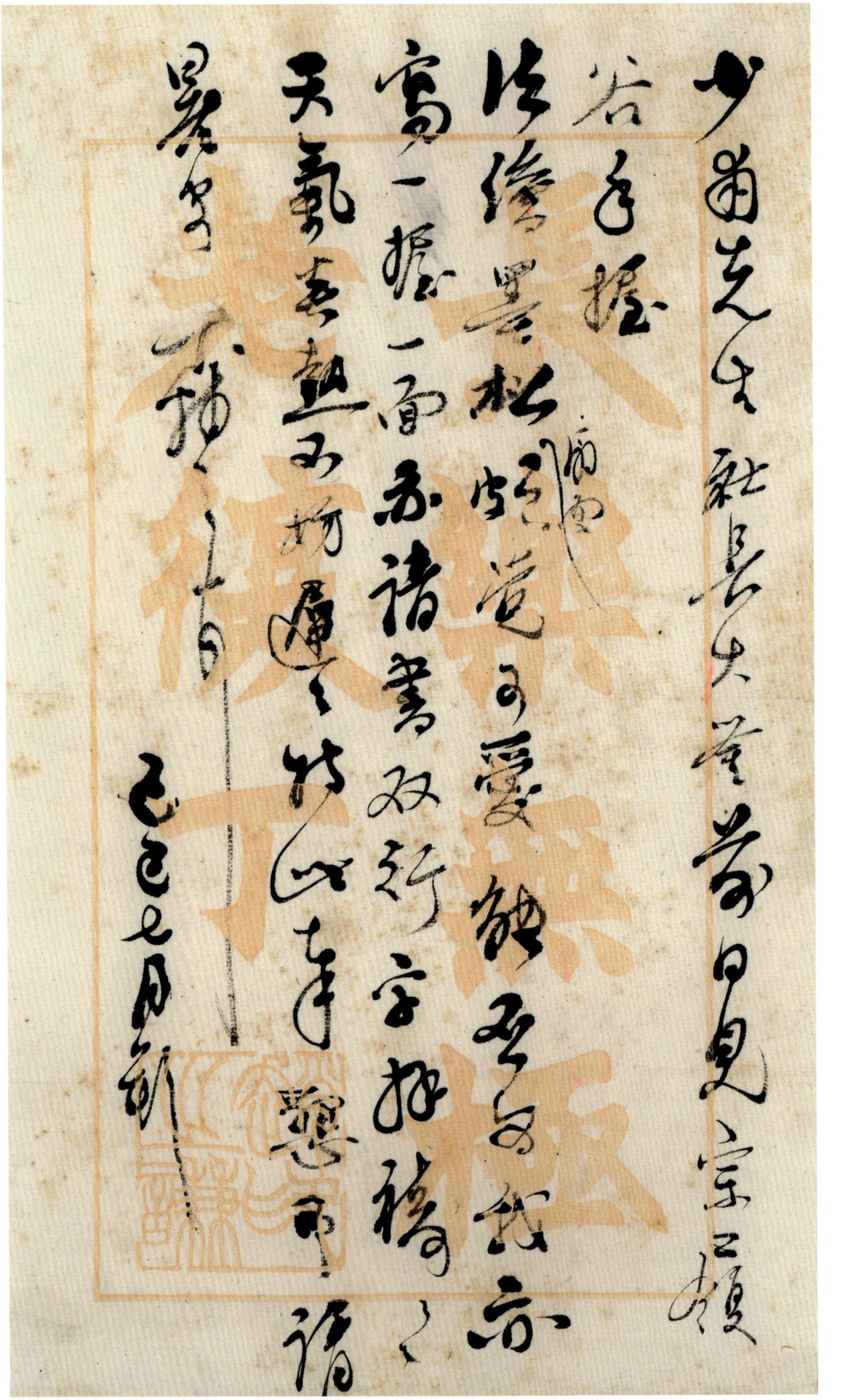

史量才致哈少甫

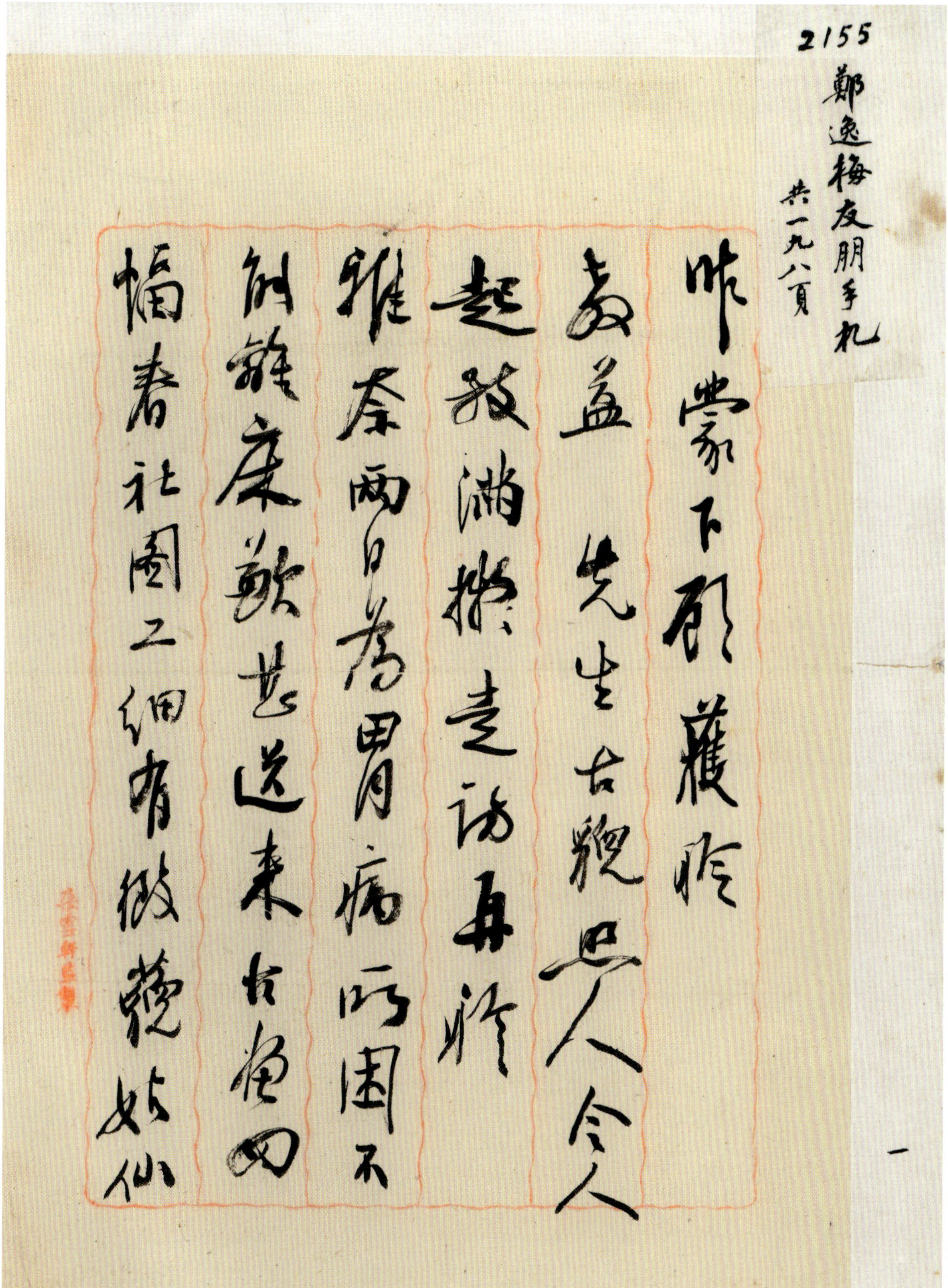

2155

鄭逸梅友朋手札

共一九八頁

昨蒙下顧，獲於

友益先生古貌照人，令人

起敬。滿擬走訪，再於

雅奈兩日為胃病所困，不

能離床，歉甚。送來古畫四

幅，春社圖工細有緻，姑仙

一

史量才致哈少甫

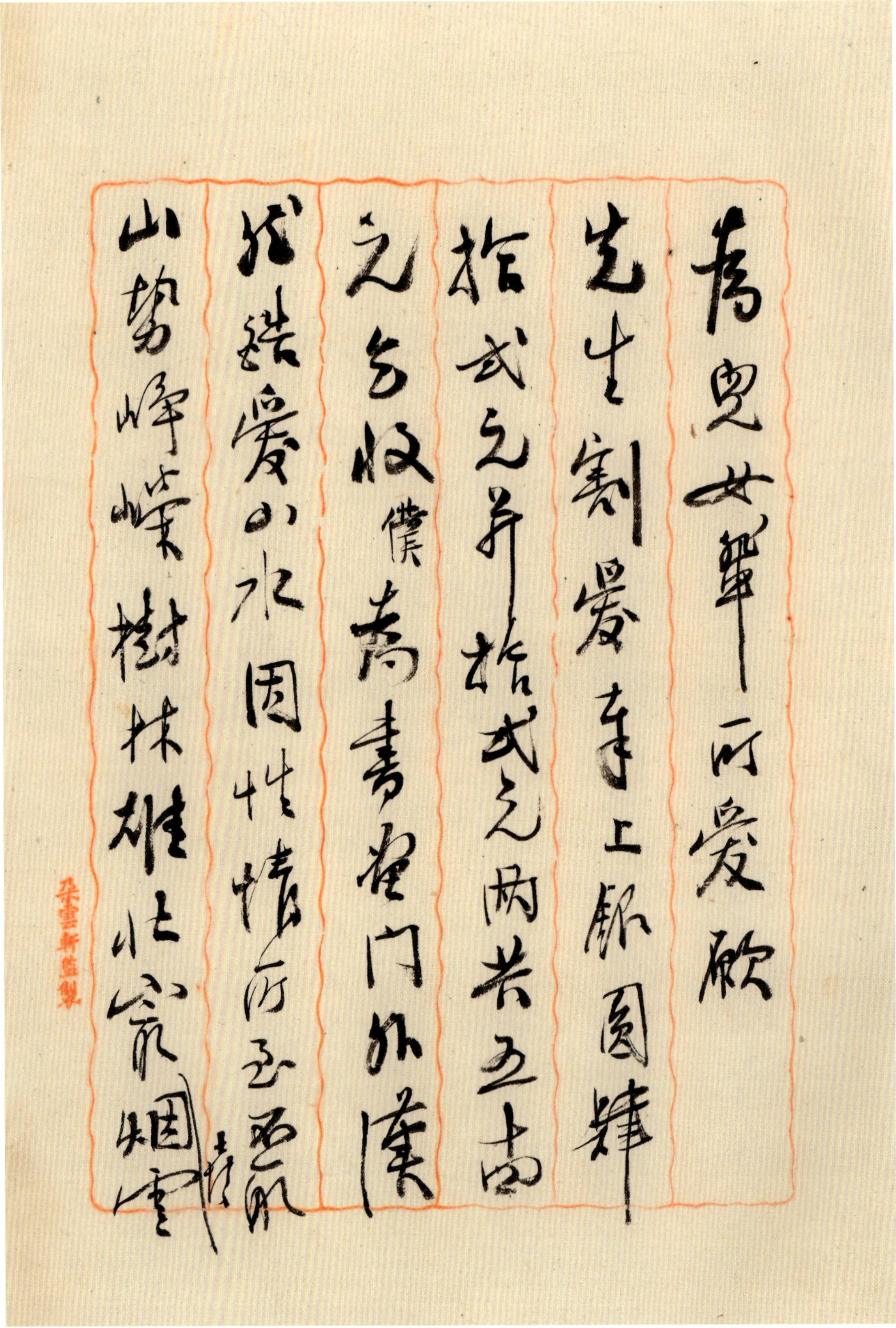

壽兒女華所愛敬
先生劉曼青上鄙園肄
指式之并指式之兩首五古
之各收。僕
壽書在門外溪
我錯愛小水，因性情所至西風
山勢峥嶸，樹林雄壯，小窗烟雲
壽

史量才致哈少甫

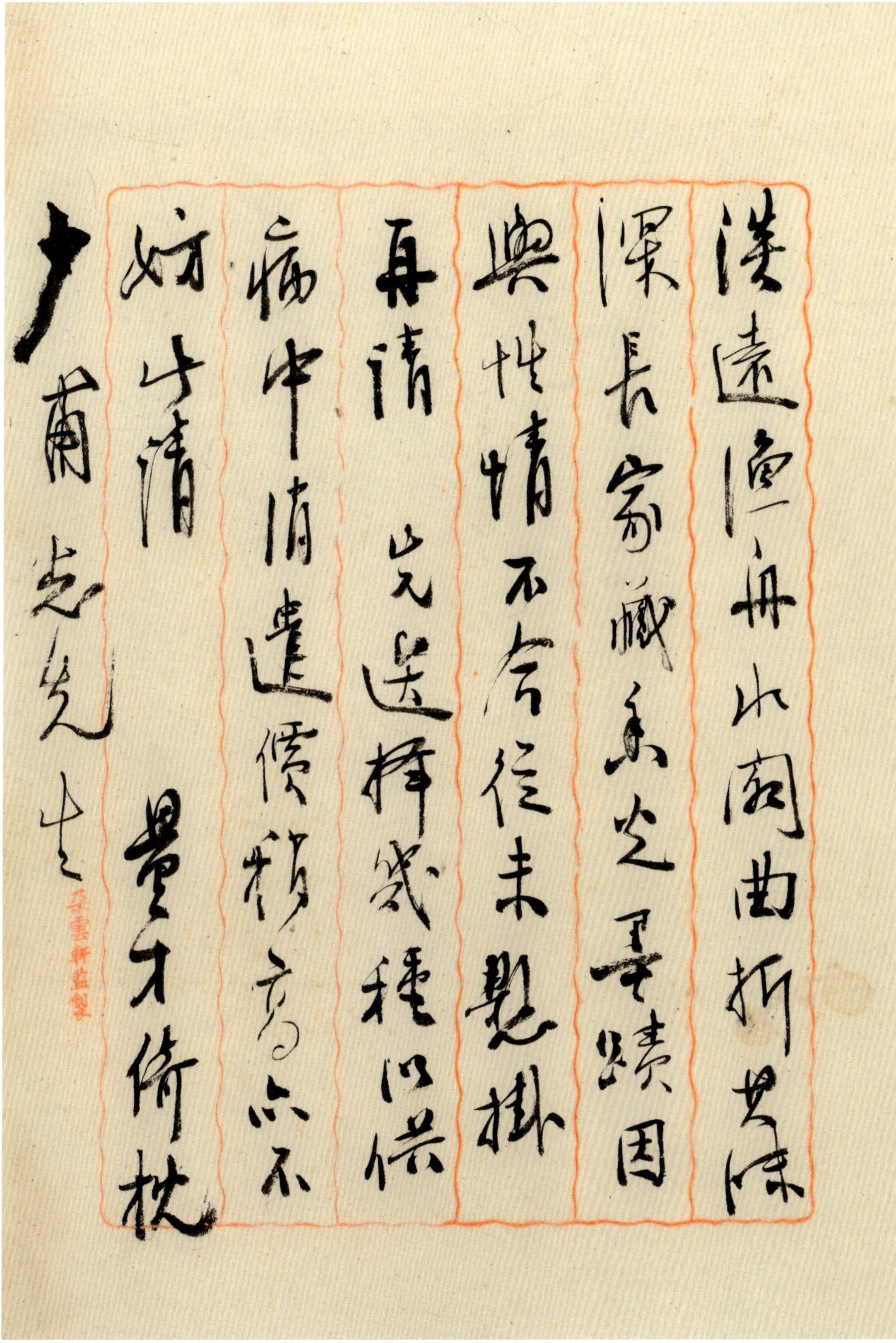

淺遠漁舟水閣曲折其味深長家藏焦之墨蹟因與性情不合從未懸掛再請 先選擇幾種以供病中清遣便請移易亦不妨此請

少甫老先生 量才倚枕

朵雲軒監製

聶其杰致哈少甫

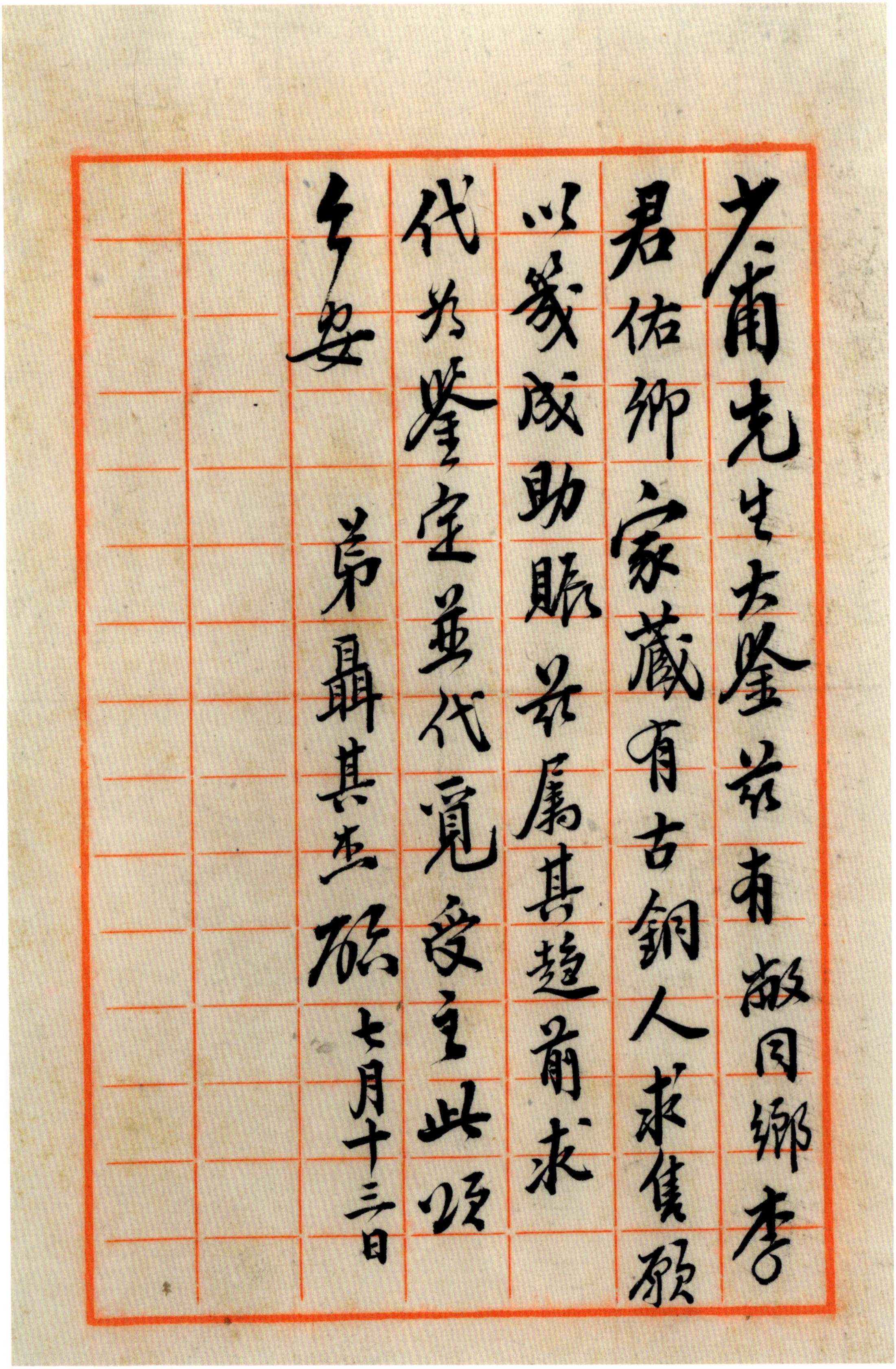
少甫先生大鑒：兹有敝同鄉李
君佑卿家藏有古銅人求售，願
以義成助賑，兹屬其趋前求
代爲鑒定，並代覓受主，此頌
台安
弟聶其杰頓 七月十三日

唐熊致哈少甫

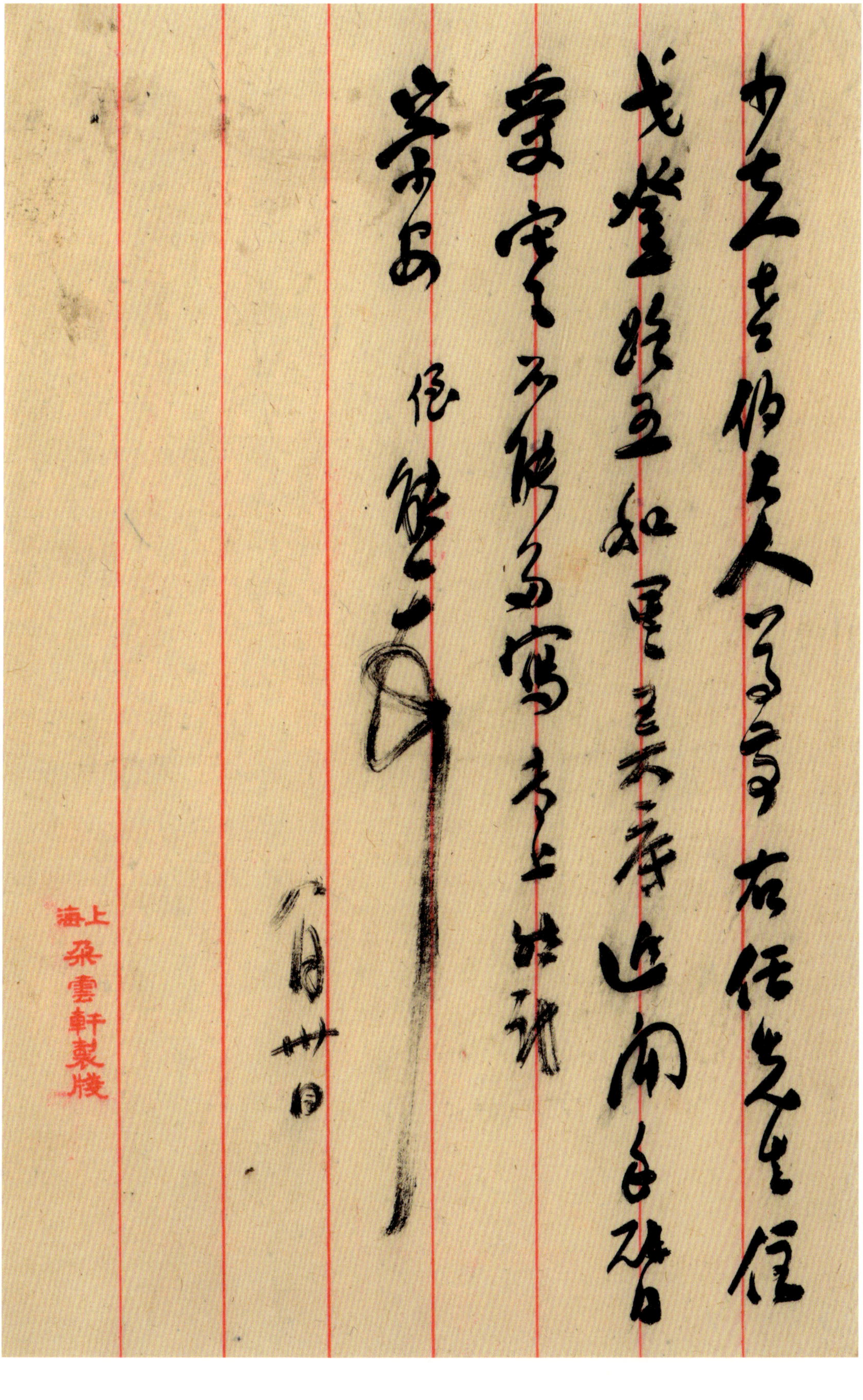
少甫吾兄大人道鑒：右任先生信
戈登路五如里三十號，近聞已啓
事，寓不能多寫，專此敬
安。　弟熊頓首
八月廿日

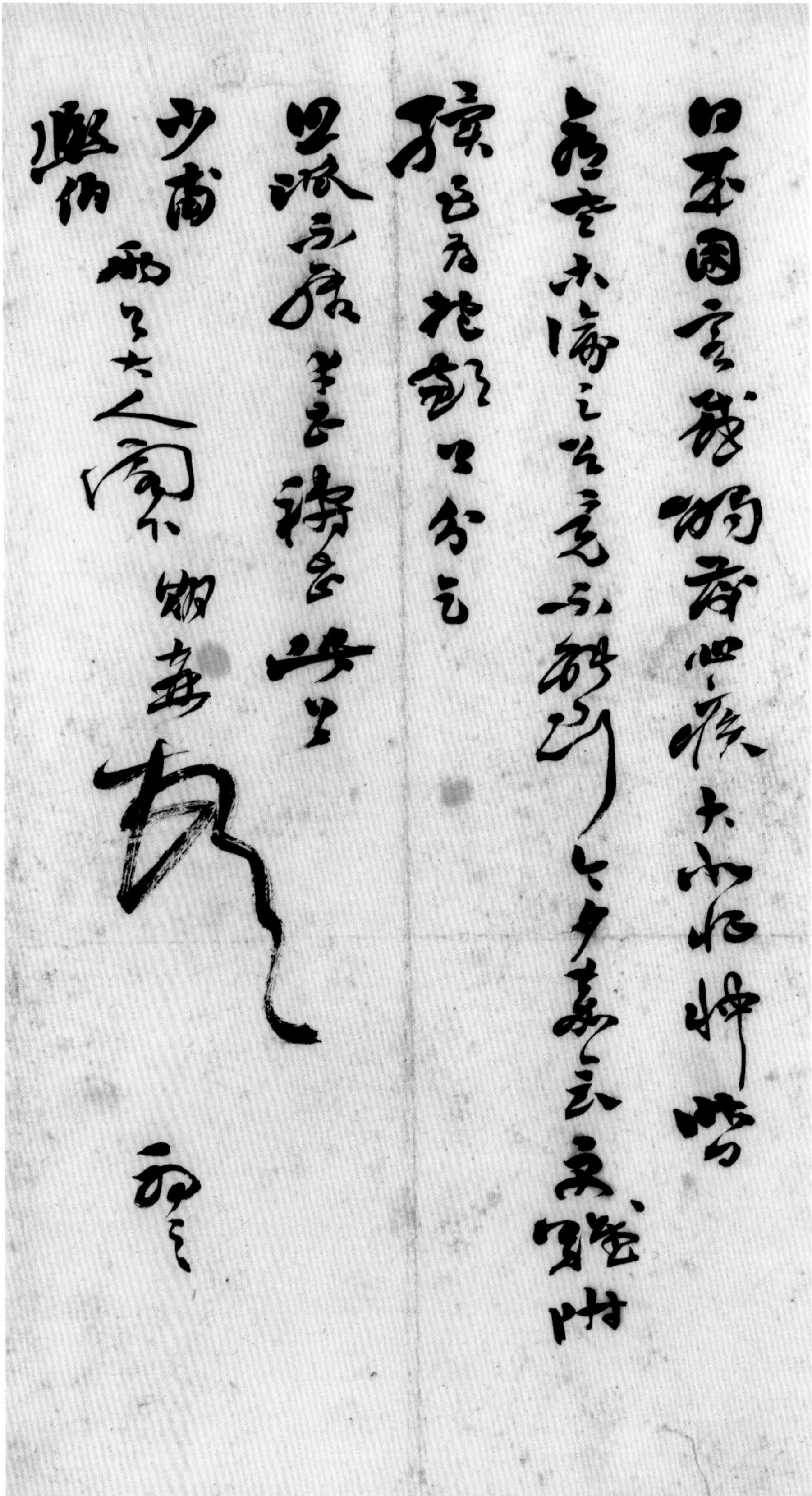

朱士林致哈少甫

姚叔平致哈少甫

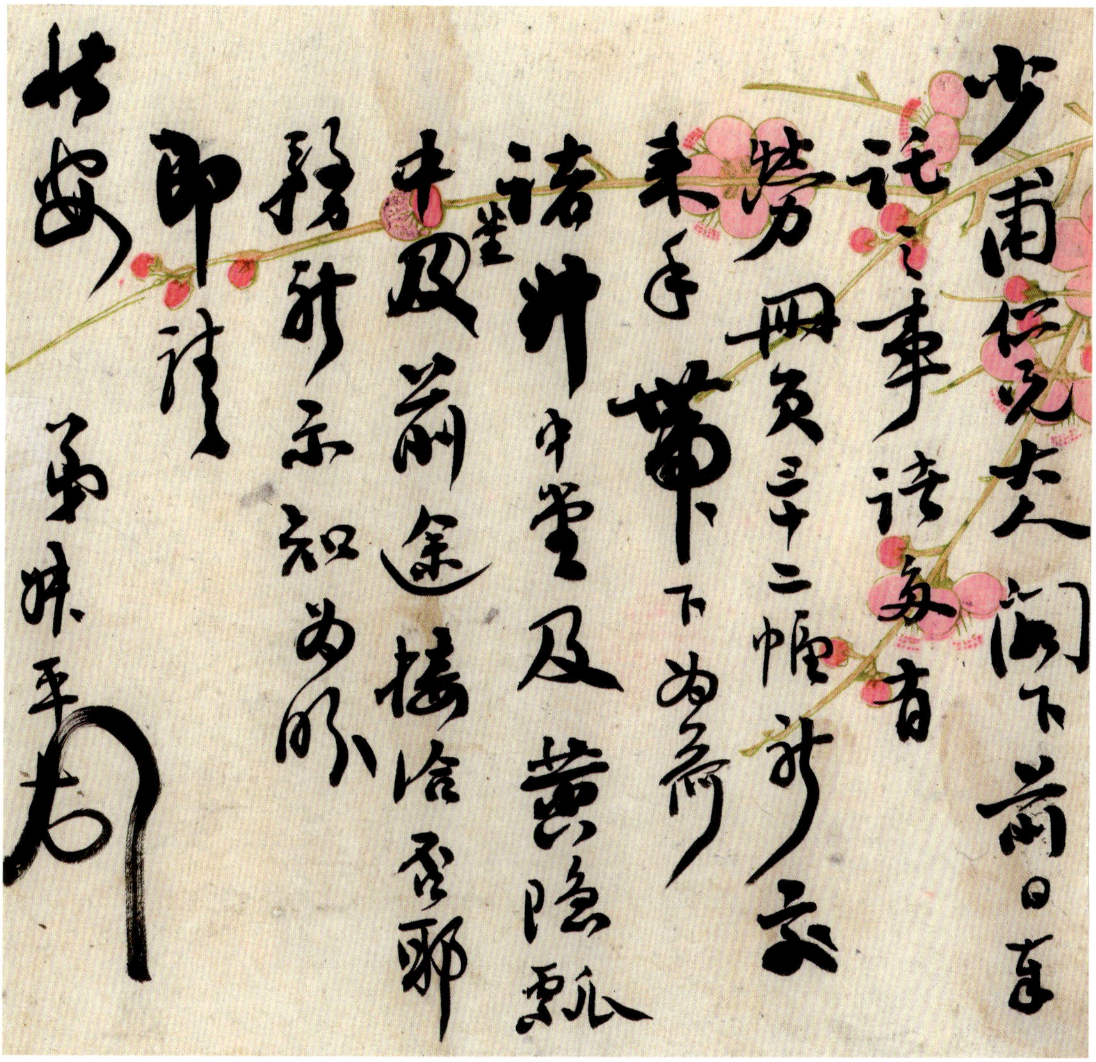

吴越致哈少甫

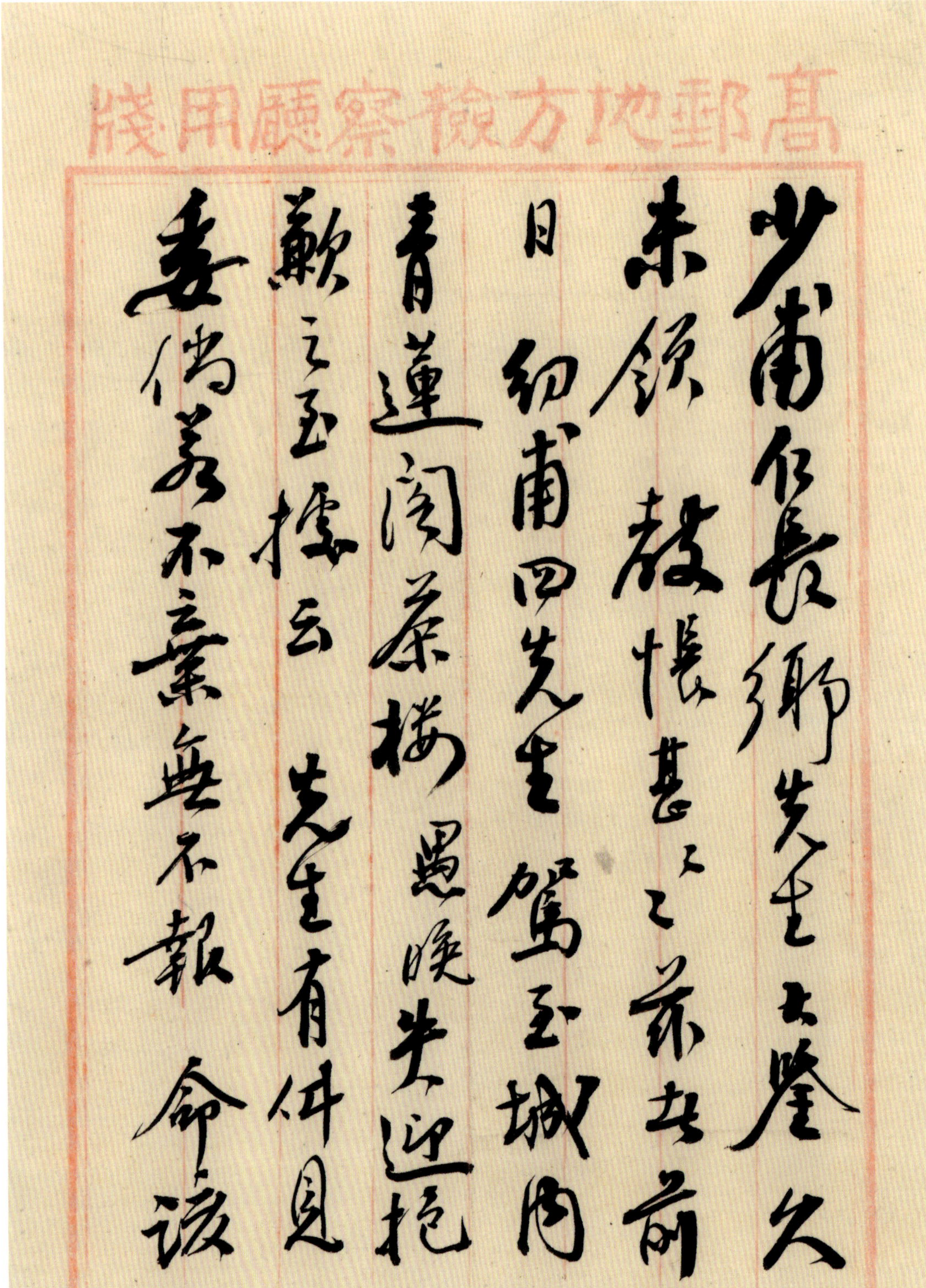

高郵地方檢察廳用箋

少甫仁兄鄉先生大鑒：久未領教，悵悵甚甚。蘇垣前日紉甫四先生駕至城內青蓮閣茶樓遇晤，失迎抱歉之至。據云先生有件見委，倘義不容辭，無不報命。該

吳越致哈少甫

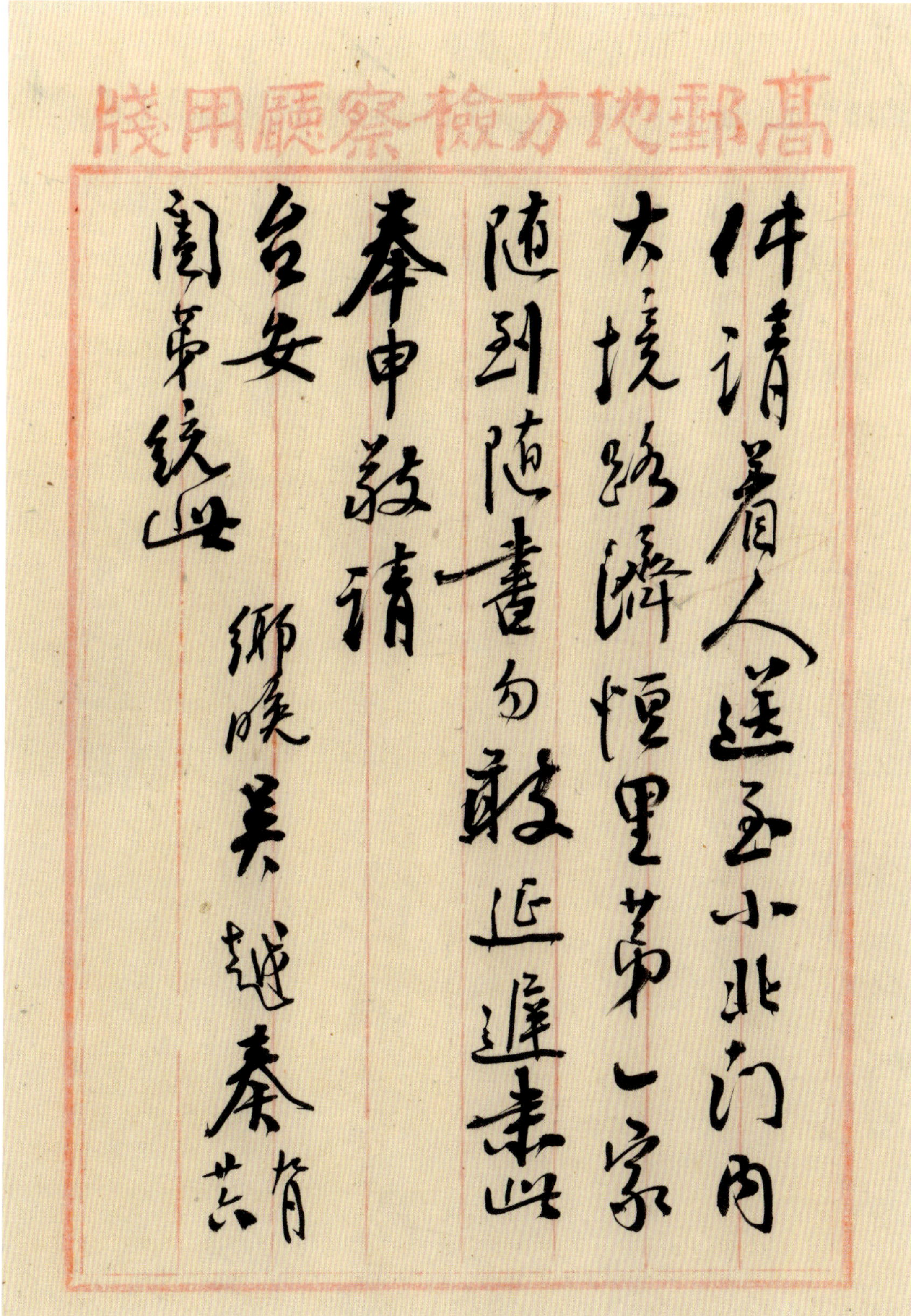
高郵地方檢察廳用牋

件請着人送至小北門內
大境路濟恒里第一家
隨到隨書勿致延遲來此
奉申敬請
台安
鄉晚吳越秦 廿六 肯
闔第統此

魏墨卿致哈少甫

少甫老兄大鑒：逕維
起居佳勝為祝。弟寓就聯條數件，
前掌閣列如洛除懸代送有美畫
會外，餘送貴友或慈善會借資助振。
弟毫不取潤例一分，如慈善會欣悅，弟
要當另續稍多幅，從求
翁說項工或蓋一賞鑒大評。受將一經紙

魏墨卿致哈少甫

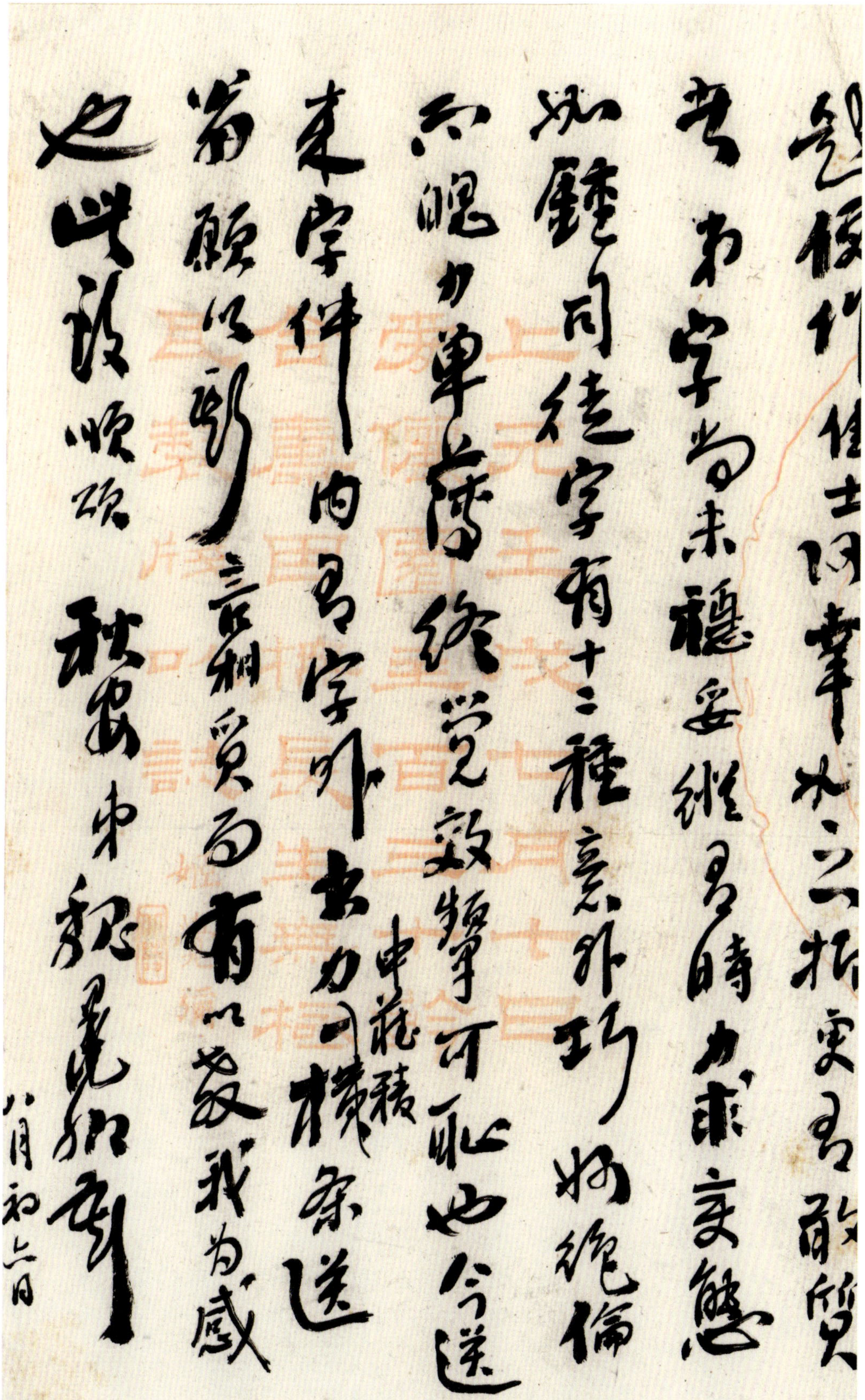

張逸槎致哈少甫

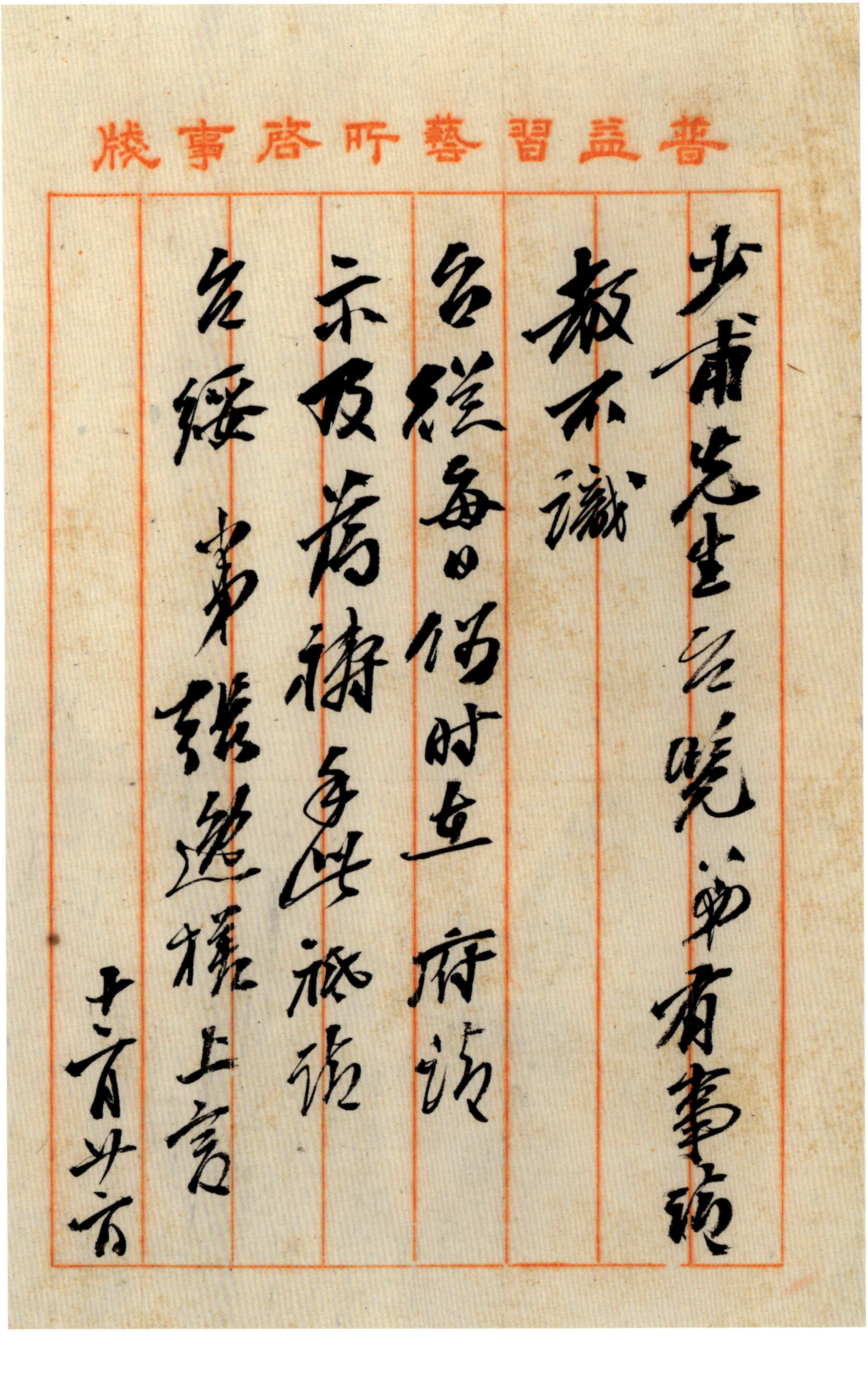

普益習藝所啓事箋

少甫先生台覽：茲有事須
教，不識
台從每日何時在府？請
示復，爲禱。肅此，祗請
台綏。弟張逸槎上言
十二月廿六

沈景涵致哈少甫

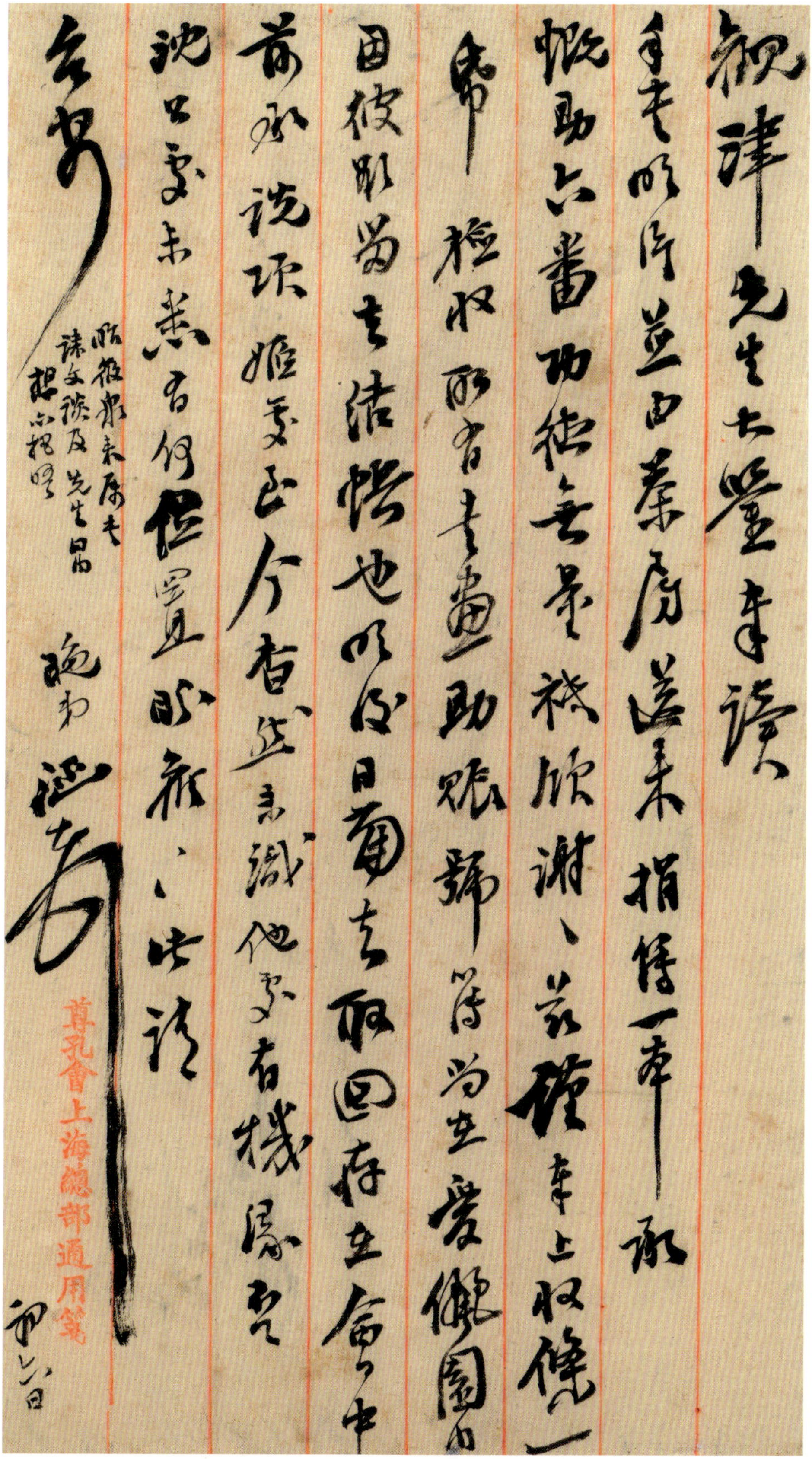

少甫先生賜鑒：自違

大教，忽已兩月有餘，而馳念之忱無日不在

左右也。回憶北行，幸承

寵召，群賢畢至，酒綠燈紅，此境此情，依依

在目。流光如駛，三春將盡，天涯羈旅，思

益深。比維

動定臻祥

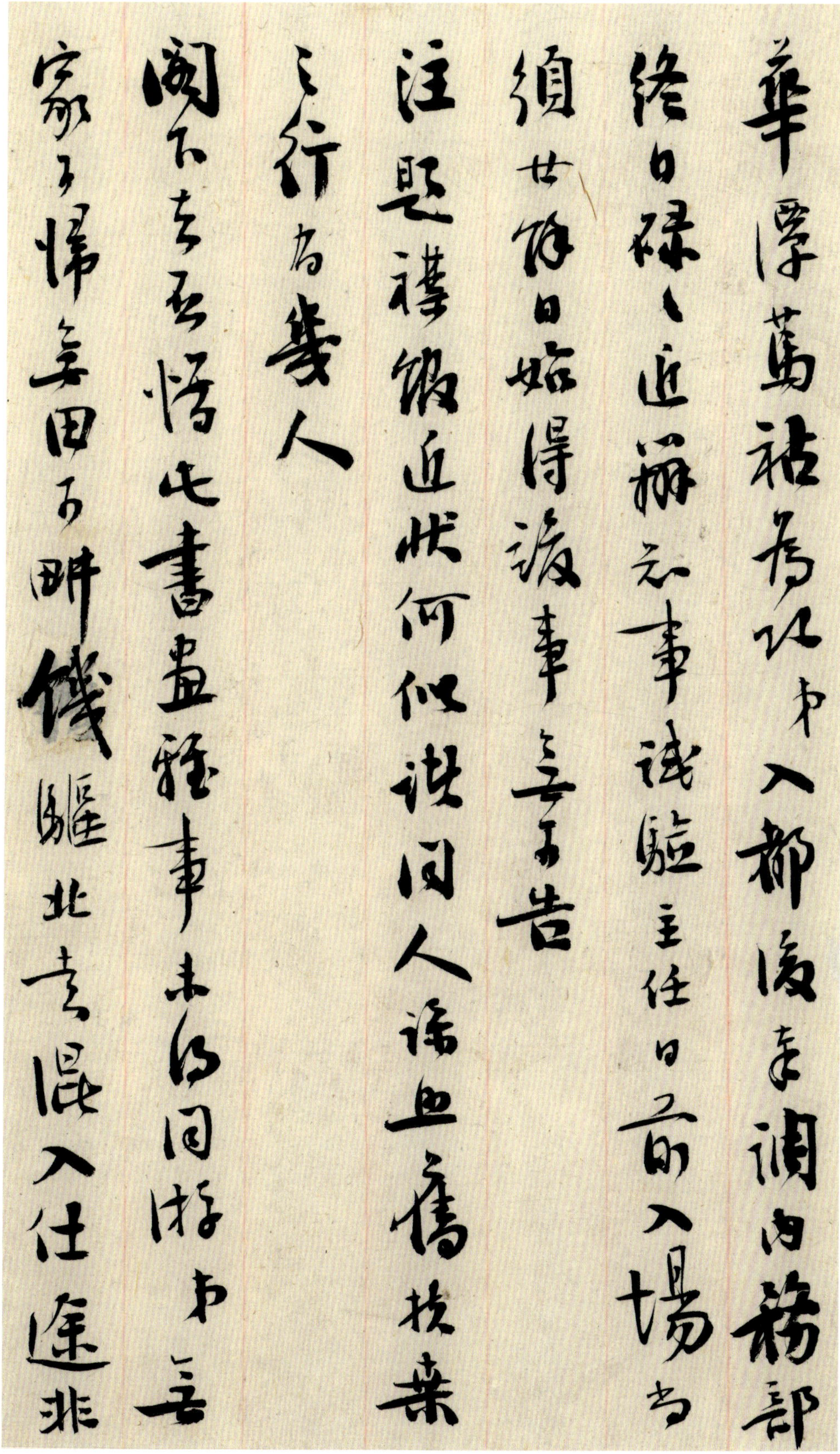

風頗亦不足，特專日前仍須他就，昌碩老友尚在滬否？柳田已歸去，汪三先生近况何如？清道人聞道近佳否？均深系之，此頌時祉。代候一亭，滬中尚有時惠好音，不勝遙企。即頌順祉

頤安

弟何知非謹啟　四月杪

以玉清道士像中方專家圖卷題就，望代取還。又板扇尤幾。

江上瓊山致哈少甫

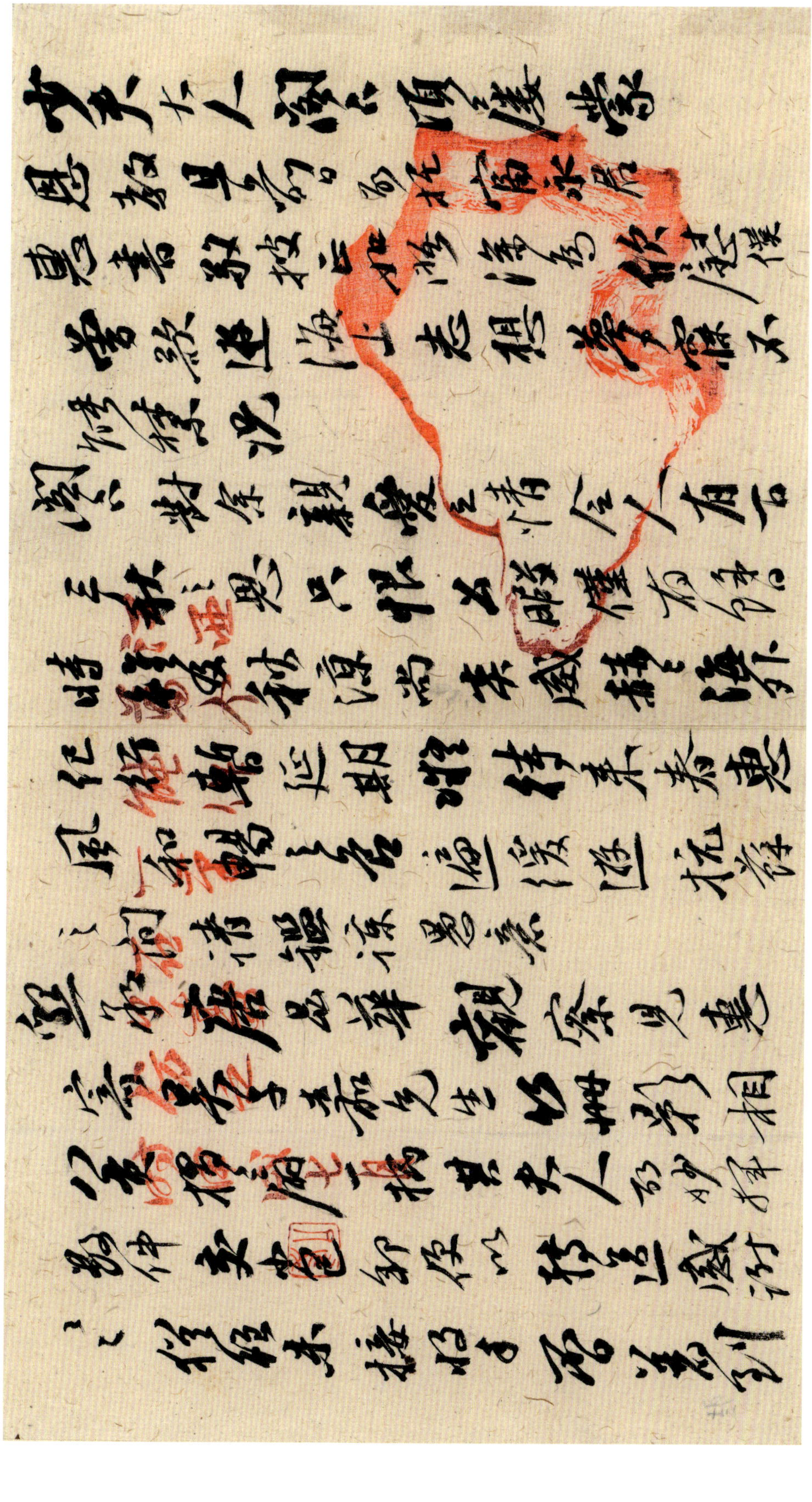

江上瓊山致哈少甫

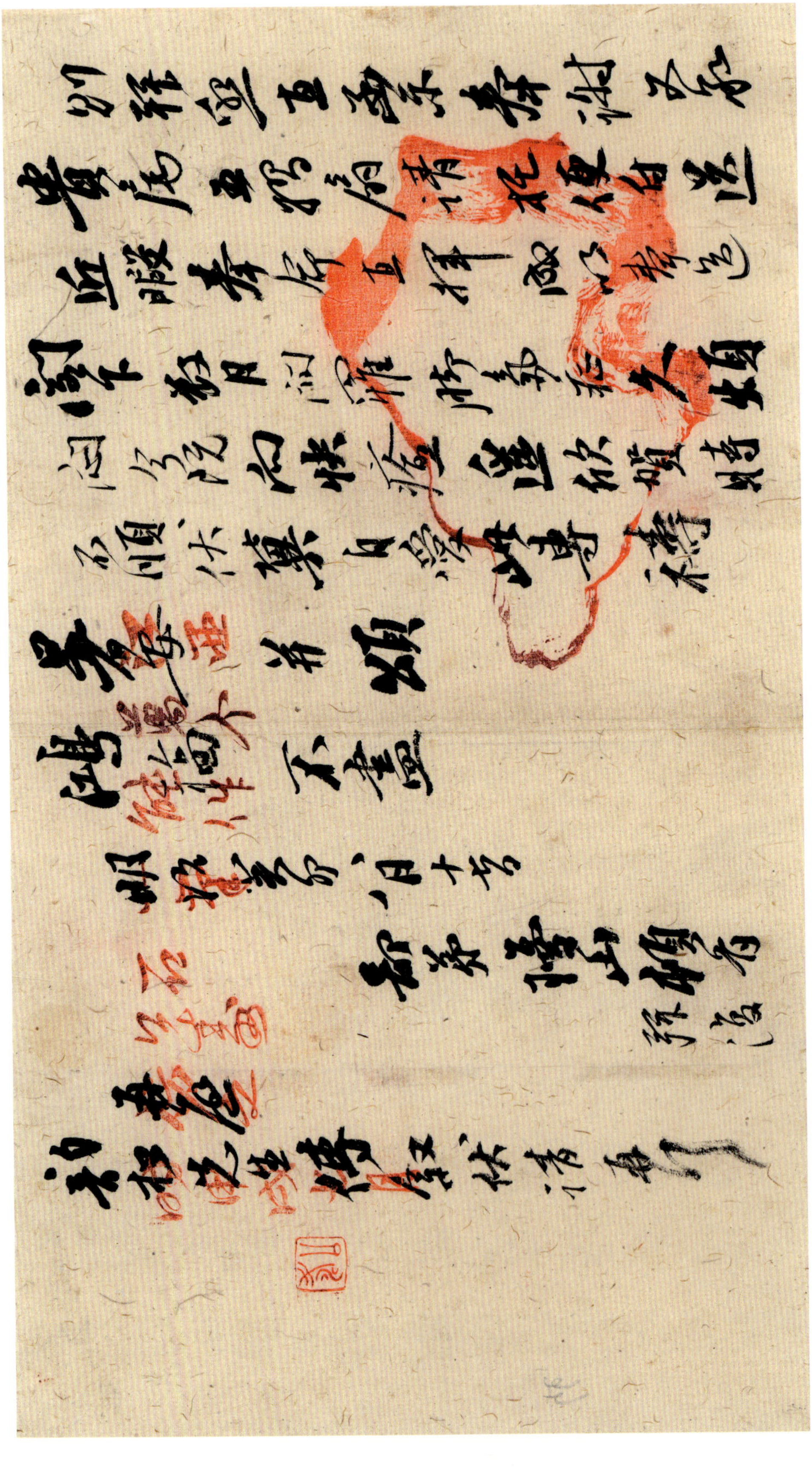

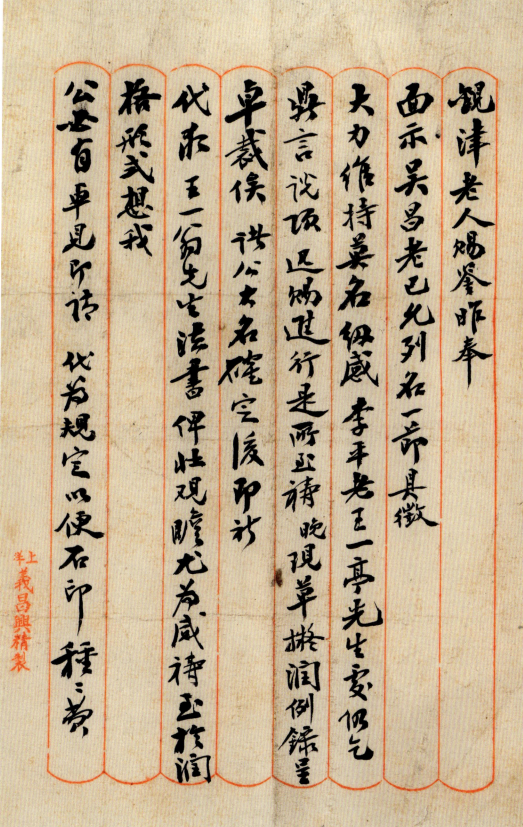

覲津老人賜鑒：昨奉函示，吳昌老已允列名一節，具徵大力維持，莫名欽感。李平老、王一亭先生處，仍乞鼎言說項，迅賜進行，是所至禱。晚現草擬潤例，錄呈卓裁，俟諸公大名確定後，印於代求王一亭先生法書，俾壯觀瞻，尤為感禱。至於潤格樣式，想我公必有卓見，所請代為規定，以便石印。種種費

上洋義昌興精製

神容圖後報專此敬請

鈞安　晚丁太綋謹啓

附呈閱例草稿一紙

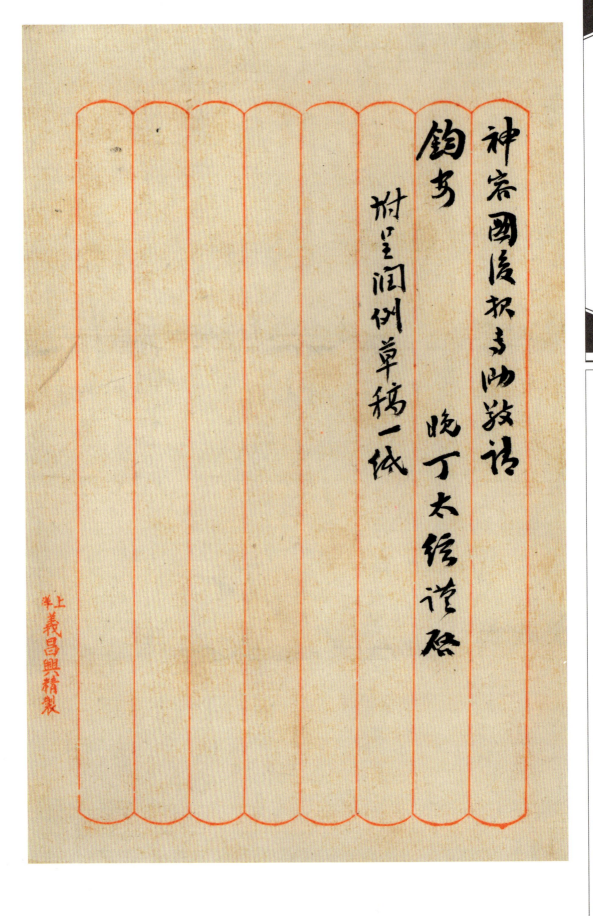

上洋義昌興精製

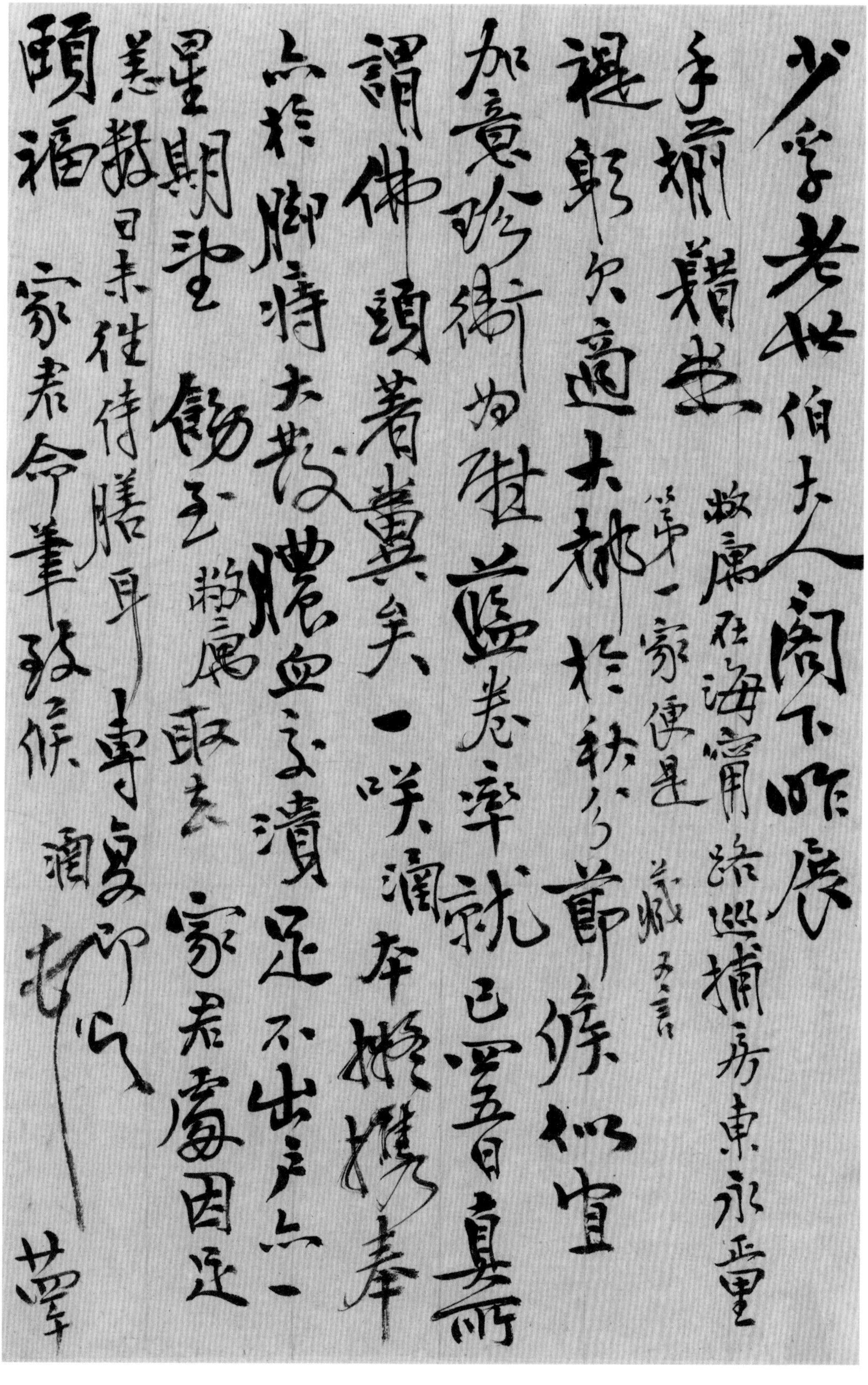

少孚老姻伯大人閣下：昨晨手翰藉悉。敝處在海甯路巡捕房東永豐裡第一家便是。躬欠適，大福於秋節後似宜加意珍衛為妙。附題卷率就，已冒，真所謂佛頭著糞矣，一咲。潤本擬攜奉，亦於腳痔大發，膿血交潰，足不出戶亦一星期。望飭至敝處取去。家君屬因足恙數日未往侍膳耳。專復，即頌頤福。家君命筆致候。潤

吳藏堪致哈少甫

昨晨 藎卷僕節後即行郵 命近因 家君久病未能復元早晚延醫侍疾致令心緒惡劣故耳
手補承 厚惠，并謝 令親馬鏡秋先生
前任清江縣時 藏曾與同事，一方安好
甚篤，今其夫處是否現寓上海，便中示知
屆時擬往蘇祝也。拙畫二幀，一以送
屬，附上一張，藏致賀者，務乞賜呈為叩。專
此復謝悃。 家君命筆致候
觀津老伯大人台祺 吳藏堪頓首 上巳

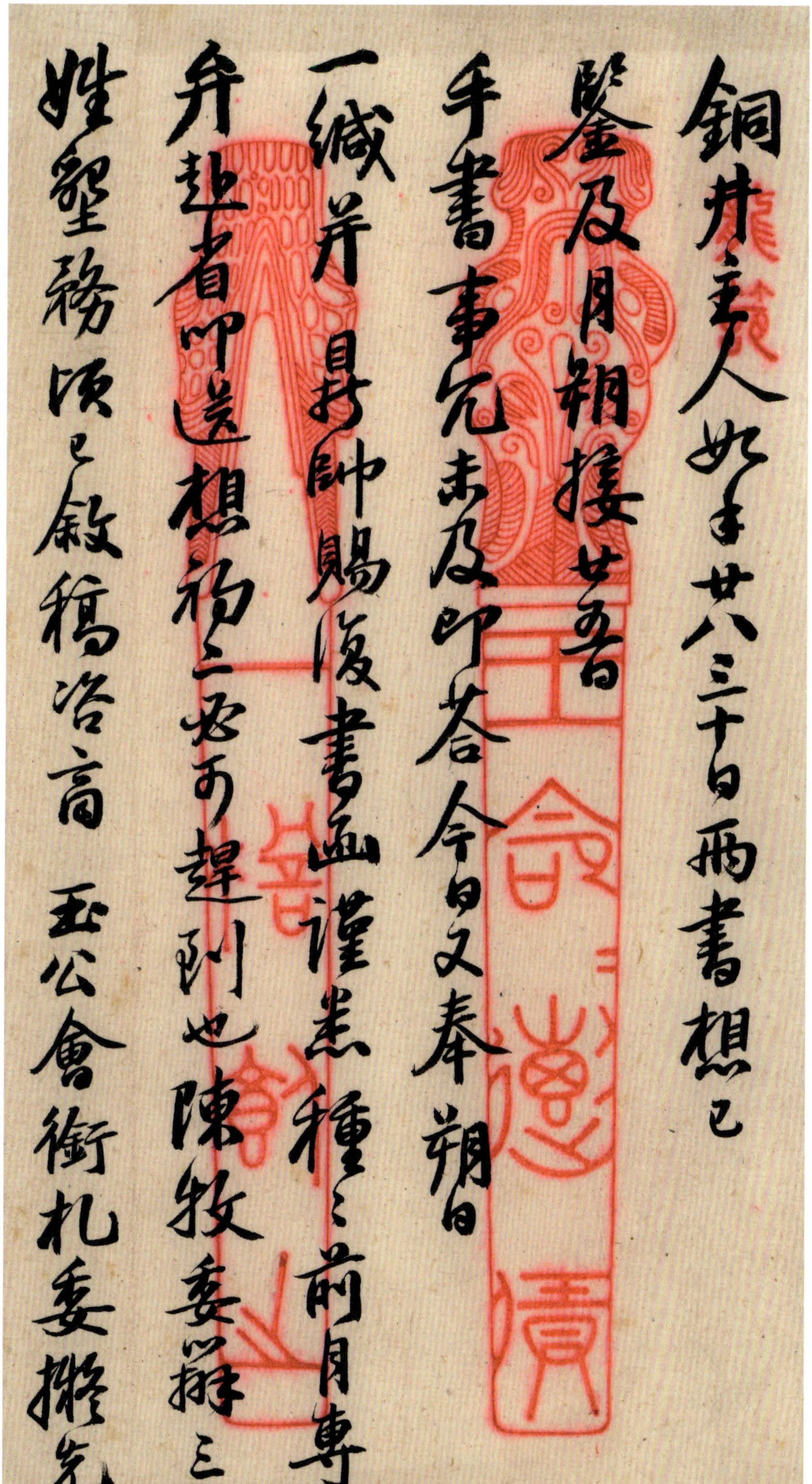
銅井主人如手：廿八、三十日兩書想已鑒及。月朔接廿五日手書，事冗未及即答，今日又奉朔日一緘，并具帥賜復書函，謹悉種種。前月專弁赴省，即送想初二必可趕到也。陳牧委辦三姓鹽務，頃已繳稿咨商玉公會銜札委撥充

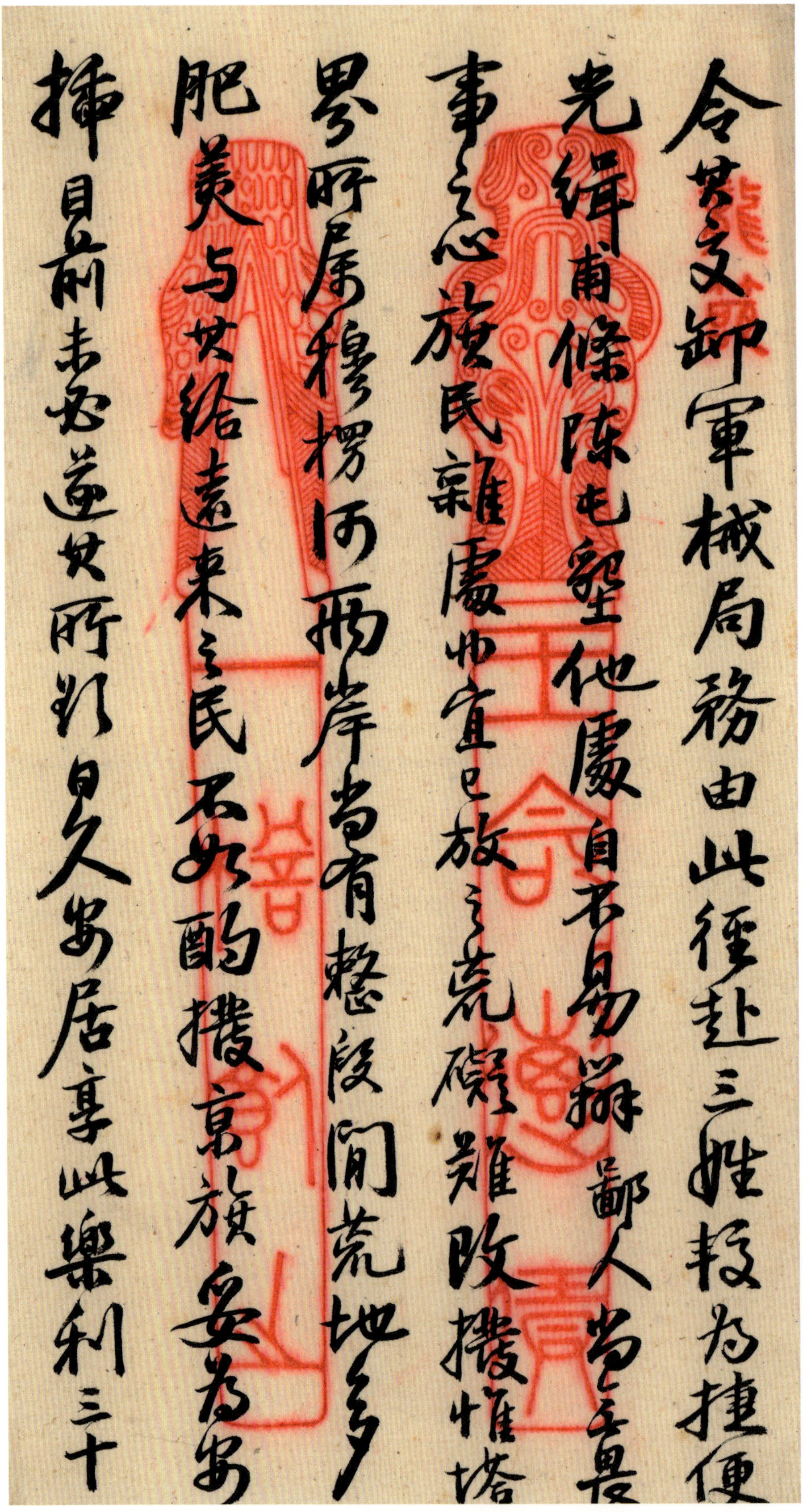
令甥文卿軍械局務由此徑赴三姓較為捷便
光緝甫條陳屯墾他處自君日易辦鄙人當無畏
事之心旗民雜處中宜已放之荒礙難改撥惟塔
界所屬穆棱河兩岸尚有整段間荒地多
肥美與甥絡遠來之民不如酌撥京旗妥為安
插目前未必遂其所欲日久安居享此樂利三十

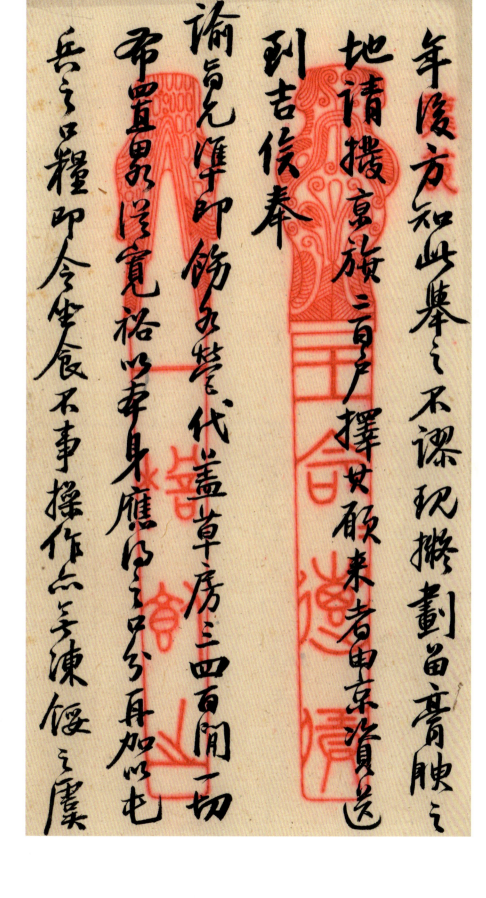

年後方知此舉之不謬現擬劃留膏腴之
地請撥京旗二百户擇其願來者由京資遣
到吉俟奉
諭旨允准即飭各營代蓋草房三四百間一切
布置田畝從寬裕以本身應得之口分再加以屯
兵之口糧即令坐食不事操作亦無凍餒之虞

畢竟有宗有室較賸於無根之萍且以旗民

實旗地最為順理京城路皆不如外間生計

較寬服田力穡亦可習慣自然不敢謂二百戶

中無一勤儉刻苦之人也此係鄙人閱歷未深之語

若他省封疆大吏決不為此喫力不討好之事也矣乎

復敬請

勛安 大澂頓首 四月初五日附一函

南荒已放五常堡土地東均應請 玉帥奏覆後挈敝銜可也

蘭泉仁兄閣下：奉

復示敬悉。丁掌柜已晤，並將

書樣令其看過矣。閱

尊藏席刻唐詩極多，弟處

缺李文山、元微之及皮陸，（又缺張司業集一本）未知

公能代爲覓得否？只要在嘉道

以前印者皆可丁寧根東忘
與高攷本
代攷餘暇使就說
台祉 弟張弧頓首
漢石經是否於河北新獲之當刊此石
所有疑義 又

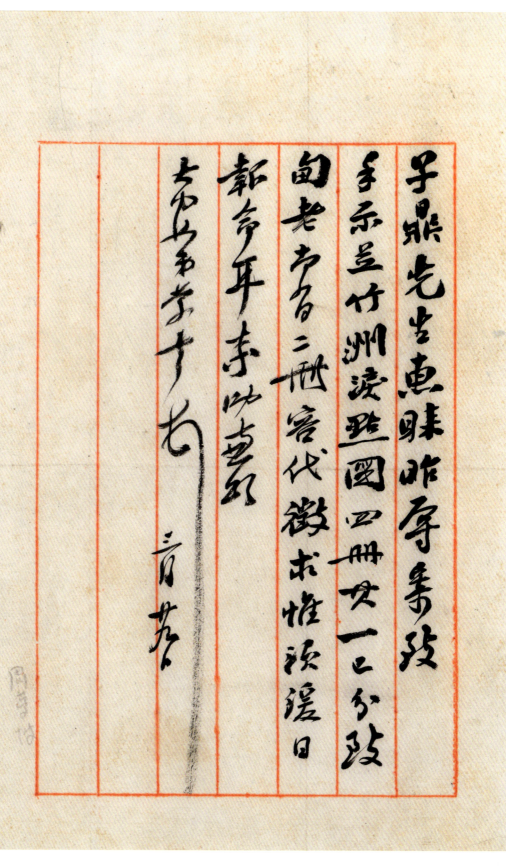

周慶雲致吳瑞汾

子鼎先生惠鑒昨辱季致
手示並竹洲讀碑圖四冊共一一分致
匋老前有二冊容代徵求惟須緩日
報命耳專此奉覆
大安弟慶頓首
三月廿八

子鼎先生大人閣下：前函發後，適

頒到大札并二蔚若侍郎詩什，此老雖不以詞

章名，此絶亦非其至者，顧晚節自堪風世，晚之

惓惓於此，無非重其氣節耳。乞代　道謝拄

詩塗就，乞

點鐵，窮絶俱有慚愧。印頌

吟安

晚　嚴昌堉拜手　蒙月晦日

徐德虹致吳瑞汾

子鼎二哥先生：作箑潤由鹽業銀行匯上銀幣拾圓，到祈詧收。手覆，餘詳八月十五日郵函。專此，祇頌秋祺。

弟德虹上言　陽曆八月廿日

即晚請　公小酌，計五點半
饒　鶴修大吉山莊同行
并乞施帶古泉圖六湘合
來洞伯六古泉字也急記
照啟手箋勿卻，此祝
地山先生　文安
弟若　頓　即

陶祖廉致方地山

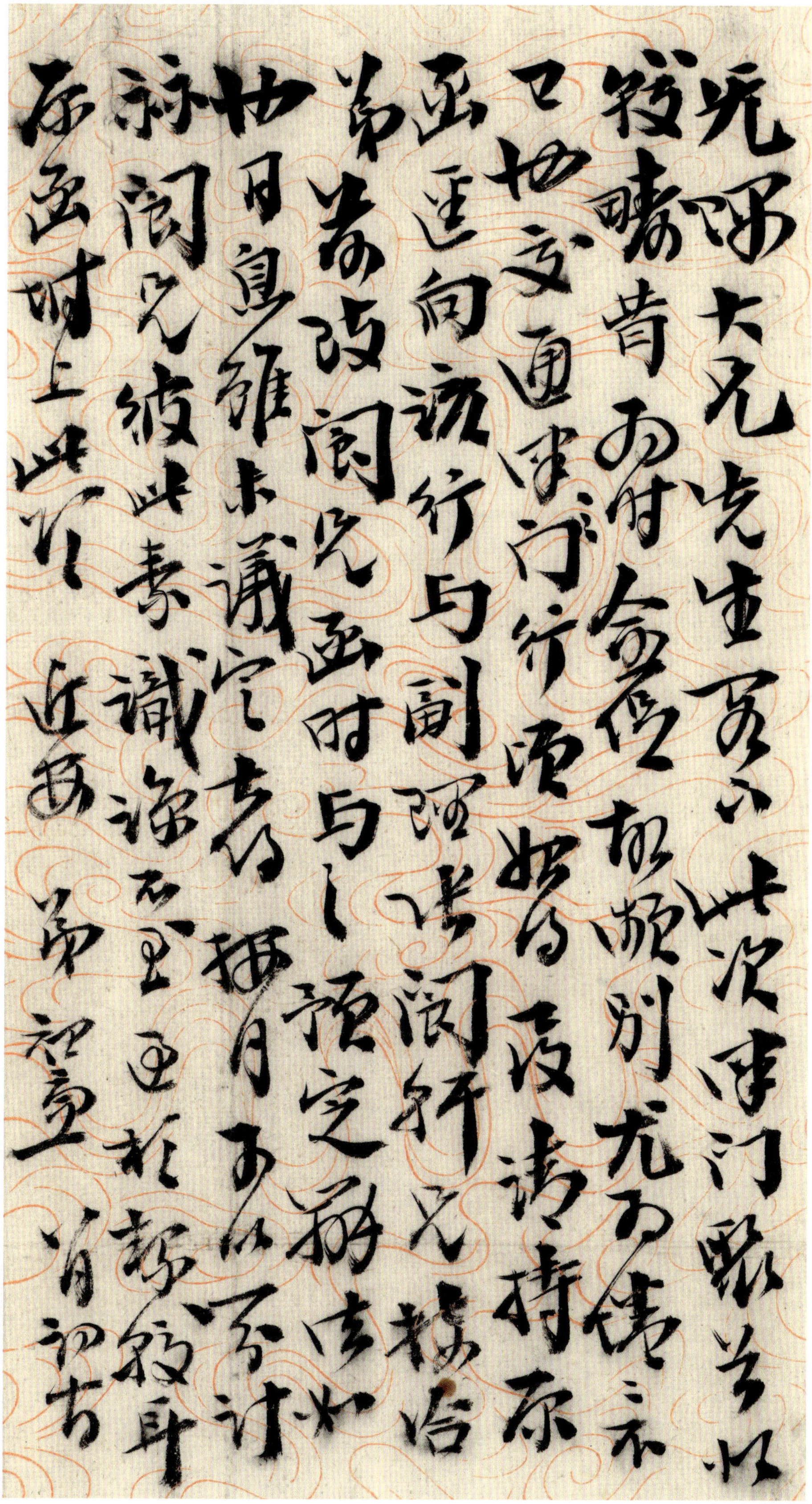

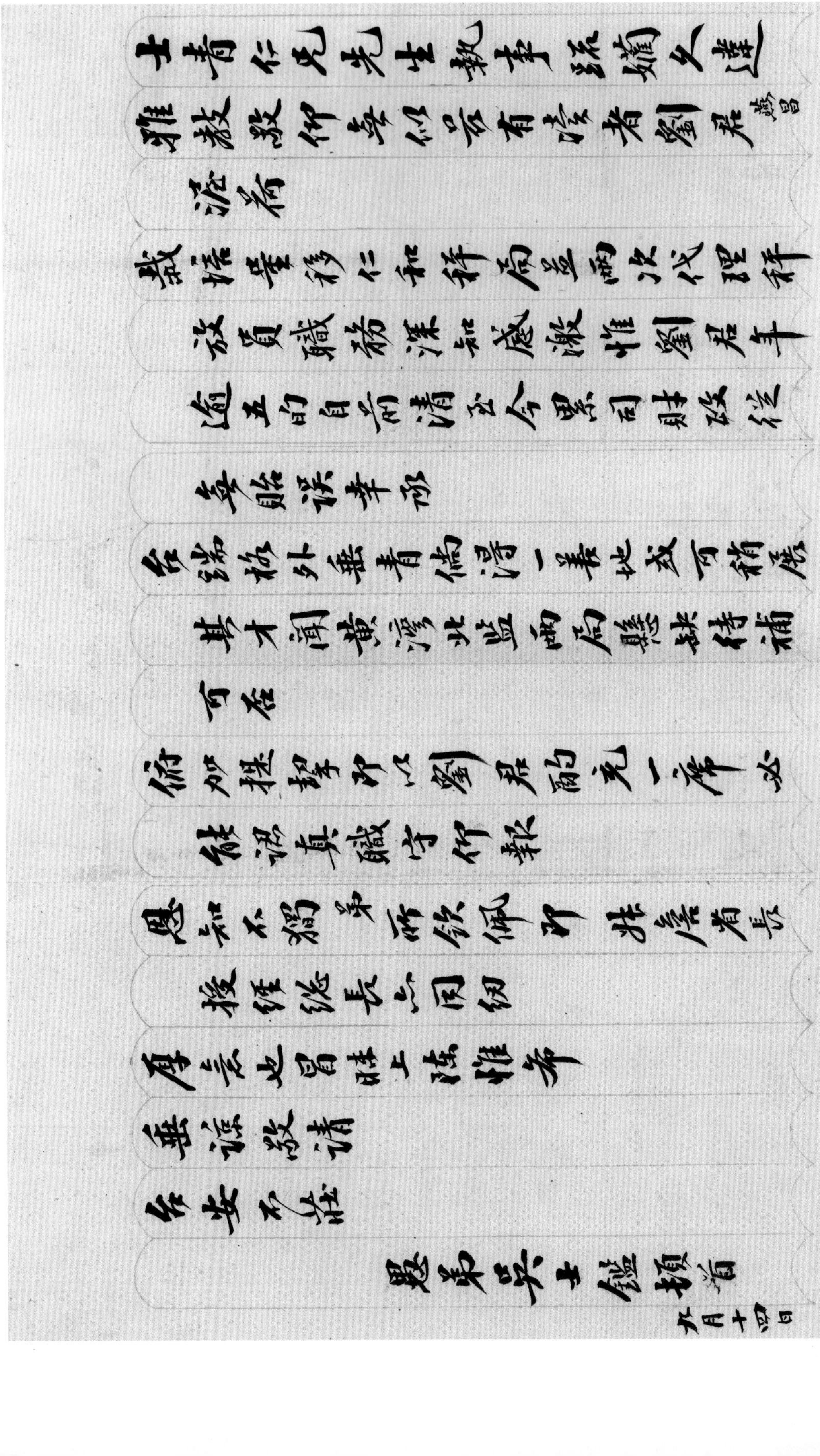

士青仁兄先生執事：疏𡢽久違
雅教，辄仰無似。茲有讀者劉君蔚昌，
深荷
栽培，量移仁和稱局，並兩次代理稱
放員職務，深知感激。惟劉君年
逾五旬，自前清至今，累司財政，從
無貽誤。幸承
台端格外垂青，倘得一善地，或可稍展
其才。聞黃渡北監兩局懸缺待補，
可否
俯加提挈，即以劉君酌充一席，必
能認真職守，仰報
恩知。不獨弟所欽佩，即張暄省長
援經總長亦同紉
厚意也。冒昧上陳，惟希
垂諒。敬請
台安，不莊
愚弟吳士鑑頓首
九月十四日

佩忍先生足下：鑒從心淵處得讀神交社啟及例言，所
謂「訂期小集」當在何時？屆期乞弟當與諸君子一罄積抱，
乞函示。朱少屏妻周湘雲女士哀辭，弟於社期面致足下，茲
乞足下將賤名報達簽名所，弟如期即至，可乎？長夏無憀，滬
詩四章錄呈足下，幸賜誨焉。

雜感次朱滌心韻

南苑瓊花北苑茶，尸陀林裏拜奢譁。蕭條故國談天寶，寂寞新亭泣
新永嘉。紫色趯聲爭集木，絳雲螺雪尚谷葩。名場悔插風塵腳，水部頭
銜許我賒。

東阿王子少年豪，曾賜金盤內府醪。日射榆林戎幕靜，香熏柘柏伎堂高。並頭眠
玉談何易，雙角量珠有累遭。我替楊枝身世感，燕南冀北正勞勞。

荊卿匕首通〔竟〕靈雪，憤魚腸始下型。吾網羅鉗閘閣納斧聲，燭影隔江聽。炭書蕭〔烈〕
何壯

鈎黨株連事不逕，獨上東皋懷故邑，皖公山色尚青青。

窄窄銀河警女牛，槿枝工落盡，昔淹留，天寒易水何曾渡，日薄娥江悔不投，刼巇紅情工

寫怨，豔霏碧血慘埋冤，風波亭下寃霜急，一笑曇花悟畢不。

弟吳梅頓首

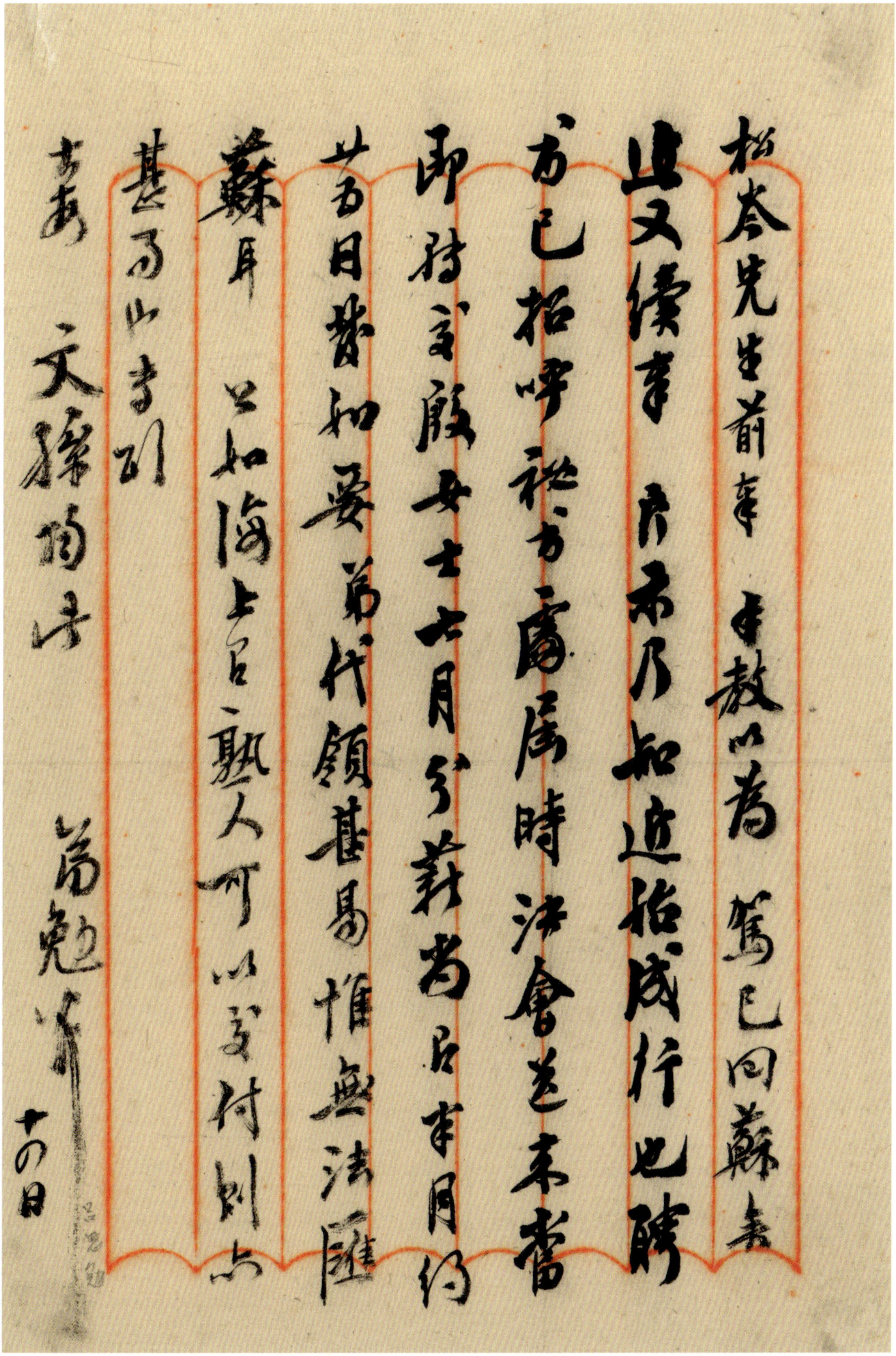
松岑先生前輩：手教以爲篤已回蘇去，是又謬矣。兹承乃知近始成行也。聘方已招呼，穆方霞居時沐會送來書，即請定殷女士七月到蘇，尚有半月約，廿日發。如要弟代領甚易，惟無法匯蘇耳。只如海上有熟人，可以交付，則亦甚易也。專此布覆，敬請文綏。侍弟勉頓首 十四日

呂思勉致金松岑

李詳致丁福保

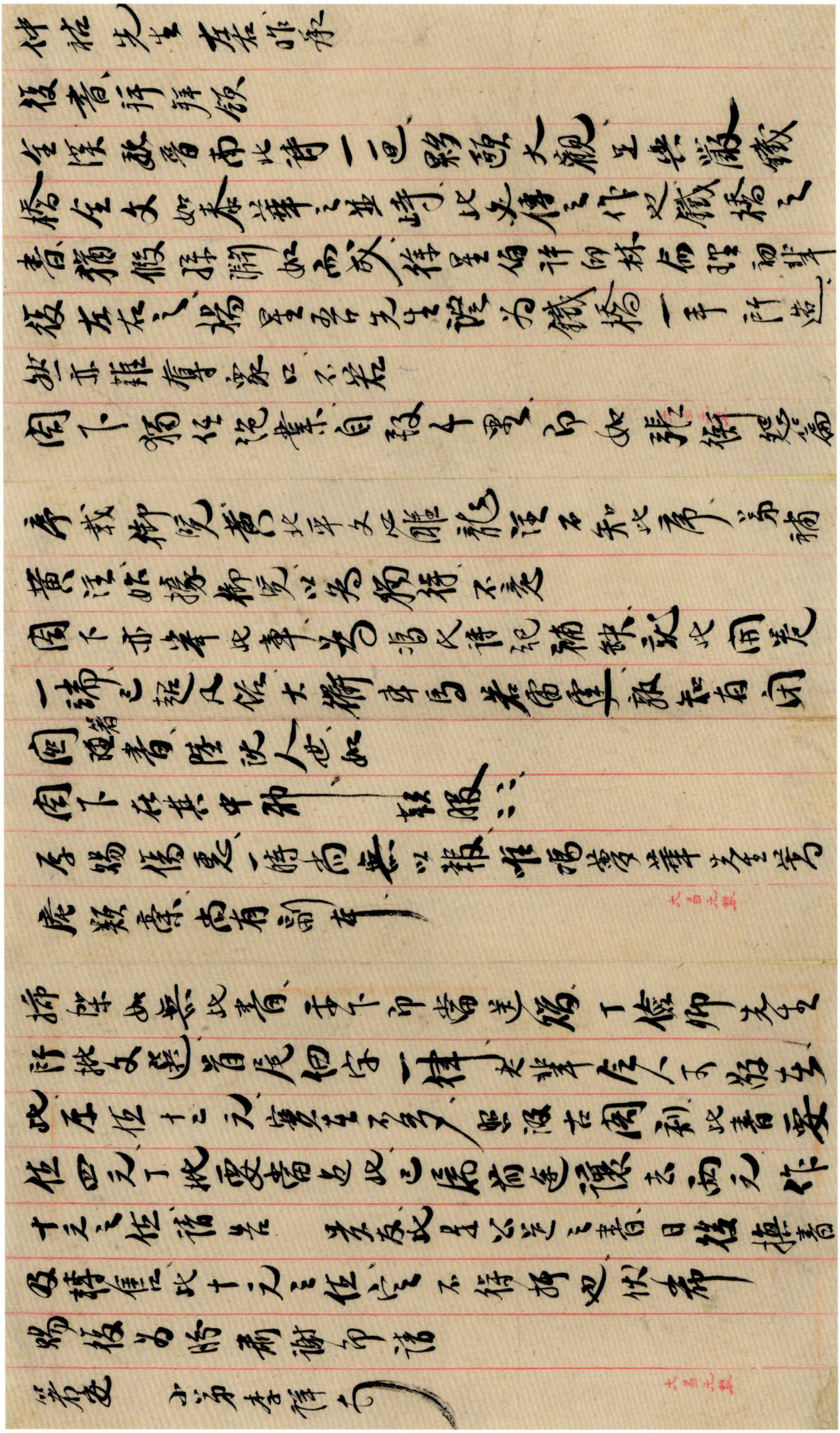

仲祜先生左右：昨承

復書，并拜領。

[illegible]書甫比讀一過，歎觀止矣。[illegible]

[illegible]文如泰岱之華之並峙，以上傳之作，[illegible]

[illegible]

[illegible]

[illegible]

閣下[illegible]

[illegible]

[illegible]

閣下亦[illegible]此事[illegible]

一[illegible]

閣下[illegible]

閣下於其中[illegible]敬服敬服。

[illegible]

[illegible]

[illegible]

[illegible]

[illegible]

[illegible]

[illegible]

[illegible]

[illegible]

以布達　小弟李詳頓首

吴敬恒致丁福保

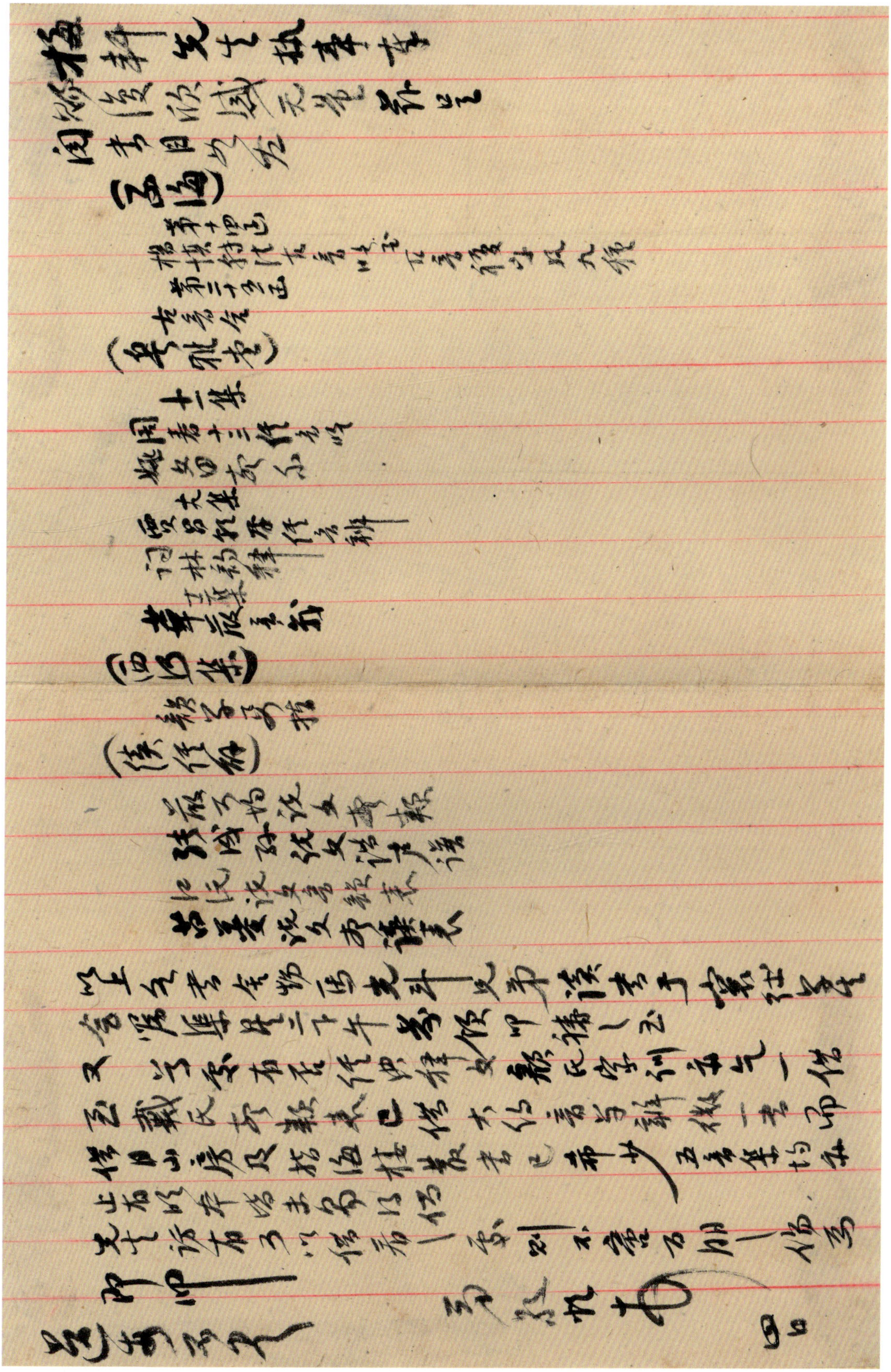

廉泉致丁福保

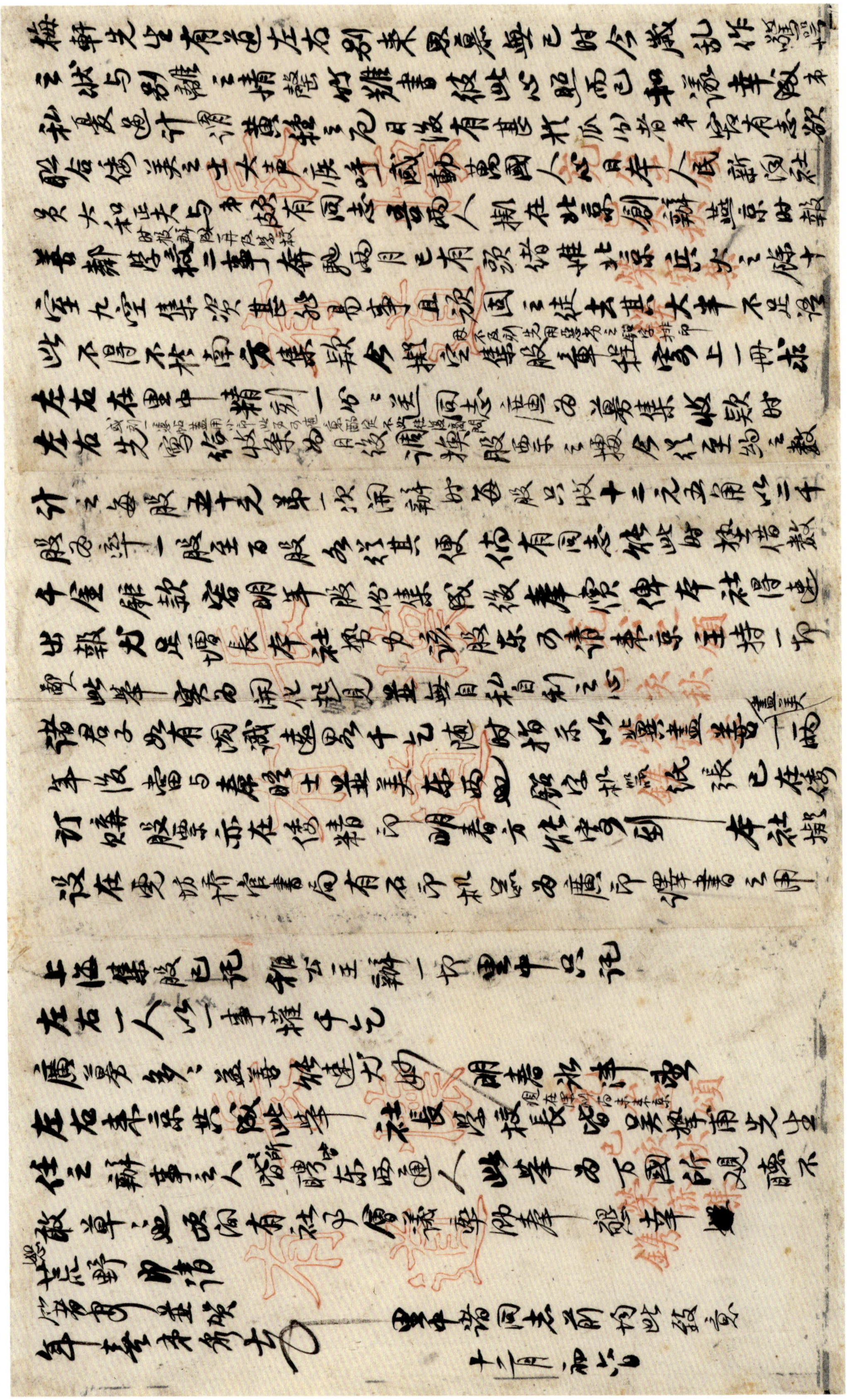

仲祜先生大鑒：承賜健康生活叢書，謝謝。當悉心披讀，如有疑義，再當乞高明指導也。拙詩附呈，照鑒。祇頌道安。弟胡蘊啓 一月十五日

亂離暫免思營圃，短翦編籬廿丈長。脫葉飛飛梅見刻蘂，經霜殘菊出斜陽。軍興閩粵又兵燹，穀賤江南乃盡荒。民命久同螻蟻視，至難呼籲達穹蒼。

聽到雞鳴睡不遑，披衣還共一鐙親。曉風吹健老人骨，臘雪深藏大地春。籬角幽篁風謖謖，案頭殘簡味津津。胸中何有難平事，都付滄江笑劫塵。

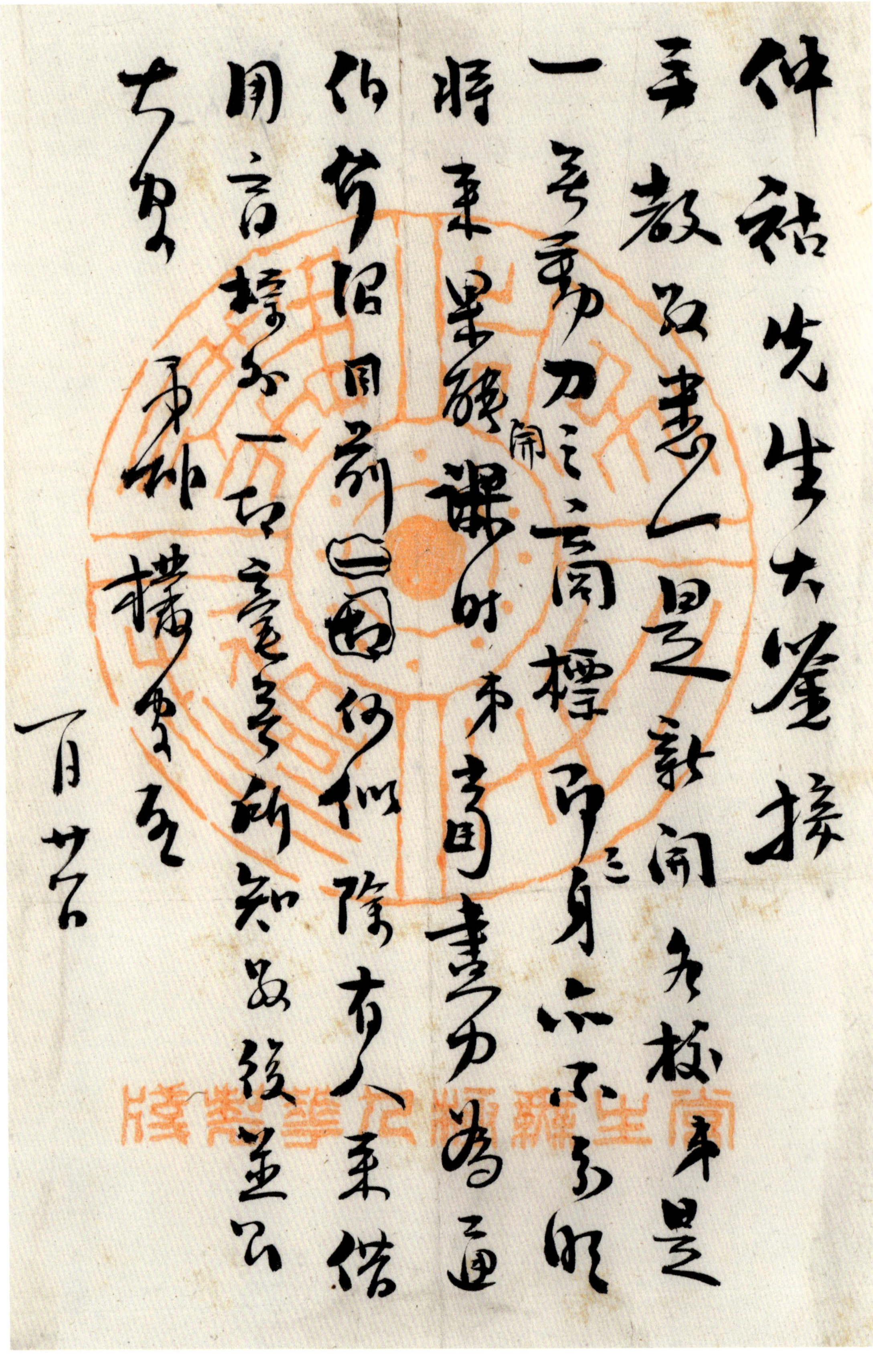
仲祜先生大鑒：接
手教，敬悉一是。新聞紙本是
一[illegible]刀二二開標印，月亦不多[illegible]
將來果能謀[illegible]附來書局為通
信[illegible]前一函何似，除有人來借
用言標示一切，毫無所知，及後並[illegible]
大安
弟 樸安 頓首
[illegible]

胡樸安致丁福保

焦易堂致丁福保

福保先生有道頃奉
復示敬悉
允為國醫館編審會幫忙名醫碩學
推陳出新自必斐然可觀有功國民
康健感謝感謝承
賜大著新本草綱目等書容當一一

易堂用箋

拜讀工作餘暇湢此益我神氣多多
矣專復祇頌
著祺

弟焦易堂拜啟
十月廿八日

易堂用箋

海港檢疫管理處

敬啓者：本月九日中華麻瘋救濟會召集董事會開，係由鄺總幹事志堅辭職問題有所討論。當時連德因事不克出席，惟對于鄺君辭職一節，依照愚見似可准其辭去。蓋前次開董事會曾欲渠道歉，渠竟提出辭職呈繳，自傲太甚，缺乏常識。茲若以慰留，則將來每事方面定多窒碍。且自渠任職總幹事以來，支領厚薪及以資津貼，對于救濟會之工作並無若何推進，會員人數亦極其少，可見其毫不力為經營，將本會計五千人應諉

地址 上海北京路二號

電話 一四五二六七號

電報掛號 "PORTHEALTH"

伍連德致丁福保

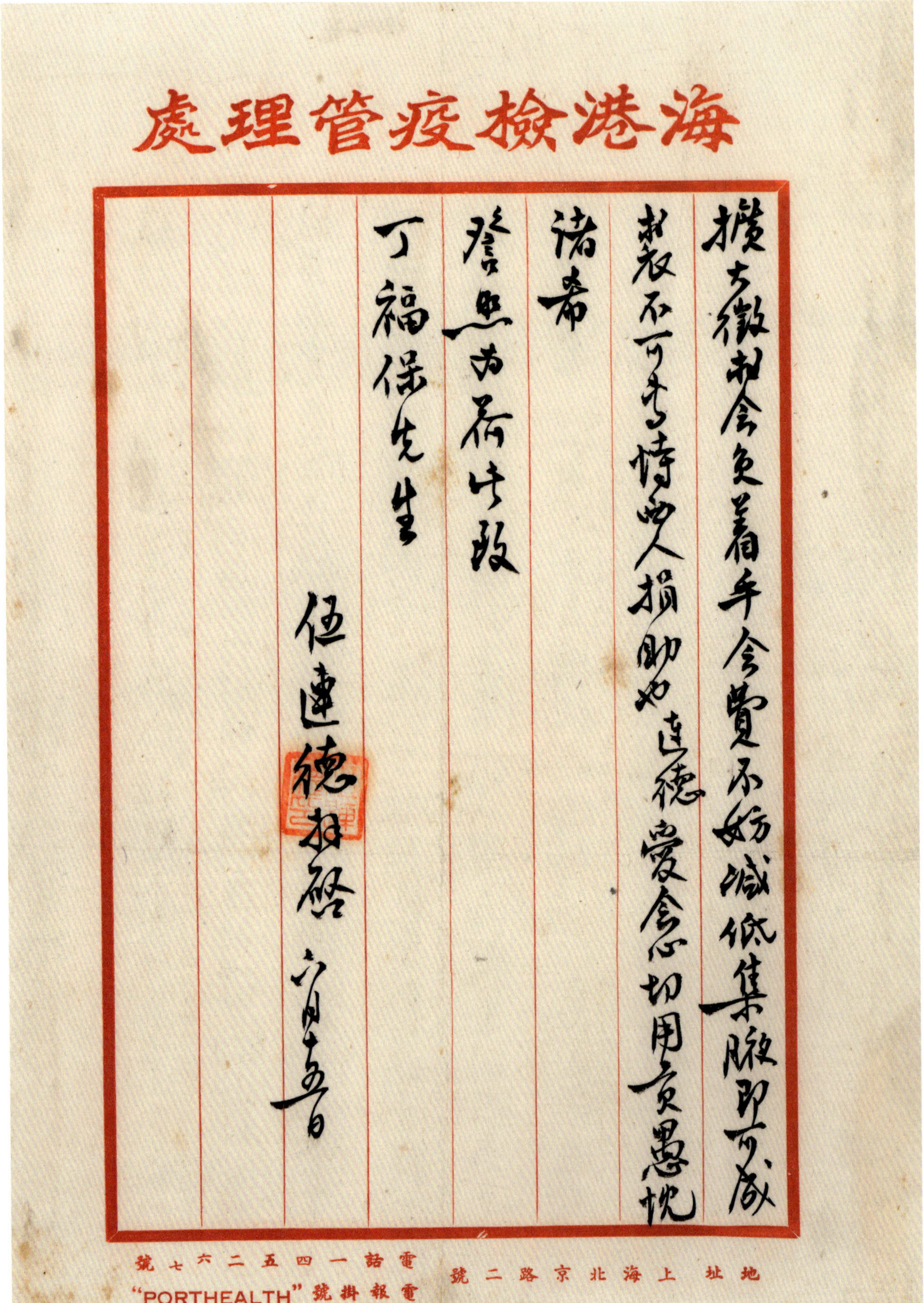

海港檢疫管理處

撥充徵求會員著手，今覺不妨減低集股，即可感動不可多得之人捐助也。連德愛念心切，用貢愚忱，諸希

詧照為荷。此致

丁福保先生

伍連德拜啓 六月廿五日

地址 上海北京路二號　電話 一四五二六七號

電報掛號 "PORTHEALTH"

顏福慶致丁福保

國立上海醫學院

仲祜先生：

示悉。辱承

獎飾，愧不敢當。肺病學會若發起甚好。

備蒙不棄，請以賤名列入可也。專此奉

復，敬頌

台安。

後學顏福慶拜

電話七〇一六二·三

電報掛號七一〇八

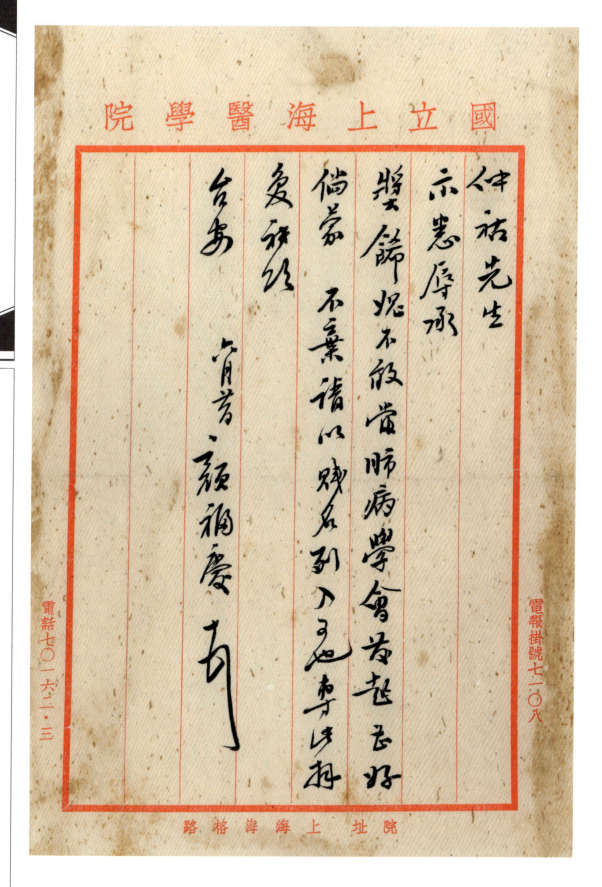

院址上海海格路

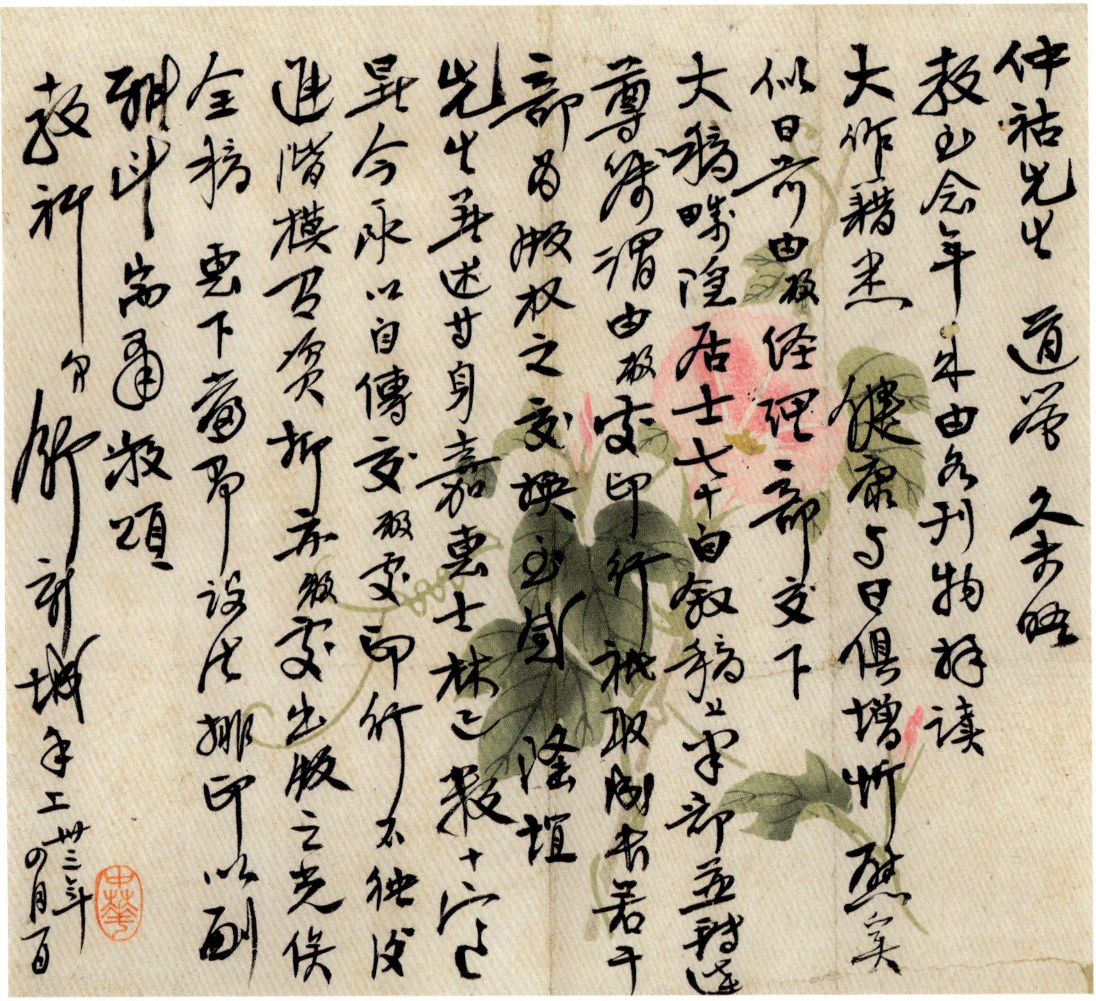
仲祜先生道席：久未晤
教，去冬年末由各刊物拜讀
大作，藉悉健康日佳，增忻慰矣。
似日前由敝經理部交下
大稿《疇隱居士七十自敘》稿，並由部並轉達
尊處，謂由敝處印行，擬取酬若干
部。當敝敝之意，換出其隆誼
先生並述其身嘉惠士林之數十年，
是今承以自傳交敝，交印行不能收
進，借謨另貨，擬再敝處出版之先，俟
全稿惠下，當即設法挪印，以副
期望。尚希賜復
教祈
即頌
新城手上　卅三年四月三日

上海市教育局用箋

仲祜先生台鑒：前奉

大函，祗悉一是。

台端熱忱，為無救之肺病學子全命無算，

欽佩承

囑列入覆題，當為追隨知名家

錦注，特此奉復，祗頌

台綏

弟潘公展敬啟 七月十二日

潘公展印

仲祜先生賜鑒：睽違

芝暉，弥殷企仰。敬啓者，往年承

賚書籍千餘卷，至今珍庋鄴架，供人閱覽，

嘉惠後學，感佩莫名。頃吳子敬先生來述

先生又將捐贈古泉若干種，以供敝校員生

考古研究之用，仰荷

高誼，曷勝感謝。惟于何時派員前來祇

領，尚祈

第　頁

國立同濟大學公事箋　（校址）吳淞鎮北　（電話）吳淞十號

第　頁

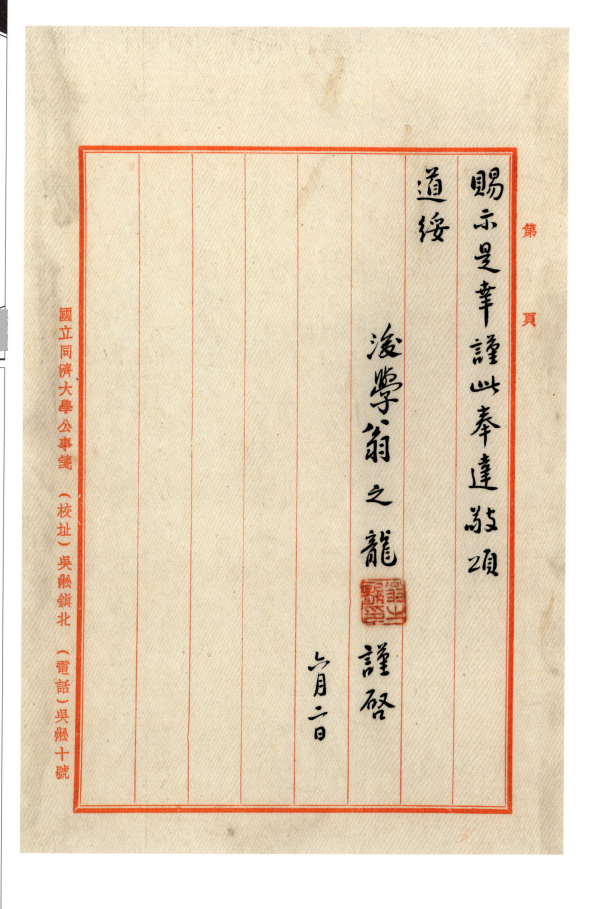

賜示是幸謹此奉達敬頌

道綏

後學翁之龍謹啓

六月二日

國立同濟大學公事箋　（校址）吳淞鎮北　（電話）吳淞十號

趙君豪致丁福保

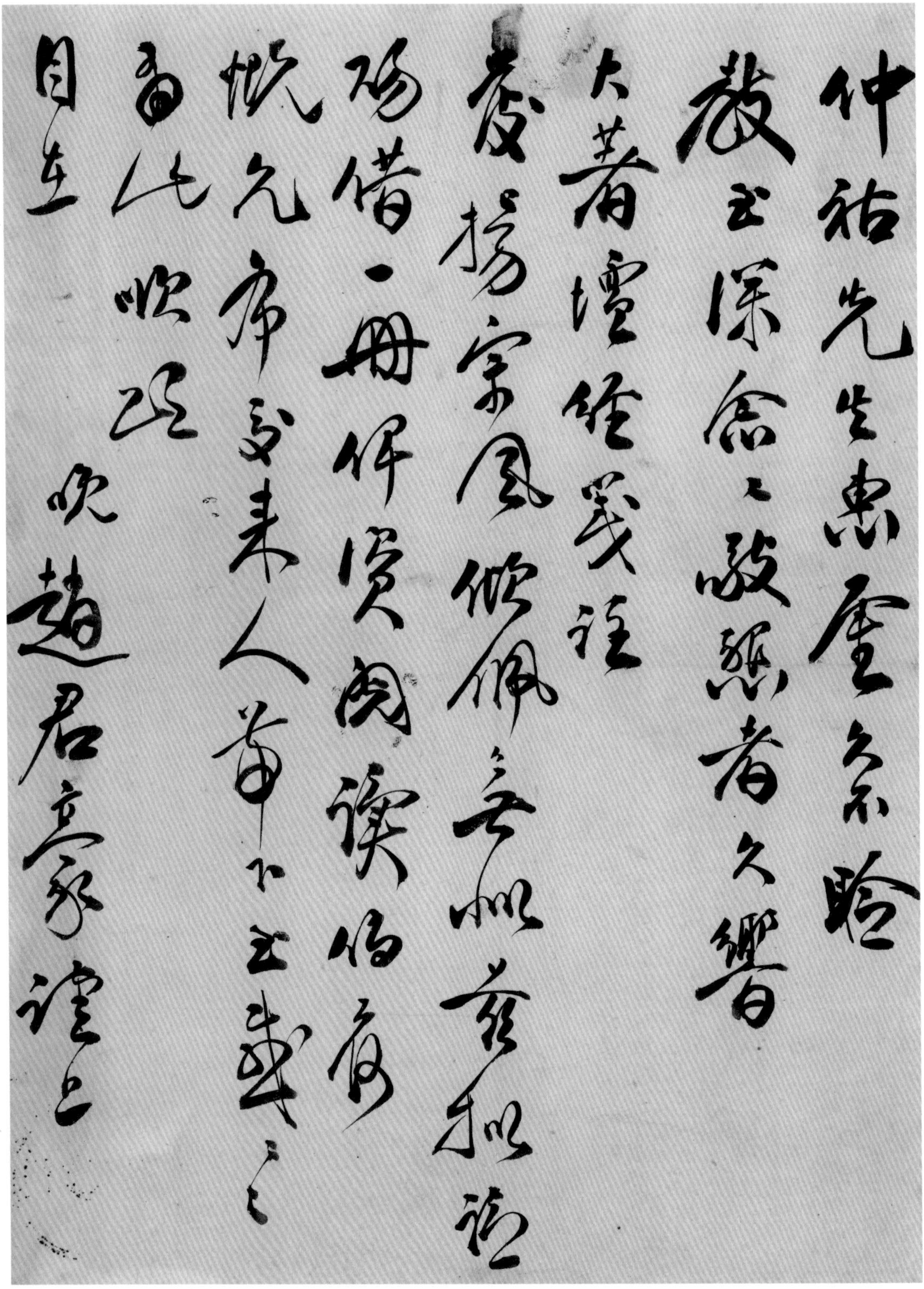

陳嘉遯致丁福保

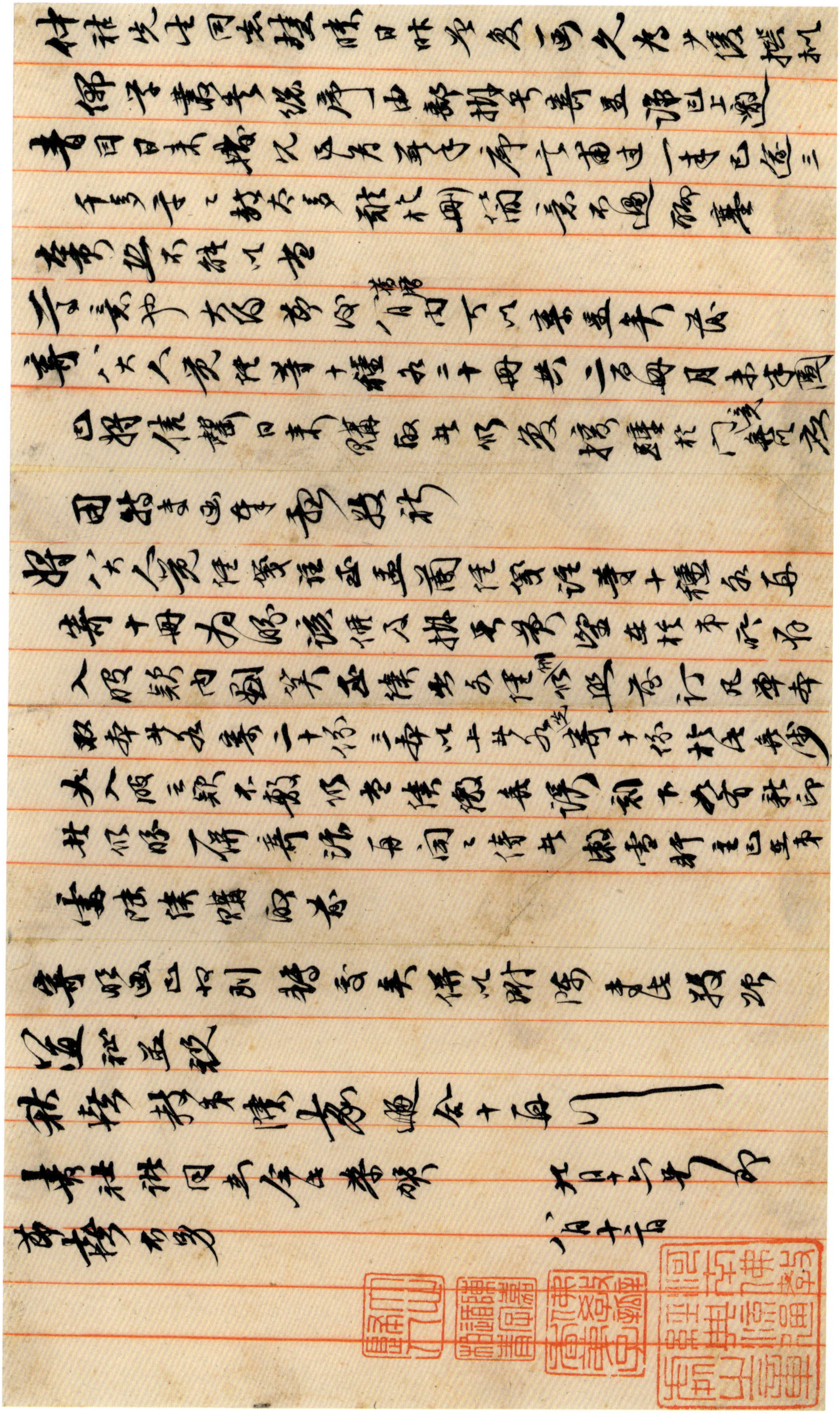

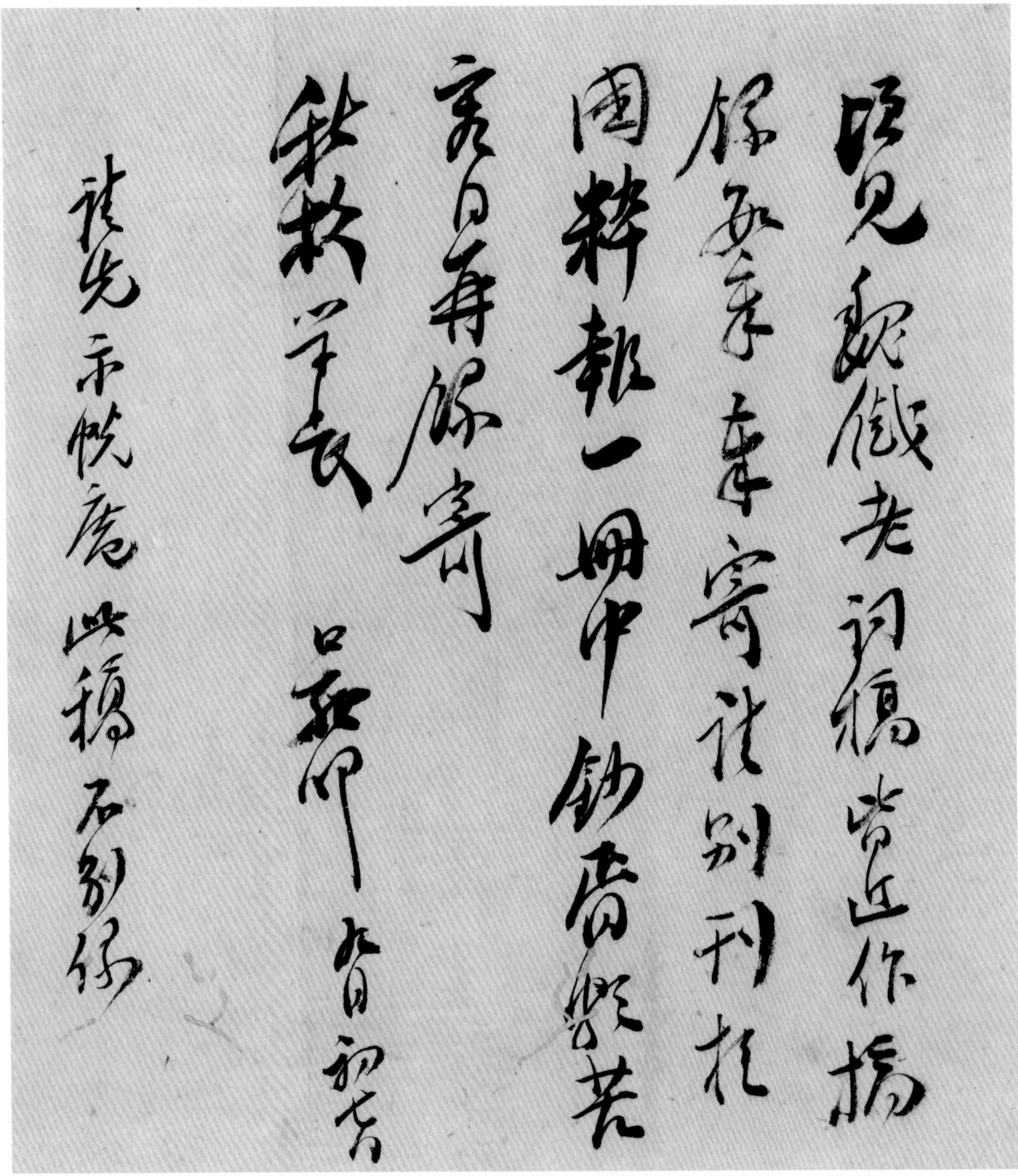

吳虞致鄧實

用箋

中夜不寐偶成十首

相角悲長夜速陽發短吟英雄欺世慣漢高帝之事彼豈不知其偽而既亂乃
稱王命真屬儒也賢聖誤人深君親無將之說肖非本於孔子霸者之無所挾以制收世收豪傑之誤人淺而賢聖
之誤人尤甚於之庸眾也地獄誰真入言排革者乃甚重其奴隸之頭銜頂家珠為所籠也神州竟陸沈
知稱盜跖徽言費推尋莊周憤世既深而詆聖人之特甚而收世覇者有盜跖之行而無盜跖之才非藉聖人之
言以自文飾不能自遂收取孔子首先收之至漢武用董仲舒之策非孔子之言勿進其禍乃酷於秦政矣蘇軾謂盜跖漁父等篇為偽作意在
為莊周諱欲豚人於詩禮閑為儒家左袒斯亦不免收世文士之見也
湖海元龍氣銷磨益自傷淮南招隱士孔教之國與專制政體之下必多隱逸蓋從孔教
則君臣之誼無所逃於天地之間所謂不仕無義也而置身專制天子之朝之節俠之士所鄙棄而不屑伍人伍猶皆不能為收獨行隱逸之傳史
不絕書也冀北想孫陽不索胡奴米終焚僧達床作緣殊未易
今日愴真長

明治卅　年　月　日

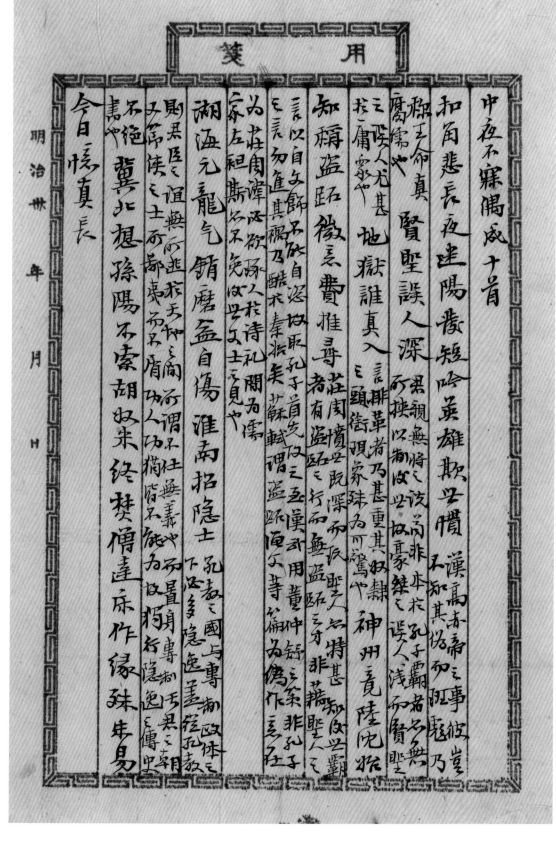

用箋

試放浮圖級級升，第幾層（以西人議論以微逐酬酢見於現在一般社會之習慣者為達於最高級者團）
以為天演所當 道心常淡泊（淡泊明志，寧靜致遠，二語見淮南主術訓，為諸葛所本，諸葛學申韓，而申韓實原
於道德，是諸葛為出於道家矣） 傲骨轉崚嶒，理解空文字，疏狂愧友朋。阮公
時越禮，應自避孫登。（謂仰思）
未能為善惡，生世本無端。夢覺殊難定，輪迴若是觀，圓球終
混沌，方寸有波瀾，何必靈椿壽，朝陽不耐看。（朝陽花甚美，日本多有之）
刺客無荊聶，愚儒有孟荀。（荀子非十二子篇謂猶瞀儒，楊注溝瀆若拘愚也） 蟪蛄方睇耳，
腐鼠漫驕人。雖忘先黃老（太史公理想高遠，其言論多合於今世之憲之旨，故先黃老之學，班氏譏其從六經語
矣） 高才隱賤貧。不須嗤倖幸，好為論錢神。（太史公倖幸傳及鄧通，居首甚通，在今日則多
叙納稅上議院議員也）
現在原無我，人生已幾回。多情期轉世，私語若聞雷。美惡從心

明治卅　年　月　日

用箋

理列子言美者自美吾不知其美惡者自惡吾不知其惡武三思言人合於我者為善人不合於我者為惡人皆各就其心理之所謂美惡言之此香篇性善性惡之說所以終無一定也稱譏是禍胎利衰毀譽稱譏苦樂能動搖人釋氏謂之八風而孔子成春秋專以褒譏為旨更儒為責備賢者之說於是中人之材既不敢出其範圍而賢者亦束縛於名教雖大奸大惡終非空言之所能懼不過患不務之士又非褒譏之所得行故孔子以後無賢人而亂臣賊子仍不絕於世也華胥與鳥託雅待夢游來

奇情聊自負獨坐且橫琴不有忘機者誰知物外心龍蛇生大澤斥鷃喜榆林性質由來異相逢漫賞音

恨道輪年少孔子三十而立釋迦出家時年二十九歲皆少年也蕃華攬鏡看耶蘇多霸氣達郎歷吾思想家年表耶蘇霸氣太桂桂故不免豊禍也我佛富悲觀掃蕩從根底清虛到涅槃生前與死後來去兩無端佛言吾人生命之兩端實不可思議

未獻帝王璞徒悲天地秋此身真苦聚現象總浮漚胠篋應嘶聖聖人行胠篋之術而無盜國之名比之於盜其技不亦巧虖如弦那得侯殷勤分九品

明治卅　年　月　日

4

用箋

端賴報權流

萬物為芻狗，無知惡衆生。孔尼空好禮，穆罕獨能兵。遣禍庸奴少，違時處士輕。最憐平等誼，聊佛墨同情。佛言衆生可憫，互相吞食。老言天地不仁，以萬物為芻狗。王注：地不為獸生芻，而獸食芻；不為人生獸，而人食獸。嚴又陵以為拆老達乎文教理于屋兩宗語也。孔教講尊卑貴賤，故主天尊地卑之說，甚不平等，極之於弄瓦弄璋。故重在尚之以礼，至曾子遂於軍旅之事亦不之學。門人吳起好言兵，曾子且以宗旨不合之故逐之，與孔子藉他事以誅少正卯同也。是以儒教貴礼而不尚武，最便於專制，而為覇者之所喜，寧為弱中國之一大原因也。以視老子之深達、西教之精神，固已不及，若平等之誼，尤瞠乎後矣。

秋枚先生哂正

吳虞又陵自日本東京法政大學寄

國粹學報附有詩詞拙作，可否采錄，

先生裁之。附白

明治卅　年　月　日

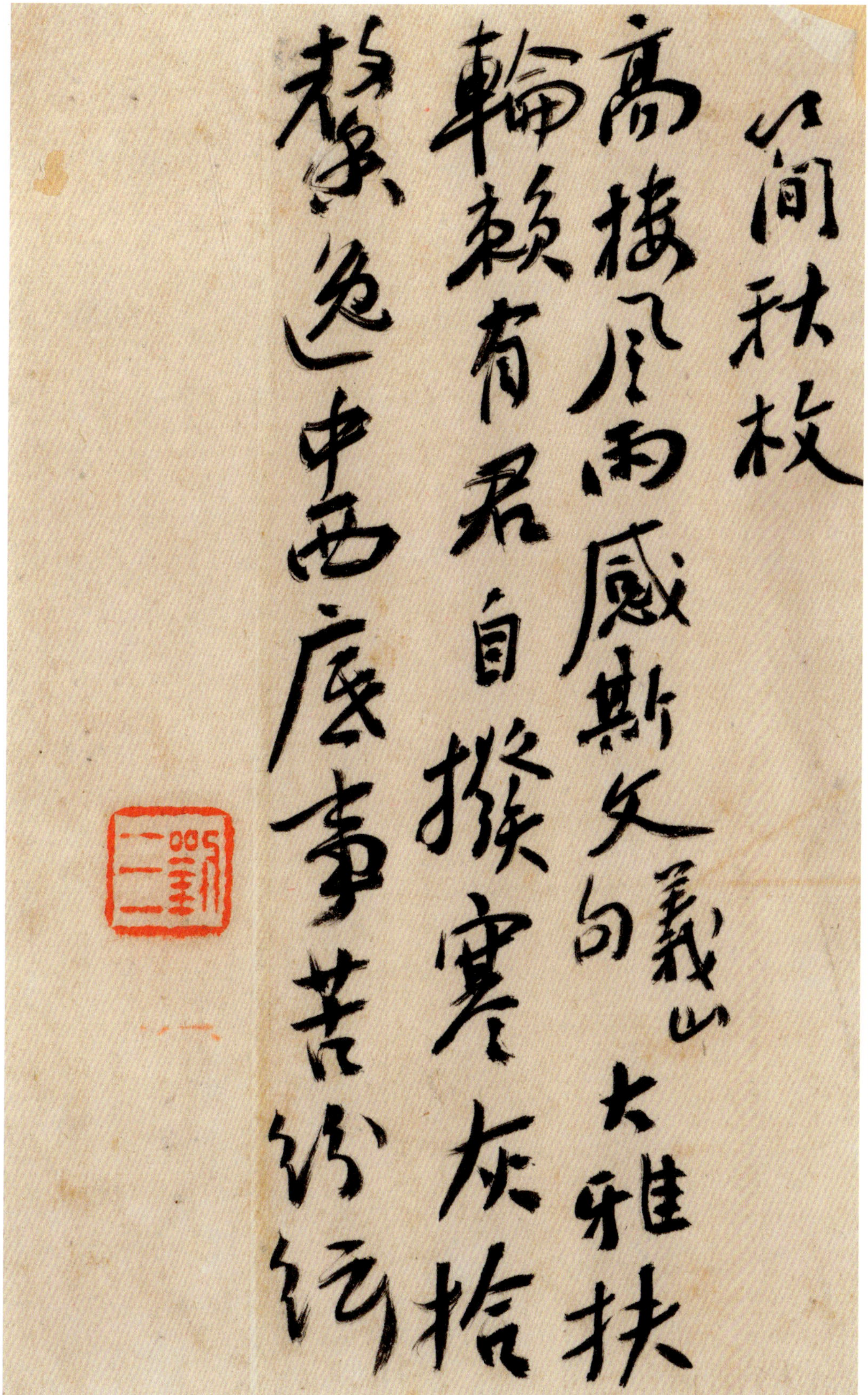
人間秋枚
高樓風雨感斯文義山句大雅扶
輪賴有君自撥寒灰拾
散逸中西廣事著紛紜

劉三

劉光漢致鄧實

秋枚先生座右：前發一信並文稿六頁，想均收到。今復寄上參篇六頁、叢談四頁，乞檢收。正名隅說一篇，擬專論文字之起原，又思字音之起原，遂有厚因故，知字音之造成，一原於物音，一原於人意。所發人口所出之音，古韻同部之字均同一義，此真中國字母之祖。故隅論第三條即發揮其義。惟此條甚長，今所寄上者僅十分之二耳。俟廿日前寄上，決不踰期也。王故心近日有何撰述，乞示知。國粹保存會員大數若干，想較初為發達也。專此即請

著安

光漢

黃節致鄧實

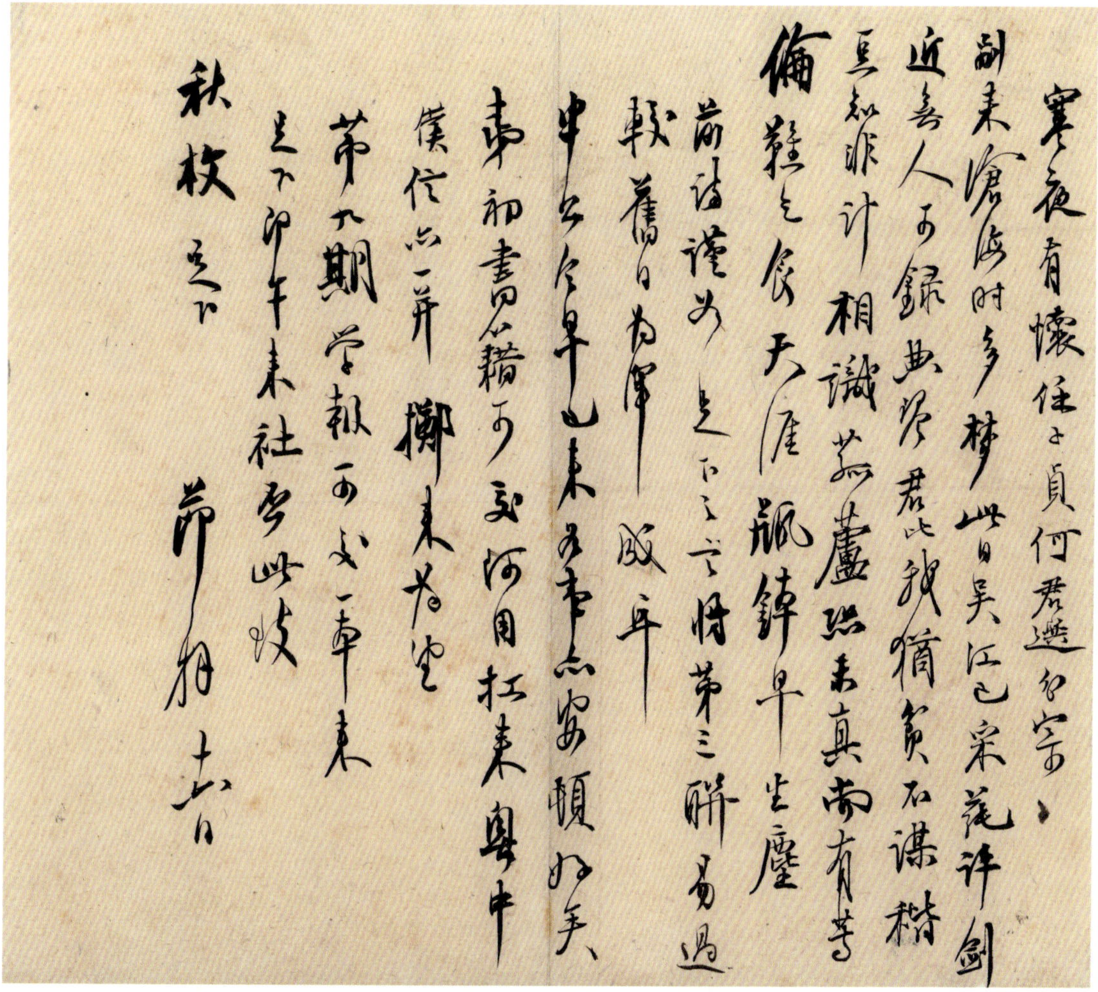

寒夜有懷任子貞何君遜句寄、
副來滄海時多賴此日吳江已宋張許劍
近無人可錄無緣君此我猶貧不課精
足知非計相識苦蘆照未真惟有等
倫難之食大庄瓶鉢平生歷
前請謹如
足下之言將弟三聯易過
較舊日為穩成耳
中山今年已來若未必安頓好矣
承初書已籍可致河用扛來粵中
僕信亦一并擲來為望
弟不期當報可或一寄來
足下印本來社多此故
秋枚足下
節頓首
十六日

孫世偉致胡樸安

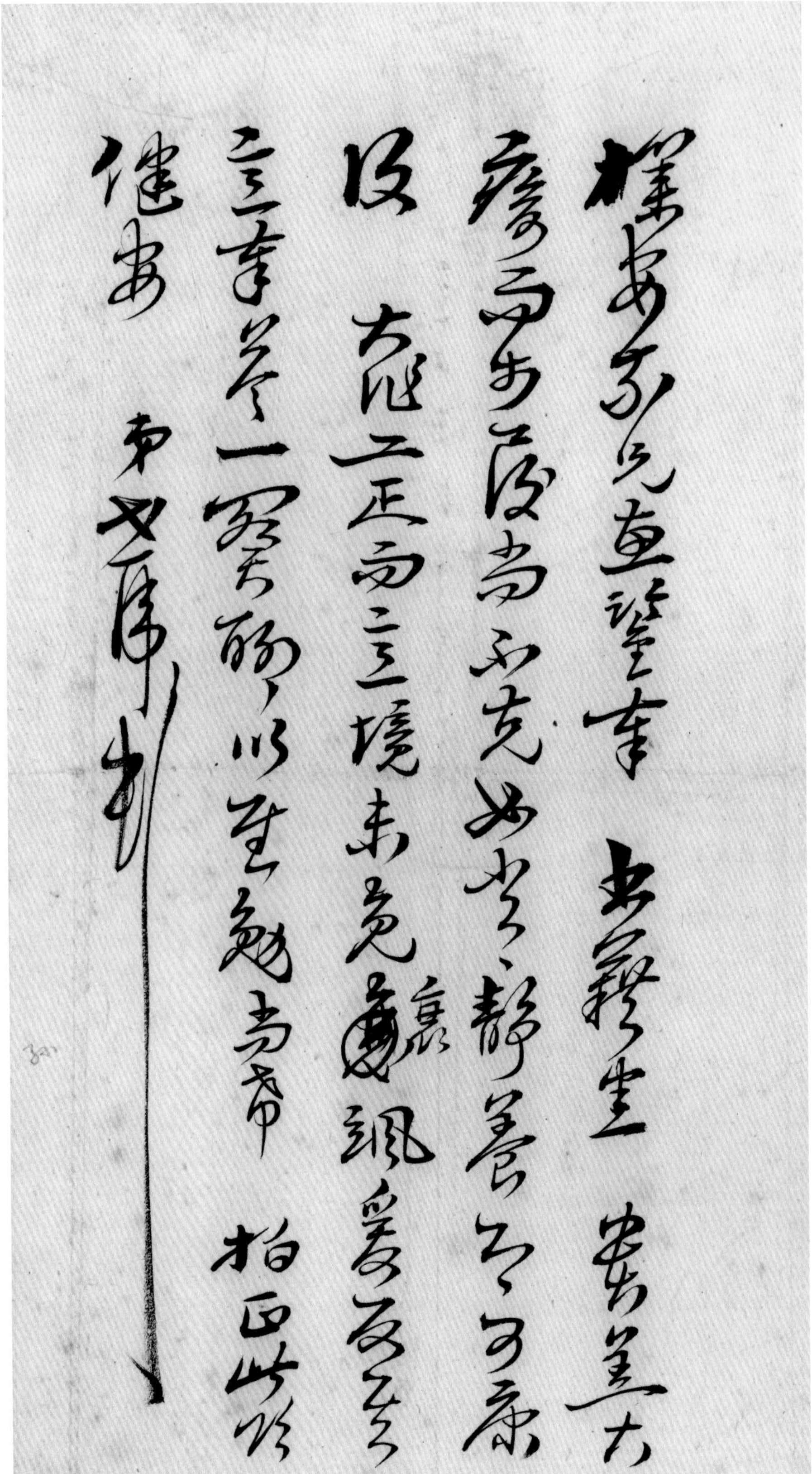

鄭翼之致高吹萬

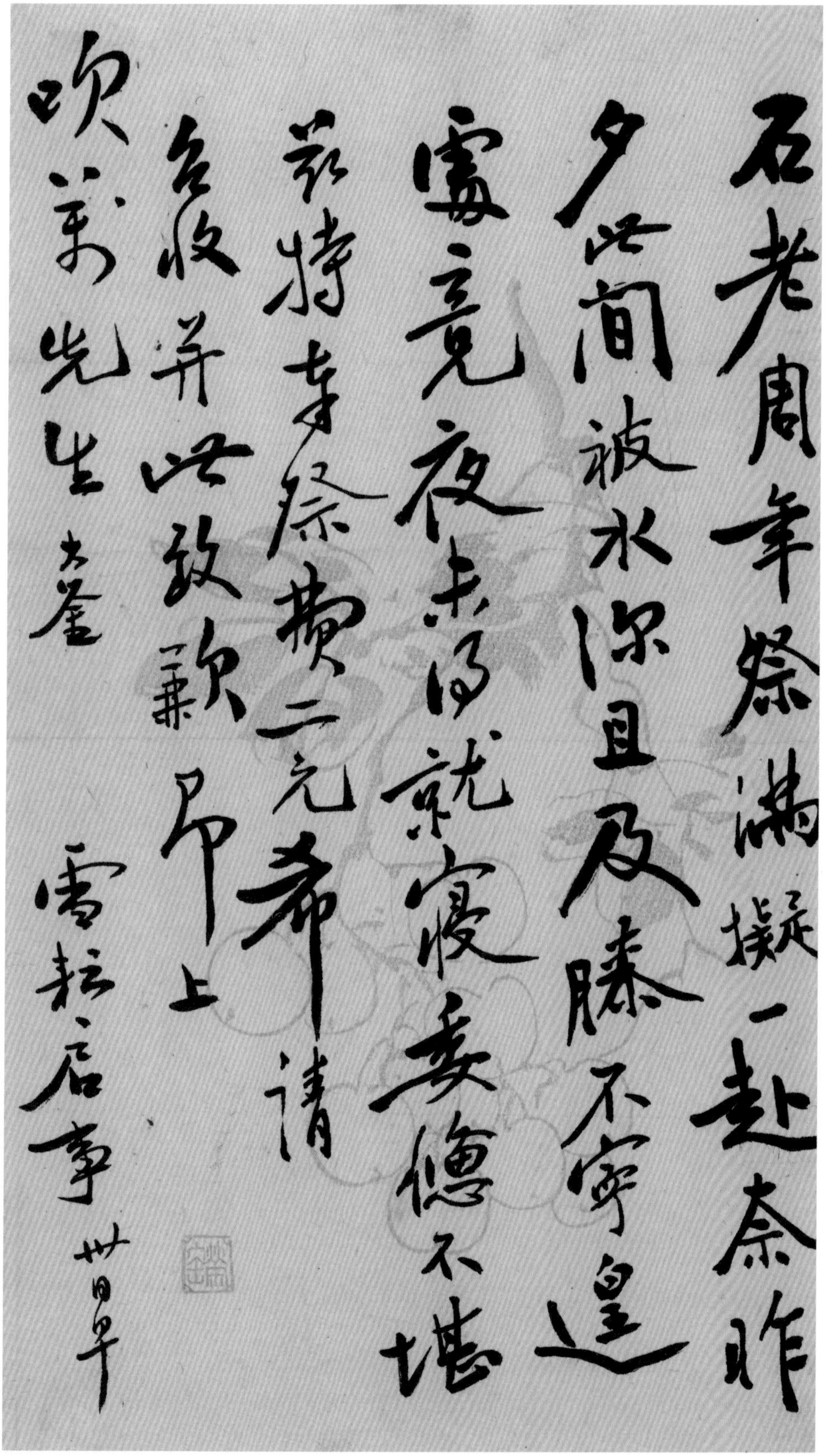
石老周年祭滿，擬一赴奈，昨夕此間被水，深且及膝，不寧皇遑，處竟夜未得就寢，委憊不堪。茲特奉祭儀二元，希請察收，并此致歉，即上
吹萬先生大鑒
雪耘啓事 卅日早

孫儆致高吹萬

吹老惠覽：頃奉手示，承悉耆老壽日所屬擬篇，是日實可不去，過後作一詩貽之云矣。鏞樓亦作二律送往。弟壽序不及鈔寫，即以草稿奉呈，並求教正，能蒙指教後賜還，尤幸。蒼虬翁老詩，本師評語評得撲朔迷離，非先生不能有此詩，非本師不能有此評，可謂雙美。本師評語仍附還。右兩詩呈正。肅頌
道祺
弟儆頓首
十月廿九日

徐珂致高吹萬

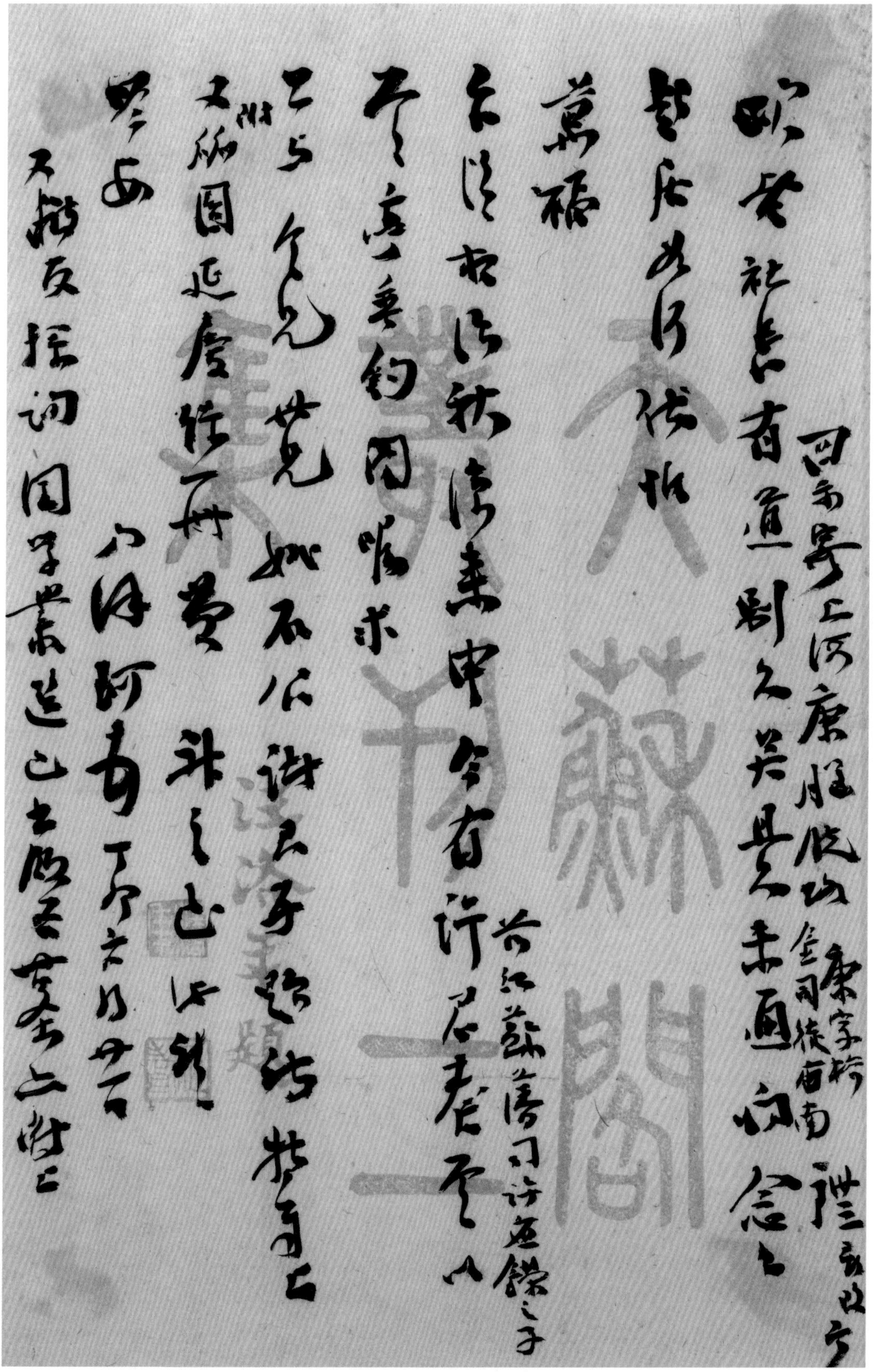

謝玉岑致高吹萬

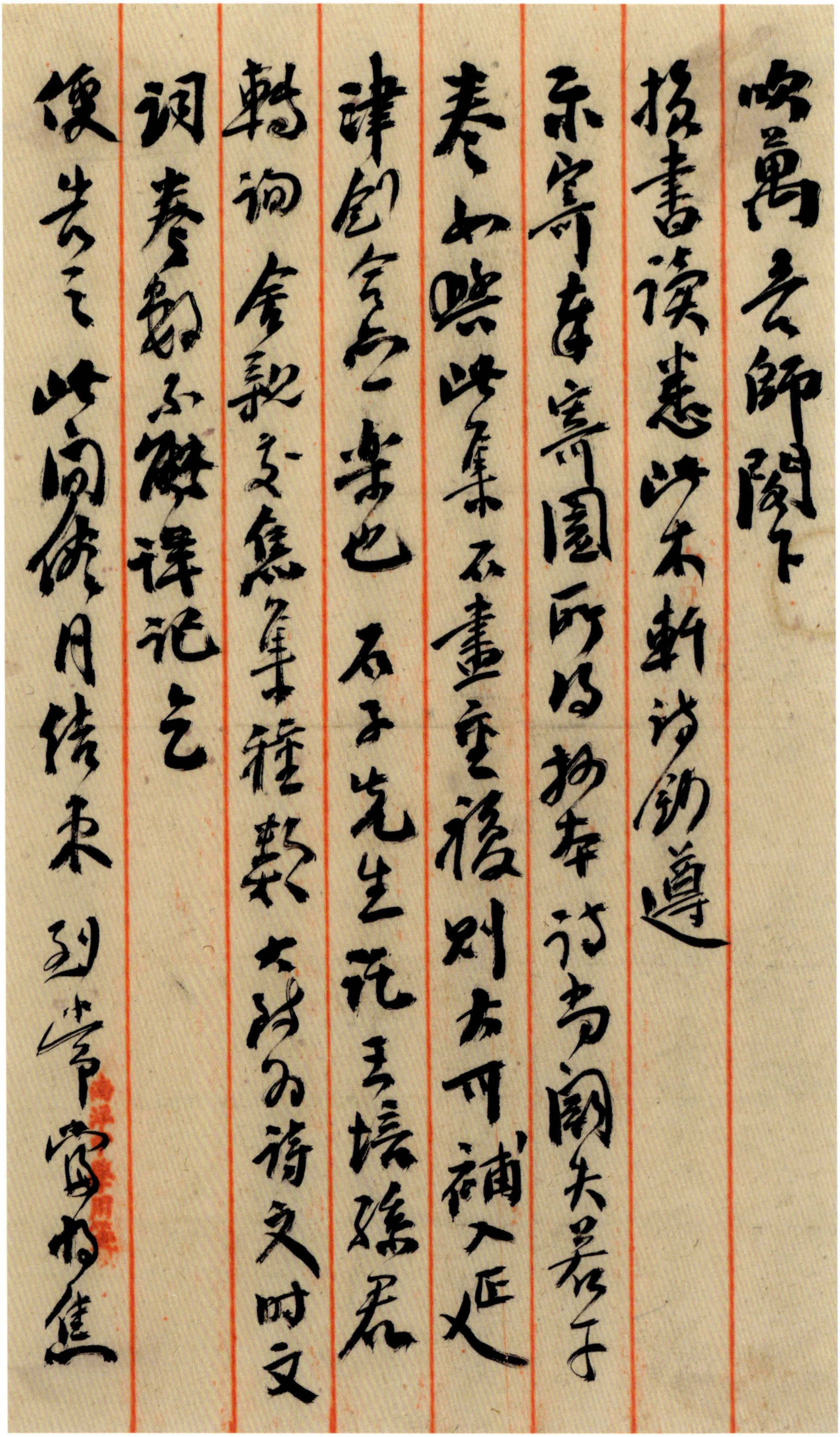

吹萬老師閣下：

頃書讀悉。此來新詩敬遵

示寄奉。寄園所得，擬奉討高閣大君子

奏如咲此集不盡處發，則大可補入匠之

律劍念之集也。石子先生託去張孫君

轉詢舍親交息集種數，大約可為詩文時文

詞卷象不勝謹記之

便告之。此間俟月信來，到常寄奉。健

謝玉岑致高吹萬

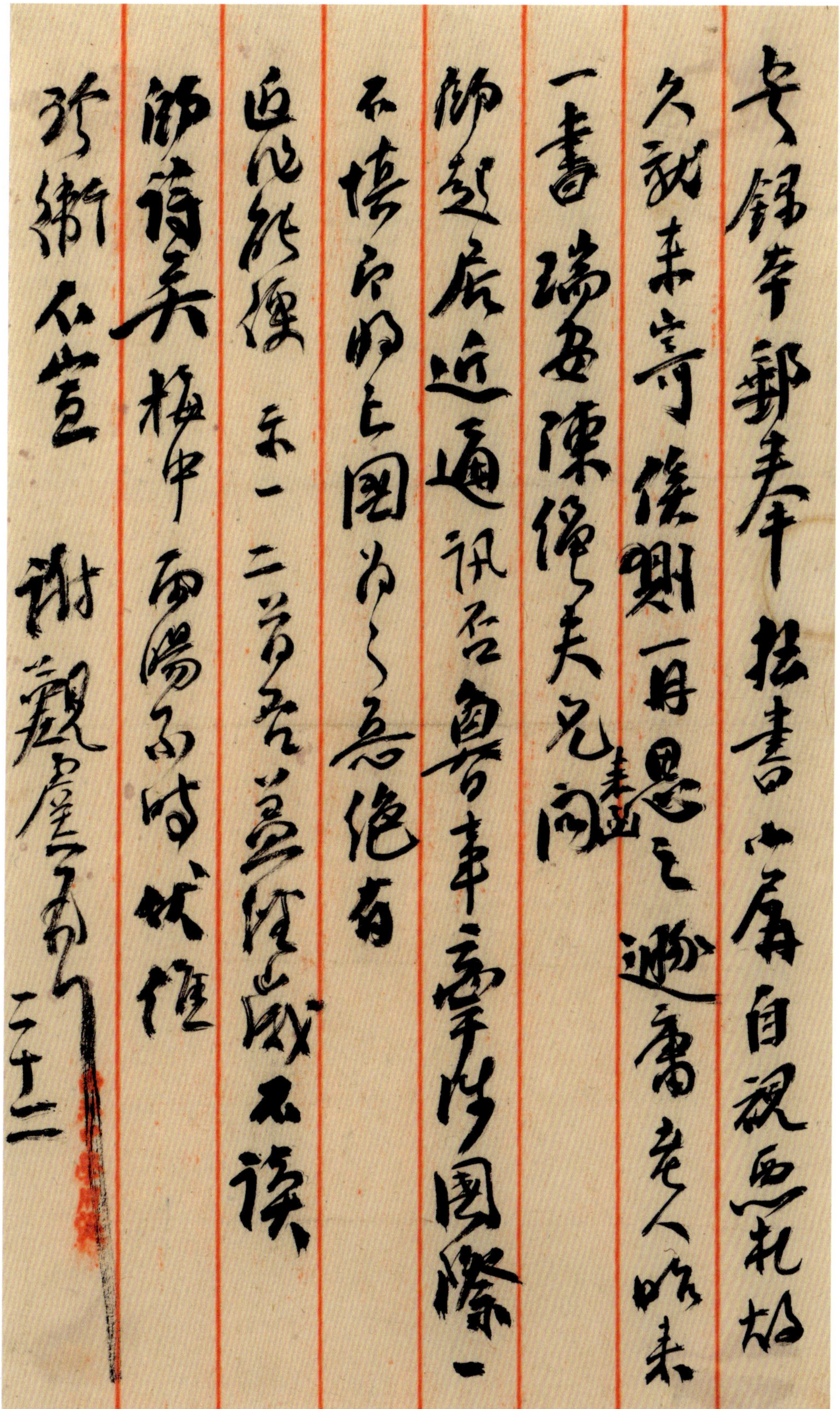
長錫哥鄉奉 拈書小扇自視無禮始
久就來寄 後期一月思之遊唐老人昨來
一書 瑞安陳倪夫兄問泰山
師起居近適 訊否 魯書年齋圃際一
不堪回時之園為之急絕有
近作能便 示一二首否 蓋從此戒不讀
師詩矣 梅中雨暘不時 伏惟
珍衛 不宣 謝覲虞頓首 二十二

仲漁市長果作古人，可歎！

胡適稿紙

每頁二百字

豹靈學長兄：

謝謝您的信。

四月八日適在春假期內，因已和幾位朋友約好同去旅行，故不能來天津講演，犯罪之至，千萬請您代爲向同學會道歉。

匆匆敬祝

大安。

胡適 敬上。

廿三，三，廿

承您說我可以任定一日，我因春假完後即須料理南下赴四月十六日開中央研究院之會，若在津講演，又須耽擱一天，故不能決定信。今年學生曠課太多，我此次又須告假，故心甚不安，只好早去早歸，以免多曠課。同學會最好不改期，另請一位講演，當無不便。乞 原諒。

胡適上。

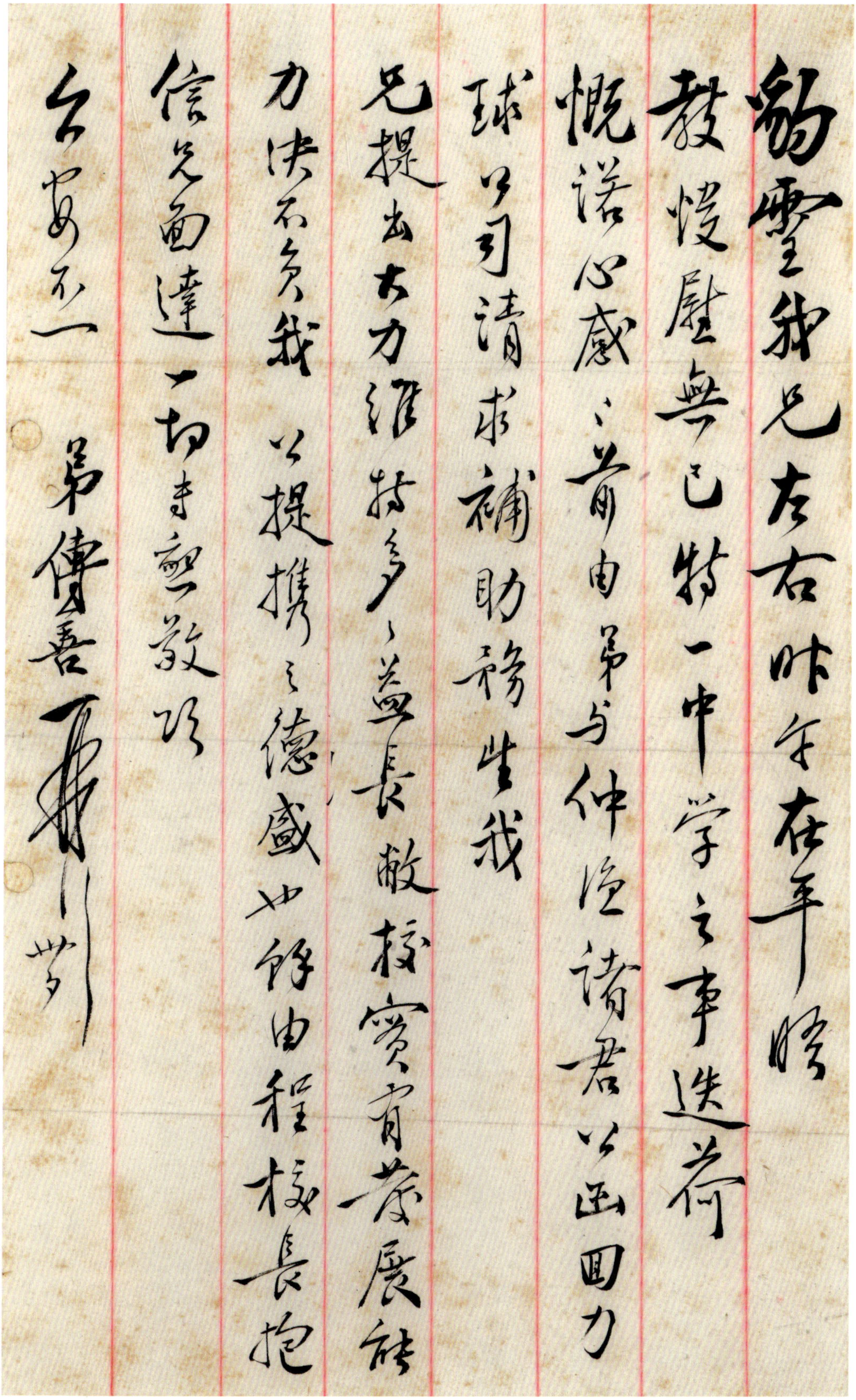

豹靈我兄左右：昨午在華晤

教，快慰無已。特一中學之事，迭荷

慨諾，心感心感。前由弟與仲逸諸君以函圖力

球公司請求補助，務生我

兄提出大力維持，多多益長，敝校實有發展能

力，決不負我　以提攜之德盛也。餘由程校長抱

倍兄面達，一切未盡，敬頌

公安不一

弟傳善頓首　廿五

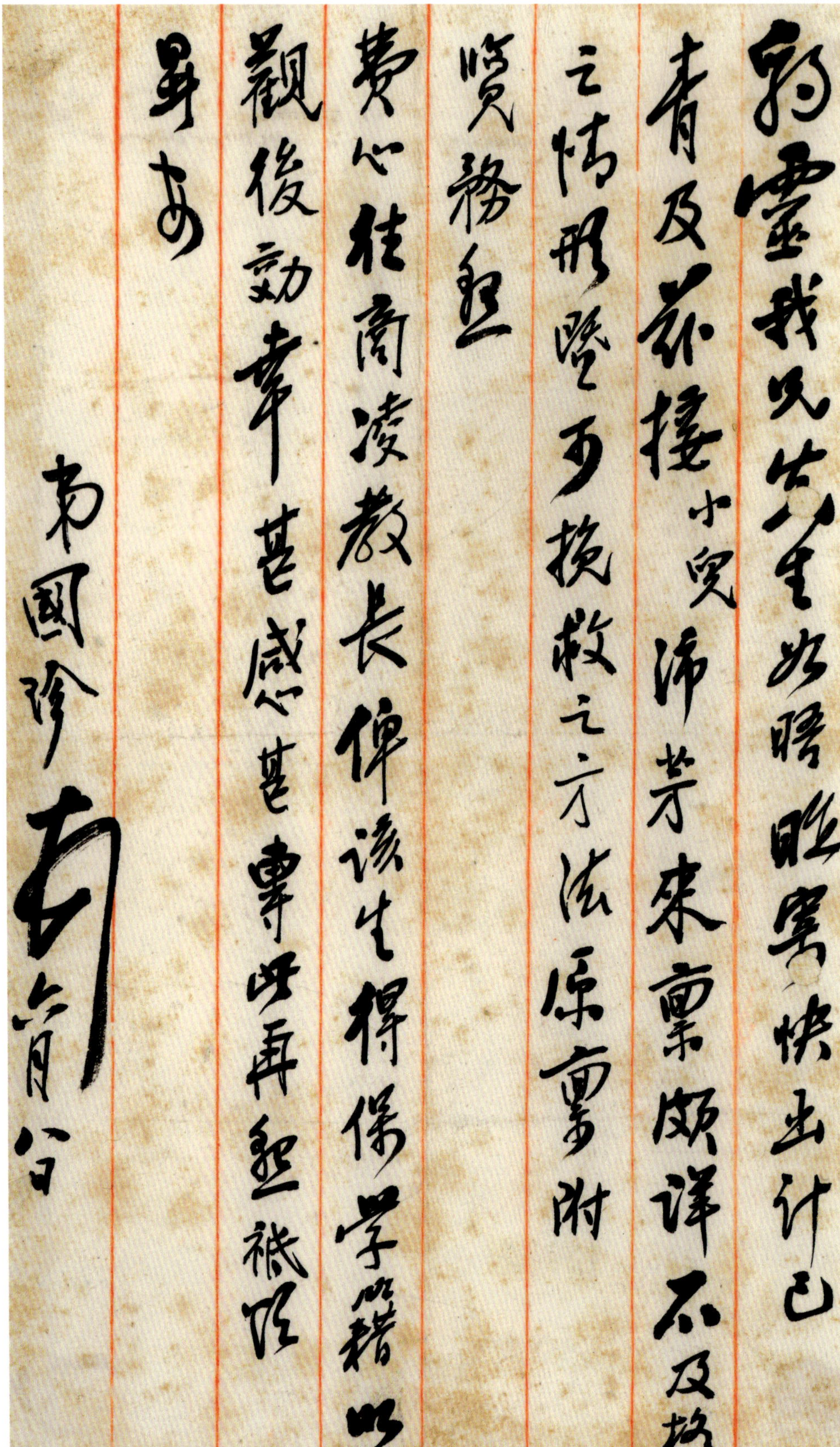
豹靈我兄先生如晤：昨寄快函，計已
青及。茲接小兒沛芳來稟頗詳，不及校
之情形、醫可挽救之方法，原函附
覽，務乞
費心往商凌教長，俾該生得保學籍，以
觀後效，幸甚感甚。專此，再乞祇頌
暑安。
弟國珍手　六月八日

陸長佑致楊豹靈

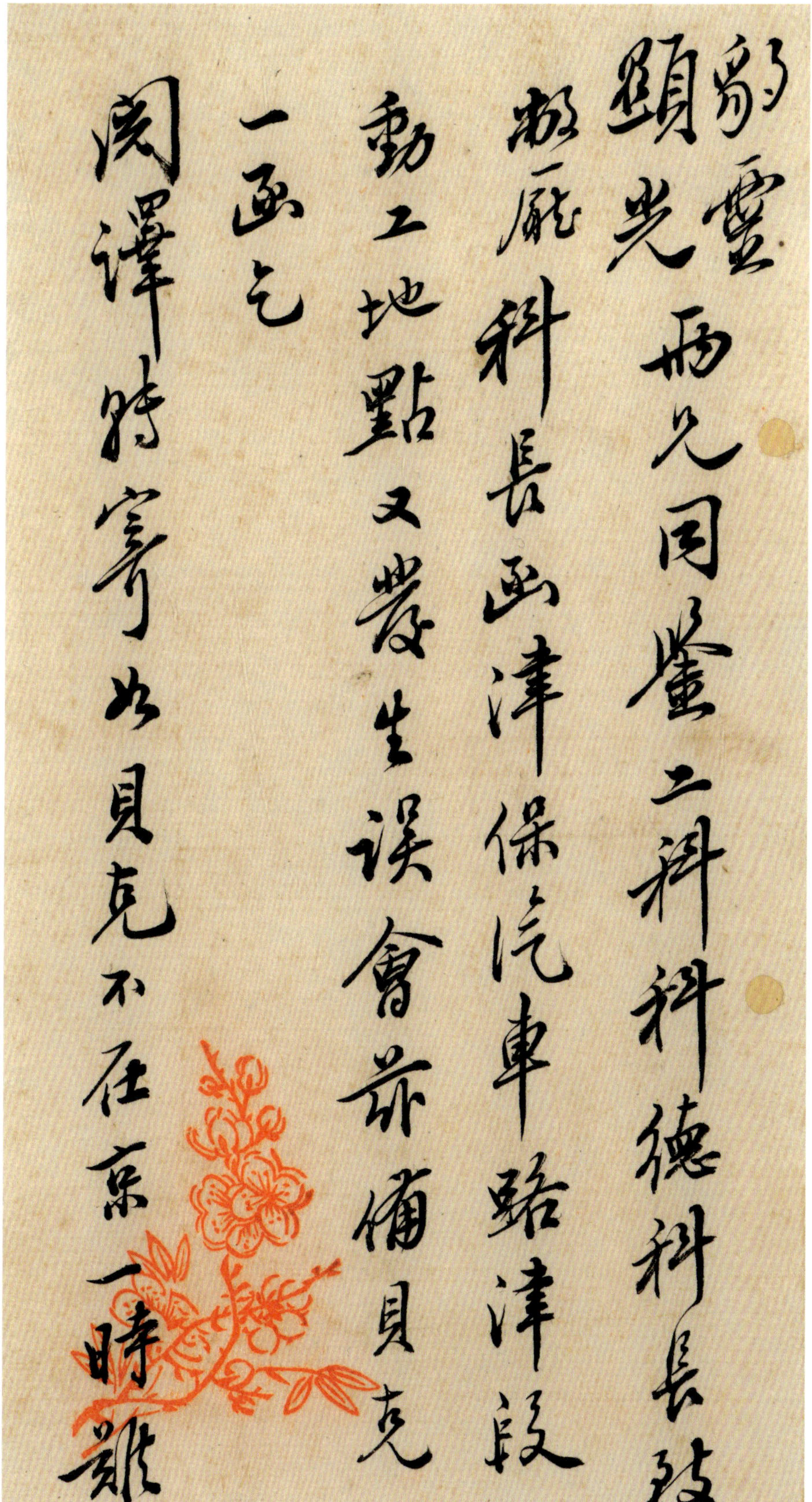

豹靈
顯光兩兄同鑒工科科長總科長段
敝處科長函津保汽車路津段
動工地點又發生誤會茲備具克
一函乞
閱譯轉寄如貝克不在京一時難

頃接洽，即請
函兒先與該工程師任培說明（免致延誤），
阻其在疕瘩村以東施工，以免支節。
偏勞至感。手此，即請
公安
弟陸長佑拜啟 七月十七日
外工程科一份，請閱后擲還。
又員克一份。

陳仲凡致陶冷月

冷月吾兄大鑒：前過承安，一見匆匆，未盡所懷。十日於簡章處邀來崇光顧，想為他事所羈。廖君所擬新中學章程特屬人借寄，就正。倘仍贊助，即入股捐若干，不難實現也。廣西旅行照片二十餘張，業已洗出，原片底仍懇寄下，因尊處所洗為友人索完，仍當再洗也。月底返寓，得暇再為造訪。專此代面。弟仲凡 十二日

國立暨南大學用箋

陳柱致陸丹林

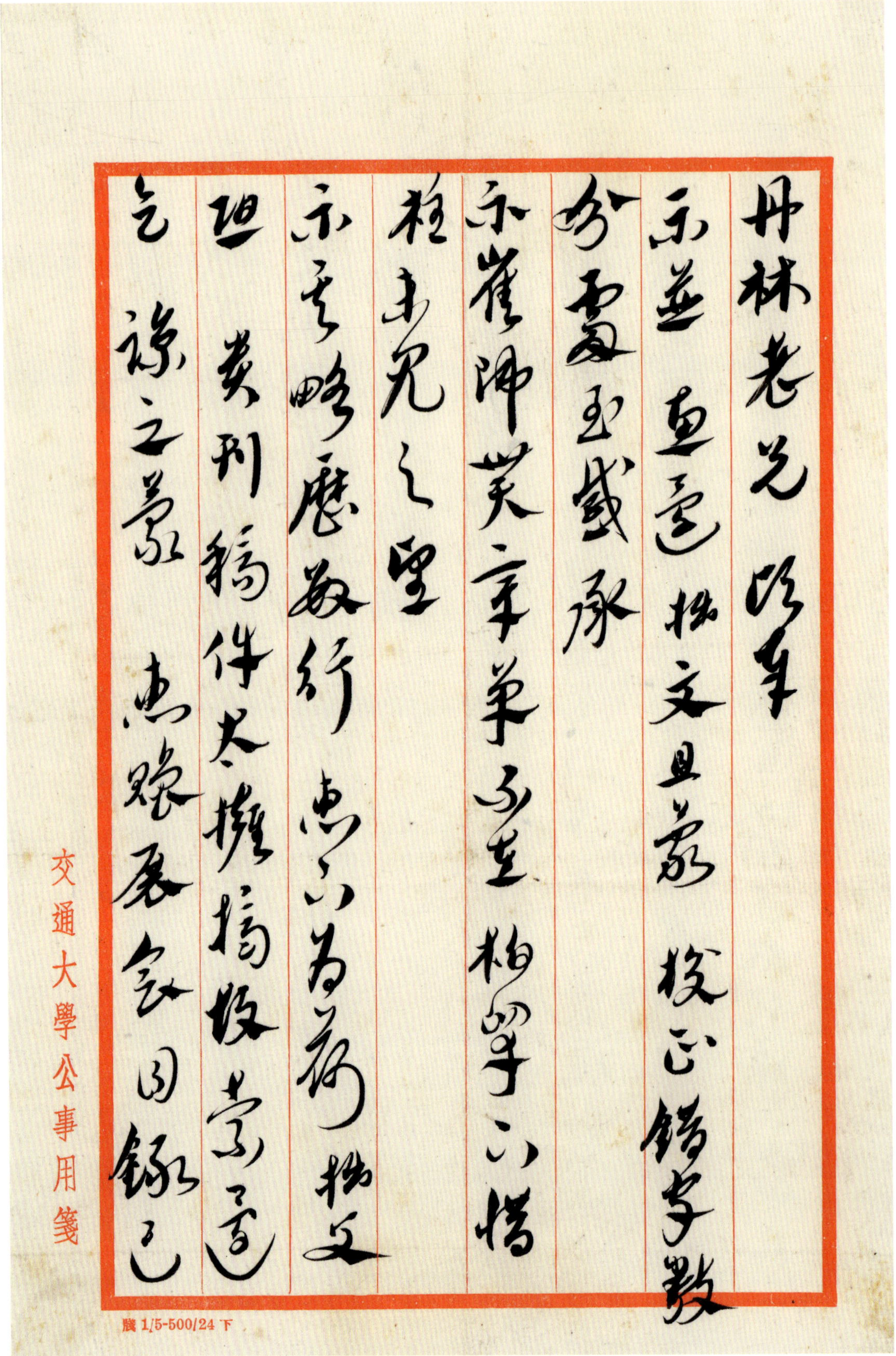

丹林老兄：昨奉
示，並惠還拙文，且蒙校正錯字數
處，至感。承
示崔[illegible][illegible]年第[illegible][illegible]柏[illegible]小[illegible]
猶未見之，望
示其略歷、教行，惠示爲荷。拙文
但貴刊稿件太擠，擱[illegible][illegible]還
乞諒之。蒙惠賜展覽會目錄，已

交通大學公事用箋

牘 1/5-500/24 下

陳柱致陸丹林

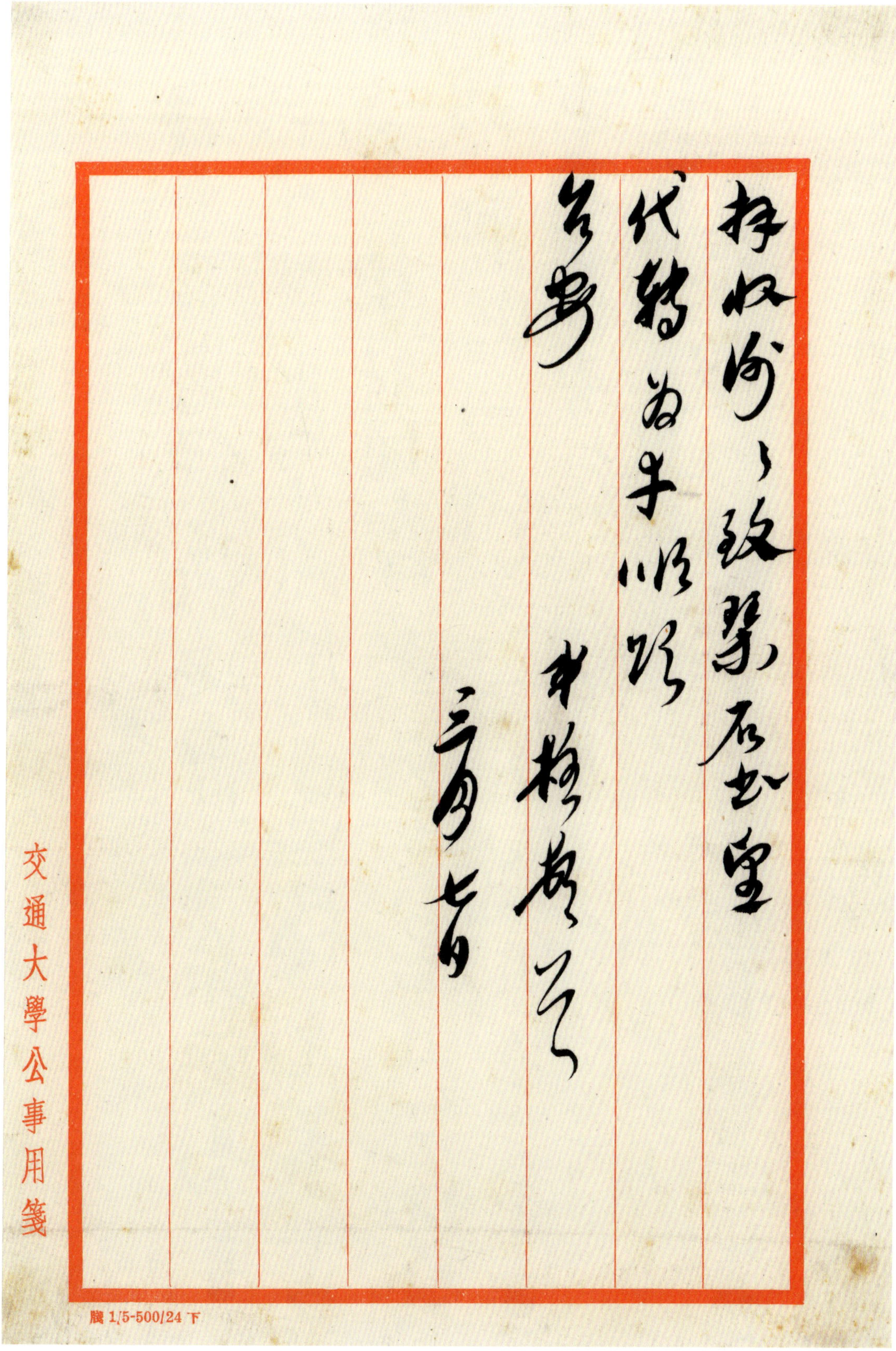

拜收兩〻致緊感甚望
代轉為幸順頌
台安
弟柱頓首
三月七日

交通大學公事用箋

牋 1/5-500/24 下

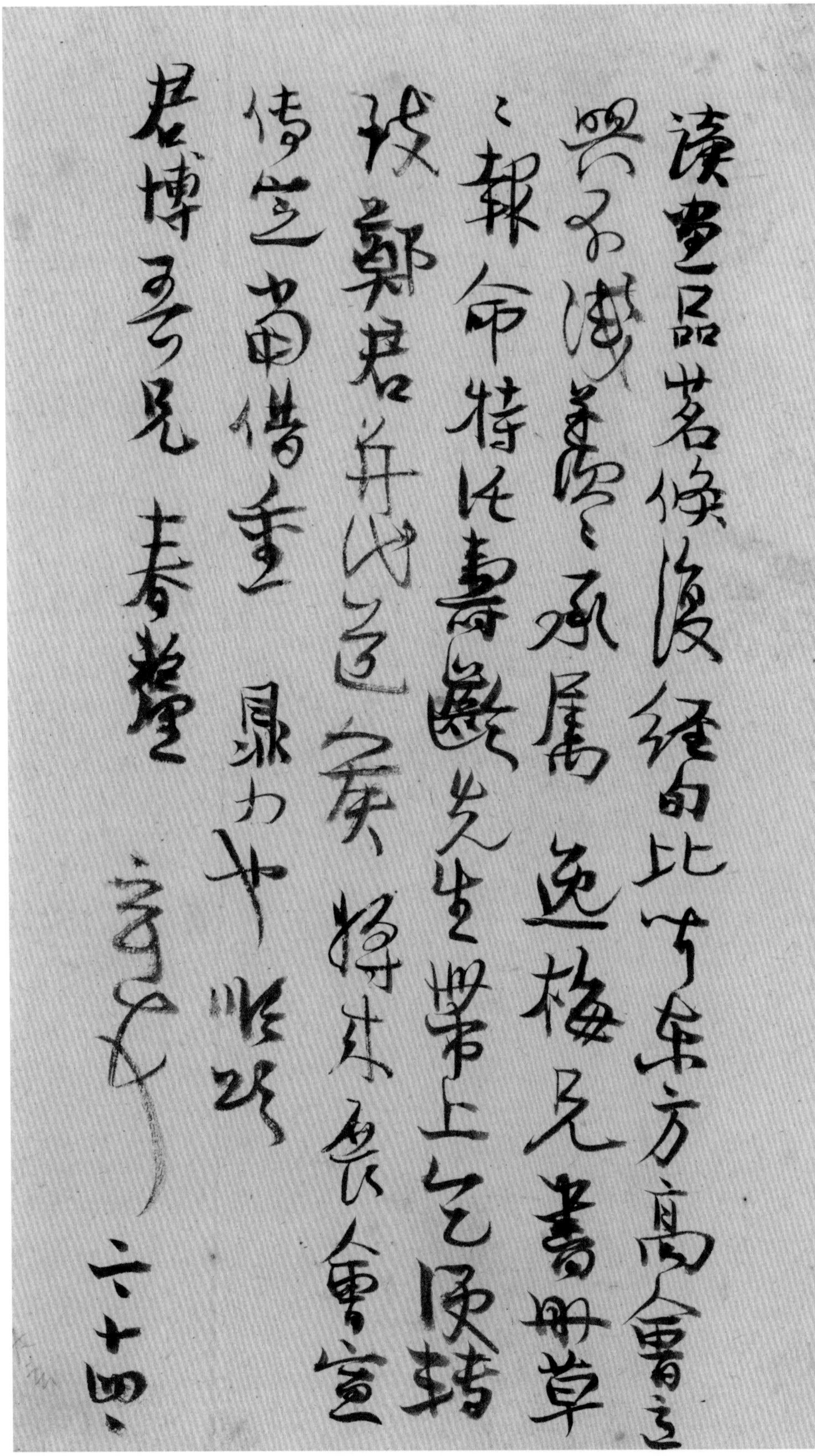
讀畫品茗後，復經旬，比得東方高會之
興不淺。兼承屬逸梅兄書冊草
之報命，特託壽巖先生帶上，乞便轉
致鄭君，并代道候。將來晨會宣
傳之，前借重 鼎力，并此致
君博吾兄 春禧 弟玄

六十四

郭蘭馨致徐碧波

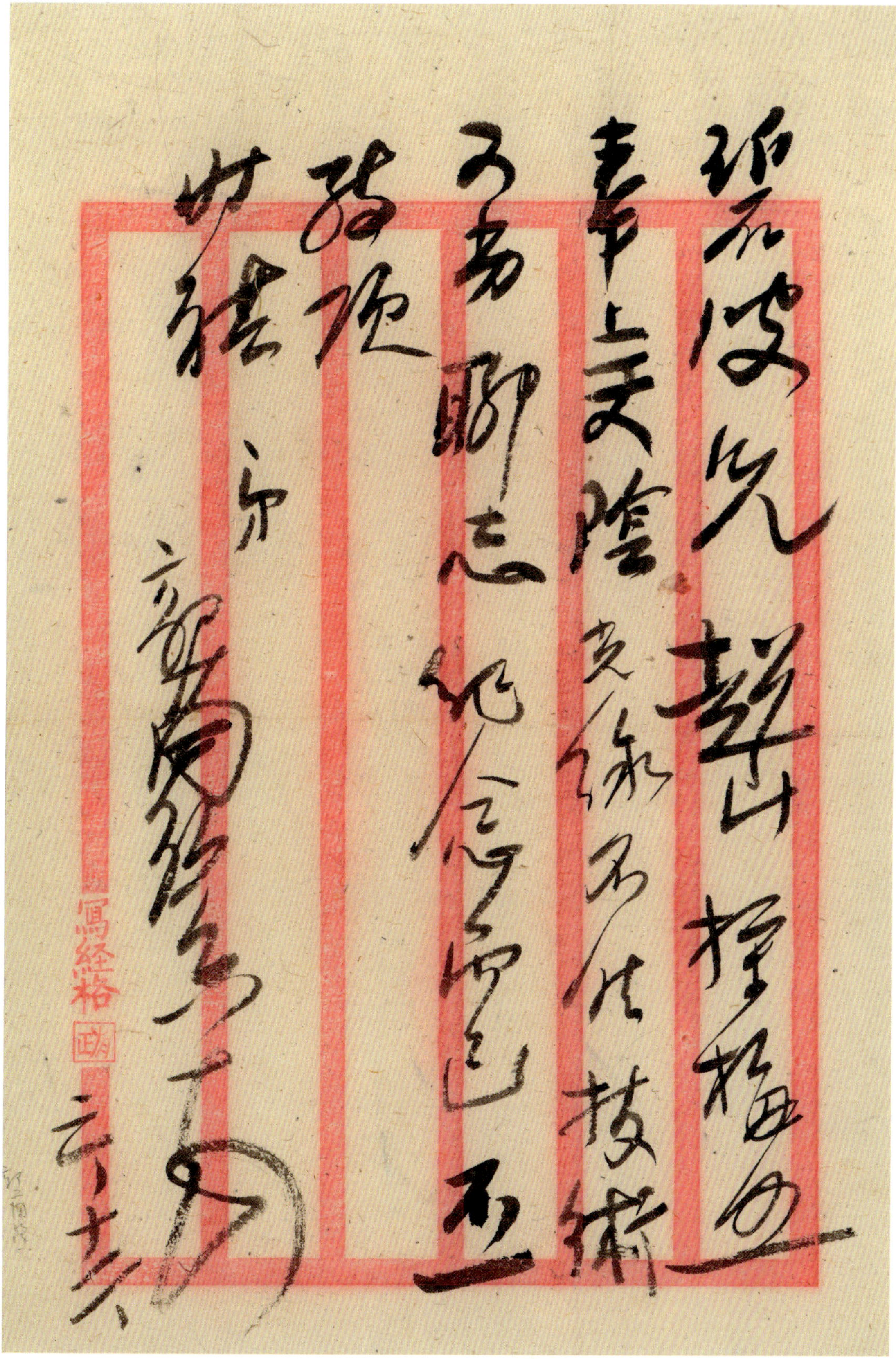

陳灨一致朱大可

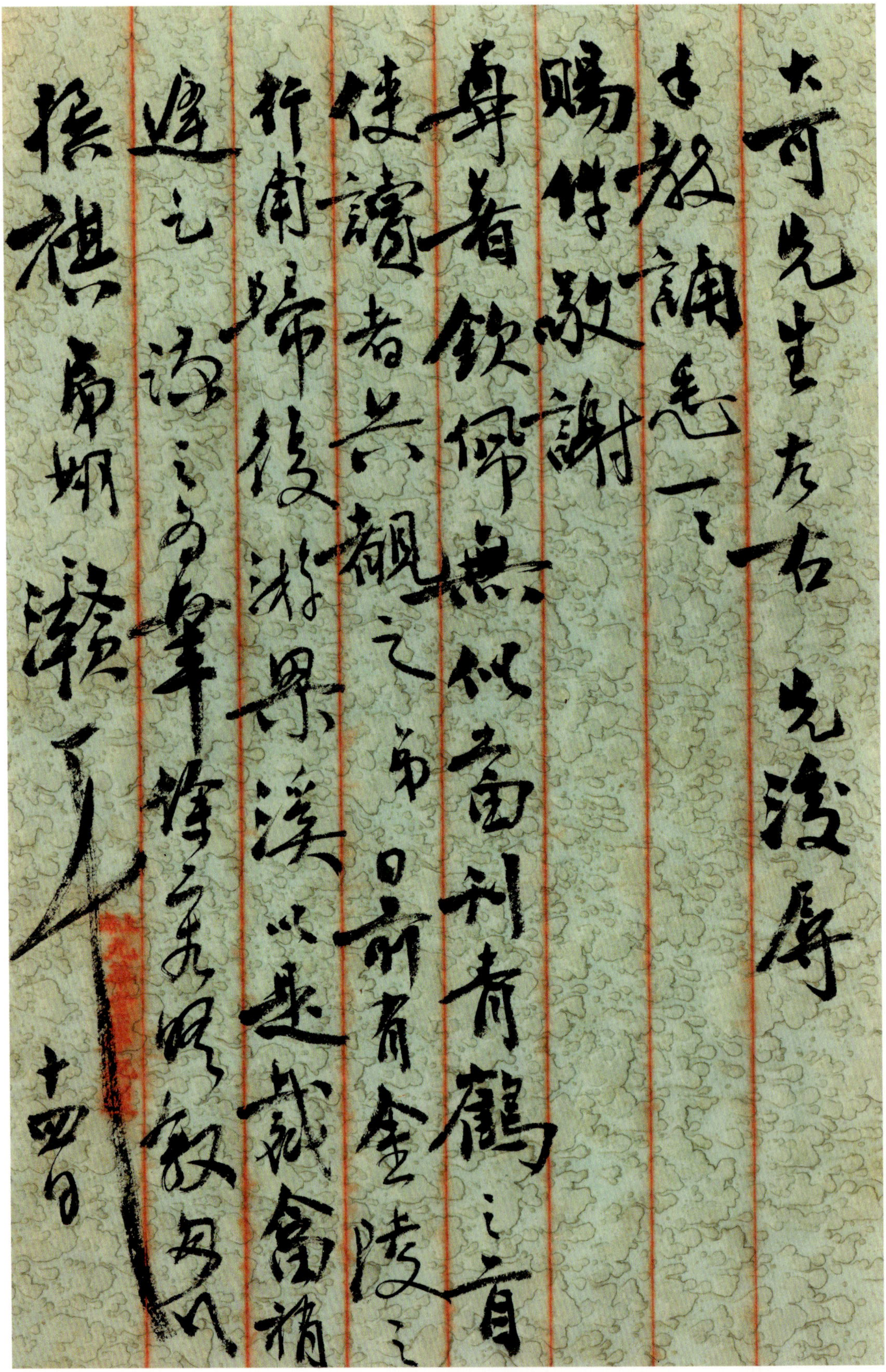
大可先生左右：先後辱
手教，誦悉一一。
賜件敬謝。
尊著欽佩無似，當刊青鶴之首，
使讀者共覩之。弟日前有金陵之
行，甫歸後游梁溪，以是裁答稍
遲，諒之諒之。率覆，不盡欲言，敬頌
撰祺。弟灨一頓首　十四日

唐玉虬致朱大可

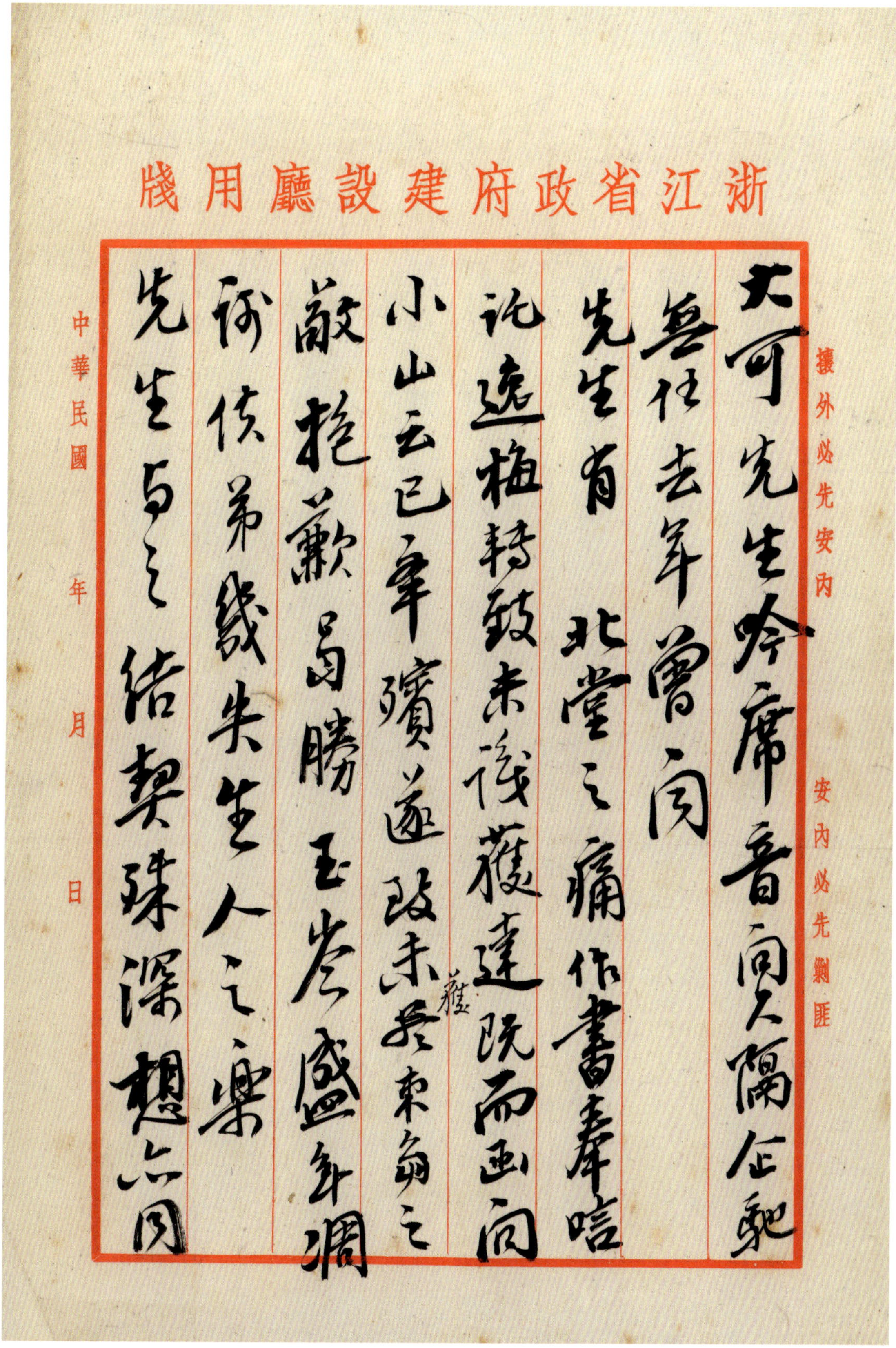

浙江省政府建設廳用牋

攘外必先安內　安內必先剿匪

大可先生吟席音問久隔企馳
無任去年曾以
先生有北堂之痛作書奉唁
託逸梅轉致未識獲達既而函詢
小山云已卒殯遂改未獲奉東翁之
敬挹歎爲勝玉光盛年凋
謝使弟幾失生人之樂
先生與之結契殊深想亦同

中華民國　年　月　日

浙江省政府建設廳用牋

攘外必先安內　安內必先剿匪

此痛也天地長是缺陷難
竭望亦未然之何矣比來
新作想多能蒙
示一二以開懷抱否有暇還祈
有以教之不勝懸懸耑此祇頌
吟安
弟唐鼎元再啓

玉虬

中華民國　年　月　日

大可先生道鑒：上巳禊飲之後，先歸里過席一
晤陸丈生之界，東過其處，道達尊意，聞於十六、十七兩
日請假，將於今日到局銷假。如獲讀十四日
手札，堅其必赴，茲漱之餘，悵懷竟日，無以今到 社集
一賢之盛，而 佛影、碧塵兄財刻念之，能出及歸，竟爲
病魔所擾，殊覺緣法之慳矣。猶有拙作詩紀之，下次
社集望先早日示知，擬另與東坡壽，與佛影兄兼志吾
此集兄等等青萍什，下鄉示一二為
過禊以
文祺。弟鏞頓首
四月十六日

陳鶴柴致朱大可

大可道兄撰席：違
教兼旬，極念。
足下前允撰 夏吷翁壽詩，祈
速寫寄下，兼送為存，因 吷翁乃舊曆五月初十日生辰，為日
無多，且逢端節，彼此事務均繁也。走前晤 夏翁，據云擬約
諸位至其園中午讌，惟未定何日耳。并以
聞，即頌
吟祺。

弟陳詩頓首 舊四月廿七日

令郎硯祉。此次壽詩作七字絕句即可，年少人不必以多為貴也。

戲鴻堂監製

南市之役，閑鷗兄不及走出，與其夫人及二女公子避居郭氏墓廬庵廟
西倉橋路福興里，將陳耀查醫生家所存食糧存儲不多，僅敷
八九日之喫用，菜蔬尤成問題。弟數度到民國路探望未能確見
以此生在旦夕不知者。
兄有相熟之紅會中人，香港第一要着即在想法運送米粉兄（多多無
不能輸運）及咸小菜之類，錢於眼前十天八天之中度過，以後可再想
法。弟昨到
尊寓奉訪，云已趕於上課，錢復齋卞德路國光中學詢問，據悉大
概係國華之誤，國華子不知在何處，歡托眼虔先生女公子
轉遞此函。務希
設法找得一可通行南市之人，一往陳寓探問，米菜等可由弟預備。
弟現僦居馬浪路（康悌路口）710號，候通知即趨前領
教。專此即頌
大安

弟王小逸頓首 十一、十九、

袁培基致趙眠雲

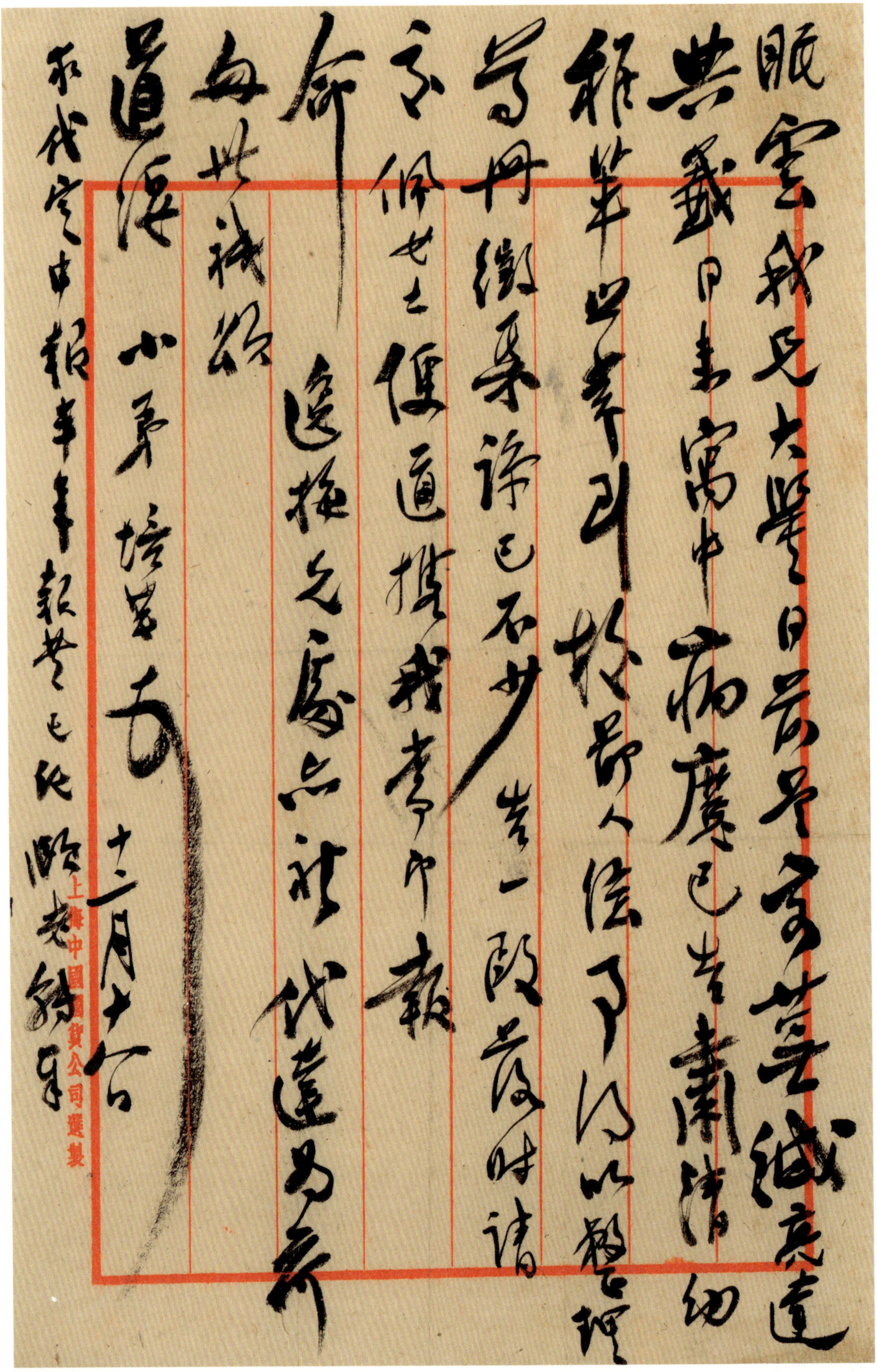

樊少雲致趙眠雲

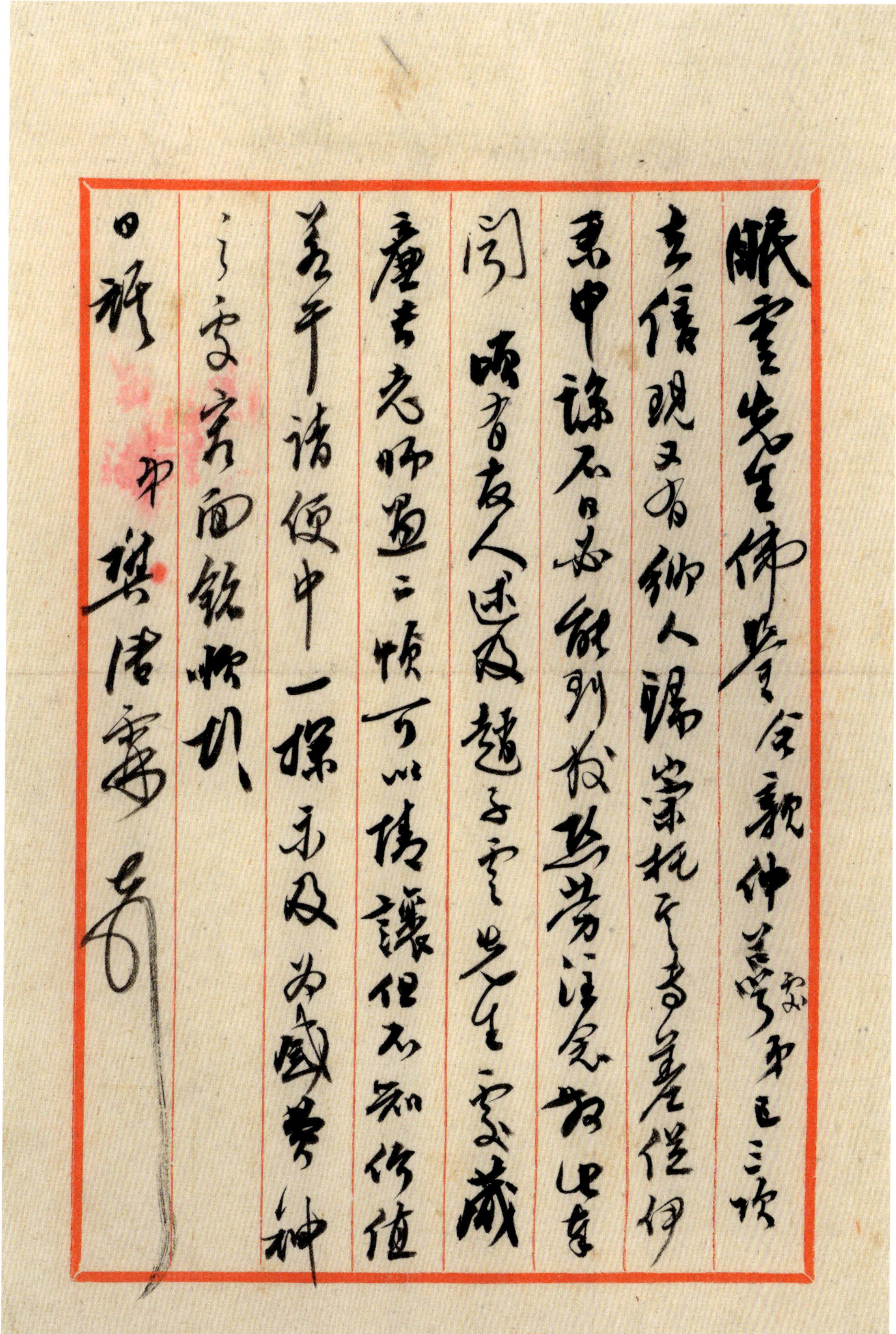

眠雲先生偉鑒：令親仲蓉家弟在三吳來信，現又有鄉人歸宗携之來，蒙從伊處中，諒不日必能到，敝惠勞注念，故此奉聞。頃有友人述及趙子雲先生家藏廉夫老師畫二幀，可以轉讓，但不知作值若干，請便中一探示及，爲感。耑神之處，容面敘。順頌日祺。弟樊浩霖頓首

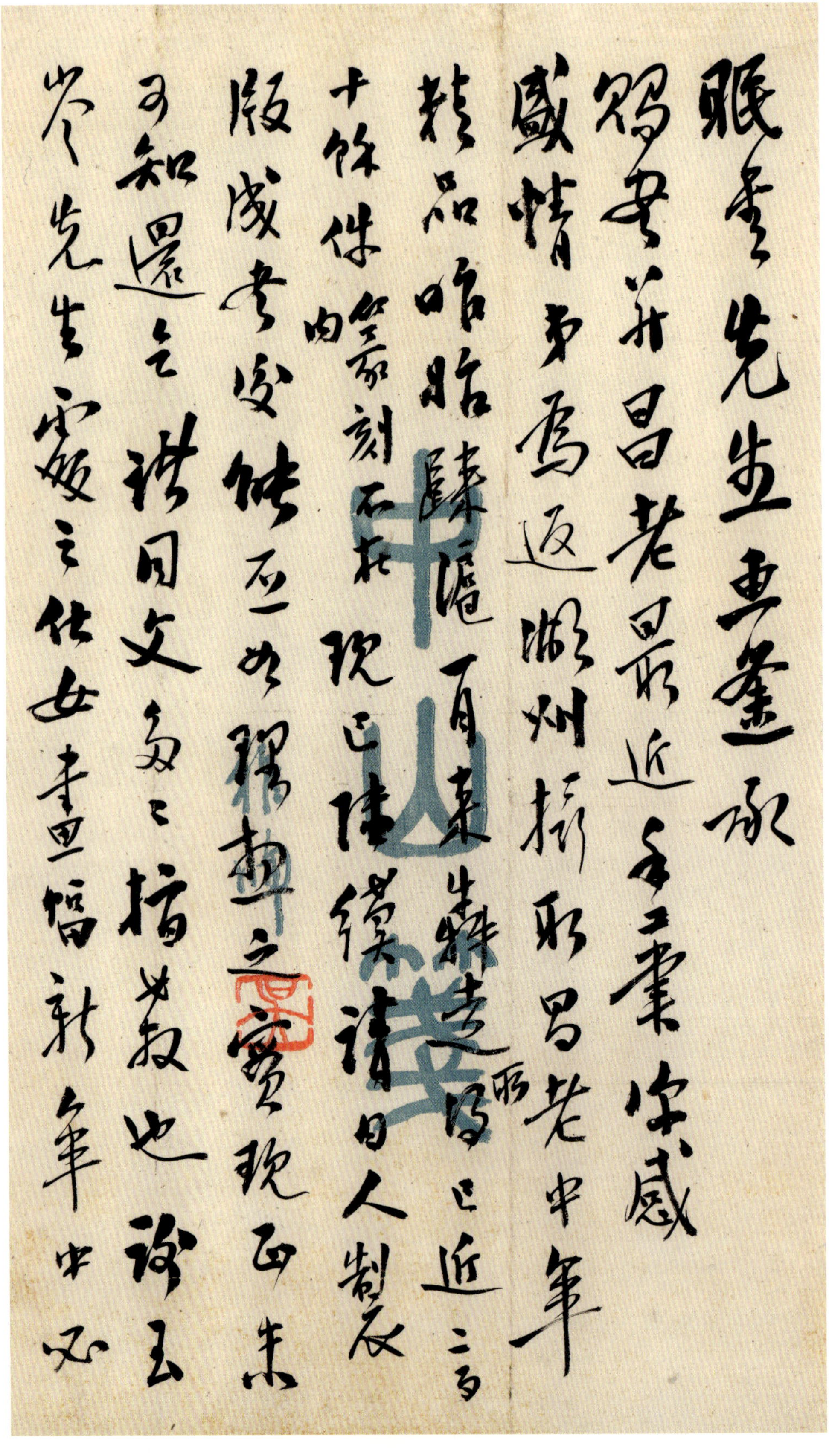

眠雲先生惠鑒：承
賜書並昌老最近手業，除感
盛情外，爲返湖州撮取昌老中年
精品，唯皓肆滬百來種，去取已近二百
十餘件，内篆刻不在，現正陸續請日人製版，
版成當寄奉。鐵丏如楊惠之者現正未
可知，還之諸同文，多多指教也。論玉
岑先生寓姬之仕女，李畫，皙新年中必

楊清磬致趙眠雲

楊清磬致趙眠雲

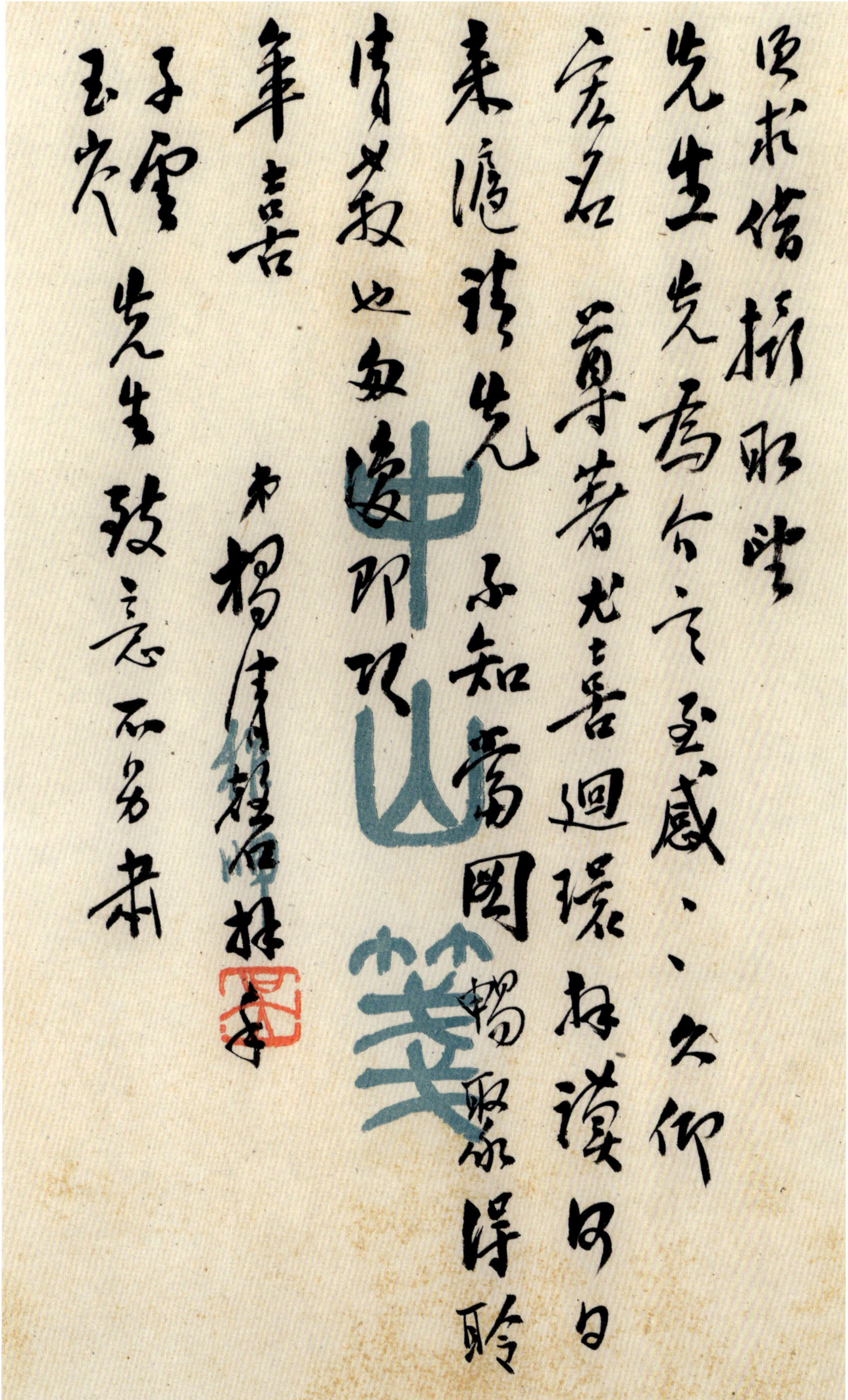
頃承借趙眠雲
先生先為介紹至感至感久仰
左右尊著尤喜迴環詩讀日日
來滬請先 不知當圖趙眠雲得聆
清教也無緣即此
年喜
弟楊清磬拜手
子雲
玉穴先生致意不另柬

譚少雲致趙眠雲

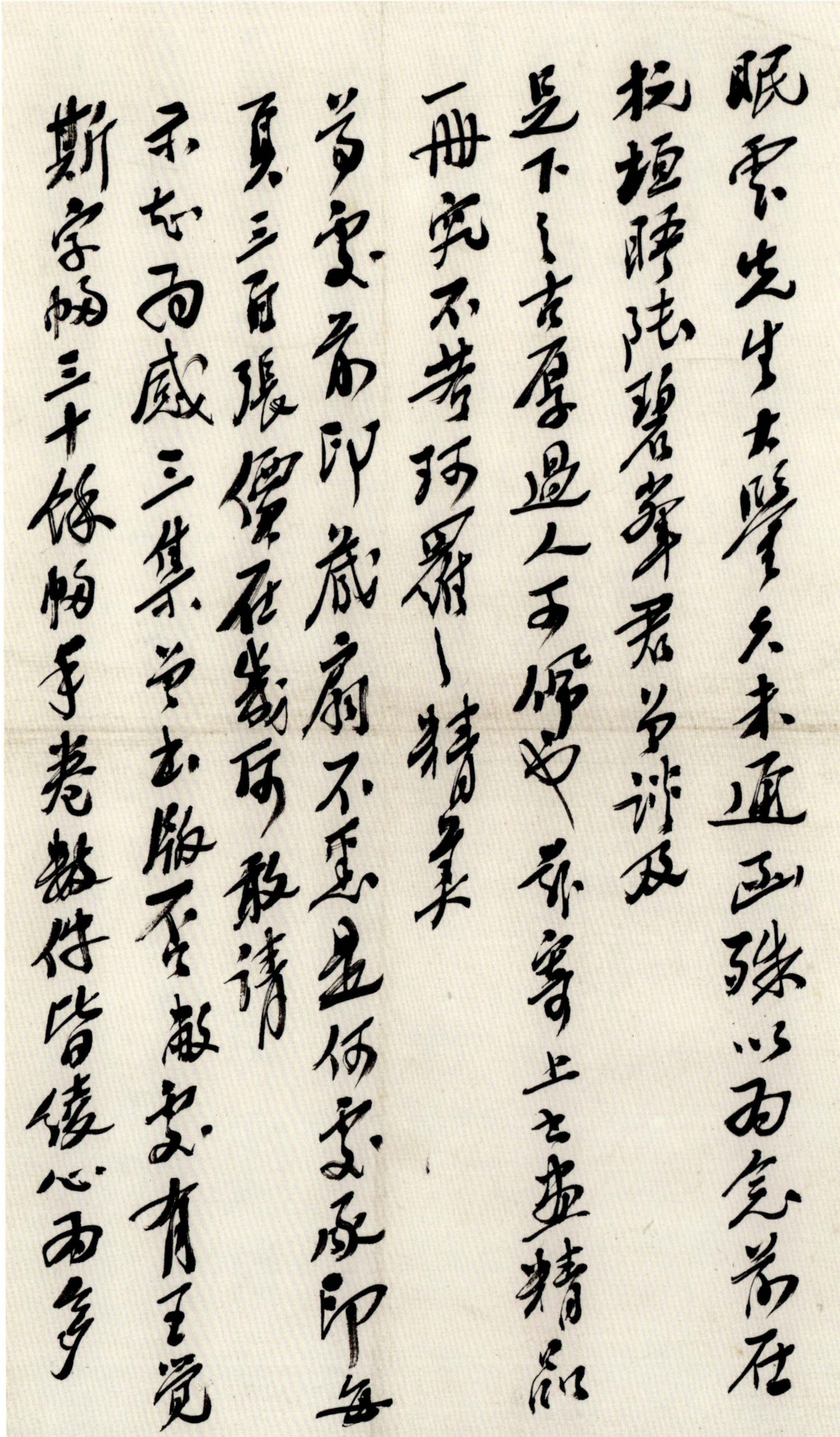
眠雲先生大鑒久未通函殊以為念前在
杭垣晤陸碧箏君並詢及
足下之古厚過人天俗也承寄上古畫精品
一冊究不若珂羅之精美
前囑尊處印藏扇不悉出何處承印每
頁三百張價在幾何敢請
示知為感三集並出版否敝處有王覺
斯字幅三十餘幅手卷數件皆係心雨多

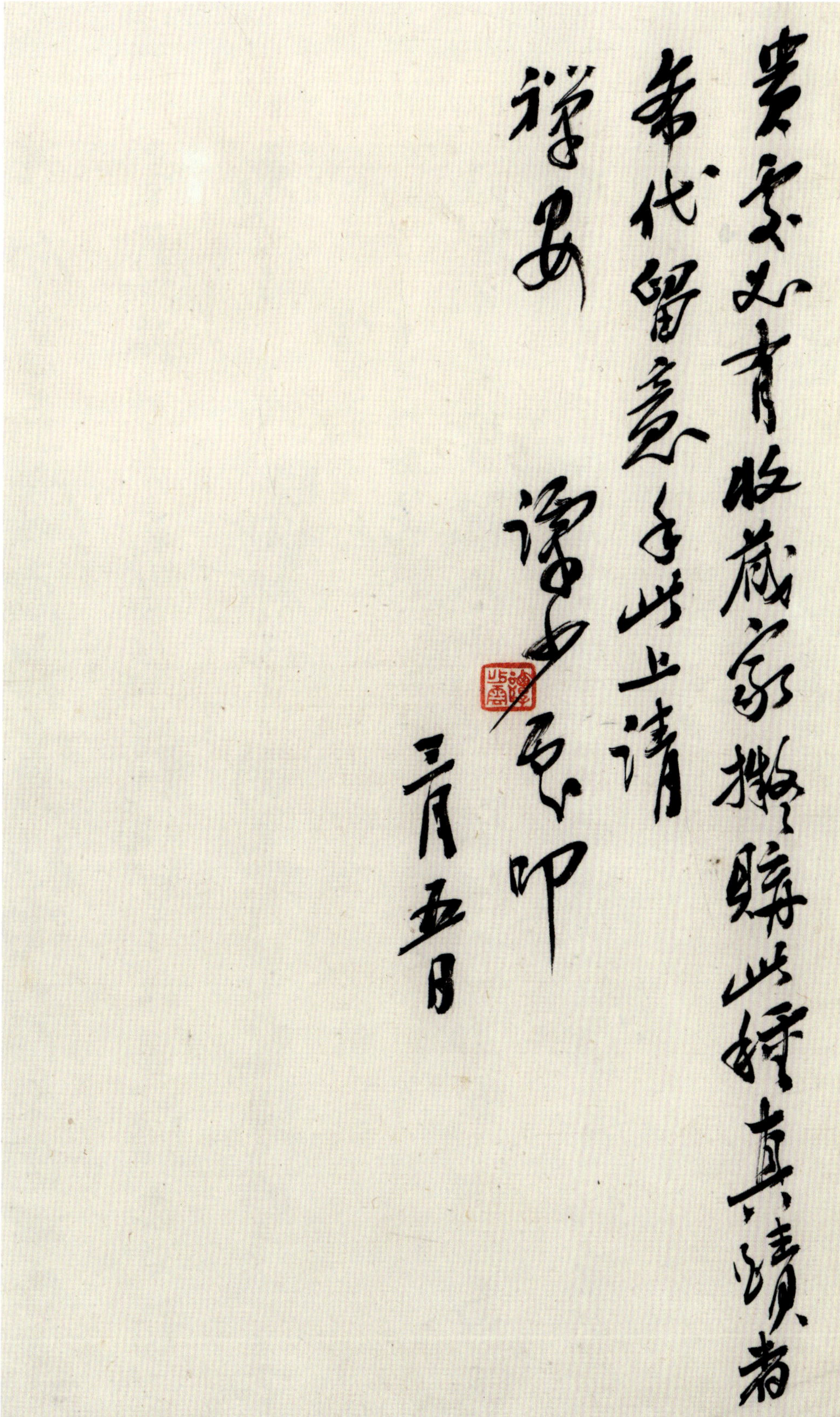

貴處如有收藏家擬購此種真蹟者
希代留意手此上請
禪安
譚少雲叩
三月五日

蔡冠進致趙眠雲

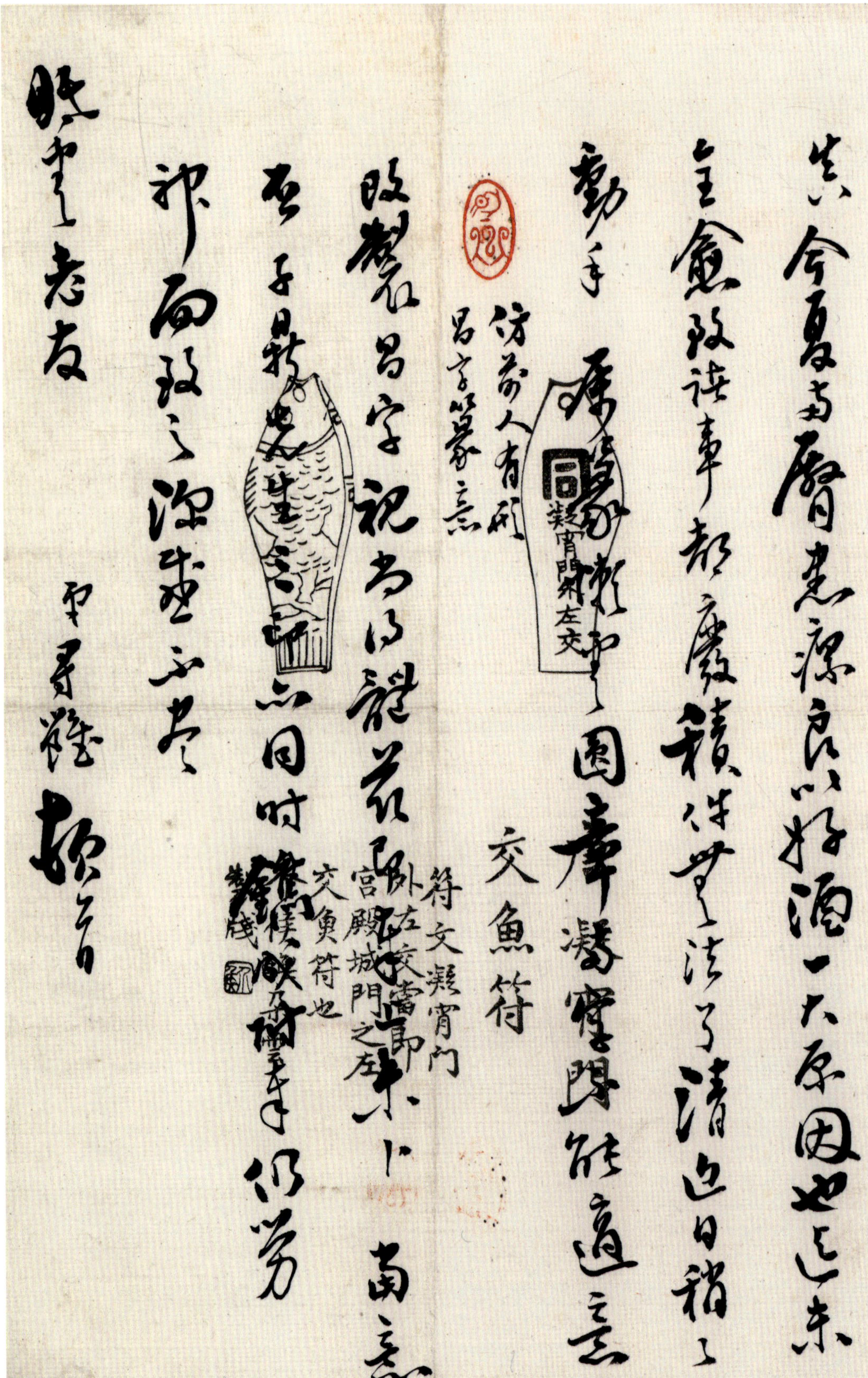

鄧散木致陶壽伯

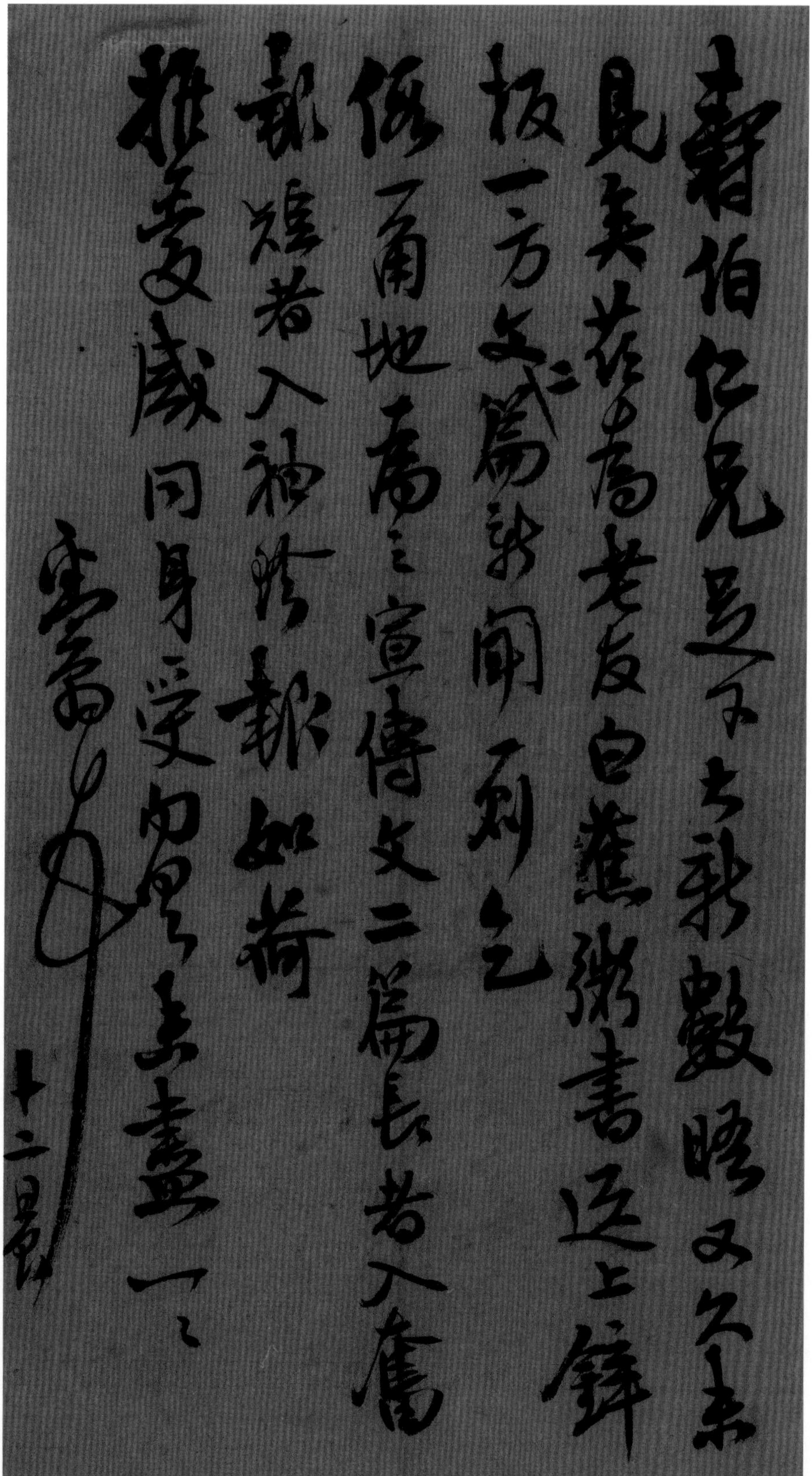

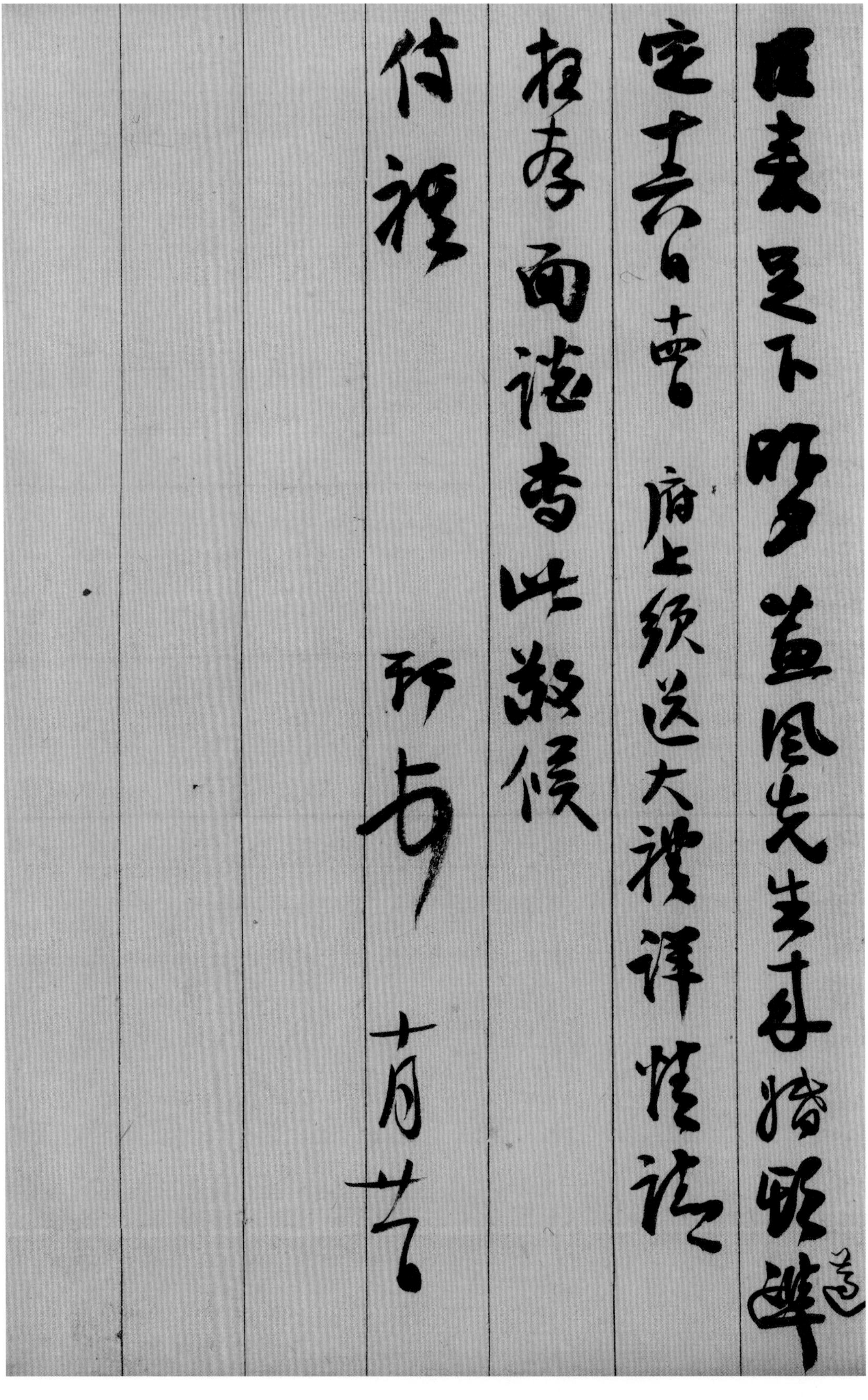
巨來足下：昨晤益風先生，始悉賢棣婚
定十二月十四 府上須送大禮，詳情請
於本月面談，專此敬候
侍祺
幵手
十月廿七

袁安圃致陳巨來

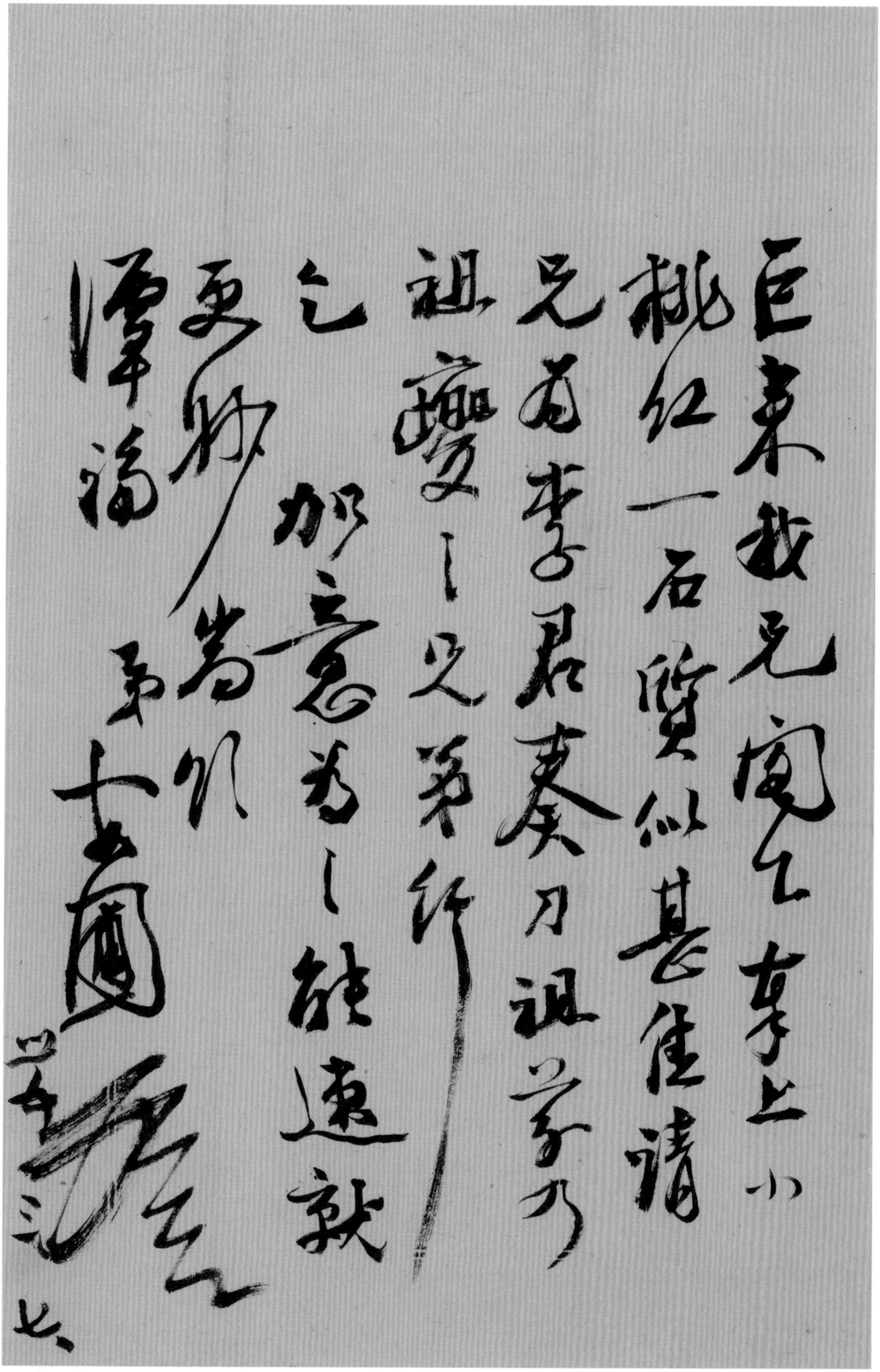

潘伯鷹致陳巨來

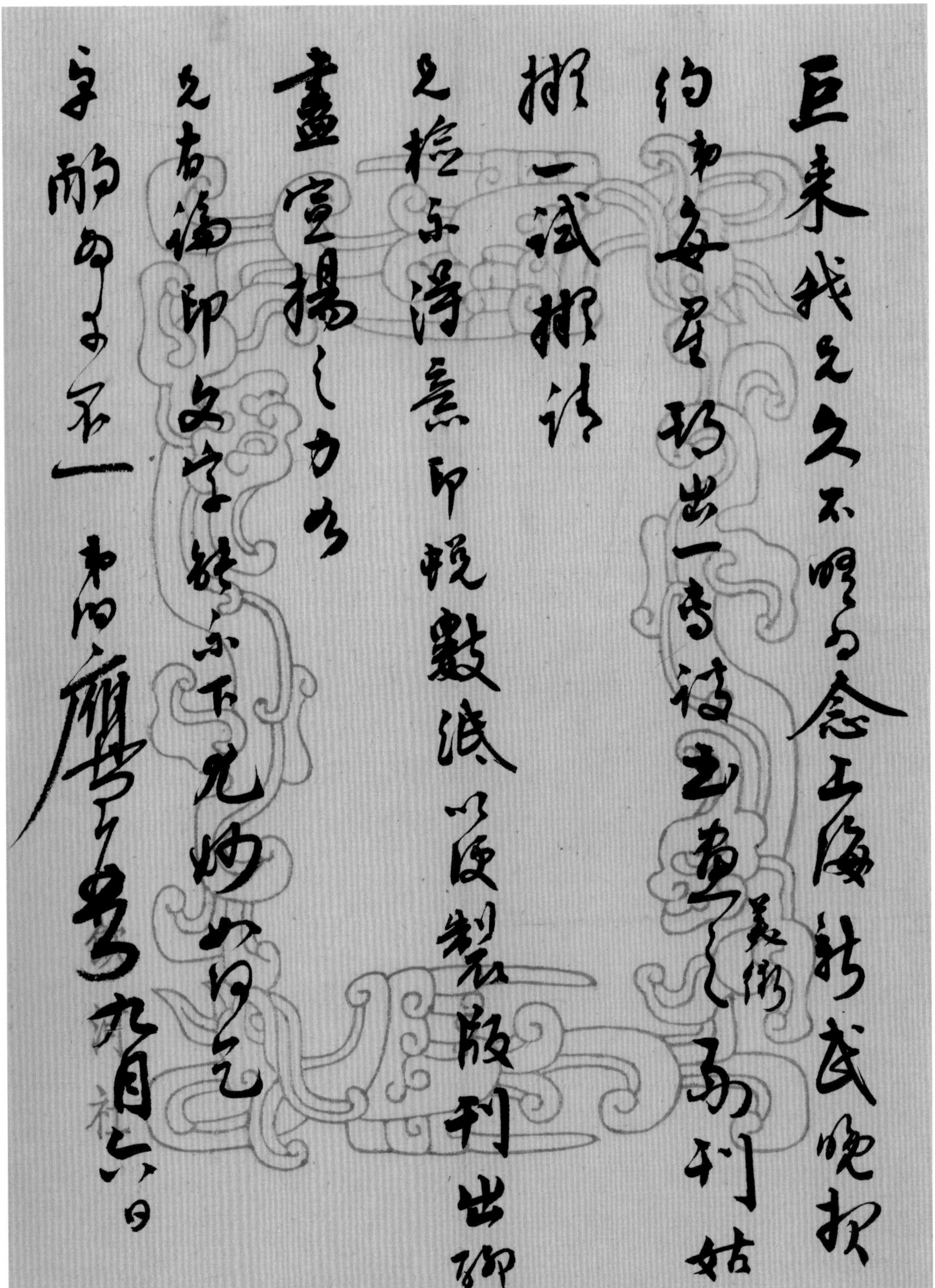

巨来我兄久不晤，念念。上海新民晚报約弟每星期出一詩書畫之類（美術）以刊。姑擬一試，擬請之擇尔得意印蛻數張，以便製版刊出，卿盡宣揚之力也。兄有論印文字，能亦下允，妙如何之乎？盼即示之。弟伯鷹 九月六日

謝稚柳致陳巨來

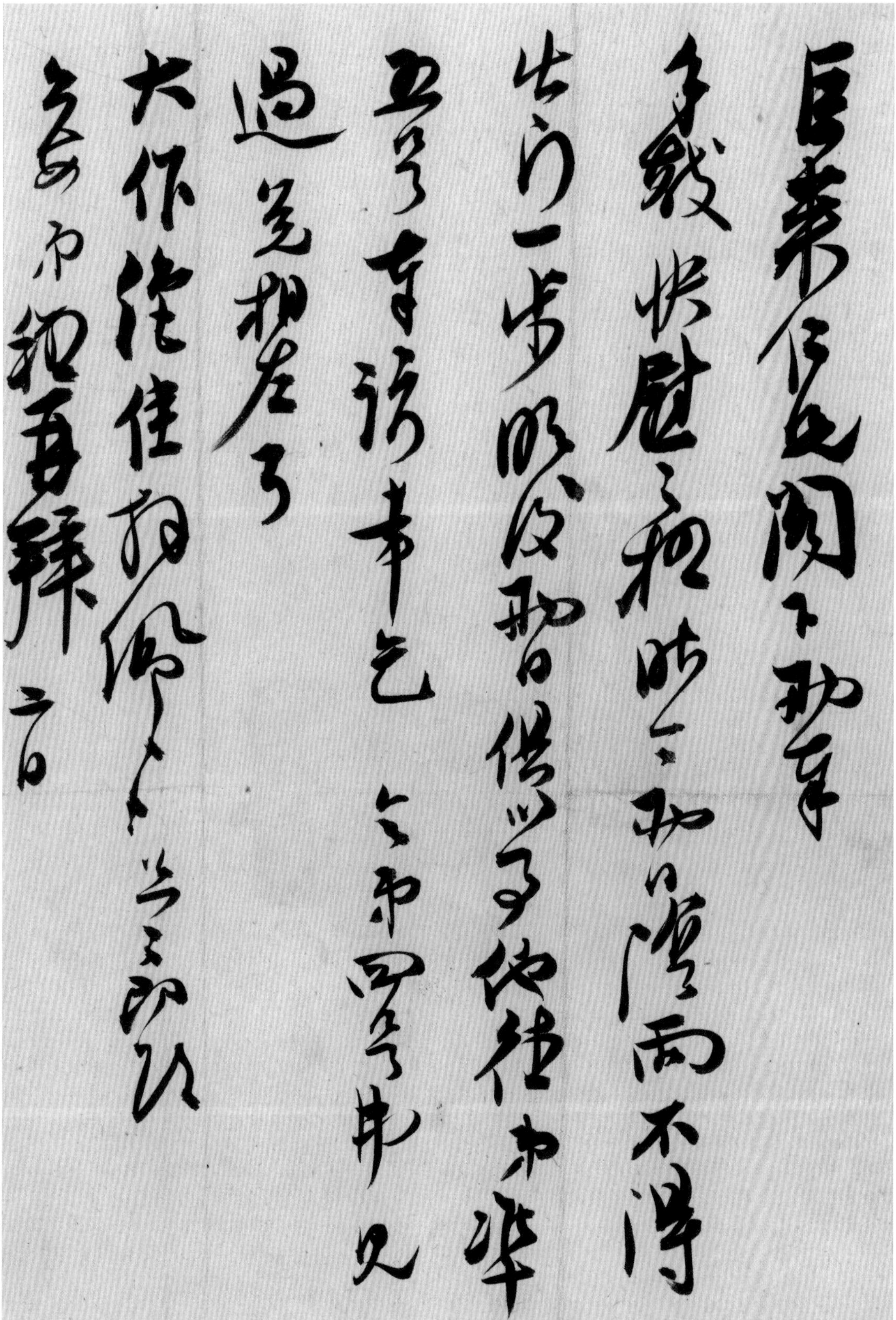

朱梅邨致陳巨來

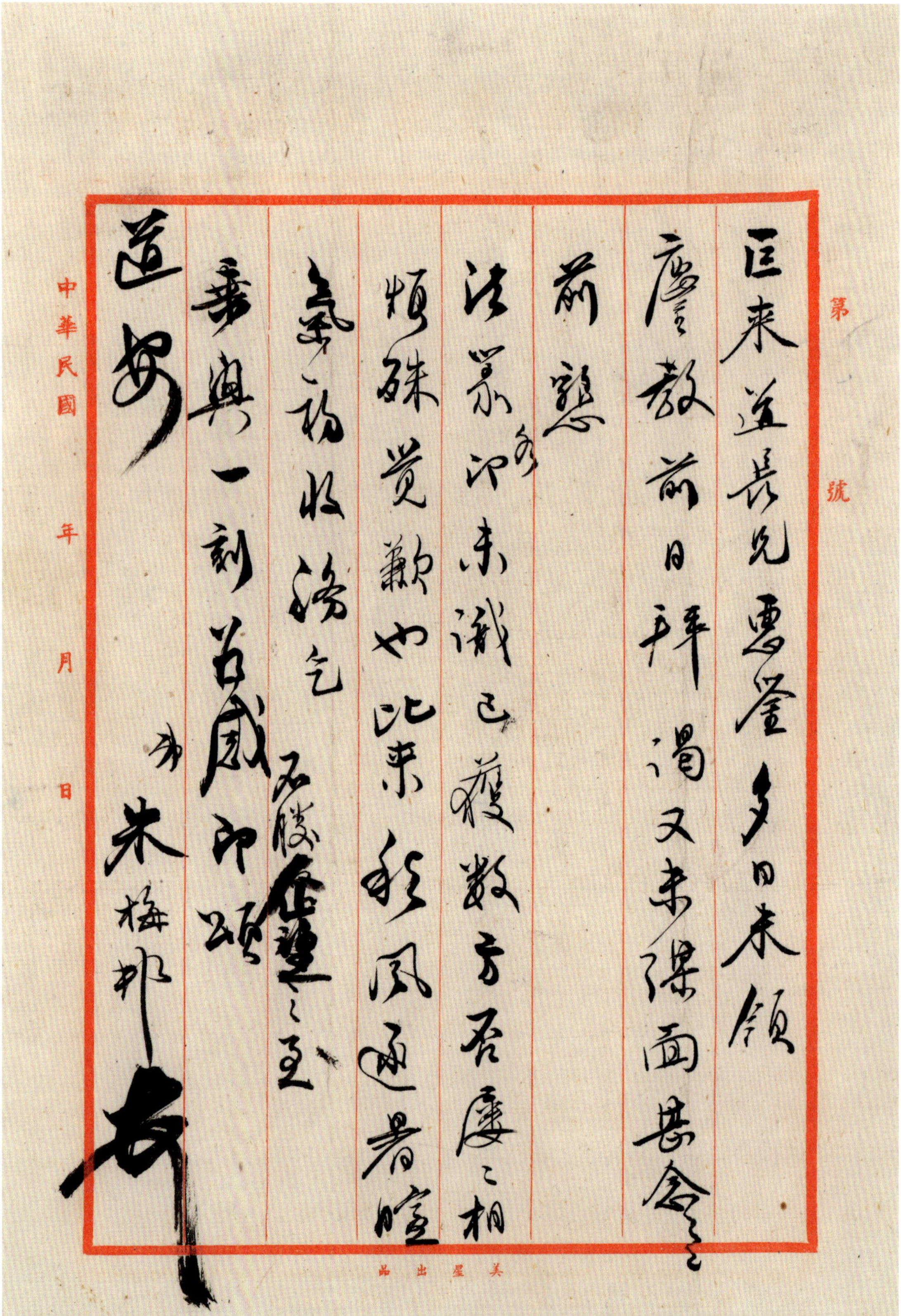
巨來道長兄惠鑒：多日未領
麈教，前日拜謁，又未得晤面，甚念甚念。
前懇
法篆多印，未識已獲數方否？屢屢相
煩，殊覺歉也。比來秋風逐暑，暄
氣之稍收，務乞
為與一刻芮蕨印，石附，企禱之至。頌
道安
弟朱梅邨

吴載和致陳巨來

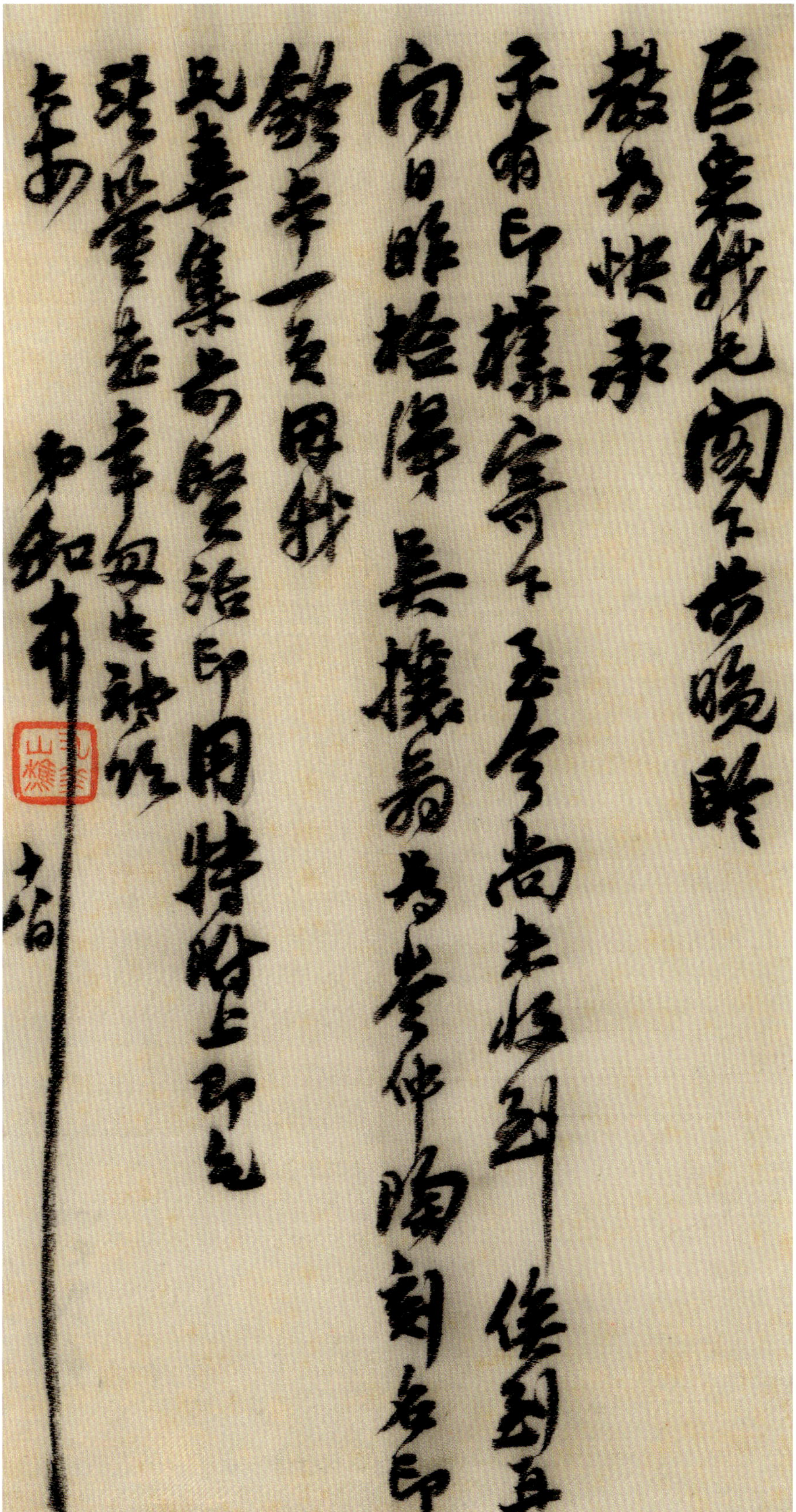

范未安致陳巨來

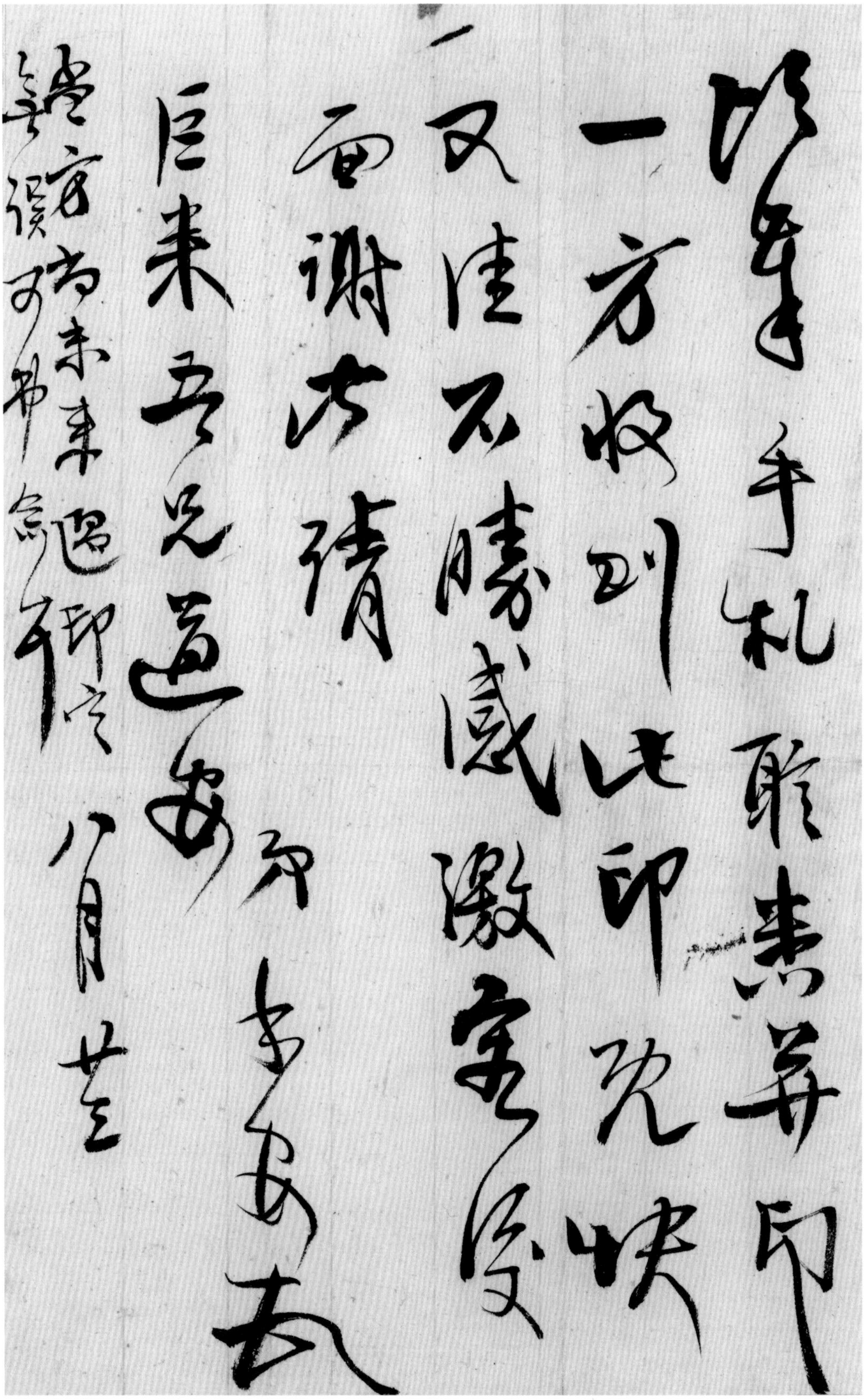

其時道兄先生足下：辱
教祗悉。承將
寵錫扇箑，慚感萬狀。倘寄校中，當得拜
登也。但此珍頒，恐犒材之無以副
雅意耳。
足下捉里書園，悵晤。但不審於何時能歸校
中？定月杪暑假。弟返里與否，尚未決定，或得
相遇于南湖之濱耶？此覆，藉頌
起居，並候
著祺不一。
弟余十眉頓首
六月六日晚

浙江省立嘉興中學用箋

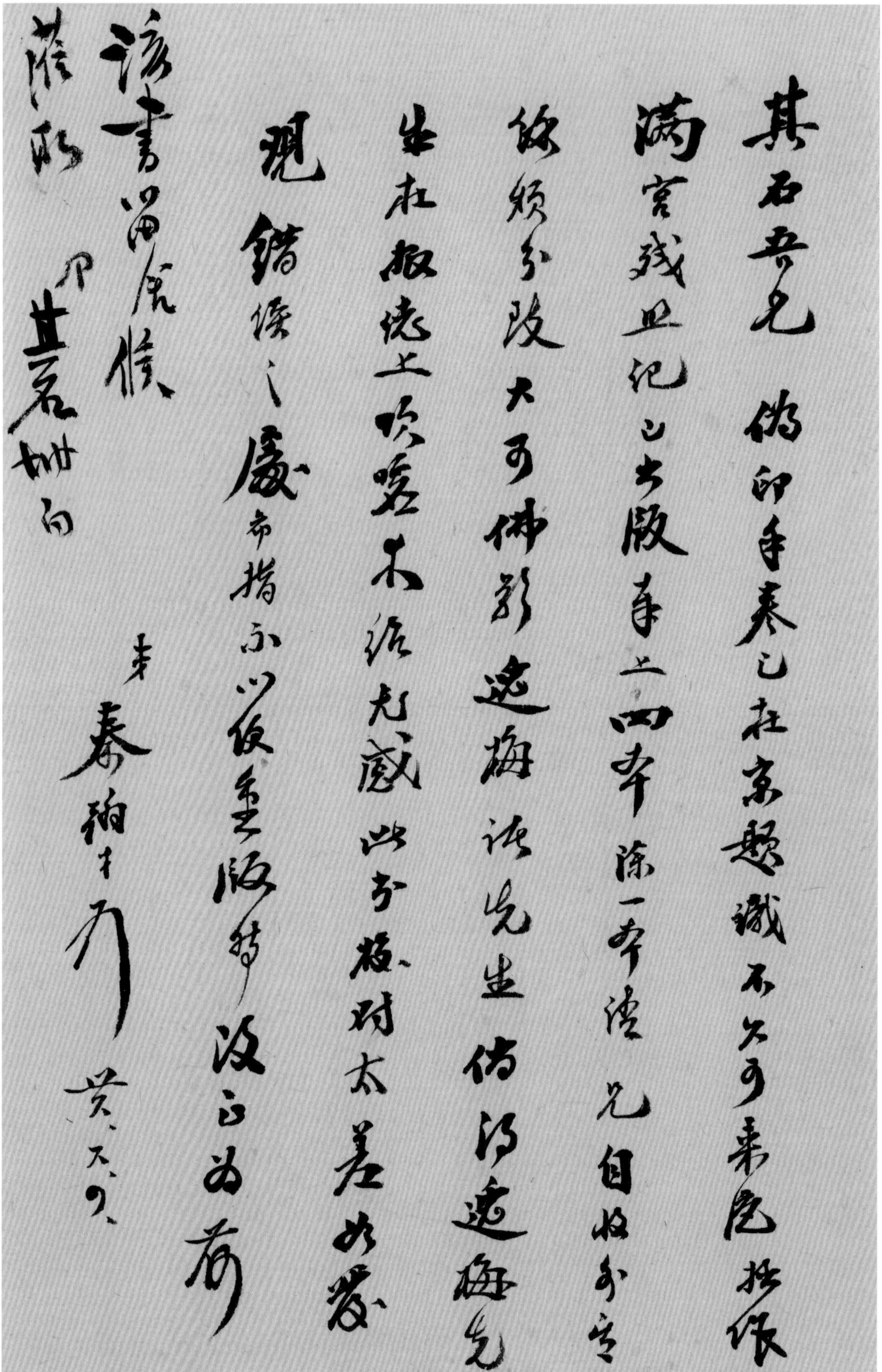

趙元禮致巢章甫

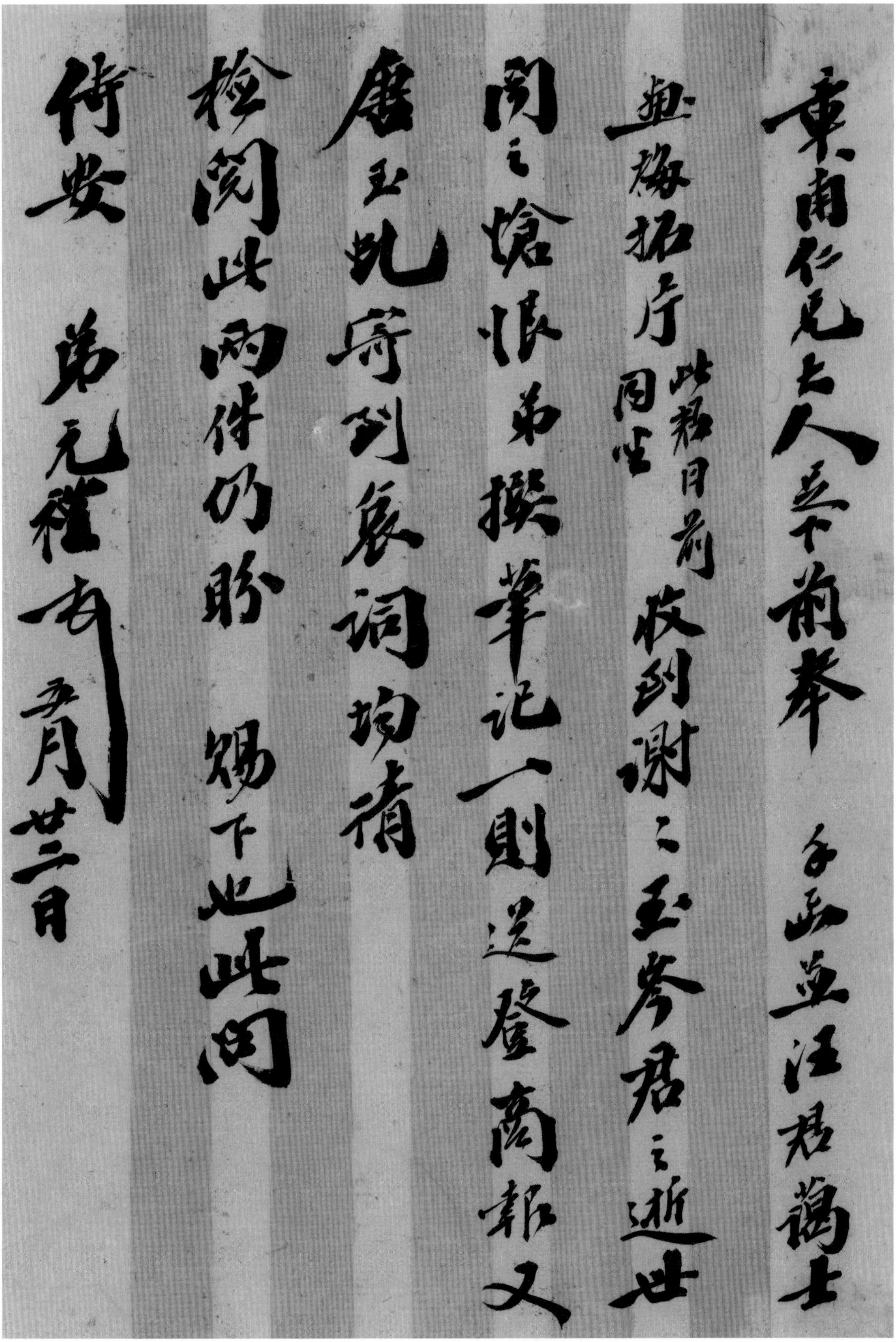
東甫仁兄大人左右前奉 手函並汪君藹士
畫梅招序此君日前回津收到謝謝 玉岑君之逝世
聞之愴悵弟撰筆記一則送登商報又
唐玉虬寄到哀詞均請
檢閱此兩件仍盼 賜下也此問
侍安 弟元禮頓首 五月廿二日

章甫先生奉
示并承
賜扇面俾資存念
書画精緻欽佩莫名
厚意隆情感紉無既弟南行以後
維任何人尚無確訊一俟定局自當達
囑預為紹介專此奉復并申謝
悃祇頌
文祺
弟聊止謹上
廿六日

王蘧常致陳左高

無錫國學專修學校用牋

左高吾弟：手書承悉。陶世丈遺詩存，先已托徐君作傳，如未詩存，可於開學後到校再考索，不能去也。如刊赴上海編印，亦可於春假來滬。近祉。

兄蘧常頓首

中華民國　年　月　日

字第　號第　頁

上海北京西路九七〇號　電話六〇三三七

王蘧常

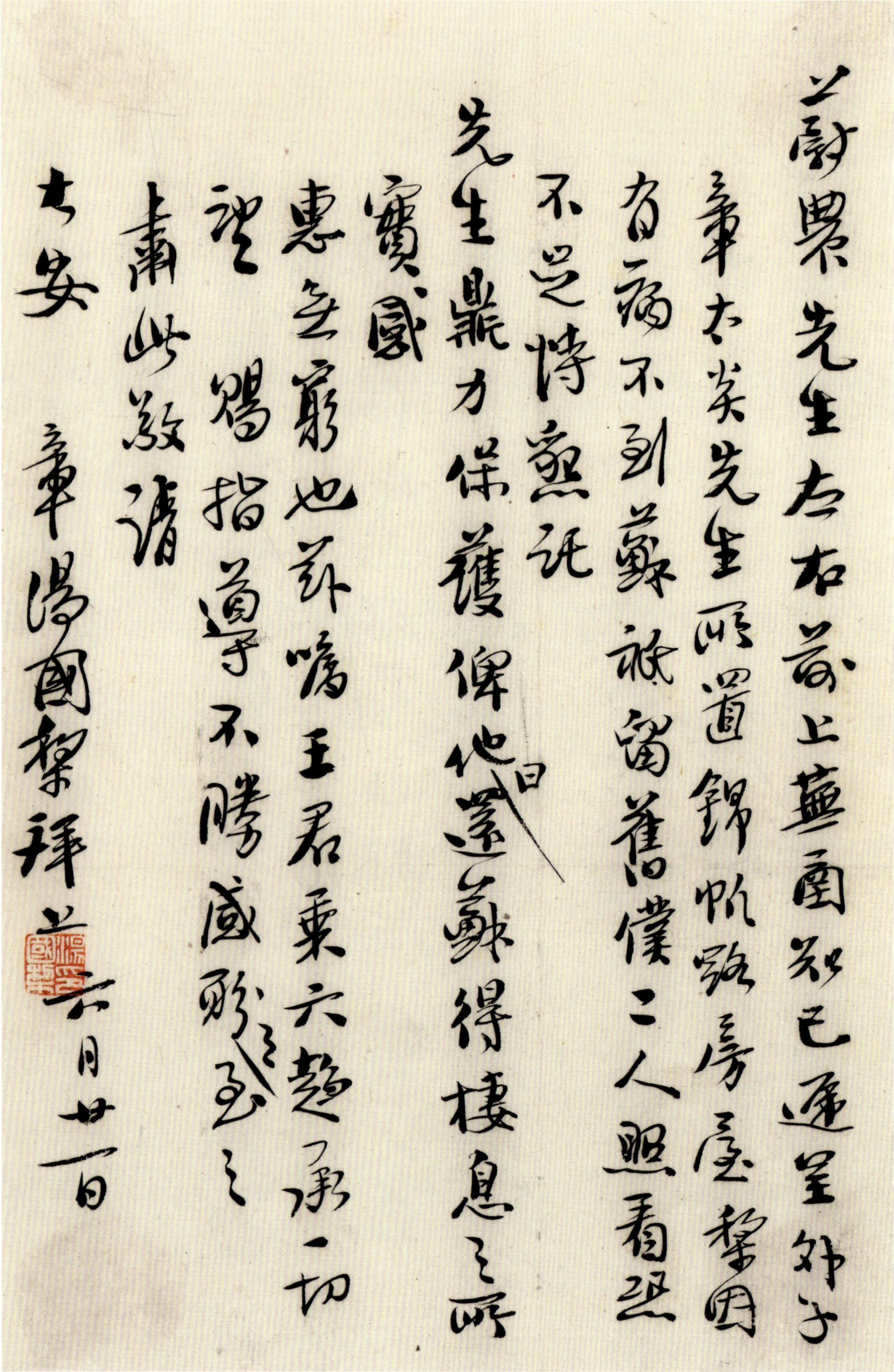

蔚農先生左右：前上蕪函，想已達覽。外子章太炎先生所置錦帆路房屋，擬因自頃不到蘇，祇留舊僕二人照看，恐不足恃，懇託先生鼎力保護，俾他日返蘇得棲息之所，實感惠無窮也。蘇寓王君秉六題之承一切請賜指導，不勝感禱之至。肅此敬請大安。

章湯國梨拜 六月廿一日

閻敬銘致周笠西

笠西仁兄大人：六日出省，安貞到省，奉到
手書並函。寶保、江蘇並葉兄收到，因
寶保已歷節四省，因留未交來，寄去寶
保之血症不必理干，成因南路大難，後境剿
一二百即可拒者。弟公於…家巷，昨日湘軍
調到八營，鮑軍亦來十五六營，尚未到。寶保
玉者，即分路迎剿，賊氣滿武昌一屬，唯
江夏地面為少，餉糈軍火多已一不足…
復無法可施，請日進將于子量益全仗
尊兄奏撥大局。保楚即以保天下也。順升

閻敬銘致周笠西

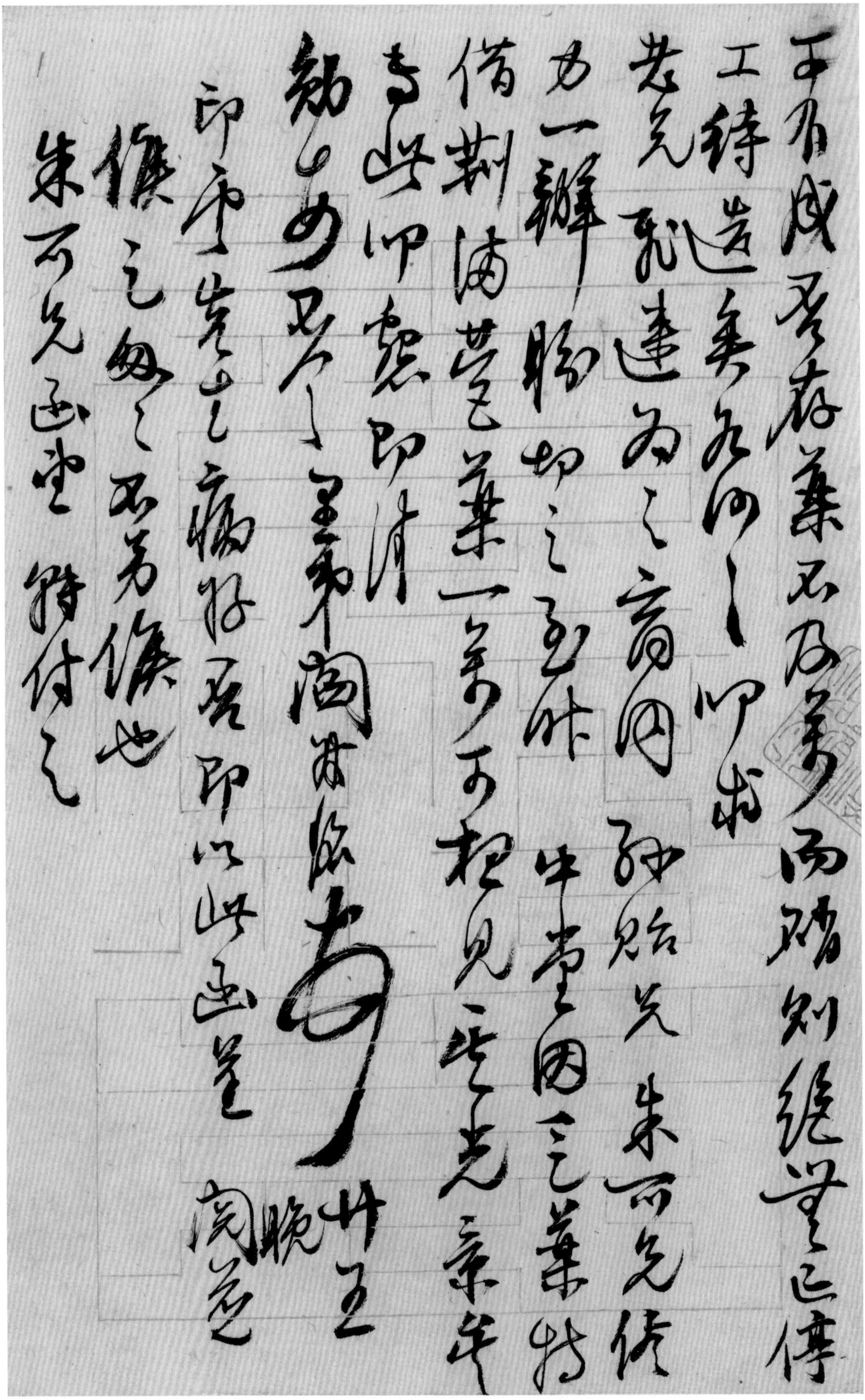

張壽鏞致葉百豐

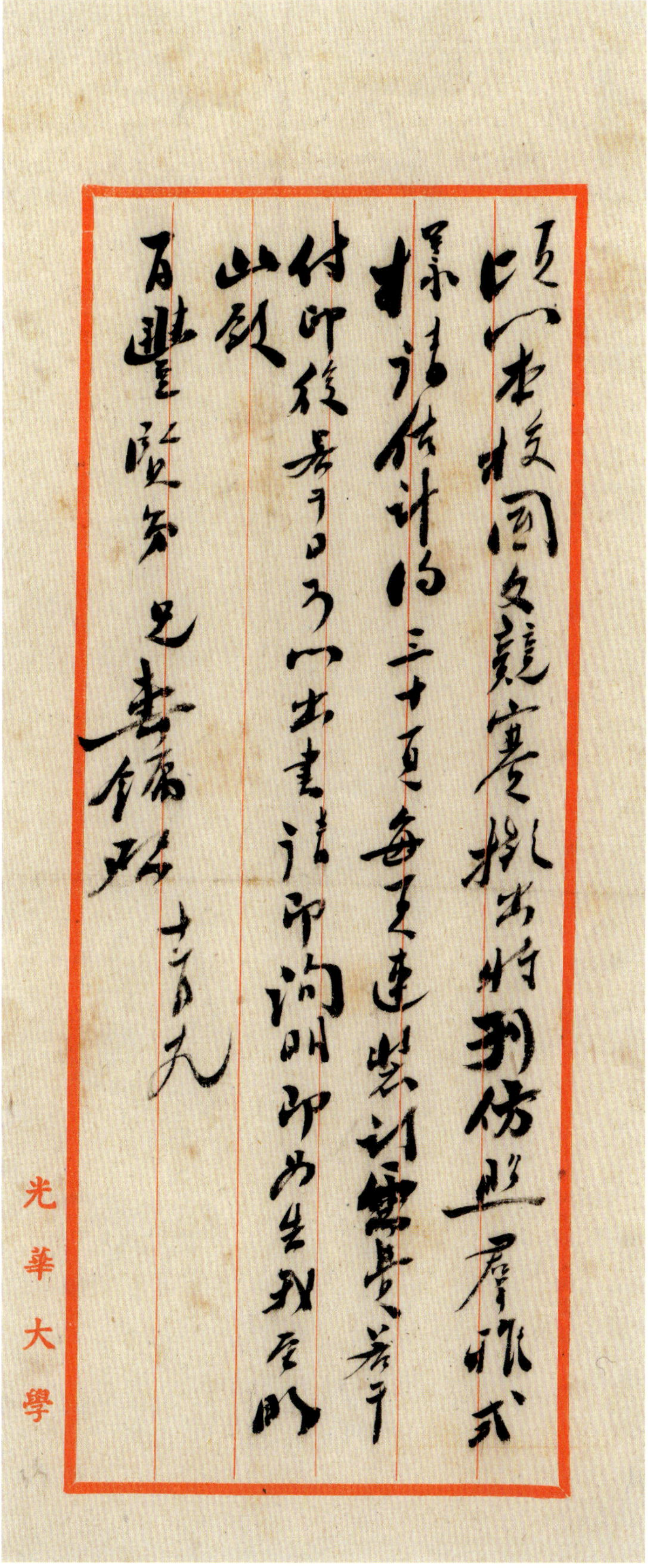
頃以本校國文競賽擬出特刊仿照上屆形式煩請估計約三十頁每頁連紙計需費若干付印後若干日乃可出書請即詢明印刷所見示此致
百豐賢弟 兄壽鏞啟 十二月九
光華大學

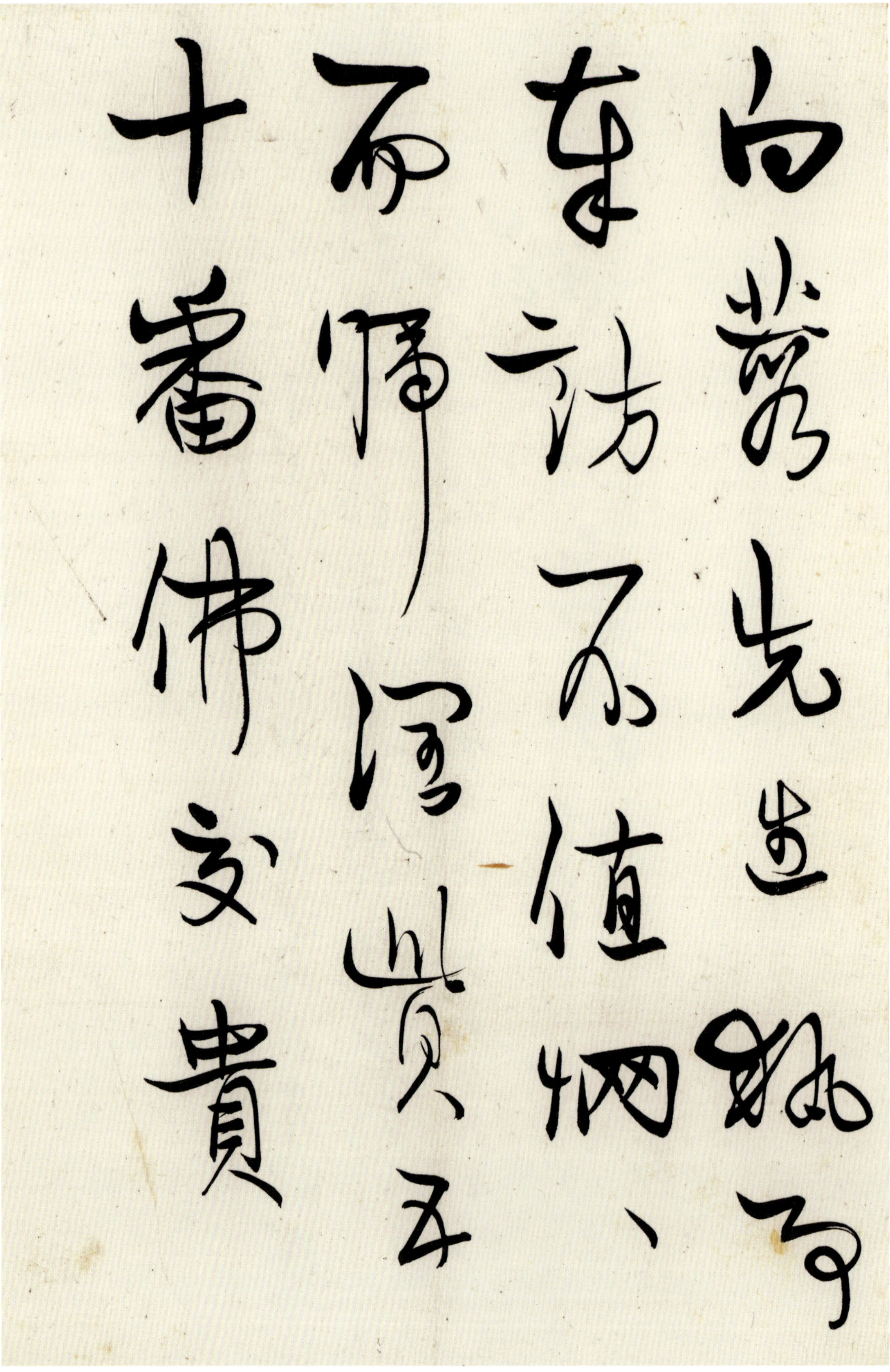

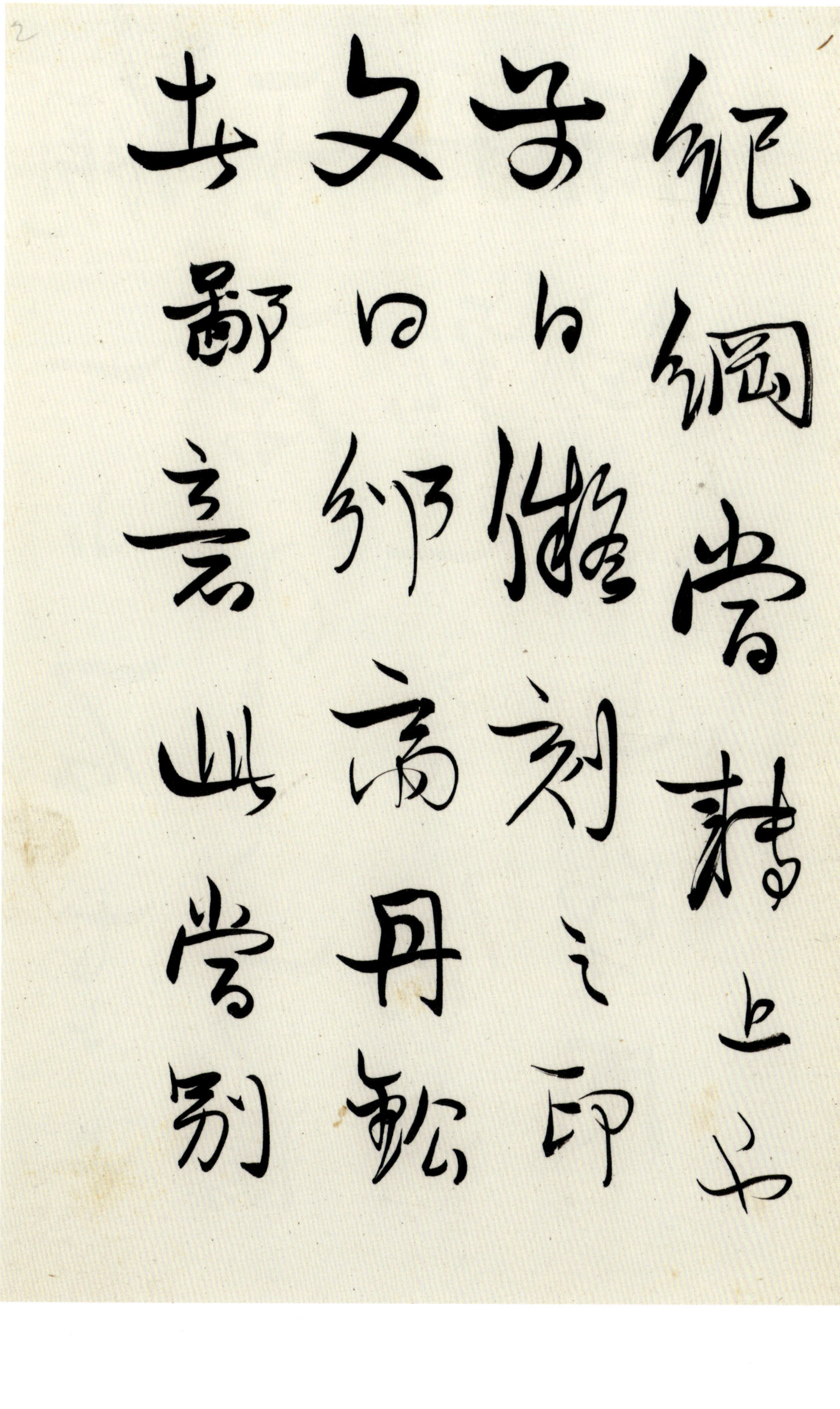

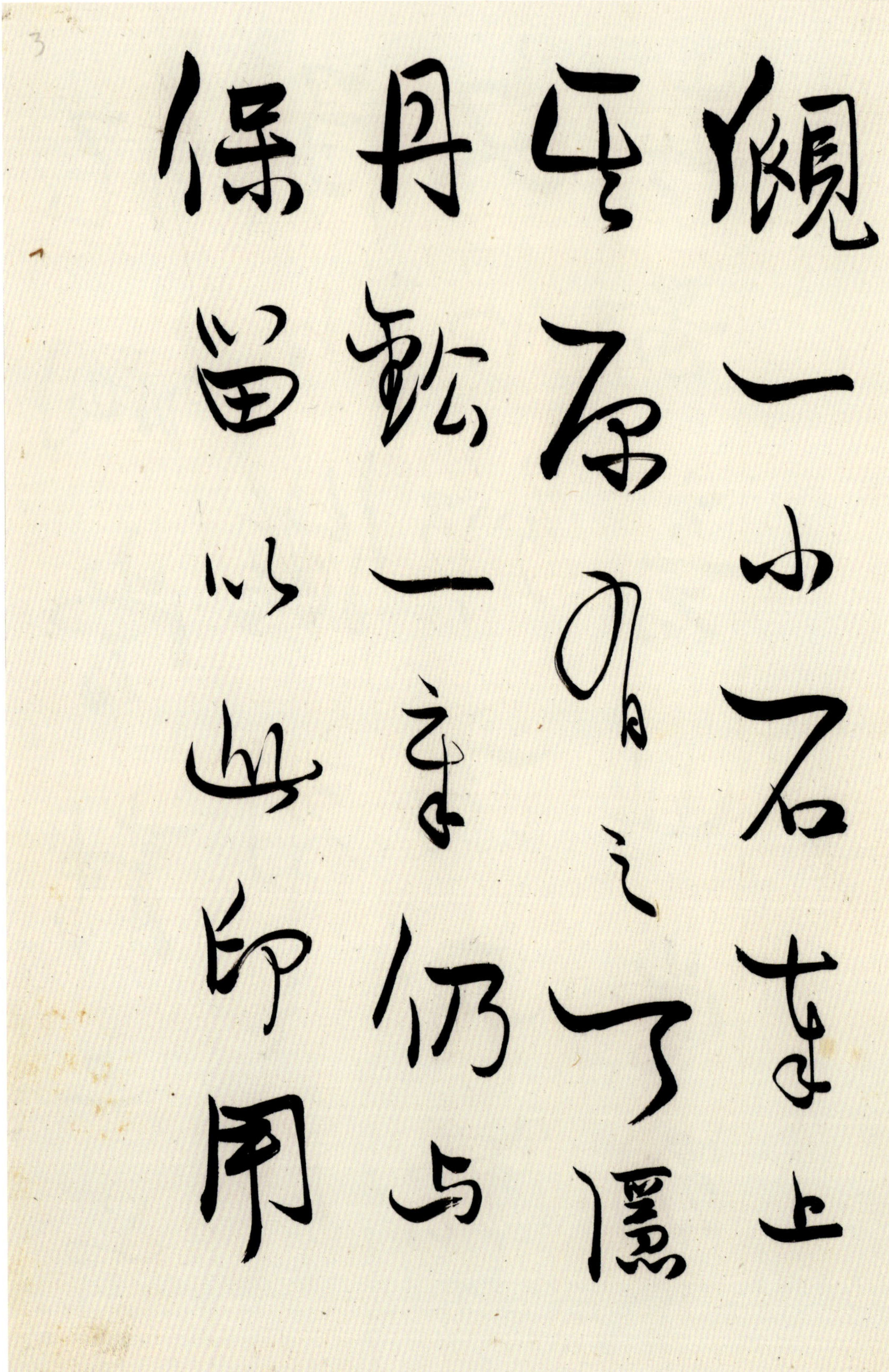

3

覩一小石章上
匠原有之了價
再鈐一章仍與
保留以此印用

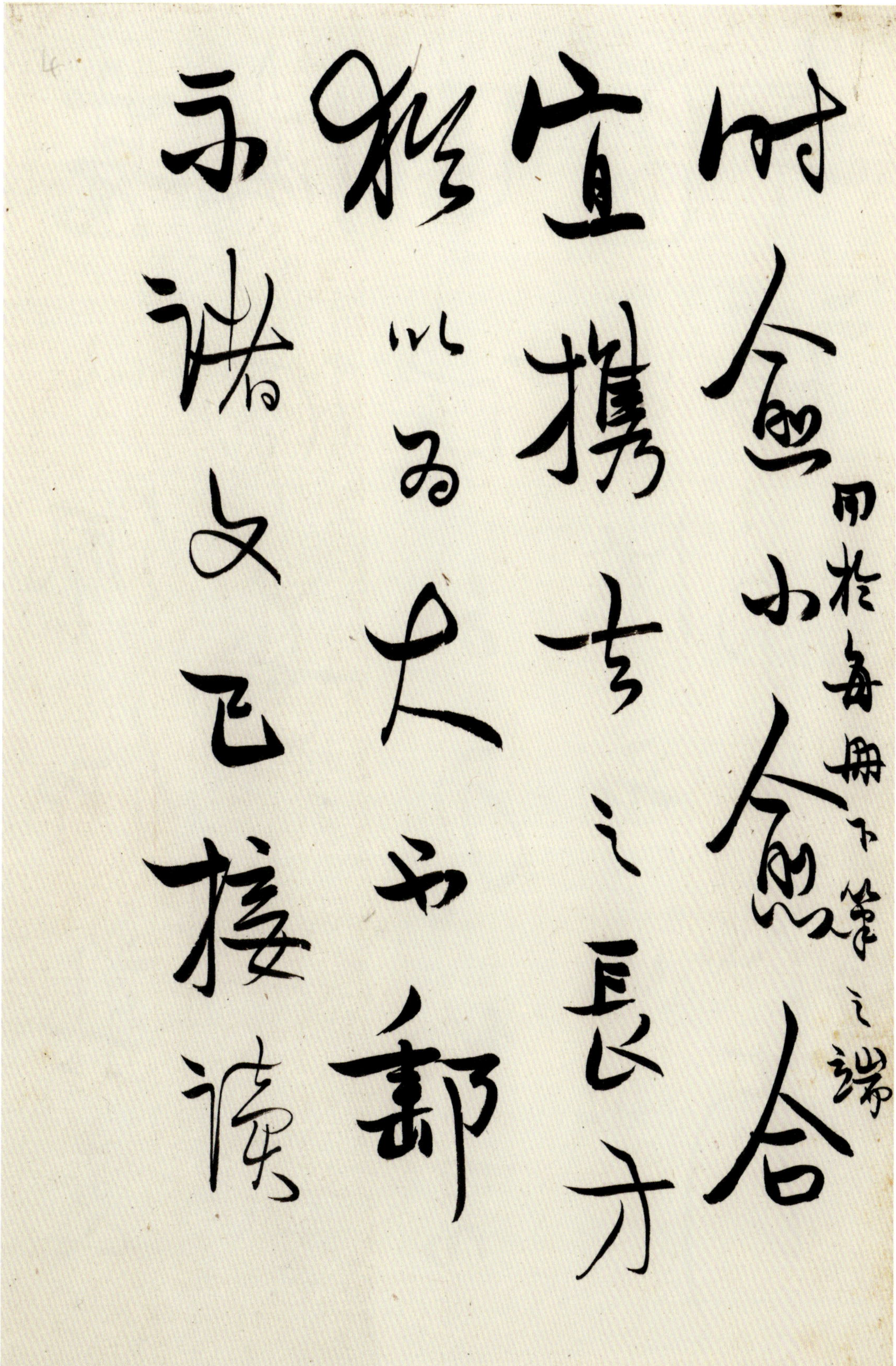
時念無小念無合（用於每冊下筆之端）宜攜去之長方稿以為大而鄭示諸文飛接讀

楊庶堪致程淯

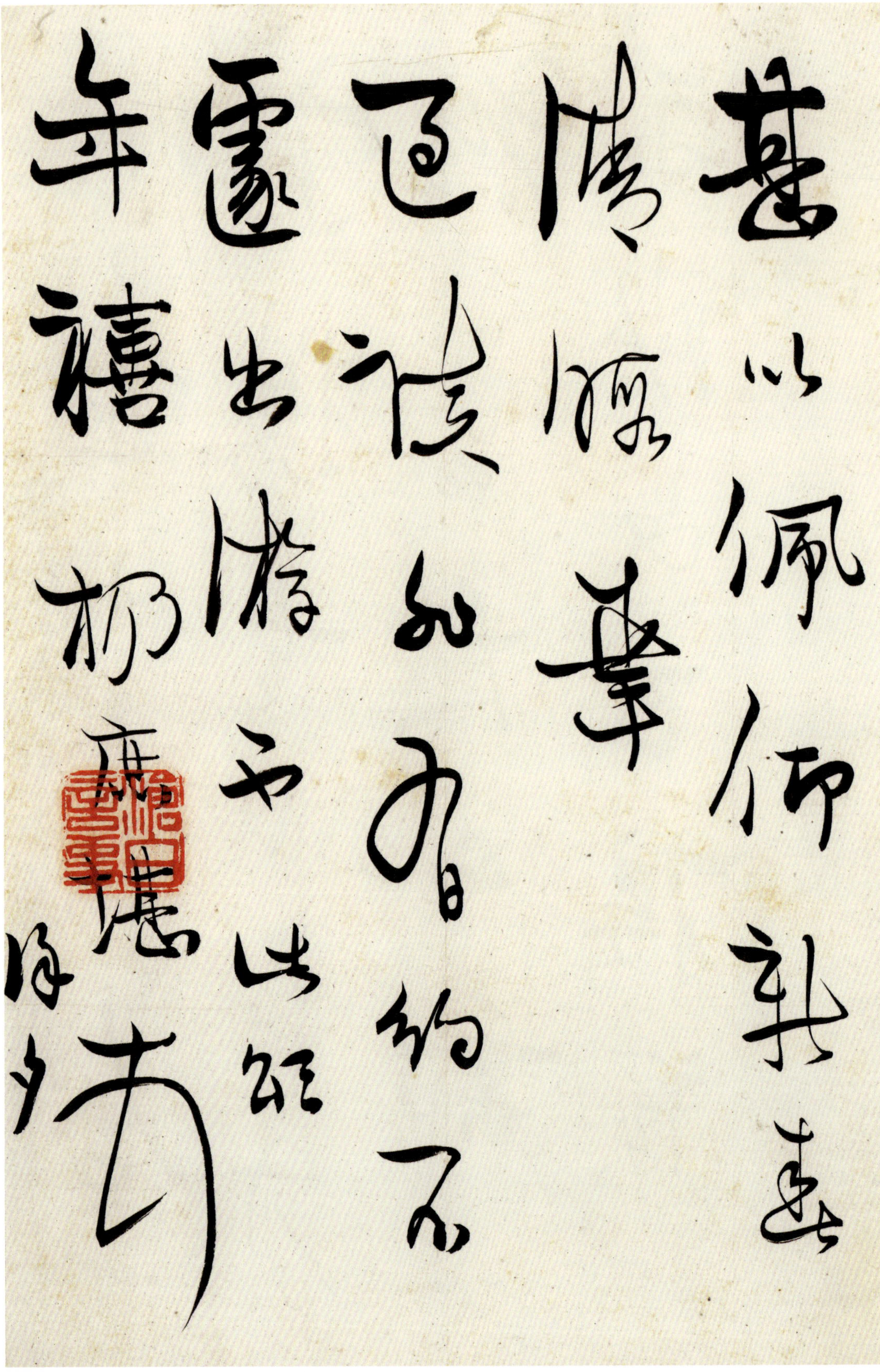

吳湖帆致席珍

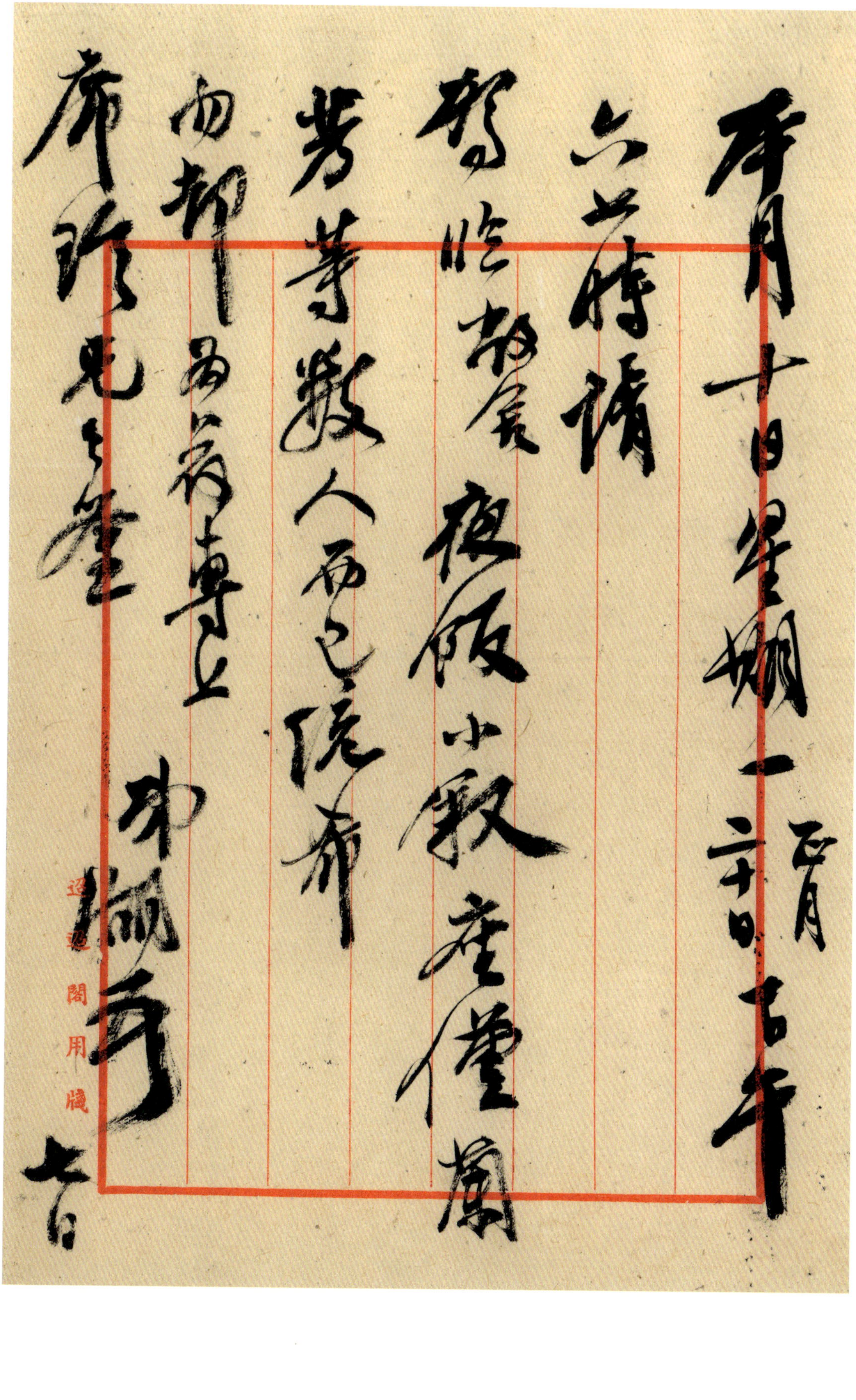

本月十日星期一（六月二十日）下午六七時請

駕臨敝居便飯小叙，座僅周芳華數人而已，倪希兩郎

品茗專上

席珍兄鑒

湖帆手 七日

迢迢閣用牋

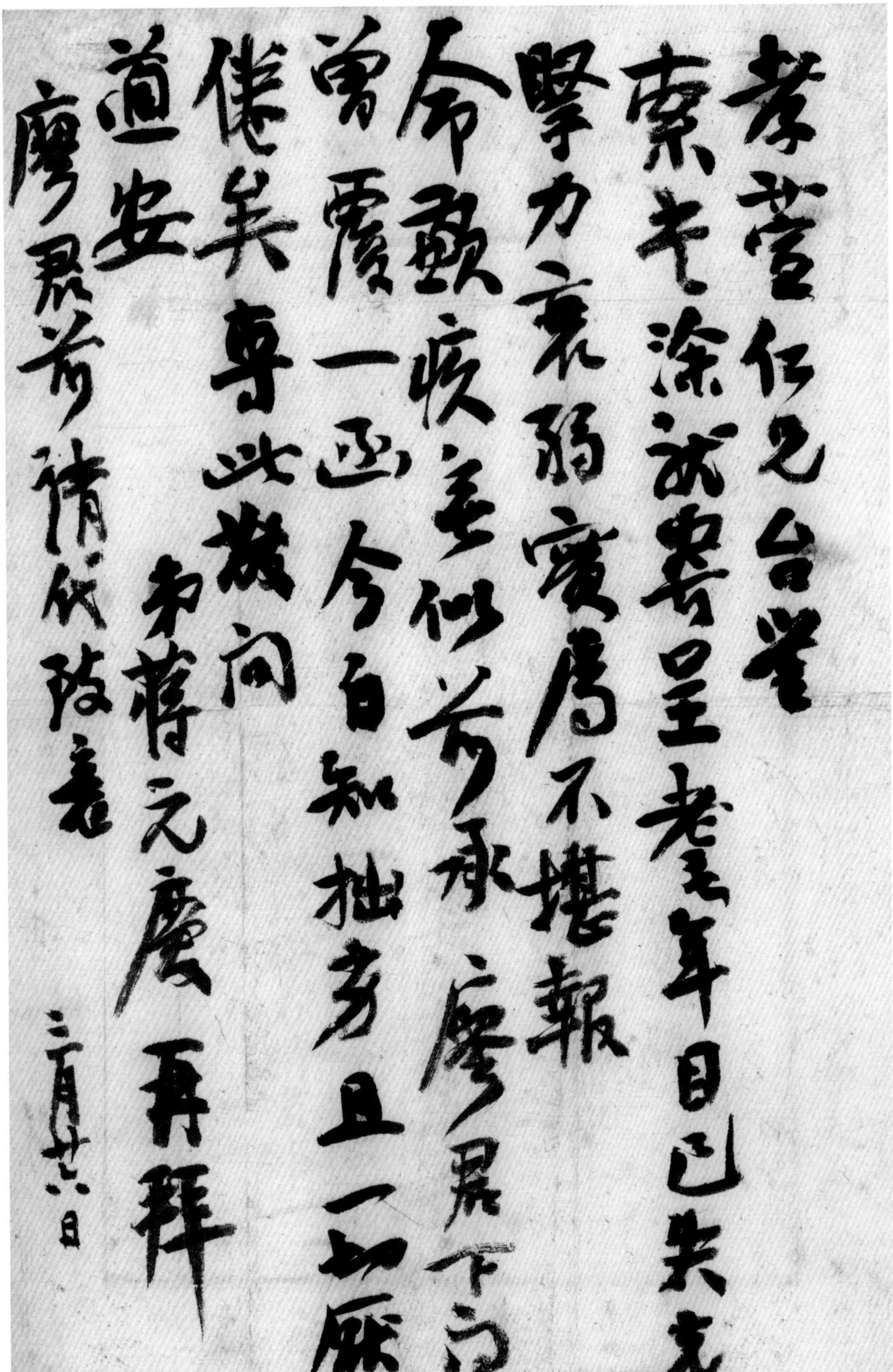
孝萱仁兄台鑒
索弋塗試書呈老年目已失光
腕力衰弱竊屬不堪報
命歉疚無似兄承廖君下詢
曾覆一函今自知拙劣且一切厭
倦矣專此敬問
道安　弟蔣元慶再拜
廖君前請代致意　二月廿六日

蔣元慶致卞孝萱

叔異吾兄道鑒 久疏音問 時切懸系 近年
右予先生安葬訃告 緬懷碩德 備老成之凋零
幸維後賢 繼往開來 應存下風 理應前
加執紼 乃以病羈 未克臨弔 良深歉愧 悵望
遺集遠寄 早付刊版 以永流傳 弟回里養病年
餘 纔漸輕減 終難全癒 遲未來春能到滬或到
寓擬敘舊 暢積思 手此即問 順頌
台綏
江懋祖拜上 十一、二十日

懋莊用牋

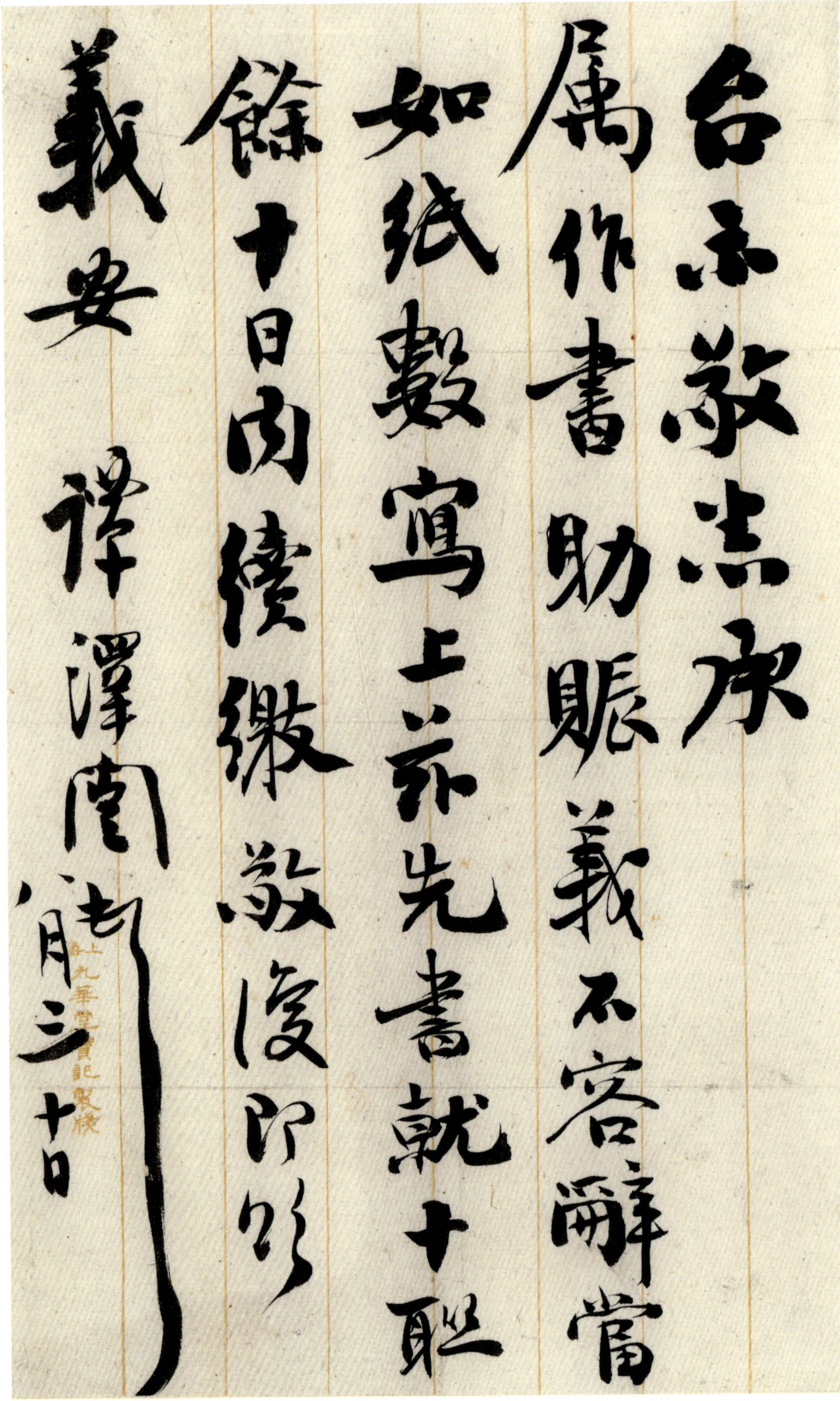

台示敬悉承
屬作書助賑義不容辭當
如紙數寫上並先書就十聯
餘十日內續繳敬復即頌
義安
譚澤闓上
八月三十日

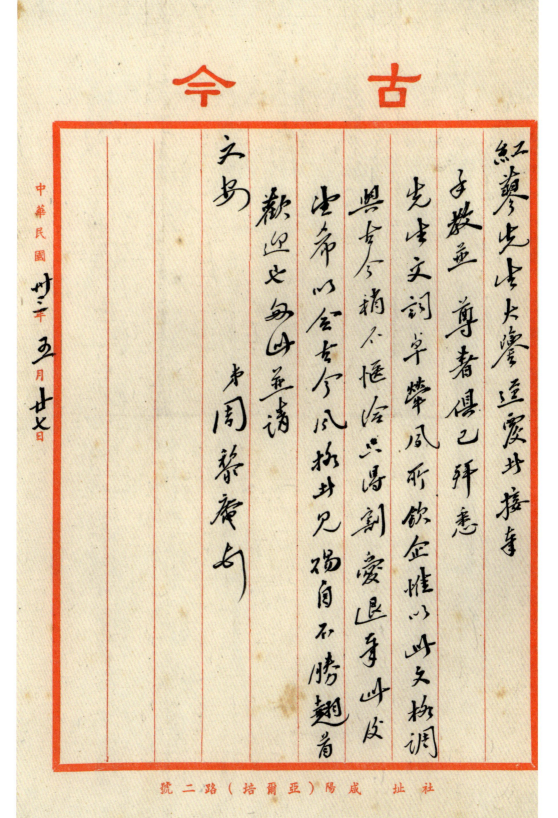

古今

紅蓼先生大鑒：逕處此接奉

手教並　尊著偈已拜悉。

先生文詞卓犖，夙所欽企，惟以此文格調

與古今稍不愜洽，只得割愛退奉。此後

望希以合古今風格者見賜，自不勝翹首

歡迎之。匆此並請

文安

弟周黎庵頓首

中華民國卅二年五月廿七日

社址　咸陽（亞爾培）路二號

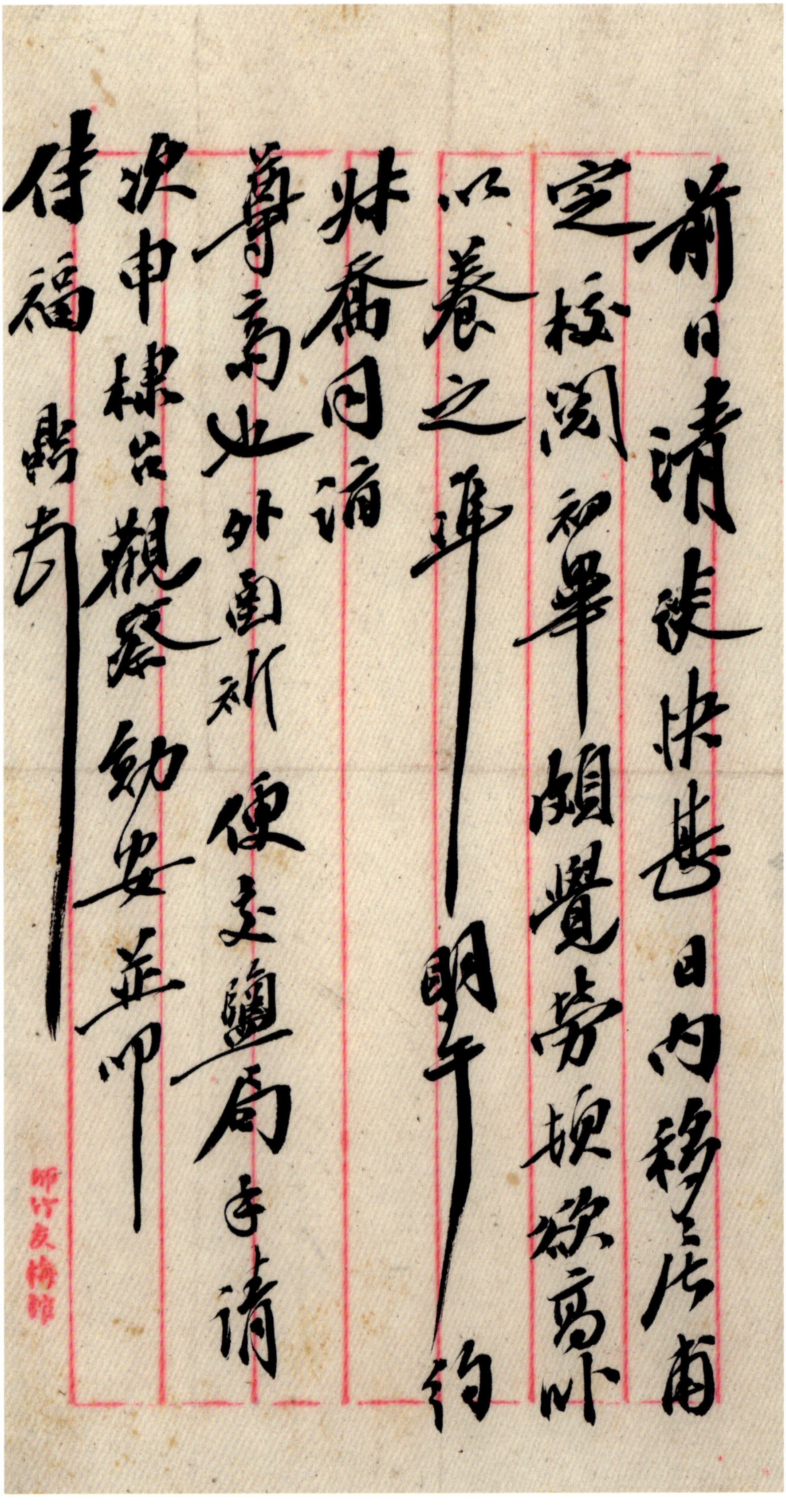

前日清談快甚。日内務〻忙，甫定校閱初畢，頗覺勞頓，欲高臥以養之。遲明午約林喬同詣尊寓也。外國所刻便交郵局寄。請叔申棣台觀察勛安，並叩侍福。鼎啓

師竹友梅館

觀宧老伯父大人鈞席：昨仲南旋甬，弟到
惠書，並承
賜金石書畫諸美術品，吉光片羽，無美不臻，拜受之餘，
倍增慙感。藉諗
興居叶吉，
杖履多嘉，為頌無量。弟再經若拙，秉賦庸愚，癖多嗜
好，常見達平顧殺衣之方伯家之收一舊磁，青花平入有
砂斑埋趣，次則哥官窯定，細媚滋潤，清雅宜人，共之

間或見之他處惜雖經一再摩摩指示久仍記憶不
清此平生憾事語云熟讀王孫和不如臨摹多摹摹雅
一肩非多受 前年指導還少年人能以心領神會細意
體貼方能略請門徑最近鏡紅印有匋雅及飲流齋説
瓷等等種每種價一角不大正擬託人採購時無暇
老伯文賞賜一種紫窑考是否另芸窗悲笑几間一閱
心眼匪昕晨
弟賜寄著獨此本閣名杉老一種一篇放之 與頓

馬千里致哈少甫

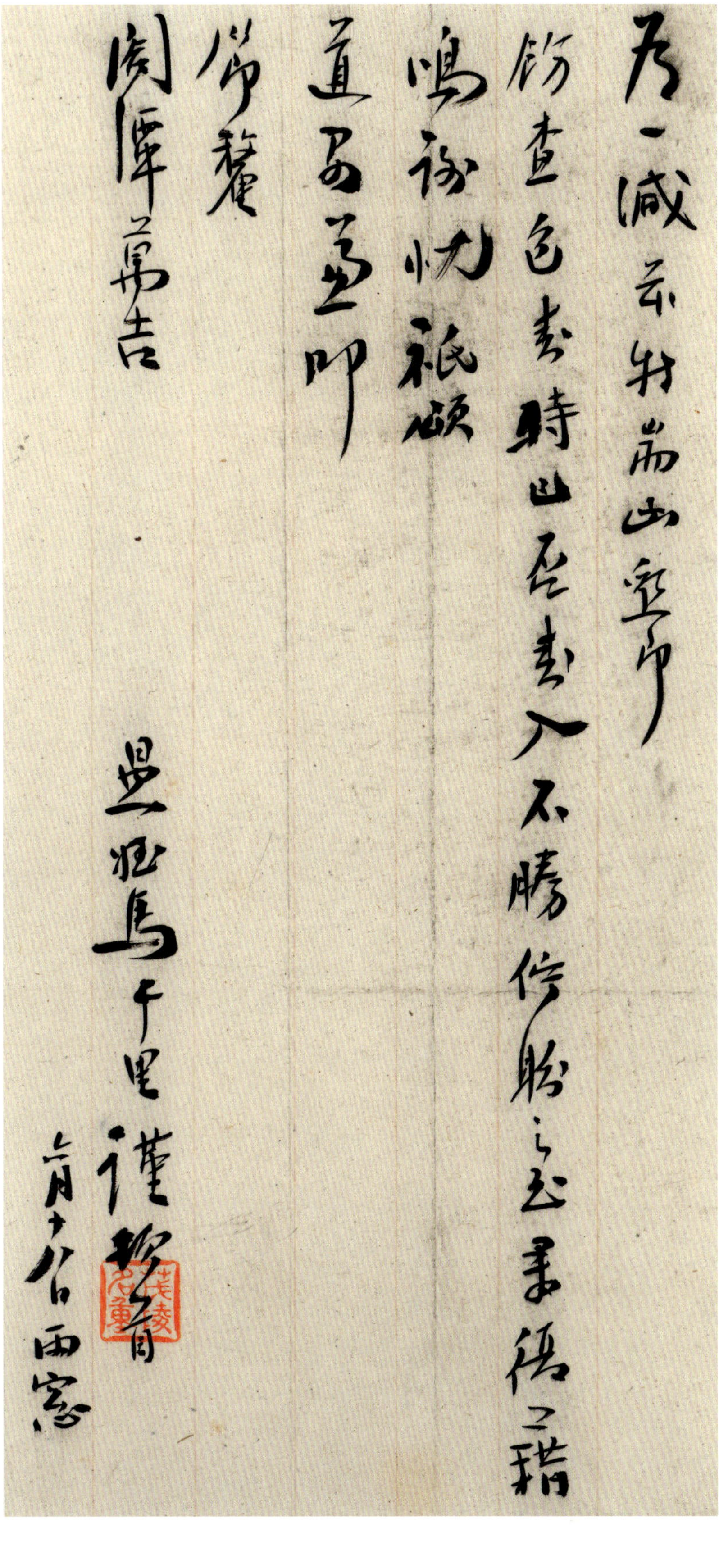

不一識荼料兩函並即
飭查色畫時山原畫入不勝佇盼之至手佈之藉
鳴謝忱祇頌
道安否畫即
希鑒
闔潭弟均吉

愚姪馬千里謹頓首
六月十八日西窗

仲老同年我師賜鑒：昨奉
惠緘，敬聆一是。承
賜周雲青之《四庫全書提要序箋注》，拜讀
一過，無任佩慰。附呈拙著四種，少年之作，
舛誤實多，敬乞
轉致雲之是正。前年擬編《安徽詩徵》，印

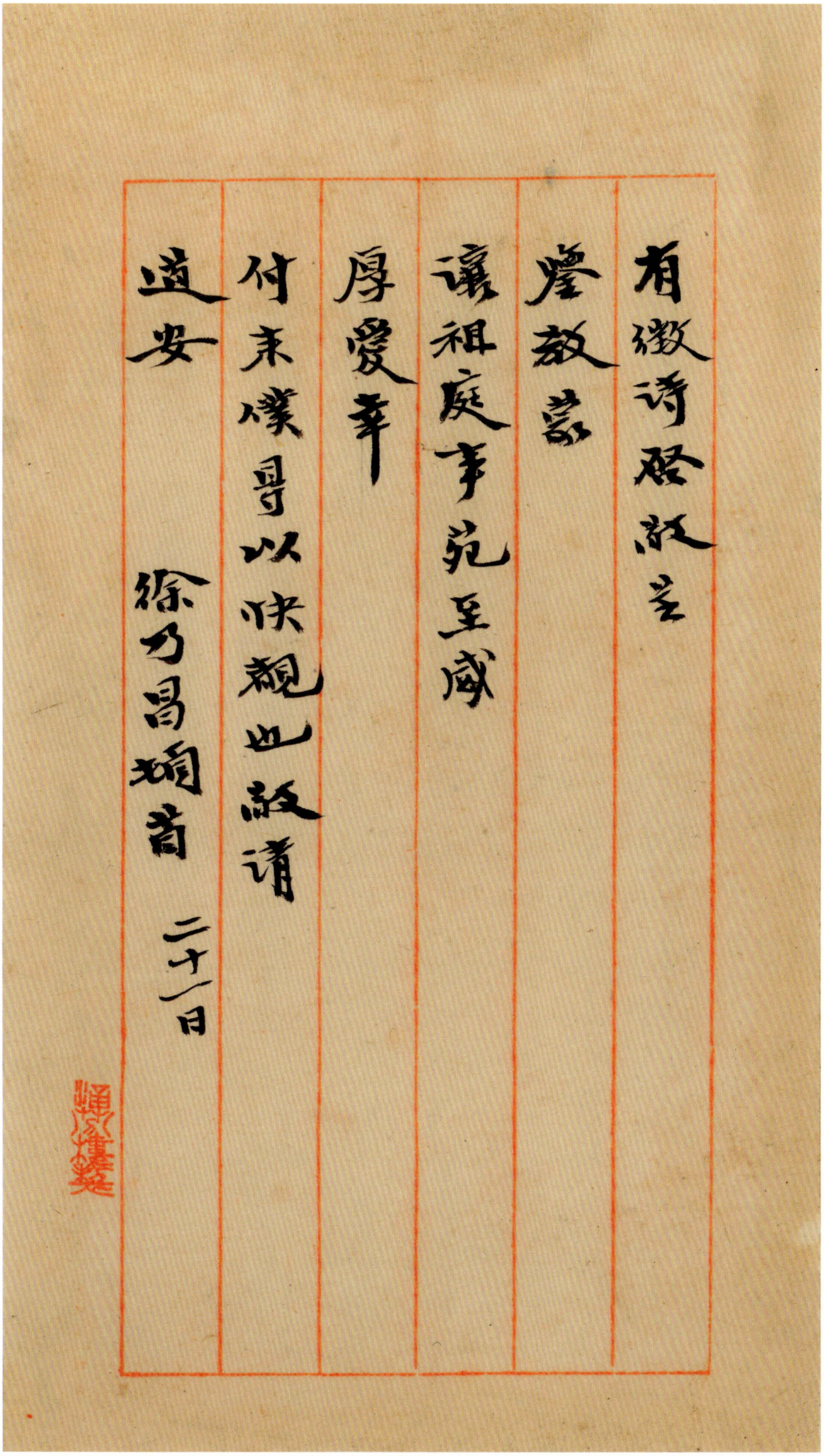

有徵詩啟并
鑒。敬懇
讓祖庭事苑，至感
厚愛。幸
付來僕尋以快覩也。敬請
道安。

徐乃昌頓首　二十一日

五弟如握：兩電均致，不知近狀興致何如，念念。
任駿合同悵
欣祖如宜，闔家大小均吉。蘇州道缺
失之甚可惜，前後問蘇州電，因以為望
佳消息也。愛蒙推重，道之雖得，然則
吾儕非病頭兒多驗矣乎，愛及吾之與
東省黨派年，今獨存在，公家之識
究竟若何。頃城團之事，新立憲政

唐人寫經格

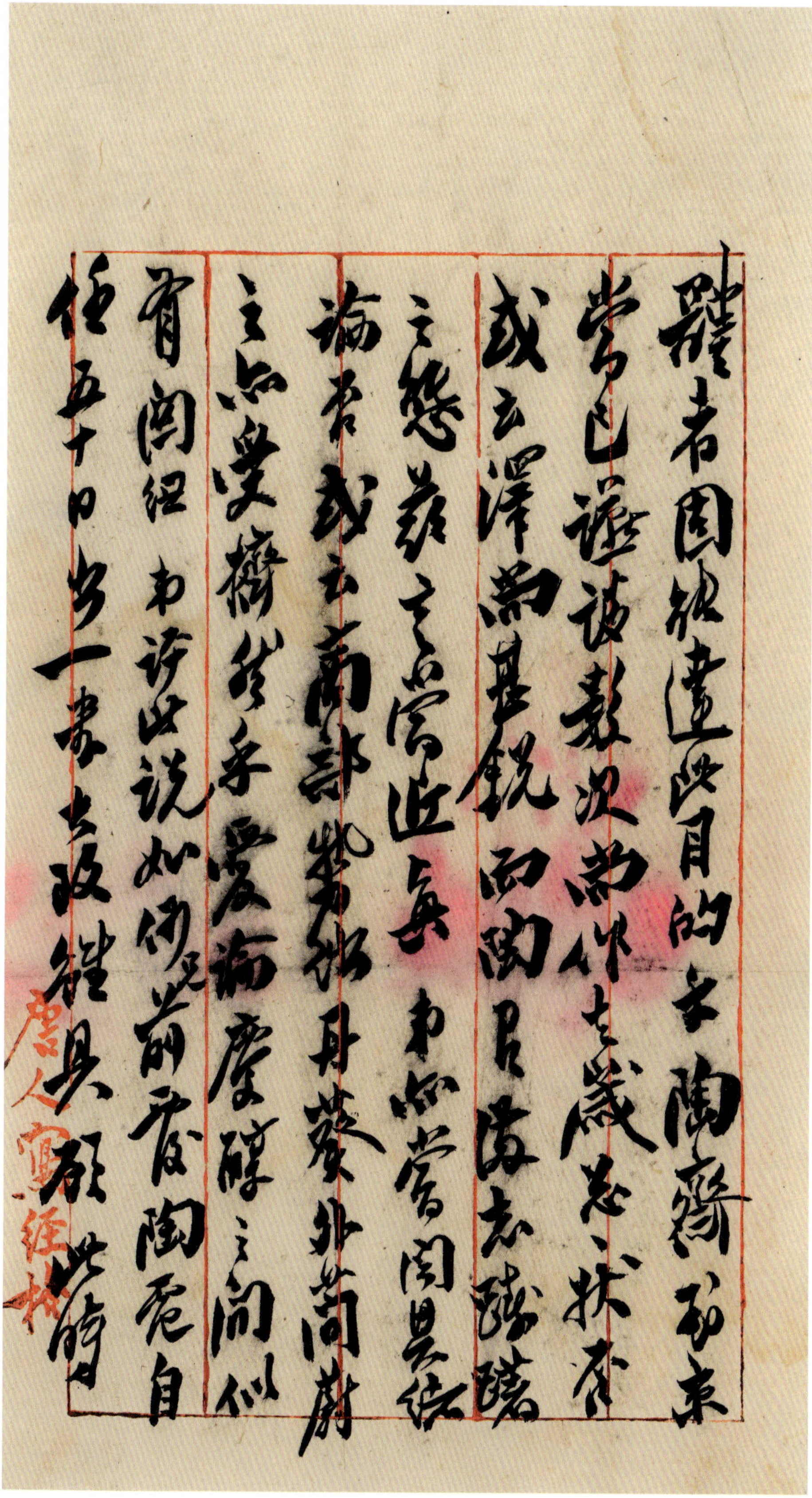
雖者園林遠然目的在陶齋 初來
當已謁談 影況尚作老大歲 忽忽狀否
我云澤尚甚銳 向陶只請志躊躇
之態 蔡之亦嘗從之 弟亦嘗問其係
論者我云南部 然紳身茂非前謝
之亦曼擬能手 受論麼醇之間 似
有問徑 弟許此說如何 兄前在陶處自
任五十日 出之一書 文政總具 雅 時

翁不敢輕出，懼人以仲容比擬
相猜也。此[illegible]之時、不能太遲，聊陶[illegible]
以繼之（速之來）哉，當令梁[illegible]來，去[illegible]知與陶
意不得否。兄於二家鄉[illegible]果，亦[illegible]釋
重（兌），此邪自古[illegible]禁以來，紙[illegible]空地第一[illegible]
（有）風湖官去秋北來，不得已出示于[illegible]
一首，[illegible]驅（遂）並[illegible]抗者一人，拔李守士[illegible]
若招調饒州、杭州（吉安）、瑞昌地方，僅得力者[illegible]

[illegible]人[illegible]經林

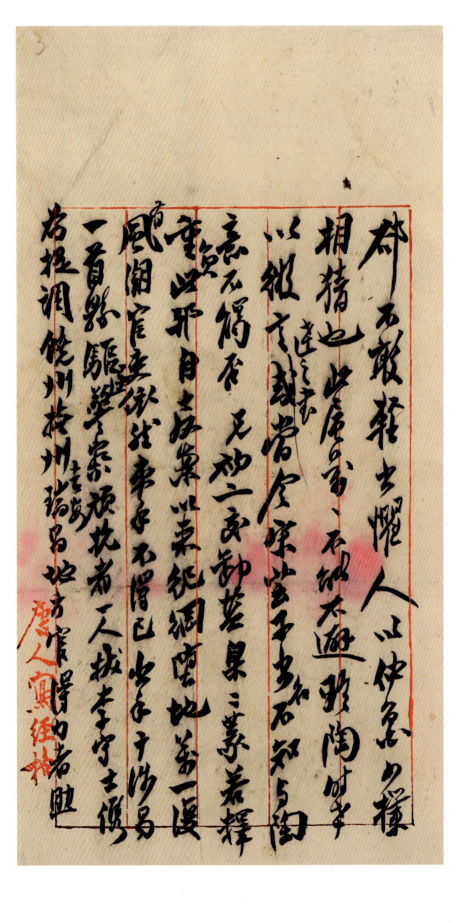

沈曾植致沈曾桐

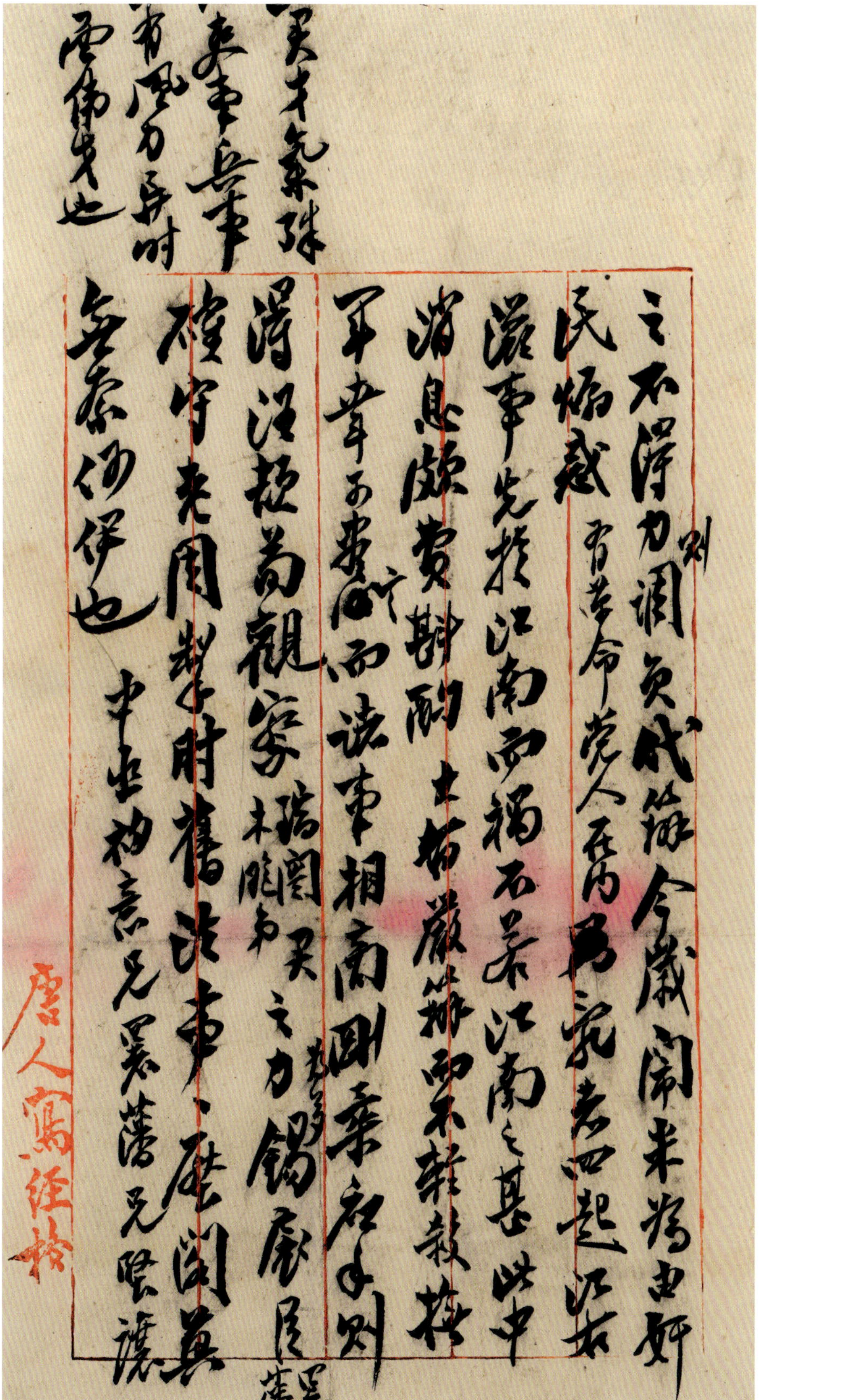

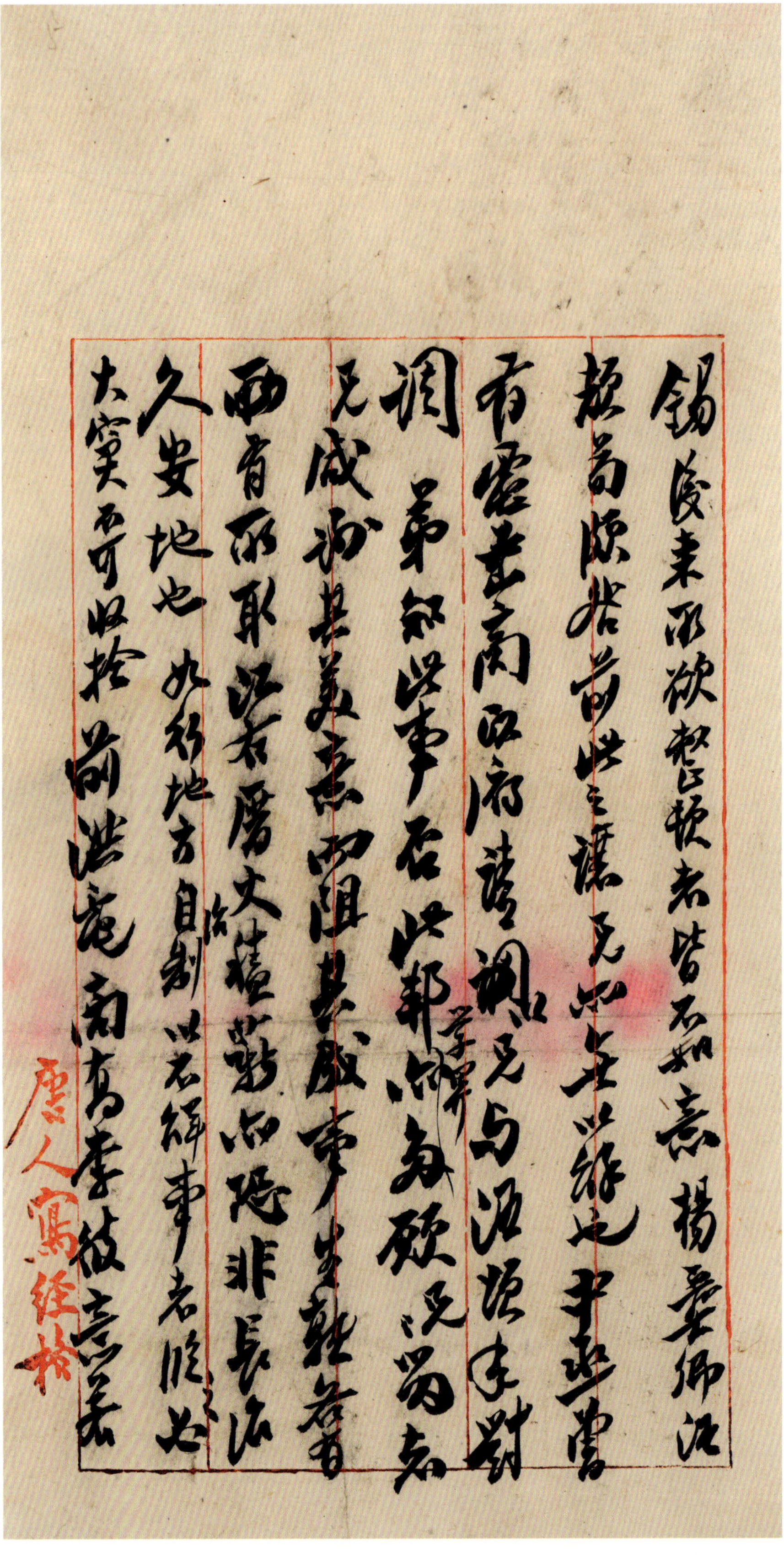

錫良來函欲整頓者皆不如意 揚譽卿江
椒翁際皆當世之謀見也上年此議之事亦嘗
有囑查南洋府請詢兄與滬頭來對
詢 弟欲將事屬於鄂孝干以爲致兄蜀去
兄成詞其義意四姐其戚事八安鞋谷首
兩省所取江督若屬文植點治仍恐非長治
久安地也 外行地方自劃以爲經事者能也
太寬不可收拾 荊滬庵南高李敘言之

唐人寫經樓

沈曾植致沈曾桐

以上皆廿四日書後

何愛滄權旗一案，素子汝以健
吏嶽前途大可望，則又懼關節矣，不
成也。
汪親家初視先生爲生命，刻則當
無足輕重矣，愛滄殊有力也。現定廿三四日歷經赴
皖，謁見恩新帥後，即不接印，即由大澤
赴淮，是叔則候一談。八月初十前定
准放，而匡遲，恐疑不及研究也。侄年
自春徂夏，終日如在夢中，江北一案

唐人寫經樓

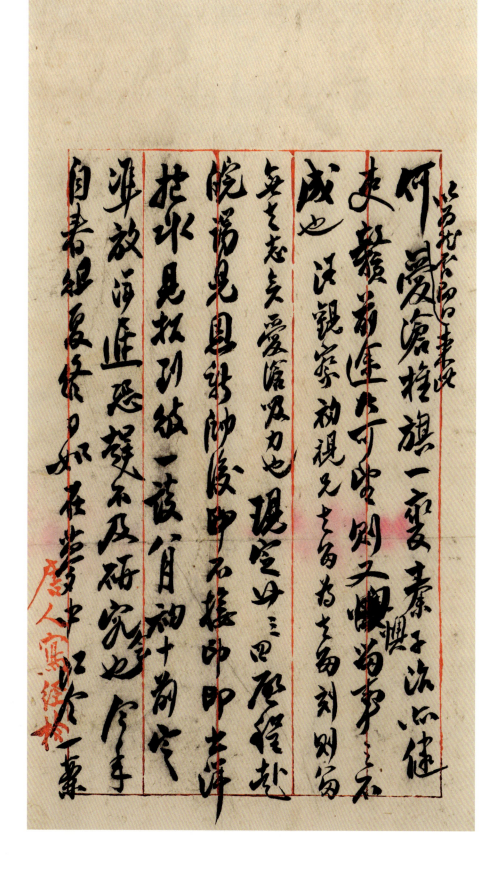

沈曾植致沈曾桐

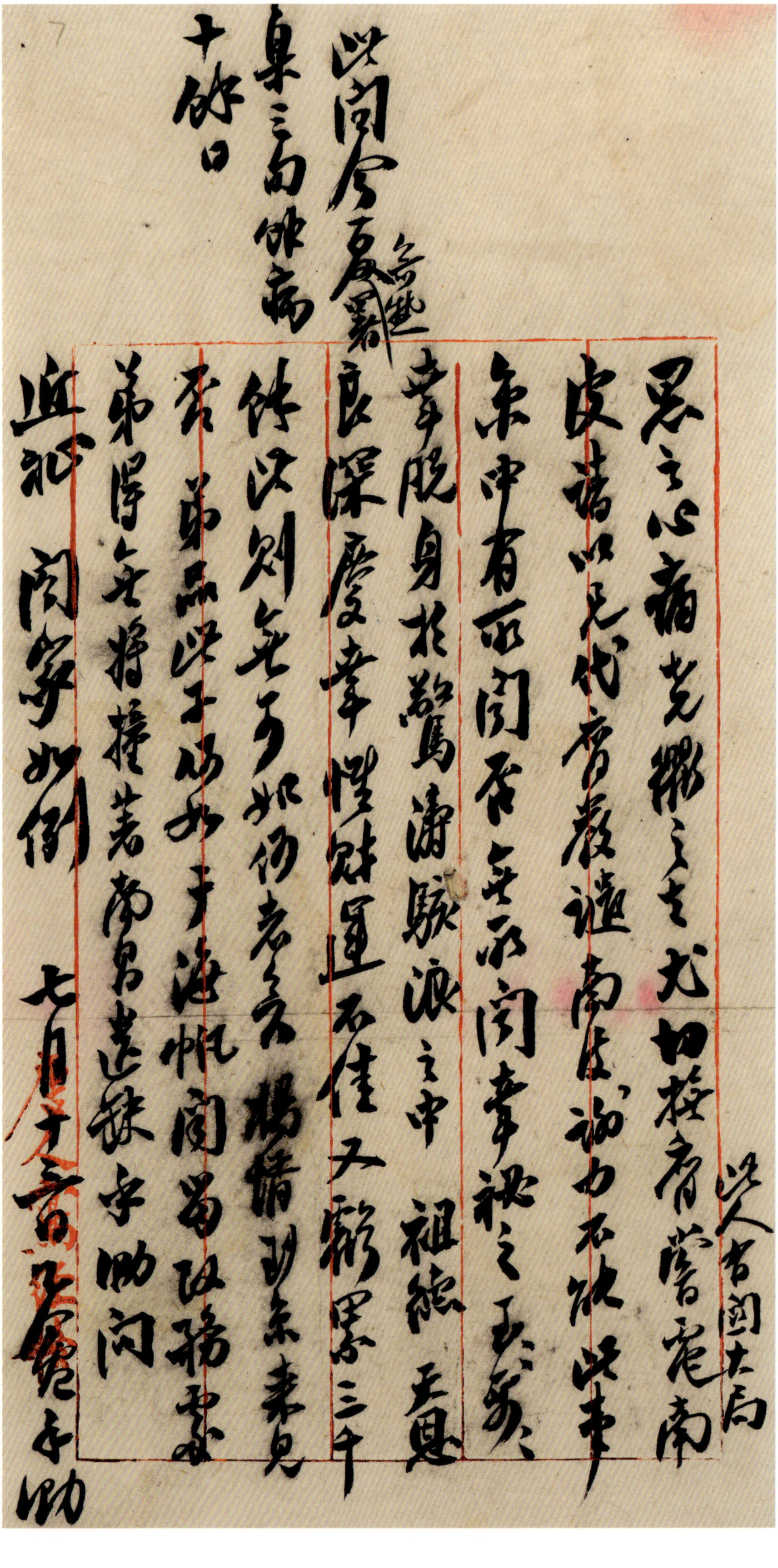

君之心痛苦[illegible]之至，尤切[illegible]膺寵命
良請以兄代爲殷謹南[illegible]，詢力不能。從事
余中有所聞否？無所聞，章被之王家，
幸脫身於驚濤駭浪之中，祖德天[illegible]
良深慶幸。惟財運不佳，又虧累三千
餘，以別無子，北仍老矣。[illegible]來見
否？弟亦以無所事，上海帆聞當設[illegible]
弟得無將[illegible]著南[illegible]錄字助問
近祉，閤家如何。七月廿二日[illegible]手叩
以聞令[illegible]均此
泉三兄均此叩
十六日

陳運彰致壽白

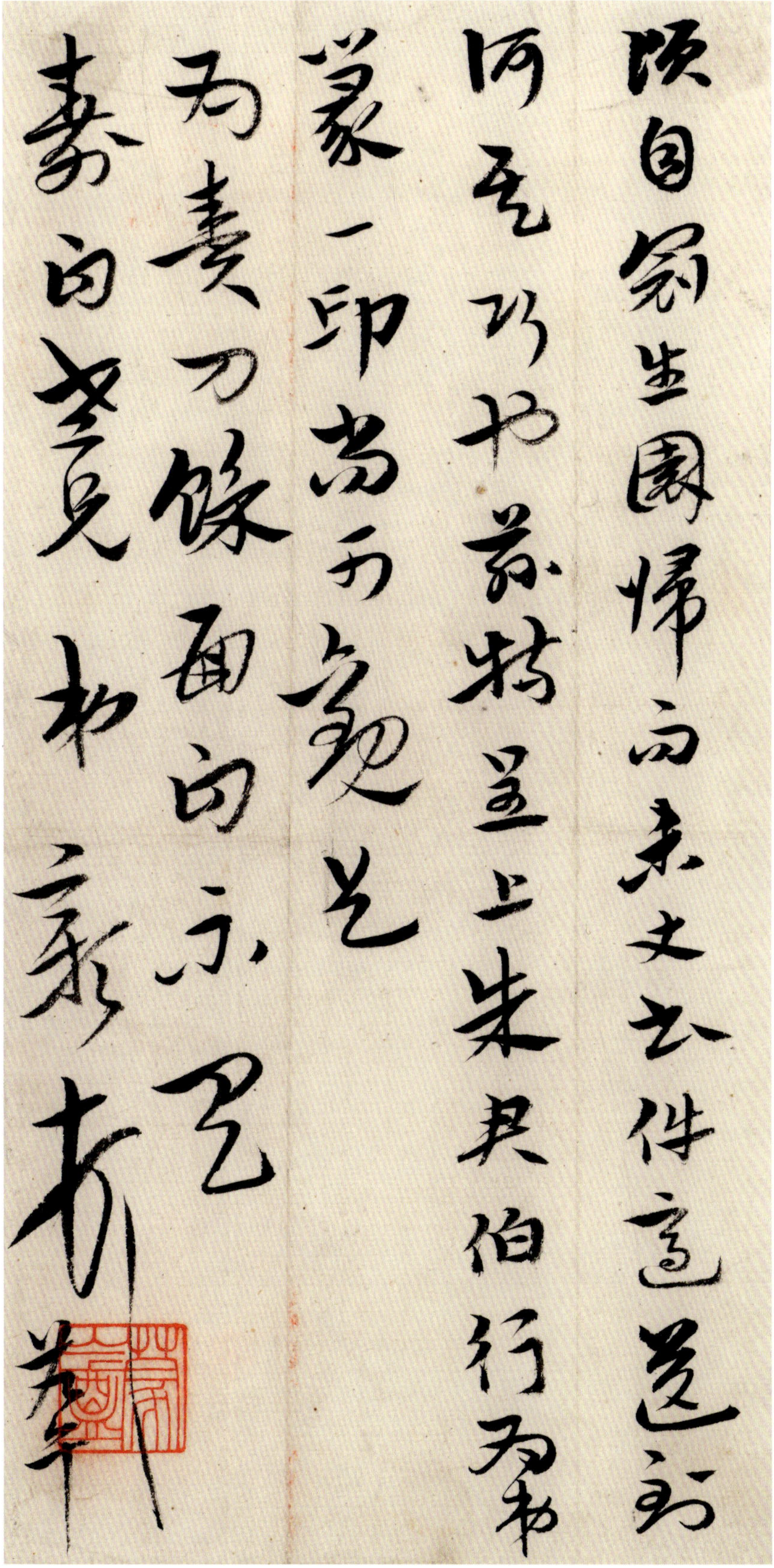

再有常兄之太夫人仙逝，弟寫一真
不便，著人撥請
在初項內撥借帮忙，代備素
函送往為感。弟錢再叩
舊典頗徵，作者係海鹽朱小汀先生
獻壽，年已七十餘矣。七、九、

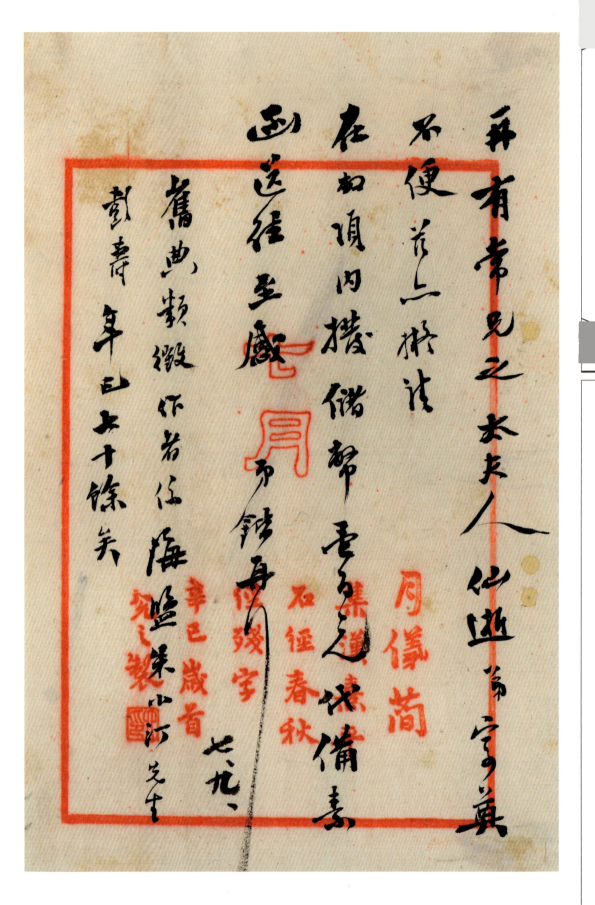

瞿兑之致□□

馮超然致念慈

念慈有道：別下屢思走謁，輒懶未果，悵悵。拙作一箑得便當還。丞照芳記雲船兄攜去，矣件係友人所求售者，備述物色價可從廉，統希酌定。為禱。弟於端節後畫例加五成，筆墨生涯如此，乎太苦，未始非提高畫之一助也。弟有加潤諸兩絕，錄已過目一嘆，倘物價再高，猶思隨之而增，環境逼人，奈何奈何。此布，即頌

道祺

弟怡得頓首

七月廿六日

鄧春樹致□□

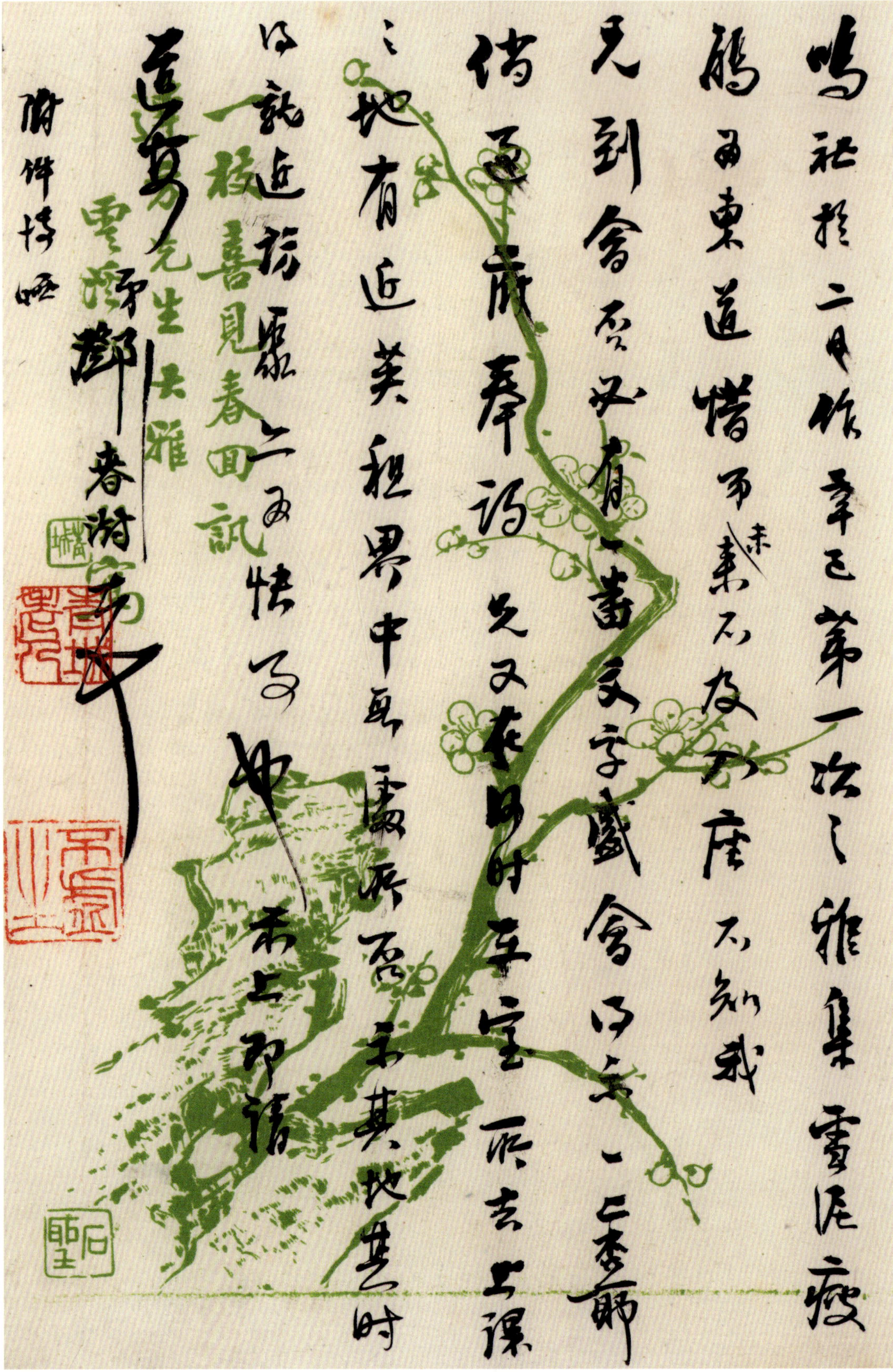

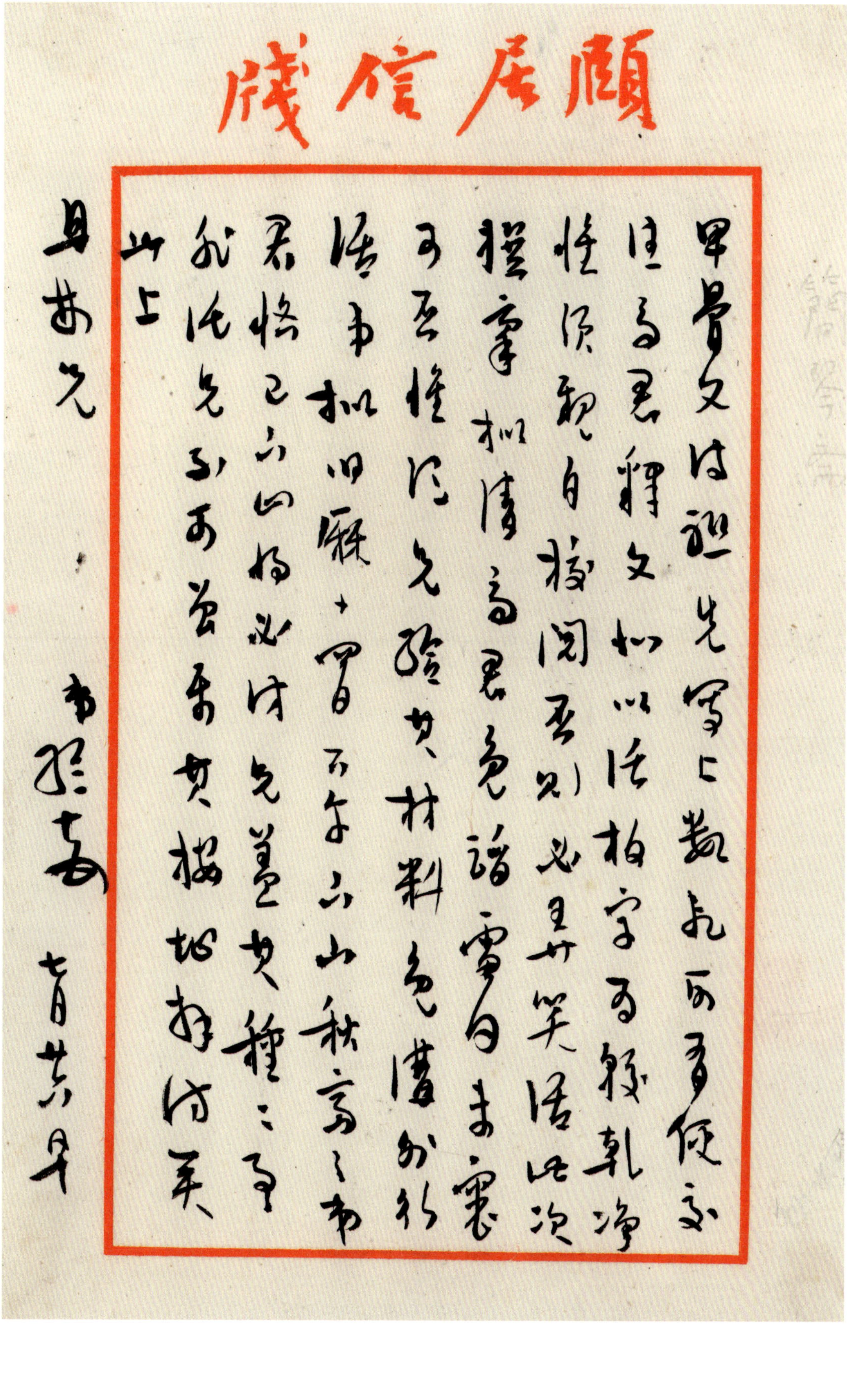

願居信箋

甲骨文請先寫之數張,可有便示
但為君釋文,如以任伯字為録,乾淨
性須觀自校閱,否則必惹笑話,此次
撰章 擬請為君覓諸雲自書寒
可否請兄強其材料急借分行
條事 擬以版十冊 不年亦山秋高之布
君忙已亦以為必待兄篆其種之至
我任兄弟西甚悉其楷地務付來
此上
丹林兄
弟琴齋
青黃月

仰公
諸君子風采久矣，顧以北地蟄居，不得一見爲憾。前者附郵得國學保存會章程二冊，覽之驚喜，笑與抃俱，亟思作書奉達，適抱採薪憂，致遲遲未果，可愧也。
諸君子宗旨純粹，思理高潔，發爲文章，冠絶一世，挽狂瀾於欲倒，震祖國之光榮

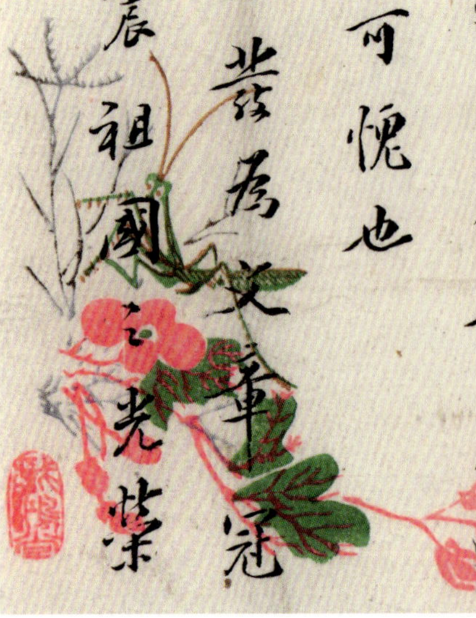

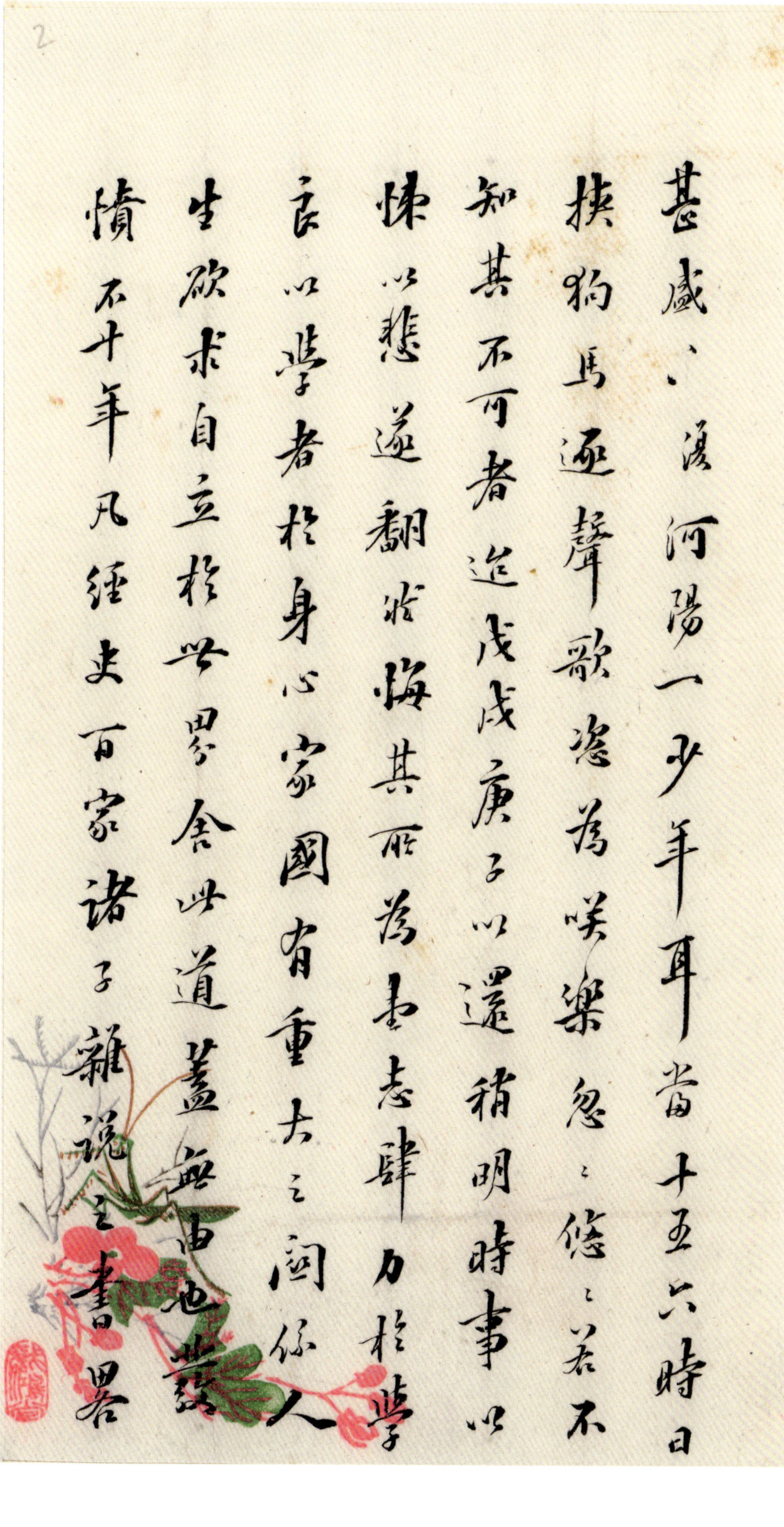

甚感甚感。復河陽一少年耳，當十五六時，日挾狗馬逐聲歌恣為笑樂，忽忽悠悠若不知其不可者。迨戊戌庚子以還，稍明時事，以悚以悲，遂翻然悔其所為，壹志肆力於學，良以學者於身心家國有重大之關係，人生欲求自立於世界，舍此道蓋無由也。發憤不十年，凡經史百家諸子雜說之書畢

3

書窺之他若海國譯部時人著述凡力所
致者亦靡不羅置左右以資披覽而有所得
與所聞不敢自信然已習與性成一日無書
則怱怱不樂亦將藉此以自娛焉耳　閒
嘗獨坐精思頗擬合綜中外上下古今貫
其義理成一家言比歲以來每時與興會
未嘗不握筆四顧躊躇滿志顧礙顧於俗

者之林。顧一文初成，自視輒不當意，及一再審思，益爲嘿然自失。拉雜彙此何則？所謂志願奢而才力微也。以視諸君子之詳博精審，有不可同年語者。而此地同學諸子每好以好學多聞見誇，滋可愧矣。復嘗語友人曰：吾輩講求問學，務益身心，從事文章，藉以抱負而已，顧安可

終身硁硁為文人哉
諸君子聞之得勿咲汗漫耶　能即此亦足
以知復矣茲附函錄上近所作文一首詩念餘
章聊以見志又去歲撰有筆談數卷不無
可觀者並錄奉數十則倘以為可教當再
寫以進惟　伏維
鑒察　臨楮不盡區區
潘復再拜

戲鴻堂製

潘復致鄧實

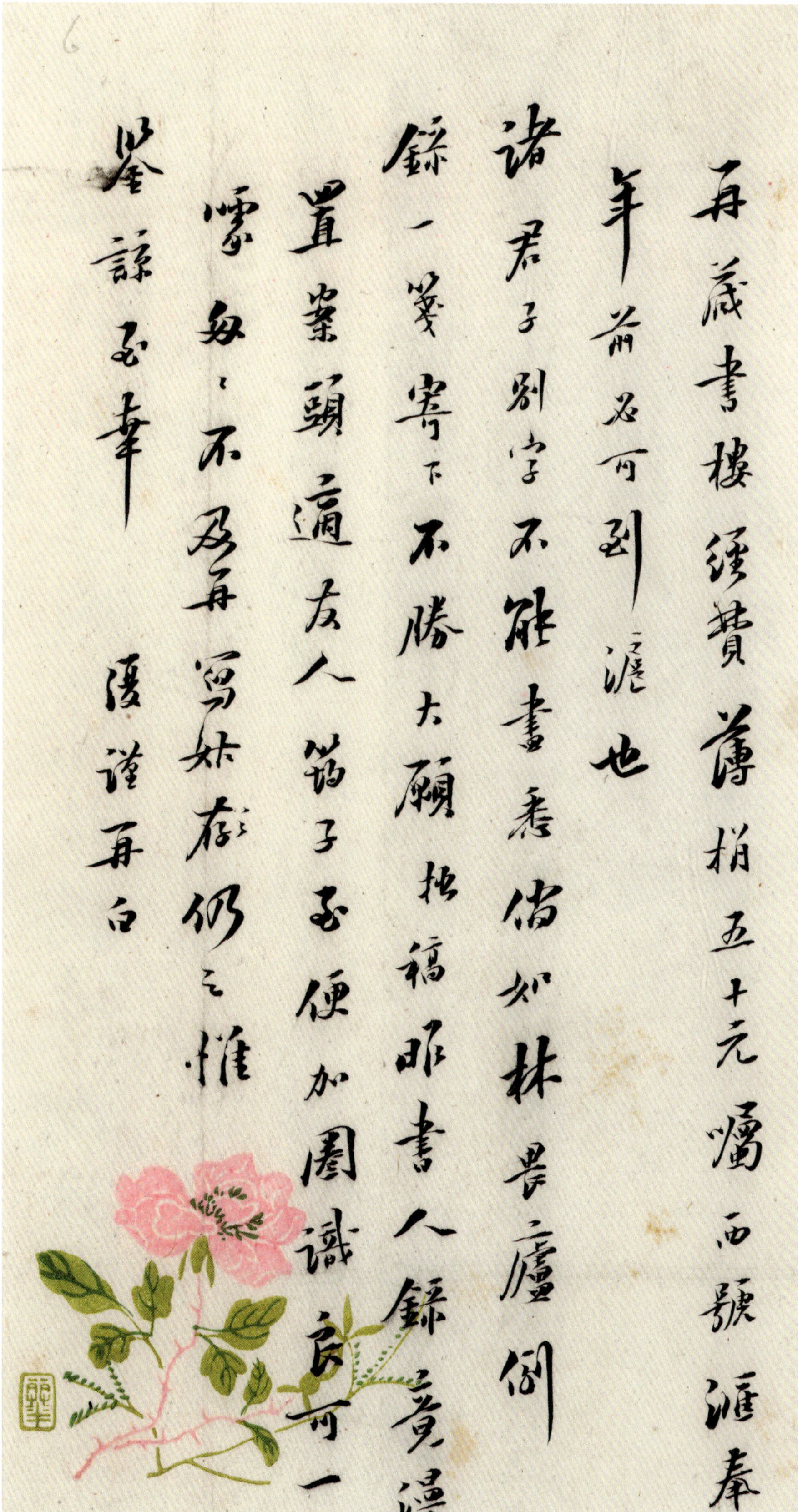

再藏書樓經費薄捐五十元，囑西號匯奉，年前必可到滬也。諸君子別字不能盡悉，尚如林畏廬例錄一箋寄下，不勝大願。拙稿排書人錄竟，漫置案頭，適友人筠子至，便加圈識，良可一噱。匆匆不及再寫，殊歉歉，仍乞惟鑒諒至幸。

復謹再白

張壽齡致伯嘉

伯嘉兄閣下：頃見
貴報載有英美公司指稱修仟將軍字一
則，擬為饒署長送上辯正信一件，乞
查照登之。昔篇朱季鍼之行為，往往為人
指摘，而當時可見所而辯護之。今觀此則，
知人之不從，奈究竟是何用意。能
公摘所登改為蔣手跡
大安
弟壽白

張壽齡

璞齋我兄有道前日乃
惠書知
清恙未痊至以為念海綃說詞說一冊承庸生女
士代為寫涉 極感所說皆一時興到語誠恐貽
罪於人不願刊布 太奈樣生再三索稿又不容堅
卻昨由貞白攜去付郵已切託跋語劇後必須寄
還屆時出繳奉也

屬寫東坡書減蘭小令一闋，日內當即寫奉。蘇詞一段文字無緣，弟以性剛才拙，不容於時，鉅於本年已決計告退，令女弟具有會計知識。園事一節，容託樸花人，弟恐此身不在穀中，出語之力量必減，人情變態，大抵皆也，亟須即以著安。諸希珍衛，不宣。

六月九日弟吳庠上

吳庠致璞齋

呂景端致□□

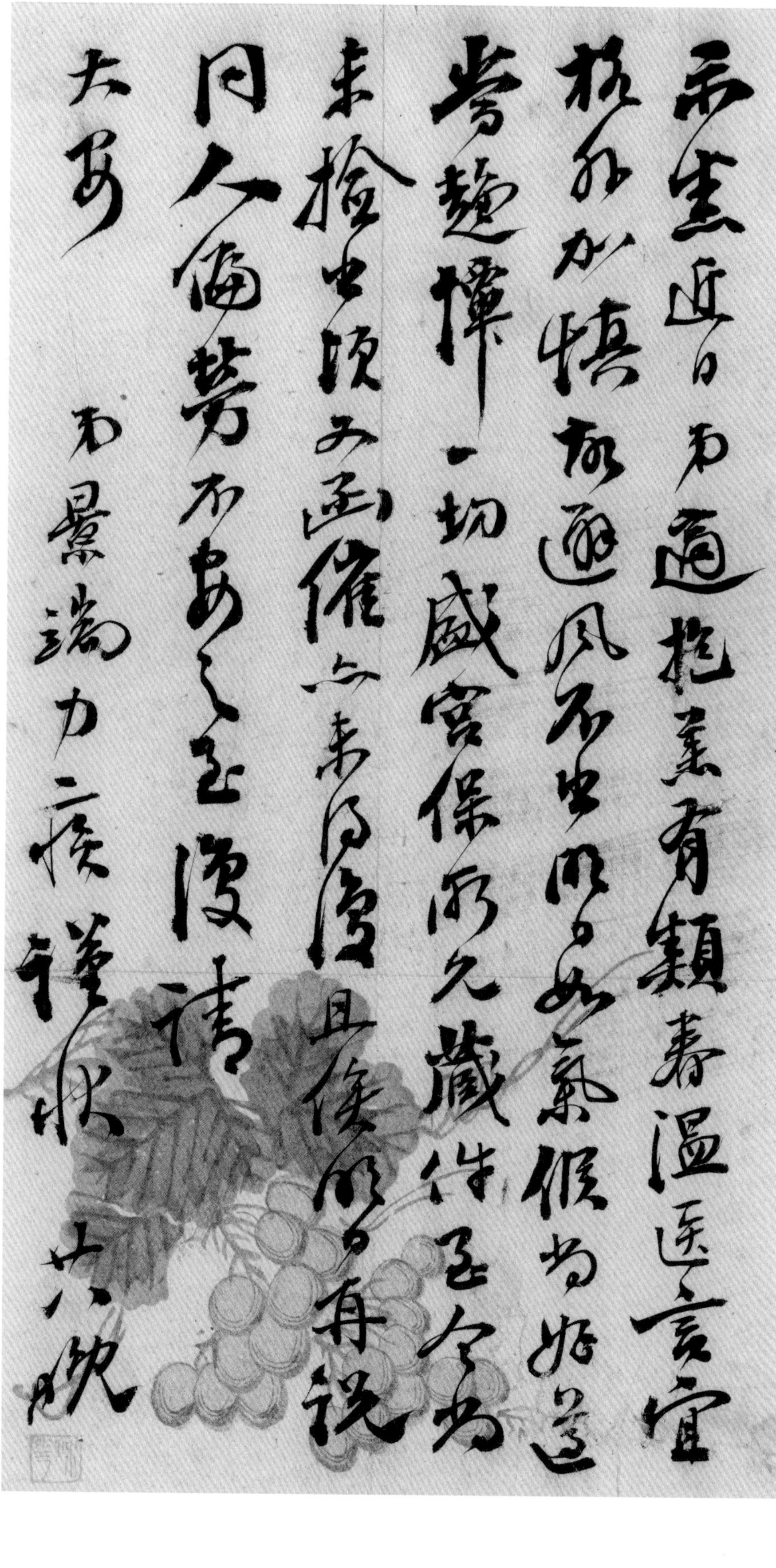

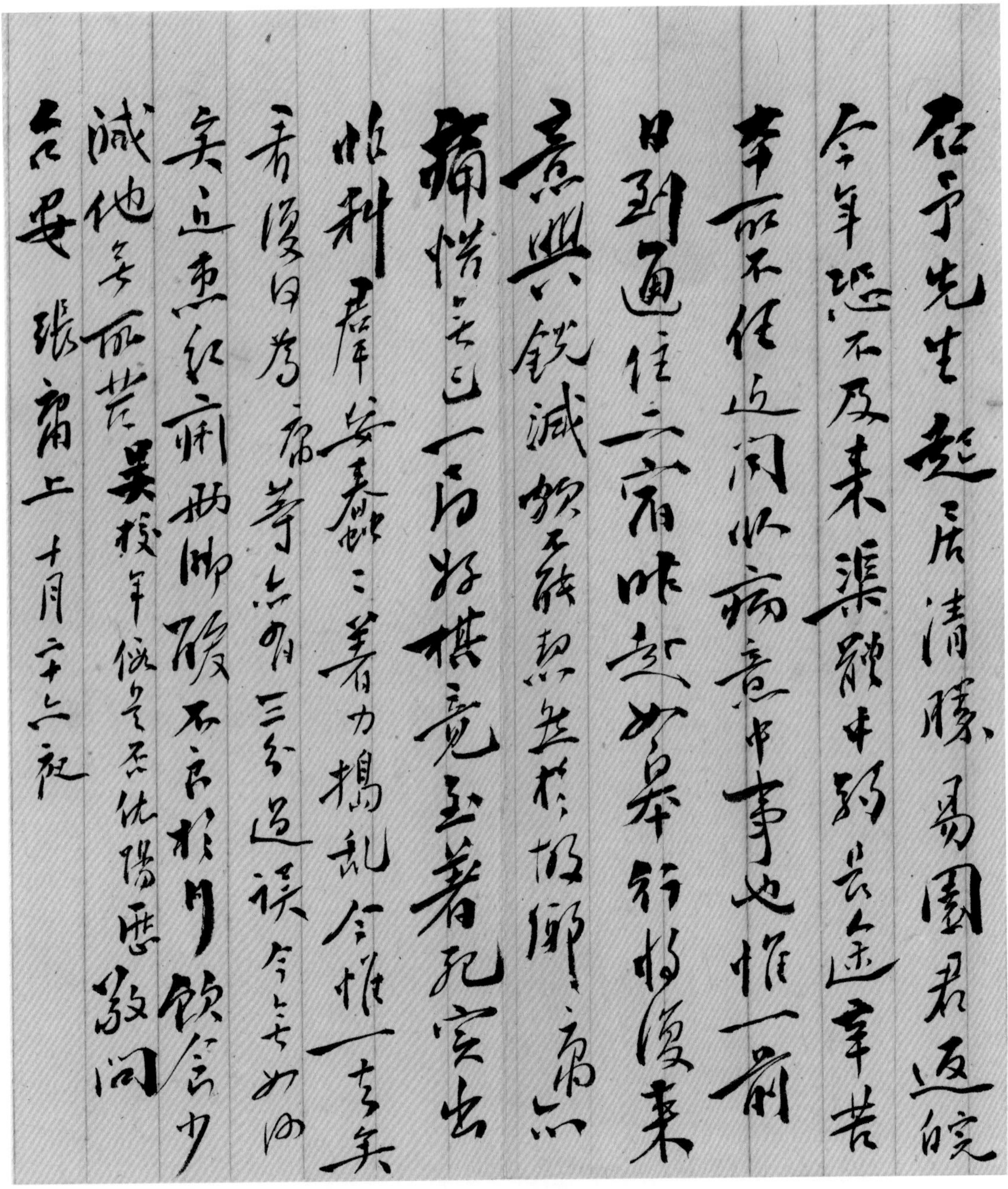
石予先生：起居清勝。易園君返皖，今年恐不及來，渠體中弱，長途辛苦，幸所不任，近聞似病，意中事也。惟一別日到通，住二宿，昨赴如皋，行將復來。意興銳減，頗不能熱然於故鄉，庸亦痛惜之已。一局好棋竟至著死，實出非料。厓岸安處處著力搗亂，今惟一走矣。青後日為庸等亦有三分過誤，今亦無如何矣。近患紅痢，兩腳酸不良於行，飲食亦少減，他無所苦。吳校年假後在沈陽歷。敬問

台安

張庸上 十月二十六夜

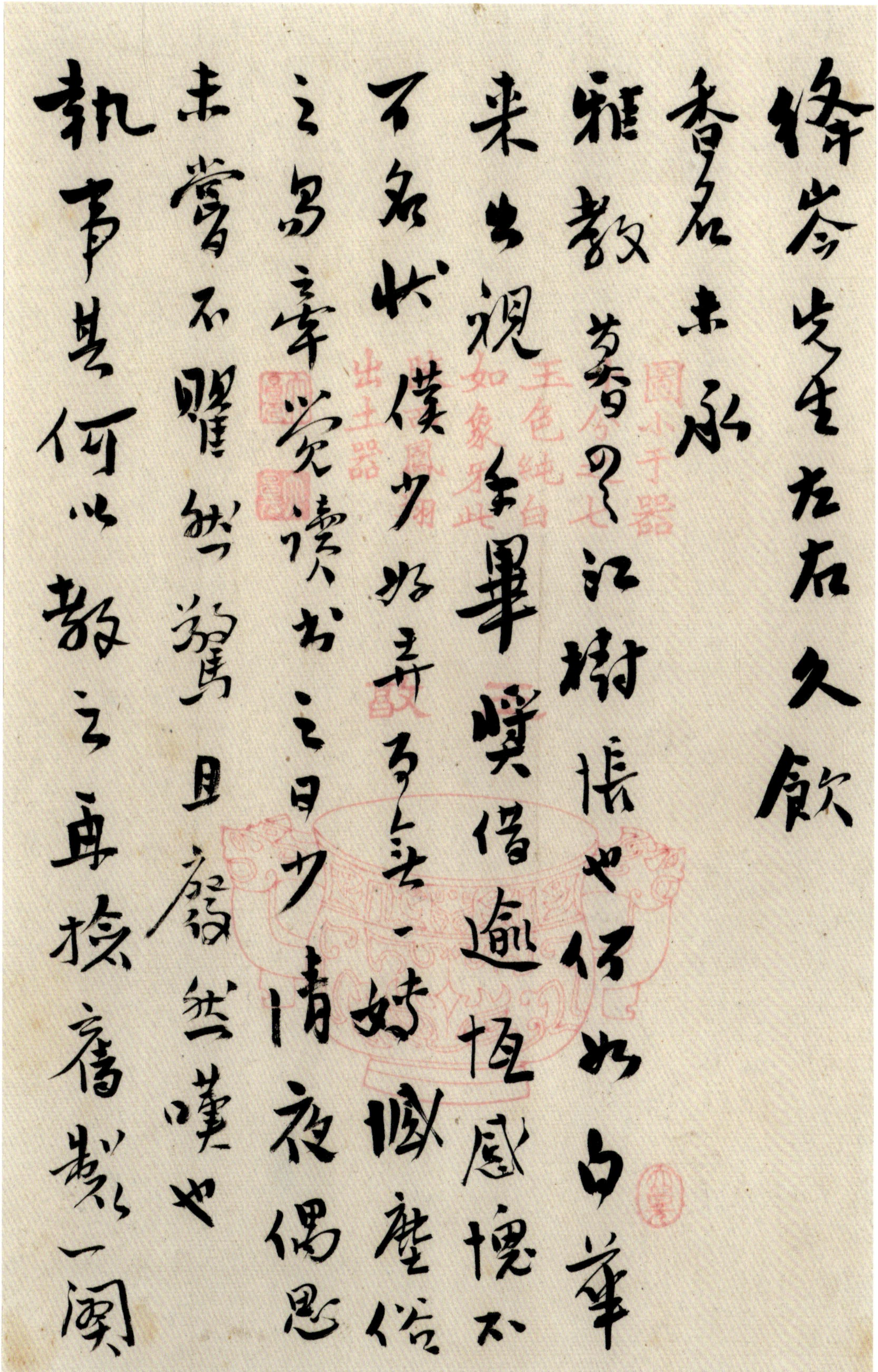

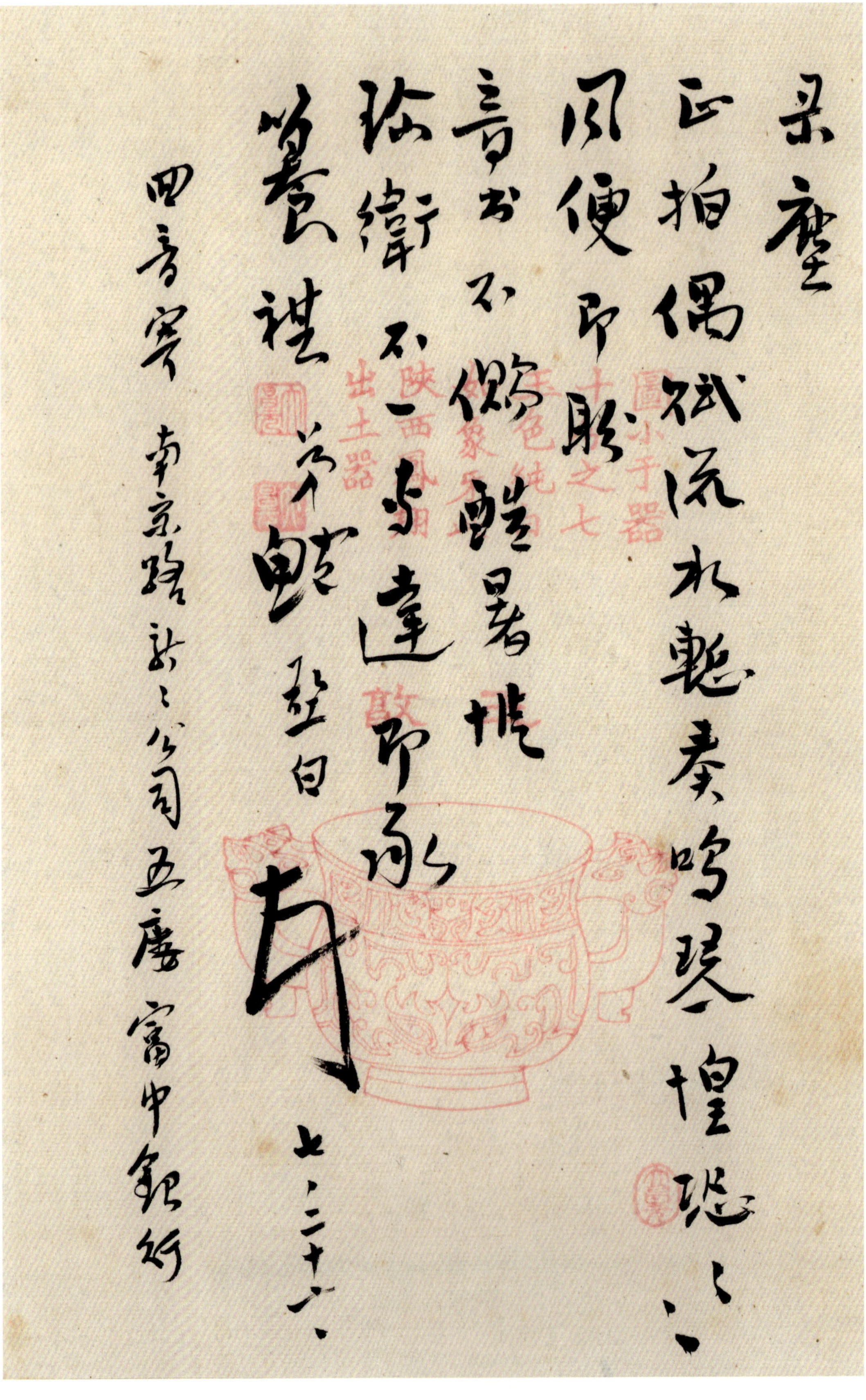

吳塵正拍：偶然流水聽奏，鳴琴惶恐之，風便即賜音書，不𠍰酷暑揮珍衛，不一步違，即承著祺。弟鮑亞白頓首 七、二十六

回音寄南京路新新公司五層富中銀行

劉炳照致周慶雲

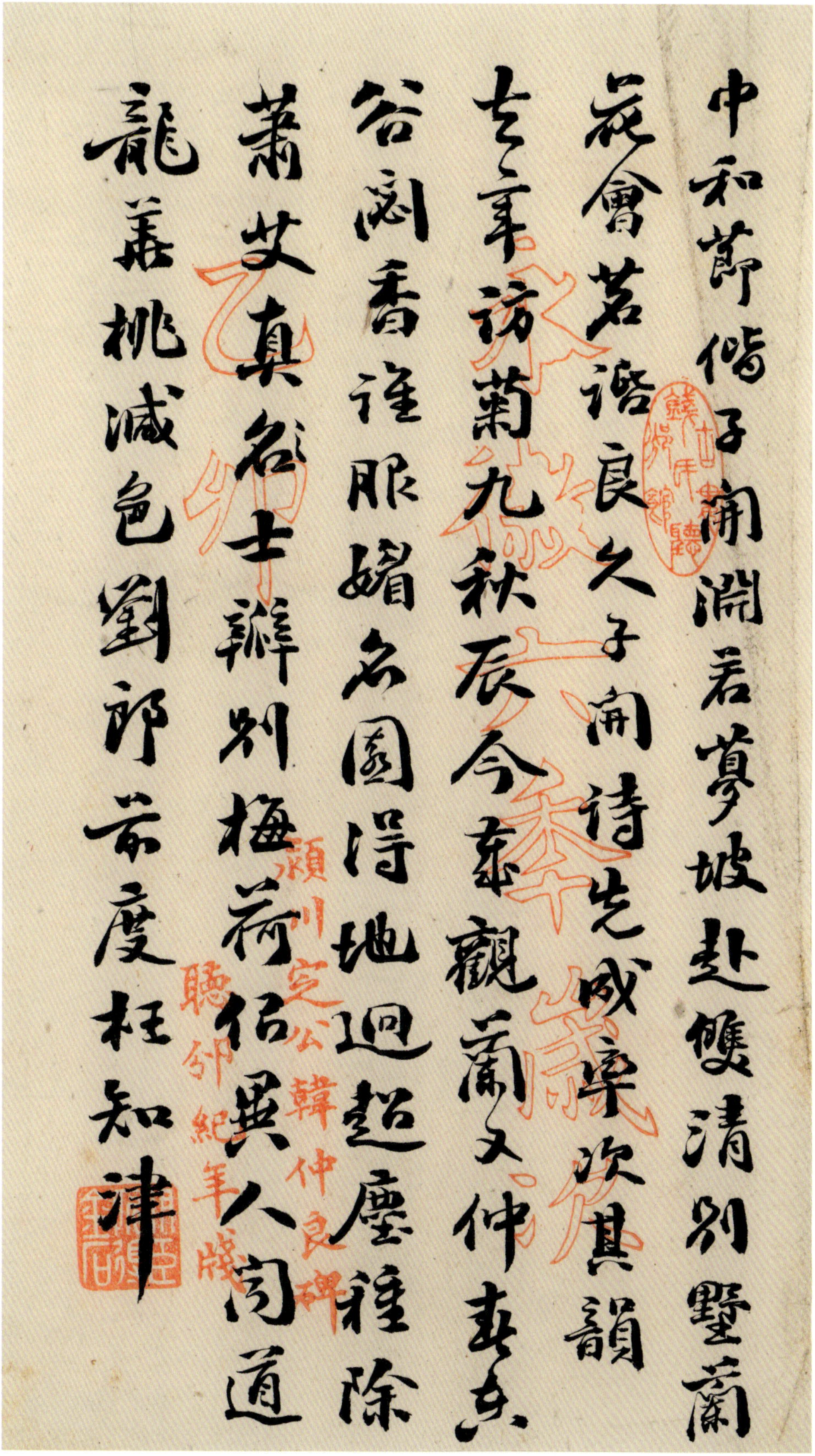

中和節偕子開、淵若、夢坡赴雙清別墅蘭花會茗語，良久。子開詩先成，率次其韻

去年訪菊九秋辰，今來觀蘭又仲春。谷底香誰服媚，名園得地迴超塵。鋤除蕭艾真名士，辨別梅蘭侶異人。問道龍華桃減色，劉郎前度枉知津。

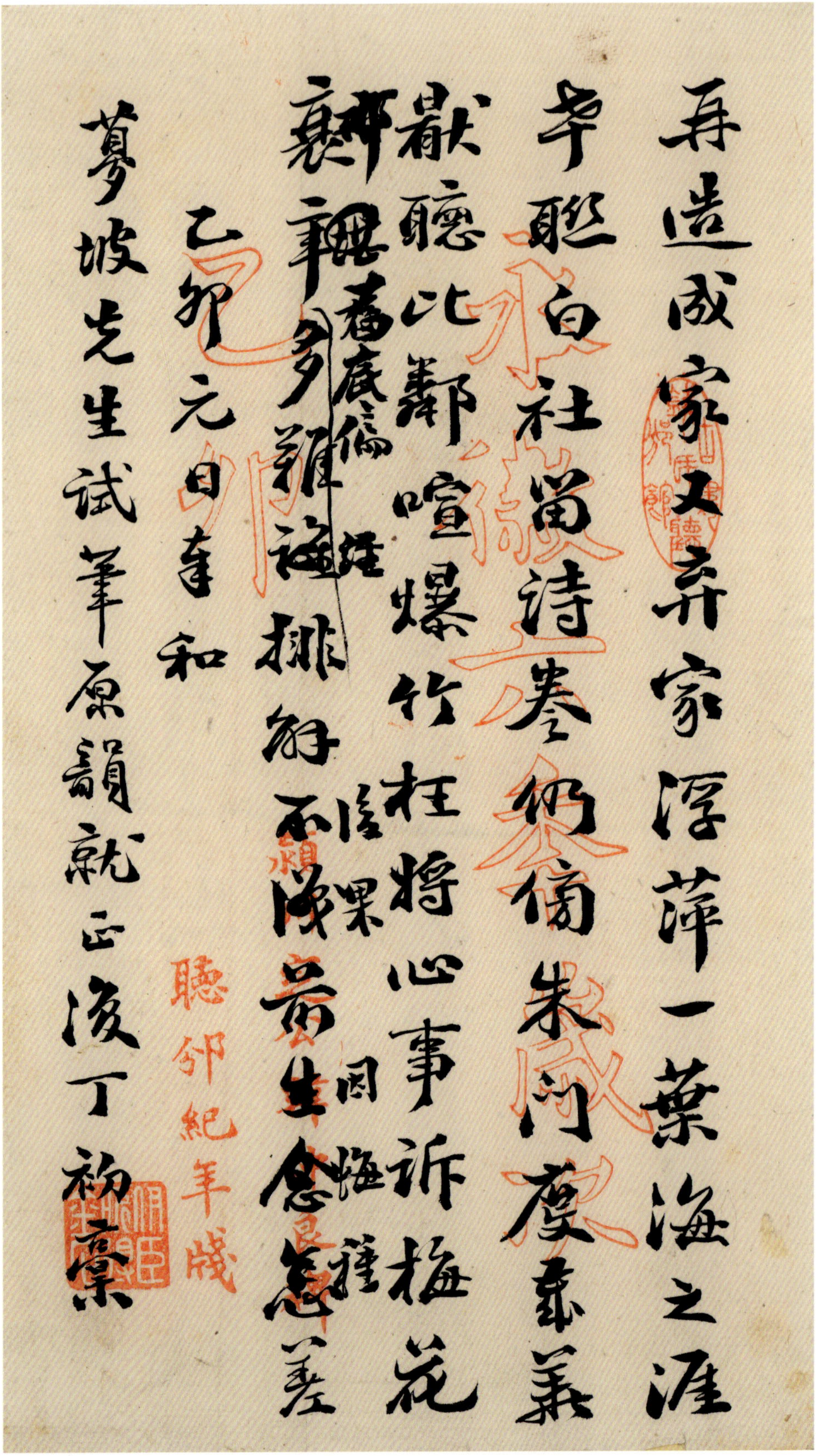

再造成家又弃家，浮萍一葉海之涯。
幸聯白社留詩卷，仍倚朱門度歲華。
厭聽比鄰喧爆竹，枉將心事訴梅花。
衰年多難誰排解，不識前生怎樣差。
乙卯元旦奉和
夢坡先生試筆原韻，就正。復丁初稾
聽邠紀年戕

侯湘致伯亮

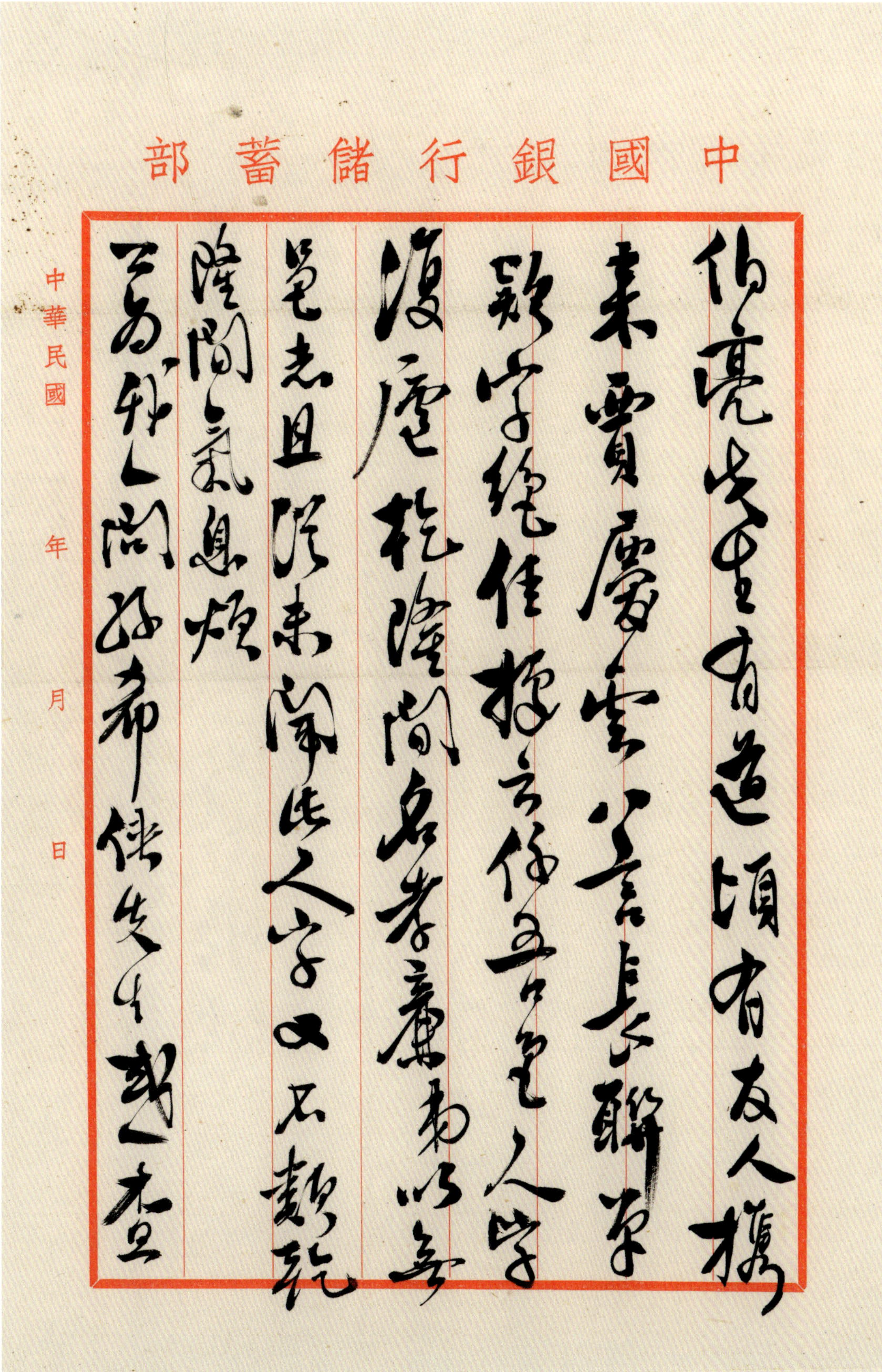

中國銀行儲蓄部

書林躁鐙盛暑勞

神更覺抱歉萬分順頌

午安

弟侯湘手上

七月廿日

中華民國　年　月　日

廖恩燾致之碩

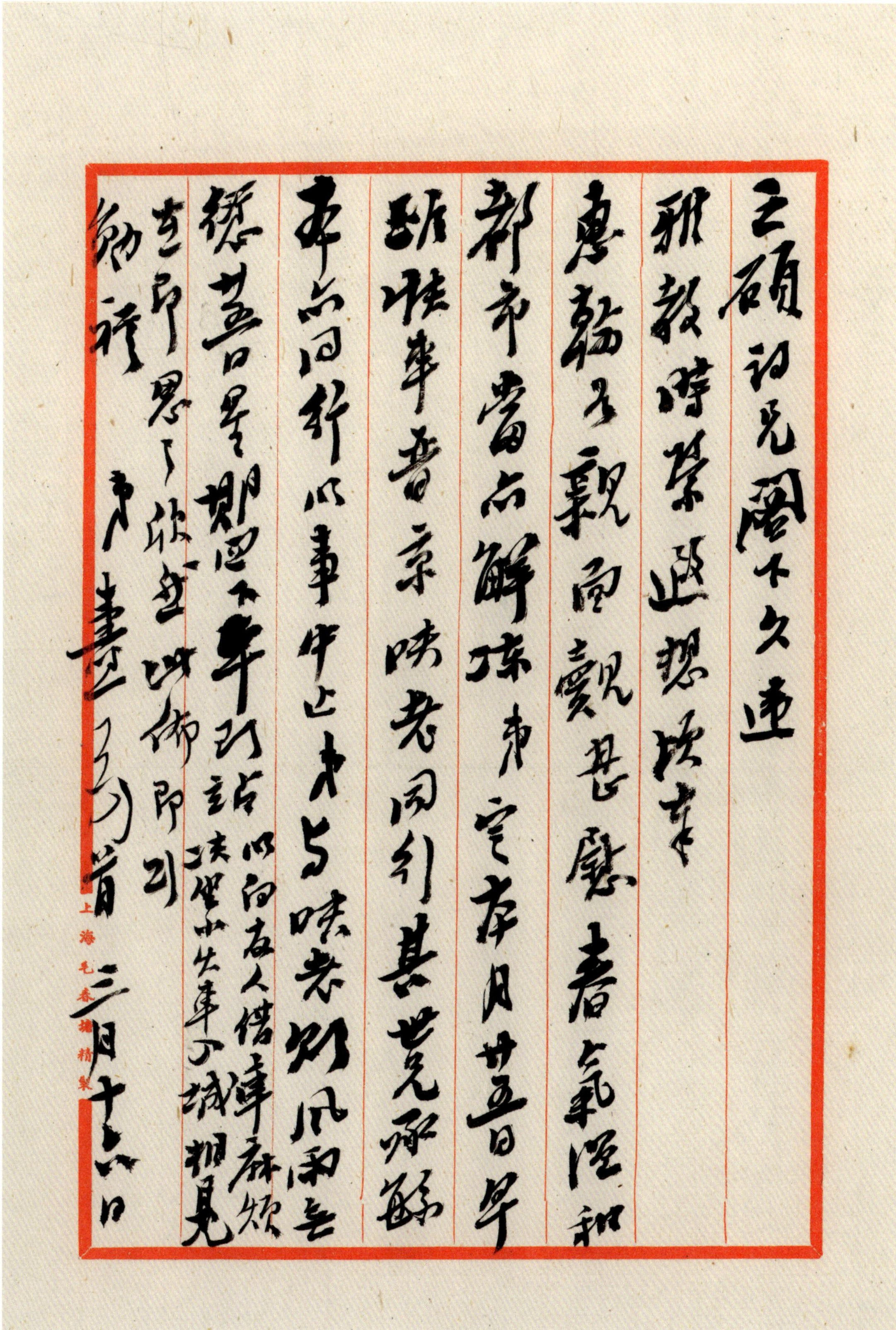

之碩詞兄閣下：久違
雅教，時縈遐想。頃奉
惠翰，并覿面覯，甚慰。春氣漸和，
都市當亦解凍。定本月廿五日早
趁快車晉京，晤老同行，甚覺承歡。
本亦同行，以事中止，未與晤老別，風雨無
憑。某日星期四下午可詣之，以向友人借車麻煩，決坐小火車入城相見。
吉即畀下，欣盛此佈，即頌
勳祺。弟恩燾頓首　三月十六日

上海毛春揚精製

次韻奉和
舜屏社大先生七十述懷即博
一粲
客裏優游技國手何曾把酒問青天清淺
自昔難諧俗真率由來易寡緣入岫雲
邊星似月袪塵風裏藕如船身閒便
作泉明卧不與時流辨白堅
早歲貿書看姓名嶺南回憶宦初成

海月箋

大豐製

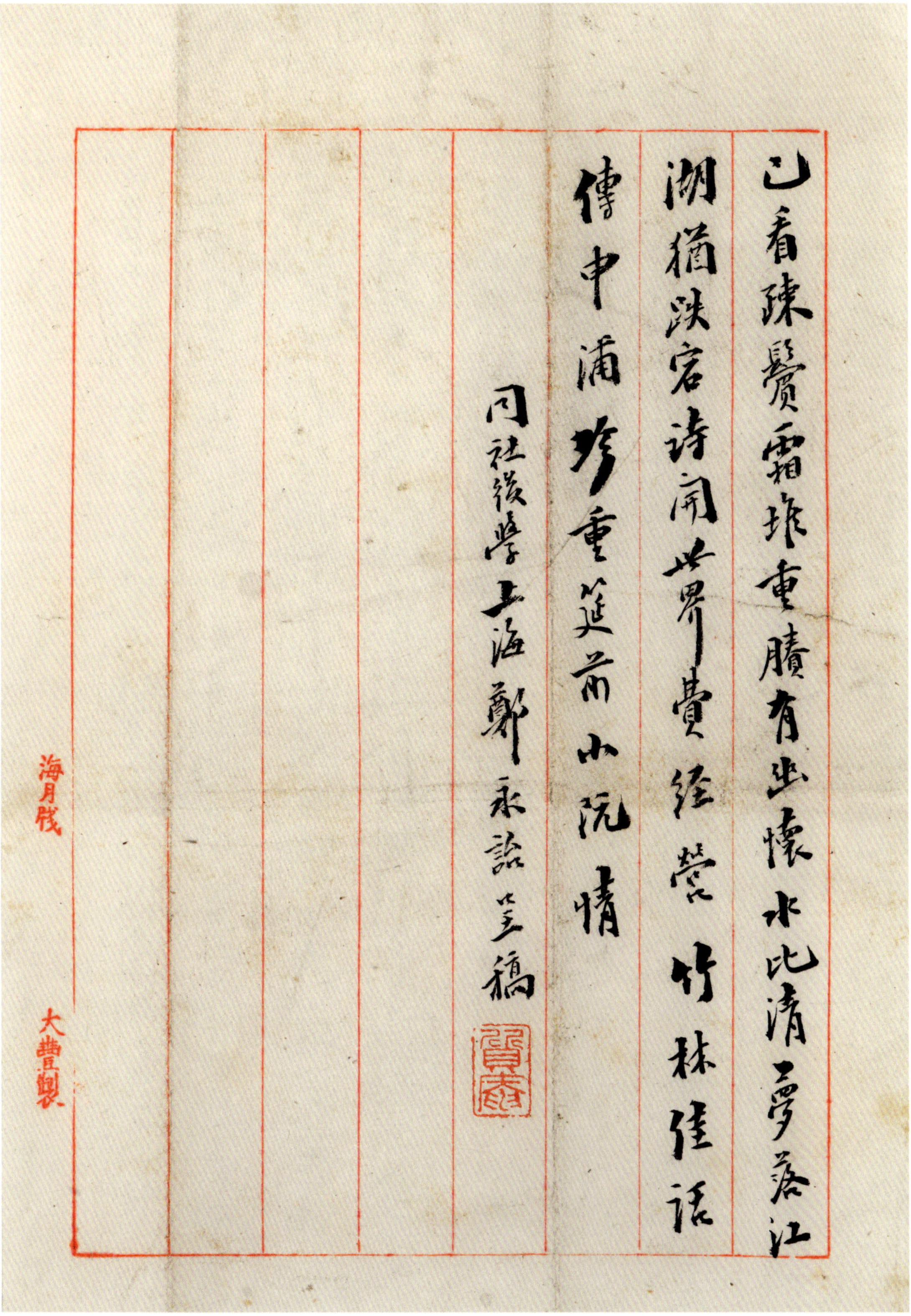
已看疎鬢霜痕重賸有幽懷水比清夢落江
湖猶跌宕詩開世界費經營竹林佳話
傳中浦珍重筵前小阮情
同社後學上海鄭永詒呈稿
海月牋
大豐製

佩楚仁兄 前函想已到達 滬上小報流言之所由來 經考查結果 當係王君受生所為 此君古怪 去年天津庸報改組之時 忽自撰一稿寄到滬 宣傳彼將任總編輯 而弟入鳴任社論撰述 自吹自打 莫名其妙 謹述寢 無何已揭穿其笑話矣 此一半年來 每間二三月 彼亦常至敝寓略談 亦從未得罪彼 去年夏間忽由一煙館跑堂送彼一信來 有所借貸 立候回信 因所要過多 無力承應 只付與五元 其後即未再至 上月

北方騷騷之時忽又來一信，云有要事必須與我敘談，望我已搬家或，如忙請約定時間地址云云。鳴閱之詫異，以我并未搬家，亦絕無可忙。兩處家屋均彼所到過，要來即來，萬無不遇之理，何必要如此張致，且自署亦從未作此濶人排場也。置之未復，初意彼或自來耳，而其後卒未來。上海世界晨報即發現出此怪稿，其中言「行止偬促，志高氣揚，儼似時為要人」，想即是怪我未覆信之故耳。好在我與石某從無一面之緣，所有時為上有関之題名録亦從未有賤名列入 最大嫌疑仍只天津庸報 在上年三月間即由鳴担任寫小説 至近一二月又兼寫社論七八篇而已 然文章有目共覩 并無何種臭味 近來報紙言論皆不署名 本不应当説出 姑言之而已 至多亦仍為尋常賣文之関係也 統希以事告一明真相 但对于先生仍不願無之除若輩 請不必揭穿為要 余又屢之南返未及接洽 但何表欽已有信來 並言南中毫無介意 請南將最佳 其實此一問題 每時局一度變動 即當重述一次 惟空言無補 須有切實辦法 如以後能詳商 則能解決亦佳 知注附告 即頌

日祉

小兄 鳴手 十三日

海鳴

程演致顧先生

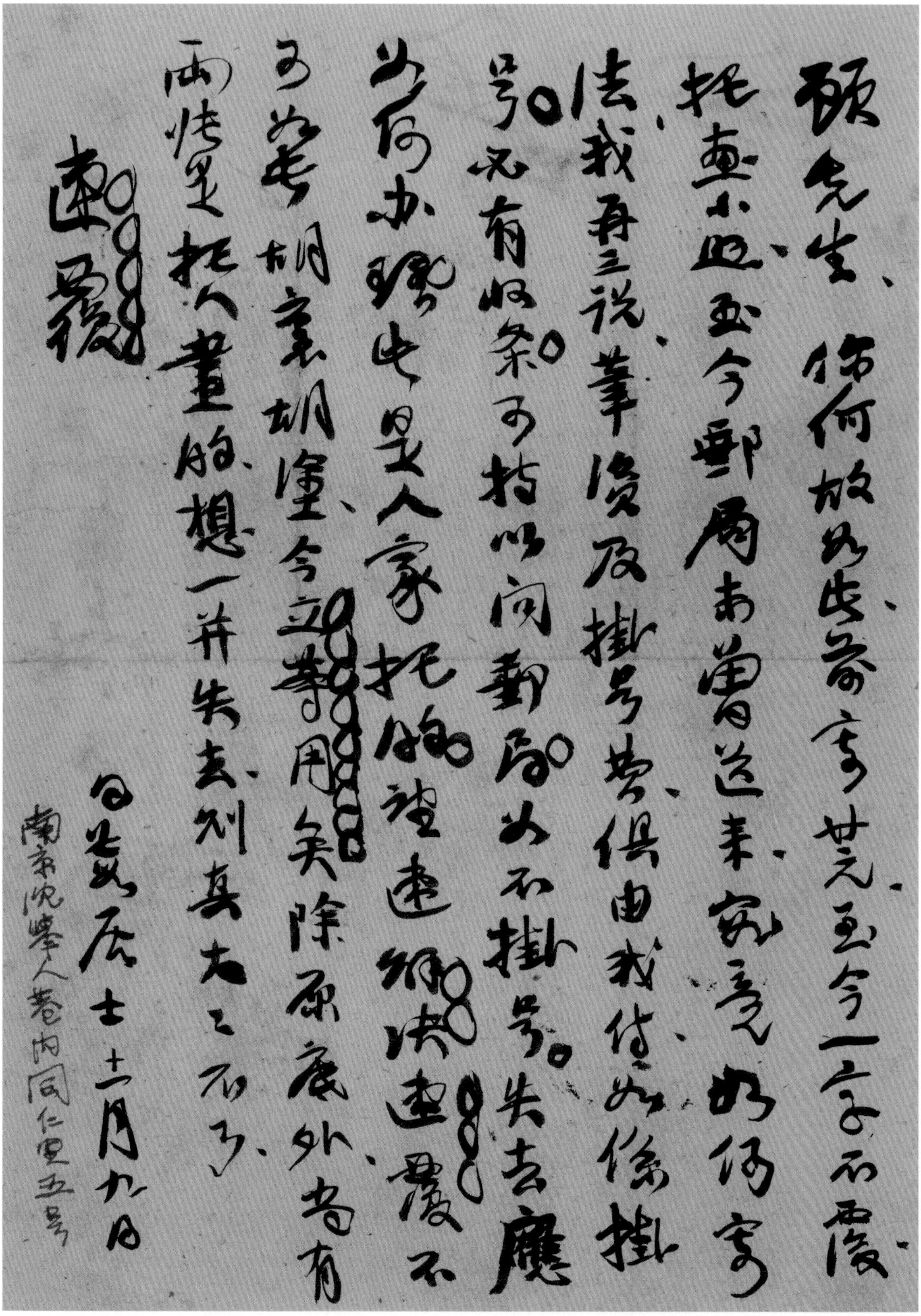

顧先生、你何故如此，寄廿元至今一字不覆、托畫小照至今郵局亦曾送來，究竟如何寄法，我再三說、筆資及掛號費俱由我付，如係掛號，又有收條，可持以向郵局，如不掛號，失去應如何辦理也。是人家托的，請速速覆。不要如此，胡鬧胡塗、令立等用矣。除原底外、尚有兩張是托人畫的、想一并失去，則真大大不得了、速覆

白蕉居士　十一月九日

南京洗擊人巷内同仁里五號

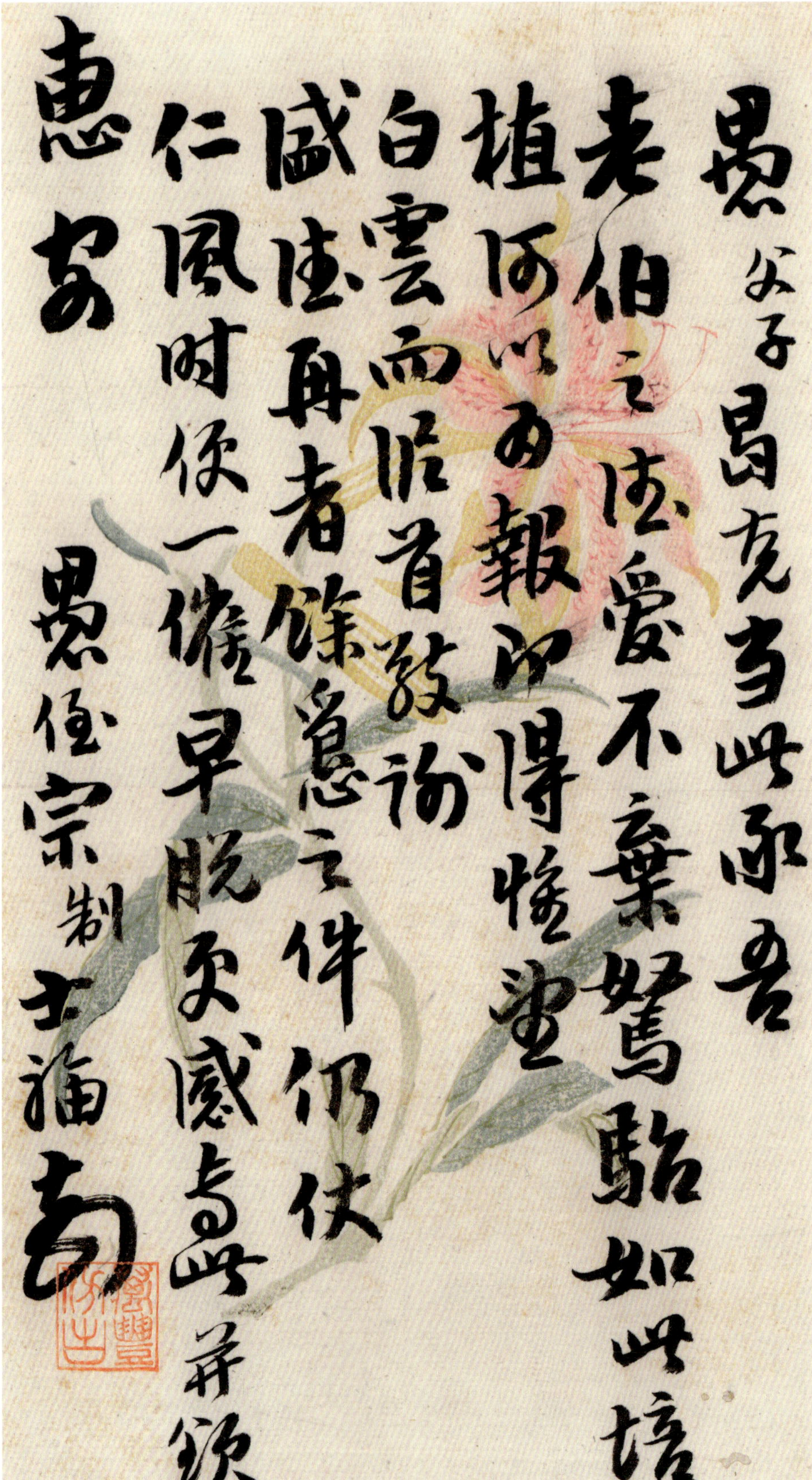

愚姪子昌亮當此承書

老伯之法愛不棄駑駘如此培

植何以爲報何得悵望

白雲而居首致詢

盛德再者條悉之件仍伏

仁風時候一併早晚承感戴爲禱并頌

惠安

愚侄宗制士福頓

湘綺樓講學劄記

論初學階梯答陳秀七問

王闓運

初學之階。論語弟子章盡之矣。孝弟謹信。固為行率。而其要在于愛眾。及入大學。道在親民。親民即格物也。自儒者皆以防閑子弟為訓。禁絕交游。而親狎僕子。弟習聞絕交之論。則亦以不肯待人。而長驕傲。及其治家臨民。一身親敵。任性妄為。並其美質而皆失之。以其孝弟謹信。泯纏之功。悉無所寄。所謂其餘不足觀矣。夫民愛其自卑而寡人。卬孔子溫良恭儉讓之。禮也。親民其忠恕。以來物。即久也。小心冀之以纏。也而進學善聖。皆基于此。一言蔽之。曰不驕不吝之已。何以為孝。受教是也。何謂孝。問教其所不游施加恃共辨。問而後有學也。問于師。莫若問于友。問于友。莫若問于民。故曰舜好問。又曰不恥下問。凡以達己聰也。而知人之道至。是之讀課龜工對問時窮故學也者。所以學為君也。然問此請難之訊。必要其心以聽之。故曰不憤不啟。又曰善問者如攻堅木。又曰詢于芻蕘。則無所不問。而亦非易言問也。

論治道答李砥卿問

孔子戒不知而作。諸子百家。極論治道。要其信而陳其者。是不知也。惟易陳人者。是為前知聖人先天後天以前民用。有何乎雲文孔人者。其此則所謂不是無信。患所以言。德亢。符而究帝王必此情之徐程哉聖人之道。後為要再治此備于六經。其最難明哉周

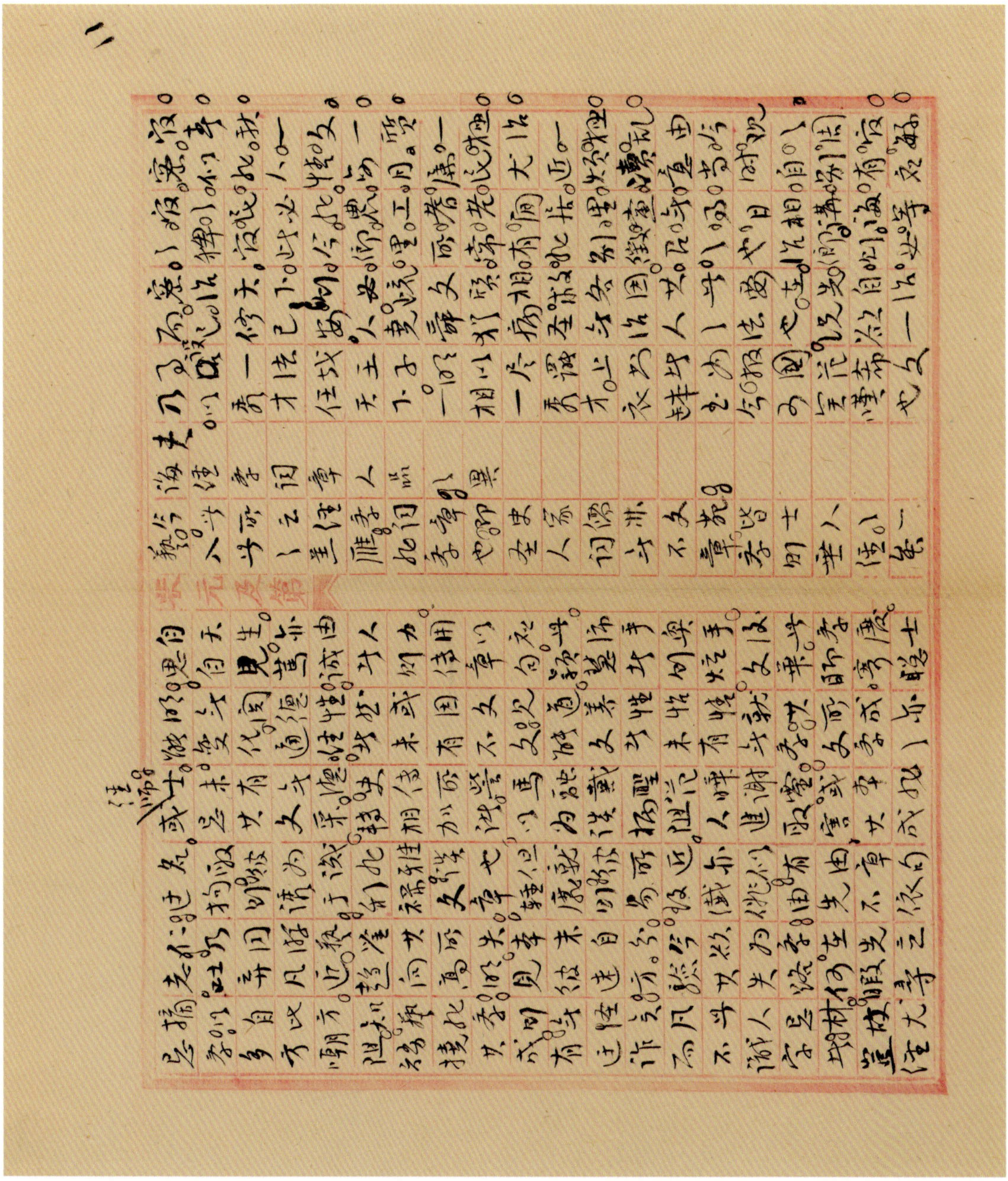

王闓運湘綺樓講學劄記

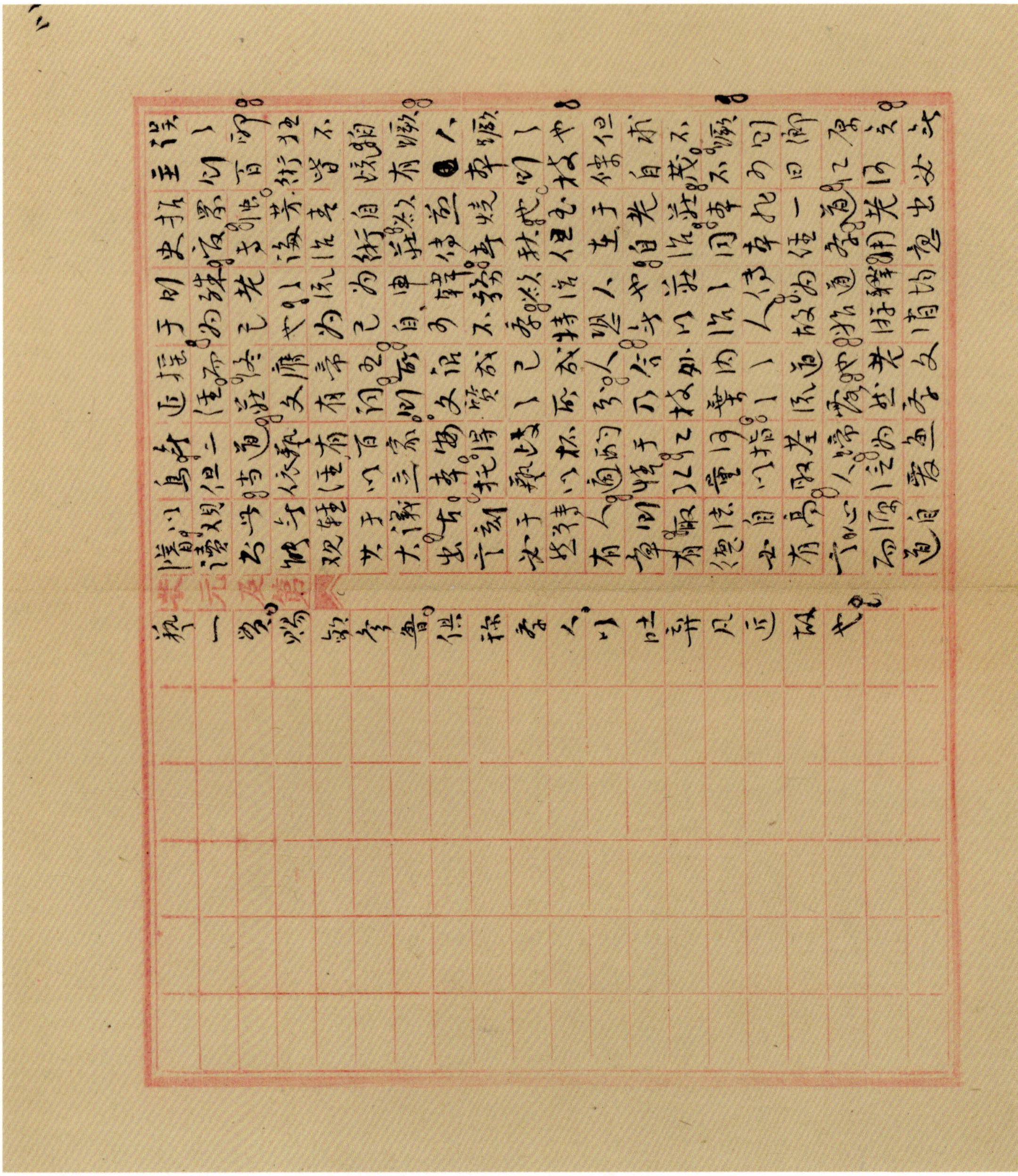

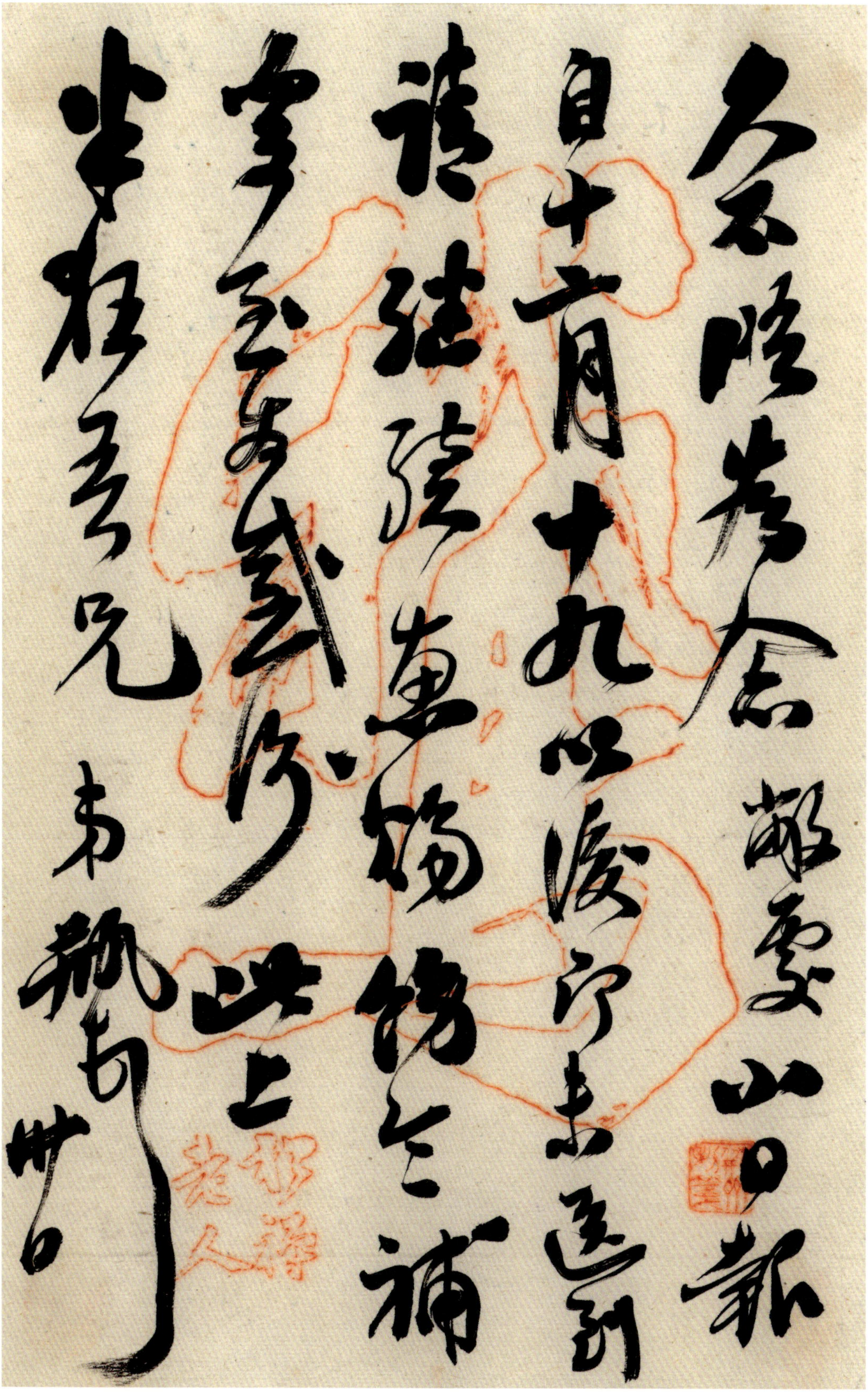

久未晤為念。鄭[illegible]山日報自十二月十九以後即未送到，請[illegible][illegible]張惠[illegible][illegible]之補寄至[illegible][illegible][illegible]，此上

半狂吾兄

弟瓶[illegible]　卅日

□□致哈少甫

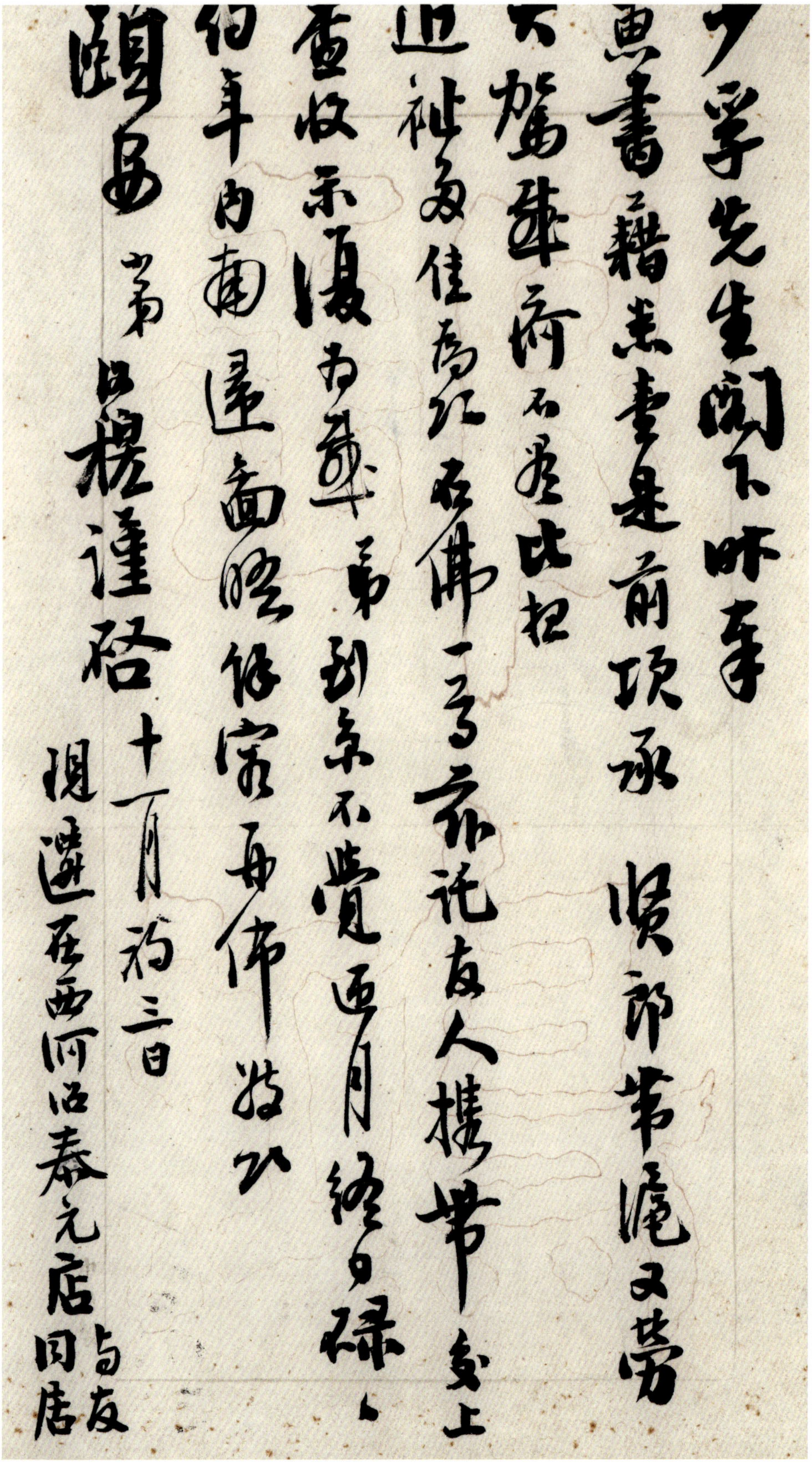
少亭先生閣下：昨奉惠書，藉悉畫是前項，承賢郎帶來，又勞大駕蒞府，不遇，悵悵。祉多佳，為紅石佛一尊，亦託友人携帶上，查收示復為荷。弟到京不覺匝月，終日碌碌，約年內南還，面晤後容再佈。肅此頌安。弟□楊謹啓 十一月初三日

現寓在西河沿春元店，與友同居

六十二歲生日自懺求和

故鄉何處我何歸身似淒涼一雁飛
大德不踰過〻小德〻靈機長已蔽烈〻心生機
言無可立名猶賤道未能行吾亦非六
十二年自輕擲枉從筆底記依稀

霱蘇未是艸

匆匆遂行不及面謁告辭環境如此想
蒙鑒諒三十六年之下故鄉雖在而風波飄泊
猶未知所底年力消歇益如付之天命耳茲有
舍侄故文學家戴臨公先生之令郎敬堯誠篤
好學渴慕
光儀特囑以寸紙紹介我
公幸許其進見垂之教誨感激之至此上
樸老丈 室

弟善之倚裝白

崔龍致伯老

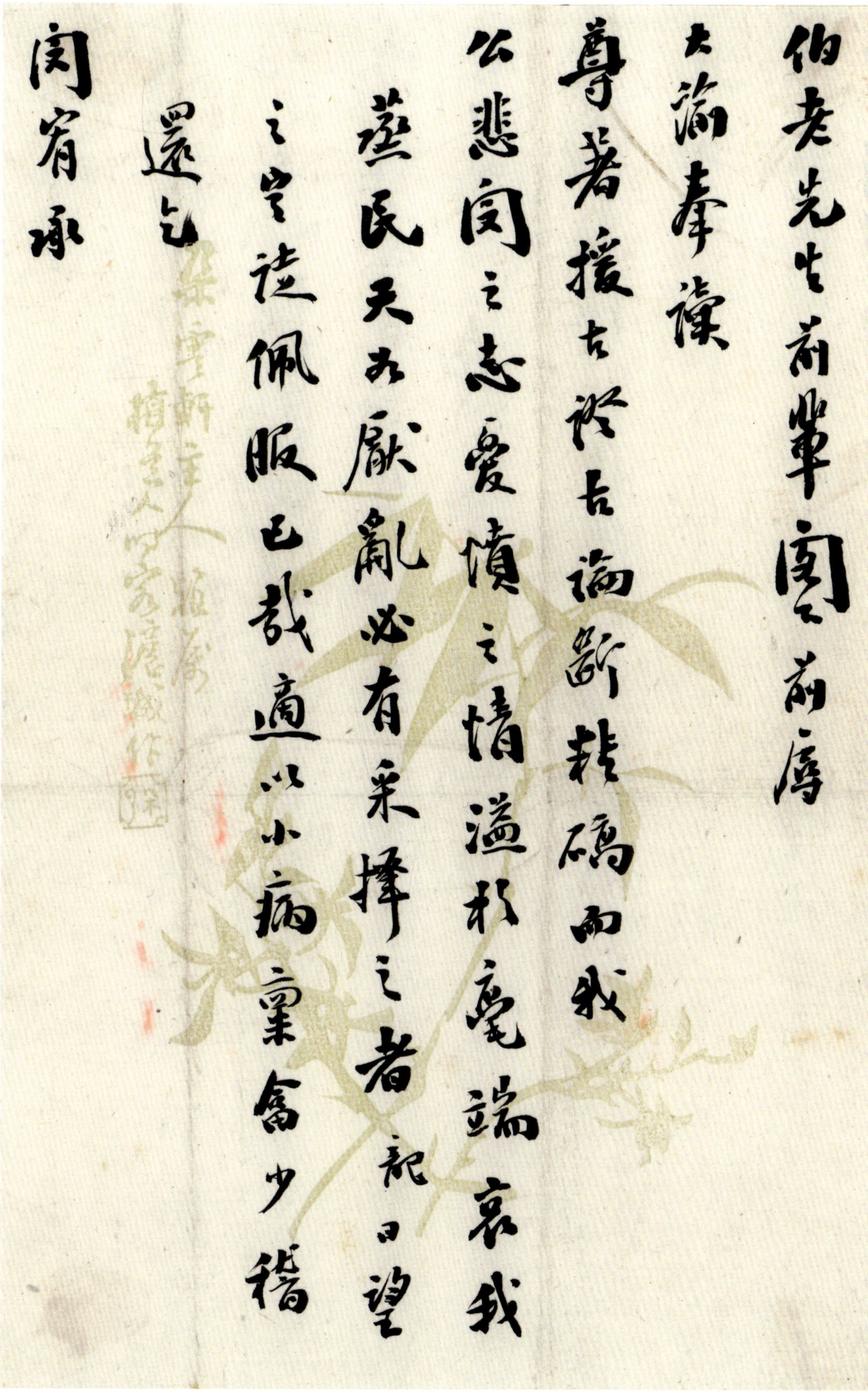

伯老先生前輩閣下：前辱
大論奉讀
尊著援古證今，論斷精確，而我
公悲閔之志，憂憤之情，溢於毫端，哀我
蒸民，天亦厭亂，必有采擇之者，祝日望
之。豈徒佩服已哉。適以小病，稟答少稽，
還乞
閔宥。承

命　昨

訊崔瑗何如？緩一二日當趨前也。再附呈

近作拙文一首，持布鼓過

雷門，真自忘其陋矣。如蒙

不棄，

時錫南針，不勝感禱。專肅，即請

道安。乞

恕稽稟。　晚龍

頓首　九月二日

上缺

撤汭壂未來猶冀後期庶償夙願孰知玉魚合葬長
逝芳草之阡金犢垂來永隔桃花之面為悲為悵當
復何言言柳又思花雨原與玉煙繚撤江頭鐵織易生翠被被
空鏡裏菱霜不上書機之髮與傷若大寫甲垂泉埋
玉之嘆柳不逢矣非因伯循見告遂有此札擁
垂鑒不宣十一月既望受業樊增祥謹上
再伯循過此越宿而去諷知
函丈起居萬福猶積壁遠憶北猶以不得　賜書深為歎望傳生之致
定有新唱敢祈寄示庶免揣摩年杪得侍與否迄尚未定曉起
絳帳引領而已祥又凟

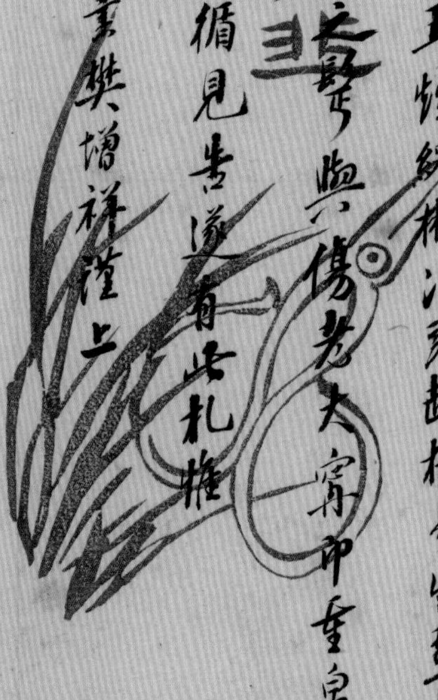

六八

謹次　寄懷原均奉覈

卅年遂振舊衣襟毀譽全非一夢沈
久客原須作歸計故鄉忽訝少知心
誤投世網牽纏苦看破人情悔悟深
幸有靈台方寸地空空未許俗塵侵

再疊前韻

要從湖海拓胸襟可奈神州半陸沈
收拾家庭無善策抗懷世事有雄心
一天星斗晨光隱大地山河秋氣深
客舍黃粱炊熟未夢回衾枕覺寒侵

前由竹畝奉到

賜詩觸緒紛來當即依韻和之意

猶未盡今乘浚川兄之便借紙筆

繕呈敬請

郢斲并請

夫子大人

訓安

上侍萬福

潭第迎禧　受業余天遂謹呈

題畫詩　唐石霞

(一)

矯矯蒼松樹空山歲月深幾經風雨鍊不畏雪霜侵突
兀凌霄漢蹉跎閱古今藏身幽絕處誰識歲寒心

(二)

湘簾半捲曲闌低垂柳毿毿拂御堤寄語呢喃新
燕子畫堂春暖好雙棲

(三)

月色清如洗宵深鳥倦飛悠然林下客詩酒自
忘機

說文　[redacted]錢[redacted]博

嘗總覽載籍之博○有以知道之所由明○夫其紀
事纂言○體裁眾矣○紛綸葳蕤○罕能[redacted]述是非○
好尚○代有各殊○總之古有餘於意○今有餘於言○
惟言之多○故道之離○觀雲所謂開卷而望○斑駁麟萃
炳及至○總卷有不能舉其主義條例之所在者○
比比然也○慨投篇而援[redacted]筆○聊宣之乎斯文○
「伊上古之初○肇適觀象于伏羲○啟圖書以成化○出龍
馬而標奇○規虞姚之渾灝○實文章之始基○越殷盤與
周誥○義詁屈而多疑○歌雅頌於三百○時莊誦而心維○
識春秋之旨○紛想筆削乎宣尼○總六經之窔奧○知斯
文其在茲○
其託體也○來往商周○淵源[redacted]游夏○智契包符○思超蒼雅○
其為功也○考古著作之林○發先聖賢之秘○擷千載之
膏腴○貽百家之篋笥○時撫卷而流連○或柔情而海漬
於是沈思披剔○若力士之袒肩○而引千鈞之弓○豈志遐

覩若也。人持繳而慕層鴻之至，既心目之交窮，終意
匠之不類，知未得乎筌蹄，豈能忘乎擬議。
然後超心練冶，寄想微茫，養其根而自秀，濬其源而
自長，寤寐以永其趣，定靜以生其光，遲之歲月以發其
美，參之閱歷以盡其藏，或生長龍門之舊，或居近河洛
之鄉，或於山見終南嵩華之高，於水見伊洛瀍澗之
大，且狂言足壯神智，助翰章發卓犖之奇思，滌徑
寸之枯腸，而欲指与物化，神与天翔，則犹一隅之賸
滯也。未極四海之混茫，
則耳与覩乎元圃之墟，游乎閬風之宇，遵乎赤水之
濱，陟乎若木之府，望窅杳兮蒼煙，思迢遙兮天姥，悵
美人兮未來，期帝子兮如覩，紉蕙茝与芰荷，擥申椒
与芳杜，並滄海為浮沈，与天風為噓吐，信大塊之無窮，
煩塵壒之遠去。
則見愕然若有思，怡然若有得，即域外之馳覩，証素
心之所憶，乃知夏蟲不可以語冰者，拘於時也，井蛙

不可以語海者囿於域也晏雀不知天之高者局於
明也曲士不聞道之大者束於識也爾乃聲發秘紐
攄率胸臆直宰以化工為則因瓌材而究奇乃發声
而作色以訓詞為根柢以文言為采飾合濃淡而兼
收紛陸離其備式譬郢匠之門如入良醫之室
繼乃研尋妙諦刊截危言樸不病簡華不傷繁稽合
異同之儔詳擇紀載之源應孰先而孰後宜何去而
何存故理愈真而愈淡意彌常而彌新恐貽識子

蕪穢庶不免於嚚塵務珠聯而璧合期注脈而交紋
歡則字與笑併悲則声共泣臻怒則[redacted]驚奇駭聽怨
則幽噫愁人情毋幾而不發言有觸而皆陳疾徐應
候而別長短即氣而分
故其為文也時峭崩而如峰時平遠而如路時奔[redacted]放
而如泉時扶疏而如樹宕之如雲行縱之如峽注斷
之如岍分連之如根附縈々乎綿繡春明皎々乎月華
秋露玲々乎玉振金声飄々乎鸞翔鳳翥

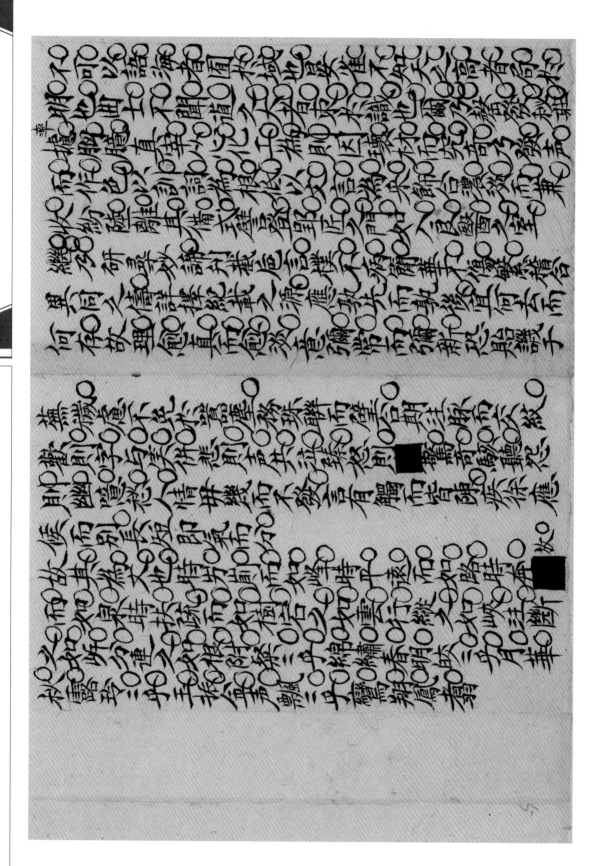

或捃撦柔[redacted]之體，采摭富麗之篇，豈原本于大雅，衹粉飾乎毫顛，郢運章而累牘，盡華說而浮烟，固毋當乎精鑿，豈足語乎情妍。或馳騖乎新奇，窮思乎析抝，累斯[redacted]以成文，學涉譆以[redacted]矜文，等郢說而燕書，殊越弦而楚調，徒詭怪之見譏，貫眾謗之自召。或紛糅雜遝，大声疾呼，嗤繩墨而不事，笑正柄之多愚，既不諧於声律，復莫辨夫精麤，苟沖和之未極，迄渣滓之堪虞。或株守專家，拘[redacted]曲說，徒摘句而尋章，僅依声而按節，縱[redacted]體製之不乖，詎才藻之能絕，比候鳥与時虫，聽細鳴之切切。

若夫綜古今以酌理，儲經史以富材，罄中藏之馥郁，繼前代之胚胎，不豫流以惑志，不競名以自媒，直毀譽之不顧，亦非笑之不回，傾群言之瀝液，咀六藝之瓊瑰，而後秉法家之式，運儒家之才，偶句与散文合度，方形階圓，體俱裁歸自然之典，則非率意為雄魁，恍孟荀之知，接直賈董之交，推光明燿乎習爽，餘韻流於瑙台，宣皇風於億載，被雅曲于將來。

白蕉致白華

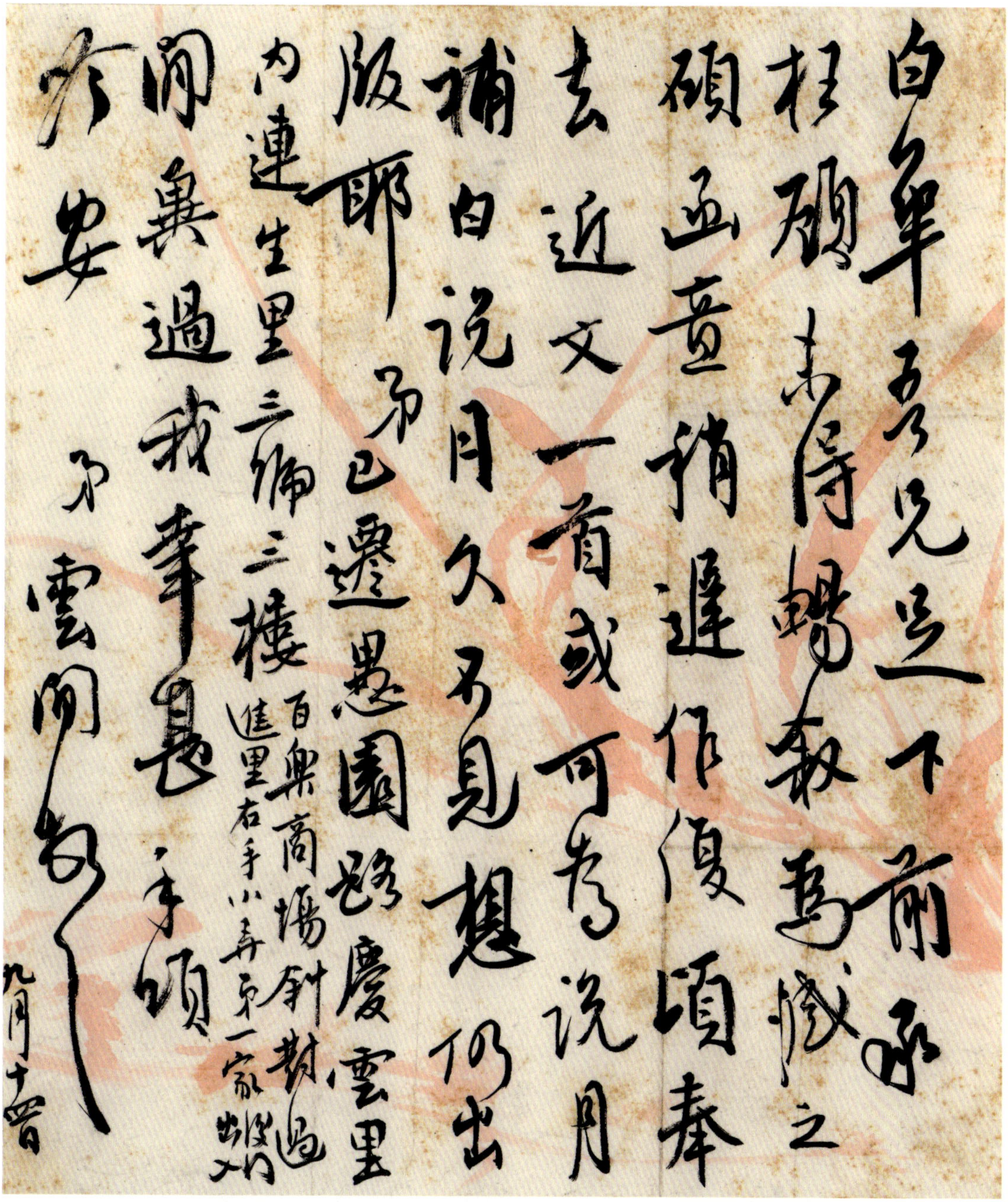

白華吾兄道下：前承
枉顧，未得暢叙為悵。之
頃函索稿，遲作復，須奉
去近文一首，或可為《說月》
補白。《說月》久不見，想仍出
版耶？弟已遷愚園路慶雲里
內連生里三編三樓（百樂商場斜對過
進里右手小弄第一家[illegible]）
閒冀過我一長談。手頌
冬安。弟雲間白蕉
九月十四日

劉鐵雲致國學保存會

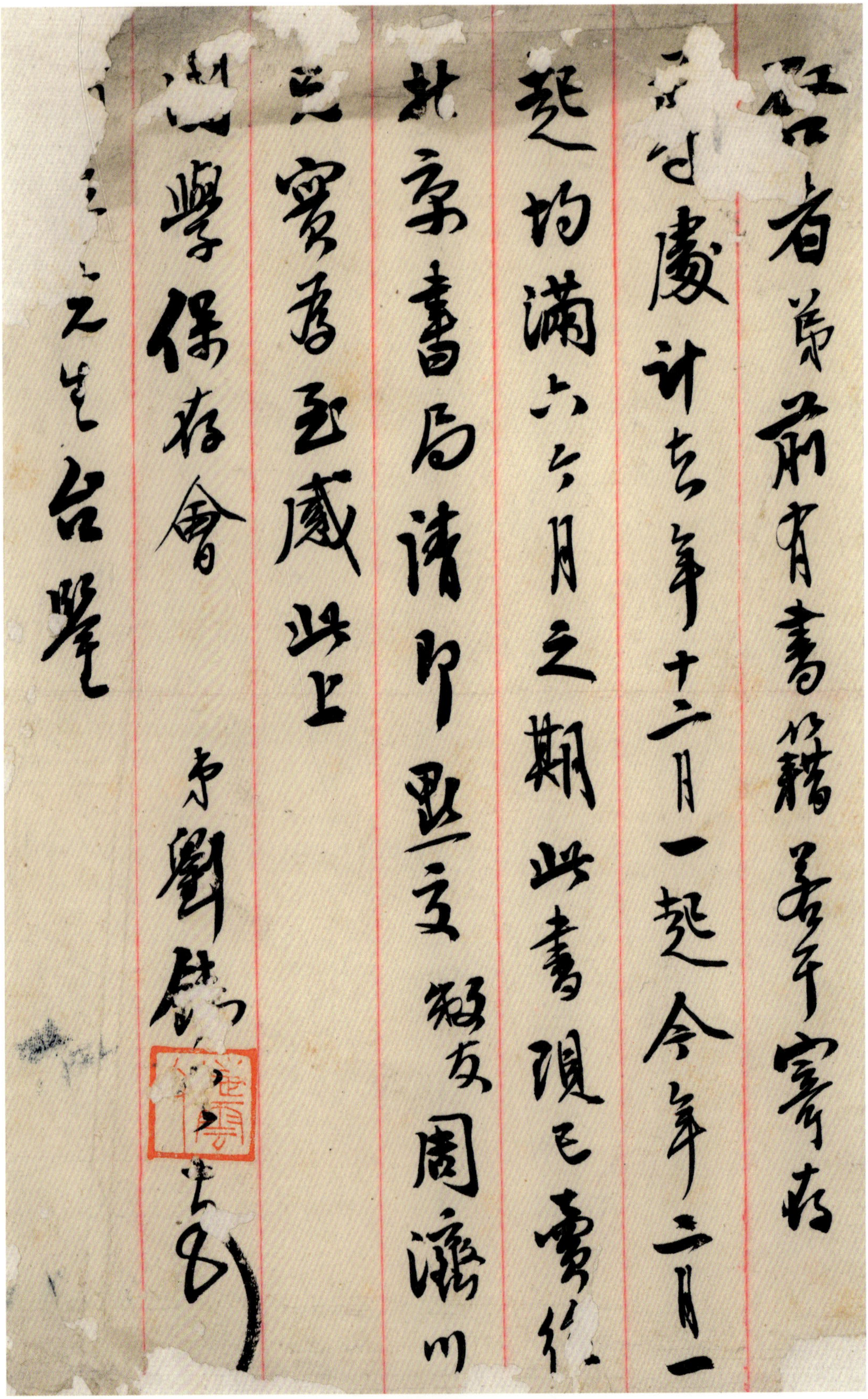

啓者：前有書籍若干寄存
尊處，計去年十二月一起，今年二月一
起，均滿六个月之期。此書頃已賣往
北京書局，請即點交 敝友 周讓川
兄，實爲至感。此上
國學保存會
[illegible]之先生台鑒
弟 劉鐵[illegible]

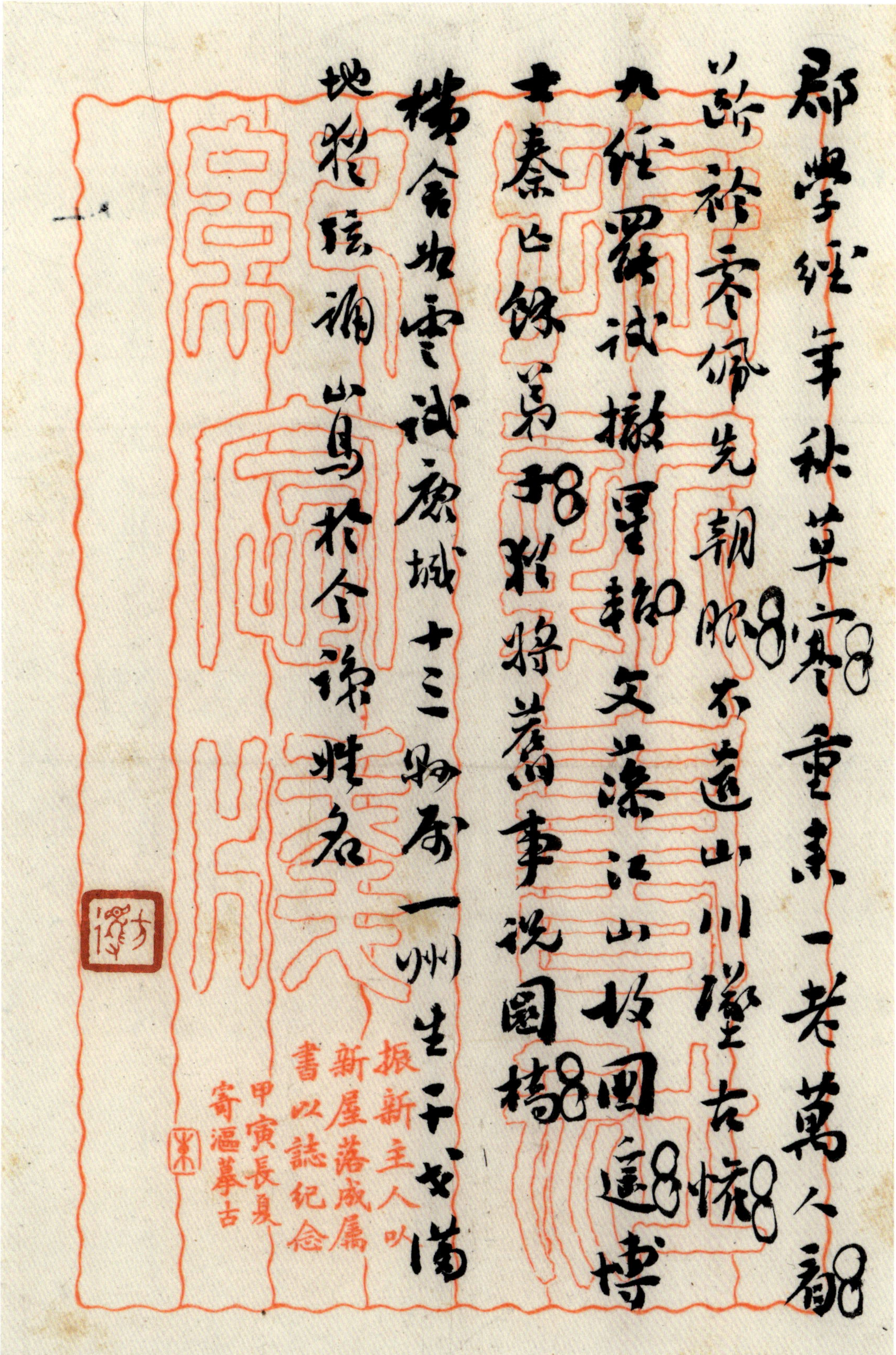
鄭學經年秋草寒。重來一老萬人看。尚衿香佩先朝服，不遠山川懷古悵。九經羅試撤星軺，文藻江山收回遠。博士秦亡餘萬卷，猶將舊事說圜橋。橫舍如雲試院城，十三路今一州生。千古滿地猶弦誦，山鳥於今識姓名。

振新主人以新屋落成屬書以誌紀念
甲寅長夏寄漚摹古

輓謝英伯　馮自由

辛亥建奇功記乙巳排滿癸丑討袁甲子救党卅五年
同心同德任怨任勞老友又弱一個
香江倡大義潮中國設报美洲籌餉廣州護法君我輩
失信失忠有始有卒弃世还賸幾人

香島秋日有感　建華

聞携稚子放風筝。小犬相隨興倍增。此是老
夫新逸趣。渾忘濁世舊勛名。管寧割席彌
持節。范蠡扁舟自適生。回首鄉關烽火遍。
漢家何事失陳平。

臺灣省通志館用箋

字第　號第　頁共　頁

和平絕望　曾令可

和平絕望復何言？漫擬窮途乃叫閽。
詞感帝王今昔異，氣衝星象鬼神喧。
共憐文字工無益，不若刀兵亂可尊。
客裡殘年添感慨，又傳烽火逼都門。

逸翁賜鑒：此稿頃匆促草成，請指正。又，交自由談或新園林發表，較有時間性也。

小令可　七

中華民國　年　月　日

○○自製黃山松烟墨銘并序

昔方于魯、程君房之作墨妙天下。余頗欣然慕之。爰訪良工。采烟黃山之松。俾製為墨。都凡四品。次第其名。曰黃帝魂。曰國粹。曰黃山松。曰軒轅峰。考鏊以銘。將用餽歸裝。詩示朋好。匪徒供把玩而已。其詞曰。

陳去病

黃帝乘雲。以征不庭。南至于黟。建都之作。鄣樹之蒼松。千秋不僵。燎材為良。猶揚國光。

右黃帝魂

我華國粹。粤稽四寶。墨惟太玄。精瑩尤妙。好黝然而光。沛然而香。磨而不磷。洽柔毗劉。

右國粹

帝軒有言，知白守黑。世孰踐之，厥惟曰墨。黄山之精，蒼松之魂。用昭令聞，云牝之門。

右黄山松

軒轅之峰，筆律穹窿。中有虬龍（松），夭矯如龍。國工得之，伊（匪）爨匪（伊）桐。搏埴作笏，妙造無窮。

右軒轅峰

詩録

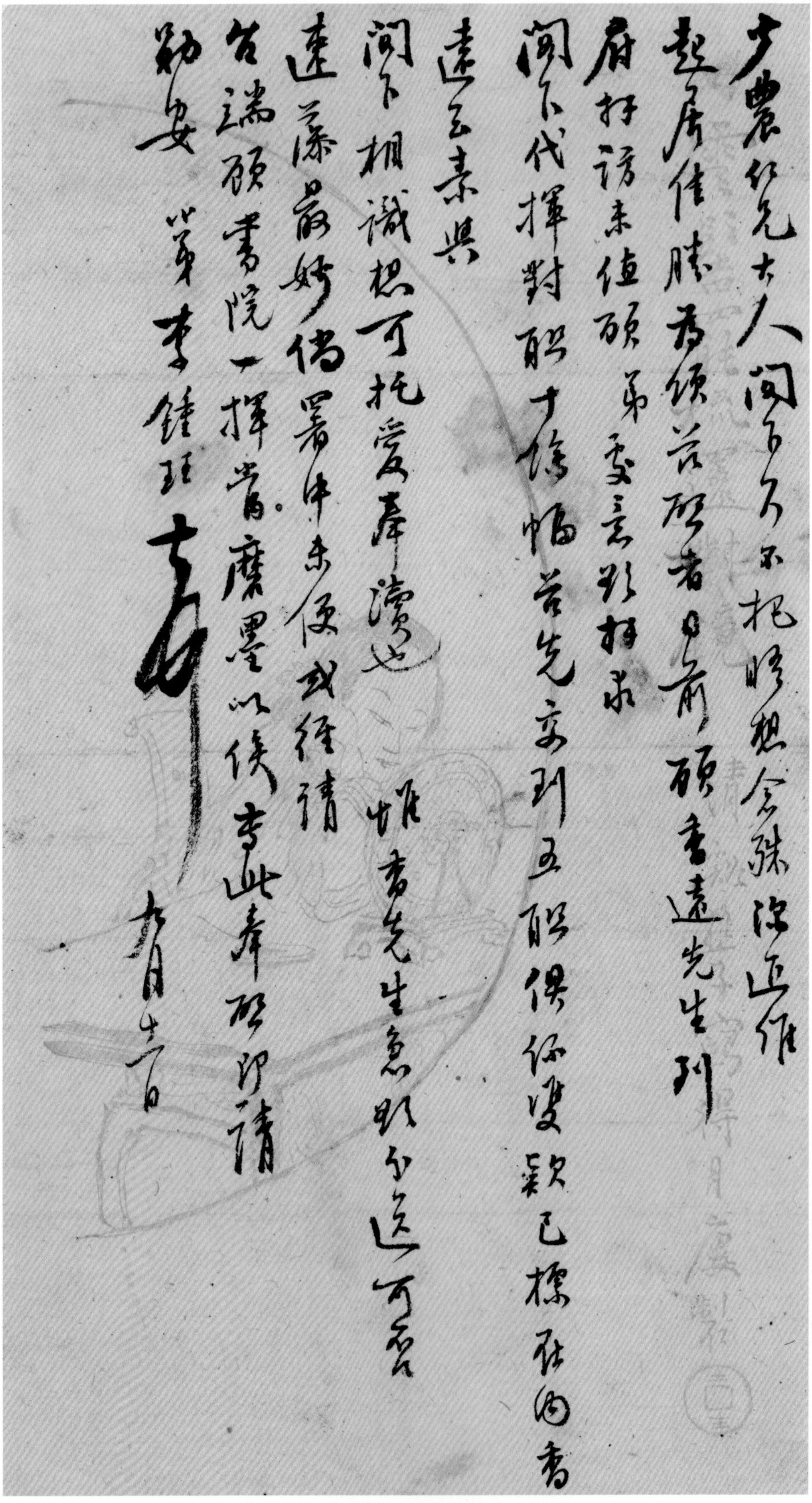

少農仁兄大人閣下：不把晤，想念殊深。近維
起居佳勝為頌。茲啟者：日前頤香、遠先生到
府拜訪，未值，頤弟受言欲拜求
閣下代擇對聯十條，倘若先交到五聯，俟後款已標，由頤香
遠去索具
閣下相識，想可托愛奉讀也。 惟香先生急欲即返，可否
速蔭嚴好備，署件東便我後請
台端頤書院一揮，尚希麾墨，以俟香此奉頓即請
勛安。 弟李鍾珏頓首 九月廿二日

陳小蝶致□□

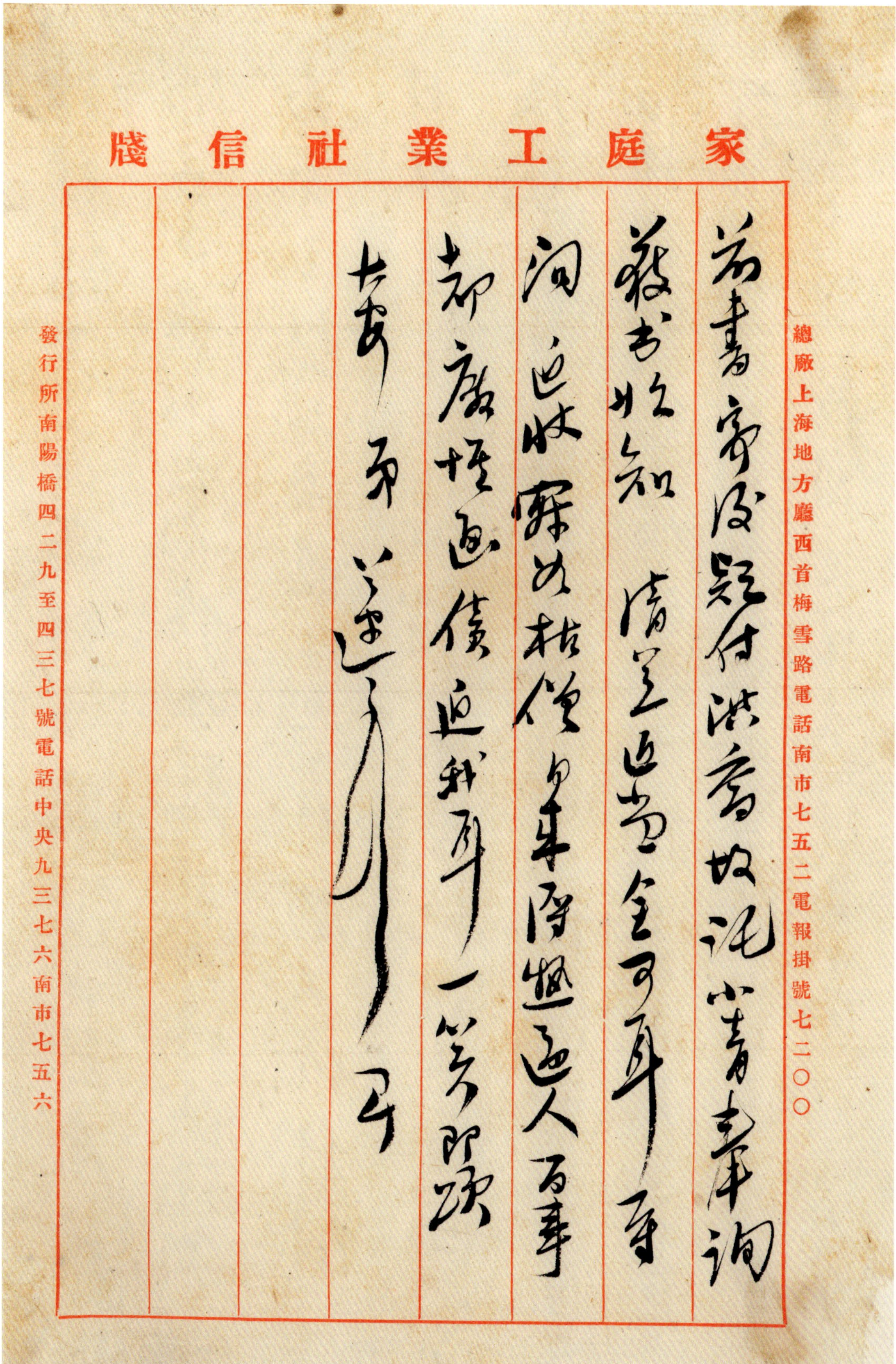

家庭工業社信牋

總廠上海地方廳西首梅雪路電話南市七五二電報掛號七二〇〇

前書寄後疑付洪喬故託小青畫扇詞
發出始知 請畫返還全可尋
詞返收深以[illegible]自來[illegible]返人而[illegible]
都廣[illegible]返債返我耶一笑即頌
大安 弟 小蝶 手

發行所南陽橋四二九至四三七號電話中央九三七六南市七五六

沈劍知致穎報

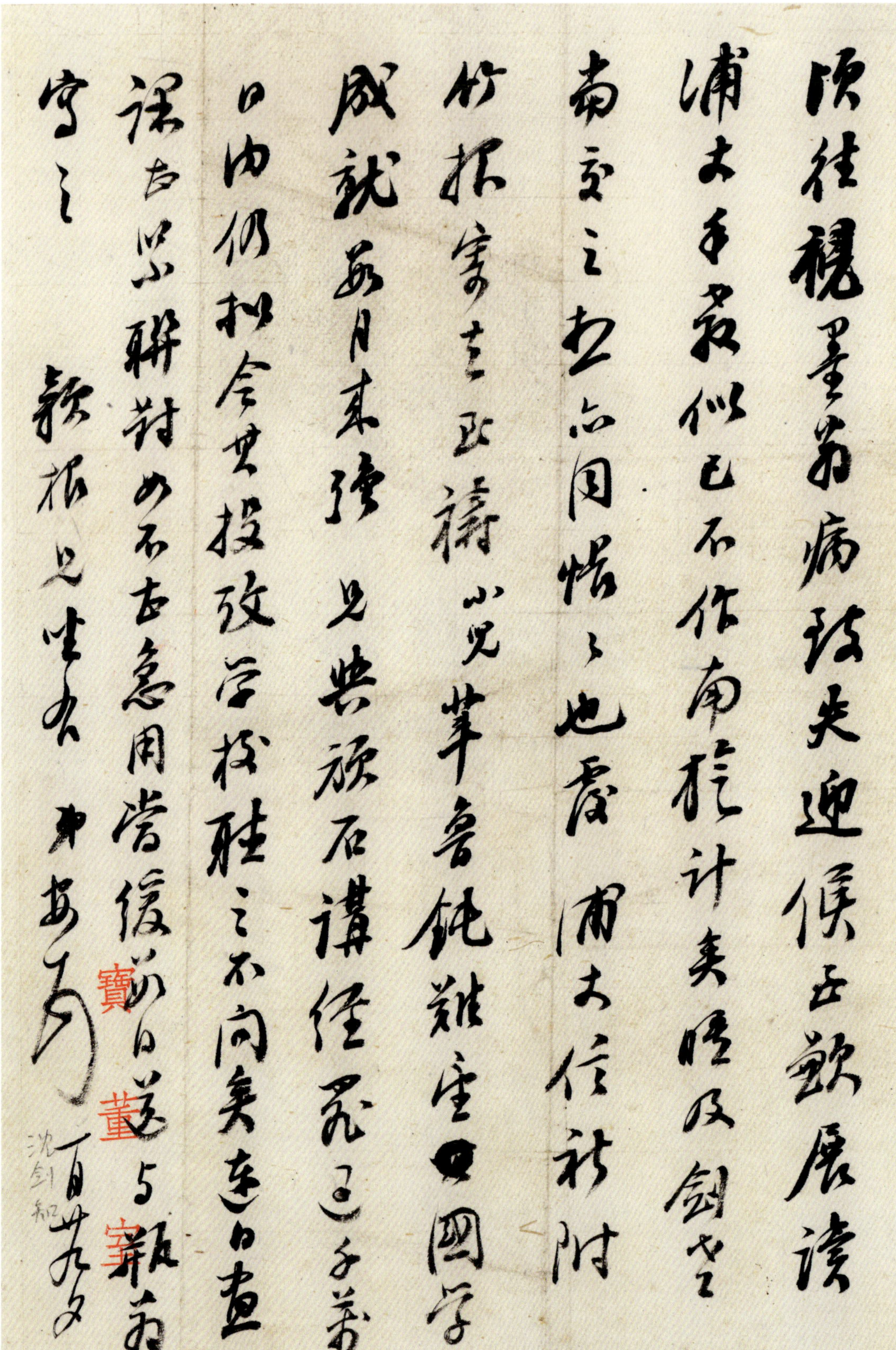

鄒安致哈少甫

少甫先生台鑒：昨承陸劍文件，當由
令友收拾完全，囑趙君楊總林文同
送上。
貴府煩收據來取，轉請 [illegible] 一代為
王一亭 朱丙君 黃鼎初
取回。[illegible] 錢送 [illegible] 君爲荷 手頌
此安。
弟鄒安拜上 十月六日

漢法錢權跋

有銅或員或方員者如錢徑二三分（亦有徑七八分者）厚半分許（亦有厚及分者）或中有小員孔（亦有大孔者）方者大小厚薄亦如之面刻陰文四朱二字或刻四字右為地名左為四朱或一面刻地名一面刻四朱（亦有陽文鑄字者）重如其文大小厚薄雖異而輕重不甚相殊以最精五銖錢較之得十分之八歷代譜家皆未箸録同光以來陳壽齋王文敏始得之近年蘇市時有售者羅叔言參事亦得數品其地名曰臨菑（漢縣屬齊郡漢書作淄按菑淄古通史記田敬仲完世家曰田單迎襄王入臨菑又曰秦兵卒入臨淄前作菑後作淄）曰陽丘（漢縣屬濟南郡）曰騶（漢縣屬魯國）騶之一品其穿不在面背而直貫上下兩端異於羊

帶印文見拓本數種曰臨朐（漢縣屬齊郡）曰淳于（漢縣屬北海郡）曰東阿（漢縣屬東郡）曰姑幕（漢縣屬瑯邪郡）丼言强名之曰四朱泉謂為齊魯用幣弇謂審其形製當是權衡物然未得左證無以難也既而叔言又得二品曰宜陽（漢縣屬弘農郡）曰高柳（漢縣屬代郡）又於廠肆見一品曰定襄（漢縣屬定襄郡）其形正方一端有小紐合之前品之如革帶印者其非泉幣益明宜陽為韓地高柳定襄皆趙地則非僅行於齊魯矣而定襄郡又為漢高帝始置則為漢以後物又明甚漢以來幣制史志甚詳不聞鑄此其為權衡物殆無疑義然猶未能定為何時所造且既為權衡物何以止有四朱一種一日偶讀漢

書食貨志云孝文五年更鑄四銖錢其文為半兩使民
放鑄武帝建元以來錢益多而輕有司言半兩
法重四銖而姦或盜摩取鋊云云乃悟此四朱銅片
蓋當時官吏持以權法錢之輕重者也（賈誼諫文帝言法錢
不立師古曰法錢依法之錢也）是時錢重既不如其文小獨漫平易摩
且放鑄亦無定率故特造此以示之準其後既
改五銖重如其文文漫皆有周郭既無盜摩之慮
又禁放鑄故不須別為標準而此製廢矣北齊
文襄相魏以錢文五銖名須稱實令天下之市各置
二稱入市之錢重不五銖並不聽用隋文帝以百姓
私鑄詔四面諸關各付百錢為樣勘樣相似然後

得過法當本此數歲積疑一旦冰釋乃定其名曰
法錢權而識其所考如此宣統建元三月吳縣蔣
斧

施贊唐致劉炳照

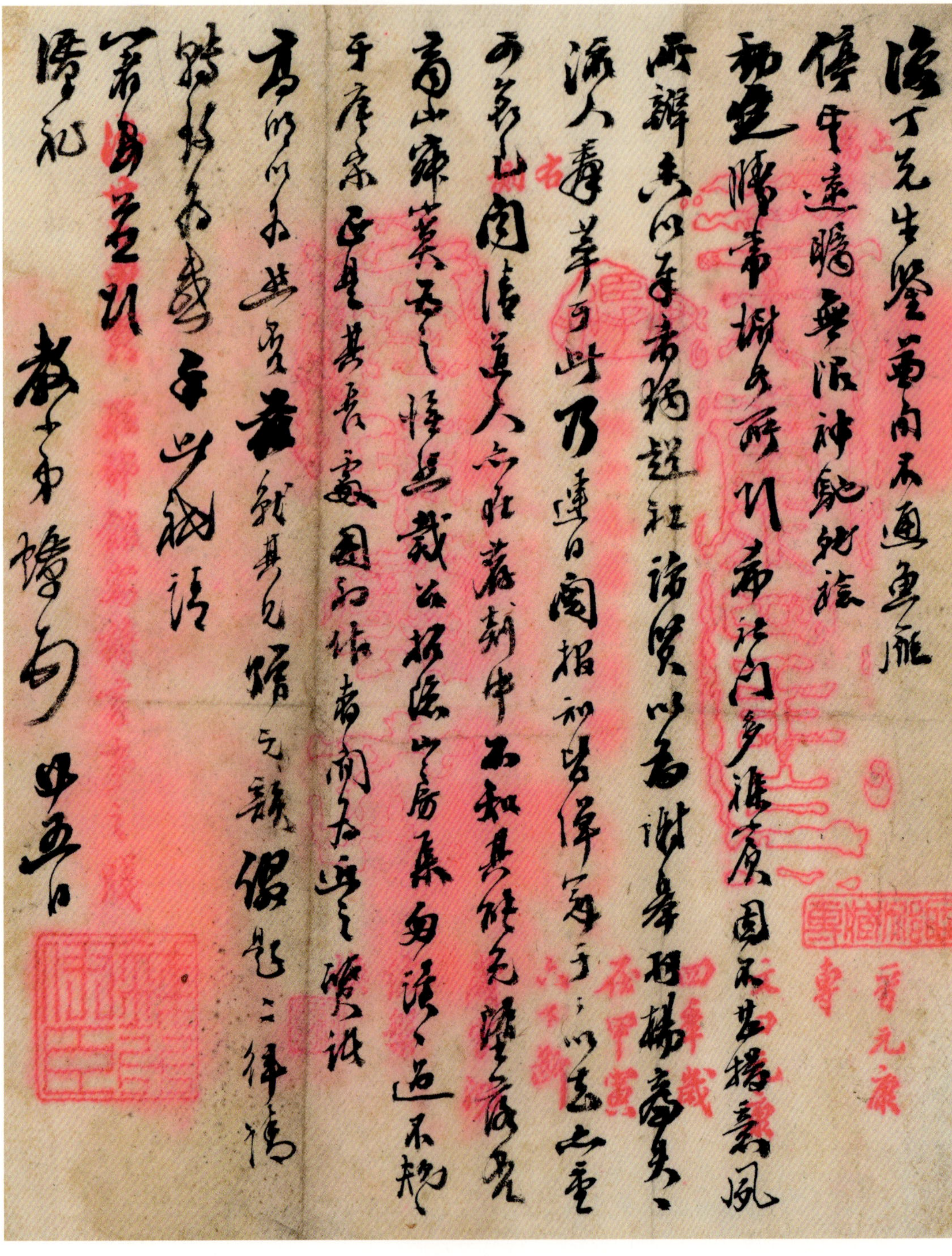

甲寅夏五月承

壺石戴先生惠贈五言二律，俯訂重緣，絲盛遝溪婉，

惠以拍君者，澹丁老友轉示

拙逸山房大集，全豹得窺，欽遲彌切，敬依

前韻率題二章錄之

方家賜政

羽儀高白鳳，書味飽紅蟫。巨丹摩宮試，倫師擇祥譜。

陵苕無俗韻，諫果有回甘。下筆將神助，聲華食葉蠶。

潤源三百首，鍛鍊一千篇。體不規唐宋，才思擅鬼仙。

箕裘尊舊業，山水富前緣。藉地秋風起，將毋學噤蟬。

淞湄晚學弟南施楷惇獻藁

餔餟無好褱旅寄無好音疇知市樓飲
清夜闢幽襟主客四五人相對忘世今雖非
西園游頗愜處士斟酒酣語耆舊贈我以南
琛三絶各有寄賤子嗟未擇（父虹先生自謂寄興於畫，謂漻厓丈寄興於詩，謂澤丞丈寄興於詞）
吾觀生民瘁朝野競荒淫巖穴伏戎馬耿
介胄斧椹烈風摧隰榆涸水七池鰌憂生迫來
歲公槩勞者吟

同諸公夜飲市樓一首

長鳴原作

九福箋 李健

上海九福堂製箋

唐文治札下缺待考

丁福保札無

勉齋仁兄大公祖大人閣下謹啓者崇明縣海塘工程一案王冊揆京卿之封翁子卿先生以熱心桑梓致攖訟累轉輾數年迄未結束前廾任陳制軍撫吴時曾委王旭莊觀察赴崇查勘回省禀復意主調停責令公別追賠王封翁以其稍涉模稜未足為確當之裁判程中丞莅蘇後曾一再具呈聲辯並請派員覆查在案查崇邑海塘為城廟保障自治事宜此為最鉅此事能澈底清查水落石出則其餘公款

一九〇

公產可以迎刃而解事關本處籌備之要無見崇明自
治爭訟其癥結悉原於此若不早為解決勢必節節阻
礙已將王京卿開示之節略及年月表各一摺寄呈
中峯請其派員往查以維公益王京卿清操井然一塵
不染其封翁性極剛直卓然有先民矩矱我
公當所熟稔此事是非曲直自有公道弟無俟為之左
右袒以其關係自治之進行用敢瀆陳
清聽倘承

上海大昌元製

上缺

慈幼院董事會駐京事務所用箋

元外，下借銀一万五千元，若
能照還無阻，或可勉強成
功，總有善後，尚可設法，否
則功虧一簣，不知何以維
了。弟意此段純為直隸縣局
體，最好由致林先設法令
歸直隸自築路成，實理

石駙馬大街八十九號電西三〇二

一九一

慈幼院董事會駐京事務所用箋

及此段收捐均歸渠手一則可與京兆劃清界限一則查歸保有之款此次可支購地費作為京兆補助其餘作築費均由指撥長撥經似此辦法則京兆經費自清楚而便于

石駙馬大街八十九號電西三〇二

熊希齡致□□

慈幼院董事會駐京事務所用箋

經東矣楊雁長頗力甚
偉若此三岔口及南綫極
大之程當能繼續其福祿
此一段馬路必至爲彼設
施本若次均彰其相助
因以有成近僅少此一筆
集後難擬請玉成也此

石駙馬大街八十九號電西三〇二

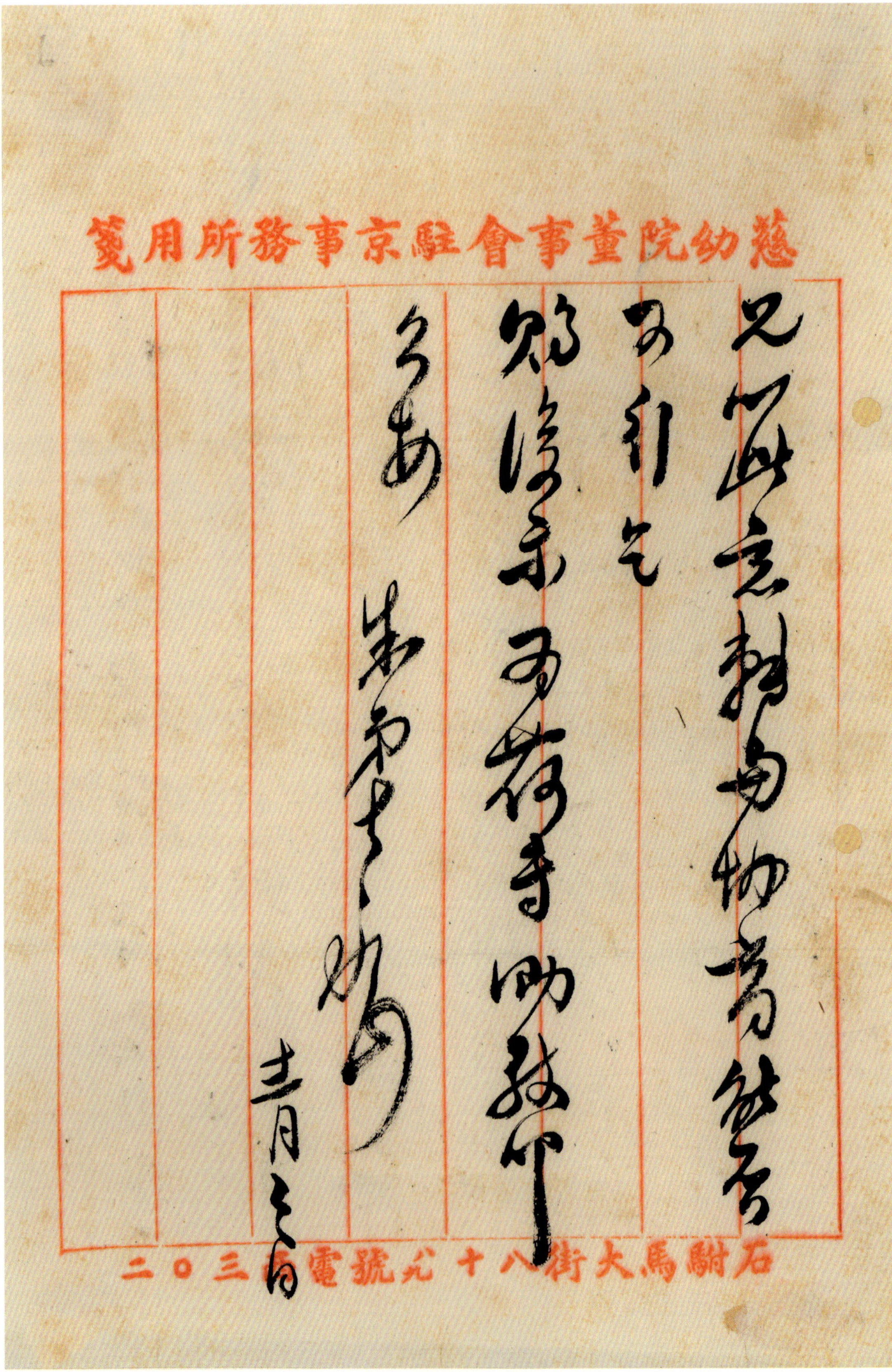
慈幼院董事會駐京事務所用箋
石駙馬大街八十九號電　三〇二

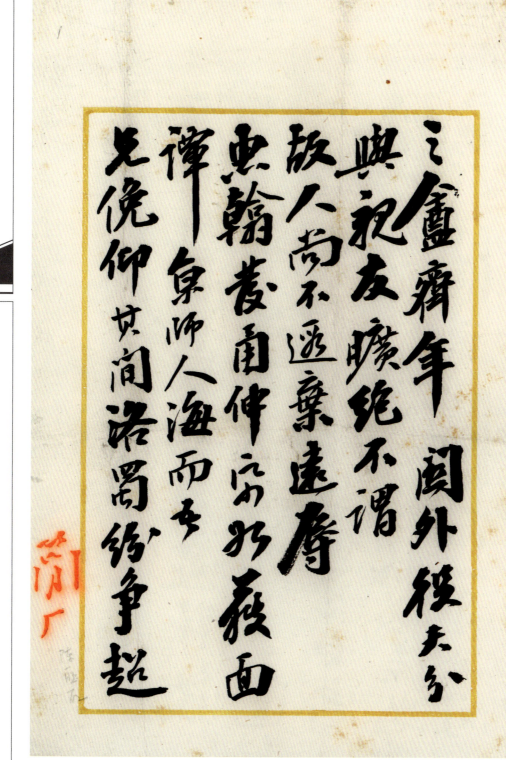

上缺

之盦齋年 閱外復夫分
與親友曠絕不謂
故人尚不遐棄遠辱
惠翰袌甫伸示而殊殷面
譚 臬師人海而去
先侻仰貢間洛蜀給爭超

一九三

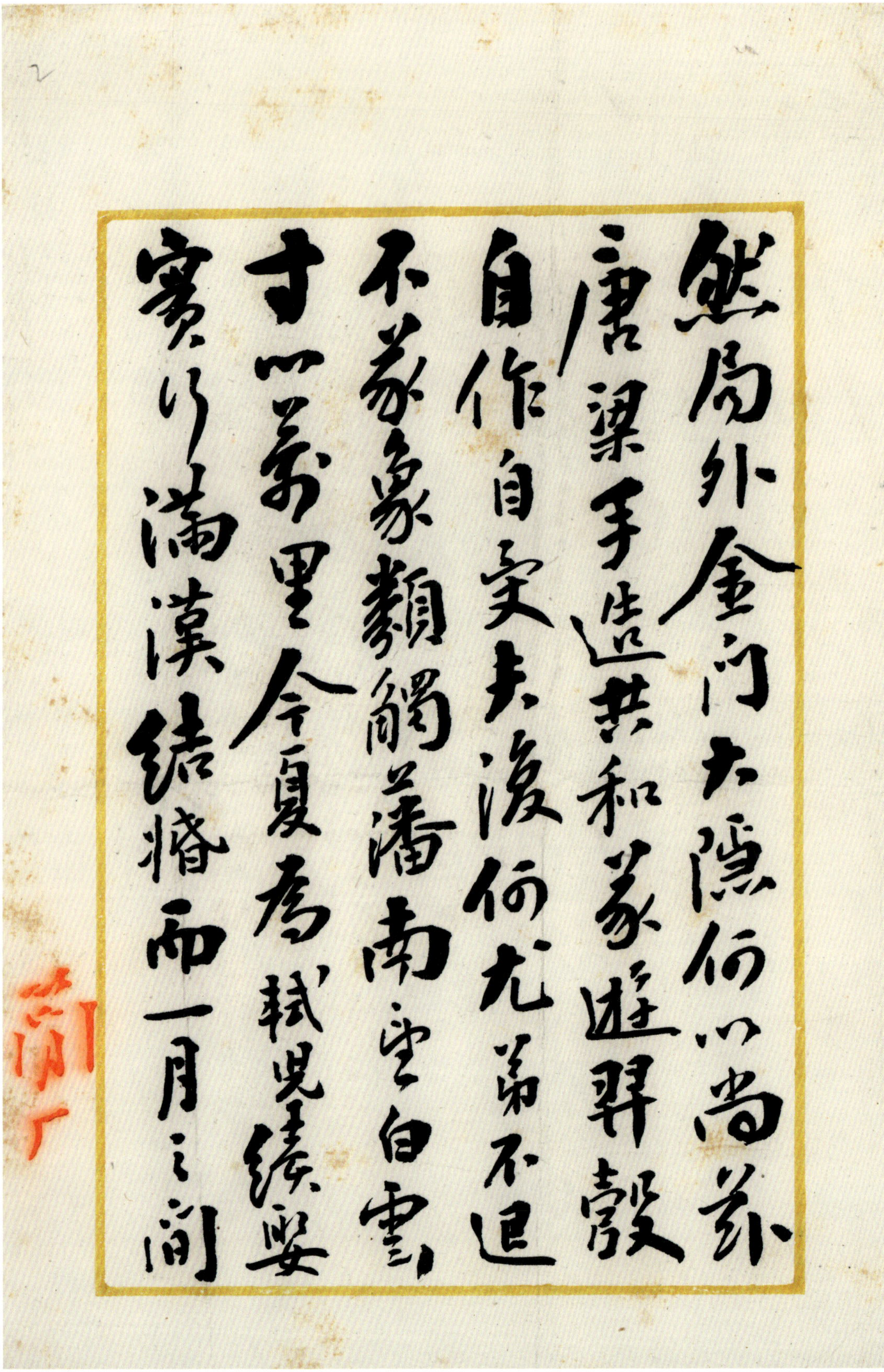
然局外金門大隱何以尚參
唐梁手造共和參議羣轂
自作自受夫復何尤弟不退
不參象類觸藩南雲白雲
寸心參裏今夏爲拭晃續娶
實行滿漢結婚而一月之間
簡厂

衷其一子一女子司騫 女枝之衡新塚雨
近人天水隔老懷悵觸人何
以堪而一念家山已破稅駕無
期轉羨殤逝者之脱離苦
海也承
屬長題盤地換照劃相名否

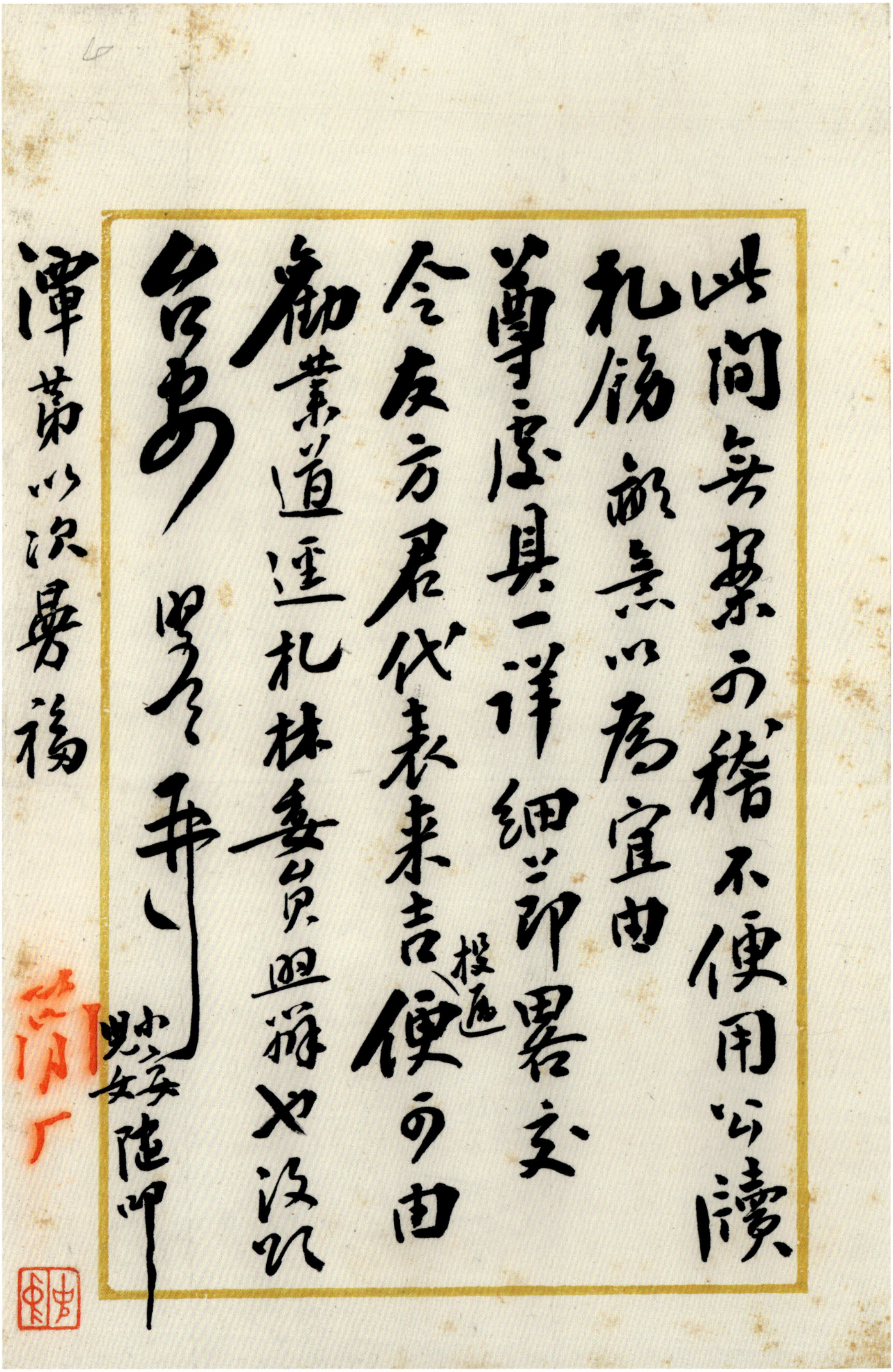

此間無案可稽，不便用以瀆札飭。顧念以爲宜由尊處具一詳細節畧，交令友方君代表來吉投遞，便可由勸業道逕札林委員迴避也。汲汲

台安

愚弟弃

小姪女陸叩

潭第以次曼福

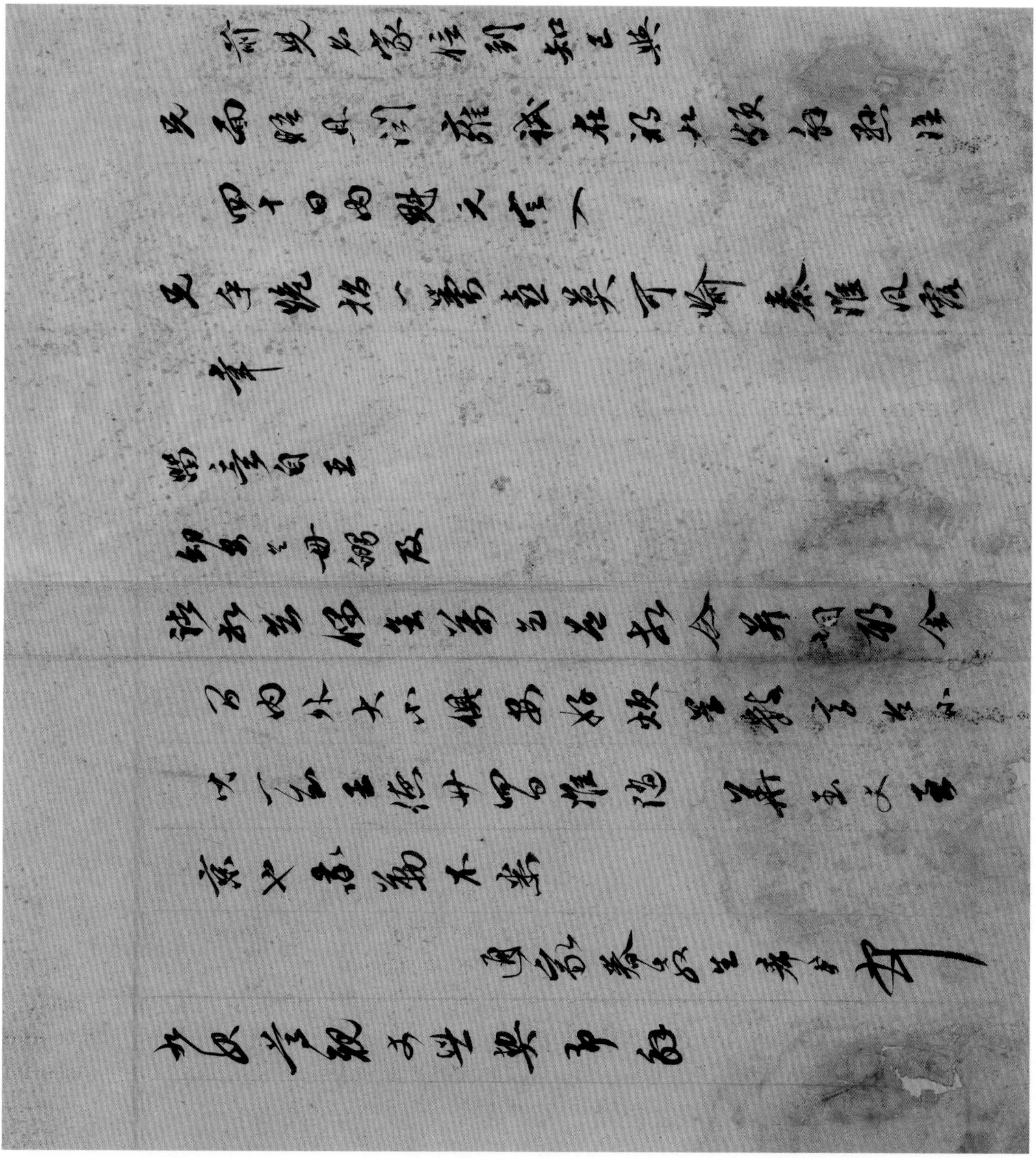

送雪泥南行　步恂子原韵　慕子

江山無語佛無靈，一笑登程柳作青。敬我獨慚猶囊筆，與君雙遊說旗亭。樓浮滇海風波穩，劫滿秦關草木腥。寄語天南諸舊雨，壯心銷盡總伶仃。

入世無從一皺眉，懽然把盞說將離。蕭寥身世狂逾葉，煩惱頭顱白到絲。畫趣久傳雙管家，兵戈終悞半枰棋。近來不作浮沉想，沉沉華年逝水知。

題錢化佛拜魔擾佛金卷

展讀琳瑯畫卷長，溫犀禹鼎影太蒼涼。似聞舞蹈天魔笑，畢肖揶揄路鬼狂。戎馬八方逼劫遍，衣冠六道轉輪忙。羨君腕底多奇趣，筆出毫端彩大光。

緩

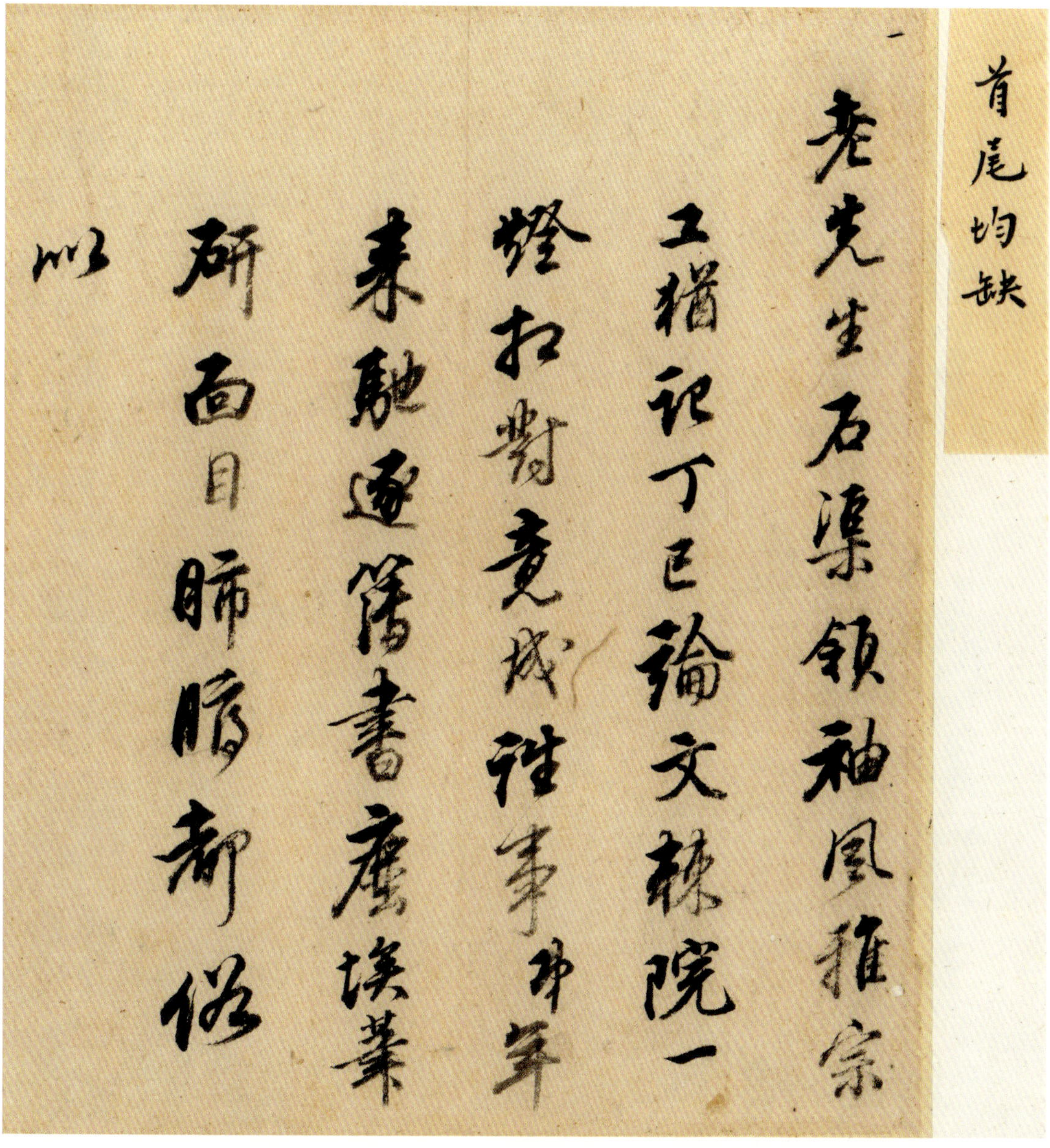

首尾均缺

老先生石渠領袖風雅宗
工楷記丁巨論文林院一
燈相對竟成往事卅年
來馳逐篋書塵埃葉
研面目睇瞻都似
以

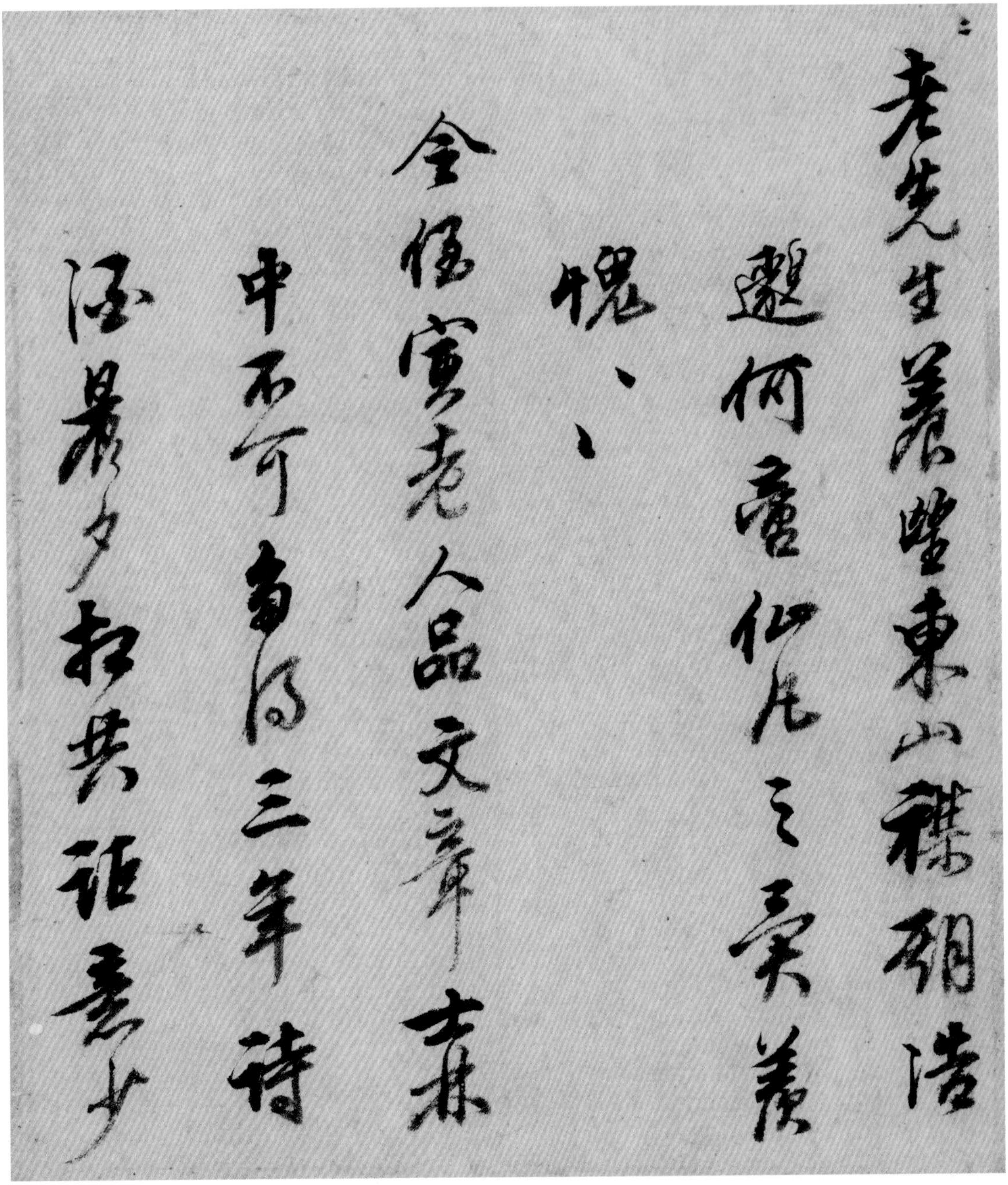
二
老先生義盟東山襟期浩
邈何啻仰止之景羨
愧愧
全仗寅老人品文章古森
中不可多得三年詩
酒晨夕相共話意也

首尾均缺

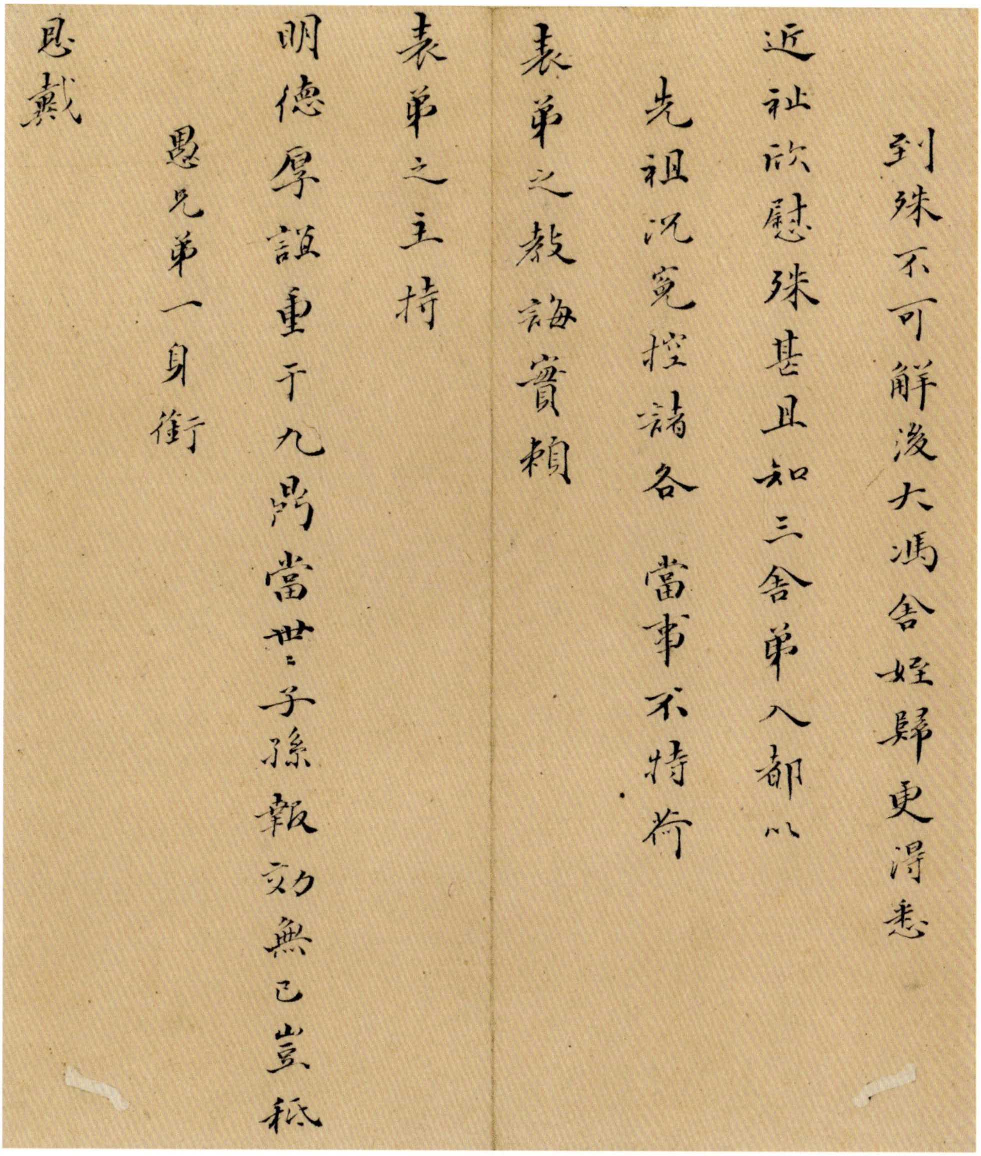

到殊不可解後大馮舍姪歸更得悉
近祉欣慰殊甚且知三舍弟入都以
先祖況寃控諸各 當事不特荷
表弟之教誨實賴
表弟之主持
明德厚誼重于九鼎當世子孫報効無已豈祇
愚兄弟一身銜
恩戴

德而已也不肖之所以崎嶇十年不問家事寧負不
扶櫬之大戾者無非為
君父為
祖宗非敢妄有覬覦也乃至墳墓残毁家室蕩
滌拊心泣血義不願生茲復靦然歸故土非敢
為妻孥計也刻下將走浙東謀入都門之費
拮長安然後為葬
先人之計然朽木無可雕之質鉛刀無一割之

羅君長銘見示新詩吟諷不足輒復賡和
薰蕕不同芳鳴于不同竅士各有所挾變
化雖純料晚乃得羅生嗜古足泡鈎遍
從蒼少游聲華益振耀恢、霞孤騫朗、
玉四照示我酒樓詩頗盡五言妙微溢聲
太甚風騷裏懷調丈夫志四海當作穿雲
鷄無爲吟草間蛙黽等蒙誚吾老非鍾
期審音尚知要期君以遠大朱絃汎清廟
還尋檀干翁掀髯共一笑　汝闓

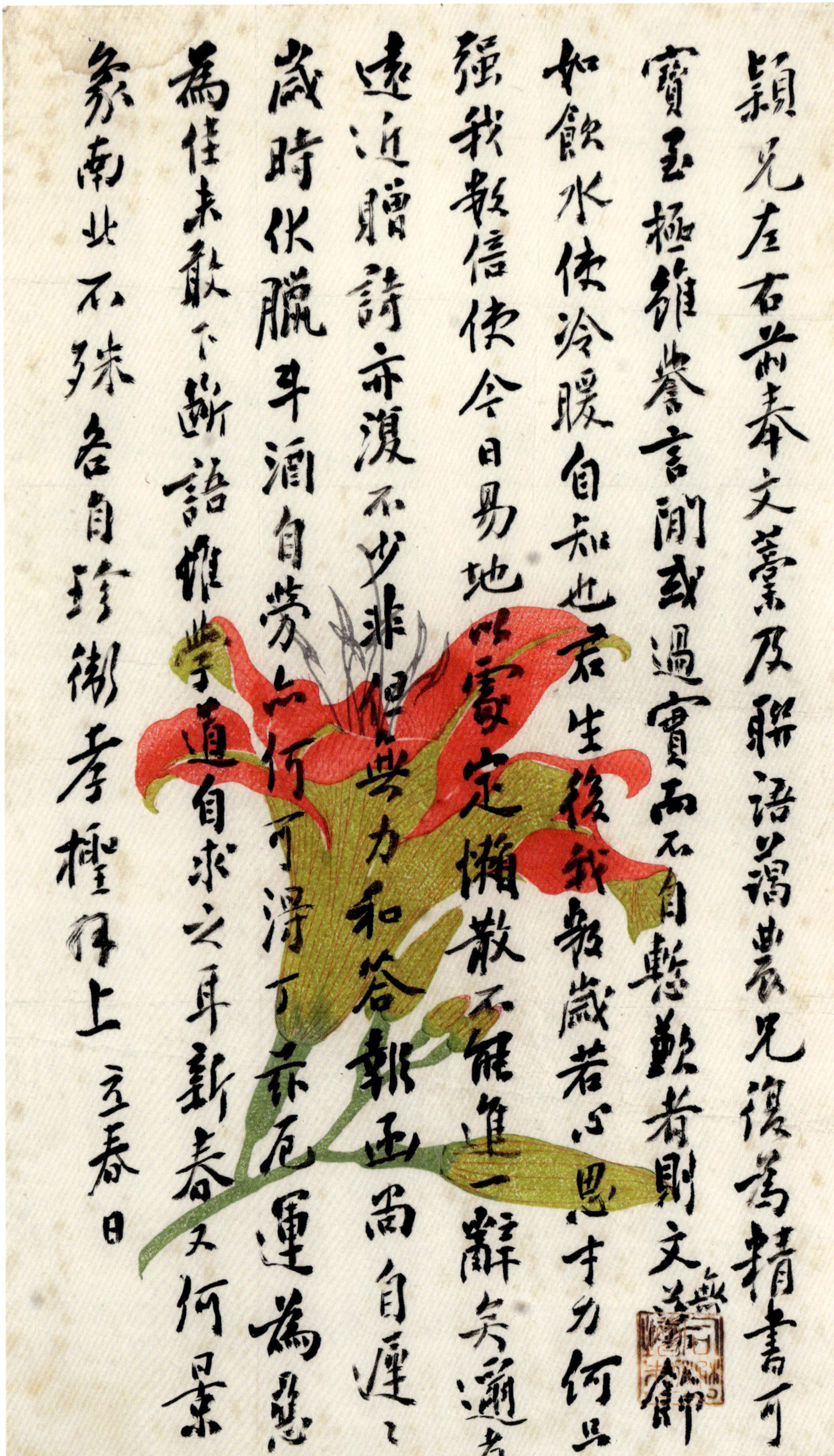

穎兄左右：前奉文藁及聯語，蒿農兄復爲精書，可寶玉極。維譽言間或過實，而不自慙歉者，則文如飲水，使冷暖自知也。君生後我數歲，若心思才力，何只强我數倍，使令日易地以處，定懶散不能進一辭矣。邇者遠近贈詩，亦復不少，非但無力和答，鄭丞尚自遲遲。歲時伏臘，斗酒自勞，亦何可得了，亦厄運爲祟。爲佳未敢下斷語，雖然學道自求之耳，新春又何累參南北不殊，各自珍衛。孝檉拜上　立春日

鄭孝檉致高向瀛

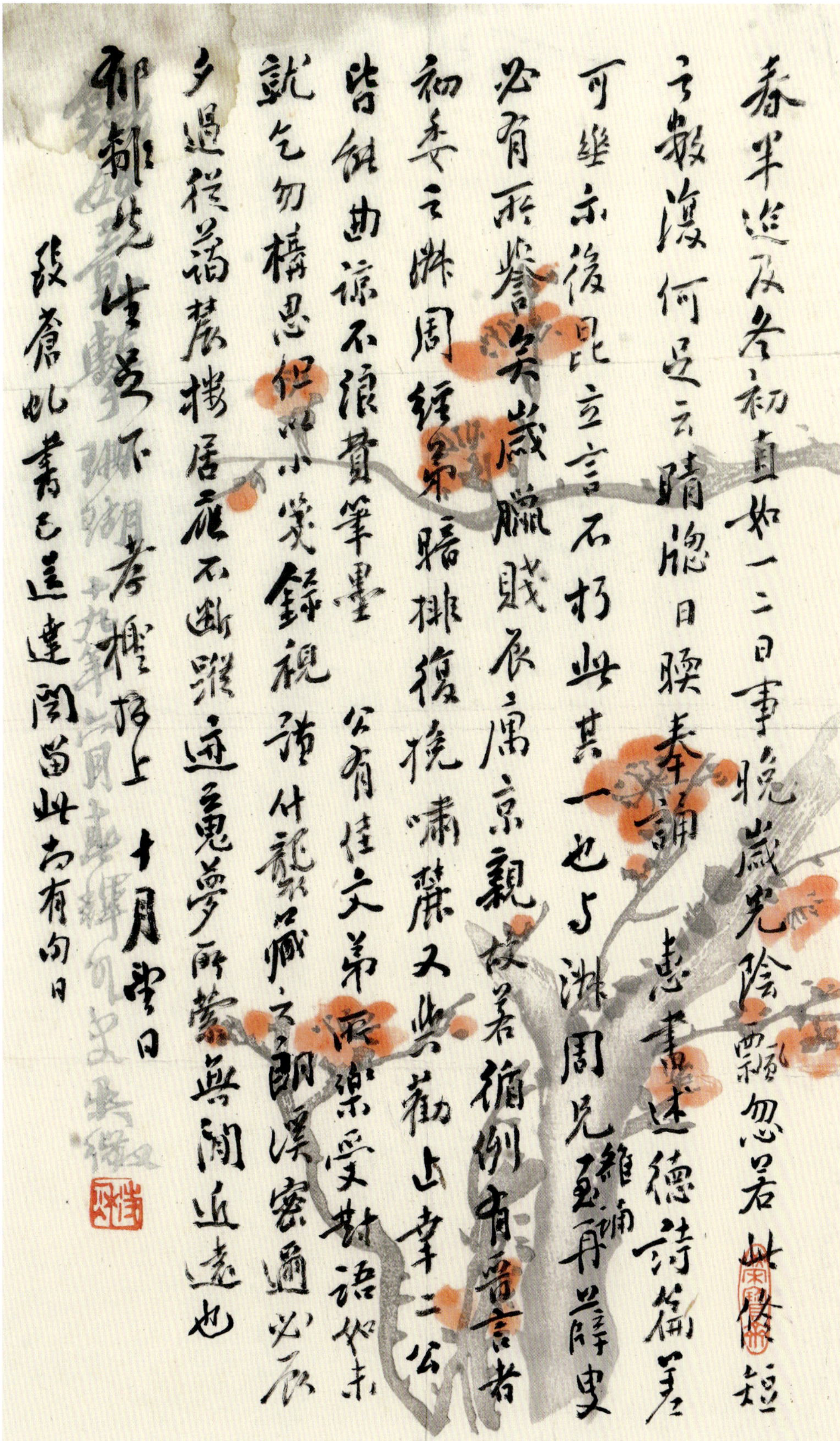

春半迄及冬初，直如一二日事，晚歲光陰，飄忽若此，短云數，復何足云。晴牕日暎，奉誦惠書，述德詩篇，美可繼，亦復昆立言不朽，此其一也。了淵周兄（維瑞）直再辟史必有所營矣。歲臘賤辰，屬京親故若循例有言者，初委之淵周經紀，昨排復撓，嘯聚又與勸止，幸二公皆能曲諒，不復費筆墨。公有佳文，弟深樂受，封語似未誤，乞勿構思，但以小箋錄視。諸什龍藏，又朗渠密邇，必依鄉過從，籀農樓居，花不斷，踪迹之邈，夢所縈無間近遠也。

向瀛先生足下

孝檉頓首　十月望日

段蒼此書已送達閣，留此尚有向日

命還粹見懷一律茲懷何劉二公

霜風昨夜到庭除叢菊離披意有餘眾共

隱憂甯貸我人因後死轉憐余一瞑世已

三年別四韻情逾十紙書石識射烏山下

侶雨生懷抱復何如

歲庚辰展重陽日孝檉